广东华侨史文库

民国粤人赴澳大利亚留学档案全述

（中山卷上）

粟明鲜　编著

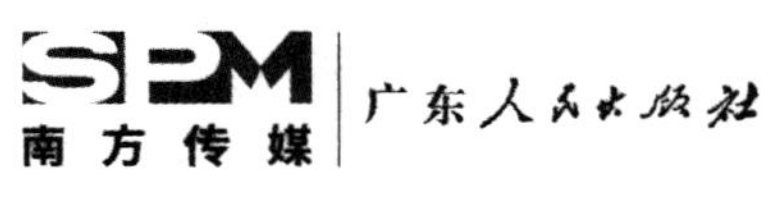

·广州·

图书在版编目（CIP）数据

民国粤人赴澳大利亚留学档案全述．中山卷 / 粟明鲜编著．—广州：广东人民出版社，2022.8
（广东华侨史文库）
ISBN 978-7-218-15462-6

Ⅰ．①民…　Ⅱ．①粟…　Ⅲ．①留学教育—教育史—档案资料—汇编—中山—民国　Ⅳ．① G649.296.5

中国版本图书馆 CIP 数据核字（2021）第 247766 号

MINGUO YUEREN FU AODALIYA LIUXUE DANG’AN QUANSHU · ZHONGSHAN JUAN

民国粤人赴澳大利亚留学档案全述 · 中山卷

粟明鲜　编著

出 版 人：肖风华

策划编辑：王俊辉
责任编辑：李沙沙
装帧设计：奔流文化
责任技编：吴彦斌

出版发行：广东人民出版社
地　　址：广州市大沙头四马路10号（邮政编码：510199）
电　　话：（020）85716809（总编室）
传　　真：（020）83289585
网　　址：http://www.gdpph.com
印　　刷：广州市人杰彩印厂
开　　本：787毫米 × 1092毫米　1/16
印　　张：76.75　　　**字　　数**：1150千
版　　次：2022年8月第1版
印　　次：2022年8月第1次印刷
定　　价：280.00元

《广东华侨史文库》是《广东华侨史》编修工程的组成部分

由《广东华侨史》编修工作领导小组办公室资助出版

《广东华侨史文库》
编委会

《广东华侨史文库》总序

广东是我国第一大侨乡，广东人移民海外历史久远、人数众多、分布广泛，目前海外粤籍华侨华人有3000多万，约占全国的2/3，遍及五大洲160多个国家和地区。

长期以来，粤籍华侨华人紧密追随世界发展潮流，积极融入住在国的建设发展。他们吃苦耐劳、勇于开拓，无论是东南亚地区的产业发展，还是横跨北美大陆的铁路修建，抑或古巴民族独立解放战争以及世界反法西斯战争，都凝聚着粤籍侨胞的辛勤努力、智慧汗水甚至流血牺牲。时至今日，越来越多的粤籍华侨华人政治上有地位、社会上有影响、经济上有实力、学术上有成就，成为住在国发展进步的重要力量。

长期以来，粤籍华侨华人无论身处何方，都始终情系祖国兴衰、民族复兴、家乡建设。他们献计献策、出资出力，无论是辛亥革命之时，还是革命战争年代，特别是改革开放时期，都不遗余力地支持、投身于中国革命和家乡的建设与发展。全省实际利用外资中近七成是侨、港、澳资金，外资企业中六成是侨资企业，华侨华人在广东兴办慈善公益项目超过3.3万宗、捐赠资金总额超过470亿元，为家乡的建设发挥了独特而巨大的作用。

长期以来，粤籍华侨华人充分发挥桥梁纽带作用，致力于促进中外友好交流。他们在自身的奋斗发展中，既将优秀的中华文化、岭南文化传播到五大洲，又将海外的先进经验、文化艺术带回家乡，促进广东成为中外交流最频繁、多元文化融合发展的先行地，推动中外友好交流不断深入、互利合作不断拓展，成为世界和平与发展的友好使者。

可以说，粤籍华侨华人的移民和发展史，既是中国历史的重要组成部分，更是世界历史不可缺少的亮丽篇章。

站在中华民族更深入地融入世界、加快实现伟大复兴中国梦的历史关口，面对广东全面深化改革开放、奋力实现“三个定位、两个率先”总目标的使命要求，中共广东省委、广东省人民政府决定编修《广东华侨史》，向全世界广东侨胞和光荣伟大的华侨历史致敬，向世界真实展示中国和平崛起的历史元素，也希望通过修史，全面、系统地总结梳理广东人走向世界、融入世界、贡献世界的历史过程和规律，更好地以史为鉴、古为今用，为广东在新形势下深化改革开放、加快转型升级、进一步当好排头兵提供宝贵的历史经验，形成强大的现实助力和合力。

编修一部高质量的《广东华侨史》，使之成为“资料翔实、观点全面、定性准确、结论权威”的世界侨史学界权威的、标志性的成果，是一项艰巨的使命，任重而道远。这既需要有世界视野的客观立场，有正确把握历史规律的态度和方法，有把握全方位全过程的顶层设计，更需要抓紧抢救、深入发掘整理各种资料，对涉及广东华侨史的各方面重大课题进行研究，并加强与海内外侨史学界的交流，虚心吸收国内外的研究成果。作为《广东华侨史》编修工程的重要组成部分，编辑出版《广东华侨史文库》无疑十分必要。我希望并相信，《广东华侨史文库》的出版，能够为广东华侨华人研究队伍的培育壮大，为广东华侨华人研究的可持续发展，为《广东华侨史》撰著提供坚实的学术理论和基础资料支撑，为推进中国和世界的华侨华人研究做出独特贡献，并成为中国华侨华人研究的重要品牌。

是为序。

广东省省长 朱小丹

2014年8月

前　言

中国向西方学习的留学潮，始于中国近代洋务运动时期。而自那时起，广东，尤其是珠江三角洲各市县，就一直是这一留学潮的领先者。

档案资料表明，中国近代大规模留学潮，发端于十九世纪七十年代，亦即始于清朝官派的赴美留学计划。根据这项计划，从一八七二年到一八七五年，四年间，清政府每年向美国派送了三十人的小留学生，前后达一百二十人，史称“留美幼童”。而检视这一百二十名留美幼童的籍贯，可以发现他们中来自广东一省者，竟有八十四人之多，即占了其全部留学人数的百分之七十，而又以香山（中山）县为最。另外有二十二名籍贯为江苏的孩童，占百分之十八。其余的孩童，则分别零星地来自下列四省：浙江八人，安徽三人，福建二人，山东一人。[①]

然而，清朝的上述留学计划，进行不到十年，因种种阻碍与非难，竟半途夭折。但是，前往西方的道路已经打通，“师夷之技长以制夷”之理念已在中国生根发芽。向外国学习，已成为中国社会变革的一项动力。由是，自晚清起，中国人赴外留学渐成浪潮，如清末的留学日本热、民国初年的赴法勤工俭学、北伐时期的苏联留学热、民国政府时期的官派赴欧美留学等等，一波接一波，延绵不绝。不过，上述所列种种留学热潮多为官派性质，大多需先经官方的考试通过，且以青少年为主，通常都是去读中学和大学。事实

① 钱刚、胡劲草：《大清留美幼童记》，北京：当代中国出版社，2010年。

上，在上述过程中，还有大批的赴外留学，是属于自费性质的。

民国时期，这种自费性质的赴外留学，虽已遍及全国，但仍以广东省为最。盖因自近代开始，前往北美大陆和大洋洲讨生活并最终定居于当地之粤省民众日盛，引得众多具有条件之家庭纷纷顺应留学潮遣送子女前赴这些国家尤其是英语国家留学；同时也继承了晚清官派留美幼童的传统，许多家庭送去国外留学者，都是幼童——亦即我们现在所说的“小留学生”。

目前国内关于民国时期赴外留学的研究，所涉及的中国人自费前往留学之目的地，多集中在东洋和欧美，鲜少涉及大洋洲地区（主要是澳大利亚）。①即便是已经由广东省侨务部门组织出版的该省侨乡地区之华侨史志，有关民国时期前往大洋洲地区的自费留学史实，亦多付之阙如。②即或坊间有某个家族中人赴澳大利亚留学之传闻，也难以载入史书，主要原因在于，中国当地与此相关之档案十分难觅。然在民国初期（一九一十至一九三十年代），广东赴澳留学之人数实有数百人之众，俨然生成中国赴澳留学潮流的第一波。

在过去数年间，笔者对澳大利亚国家档案馆所藏的相关档案资料进行了检索查阅，结果表明，民国时期，主要是北洋政府（包括广州军政府时期）以及南京国民政府时期，有相当一大批的广东学子，主要是少年儿童，曾在十多年的时间里，相继赴澳留学。此种留学以就读小学和中学为主，其后，一些人也在澳就读商校（商学院）、技校（工学院）或大学。这些到澳大利亚留学的年轻人，大多出自珠江三角洲，尤集中在当时的香山（后改称中山，现中山市和珠海市）、四邑（台山、新会、开平、恩平）、惠阳、高要、东莞、增城等县。从澳大利亚现有的档案所显示出之留学生籍贯来看，

---

① 有关研究近代以来中国人留学东西洋的课题及其成果，可以参阅实藤惠秀：《中国人留学日本史》，北京：三联书店，1983年；陈学恂、田正平编：《中国近代教育史汇编——留学教育》，上海：上海教育出版社，1991年；舒新城：《近代中国留学史》，上海：中华书局，1933年；李喜所、刘集林等：《近代中国的留美教育》，天津：天津古籍出版社，2000年；刘晓琴：《中国近代留英教育史》，天津：南开大学出版社，2005年；林子勋：《中国留学教育史（1847—1975）》，台湾：华冈出版有限公司，1976年；魏善玲：《民国前期出国留学生的结构分析（1912—1927）》，《华南农业大学学报（社会科学版）》2012年第1期。

② 比如，1996年广东人民出版社出版之《广东省志·华侨志》，恰恰就是缺少侨乡的出国教育方面之记述。

他们以来自香山县、新宁（台山）县、新会县和开平县者最多。澳大利亚学者迄今尚未有利用这些档案，对这段历史予以整理和开展研究，因而，将这些档案资料收集整理，就有助于我们了解二十世纪上半叶的澳大利亚华人及他们的子女在澳读书学习情况。

实际上，这些来澳留学的珠江三角洲少年儿童，其父辈（包括父亲、叔伯、舅舅、兄长等）大多都是第一代移居澳大利亚之华人，基本上都是自十九世纪中叶淘金热始至二十世纪初从广东省珠江三角洲奔赴澳大利亚淘金和做工，于澳大利亚联邦成立之前后定居于这块土地上的广东人。[①]有鉴于第二次世界大战之前在澳大利亚谋生和定居的华人籍贯这一特点，从而造成了民国时期赴澳留学生来源地亦主要是上述地区这一现象。这些来自珠江三角洲的小留学生，之所以于此时前来澳大利亚留学并形成一股潮流，皆肇因于一九〇一年澳大利亚联邦成立而正式推行歧视和排斥亚裔尤其是华人移民的“白澳政策”（White Australia Policy）。[②]由于“白澳政策”的实施，中国人要想进入澳洲，就有许多障碍。而正是这种障碍，导致二十世纪初年后在澳华人数量急剧下降。根据澳大利亚人口统计资料，随着澳大利亚联邦的建立，在澳之华人逐渐减少，如一九〇一年，在澳华人总计有二万九千二百六十七人，此外还有中国人与欧裔婚配而生之混血者（被称为“半生蕃”或“半唐番”）三千零九十人；一九一一年，华人有二万二千七百五十三人，加上混血人口三千零十九人；十年之后的一九二一年，华人减至一万七千一百五十七人，加上混血人口三千六百六十九人，总计也就只剩下二万人左右；到一九三三年，华人总数更降至一万零八百四十六，再加上混血人口三千五百零三人，共剩不到一万五千人。[③]这些能留澳继续生活打拼的华人，大都是取得长期或永久居留权者，包括少数

---

① 关于早期粤人赴澳谋生及定居的著述，可参阅亨利·简斯顿著，杨于军译：《四邑淘金工在澳洲》，北京：中国华侨出版社，2010年；梅伟强、关泽峰：《广东台山华侨史》，北京：中国华侨出版社，2010年。

② 关于澳大利亚自一九〇一年联邦成立之后便开始实施的“白澳政策”及其对在澳华人之影响，可参阅：John Fitzgerald, *Big White Lie: Chinese Australians in White Australia*, Sydney: University of New South Wales, 2007。

③ Population of Chinese in Australia, NAA: A433, 1949/2/8505（此处的“NAA”是指澳大利亚国家档案馆宗卷，其后为其宗卷号，下同）。

已入澳籍之华人，比如，来自香山县的欧阳南（D. Y. Narme）[①]和来自新宁县的刘光福（William Joseph Liu）[②]。这些留在澳洲的华人，在二十世纪初年之后生活普遍地稳定下来，收入有了一定的保障，他们陆续回国结亲，生育后代。但囿于"白澳政策"，绝大部分澳洲华人只能将妻小留在中国。[③]同样是由于"白澳政策"的限制，那些得以长期居留在澳、甚或是在澳大利亚联邦成立之前已入澳籍之华人，其在中国婚配的妻室及他们的那些在中国出生的后代，皆非澳籍，也不能自由前往澳洲与之团聚，子女教育也就成为他们（包括在澳之华人以及他们在中国的亲属）十分关注的一大问题。拼搏奋斗多年，若稍有积蓄，申请将其子女以及子侄辈接来澳大利亚留学读书，便是解决此项问题的一个途径。经由此径，一方面使其子女及子侄辈能有机会在澳大利亚接受正式的西方教育，学得英语及一技之长，回国后无论是在经商创业还是从军入仕都可占据相当优势；另一方面，于子女来澳留学期间，他们也正好一尽家长监护之责，增进父子或父女之情；随着其子女和子侄辈之

---

① 欧阳南，生于一八九〇年，但未及十岁就在十九世纪末年来到澳大利亚发展，一九二十年代便在雪梨华社中极为活跃，是当地著名华商。澳大利亚国家档案馆中有关欧阳南的宗卷，见：David O'Young Narme [Chinese - arrived Sydney per SS EASTERN, 1899. Box 36], NAA: SP11/2, CHINESE/NARME D O。但另一篇文章显示，欧阳南是香山县南朗麻子村人，十八岁随叔父赴澳谋生，后创设安益利行（On Yik Lee & Co.），批发中国药材，是最早在雪梨开金山庄的香山人，此后又兼营机器洗衣店（见陈迪秋：《澳洲香山华侨对孙中山领导的革命运动的贡献（二）》，载《中山侨刊》第93期［2011年4月1日］，第32页）。根据澳洲档案，安益利公司由来自广东省香山县的华商李益徽（William Robert George Lee）等于十九世纪末在雪梨开创，后由其子李元信（William Yuison Lee）继承并成为大股东，于一九一三年二月十八日在鸟修威省工商局正式注册。详见鸟修威省档案馆保存的十九世纪末二十世纪初在该省工商局登记的工商企业注册记录：https://search.records.nsw.gov.au/permalink/f/1ebnd1l/INDEX1817337。但到一九二二年，该公司重组，李元信退出，由欧阳南、林祥等人接管成为股东，并在当年七月十日在鸟修威省工商局正式注册，显示其董事会的变更，详见同上：https://search.records.nsw.gov.au/permalink/f/1ebnd1l/INDEX1817338。据此，所谓欧阳南创设安益利公司的说法并不正确，只能说在一九二十年代初重组该公司时，他成为主要股东。

② 黄昆章：《澳洲华人领袖刘光福》，《华侨华人历史研究》1989年第3期；另见：Barry McGowan, "Liu, William Joseph (1893-1983)", in *Australian Dictionary of Biography*, Vol. 18, (MUP), 2012。

③ 二十世纪初澳大利亚限制居澳华人携带妻子入境的最著名一例，是来自广东省开平县的潘巍（Poon Gooey）携妻人澳案。潘妻经其夫力争，于一九一〇年获入澳半年签证，后因在澳生育二女而延签，于一九一三年被澳洲政府遣返。该案成为澳洲限制华人尤其是中国妇女入境之最佳证据。详见Kate Bagnall, *A legacy of White Australia: Records about Chinese Australians in the National Archives*, in http://www.naa.gov.au/collection/publications/papers-and-podcasts/immigration/white-australia.aspx#section14, visited on 17:25, 30/1/2016。

年龄增长，英文能力及知识技艺提高，以及社会阅历增长，他们也可为自己在澳之生意与事业拓展增添帮手；如为具备留澳条件之子女申请长期居留澳大利亚，以继承生意和事业。根据已经检索到的澳大利亚档案资料显示，这些粤省小留学生来澳大利亚入学的年龄，大多在十至十七岁之间，还有年龄在七至八岁甚或更小者；他们在澳留学的时间长度，少仅数月，多则长达十年以上，甚至还有因太平洋战争爆发而滞留时间更长者。

当然，中国学子要成功地赴澳留学，其先决条件须有政策的制订与颁行，方可办得入澳签证。澳大利亚此前是英国殖民地，虽然于一九〇一年建立了澳大利亚联邦，成为英国的自治领，但其外交事务仍由宗主国负责，因此，大清国直到光绪卅四年（一九〇八年）方才于澳大利亚设立总领事馆。首任总领事梁澜勋次年抵达澳大利亚后，就已经听到了华社的强烈呼声，要求协助办理居澳华人在中国之子女及亲属来澳留学事宜，为此，梁总领事便开始准备就此与澳大利亚当局商讨，以解决中国学生来澳留学之签证问题。但他未及着手进行，就于宣统二年（一九一〇年）离任。接替他职位的是唐恩桐总领事，到任不到半年，因水土不服，于次年五月奉调回国，也来不及处理此事。随后，黄良荣接任大清国最后一任驻澳大利亚总领事。他从一九一一年下半年开始行动，就此问题与澳大利亚洲当局反复磋商达成草案。此后，中华民国驻澳大利亚的头两任总领事曾宗鉴和魏子京持续不断地与澳大利亚政府相关部门进行了几近十年的马拉松式的谈判（期间因第一次世界大战而导致谈判工作停顿），最终于一九二〇年达成了中国学生入境留学的备忘录，亦即《中国留学生章程》。

根据这个章程，中国学生入境澳洲留学的条件如下：

一、中国男女学生持中国外交机构所发给之具中英二种文字的护照，并由在华相关出境地之英国领事签证，或由在澳洲境内中国总领事馆发给之护照并由内务部核发签证者，准允入境。护照上应贴具持有人之近照，并详列其性别、年龄、财政担保来源、拟在澳留学之年限与欲读课程以及留学地点及住所。

二、学生抵澳后，按规定无需免试纸[①]。其签证有效期为十二个月，如需展签，在签证期满前，须通过中国总领事馆向内务部长提出申请。

三、学生抵澳后，应立即向中国驻澳总领事馆登记，如住址和学习计划变更，应及时知照之；而中国总领事馆对此亦应及时知照内务部，以随时保持其对这些学生信息之知情。

四、学生在抵澳后，应立即提供给内务部二位担保其在澳留学之澳洲居民或商号之姓名（或名称）与地址，他们应为该生在澳留学提供财政资助，并保证其在学成后如期返回中国。

五、学生入境后，须就读政府认可之正规学校，修读正式课程，并可由内务部长特批进行实习、替工或接受技术或其他特别的培训，但不能打工挣钱以支撑其在澳之生活。

六、学生在签证期满之后，应按规定返回中国。

七、内务部长保留对上述章程之解释权，并可根据情况对违规者取消其签证。[②]

该章程于一九二一年正式实施，主要由中国驻澳大利亚总领事馆主导学生护照和入澳签证的申请和办理。当年，仅该馆就发出一百多份学生护照，可见赴澳留学之踊跃，形成了中国人赴澳留学的首波浪潮。[③]但随着中国留

---

① Certificates of Exemption from the Dictation Test（英文简写成CEDT，亦译为“听写测试豁免证明”或“免试纸”，当时的华人也称之为“回头纸”）。听写测试（Dictation Test）是澳大利亚联邦成立后实施排斥亚裔移民之“白澳政策”（White Australia Policy）最重要组成部分，于一九〇一年开始实施，一九五八年终止。根据一九〇一年澳大利亚第一次联邦议会通过的《移民限制法案》（The Immigration Restriction Act）的核心内容语言测试法案规定，移民官员可使用任何一门欧洲语言，对有意申请移民入境者进行一项五十个单词的听写测试；如未能达标，则有权拒绝其入境。其主要针对者，即为华人。而听写测试豁免证明则是发给那些非欧裔之澳大利亚居民（长期居民或永久居民）因短期出境澳大利亚使用，作为返回证明。该项证明也给予那些非欧裔获准入境澳大利亚经商、留学及探亲之人士，与签证类似。

② Chinese merchants and students: Conditions governing entry into Australia, NAA: A2998. 1951/2130。

③ 根据档案记载，在上述章程实施之前，即一九二十年代之前的清末民初时期，澳大利亚已经接受了部分中国留学生入读各类学校，但人数不多，申请亦不规范，不似一九二十年代之后形成一波浪潮。而且此前这些来自广东省的中国留学生中，有些人其实是澳大利亚本地出生的第二代华人，也被列入外侨学生（中国留学生）之类别。详见Chinese students at Australian Universities, NAA: A1 1910/1811；Photographs of Chinese Children admitted for education purposes, NAA: A1, 1920/7136; Yu Wing Educn Ex/cert Education Exemption Certificate, NAA: A1, 1917/13767; Application for permission for Gock Bow to enter the Commonwealth for 3 years for Educational purposes, NAA: A1, 1911/11687。

学生陆续抵澳，在他们留学澳大利亚的过程中逐渐暴露出一些问题，包括学生来澳之年龄以及学籍的管理，学生的出勤率及学费，还有英语学识能力等等，而后者直接关系到这些来澳留学的中国学生与本地学生一同上课时，能否听得懂授课内容以及是否能跟得上课程学习进度等问题。事实上，有中国小学生抵达澳大利亚时，年仅五岁。另一方面，上述章程没有规定中国留学生来澳就读学校的性质，故大部分中国学生来澳所入读之当地学校皆为公立，这就意味着他们可与当地学生一样享受免费教育，但这是致力于推行“白澳政策”之澳大利亚当局及主流社会所不愿意提供给亚裔人士的福利。此外，来澳留学生与其担保人或监护人之间的关系也受到明确限制，亦即要限于在澳华人之子女或其子侄辈，方才符合入境之条件。为此，澳中二国通过联邦政府内务部与中国驻澳大利亚总领事馆商讨修改章程中的年龄限制，于一九二四年达成初步意见后，修订了《中国留学生章程》并于一九二六年中正式实施。其主要的变化在于：（一）对来澳学生年龄设限，即最低为十岁，最高为二十四岁。对在澳留学最高年龄设限，旨在强调，在澳中国学生于年满二十四岁之后，必须结束学业，返回中国，不得滞留。对十岁至十三岁之学子，申请时不要求有英文基础，惟须有家长陪同来澳；但对十四岁至十七岁之学子，申请时须具备基本的英文学识能力；十九岁以上者则不能再读中学，须进入技校、商学院或工学院等专门学校或大专学院入读。（二）来澳留学生只能入读政府认可之私立学校，同时要提供拟入读私校接纳该生之录取函，以作凭据。①由是时始，中国学生皆循此《中国留学生章程》修订新规，申请来澳留学。

上述《中国留学生章程》的修订，实际上也是澳大利亚政府在推行其“白澳政策”的过程中，于入境细节上更加强化了对来澳中国留学生的限制和管理。至一九三〇年底一九三一年初，由中国驻澳大利亚总领事馆发出的学生护照就已超过六百份，尽管其中或有部分护照发出后被澳大利亚内务部拒签，但中国政府驻相关省份如广东和江苏省之外交部特派交涉员公署以及

---

① Chinese students - Conditions of admission to Australia, NAA: B13, 1926/26683。在该章程修订前，来澳之中国留学生既可以入读政府所办之公立学校，也可以进入私立学校或教会学校。事实上，大部分来澳留学生是注册入读公立学校，如此，在学费上便可节省一大笔开销。

北洋政府外交部等机构同期也签发了一定数量的护照并获得当地英国使领馆的签证（澳大利亚当时仍由英国代为负责其对外事务，由英驻各国之使领馆代办所有赴澳签证），使部分中国学生持这些护照前来澳洲，因而这十年间，最终来澳留学的人数实不低于六百。自一九三〇年起，有鉴于现行在澳实施的中国学生留学章程仍有若干值得争取改进之处，中国学子来澳留学的利益尚待更周全之维护，中国驻澳大利亚总领事馆与澳洲政府协商，对其中的一些条款做出了调整，主要是将无需英文知识的年龄限制提高到十四岁，①甚至酌情提高到十五岁，从而使更多的中国学生可以规避英语要求成功来澳留学。调整后的一九三零年中国学生留学章程共十一条，其内容如下：

一、中国学生自十岁至十九岁者可以来澳留学；

二、学生在澳年龄以至二十四岁为限；

三、学生在澳之时须专事读书按时到校授课不得兼营他业或帮助工作；

四、学生到澳后须入经澳内务部认可之私立学校不得入汽车学校；

五、学生一切费用均由其父母或保护人完全担任；

六、学生自十四岁至十九岁者须识初等英文方能来澳因到澳时须经税关考试；

七、学生自十岁至十五岁来澳依从其父母者可向本馆领取护照此项学生无需英文知识惟学生之生期年龄须准确因华人曾于某年回国澳洲税关有案可稽不可稍事含糊；

八、凡有请发留学护照者应将下列各项寄交本馆：

（甲）学生相片四张三寸四寸皆可

（乙）填单两张由请照人填写签押

（丙）声明书汉文英文各一张由请照人及担保人填写签押

（丁）私立学校声明承允收容该生之函件；

九、凡有学生年满十四岁来澳留学而非依从其父母者除（八）条所述各项以外另需下列两项：

（甲）该生曾在中国何校读书英文程度如何应由该校校长来函证明

① 详见：Chin Loon Hee-Student passport [1cm], NAA: A433, 1949/2/8534。

（乙）该生亲笔抄写英文一张；

十、学生若迁移住所或拟转入他校时担保人应立即报告总领事馆；

十一、学生来澳留学每届十二个月为一时期若拟继续留学时应在该期届满以前函达总领事馆并须附来该生在学校之成绩表。①

自此之后，中国总领事馆在处理与协调中国学生来澳留学之护照与签证申请方面，就一直按此章程办理。到了一九四二年，因澳大利亚与中国成为共同抗击日本军国主义侵略之盟国，上述章程因战事而自动停止实施。战后，尽管还有一些来自中国的赴澳留学申请，但其数量已不多，其方式也有了很大的改变，同时中国的国内形势也发生了翻天覆地的变化，可以说，中国学子赴澳留学进入了一个新的时期。

因此，将澳大利亚现存涉及民国时期广东珠江三角洲各县来澳留学人士之档案收集整理，实具有重大的历史与现实意义：一方面，可填补这些地方学子赴澳留学史亦即民国时期华侨史的空白；另一方面，也可追溯这些早期粤人学子之踪迹，如有可能的话甚或循迹查访他们学成回国之后在家乡的成就，充实广东侨乡对外教育交流的历史，丰富当地的人文内涵。

要言之，这些涉及广东珠江三角洲赴澳小留学生的档案，主要文字为英文（仅护照申请表附有中文），涵盖了申请中国护照、入境签证及离境日期以及在澳期间之学习包括转校情况等方面的文件，涉及澳大利亚内务部、海关、公立及私立（包括教会）学校、中国总领事馆，及中国学生护照的请照者、担保人和澳大利亚境外之学校，后者主要是为请照者提供英语学识能力证明。形式上基本是一位学生一份宗卷，时间跨度从二十世纪初到三十年代，小部分延拓到四十年代。由于这些小留学生在澳留学时间的长短不同，其档案的内容亦简繁不一。这些来澳留学档案显示，绝大部分人在获得签证后皆来澳留学，他们无论是否完成在澳学业最终都回国或他往，但只有很少人得以不同方式留居下来。其中也有小部分的档案，其内容是被拒签的申请材料，以及虽然获得入境签证，但申请者最终因各种各样原因并未入境者。

上述档案资料，大多保存在位于澳大利亚首都堪培拉（Canberra）的澳

---

① 见：Wong Choy - 1. Inquiry to movements 2. Exemption of the Commonwealth for son, NAA: A1, 1930/9357。注：此项章程译件系中国驻澳大利亚总领事馆抄件原文。

大利亚国家档案馆（National Archives of Australia）。但鉴于早期珠江三角洲的中国移民分散定居于澳大利亚的各个州，依次是新南威尔士州（New South Wales）、维多利亚州（Victoria）、昆士兰州（Queensland）、南澳大利亚州（South Australia）、西澳大利亚州（Western Australia）、塔斯马尼亚州（Tasmania）以及北领地（Northern Territory），因此，在澳大利亚国家档案馆设于上述各州及领地之分馆里，也藏有部分相关档案。比如说，来自香山（中山）县的小留学生的档案，除了位于首都堪培拉的澳大利亚国家档案馆收藏的最多之外，还在悉尼（Sydney）、布里斯本（Brisbane）和墨尔本（Melbourne）的分馆里也有相当多的收藏，因为当年香山籍的华人，主要就集中在新南威尔士州、昆士兰州和维多利亚州。根据笔者数年来陆续收集和访寻之结果，初步的估计，这些档案中所涉及的上述时期广东赴澳小留学生人数，如前所述，已知者达六百多，或会更多，因为目前澳洲国家档案馆尚有许多早期的宗卷未整理上架（上线），无法查阅。

如果以民国时的县一级单位来计，这些档案以涉及香山（中山）县和新宁（台山）县者为最，各超过一百多个宗卷；其次则为新会县、开平县及珠江三角洲其他县市。

为此，笔者根据历年从上述档案馆中搜集的中国留学生档案，将其分门别类予以整理后，以每个宗卷所涉及的留学生个体的资料，逐个考证，甄别真伪，撰写成篇，始成这套《民国粤人赴澳大利亚留学档案全述》。

搜集、整理、考证、编著和出版这套本之目的，旨在利用澳大利亚现已公开的档案宗卷资料，将中国人第一波赴澳留学潮如实地反映出来，为读者了解一百年前中国侨乡各界人士之教育观，以及当时留学之形态，提供依据；同时，也为研究中国侨乡教育和文化交流的学者，提供第一手的资料，以供作进一步研究参考之用。

粟明鲜

二〇一六年七月十八日初稿

二〇一九年十一月十一日修订

澳大利亚昆士兰州布里斯本

目录

凡　例

一、本卷是利用澳大利亚国家档案馆（包括其主馆及各州分馆）典藏的有关民国时期中国赴澳留学生（当时基本上以广东人尤其是来自珠江三角洲各县者为主）的档案宗卷，经整理、研究、考证与甄别，然后据实编写而成。

二、本卷所涉及的年代主要是自二十世纪初年开始，即少量是在清末时期（亦即二十世纪一十年代），多集中在二十世纪二十和三十年代，进入二十世纪四十年代人数减少，尤其是在一九四一年底因太平洋战争爆发，自中国赴澳留学之人数就极少了，但因受战事滞留等种种原因，仍有部分档案涉及战时和战后年份。

三、卷中涉及之澳大利亚地名之中译名，以当时赴澳留学生护照申请表上所填之中译名及当时澳大利亚华人的通译为准，以切实反映那个时代中国人之澳洲印象，但本书会在其后附上英文原名。比如，Sydney，现在译为悉尼，但当时澳洲华人咸称之为雪梨，护照申请表上亦如此填写，故行文中亦使用此称呼。本书后附有译名对照表，以备检索查对。

四、卷中之中国留学生人名，以护照申请表及护照为准；对于其中部分使用英文名字者，尽可能地对照译音还原成中文名；但如果无法还原中文，则照录（其中文名则为英文译音），以使其保持原有形态。

五、卷中涉及之每个中国留学生的籍贯或出生地，皆以其中国护照申请表上所填写者为准。如果没有写明，部分通过考证后可以追溯其原籍；有些疑似某村庄，但无法确证和确认，则在文中写明是推测；如果无法判断追溯，只能付之阙如。其中或有错漏者，除非常明显者，已经作者在行文中通过注释或其他形式指出外，余皆请识者指正为荷。

六、本卷所涉及之民国时期（个别在清末年间）来自香山（中山）县之学生之赴澳留学，因时间先后不一，年龄跨度也大，申请赴澳留学的时间与实际抵达时间亦相差甚大，有的达三年之久甚至时间更长。在每篇文章的排序上，无论是从其申请赴澳或者是抵达澳洲日期甚至是按姓氏笔画排序，以反映这一时期的留学情况，皆有不甚完备之处。为此，本卷以这些留学生的出生日期为据，将每篇文章照此依次排列下来，一方面便于检索，另一方面亦希望借此展示香山（中山）县学子赴澳留学之秘辛。

七、清末至民国时期中国留学生入澳留学的那些学校，当时许多都有相应的中文译名，有的学校还有几个不同的中译名，本卷在行文中则根据护照申请者所填，照录其中译名，或以时人之通译为据，以保持原生态。

八、本卷有关年代和金额，基本上使用汉字数字，以便统一。

九、中国学生当时赴澳之交通工具，基本上都是蒸汽轮船，只有极少部分是双桅帆船，分属不同国家和公司，有些船只原来就有中文船名，日本轮船名也有固定汉字，澳洲船只当时有的也有固定中译名（有的不同时期有不同译名），故行文中涉及这些船只时，尽可能还原其当时所使用或流行之中文名或中译名。

十、根据已经查阅到的档案文件，本书系列将分为六卷，即《中山卷》、《台山卷》、《新会卷》、《开平卷》（原广东省四邑各县本应各自独立成卷，因与恩平县相关之留学档案阙如，目前只有台山、新会和开平这三卷）、《东（莞）增（城）惠（阳）卷》（简称《东增惠卷》）和《珠三角其他县市卷》。鹤山县目前归入江门市管辖范围，成为现在的五邑之一，因在澳大利亚档案馆中目前只找到一份鹤山县赴澳留学生的档案，无法独立成卷，故将其归入《开平卷》中。本卷即为《中山卷》，因收录的档案宗卷有二百多份，涉及二百多名留学生，篇幅较大，分上下两册。

十一、尽管是以还原历史为原则，因资料线索所限，以及无法对其原籍实地考察与访问，对每位留学生情况的考证与甄别仍有不足，仍或有疏漏错讹之处，此皆笔者之责任，尚祈赐教更正。

本卷说明

本卷是《民国粤人赴澳大利亚留学档案全述》系列之《中山卷》。该书主要是根据澳大利亚国家档案馆所藏之档案资料，将清末民国时期，主要是将北洋政府包括广州军政府时期及南京国民政府时期，广东省香山（中山）县青少年儿童赴澳留学的档案宗卷资料作一汇总整理，并对其中的一些问题加以考证和甄别研究，按照不同的宗卷所涉及之不同个体，分别撰写成篇，以供参考。

本卷所涉及的留学年份，始自清朝末年，主要集中于二十世纪二十年代到二十世纪三十年代。但亦有少数留学生因在澳留学时间长，后来又改变身份，即从学生签证改为工作签证，得以继续留在澳大利亚发展并最终定居加入澳籍，其档案所涉及之年份直到二十世纪四十年代末至五十年代初。因档案中的每一个个体宗卷基本上涉及一名留学生，个别的则是兄弟俩或兄弟多人，故本卷基本上按照这一分类整理、考证、甄别及撰写；并在起止年份上也基本与档案宗卷所涉及者同步，即从其递交护照申请表到其最终回国或者获准定居，或档案终止。

从这些档案中可以发现，民国时期赴澳留学的香山（中山）籍青少年，包括儿童，其留学地点主要集中于新南威尔士州（New South Wales，鸟修威）和昆士兰州（Queensland，坤时栏）二州。前者大部分集中于雪梨（Sydney，悉尼）城区，后者则大部分集中于昆士兰州北部的各个城镇，尤以北昆重镇凯恩斯（Cairns，坚市）和汤斯维尔（Townsville，汤士威炉）及其周边的城镇与矿区最多。换言之，他们在昆士兰乡村地区的留学，范围最大，分布最广。除此之外，中山籍去到别的州比如维多利亚州（Victoria，域多利）、南澳大利亚州（South Australia）及西澳大利亚州（Western Australia）留学者，则人数极少。这种现象所反映出来的现实是，自澳大利亚淘金热兴起，民国初年以前香山人前赴后继前往这块土地寻梦者，实际上也主要集中于上述二州。

这些档案文件也显示了另外一个特点，即大部分的这些香山或中山籍小留学生赴澳留学后，都是在当地学校入读少则半年，多则十几年之后，又都返回中国；而只有少数的留学生因父辈及其所属商行的安排及机缘，以工作签证或其他的形式留居，最终留在了澳大利亚这块土地上。

这些档案宗卷所揭示的，还有一个特点，即家族或宗族子弟有计划地陆续赴澳留学培训。在这方面，以竹秀园村郭氏兄弟所创办的永安公司表现得最为明显。而由此所引发出来的，同宗同村联袂赴澳留学的特点也很突出。在这一方面，以隆都和斗门（民国时斗门仍属中山县）为最。

所有赴澳留学的青少年儿童，除了极少数是由其他亲属资助担保外，余皆为父亲出面担保，并在来到澳大利亚后多与父亲住在一起。从其父辈的资助背景可以看到，他们在澳大利亚从事的营生，主要集中于杂货店兼营与中国的进出口贸易（土货进出口与销售）、果蔬店与自营农场（菜园）、木工家具业。从这些信息中，也可以大致勾画出早年在澳香山籍人士于新南威尔士州和昆士兰州的商业版图。

仔细梳理这些赴澳留学生的父辈资料，也可以发现他们之间很多都是亲戚，包括宗亲和联姻所结成的纽带，从而在为其子女申请赴澳留学的担保和作保方面，形成相互支持的特点。因限于篇幅以及本书侧重于留学生个人的情况，其父辈之商业活动则不在本书探讨之列。但实际上，他们在澳大利亚的商业轨迹及其兴衰，完全可以整理档案记载，另外成书，本书所涉之这方面的档案资料，只是点到为止，旨在为进一步之研究提供线索。

本卷所涉及的留学档案宗卷，超过二百二十份，包括二百四十名左右的赴澳留学生，占目前所能收集到的民国时期粤人赴澳留学档案的四分之一。因其篇幅较大，文字较多，故将其分为上下两册。

需要说明的是，目前的澳大利亚国家档案馆中有关民国时期中国留学生的档案资料库目录尚不完备，一些档案还没有完全做好索引备查，故许多已知的赴澳留学生之人名尚无法在数据库目录中检索得到。这一卷所呈现出来的档案，只是就目前从档案中所能搜寻和汇集的宗卷。事实上，本卷超过一半的宗卷，是过去几年间在收集四邑及珠江三角洲其他县市相关档案的过程中，从其所涉及的名字及其他途径指引，通过进一步的挖掘和深翻而陆续搜获而得。也许随着时间的推移，数据库的进一步充实完善，在今后还会陆续查找和检索到更多的相关档案资料。也就是说，本卷只是迄今为止可以从澳大利亚国家档案馆里搜集和检索到的有关早期中山籍留学生情况的一个研究考证汇集。今后如果还能发现更多的与此相关的档案资料，则可以考虑再编续集，供研究早期侨乡出国留学和教育文化交流的人士参考。

二〇二〇年九月二十四日

吴紫垣

香山龙聚环村

吴紫垣（James Fong），又名吴子垣，或者占士垣（即其英文名字的直译），一八八三年九月十六日出生，香山县龙聚环村人。他在少年时便从家乡去到加拿大，成年后一边做工，一边投身反清革命。一九〇七年在加拿大与李翰屏等人组织击楫社，与同盟会相呼应，支持孙中山革命。[①]中华民国成立后，吴紫垣回国定居，主要从事教育，被称为“革命老人”。[②]就是这样一位在加拿大成长起来的职业革命家，在辛亥年武昌起义之前，曾经尝试直接从加拿大奔赴澳大利亚留学。

一九一一年七月十日，大清帝国驻澳大利亚总领事黄荣良致函澳大利亚外务部，为吴紫垣进入澳大利亚攻读医学学位申请入境签证。黄总领事在公函中表示，吴紫垣现年二十六岁[③]，已经在加拿大接受过良好的基础教育，其赴澳留学的目标是进入澳大利亚的主要大学攻读医科。黄总领事希望澳大利亚政府能认真考虑此项申请，准允这样一位认真求学的中国青年前来留学；并且也希望明示，是否需要吴紫垣回到中国去申请护照并由在中国的英国领事馆核发赴澳签证。

外务部接到上述申请后，给予了认真对待，因为这份申请并没有提供更多的个人资讯及相关担保等情况，当局需要对此予以先行了解，才能决定

① 详见孙中山故居纪念馆（The Museum of Dr Sun Yat-sen）网站“吴紫垣”栏：http://www.sunyat-sen.org/index.php?m=content&c=index&a=show&catid=50&id=7047。

② 转引自面石：《革命老人吴紫垣》，载《广东文献》第29卷第4期（2001年10月31日）。

③ 不知是黄总领事还是吴紫垣本人或其家人将其实际年龄减小了两岁。

是否正式受理并核发签证。下属官员通过海关及警察等部门打探了解到吴紫垣此前在加拿大接受了正规公立学校的教育，其英语阅读和算术都应不成问题，但问题是他没有提供任何这方面的证明文件；此外，多方询问的结果是，吴紫垣打算在澳大利亚留学六年，地点将会是鸟修威省（New South Wales）的雪梨埠（Sydney）或者鸟加时埠（Newcastle）两地任选其一。而这位年轻人选择上述两地的原因是，他有一位同父异母的哥哥名叫Charles Chong（查理昌）[①]，在鸟加时埠开设一家杂货商铺。事实上，吴紫垣便是通过其兄长向中国总领事提出上述留学申请。

得到上述资讯后，外务部便想了解下述两点：一是查理昌的资产及品行情况，因他将会是吴紫垣拟定留学澳洲的担保人，也包括他是否还有其他的亲戚也在澳大利亚；二是吴紫垣真实的英语能力，这关系到他是否可以获准进入大学攻读专业学位的问题。八月底，鸟加时埠警察局向外务部提交了相关的调查结果。根据记录，查理昌至少已在澳大利亚住了十年以上的时间，大约在一九〇七年时，在鸟加时埠的查尔顿街（Charlton Street）上开设了一家杂货商铺，并以自己的名字作为店名；其人品行良好，无不良记录；除查理昌本人在鸟加时埠经商之外，他还有一位堂兄弟，名叫Ah Tow（阿头，译音）[②]，在雪梨的亚历山大区（Alexandra）布达尼路（Botany Road）做木匠，受雇于一家木厂（家具店），收入稳定。至于吴紫垣的英语程度是否可以读大学，警察通过与查理昌的交谈得知，因没有任何证据能够显示吴紫垣的英语能力，后者表示可以先安排他入读鸟加时公立中学（Newcastle Public High School），待其通过考试，再去读大学。

上述警察的调查报告显示查理昌确实具有一定的财政能力，可以充当其兄弟来此读书的监护人和财政担保人，这第一个问题无疑已经得到解决。

---

① 从澳大利亚国家档案馆里找到一份与这个名字相关的档案，显示Charles Chong出生于一八七〇年，但来澳的年份不详。见：Yow Ching or Lee Chew, George Foo, Sam War, Yick Mun, Leong See, Indru or Indah, Charlie Chong or Mong Chong, Peter Ah Sow, Ah Sue and Charles Joseph Coorey [Certificate Exempting from Dictation Test - includes left hand impression and photographs] [box 128], NAA: ST84/1, 1920/276/71-80。

② Tow, Ah [Chinese - arrived Sydney per CHANGSHA in 1895; arrived Melbourne per SS TINOM, Dec 1906. With photograph][Box 42], NAA: SP1732/5, 3025。该份档案宗卷显示，阿头来到澳大利亚的年份为一八九五年，应该与查理昌来到澳大利亚的年份比较相近；而另一份档案宗卷则表明，阿头大约出生于一八七一年。见：Yee Hing, Wong Foo, Sue Chong, Ah Tow, Poy Kee, Lee Pink, Lee Lum, Peter Lee, Noble Leaufore and Ivy Leaufore [Certificate Exempting from Dictation Test - includes left hand impression and photographs] [box 30], NAA: ST84/1, 1909/23/61-70。

针对第二个问题，九月二十日，外务部秘书致函乌加时中学校长，将吴紫垣的情况作了一番介绍，询问他是否愿意接受这位中国学生入读该校。校长本人实际上并无法决定能否接受这位已经二十六岁的学生，遂将此事上报到省里主管教育的公共建设厅。厅长认为，目前该省的中学生年龄段基本上都在十四岁到十七岁之间，一个二十六岁的青年跟这些少年待在一起，显然很不合适；其次，每年中学的学位都不多，满足本地需求都显得很紧张，因为小学毕业生还需要经过考试，合格才能升读中学，事实上根本就难以有空学位让吴紫垣入读。于是，乌加时公立中学校长便在十月二十日复函外务部秘书，将主管部门的意见告知，拒绝接受吴紫垣入读该校。

由于吴紫垣的要求与现实差距较大，没有学校接受其入学，就无法让他有机会进入大学深造，这一结果也便成了外务部拒签的主要依据。十一月一日，外务部部长决定不予批复吴紫垣赴澳留学的申请，并将此决定通告了中国总领事馆和查理昌。但黄荣良总领事接到拒签函后，很不服气，觉得以吴紫垣的条件，应该是可以前来澳大利亚读书并进入大学深造的。于是，十一月二十二日，他致函外务部秘书，询问其拒签的理由依据，并表示还是希望外务部部长重新考虑上述决定，批复吴紫垣的留学签证。一个星期后，外务部秘书复函，将上述乌加时公立学校校长所述之两点理由详细见告。其语气虽然平缓，但拒签态度则很坚决。

黄荣良总领事见决定已经如此，知道大势已去，再多说已无意义，遂向外务部秘书表示，将此决定通告查理昌，再由他知会其兄弟吴紫垣这个结果。但他也表示，如果乌加时埠不接受已经成年的吴紫垣，将会鼓励查理昌向其他省的中学提出申请，或许能找到愿意接受的学校。如果这样的话，还请外务部批复这位中国青年的留学签证，毕竟有追求愿意学习都是应该鼓励的。话虽这样说，事实上查理昌也觉得这样做太困难，遂不再提及此事。

吴紫垣的赴澳留学计划，就此遭受失败。

一九一一年七月十日，大清帝国驻澳大利亚总领事黄荣良申请吴紫垣留学签证时随信附上的吴紫垣照片。

档案出处（澳大利亚国家档案馆档案宗卷号）：

Application by the Consul - General for China on behalf of Charles Chong for permission for his step-brothers named James Fong, NAA: A1, 1911/19650

刘泗庆

香山寮后村

See Hing，大约出生于一八九六年，但档案宗卷中并未找到他的中文名字。他的兄长叫Alfred Lowe[①]，其中文对应名字是刘均荣。See Hing，根据广府话的发音，其最有可能的中文名字应该是“泗庆”（译音）。而其籍贯，应该跟刘均荣的侄子刘寿如[②]一样，是香山县寮后村。

刘均荣，一八九七年从家乡来到澳大利亚发展，在雪梨（Sydney）登陆入境，随后便在该埠定居下来。七年后，他在雪梨的华打鲁区（Waterloo）开设了一间蔬菜水果商铺，规模还不算小，并大约在其抵澳立足后不久与一位在澳出生的混血华女结婚。

一九一〇年九月初，刘均荣致函外务部秘书，申请其时年十四岁的兄弟刘泗庆前来雪梨留学。他以自己经营的生意作保，计划让兄弟来此读三年书，并且也为其联络好了位于雪梨玫瑰湾（Rose Bay）的诗可词书院（Scots College），后者也出具了录取函，希望外务部能核发给刘泗庆入境澳洲的留学签证。外务部接到上述申请后，通过海关部门了解到了刘均荣的上述情

① 参见：Alfred Lowe [Chinese - arrived Sydney per TUJ YUEN, June 1897. Box 34], NAA: SP11/2, CHINESE/LOWE ALFRED; Lowe, Alfred [Chinese - arrived Sydney per TIY YUN, Jun 1897. With photograph][Box 43], NAA: SP1732/5, 3098。

② 刘寿如生于一九〇七年，是刘均荣的侄儿，来自香山县寮后村。一九二五年，他赴纽西兰（New Zealand）路经澳大利亚，准备在雪梨埠中转，而被伯父刘均荣留下在此留学。见：Lowe, Sou Yee - Education exemption certificate, NAA: A1, 1928/11614。

况，也从当地警察派出所拿到了有关他的品行和为人皆好并无不良记录的报告，确认他有财政实力，符合监护人和财政担保人的身份。九月三十日，外务部秘书复函，批复了上述申请，给予刘泗庆三年留学签证，条件是：其一，刘均荣先向海关缴纳一百镑作为保证金，到其弟学成回国后可全额取回；其二，刘泗庆抵澳时，由海关先核发给他一年期的留学签证，到期可申请展签，如此直至三年期满；其三，刘泗庆在留学读书期间，只能全日制上学，不许打工。

接到兄长从澳大利亚发来的获得入境签证的信息后，刘泗庆家人便通过香港的金山庄为其办理相应的出国文件及订购船票。不到半年时间，诸事妥当，刘泗庆便去到香港，在此搭乘“太原号”（Taiyuan）轮船，于一九一一年三月十日抵达雪梨，顺利入境。刘均荣将小兄弟接出海关后，将其安置在自己家中住下。

在刘泗庆入境三个月后，外务部想知道他的在校情况，遂于当年七月致函诗可词书院询查。可是，该书院院长的回复是，此前是有这样的一个中国学生打算入读，并且也报名了，但迄今为止并未入读。外务部秘书接到上述报告，第一个反应就是，是否这个学生根本就没有进入任何学校，而利用这个机会去打工了，毕竟此时他已经十五岁了。当时澳洲虽然准允中国人前来留学，但严禁他们在澳打工。于是，外务部秘书紧急下文到海关，请其稽查人员协助巡查，以确认他在做什么。八月中旬，海关人员终于弄清楚，刘泗庆已经注册入读列坟公立学校（Redfern Public School）。

接到报告后，外务部秘书非常不高兴，一个原因是，诗可词书院已经为这位中国学生入读做好了准备，但该生并未来注册就读，院长在回复外务部询查函时，言语中有所抱怨；而更为重要的是，即便转校入读其他学校，也应该事先报备获得外务部批准，但现在却是要动用大量人力物力巡查方才获知其转校的结果。为此，八月三十一日，外务部秘书指示海关，让其派员找到监护人刘均荣，要他就此给出一个解释。随后，海关稽查人员找到了刘均荣，从他那里得知了转校的经过。原来，在刘泗庆抵达雪梨后，因其此前未曾学过英语，刘均荣决定先不让他去上学，而由自己在家教授他最基础的英语。当教了弟弟一个多月之后，他决定不让其去往诗可词书院上学，因为从华打鲁区去到玫瑰湾，路程远一些，需要搭乘公共交通，中途要转车；而他担心弟弟的英语不行，怕他迷路的话就很麻烦，遂决定让其就近上学，因而在五月一日选择在其店铺邻区的列坟公立学校上学。对于上述解释，外务部认为也有一定道理，也就不再追究转校之事。

但当海关稽查人员在刘均荣蔬果商铺与其见面时，也见到了在商铺后面身穿围裙干活的刘泗庆，便也据实报告给了外务部。外务部对此问题极为重视，要求海关进一步核查，看看是否这位中国学生逃学打工。对于上述诘问，刘均荣极力否认，只是说自己的弟弟经常会待在店铺后院，跟来往的员工或顾客说话，目的是为了跟他们练习英语会话。随后稽查人员也去到学校，甚至是突击检查，想确定他是否到校上课，但每次都发现这位中国学生正常上学，老师对其在校表现也都很认可；即便稽查人员有时在周末去到刘均荣店铺检查，看到刘泗庆站在柜台后面，显然是在帮工，但都被解释为练习英语口语而无法再追问下去。稽查人员的检查一直持续到当年十一月底。最终，外务部觉得练习口语亦情有可原，无可厚非，遂决定就此作罢，不再纠缠此事。

可是，海关稽查人员认为他们在这个问题上花费了大量时间，也曾经抓住了刘泗庆在商铺做工的现行，因而对上述外务部的决定很不甘心。十二月十三日，一位海关稽查官照例去到刘均荣商铺巡查，发现只有刘泗庆在，询问之下，得知是其兄要去雪梨城里办事，由他来顶替守铺子。稽查官觉得有猫腻，遂直接去到学校找到校长，得知是刘均荣为弟弟请了假，理由是他生病无法去学校上课。稽查官认为，这是严重的欺诈行为；此外，他还得知有时候刘泗庆逃学，跟其他中国学生或年轻人一起去游玩度假。有鉴于此，他便将此发现报告给外务部，并建议立即将刘泗庆遣返回中国。为此，外务部秘书于次年一月四日复函，嘱其警告监护人刘均荣，如果再不改正此前的做法，继续任由其弟刘泗庆逃学旷课以及在店铺里做工，外务部将采取行动，立即将其遣送回国。

还好，从列坟公立学校校长在一九一二年四月份提交的例行报告来看，对刘泗庆的评价还是很正面的，比如正常上学，在校遵守规矩，学习成绩也有所提高。在这种情况下，外务部秘书便批复了他的下一年度的展签。由此一直到年底，刘泗庆的在校表现和学习都还算是令人满意。

可是一九一三年新学年开学后，十七岁的刘泗庆没有再去列坟公立学校上学，而是在二月二十六日那天，去到雪梨港口，登上“图发号”（Tofua）轮船，前往太平洋的岛国飞枝（Fiji）。当时飞枝还是英国的殖民地，但也有很多香山籍的乡亲在那里发展。刘泗庆的留学档案到此终止，其赴澳留学的时间，满打满算还差一个多月才满两年。

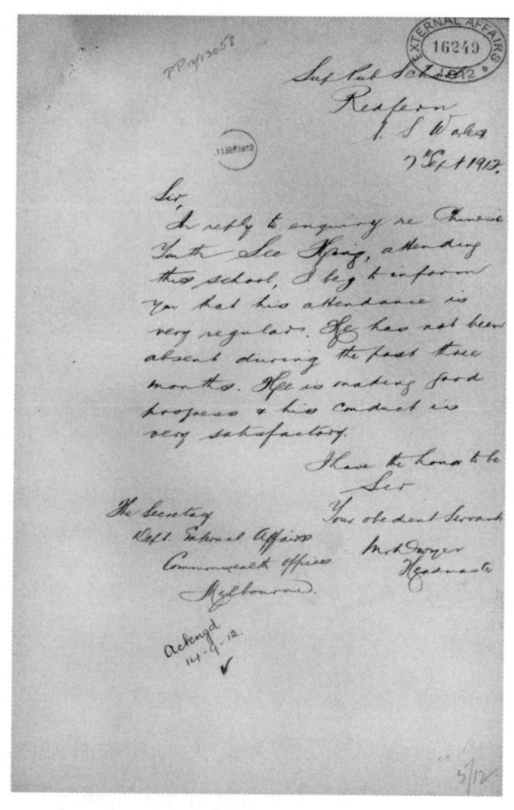

EXTERNAL AFFAIRS 16249 1912

Sup. Pub. School
Redfern
N. S. Wales
7th Sept 1912.

Sir,

In reply to enquiry re Chinese Youth See Hing, attending this school, I beg to inform you that his attendance is very regular. He has not been absent during the past three months. He is making good progress & his conduct is very satisfactory.

I have the honor to be
Sir
Your obedient Servant
M. O'Dwyer
Headmaster

The Secretary
Dept. External Affairs
Commonwealth Offices
Melbourne.

Acknged 14-9-12.

一九一二年九月七日，列坟公立学校校长提供给外务部有关刘泗庆在校表现与学业的报告。

档案出处（澳大利亚国家档案馆档案宗卷号）：

See Hing. Exemption Certificate, NAA: A1, 1914/20009

郭琳爽

香山竹秀园村

郭琳爽（Gock Lum Shong），生于一八九六年三月八日，香山县竹秀园村人，是著名的永安公司创始人之一郭泉的长子。青少年时期，郭琳爽曾在香港和广州求学，后来接班上海永安公司总经理，成为二十世纪上半叶中国最大的百货公司掌舵人。

一九一〇年七月二十日，郭氏兄弟中留守在雪梨（Sydney）主持永安果栏（Wing On & Co.，亦即永安公司）的郭葵（Paul Gock Quay）[①]，致函澳大利亚外务部秘书，希望他能准允其侄儿郭琳爽前来澳洲留学，预期三年，以期在这里完成其基础教育。他在申请信中说明，侄儿今年十二岁[②]，目前在香港读书，如果能获准来澳留学的话，他会将侄儿安排进入设在雪梨城里比街（Pitt Street）上的基督堂学校（Christ Church School）就读。郭葵在申请信中表示，他作为雪梨永安果栏的主要股东，将会作为侄儿郭琳爽留学期间的监护人和财政担保人，亦将会负担郭琳爽的全部留学费用以及按照政府之规定向海关缴纳相应的保证金。

为了支持上述申请，郭葵也附上几家西人公司的推荐信，以示他本人及永安果栏在当地商界中所享有的声誉和地位。如帝国保险公司（Imperial

① 郭葵生于一八七八年，于一八九〇年来到雪梨发展。见：Paul Gock Quay, NAA: SP42/1, C1913/5762。

② 不知为何郭葵将郭琳爽的实际年龄减少了两岁，也许那个时代的居澳华人都有将子侄辈年龄往小处说的习惯。

Insurance Co. Ltd）的鸟修威省（New South Wales）分行经理赛迪（R. K. Sidey）和托马斯·杰塞普父子行（Thomas Jessep and Son）的董事经理托马斯，都给外务部出具了非常有力的推荐信。前者以与郭葵相识十年的历史，力证郭葵经商有道；后者也是水果经销商，以其与永安果栏打交道四年的历史，证明其诚信经商，有与同行及上下游企业合作共赢的良好素质。而鸟修威银行（Bank of New South Wales）的喜市场（Haymarket）分行经理则致函外务部秘书，力证永安果栏的存款和交易流动资金雄厚，是该行的高端客户。此外，基督堂学校校长贾克布（L. G. Jacob）也致函外务部秘书，告知非常乐意接受郭琳爽前来该校入读。

接到上述申请后，外务部予以认真对待。八月三日，外务部秘书行文雪梨海关，指示对郭葵的经商情况及个人品行包括其在澳亲属情况等事项进行调查，并提交一份报告，以便作为批复郭琳爽入境签证的依据。海关对于永安果栏的情况比较熟悉，因该商行交易的量比较大，进出口贸易比较频繁，商业规模较大，资产价值不下于五千镑，在雪梨属于财大气粗的企业；但具体迄今为止郭葵还有多少兄弟和亲戚在澳洲，海关则不是很清楚，遂于八月十日致函雪梨警察局，请其提供相关情况。一个星期后，警察的报告就被送到了海关办公室。据他们的了解，郭葵是目前永安果栏八个股东之一，已婚，育有四个子女，现与妻小都住在雪梨；他的另一个兄弟郭顺（William Gockson）[①]目前仍然在澳洲，除了担任永安果栏的股东之外，还在鸟修威省北部的乡镇磨利埠（Moree）的一间杂货商行聘记号（Pan Kee & Co.）[②]拥有股份，是该商行的股东之一，主要从事羊毛收购等方面的生意。而郭氏家族中的其他人，皆已离开澳大利亚赴香港发展。

拿到上述报告后，外务部部长认为郭葵各方面都符合监护人和财政担保人的条件，而郭琳爽也符合赴澳留学的要求，遂于八月三十一日批复了郭葵

① 郭顺在澳大利亚的档案，见：William Gockson, Daphne Gockson [4 photographs attached], Raymond Gockson [6 photographs attached], Beryl Gockson [2 photographs attached] and Florence Gockson [10 photographs attached] [Box 138], NAA: SP244/2, N1950/2/14009。

② 见鸟修威省档案馆（NSW State Archives & Records）收藏的该省有关二十世纪初工商企业注册记录：https://records-primo.hosted.exlibrisgroup.com/permalink/f/1ebnd1l/INDEX1834314。

的申请，核准郭琳爽三年留学签证。按照规定，留学生的监护人和财政担保人应该先行前往海关缴纳一百镑保证金，以便海关在该留学生到来时，能有所依据，顺利放行。

郭葵很快便到海关缴纳了保证金，并且在九月六日与兄弟郭顺一起具结担保书，交由海关存档备查。

然而，郭琳爽的赴澳留学档案到此终止。此后在澳大利亚的出入境记录中，未再见到与他相关的信息。或许，此时他的父亲郭泉已经改变了主意，对于其子的日后发展有了更加成熟的培养方案，而永安公司起家的这个地方——澳大利亚，已经被排除在了其子学习和深造的计划之外。

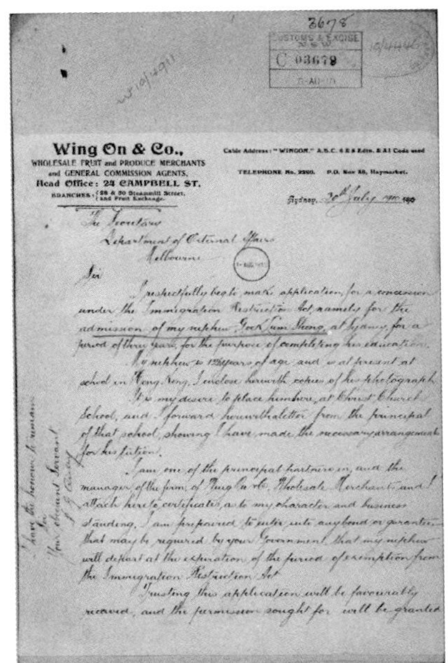

CUSTOMS & EXCISE
N.S.W.
C 03678

Wing On & Co.,
WHOLESALE FRUIT and PRODUCE MERCHANTS
and GENERAL COMMISSION AGENTS.
Head Office: 24 CAMPBELL ST.
BRANCHES: 28 & 30 Dixon Street, and Fruit Exchange.

Cable Address: "WINGON." A.B.C. 4 & 5 Edn. & A1 Code used
TELEPHONE No. 2280. P.O. Box 58, Haymarket.

Sydney, 20th July 1910

The Secretary
Department of External Affairs
Melbourne

Sir

I respectfully beg to make application for a concession under the Immigration Restriction Act, namely for the admission of my nephew, Gock Lum Shong, at Sydney, for a period of three years, for the purpose of completing his education.

My nephew is 13 years of age and is at present at school in Hong Kong. I enclose herewith copies of his photograph.

It is my desire to place him here, at Christ Church School, and I forward herewith a letter from the principal of that school, showing I have made the necessary arrangements for his tuition.

I am one of the principal partners in, and the manager of the firm of Wing On & Co. Wholesale Merchants and I attach hereto certificates as to my character and business standing. I am prepared to enter into any bond or guarantee that may be required by your Government, that my nephew will depart at the expiration of the period of exemption from the Immigration Restriction Act.

Trusting this application will be favourably received, and the permission sought for will be granted

I have the honour to remain
Sir
Your obedient Servant
P. G. Quay

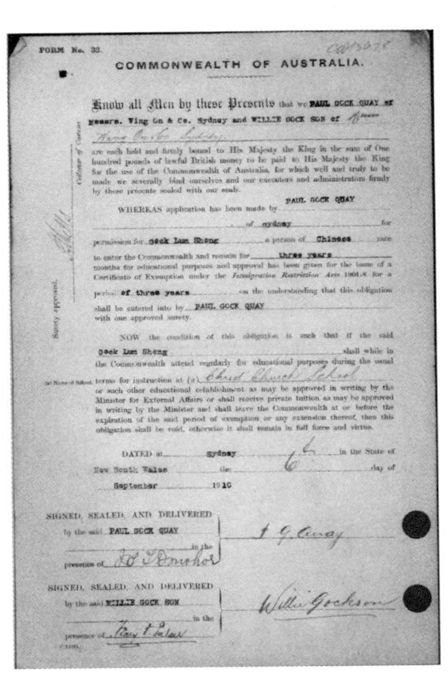

FORM No. 33.

COMMONWEALTH OF AUSTRALIA.

Know all Men by these Presents that we PAUL GOCK QUAY of Messrs. Wing On & Co. Sydney and WILLIE GOCK SON of Messrs Wing On & Co Sydney are each held and firmly bound to His Majesty the King in the sum of One hundred pounds of lawful British money to be paid to His Majesty the King for the use of the Commonwealth of Australia, for which well and truly to be made we severally bind ourselves and our executors and administrators firmly by these presents sealed with our seals.

WHEREAS application has been made by PAUL GOCK QUAY of Sydney for permission for Gock Lum Shong a person of Chinese race to enter the Commonwealth and remain for three years months for educational purposes and approval has been given for the issue of a Certificate of Exemption under the *Immigration Restriction Acts* 1901-8 for a period of three years on the understanding that this obligation shall be entered into by PAUL GOCK QUAY with one approved surety.

NOW the condition of this obligation is such that if the said Gock Lum Shong shall while in the Commonwealth attend regularly for educational purposes during the usual terms for instruction at (a) Christ Church School or such other educational establishment as may be approved in writing by the Minister for External Affairs or shall receive private tuition as may be approved in writing by the Minister and shall leave the Commonwealth at or before the expiration of the said period of exemption or any extension thereof, then this obligation shall be void, otherwise it shall remain in full force and virtue.

(a) Name of School.

Collector of Customs

Surety approved.

DATED at Sydney in the State of New South Wales the 6th day of September 1910

SIGNED, SEALED, AND DELIVERED by the said PAUL GOCK QUAY in the presence of — P. G. Quay

SIGNED, SEALED, AND DELIVERED by the said WILLIE GOCK SON in the presence of — Willie Gockson

左：一九一〇年七月二十日，郭葵写给外务部秘书的信，申请侄儿郭琳爽来澳留学三年的签证；右：一九一〇年九月六日，郭葵和郭顺兄弟俩出具的担保书，确保侄儿郭琳爽赴澳留学，承担其全部费用。

一九一〇年，郭葵提交给外务部的郭琳爽照片。

档案出处（澳大利亚国家档案馆档案宗卷号）：

Gock Lum Shong [includes photographs], NAA: SP42/1, C1910/3678

容 石

香山乌石村

容石（Young Sit），大约生于一九〇〇年九月初一[①]，香山县乌石村人，到学龄后进入新式学堂香山国民学校读书。

父亲奎记（Hoi Kee）[②]，一八六四年五月出生，早在一八九〇年之前便从家乡来到澳大利亚发展，先当菜农。几年后，他把长子Willie Young Hoi Kee（容威利，译音）[③]也带来澳洲，定居于昆士兰省（Queensland）中部的滨海大埠洛金顿（Rockhampton），大约在一八九八年左右在此开设一家商铺，名为Sun Tai Hop Hoi Kee & Co.（新泰合奎记，或叫新泰合号），经营土洋杂货及生果菜蔬。到一九一〇年，奎记想让儿子来澳大利亚留学读书。当年七月份的时候，奎记向洛金顿海关提出申请，以其经营的商铺作保，希望能批准其子容石来当地留学，计划让他来此读三年书，学习英语和西方文化技术。

洛金顿海关接到上述申请后，在七月二十六日将申请转报主管外侨入境事务的外务部。通过海关和当地警察部门，外务部了解到，奎记的商铺在当

---

① 一九二一年七月十二日外交部特派广东交涉员李锦纶给容石核发的护照显示，他的出生年份是辛亥年九月初一日，即一九一一年九月初一日。这显然是错误的。而他在其年岁一栏则写为二十一岁，则显示出容石至少是一九〇〇年出生。而其父于一九一〇年为他申请赴澳留学时，也说明他的年纪是十一岁，对应起来，也就是出生于一八九九年或者一九〇〇年（如果是算虚岁的话）。

② Kee, Hoi - Nationality: Chinese [DOB: 7 May 1864, Occupation: Storekeeper] - Alien Registration Certificate No 46 issued 24 October 1916 at Rockhampton, NAA: BP4/3, CHINESE KEE HOI。

③ Kee, Willie Young Hoi - Nationality: Chinese - Alien Registration Certificate No 13 issued 21 October 1916 at Rockhampton, NAA: BP4/3, CHINESE KEE W Y H。根据档案上所示年纪，容威利大约是一八八〇年或者一八八一年出生。

地生意稳定，各种货品的存量价值就在四百镑左右，每周的营业额约为三十镑，算得上是一个财力较为雄厚的企业；而警方的报告也显示，奎记父子属于守法公民，邻里关系处理得好，诚信经商，没有不良记录；同时，奎记也跟当地的洛金顿公立中央男校（Boy's Central State School, Rockhampton）取得了联络，校方表示愿意接受容石入读。根据上述调查结果，外务部认为奎记符合申请子女赴澳留学要求，于八月二日批准了上述申请，给予容石三年赴澳留学签证，每次签证为期一年，可申请展签，直至三年期满。

经过一年多的准备和安排，到第二年十月，容石才得以被家人送到香港，搭乘由此驶往澳洲的轮船“依时顿号”（Eastern），于一九一一年十一月三日抵达昆士兰省首府庇厘士彬埠（Brisbane）港口。他的大哥容威利专程提前来到这里将他接出海关，再带着他搭乘其他交通工具北上七百多公里，返回洛金顿埠的家里。

因抵达澳大利亚的日期距当地学校放暑假也就剩下一个来月时间，容石便没有去学校念书，而是利用这段时间熟悉当地环境，并延请家教补习英语。到一九一二年一月二十九日新学年开学后，他才正式注册入读洛金顿公立中央男校。在余下来的几年时间里，学校对其在校之品行和学业都表示满意，因而在一九一四年其三年签证结束时，经外务部评估，再予以展签三年。由是，他又继续在这所学校读书，并且在一九一六年十月二十四日拿到了额外三年展签的最后一次留学签证。[①]

然而，容石并没有按照计划在此读完六年的书。就在刚刚拿到最后一次展签三个星期左右的时间，十七岁的容石从学校退学，告别了留守在洛金顿埠经营商铺的父亲，于一九一六年十一月十三日，与要回国探亲的大哥容威利一道去到庇厘士彬埠，搭乘路经该港口的“长沙号”（Changsha）轮船，驶往香港回国。[②]此时，距其入境澳大利亚留学，刚刚过去了五年。

---

① Kee, Young Sit Hoi - Nationality: Chinese - Alien Registration Certificate No 65 issued 24 October 1916 at Rockhampton, NAA: BP4/3, CHINESE KEE Y S H。

② Kee, Willie Young Hoi - Nationality: Chinese - Alien Registration Certificate No 13 issued 21 October 1916 at Rockhampton, NAA: BP4/3, CHINESE KEE W Y H。

五年之后，容石又回到了澳洲。一九二一年九月十七日，容石以Yong Sack这个英文名字，搭乘“获多利号”（Victoria）轮船，和年初时回国探亲的大哥容威利一起抵达庇厘士彬埠。[①]这一次，他手持的是中国外交部特派广东交涉员公署于当年七月十一日签发的商务护照，并有二天后英国驻广州总领事核发的入境签证，因而获准临时入境。容石的计划是在澳待上六年，开展与中国相关的进出口贸易。为此，他随身就携带了一份价值为一百一十一镑的丝绸产品订单。当昆士兰海关将上述情况报告给内务部时，得到的指示是要确认他是否确实在进行这类贸易，然后才能核发给他正常的可以申请展签的一年期商务签证；但如果他只是利用父亲原有的企业进行所谓贸易，则无法获准在澳停留，他必须离境回国。

在这种情况下，容石向中国驻澳大利亚总领事馆求助。他表示，他现在是其父所创之新泰合奎记商行的股东之一，在洛金顿埠从事中国商品的进出口生意；他带来的订单，给澳大利亚海关缴纳关税就达九十镑。为此，他希望内务部部长能准允他继续留下来，给点时间让他开展计划之中的与远东方面的贸易，假以时日，是会有成效的。为此，当年十一月二十二日，中国总领事魏子京致函内务部秘书，转述了上述情况并提出要求，请内务部部长重新考虑给予容石留下来继续经商。而总领事也意识到，上述请求未必会有好的结果，因而特别表示，即便内务部部长不允许容石待下来，也请给予几个月的宽限期，让他可以将手中的事情处理完再离境。在这种情况下，内务部部长终于松了口，于十一月二十九日特别给予容石六个月的居留期限，如果到期他无法在贸易上有所作为，必须立即离境。当然，如果确实是有所作为，则可以考虑给予展签。

半年时间很快就过去。一九二二年五月二十二日，魏子京总领事再次致函内务部秘书，表示根据容石提供的数据，他已经做了很多工作，故特为他申请一年期的商务签证展延。他表示，迄今为止，容石已经进口超过三千五百镑的

① Certificate Exempting from Dictation Test (CEDT) - Name: Willie Young Hoi Kee - Nationality: Chinese - Birthplace: Canton - departed for China per VICTORIA on 24 January 1921 - returned to Brisbane per VICTORIA on 17 September 1921, NAA: J2483, 297/089。

货品，而出口商品也达到三千六百镑。以这样的业绩显示出容石是在扎扎实实地推动出入口贸易，成绩可观，按照去年年末内务部部长的要求，是应该可以给予他展签的。然而，内务部通过昆士兰海关调查的结果是，虽然新泰合奎记商行的股东现由奎记和他的两个儿子组成，容石在其中的股份价值是五百镑，商行生意本身价值有一千七百镑，年营业额达七千镑，但海关出入口记录显示，一九二〇年至一九二一年财政年度，该商行的进口货物价值为二百二十九镑，一九二一年至一九二二年财政年度的进口货品价值为三百零三镑，所谓的出口商品价值则一直都是零，即根本就没有进行过任何的商品出口。有鉴于此，内务部秘书于六月十四日复函魏总领事，否决了他提出的展签申请，并且要求容石即刻离境，理由就是上述海关的记录。

接到拒签函，魏子京总领事无话可说，遂立即通知容石准备离境回国。容石也明白此前提供给中国总领事馆的都是不实信息，只是想着能蒙混过关即可，没有想到海关对每项进出口货品都有明确记录，自然也不能再争辩。正好此时有驶往香港的“山亚班士号”（St Albans）轮船停靠在庇厘士彬港，容石便赶赴该埠，于当月十六日登上该轮，离开澳大利亚回国。

容石总计在澳留学五年时间，随后重返澳洲打算经商，但未及一年，无法获得澳大利亚核发正式的商务签证，不得不离澳回国。

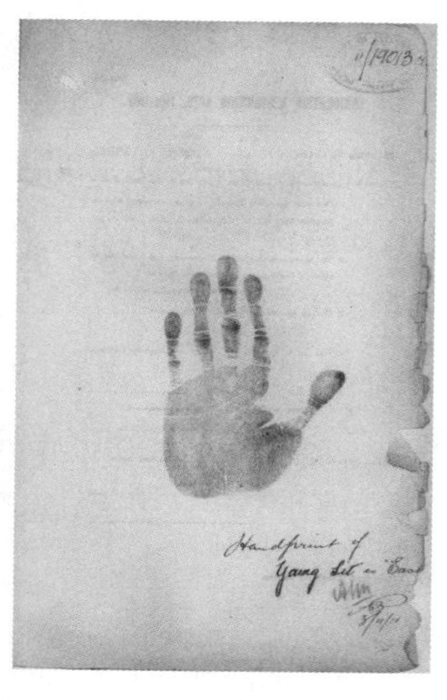

一九一一年十一月三日，容石抵达洛金顿埠过海关时提交的照片和摁下的手印。

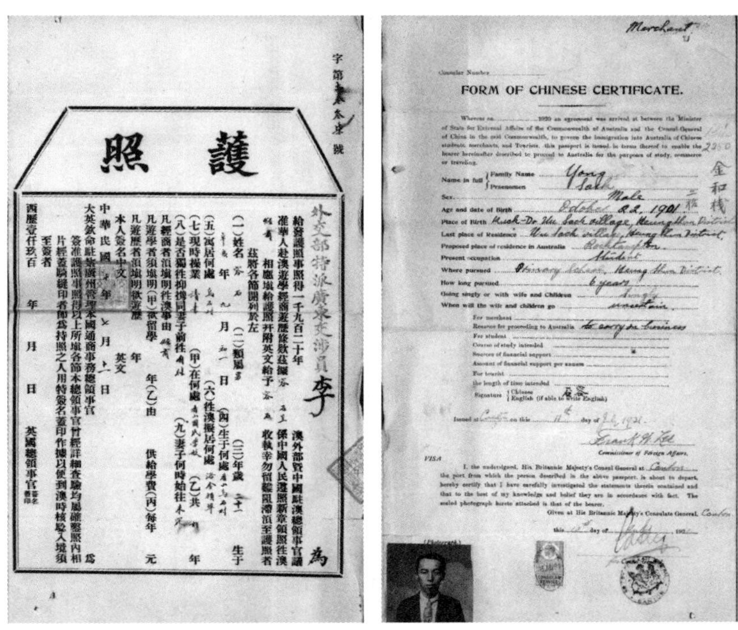

護照

外交部特派廣東交涉員李 為

給發護照事照得一千九百二十年 澳外部暨中國駐澳總領事官議准華人赴澳遊學經商遊歷條款茲據 容石 係中國人民遵照新章領照往澳 經商 相應填給護照并附英文給予 容石 收執幸勿留難阻滯須至護照者

茲將各節開列於左

(一)姓名 容石 (二)類屬 商 (三)年歲 二十一 生于 辛丑 年 九 月 初一 日 (四)生于何處

(五)寓居何處 (六)往澳擬居何處

(七)現時操業 讀書 (甲)在何處 (乙)共 年

(八)是否攜往抑攜同妻子前往 (九)妻子何時始往 未定

凡經商者須填明往澳事由 經商

凡遊學者須填明(甲)欲留學 年(乙)由 供給學費(丙)每年 元

凡遊歷者須填明欲遊歷 年

本人簽名中文 英文

中華民國 十 年 七 月 十二 日

大英欽命駐紮廣州管理本國通商事務總領事官 為

簽准護照事照得以上所填各節本總領事官曾經詳細查驗均屬確鑿照內相片經蓋騎縫印者即為持照之人用特簽名蓋印作據以便到澳時核驗入境須至簽者

西歷壹仟玖百 年 月 日 英國總領事官

Merchant

Consular Number

FORM OF CHINESE CERTIFICATE.

Whereas on .... 1920 an agreement was arrived at between the Minister of State for External Affairs of the Commonwealth of Australia and the Consul-General of China in the said Commonwealth, to govern the immigration into Australia of Chinese students, merchants, and Tourists, this passport is issued in terms thereof to enable the bearer hereinafter described to proceed to Australia for the purpose of study, commerce or traveling.

Name in full { Family Name: Yong / Praenomen: Sekh

Sex: Male

Age and date of Birth: October 22, 1901

Place of Birth:

Last place of Residence:

Proposed place of residence in Australia: Rockhampton

Present occupation: Student

Where pursued: Primary School

How long pursued: 6 years

Going singly or with wife and Children: Singly

When will the wife and children go: uncertain

For merchant
Reasons for proceeding to Australia: to carry on business
For student
Course of study intended
Sources of financial support
Amount of financial support per annum
For tourist
the length of time intended

Signature { Chinese 容石 / English (if able to write English)

Issued at Canton on this 11th day of July, 1921.

Frank W. Lee
Commissioner of Foreign Affairs.

VISA

I, the undersigned, His Britannic Majesty's Consul General at Canton the port from which the person described in the above passport, is about to depart, hereby certify that I have carefully investigated the statements therein contained and that to the best of my knowledge and belief they are in accordance with fact. The sealed photograph hereto attached is that of the bearer.

Given at His Britannic Majesty's Consulate General, Canton this 12th day of 1921

(Photograph)

一九二一年七月十二日，外交部特派广东交涉员李锦纶给容石核发的赴澳商务护照。

档案出处（澳大利亚国家档案馆档案宗卷号）：

Young Sit Exc Exemption Certificate, NAA: A1, 1922/10843

关阿灼、关沛泉兄弟

香山隆都

关阿灼（Ah Chok，也写成Ah Chok Yee）和关沛泉（Poy Chin），分别于一九〇一年和一九〇六年出生，香山县隆都人。

父亲关洪裕（Harry Way Yee，或写成Harry Hong Yee）[①]，早在一八九四年，便跟随家人，沿着当年珠三角乡人淘金的步伐来到澳大利亚发展。他从雪梨（Sydney）登陆入境，去到鸟沙威省（New South Wales）的中部沿海城市鸟加时埠（Newcastle）住了两年，然后进入鸟沙威省的北部地区，在坚嗹弥士埠（Glen Innes）待了四年，在当地华商店铺中打工；之后，再去到小镇烟花飞路（Inverell）住了六年，一边在当地华商开办的老字号逢源号（Hong Yuen & Co.，后称逢源公司）商铺打工并进而协助管理经营，一边也将自己所挣得的钱投资到周围地区的商铺；最后，他再回到坚嗹弥士埠，加入当地最大的华商店铺广生隆号（Kwong Sing Long & Co.）及广生号（Kwong Sing & Co.）[②]，成为股东之一。事实上，上述两家商行，股东基本上都是同一拨

① 档案中没有披露其中文姓名。此处确认他的中文名字，是参考雪梨中文报纸的活动来判断的。见："来函照登·附录捐款"，《东华报》（*The Tung Wah Times*），一九一八年十二月二十八日，第八版。

② 广生号是当地华商于一九一二年在鸟沙威省工商局正式注册。详见：鸟沙威省档案馆（NSW State Archives & Records）收藏之该省工商局二十世纪初工商企业注册记录：https://records-primo.hosted.exlibrisgroup.com/permalink/f/1ebnd1l/INDEX1808874。而广生隆号正式注册的日期则是一九二一年一月十二日，见：鸟沙威省档案馆收藏之该省工商局二十世纪初工商企业注册记录：https://records-primo.hosted.exlibrisgroup.com/permalink/f/1ebnd1l/INDEX1808885。上述两个商行后来又合并，叫作新广生号（S Kwong Sing & Co.）。因股东众多，有十余人；但在澳大利亚国家档案馆里，都无法查到与他们的英文名字相关的档案资料，因而无法探知其中华商各自之背景。

人。一九〇六年，关洪裕获准成为澳洲长期居民。[①]

来澳二十年后，因妻子在一九一三年因故去世，两个儿子在家乡没有亲人照管，关洪裕便想为他们办理来澳洲留学，以便自己能照顾他们。一九一四年五月二十一日，他致函澳大利亚外务部部长，提出来上述要求，希望能核发入境签证给他的两个儿子。关洪裕年轻，善交游，与当地警察及政府部门官员关系较好，故当外务部就上述申请需要调查核实他的情况时，得到的反馈都是非常之好，认为他是遵纪守法的好市民，而且特别强调他经商有道，有相当的财务自主权。由是，六月二十六日，外务部部长批复了上述申请，给予关阿灼和关沛泉两兄弟各两年的留学签证。

关洪裕接到批复很高兴，于是还想获得更多的批复。他向与其相熟的当地著名律师兼政客艾伯特（P. P. Abbott）表达了想法，即打算在回国带儿子出来澳洲留学时，他还要在国内将亡妻的小妹娶为妻子，作为继室；为此，他请其代为向外务部部长申请，也给他未婚的妻子核发两年探亲签证，届时他便可带着妻子和儿子一起回来澳洲。艾伯特此前曾任过两届坚嗹弥士埠的市长，去年底的联邦大选后刚刚当选为代表这一选区（新英格兰［New England］选区，包括坚嗹弥士埠）的联邦众议员（他不久后因第一次世界大战爆发而加入澳大利亚帝国军队赴欧作战，战后以中校军衔退役，一九二五年成为联邦参议员），无论在当地还是在联邦及鸟修威省政坛，都有很大的影响力。[②]于是，他在当年八月十一日向外务部部长提出了上述要求。后者看在他面子上，虽然没有完全同意给予两年签证，但还是在同月二十七日批复给关洪裕未婚妻子六个月的入境探亲签证，部分地达成了其愿望。

事情办得如此顺利，关洪裕十分高兴，便立即着手安排相关的事务，为回国做准备。一九一五年六月，他申请回头纸后，便去到雪梨，乘船返回中国家乡。当年十二月二十三日，他带着两个儿子，还有二十二岁的新婚妻

---

① H Way Yee [Henry or Harry Hong Yee, includes photograph], NAA: SP42/1, C1915/3553。

② Terry Hogan, “Abbott, Percy Phipps（1869–1940）”, *Australian Dictionary of Biography*, National Centre of Biography, Australian National University, http://adb.anu.edu.au/biography/abbott-percy-phipps-4962/text8231, published first in hardcopy 1979, accessed online 11 May 2020。

子（亦即他此前的小姨子），搭乘从香港起航的“依时顿号”（Eastern）轮船，抵达雪梨，顺利入境澳洲。然后，他便带着妻子和俩儿子，搭乘长途巴士，北上去到距雪梨六百公里的坚嗹弥士埠，回到自己家中。

从一九一六年新学年开始，关阿灼和关沛泉哥俩注册入读坚嗹弥士公立学校（Glen Innes Public School）。此前哥俩都没有学过英语，因此，来到这里后便一切从头学起。学校没有提供任何于他们不利的报告，故原有的两年留学签证到期之后，从原先外务部那里接管外侨事务管理的内务部部长，便于一九一八年批复他们可以继续留在当地读书，可以年复一年地申请留学展签。

到一九二一年，关阿灼提前结束小学课程，而专门就读坚嗹弥士工学院（Glen Innes Technical College）提供的的应用课程，主要是羊毛处理工艺课程。而关沛泉则按部就班地继续就读小学课程，于这一年年底完成了小学课程，并顺利地通过升读中学的考试。然后，他从一九二二年新学年开始，进入坚嗹弥士中学（Glen Innes Intermediate High School）念书。而就在上一年下半年，两兄弟的堂兄弟关添也从中国来到这里留学，和他们住在一起，进入上述中学念书。

一九二三年六月十三日，在父亲的安排下，拿到再入境签证后的关沛泉在雪梨登上“获多利号”（Victoria）轮船，返回中国探亲度假。而关阿灼则继续攻读羊毛处理工艺课程。次年八月二十一日，关沛泉再搭乘同一艘船回到雪梨。早在一九二三年，关洪裕就已经去到与鸟沙威省交界的昆士兰省（Queensland）所属士丹托埠（Stanthorpe），在那里开设一间以他自己的名字命名的服装鞋帽百货商店，名为Harry Yee & Co.（洪裕号）。由是，关沛泉返澳后，也就直接去到那里，跟父亲住在一起，并在此注册入读士丹托公立学校（Stanthorpe State School），还是跟他的堂兄弟关添一起上学，因后者去年下半年就跟着伯父关洪裕来到这里读书。而从一九二四年开始，关阿灼便以实习的名义，进入广生隆号以及后来由广生隆号和广生号重新改组后的新广生号商行协助工作，实习进出口贸易的相关操作程序。两年前从家乡隆都来此留学的族弟关泗合（Quan See Hop）之后也进入广生隆号工作。[①]

在一九二七年底拿到下一年度的展签后，已在新广生号工作了四年的关阿灼，在申请再入境签证之后，于一九二八年四月二十八日去到雪梨，搭乘日本轮船“丹后丸”（Tango Maru），离境回国探亲。但他的回国探亲之旅只有四个月左右，到当年九月十一日，便乘坐“天咑号”（Tanda）轮船返回雪梨，重新回到坚嗹弥士埠，继续在新广生号工作，协助经营。[②]

关沛泉在士丹托埠读了四年书，因未有见到任何与其相关的学校报告，无法得知他在那里的学习情况，只能从每年他都顺利获得展签这一事实判断，应该是按部就班地读完中学课程。到一九二九年一月十二日，他便与其在澳大利亚待了十三年的继母及三个继母所生的妹妹（分别为十岁、八岁和一岁半）一起去到雪梨，搭乘“天咑号”轮船，再次离开澳大利亚返回中国探亲。这次探亲也只是半年多一点时间，到当年九月九日，关沛泉再带着两个年纪较大的妹妹一起搭乘“彰德号”（Changte）轮船回到雪梨，因为她们需要赶回来澳洲读书。而最小的妹妹就留在中国，陪着其母亲，亦即他的继母。这次回来，他还带了一位新婚的太太。这是一位在澳大利亚出生的第二代华女，入境时因有在雪梨的出生证而没有受到任何阻拦。[③]随后，他带着新婚妻子和两个妹妹，去到士丹托埠，接管了父亲创办的服装鞋帽百货店；而其父亲关洪裕则因新广生号重组后应各股东之要求，重返坚嗹弥士埠主持经营，也将两个女儿全部带去那里读书。

此后，关阿灼和关沛泉兄弟俩就留在了澳洲。他们的留学档案到此终止。因无法找到此后与他们兄弟相关的档案宗卷，其后续发展情况不得而知。在其父亲于一九四一年八月六日因车祸丧生之后[④]，应该是由他们继承父亲留下的企业，各自分头发展。

---

① 详见：Quan Sec Hop - Student Pass Port & Bus. Ex/c, NAA: A1, 1935/1774。

② Ah Chok Yee [Chinese - arrived Sydney per SS TANDA, 11 Sep 1928, Box 46], NAA: SP11/2, CHINESE/YEE AH CHOK。

③ Poy Chin - Chinese under exemption - Application and issue of Certificates of Exemption (C.E.D.T.) [lived in Stanthorpe], NAA: BP234/1, SB1930/1122。

④ “TWO DEATHS Follow Car Accident: EVIDENCE AT INQUEST”, *Glen Innes Examiner*, Tuesday 12 August 1941, page 4。

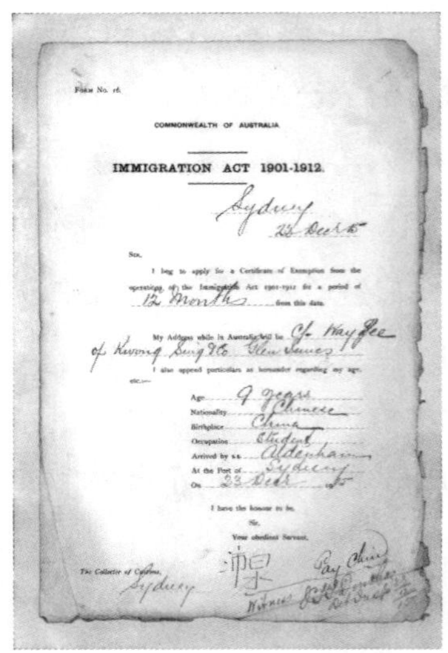

Form No. 16.

COMMONWEALTH OF AUSTRALIA

IMMIGRATION ACT 1901-1912.

Sydney
23 Dec 15

Sir,

I beg to apply for a Certificate of Exemption from the operations of the Immigration Act 1901-1912 for a period of 12 Months from this date.

My Address while in Australia will be C/o Way Yee of Kwong Sing Ho Glen Innes

I also append particulars as hereunder regarding my age, etc.:—

Age 9 years
Nationality Chinese
Birthplace China
Occupation Student
Arrived by s.s. Aldenham
At the Port of Sydney
On 23 Dec 15

I have the honour to be,
Sir,
Your obedient Servant,
沛泉 Poy Chin

The Collector of Customs,
Sydney

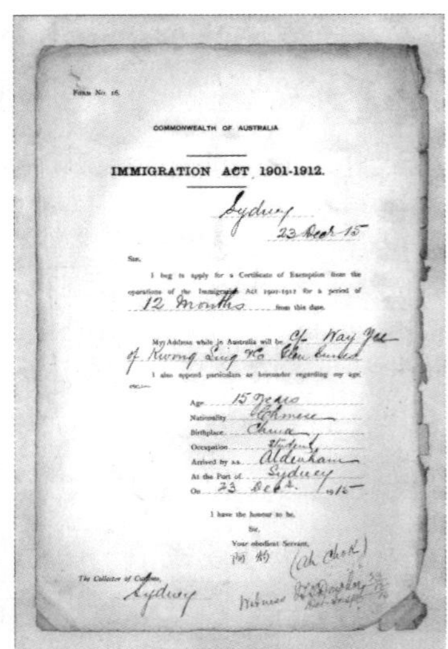

Form No. 16.

COMMONWEALTH OF AUSTRALIA

IMMIGRATION ACT 1901-1912.

Sydney
23 Dec 15

Sir,

I beg to apply for a Certificate of Exemption from the operations of the Immigration Act 1901-1912 for a period of 12 Months from this date.

My Address while in Australia will be C/o Way Yee of Kwong Sing Ho Glen Innes

I also append particulars as hereunder regarding my age, etc.:—

Age 15 years
Nationality Chinese
Birthplace China
Occupation Student
Arrived by s.s. Aldenham
At the Port of Sydney
On 23 Dec 15

I have the honour to be,
Sir,
Your obedient Servant,
阿灼 (Ah Chok)

The Collector of Customs,
Sydney

一九一五年十二月二十三日，关沛泉（左）和关阿灼（右）抵达雪梨海关时的入境表格。

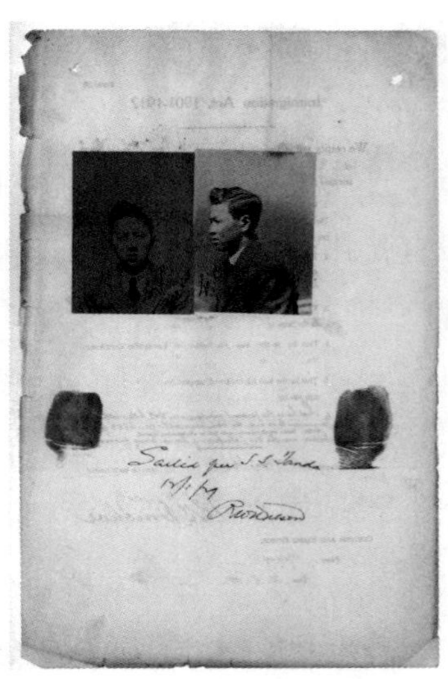

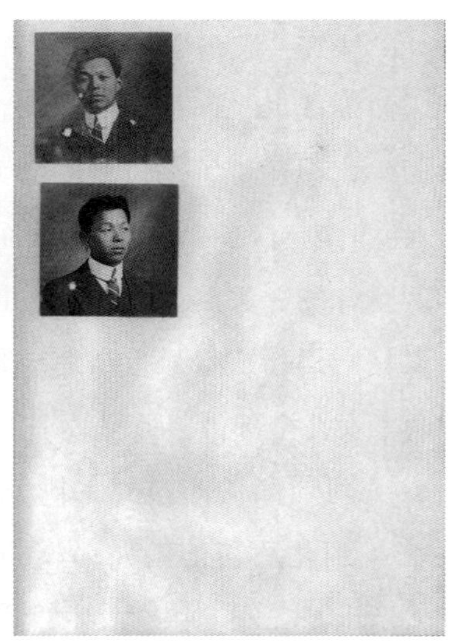

左：一九二三年六月十三日，关沛泉离境回国探亲时在雪梨离境时提交的照片；右：一九〇六年，关洪裕申请回头纸时提交的照片。

档案出处（澳大利亚国家档案馆档案宗卷号）：

Ah Chok Yee [also known as Harry Way Yee], Dora Way Yee, Poy Chin, Doris Edna Yee, Marjorie Elaine Yee and Betty Iris Yee [includes 2 photographs showing front and side view, Certificate of Exemption and left and right thumb prints of Poy Chin; left hand prints and Certificates of Exemption for Dora Way Yee; left hand print and left and right thumb prints for Betty Iris Yee and Doris Edna Yee and Certificates of Exemption and left and right thumb prints for Ah Chok Yee] [box 329], NAA: SP42/1, C1936/5876 PART 1 OF 6

Ah Chok Yee, Harry Way Yee, Poy Chin and Mrs Harry Way Yee [includes Certificates of Exemption for Poy Chin] [includes Certificates of Exemption for Mrs Harry Way Yee] [includes Certificate of Exemption for Ah Chok Yee] [box 329], NAA: SP42/1, C1936/5876 PART 2 OF 6

Ah Chok Yee, Harry Way Yee [also known as Henry], Poy Chin and Mrs Harry Way Yee [includes 4 photographs showing front and side views, left hand print and left and right thumb prints for Poy Chin] [issue of Certificates of Exemption in favour of Poy Chin] [includes Certificates of Exemption for Mrs Harry Way Yee] [includes Certificates of Exemption for Ah Chok Yee] [box 329], NAA: SP42/1, C1936/5876 PART 3 OF 6

Ah Chok Yee, Harry Way Yee [also known as Henry], Poy Chin and Mrs Harry Way Yee [includes Certificate of Exemption and left hand print for Poy Chin] [includes Certificates of Exemption for Mrs Harry Way Yee] [includes Certificate of Exemption for Ah Chok Yee] [box 329], NAA: SP42/1, C1936/5876 PART 4 OF 6

Ah Chok Yee, Harry Way Yee [also known as Henry], Poy Chin [also known as Pay Chin] and Mrs Harry Way Yee [includes numerous Certificates of Exemption for Poy Chin, Mrs Harry Way Yee and Ah Chok Yee] [box 329], NAA: SP42/1, C1936/5876 PART 5 OF 6

Ah Chok Yee, Harry Way Yee [also known as Henry], Poy Chin [also known as Pay Chin] and Mrs Harry [Dora] Way Yee [includes numerous Certificates of Exemption and left hand prints for Poy Chin, Mrs Harry Way Yee and Ah Chok Yee] [includes 2 photographs showing front and side views of an unknown girl] [box 329], NAA: SP42/1, C1936/5876 PART 6 OF 6

郭启添

香山竹秀园村

根据档案，郭启添（Kwok Kay Tim），一九〇二年八月二十六日出生于广东。从其名字的英文拼写来看，是用粤语发音的。一九二一年一月十九日，十九岁的郭启添向设在上海的中国外交部特派江苏交涉员公署申请护照及代办签证[①]，赴澳留学。在郭启添申请护照的同一天，中国外交部特派江苏交涉员许沅就为他签发了一份中国护照，号码是地字第8号。这份护照与同时期广东发出的护照内容略有不同，即没有通常看到的那些担保者的资料以及申请者的个人出生地点及生日等信息，因而也无从判断郭启添的财政担保人之身份。但下面的这些信息，说明郭启添应该是香山人，而且是竹秀园村的郭氏宗室子弟。

在许沅签发护照之后，过了五天，即一九二一年一月二十四日，英国驻上海总领事馆才将郭启添的赴澳签证核发下来。虽然这个护照编号与本书后面提到的竹秀园村郭氏家族子弟的郭宝庭（Gock Bow Ting）[②]、郭堃荣（Kwok Kwan Wing）[③]以及郭林昭（Kwok Lam Chin）[④]的号码不同，但他们的名字都一起出现在后来中国驻澳总领事魏子京提供的一份名单中，这是

---

① 此时的江苏省，是处于北洋政府的统治下，江苏交涉员公署设在上海。但此时广东省则处在孙中山领导的广州军政府管辖下。

② Gock Bow TING - Passport application, NAA: A1, 1927/5587。

③ Kwok Kwan WING - Student on Canton passport, NAA: A1, 1927/8452。

④ Kwok Lam Chin - Student on Canton Passport, NAA: A1, 1935/1442。

几个月之后他给澳大利亚内务部秘书的公函，通告名单上的留学人员即将抵澳，请其知照雪梨（Sydney）海关放行，准其入境。

下面的信息更说明问题。

与后述之香山郭氏子弟甫获签证即取道香港赴澳不同，郭启添足足等了近四个月，才从香港乘坐中澳轮船公司的“获多利号”（Victoria）班轮，于一九二一年五月二十五日抵达雪梨。因有中国总领事馆与内务部事先的沟通，他很顺利入关，并由海关根据惯例，当场核发其十二个月的留学签证。与他结伴而行同船抵达者，即为竹秀园村的三位郭氏子弟和邻村的高万安（Man On）[①]等人。而担保他出关的，则是合利果栏（Hop Lee & Co.）的经理马赞芬（Spence Mah Hing）[②]和永安公司（Wing On & Co.）总经理郭朝（Gock Chew）[③]，他们二人也是来此担保郭堃荣、郭宝庭和郭林昭出关的，然后将他们一起安置在永安公司的宿舍里居住。由此可见，郭启添与郭堃荣和郭林昭之间，似有紧密的宗亲关系。

在雪梨入境并安顿好之后，十九岁的郭启添与郭堃荣及郭宝庭一道，进入位于杜里奇希区（Dulwich Hill）的三一文法学校（Trinity Grammar School）读中学。这是一九一三年英国圣公会在雪梨创办的一所教会学校，历史虽然不长，但办学质量高，生源好，学风佳，一时间吸引了大量优秀学生。他在三一文法学校读了一年，成绩良好。次年的五月底，他离开此校，注册入读雪梨的斯多德与霍尔斯商学院（Stott & Hoare’s Business College）。

种种迹象表明，郭启添至少还应该在这所商学院读下去，以完成其大专学业，因为当年七月，中国驻澳大利亚总领事魏子京刚刚为他申请拿到了下一年的续签。可是，就在一个月之后，即一九二二年八月十六日，这位二十

---

① Man On. Student on Canton Passport, NAA: A1, 1922/7547。

② Certificate Exempting from Dictation Test (CEDT) - Name: Spence Mah Hing - Nationality: Chinese - Birthplace: Maryborough, Queensland - departed for China per EMPIRE on 6 March 1908, returned to Brisbane per EASTERN on 4 September 1908, NAA: J3136, 1908/124。马赞芬的父亲是香山县沙涌村人氏，而他则是在澳大利亚出生的第二代华人。他是在一九〇八年结束回国探亲返回澳洲之后，才从昆士兰省（Queensland）的首府庇厘士彬埠（Brisbane）迁移到雪梨，加入由永安公司郭顺（William Gockson）负责接管的合利果栏，并逐渐代替郭顺成为该果栏的实际负责人。

③ 郭朝的档案，见：Gock Chew [box 135], NAA: SP42/1, C1922/1674。

岁的年轻人在雪梨港口乘坐澳东轮船公司经营的“丫拿夫拉号”（Arafura）班轮，离开澳洲回国。此时，距离其来澳留学刚过一年零两个多月，他入读上述斯多德与霍尔斯商学院也刚刚两个多月的时间。

是什么原因促使郭启添突然终止学业，返回中国呢？档案里没有说明，也没有记载，澳大利亚内务部也是事后才接到中国总领事馆的通知，告知这位中国留学生已经离澳的消息。此后澳洲再也找不到与他相关的任何资料。

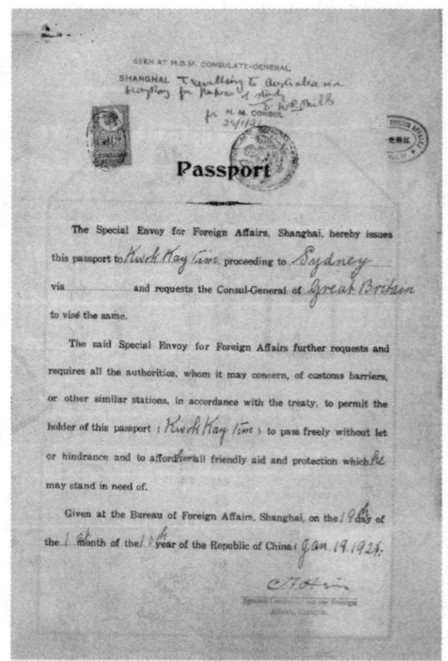

Passport

The Special Envoy for Foreign Affairs, Shanghai, hereby issues this passport to Kwok Kay Tim proceeding to Sydney via .... and requests the Consul-General of Great Britain to visé the same.

The said Special Envoy for Foreign Affairs further requests and requires all the authorities, whom it may concern, of customs barriers, or other similar stations, in accordance with the treaty, to permit the holder of this passport (Kwok Kay Tim) to pass freely without let or hindrance and to afford him all friendly aid and protection which he may stand in need of.

Given at the Bureau of Foreign Affairs, Shanghai, on the 19th day of the 1st month of the 10th year of the Republic of China (Jan. 19. 1921.

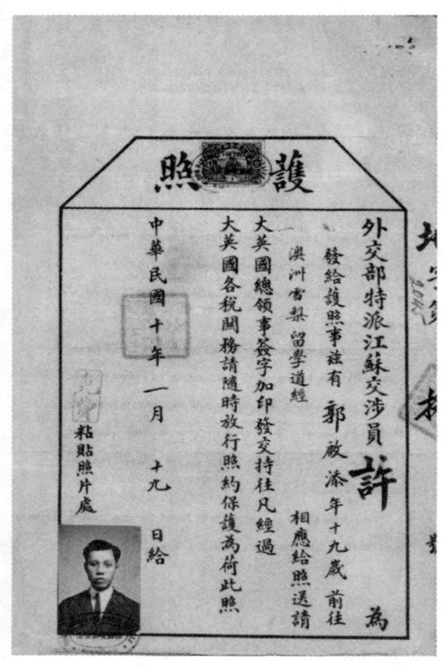

護照

外交部特派江蘇交涉員許 為

發給護照事茲有郭啟添年十九歲前往

澳洲雪梨留學道經 相應給照送請

大英國總領事簽字加印發交持往凡經過

大英國各稅關務請隨時放行照約保護為荷此照

中華民國十年一月十九日給

粘貼照片處

一九二一年一月十九日，中国政府外交部特派江苏交涉员许沅颁发给郭启添的赴澳留学护照和贴在护照上的照片。这份江苏的护照和本卷中展示的广东省所签发的护照，格式确有不同。

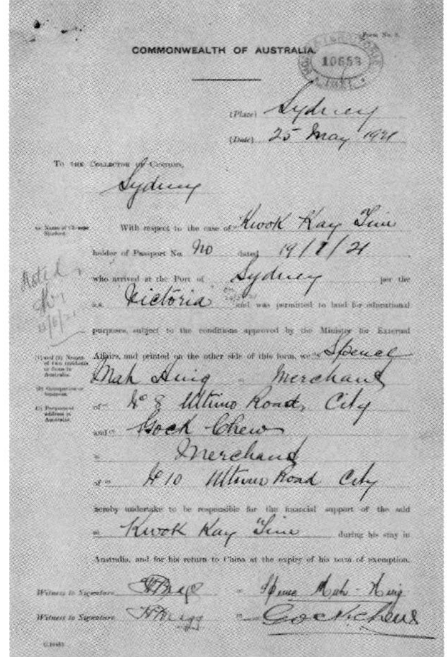

COMMONWEALTH OF AUSTRALIA

(Place) Sydney

(Date) 25 May 1921

To the Collector of Customs,

Sydney

With respect to the case of Kwok Kay Tim holder of Passport No. 910 dated 14/1/21, who arrived at the Port of Sydney per the s.s. Victoria and was permitted to land for educational purposes, subject to the conditions approved by the Minister for External Affairs, and printed on the other side of this form, we Spence Mah Hing Merchant of No 8 Ultimo Road, City and Gock Chew Merchant of No 10 Ultimo Road City hereby undertake to be responsible for the financial support of the said Kwok Kay Tim during his stay in Australia, and for his return to China at the expiry of his term of exemption.

Witness to Signature ... Spence Mah Hing

Witness to Signature ... Gockchew

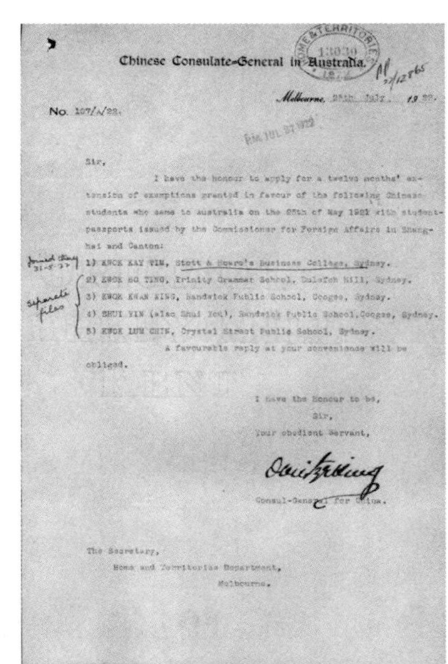

Chinese Consulate-General in Australia.

Melbourne, 25th July, 1922.

No. 107/A/22.

Sir,

I have the honour to apply for a twelve months' extension of exemptions granted in favour of the following Chinese students who came to Australia on the 25th of May 1921 with student-passports issued by the Commissioner for Foreign Affairs in Shanghai and Canton:

1) KWOK KAY TIM, Stott & Hoare's Business College, Sydney.
2) KWOK SO TING, Trinity Grammar School, Dulwich Hill, Sydney.
3) KWOK KWAN KING, Randwick Public School, Coogee, Sydney.
4) SHUI YIN (alias Shui Yen), Randwick Public School, Coogee, Sydney.
5) KWOK LUM CHIN, Crystal Street Public School, Sydney.

A favourable reply at your convenience will be obliged.

I have the Honour to be,
Sir,
Your obedient Servant,

Consul-General for China.

The Secretary,
Home and Territories Department,
Melbourne.

左：一九二一年五月二十五日，郭启添入境雪梨时，担保人马赞芬和郭朝的签字；右：一九二二年七月二十五日，中国总领事魏子京为郭启添申请展签时，披露其已在五月三十一日正式注册入读斯多德与霍尔斯商学院。

档案出处（澳大利亚国家档案馆档案宗卷号）：

Kwok Kay Tim. Student on Shanghai Passport, NAA: A1, 1922/13030

缪国秉

香山隆都水塘头村

缪国秉，一九〇三年七月五日出生，香山县隆都水塘头村人。据报其父名为缪祖绍（Mow Jue Sue），大约生于一八八〇年。就在缪国秉出生的那一年，缪祖绍追随乡人脚步，渡海南下到澳洲谋生，最后定居于昆士兰省（Queensland）北部内陆的小镇滔炉架（Tolga），经营玉米农场，也做果蔬生意。[①]该镇就在丫打顿埠（Atherton）附近，位于昆士兰北部重镇坚市埠（Cairns）内陆西南不到一百公里处，是该地区花生的最重要产区与交易中心。

一九二一年，缪国秉十八岁时，这一年的四月二十二日，缪祖绍填妥表格，以自己经营的果园作为担保，承诺每年供给儿子膏火银五十镑作为他的学费和其他相关费用，向中国驻澳大利亚总领事馆申请儿子缪国秉的留学护照和签证；而他为儿子选择来澳留学入读的学校，则是当地的滔炉架小学校

---

① Certificate Exempting from Dictation Test (CEDT) - Name: Jue Sue (of Atherton) - Nationality: Chinese - Birthplace: Canton, NAA: J2483, 135/84; Certificate Exempting from Dictation Test (CEDT) - Name: Jue Sue - Nationality: Chinese - Birthplace: Hong Kong, NAA: J2483, 323/024; Certificate Exempting from Dictation Test (CEDT) - Name: Jue Sue - Nationality: Chinese - Birthplace: Hong Kong, NAA: J2483, 521/81。入澳之早期，缪祖绍曾向澳洲海关声明其出生于广东省，具体地说是广东省香山县，可是后来便一直声称是出生于香港。也许因在香港出生具备英国臣民身份，使之得以成为澳洲永久居民。在进入澳洲后不久，他便在北澳的打运埠（Darwin）与一位在澳出生的华女结婚，与其育有七个子女。缪祖绍长期患病，于一九三九年四月二十七日病逝。当地报纸称缪国秉是其接养的儿子（详见："Obituary: Mow Jue Sue", in *Cairns Post*, Monday 1 May 1939, page 12），而本宗卷文档则称是其儿子，亦即长子。由是，就有两种可能：一是缪祖绍赴澳前便已在家乡结婚，生下缪国秉；二是在其赴澳前或之后，便按习俗过继或者由其家庭收养缪国秉作为其养子。

（State School of Tolga）。

中国总领事馆接到申请后，处理得比较快，进展也顺利。总领事魏子京于五月二十日给缪国秉签发了编号为44/S/21的中国留学生护照，并于五天后就获得澳大利亚内务部颁发的签证。在拿到签证的当天，中国驻澳总领事馆就将护照寄往香港的金山庄广和丰号，由其转交给在广东的缪国秉，并为其安排行程，以便后者尽早收拾停当，束装来澳留学。

而在接到这些出国必备的文件后，缪国秉也没有迟疑，遂收拾行装，并通过上述金山庄尽快预订船票。三个月后，他就从香港搭乘“获多利号”（Victoria）班轮，于九月十三日抵达昆士兰北部重镇坚市埠入境。父亲缪祖绍去到海关将其接出，遂由此再转道滔炉架埠，与家人住在一起。

一九二一年九月十九日，缪国秉正式注册入读滔炉架小学校，根据年底前校长的报告，刚入学时，缪国秉英语水平极为有限，但他能适应环境，学习很用功，人也聪明，理解力强，进步很快。就这样，他在这个小镇的公立学校读了两年多一点的时间，到一九二三年底学期结束，英语水平大大提高，能说会写，可以自由地与人沟通了，也补习完了当地小学的全部课程。

一九二四年新学年开始后，二十岁的缪国秉转学到汤士威炉埠（Townsville）的圣若瑟基督兄弟会书院（Christian Brothers' College）念书，显然应该是去到这所学校读中学课程。鉴于在滔炉架小学校的英语底子已经打好，他在这里的学业出众，各项成绩都受好评。缪国秉在这所学校读了大约一年半左右，于一九二五年六月，再次转学到了加美乐山书院（Mount Carmel College）念书。这也是基督兄弟会主理的一家天主教会学校，位于汤士威炉埠内陆一百三十多公里的小镇车打士滔埠（Charters Towers）。虽然他在这里表现亦不俗，但仅仅过了一个多月，他又于七月中旬折返汤士威炉，重新进入圣若瑟基督兄弟会书院，继续在那里念书。导致他在这短短的两个月内转换学校的原因是什么，因档案中并未涉及，我们不得而知；只是学校的例行报告显示，无论在哪里，缪国秉各项学业俱佳。

一九二六年底，当中国总领事魏子京照例为缪国秉的留学签证申请展签时，鉴于次年他就年满二十四周岁，亦即当时的《中国留学生章程》规定的中国学生在澳留学年龄上限，澳大利亚内务部虽依规批复展签一年，但明确表示，一旦这个签证到期，缪国秉应当立即安排返回中国的船票，结束这里的学业，离开澳洲。[①]对此，从缪国秉个人角度来说，这也就意味着他现在就要为自己此后的发展而有所谋定。

果不其然，半年之后，缪国秉采取行动了。一九二七年六月十七日，缪国秉通过中国总领事魏子京，向澳大利亚内务部申请变更其学生身份为商人身份，因为商人身份不受年龄的限制。魏总领事在申请中强调说，缪国秉在最后的三年课程里，特别选修了簿记和商科课程，且成绩优良，此时正好是其运用这些专门知识，学以致用之时。为了将自己的身份变换为商人，缪国秉正联合另外两位朋友，据估计也都是来澳留学之中国青年学生，或者是当地出生的华人甚至也可能是中西通婚之混血儿（俗称半唐蕃），准备在汤士威炉设立一家名为怡丰商行（Yee Fung & Co.）的公司，固定资产有四千镑，专营澳中进出口贸易，也销售本地产品。据其预计，公司营业的首年，将会从中国进口价值达两千镑的商品。而该公司之最终目的，是要将澳大利亚的产品出口推销到中国市场。为此，中国总领事吁请澳洲当局能准允缪国秉转换身份，以促进澳中两地的经济贸易。

但缪国秉精心策划的这个申请并不成功。十天之后，内务部复函表示，其申请的理由值得赞赏，但内务部部长并没有因此而通融予以批准。同时，内务部还特别在复函中强调，根据《中国留学生章程》的条例，现在是安排已经年满二十四岁的缪国秉离开澳洲回国的时候了，这也是内务部的最终决定。

既然是这样的结果，又无可抗争，缪国秉无话可说，即使再不情愿，也只能照办。但在其签证到期的最后一天，也是其抵达澳洲的日期九月十三日，汤士威炉港并无过路前往香港之班船，只好等到三天后的九月十六日，才有“丫拿夫拉号”（Arafura）班轮靠港。而他也正好利用这三天的时间，把其所选修的商科课程全部如期修完，因为课程的结束日期正好是在月中的

① Certificate for exemption from dictation test - Hock Yee, Ah Hop, Ah Way, Wong Lin, Ah Jang, Mow Kock Ping, Willie Moon, Charlie Fun, Charlie, NAA: J2773, 1127/1927。

十五日。就这样，已经留学澳洲六年的缪国秉结束了学业，登上“丫拿夫拉号”班轮，于一九二七年九月十六日离开了澳洲回国。

人虽然走了，但既然动了念头要留在澳洲，总是要想办法再回来的。有资料表明，就在六年之后，亦即在一九三三年七月四日，他已经顺利地重返澳洲，使用的名字是James Jue Sue，搭乘的是从香港起碇的“彰德号”（Changte）轮船，当时是作为位于汤士威炉埠马广号（Mar Kong & Co.，即马广果栏）从海外引进的店员前来协助工作。[①]刚开始时，他持的是半年期商务签证；之后，因该商号要扩大海外贸易，他成功地获得内务部批复，长期地留在澳洲工作。上述档案资料表明，再次返回澳洲后，缪国秉没有再去到父亲缪祖绍定居的滔炉架埠，而是仍然住在他曾经读过书的汤士威炉埠，毕竟他对那里熟悉，在澳留学期间的大量时间都是在那里度过。

一九三六年，缪国秉离开马广号，去到父亲缪祖绍在丫打顿埠的住处待了一阵时间。一九三七年十月份，他加入开设在汤士威炉埠弗林德斯街（Flinders Street）四百一十五号上的一家名为Hook Wah Jang（福和栈）[②]的商行，成为该商行重组后的四位股东之一，入股价值两千五百镑。也可能由于跟上述股东重组商行后，就想改变自己的身份，他曾经在一九三八年申请加入澳籍。[③]有关档案文件并未显示出当局是否接受了其申请，但从此后他一直都活跃在汤士威炉埠这一事实来看，他每年都从内务部得到商务签证展延；而这也显示，其加入澳籍申请并未成功，但他仍可留居澳洲继续经商。

根据一九三九年澳洲外侨登记档案，我们可以看到，此时的缪国秉已婚，妻子是比他小八岁出生于一九一一年九月九日的林慧真（Wai Chun），也是香山县石岐人，这很有可能是他一九二七年离开澳洲首次回国后订的亲，于再次来澳洲前的那段日子里（约一九三〇年）结的婚。有资料显示，一九三九年九

① Chinese employed under Certificate of Exemption by Hook Wah Jang & Co, Townsville, Queensland [death of James Sue Sue, wife Wai chun or Wai Jun, Mar Man Chiu, Mar Chor Kin], NAA: J25, 1949/2743。

② 这家福和栈商行，早在一九〇三年便由香山人莫阿其（Mo Ah Kee）等创设，此时是由缪国秉等四人接管。见：You, Yum - Student of passport, NAA: A1, 1926/3557。

③ Nationality and Naturalization of Leong Lai Ming and Jimmie Jue Sue, NAA: A981, NATIO 14。

月十一日，缪国秉从中国探亲返回汤士威炉，也得以成功地将妻子申请前来澳洲探亲。[①]在汤士威炉，林慧真给缪国秉生下一女名为Judith（茱迪，一九四〇年二月七日出生），一子名Geoffrey（杰夫，一九四一年十二月五日出生）。因一九四一年底太平洋战争爆发后，澳大利亚参战，与中国成为并肩战斗抗击日本侵略的盟国，所有此时滞留在澳的盟国公民，包括学生、经商务工人员以及探亲家属等等，都由此获得三年居澳临时签证；签证到期时如战争仍在继续，则上述签证自动延期两年。由是，缪太太便得以长居澳洲。战后，经当地国会议员力挺，加上他经商也颇为成功，他和太太在一九四七年一次性获得三年居留签证。这种签证是迈向长期居留的第一步，此后只要是按照程序，他就可以逐渐申请成为澳洲永久居民甚至加入澳籍。[②]

不过，缪国秉并没有等到他可以申请成为澳洲永久居民的那一天。根据档案记录及当地新闻报道，一九四九年六月八日，在结束了因病于庇厘士彬埠（Brisbane）医院的治疗后，缪国秉搭乘飞机返回汤士威炉；在飞抵墨溪（Mackay）到汤士威炉的上空时，因飞机失事坠亡[③]，年仅四十六岁。

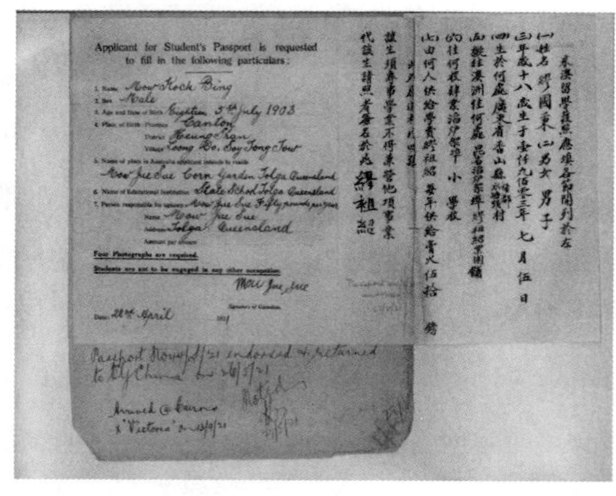

Applicant for Student's Passport is requested to fill in the following particulars:

1. Name Mow Kock Bing
2. Sex Male
3. Age and Date of Birth Eighteen 5th July 1903
4. Place of Birth: Province Canton
   District Heung Shan
   Village Loong Do, Soy Tong Tow
5. Mow Jue Sue Corn Garden Tolga Queensland
6. Name of Educational Institution State School Tolga Queensland
7. Mow Jue Sue Fifty pounds per year
   Name Mow Jue Sue
   Address Tolga Queensland

Four Photographs are required.

Students are not to be engaged in any other occupation.

Mow Jue Sue

Date 22nd April 1921

來澳留學生應填各節開列於左

(一)姓名 繆國秉 (二)男女 男子

(三)年歲 十八歲 生于壹仟九佰零三年 七月伍日

(四)生於何處 廣東省香山縣

(六)往何校肄業 小學校

(七)由何人供給學費 繆祖紹 每年供給膏火伍拾 鎊

該生須專事學業不得兼營他項事業

代該生請照者簽名於此 繆祖紹

一九二一年四月二十二日，缪祖绍向中国驻澳大利亚总领事馆申请儿子缪国秉来澳留学护照和签证所填写的申请表。

---

① 参见：Jue Sue, James - Nationality: Chinese - Arrived Cairns on S.S. Victoria on 11th September 1939, NAA: BP25/1, JUE SUE J CHINESE。

② JUE SUE James [born 1903 - China] and wife Wai Chun JUE SUE [nee WAI] [born 1911 - China], NAA: J25, 1963/5023。缪太太此后便一直在汤士威炉居住，于一九六三年入籍澳大利亚。

③ 参见："Townsville Chinese Dies on Plane", *Townsville Daily Bulletin*, Thursday, June 9, 1949, p. 2。

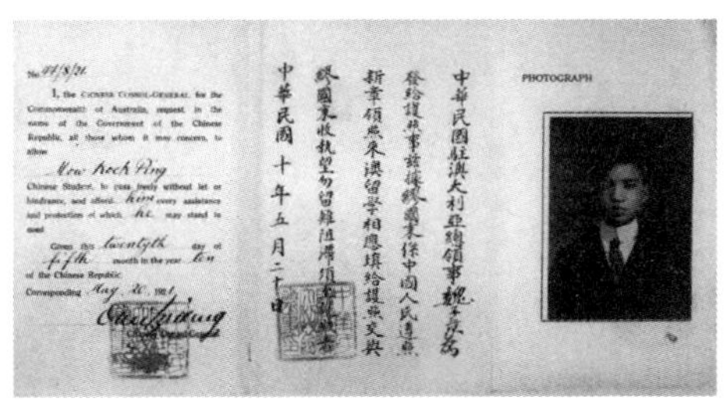

No. 44/8/21.

I, the CHINESE CONSUL-GENERAL for the Commonwealth of Australia, request, in the name of the Government of the Chinese Republic, all those whom it may concern, to allow

Mow Kock Ping

Chinese Student, to pass freely without let or hindrance, and afford him every assistance and protection of which he may stand in need.

Given this twentyth day of fifth month in the year ten of the Chinese Republic

Corresponding May 20, 1921

中華民國駐澳大利亞總領事魏子京為

發給護照事茲據繆國秉係中國人民遵照

新章領照來澳留學相應填給護照交與

繆國秉收執望勿留難阻滯須至護照者

中華民國十年五月二十日

PHOTOGRAPH

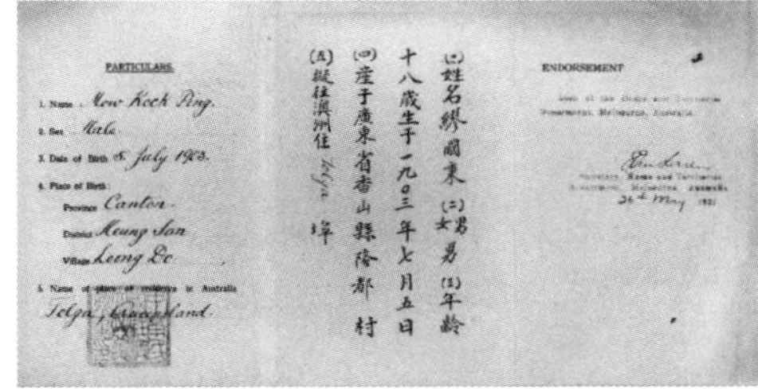

PARTICULARS.

1. Name Mow Kock Ping.
2. Sex Male.
3. Date of Birth 5 July 1903.
4. Place of Birth:
   Province Canton.
   District Heung San
   Village Leong Do
5. Name of place of residence in Australia
   Tolga, Queensland.

(一)姓名繆國秉 (二)男 (三)年齡

十八歲生于一九〇三年七月五日

(四)產于廣東省香山縣隆都村

(五)擬往澳洲住 Tolga 埠

ENDORSEMENT

26th May 1921

一九二一年五月二十日，中国驻澳大利亚总领事魏子京给缪国秉签发的留学护照。

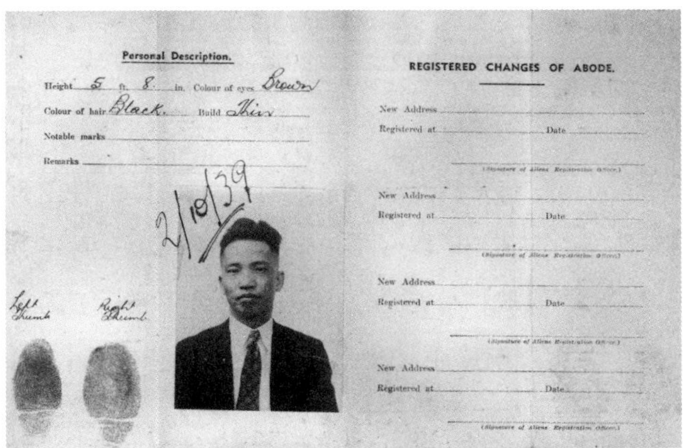

Personal Description.

Height 5 ft. 8 in. Colour of eyes Brown

Colour of hair Black. Build Thin

Notable marks

Remarks

2/10/39

Left Thumb

Right Thumb

REGISTERED CHANGES OF ABODE.

New Address

Registered at .... Date

(Signature of Aliens Registration Officer.)

New Address

Registered at .... Date

(Signature of Aliens Registration Officer.)

New Address

Registered at .... Date

(Signature of Aliens Registration Officer.)

New Address

Registered at .... Date

(Signature of Aliens Registration Officer.)

COMMONWEALTH OF AUSTRALIA

APPLICATION FOR REGISTRATION

THIS SPACE FOR OFFICIAL USE ONLY

左为一九三九年十月澳洲外侨登记证上缪国秉照片；右为一九四八年澳洲外侨登记证上缪国秉照片。

档案出处（澳大利亚国家档案馆档案宗卷号）：

Mow Kock PING - Students passport, NAA: A1, 1927/12462

陈天炎

香山南山村

陈天炎（Chin Hing Yoong），生于一九〇三年八月二十二日，香山县南山村人。他有个叔叔名叫陈典燥（Chin Den Toll），生于一八七六年，一九〇一年来到澳大利亚发展。[①]他从鸟修威省（New South Wales）的首府雪梨（Sydney）登陆入境，然后逐渐南下，去到域多利省（Victoria）首府美利滨（Melbourne），最终在一九一九年之前定居在该省新金山孖辣埠（Ballarat），在这里的皮路街（Peel Street）三十二号开设一家医馆，以其名字命名，叫作陈典燥医馆（George Den）。[②]其后，他也就以此医馆的英文名作为自己的名字行世于当地。[③]

一九二一年，澳大利亚实施《中国留学生章程》，开放居澳华人在乡子女前来澳大利亚留学。此时陈天炎已经十八岁，但也希望有机会去到那里留学，获得叔叔陈典燥大力支持。于是，陈典燥便以监护人的身份，填表向中国驻澳大利亚总领事馆提出申请，办理侄儿陈天炎赴澳留学的护照和签证。他以自己的陈典燥医馆作保，但在允诺供给膏火一栏则留下空白。按照一般

① DEN George: Nationality - Chinese: Date of Birth - 22 October 1876: Date of Arrival - 1901: Certificate Number - 29: Date of Issue - 27 October 1939: First registered at Ballarat East [contains 1 black and white photograph], NAA: B6531, DECEASED/1939 - 1945/DEN GEORGE。

② Carol Holsworth, "Chinese Herbalists in Victoria 1850's – 1930's", *Chinese Rural Victoria* Blog, in https://chineseruralvictoria.wordpress.com/2009/01/05/list-of-chinese-herbalists-in-victoria-1850s-1930s/。

③ "Mr George Den, Herb Specialist", *Horsham Times* (Vic), Friday 14 March 1924, page 8。

的理解，没有写下多少数额，事实上就是意味着提供足镑膏火。或者说，陈天炎由父亲资助，但支付的方式则由其兄弟俩达成协议，内部解决。按照计划，陈典燥准备将侄儿安排进入孖辣埠高路本公立学校（Golden Point State School）读书。

中国总领事馆接到申请后，很快按照流程审理完毕。八月二十二日，总领事魏子京给陈天炎签发了号码为95/S/21的中国学生护照，然后交到澳大利亚内务部等候签证批复。四天后，内务部在上述护照上钤盖了签证印章。待从内务部拿回钤盖有签证印章的护照后，中国总领事馆便按照陈典燥提供的地址，将其寄往香港的强华公司，由其为护照持有者安排好赴澳行程后，再将护照交给陈天炎。等了将近一年左右时间，陈天炎终于从香港搭乘“依时顿号”（Eastern）轮船，于一九二二年七月二日抵达美利滨，再乘车前往孖辣埠，在叔叔的医馆里安顿下来。

陈典燥原本是安排侄儿就读高路本公立学校，但等到陈天炎抵埠之后，发现其英语非常不好，遂决定先不让侄儿进入那所学校就读，而是由他自己在家对其进行强化培训，就是说，由他自己教陈天炎英语。由此可见，陈典燥本人的英语是很不错的。当海关在八月份去到上述学校检查，想知道陈天炎是否已经入读时，方才得知他没有来上学。随后，他们找到陈典燥，后者表示过两三个月后，待侄儿英语稍有进展，便将其安置在孖辣埠的私立学校或送往滨海的芝郎埠（Geelong）相关学校读书，因他本人此前在芝郎埠停留过，对那里熟悉。

过了三个月，陈天炎便在叔叔陈典燥的安排下，进入孖辣学院（Ballarat College）读书。学院提供给内务部的例行报告每次都很简单，只是显示他在校表现和学业均令人满意，没有提及他在学习上有任何的语言障碍。显然，他已经适应了当地的学习环境。由是，他在此一直读到一九二四年底学年结束。

到一九二五年新学年开学后，二十二岁的陈天炎没有重返孖辣学院继续读书，而是在开学后不久就告别叔叔陈典燥，去到美利滨，于三月三十一日在此搭乘驶往香港的“吞打号”（Tanda）轮船，离开留学两年半的澳大利亚，返回中国去了。[①]

可是在他离境不久，陈典燥便向中国驻澳大利亚总领事馆解释，陈天炎是因故而回国探亲，并提出请代为办理侄儿的再入境签证，以便他可以回来继续完成未竟学业。四月十四日，魏子京总领事致函内务部秘书，表达了上述意愿，请其按例核发再入境签证给陈天炎。内务部秘书与几位主管官员经一番商讨，认为他今年八月就要届满二十二岁，待他明年返回，只有一年左右的时间读书，因为一九二一年实施的《中国留学生章程》规定，中国学生在澳留学的最高年限是二十四岁；为此，许多人觉得核发签证给他意义不大；但也有官员认为，按照规定，他是可以回来读书的，只是到时候他就必须离境回国。最终，后一种意见占了上风。五月七日，内务部秘书复函魏子京总领事，批复了陈天炎的再入境签证，即给予他自离境之日起算的十二个月入境的许可，回来澳洲后他可重返孖辣学院就读；但在这份再入境签证的批复函中也特别强调，一俟一九二七年八月二十二日年满二十四周岁，陈天炎就必须立即终止学习，返回中国。

虽然有了好的结果，但收到再入境签证的陈天炎并没有重返澳大利亚读书。也许是他本人也意识到，如果回来继续读书，性价比确实不高；也许他此次回国探亲，实际上就是应父母之召，择期成亲，因为他的年龄，正好是父母早就为他订好的结婚之年。而一旦成婚，诸事繁杂，他也就无暇再顾及回澳留学读书之事了。

四年之后，陈天炎的名字再次出现在内务部秘书的桌子上。一九二九年九月二十五日，新任中国驻澳大利亚总领事宋发祥给内务部秘书发来一份公函，申请陈天炎前来孖辣埠其叔叔的陈典燥医馆协助经营，请其核发商务签证给这位曾经在此留学过的年轻人。通常情况下，从中国来的这些中医或草医所开的医馆，都是一间药材商铺，兼售一些中西土特产品，如果规模大的话，跟一般大型杂货商铺并无太大的差别。宋发祥总领事在函中表示，陈典燥年事已高，身体状况不佳，但其医馆在当地还颇有声望，服务的范围也

---

① Chin Hing Yoong - Expired exemption - Left per "Tanda" 26.4.1925, NAA: B13, 1925/7278。

广，现在迫切需要一位店员来协助经营，以便维持和发展。因其侄儿此前便在该地留学，也住在他那里，对当地情况熟悉，英语也没有问题，是个合适的人选。为此，宋总领事希望内务部秘书能尽快批复，以便陈天炎能前来澳洲，协助叔叔经营医馆的生意。

然而，在海关记录里，并没有找到陈典燥医馆相关进出口贸易记录；其次，按照移民规则，基本上对中草医的替工或帮工申请不予以批复。于是，十月八日，内务部秘书复函，直截了当地拒绝了上述申请。

陈天炎的重返澳洲梦就此中断，此后再未见到澳大利亚记录中有任何与其相关的信息。

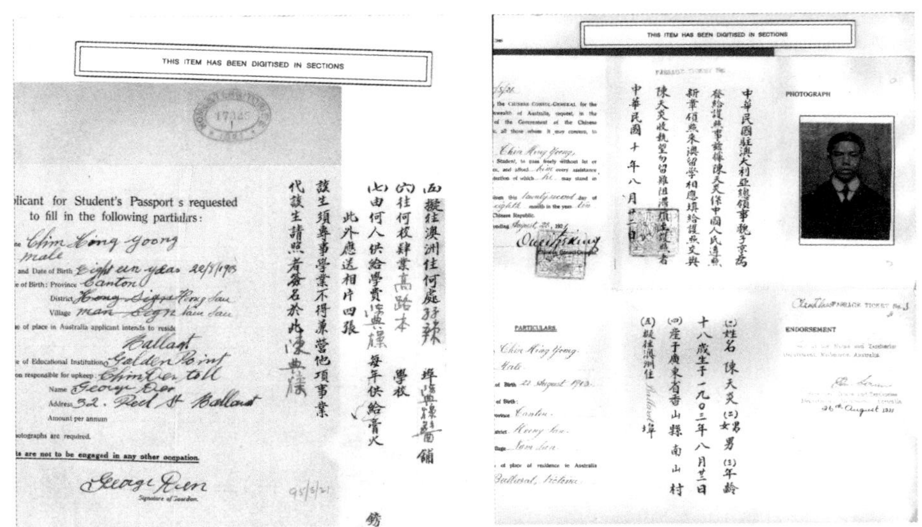

THIS ITEM HAS BEEN DIGITISED IN SECTIONS

licant for Student's Passport s requested to fill in the following partiulars:

Chin Hing Yoong
male
and Date of Birth Eighteen years 22/8/1903
of Birth: Province Canton
District Hong Sigge Hong San
Village Nam Sign Nam Sau
of place in Australia applicant intends to reside Ballarat
of Educational Institution Golden Point
on responsible for upkeep: Chin Dee Toll
Name George Dee
Address 32. Peel St Ballarat
Amount per annum
otographs are required.
s are not to be engaged in any other occupation.
George Dien
Signature of Guardian.

(五)擬往澳洲住何處 孖辣埠
(六)往何校肄業 高路本 學校
(七)由何人供給學費 陳典燥 每年供給膏火
此外應送相片四張
該生須專事學業不得兼營他項事業
代該生請照者簽名於此 陳典燥
陳典燥醫舖

THIS ITEM HAS BEEN DIGITISED IN SECTIONS

the Chinese Consul-General for the Commonwealth of Australia, request, in the name of the Government of the Chinese Republic, all those whom it may concern, to allow Chin Hing Yoong, Student, to pass freely without let or hindrance, and afford him every assistance and protection of which he may stand in need.
Given this twenty second day of eighth month in the year ten of the Chinese Republic.
August 22, 1921
Chinese Consul-General

中華民國駐澳大利亞總領事魏子京為
發給護照事照得陳天炎係中國人民遵照
新章領照來澳留學相應填給護照交與
陳天炎收執望勿留難阻滯須至護照者
中華民國十年八月廿二日

PHOTOGRAPH

PARTICULARS.
Chin Hing Yoong
Male
of Birth 22 August 1903
of Birth:
Province Canton
District Hong San
Village Nam San
of place of residence in Australia Ballarat, Victoria

(一)姓名 陳天炎
(二)男女 男
(三)年齡 十八歲生于一九〇三年八月廿二日
(四)產于廣東省香山縣南山村
(五)擬往澳洲住 Ballarat 埠

ENDORSEMENT
26th August 1921

左：一九二一年，陈典燥填表向中国驻澳大利亚总领事馆申办侄儿陈天炎的赴澳留学护照和签证；右：一九二一年八月二十二日，中国驻澳大利亚总领事魏子京给陈天炎签发的中国学生护照。

Deceased

COMMONWEALTH OF AUSTRALIA.

National Security (Aliens Control) Regulation

Form of Application for Registrati

(For Alien Resident in Australia)

This form is to be filled up (except as to signature and f triplicate, and the Alien is to attend in person, with the triplicate forms, before the member of the Police Force in charge of the Police Station nearest to his usual place of abode, and, in his presence, sign the application and allow an impression of his finger prints to be taken if required.

Name (*in full*) DEN.XX George (Surname to be underlined.)

Nationality Chinese Sex Male

Birthplace Canton, China Date of Birth 22/10/1876.

Place of abode 32 Peel Street Ballarat East(North)

Place of business (if any) As above

Occupation Herbalist Married / Single (Strike out the term that does not apply.)

Date of entry into Australia 1901

Name of Ship Unknown

Port of Debarkation Sydney

PERSONAL DESCRIPTION.

Height 5 ft.7 ½ in. Colour of eyes Brown

Colour of Hair Black Build Medium

Notable marks Gold fillings in teeth.

REMARKS

Finger prints—

Left hand Right hand

Date of Application 27/10/39.

Usual signature of alien George Deen
(To be signed in presence of Registration Officer.)

(This space for office use only.)

Certificate issued—No. 2XX 29

Date 27/10/39

Remarks

Sergt 5344
Signature of Aliens Registration Officer

Ballarat East.
Police Station

一九三九年陈典燥的外侨登记证。

档案出处（澳大利亚国家档案馆档案宗卷号）：

Chin Hing Yoong - exemption certificate, NAA: A1, 1929/8808

高万安

香山隆都镇

高万安（Ko Man On），一九〇三年九月初九日（公历十月二十八日）出生，广东省香山县隆都镇人。到学龄之后，高万安就跟随父母去到省城广州读书。从档案里得知，二十世纪二十年代初，他跟着家人住在广州市先施二街三百二十号三楼（中文档案页则记为四楼，因中国人习惯从地上一层开始计数，算为一楼，而英国人则将地上一层算为底层），并就读于广州（基督教）青年会商业学校。应该说，高万安在国内接受了良好的中英文教育。从其在广州的住所看，他的父亲似应参与同是香山人之马应彪创办的先施公司经营管理事务，因为此时先施公司已在广州开设了先施百货等商号，他的家庭也住在了先施公司的大楼里。如果不是公司的管理人员，恐怕很难获得如此好的待遇和福利，得以住进公司提供的宿舍。

一九二一年三月二十八日，风华正茂的高万安，由其父（未具姓名）作为财政担保人，允诺每年可供给膏火一千银圆，作为其在澳留学之生活费和学费，向中国政府（此为广州军政府）外交部特派广东交涉员公署申请赴澳留学护照。当天，外交部特派广东交涉员李锦纶为高万安签发了护照，护照号码为一千零六十二号；两天之后即三月三十日，在沙面的英国驻广州总领事也为高万安签发了澳大利亚入境签证。

高万安要赴澳大利亚留学，申请时特别说明是去往雪梨（Sydney）读书；护照上也说明，其拟前往该地留学五年，但没有说明要去什么样的学校念书。高万安在拿到护照和签证后，并没有立即动身启程，而是等了一个多月的时间，在其叔父陪同下，与同乡萧萃贤（Shiu Shui Yin）[①]以及竹秀园村的郭氏子弟数人结伴而行，从香港乘坐“获多利号”（Victoria）轮船，于一九二一年五月二十五日抵达雪梨。

但实际上，十八岁的高万安并未按其护照上所言在雪梨注册入学读书，而是直接就去了鸟修威省（New South Wales）北部靠近昆士兰省（Queensland）的小镇暨涟弥士埠（Glen Innes），住在亲戚朱汉（Harry Gee Hon）[②]的商铺里。也许是其原本英语底子较好，也在广州读了中学，便进入暨涟弥士埠中学（Glen Innes Intermediate High School）读书。据报告，他在该校学习成绩尚称合格，未见不适。但他于七月二十五日入学，到十二月十六日学期结束，仅仅一个学期就从这里退学了。没有资料说明退学之后的高万安去了哪儿，以及是否在什么地方重新择校入读。一九二二年四月二十六日，高万安在雪梨乘坐与其前来澳洲时的同一艘船“获多利号”，离开澳大利亚，经香港返回中国。此时，距其兴冲冲地来澳留学，尚差一个月才到一年。真可谓来也匆匆，去也匆匆。

因档案未有进一步的记录，高万安乘坐“获多利号”轮船离境后，是否会再返澳洲留学，或是重返广州（基督教）青年会商业学校上学甚至升读大学，抑或就此回国就业，就无法获知了。

---

① Yiu, S - Student on Canton passport, NAA: A1, 1926/11418。

② 朱汉（Harry Gee Hon）于一八九七年从广东香山县赴澳发展，先从庇厘士彬埠(Brisbane)入境，后辗转来到暨涟弥士埠发展，成为当地著名华人商行广生隆号（Kwong Sing Long & Co.）及广生号（Kwong Sing & Co.）的股东之一。详见：Gee Hon, Harry [Chinese - arrived Brisbane (or Sydney) in 1897 - includes 2 photographs] [box 4], NAA: SP605/10, 311。

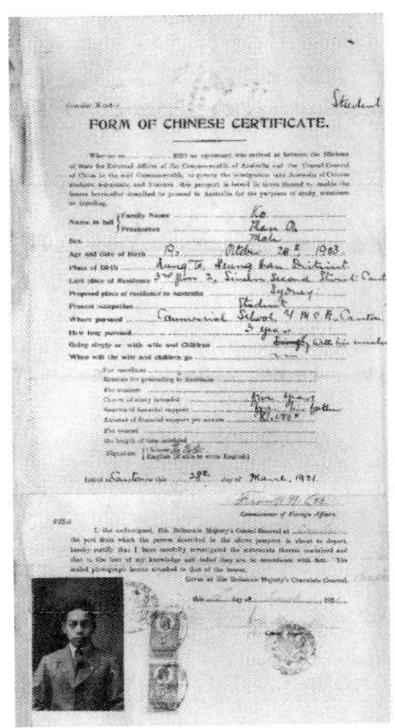

Student

FORM OF CHINESE CERTIFICATE.

Name in full { Family Name Ko
{ Personal Man On
Sex Male
Age and date of birth 19, October 28th 1903
Proposed place of residence in Australia Sydney
Present occupation Student
Where pursued Commercial School, Y.M.C.A. Canton
How long pursued 3 years

Issued at Canton this 28th day of March, 1921.

Commissioner of Foreign Affairs

VISA

Given at His Britannic Majesty's Consulate General.

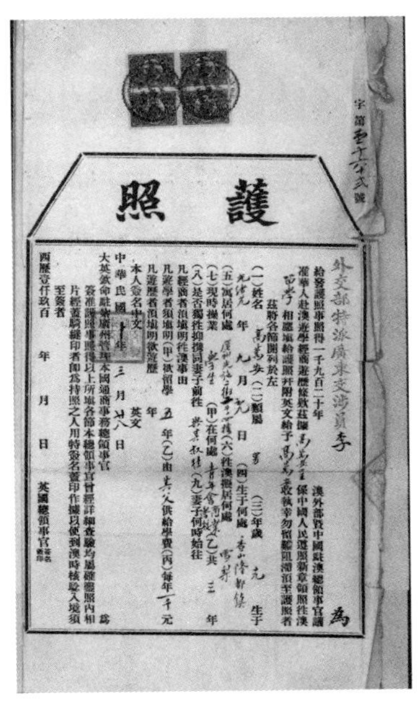

護照

外交部特派廣東交涉員李 為

給發護照事照得一千九百二十年澳外部暨中國駐澳總領事官議准華人赴澳遊學經商遊歷條款茲據高萬安稟保中國人民遵照新章領照往澳留学相應填給護照並附英文給予高萬安收執幸勿留難阻滯須至護照者

茲將各節開列於左

(一)姓名 高萬安

凡遊學者須填明(甲)欲留學 五 年(乙)由其父供給學費(丙)每年一千元

本人簽名中文　英文

中華民國十年三月廿八日

西歷壹仟玖百　年　月　日　英國總領事官

一九二一年三月二十八日，中国政府外交部特派广东交涉员李锦纶签发给高万安的赴澳留学护照及英国驻广州总领事核发的签证（中英文部分）。

档案出处（澳大利亚国家档案馆档案宗卷号）：

Man On. Student on Canton Passport, NAA: A1, 1922/7547

梁普龙

香山合意村

梁普龙（Poo Loong），生于一九〇四年二月十二日，香山县合意村人。他的父亲梁亚寿（Ah Shou），具体赴澳发展的年份不详，来澳后在雪梨（Sydney）定居，做蔬菜水果经销商，在街市摆摊当零售商人。

到儿子满十七岁之年，适逢澳大利亚实施《中国留学生章程》，开放中国学生赴澳留学，梁亚寿便也计划让儿子来雪梨读书。待准备好相关材料后，一九二一年六月八日，他以监护人的身份填妥申请表，递交给中国驻澳大利亚总领事馆，申领儿子梁普龙的赴澳留学护照和签证。至于作保的商行，他使用的是恒泰号（Hang Hi & Co.）[①]，并且写明由梁端华负责支付梁普龙的在澳留学全部费用，亦即供给足镑膏火费。因此处他没有提供梁端华的英文名字，故难以判断这个名字是否就是梁亚寿的正式学名。如果是，则他显然是以上述恒泰号股东的身份来充任担保。至于儿子来雪梨念什么学校，他也联系好了，就是附近的纪聂公立学校（Glebe Public School）。

接到上述申请后，中国总领事馆很快按照流程审理完毕。七月二十一日，总领事魏子京给梁普龙签发了学生护照，号码66/S/21；五天之后，即七月二十六日，澳大利亚内务部也批复了留学签证，并在上述护照上钤印了签

---

① 恒泰号早在一八九五年之前便已开设在雪梨唐人街，见："托笔谢恩"，《广益华报》一八九五年九月六日，第二版；恒泰号由香山人陈尊禄等人开设，见："雪梨埠陈颖川堂告白"，《东华报》一八九九年五月三日，第四版。

证章。从内务部拿回护照的当天，中国总领事馆便按照梁亚寿的指引，将其寄往香港的金山庄强华公司，由后者具体负责安排持照人的赴澳行程，并负责在其赴港乘船之前将护照交到梁普龙手中。

强华公司的办事效率很高，三个月左右的时间便安排好了一切。随后，梁普龙就去到香港，与金山庄事先为其约好的台山县赴澳留学的伍瑞霭（Auk Suey）[①]会合，一起结伴搭乘去往澳洲的“丫拿夫拉号”（Arafura）轮船，于当年十一月七日抵达雪梨，顺利入境澳洲。梁亚寿去到海关将儿子接出，将他安置在恒泰号商行的客房。

虽然抵达澳洲的日期距该学年结束没有多少日子了，但梁普龙仍然注册入读纪聂公立学校，读了一个月便遇上放暑假。到一九二二年初新学年开学后，学校提供给内务部的例行报告显示，他的在校表现和学业情况都非常令人满意，认为他十分用功，如饥似渴地学习新的知识。就这样，他在这所学校一直读到年底学校放假。而此时，中国驻澳大利亚总领事馆也已经为他申请到了下一年度的展签。

可是就在一九二二年十二月二十四日平安夜，梁亚寿突然去世了。在这种情况下，梁普龙赶紧跟中国总领事馆联络，请其代向内务部申请半年的休学假期，以便他利用这段时间处理父亲留下的生意。因事出突然，且处理后事及将生意清盘都需要时间，通常半年时间能处理完就算是很顺利的，故内务部马上予以批复，有效期至次年六月三十日。

到一九二三年六月二十九日，内务部秘书接到梁普龙的一封急信，要求再宽限他六个月的时间，因为他尚未处理完父亲生意上的事情。他表示，在过去半年里，他一边继续经营着父亲的蔬菜水果档，一边把所赚到的钱归还父亲所欠下的债款，同时也在追索客户欠下父亲的债务。到目前为止，他已向债权人偿还了二百三十四镑债务，同时也从客户那里收回了二百三十五镑欠款，但仍然还有六百二十三镑欠款尚未能从客户手中收回，他需要这笔钱以便偿还剩余的二百四十五镑欠款。他想在年底前解决所有上述问题，然

① 详见：Auk SUEY - Student passport, NAA: A1, 1927/14464。

后便携带其余的钱以及将生意卖掉后的余款返回中国，因家中只剩下母亲一人，他必须赶回去陪伴。为了保险起见，他也知会中国总领事馆，并请其通过正式的途径为他申请额外的半年延签。八月十四日，见内务部还没有回复梁普龙的申请，魏子京总领事遂代为提出申请。他表示，此前梁普龙已经获得过一年的留学签证展延，有效期到十一月七日，希望内务部至少按照这个日期给他展签，以便他利用这段时间追回欠款，解决父亲生意上遗留的所有债务问题。

内务部了解到梁亚寿在雪梨街市的生意总计有两个摊位，由是，他欠街市八百五十镑，而街市也欠他各种补贴和回扣五百镑；而他留下来的账簿显示，顾客总计欠他八百五十八镑，而他本人则欠债权人总计四百七十九镑。梁普龙依靠父亲生前就雇佣的两个亲戚帮他一边经营，一边追账，进展还算可以。最重要的是，从中国总领事馆以及侧面了解到的情况表明，无论到年底是否能将生意卖出，梁普龙返回中国的决定是坚定的。于是，八月二十一日，内务部批复了他的额外六个月展签，有效期到十二月三十一日。

半年时间很快过去了。就在年底时，雪梨的一家香港背景的中澳贸易公司（China Australia Trade Co.）突然向内务部提出，鉴于他们就只有两位股东在此工作，因一年的出口额近万镑，生意繁忙，需要增加人手，恰好梁普龙结束亡父的生意准备回国，正合适这样的职位，希望他能为公司工作一年，故请内务部能批准他再留在澳洲一年。因这是一个机会，原本准备离境的梁普龙便退掉了船票，等待消息。可是仅仅一个月后，在内务部尚未对上述申请批复之时，中澳贸易公司于一九二四年二月一日告诉内务部，已经找到另外一位更为合适的人为其工作，梁普龙之事到此为止。

于是，梁普龙再不作他想，立即订购回国船票。他先是订妥三月十二日出发的“山亚班士号”（St Albans），但因临时有事还需要处理，便只好改期。一九二四年五月七日，他登上由中澳船行经营的驶往香港的“获多利号”（Victoria）轮船，告别了在雪梨的亲友，径直返回家乡。

梁普龙在澳两年半时间，但真正留学读书的时间只有一年，其余时间都用于处理父亲突然去世后的生意清盘。

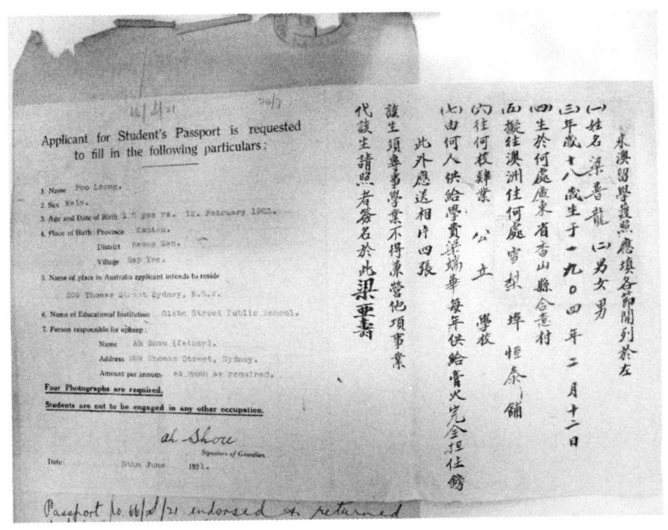

Applicant for Student's Passport is requested to fill in the following particulars:

1. Name Poo Loong.
2. Sex Male.
3. Age and Date of Birth 1? years. 12. February 1903.
4. Place of Birth: Province Canton.
   District Heong San.
   Village Hap Yee.
5. Name of place in Australia applicant intends to reside
   209 Thomas Street Sydney, N.S.W.
6. Name of Educational Institution Glebe Street Public School.
7. Person responsible for upkeep:
   Name Ah Shou (father).
   Address 209 Thomas Street, Sydney.
   Amount per annum as much as required.

Four Photographs are required.

Students are not to be engaged in any other occupation.

Ah Shore
Signature of Guardian.

Date: 8th June 1921.

Passport No. 66/S/21 endorsed & returned

来澳留学护照应填各节开列于左
(一)姓名 梁普龙 (二)男女 男
(三)年岁 十八岁生于一九〇四年二月十二日
(四)生于何处 广东省香山县合意村
(五)拟往澳洲住何处 雪梨埠 恒泰铺
(六)往何校肄业 公立 学校
(七)由何人供给学费 梁端华每年供给膏火完全担任务
此外应送相片四张
该生须专事学业不得兼营他项事业
代该生请照者签名于此 梁亚寿

一九二一年六月八日，梁亚寿填表申请儿子梁普龙的赴澳留学护照和签证。

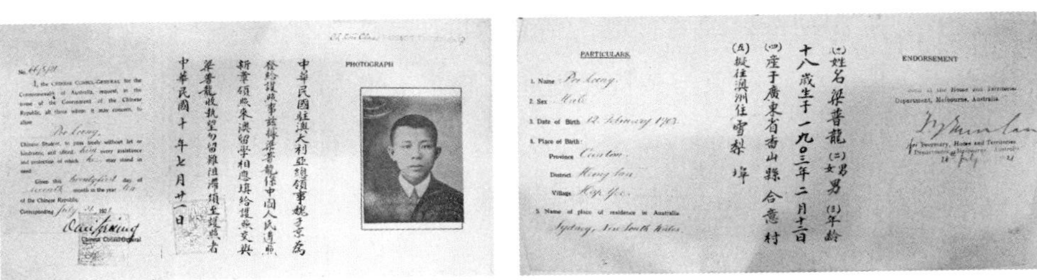

No. 66/S/21

I, the Chinese Consul-General for the Commonwealth of Australia, request, in the name of the Government of the Chinese Republic, all those whom it may concern, to allow Poo Loong, Chinese Student, to pass freely without let or hindrance, and afford him every assistance and protection of which he may stand in need.

Given this twenty-first day of seventh month in the year tenth of the Chinese Republic.

Corresponding July 21 1921

Chinese Consul-General

中华民国驻澳大利亚总领事魏子京为发给护照事兹据梁普龙系中国人民遵照新章领照来澳留学相应填给护照交与梁普龙收执望勿留难沮滞须至护照者

中华民国十年七月廿一日

PHOTOGRAPH

PARTICULARS.

1. Name Poo Loong.
2. Sex Male.
3. Date of Birth 12 February 1903.
4. Place of Birth:
   Province Canton.
   District Heong San.
   Village Hap Yee.
5. Name of place of residence in Australia
   Sydney, New South Wales.

(一)姓名 梁普龙 (二)女男 男 (三)年龄 十八岁生于一九〇三年二月十二日
(四)产于广东省香山县合意村
(五)拟往澳洲住雪梨埠

ENDORSEMENT

Department, Melbourne, Australia

for Secretary, Home and Territories Department, Melbourne, Australia

一九二一年七月二十一日，中国驻澳大利亚总领事魏子京给梁普龙签发的学生护照。

档案出处（澳大利亚国家档案馆档案宗卷号）：

Loong, Poo - Student passport, NAA: A1, 1925/13740

马亮华

香山沙涌村

马亮华（Mar Leong War，或写成Mar Leong Wah），一九〇四年正月六日出生，香山县沙涌村人。父亲马辛已（Mar Sun Gee），跟着雪梨永生果栏一起成长，工作勤奋，经商有道，到二十世纪二十年代初，已经是澳洲雪梨（Sudney）华人生果蔬菜与杂货经销业之翘楚永生果栏（Wing Sang & Co.）的襄理（Assistant Manager），也成为其股东之一。他不仅事业有成，而且热心公益，商业人脉广泛，还是早期鸟修威雪梨中华总商会（Sydney Chinese Chamber of Commerce, NSW）的理事。①

马辛已财务状况稳定，除了寄钱回乡赡养家庭并扶持发展，也特别重视子女的教育。到马亮华达到上学年龄时，马辛已便将其送往香港的学校接受中英双语教育，对儿子先行培养，寄予厚望。一九二一年，澳洲开放中国留学生赴澳留学，由中国驻澳大利亚总领事馆具体负责办理学生申办护照和签证事宜。马辛已消息灵通，提前得知这一消息，便做好了申请准备。当年一月十二日，他向中国总领事馆递上申请表，为儿子申领中国留学生护照和入境签证，想要儿子马亮华前来雪梨的连飞炉青年学校（Lindfield Boys College）念书。作为永生果栏的股东及高层管理人员，他自然是以其服务之商行作保，并承诺每年提供给儿子足镑膏火费，作为其在澳留学之各项

① “中华总商会第五届职员照像”，《东华报》（*The Tung Wah Times*）一九二〇年二月二十一日，第九版。

开销。

可以说，马辛己是最早向中国总领事馆提出申办儿子来澳留学的少数几位在澳华侨之一；因此，他的这份申请，也是中国总领事馆接手的最初的几份材料之一。用大约两个多星期的时间，经过一番核对之后，总领事馆完成了审理。一月二十八日，魏子京总领事发出了自澳洲《中国留学生章程》实施以来由中国总领事馆出具的第三份中国留学生护照，即他给马亮华签发的中国留学生护照，编码为3/S/21。澳大利亚内务部的批复也很快。五天之后，即二月二日，内务部给马亮华核发了来澳留学入境签证。随后，中国总领事馆便按照流程，根据马辛己的指引，将此护照寄往香港的先施公司，由其为马亮华具体安排船期，以便他能尽快来澳留学。

马亮华确实也没有耽搁多久。在接到护照和签证以及安排好时间和船票后，十七岁的他便收拾好行装，从香港乘坐“获多利号”（Victoria）班轮，与同邑竹秀园村的郭启添等郭氏兄弟结伴同行[①]，于五月二十四日抵达雪梨港。[②]次日，他顺利过关入境澳洲，父亲将他接出来后，把他安置住进了位于华埠喜街（Hay Street）五十八号的永生果栏大楼里。

仅仅稍事安顿，熟悉了周边环境，马亮华便按照父亲事先的安排，于五月底注册入读连飞炉青年学校。因本身英语底子好，他便直接念中学课程。年底的校长例行报告显示，马亮华在校表现优秀。具体地说，聪明好学，勤奋刻苦，举止有度，令人满意。该校位于北雪梨，离他父亲任职的位于雪梨中国城的永生果栏有一定的距离，需要乘渡轮越过雪梨海湾才能抵达。因此，他在此校只读了半年多的书，到一九二一年学年结束。一九二二年新学年开始后，马亮华便转学去了位于达令赫斯特区（Darlinghurst）的雪梨文法学校（Sydney Grammar School），继续中学课程。这里距离中国城较近，并且也是一所名校，学风好，校规严，这对马亮华正好是个很好的锻炼，而他的在校表现一仍其旧，非常令人满意。在这所名校，他读了整整一年。

---

① 参见：Kwok Kay Tim. Student on Shanghai Passport, NAA: A1, 1922/13030。

② Leong Wah Mar [Chinese - arrived Sydney per SS VICTORIA, 25 May 1921. Box 35], NAA: SP11/2, CHINESE/MAR L W。

一九二三年新学年开始，已经十九岁的马亮华没有再去上学，也没有返回中国。他的父亲出了一招，要将他留在澳洲。具体的做法是：在年初时，马辛已出面跟中国驻澳大利亚总领事馆提出，请中国总领事魏子京向澳大利亚内务部申请，让其子进入雪梨永生果栏实习。实际上，此举之目的是让他在父亲的严格管理下，积累处理澳中贸易之经验，因为永生果栏冀望日后在澳中贸易方面大展拳脚。为此，马亮华需要白天在公司见习，就不能继续去学校念书了，但他仍然会在一所商学院注册就读，利用夜晚时间选修一些课程，主要是商科方面的科目。鉴于永生果栏在雪梨侨界属于颇具影响力的商行，除了销售蔬菜水果及华洋杂货，还专营澳中贸易，综合性强，经营规模大，且内务部对该公司的运作和商业网络亦较为熟悉，自然乐于考虑上述申请，给予积极回应。魏子京总领事在列出上述申请理由后，特别希望内务部能给马亮华这个机会，换言之，就是转换一下身份，即从学生签证转到工作签证。与此同时，永生公司秘书刘光福（William Liu）①因与官方人士有交情，也给内务部秘书和海关写信，希望他们能考虑马亮华进入公司实习的请求。也许是永生公司在当地有一定的影响力，也许刘光福与政府机构官员的私交起了作用，加上魏总领事的申请信也写得合情合理，同时马辛已个人在内务部和海关方面也有较好的口碑与人望，到二月七日，内务部批复了上述申请。即日起，马亮华的学生签证就换成了工作签证，有效期十二个月。

就这样，在澳洲留学一年半之后，从一九二三年二月开始，马亮华进入父亲所在的永生公司实习，实际上就是在公司的各个岗位上轮换、培训，并且这样一干就是四年。尽管每年都由中国总领事馆协助向内务部申请展签，

① 刘光福是在澳出生的第二代华人，父为台山人，母为英裔，幼时曾被送回中国接受教育，成年后返澳，先后任职中国驻澳总领事馆、永生公司，参与组建中澳船行，担任总经理，是雪梨华人社区的领袖人物。详见：William Liu [also known as Joseph Lumb, William Joseph Liu, William Joseph Lumb and William Joseph Ah Lum] [includes Applications for Passport and for Renewal of Passport and Birth Certificate in name of William Joseph Liu] [includes 3 photographs showing front view of William Liu] [includes 1 group photograph showing front view of William, Mabel and Dalton Liu] [correspondence concerning renewal of Passport for subject] [also includes information on Charlie Ah Lum] [also known as Charles Frederick Francis Lumb Liu] and Willie Ah, Mrs Mabel Liu and Dalton Gokbo Liu [box 391], NAA: SP42/1, C1939/1668。

但每次批复都很顺利。与此同时，马亮华也在这段时间里向雪梨的斯多德与霍尔斯商学院（Stott & Hoare's Business College）注册，攻读夜间课程，主要是簿记等商业实用课程；在完成这些科目的学习之后，他又注册入读雪梨的海明威与罗伯森商学院（Hemingway and Robertson's Business College）开设的会计课程，还是夜间上课，即一边努力工作，一边不误学习。一九二六年，他顺利地完成上述课程，获得会计专科文凭。

一九二七年，雪梨永生公司重组，马亮华被任命为公司秘书。因其中英文俱佳，了解澳中商业运作模式和市场，过去数年间的工作对永生公司进出口贸易的发展与扩大助力良多。其杰出表现不仅获得父亲马辛已高度认可，也受到公司总经理马七（Mar Chut）大力赞赏，每年申请展签时，后者都为他向内务部提供极为有利的推荐信。到一九二七年六月底结束的财政年度，永生公司的年营业额已达到十万镑，成为当时执澳中贸易牛耳的几大澳洲本土贸易公司之一。

一九二九年一月十六日，马辛已在雪梨搭乘“彰德号”（Changte）班轮回中国探亲休假。为此，永生公司也特批马亮华半年假期，让他跟随父母一同回中国探亲，同时也顺便考察中国的几个商业中心，为永生公司日后进一步扩大与中国的贸易做一番摸底调查。后因当时中国政治军事局势动荡，原本计划去中国的商业中心比如上海等地的考察被一再拖延，因此，他的在华停留时间被迫延长半年。

也就在这次回国探亲期间，二十五岁的马亮华与上海永安公司董事李彦祥的千金李秀衡结婚。李小姐是在香港受的教育，读的是双语学校，也是中英文俱佳。在马亮华准备将其新婚太太一起带回澳洲而向澳大利亚内务部申请入境签证时，曾几经周折。先是中国总领事馆、曾任永生公司秘书的刘光福以及澳洲东方轮船公司等，通过官方的、私人的以及政商的联系等途径与内务部接洽申请和周旋，皆被拒绝；最后是由永生公司总经理马七直接致函内务部部长，极力陈情，剖析厉害，内务部部长方才改变主意，准予发给李小姐入境签证，她才得以与夫婿马亮华一起，于一九三〇年一月四日进入澳

洲。[①]

返回澳洲后，马亮华不仅重任公司秘书，过后不久更被增补为公司董事，负责海外贸易事宜，当然这主要是与中国的进出口贸易往来。一九三〇年六月底的财政年度结算，显示出该年度永生公司的年营业额达到了十一万三千镑，这其中与马亮华上一年度在中国的考察与商业联络有相当大的关系。到一九三四年，三十岁的马亮华便成为永生公司的总经理。此后，马亮华就一直留在了澳洲，继续为永生公司工作[②]，并为此经常奔波于澳洲与香港之间[③]，同时也发展与周边岛国的贸易往来[④]。

可以说，马亮华与郭林昭（Kwok Lam Chin）[⑤]一样，都是当年先施公司（澳洲永生公司）马氏子弟和永安公司郭氏子弟来澳留学后进入其在雪梨公司实习、然后工作、最终接管其在雪梨公司经营管理权的范例。

---

① Mar Leong - Ex/c Wife, NAA: A1, 1937/90。

② Mar Leong WAH returning within twelve months - re-admission under exemption, NAA: D596, 1936/6958。

③ Wong Lee, Lee Gum, Lee Foy, Ah Hong, Willie Quong, John Louis Hoon, Chung Fai, Hung Chow, Gee Larn, Mar Chong Hing, Louie Hoy, James Chut [also known as James Mar Chut], Raymond Hon Mun Mar [also known as Raymond Mar See Poy], Ivy Mar Sun Gee, Thomas Mar Sun Gee, Mabel Mar Sun Gee, Mar Leong Wah, Lum Yow, Mrs James Ming Sun, Mrs Chung Wong See [arrived ex TAIPING in Sydney on 3 October 1938], 11 unknown Chinese [arrived ex TAIPING in Sydney on 3 October 1938] [Chinese passengers for transhipment and enroute to New Zealand and Suva], Chong Nim, Ah Soon, Ah Yick, Ah Lem [also known as Ah Lam], Chan Doo Wing, Stanley Hing and 1 Filipino crew member ex TRIANZA [on-going for Melbourne] [box 387], NAA: SP42/1, C1939/656; Ah Bob [also known as Ah Buck], Ah Wing, Mrs Josey Chin Yook, Ng Shoy [also known as Yow Suey], Sam Quong, Mar Leong Wah [arrived ex NELLORE in Sydney on 20 August 1937], 5 unknown Chinese [arrived ex NELLORE in Sydney on 20 August 1937] [Chinese passengers for transhipment and enroute to New Zealand], Hun Yu, Hock Way, Ah Coon, Misses Son Ayoku Jun and Ri Ei Fuku [on going for Melbourne] [box 348], NAA: SP42/1, C1937/5931。

④ Mar Leong Wah, Mr and Mrs Tso Tsu Chen [issue of Certificate of Exemption in favour of subject], 3 unknown passengers [arrived ex AORANGI on 9 April 1937], 7 unknown passengers [arrived ex AWATEA on 9 April 1937], 2 unknown passengersd [arrived ex MONTEREY on 19 April 1937], 4 unknown passengers [arrived ex AWATEA on 16 April 1937] and 14 unknown passengers [arrived ex WANGANELLA on 19 April 1937] [all subjects departed ex TAIPING from Sydney on 21 April 1937] [box 343], NAA: SP42/1, C1937/3294。

⑤ 详见：Kwok Lam Chin - Student on Canton Passport, NAA: A1, 1935/1442。

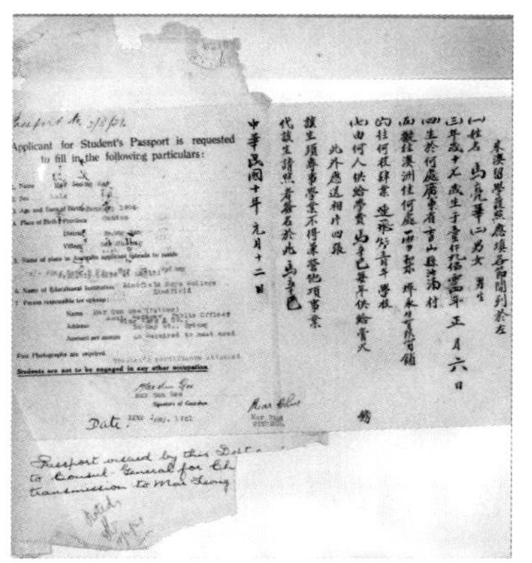
Applicant for Student's Passport is requested to fill in the following particulars:

Students are not to be engaged in any other occupation.

来澳留学生应填各节开列于左
(一)姓名 马亮华 (二)男女 男生
(三)年岁 十七岁
(四)生于何处 广东省香山县沙涌村
(七)由何人供给学费 马辛巳每年供给费用
此外应送相片四张
该生须专事学业不得兼营他项事业
代该生请照者签名于此 马辛巳
中华民国十年九月十二日

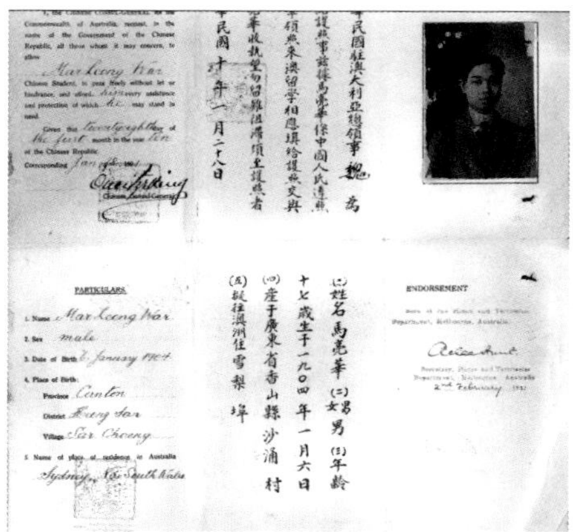
Mar Leong War

PARTICULARS.

1. Name Mar Leong War
2. Sex male
3. Date of Birth 6 January 1904
4. Place of Birth:
Province Canton
District Heung San
Village Sar Choong
5. Name of place of residence in Australia
Sydney, New South Wales

(一)姓名 马亮华 (二)男女 男 (三)年龄
十七岁生于一九〇四年一月六日
(四)产于广东省香山县沙涌村
(五)拟往澳洲住雪梨埠

ENDORSEMENT

左为一九二一年一月十二日，马辛已提交给中国驻澳大利亚总领事馆办理儿子马亮华的留学护照申请表；右为一九二一年一月二十八日，中国总领事魏子京签发给马亮华的中国留学生护照。

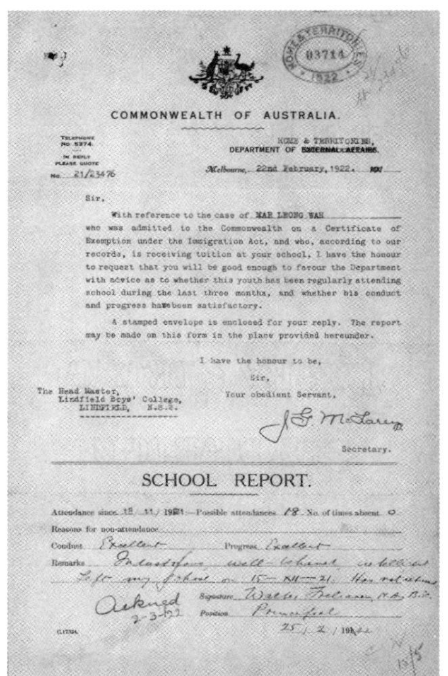
COMMONWEALTH OF AUSTRALIA.

TELEPHONE No. 5374.

IN REPLY PLEASE QUOTE No. 21/23476

HOME & TERRITORIES, DEPARTMENT OF ~~EXTERNAL AFFAIRS~~.

Melbourne, 22nd February, 1922.

Sir,

With reference to the case of MAR LEONG WAH who was admitted to the Commonwealth on a Certificate of Exemption under the Immigration Act, and who, according to our records, is receiving tuition at your school, I have the honour to request that you will be good enough to favour the Department with advice as to whether this youth has been regularly attending school during the last three months, and whether his conduct and progress have been satisfactory.

A stamped envelope is enclosed for your reply. The report may be made on this form in the place provided hereunder.

I have the honour to be,
Sir,
Your obedient Servant,
J. G. McLaren
Secretary.

The Head Master,
Lindfield Boys' College,
LINDFIELD, N.S.W.

SCHOOL REPORT.

Attendance since 15/11/1921—Possible attendances 18 No. of times absent 0
Reasons for non-attendance
Conduct Excellent Progress Excellent
Signature
Position Principal
25/2/1922

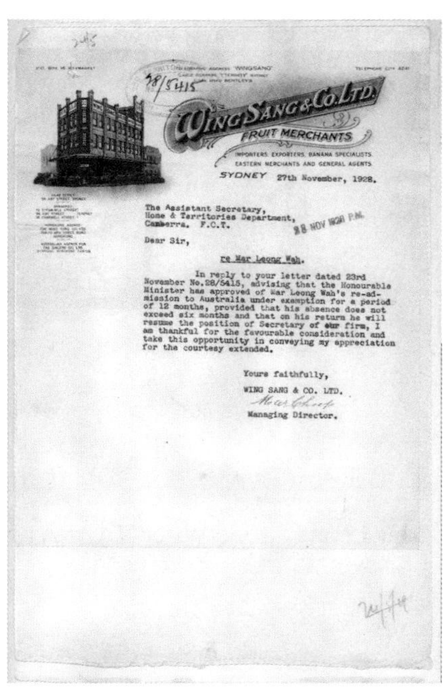
WING SANG & CO. LTD.
FRUIT MERCHANTS
IMPORTERS, EXPORTERS, BANANA SPECIALISTS
EASTERN MERCHANTS AND GENERAL AGENTS

SYDNEY 27th November, 1928.

The Assistant Secretary,
Home & Territories Department,
Canberra. F.C.T.

Dear Sir,

re Mar Leong Wah.

In reply to your letter dated 23rd November No.28/5415, advising that the Honourable Minister has approved of Mar Leong Wah's re-admission to Australia under exemption for a period of 12 months, provided that his absence does not exceed six months and that on his return he will resume the position of Secretary of our firm, I am thankful for the favourable consideration and take this opportunity in conveying my appreciation for the courtesy extended.

Yours faithfully,
WING SANG & CO. LTD.
Mar Chuck
Managing Director.

左：一九二二年二月二十五日，连飞炉青年学校校长提供给内务部的报告，显示马亮华在校表现良好，学业优异；右：一九二八年十一月二十七日，永生公司总经理马七致函澳大利亚内务部秘书，为马亮华回国探亲六个月后重返澳洲申请再入境签证。

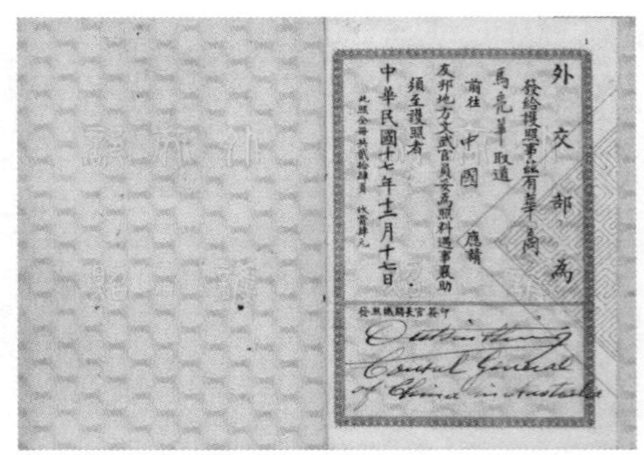

一九二八年十二月十七日，中国驻澳大利亚代理总领事吴勤训为马亮华回国探亲而签发的一份新的外交部护照。

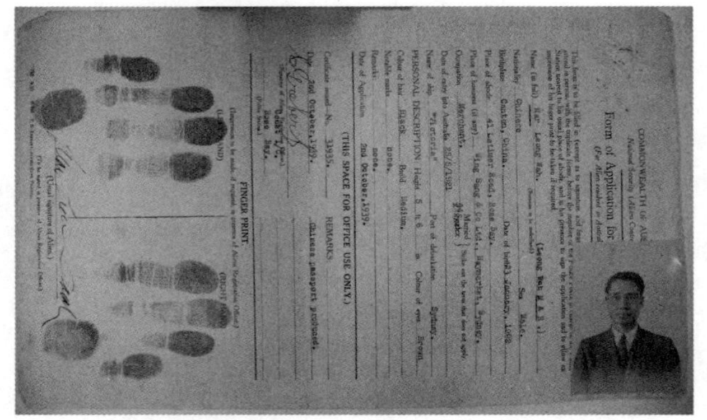

一九三九年十月二日，马亮华在雪梨办理的外侨证。

档案出处（澳大利亚国家档案馆档案宗卷号）：

Mar Leong - Ex/c Wife, NAA: A1, 1937/90

阮 定

香山石岐

阮定（Yuen Din），一九〇四年四月十七日出生，香山县石岐人。其父名为阮官照（Goon Chew），大约生于一八七八年，于十九世纪末，闯荡澳洲[①]，先在昆士兰省（Queensland）北部的小镇车打士滔（Charters Towers）立下脚跟，在此充当旅店的清洁工和菜农，并在一九〇三年获得了永久居留权[②]；最后定居于该省大埠汤士威炉（Townsville），经营有两个商铺，并用他的名字官照（Goon Chew）作为商铺名。其中一个商铺主要经营生鲜果蔬，另一个则售卖杂货，还与人合作经营农场，生意做得还算比较大。阮官照在家乡香山石岐有家室，妻子名叫三妹，很有可能是其正室，阮定就是他于获得澳洲永居权后初次返乡探亲与三妹所生并留在家乡的儿子。只是不知这个婚姻是在其赴澳之前就有，抑或是在其一九〇三年初返乡后娶的亲。而按照档案的资料所说，此后阮官照在汤士威炉或家乡还另有家眷，妻子是

---

① Chew, Goon - Nationality: Chinese [DOB: 22 December 1872, Occupation: Gardener]- Alien Registration Certificate No 383 issued 26 October 1916 at Townsville, NAA: BP4/3, CHINESE CHEW GOON。该档案表明，阮官照生于一八七二年。但另一份档案显示，阮官照于一八九八年入境澳洲，并写明其出生年份是一八七八年，比前面那份晚了六年。详见：Goon Chew - Nationality: Chinese - Includes application for Certificates of Exemption from Dictation Test [C.E.D.T.] and character references, NAA: BP234/1, SB1934/2651。当年入境澳大利亚的华人经常乱报其出生年月，在不同时期的官方记录里，其年龄变动更是常见之事。甚至在申报子女赴澳留学的文件中，也常常更改其出生日期。

② Goon Chew - Correspondence relating to application for certificate of domicile - Charters Towers - Boarding House Keeper, Gardener, NAA: BP342/1, 10928/242/1903。

一九〇六年出生的侯丽娟（Lilly How Lum）。如此看来，在汤士威炉或家乡之眷属，应该是其侧室或前妻病逝后之续弦。只是丽娟是在广东出生的还是在澳之土生华女，则澳大利亚档案文件中并未有显示。

一九二一年，澳洲实施《中国留学生章程》，意欲来澳留学之中国孩童少年，皆由中国驻澳大利亚总领事馆负责发放护照及代办签证事宜。官照想让儿子来澳洲留学，这年三月七日，他填具申请表，向中国驻澳大利亚总领事馆申请儿子阮定的留学生护照和签证。他以当时自己经营的官照号商铺作为担保，承诺每年供给儿子膏火费五十二镑（即每礼拜一镑），作为他的学费和其他相关费用，并特别强调，如有需要，还可随时添加额外的费用；为儿子能进入好的学校留学，阮官照为他预定的是汤士威炉皇家书馆（Ross Island State School of Townsville）的学位。

中国总领事魏子京对官照的申请很快就做了处理，于三月二十一日给阮定签发了编号为32/S/21的中国留学生护照。可能之后几天正好碰上复活节假期（当年三月二十七日为主耶稣复活日），耽搁了去澳大利亚政府申领签证的时间，但也还是在三月三十日获得澳大利亚内务部给阮定颁发的入境签证。四月二日，中国驻澳总领事馆就按照阮官照的指引，将护照寄往香港的金山庄全兴泰号，由其负责转交给在广东家乡的阮定，并负责为他预订行程。经过一番准备，四个月后，十七岁的阮定就赶到香港，在那里搭乘“坚朗那号”（Kanowna）班轮，于八月十日顺利抵达汤士威炉埠入境，当即由海关核发给他十二个月的留学签证。[①]阮官照将儿子从海关接出来，住进了他位于白金士街（Perkins Street）上的店铺里。

但到了汤士威炉之后，阮定并没有按其父阮官照原先为他所做好的选择，即进入汤士威炉皇家书馆念书，而是在一九二一年九月一日，正式注册入读汤南公校（South Townsville State School）。根据四个月后校长提供的例行报告，阮定在校表现极佳，颇受好评。就这样，他在这间公立学校读了一

① Din, Yuen - Nationality: Chinese - Alien Registration Certificate No 12377 issued 7 August 1921 at Thursday Island, NAA: BP4/3, CHINESE DIN YUEN。

年。到了一九二二年的九月一日，阮定终于还是转学到汤士威炉皇家书馆念书，学习上也有很大的进步，表现出来极强的求知欲。在这间书馆，阮定读了一年半左右，一直到一九二四年底学期结束。一九二五年后，阮定转学到汤士威炉的圣若瑟基督兄弟会书院（Christian Brothers' College）念书。此时的阮定已经二十一岁，人已比较成熟，学习成绩也挺好，自我约束力较强。在这期间，可能是为了能更好地与当地同学交往沟通，融入当地社会，他还给自己取了个英文名字，叫Willie（威利）。因此，在一些正式函件中，他的名字有时就成了Willie Yuen Din。

到一九二五年下半年，阮官照向海关及内务部提交了一份申请，谓自己将在次年回中国探亲，大约要在家乡待上一年左右；而在离开汤士威炉回中国探亲休假期间，其名下的生意需要人照看，自然是自己已经成年的儿子最值得信任，故希望官方给予其子阮定一年的工作签证，由后者在他本人离开澳洲期间负责打理官照号店铺的生意。官方对此请求并未拒绝，而是先由海关对阮官照的经商活动做了一番调查，再行决定。从调查结果得知，其生果蔬菜生意及农场价值有两千两百镑，杂货店年营业额达三千四百镑，而且口碑甚好，换言之，他的生意在当地算得上是比较有影响力的；当然，最主要的是，其缴纳之赋税也是可观的。因此，一九二六年一月初，内务部核准了阮官照的请求。[①]给阮定转发工作签证的条件是：阮官照须在三个月内离开澳洲回中国探亲，并在国内处理一些生意往来之事务，此间生意交由儿子阮定负责管理；而阮定则须在其父结束探亲返回澳洲之后一个月内，或者说在其签证日到期之前，就须离开澳洲回中国。当然，签证有效期从批复之日起算。实际上，官照一直拖到这一年的五月三日，才在汤士威炉乘坐“太平号”（Taiping）班轮[②]，前往香港转赴香山家乡探亲，由儿子阮定正式接手管理他的官照号商铺生意。

---

① Certificate for exemption from dictation test - Goon Chew, NAA: J2773, 333/1926。

② Certificate Exempting from Dictation Test (CEDT) - Name: Goon Chew - Nationality: Chinese - Birthplace: Canton China - departed for China per TAIPING 3 May 1926 returned Townsville per CHANGTE 1 November 1927, NAA: J2483, 409/2。

到了一九二六年年底，鉴于父亲在中国生意繁忙，一时间难以返回澳洲，而内务部原先给予的签证又即将到期，因此，阮定遂致函汤士威炉海关陈情，最后也向内务部直接申请，并经由中国总领事馆正式为其申办，力陈因阮官照直到五月份才得以离开澳洲返回中国，此时因身体状况以及相关生意无法脱身，无法及时返回澳洲，希望再给阮定延长一年的工作签证。但内务部经过考察和评估，并不完全认同阮定的陈情，于一九二七年二月十八日决定，只同意延签六个月，即延签至六月三十日。可是到了六月底，阮官照还是没有回到澳洲。阮定再次给汤士威炉海关写信，并通过中国驻澳总领事馆与内务部交涉，陈述因中国国内政局动荡，阮官照所洽谈的生意一直无法最终敲定，一时间难以返回，希望澳大利亚当局考虑到这一实际情况，给阮定延签，直至其父最终返回。事实上，上述申请展签的理由并非杜撰，因为阮官照回去中国探亲的时间，正好是中国大革命炽热之时，而广东又是这次大革命的策源地，形势瞬息万变，生意并不好做，受政局动荡影响较大。这次，内务部又通过一轮调查评估，并咨询中国总领事馆得知阮官照将可能会在年底前返回的信息，最终也只是同意将阮定的签证再展期半年，即延至年底十二月三十一日。在此期间，仍由他继续代父管理其在汤士威炉的生意。

时光如白驹过隙，转眼就到了一九二八年。按照正常情况，阮官照应该如中国总领事馆所言回到了汤士威炉，而阮定因签证早已过期，也应该离开澳洲返回中国去了。但直到二月二十一日，也未见汤士威炉海关报告其离境，更没有收到任何来自其本人及中国总领事馆的相关说明或请求，内务部遂发函至昆士兰州海关，希望代为核查阮定的情况，以确认其人是已离境还是仍在当地，当然也包括核查阮官照之行踪。海关核查的结果是，阮官照确实已在去年底回到了汤士威炉①，但仍然处于休养调理状态，目前其官照号生意仍由其子阮定管理照料，因他回到澳洲后身体状况就一直不好，需要一定的休息和调养。此外，除了有商号店铺需要经营之外，官照还在距汤士威

① Certificate for exemption from dictation test list - Goon Chew, Mow Lum [Jimmy], Hop Jang, Tommy Chin Tie, Ah Hoey, Tom Kum Wood, Lee Too, Leong Shim, Leu Chew, NAA: J2773, 762/1928。

炉十八英里之亚力盖特溪（Alligator Creek）畔有一块农场，种植蔬菜，供应市场。因原来所雇之农场经理已返回中国，需要由阮官照自己亲力亲为地经营，故而，他希望其在汤士威炉的商号仍由其子继续代为管理。为此，阮官照通过中国总领事馆代其向内务部陈情，为阮定继续申请一年或者至少六个月的延签，以便在这段时间里他的合作伙伴从中国返回来，这样他与合伙人就可以腾出手来，分别管理店铺与农场这两个生意。对于这一请求，内务部也给予了充分的考虑，并再经过一番调查，也拿到了汤士威炉当地医生的报告，证明官照身体欠妥而无法全力管理商号和农场，这些都表明，官照号的情况确实比较特殊。于是，内务部在六月十二日最后决定，继续给阮定一年工作签证延签，即签证有效期延到这一年的年底，由他留在汤士威炉协助其父管理商铺及农场的生意。

时间过得很快，又到了一九二九年的二月，阮定的工作签证已经过期近两个月。而此时已经二十五岁的阮定也终于定下了离境日期，要在二月二十二日乘坐路经并停靠汤士威炉的“太平号”班轮返回中国。同时，他也写信给中国总领事馆，希望再次帮忙向内务部申请一年的延签暨再入境签证，因其此行之主要目的是为其父官照号之生意在中国做采购，故希望自己在完成采购任务及回乡探亲之后，能在六至七月份或最迟年底前再返回澳洲，继续协助父亲管理生意。但遗憾的是，这次阮定就没有了以前的好运气。到四月二十二日，内务部最终否决了他的再入境签证申请。

但这时人已在中国的阮定并不死心，也不愿意放弃。到这一年的八月份，他开始通过中国总领事馆新任总领事宋发祥向澳大利亚内务部请求，希望考虑到其父在澳无力一人经营两个生意的窘境，准允他入境，协助管理生意，不然，其父就不得不放弃其中的一个生意，这样对当地经济也是一大损失。十月，内务部复函，再次拒绝了他的返澳请求。

一计不成，又生一计。一九三〇年二月，阮定还是通过中国总领事馆，以其在汤士威炉的堂兄阮昌（Yuen Chong）要回中国探亲，余下生意需招人看管为由，再次向内务部申请入境签证，以便进入澳洲，替阮昌管理其店铺生意。虽然阮昌的店铺生意营业额年超两千镑，经营不错，但内务部秘书洞悉阮定乃醉翁之意不在酒，断然否决了这个申请。但阮昌找到了联邦议会在昆士兰中部北邦德堡（Bundaberg）选区的众议员马腾士（G. W. Martens），由他致函内务部部长干预此事，告知其商号确实是因为难以找到合适人手，而需要懂得中英语言和贸易规范的阮定前来予以维持。这个干预还确实有效。到五月下旬的时候，内务部部长终于松口，给阮定签发了十二个月的工作签证。①

在获得拿到签证的确切消息后，早就等待赴澳的阮定以最快的速度订好船票，然后从香港乘坐来往于澳洲的"太平号"班轮，于一九三〇年六月四日抵达汤士威炉。②但令他没想到的是，因其父亲的出现，问题来了。

当阮定登陆入境时，阮官照去海关接儿子，他向海关说明其子所获签证是来帮他看管生意，而非代管阮昌的店铺。他还表示，因阮昌帮他这个忙，他已为此付给了阮昌几镑的费用作为报答。汤士威炉海关在阮定入境之后，按例要报告给内务部，遂在报告中据实将此情况也一并写上。看到海关的这份报告，内务部颇有上当受骗之感，遂于七月一日函复海关，强调此签证只因阮昌需要阮定去他的店铺代管生意，才得以签发；但实际情况与申请时根本不符，因而决定取消这个签证。这时，汤士威炉海关人员开始为阮官照说话了。他们向内务部报告说，跟官照通报了要遣送其子回中国的事之后，他不再坚持说要儿子去帮他代管生意，而是说愿意让儿子去替阮昌管理生意；很明显，他已经意识到自己多嘴所带来的恶果，此时转变态度，目的就是想要阮定留下来。为此，阮官照还写了一封长信给海关，承认此事因其误解所致，一切大错皆由他而引起，希望不要怪罪到其子身上。而为了兑现自己的

① Willie Yuen Din - Nationality: Chinese - Includes application for Certificates of Exemption from Dictation Test CEDT application for re-entry and character references[Townsville], NAA: BP234/1, SB1930/895。

② Yuen [Ah] Ming, Ah Chock, See Poy - Certificate for exemption from dictation test list - Lum Yet, Chun Hoy, Lum Yin, Bak Lin, Wah Kee, Ah Hong [Hang Yee], Ah Loy, See Poy, Yuen [Ah] Ming, Ah Chock, Yuen Din, Chan Ken - Passenger list 'Taiping' 4/6/30 - Pearse, Braunholz, Hussey, Wood, Shellshear, Hughes, McKenzie, Coleyshaw, Gearin, Magney, Murray, Gellie, Rae, Kitto, Kreis, Rudge, Mackie, Love, Yarwood, Lethbridge, Douglas, Wildridge, McCahon, McInnis, McDonald, Linaker, Smith, Wilkins, Chapman, Liley, Wilks, Wilson, Pearse, Braunholz, Hussey, Chan Ken, NAA: J2773, 558/1930。

诺言，阮昌与阮官照沟通之后，决定近期启程回国度假，以便造成既成事实，让阮定接手管理自己的店铺。阮昌并为此致函内务部，再次声称这是由于沟通不畅导致多方误解而造成的，错不在阮定，希望能给他一个机会。甚至前述之联邦众议员马腾士亦受阮昌之邀出面斡旋，期望能有所转圜。尽管有如此多的人为此事奔波，为阮定能留下来陈情，但内务部仍觉在此事上受骗，心里很不爽，于七月二十五日再次重申，不会改变上述决定。

看到大错铸成已无法挽回，阮定只好接受遣返这个现实。八月二十八日，还是在汤士威炉港口，阮定登上同一艘在此停靠的“太平号”班轮，前往香港，转道回中国了。阮定这一次的入境澳洲，兴冲冲地来，但仅仅待了两个来月的时间，最终不得不垂头丧气地离境回国。

一九三一年一月五日，阮官照再一次通过中国总领事馆，试图向澳大利亚内务部申请儿子阮定前来汤士威炉，协助其管理生意。但内务部也再一次拒绝了这一请求，阮定还是没有能再次进入澳洲，遂留在香港自行发展。直到十几年后，因父亲早在太平洋战争期间于一九四三年三月二十四日病逝[①]，阮定终于在一九四八年重返澳洲，继承父亲的官照号商行中属于自己的那部分利益[②]，并最终在一九五七年之后留居澳洲。此后他的发展如何，因再无与其相关的档案资料，无从得知。

① “Goon Chew Yuen”, in https://www.geni.com/people/阮官照/336623256040011770。

② YUEN Din - Nationality: Chinese - Arrived Sydney per aircraft 19 April 1948, NAA: B78, 1957/YUEN D。

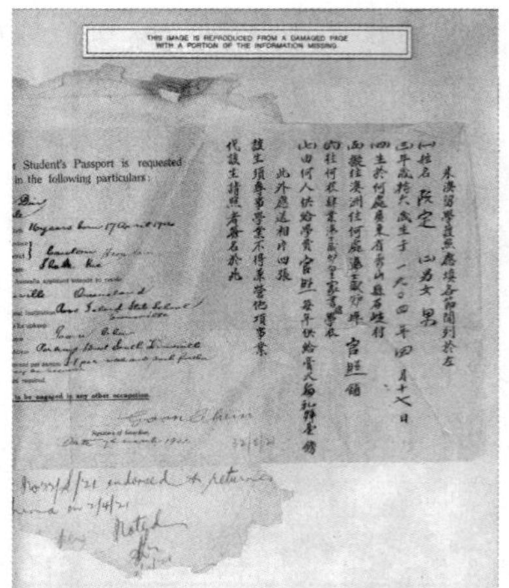

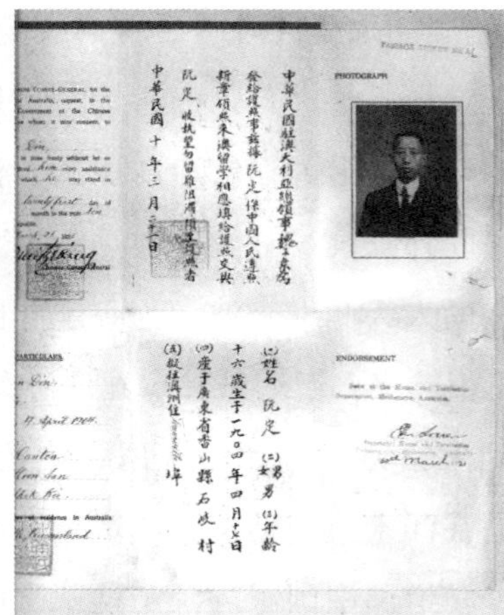

左为一九二一年三月七日，阮官照向中国驻澳大利亚总领事馆申请儿子阮定来澳留学护照和签证所填写的申请表；右为一九二一年三月二十一日，中国驻澳大利亚总领事魏子京给阮定签发的中国留学生护照。

Book No. 409

COMMONWEALTH OF AUSTRALIA　No. 2

DUPLICATE.

CERTIFICATE EXEMPTING FROM DICTATION TEST.

I, HENRY MAC NAMARA ROBINSON, the Collector of Customs for the State of QUEENSLAND, in the said Commonwealth, hereby certify that Poon Chee hereinafter described, who is leaving the Commonwealth temporarily, will be exempted from the provisions of paragraph (a) of Section 3 of the Act if he returns to the Commonwealth within a period of Three years from this date.

Collector of Customs.

DESCRIPTION.

Nationality Chinese　Birthplace Canton

Age 48 years　Complexion Sallow

Height 5 ft 5 ins　Hair Black

Build Slight　Eyes Brown

Particular marks Scar near left ear

(For impression of hand, see back of this document.)

PHOTOGRAPHS.

Full Face:—　Profile:—

Date of departure 3-5-26　Port of Embarkation TOWNSVILLE

Ship Taiping　Destination China

Date of return　Ship

Port Townsville

Customs Officer.

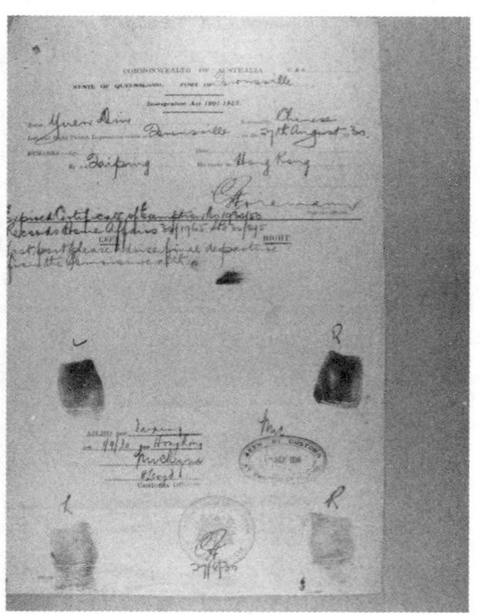
COMMONWEALTH OF AUSTRALIA

Immigration Act 1901-1925

左：一九二六年，阮官照申请回国探亲的回头纸，显示其当年五月五日在汤士威炉搭乘“太平号”轮船驶赴香港；右：一九三〇年八月二十七日，阮定在汤士威炉港口登上在此停靠的“太平号”班轮，准备次日驶往香港，出境时在海关所摁指印。

档案出处（澳大利亚国家档案馆档案宗卷号）：

Yuen Din - student passport - exemption certificate, NAA: A1, 1930/1965

刘锡南

香山隆墟村

刘锡南（Shik Narm），一九〇四年五月二日出生，香山县隆墟村人。一九二一年二月九日，他找人代为具表向中国驻澳大利亚总领事馆申请学生护照及签证，拟前往澳大利亚鸟修威省（New South Wales）的天架埠王家公众学校（Government Public School，Tingha，亦即Tingha Public School）留学。当年二月十六日，中国驻澳大利亚总领事魏子京为其签发了中国留学生护照，护照号码为15/S/21。三天之后，即二月十九日，澳大利亚内务部亦为他核发了入境签证。按照流程，中国总领事馆随即按照指引，将附有签证的护照寄往香港的先施公司，由其负责转交护照及安排刘锡南的赴澳行程。

代刘锡南在澳大利亚为其申领护照之人，名刘作舟（Jack Joe Lowe），也是香山县隆墟村人。刘作舟于一九〇〇年离开家乡，从香港搭乘"奄派号"（Empire）轮船前往澳大利亚寻找发展机会。[①]他先到达昆士兰省（Queensland）最北部的港口谷当埠（Cooktown），在此登陆入境澳洲，随后一路南下，辗转来到鸟修威省的天架埠，就此居住下来。天架埠位于鸟修威省东北部的高原上，距该省首府雪梨（Sydney）六百三十公里，但却更靠近昆士兰省边界，位于其首府庇厘士彬（Brisbane）西南方向，相距有四百六十公里。刘作舟在这里开设有一间杂货铺，名为永兴隆号（Wing Hing

① Jack Joe Lowe [Chinese - arrived Cooktown per EMPIRE, 1900. Box 34], NAA: SP11/2, CHINESE/LOWE JACK JOE。

Long & Co.）[1]，服务当地社区，颇有人缘，经商有道，备受尊重。在代办刘锡南护照和签证事宜时，他亦作为后者留学当地学校之监护人及财政担保人，为此，他便以其在天架埠的上述永兴隆号作保，允诺提供足镑膏火，即为刘锡南负担来澳读书期间的学费及生活费等所有开支。从其与护照申请者同姓及予以担保的情况看，刘作舟显然应为刘锡南之亲戚。[2]

在拿到护照和签证将近半年之后，即一九二一年七月二十二日，十七岁的刘锡南从家乡赶到香港，在此乘坐中澳船行经营的来往于香港与澳洲间的"获多利号"（Victoria）轮船，抵达雪梨港。刘作舟本人不能亲自前去接关，便派了店里的两个伙计提前赶到悉尼，将刘锡南接出海关，稍事休息，便带着他再搭乘其他交通工具，辗转抵达靠近昆士兰省的天架埠，住进了刘作舟的永兴隆号店铺里。

八月八日，刘锡南正式注册入读天架埠王家公众学校。刘锡南在这里一直读到一九二四年十二月，达三年半之久。从该校校长怀特（White）先生的报告来看，刘锡南自入校以来，各科成绩都是良好和优秀。怀特校长还特别指出，刘锡南穿戴得体，衣冠整齐，为人和善，谦虚有礼，与同学关系融洽，凡事皆愿参与，显得颇有教养，故在报告中予以特别称赞；此外，校长报告也显示，刘锡南在校出勤率极高，很少有缺勤逃课现象。

一九二四年十二月十日，也就是这一学年行将结束之际，二十岁的刘锡南突然去到雪梨，搭乘当天起碇的"圣阿露滨号"（St Albans）班轮，驶往香港，回国去了。根据中国驻澳大利亚总领事魏子京事后给澳大利亚内务部报告中的说法，造成他回国的主要原因是，在一九二四年下半年时，刘锡南因脚崴扭伤，身体欠佳，久治不愈，需回国调养。

到了一九二五年的八月，已经康复的刘锡南还想重返澳大利亚读书。

---

① 永兴隆号早在十九世纪末年便已由来到这里的华人开设，但正式注册的日期是一九〇三年七月十三日。注册时，永兴隆号的股东有多人，包括刘作舟。但后来刘作舟逐渐取代其他股东，该店铺成为其家族企业。见鸟修威省档案馆（NSW State Archives & Records）收藏之该省工商局二十世纪初工商企业注册记录：https://search.records.nsw.gov.au/permalink/f/1ebnd1l/INDEX1837348。

② 二〇一六年六月十五日，笔者与刘锡南曾孙刘振通先生在隆墟村见面时，他带笔者去瞻仰刘作舟的故居，并告知刘华舟是刘锡南的族叔。

于是，他向中国驻澳大利亚总领事馆求助。总领事魏子京遂于八月十一日致函澳大利亚内务部，请其为刘锡南再次入境澳洲留学开放绿灯，给予签证。内务部经一番调查后得知，此前刘锡南学业优良，在校循规蹈矩，从这个角度上说，没有拒绝其前来继续读书的理由。但是，现在的问题是，刘锡南此时已年满二十一岁，从内务部的角度上看，如果继续来澳留学，很显然他不应该再进入公立学校读书，而应选择去那些商校、技校或者专科学校就读方可，因为这个年龄是应该读中专或是大专院校的；即便是在澳大利亚，这个年龄段的青年人，也没有人再待在正规的小学和中学里读书，要么进入大专院校就读，要么已经进入职场做工。于是，内务部遂复函中国总领事馆，询问刘锡南返澳后准备去什么学校读书。但出乎意料的是，魏子京总领事在回函中转告申请人的意见说，刘锡南仍欲重返天架埠王家公众学校读书。显然，这一回复与内务部的想法或者预期相左，遂复函要其重新确认。直到九月十四日，内务部仍致函魏子京总领事，希望他再次确认刘锡南是否真欲重返天架埠王家公众学校就读。事实上，上述询问的潜台词至为明显：如果是这样的话，则是否核发签证给刘锡南就值得认真考虑了。

此时此刻，澳大利亚内务部如此考虑的最主要一个原因在于，从一九二六年中开始，澳大利亚将实施修订过的《中国留学生章程》。根据修订过的新章程条例，凡来澳留学之中国学生，必须入读私立学校；而对于那些年龄已经超过十九岁的中国学生，则必须注册入读私立商学院或技校/工学院等学校（院），方才合规。刘锡南此时申请重返澳大利亚读书，即使给他核发入境签证，待他安排船票搭船前来澳大利亚，恐怕也要到年底了。而此时也正是澳大利亚学校放暑假之时，即使来了也无法入学。待到下一年即一九二六年新学年开学时，则是《中国留学生章程》修订后即将实施生效之时。这也是为何内务部一再希望中国驻澳大利亚总领事馆确认刘锡南是否真欲重返天架埠王家公众学校之故。而从中国总领事馆对此事的答复来看，很有可能总领事馆也没有完全尽到职责，即就新章程的即将实施对刘锡南给予详尽的解释，以致他对这种变化并不了解，还一直坚持要返回原来的公立学校读书。

遗憾的是，有关刘锡南的留学档案到此终止。根据上述澳大利亚内务部的文件语气，以及刘锡南没有进一步的回复来看，很显然，刘锡南也意识到了重返澳洲留学的困难，加上已届成家立业之龄，从而就留在国内，并未重返澳洲读书。

从刘锡南赴澳留学的行程是由先施公司安排的情况来看，其留学的监护人刘作舟与该公司有良好的关系。二十世纪二十年代的先施公司，因在上海、广州和香港等地的发展和扩张，在在需要大量的中英文俱佳的员工，而本乡子弟中具有上述条件者，是极受先施公司欢迎的。本乡的刘锡南曾经出洋留学，完全具备了上述条件。但笔者于二〇一六年去往中山市隆墟村实地考察和访谈时，其后人告知，刘锡南并没有出外受聘到上述公司，而是留在了乡间，平安度过其一生。

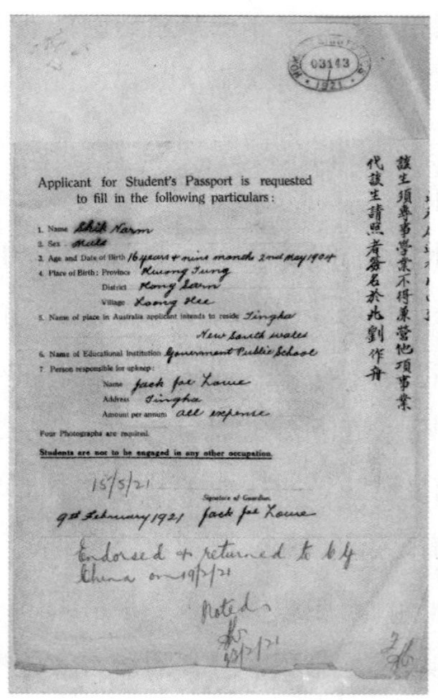

03143 1921

Applicant for Student's Passport is requested to fill in the following particulars:

1. Name Shik Narm
2. Sex Male
3. Age and Date of Birth 16 years + nine month 2nd May 1904
4. Place of Birth: Province Kwong Tung
   District Hong Sarn
   Village Loong Hee
5. Name of place in Australia applicant intends to reside Tingha New South wales
6. Name of Educational Institution Government Public School
7. Person responsible for upkeep:
   Name Jack Jee Lowe
   Address Tingha
   Amount per annum all expense

Four Photographs are required.

Students are not to be engaged in any other occupation.

該生須專事學業不得兼營他項事業

代該生請照者簽名於此劉作舟

15/5/21

Signature of Guardian

9th February 1921 Jack Jee Lowe

Endorsed & returned to CG China on 19/2/21

Noted

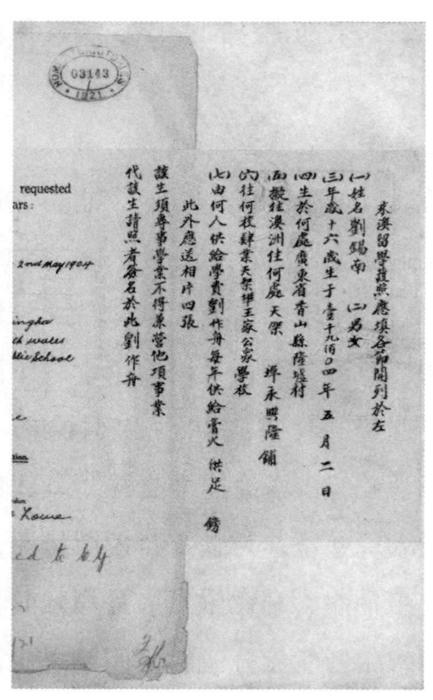

來澳留學護照應填各節開列於左

(一)姓名劉錫南 (二)男女

(三)年歲十六歲生于壹千九佰〇四年五月二日

(四)生於何處廣東省香山縣隆墟村

(五)擬往澳洲住何處天架 埠永興隆舖

(六)往何校肄業天架埠王家公家學校

(七)由何人供給學費劉作舟每年供給膏火 供足 鎊

此外應送相片四張

該生須專事學業不得兼營他項事業

代該生請照者簽名於此劉作舟

一九二一年二月九日，刘作舟以监护人和财政担保人的身份，具表向中国驻澳大利亚总领事馆申请刘锡南的学生护照及赴澳留学签证。

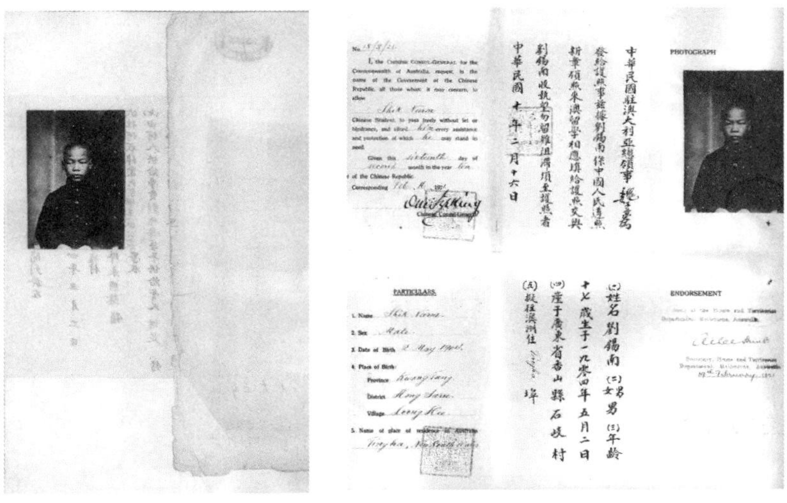

No. 15/S/21.

I, the Chinese Consul-General for the Commonwealth of Australia, request, in the name of the Government of the Chinese Republic, all those whom it may concern, to allow Shik Narm Chinese Student, to pass freely without let or hindrance, and afford him every assistance and protection of which he may stand in need.

Given this sixteenth day of second month in the year ten of the Chinese Republic.

Corresponding Feb. 16 1921

Chinese Consul-General

中華民國駐澳大利亞總領事魏 為發給護照事茲據劉錫南係中國人民遵照新章領照來澳留學相應填給護照交與劉錫南收執望勿留難沮滯須至護照者

中華民國十年二月十六日

PHOTOGRAPH

PARTICULARS.

1. Name Shik Narm
2. Sex Male
3. Date of Birth 2 May 1904
4. Place of Birth:
Province Kwong Tung
District Heung Sarn
Village Leong Kee
5. Name of place of residence in Australia

(一)姓名 劉錫南
(二)男女 男
(三)年齡 十七歲生于一九零四年五月二日
(四)產于廣東省香山縣石岐村
(五)擬往澳洲住 埠

ENDORSEMENT

左：刘锡南申请护照时贴在申请表背面的照片；右：一九二一年二月十六日，中国驻澳大利亚总领事魏子京为刘锡南签发的中国留学生护照。

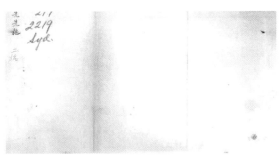

刘锡南的护照封面

刘锡南的护照封里

档案出处（澳大利亚国家档案馆档案宗卷号）：

Marm, Shik - Chinese student on passport, NAA: A1, 1925/21721

郭 就

香山竹秀园村

郭就（Joseph Gock），一九〇四年六月二日出生，香山县竹秀园村人。一九二一年的年中，由其在澳大利亚雪梨（Sydney）经营著名的永安果栏（Wing On & Co.）之叔父郭顺（William Gockson）[①]，作为其在澳留学之监护人及财政担保人，应允每年供给膏火五十镑作为生活费和学费，填表递交给位于美利滨（Melbourne）的中国驻澳大利亚总领事馆，代其申领来澳留学护照并代办签证，计划进入雪梨三一文法学校（Trinity Grammar School）念书。同年八月四日，中国驻澳大利亚总领事魏子京为郭就签发了一份学生护照，号码是78/S/21；一个星期之后，即在八月十二日，中国总领事馆向澳大利亚内务部成功备案并为郭就拿到了入境签证。

按照流程，中国总领事馆应该将护照寄往申请者在中国的家乡或者是香港的相关金山庄，以便其做好准备及安排行程，然后搭船前来澳洲。但这次中国总领事馆的做法则不同，拿到上述护照的次日，是将护照寄往在纽西兰（New Zealand）的指定地址，因为郭顺在递交上述护照申请时，郭就本人是在纽西兰。因档案中没有进一步的说明，难以判断郭就本人当时是到新西兰探亲抑或读书。但无论如何，就当时中国驻澳大利亚总领事馆审理此申请的

---

① 郭顺的档案，见：William Gockson, Daphne Gockson [4 photographs attached], Raymond Gockson [6 photographs attached], Beryl Gockson [2 photographs attached] and Florence Gockson [10 photographs attached] [Box 138], NAA: SP244/2, N1950/2/14009。

结果来看，办事效率还是蛮高的。

从其籍贯及由永安公司郭氏兄弟亲自为其申领护照来看，郭就应该是竹秀园村郭氏家族与永安公司创办人郭乐家族血缘较亲近的族中子弟，但是否为郭家六兄弟中哪房的子弟，则尚有待于进一步的考证。虽然郭顺是以其叔父之名义代为申请并作为他的监护人，但他此处的叔父身份显然是从郭氏宗族的角度来说的；更确切地说，如果郭就不是郭乐诸兄弟之子或是庶出而无法正式列入族谱的话，郭顺应该是郭就的堂叔或族叔，这样可能更为接近事实。从郭就申请护照时就直接使用英文名字来看，他在国内时就应该受到过良好的教育，说不定是在教会学校读书，甚至是在香港的英文或中英双语学校上的学。无论他是郭氏六兄弟之近亲还是族亲，二十世纪二十年代的郭氏兄弟已经是身家颇巨的商业家族，其在香港和上海经营的永安百货已是声誉鹊起，影响日隆。虽然此时郭顺尚在雪梨，但不久之后他就前往上海，协助兄长经营永安百货并开拓新的生意去了。

如果以定期班轮计，当时的邮寄还算快捷及时，毕竟美利滨距纽西兰航程较近。一至两周之后，该护照就应该被送至郭就手中。果不其然，三个多星期后，郭就搭乘从纽西兰起航的“马希诺号”（Maheno）轮船，于该年九月七日抵达雪梨海港。他由合利果栏（Hop Lee & Co.）的经理马赞芬（Spence Mah Hing）和永安果栏的署理经理郭剑英（William Gock Young）担保出关，由此而开始了四年澳洲留学之旅。

十七岁的郭就所入读的三一文法学校开设于一九一三年，位于雪梨杜里奇希区（Dulwich Hill），由圣公会主办，为十二年制完全学校，招收小学到中学的学生。虽然建立时间不长，但因学风好，生源佳，师资强，短短几年间便声名远播，已成为一所颇具影响力的名校。据该校校长向内务部的报告，郭就从一九二一年十月一日正式入读该校，到一九二二年八月离开该校，读了差不多一年，皆品行兼优，成绩良好。由此可见，郭就在赴澳留学之前，便具备了良好的英文基础。离开三一文法学校之后，郭就转学到开设在雪梨城里的斯多德与霍尔斯商学院（Stott & Hoare’s Business College）读书，主攻商科课程。不过，他在这里只读了一个学期，尽管其学习成绩备受好评，但还是在一九二三年新学年开始后，又转回到三一文法学校继续念中学课程。由此，他在澳留学四年，每次校长报告都对他赞誉有加，称他是一个勤奋好学不断进步的青年。

一九二五年八月二十七日，二十一岁的郭就完成在澳学业，乘坐“奥朗基号”（Aorangi）轮船，离开雪梨，前往纽西兰的屋仑埠（Auckland）。自此之后澳洲再也没有他的档案记载。很有可能，他是就此结束在澳之留学生涯，于纽西兰游历或者短暂停留之后，便回到中国。种种迹象表明，他返回中国之后，是进入永安公司工作。根据永安公司的记录，最终，他是去到香港，协助经营郭氏家族在那里的生意，担任永安公司香港分部的经理。[①]

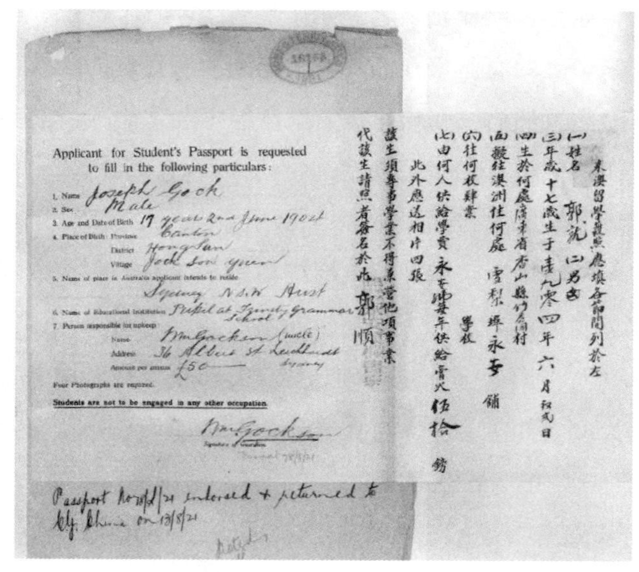

Applicant for Student's Passport is requested to fill in the following particulars:

1. Name Joseph Gock
2. Sex Male
3. Age and Date of Birth 17 years 2nd June 1904
4. Place of Birth: Province Canton
   District Hong San
   Village Jock Sow Yuen
5. Name of place in Australia applicant intends to reside
   Sydney N.S.W. Aust
6. Name of Educational Institution Pupil at Trinity Grammar School
7. Person responsible for upkeep:
   Name
   Address 36 Albert St Leichhardt Sydney
   Amount per annum £50

Four Photographs are required.

Students are not to be engaged in any other occupation.

Signature of Guardian

Passport No. /21 endorsed + returned to ... on 13/8/21

來澳留學護照應填各節開列於左

(一)姓名 郭就 (二)男女

(三)年歲 十七歲生于壹九零四年六月初貳日

(四)生於何處 廣東省香山縣竹秀園村

(五)擬往澳洲住何處 雪梨 埠 永安 舖

(六)往何校肄業 學校

(七)由何人供給學費 永安號每年供給膏火伍拾鎊

此外應送相片四張

該生須專事學業不得兼營他項事業

代該生請照者簽名於此 郭順

一九二一年的年中，郭顺填表，代郭就向中国驻澳大利亚总领事馆申领赴澳留学护照。

① 郭泉：《四十一年来营商之经过》，转引自互联网http://www.wh3351.com/Rwzs/ShowBook.php?sub_id=117&news_id=2895，访问日期2014/7/9 20:50。

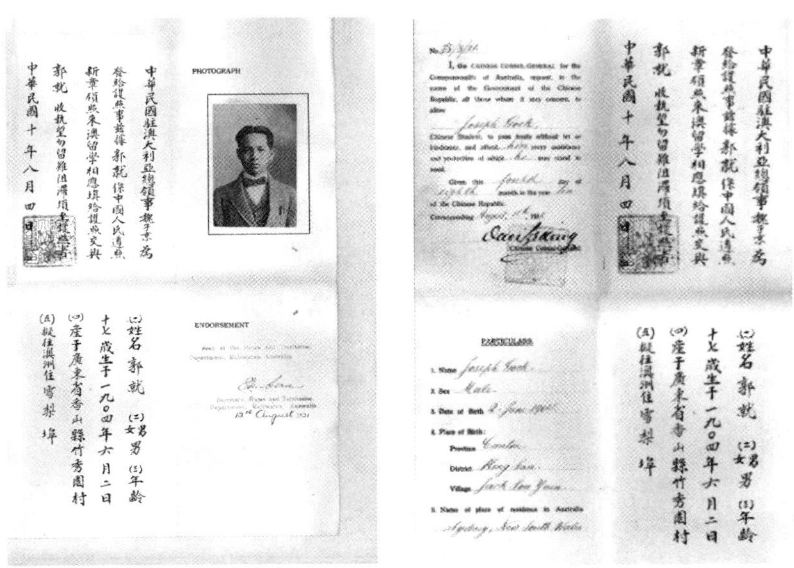

中華民國駐澳大利亞總領事魏子京為
發給護照事茲據郭就係中國人民遵照
新章領照來澳留學相應填給護照交與
郭就收執望勿留難阻滯須至護照者
中華民國十年八月四日

PHOTOGRAPH

(一)姓名 郭就 (二)男女 男 (三)年齡
十七歲生于一九〇四年六月二日
(四)產于廣東省香山縣竹秀園村
(五)擬往澳洲住雪梨埠

ENDORSEMENT

13th August 1921

No. ...

I, the Chinese Consul-General for the Commonwealth of Australia, request, in the name of the Government of the Chinese Republic, all those whom it may concern, to allow Joseph Gock, Chinese Student, to pass freely without let or hindrance, and afford him every assistance and protection of which he may stand in need.

Given this fourth day of eighth month in the year Ten of the Chinese Republic.

Corresponding August 4th 1921

Chinese Consul-General

中華民國駐澳大利亞總領事魏子京為
發給護照事茲據郭就係中國人民遵照
新章領照來澳留學相應填給護照交與
郭就收執望勿留難阻滯須至護照者
中華民國十年八月四日

PARTICULARS

1. Name Joseph Gock
2. Sex Male
3. Date of Birth 2 June 1904
4. Place of Birth:
   Province Canton
   District Heung Shan
   Village Jack Sou Yuen
5. Name of place of residence in Australia Sydney, New South Wales

(一)姓名 郭就 (二)男女 男 (三)年齡
十七歲生于一九〇四年六月二日
(四)產于廣東省香山縣竹秀園村
(五)擬往澳洲住雪梨埠

一九二一年八月四日，中国总领事魏子京给郭就签发的中国学生护照。

档案出处（澳大利亚国家档案馆档案宗卷号）：

Gock, Joseph - Chinese student on passport, NAA: A1, 1925/22531

梁杏森

香山福涌村

梁杏森（Leong Hum Sum），一九○四年八月十三日出生，香山县福涌村人。其父梁子正（Leong Gee Jing），早年跟乡人一道往澳洲谋生，最后成为菜农。一九一八年，他租赁雪梨（Sydney）西部一个名叫柏利孖打区（Parramatta）的教堂街（Church Street）一百八十九号，开设一名为义安号（Yee On）的果栏[①]，可能也捎带经销一些日用杂货，略有小成。

一九二一年五月十五日，梁子正以监护人的身份并以自己经营的义安果栏作保，为已年届十七岁的儿子梁杏森办理赴澳留学，欲安排进入他所居住区的柏利孖打贸易书馆（Crowns Street Public Commercial School, Parramatta）读书。他承诺每年供给儿子膏火五十镑，向中国驻澳大利亚总领事馆申办梁杏森的中国留学生护照，并请代办入境签证。中国驻澳大利亚总领事馆接到申请后，很快就予以审办。五月二十六日，中国总领事魏子京为梁杏森签发了编号为50/S/21的中国留学生护照；五天之后，即五月三十一日，中国总领事馆也从澳大利亚内务部那里，为他拿到了入境签证。

梁杏森在接到护照后，立即与相关的金山庄联络，为其安排船期。待其在家过了十七周岁生日，诸事安排妥当后，他便赶到香港，搭乘“获多利

① “Yee On & Company”, in https://records-primo.hosted.exlibrisgroup.com/permalink/f/1ebnd1l/INDEX1837782。澳大利亚国家档案馆里查不到与梁子正相关的任何宗卷，只有鸟修威省档案馆（NSW State Archives & Records）里有他在一九一八年注册成立义安号店的记录。

号”（Victoria）班轮，于这一年的九月二十日抵达雪梨。然而，梁杏森并没有入读父亲事先为他安排好的柏利孖打贸易书馆，而是去到雪梨城里，住在父亲的好友佐治平（George Ping）[①]位于华埠德信街（Dixon Street）五十号的商铺，自己注册进入临近华埠的库郎街公学（Crowns Street Public School）读书。可能是他已年过十七岁，比较成熟，在校学习良好，求知欲强，校长对其表现十分满意。到一九二四年二月，他已在该校读了两年半的课程，是六年级的学生。由此可见，在赴澳留学之前，梁杏森已经接触过英语，有了一定的基础，因而在适应了澳洲的学习环境之后，得以进入到适合其程度的年级就读，并不断进步。

一九二四年二月十六日，在澳洲留学两年半的梁杏森从雪梨搭乘“获多利号”班轮，驶往中国度假去了。可能是想放松一下自己，或者家里可能为他的个人事情也做了安排，他计划此番回国度假的时间约为一年。为此，在其离开澳洲前，他将此计划告诉了库郎街公学校长，并表示度假回来之后，仍然想要进入同一所学校，继续完成中学学业。校长对他很满意，认为他聪明好学，遂代其向内务部申请再入境签证。内务部如其所请，只是告诫要转告梁杏森，届时必须通过中国总领事馆提出申请，循正规渠道办理入境签证。

但实际上，梁杏森回国度假的时间并不是一年，而是在中国待了将近两年。到一九二六年一月十二日，即将年满二十二岁的梁杏森才乘坐日本人经营的“丹后丸”（Tango Maru）班轮，从香港返抵雪梨，重新入读库郎街公学，但不是像此前计划的那样继续读中学，而是选修该校提供的商科课程。之所以这样，是因为按照修订后的《中国留学生章程》规定，超过二十岁的中国学生，不能再读中学课程，只能选读技校或商学院或工学院等私立中级学校或预科院校的课程。因此，到次年二月，梁杏森获准两个月的停学，进

---

① 佐治平是十九世纪八十年代在澳大利亚出生的华人移民第二代，其中文全名的英语拼音是Loung Chong Ping，其父在十九世纪八十年代时是雪梨安昌号的股东之一。对应起来，Loung应该是“梁”，因此，佐治平应是梁子正的本家。佐治平的档案，见：Ping, George - Admission relative Ying, Jarm - Business exemption certificate, NAA: A1, 1925/23016。

入效能汽车技校（Efficiency Motor School）进修相关课程，之后再返回库郎街公学继续其商科课程的学习。在这里，他一直读到一九二七年底学期结束。此时，梁杏森已经过了二十三岁。

在一九二八年新学年开学后，梁杏森没有再返回库郎街公学念书。根据二月份中国总领事魏子京给内务部秘书的一封函件得知，年初时，梁杏森的父亲梁子正曾联络中国总领事馆，表示自己打算近期回中国探亲，希望在其离开之后，所余之果栏生意由其子梁杏森代为管理，因而想要通过总领事馆向内务部为梁杏森申请休学展签，亦即从学生签证换成工作签证。中国总领事馆认为他的果栏是小生意，营业额不大，难以向内务部提出展签申请，拒绝了他的要求。而根据当时许多华人的惯常做法，猜测起来，梁子正提出上述要求，显然是不想将届留学生最高年龄上限二十四岁的儿子就此返回中国，遂出此策，以便让梁杏森得以留在澳洲。如果他经营的生意规模再大些，他所施之此计或许可以成功，而中国总领事馆也乐得做顺水推舟的人情，代为申请。但梁子正运气不佳，在中国总领事馆那里碰了钉子。

或许是此计未成，对梁杏森有所影响，再加上这一年他就要年满二十四岁，将要达到澳大利亚规定的中国在澳留学生年龄的上限，未来的几个月内不得不返回中国。因此，到一九二八年初，他没有像以前那样继续申请展签，而是决定提前回国。三月十七日，他在雪梨乘坐“彰德号”（Changte）班轮，告别澳洲，径直回国了。

除去在留学期间返回中国探亲度假有近两年的时间之外，梁杏森总共在澳洲留学了四年半之久。

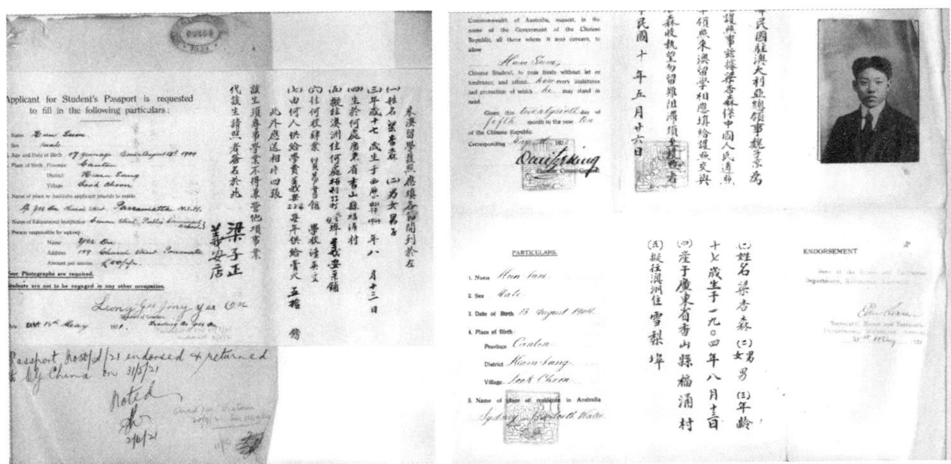
Applicant for Student's Passport is requested to fill in the following particulars:

Four Photographs are required.

Students are not to be engaged in any other occupation.

PARTICULARS

ENDORSEMENT

左：一九二一年五月十五日，梁子正填写的申请表，向中国驻澳大利亚总领事馆申请儿子梁杏森来澳留学护照和签证；右：同年五月二十六日，中国驻澳大利亚总领事魏子京给梁杏森签发的留学护照。

档案出处（澳大利亚国家档案馆档案宗卷号）：

Sum, Hung - Students passports, NAA: A1, 1928/1965

阮应枢

香山象角村

阮应枢（Yuen Ink Hee，也写成Yuen In Kee），生于一九〇四年九月十四日，香山县象角村人。当澳洲于一九二一年开放中国留学生赴澳留学，并由中国驻澳大利亚总领事馆主理学生申办护照和签证事宜之后，十七岁的阮应枢也要来澳洲留学，便着手向中国总领事馆申领中国留学生护照和入境签证，时间是在当年的七月三十一日。

阮应枢的这份档案宗卷并没有显示出当时他的父亲或是其他长辈是否在澳洲，只是表明，其申请由在鸟修威省（New South Wlaes）天架埠（Tingha）的刘作舟（Jack Joe Lowe）①代理，并由刘作舟作为其监护人和财政担保人，档案材料里并未说明刘作舟与阮氏家族之间是亲戚关系抑或朋友关系。事实上，刘作舟在同一个时间段里，也作为另外两位留学生刘锡南（Shik Narm）、缪玉兰（Yock Larn Mew）②的监护人，代办申请他们前来澳洲读书，档案文件也没有说明他们之间是否有亲戚关系。目前可以看到的档案揭示，刘作舟只给上述三人代理申请来澳留学，也都充任他们的监护人；而这三位留学生档案里，皆未有只言片语涉及他们各自的家庭。由此，我们无从判断他是因与上述三家之亲戚关系抑或仅仅只是作为留学代理而涉入其

① 刘作舟的档案，见：Jack Joe Lowe [Chinese - arrived Cooktown per EMPIRE, 1900. Box 34], NAA: SP11/2, CHINESE/LOWE JACK JOE。

② 详见：Marm, Shik - Chinese student on passport, NAA: A1, 1925/21721；（Yock Larn Mew） Miss Yock Larn Mew Chinese on Student's Passport, NAA: A1, 1931/3859。

间（有证据显示，刘锡南是刘作舟的族侄）。刘作舟以自己在天架埠经营的永兴隆号（Wing Hing Long & Co.）[①]商铺作保，承诺每年提供足镑膏火费给阮应枢，包括其在澳留学之学费和生活费等开销。刘作舟住在天架，其生意也在那里，因此他为阮应枢报名注册了天架埠王家公众学校（Government Public School，Tingha），与刘锡南和缪玉兰所入读的是同一所学校。阮应枢来澳留学的住处也是他的永兴隆号商铺。

中国总领事馆在当年收到的留学申请很多，故审理进度受到了一些影响。阮应枢的申请递交到中国总领事馆之后，直到八月二十二日，中国总领事魏子京才给他发出了中国留学生护照，编码为102/S/21。实际上，在收到大量申请的情况下，中国总领事馆这样的审理效率还是算高的。又过了二十天之后，九月十二日，澳大利亚内务部也按照规定给阮应枢核发了入境签证。按照流程，中国总领事馆当天便将护照和签证寄往中国阮应枢的家里。

但在接到护照和签证后，阮应枢并没有收拾行装即刻启程，而是在家乡足足等了一年多的时间，才搭乘从香港启程的"获多利号"（Victoria）班轮，在一九二三年一月十九日抵达雪梨，入境澳洲。刘作舟提前赶到海关，将他接出来，再带着他转乘其他交通工具，通过陆路交通北上，前往距离雪梨大约六百多公里、位于鸟修威省东北部靠近昆士兰省（Queensland）的小镇天架。

抵达天架埠稍事安顿后，已近十九岁的阮应枢如约于新学年开学之日，即二月一日，正式注册进入天架王家公众学校读书。此时，他的另外两位香山同乡，即来自永后村十六岁的缪玉兰以及来自石岐隆墟村同样是十九岁的刘锡南，也与他一同在天架王家公众学校留学，只是比他早来了一年多而已。一个半月之后的校长例行报告显示，阮应枢在校表现良好，学习令人满意，校长还对他穿着得体、干净整洁、对人和善的具体表现予以特别说明。

---

① 见鸟修威省档案馆（NSW State Archives & Records）收藏之该省工商局二十世纪初工商企业注册记录：https://search.records.nsw.gov.au/permalink/f/1ebnd1l/INDEX1837348。一九〇三年永兴隆号正式注册时，股东有多人，包括刘作舟。但后来刘作舟逐渐取代其他股东，该店铺成为其家族企业。

阮应枢在该校读了两年半之后，闹出了一些动静。一九二五年八月的校长报告表明，他在上半学期连续旷课达二十八天之久。接到上述报告后，内务部觉得这是个问题，遂于九月份责成雪梨海关派人前往调查是怎么回事，因为这样的旷课行为其后果将很严重，会导致内务部和海关将此学生立即递解出境。没有资料显示海关最终是否派人去调查此事，因为之后校长的报告中仍然对阮应枢的在校表现予以充分的肯定，故在年底中国总领事馆代其向内务部申请展签时，也非常顺利，似乎此事就让内务部给忽略过去了。

然而，事实表明，这事儿实际上并没有完，内务部仍然在惦记着阮应枢。到一九二六年底，内务部就表示不再给阮应枢展签，原因还是根据校长的报告，他在这一年的下半年旷课长达三十八天，故内务部表示不再容忍他的这种行为，要求他立刻离开澳洲回国。对此，中国总领事馆经过调查，于一九二七年一月十二日回复内务部，说明其旷课的原因是阮应枢年龄偏大，二十二岁了还在上中学，天架王家公众学校校长明里暗里都表现出不喜欢他继续出现在该校的态度，有时候甚至面对面地发生冲突，故而导致阮应枢拒绝再去该校读书。为此，他的监护人刘作舟认为，将其转校到其他的地方，并对阮应枢本人陈明利害，督促其遵守校规，将可使之完成中学学业。中国总领事馆希望内务部考虑到他在校遭受歧视这一实情，继续给予阮应枢展签一年。最后，内务部很不情愿地收回成命，但对此进行了折中处理，仅给予阮应枢展签六个月，即有效期展至该年的七月十九日，如他在这段时间里不再犯上述旷课的错误，再决定进一步核发续签，并责成他选读一所私校，以完成学业。

尽管在接到内务部的半年期展签之后，经过刘作舟和当地税务机构的多次协调，天架王家公众学校最终同意阮应枢重返该校完成中学课程，看来事情在向好的方向发展。然而，内心已经受到伤害的阮应枢并未照着中国总领事馆与澳大利亚内务部协商后划下的道走下去，在历经歧视与不公正的对待之后，阮应枢早已萌生了退意，决定立即回国。

一九二七年三月十九日，二十三岁的阮应枢在雪梨港登上“彰德号”（Changte）班轮，离开澳洲，经香港返回中国去了。这个时间，距其来澳留学，刚好是四年零两个月的时间。此后，档案资料中再也未见到阮应枢重返澳洲的记录。

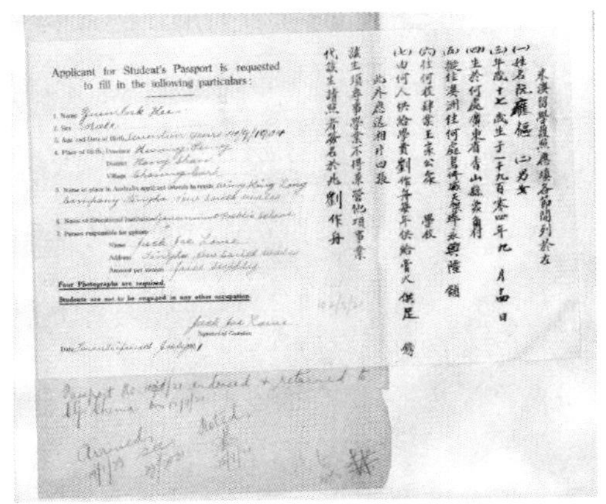

Applicant for Student's Passport is requested to fill in the following particulars:

Four Photographs are required.

Students are not to be engaged in any other occupation.

來澳留學護照應填各節開列於左

(一)姓名阮應樞 (二)男女

(三)年歲十七歲生于一千九百零四年九月十四日

(四)生於何處廣東省香山縣象角村

(五)擬往澳洲住何處

(六)往何校肄業王家公家學校

(七)由何人供給學費劉作舟每年供給費用供足

此外應送相片四張

該生須專事學業不得兼營他項事業

代該生請照者簽名於此 劉作舟

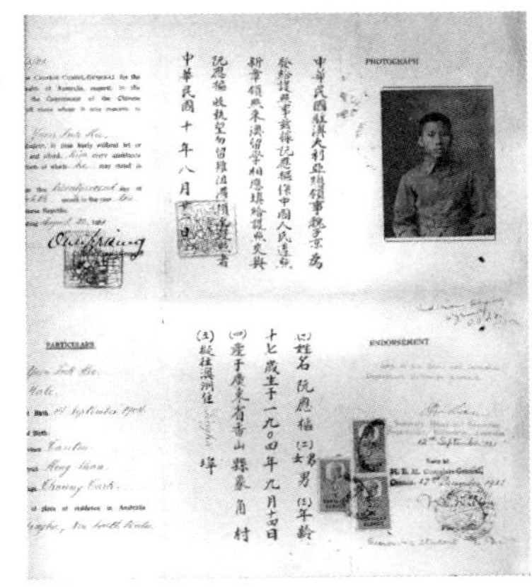

中華民國駐澳大利亞總領事魏子京為發給護照事茲據阮應樞係中國人民遵照新章領照來澳留學相應填給護照交與阮應樞收執望勿留難沮滯須至護照者

中華民國十年八月廿二日

PHOTOGRAPH

PARTICULARS

ENDORSEMENT

(一)姓名 阮應樞 (二)男女 男 (三)年齡 十七歲生于一九〇四年九月十四日

(四)產于廣東省香山縣象角村

(五)擬往澳洲住 埠

左：一九二一年七月三十一日，刘作舟向中国驻澳大利亚总领事馆申办阮应枢的中国留学生护照所填写的申请表；右：一九二一年八月二十二日，中国驻澳大利亚总领事魏子京签发给阮应枢的中国留学生护照。

档案出处（澳大利亚国家档案馆档案宗卷号）：

Yuen Ink Hee Students Passport, NAA: A1, 1927/1148

林亚纳

香山珊洲村

林亚纳（Lum Arnarp），一九〇五年一月八日出生，香山县珊洲村人。

其祖父名林广盛（Kwong Sang），原名林乐成（Hock Sing），大约出生于一八五五年。早在一八八〇年前后，他便从家乡来到澳洲谋生[①]，后在昆士兰省（Queensland）西南部农牧业重镇都麻罢埠（Toowoomba）定居下来。根据当地报纸的记载，最迟在一八八三年，亦即于这个镇子站稳脚跟之后不久，他便在该埠市中心主街上开设了一间名为广盛号（Kwong Sang & Co.）的商铺[②]，此后便以商号名代替了原名而闻名于当地。[③]广盛号商铺设在鲁思文街（Ruthven Street）五百二十六号，经营中国土特产品，如茶叶、丝绸、土货，以及当地果蔬、食品及日用杂货等商品，在当地颇有口碑，生意稳定，是当地较大的购货商店之一。[④]因长期在当地服务周边民众，他与本地商家的关系融洽，也加入当地行会组织，颇有人望，算得上是融入了当地社会。而且，他不仅在国内有家小，还先后将两个妾室办理来澳探亲，与他一

---

① Certificate Exempting from Dictation Test (CEDT) - Name: Kwong Sang - Nationality: Chinese - Birthplace: Canton - departed for China per TAIPING 18 February 1929, NAA: J2483, 457/75。

② *Toowoomba Chronicle and Darling Downs General Advertiser*, Tuesday 27 November 1883, p. 3 Advertising。

③ “Chinese in Toowoomba”, http://downsfolk.wikidot.com/chinese-in-toowoomba。

④ 为纪念一百多年前不同文化背景的移民对当地商业和经济的贡献，都麻罢市政府在进入二十一世纪之后，将市中心原广盛号商铺所在的营业地点重新整饰修葺，成为一条小小的颇具多元文化的步行巷，取名为“广盛巷”（Kwong Sang Walk）。详见：“Toowoomba CBD - Kwong Sang walk”, http://tr.qld.gov.au/component/bcd/toowoomba-kwong-sang-walk。

起生活，并在此为他生育了三个儿子和一个女儿。[①]

作为林广盛在中国的孙子之一，林亚纳因祖父在澳经商，家境优渥，自小便接受良好教育。在其读完初中之后，林广盛便决定让其来澳留学。一九二二年一月九日，就在其刚刚满十六岁（原申请表上如是说，实际应该是十七岁）之次日，林广盛填好申请表并附上相关材料，递交给位于美利滨（Melbourne）的中国驻澳大利亚总领事馆，为孙子林亚纳办理赴澳留学护照和签证。他为孙子申请入读的学校是当地的修书馆（South State Boy's School），亦即位于都麻罢的昆南公立男校，并为此先交纳一镑的学费以保留他孙子在该校的学位。同时，他也以上述自己所经营的广盛号商铺作保，承诺每年供给林亚纳膏火银三十五镑，作为其在澳留学期间之学杂费和生活费等项开支。

但是，上述申请寄往中国总领事馆后便如泥牛入海，在几乎长达一年的时间里，林广盛虽几次去函询问，然未曾收到过任何回复。在气愤焦虑之余，这位老华商便效仿澳人做法，决定采取法律行动，讨要说法。于是，一九二二年十二月四日，他支付律师费，聘请当地的一家名为轩尼诗的律师事务所（Hennessy & Hennessy）作为代理，向中国总领事馆发函询问其申请结果；在没有得到中国总领事馆的及时回复之后，遂于当月二十二日，再由位于都麻罢埠的曼柔商会（Manro's Chamber）大楼里的该律师事务所致函澳大利亚外务部，投诉中国驻澳大利亚总领事馆未能处理其客户林广盛提交的申请，并且在林广盛三次函催询问后仍未有任何回音，希冀经由外交管道追

① Certificate Exempting from Dictation Test (CEDT) - Name: Leong See [Kwong Sang] [Saug] (of Toowoomba) - Nationality: Chinese - Birthplace: Canton - departed for China per EMPIRE on 14 October 1913, returned to Brisbane per EMPIRE on 26 April 1916, NAA: J2483, 136/73; Certificate Exempting from Dictation Test (CEDT) - Name: Tar Kong [George Kwong Sang] [Saug] (of Toowoomba) - Nationality: Chinese - Birthplace: Toowoomba Queensland - departed for China per EMPIRE on 14 October 1913, NAA: J2483, 136/74; Certificate Exempting from Dictation Test (CEDT) - Name: Kum Fon [Ivy Kwong Sang] [Saug] (of Toowoomba) - Nationality: Chinese - Birthplace: Toowoomba Queensland - departed for China per EMPIRE on 14 October 1913, returned to Brisbane per EMPIRE on 26 April 1916; NAA: J2483, 136/76; Certificate Exempting from Dictation Test (CEDT) - Name: William Morris Rowland Kwong Sang - Nationality: half Chinese - Birthplace: Rockhampton Queensland - departed for China per VICTORIA 10 August 1923 returned Brisbane per CHANGTE 4 May 1934, NAA: J2483, 359/31。

索其申请结果。过了一个星期，澳大利亚总理事务部在接到外务部转来的这个投诉之后，指示内务部协助处理此事。至一九二三年一月四日，内务部函复轩尼诗律师事务所，告知中国总领事馆已经收到其律师函，他们将会与其联络，并表示会尽快处理林广盛的申请。随后，中国总领事馆也承认，他们之前是将林广盛的申请材料束之高阁，并最终给遗忘了。

不久，中国总领事魏子京便给林亚纳签发了中国留学生护照，编号是243/S/23。只是具体的签发日期因未见到护照原件或副本而无法确定，但从澳大利亚内务部所核发的赴澳留学入境签证日期是一九二三年四月五日来判断，护照的签发日期应该是在此之前的几天，甚至也有可能就是与获得签证的日期是同一天。无论是哪种情形，中国驻澳总领事馆在拿到签证的当天，便按照流程，将林亚纳的护照和签证寄往他在中国香山县的家中。

但不知何故，在中国已经等待来澳留学生护照和签证长达近一年半的林亚纳，并没有很快启程来澳，而是在又过了半年之后，到这一年的年底，才从香港乘坐“获多利号”（Victoria）班轮，于一九二三年十二月十七日抵达雪梨（Sydney）港口入境澳洲。他原本是应在昆士兰省首府庇厘士彬（Brisbane）登陆入境，但因海关卫生检疫的原因，可能是当地设备或是其他的检测手段不具备，他无法在那里通过海关，因而不得不转到雪梨港口登陆。最后他是在雪梨完成所有的检疫手续之后，方才由海关放行入境。在雪梨入境之后，林亚纳还要再从这里搭乘其他的交通工具，如火车或长途客车，前往一千公里之外属于昆士兰省的都麻罢埠，跟祖父林广盛相聚。好在他已经具备了初步的英语能力，可以应付旅途的需要。

一九二四年二月五日，已经年满十九岁的林亚纳正式注册入读修书馆。根据校长提供给内务部的例行报告，林亚纳的学习和操行虽然还算令人满意，但却经常请假缺课，从二月到九月仅仅八个月的时间里，他就因病而缺课达十八天之多，而且都是请的病假。这也许是因水土不服，或者是其本身的身体就很虚弱。前述在雪梨因检疫原因而滞留海关耽搁入境，或许也跟他本身之身体孱弱有很大的关系，只是档案宗卷中未透露这方面的信息，无法判断两者之间是否有关联。好在他的上述病假都有医生开具的证明，内务部接到报告后，也没有对此表示诧异。

可能就是因为身体不适的原因吧，就在他留学澳洲十个月之后，林亚纳便从都麻罢埠赶到昆士兰省的首府庇厘士彬埠，在一九二四年十月十一日这一天，搭乘路经该埠的“衣市顿号”（Eastern）班轮，驶返香港转道回国了。走之前，他通过海关将离境计划知会了澳大利亚内务部。对此，内务部刚开始时还表示，如果他此后要重返澳洲读书，一旦提出申请，会给他签发再入境签证。但林亚纳明确表示，他此次回国将不会再回到澳洲念书。这一方面可能是其身体状况难以适应澳洲的环境与学习，另一方面恐怕也是面子问题，因为他也是快要满二十岁的成年人了，从申请护照到入境澳洲，用去了两年时间，才来到这里与比他年龄小很多的澳洲孩童一起上课，感情上说不过去。从这个角度说，他决然表示不再返回澳洲读书是可以理解的。

因此，尽管林亚纳的澳洲留学申请经历了诸多磨难，其祖父为此而聘请律师花费了不少银子，也耽误了不少时光，他在澳洲留学时间也只有仅仅八个月而已。而他的祖父林广盛也在四年多之后，在一九二九年初以七十四岁的高龄回国探亲，就此留在中国，再也没有返回经商长达五十年的澳洲[①]，而将生意留给他的在澳洲出生的儿子亦即林亚纳的叔叔林文川（Diamond Monchin Lum或Diamond Kwong Sang）继续经营。[②]

---

① Certificate Exempting from Dictation Test (CEDT) - Name: Kwong Sang - Nationality: Chinese - Birthplace: Canton - departed for China per TAIPING 18 February 1929, NAA: J2483, 457/75。

② 详见：LUM Diamond Momchim [alias LUM Ah Kow], NAA: A367, C71572。

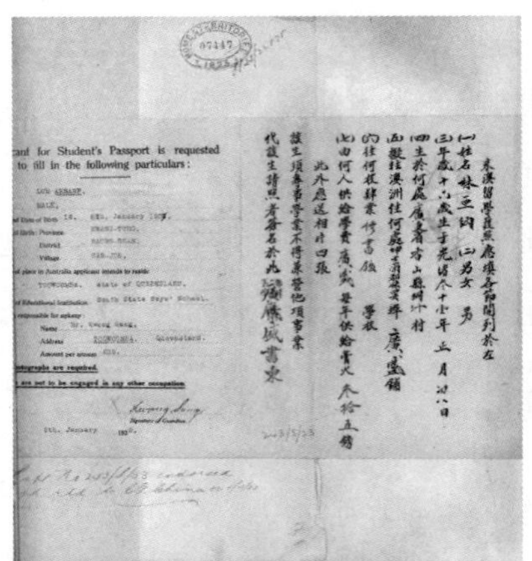

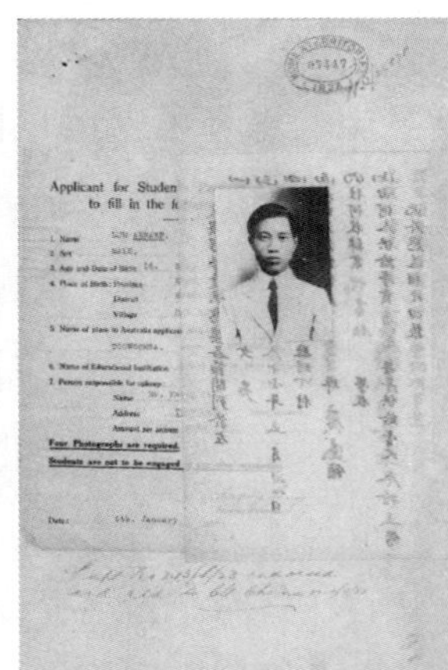

一九二二年一月八日，林广盛向中国驻澳大利亚总领事馆申请孙子林亚纳来澳留学护照和签证所填写的申请表及申请表背面所贴之林亚纳照片。

档案出处（澳大利亚国家档案馆档案宗卷号）：

Lum Arnarp - Student's passport [0.5cm], NAA: A1, 1924/28043

梁棣祺

香山福涌村

梁姓是中山大姓，多集中在小榄和石岐周围。近代以还，因其人口众多，远赴海外之香山梁姓族人亦为数不少，澳洲也是这些梁姓人士前赴后继之打拼之地。由此，其后人前往该地留学者亦时有所闻。梁棣祺（Leong Day Kee）便是其中之一。

梁棣祺，一九〇五年六月二十八日出生，香山县福涌村（即石岐）人。其父梁秀根（Leong Sou Gun）早在一九〇一年澳大利亚联邦成立前（一八九八年或者一八九七年），便与族人一道从香山来到澳洲打拼①，最终在昆士兰省（Queensland）北部重镇汤士威炉埠（Townsville）定居下来，加股到堂兄梁天元（Leong Tin Yuen）②等人开设的一间名为天元号（Tin Yuen & Co.）的商铺，经营杂货，事业小成。

一九二一年，梁棣祺就要年满十六岁了，梁秀根决定让他来澳洲留学，以便将来有机会的话继承其在澳洲之产业，或者如其同乡竹秀园村郭家和沙涌村马家一样，将生意做回到省港澳及大上海。因此，这一年的二月三日，

---

① Certificate for exemption from dictation test - Sou Gun, NAA: J2773, 2746/1913。根据梁秀根兄弟梁卓根（James Chock Gun）的记载，是在一八九七年来到澳大利亚发展的。见：James Chock Gun (also known as James Ghock Gun) [box 100], NAA: SP42/1, C1918/2934。

② Tin Yuen - of Townsville, Queensland - birthplace: Canton, China - departed Townsville, Queensland on the Changsha 16 November 1905, NAA: J2482, 1905/223。根据当地华文报纸记载，天元号早在一八九八年之前便已开设在汤士威炉。见“汤士威炉埠检运仙骸告白”，《东华报》一八九八年八月二十四日，第四版。

梁秀根以监护人和财政担保人的身份填好表格，向位于美利滨（Melbourne）的中国驻澳大利亚总领事馆提出申请，办理其子梁棣祺之赴澳留学生护照和入澳签证。当然，他是以自己参与经营的天元号商铺作保，承诺每年供给儿子膏火银五十二镑。至于学校，梁秀根选择汤士威炉学校（State School Ross Island Townsville）作为其子来此留学之首选。

中国驻澳大利亚总领事馆在接到梁秀根的申请后，很快给予了处理。两个星期后，即二月十六日，总领事魏子京为梁棣祺签发了编号为13/S/21的中国留学生护照，并在当天获得了澳大利亚内务部给梁棣祺核发的赴澳留学入境签证。也就在同一天，中国总领事馆按照流程将护照寄往中国梁棣祺家中，工作效率很高。早就为此做好准备的梁棣祺，接到护照后立即与香港的金山庄联络，安排行程。三个月后，他便从香港乘坐“获多利号”（Victoria）轮船，于一九二一年五月十九日抵达汤士威炉，正式踏足澳洲，开始其在澳留学生涯。[①]

抵达汤士威炉之后，梁棣祺休整了十天，熟悉周边环境后，从五月二十九日开始，便注册进入南汤士威炉公立学校（South Townsville State School）念书，而没有去父亲梁秀根原先所联系的汤士威炉学校。半年后的校长例行报告表明，梁棣祺在校表现一切如常，中规中矩，按部就班，算得上是一位热心学习的好学生。

但到第二年新学年开学后，情况发生了变化。一九二二年二月二十一日，梁秀根以天元号商铺之名义，致函南汤士威炉公立学校校长，要将儿子梁棣祺和侄儿梁沛霖（Leong Poy Lum）[②]一起转学，让他们入读汤士威炉西端公立学校（West End State School Townsville），理由是该校离天元号商铺更近些，梁氏子弟到该校念书会更方便些。对于南汤士威炉公立学校校长麦尔康·嘉顿（Malcolm Gardon）来说，梁秀根此举令他很难堪，因为他已经

---

① KEE, Leong Day [born 1905] - Nationality: Chinese - arrived Townsville 19 May 1921 on the Victoria [passport], NAA: BP313/1, KEE L D。

② Leong Poy Lum - Exemption certificate, NAA: A1, 1932/18。梁沛霖是另一位天元号商铺担保的学生，是大股东梁天元的儿子，与梁棣祺同船前来澳洲留学。

为上述学生在进入该校后能跟上课程，花费了很多时间，也动用了许多额外资源，以辅导他们尽快跟上班级的学习进度。这下子等于树栽好了，果实却让别人去摘。于是，他于三月份致函内务部秘书，对此事予以投诉，表达不满。内务部秘书对他自然是一番安抚，并称此事确实对他及南汤士威炉公立学校不公平，这俩中国学生不应该转校。但梁秀根坚持这样做，加上西端公立学校也乐得接收这两位中国学生，因此，拖到六月十五日，梁棣祺和梁沛霖终于获准，顺利地转学到了西端公立学校。由此，梁棣祺在该校一直读到一九二五年底，其间仍然循规蹈矩，表现可圈可点，算得上品学兼优。

从一九二六年新学年开始，已近二十一岁的梁棣祺升学进入汤士威炉公立中学（State High School Townsville）读书，学习仍然算是用功，在一年的时间里，叠获校长佳评。到一九二七年一月初时，已在澳洲留学近六年的梁棣祺想回国探亲，遂通过中国总领事馆向澳大利亚内务部申请再入境签证，以便探亲结束之后重返澳洲完成学业。内务部复函表示，鉴于此时梁棣祺已年过二十一岁，如果他重返澳洲继续求学，则应注册入读商学院或技校，而不是中学，这样才可以为他颁发再入境签证。二月一日，中国总领事馆回复说，梁秀根将根据内务部要求，待梁棣祺重返澳洲时，一定会为其注册入读一所商学院，但未提及具体是哪一所商学院，位于何处。①对于这个回复，内务部显然并不满意，遂再函中国总领事馆，要求务必提供具体要注册入读哪一所商学院，以便备案核查。

就在内务部和中国总领事馆之间信函往返，就是否入读什么样的商学院之事反复磋商之际，一九二七年一月二十四日，梁棣祺已经按期在汤士威炉登上路经停靠的“彰德号”（Changte）班轮，驶往香港，返回中国探亲去了。②后来的事情表明，事实上梁秀根并没有为儿子具体落实入读哪一所商学

① Leong Day Kee [student], Sou Gun [father], NAA: J2773, 375/1924。

② Name: Leong Day Kee (of Townsville) - Nationality: Chinese - CEDT number: 1926/25, NAA: BP343/15, 11/671; Certificate for exemption from dictation test list - Fong Jack, Sing Kee, Lee Bun, Yee Fong, Ah Yow, Willie Young, Ah Hoong, Jong Chu, [Chong Chew] Chong Kwon, Hoong Foon, Low Man, Bow Chong, Sue Yuen Hop, Yet Fong, Louie Wing, Low Yen Lun, Man Bew, Long Yow, Leong Day Kee, Gin Yuen, Lee Gum Sing, NAA: J2773, 128/1927。

院，而梁棣祺很可能于探亲期间在家乡完婚，建立了自己的家庭，随后就被一些无法预料的事务所缠，无法动身，最终也没有重返澳洲继续求学。

但到了一九三二年，情况有了变化。这一年的六月十六日，中国驻澳大利亚总领事陈维屏致函澳大利亚内务部秘书，谓汤士威炉埠天元号商铺经理梁秀根计划近期要回中国探亲休假一段时间，在其回国探亲的这一段时间，他非常希望能申请其子梁棣祺来此，替代他照看其在天元号商铺中所拥有之生意。因梁棣祺此前在此接受过近六年的教育，语言已不成问题，熟悉当地风土人情，也了解澳洲的商业运作程序，是替代他照看其生意利益之最佳人选。鉴于这样的情况，陈总领事希望澳方能遂梁秀根之愿，给梁棣祺发放入境工作签证，以便来澳已达三十多年之久的梁秀根能放心返回中国探亲度假。为增加其申请之分量，梁秀根还动员当地的邓诺文与麦卡锡会计师行（Donovan & McCarthy）于六月二十日致函内务部秘书，推荐现已二十七岁之梁棣祺是代管梁秀根生意利益之不二人选。因梁秀根预期回国度假休整需时一年左右，故吁请内务部秘书为梁棣祺签发一个为期十二个月的工作签证。

受理上述申请后，内务部通过汤士威炉海关税务征收员了解到，作为天元号之股东，梁秀根在该商行中所占股值为三千镑，其个人在汤士威炉经商有道，童叟无欺，品行良好，广为人知。同时，他在距汤士威炉南部五十多公里的小镇吉茹（Giru）还拥有一块农场，价值约七千镑。而天元号商铺是汤士威炉地区主要的华商企业，上一年进口总值为四百镑的货物。目前经营该商铺之主要股东是梁秀根与其兄弟梁卓根（Leong Chock Gun）[①]，但后者因能力有限，如果梁秀根离开澳洲回中国探亲度假的话，梁卓根是难以独自经营该商铺的，而当地华人中也无人能代理挑起经营此商铺之重任。据此，海关征税官也认为梁秀根的申请是合情合理的。有鉴于此，内务部秘书于八月二日复函陈维屏总领事，同意给予梁棣祺一年的工作签证。当然，签证是

---

① Chock Gun [Chinese - arrived Cooktown in 1894; name of vessel unknown, and day and month of arrival not specified] [Box 446], NAA: SP1121/1, GUN, CHOCK。

有条件的，即梁秀根需为此向海关缴纳一笔数额不菲的定金，价值为一百镑，并在其子梁棣禧抵达澳洲后三个月内启程回中国探亲度假；而梁棣禧则应在其父结束探亲度假返回澳洲后之一个月内，离开澳洲回中国。

看来一切事情都进行得很顺利，梁棣禧应该很快就可以前来澳洲，让其父能尽快回国探亲度假。但实际上，我们看到的却是另外一种结果。按说在内务部同意给予梁棣禧工作签证之后，他应该会尽快订妥船票前来澳洲替代父亲，但一年过去了，到一九三三年九月十四日，汤士威炉海关征税官因一直未见到梁棣禧抵埠，遂去到天元号商铺询问原因。此时，梁秀根仍然在店里经营着生意，并未离澳回去中国。他对海关人员解释说，因天元号商铺雇员的条件未及谈妥，他只好推迟回中国探亲度假之计划。至于其子因何故未能前来澳洲，他没有给出解释，而海关在报告中也没有涉及这一问题。

梁棣禧的澳洲留学档案就到此没有了下文。此后的澳洲档案中，再也没有梁棣禧的任何信息，不知道他日后最终是否重返澳洲，接管其父之生意。

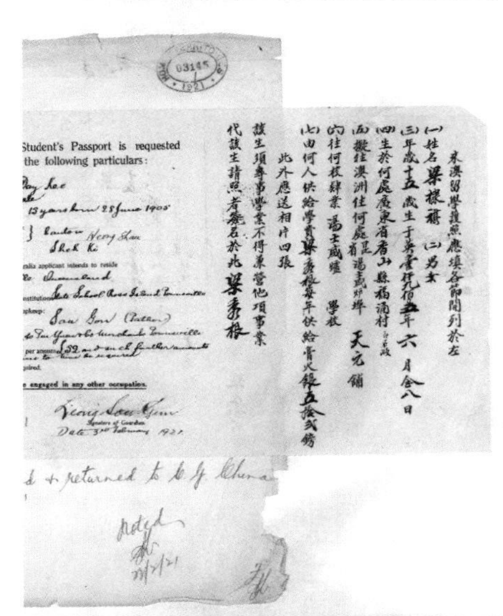
來澳留學護照應填各節開列於左
(一)姓名 梁棣禧 (二)男女
(三)年歲 十五 歲生於英壹仟玖佰五年 六 月念八日
(四)生於何處 廣東省香山縣福涌村
(五)擬往澳洲住何處 昆士蘭省湯士威炉埠 天元舖
(六)往何校肄業 湯士威埠 學校
(七)由何人供給學費 梁秀根 每年供給費銀五拾弍鎊
此外應送相片四張
該生須專事學業不得兼營他項事業
代該生請照者簽名於此 梁秀根

Student's Passport is requested
the following particulars:
13 years born 28 June 1905
Signature of Guardian
Date 3rd February 1921

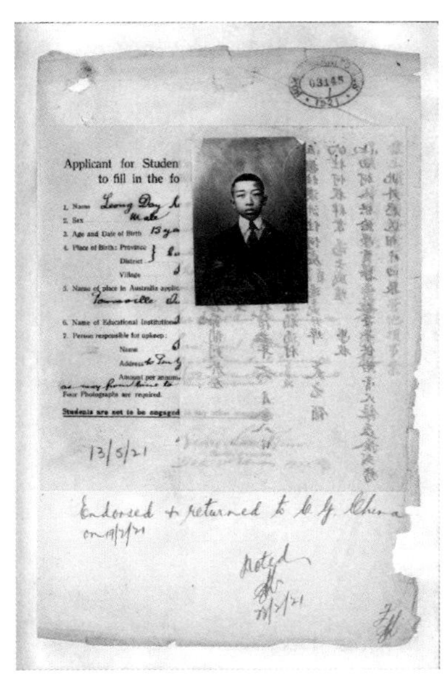
Applicant for Studen
to fill in the fo
1. Name
2. Sex Male
3. Age and Date of Birth
4. Place of Birth: Province
District
Village
5. Name of place in Australia applic
6. Name of Educational Institution
7. Person responsible for upkeep:
Name
Address
Amount per annum
Two Photographs are required.
Students are not to be engaged
13/5/21
Endorsed + returned to C. G. China

一九二一年二月三日，梁秀根向中国驻澳大利亚总领事馆申请其子梁棣禧来澳留学护照和签证所填写的申请表及申请表背面所贴梁棣禧的照片。

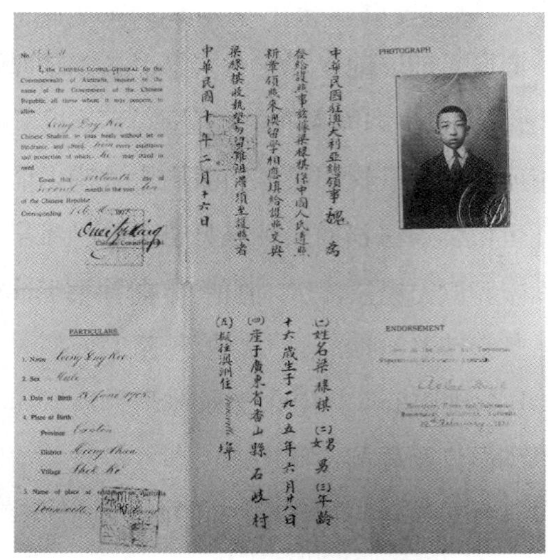

中華民國駐澳大利亞總領事魏 為
發給護照事兹有梁棣祺係中國人民遵照
新章領照來澳留學相應填給護照交與
梁棣祺收執經由沿途關卡毋得留難阻滯須至護照者
中華民國十年二月十六日

(一)姓名梁棣祺 (二)男女 男 (三)年齡
十六歲生于一九〇五年六月廿八日
(四)産于廣東省香山縣石岐村
(五)擬往澳洲住 Townsville 埠

I, the Chinese Consul-General for the Commonwealth of Australia, request in the name of the Government of the Chinese Republic, all those whom it may concern, to allow

Leong Day Kee

Chinese Student, to pass freely without let or hindrance, and afford him every assistance and protection of which he may stand in need.

Given this sixteenth day of second month in the year ten of the Chinese Republic

Chinese Consul-General

PARTICULARS

1. Name Leong Day Kee
2. Sex Male
3. Date of Birth 28 June 1905
4. Place of Birth
   Province Canton
   District Heung Shan
   Village Shek Ki
5. Name of place of residence in Australia Townsville

PHOTOGRAPH

ENDORSEMENT

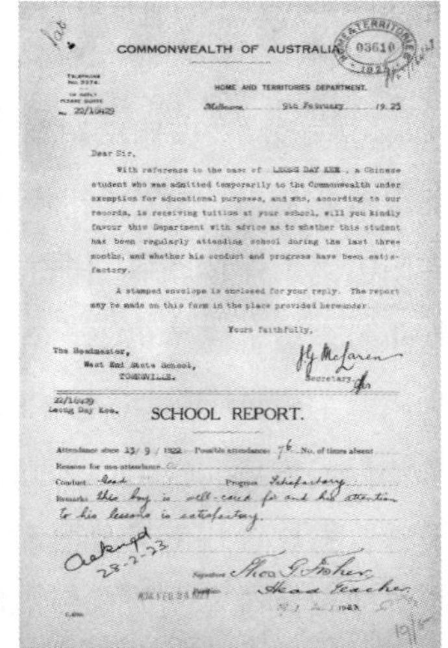

COMMONWEALTH OF AUSTRALIA

HOME AND TERRITORIES DEPARTMENT.

No. 22/10429

Melbourne 9th February 1923

Dear Sir,

With reference to the case of LEONG DAY KEE, a Chinese student who was admitted temporarily to the Commonwealth under exemption for educational purposes, and who, according to our records, is receiving tuition at your school, will you kindly favour this Department with advice as to whether this student has been regularly attending school during the last three months, and whether his conduct and progress have been satisfactory.

A stamped envelope is enclosed for your reply. The report may be made on this form in the place provided hereunder.

Yours faithfully,

J.G. McLaren

Secretary.

The Headmaster,
West End State School,
TOWNSVILLE.

22/10429
Leong Day Kee.

SCHOOL REPORT.

Attendance since 13/9/1922 Possible attendance 76 No. of times absent

Reasons for non-attendance

Conduct Good Progress Satisfactory

Remarks this boy is well-cared for and his attention to his lessons is satisfactory.

Acknged 28-2-23

Signature Thos G. Fisher

Head Teacher

左：一九二一年二月十六日，中国总领事魏子京给梁棣祺签发的中国学生护照；右：一九二三年二月十九日，汤士威炉西端公立学校校长提供的例行报告，显示梁棣祺在校表现令人满意。

档案出处（澳大利亚国家档案馆档案宗卷号）：

Leon Day Kee - Student on passport, NAA: A1, 1932/4655

梁沛霖

香山福涌村

梁沛霖（Leong Poy Lum），一九〇五年八月二十六日出生，香山县福涌村（即石岐）人，与同村同宗兄弟梁棣祺一同前来澳洲留学，比梁棣祺小两个月。其父梁天元（Leong Tin Yuen），大约出生于一八六二年，早在十九世纪九十年代前后就跨洋渡海，来到澳洲谋生，最终在昆士兰（Queensland）北部港口汤士威炉埠（Townsville）定居下来。大约在一八九六年之前，他便在该埠开设一家商铺，并以自己的名字命名为天元号（Tin Yuen & Co.），经营杂货果蔬，包括相关的进出口业务[①]，事业小成。随后，其堂弟梁秀根（Leong Sou Gun）[②]等同宗兄弟及乡人陆续投股加入，经营产品多样化，天元号商铺也在众宗亲兄弟的努力下，成为当地最大的华商公司之一。

一九二一年二月三日，当同是天元号商铺股东的梁秀根为其子梁棣祺（Leong Day Kee）[③]赴澳留学办理护照和签证时，梁天元也同时为其子梁沛霖办理一样的事宜。他也是以自己所经营的天元号商铺作保，承诺每年供给儿子膏火银五十二镑。他也跟梁秀根一样，同样选择汤士威炉学校（State School Ross Island Townsville）作为其子来此留学之首选，显然是希望梁沛霖

① 详见："TOWNSVILLE HARBOUR BOARD", *The North Queensland Register*, Wednesday 5 February 1896, p. 28, Detailed Lists, Results, Guides。这是在汤士威炉埠当地报刊中找到的天元号最早记录。

② Certificate for exemption from dictation test - Sou Gun[m], NAA: J2773, 2712/1916。

③ Leon Day Kee - Student on passport, NAA: A1, 1932/4655。

和梁棣祺都在同一所学校念书，堂兄弟之间互相有个照应。

既然梁沛霖的情况与梁棣祺一样，中国驻澳总领事馆也就将梁天元与梁秀根的申请一并处理，并很快审理完毕。同月十九日，中国总领事魏子京为梁沛霖签发了编号为14/S/21的中国留学生护照，与梁棣祺的护照号码（13/S/21）相连。梁沛霖也在当天获得了澳大利亚内务部核发的赴澳留学入境签证。按照流程，中国驻澳总领事馆同样在当天将护照寄往中国梁沛霖的家中。三个月后，梁沛霖就与梁棣祺一道，结伴同行去到香港，会同本邑竹秀园村的郭启添（Kwok Kay Tim）①等一众郭氏同门兄弟及沙涌村的马亮华（Mar Leong Wah）②等人，一同乘坐中澳船行经营的“获多利号”（Victoria）轮船赴澳。一九二一年五月十九日，梁沛霖与梁棣祺二人抵达汤士威炉，顺利过关，入境澳洲，开始其在澳的六年留学生涯。③

在抵达汤士威炉稍事休整约十天之后，梁沛霖也没有去父亲原先为他选择的汤士威炉学校就读，而是与梁棣祺一道，于五月二十九日注册进入南汤士威炉学校（South Townsville State School）读书。根据校长的例行报告，梁沛霖也和梁棣祺一样，在校表现良好，学业与操行都令人满意。但到次年的六月十五日，梁沛霖与梁棣祺一道，在后者父亲梁秀根的安排下，最终转学进入汤士威炉西端公立学校（West End State School Townsville）就读。在这所学校，梁沛霖与梁棣祺结伴，一同读了三年半的书，一直到一九二五年底。从校长例行报告看，梁沛霖在校表现良好，读书用功，学业优异，算得上是个品学兼优的学生。从一九二六年新学年开始，已经二十岁的梁沛霖与年长他两个月的堂兄梁棣祺一起，升学进入汤士威炉公立中学（State High School Townsville）读书，其学业与在校操行一仍其旧。

与到一九二七年一月初时就按照计划回国探亲的梁棣祺所不同的是，梁沛霖继续留在学校读完了整个学年，到一九二七年十二月二十九日，即在

---

① Kwok Kay Tim. Student on Shanghai Passport, NAA: A1, 1922/13030。

② Mar Leong - Ex/c Wife, NAA: A1, 1937/90。

③ LUM, Leong Poy [born 26 August 1905] - Nationality: Chinese - arrived Townsville 19 May 1921 on the Victoria, NAA: BP313/1, LUM L P。

学期结束之后，才在汤士威炉港口搭乘运行于澳洲与香港航线的“太平号”（Taiping）班轮，经珍珠埠（Thursday Island），离开澳洲回中国探亲休假。[①]在临走之前，二十二岁的他写信给澳大利亚内务部秘书，其父梁天元也致函内务部，为他申请再入境签证，以便一年后重返澳洲完成学业。内务部复函表示，此类申请应该通过中国驻澳总领事馆提出正式申请，方可受理。这一番的通信联络，往返两个月时间，此时的梁沛霖早已回到了中国。尽管梁沛霖有重返澳洲继续学业的愿望，澳大利亚当局也没有拒绝他的申请，但此后梁沛霖并没有按照澳大利亚内务部的要求，通过中国总领事馆正式提出申请，因而他也跟梁棣祺一样，最终并没有重返澳洲继续求学。

不过，在三年之后，梁沛霖还是回到了澳洲，但却是以雇员的身份入境的。一九三〇年六月十六日，二十五岁的梁沛霖通过已经从美利滨（Melbourne）搬迁到雪梨（Sydney）的中国驻澳大利亚总领事宋发祥，以汤士威炉天元号商铺所需之财务簿记员的身份，向澳大利亚内务部申请入境工作签证。申请的理由很简单，其父梁天元此时滞留在香港[②]，打理设在该地的天元号分行的生意，无暇分身回到汤士威炉主持天元号的生意；而为了配合澳大利亚税务机构的报账交税要求，该公司急需整合现有财务制度，以适应这一要求。因该商行做中澳进出口生意，需要既懂英文并了解澳洲商务运作又通晓中文的雇员，而只有梁天元信得过的儿子即在澳洲留学过六年之久的梁沛霖可以胜任这一工作。因理由正当，且天元号有相当大的年营业额，符合聘请海外雇员要求，六月二十八日，内务部秘书复函宋发祥总领事，同意给予梁沛霖一年工作签证。于是，梁沛霖遂从香港乘坐“太平号”班轮，于这一年的十二月五日抵达汤士威炉入境，并在海关缴纳足额的保证金，正式

① Certificate for exemption from dictation test list - G M Tye, H Loong, Lee Kin [Yee Day Gan], Chun Hoy, Ah Fong, Fu Cheuk, Low On, Hoy In [Tommy Hoy In], Choy Moon [Wing Lee], Young Look, Ing Wah, Yuen Fong, Leong Poy Lum, Leong Man Hon, Ku Yuet Ling, NAA: J2773, 27/1928。

② Name: Tin Yuen (of Townsville) - Nationality: Chinese - Birthplace: Canton - Certificate of Exemption from the Dictation Test (CEDT) number: 360/91, NAA: BP343/15, 7/381; Certificate Exempting from Dictation Test (CEDT) - Name: Lin [Tin] Yuen - Nationality: Chinese - Birthplace: Canton - departed for China per ST ALBANS 17 February 1928, NAA: J2483, 439/34。

成为天元商行的雇员，开始在澳洲的工作。①

到次年签证即将到期之前，鉴于天元号商行的工作需要，梁沛霖再次申请展期一年签证。因天元号在一九三一年度（截止到该年十月底）的进口价值为六百六十四镑，同期营业总额为七千二百四十三镑，海关税务部门可从中抽取相当可观的营业税和增值税，故内务部毫不犹豫地给予梁沛霖又一年的工作签证。只是因为当时澳大利亚大选，事务繁多，签证的核发被延迟到十二月二十三日。

可是刚刚拿到展期签证不到一个星期，梁沛霖就接到急电，告知天元号商行香港分行有急事，需要他尽快赶回去处理。有鉴于此，他在最短的时间内预订了一九三二年一月十八日在汤士威炉停靠的“吞打号”（Tanda）班轮船票，前往香港；动身之前，他将天元号交由堂兄Leong Lai Ming②（梁礼明）代为管理。同时，他也致函内务部，提出过一年或一年半之后，他还想再返澳洲，继续履行其在天元号的工作职责，希望届时能获得再入境签证。对此，内务部的回复还是很令人乐观的，谓届时视天元号商行所进行的海外贸易具体情况，再考虑是否签发其再入境签证。

尽管梁沛霖很有希望短期内再返澳洲工作，但此后很长一段时间里，澳洲的档案中没有他的任何信息。考虑到此时的梁天元已经是七十岁的老人，梁沛霖急匆匆地赶回香港，极有可能是父亲病危；因而，他此次赶去香港，可能是照顾病中的父亲，也有可能是去安排后事，然后就留在了那里，接管了父亲在那里所开创的生意。而在汤士威炉的天元号商行，他继承下来了父亲的股份，但在几年后逐渐易手，重组董事会负责管理。③尽管如此，相信他

---

① Certificate for exemption from dictation test list - Yat Quay, James Chock Gun, Leong Fat, Leong Poy Lum, Charlie Lee, Fay Sin, NAA: J2773, 1192/1930。

② Leong Lai Ming [includes 1 photograph showing front view; Certificates of Exemption and left and right thumb prints] [box 211], NAA: SP42/1, C1927/11600。

③ Chinese employed under Certificate of Exemption by Hook Wah Jang & Co, Townsville, Queensland [death of James Sue Sue, wife Wai chun or Wai Jun, Mar Man Chiu, Mar Chor Kin], NAA: J25, 1949/2743; Nationality and Naturalization of Leong Lai Ming and Jimmie Jue Sue, NAA: A981, NATIO 14

此后仍然在商行中保留着部分股份，从而在一九六十年代初，带着家人和孩子，重返澳洲，并最终留居此地。[①]

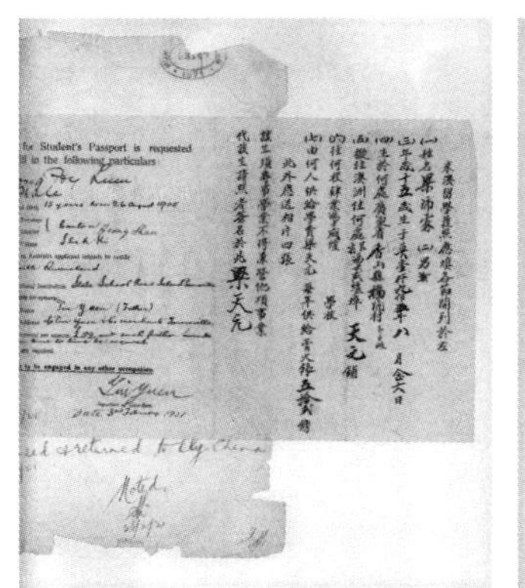

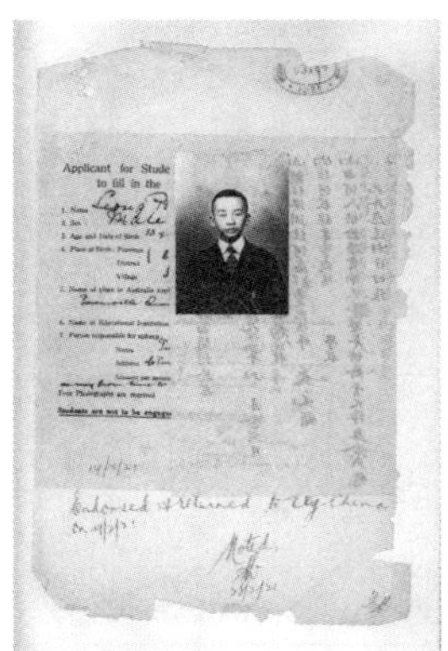

一九二一年二月三日，梁天元向中国驻澳大利亚总领事馆申请其子梁沛霖来澳留学护照和签证所填写的申请表及申请表背面所贴梁沛霖的照片。

Book No. 93

COMMONWEALTH OF AUSTRALIA. No. 004

DUPLICATE. Immigration Restriction Acts 1901-1905 and Regulations.

CERTIFICATE EXEMPTING FROM DICTATION TEST.

I, John Charles ______ the Collector of Customs for the State of Queensland in the said Commonwealth, hereby certify that ______ (Townsville) hereinafter described, who is leaving the Commonwealth temporarily, will be excepted from the provisions of paragraph (a) of Section 3 of the Act if he returns to the Commonwealth within a period of three years from this date.

Date ______ March 1912 — Collector of Customs

DESCRIPTION.

Nationality	Chinese	Birthplace	Canton
Age	50 years	Complexion	Sallow
Height	5 ft 4 3/4	Hair	Black
Build	Average	Eyes	Brown

Particular marks ______

(For impression of hand see back of this document.)

PHOTOGRAPHS

Full Face— Profile—

Date of departure ______ Destination China

Ship ______

Date of return ______ Ship St Albans

Port Townsville

Customs Officer

一九一二年，梁天元申请的回头纸。

档案出处（澳大利亚国家档案馆档案宗卷号）：

Leong Poy Lum - Exemption certificate, NAA: A1, 1932/18

① LEONG Poy Lum born 27 August 1906; Poy Fong born 1 December 1910; Yuen Lee born 3 October 1951, NAA: A446, 1969/60503; Leong, Poy Lum, NAA: C321, N1968/4729。

胡天锡

香山港头村

胡天锡（Tim Seck Ah Lay），又名天锡亚礼，一九〇六年一月十四日出生，香山县港头村人。他的父亲胡亚礼（Ah Lay）在一八九六年便来到澳大利亚发展，从美利半（Melbourne）登陆入境后，便待在那里。他在美利半城里与人合股开设一家木厂，叫作Sam Way & Co.（三维号），专做家具，占有一半股份，到一九〇三年时，其木材存货就价值二百五十镑，算得上是有了一定积累，他也在这一年获得了在澳大利亚长期居留的资格。①

一九二二年，胡亚礼想把儿子办来美利半留学，便以监护人的名义填表，向位于同城的中国驻澳大利亚总领事馆提出申请，代领儿子胡天锡赴澳留学所需之护照和签证。他以自己位于美利半城里百另郎（Bennett Lane）二十五号的木厂作保，允诺每年供给膏火一百镑，作为儿子来澳留学所必需的各项开支，计划将其安排就读位于美利半城区北面卡顿区（Carlton）的卡顿专馆学校（Carlton Advanced School）。因胡亚礼没有具体的填表递交月份，故无法得知中国总领事馆接到申请后是否及时受理还是有所延误。但可以确定的是，到一九二三年四月四日，中国总领事魏子京给胡天锡签发了一份学生护照，号码281/S/23，并在第二天就为他从澳大利亚内务部拿到了签证。按照胡亚礼的指引，中国总领事馆将护照寄往香港由永安公司控股的三

① Application for Domicile Certificate by Ah Lay, NAA: A1, 1903/7216。

昌公司，由后者具体安排胡天锡的赴澳行程。

早就做好准备的胡天锡在三昌公司的安排下，很快便去到香港，搭乘由中澳船行经营来往澳洲与香港间的定期客轮“获多利号”（Victoria），于当年七月三十日抵达美利半，入境澳洲。原本父亲胡亚礼想让他入读的卡顿专馆学校属于公立性质，但十七岁的胡天锡可能在此之前读的都是好学校，并不愿意进入上述一般的公立学校，而是想进入声誉较佳的私校念书。于是，胡亚礼便紧急与位于美利半城东的苏格兰书院（Scotch College）联络，获得同意后，便于八月七日正式注册入读。

刚刚进入苏格兰书院时，胡天锡的英语很不好，但他很用功，到这一年的年底就大有起色；接下来的一年，其英语提高得更快，到学年结束进入一九二五年新学年时，他已经升读四年级。根据这一年七月书院提交给内务部的报告，他在该书院高小班里，学习成绩进入前三名。因其聪颖好学，即便英语说得不是很好，但理解力强，到一九二六年就顺利通过小学考试，获得升入中学部的资格。

然而，一九二七年新学年开始，二十一岁的胡天锡没有重返苏格兰书院读中学课程，而是进入开设在城里的泽口商学院（Zercho's Business College）念书。他在这里延续了此前在苏格兰书院的那种全力以赴潜心向学的用功态度，备受好评。尽管如此，他仅仅在这里读了半年左右的课程。

从当年七月开始，他转学入读德瑞商工学院（Druleigh Business and Technical College）。转学的主要目的，是因为该学院提供的无线电工程实用课程对他极具吸引力，他希望借此课程引导能进入专业领域之中。虽然该学院同意他就读此项课程，但表示必须先获得国防部的批准，他方才可以在读完此项课程之后参加工程师资格考试，而这也是澳大利亚当时唯一被官方认可的资格考试。为此，胡天锡通过中国驻澳大利亚总领事馆向内务部提出申请，希望能准允他参加此项考试。内务部咨询过国防部后得知，外侨不允许参加此项考试。对此，内务部表示，如果胡天锡愿意，他可继续就读上述课程，只是到时只能拿到毕业文凭而已。尽管这样，胡天锡还是愿意就读这个喜欢的专业。根据学院提供的报告，他的学习成绩优异，较之同期进修此项课程的同学，他的表现更为优秀。由是，他在此一直读到次年上半学期结束。

因胡亚礼准备在一九二八年的年中回国探亲[①]，也希望带着儿子一起回去，但胡天锡的学业尚未完成，仍然需要回来最终读完课程，方可拿到文凭。因此，一九二八年六月二十日，魏子京总领事致函内务部秘书，为其申请再入境签证。他在申请函中表示，因胡天锡此次回国预期为两年，因而希望内务部不要像以往那样，所批复者都是一年内入境有效的签证，而是给予其两年时间入境。然而，经过一番考察，内务部认为两年后胡天锡已经超过二十四岁，这是中国留学生在澳读书的最高年限，到年龄就要离开，也就是说，他已经不符合来澳读书的要求了。为此，七月九日，内务部部长否决了上述再入境签证申请；但他也表示说，如果胡天锡想要读完此间余下的课程，完全可以在香港和中国就读同样的课程。中国总领事还想再为他争取一下，表示在中国没有相同的专业课程可上，唯有回到澳洲才可以完成余下的课程。内务部部长权衡再三，最终答应，如果胡天培在六个月内返回澳大利亚的话，则可以考虑核发给他再入境签证。当然，胡亚礼已经为这次回国做好了一系列安排，其中也涉及儿子，完全无法在半年内赶回澳洲，此事只好作罢。既然无法拿到再入境签证，胡家父子便按原定计划，在七月十二日那天，于美利半港口登上驶往香港的“彰德号”（Changte）轮船，回国去了。[②]

六年之后，澳大利亚内务部接到了胡天锡的一封申请信，表示他想重返澳洲，但不再是作为学生，而是商人。一九三四年六月五日，胡天锡在给澳大利亚内务部秘书的信中表示，自一九二八年返回中国后，他得以进入香港的永安公司工作，现在是该公司集团下属的三昌公司的部门经理。由此可见，当年他的父亲带他回国并且表示短期内无法返回澳洲的最主要原因，便

---

① Ah Lay - Applied for extension of Certificate for Exemption from Dictation Test, NAA: B13, 1928/22780。

② Tim Seck Ah Lay - Expired Certificate for Exemption from Dictation Test - Departure per "Changte" (Thursday Island) July 1928, NAA: B13, 1928/18372。

在于要安排儿子进入永安公司工作，这是需要一点儿时间的。胡天锡表示，因中国目前正在致力于将粤汉铁路贯通，这是一个大项目，对于枕木和铁轨需求正殷，而澳大利亚可能会有些这类产品可以出售，他因而想前来考察，看看是否可以达成互利的生意合同。此外，他还透露自己在一九三〇年成婚，妻子是一位美利半出生的第二代华女，岳父也在美利滨广为人知，是他父亲胡亚礼多年的好朋友，名叫Moon Hong[①]。实际上，胡天锡披露此事，是想在申请入境商务签证方面再增加一点筹码，希望内务部能看到他上面所描述的商业前景以及他此前在澳大利亚读书以及现在又娶了澳洲出生的华女这一层关系，批复他的申请。

通过胡天锡的叙述，内务部从档案里找到了他所娶Moon Hong女儿之名是Myrtle May Loveday（亦即May Moon Hong），于一九一一年跟随父亲和母亲以及两位兄弟一起离境回国，几年前还申请过出生证明及返回澳大利亚的入境许可。[②]但内务部认为，这只是胡天锡申请来澳的一个不重要的因素；而他要来澳大利亚考察，如以商人的身份，则需要具备一定的资金，比如须有五百镑的投资以及相关的订单，内务部才会予以考虑签证。更重要的是，胡天锡既然是著名的永安公司雇员，应该与永安公司在澳洲的分公司（亦即永安果栏）有密切联络，并为此事有过沟通。为此，七月十二日，内务部秘书复函，表示相关项目的考察完全可以依赖永安公司在澳分公司的职员去完成；在其考察的基础上，制订出详尽的商务计划，再经由永安公司安排前来澳大利亚，就可以进行实质性的商业交易。也就是说，如果胡天锡做到这一点，内务部将十分乐意考虑其签证。事实上，这就是否决了他目前的签证申请。

对于上述内务部秘书的复函，没有见到胡天锡有任何回应。而他的留学

---

① Moon Hong生于一八七〇年，十九世纪末来到澳大利亚发展，后在当地结婚，子女皆在澳大利亚出生。但澳大利亚国家档案馆中与其相关的宗卷不多，很难勾画出他的完整面貌，目前笔者也尚未能找到与其相对应的中文姓氏和名字。见：HONG Moon: Nationality - Chinese: Date of Birth - 1870: Arrived per AKI MARU: First registered at Thursday Island, NAA: MT269/1, VIC/CHINA/HONG MOON; Albert Roy Moon Hong ex "Tanda" March 1933 - Re Birth Certificate, NAA: B13, 1928/10607; Ernest Reginald Moon Hong (Australian born Chinese) - Visits to China, NAA: B13, 1932/5261。

② Myrtle May Loveday Moon hong - Question of re-admission to Australia, NAA: B13, 1930/14962。

与重返澳洲的档案也到此终止，以后他是否有机会返回澳洲，目前尚未能找到任何档案宗卷。

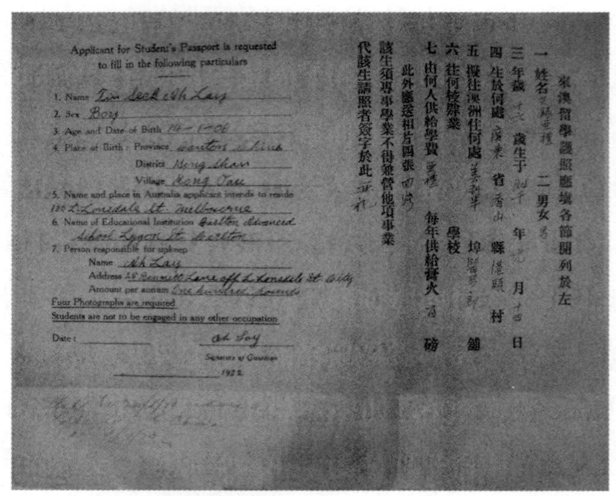

Applicant for Student's Passport is requested to fill in the following particulars

1. Name Tim Seck Ah Lay
2. Sex Boy
3. Age and Date of Birth
4. Place of Birth: Province Canton China
   District Heung Shan
   Village
5. Name and place in Australia applicant intends to reside
6. Name of Educational Institution
7. Person responsible for upkeep
   Name Ah Lay
   Address
   Amount per annum One hundred pounds

Four Photographs are required.
Students are not to be engaged in any other occupation.

Date: Ah Lay
Signature of Guardian
1922

來澳留學護照應塡各節開列於左
一 姓名 二 男女
三 年歲 歲生于 年 月 日
四 生於何處 省 縣 村
五 擬往澳洲住何處 埠
六 往何校肄業 學校
七 由何人供給學費 每年供給費 磅
此外應送相片四張
該生須專事學業不得兼營他項事業
代該生請照者簽字於此

一九二二年(具体年份不详)，胡亚礼填具申请表，递交给中国驻澳大利亚总领事馆，申办儿子胡天锡(亦名“天锡亚礼”)赴澳留学的护照和签证。

PHOTOGRAPH

中華民國駐澳大利亞總領事魏子京爲
發給護照事茲有胡天錫係中國人民遵照
新章領照來澳留學相應塡給護照交與
胡天錫收執望勿留難俾得隨時保護爲要須至護照者
中華民國十二年四月四日

PARTICULARS
1. Name Tim Seck Ah Lay
2. Sex Male
3. Date of Birth
4. Place of Birth
Province Canton

(一)姓名 胡天錫
十七歲生于一九
(四)產于廣東省香
(五)擬往澳洲住美利

ENDORSEMENT

一九二三年四月四日，中国驻澳大利亚总领事魏子京签发给胡天锡的中国学生护照。

档案出处（澳大利亚国家档案馆档案宗卷号）：

TIM SECK AH LAY - Chinese student, NAA: A1, 1934/6524

郭宝庭

香山竹秀园村

郭宝庭（Kwok Bo Ting，也写成Gock Bow Ting），一九〇六年二月二日出生，香山县竹秀园村人，是又一位从香山竹秀园村出来澳洲留学的郭氏家族子弟。

据档案显示，郭宝庭曾在竹秀园村的蓝田书塾读书达五年之久。一九二一年四月二十五日，其家人代他向中国政府（此为广州军政府）外交部特派广东交涉员公署申请赴澳留学护照，要让他去到雪梨（Sydney）读书。护照上写明其父亲的名字是Kwok Chan Wah（郭灿华，译音），与澳大利亚档案中出现的其父之名Harry Gock Gew（郭溢朝）相距太大。从澳大利亚档案文件来看，郭溢朝确实是郭宝庭之父。如此，则外交部特派广东交涉员所签发护照上之郭宝庭父亲Kwok Chan Wah这个名字应为误写。对此，可以做如下的合理解释：当年十五岁的郭宝庭是通过其族中长辈为其在广州代办赴澳留学护照申请，而外交部特派广东交涉员则有可能将其误认为是护照申请者之父亲，而将此写在了护照上。无论如何，郭父以每年供给膏火（生活费和学费）五百银圆之赞助，供其前往雪梨埠留学读书，预计以三年为期，完成学业。

就在递交申请的同一天，外交部特派广东交涉员李锦纶当场受理，并为郭宝庭签发了护照，护照号码为1121号，并于同日为其获得英国驻广州总领事核发进入澳大利亚的签证。这个护照和签证的签发日期与同属竹秀园村郭氏子弟的郭林昭（Kwok Lam Chin）所申请的，在同一天[①]，其护照号码也相连，很显然他们是早已谋划好一起前往广州申请的。

可能也是早就计划好的，拿到护照和签证后的郭宝庭，是与郭林昭以及同乡萧萃贤（S Yiu）[②]和高万安（Man On）[③]等人结伴而行，共赴澳洲，从香港乘坐中澳轮船公司的"获多利号"（Victoria）轮船，于一九二一年五月二十五日抵达雪梨。他的父亲郭溢朝由永安果栏（亦即永安公司）经理郭朝（Gock Chew）陪同，将其担保出关。由此表明，郭宝庭的赴澳留学与永安果栏有着极为密切的关系。入境之后，郭宝庭被父亲带到莱切德区（Leichhardt）派罅孖打路（Parramatta Road）三百三十一号的住宅安顿下来，开始了他的澳洲留学之旅。

可能是已到读中学的年龄，加上已经学过一点儿英语，有一些基础，故郭宝庭一来雪梨，就进入位于杜里奇希区（Dulwich Hill）的三一文法学校（Trinity Grammar School），读中学课程，与几个月之后从纽西兰（New Zealand）转道来此读书的另一位同村的郭氏同宗兄弟郭就（Joseph Gock）[④]所读的是同一所学校。次年，郭宝庭转入位于雪梨唐人街附近必街（Pitt Street）上的基督堂学校（Christ Church School）读书，直到一九二四年四月十七日该校倒闭。此后，他短期内上了位于沙厘希区（Surry Hills）的库郎街公立学校（Crown Street Public School），再转到位于中国城金宝街（Campbell Street）的英文华校（Chinese School of English），就读到这一年的年底。根据学校的报告，在上述几所学校读书期间，郭宝庭各项成绩皆能保持良好，是潜心学习的青年。从一九二五年初开始，十九岁的郭宝庭进入雪梨的斯多德与霍尔斯商学院（Stott & Hoare's Business College），就读商科课程，前后约一年的时间。

一九二六年初，有鉴于郭宝庭的签证在五月份就到期，而他的商科课程

---

① Kwok Lam Chin - Student on Canton Passport, NAA: A1, 1935/1442。

② Yiu, S - Student on Canton passport, NAA: A1, 1926/11418。

③ Man On. Student on Canton Passport, NAA: A1, 1922/7547。

④ Gock, Joseph - Chinese student on passport, NAA: A1, 1925/22531。

学习也即将结束，在皮特森区（Petersham）查尔斯街（Charles Street）二十号开设南京楼酒家（Nankin Café）的父亲郭溢朝开始为儿子的下一步发展而展开活动。他致信内务部秘书，请求给予其子在结束澳洲学校的学习之后，再在澳洲待上半年时间，以考察和见习澳大利亚的商业环境与经营之道，以便返回中国作为参与商务经营或创业之参考。对此申请，内务部予以积极回应，表示此事可以考虑，但需要知道对郭宝庭的具体安排，即想安排他进入什么企业或机构去实习锻炼。经过一番不同形式的联络与会谈，到三月初，郭溢朝复函内务部，告知已经跟永安公司谈妥，可安排其子在那里见习。仅仅过了两个星期，三月十七日，内务部便同意了郭溢朝的申请，给予郭宝庭半年的展签，其有效期将从现有的签证截止日期（即其抵达澳洲之日）算起。到该年十一月二十四日，即郭宝庭的签证有效期即将截止之前，郭溢朝再为儿子申请多延长三个月的签证；十天后，内务部部长很爽快地批准了这一请求。由此，郭宝庭前后在永安公司实习了一年左右的时间，在许多部门和岗位上进行了历练，这对其日后的发展大有裨益。

一九二七年四月十七日，留学澳洲六年之久的郭宝庭，从雪梨乘坐“吞打号”（Tanda）轮船，经香港再直驶上海。这一航行安排与别的留学生回国是经香港返回家乡略有不同，因为其目的地是上海。考虑到永安公司当时已经在上海拓展百货公司及其他商业与实业，而郭宝庭回国前就在雪梨的永安公司（永安果栏）实习，那么，极有可能，他此次应该是直接前往上海到永安公司的部门里去任职。或者说，安排他进入雪梨永安公司实习，本身就是郭氏家族培养家族子弟进修锻炼的一种方式。此后郭宝庭之在华活动以及是否重返澳洲，因无进一步的档案文件，无法获知。

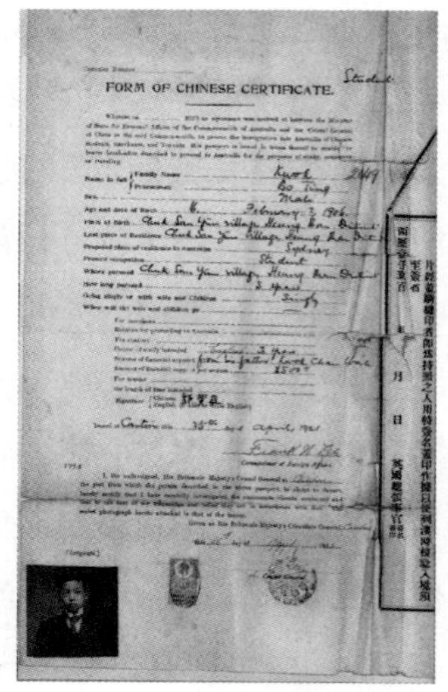

FORM OF CHINESE CERTIFICATE.

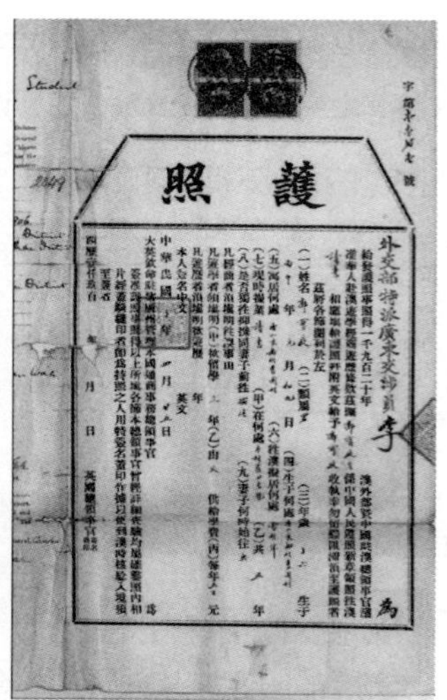

護照

一九二一年四月二十五日，中国政府外交部特派广东交涉员李锦纶颁发给郭宝庭的赴澳留学护照中英文页及签证，包括其照片。

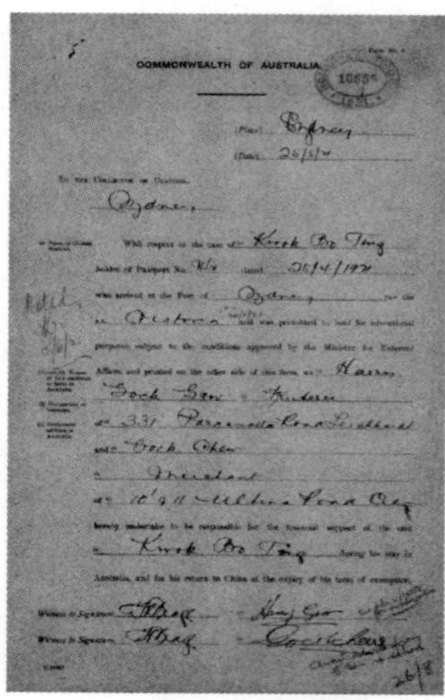

COMMONWEALTH OF AUSTRALIA.

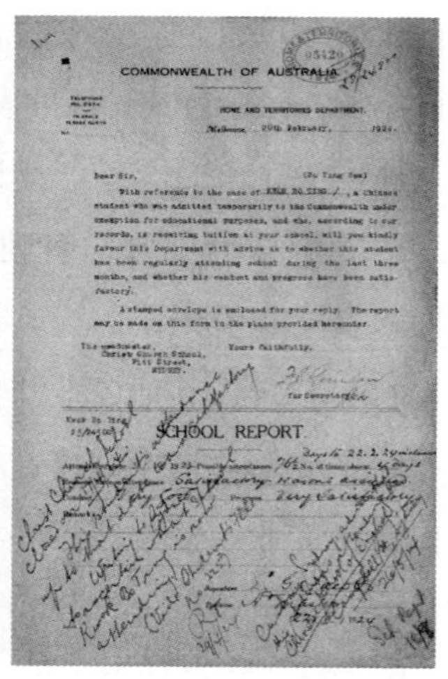

COMMONWEALTH OF AUSTRALIA.

SCHOOL REPORT.

左：一九二一年五月二十五日，郭宝庭在雪梨海关入境时，父亲郭溢朝和永安公司经理郭朝担保签字；右：一九二四年二月二十二日，雪梨基督堂学校校长提交给内务部的有关郭宝庭的在校表现与学业报告。

档案出处（澳大利亚国家档案馆档案宗卷号）：

Gock Bow TING - Passport application, NAA: A1, 1927/5587

萧萃贤

香山大涌村

萧萃贤（Shiu Shui Yin，又写成Shui You），生于一九〇六年三月初八日（公历四月一日），香山县大涌村人。萧萃贤是以学生身份申请赴澳大利亚雪梨（Sydney）留学，计划在澳大利亚的留学时间是三年。提交申请时，萧萃贤正在香山公立小学读书，而他这份护照和签证也是在中国境内申请的，护照签发者是广州军政府外交部特派广东交涉员李锦纶，签发日期是一九二一年五月二日，护照号码为一一三三号。护照英文页盖有英国驻广州总领事签证章，日期亦为同一日。

根据护照上列明之监护人信息，萧萃贤在澳大利亚留学期间的生活费和学费等，概由其父萧普林（Shiu Bo Lum）负担，即每年供给膏火六百银圆。这个数字，可能是澳方的要求，也可能是英国总领事馆的规定，正如现在中国学生前往澳大利亚留学，移民局对学生每年在澳之学费和生活费都有一个最低要求是一样的。前面提到的同邑少年高万安（Ko Man On），比他早几天提出赴澳留学申请，其家人担保膏火就达一千银圆。[①]文件中没有说明此时萧父是人在澳洲还是在中国，也不知晓萧萃贤在澳留学时的监护人是谁。

档案显示，在拿到护照和签证之后，萧萃贤便立即赶往香港，在此乘坐中澳轮船公司经营的“获多利号”（Victoria）轮船，与本邑竹秀园村的郭氏

① Man On. Student on Canton Passport, NAA: A1, 1922/7547。

宗族的几位兄弟[①]和沙涌村的马亮华（Mar Leong Wah）[②]等人结伴同行，于五月二十五日抵达雪梨。这个日期表明，萧萃贤事先做了周密安排，一旦拿到护照签证，就和同乡一起立即前往香港，在那里赶着船期，乘船赴澳，因为当时从香港到澳洲北部的航行时间需要至少两个星期，抵达雪梨则需三个星期或更长时间。

到雪梨后，萧萃贤由合利果栏（Hop Lee & Co.）的经理马赞芬（Spence Mah Hing）和雪梨永安公司（亦即永安果栏）的经理郭朝（Gock Chew）接应担保出关，他们二人实际上也是来接与萧萃贤同船而来之郭氏子弟的。可见，萧家与永安公司之间的关系还是比较深的。[③]按照当时的《中国留学生章程》条例，萧萃贤在澳留学期间，需要两位担保人，很有可能郭朝及马赞芬充任担保人。

但十六岁的萧萃贤抵澳后并没有立即注册入学，而是待了整整两个月的时间，才于八月一日正式注册进入位于雪梨东区的兰域公立学校（Randwick Public School）读书。也许他是利用这段时间走访雪梨的几所名校，以决定取舍；或者是利用这短短的时间，恶补英语，以便读书时能跟上进度。兰域公立学校声誉良好，生源佳，学风好，位于雪梨跑马场附近，也是后来建立的新南威尔士大学（University of New South Wales）校园的邻区。在这所学校，萧萃贤总计待了四年左右的时间。学校校长在一九二一年十一月底、次年五月和十一月以及此后每年两至三次提交给澳大利亚内务部的定期报告，皆表

---

① 同行的竹秀园村郭氏宗亲兄弟有郭启添（Kwok Kay Tim）、郭宝庭（Gock Bow TING）、郭堃荣（Kwok Kwan WING）和郭林昭（Kwok Lam Chin）。详见：Kwok Kay Tim. Student on Shanghai Passport, NAA: A1, 1922/13030; Gock Bow TING - Passport application, NAA: A1, 1927/5587; Kwok Kwan WING - Student on Canton passport, NAA: A1, 1927/8452; Kwok Lam Chin - Student on Canton Passport, NAA: A1, 1935/1442。

② Mar Leong - Ex/c Wife, NAA: A1, 1937/90。

③ 据报道，竹秀园村有郭荣辉，娶大涌村萧氏为妻，其子剑英后随叔锦辉赴澳习经商之道，随后大成。而锦辉乃永安公司创办者郭乐（郭鸾辉）之族弟，因其父早年亦赴澳谋生，后锦辉亦赴澳随父，向在澳洲永安公司做工，可见大涌萧氏与竹秀园村郭氏因联姻而成亲戚。见李华炎：《村妇好品行乡邻传颂　后人自强创商业神话》，载《南方日报》2010年6月8日，ZC03版；廖薇：《中山记忆：76前那一场轰动全国的周年祭（上）》，载《中山商报》2010年1月10日，A4版；廖薇：《76前那一场轰动全国的周年祭（下）——侨商剑侠郭剑英其人》，载《中山商报》2010年1月17日，A4版。

明其在校学习成绩优良，表现出色。

而实际上，四年之后的一九二五年，萧萃贤因原有护照不敷使用，还在澳洲向中国总领事馆申请补发了新的护照。申请新护照之目的，是因萧萃贤此时意欲与和他一起前来雪梨留学的竹秀园村郭氏子弟郭堃荣前往纽丝纶（New Zealand）和南太平洋上的群岛飞枝（Fiji）游历。该护照由中华民国北洋政府驻澳大利亚总领事魏子京签发，日期是一九二五年五月十二日，有效期为两年，护照编号为澳字第83号。

萧萃贤何时从雪梨乘船赴纽丝纶和飞枝游历，没有资料予以说明。但根据与他一同申请前往上述两地游历的郭堃荣档案的记载，郭堃荣是在一九二五年七月二日于雪梨港口搭乘“奥朗基号”（Aorangi）轮船前往纽丝纶的，第一个目的地是屋仑埠（Auckland）。萧萃贤应该是与郭堃荣结伴，于同一天搭乘同一艘船前往纽丝纶。此后，据澳大利亚海关报告，一九二六年四月五日，萧萃贤乘坐“蒙哥雷号”（Maunganui）班轮从纽丝纶返回，于雪梨入境。而根据郭堃荣档案，可知他的返澳洲时间与萧萃贤略有差别，二人是在不同的日期搭乘不同名称的轮船从纽丝纶回到雪梨。

这次出境澳洲到纽丝纶和飞枝的游历时间长达九个月，可能对萧萃贤的人生阅历有很大影响。因为回到澳洲后，他并没有继续返回学校上学，而是在三个月之后，即一九二六年七月十日，在雪梨港搭乘“吞打号”（Tanda）轮船，离开澳大利亚，返回中国。此后，再未见到有关萧萃贤入境澳洲的档案资料。满打满算，包括前往纽丝纶和飞枝游历的时间，萧萃贤的来澳留学时间有五年之多。

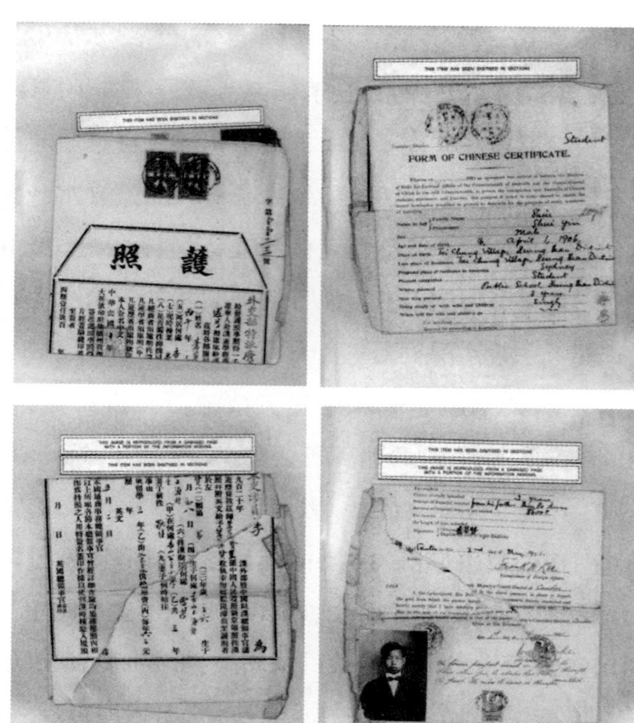

一九二一年五月二日，外交部特派广东交涉员李锦纶给萧萃贤签发的赴澳留学护照及同日英国驻广州总领事给他核发的入境澳洲签证。

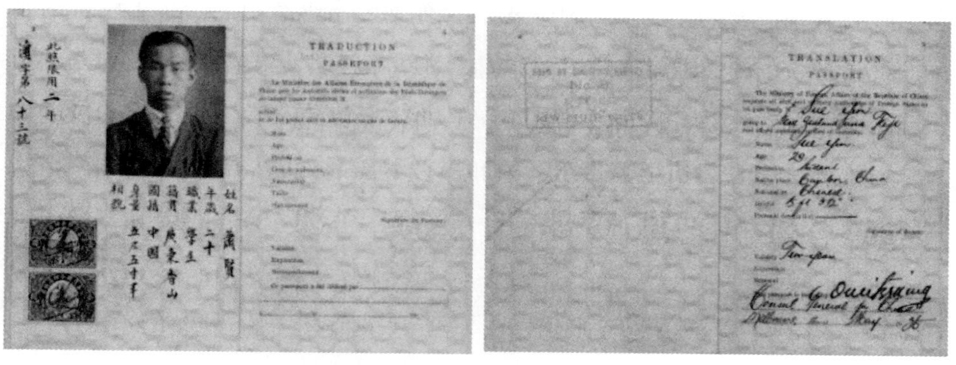

TRADUCTION
PASSEPORT

TRANSLATION
PASSPORT

一九二五年五月十二日，中国总领事魏子京给萧萃贤签发的新护照内页中英文信息。

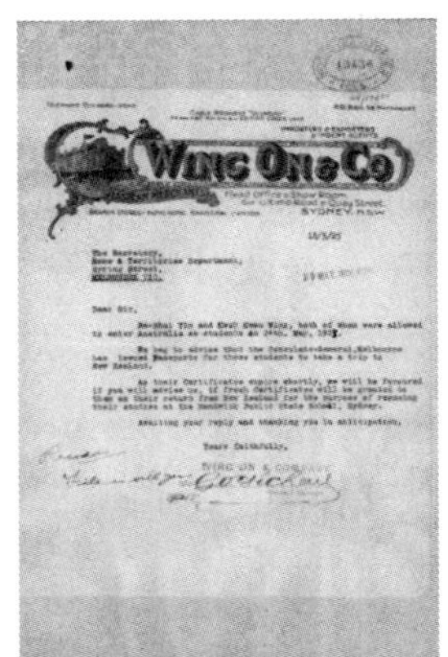
WING ON & Co
SYDNEY, N.S.W.

Dear Sir,

Yours faithfully,

WING ON & COMPANY

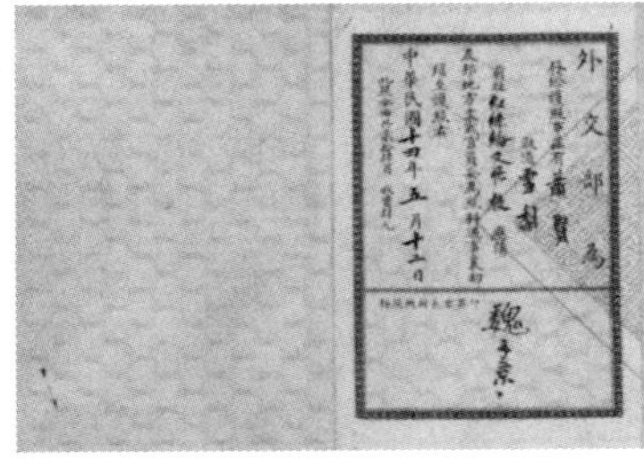

左：一九二五年五月十八日，永安公司经理郭朝写给内务部秘书的信，为萧萃贤出游纽丝纶后返回澳洲申请再入境签证；中：萧萃贤一九二五年申请补发的中华民国外交部护照封面；右：萧萃贤护照签发者魏子京总领事的签名及日期。

档案出处（澳大利亚国家档案馆档案宗卷号）：

Yiu, S - Student on Canton passport, NAA: A1, 1926/11418

关 添

香山隆都

关添（Kwan Tim），生于一九〇六年七月初七日（公历八月二十六日），香山县隆都人。按照档案上披露的信息，可能在他出生后不久，全家就搬到石岐镇上去了；到了读中学的年纪，即一九二〇年初，家里便将他送到省城广州，进入天主教会开办的圣心学校念书。由此可见，其家境殷实，方才可以支撑其进入各方面条件优渥的教会学校学习，接受英语训练。

在广州圣心学校读了一年半之后，关添想去澳大利亚留学，遂向外交部特派广东交涉员公署申请赴澳留学护照。一九二一年六月十六日，外交部特派广东交涉员李锦纶给关添签发了一份编码为第173号的学生护照，并在第二天为他从位于沙面的英国驻广州总领事馆拿到入澳签证。根据护照信息，关添前往澳大利亚的留学目的地是雪梨埠（Sydney），计划去那里读五年书，由其父亲供给学费每年一千元大洋。因此处其父未具姓名，无法确认是何人；而在英文栏目里虽然写为Kwan Yeung Shan，但在澳大利亚档案中无法查找到这样的名字，因而无法判断其父是在澳经商还是在国内发展，或者是此前曾经赴澳谋生，有所成后返回国内营生。但关添赴澳留学的经历则表明，其家族有亲人在澳大利亚经商。

拿到护照后的关添，迅速行动起来，通过香港的永安公司办妥了赴澳船票，便立即赶赴那里，搭乘由中澳船行经营的“获多利号”（Victoria）轮船，于当年九月二十二日抵达雪梨港口。雪梨永安果栏（Wing On & Co.）的负责人郭顺（W. Gockson）和在鸟沙威省（New South Wales）内陆东北部的嘅嗹弥士埠（Glen Innes）经营广生隆号（Kwong Sing Long & Co.）商行的股东关洪发（F. H. Fatt）①来到海关，将其接引出关。这个信息表明，关添家族还跟永安果栏的郭氏家族有一定的联系；而关洪发从约六百公里之遥的嘅嗹弥士埠赶来，就是为了将关添接到那里读书。②

关添去到嘅嗹弥士埠后，就于十月十日注册入读嘅嗹弥士中学（Intermediate High School, Glen Innes）。这是一所公立学校，中国学生极少，但他此前在广州读圣心学校时就是英语教学，已具备一定的基础，因而很容易就适应了这里的学习环境。他在这所学校的表现良好，校长总是称赞他天资聪颖，各科作业都完成得很好，学习成绩也非常令人满意。就这样，他在这里读了约一年半的书。

从一九二三年五月开始，关添从嘅嗹弥士中学退学，北上越过鸟沙威省边界，进入昆士兰省（Queensland）东南部靠近鸟沙威省边界的小镇士丹托（Stanthorpe），在当地的公立学校（Stanthorpe State School）注册读书。关添来此埠的一个主要原因是，他还有另一位关氏族亲亦即叔父关洪裕（Harry Hong Yee）把生意开到了这里，店名就以其名字命名，叫作Harry Yee（洪裕号），是一家服装鞋帽店，而他也是关添在澳留学的监护人，此前去雪梨海

---

① 广生隆号正式在鸟沙威省工商局注册的日期是一九二一年一月十二日，股东众多，有十余人，但在澳大利亚国家档案馆里，都无法查到与他们的英文名字相关的档案资料，因而无法探知其背景。见鸟沙威省档案馆（NSW State Archives & Records）收藏之该省工商局二十世纪初工商企业注册记录：https://records-primo.hosted.exlibrisgroup.com/permalink/f/1ebnd1l/INDEX1808885。

② 关添的一位隆都族亲关泗合（Quan See Hop）不久后也是到这里留学读书，是由其父亲（广生隆号股东）通过关广结（Quan Kwong Gett）以广生隆号经理的身份担保的。由此可见，关广结应该也是关添的家族亲人，甚至可能就是他的叔伯父（如果不是至亲叔伯父，也是一个家族里的叔伯父）。只是在澳大利亚档案馆里，无法查找到与关广结相关的宗卷信息。见：Quan Sec Hop - Student Pass Port & Bus. Ex/c, NAA: A1, 1935/1774。

关迎接他的关洪发则是关洪裕[1]的弟弟，也是关添的叔叔（关洪裕和关洪发即便不是关添至亲叔伯，也应是一个宗族的）。因此，关添来到这里后便住在上述洪裕号店铺里。而关洪裕的小儿子关沛泉（Poy Chin）早在十一岁那年（一九一五年）便从中国来到澳大利亚，先是在嘅嗹弥士埠读书，后也跟着父亲来到士丹托埠，入读士丹托公立学校。[2]关添既然是来投奔叔父关洪裕的，自然也跟大他两岁的堂兄关沛泉一起去学校念书。

在余后的两年半时间里，虽然关添正常去上学，校长的报告也都是对他的学习表示赞赏，但他实际上在此读的是小学课程。因为这个乡镇不是很大，故公立学校本身就是小学，没有中学课程，关添在此读书也就是挨日子，因此他经常隔三岔五请假出游，以熟悉周边环境。对此，学校校长也睁一只眼闭一只眼，明白像他这样已经到成年了还跟小孩子一起上小学，实在是浪费时间。因此，到一九二五年下半年时，校长认为明年初昆士兰省教育厅会在农村乡镇学校开设一些商业课程，这可能比较适合关添和关沛泉，遂准备让他们去读这样的课程，这对他们将来从事经商等事业将会颇有帮助。等到一九二六年初新学年开学后，可能是由于师资等方面的原因，昆士兰省教育厅取消了原定要在士丹托埠开设的商业课程，计划在下半年再找机会开课。在这种情况下，校长认为关添、关沛泉没有必要去跟班上学了，决定自己腾出下午放学后的时间专门给这两位中国学生上小课，亦即就他所拥有的

---

① 关洪裕是关洪发的兄长，大约出生于一八八三年，一八九四年来到澳大利亚发展，见：H Way Yee [Henry or Harry Hong Yee, includes photograph], NAA: SP42/1, C1915/3553。至于他的中文名字，则是参考雪梨中文报纸的活动来判断的，见："来函照登·附录捐款"，《东华报》（*The Tung Wah Times*）一九一八年十二月二十八日，第八版。他在士丹托埠开店的情况，详见：Ah Chok Yee, Harry Way Yee [also known as Henry], Poy Chin [also known as Pay Chin] and Mrs Harry [Dora] Way Yee [includes numerous Certificates of Exemption and left hand prints for Poy Chin, Mrs Harry Way Yee and Ah Chok Yee] [includes 2 photographs showing front and side views of an unknown girl] [box 329], NAA: SP42/1, C1936/5876 PART 6 OF 6。关洪裕在嘅嗹弥士埠广生隆号有股份，也在该埠的另一间华人在一九一二年注册开设的杂货商铺广生号（Kwong Sing & Co.）拥有股份。事实上，无论是广生隆号还是广生号商行，股东都是同样一批人。见鸟沙威省档案馆收藏之该省工商局二十世纪初工商企业注册记录：https://records-primo.hosted.exlibrisgroup.com/permalink/f/1ebnd1l/INDEX1808874。

② 详见：Poy Chin [Chinese - arrived Sydney per SS ALDERHAM in 1914. Box 18], NAA: SP11/2, CHINESE/CHIN P。

知识范围来辅导他们的课余学习，类似于私塾性质的中学课程；而在白天的时间里，则给他们开列一些阅读书目和布置相关的作业作文，阅读所有能够找到的英文书籍，了解机械原理、计量和度量单位以及其他相关的知识，让其自学，然后他来检查。事实上，此前还有另外一位中国留学生名叫恩尼斯黄（Ernest Wong），比关添大一岁，在飞枝（Fiji）读过两年书，有一定的英语基础，从一九二二年开始到此投奔伯父，顺便在士丹托公立学校留学。也是这位校长，认为他年纪大，不能跟年纪太小的孩童一起读小学，就用上述方法教了他两年多的时间。[①]事实上，关添在一九二三年转学到这里时，应该就与他相识了。因而，对于校长的这种教学，自然十分接受，也学得上心。

到了一九二六年的六月份，校长也像以前对待恩尼斯黄一样，在给内务部的例行报告中将关添的上述上课安排作了说明，也特别强调关添以此方法获益良多，期待着像三年前安排恩尼斯黄一样，可以得到内务部的认可；而且，昆士兰省教育厅原先计划的商业课程将在七月份利用夜间时间授课，校长也安排了关添报名上课。可是，内务部接到上述报告后，并没有像以前对待恩尼斯黄那样，对校长的安排并不予认可。这时快要到九月了，又到了关添一年一度申请展签的时候。十月十三日，内务部秘书致函中国总领事馆，表示自上年底开始，关添就没有去上学，现在他二十岁了，这种私教安排而不去学校正常上课的做法是完全违反中国留学生在澳留学规定的，必须停止。为此，他请中国总领事跟关添商量，他目前只有两条路可以选择：其一是另外找一所学校，正常上学，则内务部将按例核发展签；如果不这么做，那就是第二种选择，即立即安排船票，离境回国。事实上，上述期待中的昆士兰省乡镇学校商业课程到最后一刻还是因故不能按时开课，被延后举办。因此时已经是十月份，中国驻澳大利亚总领事馆和士丹托公立学校校长连续几次写信给内务部及海关，表示以关添现在的程度，根本就不用再去学校上课，那真是浪费时间，希望能维持原有的私教模式，到今年的学期末结束，

① 详见：Wong, Ernesto - Educational [0.5cm], NAA: A1, 1924/29338。恩尼斯黄的籍贯因档案中未及说明，故无从确认。他在一九二四年十月离开士丹托埠，结束留学，返回中国。

到时如果商业课程开设的话，就让他去读，毕竟他为此一直等待也期望就读这项课程。公牍往返的结果，也已接近学期末，内务部秘书遂同意了上述请求，但表示如果届时不能转换模式，关添就得收拾行李回国。

过了圣诞节后，确认上述商业课程短期内仍然无法开课，监护人关洪裕便于一九二七年新年开学时，安排侄儿关添入读士丹托男校（Stanthorpe Boy's College）。这是一所中学，但也开设一些实用商业课程，关添选择算术、英语精读、打字和簿记课程，每天上午九点上课，下午三点半下课，是完全的全日制正规上学。经男校校长和中国总领事馆将上述安排确认并表示他的在校表现令人满意之后，内务部秘书才于三月十一日重新批复了关添的留学签证展延，有效期还是从其入境之日起算。

然而，关添只是在该校读了一个学期。他在六月初以患头痛为名，去到嘅嗹弥士埠找医生看病。之后他便辞别那里的族亲，赶往雪梨，于一九二七年六月十八日搭乘驶往香港的“太平号”（Taiping）轮船，返回中国去了。[①] 此时，距其来澳留学已近六年，他也已经年满二十一岁。走之前，他没有申请再入境签证，说明他将就此走向职场，开始其职业人生。

很快三年时间过去了。到一九三〇年九月，他想重返澳大利亚追随叔父开拓商业。九月十九日，关洪裕致函内务部部长，表示近期接到关添母亲从中国来信，希望他能让其侄儿返回澳洲接受商业训练，以便学以致用。而他本人自去年开始，也在昆士兰省和鸟沙威省交界的一个镇子近地温地埠（Goondiwindi）投资入股了一间杂货进出口商行，名为Hong Yee & Co.（洪裕号），业内人士皆谓该商行前景很好，辐射范围广，有极大发展空间；该

① Certificate for exemption from dictation test list - Leong Sing [Shing], Ah Yan, Hoy Ming, Low Chock , Lee You, Anderson Williams, Price, O'Rourke, Atherton - Passenger List 'Taiping' 24/6/95 - JamesBeavis, Buckingham, Weymouth, McLoughlin, Westcott, Arcy, Love, Keough, Mitchell, Dent, Patterson, Farhood, Jones, Crofton, Yee Cook, Ling, Chin Yuen, Kwong, Wong Cheung, Fred Ming Quong, Hum Yoon, Chen, Soo Fook Wah, Paul, Kalafates, Jong Mong, Ah Ling, Wong Fook Wai, Dong Sing, Lee Tai, Sam Lee, But Tam, Wong Wai, Leong Pat, Yow Yip, Sye Choy, Yee Sik Ngew, George Hoy, Yee Sun Dun, Sam Kin, Wong Lau, Li Quen, Tim Kwan, Chew Fook, Yee Lai, Lee Yin, Yoon Hing, Jimmy Gooey, Ah Hung, Jom Lee, Chin Tip, Ah Sun, Ben Young, Ah Hing, Ah Tack, Ah Shoo, Bang Coon, Ah Pon, Chung Yen Lim, Goon Yee, NAA: J2773, 802/1927。

商行现虽已雇请到员工打理，但还是缺乏真正具备知识和懂行的经理助理协助工作，而关添则正好适合这样的位置，从而使其具有的管理能力有所发挥和提高，同时也能照顾他这个股东在商行中的利益。为此，他希望内务部部长能批准关添的商务签证，让他能来澳洲经受几年的培训。九年前，当关添申请赴澳留学护照和签证时，还是由其父亲的名义出面；但这次他要重返澳洲经商，则只有母亲出面向其叔父陈情，可能是其父亲已经不在人世，才把母亲推到了前面。

接到关洪裕的申请，内务部部长还是很认真对待的，随即将此事交由海关和税务部门处理，先对该商行进行评估。多方调查资料显示，洪裕号去年十二月十六日才正式开业，关洪裕只是其中一个股东，现在的经理名叫William Dockson，是在澳出生的第二代华人，有五位员工。到今年六月三十日财政年度结束时，仅半年时间其营业额就达到七千五百七十二镑，净利润三百二十六镑，进口商品的价值达二百七十镑。因近地温地埠属于昆士兰省，故该省税务部门认为该商行经营得好，业绩不错，所创造的利税可观，也赞同关洪裕的意见，认为该商行也未找到一合适之人协助更好地管理和经营，不然洪裕号还可以做得更好。既然调查报告都倾向于赞同关洪裕之建议，且洪裕号也确实需要人手，内务部部长遂于十一月七日批准了关添的入境申请，给予他十二个月的商务签证，到期后如果需要还可以申请展签。

关添接到叔父关洪裕打来的电报，告知已为其申请到入境签证，可能这个时候他的家庭已经搬迁到香港居住，遂立即订妥船票，搭乘“太平号”轮船，于当年十二月十日抵达雪梨，重返澳洲。[①]随后，他便沿着当年首次入澳留学之路，先到嘅坚嗹弥士埠停留，拜会各位族亲前辈，再经此地去往近地温地埠，加入洪裕号商行，协助William Dockson管理经营。

洪裕号在一九三一年的营业额达到一万六千镑，海外贸易价值八百镑；一九三二年营业额是一万六千五百镑，海外贸易价值为七百五十镑。由是，

---

① Kwan, Tim - Nationality: Chinese - Arrived Sydney on Taiping 10 December 1930, NAA: BP25/1, KWAN T CHINESE。

这两年关添的展签都很顺利地获批。但一九三三年，洪裕号的年营业额只有一万五千镑，海外贸易价值下跌。考虑到当时受世界性经济大萧条的影响，能有上述业绩也是相当不错的。但不幸的是，这一年关添与经理在利益关系方面有所冲突，无奈之下，关洪裕就于当年八月将其调离了近地温地埠。

因此前洪裕号就在昆士兰省靠近鸟沙威省边界的另一个乡镇德克萨斯埠（Texas）开有一家分号（一九一〇年开业），名为益和昌号（Yet War Chong & Co.），关洪裕便将关添安置在那里，为其代管这里的生意。而他本人则因在嘅嗹弥士埠的广生号商行重组，而被原先的各股东推选出来主持业务，返回到那里，并将商行更名为新广生号（S Kwong Sing & Co.）。因其本人要把大量的精力放在重振此商行的活力上，无暇他顾，因而将侄儿关添放在德克萨斯埠管理有三名员工的益和昌号，实为最佳人选。这家商号的年营业额也不算俗，达到一万零三百六十三镑，海外贸易额也有一百九十五镑。到一九三四年，在关洪裕的协助下，益和昌号联手香港的先施公司，出口面粉等商品达九百六十四镑，业绩表现良好。次年，其年营业额略有下降，但还是有九千镑。与此同时，在有需要的情况下，他也为叔父主持的新广生号在鸟沙威省的烟花飞路埠（Inverell）的分行提供管理经营咨询意见，有时候也过去指导经营，因为他自己也投股在这个生意当中，并且也在新广生号里逐渐加进一些自己的股份，作为投资，增加自己的商业所得。

一九三六年十月五日，时年三十岁的关添致函内务部秘书，告知他已经与一位澳大利亚出生的女士结婚；而其本人自一九三〇年底开始重返澳洲协助叔父管理其生意以来，一直兢兢业业，努力做好经营管理，同时也将自己视为澳洲人，忠诚于这个国家，因此，希望能批准他加入澳籍，成为澳洲公民。但是，内务部认为这样的请求与现行的严格控制亚裔人口入境及定居的规定严重不符，遂于十月二十日复函严拒了上述申请。但关添不死心，十一月六日再次上书内务部部长，表示自己的妻子是欧裔澳洲人，她不想离开这里，而他本人也已经跟周围的澳洲当地人打成一片，成为当地社区的一分子，再次恳请考虑让其永久在澳居住。而在过去几年中与他相熟的鸟沙威省天地非埠（Tenterfield）市长董乃利（A. D. Donnelley）对其申请被拒很不忿，于十月二十三日致函代表其所在选区的联邦议员格林（R. F. H. Green）先生，将关添的情况向他作了一番介绍，表示自己在过去这几年间，经常见到这个年青的中国商人在两省边界的周边乡镇地带经商，致力于服务周边民众，诚信有为，完全符合澳大利亚公民的要求；为此，他希望格林议员不要考虑什么"白澳政策"，而是考虑到关添对澳大利亚的忠诚及一心一意做好生意服务周围民众，应该向内务部部长说明情况，请其考虑将关添留下来。十一月十二日，格林致函内务部部长，请其特别考虑此案的情况，玉成其事。半个月之后，内务部部长于十一月二十七日复函，以同样的理由重申了此前的决定。但是，他还是给了同僚一个面子，在复函中表示，目前给予关添的居留条件是，只要是其商业需要，他便可以年复一年地申请展签，这样也同样是继续留在澳大利亚居住。这样的结果，虽然没有达到目的，但至少是不用担心签证到期后被勒令返回中国，而是可以继续以经商的名义留居本地。事实上，内务部部长的这封回函，为关添日后申请永久居留及加入澳籍留出了空间。

一九三七年初，关添向内务部提出，想转换到另外一个地点继续经商，希望获得批准。事情的起源是，杨江（Thomas Young）据报是一九一〇年在澳洲出生的华人第二代，六年前在鸟沙威省北江流域地区靠近昆士兰省边界的新兴伐木小镇溪澳古埠（Kyogle）开设了一间商铺，名为裕盛号（Yee Sang & Co.），专做当地生意，雇有三名本地员工，年营业额有六千五百镑左右。杨江与关添商妥，后者加股进去，拥有该商铺一半股份，然后视情况最终将另一半股份也全部吃下，让关添全资拥有该商铺。按照内务部批准从中国引进员工的规定，澳洲华商的企业在达到一定营业额之后可视情引进员工，但不允许他们投资加股控制企业；历史悠久的老企业也可在东主退休的情况下，将企业转给其员工继承经营。对于此次申请，如果关添是前往协助工作，亦即作为聘请员工，按照其年营业额，是可以考虑批复的；但如果加股，想要全资拥有这样的企业，是不可能的，即便该企业想要传承给他，也因为其开设历史太短，只有六年时间，亦不符合规定。为此，内务部于三月十日否决了上述申请。[①]

从一九三七年下半年开始，关添逐渐从其叔父关洪裕和另一位股东手上将益和昌号的股份买下，他就成了这份生意的唯一股东和实际操作人。可是，一九四一年八月六日，他的叔父关洪裕出车祸死亡[②]，此前一直都是叔父作为他的监护人，每年为他申请展签，这一次，关添是在当地政客的帮助下，于当年九月底从内务部部长那里拿到了展签，有效期至第二年六月三十日。到了次年，因太平洋战争爆发，所有澳大利亚盟国的滞澳公民都获得了三年临时签证，因该签证到期时（一九四五年六月三十日）战争仍未结束，自动再延期两年。而在此期间，关添将其益和昌号改了一个名字，叫作Young & Co.，成为一个完全西化的当地店名。

一九四〇年时，关添就曾经想申请他的母亲从香港前来探亲，但未能成功，内务部部长拒绝核发给她入境签证。一九四六年三月，关添通过中国驻雪梨总领事馆再次提出申请。因为他的母亲早在一九二六年便已移居香港，但在太平洋战争爆发后，因日军很快就占领香港，其母成为难民，辗转返回广东，失去了在香港的物业与财产。这次关添以此为由，表示要赡养母亲，同时也包括他的二十三岁的妹妹（出生于一九二三年十月）。四月九日，移民部批准了她们的入境申请，给予六个月的探亲签证。当年十一月十二日，她们母女两人搭乘“依时顿号”（Eastern）轮船，从香港抵达昆士兰省首府庇厘士彬（Brisbane），入境澳洲。因关添的妹妹随后不久就嫁给了在溪澳古埠开设裕盛号的东主杨江的弟弟Allen Young，此时又已有身孕，加上Allen

---

① Tim Kwan [correspondence regarding application for permission for subject to transfer to Yee Sang and Company] [issue of CEDT in favour of subject] [box 355], NAA: SP42/1, C1937/8620。

② “TWO DEATHS Follow Car Accident: EVIDENCE AT INQUEST”, *Glen Innes Examiner*, Tuesday 12 August 1941, page 4。

Young已经在庇厘士彬开设了一间餐馆，遂申请签证延期获批[①]；而他的母亲也因战时在广东营养不良，无法航行，也获准延期居住，留了下来。

也是在同一时期，关添向移民部提出申请，希望能获得每三年以上才申请居留展延的签证。经过几位从鸟沙威省和昆士兰省边界乡村地带的选区侪身联邦众议员的政客也从旁协助说情，以及他本身商铺的年营业额已达一千六百镑并雇有七名员工的良好业绩，他于一九四七年七月三十一日获批一次性五年签证，这就意味着他由此可以一直居住到一九五二年。而这一签证到期后，他便可以再次申请五年居留，甚至长期居留身份。这样的后果，便是最终可以申请加入澳籍。[②]

由是，关添从一名赴澳留学生，结束了五年多的留学生涯回国后待了三年左右的时间，便重返澳大利亚，作为叔父关洪裕所属企业的雇工，协助经商，并在几年后逐渐独掌一面，同时逐渐将商号收购自营，然后经过十余年的经营，得到认可，最终获得长期居留资格，加入澳籍。他自重返澳洲经商后便没有回国探亲，而是在澳洲结婚生子，度过余生。一九七一年二月，关添在庇厘士彬因病去世。[③]

---

① Application for permit to enter Australia for employment purposes by YOUNG Thomas on behalf of YOUNG Kwan See (Aunt) and her son and daughter; YOUNG Allan (Brother), NAA: A446, 1956/61169。Allen Young出生于一九一四年，于一九四一年初来澳，以工作签证获准进入溪澳古埠其兄杨江经营的裕盛号商铺协助工作。但次年因太平洋战争爆发，溪澳古因靠近海边，居民被要求疏散到内地，他遂进入德克萨斯埠，在关添的商行工作。从一九四三年中开始，他获准去到庇厘士彬埠，与从溪澳古撤退到这里的哥哥杨江一起，合力在此开设一间餐馆。当关添妹妹于一九四六年十一月抵澳探亲时，就住在庇厘士彬他的餐馆里，次年三月与Allen Young结婚。

② KWAN, Tim [Lionel Young Tim Kwan] [Chinese, born 1908], NAA: J25, 1957/3490。

③ Sequestration Order Number 115 of 1972 - Lionel Tim KWAN, NAA: BP89/3, 1972/115。

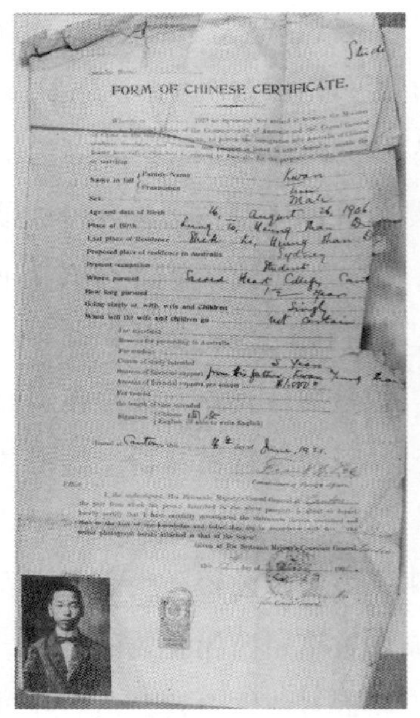

FORM OF CHINESE CERTIFICATE.

Name in full { Family Name: Kwan / Praenomen: Tim
Sex: Male
Age and date of Birth: 16, August 26, 1906
Place of Birth: Lung To, Heung Shan D...
Last place of Residence: Shek Ki, Heung Shan D...
Proposed place of residence in Australia: Sydney
Present occupation: Student
Where pursued: Second Heart College Cant...
How long pursued: 1½ year
Going singly or with wife and Children: Singly
When will the wife and children go: not certain
For students:
Course of study intended: 5 years
Sources of financial support: from his father, Kwan Yung Chan...
Amount of financial support per annum: £1,000
For tourist:
the length of time intended:
Signature { Chinese: 關添 / English (if able to write English)

Issued at Canton this 16th day of June, 1921.

Commissioner of Foreign Affairs

VISA

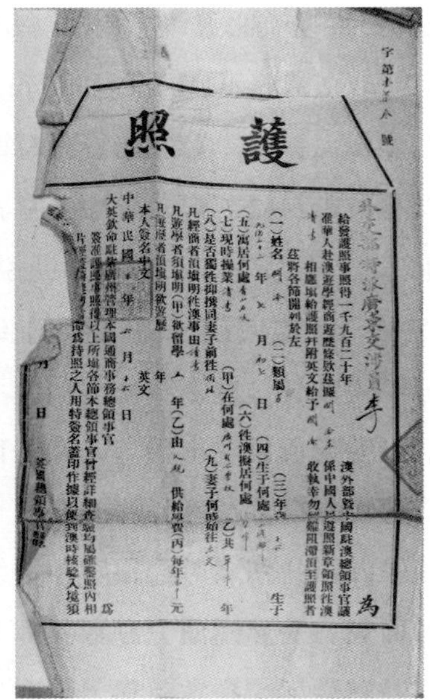

護照

字第 號

外交部特派廣東交涉員李 為

給發護照事照得一千九百二十年澳外部暨中國駐澳總領事官議准華人赴澳遊學經商遊歷條欵茲據 係中國人其遵照新章領照往澳 相應填給護照并附英文給予 收執幸勿留難阻滯須至護照者

茲將各節開列於左

(一)姓名 (二)類屬 (三)年歲 生于 年 月 日 (四)生于何處

(五)寓居何處 (六)往澳擬居何處

(七)現時操業 (甲)在何處 (乙)共 年

(八)是否獨往抑攜同妻子兩往 (九)妻子何時始往

凡經商者須填明往澳事由

凡遊學者須填明(甲)欲留學 年(乙)由 供給學費(丙)每年 元

凡遊歷者須填明欲遊歷 年

本人簽名中文 英文

中華民國 年 月 日

大英欽命駐紮廣州管理本國通商事務總領事官 簽准遊歷事照得以上所填各節本總領事官曾經詳細查驗均屬確鑿照內相片實為持照之人用特簽名蓋印作據以使到澳時核驗入境須

年 月 日 英國總領事

一九二一年六月十六日，外交部特派广东交涉员李锦纶给关添签发的赴澳留学护照。

COMMONWEALTH OF AUSTRALIA.

FORM OF APPLICATION FOR REGISTRATION.

(For Alien Resident in Australia.)

NAME: KWAN Tim
Address: High St. Texas Q'ld
Nationality: Chinese
Place of Birth: Canton
Date of Birth: 23/8/08
Single or Married: married
Occupation: Storekeeper
Arrived in Australia on: 10/12/30
Port of: Sydney Taiping
Tim Kwan
SIGNATURE OF HOLDER.
Certificate issued at: Brisbane
on: 6/4/48
Issued by: For COMMONWEALTH MIGRATION OFFICER.

Personal Description:
Height: 5 ft. 5 ins.
Build: slight
Eyes: brown Hair: black
Remarks: mole right side nose

左：一九三九年关添的外侨证；右：一九四八年关添的外侨证（此处可见他把自己的出生年份减了两年）。

档案出处（澳大利亚国家档案馆档案宗卷号）：

Kwan, Tim - Canton student passport - Part 1, NAA: A433, 1947/2/2545

梁门教

香山曹边村

梁门教（Leong Moon Gow），一九〇六年九月十一日出生，香山县曹边村人。其父梁瑞荣（Leong So，但在档案中也写为Charlie Hong）于十九世纪末年来澳，先定居于澳大利亚昆士兰省（Queensland）北部的滨海重镇汤士威炉（Townsville），后转到靠近其北部约一百一十公里处临近海边的小镇英壬埠（Ingham），于一九〇六年开始与人合股创办和经营一间名为Houng Yuen & Co.（鸿源号）的杂货商铺，主要经营鞋、五金商品、布料、餐用器皿、文具及化妆用品等，也包括进出口澳中货品生意，生意不错，商行雇有两位西人及八名华人。

大约在一九二三年上半年[①]，梁瑞荣以监护人的身份，向位于美利滨（Melbourne）的中国驻澳大利亚总领事馆提出申请，办理时年届满十七岁的儿子的中国留学生护照及赴澳留学签证。不过，他不是以上述自己参与经营

① 因申请表上未填写年份日期，只能根据上下文及其他的文件判断年份。

的鸿源号商铺作保，而是代之以在汤士威炉的查理鸿号（Charlie Hong）[1]店铺作保，承诺每年为儿子提供七十镑膏火费，同时也注明，他会根据实际需求增加这笔费用。至于儿子梁门教来澳留学的学校，他希望儿子进入汤士威炉威时燕学校（Townsville West State School）念书。

中国总领事馆收到申请后，一九二三年六月十四日，总领事魏子京给梁门教签发了编号为284/S/23的中国留学生护照；四天之后，获得澳大利亚内务部核发的入境签证，并在当天就按照梁瑞荣的指引，将护照寄往香港指定的金山庄，由后者负责交给在广东的梁门教并为其安排赴澳行程。接到获签通知之后，梁门教很快便收拾好行装，束装待发。三个月后，待一切安排妥当，他便去到香港，乘坐"获多利号"（Victoria）轮船，于一九二三年九月十七日抵达昆士兰州北部港口汤士威炉，入境澳洲。这时，梁门教刚满十七岁。

在汤士威炉入境时，梁门教曾对海关人员表示，自己要前往其父亲所在地英壬埠，入读英壬公校（Ingham State School）。但最终的结果是：他既没有入读该校，也没有去他父亲早前替他安排好的汤士威炉威时燕学校，而是从九月二十九日开始，转到位于英壬埠西南部约二百五十公里处之内陆地区的小镇车打士滔（Charters Towers），注册入读加美乐山书院（Mount Carmel College）。该校为天主教会所办，是一所寄宿学校。根据校长的报告，梁门教在校操行良好，学业优秀。由此，他在这里一直念到一九二六年底，前后逾三年之久。

一九二六年，梁门教二十岁了。梁瑞荣想让儿子接替自己，参与经营

---

① 在本宗卷里，内务部和海关给出的梁门教父亲名字都是Leong So，但梁瑞荣给内务部和海关有关儿子展签和申请居留的信函，落款全部都是Charlie Hong。可见，这两个名字都是指的同一个人，即前者是正式名字，后者则是店铺名，但也是以店名作为在当地的行世之名。而以店名作为人名行于世，在当时也是居澳华人的常见现象。由此可以推测，汤士威炉的查理鸿号店铺以梁瑞荣的名字命名，可能也是他创办的，即在一九〇六年去往英壬埠发展之前，他办起了该店，之后交由别人代为打理或者合股经营，但仍然使用此前的店名。选择用这间店铺作保，而不是他在英壬埠自己参与经营的鸿源号，最大的可能性是因为汤士威炉是个大埠，学校较多，可供选择的范围较大。为此，梁瑞荣计划让儿子梁门教去汤士威炉留学，将其安排住进这间查理鸿号店铺。详见：Leong Moon Gow, Leong So, NAA: J2773, 362/1924。

管理他所投资合股的鸿源号店铺。梁瑞荣于当年四月一日致函内务部秘书，申请将儿子梁门教的留学生身份转为工作签证，协助他管理有十位雇员的商行。他在信中表示，让儿子进入商行，做文员工作，处理相关公文，学习管理，最终也是要让他接手这家商行，使其业务能不断拓展，服务当地社会。可是，五月十二日，内务部秘书复函，断然地拒绝了上述申请。

虽然碰了钉子，但梁瑞荣并不气馁。他还想利用关系，希望由洋人出面，而使问题有所转圜。而在当时，梁门教就与洋人建立了较好的关系，赢得了认同和支持，正好可以为之一试。

前面提到，梁门教在加美乐山书院是住校读书，学习和操行都表现得很好，深得该书院院长莫戈神父（Rev. C. A. Mogg）喜爱。后者在得知了梁瑞荣的想法及碰壁之后，深为同情，便很想帮忙，以便能够将梁门教留在澳洲。一九二六年十月二十二日，莫戈神父刚刚调任到鸟修威省（New South Wales）北部大镇探密埠（Tamworth）的基督兄弟会书院（Christian Brothers' College）担任新职不久，就致函内务部秘书，希望他能考虑到现在梁门教的实际情况，即他已在澳受到良好的英语教育，本身具备中英文背景，应允许他为其父亲工作，作为其商行职员，处理来往函件等事务。但是，内务部并没有给他面子，对此请求予以全盘否定，并特别指出梁门教的签证条件就是来澳读书，不然他就得返回中国。但莫戈神父并不死心，于十一月二十日再次致函内务部秘书，告知梁瑞荣希望儿子能帮他做几年文员，协助他处理相关生意，为此他愿意支付一笔钱作为此次转换签证的代价。莫戈认为，过几年之后，这对父子都会回去中国的，让其父子一起工作应该是一件好事。他希望内务部再认真考虑这一请求，提供方便；如果内务部不能决定的话，希望能告诉他，应该经由什么途径可以达到这一目的。但内务部的回复还是一样，并重申如果不继续在澳读书，梁门教就得离开澳洲。

莫戈是有身份有地位的教会资深神职人员，内务部的这一回复显然很不给面子。于是，一九二七年三月二十八日，他致信曾经担任过昆士兰省省长的联邦众议员谢铎（Hon. E. G. Theodore），向他介绍梁门教的情况，表示如能利用其所具有之中英文背景，提供给他一个机会为其父亲工作，也有助于协助教会使更多的在澳华人皈依基督耶稣。为此，他希望谢铎利用自身的影响力，帮助梁门教获得一个五年的在澳工作签证，甚至使他获得永居权。同时，他告诉这位众议员，梁门教计划在今年四月份返回中国探亲，希望他能尽快给予答复，俾能解决这一问题。可能莫戈与这位前昆士兰省省长相熟已久，私交很深，故谢铎在接到他的信之后也没有怠慢，即刻将其转到联邦总理办公室，希望能帮忙解决这一问题。总理办公室又将此信转给内务部秘书，冀望能有积极的回应。但内务部部长也很绝情，根本不给同僚面子。他在四月十三日回复谢铎说，根据《中国留学生章程》的相关规定，无法满足莫戈的上述要求。由是，梁瑞荣想通过教会领袖为儿子留在澳洲的尝试，最终不能得逞。

正如莫戈在给谢铎的信中提到的一样，二十一岁的梁门教早就计划在一九二七年四月回国探亲，因此，进入一九二七年的新学年之后，他就再也没有去加美乐山书院上课。按照修订的《中国留学生章程》条例新规，无故不去上课，这是属于违规的事情，但梁门教的理由是身体不适，无法返回学校念书。内务部知道了他的这种行为之后，曾表示要问责，但就在内务部与海关和学校之间公牍往返之际，梁门教之归期已近。而这段时间，他也已经离开父亲在英壬埠的店铺，到了汤士威炉埠小住。直到四月二十日，他等到“吞打号”（Tanda）轮船抵埠，遂登船驶往香港回国，结束了在澳的三年半留学生活。

此后，再未能找到与梁门教这个名字相关的澳大利亚档案，也未见到梁瑞荣还有任何成功办理儿子来澳的申请，尽管他数次以自己年老，需要退休，而店铺里所雇佣的西人和华人，皆须有人监管，生意也须有人打理为由，曾经向内务部申请过由儿子代理他的位置，让他转身份，但都没有如愿。也许，梁门教此次回国后，可能就按部就班地结婚生子，去到香港生活和经商，毕竟父亲的生意还是与香港有很大关联。而梁瑞荣则在一九四三年十一月二十九日，因在自己的鸿源号商铺门前搬运货品，准备开门营业时，不幸被自己商铺的货车碾压，当场身亡，终年五十九岁。[①]次年，经法院判决，他的近两千镑遗产和鸿源号商铺，由其在澳洲的儿子继承。[②]

而通过检索发现，上述继承梁瑞荣财产的儿子，实际上就是梁门教。根据另外一份档案宗卷显示，一九三九年九月二十日，他乘坐从香港驶来的“太平号”（Taiping）轮船，抵达汤士威炉埠，进入父亲的鸿源号工作，协助经营生意。但他此次前来，完全换了一个名字，即叫作William John Leong，而不是以前的Leong Moon Gow。[③]很显然，梁瑞荣为了让儿子能来协助经营，变换了方式，包括让儿子改名，从而避免此前申请所造成的失败景象。这也是无论如何都无法在澳大利亚国家档案馆里找到梁门教的任何入澳信息之主要原因。不仅如此，此后梁门教还将自己的出生地也改成了香港，以便日后更容易申请成为澳大利亚永久居民[④]，直至最后在二十世纪六十年代全家加入澳籍[⑤]。

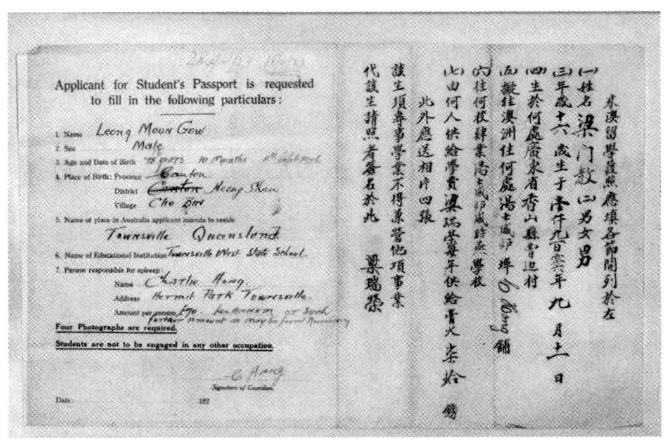

Applicant for Student's Passport is requested to fill in the following particulars:

1. Name Leong Moon Gow
2. Sex Male
3. Age and Date of Birth
4. Place of Birth: Province Canton
District ~~Canton~~ Heong Shan
Village Cho Bin
5. Name of place in Australia applicant intends to reside
Townsville Queensland
6. Name of Educational Institution Townsville West State School.
7. Person responsible for upkeep
Name Charlie Hong.
Address Hermit Park Townsville.
Amount per annum £70. per annum or such further amount as may be found necessary

Four Photographs are required.

Students are not to be engaged in any other occupation.

C Hong
Signature of Guardian

Date: 192

來澳留學護照應填各節開列於左

(一)姓名 梁门教 (二)男女 男

(三)年歲十六 歲生于 壹仟九百零六年 九 月 十一 日

(四)生於何處 廣東省 香山縣 曹边村

(五)擬往澳洲住何處 湯士威炉埠 C Hong 舖

(六)往何校肄業 湯士威炉威時燕學校

(七)由何人供給學費 梁瑞荣 每年供給膏火 柒拾 鎊

此外應送相片四張

該生須專事學業不得兼營他項事業

代該生請照者簽名於此 梁瑞荣

一九二三年，梁瑞荣向中国驻澳大利亚总领事馆申请梁门教来澳留学护照和签证所填之申请表。

---

① “Ingham Incident”, *Townsville Daily Bulletin*, Tuesday 30 November 1943, page 2。

② “No Title”, *Townsville Daily Bulletin, Saturday* 9 December 1944, page 2。根据当地传媒报道，继承权判给了梁瑞荣的儿子William John Leong。这表明梁瑞荣的儿子是在澳洲，但没有说明这个儿子是何时申请过来协助管理商铺而留下来的。

③ Leong, William John - Nationality: Chinese - Arrived Townsville on Victoria 17 September 1923, NAA: BP25/1, LEONG W J CHINESE。

④ Leong, William John, NAA: J25, 1959/2222。

⑤ Leong, Sue Jean and William John, NAA: J25, 1961/5608。

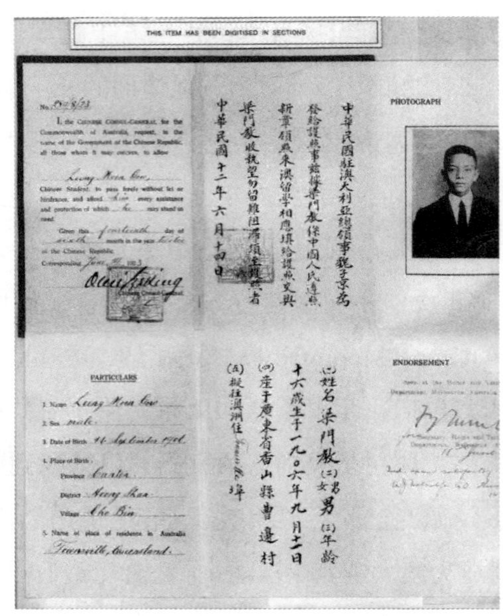

THIS ITEM HAS BEEN DIGITISED IN SECTIONS

I, the Chinese Consul-General, for the Commonwealth of Australia, request, in the name of the Government of the Chinese Republic, all those whom it may concern, to allow

Leung Moon Gow

Chinese Student, to pass freely without let or hindrance, and afford him every assistance and protection of which he may stand in need.

Given this fourteenth day of sixth month in the year twelve of the Chinese Republic.

中華民國駐澳大利亞總領事魏子京為發給護照事茲有梁門教係中國人民遵照新章領照來澳留學相應填給護照此文與梁門教收執望勿留難阻滯須至護照者

中華民國十二年六月十四日

PHOTOGRAPH

PARTICULARS

1. Name Leung Moon Gow
2. Sex male
3. Date of Birth 11 September 1906
4. Place of Birth: Province Canton; District Heung Shan; Village Cho Bin
5. Name of place of residence in Australia Townsville, Queensland.

(一)姓名 梁門教 (二)男 (三)年齡 十六歲生于一九〇六年九月十一日

(四)產于廣東省香山縣曹邊村

(五)擬往澳洲住 埠

ENDORSEMENT

一九二三年六月十四日，中国驻澳大利亚总领事魏子京给梁门教签发的中国留学生护照。

档案出处（澳大利亚国家档案馆档案宗卷号）：

Gow, Leung Moon - Student passport, NAA: A1, 1926/17577

蔡 荣

香山石岐

蔡荣（Choi Wing），出生于一九〇六年九月十一日（这是护照中文页上的出生日期，此为农历，英文页上日期是一九〇六年十月二十八日，为公历），香山县石岐人。

一九二一年时，其家人去到省城广州，为正在家乡石岐读书的蔡荣申请赴澳大利亚雪梨（Sydney）留学的护照，计划让他到那里留学三年，完成英语的学习。在其护照中文页面未见有签发者之印章，但从英文页中的签名"Frank H. Lee"来判断，与前述之萧萃贤（Shiu Shui Yin）①护照的签发者，应为同一人，即广州军政府外交部特派广东交涉员李锦纶，签发日期是一九二一年五月十二日，护照号码为1155号。其护照英文页有英国驻广州总领事签证章，日期也为同一日。换言之，广东交涉员李锦纶在为蔡荣核发护照之同一天里，也为他拿到了入境澳大利亚的签证。与前面的萧萃贤的护照一样，蔡荣的这份护照不是通过中国驻澳大利亚总领事馆申请所得，而是在中国境内向地方政府的外事机构申办所得。

申请护照时，蔡荣即将届满十五岁。这个年龄，在家乡应该是到了读中学的时候，因而去雪梨留学也应该是去读英语和中学课程。护照上列明他在澳大利亚的监护人和财政担保人，为其叔父蔡玉（Choi Yuh，又写成Choy

---

① 参见：Yiu, S - Student on Canton passport, NAA: A1, 1926/11418。

York或Charles Choy York），每年提供膏火资金六百银圆，作为他在澳留学所需之学费和生活费。蔡玉大约生于一八五五年，早在一八九〇年左右便来到雪梨发展，在华埠钦布炉街（Campbell Street）十二号开设有一间名为长荣号（Evergreen Grocery）的杂货商铺，事业有成。[①]他在澳大利亚联邦成立（一九〇一年）之前便已结婚，并将妻子带到雪梨，最终也让其成为澳大利亚永久居民；夫妇俩生育两个女儿[②]，并于一九一四年领养了一个儿子[③]。蔡玉乐善好施，在雪梨华人社区也颇有名望，一九二〇年成为鸟修威雪梨中华总商会（Sydney Chinese Chamber of Commerce, NSW）的理事。[④]很有可能，蔡荣是由其叔父以留学名义申请出去，是想让他在那里学成后，再设法让其参与经营或为拓展家族生意打下基础。

实际上，当蔡荣申请护照时，蔡玉夫人正好就在国内探亲。拿到护照和签证后，蔡荣就在婶婶蔡玉夫人的陪同下，一起去到香港，乘坐中澳轮船公司经营的“华丙号”（Hwah Ping）轮船，于六月十七日抵达雪梨。[⑤]叔父蔡玉赶到海关，将其担保出关，然后将其安排住进自己开设于华埠钦布炉街上的店铺里。

经一个半月的时间熟悉周边环境并考察雪梨的学校后，到八月一日，蔡荣在叔父蔡玉的协助下，最终注册入读位于华埠附近的基督堂学校（Christ

---

① Choy York [includes photograph showing front and side views, and left finger and left and right thumb prints] [box 228], NAA: SP42/1, C1928/12204。

② Rose Choy York and Mavis Thelma Choy York [includes 5 photographs showing front and side views, and left and right thumb prints pertaining to both Rose and Mavis Thelma Choy York; and 'Certificate Exempting from Dictation Test' and Chinese language document with photograph pertaining to Rose Choy York; and photograph of unidentified female child showing front and side views] [box 312], NAA: SP42/1, C1935/5578。

③ Eric Charles Choy York [includes 2 photographs showing front and side views, and left hand, left finger and left and right thumb prints; and subject's birth certificate with photograph showing front and side views and left hand print] [box 223], NAA: SP42/1, C1928/8415。

④ “中华总商会第五届职员照相”，《东华报》（*The Tung Wah Times*）一九二〇年二月二十一日，第九版。根据中华总商会这一年的记载，蔡玉还经营一间杂货店，销售土货洋产，就叫作蔡玉号，见“雪梨中华商会职员履历册”（Chinese Chamber of Commerce of New South Wales - List of office bearers），澳大利亚国立大学图书馆馆藏档案，http://hdl.handle.net/1885/11483。

⑤ Fong Kee, Low Poy, Ah Jew, Low Lum, Ah Hook, Ah Hoy, Young Nut, Ah Young, W Low Kay and Mrs Choy York [Certificate Exempting from Dictation Test - includes left hand impression and photographs] [box 134], NAA: ST84/1, 1921/300/61-70。

Church School）。据校长报告，他在校学业和操行都算得上令人满意。不过，校长在写这份报告时，比较吝惜笔墨，只写上“满意”，而不肯多做其他评语。

但是，距离其抵达澳洲还有四天就满一年时，蔡荣突然就于一九二二年六月十三日在雪梨乘坐“圣阿露滨号”（St Albans）班轮，离开澳洲，返回中国去了。在离境前后，他都没有说明是什么原因，更没有表示是否还要返回澳洲继续读书，此后在澳大利亚档案中再没有见到与蔡荣这个名字有关的任何信息。

護照

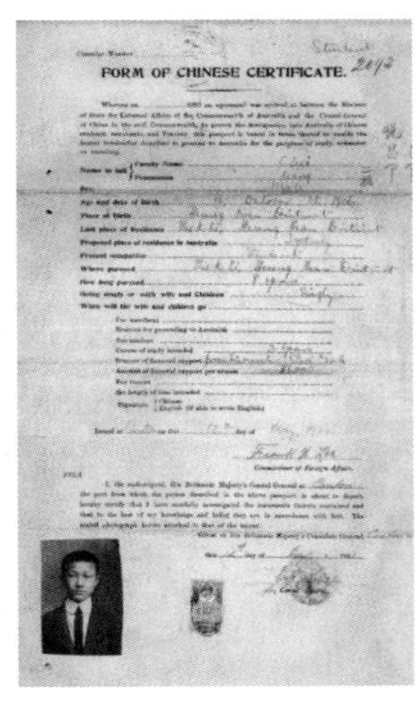

FORM OF CHINESE CERTIFICATE.

一九二一年五月十二日，外交部特派广东交涉员李锦纶给蔡荣签发的赴澳留学护照及英国驻广州总领事同一天给他核发的入澳签证。

档案出处（澳大利亚国家档案馆档案宗卷号）：

Choi Wing Canton Student's Passport, NAA: A1, 1922/10798

缪玉兰

香山永后村

在早期众多香山县赴澳留学的青少年中，女性属于凤毛麟角。缪玉兰（Yock Larn Mew）即为其中之一。

缪玉兰，一九〇七年三月十一日出生，香山县永后村[①]人。从现有档案中透露出来的信息看，缪玉兰的父亲并没有赴澳谋生，而是在家乡发展；或者是曾经去了，回国后便再也没有重返澳洲。无论哪一种情况，估计其在家乡的资产也不算薄。一九二一年，在澳洲实施《中国留学生章程》并主要由中国驻澳总领事馆负责办理中国青少年赴澳留学事宜之后，她家中长辈紧跟潮流，为时年十四岁的缪玉兰办理赴澳留学事宜。为此，缪家找到在澳创业已有所成的同乡刘作舟（Jack Joe Lawe）[②]来帮忙代办此事，并由其作为缪玉兰在澳留学期间的监护人和财政担保人。

刘作舟在十九世纪末二十世纪初赴澳谋生，当时已定居在鸟修威省（New South Wales）东北部靠近昆士兰省（Queensland）的小镇天架埠（Tingha），经营一家名为永兴隆号（Wing Hing Long & Co.）的杂货铺。该埠距雪梨约有六百三十公里，人口虽然不多，但客源稳定，生意基础好，生活舒适。至于刘作舟与缪家是否有亲戚关系，抑或只是乡人朋友，则因档案

---

① 这是护照上显示的籍贯名。查中山市所属村名，似应为“永厚村”。

② 关于刘作舟，详见其在澳档案：Jack Joe Lowe [Chinese - arrived Cooktown per EMPIRE, 1900. Box 34], NAA: SP11/2, CHINESE/LOWE JACK JOE。

材料未有涉及，无从得知。不过，从其代办申请的整个过程来判断，以及当时代理其他珠江三角洲及四邑来澳小留学生申请的人士中，除了父辈之外，其余的也大多是亲戚长辈这种现象来看，他和缪家应该具有亲戚关系，刘作舟可能是缪玉兰的亲戚长辈。

一九二一年二月九日，刘作舟以监护人的身份，代缪玉兰向中国驻澳大利亚总领事馆提出赴澳留学申请，申领留学护照和签证。他以上述自己经营的永兴隆号商铺作保，并表示全面支付缪玉兰在澳留学期间之所有费用，即所提供的膏火费是“供其所需”。鉴于自己居住在天架埠，且是缪玉兰的监护人，故刘作舟为她所申请注册的学校也在该埠，即天架埠王家公众学校（Government Public School, Tingha）。

中国驻澳大利亚总领事馆接到上述资料后，处理这份申请的速度倒是很快，仅仅过了一个星期，就在二月十六日，由中国总领事魏子京为缪玉兰签发了编号为13/S/21的中国留学生护照。而签证的核发也很快，又过了三天，澳大利亚内务部就在上述护照上钤盖了入境签证印章。中国总领事馆在拿到签证的当天，就按照流程，将护照和签证寄往香港的先施公司，由其负责转交护照及安排缪玉兰的赴澳行程。

五个月之后，待相关赴澳行程安排就绪，缪玉兰便从家乡去到香港，会同也是由刘作舟办理赴澳留学的同邑青年刘锡南，一起从那里乘坐中澳船行经营运行的“获多利号”（Victoria）班轮，于七月二十二日抵达雪梨，入境澳洲。[①]刘作舟无法亲自前往接关，遂派自己的两个伙计专程前往雪梨，由永和兴号（Wing War Hing & Co.）商铺老板林达三[②]陪同，待缪玉兰和刘锡南出关后，便将他们接走。在雪梨稍做憩息后，再携带缪玉兰和刘锡南搭乘其他交通工具北上，前往天架埠。

从八月八日开始，十四岁的缪玉兰就与和她同船而来的刘锡南一起，正

① Marm, Shik - Chinese student on passport, NAA: A1, 1925/21721。

② 林达三约生于一八七〇年，广东香山县人。他是永和兴号东主，但一九二一年八月十五日，就把生意卖给了新昌盛号。见：“卖出生意广告”，《东华报》（*The Tung Wah Times*）一九二一年九月三日，第七版。

式入读天架埠王家公众学校。从校长毕伟思（H. W. Beavis）提交给内务部的例行报告看，缪玉兰此前并没有读过英语，是进入澳洲留学之后才从头学起的。对于一个年龄已经过了十四岁的少年来说，她不像十二岁以前需要学习另一种语言的孩子那样容易入手，因而在学习语言方面较为吃力；但她很好学，求知欲也强，故进步还算比较快，数学也学得不错，而且总是着装得体整洁，行为举止规范。四年之后，校长的报告表明，她除了应对英语课程尚有些困难，其他科目都能比较自如地应付，其学习成绩也算是令人满意。由此，她一直在天架埠王家公立学校就读，校长对她的评价基本上算是比较正面，认为她是个循规蹈矩的学生。她在此共读了九年书，其间基本上平安无事，每年内务部都根据申请，按例核发给她展签。直到一九三〇年上半年，内务部根据校长的报告，认为她这个学期旷课太多，遂派人到这里调查她的行踪及旷课缘由。

事情的缘起是，一九三〇年五月九日，天架埠王家公众学校校长毕伟思在提交给内务部的例行报告中，写明上半学期开学以来，缪玉兰正常到校上课六十五天，但有五天是请病假，没有上学。但是，内务部秘书阅读这份报告时，或许是老眼昏花，或许是一目十行看走了眼，将其理解成：在这个学期六十五天的正常上学日子里，缪玉兰只去上了五天的课，而剩下的六十天里她都是请了病假。就是说，把报告的内容整个地看反了。如果真是这种情况，那这种做法就与《中国留学生章程》规定不符，属于严重违规。于是，内务部就指示海关派人前往天架埠调查，搞清楚到底是怎么回事。六月初，海关人员到了该地之后，先找到缪玉兰的监护人刘作舟。当海关人员告知其来访目的时，刘作舟被搞得一头雾水。震惊之余，他立即意识到这是内务部摆了一个大乌龙。刘作舟遂告知海关人员，除了几天病假在家外，缪玉兰其余的日子都在正常上学。最后他们一起到了学校，校长也才发现这是个误会。自然，这件事也就随着海关人员的报告而结案了。尽管如此，事情的起因还是跟缪玉兰有一点儿关系，即她尽管在校表现不错，然而其本人身体一直都不是很好，大概就是林黛玉那种类型的纤纤病体，因为每个学期她都会有几天到十几天的病假休学在家。

算起来，缪玉兰已经在澳洲留学读书达九年之久，因其在天架埠王家公众学校读书是从头开始，即从小学一年级读起，如此一路走来，此时还是八年级的学生，亦即等于初中二年级，但她已经二十三岁了。在当时的中国，这个年龄段的女性早已经结婚生子，儿女成群。而在接下来的这一年六月底，当中国驻澳大利亚总领事宋发祥按例为她申请下一年度的展签时，澳大利亚内务部也意识到了她的年龄问题，即到下一年亦即一九三一年的三月十一日，她就满二十四周岁，达到中国留学生在澳留学年龄的上限。因此，内务部尽管是照例核发了展签，但在给中国总领事宋发祥函复上述批复决定时，内务部秘书也特别强调，这是内务部给予缪玉兰的最后一次展签；而到明年签证到期时，她应照规矩离开澳洲回国，并请中国总领事馆届时督促配合。

尽管有上述规定和要求，缪玉兰并没有如期离开澳洲，而且还想在澳进修更多课程，亦即再多待一两年时间。一九三一年四月二十三日，也就是缪玉兰年满二十四周岁之后而其签证尚未到期之前，新任中国驻澳大利亚总领事桂植给澳大利亚内务部秘书发去一函，为缪玉兰申请额外的一年展签。他在函中表示，虽然缪玉兰已达中国留学生在澳留学年龄最高上限，但她此时只剩下最后一个学年就可以完成其在澳之中学（初中）课程。考虑到这样一种情况，桂植总领事为这位中国女学生求情，希望该秘书转请内务部部长将此事作为特例，对缪玉兰给予特别照顾，再给她一年的展签，俾使其在澳学业有个完美之结局。他进一步表示，在缪玉兰完成中学课程之后，如其此后愿意继续接受大专或高等教育的话，则中国总领事馆需与她作进一步沟通，也会就此事与内务部进行磋商。这个要求看起来算是比较合理，加上当时来澳留学之中国女生极少，故内务部部长动了恻隐之心，决定给予通融。于是，五月二日，他特别批准给缪玉兰展签一年，即新的签证将于一九三二年七月二十一日到期。

由是，缪玉兰得以继续留在天架埠读书。在即将进入她在澳洲的中学最后一年时，校长毕伟思也给予了这位在他的这所乡村学校念了十年书的中国学生一个评价，即她的最弱项是语言，就是说，她的英语理解能力仍然需要进一步提高，而其他的科目她都能做得很好，尤其是簿记最好。

但就在缪玉兰全力以赴准备完成最后一年课程拿到中学毕业证书之际，她却突然从天架埠赶到雪梨，于一九三一年十月十四日这一天，急匆匆地在此登上劫行东方轮船有限公司（The Eastern & Australian Steamship Co. Ltd）运行于澳洲与香港之间的“吞打号”（Tanda）轮船，驶往香港回国了。

在过去十年的留学过程中，缪玉兰未曾回过中国探亲；而她这次急匆匆地回国，则是因其父亲病重。前文曾经提到，从缪玉兰申请来澳留学的资料中，未有说明她的父亲曾到澳洲谋生过，现在的这条她父亲在国内病重的信息也在很大程度上再次表明，促使缪玉兰十年前来到这个对她而言是个陌生的国度留学和生活，并非由于其父在澳，而是在于其他的原因。因走得太匆忙，她只得以在离开澳洲之前知照刚刚接替桂植的新任中国总领事陈维屏，告知其最大的愿望仍然是想将此中学余下的课程读完。为此，她希望待她回国探望病重的父亲之后，一俟父亲身体有所好转，就赶回澳洲继续学业。

对此要求，陈维屏总领事自然如其所请。十月二十三日，他致函内务部秘书，告知缪玉兰回国探亲之事，并表示她的签证实际上是到明年七月才到期，在此情形下，一旦她于年内在中国结束探亲，需要返回澳洲完成中学课程，一方面她需要再入境签证，另一方面则是因其探亲已经造成缺课，势必导致她如要完成学业还要再补课，这就需要继续获得展签。为此，他希望内务部部长还是将此作为特例，再为这位中国女学生展签一年。既然事情已经这样，内务部部长索性就将好人做到底，便于十一月三日复函，对此要求予以同意。当然，他的批复带有一个条件，即如果缪玉兰在一九三二年三月三十一日之前返回澳洲的话，准其再入境完成其未修完的课程，但这项签证只能展延到一九三二年年底为止，到期不再展签，亦即这是最后的展签。尽管此前澳大利亚内务部也有给过若干超龄的中国学生展签之先例，但像对缪玉兰这样一而再再而三地展签，已经是非常罕见、非常的宽容了。对此，陈维屏总领事深表认同，亦深表谢意。

可是，到了一九三二年三月三十日，已经年满二十五岁的缪玉兰仍然没有返回澳洲上学。而在当天，陈维屏总领事却接到她原先在澳留学时之监护人刘作舟的通知，告知缪玉兰此时因本人在中国病重住院，无法动身前来澳洲，但还是希望待康复后能返回澳洲完成其未竟之中学课程，故恳请中国总领事再为其向澳大利亚内务部申请一年的展签。如前所述，在澳洲留学的十年时间里，缪玉兰的体质纤弱，身体健康状况一直都不是很好，每个学期都会因患病而请假几天甚或十几天时间，不是住院治疗就是在家休养调理。她这次回国看望病重的父亲，自己也由于长途舟车劳顿，加上本身就较为虚弱，因而回去后不久便病倒住院。即使这样，她还念念不忘其未完成的中学课程，其痴迷之程度令人震惊。有鉴于此，陈维屏总领事只好勉为其难，当天就致函内务部，为缪玉兰提出上述不情之请。内务部接到这份公函之后，经过一番斟酌及反复考虑，最终于四月十二日函复陈总领事，表示如果缪玉兰的身体康复，能在七月三十一日之前返回澳洲的话，内务部部长将准其所请。可以说，对于缪玉兰，看来内务部部长仍然是将好人做到底了。

但是，此后就再也没有缪玉兰的消息了，有关她的在澳留学档案就到此结束，这也就意味着此后她再也没有返回过澳洲。至于她此后在中国的情况如何，不得而知。也许，鉴于她此时已经二十五岁，就当时的习俗而言早就过了结婚年龄，但因其愈十年的留洋背景，在家乡找到一个合适的人嫁出去的可能性也是有的；或者，她本来身体就比较虚弱，也许此次回国一病不起也说不定。当然，也可能还有其他的结局。

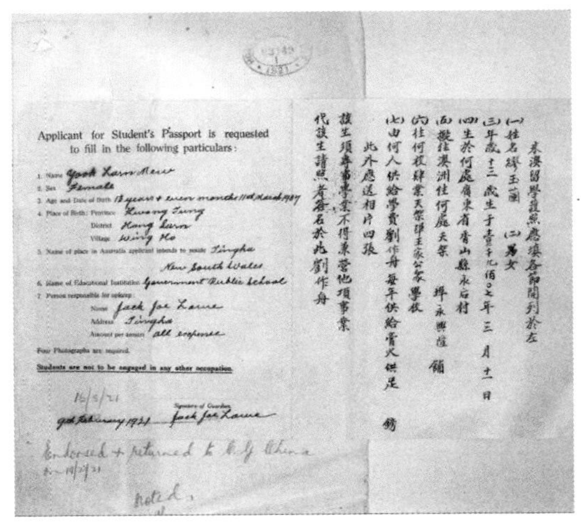

Applicant for Student's Passport is requested to fill in the following particulars:

1. Name Yook Larm Mew
2. Sex Female
3. Age and Date of Birth 13 years + seven months 11th March 1907
4. Place of Birth: Province Kwong Tung
   District Hang Larn
   Village Wing Ho
5. Name of place in Australia applicant intends to reside Tingha New South Wales
6. Name of Educational Institution Government Public School
7. Person responsible for upkeep:
   Name Jack Joe Lowe
   Address Tingha
   Amount per annum all expenses

Four Photographs are required.

Students are not to be engaged in any other occupation.

16/3/21

9th February 1921 Signature of Guardian Jack Joe Lowe

Endorsed + returned to C.G. China 11/3/21

Noted.

来澳留学护照应填各节开列于左

（一）姓名缪玉兰 （二）男女

（三）年岁十三 岁生于壹千九佰〇七年三月十一日

（四）生于何处广东省香山县永后村

（五）拟往澳洲住何处天架 埠永兴隆 铺

（六）往何校肄业天架埠王家公众学校

（七）由何人供给学费刘作舟 每年供给膏火供足 镑

此外应送相片四张

该生须专事学业不得兼营他项事业

代该生请照者签名于此刘作舟

一九二一年二月九日，刘作舟向中国驻澳大利亚总领事馆代缪玉兰申请来澳留学护照和签证所填写的申请表。

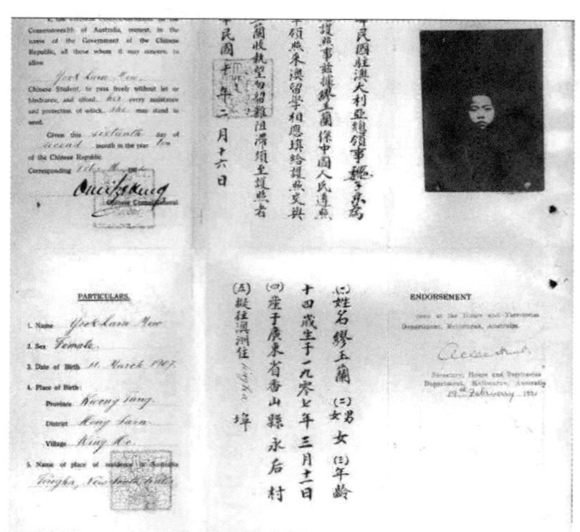

Commonwealth of Australia, request, in the name of the Government of the Chinese Republic, all those whom it may concern, to allow

Yock Larn Mew

Chinese Student, to pass freely without let or hindrance, and afford her every assistance and protection of which she may stand in need.

Given this sixteenth day of second month in the year Ten of the Chinese Republic.

Corresponding

Chinese Consul-General

中華民國駐澳大利亞總領事魏子京為發給護照事茲據繆玉蘭係中國人民遵照領照來澳留學相應填給護照交與繆玉蘭收執望勿留難阻滯須至護照者

中華民國十年二月十六日

PARTICULARS.

1. Name Yock Larn Mew
2. Sex Female
3. Date of Birth 11 March 1907
4. Place of Birth:
   Province Kwong Tung
   District Hong San
   Village Wing Ho
5. Name of place of residence in Australia
   Tingha, New South Wales

(一)姓名 繆玉蘭 (二)男女 女 (三)年齡 十四歲 生于一九零七年三月十一日

(四)產于廣東省香山縣永后村

(五)擬往澳洲住 埠

ENDORSEMENT

Secretary, Home and Territories Department, Melbourne, Australia

19th February 1921

一九二一年二月十六日，中国驻澳大利亚总领事魏子京给缪玉兰签发的留学护照。

档案出处（澳大利亚国家档案馆档案宗卷号）：

Miss Yock Larn Mew Chinese on Student's Passport, NAA: A1, 1931/3859

林快、林乐、托马斯林茂、轩厘林茂、佐治本兄弟

中山石岐

林快（Lum Wie，也叫William Lum Mow［威廉林茂］）、林乐（Norman Lum Mow，也作Norman Lum Lock）、托马斯林茂（Thomas Lum Mow）、轩厘林茂（Henry Lum Mow）四人是同胞兄弟，前者为长，据报出生日期为一九〇六年九月二十一日；后次之，约出生于一九〇八年；随后者再次之，生于一九一四年七月十五日；后者最小，一九一五年十月九日出生。佐治本（George Bowne）则是他们的堂兄弟，生于一九一四年五月二十二日。皆为香山县石岐人。

生于一八七八年九月二十三日的林茂（Lum Mow）[①]，是林家兄弟的父亲以及佐治本的伯父。年方十八岁时，林茂便像当年许许多多的香山人一样，追随乡人的步伐，于一八九六年[②]在昆士兰省（Queensland）北部港口坚市埠（Cairns）登陆，入境澳大利亚。之后，他便在这一带闯荡做工，随即进

---

① [Mow, Lum - Nationality: Chinese [Occupation - Fruiterer] [Born 23 September 1878] - Alien Registration Certificate No 11 issued 17 October 1916 at Townsville, NAA: BP4/3, CHINESE - MOW LUM。但在另两份档案中，林茂则分别在一九一九年和一九二〇年报称其本人是出生于一八七七年，见：Mow, Lum - Nationality: Chinese [Occupation - Grocer] [Born 1877] - Alien Registration Certificate No 4769 issued 3 June 1919 at Thursday Island, NAA: BP4/3, CHINESE - MOW LUM; Lum Mow, Lum Goon Way, NAA: J2773, 60/1920。

② 但在另一份档案中，林茂又自称抵澳年份是一八九四年。见：Lum Mow, Henry - Student exemption certificate, NAA: A433, 1949/2/7501。

入南距坚市埠三百多公里的滨海城市汤士威炉埠（Townsville），最终在那里立足。

此时因淘金热已过，在澳华人早已分散到不同的乡镇经营商铺与种植业，林茂也跟着从事上述营生。经过几年拼搏，获得了第一桶金并也获得昆士兰长期居民资格，他于一九〇〇年在汤士威炉埠租赁司铎克斯街（Stokes Street）十九号的物业，开设了一间由他自己独家经营的商铺，并以自己的名字作为店名，即林茂号（Lum Mow & Co.），主营杂货（包括中国土特产）、果蔬、糖果和香烟等货品，也销售自制的饮料。到一九〇四年，该商行的生意价值已达一百七十五镑[①]，一九一九年，其生意价值达到四百镑，每周的营业额可达八十镑，显示出其生意兴隆，成为汤士威炉埠数得上的华商企业之一；而林茂本人声誉与操守亦很好，在当地有很好的口碑。[②]

随着生意上的成功，手中有了积蓄，林茂遂决定回国探亲。当然，跟当时所有在澳经营几年后有了些许资本的华人一样，时年二十六岁的林茂回乡探亲的一个主要目的便是结婚。一九〇四年四月二十五日，在澳洲拼搏八年已经小有所成的林茂将生意托付他人代管后，便从汤士威炉港口搭乘过路的"衣市顿号"（Eastern）班轮，离开澳大利亚前往香港，转道回乡探亲。在完成了婚姻大事之后不久，他也像当时的大多数在澳华人一样，因澳大利亚政府严格限制他们将家人申请赴澳定居，只得将妻子家人留在家乡，自己只身返澳。他于一九〇五年三月三十日返回汤士威炉，继续经营林茂号商铺，努力挣钱，赡养家小。因惦记着在家乡的妻子和家人，此后的二十多年间，林茂每过几年便返乡探亲，共生育四个儿子；探亲时他通常都在家乡盘桓一

---

① Lum Mow of Townsville, Qld - birthplace: Canton, China - departed Townsville, Queensland on the Eastern 25 April 1904, NAA: J2482, 1904/57。

② Lum Mow, Lum Goon Way, NAA: J2773, 60/1920。

年半左右的时间，于父母以尽子孝，于妻子以尽夫责，于子女则以尽父职。①

林茂年逾弱冠便在澳大利亚创业经商，其间历经风霜，才有了一定的基础。历经二十年后，他便开始考虑其生意如何传承给下一代。只是这时几个孩子都未成年，他首先想到的是将儿子申请到澳大利亚留学，待其学成，再作计较，即希望等待时机让他们留在澳大利亚，继承其生意。

一九二〇年一月十三日，林茂通过同城的贺博斯威尔逊与阮氏律师行（Hobbs Wilson & Ryan）向汤士威炉埠海关提出申请，以自己的林茂号作保，希望当局准允其出生于一九〇七年五月二十一日的儿子Lum Goon Way（林元快，译音）前来汤士威炉埠留学，进入当地公立学校读书，并保证在

---

① 到一九三二年之前，澳大利亚国家档案馆所藏档案显示林茂的回国探亲记录如下（一九〇四年首次回国探亲除外）：一、一九〇六年十二月三日搭乘"彰德号"（Changte）班轮出境，到一九〇八年八月二十一日回埠，见：Certificate Exempting from Dictation Test（CEDT）- Name: Lum Mow - Nationality: Chinese - Birthplace: Canton - departed for China per CHINGTU on 3 December 1906, returned to Townsville per TAIYUAN on 21 August 1908, NAA: J3136, 1906/215；二、一九一二年二月二十八日乘坐"炎派号"（Empire）班轮离港，到一九一三年六月十二日回澳，见：Certificate Exempting from Dictation Test (CEDT) - Name: Lum Mow - Nationality: Chinese - Birthplace: Canton - departed for China per EMPIRE on 28 February 1912, returned to Townsville per EMPIRE on 12 June 1913, NAA: J2483, 91/90；三、一九一四年十二月二十九日搭乘"日立丸"（Hitachi Maru）班轮出境，到一九一六年七月二十九日返澳，见：Certificate Exempting from Dictation Test（CEDT）- Name: Lum Mow（of Townsville）- Nationality: Chinese - Birthplace: Canton - departed for Hong Kong per HITACHI MARU on 29 [28] December 1914, returned to Townsville per NIKKO MARU on 29 July 1916, NAA: J2483, 170/57；四、一九一八年一月三日乘"安艺丸"（Aki Maru）班轮离开，至一九一九年六月六日返回汤士威炉，见：Certificate Exempting from Dictation Test（CEDT）- Name: Lum Mow（of Townsville）- Nationality: Chinese - Birthplace: Canton - departed for China per AKI MARU on 3 January 1918, returned to Townsville per AKI MARU on 6 June 1919, NAA: J2483, 237/65；五、一九二三年三月二十五日乘坐"圣柯露滨号"（St Albans）班轮出境，至一九二四年八月十六日返埠，见：Certificate Exempting from Dictation Test（CEDT）- Name: Lum Mow - Nationality: Chinese - Birthplace: Canton China - departed for China per ST ALBANS 25 March 1923 returned Townsville per VICTORIA 18 August 1924, NAA: J2483, 346/54；六、一九二五年十二月二十二日乘坐班轮"圣柯露滨号"离港，两年后的一九二七年十二月二十日搭乘"吞打号"（Tanda）班轮回到汤士威炉，见：Certificate Exempting from Dictation Test（CEDT）- Name: Lum Mow - Nationality: Chinese - Birthplace: Canton China - departed for China per ST ALBANS 22 December 1925 returned Townsville per TANDA 20 December 1927, NAA: J2483, 391/62；七、一九二九年一月十八日乘坐"吞打号"班轮出境，到一九三二年一月一日搭乘"彰德号"轮船返回汤士威炉，见：Certificate Exempting from Dictation Test（CEDT）- Name: Lum Mow - Nationality: Chinese - Birthplace: Canton - departed for China per TANDA 18 January 1929 returned Townsville per CHANGTE 1 January 1932, NAA: J2483, 457/85。上述所有的出境地点都在汤士威炉。

其子学成后便让他返回中国。接到上述申请后，海关通过警察局了解得知，虽然多年前林茂因被举报涉嫌经营赌博生意曾被列入调查的黑名单中，但警方经多方调查未获证据，此事便不了了之；而警方也向海关说明此时的林茂属于正常做生意的守法商人，各方面反映也都很正面。但海关仍然以此前的举报作为批复的依据，于当年三月十五日拒绝了上述申请。[①]从这个时间节点来看，事实上距离澳大利亚政府于次年开始向居澳华人的在华子女开放赴澳留学、正式实施《中国留学生章程》也就只剩下大半年的时间。根据这个章程，居澳华人可以申请其年龄介于十岁到二十四岁的在华子女前来澳大利亚留学。据此，林元快此时十三岁，是符合上述留学条例的。但是严格执行"白澳政策"的澳大利亚当局，也许是出于尽可能防范中国人赴澳的目的，并不会因为上述政策即将实施而予以通融，而是仍然按照一九一二年澳、中两国达成的《中国学生和商人赴澳管理条例》（Chinese Student and Merchant Regulations）中的规定执行。根据该条例，中国学生赴澳留学的年龄须在十七岁以上。[②]这也成为林茂上述申请被拒的一个原因。[③]

次年，澳大利亚正式实施《中国留学生章程》后不久，林茂便得知了消息，遂决定利用这个机会，将儿子申请前来汤士威炉埠留学读书。一九二一年四月三十日，他填表递交给中国驻澳大利亚总领事馆，申办儿子林快（Lum Wie，此后他以父亲林茂的全名为姓，以西人惯用的名字为名，将名字的英文全名改成了William Lum Mow）赴澳留学所需之护照和签证。他仍然跟去年一样，以自己经营的林茂号商铺作保，允诺每年提供膏火五十二镑作为儿子在澳留学期间的学费和生活费等项开销，要将儿子安排进入汤士威炉公众学校（Townsville Central State School）读书。

在递交的申请上，林茂把儿子林快的出生日期填写为一九〇六年九月二十一日。[④]如前所述，林茂首次回国探亲后返澳的日期是一九〇五年三月，

---

① Lum Mow, Lum Goon Way, NAA: J2773, 60/1920。

② Chinese merchants and students. Conditions governing entry into Australia, NAA: A2998, 1951/2130。

③ Lum Mow, Lum Goon Way, NAA: J2773, 60/1920。

④ 见：Lum Wie - Student exemption - Business exemption, NAA: A433, 1942/2/3297。本文中与林快相关的资料基本上都来自这份长达一百五十二页的宗卷。

第二次回国探亲则是始于次年十二月，因此，林快不可能是在父亲离开中国家乡一年半之后出生。根据其探亲的日期，其长子在一九〇四年底到一九〇五年下半年或者年底前这一段时期出生的可能性最大。而在上一年林茂申请儿子林元快来汤士威炉留学时，提供的其子出生日期是一九〇七年五月二十一日，距其第二次探亲回到家乡不足半年，在这么短的时间里生出儿子来显然也是不可能的事情。很有可能，他把儿子的出生年份改晚了两年。从上述儿子的两个名字来看，他们很显然就是同一个人，即一九二〇年申请的林元快，就是一九二一年提出留学申请的林快。而将林元快这个名字中间的"元"字去掉，中文就变成了单名，这或许是不想让内务部和海关将其与上一年申请儿子赴澳留学时的名字联系起来看，以免横生枝节。如果略去其出生年份和月份的不同，则上述两个名字之出生日期都是二十一日。此外，其名之最后一个字拼音皆以W开头。当时居澳华人在拼写自己以及家人的名字时，经常都出现拼音写法不同的现象；同时，略去中间名亦即双名的第一个字而只使用最后一个字的现象也很普遍。

那么，何以儿子的上述两个出生日期都与林茂的头两次回国探亲无法对应上呢？一个合理的解释便是，作为父亲，林茂可能无法记得儿子的确切出生年月，因而仅凭印象或者估计便填了上去。这种现象，并非仅仅发生在林茂身上，同一时期许多其他的居澳华人在申请子女赴澳留学时，也常常发生同样的问题，只是在被核发签证的澳大利亚内务部官员审核发现并指出后，才重新找到证据并予以改正，不然就成为学生赴澳签证拒签的依据；而如果没有被发现的，也就此侥幸蒙混过关。[①]事实上，在与林茂相关的档案中，可以找到另外三个儿子都像其大哥林快一样，以父亲全名作姓，以西人惯用的英文名为名，其真正的中文名则无法得知。除了次子诺曼林茂（Norman Lum

---

① 比如说，一九三五年，来自广东省东莞县的王福（Wong Fook）在申请其子王伟林（William Wong）赴澳留学时，就将儿子的出生年月记错了，被内务部拒签；后经指出，方才得以改正，最终获签。见：William Wong - educational exemption certificate, NAA: A2998, 1951/4197。

Mow，有时也写成Norman Lum Lock［林乐，译音］）[①]的档案没有提供其出生日期之外，三子托马斯林茂据报出生于一九一四年七月五日，距林茂第三次回国探亲后返回澳洲超过一年，显然也是与实际情况不符，属于记忆有误。只有四子轩厘林茂的出生日期（一九一五年十月九日）是在林茂第四次回国探亲抵达家乡后十个月才出生，属于正常范围，表明林茂的记忆无误。[②]显然，这是因为幼子出生最晚，年份还不太远，比较容易记住。

因《中国留学生章程》的实施，林快的赴澳留学申请审理进展顺利。一九二一年五月二十日，中国总领事魏子京给他签发了一份中国学生护照（号码45/S/21）；五月二十六日，澳大利亚内务部也核发给他入境签证。早在上一年就做好了准备赴澳留学的林快，很快便通过香港先施公司安排好了行程，订妥船票，遂赶赴香港，搭乘中澳船行经营的"获多利号"（Victoria）轮船，于当年九月十四日抵达汤士威炉，入境澳洲。从九月二十六日开始，他便入读该埠的汤士威炉公众学校。经过三年多的学习，林快熟练地掌握了英语并顺利地完成了小学课程；一九二五年新学年开始后，他得以升读汤士威炉中学（Townsville High School）。半年后，他转学进入天主教会在汤士威炉主办的基督兄弟会书院（Christian Brothers' College），继续念中学。

就在长子林快顺利读书颇有进展的过程中，一九二四年，林茂也为约在一九〇八年出生的次子林乐申请到了赴澳留学签证。当这一年八月林茂结束在中国的探亲返回澳大利亚时，便携带次子同行，一起在汤士威炉入境[③]，随

---

① 在林茂档案宗卷中，没有找到与其次子林乐留学相关的宗卷，只知道他在文件中出现的名字通常是Norman Lum Mow。只是在林快宗卷中一份一九三一年的文件，找到他有时候也用Norman Lum Lock这个中文名字的拼音。根据广府人读音判断，其中文名似可还原为"林乐"。根据林快的宗卷，可知林乐在一九三〇年曾停学回国探亲一年，次年再重返汤士威炉继续念书。而他此次回国的主要任务是结婚，并由此育有一个孩子。

② 见：Lum Mow, Henry - Student exemption certificate [3cms], NAA: A443, 1949/2/7501。本文自轩厘林茂抵澳留学后有关林茂号的发展，基本史实都出自这份有一百六十七页的宗卷。本文中有关托马斯林茂的资讯，也出自这一宗卷。

③ Certificate for exemption from dictation test list - Lum Mow, Lum Shong, Lee Sun, Lin Hop, Hop Lee, Nellie Casey, Ah Sy, Lee Yet, C F Ah Gow, Kong Poy, Quong [Quon] Chong, Jam Poy, Young Chee, Choy Sing [Shing], Ah Chee Leong Me, Chan Fan, Lum Lock, NAA: J2773, 633/1924。

后也让他进入上述基督兄弟会书院，和其大哥林快结伴，一起上学念书。

也就在长子林快学习顺利并迅速成长的过程中，得益于当时经济蓬勃发展的大环境，林茂号的生意也越做越好。林茂在一九二四年八月十六日结束在中国的探亲回到汤士威炉埠之后，就开始策划下一次的回国探亲，并尝试着让长子接班，以拓展生意。当然，他在四十多岁的壮年时期便着手传承生意给儿子，还因其过去多年为了生意的拓展，凡事亲力亲为，身体透支太多，此时健康状况日下，回国探亲的另一个主要目的也是为了延医治病，调养身体。而在此时，按照申请留学时填报的年龄，长子林快已经十八岁，即将进入中学学习，而在此前的几年间，他也经常利用课余时间在父亲的林茂号商铺中打下手，耳濡目染，逐渐熟悉了澳大利亚的商业运作。为此，一九二四年十月下旬，林茂便致函汤士威炉海关，表示其本人要在明年底回国探亲，届时希望由其已经成年的儿子林快代其经营管理林茂号商铺，特为儿子申请将学生签证转换为商务性质的替工签证。可是经大半年时间的拖延，上述申请仍然没有获得批复，海关也不予以回复。一九二五年八月二十日，林茂因未见回音，不得要领，便通过中国驻澳大利亚总领事馆，再向澳大利亚内务部提出同样的申请。此时的林茂号商铺年营业额早已超过五千镑，也同时开始尝试从事进出口贸易。按照规定，独家经营的华商企业在年营业额达到一千五百镑以上，可从中国引进一名店员助理或者替工协助经营。[①]据此，内务部于九月十四日批准了上述申请。于是，在一切生意交接处理完毕之后，林茂于当年十二月二十二日离开汤士威炉，回国探亲养病。林快也因此时正好碰上学年结束，学校放暑假，便由此正式从基督兄弟会书院退学，接替父亲的工作，管理林茂号商铺的日常运行，同时也代父照料仍在基督兄弟会书院读书的二弟林乐。

这一次，林茂的回国探亲较之以前的一年半左右的时间要长一些，直到几乎整整两年后，他才于一九二七年十二月二十日回到汤士威炉。而在上

---

① Australia-China Co-operation Association Re admission and position of Chinese in Australia, NAA: A433, 1946/2/1428。

述两年时间里，林快不仅很好地管理了父亲的商铺，也使得其生意有进一步的发展，其商行的财产价值达到了四千镑。到一九二八年的财政年度结算，林茂号的年营业额已达一万五千镑，商行中还雇有另外四名员工，可见此时其规模有了相当的发展。当时的规则是，一旦被替代者返回原来的工作，替工者须在一个月内将工作移交回去，同时订好船票，返回原出发地。在澳大利亚经商颇有经验的林茂知道遵守规则的重要性，他希望自己的商行以后更好地传承给儿子，便一切都照着规则做。于是，一九二八年二月二十五日，二十二岁的林快在移交工作后便告别父亲，在汤士威炉港口搭上路过的“太平号”（Taiping）轮船，驶往香港回国，暂时结束了他在澳大利亚四年半左右的留学和两年的工作生涯。而其二弟林乐则继续留在汤士威炉读书。

果然，为了将商行逐步地传承给儿子，以便自己逐步放手退休，林茂继续按照他的规划行事。一九二八年六月六日，他通过中国驻澳大利亚总领事魏子京出面，再次向澳大利亚内务部申请其子林快的入境工作签证，希望准允其自中国前来接替他的工作，以便他重新返回中国治病休养。他表示，自去年底回到澳大利亚之后，其身体健康状况一直都不好。原以为在长子离开后，他的身体会慢慢复原，但现在看来是不行了，身体不仅没有好转，反而每况愈下，他迫切需要尽快回到中国去疗养康复。然而此时他的商行已达相当规模，只有已经具备了管理经验的长子林快前来协助代为管理，方才可以使其维持正常运作，而他本人也可以放心地离境回国。内务部的核查表明，此前的五个月里，林茂虽然保持其商行正常运营，但因消化不良及偏头疼的痼疾，其间一直在接受医生的治疗，故当地医疗部门也建议他换个环境，庶几能让他早日康复，并为此出具了证明。获知上述实情并意识到林茂号商行也达到了相当的营业额，完全符合规定之后，内务部于六月十九日批复了上述申请。在父亲的指导下，在中国的林快略做安排便去到香港，搭乘“太平号”轮船驶澳，于当年十一月二十九日抵达汤士威炉，接手管理父亲的商铺。而林茂略作交代，便在次年一月十八日登上过路的“吞打号”（Tanda）轮船，再次返回家乡。

此时，林茂的三子托马斯林茂和四子轩厘林茂已在国内读完了小学，要进入中学读书。对此，林茂认为现在也到了要将他们办理来澳留学的时候。原本他是想在离澳前便为两个儿子办好留学手续，但一方面是商务太忙，另一方面也因身体欠佳，来不及办理，便在临走前将此事交由长子林快处理。当时，出生于一九一四年五月二十二日的侄子佐治本（George Bowne，亦即林本）[①]，与其三子和四子年龄相若，林茂也计划将其一起申请来澳留学，让他们堂兄弟三人做伴，也便于日后商行人手短缺时有亲友可以即时顶上，故他将佐治本的留学申请也一并交由林快负责。于是，在父亲离境的次日即一九二九年一月十九日，林快就以监护人的名义，代父为上述胞弟和堂弟三人填妥了申请表，并出具财政担保书，以林茂号作保，允诺每年给他们各供给膏火五十镑，作为其在澳留学期间所需开销，递交给中国驻澳大利亚总领事馆，希望将他们办来汤士威炉，入读颇具名望的基督兄弟会书院，与仍在那里读书的二哥林乐为伴。

尽管这个时间正好是前任中国总领事魏子京离任，新任总领事宋发祥尚未抵达澳洲履新的空档期，但中国总领事馆的人员对这份申请还是没有过多耽误，仍然及时给予了处理。同年二月十二日，代理总领事吴勤训为林家兄弟轩厘林茂、托马斯林茂、佐治本分别签发了编号为530/S/29、531/S/29和532/S/29的中国留学生护照。同一天，吴勤训代总领事也备文寄送澳大利亚内务部，并附上他们的申请资料，为他们兄弟三人申办入境签证。

在签证评估审核过程中，因林茂号商行良好的财政状况，完全可以支撑上述三人的赴澳留学，内务部对其财政担保没有异议，就把挑剔的眼光放到了其他条件上。内务部对托马斯是林茂之子的说法提出了质疑，认为其出生之日期已经超出林茂离开中国十个月，其父子关系不成立。对此，一九二九年五月份，新任中国驻澳大利亚总领事宋发祥复函内务部，解释说是中国总领事馆职员在录入时误将中国农历与公历混为一谈而把托马斯的生日搞错了，并将新的申请表格寄去内务部请其核对。遗憾的是，在轩厘林茂这份档

① 档案里只用“佐治本”这个名字，未用本名，显然，“本”（Bowne）应是其名字。鉴于佐治本与前述四兄弟是本家，推测起来，他的中文全名应该是林本。见：G Bowne - students passport, NAA: A1, 1932/5282。

案宗卷中无法找到这份新申请表，无从得知其所修正的托马斯的具体出生日期为何。从内务部此后对这个问题未再发表任何意见来判断，显然林茂最终将此问题澄清（可能是调整到一九一四年初之前出生），至少是在逻辑上可以说明他与托马斯的父子关系成立，不会再让人质疑他们之间的血缘关系。同时，对于内务部一再强调的年龄在十四岁以上的中国留学生必须提供英语学识能力证明之要求，宋发祥总领事也设法与在中国的林茂联络，经多方努力，于当年十二月十二日从位于中山县石岐镇的大同英文学校（Tai Tung English School）校长那里拿到了轩厘和佐治本英语学识能力的证明。由此可见，因经商成功，有一定经济基础，此前林茂应该是将其几个孩子都送入了当地的英文学校学习，以为其赴澳留学做准备。内务部见其一切条件具备，审核无误后，最终在一九三〇年二月二十七日核发给了轩厘和佐治本入境签证。①

虽然轩厘林茂宗卷中原本与托马斯有关的文字记述至此再也不见踪影，无法得知他何时再提交相关的补充材料，也找不到内务部审核批复的文件，但我们有理由相信，托马斯也在此时与其堂兄佐治本和胞弟轩厘一起获得了赴澳留学签证。因为在轩厘和佐治本获得签证后不久，托马斯就赶赴香港，搭乘“吞打号”轮船，启程去到了澳洲，于一九三〇年四月一日抵达汤时威炉入境，进入基督兄弟会书院读书。②而到次年三月三十一日，从中国结束探

① Lum Mow, Henry - Student exemption certificate [3cms], NAA: A443, 1949/2/7501。

② Certificate for exemption from dictation test list - Go Quay, King Wah, George Quan, Leong Que, Spence Long [Spencer James Way Dick], Fong Sing, Chun Nam [Chen Name], Chun Mow, Go [Ah] Chee, Fong Long, Leong Louie, Wing Lee, Willie Wong Dong, Hing Yee, Ah Hore, Leung Yeu Quan, Thomas Lum Mow - Passenger list 'Tanda' 1/4/30 - Arida, Anthony, Hasham, Fox, Munro, Robinson, Durne, Webster, Takebayashi, Watte, Hickson, Ziegler, Vaughan, Robinson, Thomas, Benner, Chun Luim, Wood, Schlittler, Sainty, Slaen, Buckner, Gibson, Pickwick, Marsh, Castner, Mahoney, MacGillivary, Cory, Blunsden, Martel, Edwards, Douglas, Ashe, Hay, Herschel, NAA: J2773, 344/1930。这是一份最原始的记录托马斯林茂抵达汤士威炉日期的档案，但在澳大利亚国家档案馆的目录里，仍然找不到与他留学相关的任何专门档案宗卷。此外，还可见：Thomas Lum Mow [Chinese - arrived Townsville per SS TANDA, 1 Apr 1930. Box 36], NAA: SP11/2, CHINESE/MOW T L。

亲返回汤士威炉的二哥林乐[①]，也跟托马斯一起继续返校上学。

但是，拿到签证的轩厘和佐治本却未能及时启程与托马斯一道前来澳洲留学。最主要原因是，还在中国探亲的林茂此时突然病重，轩厘不得不留下来照料父亲；而佐治本原本是要和轩厘结伴一起走的，此时也只好留下来陪着他，或者说，是要等着跟他一道赴澳。这样一来，他们就被整整耽搁了两年左右的时间。为此，他们不得不通过中国总领事馆一再申请延期入境。直到一九三二年十一月四日，待父亲的病情得到缓解之后，十七岁的轩厘才赶赴香港，由此乘坐“彰德号”（Changte）班轮抵达汤士威炉港口，入境澳洲。好在他在这段滞留期间，继续在石岐读书，坚持学习英语，因而在入境时顺利通过英语测试。但原本也要来澳洲留学的佐治本最终却没有和轩厘一起前来，具体原因不详，档案文件中没有任何文字对此予以说明。考虑到此时佐治本已经年逾十八岁，在中国也到了是选择继续读书抑或是走上社会做事的关键年龄，或许他此时在国内已经有了其他的选择，比如升读大学或者进入社会做工，或者是被其他的事情所耽搁，原先计划的来澳洲留学之事就不得不放弃了。

从上述陆续申办儿子以及侄儿赴澳留学的过程和结果来看，尽管从一开始，林茂的家族企业传承因澳大利亚奉行的“白澳政策”步履艰难，但通过上述十余年的努力与安排，林茂已经为自己商行的传承铺好了路。可是，就在这个节骨眼上，长子林快的一个行动却让林茂的上述安排打了折扣。

一九三一年，林快认识了汤士威炉埠十八岁的澳女阿格妮丝·布鲁尔（Agnes Breuer），二人瞬即堕入爱河。由于计划在年底结婚然后返回中国家乡度蜜月，林快希望已经二十三岁的二弟林乐从基督兄弟会书院停学半年，代他照管林茂号商行的生意和日常运作，等他度蜜月回来后再返回学校完成中学学业。为此，他向内务部申请让林乐作为他的替工。只是林乐不

① Certificate Exempting from Dictation Test (CEDT) - Name: James William Gillespie [also known as Lam Kum Lock or Jimmy Lum] - Nationality: Chinese [Australian born] - Birthplace: Narrabri - departed for China per TAIPING 31 March 1931 returned Cairns per TAIPING 30 March 1933, NAA: J2483, 482/79。

太情愿停学，表示没有经商经验，不敢接手。在这种情况下，林茂在雪梨（Sydney）的朋友亦即亲家即永生公司（Wing Sang & Co.）的主要股东马辛己（Mar Sun Gee）[①]及永生公司秘书刘光福（William J. L. Liu）[②]遂应邀出面，于当年九月开始与内务部商讨解决办法。他们认为，如果林茂身体条件允许的话，唯有他暂时从中国回来汤士威炉带一下儿子林乐，让他尽快上手，顶替几个月时间，待林快度假回来就可重新管理商行的正常运行。内务部觉得此办法可行，遂在林快的商务签证到期时，准允延签两个月，有效期到一九三二年的一月十七日，并同时将林乐的学生签证转为商务签证，时效六个月。据此，林快便在一九三一年十二月与阿格妮丝结婚，并计划于次年一月份的一个合适时间离境回去中国度蜜月。看来一切事情都已安排妥当，林茂无须顾虑。

可是就在这个时候，可能是出于对自己的商行正常运行及传承的关注，林茂在接到亲家马辛己和老友刘光福的建议后，不顾自己身体孱弱，仍然抱病去到香港，搭乘“彰德号”轮船，于一九三二年一月一日回到了汤士威炉。可是由于长时间航海旅行，他原本就有问题的身体健康状况更加恶化，回到自己的商铺后便深感不适。尽管如此，他还是利用三个星期的时间，手把手地教给次子林乐最基本的经商之道和一些注意事项，以便让其尽快熟悉经营业务。之后，他于当月二十五日登上路过汤士威炉港口的“吞打号”轮船，驶往香港，再次回家乡养病去了。因走得太匆忙，他甚至都来不及向内务部申请回头纸；还是在他离开之后，汤士威炉海关代其办妥了一张三年期的回头纸，交其子林快带回去给他。当然，他没有想到的是，这一次离澳，

① 关于马辛己的情况，见：Mar Leong - Ex/c Wife, NAA: A1, 1937/90。

② 关于刘光福的情况，详见：William Liu [also known as Joseph Lumb, William Joseph Liu, William Joseph Lumb and William Joseph Ah Lum] [includes Applications for Passport and for Renewal of Passport and Birth Certificate in name of William Joseph Liu] [includes 3 photographs showing front view of William Liu] [includes 1 group photograph showing front view of William, Mabel and Dalton Liu] [correspondence concerning renewal of Passport for subject] [also includes information on Charlie Ah Lum] [also known as Charles Frederick Francis Lumb Liu] and Willie Ah, Mrs Mabel Liu and Dalton Gokbo Liu [box 391], NAA: SP42/1, C1939/1668。

便再也没有机会回来了。一九三九年，他病逝于家乡石岐。[1]

由于父亲的突然到来，打乱了林快原先的计划，他不得不取消原先的船票，协助父亲教导二弟林乐如何经营，以便其尽快接手商铺的经营。而在父亲离开之后，他的签证也已到期，他便一边继续指导二弟，一边向内务部申请延签到四月底，获得批复。之后，他再向内务部申请再入境签证，以便在度假结束后能重返汤士威炉继续代父经营林茂号商铺。可能是因为获悉妻子怀孕，一九三二年三月二十九日，未及接到内务部批复，他便携带新婚妻子阿格妮丝，搭乘路经该埠的"彰德号"轮船驶往香港，随即返回中山石岐度蜜月。

因林快是在持有商务签证的情况下与当地澳女结婚，内务部于四月十二日以此为由做出了决定，拒绝了他的再入境签证申请。这就意味着他此次一离开澳大利亚，事实上已经无法重返汤士威炉。待到半年后，阿格妮丝因在丈夫家乡中山县石岐镇不受婆家待见，加上是在抵达中山后，方才得知丈夫早已在家乡有了一个妻子（显然是林快在一九二八年回国时结的婚），她事实上成了林快的二房，遂于当年九月份在香港的救世军和澳纽军团退伍人员的协助下，携带上个月才出生的儿子，以偷渡的形式搭乘"太平号"轮船返回了澳大利亚。这一在当时澳人看来极具欺骗性的婚姻（因之前林快隐瞒已婚）及结果，不仅成为当地传媒大肆渲染的头条新闻，备受当地舆论的抨击[2]，也成为在当年十月底，当林快此时提交重返澳大利亚入境签证申请时，内务部最终正式拒绝他的最主要理由。当然，深层的原因是，主流社会不鼓励跨种族联姻，尤其是英格兰裔女性嫁给在澳华人。如果他们结婚后不移动，亦即不离开当地，当地社会对此或许还有一点儿的容忍空间；而一旦男方此时带着女方离开澳洲回到中国，则难以再次获准入境；即便是女方，因嫁给华人，也由此而失去澳洲的身份，而跟随丈夫的国籍。这也是为何阿格妮丝需要从香港偷渡回来，因为她已经失去了澳洲的国籍。另外一个原因则是，林快与澳女的婚姻事先并未获得父母同意，打乱了林茂对其商铺传承的

---

① Lum Mow, Henry - Student exemption certificate [3cms], NAA: A443, 1949/2/7501。

② "Unhappy Experiences of White Girl Who Married Chinese Return to Australia Cairns", in *Northern Miner*, 4 October 1932, p.2。

安排，在他带领澳妻回中山探亲后，便被逐出家门。[①]而林茂号的传承也就此与林快无缘，他随后去到香港工作。

就在上述事件展开期间，林乐以替工的身份接手管理父亲开创的林茂号商铺。而在此前两年便已抵达澳洲读书的三弟托马斯，便一边读书，一边协助其二哥管理林茂号店铺的营业。一九三二年底时来到汤士威炉读书的四弟轩厘，也利用课余时间帮忙维系商铺的经营。不过，此时的林茂号商铺的营业额跟之前相比已大幅下降，不及此前的一半记录，部分原因是一九三〇年圣诞节时，商铺被人放火爆破，损失惨重。虽然破坏者在次年经法庭审判获罪[②]，但林茂号要从这一打击中恢复，尚需时日。此外，由于受大哥林快跨种族婚姻而被拒签来澳的影响，林茂号商铺生意受到了很大干扰，当地很多人对其店铺予以抵制，甚至一些人对此前生意兴隆的这家商铺处在低潮期时还落井下石，试图将其彻底搞垮。一九三五年五月一日，一位在当地出生名叫P. S. Chong的第二代华人便直接致函内务部部长，以托马斯和轩厘两兄弟都是持学生签证来澳而从事商业为辞，指控他们严重违反澳大利亚的留学规定，呼吁政府有关部门应该将他们立即递解出境。当然，他在信中也透露出其之所以提出上述要求的原因，是想接管租赁林茂号商行所在位置的物业，因为此时林茂号的租约正好到期，而这里的位置又实在是太好了。[③]可能是其目的性太过于明显，从澳大利亚国家档案馆的目录中，找不到内务部对此予以回复的任何线索；而此后林茂号的租约也一直续签，直到二十世纪五十年代都在上述地址经营。与此同时，对林茂号整体营业造成不利影响的，还在于二十世纪二十年代末到二十世纪三十年代初世界范围的经济危机所导致的大萧条，对于像林茂号这样的小本经营并严重依赖本地购买力的企业来说，冲击较大。要恢复此前的营业额不仅需要时间，还依赖于时机，比如当地购买

---

① 林快与Agnes Breuer的整个婚姻状况及其结果，详见：Kate Bagnall, “A journey of love: Agnes Breuer’s sojourn in 1930s China”, in *Transnational Ties: Australian Lives in the World*, edited by Desley Deacon, Penny Russell and Angela Woollacott, ANU Press, 2008, pp. 115-134。

② “Yuletide Vandalism: The Lum Mow Affair”, in *Townsville Daily Bulletin*, 25 March 1931, p.3; “Lum Mow Case: Gillan Committed for Trial”, in *Brisbane Courier*, August 10 1931, p.7; “Townsville Criminal Sittings”, in *Brisbane Courier*, August 10 1931, p.26。

③ Personal. Lum Mow Request from P S Chong for deportation of Lum Mow, NAA: A981, PERS/258。

力的大幅提升。

从轩厘抵达汤士威炉的日期来看，他是在大哥林快被家里逐出以及嫂子阿格妮丝间关返回澳洲之后，才启程前来留学的。抵埠后，因接近年底，他没有及时去念书，而是利用即将放暑假的那段时间差，在林茂号商铺里协助二哥和三哥经营；直到一九三三年新学年开始，才正式入读汤士威炉基督兄弟会书院。这一年，他也进入十八岁的年纪，因此前他就在石岐读的是英文学校，已经具有一定的语言基础，故他在这里就继续接着念中学课程。根据校长的报告，他的表现基本上都是令人满意的，一直读到一九三七年上半学期。在课余时间，甚至有时候不惜占用个别的上课时间，轩厘都继续在林茂号店里帮着兄长做工。

一九三四年九月，二哥林乐因工作签证到期无法续留而不得不返回中国；也就从这时开始，三哥托马斯正式从汤士威炉基督兄弟会书院退学，接手二哥留下的位置，代父对该店进行经营管理。

一九三七年五月十日，新任中国驻澳大利亚总领事保君建致函澳大利亚内务部，谓林茂号因人手不够，需要一中英文俱佳之人担任襄理，在其可选择的人选范围内，唯轩厘林茂最合适，故希望能将其学生签证转为商务工作签证。看起来，保总领事提出的理由成立，内务部显然是可以批复这一申请的。不过，一个月之后，内务部部长否决了这个申请，以轩厘是以学生身份来澳为由，认为他应该继续学业，以便完成之后返回中国。因为林茂号在上一个财政年度的营业额已经有所恢复，达到了五千五百镑，如果由中英文俱佳的轩厘加入管理经营，其业绩势必更好。换言之，该商铺之业绩好，也就意味着能给澳大利亚政府缴纳更多的税。为此，到这一年十月份，保总领事再函内务部秘书，以此为由希望主管部门重新考虑给轩厘转身份，换成工作签证。与此同时，林茂号代理经理托马斯也写信给保君建总领事，请他向澳大利亚内务部部长陈情，希望他能按照澳大利亚政府许诺的一项新政策办事。该政策的主要内容是：如果一家在澳华人所办商号或企业之年营业额超过五千镑，则可允从海外引进一名助理协助工作。据此政策，托马斯吁请当局给其兄弟轩厘转签证和换身份，以便他能将商铺生意做好做大。尽管汤士威炉海关税收人员都比较同情林茂号，也深知其管理经营不易，如果能正式允准添加人手，对其生意发展壮大无疑是非常有益的，如此一来，自然也对当地海关税收有利，因而也积极向内务部推荐考虑这一申请。然而，到十一月初，经过一番考虑之后，内务部秘书复函中国总领事保君建，还是以同样理由拒绝了这个申请。

当然，托马斯之所以此时提出这个问题，也是因为当年七月开始中国抗日战争全面爆发，战火已经延烧到他们的家乡广东省，日本人随后开始轰炸广州，惨象恐怖。尽管他惦记着家乡的亲人，但也非常希望能让四弟轩厘留下来，以免受战火之波及。为此，托马斯还积极联络雪梨永生公司的董事刘光福，寻求帮助。因为这位在当地出生的混血儿、原籍台山的华商在雪梨华人社区和主流社会的名气都很大，与政界也有广泛的交往，故而希望他出面联络那些有声望的西人朋友尤其是政客帮忙推动此事，给轩厘转换身份。尽管刘光福很讲义气，使尽了浑身解数，为朋友的下一代两肋插刀，多方奔走，但其努力也没有奏效，最终因他的这些政客朋友认为无法改变内务部部长的决定而作罢。为此，轩厘也不得不回到基督兄弟会书院继续读书，直到一九三八年底拿到最后一个延期签证，因为到下一年的十月，他就满二十四周岁，这是当时规定中的中国留学生在澳留学的最高年龄。也就是说，一旦年过二十四岁，他就应该照规矩结束在澳洲的留学生涯，返回中国。

由于父亲林茂自一九三二年回国养病之后一直未能返澳，到一九三九年病逝之后，托马斯便取代父亲，获得了永久管理父亲留下的林茂号商铺的地位。为此，他利用这个机会，当年就将五年前回国的二哥林乐再次申请回来作为商行襄理，协助他管理这个历经多年艰辛后营业额又有所恢复的商铺。[①] 林乐早在一九三〇年回国探亲时就与马辛已的女儿结婚，是现任雪梨永生公司经理马亮华（Mar Leong Wah）的妹夫。托马斯将二哥再次办理来到澳大利亚，一方面是完成父亲商行的传承工作，另一方面也需要利用二哥与永生公

---

① Thomas Lum Mow [Chinese - arrived Townsville per SS TANDA, 1 Apr 1930. Box 36], NAA: SP11/2, CHINESE/MOW T L。

司的亲戚关系，为日后林茂号商行的转型创造条件。待把二哥入境返澳的事情办理好了之后，剩下的就是如何想尽办法将四弟轩厘留下来。

一九三九年十月，就在轩厘年满二十四岁，他的签证即将到期之时，汤士威炉基督兄弟会书院院长麦卡利（R. G. McCartney）和中国总领事保君建分别致函澳大利亚内务部部长，表示轩厘目前正在攻读大专会计课程，希望能再给他一年时间以便能完成此项科目的学习，拿到至关重要的会计文凭。因书院院长在信里对轩厘在校表现十分赞赏，评价很高，也非常希望他的这个中国学生能最终在该书院完成其学业，故内务部部长看在他是著名教会学校校长的面子上，在十一月初便首肯再给予他一年展签，但特别声明这是考虑到轩厘的特殊情况而对他的额外照顾。一年之后，本来应该是轩厘要参加该项会计课程考试的时间，但麦卡利院长再次致函内务部部长，表示因轩厘近期身体不适以及语言上仍对该课程的理解有一定的困难，书院已经将他的这门考试延期到第二年即一九四一年四月一日，他由此希望内务部部长考虑到轩厘的实际情况，再额外开恩，继续给其展签一年。这一次，内务部部长虽然并未能如其所愿，但仍然采取了一个折中办法，给予轩厘展签半年，即有效期到一九四一年五月四日，算是很给面子了。

但此时澳洲因一九三九年欧战爆发而加入英国作战，参加到反法西斯战争的阵营已有两年之久，澳洲军队也被派送到中东、北非和欧洲战场与法西斯轴心国交战。鉴于全民动员为战争服务，学校的授课由此受到很大影响，本来给轩厘定好的会计考试日期不得不再次延期到一九四一年十月份。为此事，基督兄弟会书院和中国总领事馆都向内务部陈情，表示这些改变都不是轩厘个人可以左右者，希望主管部门考虑到轩厘的实际情况和此时战争给澳洲所带来的影响，恳请再给他一年展签。内务部部长衡量此事，认识到确实别无选择，遂再将签证展期到一九四二年五月四日。如是，届时轩厘将年满二十七岁。

对于澳大利亚来说，一九四二年是一个重大转折年份。因为上一年底日本海军袭击美国在夏威夷的海军基地珍珠港，引爆了太平洋战争，澳洲随即向日本宣战，加入美国与其他盟国组成抗击日军南下的盟军。到一九四二年的年初，澳洲的海外领地新几内亚（New Guinea）被日军占领，澳洲北部重要港口及海军基地打运埠（Darwin）遭到日军大规模空袭轰炸，战火已经从北面和东面烧到澳大利亚门口，澳洲由是进行全国动员，在周边国家和地区亦即西南太平洋地区与日军展开殊死战斗。中国因早在五年前就开始了其艰苦卓绝的全面抗日战争，此时也成为这个共同抗击日本军国主义及德国和意大利法西斯轴心国的世界反法西斯同盟的一员。

而对于轩厘来说，这也是一个让他继续留在澳洲的大好机会，因为进入战时状态，澳洲在对待所有盟国公民的在澳签证政策上，有所变动。一九四二年七月，中国驻雪梨总领事段茂澜致函澳大利亚内务部，希望将轩厘的学生身份转为工作雇员身份，使之得以加入林茂号作为襄理协助经营。八月一日，内务部复函段茂澜总领事，同意给轩厘转工作签证，而且，因战争的缘故，该签证有效期为三年，至一九四五年六月三十日止；如果届时战争仍未结束，则自动延签两年。实际上，也就是在这段时间里，托马斯离开了林茂号，转到同埠的另一家商行Brightways（明路号）工作。虽然档案中的这些报告和文件没有披露出是什么原因让托马斯转去别的商家，但很容易让人为此做出联想，即他这样做的目的，很可能是为了给四弟轩厘入伙林茂号商行腾出位置。

就这样，因太平洋战争的爆发，轩厘得以一直待在澳洲。并且在一九四五年八月战争结束后，继续获得展签。由是，林茂号在林乐、托马斯和轩厘三兄弟的协力管理下，有了很大的发展，业绩斐然。当然，这个业绩也跟战争给汤士威炉这个港口城市带来的繁荣有关，因为战时这里是澳军和盟军的海空军基地，大批澳军和美军部队集结于该埠周围，对各种物资的需求极大，凡是这时能够为其提供这些货品的商铺，皆获得了巨大的收益。为此，在一九四五年财政年度，林茂号的营业额达到三万一千七百零九镑。战后，因澳大利亚进入复员阶段，相关的业务量减少，但在一九四六年财政年度，林茂号的营业额仍然有一万零六十七镑。此时，商行除了他们兄弟三人之外，还雇有两名澳洲出生的华人为店员协助经营。

由于林茂号生意发展良好，林乐的商务工作签证得以不断延签。到一九四七年九月十七日，他在获得移民部签发的十二个月内有效之再入境签证后，就去到昆士兰首府庇厘士彬埠（Brisbane），在此搭乘过路的“山西号”（Shansi）轮船前往香港，回国探亲，与已经有八年未曾见面的妻小团聚。①

而在一九四六年，托马斯和轩厘两兄弟将林茂号商行作了改组，组建为林茂兄弟行（Lum Mow Brothers），虽然重新申请注册，但仍然保留了父亲的名字，以保持商行的延续性及传承关系。在新组建的商行里，他们兄弟二人皆为股东，各占一半股份，但二哥林乐则只做雇员，并未入股。商行虽然仍然销售日用杂货和蔬菜水果并兼营糕点糖果及饮料，但已经开始尝试重新进行进出口贸易。一九四七年的头三个季度，该商行向中国出口价值六百五十镑的产品。此后，其营业额有了很大提升：一九四八年财政年度为一万五千八百九十五镑，一九四九年一万五千七百一十二镑，一九五〇年一万四千七百五十七镑，一九五一年二万四千二百八十四镑，一九五二年三万四千七百四十八镑。②

由于生意不断发展，林氏兄弟开始考虑生意的转型。一九四七年，在将林茂兄弟行交由四弟轩厘具体负责管理后，托马斯便抽身前往雪梨，在永生公司总经理马亮华（即二哥林乐的内兄）的协助下，与人合股在亨特街（Hunter Street）开设一家餐馆，将业务拓展到餐饮业。③他的二哥林乐在一九四九年初返回澳大利亚之后，也来到雪梨协助他一起经营。④但他们在餐饮业的发展似乎并不很顺利。可能是因为股东太多（包括林茂兄弟俩共八位股东），相互掣肘，导致该餐馆于一九四九年八月二十二日正式清盘。⑤

与林茂四个儿子相关的留学档案到此终止。在托马斯和轩厘重组林茂兄弟

---

① Lum Mow Norman - Chinese - departed 19 September 1947 from Brisbane aboard SHANSI, NAA: BP210/2, LUM MOW N。

② Lum Mow Brothers, NAA: BP210/9, 85。

③ 一份雪梨的报纸在一九四七年六月十八日报道说，托马斯林茂与另一位华人在亨特街二十六至二十八号合股经营的餐馆因未符合卫生清洁标准而被各罚款五镑。见：“Fines for Dirty Café”, in *Sun* (Sydney), 18 June 1947, page 3。

④ Alan Norman Lum Mow, NAA: A2998, 1951/588。

⑤ Government Gazette of the State of New South Wales (Sydney, NSW: 1901 - 2001), Friday 7 October 1949。

行之后，他们的签证有效期都延至一九五四年六月三十日，并且他们都在汤士威炉与澳洲出生的华人第二代女子成亲。而林乐如果在一九四七年没有回去中国探亲的话，其签证有效期是到一九五二年五月三十日；但他在一九四九年重返澳大利亚之后，其签证有效期也延至与其两个弟弟相同的年份。至二十世纪五十年代之后，林乐得以将妻小申请来澳团聚，并最终与两个弟弟一起陆续加入澳籍。[①]但至二十世纪六十年代之后，他们在汤士威炉的生意逐渐消失，因为在当地报刊上已经无法查找到林茂兄弟行的广告，可能随着林茂家族第三代的成长并接受良好的教育，他们最终转往其他专业领域。

而被林茂逐出家门的长子林快（威廉林茂），因“白澳政策”的歧视及跨种族联姻而在当地成为被抨击的对象，尽管在二十世纪三十年代林快本人和阿格妮丝都不断地向澳大利亚内务部申诉争取让他重返汤士威炉，却终无法获准签证回来与妻儿团聚，只能在香港独自发展，并不得不在一九六四年与阿格妮丝·布鲁尔正式离婚。[②]

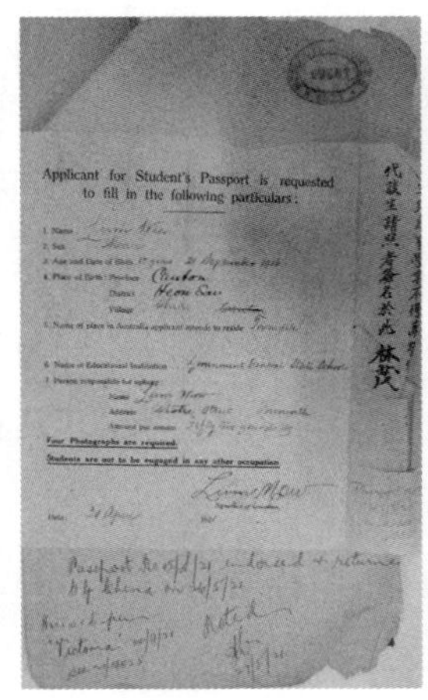
Applicant for Student's Passport is requested to fill in the following particulars:

Four Photographs are required.

Students are not to be engaged in any other occupation

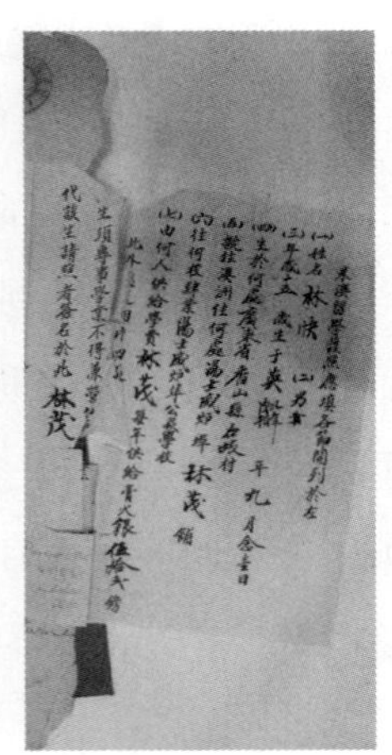

左一和左二为一九二一年林茂申请儿子林快（William Lum Mow）赴澳留学所填写的申请表；右为已结婚的威廉林茂（即林快）与阿格妮丝于一九三二年八月在中山县石岐镇所拍摄的恩爱照。

---

① Kate Bagnall, “A journey of love: Agnes Breuer’s sojourn in 1930s China”, in *Transnational Ties: Australian Lives in the World*, edited by Desley Deacon, Penny Russell and Angela Woollacott, ANU Press, 2008, p. 125, and P. 132。

② Kate Bagnall, “A journey of love: Agnes Breuer’s sojourn in 1930s China”, in *Transnational Ties: Australian Lives in the World*, edited by Desley Deacon, Penny Russell and Angela Woollacott, ANU Press, 2008, p. 133。

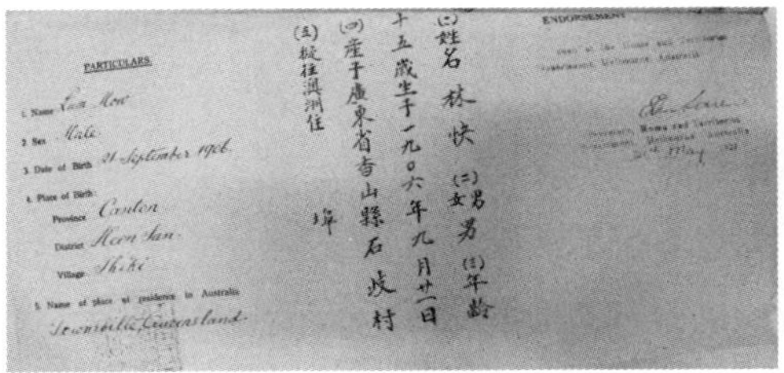

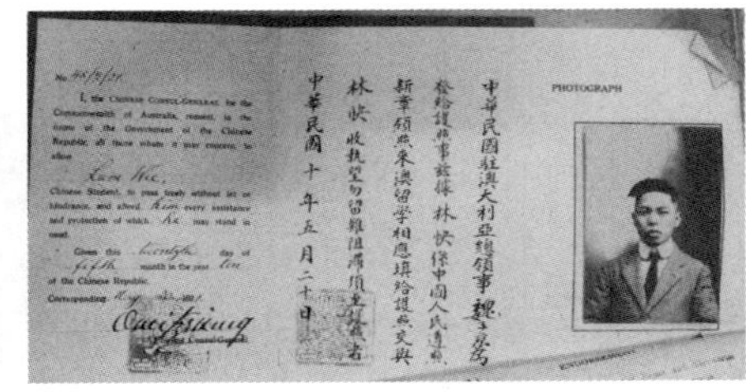

一九二一年五月二十日，中国驻澳大利亚总领事魏子京给林快签发的中国学生护照。

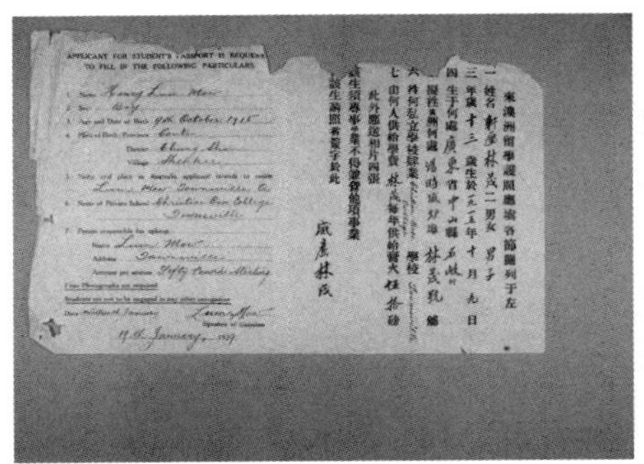

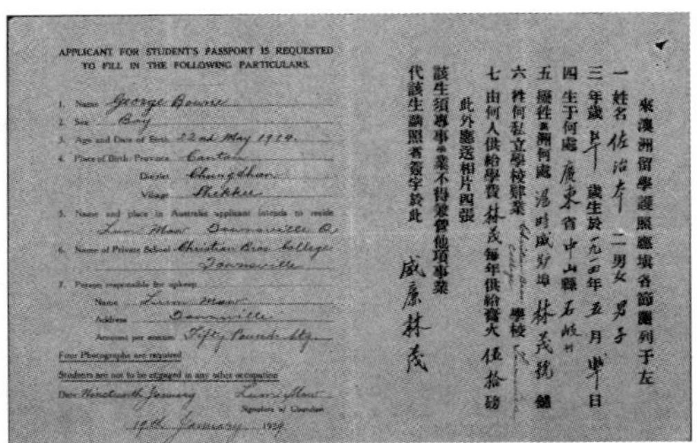

APPLICANT FOR STUDENT'S PASSPORT IS REQUESTED TO FILL IN THE FOLLOWING PARTICULARS.

1. Name George Bowne
2. Sex Boy
3. Age and Date of Birth 22nd May 1914.
4. Place of Birth: Province Canton
   District Chungshan
   Village Shekkee
5. Name and place in Australia applicant intends to reside Lum Maw Townsville Q.
6. Name of Private School Christian Bros College Townsville
7. Person responsible for upkeep:
   Name Lum Maw
   Address Townsville
   Amount per annum Fifty Pounds Stg.

Four Photographs are required

Students are not to be engaged in any other occupation

Date Nineteenth January　Lum Maw　Signature of Guardian

19th January 1929

來澳洲留學護照應填各節臚列于左

一　姓名佐治本　二男女男子

三　年歲十五歲生於一九一四年五月廿二日

四　生于何處廣東省中山縣石岐村

五　擬往澳洲何處湯時威炉埠林茂號

六　往何私立學校肄業 Christian Bros College 學校

七　由何人供給學費林茂每年供給費大伍拾磅

此外應送相片四張

該生須專事學業不得兼營他項事業

代該生請照者簽字於此　威廉林茂

一九二九年一月十九日，威廉林茂（即林快）向中国驻澳大利亚总领事馆申请胞弟轩厘林茂和堂弟佐治本赴澳留学澳护照和签证所填写的申请表。

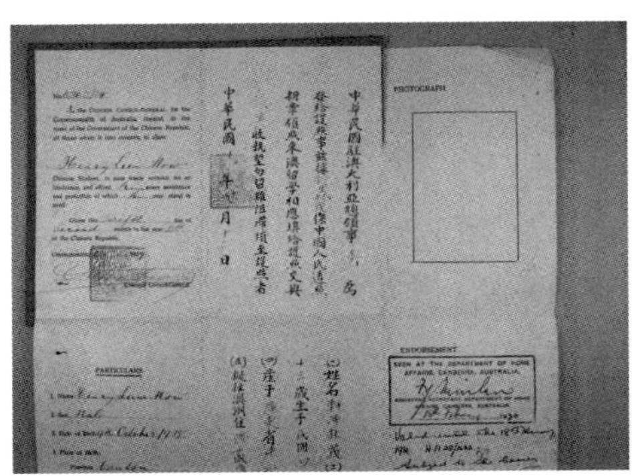

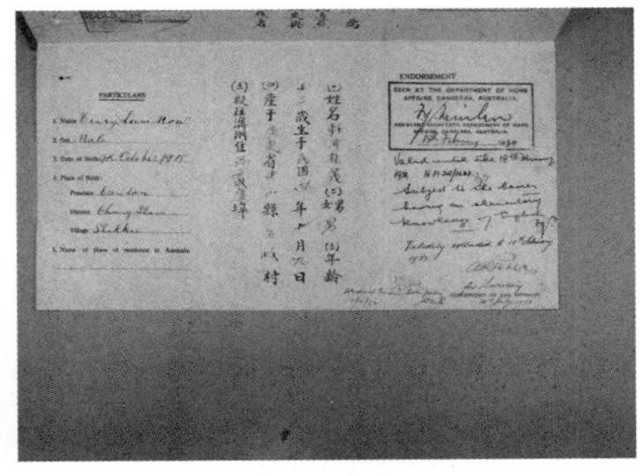

一九二九年二月十二日，中国驻澳大利亚代理总领事吴勤训为轩厘林茂签发的中国学生护照。

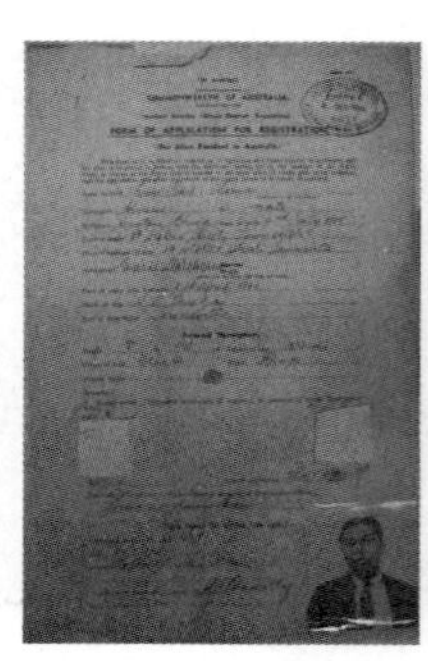

左：一九三九年十月二日，托马斯林茂的外侨登记卡，上面的记录表明，他是在一九三〇年四月一日搭乘“吞打号”轮船入境澳洲的，入境港口就是汤士威炉；右：一九三一年，托马斯林茂（右）在汤士威炉林茂号店铺中。

左：一九二八年轩厘林茂照片，时年十三岁；右：佐治本护照申请表上的照片。

左：一九三一年热恋中的威廉林茂与阿格妮丝在汤士威炉和朋友出游；右：一九三一年热恋中的威廉林茂与阿格妮丝在汤士威炉。

左为林茂号商铺所在汤士威炉埠的街道位置图，约为一九四九年拍摄；右为一九三二年，已结婚的威廉林茂与阿格妮丝在石岐所拍的街景。

左一：林茂号商铺一九二九年十二月三十日广告；左二：林茂号商铺一九三一年九月一日广告；右：林茂兄弟行商铺一九五〇年八月二十五日广告。

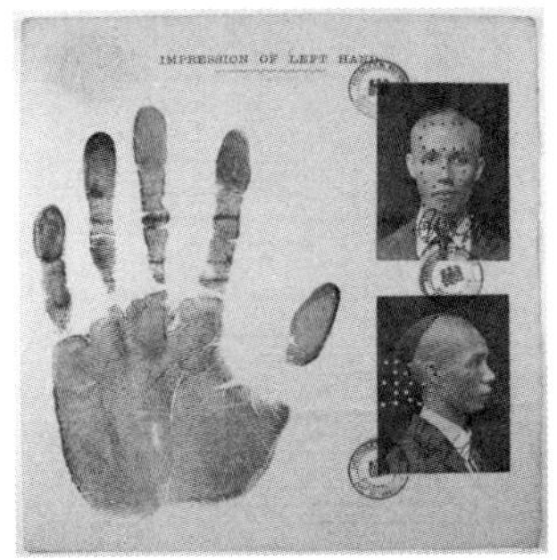

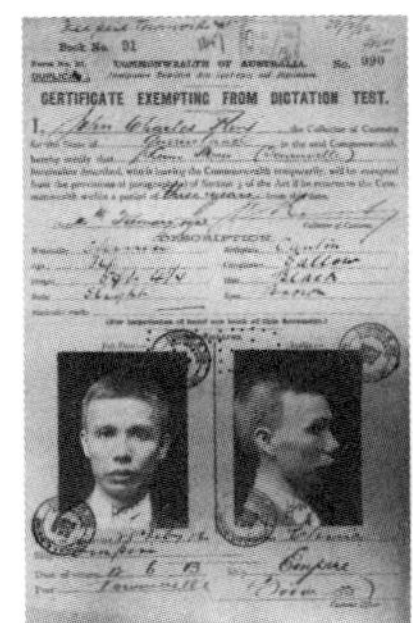

林茂的免试纸。左一：一九〇四年；左二：一九〇六年；左三：一九一二年；左四：一九一四年。

COMMONWEALTH OF AUSTRALIA.

CERTIFICATE EXEMPTING FROM DICTATION TEST.

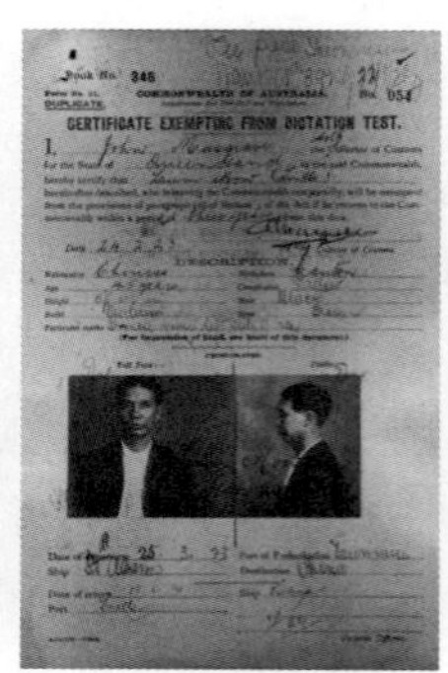
COMMONWEALTH OF AUSTRALIA.

CERTIFICATE EXEMPTING FROM DICTATION TEST.

COMMONWEALTH OF AUSTRALIA

CERTIFICATE EXEMPTING FROM DICTATION TEST.

COMMONWEALTH OF AUSTRALIA.

CERTIFICATE EXEMPTING FROM DICTATION TEST.

林茂的免试纸。左一：一九一七年；左二：一九二三年；左三：一九二五年；左四：一九二八年。

档案出处（澳大利亚国家档案馆档案宗卷号）：

G Bowne - students passport, NAA: A1, 1932/5282

Lum Mow, Henry - Student exemption certificate, NAA: A433, 1949/2/7501

Lum Mow, Lum Goon Way, NAA: J2773, 60/1920

Lum Wie - Student exemption - Business exemption, NAA: A433, 1942/2/3297

郭容灿

香山竹秀园村

郭容灿（Gock Young Chan，也写成Gock Young Tiy），生于一九〇七年三月十七日，香山县竹秀园村人。一九二三年七月十三日，由在澳大利亚雪梨（Sydney）著名的永安公司（Wing On & Co.，亦即永安果栏）担任总经理的竹秀园村族人郭朝（Gock Chew）[①]以监护人的名义提出申请，填表递交给中国驻澳大利亚总领事馆，代其请领赴澳留学护照和签证。从申请资料上看，担保者虽然为雪梨的永安公司，但他每年的膏火（生活费和学费）五十镑则由其父亲郭裔勋（Gock Youe Hin）供给。郭容灿要去留学的地方是雪梨，其拟定的入读学校是位于皮特森区（Petersham）的晶石街公立高小（Crystal Street Superior Public School）。

在护照申请表中提到的郭容灿之父郭裔勋，其名此后在档案的其他文件中未有提及和出现，而据其申请表上所填的英文名字，亦无法在澳大利亚档案中查找到相对应的信息。但检索当地华人报纸，则有信息显示郭裔勋此时

① 根据鸟修威省档案馆（NSW State Archives & Records）的记录，郭朝最早加入郭乐（James Gock Lock）团队是一九〇八年，先与郭泉（Gock Chin）和梁创（Leong Chong）等人，在当年九月十日入主重组并正式注册的聘记号（W G Pan Kee & Company），专营羊毛生意（详见：https://records-primo.hosted.exlibrisgroup.com/permalink/f/1ebnd1l/INDEX1834314）；一九一一年八月十五日，他成为郭氏兄弟主持的雪梨永安果栏（Wing On & Company）的股东（详见：https://records-primo.hosted.exlibrisgroup.com/permalink/f/1ebnd1l/INDEX1837379）；一九一九年一月十七日，再成为由郭氏兄弟控股的雪梨另一家著名公司合利果栏（Hop Lee & Company）的股东（详见：https://records-primo.hosted.exlibrisgroup.com/permalink/f/1ebnd1l/INDEX1803080）。

是在雪梨做工，出现在某些慈善捐款赈灾活动的名单上[1]。但他具体何时来澳，在雪梨做何营生，不得而知。现有网上公开的资料表明，永安公司郭氏兄弟的父亲郭沛勋有兄弟四人，除他之外，尚有郭聘勋、郭洁勋和郭集勋三位亲兄弟[2]，可见，竹秀园村郭家的这一辈显然是以名字的最后一个字“勋”来排行的。如果这一结论成立的话，那么，郭裔勋应该是竹秀园村郭氏宗族里与郭沛勋同辈的人，而郭容灿就应该是与郭顺同辈之同宗兄弟了。虽然郭朝也是来自香山县竹秀园村之郭氏宗族，郭顺称之为族兄，显然是他们的同辈之人，自然也应该是郭容灿的族兄，只是在护照申请表中，郭朝没有把自己与申请者的关系明确表达出来，我们只能依此推理而已。照前面的辈分排列来看，郭容灿应该与郭顺的血缘关系更近些，显然也应该由郭顺代为申请更为合适。但此时由郭朝出面代为申请，主要是因为郭顺已经离开雪梨永安公司，前往上海协助兄长郭乐和郭泉，经营上海的永安公司纺织厂去了，而雪梨的永安公司则由郭朝接手负责经营。

档案中显示出来的信息表明，当提出上述护照申请时，已经年满十六岁的郭容灿本人并不在中国，而是已经在纽西兰（New Zealand），这与两年前郭氏族人郭就（Joseph Gock）的情况极为相似。[3]不过，郭容灿的行事风格却比郭就激进。在郭朝给中国驻澳大利亚总领事馆递交了护照申请三个多星期之后，他不等拿到护照和签证，就于一九二三年八月七日，以Gock Young Tiy（以后这个英文名字与Gock Young Chan交替使用）的名字搭乘“麦卢卡号”（Manuka）轮船，从纽西兰抵达雪梨港口。尽管这个时候尚未拿到有效的中国学生签证，但他之所以敢于闯关，可能是因为其事先已向中国驻澳大利亚总领事馆提出了申请，得到了保证，再加上后者事先跟雪梨海关打了招呼，永安公司也积极配合，为其先行缴纳了一百镑的保证金，这样，他便于八月十日正式获准入境，即先获得临时入境签证，有效期为一个月，等待其领取

---

① 比如，一九一九年，其名出现在捐助雪梨华民福音教堂芳名中。见：“华民福音教堂启事”，载《东华报》（*The Tung Wah Times*）一九一九年二月二十二日，第八版。

② “郭沛勋家族”，https://zh.wikipedia.org/wiki/%E9%83%AD%E6%B2%9B%E5%8B%B3%E5%AE%B6%E6%97%8F。

③ Gock, Joseph - Chinese student on passport, NAA: A1, 1925/22531。

到中国留学生护照后，再核发正式的留学签证。

又过了三个星期之后，到了这个月的月底，即八月三十日，中国驻澳大利亚总领事魏子京终于为郭容灿签发了一本编号为322/S/23的中国学生护照；次日，澳大利亚内务部便为其核发了十二个月的学生签证，随后便按照规定，将其护照存档，由内务部保管。此时，永安公司才得以从海关拿回那一百镑的保证金。在当时来说，一百镑是个相对比较大的数额，这也从一个方面说明郭容灿与永安公司郭氏家族之间的密切关系。当然，此前郭容灿是如何去到纽西兰的，是否已经在那里先读了一段时间的书，他们郭家有什么亲戚在纽西兰作为接应，所有这些信息都无法在澳大利亚的档案中找到蛛丝马迹。考虑到郭就两年前也是从纽西兰申请到澳洲留学，我们有理由相信，竹秀园村郭氏显然有族人在那个岛国发展，使得竹秀园村的郭氏子弟出外留学和旅行有着多样选择。

和他的两年前就来澳留学的竹秀园村宗亲郭林昭（Kwok Lam Chin）[①]一样，郭容灿就读的学校，也是位于雪梨皮特森区的晶石街公立高小，后来该校改名为晶石街公立学校（Crystal Street Public School）。他在这所学校一直读到一九二五年底，学习刻苦，成绩良好，颇受好评。

一九二六年初，十九岁的郭容灿转入雪梨东部兰域区（Randwick）的兰域中学（Intermediate High School）读书。虽然成绩依然不错，但仅仅读了不到一个学期，他就在这所中学休学不读了。从五月中到八月中大约三个月里，按照中国总领事馆的记录，他应该是转入位于雪梨城里佐治街（George Street）三百三十三号的毛芮思·白恩学校（Maurice Byrn School）读书，但实际上他则是以Percy Gock这个英文名字，注册入读位于上述同一个地址的一所名为伯利兹直接教学法语言学校（Berlitz Direct Method School of languages），选修西班牙语。可能这家语言学校本身并没有校舍，只是租用上述毛芮思·白恩学校的校舍或课室进行授课而已，因而导致中国总领事馆不明就里，将他选读的语言学校误认为毛芮思·白恩学校了。由于他是从兰

① Kwok Lam Chin - Student on Canton Passport, NAA: A1, 1935/1442。

域中学不辞而别，学校因找不到人，遂按规定将此事报告给了澳大利亚内务部。为此，内务部指示海关展开调查，看郭容灿到底是跑到哪里去了。海关调查的结果是，此时的郭容灿已经拿到了秘鲁驻澳大利亚总领事馆的签证，正准备前往南美；而为了要速成西班牙语，他因此注册了十周的西班牙语课程，并表示不学会西班牙语就不会启程前往该地。当然，是什么原因驱使他有如此动力去学习西班牙语，又有什么关系在秘鲁可以接应他前往该地，则相关报告里无只言片语予以说明。

内务部官员找到郭容灿后，对其不辞而别的行为进行了批评，责成他必须回到正规的学校上课，不然就不能给他续签，甚至会将他遣返回中国。于是，一九二六年八月底，郭容灿不得不停止了在语言学校的课程学习，重返正规学校念书。当然，再回到兰域中学读书似乎很没面子，而且他此时也已经十九岁，是大小伙子了，觉得再继续混在中学里也没啥意思，就另行注册入读雪梨的斯多德与霍尔斯商学院（Stott & Hoare's Business College），选修课程是英语精读、簿记和打字。在这里，他总共读了两个学期，约一年的时间。学校报告说，他各科成绩优良，学习努力。

一九二七年六月十一日，二十岁的郭容灿终于离开雪梨，乘坐“松诺玛号”（Sonoma）轮船，经飞枝（Fiji）先作短暂停留，再前往美国的三藩市（San Francisco）。显然，他还是按照自己原先的计划，要经由此地中转，前往南美。只是在此之后，他是留在了美国或者是最终到了南美，抑或从那里再返回中国，则没有相关的资料予以说明，这个谜团就只能留待日后遇有资料才能解答了。

郭容灿的澳大利亚留学档案到此终止。

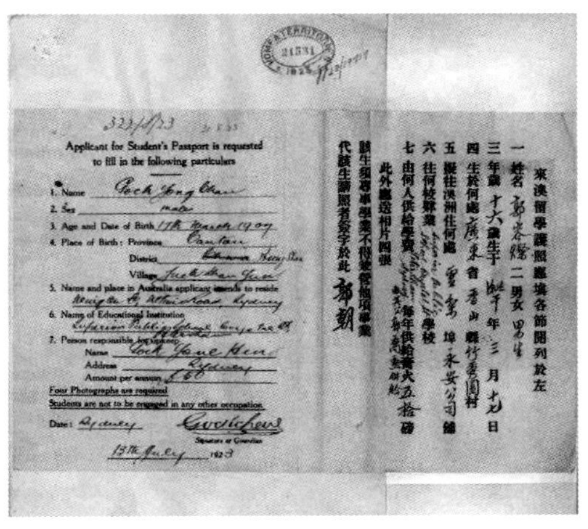

322/d/23

Applicant for Student's Passport is requested to fill in the following particulars

1. Name Gock Yong Chan
2. Sex male
3. Age and Date of Birth 17th March 1907
4. Place of Birth: Province Canton
District Heung Shan
Village
5. Name and place in Australia applicant intends to reside
6. Name of Educational Institution
7. Person responsible for upkeep
Name Gock Yone Hen
Address Sydney
Amount per annum £60

Four Photographs are required

Students are not to be engaged in any other occupation

Date: Sydney 13th July 1923

Signature of Guardian

來澳留學護照應填各節開列於左

一 姓名 郭容燦 二 男女 男生

三 年歲 十六歲生于 光緒丁未年 三 月 十七 日

四 生於何處 廣東省 香山縣竹秀園村

五 擬住澳洲何處 雪梨 埠 永安公司舖

六 往何校肄業 學校

七 由何人供給學費 每年供給費大五拾磅

此外應送相片四張

該生須專事學業不得兼營他項事業

代該生請照者簽字於此 郭朝

一九二三年七月十三日，郭朝为郭容灿赴澳留学向中国驻澳大利亚总领事馆申请护照和签证所填写的申请表。

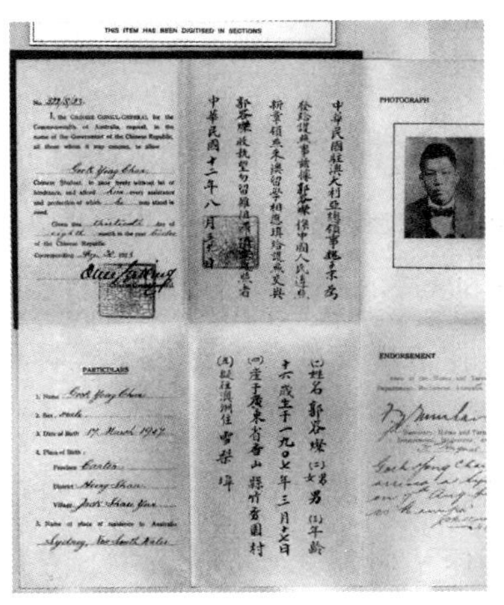

THIS ITEM HAS BEEN DIGITISED IN SECTIONS

PHOTOGRAPH

PARTICULARS

ENDORSEMENT

1. Name Gock Yong Chan
2. Sex male
3. Date of Birth 17 March 1907

(一) 姓名 郭容燦 (二) 男女 男 (三) 年齡 十六歲生于一九〇七年三月十七日

(四) 產于廣東省香山縣竹秀園村

(五) 擬往澳洲住 雪梨埠

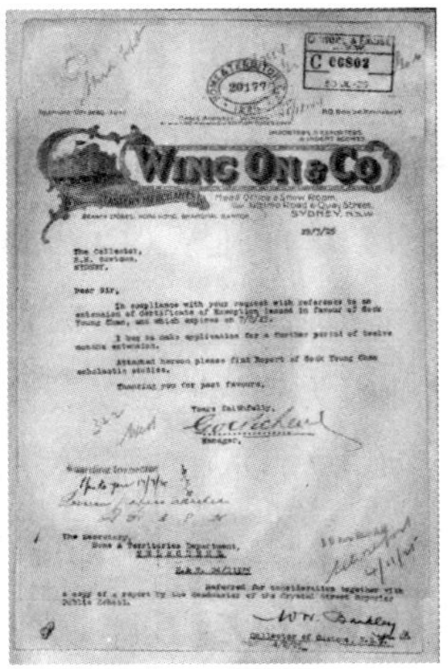

WING ON & Co

SYDNEY, N.S.W.

29/7/25

The Collector,
H.M. Customs,
SYDNEY.

Dear Sir,

Thanking you for past favours,

Yours faithfully,

Manager.

左：一九二三年八月三十日，中国驻澳大利亚总领事魏子京为郭容灿签发的中国护照及澳大利亚内务部的签证章；右：一九二五年七月二十九日，为郭容灿展签事，雪梨永安公司总经理郭朝致函澳大利亚雪梨海关，为他申请签证延期。

档案出处（澳大利亚国家档案馆档案宗卷号）：

Tiy, Gock Young (Chan, G Y) - Student passport, NAA: A1, 1926/15257

黄金洪

香山乌石村

黄金洪（Willie Wong Kee），生于一九〇七年四月二十四日，香山县乌石村人。他的父亲名叫黄祺（Wong Kee），一八六一年七月二十六日出生，于十九世纪末年跟随乡人一起赴澳发展，在昆士兰省（Queensland）的首府庇厘士彬（Brisbane）登陆入境，去到距该埠有七百五十公里之遥的昆士兰西南边的一个镇子架罅孖剌埠（Cunnamulla），最终定居于那里。[①]架罅孖剌埠是昆士兰省西南部地区靠近鸟修威省（New South Wales）边界的重要乡镇，以牧业和养猪业最为著称。由是，黄祺在该埠充任菜农兼做水果种植，并且也开设销售自产商品的小店，生活稳定。

澳大利亚在一九二一年开放中国学生赴澳留学，所有居澳华人如果有条件支付其留学费用，皆可申办其子侄辈前来其所在地读书。获知这一消息后，黄祺便决定将十四岁的儿子黄金洪办理来到这里留学。当年九月七日，他以监护人和财政担保人的身份填表，递交给中国驻澳大利亚总领事馆，申领儿子的赴澳留学护照和签证，允诺负担其在澳留学期间全部费用。他在申请中表示，在其子来到澳洲后，将会安排他进入当地的英皇家老师学校亦即架罅孖剌公立学校（Cunnamulla State School）念书。

位于美利滨（Melbourne）的中国驻澳大利亚总领事馆接到上述申请后，

① Kee, Wong - Nationality: Chinese [DOB: 29 July 1861, Occupation: Gardener] - Alien Registration Certificate No 6 issued 17 October 1916 at Cunnamulla, NAA: BP4/3, CHINESE KEE WONG。

经两个多月的时间才审理完毕。一九二一年十二月一日，总领事魏子京给黄金洪签发了一份号码为127/S/21的学生护照；两天之后，内务部也核准了他的留学签证。在拿回护照之后，中国总领事馆便将其寄往香港的金山庄保生昌号，由其负责转交并为黄金洪安排赴澳行程。

在家乡的黄金洪得到获准赴澳留学的消息后，便做好了随时出发的准备。一俟金山庄将船期等事项确定，他便从家乡去到香港，在此搭乘中澳船行经营的“获多利号”（Victoria）轮船，于一九二二年四月六日抵达庇厘士彬，入境澳洲。黄祺早早就从驻地赶来，去到省城等候。在将儿子从海关接出来后，再乘坐长途巴士回到乡间小镇架罅孖剌埠，将其安顿下来。

几天之后，十五岁的黄金洪便注册入读英皇家老师学校。在来到澳大利亚之前，黄金洪未曾学过英语，为此，进入当地学校后，他读起书来就显得相当的吃力。但这里的老师对他很耐心，帮助他慢慢克服语言困难。一年后，虽然他在操说英语方面进展较慢，但理解力则不错，开始可以慢慢阅读简单读物，而他的算术则表现良好。两年后，他在英语写作方面也有了提高，算术则进步更为明显，但英语的操说仍然是最弱的一项。显然，过了儿童最佳语言适应期后，对于一些人来说，要接受另一种完全陌生的语言并能熟练地使用，需要的时间会相对要长一些。

一九二四年底学年结束，鉴于自己的语言关一直难以突破，黄金洪觉得不能再继续读下去，决定返回中国。于是，在学校放暑假后，他便正式退学，辞别老师，告别了读了两年半书的这个边远乡镇，由父亲黄祺送到庇厘士彬。在这个首府城市过了新年之后，他去往该埠港口，于一九二五年一月十七日乘坐路经该地驶往香港的“吞打号”（Tanda）轮船，返回中国。[①]这一年，他将届满十七岁，他的人生也将翻开新的一页。

黄金洪的留学档案到此终止，此后澳大利亚的出入境记录中再未见到与其名字相关的信息。

---

① Ah Tin, Tong Kee, Woy Hin, Ah Chuck, Chung Quoy, Yee Fong, Ing You, Willie Wong Kee, Say Too and Yet Chune [Certificate Exempting from Dictation Test - includes left hand impression and photographs] [box 176], NAA: ST84/1, 1925/383/21-30。

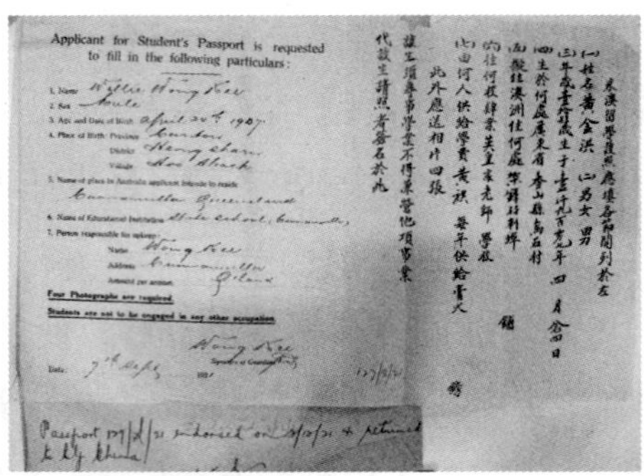

Applicant for Student's Passport is requested to fill in the following particulars:

1. Name Willie Wong Kee
2. Sex Male
3. Age and Date of Birth April 20th 1907
4. Place of Birth: Province Canton
District Heung Shan
Village Hoo Shack
5. Name of place in Australia applicant intends to reside
Cunnamulla Queensland
6. Name of Educational Institution State School, Cunnamulla
7. Person responsible for upkeep:
Name Wong Kee
Address Cunnamulla
Amount per annum £ ... Qld

Four Photographs are required.

Students are not to be engaged in any other occupation.

Wong Kee
Signature of Guarantor

Date: 7th Sept 1921

来澳留学护照应填各节开列于左

(一)姓名黄金洪 (二)男女 男

(三)年岁壹拾肆岁生于壹千九百〇九年四月廿四日

(四)生于何处广东省香山县乌石村

(五)拟往澳洲住何处

(六)往何校肄业

(七)由何人供给学费黄祺 每年供给壹人

此外应送相片四张

该生须专事学业不得兼营他项事业

代该生请照者签名于此

Passport 127/21 endorsed on ... /12/21 & returned to ...

一九二一年九月七日，黄祺以监护人和财政担保人的身份填表，向中国驻澳大利亚总领事馆申领儿子黄金洪的赴澳留学护照和签证。

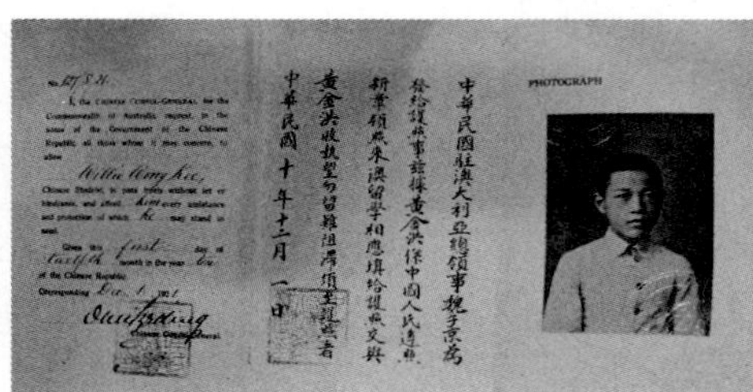

PHOTOGRAPH

No. 127/S/21

Willie Wong Kee

Given this first day of twelfth month in the year 1921

中华民国十年十二月一日

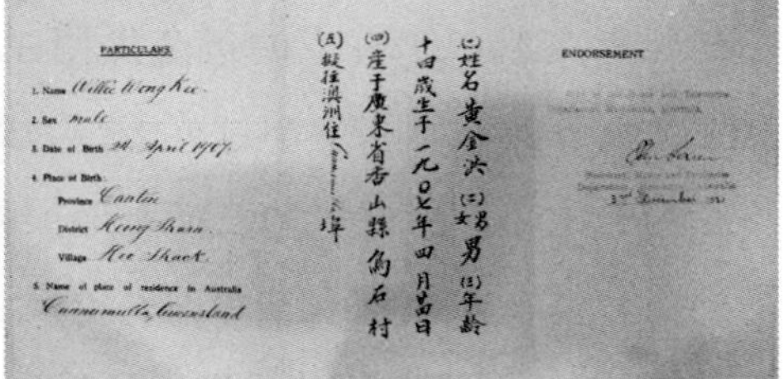

PARTICULARS

1. Name Willie Wong Kee
2. Sex Male
3. Date of Birth 20th April 1907
4. Place of Birth: Province Canton
District Heung Shan
Village Hoo Shack
5. Name of place of residence in Australia Cunnamulla Queensland

(一)姓名黄金洪 (二)男女 男 (三)年龄十四岁生于一九〇七年四月廿日

(四)产于广东省香山县乌石村

(五)拟往澳洲住

ENDORSEMENT

一九二一年十二月一日，中国驻澳大利亚总领事魏子京给黄金洪签发的学生护照。

档案出处（澳大利亚国家档案馆档案宗卷号）：

Kee, Willie Wong - Student passport, NAA: A1, 1925/2256

杨章惠

香山北台村

杨章惠（Chong Way），一九〇七年六月十五日出生，香山县北台村人，也许和中国空军之父杨逸仙是同一个宗族。

杨章惠的父亲叫杨润祥（Jimmy Chong），也叫占眉祥，生于一八七六年。在十九世纪末年时，随乡人一起到澳洲谋生，最后在临近昆士兰省（Queensland）北部矿区、北距重要港口城市汤士威炉（Townsville）只有不到九十公里的一个濒海小镇鸦埠（Ayr）定居下来。[①]他在这里开设了一间名为新祥利号（Sun Chong Lee & Co.）的商铺，与人合股，售卖果蔬与杂货，生活稳定，经济上也有了一定的积蓄。

一九二一年初，澳大利亚开始实施《中国留学生管理章程》，开放中国青少年赴澳留学，并由中国驻澳大利亚总领事馆主导办理侨胞为其子女申请来澳留学事宜。杨润祥获知消息后，就以监护人和财政担保人的身份，向中国驻澳大利亚总领事馆提出申请，为他时年将满十四岁的儿子杨章惠办理赴澳留学护照和签证。他承诺每年供给儿子膏火费五十二镑，并以上述自己所经营的新祥利号商铺作保。鉴于他本人住在鸦埠，因此，他为儿子在鸦埠公众学校（Ayr State School）报了名，准备送他进入该校念书。

---

① Certificate Exempting from Dictation Test (CEDT) - Name: Jimmy Chong (of Ayr) - Nationality: Chinese - Birthplace: Canton - departed for China per NIKKO MARU on 7 September 1914, returned to Townsville per ST ALBANS on 28 March 1916, NAA: J2483, 152/95。

位于美利滨（Melbourne）的中国总领事馆很快便审核完杨章惠的申请材料，于一九二一年四月十一日由总领事魏子京为他签发了编号为35/S/21的中国留学生护照。过了十一天，澳大利亚内务部也为他核发了赴澳留学入境签证。拿到签证后，中国驻澳总领事馆便按照流程，将杨章惠的护照和签证寄往香港的德信公司，由后者代其保管并负责为他安排行程，到他赴港搭乘船只时再行交还护照。

但杨章惠接到护照后并没有立即动身，而是一拖再拖，磨磨蹭蹭了几近三年才得以成行。一九二四年初，他去到香港，在此乘坐中澳轮船公司运行的"获多利号"（Victoria）轮船，于四月一日抵达汤士威炉，入境澳洲。此次拖延赴澳的最主要原因，是他的父亲回国探亲。杨润祥在确认儿子拿到留学签证并将护照寄往香港后，也紧跟着向海关申请回头纸，于当年十一月三日，去往汤士威炉埠，搭乘过路停靠的"依时顿号"（Eastern）轮船，返回中国探亲。他原本是想回去年把左右的时间，在结束探亲回澳时，再将儿子一并带来。但是，他在家乡一待就是差不多三年，儿子杨章惠便只好一边继续在当地上学读书，一边等待父亲的返程。因此，杨章惠此次乘船赴澳，也跟随父亲一同前来。[①]抵汤士威炉埠后，杨润祥便带着儿子，再由此乘车南行，回到他在鸦埠的店铺中。而杨章惠也就由此开始了三年前父亲就为他规划好的在澳留学生涯。这一年，他已十七岁。

在鸦埠父亲的店铺里休息了一个多月之后，杨章惠才于五月七日正式注册入读鸦埠公众学校。在这所乡镇学校，他读了几乎整整两年。校长在每次给内务部的例行报告中，都认为他的在校表现中规中矩，令人满意。换言之，他在澳之学习虽无特别突出之处，但能跟得上进度，表现平均。

就在他通过中国驻澳总领事馆刚刚拿到第三个年度展签之次日，即一九二六年四月二十三日这一天，十九岁的杨章惠突然就从鸦埠赶到汤士威炉港口，在此搭乘路经该地的"吞打号"（Tanda）轮船，转道香港回中国家

① Certificate Exempting from Dictation Test (CEDT) - Name: Jimmy Chong - Nationality: Chinese - Birthplace: Canton - departed for China per EASTERN 3 November 1921, NAA: J2483, 311/053。

乡去了。根据他自己的解释，突然中断读书离开澳洲的原因，是他收到母亲病危的通知；得讯后，他必须立即返回中国探望。在临走之前，他除了知照中国总领事馆此次突然回国的事由之外，也表达了重返澳洲的愿望，即一俟母亲康复或者探亲结束，他便想回来鸦埠公众学校继续未竟之学业。

看起来，杨章惠尽管走得匆忙，但处理事情还是很有条理性的，这也可能跟他已经成年有关吧。为此，中国总领事魏子京于四月二十九日致函澳大利亚内务部，说明杨章惠突然中断学业的原因，并希望为其核发再入境签证。六月十六日，内务部复函，同意签发再入境签证给杨章惠，有效期仍为十二个月。中国总领事馆随即将此利好消息函告其父杨润祥，由后者设法通知此时人已在中国的杨章惠，告诉他在探亲结束之后可随时返回澳洲，继续念书，以完成学业。而他的父亲杨润祥在处理完儿子的再入境签证之后，也再次申请回头纸，于当年九月回国探亲。①

一年之后，汤士威炉海关向内务部报告说，迄今没有见到任何杨章惠返回该港口的信息。而自此之后，澳洲档案里也找不到与他相关的任何记录。就是说，尽管杨章惠获得了内务部颁发的再入境签证，但他此后再也没有机会返回澳洲以完成其学业，他的留学档案也就此终止。他在澳洲的留学时间前后总计为两年。

① Certificate Exempting from Dictation Test (CEDT) - Name: Jimmy Chong - Nationality: Chinese - Birthplace: Canton - departed for China per EASTERN 3 November 1921, NAA: J2483, 414/79。

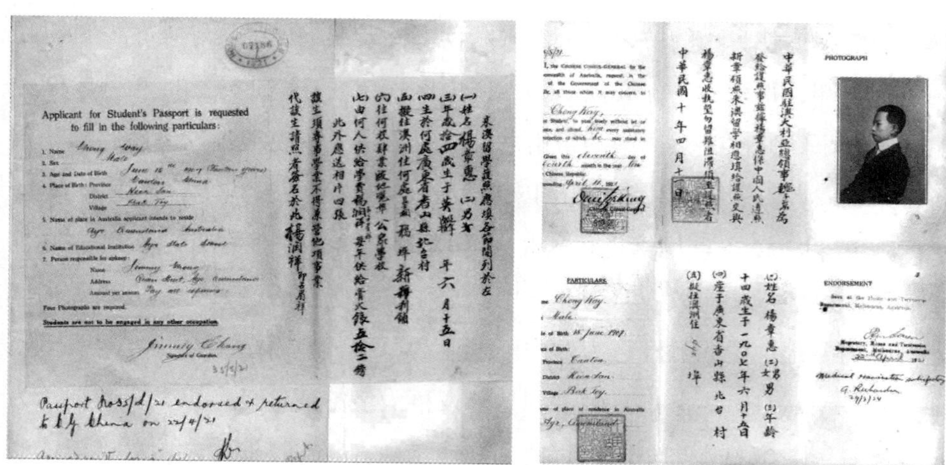

Applicant for Student's Passport is requested to fill in the following particulars:

1. Name Chong Way
2. Sex Male
3. Age and Date of Birth June 16th 1907 (Fourteen years)
4. Place of Birth: Province Canton China
   District Heun San
   Village Bak Toy
5. Name of place in Australia applicant intends to reside Ayr Queensland Australia
6. Name of Educational Institution Ayr State School
7. Person responsible for upkeep:
   Name Jimmy Chong
   Address Queen Street, Ayr Queensland
   Amount per annum Pay all expenses

Four Photographs are required.

Students are not to be engaged in any other occupation.

Jimmy Chong
Signature of Guardian

来澳留学护照应填各节开列于左
(一)姓名 楊章惠 (二)男女
(三)年岁 拾四 岁生于 年六 月十五日
(四)生于何处 广东省香山县 村
(五)拟往澳洲住何处
(六)往何校肄业 公众学校
(七)由何人供给学费 楊润祥 每年供给费
此外应送相片四张
该生须专事学业不得兼营他项事业
代该生请照者签名于此 楊润祥

Passport No. 35/Q/21 endorsed & returned to C. G. China on 22/4/21

PHOTOGRAPH

中华民国驻澳大利亚总领事魏 为发给护照事兹有杨章惠系中国人民遵照新章领照来澳留学相应填给护照交与杨章惠收执望勿留难阻滞须至护照者

中华民国十年四月十一日

Chong Way

Given this eleventh day of fourth month in the year ... Chinese Republic ... April 11, 1921

PARTICULARS

Name Chong Way
Sex Male
Date of Birth 16 June 1907
Place of Birth:
Province Canton
District Heun San
Village Bak Toy
Name of place of residence in Australia Ayr, Queensland

(一)姓名 楊章惠 (二)女男 男 (三)年龄
十四岁生于一九〇七年六月十五日
(四)产于广东省香山县 村
(五)拟往澳洲住 埠

ENDORSEMENT

Medical examination satisfactory

左：一九二一年初，杨润祥呈交给中国驻澳大利亚总领事馆申办儿子杨章惠的来澳留学护照和签证所填写的申请表；右：一九二一年四月十一日，中国驻澳大利亚总领事魏子京签发给杨章惠的中国留学生护照。

档案出处（澳大利亚国家档案馆档案宗卷号）：

Chong WAY - Student passport, NAA: A1, 1927/10264

许帝深

香山西亨村

许帝深（Hee Day Sam），一九〇七年七月六日出生，香山县西亨村人。

其父许合（Hee Hop，也写成William Hee），生于一八七六年，一八九五年时从家乡奔赴澳洲谋生。[①]跟当时的许多乡亲一样，他是从香港乘船到昆时栏（Queensland）北部上的岸，因为当时许多香山人是被十九世纪七十年代之后在昆时栏北部和中部兴起的淘金和采矿热所吸引，想在该地实现发财之梦想，以便能衣锦还乡。淘金和采矿热在十九世纪末已经式微，大批蜂拥而至的广东珠江三角洲华人，许多人因梦碎而返乡或是辗转前往东南亚地区继续拼搏，部分人则奔赴雪梨（Sydney）等大埠，依靠大都市，再艰苦创业；而仍然有部分香山来的乡亲则散居于昆时栏这片地区，或种菜、种蕉、种蔗，或开店开餐馆，胼手胝足，定居下来，并小有所成。许合也是这样。当一九〇一年澳大利亚联邦成立，昆时栏成为一个省时，许合已经在昆时栏省中部的企喱门埠（Clermont）定居下来，与同宗兄弟合股开设了一间名为许岳号（Clermont Charlie Jock Store）的商铺，生活安定下来。该埠地处矿区，位于昆时栏省中部港口墨溪（Mackay）西南内陆不到三百公里。许岳号是一间经营杂货、五金、布料及果蔬的商铺，因商业网络辐射周边居民，生意比较稳定。

① Certificate Exempting from Dictation Test (CEDT) - Name: Hee Hop or Ah Hop (of Clermont) - Nationality: Chinese - Birthplace: Canton - departed for China per TAIYUAN on 11 April 1916, returned to Brisbane per SS NIKKO MARU on 6 August 1918, NAA: J2483, 193/88。

在许帝深年满十四岁之后，许合想让儿子来澳留学，就以自己与他人一同开设的许岳号商铺作保，承诺每年给儿子提供足镑膏火费，作为他在澳留学的各项开支，于一九二一年八月二十三日向中国驻澳大利亚总领事馆提出申请，为他办理中国留学生护照和入澳签证。鉴于此时他是居住在企喱门埠，许帝深来这里留学所能进入的学校有限，许合就为儿子在当地的企喱门埠皇家学校（Clermont State School）报了名。

香山县库充村的吴光荣（James Sue Kee）比许帝深早三天提出赴澳留学申请，在一个月之后便获得护照，编号为108/S/21[①]；而许帝深的申请只是比吴光荣迟了三天，但递交上去后，不知何故，却等了一年多的时间才获处理。直到次年的十月底，即一九二二年十月三十一日，中国总领事魏子京才给他签发了一份中国留学生护照，编号为197/S/22；第二天，也就是十一月一日，澳大利亚内务部也在他的这个护照上钤了章，发放了入境签证。

中国总领事馆在处理许帝深护照事情上拖延了一年多的时间，可是在拿到护照和签证后，许帝深拖延的时间更长，超过了一年半的时间。直到一九二四年八月十九日，他才乘坐从香港起航的“获多利号”（Victoria）班轮，抵达坤时栏省首府庇厘士彬（Brisbane），入境澳洲。从申请护照到入境澳洲，整整三年过去了，这时候的许帝深，已经不再是十四岁的少年，而是十七岁的小青年了。在庇厘士彬入境之后，他再由此转乘其他交通工具北上，来到该省中部的企喱门埠，与父亲住在一起。

入境澳洲过了四十天之后，许帝深才于九月二十九日正式入读父亲早先帮他联系好的企喱门埠皇家学校。到这一年的年底，在校长的报告中，对他的表现评语也只有一句话：相当令人满意。虽然以他这样的年龄还跟比他小很多的孩子在一起读小学，让他很难为情，甚至有时都不想去上学了，但通过学校给他提供私人辅导以及强调他必须按规全日制读书，不能有别的想法，他才得以坚持了下来，在此读了整整三年书，一直读到一九二七年上半学期结束。在此期间，其英语能力也得到极大的提升。

---

① James Sue Kee - Student's Passport, NAA: A1, 1931/5933。

一九二七年下半学期开始，二十岁的许帝深转学到了洛今屯埠（Rockhampton）的基督兄弟会书院（Christian Brothers' College）。洛今屯是位于企喱门埠东南部三百公里的坤时栏省滨海重镇，位于墨溪埠的南面三百多公里处。但是，他只在这所学校读了不到三个月的书。从十一月开始，他就再也没去基督兄弟会书院上学。自此至年底这段时间他去哪儿了，在做什么，因档案没有提及，也没有任何记载，不得而知。

直到一九二八年新学年开始，许帝深才又回到父亲所在地企喱门埠。但他不是回到原先的那所学校继续上学，而是注册进入科圃飞炉皇家学校（Copperfield State School）念书，并且在这所学校读满了一年，一直待到这一年年底学期结束。

一九二九年新学年开始，许帝深又没有去学校上学。直到四月份，学校才将此情况告诉内务部，并特别说明，许帝深此刻人已在雪梨（Sydney），因为他自年初以来一直病病歪歪的，就从企喱门去到雪梨，找那里的一位名叫斯拉德利医生（Dr. J. Slattery）开办的诊所治疗。接到此项报告之后，内务部觉得有问题，遂责成海关与警察部门将此事调查清楚，并强调如果违规，就要将许帝深立刻遣返回中国。好在警察的报告和医生的证明都表明他确实是病了，需要及时予以治疗，因而无法上学。五月底，中国驻澳总领事宋发祥致函内务部，知照了许帝深此时已部分痊愈，现已注册入读雪梨的华人英文学校（Chinese School of English）。

到这一年的七月份，中国总领事馆按例向内务部申请许帝深的展签。内务部不知这位中国学生在过去的一个多月里在校表现到底如何，遂责成海关派人巡查，以便决定是否继续给予展签。海关的调查表明，虽然许帝深在校表现尚属令人满意，但仅仅一个多月时间，就有六天旷课。当他们到许帝深住处找他了解情况时，他自己对这段时间旷课的解释是，由于时不时地要不是他自己生病，要不就是他妻子生病，甚至有时是他的孩子生病所致。内务部接到报告后，对于许帝深在澳已有妻室一事大感诧异，因为他们知道，这位中国留学生初来澳洲时是十七岁，是个人单身过来，此后也没有回中国探亲，怎么在澳洲不几年间就结婚了，甚至还有了孩子呢？为此，内务部遂于七月三十一日再次指示海关，要搞清楚他何时结的婚，已有几个孩子，以及其妻是否澳洲出生之华女，如果不是的话，那该女何时来澳，是什么身份等等。海关迅速行动，一个星期之后便将调查报告提交给了内务部。

根据调查得知，许帝深是一九二七年七月十七日结的婚，那年他二十岁；其妻名李茉娜（Mona Lee），其父母家住洛今屯，而她则是土生华女，一九一一年出生于澳洲北领地打运埠（Darwin, Northern Territory），与许帝深结婚时刚刚年满十六岁。[①]由此看来，那一年的年中，许帝深结束了在企喱门埠皇家学校上半学期的课程，下半年便转学到洛今屯埠基督兄弟会书院读书。那么，他在此时转学，显然是因为要去到那里结婚。也许，他的父亲许合与女方父亲可能早就认识，并且早已为儿女定了亲；双方实际上或许早就有此计划并做好了一切安排，只待时年二十岁的许帝深届时前往洛今屯完婚罢了；而许帝深转学去到洛今屯基督兄弟会书院，实在也只是为了在那里结婚更加方便而已；而且，他也就只在那所学校读了三个月的书。余下的那段到年底前都没有记录的时间，或许都给花在新婚之后的生活上了。此时此刻，他们已有一个女儿，刚刚满一岁零一个月。自许帝深结婚后，作为父亲和监护人的许合，每周供给这对新婚夫妇四镑充作生活费，因为他们没有工作，也没有其他收入。

接到上述报告之后，问题一下子就来了。内务部秘书认为，这个婚姻是导致许帝深旷课以及其他由此引发的所有问题的主因，何况海关人员在调查访谈期间与他交谈沟通时，就获得了一个强烈的感觉，即许帝深是问东答西，显然心思完全不在读书学习上。换言之，他根本就无心向学。对海关人员的这一感觉，内务部秘书极为认同。因此，八月十五日，内务部部长决定不再给予许帝深十二个月的展签。按相关留学规定，拒签之后，亦即其原有留学签证到期后，许帝深应该立刻安排船票回国。但为了让他有时间把目前在雪梨的课读完并处理好在澳洲的事务，也就是说，安顿好家属，内务部部

① Certificate Exempting from Dictation Test (CEDT) - Name: Mona Hee - Nationality: Australian born Chinese - Birthplace: Darwin N.T. - departed for China per TAIPING 19 February 1930 returned Sydney per ST ALBANS 20 April 1930, NAA: J2483, 438/5。

长特批他可以在澳待到这一年的十二月三十一日，在此日期之前，或到那个时候，他必须离境回国。

到一九二九年十二月十一日，即在许帝深签证有效期到期之前二十天，中国总领事宋发祥致函内务部秘书，表示五十余岁的许合因最近一段时间老是犯病，根据医生的证明，他需要静养休息，最好的办法当然是回中国广东省的家乡疗养，因此，他打算遵嘱近期返回中国休养，为期一年。在其离开澳洲期间，他在企喱门埠的生意，则需要其子许帝深代为照看为宜。换言之，他想替儿子申请一年的工作签证。

尽管许帝深的签证已经快要失效，内务部对此申请还是给予了认真对待。内务部秘书给海关下文，嘱其先调查许合的经营状况，作为最终批复与否之依据。到一九三〇年一月十日，企喱门埠警察部门将许岳号商铺的情况报告给海关再转交内务部。调查显示，该店每年营业额在一万至一万两千镑左右；报告亦特别说明，许合在企喱门埠已居住长达三十五年之久，除了返回中国探亲之外，他基本上就没有离开过那个地方。言下之意，对许合的申请还是充满了同情。

但内务部对情况作了进一步的了解之后，已经心中有数，遂于二月十二日回复宋发祥总领事。信中提到，许岳号有两位东主，除了许合，另一位叫Charlie Jock（中文名待考，或许就是该店铺的名字，叫许岳）。[①]几年前，许岳的儿子Kwok Sing（国胜，译音）就已经以替工的身份来到澳洲，到坤时栏省的都麻罢埠（Toowoomba），作为同邑乡亲林广盛（Kwong Sang，原名Hock Sing［林乐成］）[②]开设在那里的广盛号（Kwong Sang & Co.）商铺的

---

① Application for Certificate of Domicile for Charlie Jock, a storekeeper from Clermont, NAA: BP342/1, 2661/630/1903。许岳一八八三年来到澳洲发展，一九〇三年获得澳洲永居权。许岳号商铺是他先在企喱门埠创立，许合之后才加入。换言之，许岳是该商铺创始人，也是大股东。从当时粤人在澳发展多为乡人宗亲抱团、兄弟联袂的特点来看，许岳很可能也是香山县西亨村人，跟许合是一个宗族的，关系匪浅。

② Certificate Exempting from Dictation Test (CEDT) - Name: Kwong Sang - Nationality: Chinese - Birthplace: Canton - departed for China per TAIPING 18 February 1929, NAA: J2483, 457/75。

临时署理经理，于该商号经理回中国探亲期间，代其经营该商铺的生意。[1]一九二八年时，许岳曾为儿子国胜申请去企喱门埠工作的签证，待其回国探亲时由儿子代替他经营该店的生意，也就是替工，而且也已经获得内务部的批准。事实上，早在一九二一年，许岳因要回国探亲[2]，就曾申请过另一个儿子Sang You（绅佑，译音）来做过三年替工[3]，这次只是延续此前的做法而已。但因广盛号经理延迟返回澳洲，国胜就不得不一直在都麻罢埠替工到去年年底，广盛号经理方才返回澳洲。[4]就是说，他现在可以动身前往企喱门埠替代其父亲的工作了。但如果他父亲在企喱门埠的许岳号商铺不需要他前往接替经营的话，那他所获得的工作签证就会自动失效，为此，他就得要立即购买船票，打道回府，离开澳洲。在这样的情况下，内务部就把球踢给了中国总领事馆，请其与许合及许岳二人商量，并做出最后决定：如果只有许合回中国休养，许岳不走，那就让国胜回去中国，许帝深可以留下替父亲管理经营生意；但如果许合与许岳二人都要离开澳洲回中国休养或探亲，那么就意味着国胜可以留下，许帝深则按照规定要回中国去。内务部告诉中国总领事馆，上述两个方案，可择一而行。内务部认为，虽然许岳号商铺的生意是二人合伙开设，但因其位于矿区乡村，实际上根本就无须二人同时经营，也能保持正常运行。也就是说，无论是国胜抑或许帝深，他们中任何一人都可以做到独自经营。这是内务部的意见，当然也是最后决定。

过了五天，或许是经过了与许岳和许合二人反复的磋商之后，宋为祥总领事致函内务部，告知两人最后的决定是，许合与许岳都要按计划离开澳洲，而许帝深亦表示他将于二月十九日在雪梨搭乘“太平号”（Taiping）班轮，偕同妻子和女儿一起回中国去，并且已经确认了船票，留下国胜在企喱

---

① Kwok Sing and Charlie Jock- Nationality: Chinese - Includes application for Certificates of Exemption from Dictation Test CEDT and character references [worked for Kwong Sang & Co of Toowoomba], NAA: BP234/1, SB1930/493。

② Jock, Charlie - Nationality: Chinese - Alien Registration Certificate No 8 issued at Clermont, NAA: BP4/3, CHINESE JOCK CHARLIE。

③ C. Charlie Jock Bus Ex/c Son (Sang You), NAA: A1, 1922/13956。

④ “Personal”, in *Toowoomba Chronicle and Darling Downs Gazette*, Thursday 12 September 1929, p.6。

门埠独力经营许岳号商铺。

一九三〇年二月十九日，留学五年半的许帝深和他在此留学期间所娶的妻子李茉娜一起带着女儿，如期乘船离开澳洲回中国；但他们的女儿Mary Constance Hee则因内务部部长的干预，鉴于她是在澳洲出生，裁定她可以永久留在澳洲。因此，十四个月之后，即一九三一年四月二十日，李茉娜又带着女儿，从中国回到了澳洲。[①]至于许帝深，则因无进一步的档案资料，无法找到证据表明他最终是留在了中国，还是后来设法返回了澳洲。

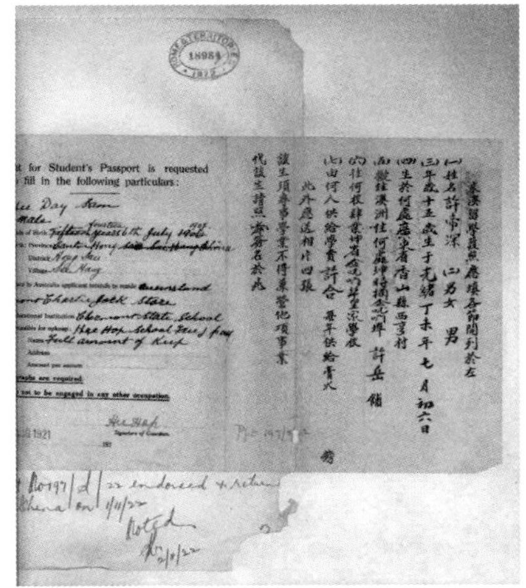

...t for Student's Passport is requested
...fill in the following particulars:

Hee Day Sam
Male

Clermont State School

Signature of Guardian

来澳留學護照應填各節開列於左
(一)姓名 許帝深 (二)男女 男
(三)年歲 十五歲生于光緒丁未年七月初六日
(四)生於何處 廣東省香山縣西亨村
(五)擬往澳洲住何處 ……埠
(六)往何校肄業 ……學校
(七)由何人供給學費 許合 每年供給膏火
此外應送相片四張
該生須專事學業不得兼營他項事業
代該生請照簽名於此 許岳 舖

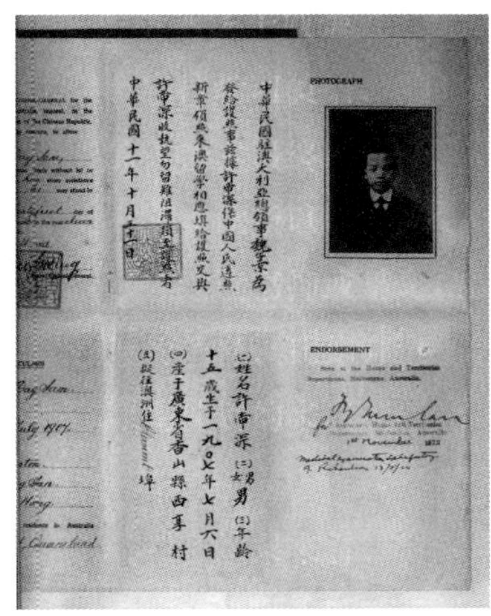

中華民國駐澳大利亞總領事魏 為
發給護照事茲據許帝深係中國人民遵照
新章領照來澳留學相應填給護照交與
許帝深收執望勿留難須至護照者
中華民國十一年十月三十一日

(一)姓名 許帝深 (二)男女 男 (三)年齡
十五歲生于一九〇七年七月六日
(四)產于廣東省香山縣西亨村
(五)擬往澳洲住 …… 埠

PHOTOGRAPH

ENDORSEMENT

1st November 1922

左为一九二一年八月二十三日，许合向中国驻澳大利亚总领事馆申请儿子许帝深来澳留学所填之申请表；右为一九二二年十月三十一日，中国总领事魏子京签发给许帝深的中国学生护照。

① Mona Hee [nee Lee], daughter Mary Constance Hee and William Hee [also known as Hee Day Sam] [includes 2 photographs showing front and side views and left and right hand prints for Mary Constance Hee] [includes 2 photographs showing front and side views and left and right thumb prints of Mona Hee] [includes left and right thumb prints of William Hee] [Issue of CEDT in favour of subjects] [box 266], NAA: SP42/1, C1931/4611。

Book No. 386 ROCKHAMPTON.

Form No. 21. COMMONWEALTH OF AUSTRALIA. No. 72

Immigration Act 1901-1920 and Regulations.

CERTIFICATE EXEMPTING FROM DICTATION TEST.

I, HENRY MAC NAMARA ROBINSON, the Collector of Customs for the State of QUEENSLAND in the said Commonwealth, hereby certify that Hee Hop Chinese hereinafter described, who is leaving the Commonwealth temporarily, will be exempted from the provisions of paragraph (a) of Section 3 of the Act if he returns to the Commonwealth within a period of three years from this date.

Date 11 February 1925 Collector of Customs.

DESCRIPTION.

Nationality Chinese Birthplace Canton

Age Complexion Sallow

Height 5 ft 3 ins Hair Black

Build Medium Eyes Brown

Particular marks Small mole bridge nose

(For impression of hand, see back of this document.)

Hee Hop

Date of departure 21st April 1925 Port of Embarkation Pt Alma

Ship S.S. Tanda Destination Hong Kong

Date of return 2. 6. 27 Ship

Port Brisbane

Customs Officers.

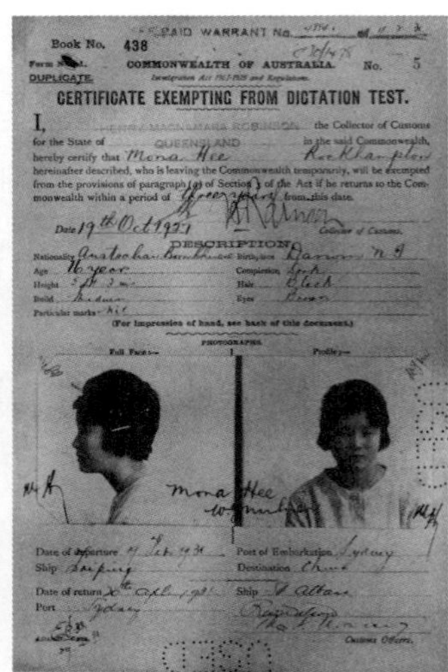

PAID WARRANT No.

Book No. 438

Form No. 21. COMMONWEALTH OF AUSTRALIA. No. 5

DUPLICATE. Immigration Act 1901-1920 and Regulations.

CERTIFICATE EXEMPTING FROM DICTATION TEST.

I, HENRY MAC NAMARA ROBINSON, the Collector of Customs for the State of QUEENSLAND in the said Commonwealth, hereby certify that Mona Hee Rockhampton hereinafter described, who is leaving the Commonwealth temporarily, will be exempted from the provisions of paragraph (a) of Section 3 of the Act if she returns to the Commonwealth within a period of three years from this date.

Date 19th Oct 1927 Collector of Customs.

DESCRIPTION.

Nationality Australian Born Birthplace Darwin N.T.

Age 17 years Complexion

Height 5 ft 3 in Hair Black

Build Medium Eyes Brown

Particular marks Nil

(For impression of hand, see back of this document.)

PHOTOGRAPHS.

Full Face— Profile—

Mona Hee

Date of departure Port of Embarkation Sydney

Ship Destination China

Date of return Ship

Port Sydney

Customs Officers.

左为许合一九二五年申请的回头纸；右为许帝深妻子李茉娜一九二七年的照片。

档案出处（澳大利亚国家档案馆档案宗卷号）：

Hee Day Student's Passport, NAA: A1, 1931/3972

方　赐

香山隆都

方赐（Willie Fong Sing），出生于一九〇七年十一月一日，香山县隆都人。他的父亲名叫方生（Fong Sing），一八七六年出生，大约是在十九世纪九十年代末离开家乡，来到澳大利亚发展，在昆士兰省（Queensland）登陆入境[①]；后几经辗转，最终定居于该省北部滨海重镇汤士威炉埠（Townsville），在该埠南部白马街（Palmer Street）上开设一家商铺，就以他自己的名字命名，叫作方生号（Ah Sing Store）。

一九二一年七月十一日，方生填表递交给中国驻澳大利亚总领事馆，申办儿子方赐的赴澳留学护照和签证。他以监护人和财政担保人的身份，以自己拥有的方生号商铺作保，允诺每年供给膏火完全担任镑（亦即足镑），作为儿子来澳留学期间所需之费用，希望将儿子安排入读他所在的南汤士威炉区的公立学校，即南汤士威炉公立学校（South Townsville State School）。中国总领事馆受理上述申请后，审理比较顺利。八月九日，总领事魏子京签发了号码为86/S/21的中国学生护照给方赐；四天后，也从澳大利亚内务部为他拿到了入境签证。

在家乡便做好了赴澳准备的方赐，接到中国总领事馆从澳大利亚寄来的护照和签证之后，便立即行动，通过香港的相关金山庄订好船票及做好其他

① Sing, Fong - Nationality: Chinese [DOB: 1876, Occupation: Carter] - Alien Registration Certificate No 192 issued 20 October 1916 at Townsville, NAA: BP4/3, CHINESE SING FONG。

安排后，便去到那里，搭乘驶往澳洲的轮船“依时顿号”（Eastern），于当年十二月二十七日抵达汤士威炉埠，入境澳洲。父亲方生去到海关将其接出来，住进了他的商铺里。

方赐抵达澳大利亚的日子，适逢当地学校放暑假时期，无法上学，便等到次年二月一日新学年开学时，他才正式注册入读南汤士威炉公立学校。从学校提供的例行报告来看，此前方赐未曾学过英语，但入学后他显得要学好英语的心情很急迫，因而在这方面很用功，不到半年，英语进步很大。到一九二三年，他已经在英语学习方面没有太大的阻力了，而算术是他另一个表现优异的科目。到一九二四年底，他已经在这所学校读完了四年级。

因父亲方生在一九二四年十月返回中国探亲[①]，故从一九二五年开始，方赐便转学到基督兄弟会书院（Christian Brothers' College）读书。书院的报告显示，他在校表现和学业都令人满意。到这一年的年底，考虑到自己已经十八岁，他希望有关方面能准允他临时离开学校几个月的时间，让他去到修车行学习修车技术，以便他读完书回到中国就业时有一技傍身。他先将此意告诉基督兄弟会书院院长，后者对此大力支持，觉得他到了这个年龄，知道如此考虑未来职业之事，值得赞赏，便自告奋勇地与内务部联络，代自己的学生提出上述申请。但内务部并不这样看，认为如果他真想学习汽车机械等方面的知识，可以去读工学院或技校的正式课程，但不能离开学校去做这种学徒工式的工作，因而否决了上述申请。

既然无法如愿，方赐只好继续留在基督兄弟会书院读书。在余下来的一年里，他学习成绩优异，总是受到好评。在结束一九二七年第一季度的学习后，他便辞别学校，于四月十九日在汤士威炉埠登上驶往香港的“吞打号”（Tanda）轮船，回国去了。

离开澳大利亚之前，方赐没有知会中国驻澳大利亚总领事馆，后者还是在内务部从海关的例行报告中得知，这位中国留学生离境之后才将消息反

---

① Certificate Exempting from Dictation Test (CEDT) - Name: Fong Sing - Nationality: Chinese - Birthplace: Canton China - departed for China per EASTERN 15 October 1924 returned Townsville per AKI MARU 6 August 1926, NAA: J2483, 384/64。

馈过来让其备案。但在回国后不久，方赐就跟中国总领事馆取得联系，告知自己是因回国探亲度假，还想再回来澳大利亚读书，回到基督兄弟会书院继续未完成的课程。因按照一九二六年实施的修订过的《中国留学生章程》新规，在此之后来澳留学的中国学生，包括那些之前在澳留学但在这一年之后回国探亲而需重返澳洲留学之中国学生，都必须就读私立学校，而基督兄弟会书院属于私立学校性质，完全符合规定。由是，中国总领事魏子京于一九二七年六月十六日致函内务部秘书，代方赐提出再入境签证申请。内务部秘书检索此前的记录，显示出方赐在校表现和学业都令人满意，且其他方面都符合要求，遂于六月二十日批复，准其在一年内返回澳洲，条件是不能打工，只能全日制上学读书。

一年之后，方赐还没有返回。但在一九二八年六月二十日那天，内务部秘书却接到了中国总领事魏子京的一封工作签证申请函。魏总领事在申请函中表示，方赐正准备返回澳大利亚继续完成其学业之际，汤士威炉埠的商人雷泗（Louie See）[①]因其商铺雷泗记（Louie See Kee and Coy）的发展，需要新增一名店员，因方赐此前在这里留学达五年之久，英语娴熟，也对当地情况很了解，故希望内务部能核发给他商务签证，前来雷泗记商行工作。接到申请后，内务部通过海关了解到，虽然雷泗号有两个股东，三个雇员，年营业额有六千镑，按规定是还可以从中国申请一名店员来协助工作，但该店并不做出口贸易，进口货物价值才四百八十镑左右，数额太小，基本上该店只专注于当地生意，并不一定要特别从中国雇请一名店员来协助工作，在本地也能够找到合适的人选。为此，当年八月四日，内务部秘书复函中国总领事馆，拒绝了魏子京总领事的上述申请，但表示如果方赐继续回来读书的话，他仍然可以用去年核发给他的留学再入境签证重返澳洲。[②]

---

① 雷泗出生于一八七六年，广东省香山县人，十九世纪九十年代末来到澳大利亚发展，定居于汤士威炉埠。见：Certificate Exempting from Dictation Test (CEDT) - Name: Louie See (of Townsville) - Nationality: Chinese - Birthplace: Canton - departed for China per KUMANO MARU on 20 April 1914, returned to Brisbane per EMPIRE on 26 April 1916, NAA: J2483, 146/43。

② Louie See Kee, Willie Fong Sing, NAA: J2773, 620/1928。

接到内务部的拒签函后，中国总领事馆没有回应，而方赐本人也没有任何入境的动静。就是说，方赐的留学档案到此终止，他再也没有回返澳洲。

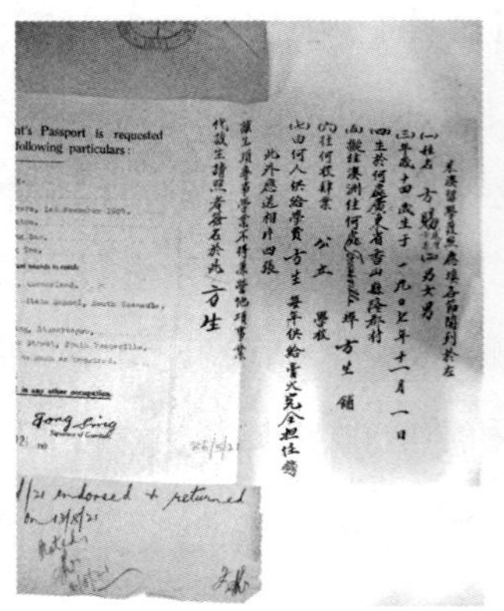

...t's Passport is requested
...following particulars:

(一)姓名 方賜
(二)年歲 十四 歲生于 一九〇七年十一月一日
(四)生於何處 廣東省香山縣隆都村
(五)擬往澳洲住何處 埠 方生 鋪
(六)往何校肄業 公立 學校
(七)由何人供給學費 方生 每年供給費用完全担任
此外應送相片四張
該生須專心學業不得兼營他項事業
代該生請照者簽名於此 方生

Fong Sing

.../21 endorsed + returned on 13/8/21

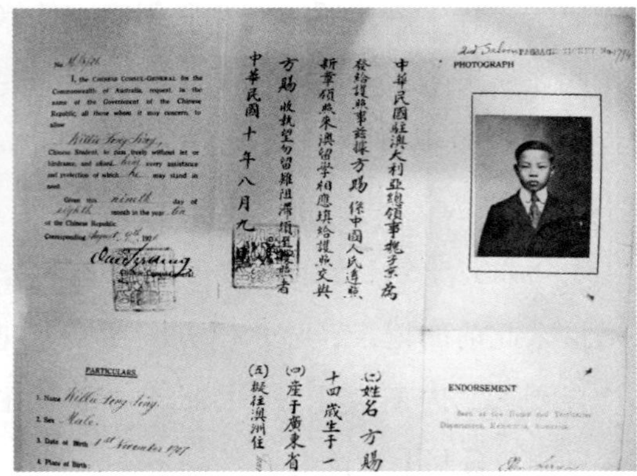

I, the Chinese Consul-General for the Commonwealth of Australia, request, in the name of the Government of the Chinese Republic, all those whom it may concern, to allow Willie Fong Sing, Chinese Student, to pass freely without let or hindrance, and afford him every assistance and protection of which he may stand in need.

Given this ninth day of eighth month in the year ten of the Chinese Republic.

Corresponding August 9th 1921

Chinese Consul-General

中華民國駐澳大利亞總領事魏子京為
發給護照事茲據方賜係中國人民遵照
新章領照來澳留學相應填給護照交與
方賜收執望勿留難阻滯須至護照者
中華民國十年八月九日

PHOTOGRAPH

PARTICULARS

1. Name Willie Fong Sing.
2. Sex Male.
3. Date of Birth 1st November 1907
4. Place of Birth

(二)姓名 方賜
十四歲生于一
(四)產于廣東省
(五)擬往澳洲住

ENDORSEMENT

左：一九二一年七月十一日，方生提交给中国驻澳大利亚总领事馆申办儿子方赐赴澳留学护照和签证的申请表；右：一九二一年八月九日，中国驻澳大利亚总领事魏子京签发给方赐的中国学生护照。

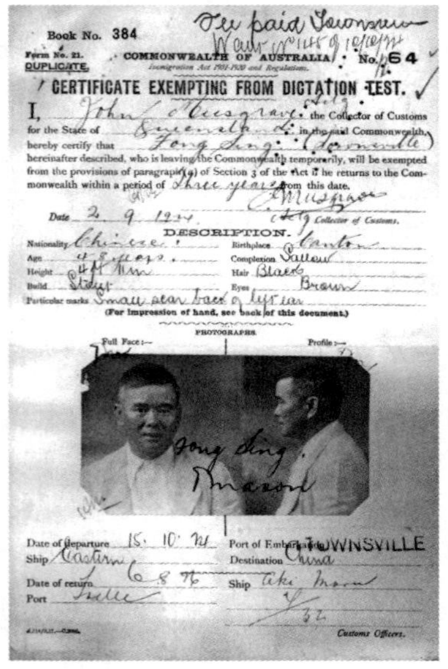

Book No. 384

Form No. 21.
DUPLICATE.

COMMONWEALTH OF AUSTRALIA. No. 64

Immigration Act 1901-1920 and Regulations.

CERTIFICATE EXEMPTING FROM DICTATION TEST.

I, John Musgrave, the Collector of Customs for the State of Queensland, in the said Commonwealth, hereby certify that Fong Sing (Townsville) hereinafter described, who is leaving the Commonwealth temporarily, will be exempted from the provisions of paragraph (a) of Section 3 of the Act if he returns to the Commonwealth within a period of three years from this date.

Date 2 9 1924. Collector of Customs.

DESCRIPTION.

Nationality Chinese. Birthplace Canton
Age 48 years. Complexion Sallow
Height 5 ft 4 in Hair Black
Build Stout Eyes Brown
Particular marks Small scar back of left ear

(For impression of hand, see back of this document.)

PHOTOGRAPHS.

Full Face:— Profile:—

Fong Sing.

Date of departure 15. 10. 24 Port of Embarkation TOWNSVILLE
Ship Eastern Destination China
Date of return 6 8 26 Ship Aki Maru
Port Sydney

Customs Officers.

一九二四年方生回国探亲的回头纸。

档案出处（澳大利亚国家档案馆档案宗卷号）：

Sing, Willie Fong - Student passport, NAA: A1, 1928/6550

刘寿如

香山寮后村

刘寿如（Sou Yee Lowe），出生于一九〇七年十二月一日，香山县寮后村人。十八岁这一年，他从香港乘坐“长沙号”（Changsha）轮船，于一九二五年六月二十九日抵达雪梨（Sydney）。当然，他的最终目的地不是澳大利亚，而是纽西兰（New Zealand）。因此，在他的旅行计划里，此次抵达雪梨只是中转而已，由是而获得入境一个月的临时签证。他抵达雪梨后便上岸小憩，住在他伯父刘均荣（Alfred Lowe）的家里，打算在七月十七日继续由此乘船，前往其最终的目的地纽西兰。

然而，计划赶不上变化。刘寿如的伯父刘均荣早在一八九七年便来到澳洲发展[①]，此时与人合股，在雪梨经营有一家刘梁公司（Lowe and Leong & Co.），位于牛津街（Oxford Street）一百一十六号，有一定的财政能力。就是因为有这位伯父的担保，刘寿如才能顺利地获得一个月的中转入境临时签证。当得知侄儿的打算后，其伯父希望他不要去纽西兰了，就留在雪梨，在当地留学。显然，刘均荣认为在澳大利亚读书要比在纽西兰条件好很多，如果侄儿同意在雪梨留学读书，他可以用其本人与他人合股的那家刘梁公司作保，每年为刘寿如提供膏火五十二镑，作为在澳留学期间的学费与生活费。

① 参见：Alfred Lowe [Chinese - arrived Sydney per TUJ YUEN, June 1897. Box 34], NAA: SP11/2, CHINESE/LOWE ALFRED; Lowe, Alfred [Chinese - arrived Sydney per TIY YUN, Jun 1897. With photograph][Box 43], NAA: SP1732/5, 3098。

为此，刘寿如就没有如期上船前往纽西兰，而是留在了雪梨等结果。而刘均荣在说服侄儿留下来后，便与中国驻澳大利亚总领事馆沟通上述事宜。

中国驻澳大利亚总领事魏子京在接获刘均荣对此事之咨询后，也不怠慢，立即于七月九日致函澳大利亚内务部秘书，为刘寿如留在雪梨求学陈情。他在信中表明，据了解，刘寿如此前在香港已经读过十二个月的英语，有一定的英语会话和书写基础；他的伯父也已经跟雪梨库郎街公学（Crown Street Public School）的校长谈过此事，欲将其侄儿安排进入该校念书，并且他会负担侄儿所有的在澳留学费用；而该校校长也表示会接收这个中途插班的中国学生。有鉴于此，他希望内务部秘书按照《中国留学生章程》的规定，准允这位中国青年留下来读书。

内务部接函后，先交由海关等部门具体商办此事。最主要的是想了解这位已经年满十八岁的中国青年是否具备英语基础，这是能否批复上述申请的重要依据。七月二十七日，雪梨海关报告说，经他们对刘寿如当面测试，证实这位中国青年确实具有读写英文的初级能力；在与库郎街公学核实后，后者也表明该校确实愿意接受刘寿如作为他们的学生入学跟班念书。在确定一切情况都清楚以及所有条件都符合章程之后，八月十二日，内务部部长就批准了这一特别申请。内务部秘书遂于八月十七日复函中国总领事魏子京，告知他可以通知刘寿如办理留学手续了。于是，刘均荣在九月三日代侄儿将相关申请表格填妥，资料备齐，递交给中国驻澳总领事馆；九月十四日，魏子京总领事便给刘寿如签发了中国留学生护照，编号430/S/25。这样的一通经非正常途径的留学澳洲护照与签证申请，前后折腾了两个多月，刘均荣总算如愿以偿。当然，在办理上述手续期间，刘寿如就已经进入学校念书。

但是，经过如此大的动静才获得在雪梨的留学机会，刘寿如也仅仅只是在这里待了一年的时间。在这一年里，根据此前的联络和入学测试等方面的结果，他应该是按照此前的安排入读库郎街公学，毕竟该校的地点距离其伯父刘梁公司的店铺不远，他就住在店铺里边的宿舍里，走路去上学十分方便。但遗憾的是，档案中没有一份涉及他在校成绩和品行的相关报告，因而也就难以知道他在此期间的表现。

一九二六年九月二十三日，刘寿如突然离开雪梨，乘坐“奥朗基号”（Aorangi）轮船，驶往美国檀香山（Honolulu）去了。无论是从中国总领事的通报还是雪梨海关的报告，都没有给出他突然离开雪梨前往檀香山的原因。这位中途留下来在澳洲留学的中国留学生，真可谓来也突然，去也突然。

事情本来到此应该结束了，即作为中国留澳学生，无论来这里读书的时间长短，学成后离开了，在当时的那种情况下，这本身是一件很正常的事情。然而，在两年后，一九二八年九月八日，英国驻檀香山领事费普思（G. H. Phipps）突然给澳大利亚总理布鲁斯（S. M. Bruce）发来一封电报，希望他准允刘寿如重返澳洲，继续求学。他在电报中告诉布鲁斯总理，自一九二六年九月二十三日离开澳洲后，刘寿如就直接去到了檀香山，此后也一直住在那里。因当时他离开雪梨时，没有先行申请重返澳洲的再入境签证，因此，他需要重新申请一个入境签证。他的伯父刘均荣目前仍在雪梨经商，故假使刘寿如能够过去雪梨的话，仍将继续去与伯父住在一起，并将在雪梨入读一家政府认可的学校。为此，费普思希望布鲁斯总理能过问此事，为刘寿如重返澳洲留学开放绿灯。

接到费普思的电报之后，布鲁斯总理就将其交由下属人员去处理。根据总理部、内务部及海关等部门相关人员多方面的考察和讨论之后，咸认为刘寿如此时已经二十一岁，这个年纪是应该读高中甚至专科学校的，而他此前在雪梨的留学记录表明，他仅具小学英语水平，这样的年龄是不适宜继续来此读小学的。从这些讨论来看，澳洲官员看问题还是静态的，没有考虑到刘寿如去的地方檀香山也是讲英语的，并且还在那里待了两年之久。他们表面上忽略了这一事实，但实际上是并不想为他再返澳洲留学提供方便。由是之故，十二月十一日，总理部秘书遂电复英国驻檀香山领事费普思，告知其拒签的决定。

此后，澳大利亚档案馆里再未见有刘寿如的申请材料。看来，被澳洲拒签之后，刘寿如就绝了来澳的念头，因为他已经接近赴澳留学最高年龄二十四岁的上限。他有可能选择返回香山老家，或者继续在檀香山求学、做工，并通过其他途径，最终留在了那里；当然，也有可能再去到别处发展。

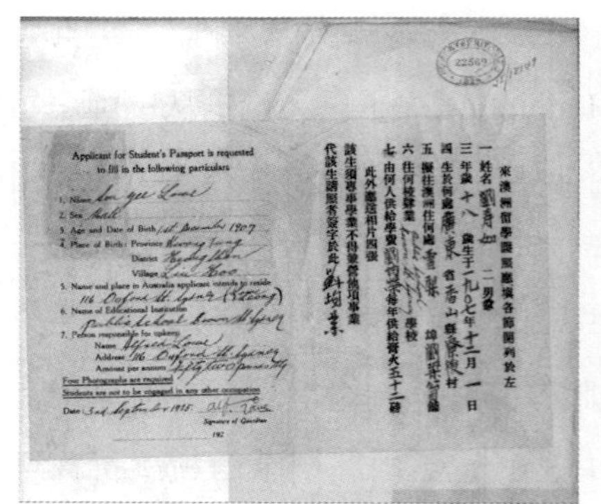

Applicant for Student's Passport is requested to fill in the following particulars

1. Name Sou Yee Lowe
2. Sex Male
3. Age and Date of Birth 1st December 1907
4. Place of Birth: Province Kwong Tung
   District Heung Shan
   Village Liu Hoo
5. Name and place in Australia applicant intends to reside 116 Oxford St. Sydney
6. Name of Educational Institution Public School
7. Person responsible for upkeep
   Name Alfred Lowe
   Address 116 Oxford St. Sydney

Four Photographs are required

Students are not to be engaged in any other occupation

Date 3rd September 1925

Signature of Guardian

來澳洲留學讀書之學生須將各節開列於左

一 姓名 劉壽如

三 年歲 十八 歲生于一九〇七年十二月一日

四 生於何處 廣東省香山縣

五 擬住澳洲何處

六 往何校肄業 學校

七 由何人供給學費

此外應送相片四張

該生須專事學業不得兼營他項事業

代該生請照者簽字於此 劉均榮

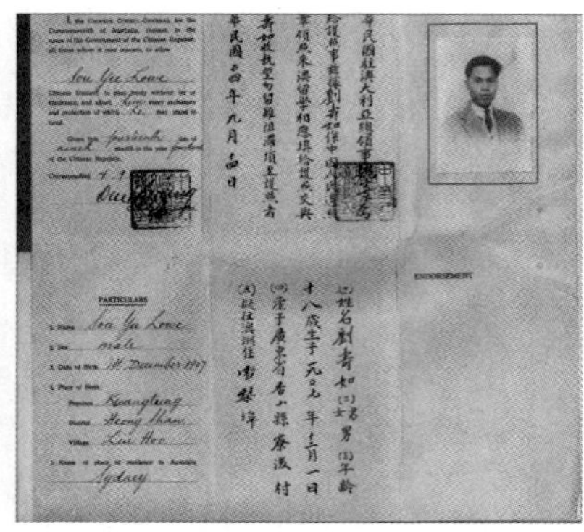

Sou Yee Lowe

PARTICULARS

1. Name Sou Yee Lowe
2. Sex male
3. Date of Birth 1st December 1907
4. Place of Birth
   Province Kwangtung
   District Heong Shan
   Village Liu Hoo
5. Name of place of residence in Australia Sydney

ENDORSEMENT

左为一九二五年九月三日，刘均荣填写的申请表，为其侄儿刘寿如在澳留学事宜向中国驻澳大利亚总领事馆申领护照和签证；右为一九二五年九月十四日，中国驻澳总领事魏子京为刘寿如签发的中国留学生护照。

档案出处（澳大利亚国家档案馆档案宗卷号）：

Lowe, Sou Yee - Education exemption certificate, NAA: A1, 1928/11614

方璧展、方璧崑兄弟

香山隆镇濠涌村

香山县的方姓人士，许多都聚居在隆镇（隆都）濠涌村。据中山市统计资料显示，该村现有人口快要达到四千人，而该村的华侨就有一千多人，可见早年该村方姓人士过金山、下南洋、赴澳洲搵食者，或经商，或留学，络绎不绝，已成潮流。方璧展（Buck Gin）和方璧崑（Buck Quin）兄弟俩也位列其中。

兄弟俩的父亲名叫罗弼根（Robert Gun）[①]，出生于一八六七年。一八八七年，他跟着乡人前往澳大利亚闯荡，从昆士兰省（Queensland）北部的港口谷当（Cooktown）登陆入境，随后便去到坚士埠（Cairns），在那里待了十九年，充当货品销售员，立下了脚跟。[②]一九〇六年底，三十九岁的罗弼根方才得以回国探亲，在老家香山县濠涌村娶妻生子。随后，长子方璧展出生于一九〇八年正月六日，次子方璧崑出生于一九一〇年五月四日。而

---

① 此处方父的名字“罗弼根”，应该是直接从英语名字Robert转译而来。他的中文名字可能叫“根”（Gun），或者叫“亚根”。故全名极有可能叫方根，或者方亚根。当时中国人这种以名字为姓的现象，比较普遍。大多是由于中国人此前入关澳洲时，被官员问及姓名，只说出名字，洋人海关人员就照写上。

② Certificate Exempting from Dictation Test (CEDT) - Name: Robert Gunn (of Cairns) - Nationality: Chinese - Birthplace: Canton - departed for Hong Kong per SS EASTERN on 21 October 1919, returned to Townsville per ST ALBANS on 26 March 1921, NAA: J2483, 269/12。

罗弼根未等到次子出生，便于一九〇九年四月返回澳洲。[①]一九一九年十月到一九二一年三月，他再次回国待了一年半左右时间。回到澳洲后，便从坚士埠南下，到昆士兰北部滨海重镇汤士威炉埠（Townsville）下属的罗令士端（Rollingstone）小镇，经营一个果菜园，充当菜农。

罗弼根一九二一年初从中国返回澳洲时，刚好碰上这一年澳大利亚实施《中国留学生章程》，开放中国学生赴澳留学。他见长子璧展已届十三岁，次子璧崑也满十一岁，感到是将他们兄弟俩申办来澳洲留学的时候了。于是，在其移居到罗令士端，果菜园经营稳定下来之后，他就在这一年的下半年备齐资料，以监护人和财政担保人的身份，填表递交给当时驻在美利滨（Melbourne）的中国总领事馆，申办两个儿子璧展和璧崑来澳留学的相关手续，为他们申领中国护照并要求协助获得来澳留学签证。当然，按照规定，罗弼根以他的果园作保，承诺每年分别供给儿子方璧展和方璧崑足镑膏火，即承担其留学期间的全部学费、生活费、医疗保险费以及往返中国的船资等各项费用。由于他身处的小镇有教育资源，同时也希望俩儿子能跟他住在一起，便于照顾，他安排儿子来澳入读的学校，就是罗令士端公立学校（Public School, Rollingstone，这是罗弼根申请表上填写的学校名，现在该校的全名是Rollingstone State School）。

中国总领事馆在接受了罗弼根的申请之后，便按照流程着手审理。该年十一月二十八日，总领事魏子京分别为这兄弟俩各签发了一份中国学生护照，方璧展的护照号码是121/S/21，方璧崑的则是122/S/21；三天之后，即十二月一日，澳大利亚内务部也在递交上来的这两份护照上钤盖了入境签证章。中国总领事馆随即将护照和签证寄往香港的德信公司，由后者负责转交

---

① Certificate Exempting from Dictation Test (CEDT) - Name: Robert Gunn - Nationality: Chinese - Birthplace: Canton - departed for China per TAIYUAN on 30 December 1906, returned to Sydney per EMPIRE on 28 April 1909, NAA: J3136, 1906/315。档案中特别说明方璧崑是罗弼根的儿子。但其出生日期与父亲罗弼根结束探亲返回澳洲的日期对应不上，即后者返回澳洲一年后方璧崑方才出生，不合逻辑。有两种可能：一是罗弼根记错了儿子的出生年月份，即换算农历与公历年份时有所失误，少算了一年，即应该是出生于一九〇九年。这种误算儿子年龄的事情，在当年赴澳留学的申请中经常出现。二则可能方璧崑是罗弼根兄弟的儿子，即其侄子，只是为了将其办来澳洲留学，遂将其作为自己名义上的儿子，反映在申请表上，就成了父子关系。

给在广东家乡的方璧展和方璧崑兄弟，并为其安排行程，以便他们拿着这份入境必需之证件，尽早动身来澳留学。

一九二二年五月二十二日，十四岁的方璧展从香港乘坐“圣柯炉滨号”（St Albans）轮船，抵达昆士兰北部的汤士威炉港口。但他并没有被允许立刻入境，因在经海关检疫时没有获得通过，可能是在航行中患有疥癣或有其他卫生问题，被隔离留医治疗和观察；直到两周之后，检疫部门于六月六日对其复查，确认全部合格之后，方璧展才最终出得海关，入境澳洲，开始其留学澳洲生涯。①但不知何故，弟弟方璧崑却没有跟哥哥一起前来。这或许是其母亲嫌其尚年幼，还需在家多待些时候，或许是其小学教育尚未结束，需要再多等上一年；甚至也可能是其本人并不愿意前来，还需要时间接受赴澳留学的现实，方才可以动身。于是，他的护照便继续交由香港的悦昌隆号洋行代为保管，并在方璧崑想通之后，负责为他安排赴澳行程。

在父亲带领下从汤士威炉前往罗令士端之后，方璧展很快便注册入读罗令士端公立学校。据该校校长报告，方璧展能按时上课，遵守校规，各项学业也完成得不错。换言之，他各方面都受到校长的好评。而且，他也按照当地习惯，给自己取了一个英文名，叫作Fred（弗雷德），全名就成了Fred Buck Gin，在此学校读了一年半左右的时间。

一年后，方璧崑终于也成行，从香港搭乘“依时顿号”（Eastern）轮船，于一九二三年六月十八日抵达汤士威炉。他在入关检疫时，没有发现任何毛病，因而很顺利地入境。父亲罗弼根将他接出关后，直接就将其带回到罗令士端小镇家中。七月九日，他也进入罗令士端公立学校读书，跟哥哥做伴。从校长的评语来看，他的在校表现良好，学业也总是不断进步，算得上是循规蹈矩的好学生。

方璧展陪着弟弟在这所学校读了半年，到一九二四年新学年开学时，他便离开父亲和弟弟，去到大埠汤士威炉，转学进入该埠的西端公立学校（West End State School），并寄住在香山县同乡开在这个港口城市的店铺

---

① Buck Gin, Robert Gun, NAA: J2773, 372/1924; Buck Quin, Robert Gunn, NAA: J2773, 374/1924。

里。在这所学校，方璧展遵守校规，各科学业表现也不错，校长的报告总是给予他好评。

而在这一年里，方弼崑继续在罗令士端公立学校念书，也总是获得好评，故在一九二四年六月份时，内务部很爽快地批复了他的留学签证展延。然而，他的父亲罗弼根突然在这一年十月底去世，是病逝还是出于其他原因，由于档案文件中没有对此有任何说明，不得而知。长子方璧展从汤士威炉返回罗令士端处理完了父亲后事，便又重返学校继续念书；而十四岁的方璧崑则因年纪太小，虽然留在罗令士端公立学校读完该学年余下的课程，但到十二月十五日学校放假便退学。次年一月二十日，他在汤士威炉港口登上过路的“吞打号”（Tanda）轮船，驶往香港回国，结束了在澳一年半的留学生活。

方璧展没有和弟弟一起走，而是留下来在汤士威炉继续读书。一转眼，便到了一九二六年底。此时，方璧展已经十八岁，即将进入十九岁的年纪，他在西端公立学校的课程也全部结束。于是，他向中国总领事馆提出，要返回中国探亲，时间在一年之内；但他表示，还想回来澳洲继续留学读书，希望能协助他申请再次入境澳洲的签证，他将在回中国探亲的一年以内的时间里赶回澳洲，继续他的学业。魏子京总领事随即就此事与澳大利亚内务部联络，获得积极回应，最终澳方同意再次向方璧展发放入境签证。

一九二六年十二月二十三日，在圣诞节的前夕，在澳留学四年半的方璧展于汤士威炉港口乘坐停靠此地的“太平号”（Taiping）轮船，离开澳洲回国探亲。当时，他已获得澳大利亚内务部核发的再入境签证，照理说来，他应该会再返澳洲完成学业，然而遗憾的是，方璧展的档案到此终止，此后档案材料中没有他再次返回澳洲的记录。

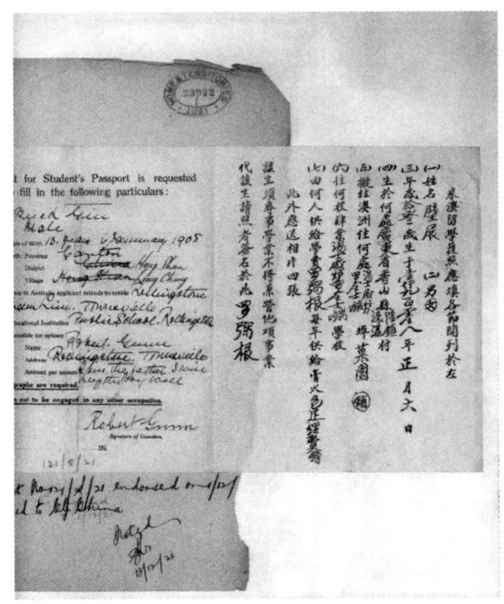
来澳留學護照應填各節開列於左
(一)姓名 璧展 (二)男
(三)年歲拾叁歲生于 年正月六日
(四)生於何處廣東省香山縣 隆鎮 村
(五)擬往澳洲往何處 埠
(六)往何校肄業 學校
(七)由何人供給學費 羅弼根 每年供給膏火 足
此外應送相片四張
該生須專事學業不得兼營他項事業
代該生請照者簽名於此 罗弼根

for Student's Passport is requested
fill in the following particulars:
Buck Gin
Male
13 years 6 January 1908
Canton
Hong Shan
Leong Chung
Rollingstone
Public School, Rollingstone
Robert Gunn
Rollingstone, Townsville
graphs are required.
are not to be engaged in any other occupation.
Robert Gunn
Signature of Guardian.

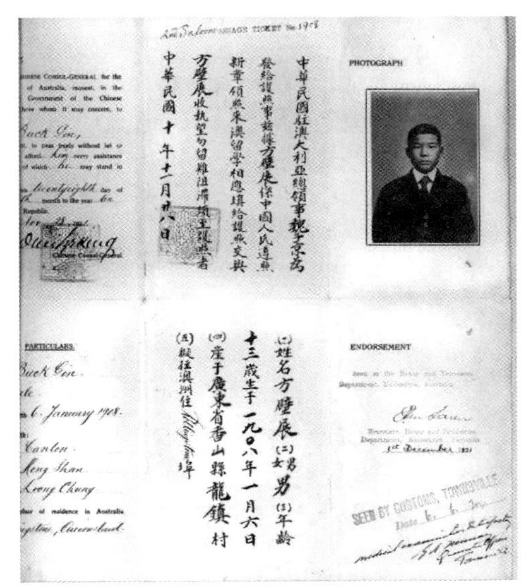
中華民國駐澳大利亞總領事魏子京爲
發給護照事茲據方璧展係中國人民遵照
新章領照來澳留學相應填給護照交與
方璧展收執望勿留難阻滯須至護照者
中華民國十年十一月廿八日

PHOTOGRAPH

PARTICULARS
Buck Gin
Male
6 January 1908
Canton
Heong Shan
Leong Chung
Rollingstone, Queensland

(一)姓名方璧展 (二)男女 男 (三)年齡
十三歲生于一九〇八年一月六日
(四)産于廣東省香山縣龍鎮村
(五)擬往澳洲住 埠

ENDORSEMENT
1st December 1921
SEEN BY CUSTOMS, TOWNSVILLE

左：一九二一年下半年，罗弼根为长子方璧展来澳留学向中国驻澳大利亚总领事馆申请护照和签证所填写的申请表；右：一九二一年十一月二十八日，中国驻澳大利亚总领事魏子京为方璧展签发的中国护照，右下角有澳大利亚内务部于当年十二月一日签发的入境签证印章。

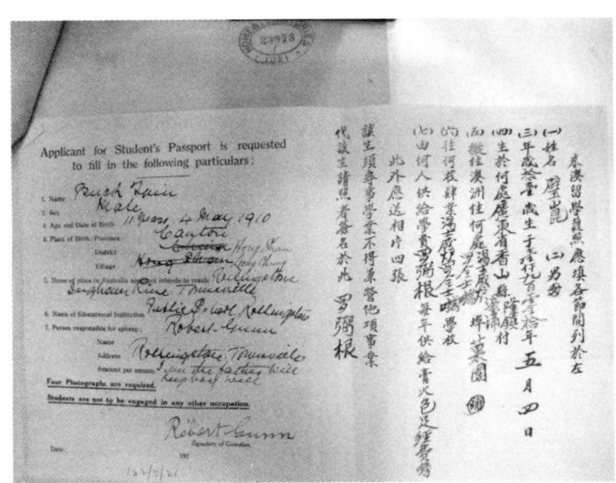
Applicant for Student's Passport is requested
to fill in the following particulars:
1. Name Buck Guin
2. Sex Male
3. Age and Date of Birth 11 years, 4 May 1910
4. Place of Birth: Province Canton
District Hong Shan
Village Leong Chung
5. Name of place in Australia applicant intends to reside Rollingstone
6. Name of Educational Institution Public School, Rollingstone
7. Person responsible for upkeep: Robert Gunn
Name
Address Rollingstone, Townsville
Amount per annum
Four Photographs are required.
Students are not to be engaged in any other occupation.
Robert Gunn
Signature of Guardian.
Date:

来澳留學護照應填各節開列於左
(一)姓名 璧崑 (二)男
(三)年歲拾壹歲生于 年五月四日
(四)生於何處廣東省香山縣 隆鎮 村
(五)擬往澳洲往何處 埠
(六)往何校肄業 學校
(七)由何人供給學費 羅弼根 每年供給膏火 足
此外應送相片四張
該生須專事學業不得兼營他項事業
代該生請照者簽名於此 罗弼根

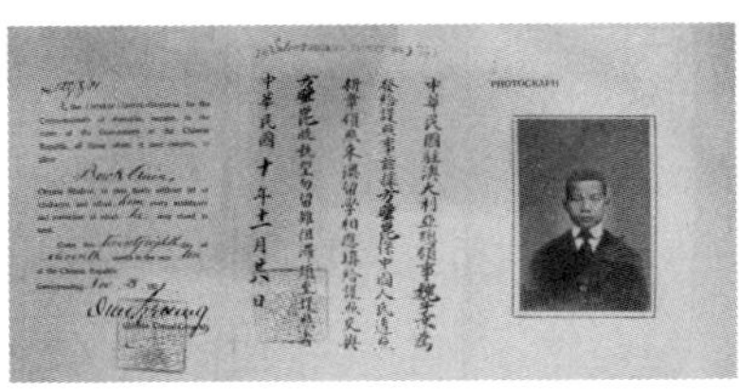
中華民國駐澳大利亞總領事魏子京爲
發給護照事茲據方璧崑係中國人民遵照
新章領照來澳留學相應填給護照交與
方璧崑收執望勿留難阻滯須至護照者
中華民國十年十一月廿八日

PHOTOGRAPH

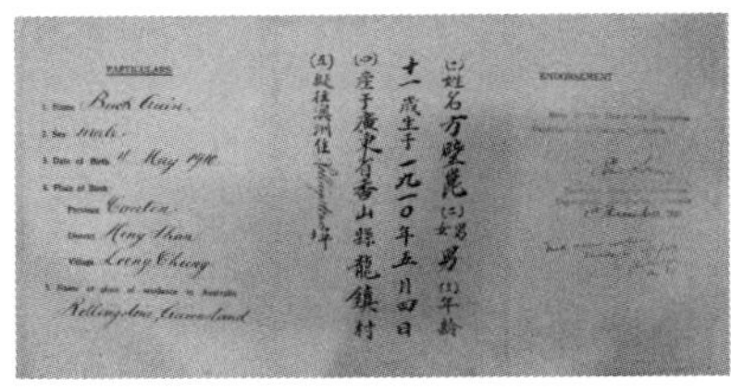
PARTICULARS
1. Name Buck Guin
2. Sex Male
3. Date of Birth 4 May 1910
4. Place of Birth
Province Canton
District Heong Shan
Village Leong Cheong
5. Name of place of residence in Australia
Rollingstone, Queensland

(一)姓名方璧崑 (二)男女 男 (三)年齡
十一歲生于一九一〇年五月四日
(四)産于廣東省香山縣龍鎮村
(五)擬往澳洲住 埠

ENDORSEMENT

左：一九二一年下半年，罗弼根为次子方璧崑来澳留学向中国驻澳大利亚总领事馆申请护照和签证所填写的申请表；右：一九二一年十一月二十八日，中国驻澳大利亚总领事魏子京为方璧崑签发的中国护照，右下角有澳大利亚内务部于当年十二月一日签发的入境签证印章。

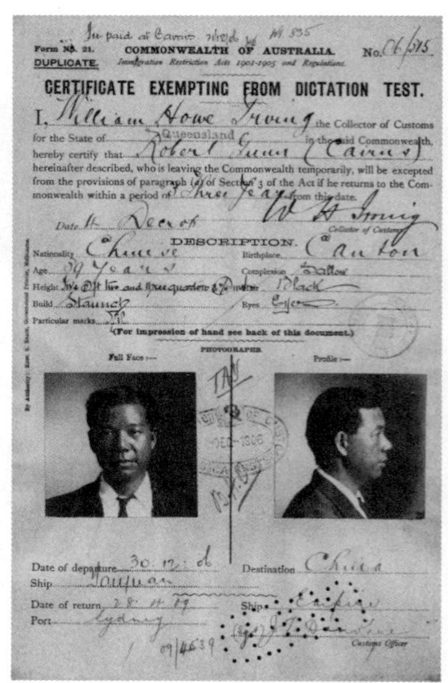

Form No. 21. COMMONWEALTH OF AUSTRALIA. No. 06/575
DUPLICATE. Immigration Restriction Acts 1901-1905 and Regulations.

CERTIFICATE EXEMPTING FROM DICTATION TEST.

I, William Howe Irving the Collector of Customs for the State of Queensland in the said Commonwealth, hereby certify that Robert Gunn (Cairns) hereinafter described, who is leaving the Commonwealth temporarily, will be excepted from the provisions of paragraph (a) of Section 3 of the Act if he returns to the Commonwealth within a period of Three Years from this date.

Date 4 Dec 06 W H Irving
Collector of Customs

DESCRIPTION.

Nationality Chinese Birthplace Canton
Age 39 Years Complexion Sallow
Height Five feet five and three quarters inches Hair Black
Build Staunch Eyes Grey
Particular marks Nil

(For impression of hand see back of this document.)

PHOTOGRAPHS.

Full Face:— Profile:—

Date of departure 30. 12. 06 Destination China
Ship Taiyuan
Date of return 28. 11. 09
Port Sydney
Customs Officer

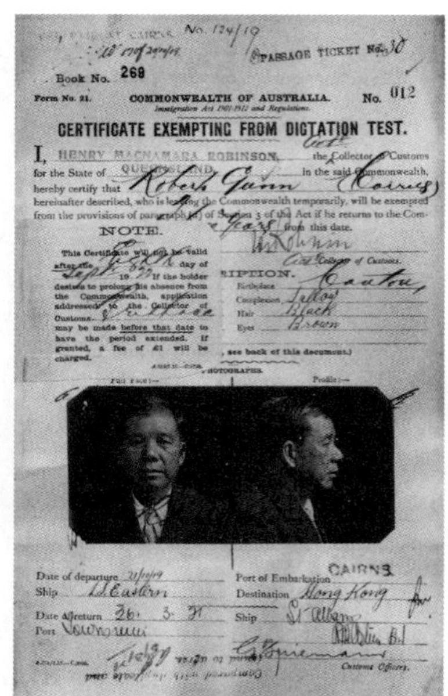

No. 124/19
PASSAGE TICKET No. 30
Book No. 269
Form No. 21. COMMONWEALTH OF AUSTRALIA. No. 012
Immigration Act 1901-1912 and Regulations.

CERTIFICATE EXEMPTING FROM DICTATION TEST.

I, HENRY MACNAMARA ROBINSON, Act. the Collector of Customs for the State of QUEENSLAND, in the said Commonwealth, hereby certify that Robert Gunn (Cairns) hereinafter described, who is leaving the Commonwealth temporarily, will be exempted from the provisions of paragraph (a) of Section 3 of the Act if he returns to the Commonwealth within a period of Years from this date.

NOTE.

This Certificate will not be valid after the day of 19 . If the holder desires to prolong his absence from the Commonwealth, application addressed to the Collector of Customs may be made before that date to have the period extended. If granted, a fee of £1 will be charged.

Act. Collector of Customs.

DESCRIPTION.

Birthplace Canton
Complexion Yellow
Hair Black
Eyes Brown

(For impression of hand see back of this document.)

PHOTOGRAPHS.

Full Face:— Profile:—

Date of departure 21/10/19 Port of Embarkation CAIRNS
Ship St. Eastern Destination Hong Kong
Date of return 30. 3. 21 Ship St. Albans
Port Townsville
Customs Officers.

左：一九〇六年回头纸上的罗弼根照片；右：一九一九年回头纸上的罗璧根照片。

档案出处（澳大利亚国家档案馆档案宗卷号）：

Buck GIN – Student, NAA: A1, 1927/295

Quin, Buck - Student's passport, NAA: A1, 1925/3579

郑仕航

香山库充村

郑仕航（Jang Shee Hong），出生于一九〇八年一月十五日，香山县库充村人。

其伯父郑泗全（Jan See Chin）生于一八六八年，大约在一八八五年，便跟随着赴澳淘金的大流，从家乡来到南太平洋的这个大岛，在昆士栏省（Queensland）北部登陆入境，随后便在这一带打工长达十年之久，最后定居于坚时埠（Cairns）。[①]二十世纪初年，已经有了一定积累并且也获得了在澳大利亚长期居留的资格后，就开始寻找生活伴侣。一九〇三年，他在坚时埠迎娶了一位时年十九岁的当地出生的欧裔女士莫德（Maud），共同经营他们的生活。[②]在此后的十多年时间里，莫德为他生了八个孩子（两男六女）。与他的孩子不断出生相得益彰的是，此时作为蔗农的他，生意发展和经营也颇为成功：他在坚时埠附近的绿岭区（Green Hills）与人合股，拥有一块达一千二百八十英亩的甘蔗种植园，年产一万二千吨甘蔗，其本人在其中占股达百分之五十；此外，他还在坚时埠附近的小镇丫路坝（Aloomba）拥有一块

① Certificate Exempting from Dictation Test (CEDT) - Name: Jan See Chin (of Cairns) - Nationality: Chinese - Birthplace: Canton - departed for China per EMPIRE on 13 March 1915, returned to Cairns per EASTERN on 13 May 1916, NAA: J2483, 174/28。

② JAN Maud See Chin born 1884 - incoming passenger card - arrived Brisbane (year unknown) on the Denbighshire, NAA: BP26/1, JAN M S C。

四百八十英亩的蔗田，年产甘蔗六千吨。可见，其经济实力雄厚。[①]

有了财政实力后，郑泗全便十分支持家族子弟赴澳留学。早在一九〇九年，他的外甥Soy Low（苏流，译音）想到澳大利亚留学，提高英语能力，便被他安排到坚时埠读书。[②]因此，当一九二一年澳大利亚开放中国学生留学后，得到消息的郑泗全立即决定，将其兄弟的儿子郑仕航办理来澳留学。此时郑仕航刚刚届满十三岁，正是来此读书的最佳年龄。

一九二一年二月七日，郑泗全以监护人和财政担保人的身份填好申请表，递交给中国驻澳大利亚总领事馆，申领侄儿郑仕航的赴澳留学护照和签证。他以自己的蔗田财产作保，希望将侄儿办来入读坚时埠的皇家书馆（Cairns State School）。接到申请后，中国总领事馆的审理进展很快，三个星期就有了结果。二月二十八日，总领事魏子京给郑仕航签发了一份号码为21/S/21的中国学生护照；三月九日，澳大利亚内务部也通过了签证审核，在上述护照上钤盖了入境签证章。

在中国家乡的郑仕航接到中国驻澳大利亚总领事馆寄来的护照后，其家人便通过香港的金山庄代为安排他的赴澳行程。大半年过后，一切安排就绪。由是，郑仕航便去到香港，与同邑石岐镇也是赴澳前往坚时埠留学的刘初（Low Chaw）[③]同行，一起搭乘中澳船行经营运行的“获多利号”（Victoria）轮船，于一九二二年一月二十日抵达昆士栏省北部的汤士威炉埠（Townsville）港口，在此登陆入境。从香港驶往澳洲的客轮，汤士威炉埠是坚时埠的下一停靠站，正常情况下郑仕航是应该在坚时下船入境的，但不知何故，他坐过了一站。为此，伯父郑泗全赶到汤士威炉将侄儿郑仕航接出海关后，再搭乘其他的交通工具北上，前往三百五十公里之外的坚时埠。

郑泗全将侄儿安置在坚时埠距主城区约有六英里左右的淡水区（Freshwater），跟他的一位亲戚住在一起，因为这里邻近喀麦隆架皇家学校

---

① “CANE BEETLES purchased at 1/ per lb. CANE GRUBS 3d. per lb.”, *Cairns Post*, Thursday 11 November 1909, p. 4。

② Soy Low nephew of Lee Chin admitted for educational purposes, NAA: A1, 1911/434。

③ 刘初的留学档案，见：Low Chaw - Student passport, NAA: A1, 1923/15629。

（Kamerunga State School），郑仕航可以就近注册入读。此时正好是新学年开学之际，十四岁的郑仕航便在二月一日开学之日就与当地学童一起上学念书，开始其在澳留学生涯。

根据学校校长提供给内务部的例行报告，郑仕航聪慧好学，领悟力极高，总是渴望学习更多的东西，求知欲旺盛，课堂作业也完成得很好，进步明显；平时到学校上课，他都是衣冠整洁，精神阳光，严守规矩，深受老师喜爱。他以这样的学习态度，在这里一直读到次年年中学校放假。

一九二三年六月十九日，在澳留学仅一年半的郑仕航在坚时埠登上与来澳时的同一艘轮船“获多利号”，离开澳大利亚，驶往香港回国。回国的主要原因是，伯父郑泗全决定回去中国，并选择香港退休养老，他带上了妻子和所有孩子，也将侄儿一并带走。郑泗全此后便滞留在香港，并于一九二八年四月二十五日在香港病逝。[①]十五岁的郑仕航跟随伯父离开澳大利亚后，便由此待在国内或者在香港读书，然后就业。

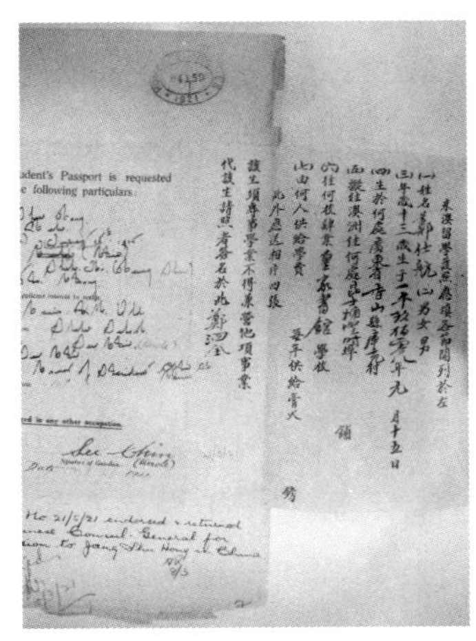
來澳留學生應填各節開列於左
(一)姓名 鄭仕航 (二)男女 男
此外應送相片四張
護生須專心學業不得兼營他項事業
代護生請照者簽名於此 鄭泗全
Student's Passport is requested
following particulars:

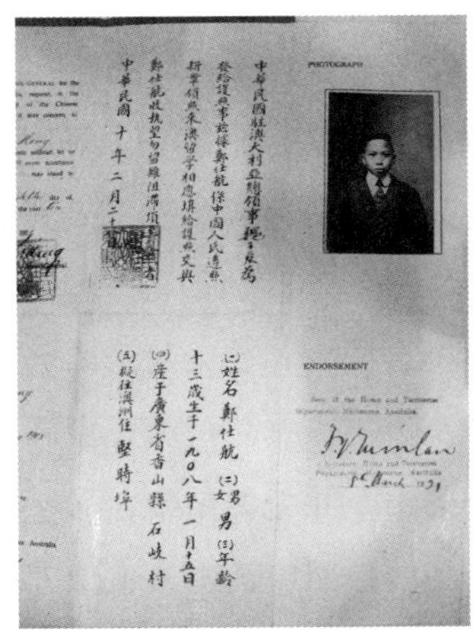
中華民國駐澳大利亞總領事魏子京為
發給護照事茲據鄭仕航係中國人民遵照
新章領照來澳留學相應填給護照交與
鄭仕航收執望勿留難阻滯須至護照者
中華民國十年二月二十
(一)姓名 鄭仕航 (二)男女 男 (三)年齡
十三歲生于一九〇八年一月十五日
(四)產于廣東省香山縣 石岐村
(五)擬往澳洲住 堅時埠
PHOTOGRAPH
ENDORSEMENT

左：一九二一年二月七日，郑泗全填具申请表，向中国驻澳大利亚总领事馆申领侄儿郑仕航的赴澳留学护照和签证；右：一九二一年二月二十八日，中国驻澳大利亚总领事魏子京给郑仕航签发的中国学生护照。

档案出处（澳大利亚国家档案馆档案宗卷号）：

Jang Shu Hong - Student passport, NAA: A1, 1923/16780

---

① “Obituary Mr See Chin”, *Cairns Post*, Friday 27 April 1928, p. 5。

郭堃荣

香山竹秀园村

郭堃荣（Kwok Kwan Wing），一九〇八年一月二十二日出生，香山县竹秀园村人。

一九二一年，郭堃荣年满十三岁，此时已在竹秀园村之蓝田书塾读了四年的书。跟他的宗亲郭就（Joseph Gock）[①]一样，当时在澳大利亚雪梨（Sydney）经营著名的永安果栏（Wing On & Co.，即永安公司）之叔父郭顺（William Gockson），以监护人和财政担保人的名义，应允每年供给五百银圆膏火作为其生活费和学费等，供其前往雪梨埠留学读书，以三年为期，代其向广州军政府外交部特派广东交涉员公署申请赴澳留学护照和签证。

档案中没有披露郭堃荣父亲的名字，故无法确知他的父亲是否也在澳大利亚发展以及他与永安公司郭氏家族的亲疏关系。从网上查到的永安公司郭氏兄弟的子弟中，并无郭堃荣之名。换言之，郭堃荣不是永安郭氏六兄弟之后。但鉴于他的护照申请中，也像郭就一样，列明郭顺是其叔父，那就极有可能他是郭顺的叔伯兄弟或者同族兄弟之后。因为郭氏兄弟之父郭沛勋有四兄弟[②]，即郭顺还有三位亲叔叔，因而，他这三位叔叔的子女也就是他的叔伯兄弟姊妹，或者说是堂兄弟姊妹。在中国这样的宗法社会关系中，郭顺的堂

---

① Gock, Joseph - Chinese student on passport, NAA: A1, 1925/22531。

② “郭沛勋家族”，https://zh.wikipedia.org/wiki/%E9%83%AD%E6%B2%9B%E5%8B%B3%E5%AE%B6%E6%97%8F。

兄弟或者同族同辈兄弟的子女称他为叔父是天经地义的，而且如果血缘关系还在三服之内的话，应该算得上是挺亲的。

一九二一年四月二十五日，广州军政府外交部特派广东交涉员李锦纶为郭堃荣签发了护照，护照号码为一一二三号，并于同日为其获得英国驻广州总领事核发的澳洲入境签证。郭堃荣是与另外的两个竹秀园村郭氏子弟郭林昭（Kwok Lam Chin）[①]和郭宝庭（Gock Bow Ting）[②]一起在同一天申请护照，也是在同一天拿到护照和签证的，而其护照号码则是依次相连的。

同为郭氏宗室子弟，郭堃荣自然和郭宝庭及郭林昭结伴而行。三人从香港乘坐中澳轮船公司经营的“获多利号”（Victoria）轮船，于一九二一年五月二十五日抵达雪梨。与他们郭氏兄弟一起同船而来的，除了从上海赶来也是去澳洲留学的族兄郭启添[③]，还有同乡萧萃贤（Shui Shui Yin）[④]和高万安（Man On）[⑤]。郭堃荣与郭启添和郭林昭一样，都由合利果栏（Hop Lee & Co.）的经理马赞芬（Spence Mah Hing）和永安公司总经理郭朝（Gock Chew）担保出关，由此而开始了他的澳洲留学之旅。相较于郭宝庭是由其父亲到海关担保接出关的，郭堃荣的出关担保人则与郭启添和郭林昭一样。也由此可见，他与永安公司郭氏的亲缘关系显然更紧密一些。

来雪梨后，郭堃荣与郭宝庭一样，也进入位于杜里奇希区（Dulwich Hill）的三一文法学校（Trinity Grammar School）读书，他在这里一直待到次年的五月份，前后正好一年。该校校长的报告显示，郭堃荣在校表现优异，各科成绩皆保持良好。一九二二年六月六日，郭堃荣转入雪梨的东部靠海边之兰域区（Randwick）的兰域公立学校（Randwick Public School）就读，这里离中国城稍微远了点，但环境好，比较适合学习。二十世纪四十年代正式设立的新南威尔士大学（University of New South Wales），就坐落于这个区隔邻。由是，郭堃荣在这所公校一读就是三年，学业未误，操守良好，直到

① Kwok Lam Chin - Student on Canton Passport, NAA: A1, 1935/1442。
② Gock Bow TING - Passport application, NAA: A1, 1927/5587。
③ Kwok Kay Tim. Student on Shanghai Passport, NAA: A1, 1922/13030。
④ Yiu, S - Student on Canton passport, NAA: A1, 1926/11418。
⑤ Man On. Student on Canton Passport, NAA: A1, 1922/7547。

一九二五年的六月。

一九二五年七月二日，郭堃荣乘坐“奥朗基号”（Aorangi）轮船，离开雪梨，前往纽西兰（New Zealand）的屋仑埠（Auckland）游历。去纽西兰之前，郭堃荣就已经通过中国驻澳大利亚总领事馆向澳大利亚内务部申请到了延长一年的签证，即表明他在纽西兰游历完之后，还要返回澳大利亚继续学业。郭堃荣此一去，并非像现在的出国旅游只有几个星期，而是在纽西兰足足待了大半年的时间，估计是南北两个岛的大地方都让他游遍了，其间也极有可能去往太平洋群岛飞枝（Fiji）玩了一遍，才心满意足地乘坐同一艘班轮，于一九二六年四月二日从纽西兰返回雪梨。

回到雪梨后，十八岁的郭堃荣并没有马上重返学校继续学业，而是立即通过中国驻澳大利亚总领事魏子京向澳大利亚内务部提出申请，希望能获得一个商务工作签证，前往永安公司进行商业实习。此时已经成年的郭堃荣，可能已经有了对自己人生的设想，计划着如何在未来的事业中施展抱负，故欲通过永安公司的安排，给他提供一个助理职员的位子，仿效族人郭宝庭的那种商务实习，以便将来回国进入商界可以施展身手，大干一番。尽管郭堃荣通过总领事馆和永安公司，为自己的出路作了很好的规划，永安公司总经理郭朝也出具公函对此安排力挺，但澳大利亚内务部默察形势，最终否决了郭堃荣的这一申请。否决的理由是：虽然永安公司在雪梨是华人社区首屈一指的大公司，业务规模也很大，但公司此时已经安排了郭宝庭等人的实习，实无必要再为郭堃荣另设一位子。内务部还认为，此前郭堃荣赴纽西兰游历前提出申请延长签证一年的理由，是在其回来澳洲后将继续返校读书，此时更改其计划，是自食其言。因此，内务部的答复是，郭堃荣应返回学校，注册入学为要。如此的话，内务部将继续延长其在澳留学签证。

此路不通，又别无选择，郭堃荣只能重返学校去读书。永安公司和中国总领事馆经过一番商讨，在这一年五月份的时候，决定让他还是回到兰域公立学校，但读的是该校中学课程。然而，郭堃荣死活也不肯再去这所学校。倒不是因为这所学校不好，而是他觉得自己已经是成人了，再去读中学，很没面子。于是，从这一年的七月份开始，他自行注册入读雪梨辅导学院

（Sydney Coaching College），主修英语和算术。

但是，在雪梨辅导学院读了半年之后，尽管各科成绩依然优良，从一九二七年开始，郭堃荣就再也没有注册，不再去上学了。也许是因为上一年满怀信心地申请而不能进入永安公司实习，对他打击较大，让他觉得再在此待下去已经没有什么意思了，遂萌发尽快回国的念头。于是，在这一年的年初过后，他便去美利滨（Melbourne）等地探亲访友，借此机会与他们一一告别之后，一九二七年四月二十二日，郭堃荣就在雪梨乘坐“太平号”（Taiping）轮船，前往香港，返回中国。

返回中国后的郭堃荣是在家乡做事，还是去了香港发展，甚或去上海进入了永安公司做事，因澳大利亚档案中没有相关记录，无从得知。

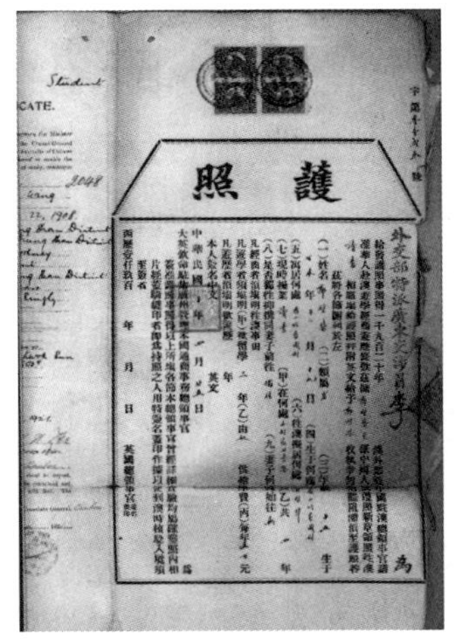

護照

外交部特派廣東交涉員李

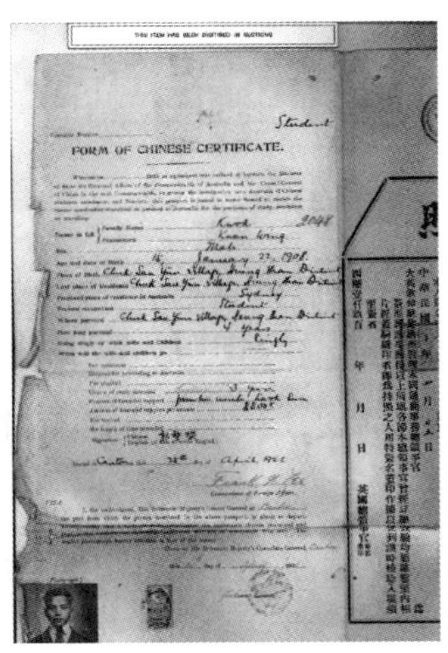

Student

FORM OF CHINESE CERTIFICATE.

Kwok 2048

Kwan Wing

Male

護照

一九二一年四月二十五日，外交部特派广东交涉员李锦纶颁发给郭堃荣的赴澳留学护照中英文两页及英国驻广州总领事钤盖的签证，包括其照片。

档案出处（澳大利亚国家档案馆档案宗卷号）：

Kwok Kwan WING - Student on Canton passport, NAA: A1, 1927/8452

陈李、陈林兄弟

香山石岐

陈李（Chun Lee）和陈林（Chun Lum）是兄弟俩，前者出生于一九〇八年三月十五日，后者出生于一九一〇年五月十九日，香山县石岐人。他们的父亲名叫陈兆祺（Chun Chew Kee），早年便奔赴澳大利亚发展。因在澳大利亚档案中无法查找到与其英文名字（全名）相关的宗卷，无法得知其具体来澳的年份与踪迹；只有与Chew Kee相关的宗卷，但其是否属于他或与其相关，则难以确定。完全可以确定的是，在二十世纪二十年代初，他是鸟沙威省（New South Wales）内陆东北部大镇其连弥时埠（Glen Innes）的大型华商公司广生隆号（Kwong Sing Long & Co.）的股东之一。而在雪梨（Sydney）华文报纸上，他的名字也曾出现过多次。比如，一九一六年五月捐赠中国南省护国军政府军饷[①]，以及一九一八年十二月捐助雪梨华侨维持禁例会经费，为在澳华人争取权益[②]。能够出手捐款超过一镑，说明在经商方面已经有一定收益，在澳有一定的积累。在上述捐款名单中，与他名字同列的余江（Yee Kong），是香山隆都人，大约在一九〇〇年来到澳大利亚发展，与他一样，亦是上述广生隆号的股东之一。[③]从乡人同行抱团发展的粤人赴澳谋生的特点来看，陈兆祺应该也是在1900年前后抵澳发展并定居下来。

---

① "捐赠中国南省护国军政府军饷名列既连弥时埠"，《东华报》（*The Tung Wah Times*）一九一六年五月六日，第八版。

② "来函照登·附录捐款"，《东华报》一九一八年十二月二十八日，第八版。

③ 关于余江，见：Frank Yee Kong, NAA: SP1122/1, N1958/1827。

自澳大利亚从一九二一年开始实施《中国留学生章程》，开放居澳华人申请其在乡子弟前来留学，广生隆号的几个股东都申请自己的子女前来其连弥时埠留学，比如关广焕（Wah Sun）[①]的儿子关泗合（Quan See Hop）[②]，以及关洪裕（Harry Way Yee）[③]的侄子关添（Kwan Tim）[④]，还有余江的儿子余明（Yee Ming）[⑤]。陈兆祺看到这些股东们的子侄辈来到这里读书，也动了将两个儿子办理来澳留学的念头。一九二二年十月二十八日，他备齐材料，以监护人和财政担保人的身份，填妥申请表格，向中国驻澳大利亚总领事馆申领两个儿子的赴澳留学护照和签证，准备将俩儿子都安排入读其连弥时埠的红岭皇家书馆（Red Range Public School）。为此，他以其入股的广生隆号商行作保，允诺每年分别提供膏火五十镑，作为此时已分别十四岁和十二岁的两个儿子陈李和陈林在澳留学期间所需之各项开支。

中国驻澳大利亚总领事馆接到陈兆祺递交上来的申请后，用了三个多月的时间才审理完毕。一九二三年二月十九日，总领事魏子京给陈氏兄弟签发了中国学生护照，号码分别是225/S/23和226/S/23；仅仅过了一天，内务部也核发给他们留学签证，并将签证章钤盖在上述护照内页。中国总领事馆从内务部拿回护照后，便按照陈兆祺的指引，将其寄往香港的金山庄保生昌号，由其负责交给护照持有人，并为他们安排赴澳行程。

保生昌号的工作还是很及时有效的，仅仅三个月就一切安排妥当。但此时却只有哥哥陈李可以成行，弟弟陈林则不知何故不能跟哥哥一同出发，需要延后。由是，陈李便由家人从香山县送往香港，让他在此会同来自东莞也是前往澳洲留学的苏溢光（Soo Yat Kwong）[⑥]，一起搭乘“依时顿号”（Eastern）轮船，于当年六月二十三日抵达雪梨，顺利入关。他的舅父Harry

---

① 见：“朱汉关洪裕启事”，《东华报》一九三二年三月二十六日，第六版。

② 关泗合的档案，见：Quan Sec Hop - Student Pass Port & Bus. Ex/c, NAA: A1, 1935/1774。

③ 关于关洪裕，见：H Way Yee [Henry or Harry Hong Yee, includes photograph], NAA: SP42/1, C1915/3553。

④ 关添的档案，见：Kwan, Tim - Canton student passport - Part 1, NAA: A433, 1947/2/2545。

⑤ 余明的档案，见：Yee Ming - Students passport, NAA: A1, 1932/667。

⑥ Kwong, Soo Yat - Students passport, Canton passport, NAA: A1, 1926/6002。

Lee（李哈利）[1]去到海关将其接了出来，随后再换乘其他交通工具，北上距此六百公里的其连弥时埠。

按照父亲陈兆祺此前的安排，是想让儿子来到其连弥时埠后便入读红岭皇家书馆。可是，到八月初时，内务部想了解陈李的上学情况而致函上述学校时，却得知他根本就没有在这所学校注册。该校校长解释说，这里只有余明这一个中国学生；虽然此前也有当地华人来此联络要将其儿子安置在这里读书，但迄今为止未见踪影。校长进一步表示，根据他的了解，如果可能的话，估计陈李是去了坦勿埠（Tamworth）的西坦勿公立高小（West Tamworth Superior Public School）上学。他解释说，因为余明刚刚从红岭皇家书馆退学，就是因其父余江已去到那个镇子开店，因而要转学去那里念书；而此前陈李打算进入红岭皇家书馆读书的主要目的，显然就是想跟余明做伴。如此，当余明转学到坦勿埠后，陈李如果还想跟他一起结伴上学的话，那么，他去到那里读书的可能性就最大。内务部认为上述解释合情合理，便转而再去函西坦勿公立高小询问。八月二十日，该校校长复函表示，他的学校没有一位名叫陈李的中国学生；而他在咨询该校学生余明的家长余江之后得知，原本陈李确实是打算来此跟其子一起上学，但此时他还在中国，尚未来到澳洲呢。显然，余江是把陈李和陈林两兄弟的名字给混淆了，而陈林此时确实还在中国，尚未来到澳大利亚留学。

内务部在西坦勿公立高小也没有找到陈李之后，不知道他到底去了什么地方读书，遂于九月初行文鸟沙威省海关部门，请其协助查找这位中国学生的下落。一个星期后，海关便报告说，实际上，陈李在其连弥时埠并没有停留几天，而是很快就又回到雪梨埠，住在舅父李哈利那里，并于七月四日注册入读位于城里必街（Pitt Street）的基督堂学校（Christ Church School），毕

① 档案里说明Harry Lee是陈李的Uncle，按字面意思，可以是伯父，也可以是舅父。从其姓氏上看（如果Lee是其姓氏的话），可判断为其舅父，或是表叔伯。而在澳大利亚国家档案馆里的一份宗卷显示，李哈利来到澳大利亚发展的年份是一八八八年，这与前面提到的关洪裕来到澳大利亚的年份比较相近。档案透露的点滴信息也显示，李哈利在雪梨城里唐人街上的商铺有股份，但在鸟沙威省乡间也有生意。见：Harry Lee [Chinese - arrived Sydney per WOMBO, 20 Dec 1888. Box 29], NAA: SP11/2, CHINESE/LEE HARRY [2]。

竟这里的条件和环境等方面都远胜其连弥时埠这个偏远乡镇。

这样一来二去，时间很快就到了一九二四年。虽然总体而言，内务部只是接到最终的海关报告，表明陈李在学校中的表现还算是不错，但此后一直也没有收到学校提交的有关他在校表现的例行报告。而不幸的是，基督堂学校在上半年的复活节放假后就于四月十七日停办，原因可能跟教会的经费来源困难及师资无法保证有关。而当学校停办时，校长才将陈李的出勤率达到百分之九十五以上的情况正式写信告知内务部，并说明已经建议这位中国学生去往其他学校入读。随后，内务部通过海关稽查人员了解到，这位中国学生已经转学到邻近的库郎街公学（Crown Street Public School）就读。

另一头，根据保生昌号安排的船期，一九二四年的五月底，陈林被家人送到香港，拿上护照后，就在此与另外三个早已约好的赴澳留学的小伙伴会合，结伴同行。这三个小伙伴，一个是香山县的阮英文（Yingman Gum Yuen）[①]，一个是台山县的伍亚称（Ng Ah Chan）[②]，另一个则是新会县的钟石仁（Jung Shek Yun）[③]。他们搭乘中澳船行经营运行的“获多利号”（Victoria）轮船，于六月二十二日抵达雪梨港口。在雪梨的Harry Kee（关广祺）[④]去到海关将陈林接出来，但因他在航海途中罹患了疥癣，海关检疫部门查出来后虽然准允他入境，但特别说明，他必须先在家治疗，待痊愈后方才可以正式注册上学，以免传染影响学校里的其他学生。由是，关广祺将陈林送到其连弥时埠跟其父亲住在一起，但他只能待在家里，接受定期检查，直到十月初痊愈。

就在弟弟陈林抵达澳洲处于居家隔离之际，陈李在七月份前后离开了库郎街公学，但直到九月底该校向内务部提交例行报告时，后者才得知这个消息，遂再次行文海关，要求协查其去向。到十一月底，海关部门经一番访

① Yingman Gum Yuen [Passport], NAA: A2998, 1951/2340。

② Ng Ah CHAN - Student passport, NAA: A1, 1927/11362。

③ Jung Shek YUN - Student passport, NAA: A1, 1927/10277。

④ Harry Chew Kee [Chinese - arrived Sydney, 1887. Box 27], NAA: SP11/2, CHINESE/KEE HARRY CHEW。档案中未说明关广祺与陈兆祺之间的确切关系，只是显示他抵达澳大利亚发展的年份是一八八七年，并住在雪梨经商，而非像陈兆祺所居住的主要地方是其连弥时埠及其周边乡镇，做生意也在那些地方。

查，最后得知十六岁的陈李在大约七月份时便离开学校，在雪梨内城区西部的安南岱区（Annandale）其舅父所开的一个蔬果商铺里帮手经营。可能是意识到了内务部和海关在查找其去向，李哈利遂再安排他进入学校念书。但李哈利没有再让陈李回到库郎街公学，也没有安排他进入雪梨城区的其他学校，而是将其送往乡间，即位于雪梨去往其连弥时埠中间的一个小镇司康埠（Scone），于十一月四日注册入读该埠的司康公立学校（Scone Public School）。实际上，此时距学年结束放暑假仅剩下一个来月的时间，也许陈李到此地读书就是为了躲避海关人员的进一步稽查。当海关稽查人员警告李哈利和陈李上述旷课打工的做法严重违规，到次年六月将不会再获留学展签甚至会被取消签证时，他们似乎对此警告并不以为然，因为据说第二年初陈李就会离境回国。

果然，在还没有等到内务部对其采取行动之前，陈李就已经自行做出了选择。一九二五年二月十一日，他在雪梨港口登上驶往香港的“丫拿夫拉号”（Arafura）轮船，离开留学一年半左右的澳大利亚，径直返回家乡去了。此后，再未见到与他有关的任何进入澳大利亚的记录。

就在陈李旷课跑去打工协助经营店铺的时候，一九二四十月六日，陈林经当地卫生检疫医生最后一次复查后确认痊愈，解除了居家隔离的限令，可以去上学了。他没有像哥哥陈李那样选择去别的学校，而是按照父亲陈兆祺此前的安排，入读红岭皇家书馆。因为其住处距离学校较远，有三英里半左右的距离，平时他都是搭乘马车前往上学，但有时候因下雨和大风导致无法行走，就无法去到学校上课，除此之外，他的在校表现和学业都很令人满意。当哥哥陈李离境回国时，他没有跟随，继续在这所学校里读书。一九二五年六月十九日，校长提供给内务部的例行报告显示，陈林在校表现良好，学习成绩优异，可是校长也还是在报告中透露出其心声。他表示，作为纯粹的白人，他内心强烈地反对中国人和日本人前来澳洲，显然，他是“白澳政策”的支持者，但他也不得不承认，陈林这个中国学生表现得很绅士，积极参与学校举办的各项活动；同时，学习非常刻苦努力，即便入学被耽误了这么久的时间，他也还是尽力克服困难，迎头赶上。校长还在报告中强调，陈林的英语已经说得很好，很受老师和同学的喜爱，就连他自己也经常亲自带着这位中国学生去参加各项体育运动和比赛。

校长提交上述报告后不久，正好就到了年中放寒假之时，而陈林就此退学，去往雪梨西北部距主城区约五十公里左右的里士满埠（Richmond），因为他的父亲陈兆祺去到那个镇子开设了一家杂货店铺，他需要跟着过去。直到十月底内务部来函询问陈林的在校表现时，红岭皇家书馆的校长才将其转学的情况见告，并表示，这个中国学生很勤奋，在干农活时也是一把好手；而从旁观者的角度来看，他所做的这一切，实际上就是想将其在澳大利亚的临时居留转换为长期的甚至是永久居留。他把自己的这个感觉告诉内务部，意在提醒他们注意这个中国来的小青年。直到十一月底，内务部才根据海关的排查，得知陈林在靠近里士满的温莎公立学校（Windsor Public School）上学。当然，从学校反映的情况看，陈林一如既往，仍然是在校表现和学业成绩都令人满意。

只是陈林在温莎公立学校读书不到一年，自一九二六年三月起，他再次随着父亲转场，搬迁到鸟沙威省西北部靠近雪山的图穆特埠（Tumut），他的父亲陈兆祺承顶了该埠的一家名叫Sun Kum Lee & Co.（新锦利号）的杂货铺，经营范围包括销售陶器产品、服装鞋帽。在这里，陈林入读图穆特地区学校（Tumut District School）。到年底时，学校的报告显示，除了算术等学科仍然保持较好的成绩，其英语写作也有了很大的提高。

从一九二七年五月十七日起，陈林便离开了图穆特，去到雪梨。但他没有将其去处告知图穆特地区学校校长，因此，后者据实以告内务部。而陈林在雪梨转了一圈，没有找到合适的学校入读，便于七月初重返温莎公立学校入读。校长随后将此事通知雪梨海关，内务部才得知其去向。只是他在这里也只是读了半年，到年底学期结束后便又离开了这里，再次去到雪梨。显然，他重返温莎读书，只是因一时间没有想好在雪梨哪家学校就读，为了符合留学生章程的规定而采取的临时措施而已。

一九二八年新学年开始，十八岁的陈林注册入读靠近雪梨唐人街的中西学校（Chinese School of English）。读了半年之后，他在当年九月二十八日致函内务部部长，表示自己已经成为其连弥时埠新广生号（S Kwong Sing & Co.）的股东，希望当局能将其学生身份转为商人身份，亦即将一九二八年六月份得以展签的学生签证转为商务签证。他自述此前几年在不同的学校都保持了良好的学习成绩，加上在赴澳之前于中国所受到的汉语训练，使他中英文俱佳，正好是新广生号商行此后发展与扩张所不可或缺的有利条件，因为这间商行的进出口贸易规模正在日益增长，也需要人手来做这方面的工作。为加强上述申请，他还特地去到温莎，请当地公立学校校长为其写了一封很好的推荐信，一起寄给内务部部长。而且，他还在征询了父辈的意见后，聘请其连弥时埠最著名的律师兼政客艾伯特（P. P. Abbott）作为他此番申请的代理，由其向内务部部长正式提出上述签证转换申请。艾伯特是鸟沙威省北部地区的职业律师，早在十九世纪末二十世纪初便非常著名，曾两任其连弥时埠市长，也担任过一届联邦众议员；第一次世界大战爆发后，澳大利亚参战，他便加入澳大利亚皇家陆军进入欧洲战场作战，战后以中校阶级退役，重操旧业，随后在一九二五年当选为联邦参议员。[①]因其在政商两界极具影响力，法律界的地位也很崇高，陈林冀望因他的出面，能为自己的上述申请达成目标。然而，上述精心准备的申请以及所有的努力通通无用。十月十八日，内务部秘书复函，断然拒绝了上述申请。无奈之下，陈林只好继续在中西学校读书，直到年底学期结束。

一九二九年新学年开学后一个星期，陈林还没有回到中西学校上课，校长戴雯丽小姐（Winifred Davies）对此特别紧张，生怕担责任，遂赶紧将该学生未有注册入读的情况报告内务部。因内务部已经有了陈林总想转换身份的印象，便马上通知海关协查，看他是在什么地方打工。二月十五日，海关稽查官员在雪梨找到了陈林。他向稽查官员解释说，未能及时回校上课的主要原因是，暑期去到坦勿埠余江的商铺看了看，顺便在那里度假，毕竟他跟余江的儿子余明早在赴澳留学前便已熟悉。由此耽搁，回雪梨就晚了几天。

---

① Terry Hogan, “Abbott, Percy Phipps (1869–1940)”, *Australian Dictionary of Biography*, National Centre of Biography, Australian National University, http://adb.anu.edu.au/biography/abbott-percy-phipps-4962/text8231, published first in hardcopy 1979, accessed online 11 May 2020。

他向稽查人员表示，将会即刻返回学校念书。他确实是这样做了，但只是返回中西学校读了一个多月，随后退学。在复活节假期之后，他便进到雪梨城里，注册入读都市辅导学院（Metropolitan Coaching College），主修通识教育和打字。但因该学院课程量不大，他在下半年仍然返回中西学校上课，而上述都市辅导学院的课则放在夜间进行。由是，这种状况一直持续到年底放暑假。

放假后，陈林去到其连弥时埠，因为父亲陈兆祺在鸟沙威省乡间转了一圈，最终还是回到那里经商。他来到该埠是为了帮助父亲收拾东西，因后者早就计划近期要回国探亲。到一九三〇年一月十一日，陈兆祺在雪梨搭乘“天咑号”（Tanda）轮船离境之后①，陈林就待在了其连弥时埠。因这一年开学后他也像上一年那样没有回去中西学校上学，戴雯丽校长还是跟上次一样，赶紧将其行踪报告给了内务部。海关接到内务部协查的指示后，就在中国城找到了陈林抵达澳洲时担保接他出关的关广祺，从他那里得知，目前陈林应该是在其连弥时埠，住在新广生号商行经理关广结（Walter Gett）家里。随后，海关通过当地警察部门，确认了上述说法，并且得知他已经在该埠注册入读新英格兰文法学校（New England Grammar School）。也就在这个时候，中国驻澳大利亚总领事宋发祥亦在二月二十四日致函内务部秘书，正式知会通告了陈林的转学事宜。所有的这些操作显示，陈林的上述做法都是符合规定的，没有引起什么麻烦。由是，他在这所学校一直读到十月份。

一九三〇年十月六日，陈林再一次像两年前那样，给内务部部长写信，告知他现在除了白天在上述文法学校念书，每周还有两个晚上聘请私教补习更多的西方文化和商业知识，目的就是想能尽早出来社会工作，以自己的知识贡献社会，在经商中展现自己。他表示，作为一个二十岁的年轻人，他已经找到了人生发展的目标，因而希望内务部部长能将其学生签证转为商务签证，他将作为新广生号商行的职员，做好自己的工作。同一天，新广生号经

---

① Choy Tin, Kong Sing, Poo Jum, Chas Kipp, Dang Tsze, Chong Gee, Chew Kee, Jack Yee Mar, Ah Len or Lin and Jang Kong or Yoong [Certificate Exempting from Dictation Test - includes left hand impression and photographs] [box 219], NAA: ST84/1, 1930/474/1-10。

理关广结也致函内务部部长，表示愿意接受陈林作为该商行职员，希望准允他离开学校，进入商行工作。与此同时，还是像两年前一样，艾伯特律师行也再次作为陈林的代理，向内务部部长提出上述申请。这一次的结果，仍然和两年前一样，内务部秘书在一个星期后复函，再次断然拒绝了这一申请。

陈林只好再次耐心地待在学校里念书，但已经不像以前那样保持全勤了。到年底，他旷课十四天，据悉是跑到邻近的昆士兰省（Queensland）去了，至于做什么，他并没有跟学校说；而到一九三一年新学年的复活节假期后，他就没有重返学校上学。当内务部得到消息而行文海关要求对其旷课行为调查时，关广结于四月十四日致函内务部部长，为陈林申请六个月的学徒身份，让其进入新广生号接受商务培训，因为该商行需要发展，也需要职员，中英文俱佳的陈林正是商行所需要的人才。他还表示，六个月之后，陈林就应该返回中国度假，希望届时也核发给他十二个月内可以返回的再入境签证，届时他返回其连弥时埠就可以成为该商行正式职员。同样地，艾伯特律师行再次代理上述申请。或许是因为新广生号是当地大企业，雇佣有十几到二十个当地员工，每年营业额达到六万镑，加上每年进出口价值都在几千镑，社会经济效益显著，因而，这一次内务部部长就没有拒绝，而是于五月四日对上述申请开放了绿灯。

半年时间的学徒签证，应该从四月起算，到十月份就应该到期。但到九月份时，陈林意识到自己还有很多事情没有做也没有学会，便致函内务部秘书申请展签十二个月。为此，艾伯特律师行继续担当代理人为他争取展签。这一次也还好，内务部秘书没有拒绝，但也没有完全同意其申请的十二个月，而是采取折中办法，同意给他展签六个月。

申请成功后，陈林就策划着申请一份一年半后返回澳大利亚的再入境签证。他以中国市场广大，需要跑一些地方和企业，争取他们的订单，以出口更多的澳大利亚面粉、水果制品和肥皂等产品为由，希望内务部可以给他十八个月的时间，一方面完成探亲，另一方面也可以多做些市场调研和接洽，拿些订单回来。尽管他描绘的蓝图很好，但内务部仍按照规矩行事，于九月三十日批给他十二个月的再入境签证，并强调这是正式的批复，他必须在十二个月内返回。既然如此，陈林无法再节外生枝，遂于十月十四日去到雪梨，搭乘“天咑号”轮船，驶往香港回国。

陈林也确实遵守诺言，不敢延后入境，便在国内待了不到十个月就急急忙忙赶回澳洲。当然，这个时间足够他回国定亲结婚，毕竟此时他已经二十二岁，正好是谈婚论嫁之年龄。或者家里早就跟他订好了佳期，就等着他回去完婚。一九三二年八月十日，他乘坐从香港起航的“太平号”（Taiping）轮船，返回雪梨港口，再次入境。海关因早就接获去年内务部批复他再入境签证的副本，因而当场便核发给他一年期的商务签证。随后，他便转往其连弥时埠，正式入职新广生号商行，开始其在澳之经商生活。

因档案中没有文件显示出此次陈林从中国带回来多少金额的订单，无法得知其经营的进出口贸易给新广生号带来多大的收益，只是他在余下的时间里按部就班地工作，一年时间很快就过去了。一九三三年八月十五日，艾伯特律师行作为他的代理，向内务部申请陈林的下一年展签。内务部是否批复，还得看过去一年的业绩如何。此时因受世界经济大萧条的影响，新广生号商行进行了重组，老股东关洪裕被召回来取代关广结成为经理，重新主持商行的管理和经营。他对前来调查的海关人员表示，陈林作为该商行的股东之一，现在是杂货部门的副经理，主要负责物流，责任重大。而由于商行重组，所有的进出口业务都由总行负责，然后统一分配到在其连弥时埠以及周边乡镇下属的不同店铺。在这样的情况下，很难统计像他这样持商务签证的员工所能给商行带来的订单收益。而跟陈林具有同样情况的，还有关泗合。[①]受世界经济大萧条的影响，生意也确实难做，商行本身就要裁员，而持商务签证的中国人首当其冲，由是，内务部表示无法批复下一年度的展签。但在艾伯特律师行的斡旋下，内务部秘书同意给予陈林三个月的展签，以便他能结束工作，做好交接。但最终因艾伯特律师行的坚持，展签延至这一年的年底，即十二月三十一日。

① Quan See Hop [includes Certificate's of Exemption and left and right thumb prints] [correspondence concerning Exemption status of subject] [box 446], NAA: SP42/1, C1941/3353 PART 2 OF 3。

一九三四年新年过后，就在内务部想要知道陈林是否已经订好船期离境回国之际，于一月二十二日接到了陈林的一封信，为自己申请十二个月的展签。他解释申请的主要原因是，来自香山县龙头环村的侯官妙（Goon Mew，或Howe Goon Mew）[①]，此前曾在雪梨开办过木器店，一九三〇年卖掉生意后回国探亲，去年返回澳洲，返回其连弥时埠地区寻找机会开店，毕竟早年他赴澳发展时是从这一带起家的，对这一带比较熟悉。最终，他选择在艾玛围埠（Emmaville）开设商店，叫作“Yow Sing & Co.”（耀生号），经营杂货、生果、陶瓷、服装和鞋帽等商品。他的儿子侯关德（Ho Goon Dick，或写成Ho Goon Duck，或Ho Guan Dick）早几年也来到澳大利亚留学，此时就在其连弥时工学院（Glen Innes Technical School）读书。此前侯官妙也曾申请儿子退学转变学生身份为商人身份，协助他把店子做起来，但遭到内务部部长的否决，只准他读书，不准打工和转变身份。[②]由是，侯官妙迫切需要一个帮手，将生意做起来，也想做进出口贸易，最主要是想把澳大利亚的一些产品比如肥皂等出口到中国。而陈林正好此前就做这个生意，因而希望内务部部长能给他十二个月展签，让他协助侯官妙把生意做起来。为同样目的，侯官妙也写了相同内容的信给内务部部长，支持陈林的申请。尽管上述理由看起来还说得过去，但并未能打动内务部部长。二月十五日，内务部部长分别复函两人，拒绝了他们的申请，勒令陈林立即离境回国。

侯官妙接到拒签信后，认为此前可能是申请的口子开得太大，要求一年的展签太多，应该改为半年可能会有戏。于是，他于二月二十四日再次致函内务部部长，希望他重新考虑上述决定，给予陈林半年的展签，以便在自己商铺刚刚开始经营之时他能给予协助。他在信中表示，不是说不能在当地找到员工帮忙，而是要找到一个熟行并有经验的帮手并非易事。尽管他说的都很有道理，理由也充足，但内务部部长在三月八日再次断然拒绝了此项

---

① Mew, Goon [Chinese - arrived Melbourne (or Sydney) per Taiping circa 1900] [Box 4], NAA: SP605/10, 303。侯官妙生于一八七六年，一九〇〇年从家乡来到澳大利亚发展。此前曾在其连弥时埠经营过家具，后来到雪梨发展，在那里与人合股开设家具厂，名为永和号木铺（Wing War & Co.）。

② 见：Ho Goon Dick - Student Passport, NAA: A1, 1933/123。

申请。

当一切努力都无法奏效后，陈林明白再说也没有用处了。于是，他马上收拾好行装，告别父亲，也挥别他曾经工作过两年多的其连弥时埠，去到雪梨，于四月十八日赶上驶往香港的“太平号”轮船，返回家乡去了。他从一进入澳大利亚留学，就十分用心学习，正如红岭皇家书馆校长所说的，目的就是想留下来，为此，他读了六年的书，并在这里工作了两年多的时间，但在当时“白澳政策”的大环境下，他无法留下来，只能回国。至于此后他是否再次重返澳洲经商，因找不到与其相关的档案，无从得知。

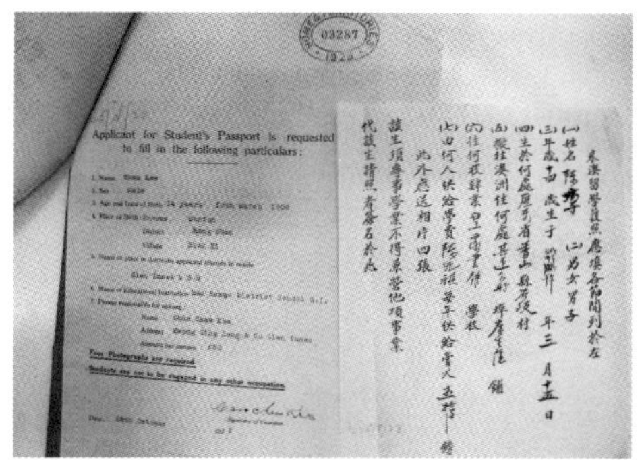

Applicant for Student's Passport is requested to fill in the following particulars:

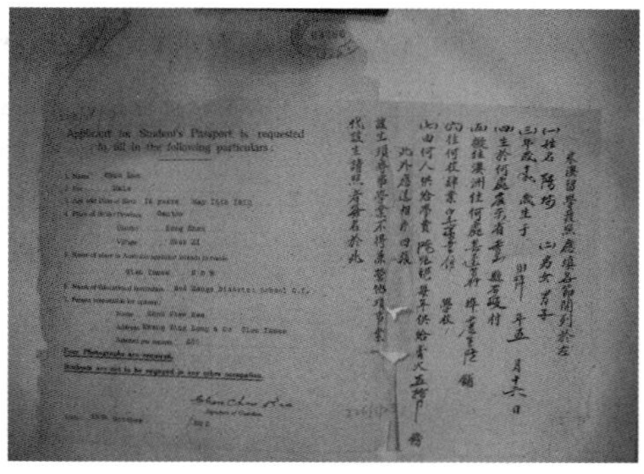

Applicant for Student's Passport is requested to fill in the following particulars:

一九二二年十月二十八日，陈兆祺以监护人和财政担保人的身份，向中国驻澳大利亚总领事馆申领两个儿子陈李（左）和陈林（右）的赴澳留学护照和签证。

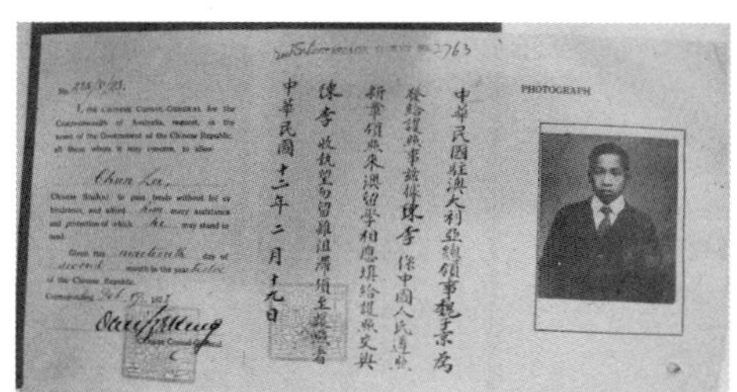

中华民国驻澳大利亚总领事魏子京为发给护照事兹据陈李系中国人民连照所开领照来澳留学相应填给护照交与陈李收执望为留难阻滞须至护照者

中华民国十二年二月十九日

PHOTOGRAPH

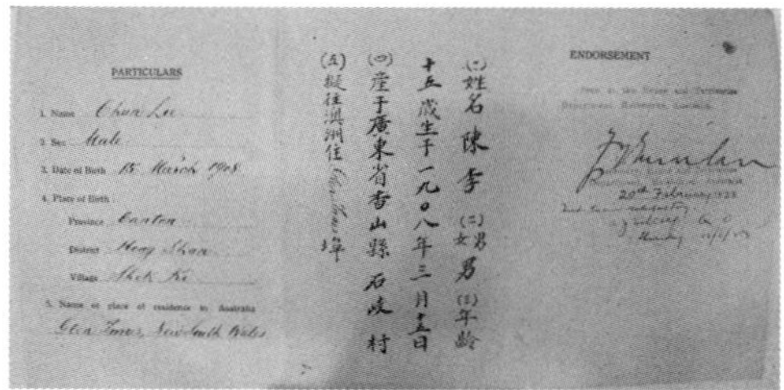

PARTICULARS

1. Name Chan Lee
2. Sex Male
3. Date of Birth 15 March 1908
4. Place of Birth
Province Canton
District Heung Shan
Village Shek Ki
5. Name of place of residence in Australia
Glen Innes, New South Wales

(一)姓名 陈李 (二)男女 男 (三)年龄 十五岁生于一九〇八年三月十五日
(四)产于广东省香山县石岐村
(五)拟往澳洲住[illegible]埠

ENDORSEMENT

一九二三年二月十九日，中国驻澳大利亚总领事魏子京给陈李签发的中国学生护照。

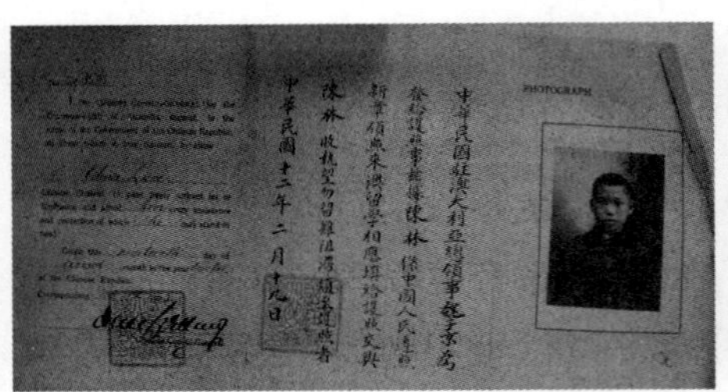

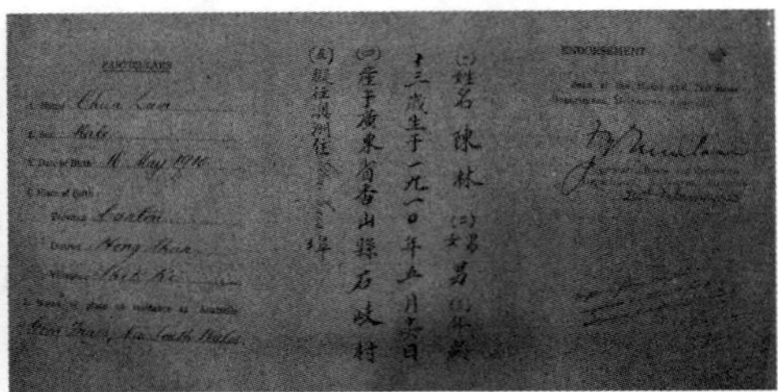

一九二三年二月十九日，中国驻澳大利亚总领事魏子京给陈林签发的中国学生护照。

档案出处（澳大利亚国家档案馆档案宗卷号）：

Lee, Chun - Students passport, NAA: A1, 1925/5182

Chun LUM - Student Passport, NAA: A1, 1934/1592

吴光宜、吴光荣兄弟

香山库充村

吴光宜（Arthur Sue Kee）和吴光荣（James Sue Kee）两兄弟，分别出生于一九〇八年三月十六日和一九一一年八月二十二日，香山县库充村人。

吴肇基（Sue Kee）是吴光宜和吴光荣两兄弟的父亲，大约是一八六五年出生①。早在十九世纪末澳大利亚联邦成立（一九〇一年）之前，他就和同胞兄弟吴和基（War Kee，或者写成Wah Kee）一起，于一八九四年前后从家乡来到澳洲谋生，以寻求发展。②与许多当年的香山乡亲一样，他们兄弟俩最终定居于昆士兰省（Queensland）北部重镇汤士威炉埠（Townsville）。从相关档案披露的资料看，他们在一九〇三年之前便在该埠开设了一家杂货店，以兄长的名字命名，叫作肇基号（Sue Kee & Co.）商铺，位于弗林德斯大街（Flinders Street），售卖土洋杂货以及生果蔬菜。弟弟吴和基虽然也在商铺里占有股份，但却主要是充任菜农，为上述店铺提供蔬菜产品。③

---

① 见：Certificate Exempting from Dictation Test (CEDT) - Name: Sue Kee - Nationality: Chinese - Birthplace: Canton - departed for China per NIKKO MARU on 6 November 1911, returned to Townsville per TANGO MARU on 22 April 1914, NAA: J2483, 76/50。另一份档案则显示，吴肇基出生于一八六三年，见：Kee, Sue - Nationality: Chinese [DOB: 1863, Occupation: Fruit Shop] - Alien Registration Certificate No 74 issued 18 October 1916 at Townsville, NAA: BP4/3, CHINESE KEE SUE。检索澳大利亚收藏的十九世纪许多华人的档案，可以发现很多人的年龄在不同时期记录的都不一样。这可能是记忆有误或中国农历年换算成公历出错等造成，但也有可能是为了某种目的，故意夸大年龄或减龄。

② Application for Domicile Certificate by Wah Kee, NAA: A1, 1903/6368。

③ Wah Kee - Correspondence relating to application for certificate of domicile - Townsville – Gardener, NAA: BP342/1, 11800/245/1903。

一九二一年八月二十日，为了让分别已经十三岁和十岁的两个儿子来澳留学，吴肇基以自己开设的肇基号商铺作保，填表递交到位于美利滨（Melbourne）的中国驻澳大利亚总领事馆，申请办理吴光宜和吴光荣的中国留学生护照和入澳签证[①]，并承诺每年分别提供足镑膏火银给俩儿子作为留学费用。他所说的足镑，在英文申请表上则具体表述为每年大约五十镑。也就是说，以他的看法，这个额度的钱足以囊括每个儿子一年的学费、生活费及相关的其他费用。他在申请表上表示，儿子来澳将跟他住在一起，入读当地的公立学校，具体地说，就是汤士威炉的西端公立学校（West End State School）。

中国总领事馆接到申请后，审理比较及时。一个月之后，即九月二十日，中国总领事魏子京分别给吴光宜和吴光荣签发了编号为106/S/21和108/S/21的中国留学生护照。考虑到这一年是《中国留学生章程》在澳洲实施的第一年，申请的人数很多，总领事馆的工作量也是很大；而且还要考虑到昆士兰北部到美利滨的距离有三千多公里之遥，以二十世纪二十年代初的交通条件，即便是运输邮件，也需要在途中行走好几天的时间，这样的审理速度应该算是很快的了。再过了九天，即九月二十九日，澳大利亚内务部也根据中国总领事馆的要求，为吴家兄弟核发了入境签证。按照流程，中国总领事馆在当天就将护照和签证寄往香港的金山庄全兴泰号，让其安排行程，以便吴家兄弟尽快入境澳洲念书。

全兴泰号的工作效率还是蛮高的，很快就将船期确定下来。然而，当年年底，只有哥哥吴光宜一人独自赶赴香港，在此搭乘澳中船行经营的“获多利号”（Victoria）轮船，于一九二二年一月二十日抵达汤士威炉，入境澳洲。而弟弟吴光荣则不知何故，没有即时跟着哥哥一起赴澳，而是又等了半年左右的时间，再与其堂兄吴光扬一同赴澳。

吴光宜来得很及时，抵达的日期也合适，正好碰上当地学校新学年开

---

① 在申请两个儿子来澳读书时，吴肇基顺便把生于一九〇九年七月十五日的兄弟吴和基的儿子吴光扬（Johnny War Kee）也一并提出申请，因而中国总领事馆也将其申请一并处理，签发给他的护照号码是107/S/21。详见：Johnny War Kee - Students passport, NAA: A1, 1933/1542。

学。于是，一九二二年二月一日，这位十四岁的香山少年便正式注册入读父亲为其选好的西端公立学校。因此前未曾学过英语，吴光宜只能从头学起，但他很快就适应了这里的学习环境；也可能因为年龄较大，理解力强，他的学习比较到位，故在校的各项表现和学业都受到好评。半年后，一九二二年六月十六日，他的弟弟吴光荣和堂弟吴光扬一起乘坐从香港开航的“衣市顿号”（Eastern）轮船抵达汤士威炉。入境十天之后，十一岁的吴光荣也按照父亲的预先安排，进入西端公立学校读小学，与哥哥做伴，也同样是从小学一年级读起。学校报告显示，他的在校表现良好，学业令人满意。

毕竟年纪比较大，懂得用功，吴光宜在西端公立学校读了两年，英语听说读写的能力大为提高之后，便从一九二四年初新学年开始，转学到天主教会在汤士威炉埠主办的基督兄弟会书院（Christian Brothers’College）读书。该书院是完全学校，包含有小学到中学的课程，这对于已经十六岁的吴光宜比较合适，毕竟他此前在西端公立学校，面对的都是比他要小五六岁的孩童，交流方面没有那么顺畅，而到一个有和自己年龄相仿学生的环境里，与当地学生的交流和沟通就方便和容易得多。虽然吴光宜在那里的表现较之在西端公立学校更好，但毕竟英语程度不够，此前也没有西学的底子，无法跟得上课程的进度，因而在读了两年后，于一九二六年初又重新回到西端公立学校读小学高年级课程。而在这里，他对学业应付自如。但在哥哥不停折腾并来回转校的这段日子里，弟弟吴光荣则很淡定，一直在西端公立学校正常上学，也一直表现平稳，学业令人满意。由是，兄弟俩在西端公立学校一直读到一九二六年底，在学校期间的表现都可圈可点。

而从一九二七年初开始，他们兄弟俩一起离开了西端公立学校，转学到了汤士威炉南部与之相距不到一百公里的小镇鸦埠（Ayr），进入该埠的公立学校（Ayr State School）就读。他们的叔父吴和基的果菜园就在该埠旁边的小镇布朗顿（Brandon），堂兄弟吴光扬也在这所公立学校念书。这次转学，最主要原因是他们哥俩的父亲吴肇基已把在汤士威炉埠的生意卖掉，决定向南发展，准备在鸦埠重新开设其肇基号商铺，因而兄弟俩也跟随一起过去住，不然的话，汤士威炉埠的读书条件要比鸦埠好很多，学校也多。但他们仅在鸦埠住了两个月左右，就又离开该地，沿着海边再往南走，转学到位于昆士兰中部的滨海重镇墨溪埠（Mackay），进入该埠的墨溪公立学校（Mackay State School）念书。这次短时间内再次转学，仍然还是跟他们的父亲有关。据档案披露，他们的父亲吴肇基原本是想在鸦埠继续开店做生意，但结果发现该埠人口有限，而竞争太大，难以经营，只能继续南移到人口比鸦埠要多得多的墨溪，生意才容易维持，并将他的肇基号商铺，开在该埠的域多利大街（Victoria Street）上。

一九二七年底，吴光宜在墨溪公立学校毕业，并通过考试[①]，于次年新学年开始，正式注册入读墨溪公立中学（Mackay State High School）。而吴光荣也平平静静地在墨溪公立学校读了两年后，于一九二八年底从小学毕业，顺利地通过了升学考试[②]，可以在次年新学年开学时与哥哥一起进入墨溪公立中学念书了。但他却没有在来年新学年开学后按照惯例升学进入中学，却在一九二九年二月就离开墨溪，到汤士威炉埠搭乘“太平号”（Taiping）轮船，于二月二十二日返回中国去了。这一年，已来澳留学六年半的吴光荣将满十八岁，正好是任性的年龄。他走之前既没有报告中国总领事馆，也没有知照学校，更没有说明是否还要再回来澳洲继续念书，也可能正因为此，他根本就没有想到要申请再入境签证。而他的哥哥吴光宜则继续留在中学里读书，虽然课程难度大了许多，但他还是挺勤奋，无论是在校表现还是学业都还算得上令人满意。

半年之后，即在一九二九年九月二十三日，新任中国驻澳大利亚总领事宋发祥致函澳大利亚内务部，告知吴光荣从中国跟他取得联络，希望通过中国总领事馆向内务部申请再入境签证，表示他还想重返澳洲，继续学业。他计划是回到墨溪，念技校或者工学院，就是想学点技术傍身，以为日后走向社会之用。这可能是在回到中国后，吴光荣发现无论是升学还是做事都不

---

① 见墨溪埠当地报纸报道：“High School Exam”, *Daily Mercury* (Mackay), Monday, 28 November 1927, p. 6.

② 见墨溪埠当地报纸报道：“High School Exam, Local Results”, *Daily Mercury* (Mackay), Wednesday, 28 November 1928, p. 8.

是那么容易，因而为自己的任性而自责，感觉还是回来澳洲完成学业，方为正途。宋发祥总领事在上述申请函中表示，作为主管留学事务的中国总领事，对这样的申请自然是十分支持的，也吁请澳洲主管部门协助这位中国学生达成其梦想。两周之后，内务部回复说，鉴于吴光荣已满十八周岁，他只能去读私校，无论是中学还是商学院或者工学院，他都必须要交费并全职读书。吴光荣如此照办的话，内务部将按例给他核发入境签证。事实上，这是一九二六年中实施的《中国留学生章程》修订新规，即此后进入澳洲留学的中国学生必须就读收费的私立学校，无论是念中小学还是读专科院校，而不是像以前那样，可以随便入读自己喜欢的公立或私立学校；但在此之前进入澳大利亚读书的中国留学生，如果是在公立学校里读书的，则仍然可以继续在该类学校里就读并升学，这也就是何以在吴光荣回国之前他和哥哥吴光宜都可以一直在当地公立学校里正常入读和升学的原因。当然，像他这样在一九二六年之前来澳读书的中国学生，如果在该年之后离开澳大利亚回国探亲，如再返澳读书，则必须按照新规入读私校。虽然内务部已经敞开了大门，只要吴光荣拿到当地私立学校的录取通知，便可以核发签证，可是，不知是在联系入读哪家学校方面耽误了时间，还是其他方面的原因，直到下一年的七月份，宋发祥总领事才转来墨溪基督兄弟会书院中学部（Christian Brothers' High School）给吴光荣的录取信。据此，内务部方才于一九三〇年七月二十二日给吴光荣核发了入境签证。此时，距吴光荣联络中国驻澳大利亚总领事馆申请重返澳洲留学，已经过去了十个月。

就在吴光荣申请重返澳洲读书的这段时间里，哥哥吴光宜也没闲着。一方面，他在学校里继续念书，刻苦和勤奋是他给校长和老师留下的印象；而且他在体育方面也很活跃，参加学生会组织的体育活动和相关比赛，比如一百米跨栏和跳远等等。[①]另一方面，到一九二九年底，他已经读了两年中学，转眼第二年就要满二十二岁，是该进入社会找工作安身立命的时候了。

---

① "Schools Association, Annual Sports Meeting", *Daily Mercury* (Mackay), Tuesday 11 September 1928, p. 6.

墨溪埠有一位医生名叫饶德伟（Dr David Robertson Rae），在当地颇具名气，平时也跟吴肇基关系较好，自然也就认识了其子吴光宜，后者给他留下的印象是有礼貌和工作学习勤奋认真，对此，他非常欣赏这位年轻中国人。也许之前吴肇基就在他面前流露出想将儿子留在澳洲工作和发展的意愿，他也真诚地认为，这个中国年轻人如果在澳洲工作的话，将会是一个很好的雇员。为此，他就想以自己在医术上的名气以及与时任澳大利亚总理斯卡林（James Henry Scullin）此前结下的极佳私人关系，为吴光宜申请工作签证，进而再留在澳大利亚发展。于是，一九二九年十二月十二日，他致函斯卡林总理，介绍了吴光宜的情况，希望总理利用自己的影响力，通过内务部部长来转变吴光宜的身份，即转换签证类别。但内务部部长并不买饶德伟医生的账，即便是由总理转交来让其处理的这个请求，也被他顶了回去。一个星期后，内务部部长正式回复说，吴光宜是以学生身份来澳读书的，按规定，他最多可以读到二十四周岁，这是中国留学生在澳留学的最高年限，届时他就必须返回中国。也就是说，拒绝了饶德伟医生的上述请求。既然如此，吴光宜遂不作他想，从一九三〇年新学年开始，继续在学校里读书，以便完成初中文凭。

到了这一年的十月份，眼见着这一学年即将结束，吴光宜的初中课程也即将完成，即便第二年再读高中，但在未完成高中课程之前就因年龄限制必须返回中国，如此，性价比实在不高；而且，此时吴肇基也对长子的未来有所安排，需要他尽快返回国内以应付家事。[①]在这种情况下，吴光宜决定在读完当年的课程后，第二年初便回国；但他同时也想在临走之前放松一下，即去澳洲的几个大埠走一走，见识一下，让自己对澳洲有个较为全面的了解。

---

① 档案宗卷（见：Arthur Sue Kee - Student passport - Business exemption, NAA: A433, 1946/2/4202）披露，还在汤士威炉埠时，吴肇基就与一八八〇年出生并且也是在十九世纪末年来到澳大利亚发展的同邑乡人Yan Chong（或者写成Yen Chong［仁昌，译音］）交好，后者在家乡有一女儿，由是二人便给自己的儿女定了亲。因此，在这个时候吴肇基提出让儿子回国，目的应该很明确，就是让他回去成亲。在档案中，仁昌只有名，没有姓氏，他在汤士威炉也开过店铺，同时充任菜农。在吴肇基搬迁到墨溪发展后，他随后不久也来到这里，同样还是干老本行。关于仁昌的档案，见：Chong, Yan (or Yen) - Nationality Chinese [Grocer] [Year of Birth 1880], NAA: BP4-3, CHINESE CHONG YAN。

可是，他的签证有效期是到一月二十日，如果他要去澳洲其他地方走一走，时间不够，势必会逾期，如此一来，就需要申请额外的延签才可以避免违规。于是，他把自己的想法写信告诉了中国驻澳大利亚总领事宋发祥。后者遂于十二月二十九日致函内务部秘书，为他申请延签三个月的时间。内务部秘书见他要离澳回国，且安排也合理，便欣然同意，但告诫说，绝对不能利用这个时间打工。

于是，待初中课程甫经结束，吴光宜便按计划出游。在探访完澳洲不同省份的几个大埠之后，一九三一年二月二十七日，吴光宜便辞别父亲，去到汤士威炉埠，搭乘路经该埠驶往香港的“太平号”轮船，离开澳大利亚回国。

就在吴光宜为在回国前周游各埠而再申请三个月延签一事忙活的时候，他的弟弟吴光荣搭乘从香港启航的“彰德号”（Changte）轮船，于一九三〇年十一月三日，再次抵达汤士威炉埠入境，随即转道前往墨溪与父亲与哥哥汇合。放下行李后，他便立刻注册入读墨溪基督兄弟会书院中学部。虽然此时距离学期末只剩下一个多月的时间，吴光荣的在校表现还是受到老师和院长好评。年底时，院长推荐他去参加雪梨工学院（Technical College of Sydney）入学考试；他遵嘱参加了考试，结果是每门都考过九十分，轻松通过。[①]由此可见，在回国的近两年时间里，吴光荣并没有荒废学业，可能在家乡甚或去到省城广州或者是香港抑或澳门，进入学校继续学习，也包括英语的学习，因而使他回到澳洲后仍然能够轻松应付这里的学习并通过专科院校的考试。

但是，一九三一年新学年开始，吴光荣并没有像基督兄弟会书院中学部的老师和院长所期望的那样，去往雪梨读书，而是仍然留在了墨溪，以他考进雪梨工学院的成绩为参考依据，获准注册进入开设在墨溪的雷鸣敦商学院（Remington Business College）读书。入学后，他的在校表现仍然可圈可点。他之所以留下来不去雪梨读书，可能是他父亲吴肇基的商铺开在墨溪，一下

① 墨溪当地报纸报道，吴光荣在簿记考试中，成绩为六分，名列考生第一。见：“Christian Brothers’ College Bookkeeping Result”, *Daily Mercury* (Mackay), Thursday, 29 January 1931, p. 6.

子很难将生意转到另外的一个省去；再一方面，则是因为哥哥吴光宜已经返回了中国，而吴光荣就近读书，在需要的时候可以帮个手，协助父亲做生意。随后的事件也正好说明了这一点。

据雷鸣敦商学院院长报告，一九三一年十二月中旬期末考试完之后，到次年一月中旬期间，名义上还没有放假，但吴光荣在这期间旷课二十三天。内务部觉得这是违背《中国留学生章程》条例规定的行为，需要调查是什么原因导致他不到学校上课。海关税务部门于一九三二年三月提供的调查结果显示，这段时间里，吴光荣一直都在肇基号店里帮父亲做事，因为年底年初是吴肇基店铺非常忙碌的季节。但海关在报告中也表示，像吴光荣这样的所谓旷课也是有原因的，实际上不唯他一个人，当时商学院许多当地学生也是这么做的，因为此时学院所有的考试已经结束，就剩下老师改卷和学生在校温习功课，基本上无课可上，学生比较自由。因此，在这段时间里，通常来说，大多数的学生就收拾好东西，该回家的就回家，该干别的事就去干别的事，能有百分之二十的学生仍然在校都已经算是好的了。换言之，这是当时中学或商学院的一种普遍现象。对此现象，海关税务部门觉得很理解，认为这种行为不应该算是故意旷课；并且，待在学院里温习功课也不是强制性的，也就是说，这段时间里学生的行动是自由的，不受约束。通过海关调查以及对这类现象的剖析，这事也就这样解释清楚了，内务部遂未再过问。

然而，自一九三二年五月之后，吴光荣改变了以往白天上课的惯例，改成全部都是夜间上课，主要是选修簿记、速记和打字等课程。商学院院长心理不平衡，就再将此事报告给了内务部。很显然，吴光荣这样的做法是为了白天帮父亲经营店铺，做帮手，到夜间再抽空上课学习。对此，内务部自然心知肚明。六月三日，内务部秘书致函中国总领事馆，明确指出这种做法属于投机取巧，不符合留学章程规定，责其督促吴光荣改正过来，不然就要按章程规定，将其遣送回中国。过了几天之后，中国总领事陈维屏回复说，他已对这件事情的内情有所了解。造成这种情况的原因是，早前吴光荣曾经向中国总领事馆提出过，因父亲店铺生意繁忙，希望协助将其学生签证转为工作签证；在总领事馆告知无法协助此项申请之后，他又表示能否在其签证到期后，再协助申请三个月的旅游签证，使其能像兄长那样到各埠旅游。但总领事馆已经表明，在这段时间里，他能做的事就是努力学习。根据内务部前述函件的精神，总领事馆也告诫他要改变目前的状况，回到正轨，以免造成不利局面。对此，吴光荣应承照办。随后不久，雷鸣敦商学院就向内务部报告说，吴光荣现在已改成白天来上课，一切皆好。显然，事情又恢复到原先的轨道。

可是，这样的情况并未维持很久。据商学院当年十月十二日提供的报告，二十一岁的吴光荣因要准备结婚，自进入这一年的九月份，他就再也没有去学校上课了，因有许多结婚前的事情要做，根本就无暇上学。在澳大利亚国家档案馆里，有一份档案宗卷，写明是属于“吴光荣太太”（Mrs James Sue Kee）。从其夫人原有的娘家姓名（Katherine Damari）来看，很显然，他当时的结婚对象是一位澳洲当地出生的欧裔少女，一九一五年一月十六日出生在墨溪，时年十七岁。[①]而吴光荣在退学一个月后，还没有等到商学院向内务部报告，就于一九三二年九月二十九日从墨溪去到汤士威炉，在该埠港口登上“彰德号”轮船驶往香港回国。可以推测，跟他一起走的，应该还有他在墨溪新娶的太太。

尽管他此次临走前知照了中国总领事馆，也告诉了商学院和当地海关部门，但仍然像上次离开澳洲那样，没有表明是否还要再回来澳洲继续念书，因为按规定，他可以读到二十四岁再离开澳洲。不过，此后再也没有他进入澳洲的档案记录，澳大利亚档案馆里也找不到与他们夫妇相关的档案宗卷。按照当时澳大利亚的法律，一旦当地欧裔女子嫁给亚裔人（亦即中国人），就自动失去了其澳大利亚公民身份，亦即丧失了澳大利亚国籍。如果婚后两人仍然在澳洲，或许主流社会还有一点儿容忍的空间；而一旦两人都出境，不惟男方无法返回，即便是女方，要想正常返澳亦阻力重重。吴光荣早前就认识的香山同乡林快（Lum Wie，亦叫威廉林茂［William Lum Mow］），比他早一年多来到汤士威炉读书，随后他们也在该埠时相过从；而林快后来

---

① 见：Name: Mrs James Sue Kee [nee Katherine Damari] (of Mackay), NAA: BP343/15, 16/123。

留在澳代父经营店铺，后在一九三一年初认识了当地十八岁欧裔女子阿格妮丝·布鲁尔（Agnes Breuer）并在年底娶之为妻，其婚姻在当地曾引起轰动，但在一九三二年三月份他携妻返回家乡石岐探亲度蜜月后，便再也无法返回澳洲。[①]这对吴光荣而言，就是前车之鉴，他明白，一旦离开，自己是无法再返回澳洲的。可以推测，很有可能他们回去后就去了香港发展，毕竟那里华洋混杂，并不十分介意跨种族和跨文化的婚姻。但因无法找到进一步的资料，对他们日后的去向与发展无法查证。

也就在儿子吴光荣带着新婚妻子离开澳大利亚的这一年，原本兢兢业业地经营着商铺的父亲吴肇基也有了要回国探亲的想法，毕竟他自一九二〇年从中国探亲归来之后[②]，已经有十多年未曾回老家了，急需回去看看；加上他已经六十多岁，身体健康状况大不如前，身有痼疾，病情加重，也需要疗养和休息一下。而在此之前，他的兄弟吴和基在一九二九年底结束在中国的探亲返回澳洲后就搬迁到墨溪来[③]，一方面继续加股到他的肇基号商铺里，另一方面也仍然是租地种菜。只是吴和基虽然在店铺中拥有股份，但平时并不参与经营，毕竟他还有菜地需要管理；而小儿子吴光荣虽然人在墨溪，但囿于其身份是留学生，无法打工，内务部也看得严，前面所述的他在暑假期间帮忙都受到多番调查；唯有已经回到国内的长子吴光宜还能帮上忙，即还可以通过申请替工的形式，将其申请前来澳洲，代其管理这个店铺，然后他就可

---

① 林快与澳女Agnes Breuer的整个婚姻状况及其结果，详见：Kate Bagnall, “A journey of love: Agnes Breuer’s sojourn in 1930s China”, in *Transnational Ties: Australian Lives in the World,* edited by Desley Deacon, Penny Russell and Angela Woollacott, ANU Press, 2008, pp. 115-134。当地的社会舆论及对亚裔男性娶当地女性的歧视态度，见：“Yuletide Vandalism: The Lum Mow Affair”, in *Townsville Daily Bulletin*, 25 March 1931, p.3; “Lum Mow Case: Gillan Committed for Trial”, in *Brisbane Courier*, August 10 1931, p.7; “Townsville Criminal Sittings”, in *Brisbane Courier*, August 10 1931, p. 26; Personal. Lum Mow Request from P S Chong for deportation of Lum Mow, NAA: A981, PERS/258。林快的档案，参见：Lum Wie - Student exemption - Business exemption, NAA: A433, 1942/2/3297。

② Certificate Exempting from Dictation Test (CEDT) - Name: Sue Kee (of Townsville) - Nationality: Chinese - Birthplace: Canton - departed for China per AKI MARU on 28 June 1917, returned to Townsville per EASTERN on 12 June 1920, NAA: J2483, 192/72。

③ Certificate Exempting from Dictation Test (CEDT) - Name: War Kee - Nationality: Chinese - Birthplace: Canton - departed for China per TANDA 18 January 1929 returned Townsville per CHANGTE 30 December 1929, NAA: J2483, 457/80。

以放心地回国探亲和休养。于是，在吴光宜走后一年，吴肇基就通过中国驻澳大利亚总领事馆，于一九三二年二月二十九日向内务部提出申请，希望核发给予吴光宜工作签证，让其返回墨溪工作。为了更有力地支持此次申请，吴肇基还请昆士兰国民银行（Queensland National Bank Limited）墨溪分行行长以及当地两家与他有关联的澳人企业董事经理一起写信给内务部，表明他们和肇基号的关系和该商号拥有的信用，加上他们在过去几年时间里对吴光宜为人的观感以及对其能力的认同，希望内务部能批准他进入澳洲接替父亲，代为管理其店铺。

内务部接到申请后，按照流程发文给海关，由后者通过墨溪警察局协助调查吴肇基的经营情况，作为其是否批复此项申请的依据。在过去六年里，墨溪埠的警察与吴肇基已经混得很熟，故在一个月后便把调查报告交到内务部。根据报告，肇基号的当地杂货商品都是通过当地两家西人公司批发而来，因而他们之间的关系良好，这也是他们写信支持吴肇基申请儿子前来替工的主要原因。至于其生果产品，主要由昆士兰省首府庇厘士彬（Brisbane）那边供货，供应链也很通畅；而蔬菜则是自给，因为在距墨溪不到五十公里的小镇密仁里（Mirani），吴肇基有一块二十四公顷的菜地，他占股三分之一，另外三分之二的股份属于他的兄弟吴和基，菜地也由其兄弟负责管理经营。除此之外，他也进口少量的中国土产，供其销售之用。总之，他是本分守法商人，讲信用，主顾关系和邻里关系都很好，警察也极力为他说好话。因上述报告的倾向很明显，而且吴肇基的经营也确实挑不出毛病，内务部便于四月十三日批准了上述申请，准允吴光宜入境澳洲，作为父亲的替工，给予十二个月的工作签证，期满可展签，可累计展签三年。其签证条件是：在吴光宜入境后三个月内，吴肇基须离境回国。也就是说，吴肇基可用三个月的时间密集培训儿子如何经营管理店铺，然后便可离境。

一九三二年十一月三十日，吴光宜抵达汤士威炉，再转车南下，回到墨溪，可是已经错过了在澳洲与弟弟见面的机会。当然，按照当时从昆士兰省到香港的航行需时两至三周计，他们兄弟俩也有可能会在香港碰上一面。按照签证条件，吴肇基应该在次年二月底就要离开澳洲回国，但到一九三三年一月中旬，他权衡形势，希望能再延迟三个月再走，这样一来，吴光宜将会有足够时间将进货、出货和相关的流程全部掌握，并完全自主地经营管理，为此，他向内务部提出来延迟三个月离境的要求。然而，内务部并不松口，坚持原先给吴光宜核发签证的条件。此计不成，吴肇基遂寻找另外的理由。到三月份，他向海关表示，因为税局从其个人所得税中多收取了一百镑税金，这是一笔大数字，他目前正通过财务公司会计师与税局交涉，希望能校正此事，收回自己应得之数；如此，已经影响到他的离境日期，故而希望正式批复给他三个月的延迟离境。尽管还没有等到内务部在接到海关报告后对上述申诉的回应，但吴肇基已经利用这种公牍往返的程序，争取到了相对足够的时间，得以在四月二十五日去到汤士威炉，搭乘“太平号”轮船回国。[①]

离开澳大利亚回国之前，吴肇基还将肇基号商铺的全部股份转卖给了弟弟吴和基，后者将其改名为益华号（Yee Wah）[②]，如此，吴光宜就从原来的作为父亲替工的身份，转到为叔父打工，代其管理这间商铺。这样的安排，搞得当地税局和警察局也在很长时间里难以判断这间商铺的真正拥有者到底是哪一位。而在吴肇基申请儿子吴光宜前来作为自己的替工之时，吴和基也向内务部申请其子吴光扬前来作为自己的替工。只是因为上述肇基号商铺的股东更换与易名，加上吴光宜在本地商家中本来就有一定知名度，以及他英语纯熟流利，已为其商铺供应链的商家认可，成为易名后的益华号经营管理的不二人选；此外，吴和基仍然主要把精力都放在菜园管理上，他自己本身很难全力以赴地管理这个店铺，只能全部托付给这个侄儿。由是，吴光扬重返澳洲作为父亲替工的申请就被内务部否决了。

父亲走后不久，到当年六月三十日，也就是上一个财政年度结束时，吴光宜经营的店铺营业额为一千八百五十三镑，这里边包括了此前的肇基号和易名后的益华号的全部营业收入，基本上跟此前父亲经营时的状况持平。有

---

① Name: Sue Kee - Nationality: Chinese - Birthplace: Canton - Certificate of Exemption from the Dictation Test (CEDT) number: 514/19, NAA: BP343/15, 17/23。

② 见该商行的商品大拍卖广告，“Advertisement”，*Daily Mercury* (Mackay), Saturday, 11 February 1933, p. 14.

鉴于吴肇基刚刚回国探亲，通常都会待上两到三年才能回来，故内务部在当年十月份就给吴光宜核发了下一年度的展签。一九三四年，益华号商铺的营业额为一千八百九十七镑，维持得还算不错，故吴光宜再次获得下一年度的展签。到一九三五年三月，因吴和基过去两年欠了侄儿吴光宜工钱六十镑，经协商之后，他除了将自己所得到那部分全部兑现，还把益华号作为清算两人之间的债务全部抵给了侄儿，然后就径直回国了。在把这个店铺的账目搞清楚之后，已经接近十月份，吴光宜的签证即将到期。通常来说，内务部基本上会按三年的期限来核发替工的工作签证，可是这时候父亲吴肇基仍然因病未回，虽然申请额外一年的展签还是有可能的，但难度会大一些；更主要的是，吴光宜本人离家也已三年了，是在结婚不到两年就离开了妻小，他很不放心。为此，他跟岳父仁昌商量，达成协议，由后者负责帮他照看店铺，他便可回国探亲，希望一年后再返回墨溪。作为岳父，仁昌自然乐意女婿回去好好看看自己的女儿，作为老一辈，他也很乐意在商务代理方面分担儿女的事情。于是，吴光宜在做好相关的安排后，就于十月二十四日赶到汤士威炉，赶上路经该埠的“太平号”轮船，驶往香港，回国探亲。

一年很快就过去了。吴光宜想要返回墨溪继续经营，但没有入境签证。因为去年走的时候，他没有申请再入境签证，现在要重返澳洲，需要重新申请入境签证。于是，他先跟位于雪梨（Sydney）的中国驻澳大利亚总领事馆联络，把自己的情况和要求一一告知，请其通过正式的官方渠道，代其申请入境签证。一九三六年十月三十日，中国驻澳大利亚总领事陈维屏致函内务部秘书，将吴光宜的情况作了一番简要介绍，为其提出入境申请。内务部通过海关和墨溪警察局，经过一个月左右的时间，查到益华号到六月三十日截止的上一个财政年度营业额为一千九百七十镑，基本与此前的经营交易量持平；而从警察与当地会计师和益华号相邻的几家店铺和商行访谈的结果来看，他们都表示吴光宜经营和拥有上述店铺，并且会计师还证明吴光宜在走之前将一百三十七镑现金转账给岳父仁昌，作为其代管该店铺的费用。尽管如此，却无法获得正式的文件证明上述店铺就是属于吴光宜所有。于是，当年十二月十日，内务部就以上述调查中没有证据显示出店铺属于吴光宜所有为由，否决了他的入境申请。

接到上述拒签信后不久，陈维屏总领事就在十二月二十二日去职，由保君建继任中国总领事。保总领事接过这个案子后，于一九三七年一月二十八日复函内务部秘书，对这一决定提出申诉，希望内务部重新考虑核发给吴光宜入境签证。他表示，由于仁昌只是代管上述店铺，他还有自己的生意也要管理和经营，因而导致经营下降，急需店主人回来，重振生意。但这一番努力仍然没有结果，内务部以此前吴光宜得以入境是因为来此作为父亲的替工，根本不是让他来这里开创自己的生意为由，于二月二十四日拒绝了保总领事的申诉，仍然维持此前的决定。

在这种情况下，已经七十多岁的吴肇基只能亲自出马了。在经过半年左右的一番筹划后，他拖着病体，从家乡去到香港，搭乘“太平号”轮船，于一九三七年九月二十七日抵达汤士威炉，转车回到了墨溪。①然后，他从亲家仁昌手中将益华号商铺接收过来，重新将其改名为肇基号，拼尽全力恢复生意。到次年五月，肇基号生意基本上恢复到此前正常的水平，但也耗尽了他的精力，身体状态日渐恶化。为此，他在一九三八年五月中旬特别去了一趟雪梨，找到中国总领事保君建，表示他病体欠安，已无力管理这个商铺；而为了将此商铺的生意在目前的基础上更好地做下去，唯有将他的长子吴光宜再次申请前来，接替他经营管理，而他也就可以重返中国，继续治疗和休养。为此，他恳请保总领事尽力为其争取此事。

保总领事深知，在澳大利亚“白澳政策”下，华人在澳经商和居住都颇不容易，一份生意能维持几十年，是老一代呕心沥血的结果，他也很愿意助其继续经营下去。五月二十三日，保总领事致函内务部秘书，把上述店铺的情况作了一番介绍，并特别说明吴肇基病得不轻，希望内务部能尽快批复其子吴光宜前来，顶替其父亲，继续代为经营这项生意，而让吴肇基能返回中国治疗和休息。接到申请后，内务部通过海关了解到去年的财政年度里，益

---

① Certificate Exempting from Dictation Test (CEDT) - Name: Sue Kee - Nationality: Chinese - Birthplace: Canton - departed for Hong Kong per TAIPING 25 April 1933 returned Townsville per TAIPING 28 September 1937, NAA: J2483, 514/19.

华号的年营业额为一千五百七十五镑，跟以前比是有所下降，而现在肇基号每周的银行进项为十九镑，而其他方面的现金收入不存入银行的，应该也不少，显示出其生意在恢复和发展。而仁昌在归还生意给吴肇基之后，也住在他那里，但自己拥有一块约四分之一公顷的菜园，种植蔬菜售卖。警察也从吴肇基那里了解到，其子吴光宜在一九三一年五月结婚后，已有三个子女，住在家乡，家庭温馨。根据上述报告，内务部认为替工条件成熟，便于八月八日批复了上述申请，先给予吴光宜一年的工作签证，到期可根据实际情况申请展签，可累计最多三年的工作签证。保总领事得到批复，非常高兴，立即通知吴肇基，由他知会儿子尽快前来。

然而，吴肇基未能等到儿子前来。一九三八年十月一日早上，他被人发现在床上停止了呼吸。经法医检查，其死因是慢性肾病、脑出血和心力衰竭。考虑到此时他已七十三岁，此前为重振生意，以残病之躯亲力亲为，很显然，是油灯耗尽。一个星期后，墨溪海关办公室将这个消息报告给了内务部。据此，内务部认为，吴肇基已逝，这就意味着吴光宜前来替工的对象已经没了，亦即无人可替，那么，既然在此前他尚未抵达澳洲，就完全可以不必再前来。于是，十一月八日，内务部秘书致函中国总领事馆，将吴肇基去世一事告知保君建总领事，并表示原先批复吴光宜签证的理由已经不存在了，需要撤回签证。

接到上述公函，保君建总领事深感愤怒，立即于十一月十二日复函，表示对于吴肇基的去世深感震惊，也对内务部上述决定深感不解。他认为，核发给吴光宜的入境签证是在其父尚健在之时，也是在其父经营之生意正在恢复之际，这位中国人前来澳洲原本就是要把这项生意维持并发展下去，现在取消其签证，非常不近情理。而中国总领事馆应该做的事则是，与在广东的吴光宜取得联络，看他是否或者何时启程前来澳洲；同时，跟墨溪方面取得联络，看吴肇基骤然去世后，他遗留下来的商铺该如何处理。保总领事表示，正如去年初在为吴光宜申请入境签证时所指出的，在墨溪的店铺是他的财产，他也是想来将其维持并发展壮大的。他为此呼吁，为今之计，内务部应该批复他入境，让其承担并维持这个因父亲突然去世而失去管理经营的生意。内务部秘书接到保总领事的复函后，也觉得此前的决定确实不近情理，遂要求海关方面搞清楚是否吴肇基留有遗嘱，或者其生意的现状如何，以便内务部更好地处理此事。

就在中国总领事馆与内务部公牍往返磋商如何处置吴光宜入境事宜之际，吴光宜已经搭乘"太平号"轮船，于十一月二十七日抵达汤士威炉。海关按照内务部的指示，只给予他三个月的入境签证。因吴肇基是突然去世的，死前并未有留下任何遗嘱，因此，在这段时间里，他的生意由墨溪埠遗产局监管负责。吴光宜抵达墨溪后，接管了生意，也接管了所欠的二百镑债务。这笔债务中，最大的债权人是尼康莫公司（J. Nichelmore & Coy Pty Ltd），有一百三十七镑；但该公司也是原先吴肇基经营生意时维持关系时间最长的供货商，也是当年（一九三二年）写信给内务部支持申办吴光宜入境代父管理其商铺的支持者之一，对他们父子两人都很了解，为此，该公司对遗产局表示，完全信任这位年轻的中国人，相信他能把生意做好并很快偿还债务。该公司也告诉海关，一九三二年吴光宜入境时，其父之商铺欠了他们公司三百一十八镑的债务，到一九三五年九月，亦即吴光宜离开澳洲回国之前一个月，他就把所有债务及利息全部清偿。换言之，他们坚信，只要给他点时间，他可以重振生意，并清偿债务。尽管内务部认为该项生意在墨溪只建立了十一年时间，历史并不长，且年营业额又没有超过两千镑，因而吴光宜并不符合留在澳洲继续维持这项生意的条件，但在其债权人和当地社区对其极具同情的情况下，也就顺应海关以及中国总领事馆的要求，再为其展签三个月的时间，即签证有效期至一九三九年五月二十九日。

对于上述三个月的额外展签，不仅仅吴光宜本人不满意，保君建总领事也很不满意，发函据理力争。但三月二日，内务部秘书复函谓，额外的三个月已经属于特别照顾，再无法更改。于是，吴光宜与上述尼康莫公司等将其境遇诉之于昆士兰省长弗根·史密斯（W. Forgan Smith），取得了他的支持。后者便于三月十六日直接致函联邦总理办公室，希望由更高层面的政客出面与内务部部长沟通，将吴光宜的签证改为一年或者更长时间。可是，内务部部长对谁都不买账，仍然坚持前议。到四月十一日，总理不得不将此决定告诉昆士兰省省长。在这种情况下，保君建总领事决定再为其争取哪怕是半年的签证也好，这样到年底前就可能解决他父亲店铺留下来的大部分债务。五月十五日，他致函内务部秘书，表达了上述意思，并请内务部部长再予郑重考虑，额外提供给吴光宜一个特别的机会。这封信最终打动了内务部部长，他于吴光宜签证到期前批复了上述要求，准允他的签证展延到十一月二十七日。到十一月二十五日，保君建总领事想故伎重施，再函内务部秘书，为他申请额外的六个月展签。经过一个多月的公牍往返，内务部于一九四〇年一月八日最终拒绝了上述申请，要求吴光宜尽早离境。

吴光宜非常感谢保总领事在这件事上对他的大力支持（事实上，保总领事在一月底还致函内务部秘书，想再为他展签半年之事进行申诉），但也认识到事已不可为，于是，他在提早结束店铺事宜，并将其交由仍在当地的岳父仁昌管理和处置之后，于一九四〇年一月二十九日赶到汤士威炉，登上“太平号”轮船，返回中国。

太平洋战争结束后一年，吴光宜有了重返澳大利亚的机会。一九四六年九月十日，中国驻雪梨总领事致函澳大利亚移民部，谓仁昌已经从墨溪搬迁回到汤士威炉埠，他打算近期退休回国，余下的生意希望由其女婿吴光宜前来代管。他表示，据估计，其生意在一九四六年的财政年度里，可能会超过三千镑，请移民部尽快核发入境签证给其女婿为盼。

移民部通过海关了解到，仁昌的上述生意是在一九四六年四月份才从别人手中买下，而该项生意在一九四五年财政年度的营业额是一千九百三十五镑，当年亏损一百三十九镑；至于一九四六年的营业额，因其刚刚接手不久，实际上还没有结算出来，而他所声称的三千镑的营业额，对照去年业绩，海关表示可信度有限。根据当时的规定，凡中国人在一九三四年之前开设的商行或公司年营业额达五千镑者，可准允从中国申请一位帮工前来协助工作，签证为一年有效，到期可展签；营业额超过一万镑者，可以再多请一位帮工，条件同前。此外，在澳年长华人如已经营一项生意达十五年以上，且年营业额达二千五百镑以上者，也可申请一位帮工前来协助经营，条件亦同前一样，但可以在这位长者退休后继承该生意，继续经营，亦即同时获得长期居留资格。海关认为，根据上述规定，检视仁昌的营业记录和生意现状，显然不符合条件申请帮工或替工。由是，当年十一月二十日，移民部驳回了上述申请。

中国驻雪梨总领事接到拒签函后，觉得其理由不充分，且仁昌申请的是让女婿前来替工，即代其管理经营生意，而非帮工，因为他要退休，希望回国探亲休息，其生意不能没有人照管，且其女婿在澳十余年，英语流利纯熟，是管理其生意的不二人选。于是，十二月十七日，中国总领事再函移民部，请其重新考虑上述决定。但就在中国总领事将上述申诉信函送出之前一天，仁昌不幸被杀身亡。[①]因死得突然，他也像亲家吴肇基一样，没有事先留下遗嘱。当中国总领事从当地海关和警察局得知此事后，便改为向移民部申请吴光宜前来澳洲，处理该项生意的清盘和结业事宜。一九四七年一月九日，移民部复函中国驻雪梨总领事，同意核发给吴光宜六个月的入境签证，前来处理其岳父仁昌的遗产等事宜。

吴光宜拿到了入境签证，尽管这并不是他要重返澳大利亚的初衷，但毕竟这是现实，因事发突然，移民部批复得也很快捷迅速。只是与他有关的留学和替工档案到此终止，无法探知其后续情况。[②]而接到上述签证通知后，吴光宜是否进入澳洲，因无进一步的档案资料，无从得知。

后记：在澳大利亚国家档案馆雪梨分馆，有一份与吴光宜名字相近的宗卷，说明其是于一九五一年七月十八日乘坐“太平号”轮船来到澳洲，但不是在汤士威炉下船，而是到雪梨入境。[③]因无法查阅到该宗卷的具体内容，不知是否与本文之吴光宜为同一个人。而如果这个人就是吴光宜，则表明他此行是为处理岳父遗产和清盘的后事而来；更进一步地说，如果此事处理需时太长，则他就因此后澳大利亚移民政策的松动，有可能最终留在了这里。

---

① 当地报纸报道，一九四六年十二月十六日下午，仁昌是在店中因与顾客发生争执而被顾客所杀。见：“Death of Chinese”, *Townsville Daily Bulletin*, Tuesday, 17 December 1946, p. 1.

② 当地传媒报道，汤士威炉埠遗产局很快就将仁昌的店铺、商品等财产进行了拍卖。见：“South Townsville Mixed Business Auction Sale”, *Townsville Daily Bulletin,* Tuesday, 21 January 1947, p. 7.

③ Kee Arthur Sue [Chinese - arrived Sydney per TAIPING on 18 July 1951. Box 1] [N1963/725], NAA: SP1732/2, SUE, KEE ARTHUR。

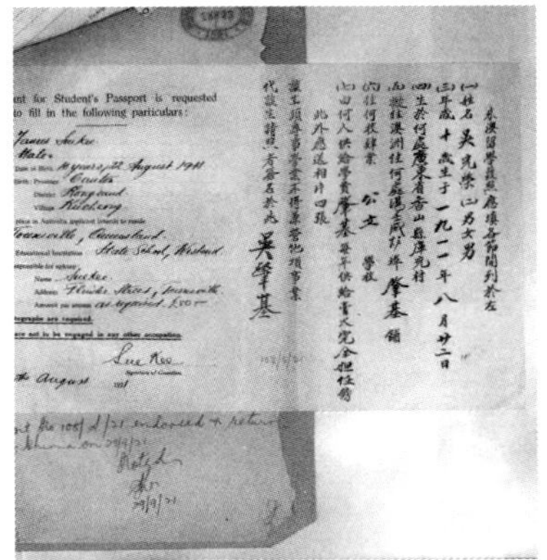

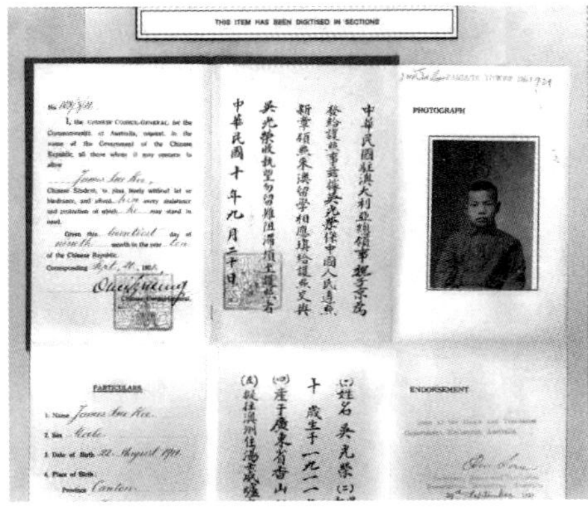

左：一九二一年八月二十日，吴肇基填表向中国驻澳大利亚总领事馆申请儿子吴光荣的来澳留学护照；右：一九二一年九月二十日，中国驻澳大利亚总领事魏子京签发给吴光荣的中国护照。

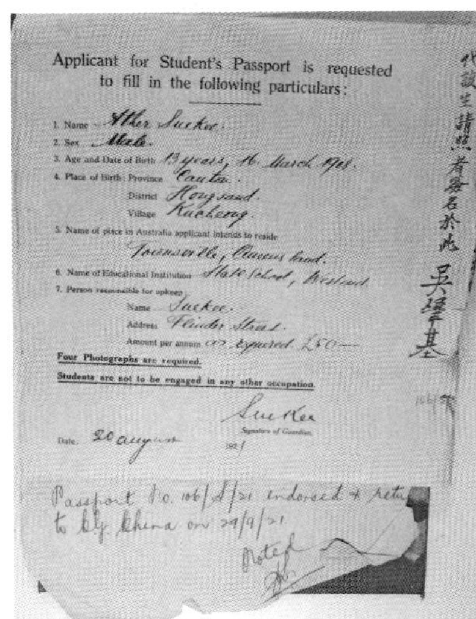

Applicant for Student's Passport is requested to fill in the following particulars:

1. Name Ather Suekee
2. Sex Male
3. Age and Date of Birth 13 years, 16 March 1908
4. Place of Birth: Province Canton
   District Hongsaud
   Village Kucheong
5. Name of place in Australia applicant intends to reside Townsville, Queensland
6. Name of Educational Institution State School, Westend
7. Person responsible for upkeep:
   Name Suekee
   Address Flinder Street
   Amount per annum as required £50—

Four Photographs are required.

Students are not to be engaged in any other occupation.

Suekee
Signature of Guardian

Date: 20 August 1921

代該生請照者簽名於此 吳肇基

Passport No. 106/S/21 endorsed & returned to Cy. China on 29/9/21
Noted

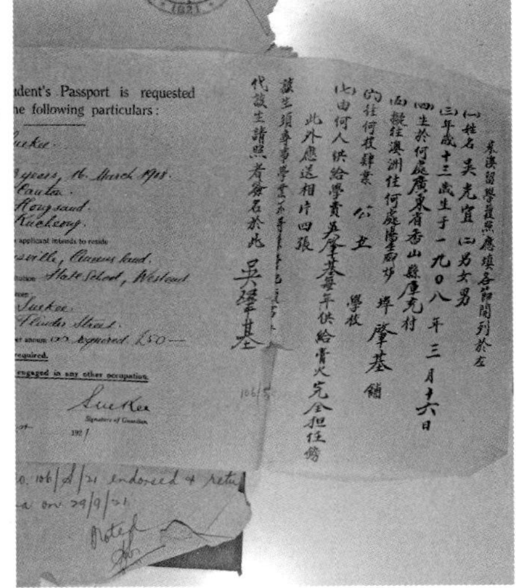

來澳留學護照應填各節開列於左

(一)姓名 吳光宜 (二)男女 男

(三)年歲 十三歲生于一九〇八年三月十六日

(四)生於何處 廣東省香山縣庫充村

(五)擬往澳洲何處

(六)往何校肄業 公立學校

(七)由何人供給學費 吳肇基

此外應送相片四張

代該生請照者簽名於此 吳肇基

一九二一年八月二十日，吴肇基填表向中国驻澳大利亚总领事馆申请儿子吴光宜的来澳留学护照。

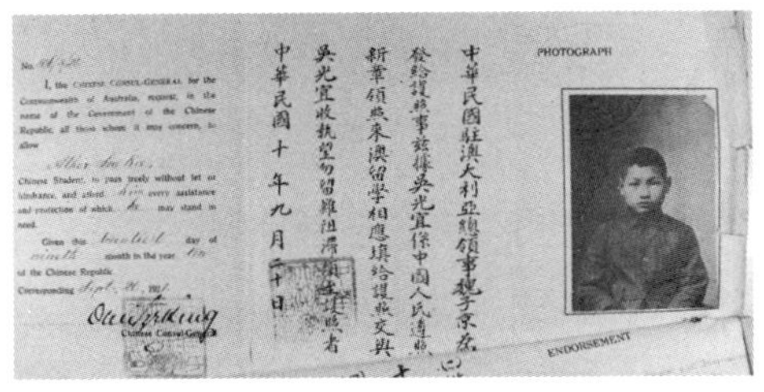

中華民國駐澳大利亞總領事魏子京

發給護照事茲據吳光宜係中國人民

新華頒照來澳留學相應填給護照交與

吳光宜收執望勿留難阻滯

中華民國十年九月二十日

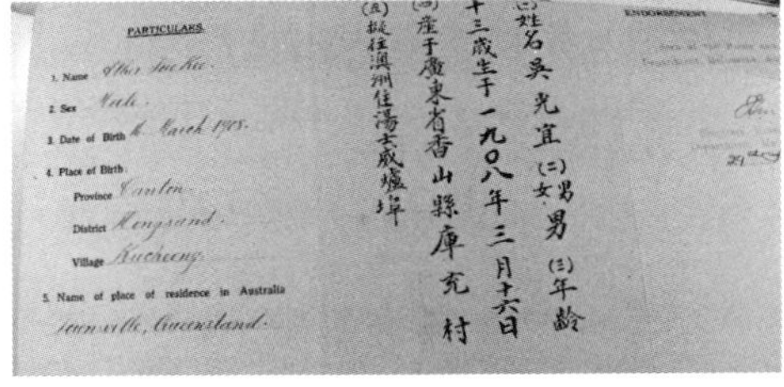

(一)姓名 吳光宜 (二)男女 男 (三)年齡 十三歲生于一九〇八年三月十六日

(四)產于廣東省香山縣庫充村

(五)擬往澳洲住湯士威爐埠

PARTICULARS.

1. Name Ather Suekee
2. Sex Male
3. Date of Birth 16 March 1908
4. Place of Birth: Province Canton; District Hongsaud; Village Kucheong
5. Name of place of residence in Australia Townsville, Queensland

一九二一年九月二十日，中国驻澳大利亚总领事魏子京签发给吴光宜的中国护照。

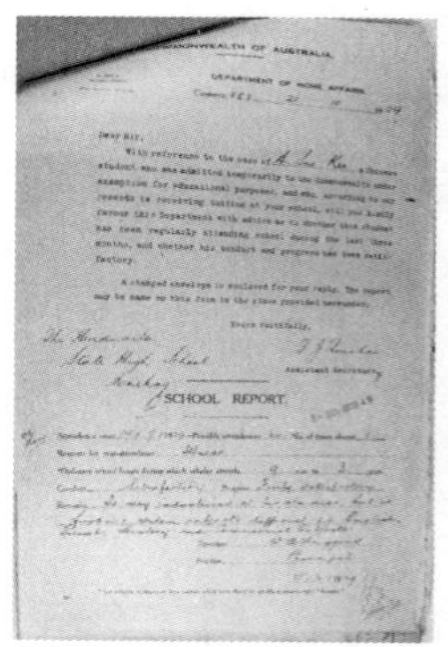

COMMONWEALTH OF AUSTRALIA.

DEPARTMENT OF HOME AFFAIRS.

Dear Sir,

SCHOOL REPORT.

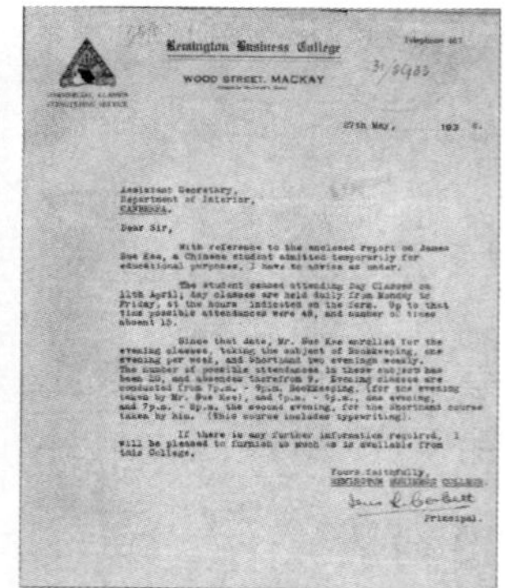

Kensington Business College

WOOD STREET, MACKAY

27th May, 193

Assistant Secretary,
Department of Interior,
CANBERRA.

Dear Sir,

With reference to the enclosed report on James Sue Kee, a Chinese student admitted temporarily for educational purposes, I have to advise as under.

The student ceased attending Day Classes on 11th April; day classes are held daily from Monday to Friday, at the hours indicated on the form. Up to that time possible attendances were 48, and number of times absent 15.

Since that date, Mr. Sue Kee enrolled for the evening classes, taking the subject of Bookkeeping, one evening per week, and Shorthand two evenings weekly. The number of possible attendances in these subjects has been 20, and absences therefrom 9. Evening classes are conducted from 7p.m. - 9p.m. Bookkeeping, (for the evening taken by Mr. Sue Kee), and 7p.m. - 9p.m., one evening, and 7p.m. - 9p.m. the second evening, for the Shorthand course taken by him. (This course includes typewriting).

If there is any further information required, I will be pleased to furnish as much as is available from this College.

Yours faithfully,
KENSINGTON BUSINESS COLLEGE.

Principal.

左：一九二九年十月二十五日，墨溪公立中学提供给内务部有关吴光宜在校表现与学业的例行报告；右：一九三二年五月二十七日，雷鸣敦商学院院长致函内务部秘书，投诉吴光荣旷课。

ON HIS MAJESTY'S SERVICE

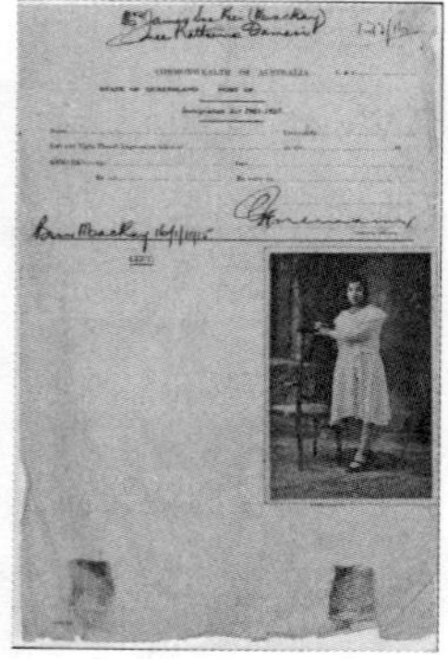

COMMONWEALTH OF AUSTRALIA.

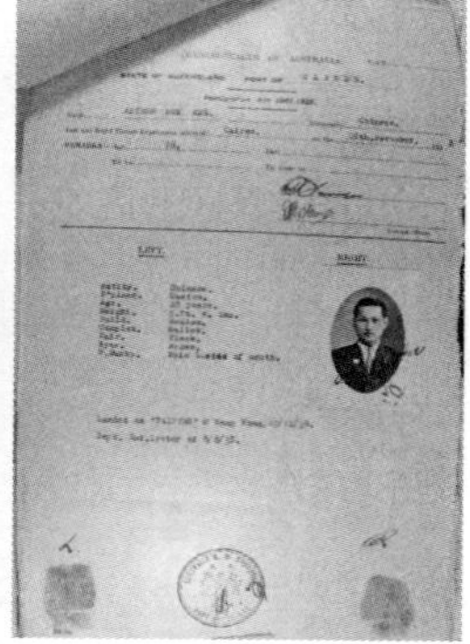

COMMONWEALTH OF AUSTRALIA.

左：一九三〇年吴光荣入境澳洲时提供的照片；中：一九三二年，吴光荣的太太，十六岁的Katherine Damari照片；右：一九三八年吴光宜重返澳洲时入境提交的照片。

Form No. 21.
DUPLICATE.

COMMONWEALTH OF AUSTRALIA.

CERTIFICATE EXEMPTING FROM DICTATION TEST.

DESCRIPTION.

PHOTOGRAPHS.

NOTE.

DICTATION TEST.

DESCRIPTION.

PHOTOGRAPHS.

TOWNSVILLE

左：一九〇六年，吴肇基申请的回头纸；右：一九三三年，吴肇基申请的回头纸。

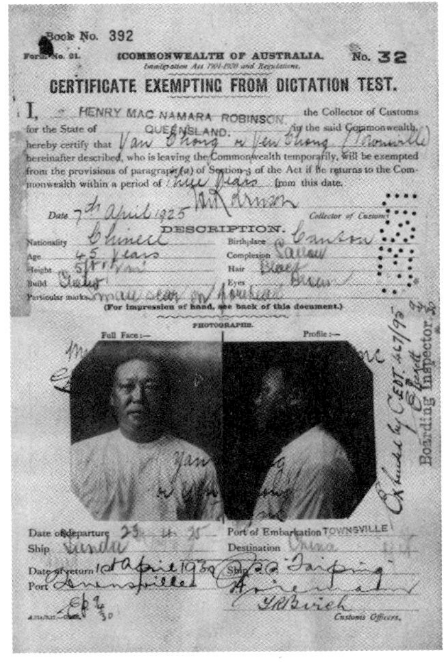

Book No. 392

Form No. 21. COMMONWEALTH OF AUSTRALIA. No. 32

Immigration Act 1901-1920 and Regulations.

CERTIFICATE EXEMPTING FROM DICTATION TEST.

I, HENRY MAC NAMARA ROBINSON the Collector of Customs for the State of QUEENSLAND, in the said Commonwealth, hereby certify that Yan Chong or Yen Chong (Townsville) hereinafter described, who is leaving the Commonwealth temporarily, will be exempted from the provisions of paragraph (a) of Section 3 of the Act if he returns to the Commonwealth within a period of three years from this date.

Date 7th April 1925

Collector of Customs.

DESCRIPTION.

Nationality Chinese | Birthplace Canton

Age 45 years | Complexion Sallow

Height 5 ft 1 ins | Hair Black

Build Stout | Eyes Brown

Particular marks small scar on forehead

(For impression of hand, see back of this document.)

PHOTOGRAPHS.

Full Face:— | Profile:—

Date of departure 23. 4. 25 | Port of Embarkation TOWNSVILLE

Ship Venda | Destination China

Date of return 1st April 1930 | Ship S.S. "Taiping"

Port Townsville

Customs Officers.

Boarding Inspector

一九二五年，仁昌申请的回头纸。

档案出处（澳大利亚国家档案馆档案宗卷号）：

Arthur Sue Kee - Student passport - Business exemption, NAA: A433, 1946/2/4202

James Sue Kee - Student's Passport, NAA: A1, 1931/5933

邝华钟、邝华璋兄弟

香山小毫冲村

邝华钟（Kwong Wah Jong）和邝华璋（Kwong Wah Jeong）是兄弟俩，前者出生于一九〇八年五月二十日，后者出生于一九〇九年六月十三日，香山县小毫冲村人。小毫冲村属于斗门，民国时期还是属于香山（后来是中山）县，只是后来二十世纪六十年代斗门县成立，其后又成立珠海市，才最终从中山划了出去。

申请他们哥俩赴澳留学的监护人是George Ah Chee（佐治亚池，或者邝亚池，译音），生于一八七八年。[①]对于佐治亚池是在中国出生，还是在澳大利亚出生，不太清楚，但有一份档案表明他在一八八四年便加入澳籍。[②]此外，另一份档案也说明，他的父亲名叫Quong Chee（邝池，译音），一九〇三年曾带着夫人和在澳出生的六个孩子一起返回中国探亲，其中的一个出生于一八九五年的儿子威利亚池（Willie Ah Chee），在中国待了十二年后，于一九一五年重返澳洲。[③]而据另一份澳洲档案记录，他在年方十八岁

① Lee Kee Chong, Lee Wong, George Ah Chee, Ah Lung, Buck Gong, Beer Singh or Bir Singh, Wong Fung Jung or Wong Hung Chong, Gee Sam, Omar Deen and Sunder or Sundra [Certificate Exempting from Dictation Test - includes left hand impression and photographs] [box 199], NAA: ST84/1, 1927/427/31-40。

② Ah Chee, George – naturalisation, NAA: A712, 1884/A11655。

③ Willie Ah Chee - Readmission, NAA: A1, 1915/15427。

（一八九六年）时从雪梨（Sydney）登陆入境。[①]十年后，他再返回中国探亲。[②]此后，他在雪梨史密斯街（Smith Street）三十三号开有一间生果杂货铺，具体商铺名称叫什么，档案没有说明。根据当时大多数华人的做法来判断，可能就是以他的英文名字作为店名。从上述档案中，还看不出来邝华钟和邝华璋与佐治亚池之间究竟是何关系，而在邝华钟、邝华璋的留学档案宗卷中，有两份官方文件称他们是兄弟。[③]如果这个关系成立的话，那就极有可能是邝池在一九〇三年带着六个孩子回国探亲后，又在国内娶了二房或偏房，邝华钟和邝华璋便是由其偏房所生。在清末民初的广东侨乡，华侨回国娶有二房和姨太太是很常见的事，不足为奇。而从邝华钟和邝华璋哥俩的出生日期只相差一年来看，他们二人甚至可能都并非同母所生，也就是说，也许邝池的偏房还不止一人。

一九二二年中，邝华钟已经十四岁，邝华璋也已满十三岁，应该是家人为其未来有所规划的时候了。于是，这一年六月二十二日，佐治亚池以监护人和财政担保人的名义，向中国驻澳大利亚总领事馆提出申请，为邝华钟和邝华璋办理赴澳留学生护照和签证。他以上述自己所经营的生果杂货铺作保，承诺每年供给这哥俩膏火银各七十五镑，负担邝华钟和邝华璋哥俩前来雪梨留学念书的所有费用，包括船资。当时，他为哥俩选择的学校是位于雪梨沙厘希区（Surry Hills）的库郎街公学（Crown Street Public School）。

位于美利滨（Melbourne）的中国总领事馆在接到上述申请后，因种种原因，在审理上有所耽搁。直到近五个月后，即这一年的十一月十六日，总领事魏子京才最终给邝华钟和邝华璋签发了中国留学生护照，编号分别为201/S/22和202/S/22；两天之后，也为他们获得了澳大利亚内务部所核发的赴澳留学入境签证。拿到签证的次日，中国驻澳总领事馆便将两人的护照和签证寄

① George Ah Chee [Chinese - arrived Sydney c. 1896. Box 17], NAA: SP11/2, CHINESE/CHEE GEORGE AH; George Ah Chee [Chinese - arrived Sydney, mid 1890's; exact date of arrival and vessel unknown. Box 3], NAA: SP1732/4, AH CHEE, GEORGE。

② George Fong, Sie Long, Sow Sam, Wong Chong, George Loo Ching, Loo Mine, George Ah Chee, Ah Yoon, Mak Wak and Ak Look [Certificate Exempting from Dictation Test - includes left hand impression and photographs] [box 23], NAA: ST84/1, 1908/541-550。

③ Kwong Wah Jong - Student's Passport, NAA: A1, 1933/87。

往香港的金山庄强华公司，由其负责安排这兄弟俩的赴澳船票及旅途上的监护人，并在其前往香港乘船赴澳前将护照交还给他们。

不过，接到获准赴澳留学的消息之后，邝家兄弟俩并没有立刻出发，而是在家乡又耽搁了几近两年的时间，才去到香港，乘坐“丫拿夫拉号”（Arafura）轮船，于一九二四年十月二十四日抵达雪梨港口，开始其在澳留学生涯。此时，邝华钟十六岁，而邝华璋十五岁。这种拿到护照和签证之后的磨蹭拖延，并非仅仅发生在邝氏兄弟两人身上，而是那个时期许多小留学生的共同现象。这或许是他们年龄太小，因无人陪伴难以成行；或者是家人在确认其可以赴澳留学之后，抓紧时间送他们学习国文，以便让他们出国后不要忘了根本；也可能是母亲舍不得他们远行而希望他们在家多待些日子；或者是正在进入青春期的少年，性格上反叛，家人需要时间予以调整；或更有甚者，是他们本身并不想出国留学，而是因家人安排不能不来，故而能拖就拖，这种可能性也是存在的。总之，原因不一而足，但也反映了那个时期的现状。

进入澳洲后，邝华钟和邝华璋并没有如期注册入读库郎街公学，而是等到当年的学年结束，因为此时距学年结束只有不到两个月的时间。直到次年新学期开始，一九二五年一月二十七日，他们哥俩才正式注册入读库郎街公学。也许他们在这段未注册入学的三个多月时间里，由佐治亚池付钱请人来家教，恶补英语，以便能尽快地适应澳洲的学习环境；或者是在佐治亚池的店里帮忙经营生意，因为接近年底圣诞节，通常生意较忙，店里确实需要帮手。从入学后海关的报告和校长提交的例行报告可以看到，邝华钟和邝华璋的在校表现都还算令人满意。在这里，哥俩读满了一个学年。

从一九二六年的新学年开始，哥哥邝华钟继续留在库郎街公学读书，其间虽有几天请了病假，但总体而言，学校对他的在校表现和学业都给予好评。而弟弟邝华璋则转学到了靠近雪梨唐人街的中西学校（Chinese School of English），其学业和表现皆与在库郎街公学时毫无二致。只是这一年上半年他缺课达十几天之久，引起内务部的关注。随后其监护人邝亚池解释说是因为他哥哥害眼病，无法自理，故那几天他都待在家里照顾哥哥，因而导致缺课。除此之外，邝华璋都能按部就班，也没有其他的违规报告。尽管如此，内务部还是对他强调说，碰到此类情况要及时向学校报告，以免造成太多旷课，导致被取消签证，遣返回国。然而，与在库郎街公学一直都认真读书继续保持好评的哥哥邝华钟不同的是，弟弟邝华璋在中西学校还是屡屡违规旷课，这样的状况一直延续了三年之久。到一九二九年十一月，还没有到放假的时候，他不去学校上学，就径自跑去昆士兰省（Queensland）首府庇厘士彬（Brisbane）造访朋友，导致旷课累计达二十天。内务部接到学校的报告后，对他进行了严厉的警告，但因监护人邝亚池求情，内务部最终放了他一马，仍然让他获得了下一年度的留学生签证展签。到了一九三〇年上半年时，邝华璋又有两次旷课记录，共达十八天之久。为此，内务部要求他解释是怎么回事。他回答说，两次都因患肠绞痛而导致他无法上学。换言之，这是由于不可抗拒的外力导致他旷课。加上还有医生的证明，内务部未予深究，权当病假处理。由是，他一直在中西学校读到一九三〇年底。

一九三一年初，佐治亚池的母亲和两个兄弟因在雪梨探亲结束，佐治亚池经一番努力申请无法使之长期留居雪梨[①]，便在三月十四日，与他们一起乘船返回中国探亲。[②]而邝华钟和邝华璋兄弟俩在年初请了几天假帮忙收拾行李，送别他们之后，则继续留在雪梨读书，仍然是在各自的学校里正常上课。这一年，哥俩在学校里一切正常，无论是在校表现还是学业都还算得上令人满意，故在年底都顺利地拿到了展签。

到了一九三二年十月，原来平静的局面被打破。虽然邝华璋还是拿到了展签，但邝华钟就遇到了麻烦。内务部翻查他的档案，发现他早在当年的五月二十日便已年满二十四周岁，超过了当时澳大利亚准允中国留学生在澳留学的最高年龄限制，因此，他的展签申请被拒绝，并责令他必须按照规定立

① George Ah Chee and family [application by subject on behalf of his mother for permission for her two sons (his brothers) to remain permantly in the Commonwealth] [box 239], NAA: SP42/1, C1929/6749。

② Gunga Singh, Nund Sing or Nand Singh, Booga, Ah Tem or Mow King, Hin Mow, Tarkar (Dayboro), Sundar Singh (Sunder or Sunda Singh), Sundar Singh (Sunder or Sunda Singh), Lee Lie and George Ah Chee [Certificate Exempting from Dictation Test - includes left hand impression and photographs] [box 226], NAA: ST84/1, 1931/487/61-70。

即离境回国。

就在这个关键时刻，事情有了转机。当年十一月三十日，佐治亚池致函内务部秘书，对过去十年里澳洲当局准允邝华钟前来澳大利亚留学表示深深的谢意；但他也同时说明，去年初他的另一个兄弟威利亚池去往中国探亲，按计划还要一年才能返回雪梨，在此期间，威利亚池在另一个兄弟吉米亚池（Jimmy Ah Chee）所经营的生果杂货店里的职位无人替代，而邝华钟具备了中英文娴熟的优势，希望能让他暂时留下来顶替上述工作，直到威利亚池结束探亲返回雪梨为止。与此同时，中国驻澳大利亚总领事陈维屏也致函内务部秘书，为邝华钟申请这个替工签证。内务部接到上述申请后，通过海关了解到，此时的佐治亚池已把自己经营的生果杂货铺迁到了雪梨的探眉士街（Thomas Street）二百零九号，年营业额为六千一百八十三镑；而他的兄弟吉米亚池的生果杂货铺就在其隔壁（二百一十一号），生意做得比他要大好几倍，年营业额已达到三万镑。虽然他们的商铺都没有从事进出口贸易，但能做到上述规模还是具有一定实力的。于是，一九三三年一月三十一日，内务部部长批复了上述申请，准允邝华钟转为工作签证，为期一年，有效期从去年他的学生签证失效期（即十月二十四日）起算，但条件是：他必须在威利亚池返回雪梨后的一个月内，订好船票离境回国。由是，邝华钟得以继续待在澳洲；而实际上，早在一九三二年下半年留学签证到期后，他就已经离开学校进入上述店铺中做工了。与此同时，邝华璋则继续在学校里读书，以完成最后的学业课程。

看起来一切都按照佐治亚池设定的轨道运行，但半年后，事情却起了很大的变化。一九三三年七月，邝华钟突然离开了雪梨，不知踪影。佐治亚池向内务部报告，在邝华钟离开后，清点店铺中的存款，发现少了一千镑，这算得上是一笔很大数额的钱，他当然对此很着急，也对此事的发生深感失望。内务部接到这个报告后觉得事态严重，也明白佐治亚池对邝华钟窃取或者挪用巨额资金一事的愤怒，据反映说邝华钟是去了美利滨，遂动用海关力量前往寻找。在美利滨和雪梨两地之间找了两个月，但邝华钟就像跟海关人员捉迷藏一样，虽然总是被海关人员发现踪影，但海关人员却总是慢了一拍，不能将其逮个正着。由是，内务部部长下令，一旦发现他，就立即予以逮捕，驱逐出境。

没有文件说明最终邝华钟是被逮捕了还是他自首的，也没有文件透露出最终那笔巨款的去向。只有一条信息显示，当年十月十四日，他在雪梨登上驶往香港的“天咑号”（Tanda）轮船，返回中国去了。与他一起走的，还有弟弟邝华璋，他也算是结束了在雪梨的课程，正好跟哥哥同行；而他也因这一年达到二十四周岁，已经无法再申请展签在澳进一步深造，由是，走为上。①

邝华钟和邝华璋的留学档案到此终止。他们兄弟俩从进入澳洲到离境的留学生涯，只差十天便满九年；在此期间，他们从未回国探亲。

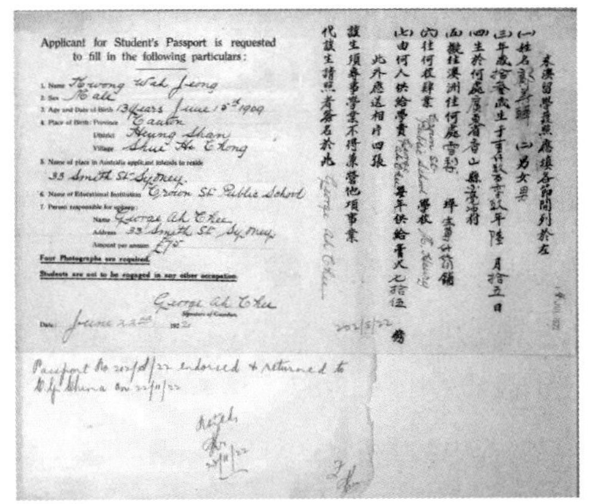

Applicant for Student's Passport is requested to fill in the following particulars:

1. Name Kwong Wah Jeong
2. Sex Male
3. Age and Date of Birth 13 years June 15th 1909
4. Place of Birth: Province Canton
   District Heung Shan
   Village Shui He Chong
5. Name of place in Australia applicant intends to reside 33 Smith St Sydney
6. Name of Educational Institution Crown St Public School
7. Person responsible for upkeep:
   Name George Ah Chee
   Address 33 Smith St Sydney
   Amount per annum £75

Four Photographs are required.

Students are not to be engaged in any other occupation.

George Ah Chee
Signature of Guardian

Date: June 22nd 1922

來澳留學護照應填各節開列於左

(一)姓名鄺華璋 (二)男女 男

(三)年歲拾叁歲生于 年 月拾五日

(四)生於何處廣東省香山縣

(五)擬往澳洲住何處雪梨

(六)往何校肄業 學校

(七)由何人供給學費 每年供給費

此外應送相片四張

該生須專事學業不得兼營他項事業

代該生請照者簽名於此

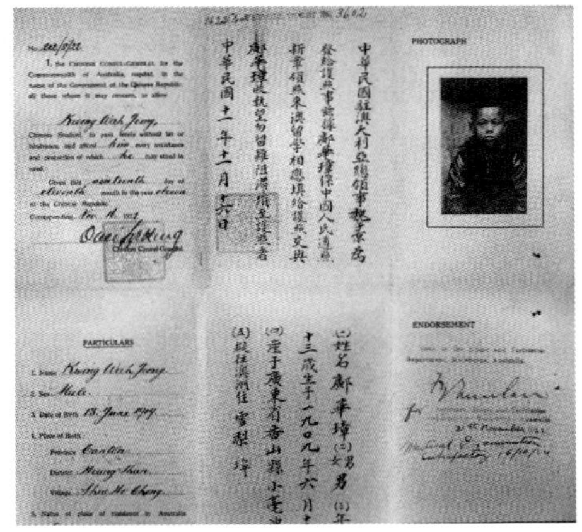

中華民國駐澳大利亞總領事魏子京為發給護照事照得鄺華璋係中國人民遵照新章領照來澳留學相應填給護照交與鄺華璋收執望勿留難阻滯須至護照者

中華民國十一年十一月十六日

PHOTOGRAPH

ENDORSEMENT

PARTICULARS

1. Name Kwong Wah Jeong
2. Sex Male
3. Date of Birth 13 June 1909
4. Place of Birth
   Province Canton
   District Heung Shan
   Village Shui He Chong

(二)姓名鄺華璋 (三)男女 男

十三歲生于一九〇九年六月

(四)產于廣東省香山縣小毫冲

(五)擬往澳洲住雪梨埠

左：一九二二年六月二十二日，George Ah Chee以监护人身份，向中国驻澳大利亚总领事馆申请邝华璋来澳留学护照和签证所填写的申请表；右：一九二二年十一月十六日，中国驻澳大利亚总领事魏子京签发给邝华璋的中国留学生护照。

① Kwong Wah Jeong - Departure Sydney per "Tanda" October 1933, NAA: B13, 1933/16342。

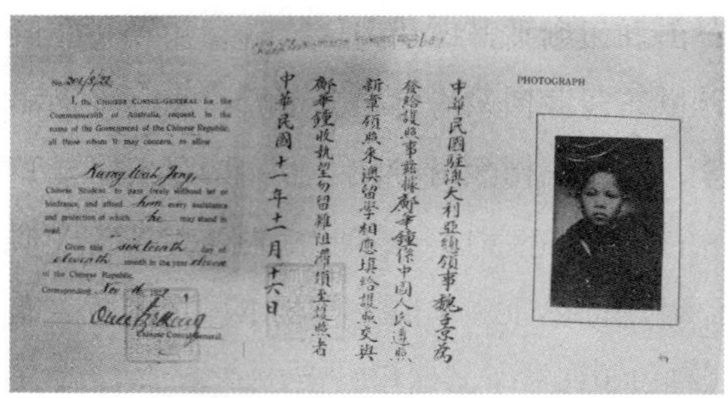

No. 3?/22

I, the Chinese Consul-General for the Commonwealth of Australia, request, in the name of the Government of the Chinese Republic, all those whom it may concern, to allow

Kwong Wah Jong,

Chinese Student, to pass freely without let or hindrance, and afford him every assistance and protection of which he may stand in need.

Given this sixteenth day of eleventh month in the year eleven of the Chinese Republic.

Chinese Consul-General

中華民國駐澳大利亞總領事魏子京爲發給護照事照得鄺華鍾係中國人民遵照新章領照來澳留學相應填給護照並交與鄺華鍾收執望勿留難阻滯須至護照者

中華民國十一年十一月十六日

PHOTOGRAPH

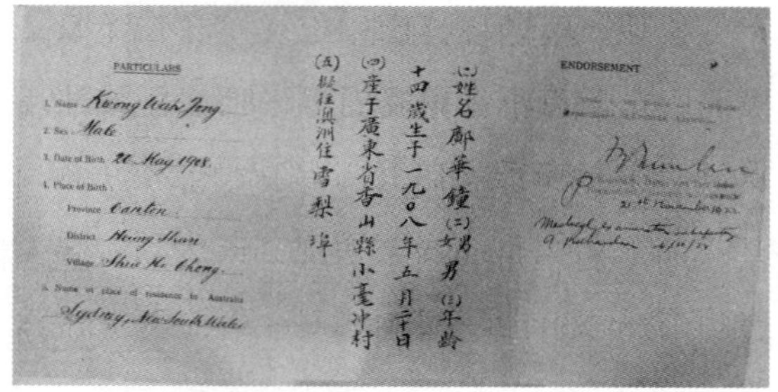

PARTICULARS

1. Name Kwong Wah Jong
2. Sex Male
3. Date of Birth 20 May 1908.
4. Place of Birth:
   Province Canton
   District Heung Shan
   Village Shui Ha Cheng
5. Name of place of residence in Australia Sydney, New South Wales

(一)姓名鄺華鍾 (二)男 (三)年齡十四歲生于一九〇八年五月二十日

(四)產于廣東省香山縣小毫冲村

(五)擬往澳洲住雪梨埠

ENDORSEMENT

一九二二年十一月十六日，中国驻澳大利亚总领事魏子京签发给邝华钟的中国留学生护照。

档案出处（澳大利亚国家档案馆档案宗卷号）：

Kwong Wah Jong - Student's Passport, NAA: A1, 1933/87

Kwong Wah Jeong Student's Passport, NAA: A1, 1931/3365

毛周胜

香山隆都田头村

民国初期，从香山县家乡赴澳读书的小留学生，大多是去鸟修威省（New South Wales）和昆士兰省（Queensland），前者以雪梨（Sydney）居多，后者则是去昆士兰北部各埠者众；而去到域多利省（Victoria）尤其是首府美利滨（Melbourne）埠留学者，则人数较少。毛周胜（Joe Sing Mow）就是这少数香山籍小留学生中的一位。

毛周胜生于一九〇八年五月二十一日，香山县隆都田头村人。他的伯父毛永赞（Wing Jan，或Wing Jan Mow）是一八七〇年出生，于一八九九年来到澳大利亚发展，从美利滨（Melbourne）登陆入境，随即在此安顿下来。[①]之后不久，他利用积蓄在距美利滨主城区东南约七十公里的北加非卢村（Garfield North）拥有一个农场，从事蔬菜水果种植。在二十世纪一十年代，他与当地一位失婚的欧裔女士结婚，便在美利滨城里的礼塔笠街（La Trobe Street）五十二号开设了一间木店，做家具生意，同时也生养了两女两男共四个孩子。

一九二二年，可能是与国内兄弟商量的结果，毛永赞以监护人和财政担保人的名义填妥申请表，递交给位于同城的中国驻澳大利亚总领事馆，申办侄儿毛周胜的赴澳留学护照和签证，欲将其安排进入北加非卢公立学校（North Garfield State School）读书。他没有写明是以什么形式作保，但在英

① WING Jan John - Nationality Chinese - Arrived Melbourne 1899, NAA: B78, WING/J。

文栏目里则写着是北加非卢村的一块土地的名字“Dingley Dell”，显然他是以此土地作保，并且说明是由他本人每年供给膏火，不过没有写明数额。根据通常的理解，没有写明具体数额，亦即以另外的形式表明会提供足镑膏火。因所填申请表未具日期，无法得知中国总领事馆何时接到上述申请，以及审理占去了多长时间。可以确定的是，一九二二年十月三日，中国驻澳大利亚总领事魏子京为毛周胜签发了号码为190/S/22的中国学生护照，也在第二天就从澳大利亚内务部拿到了他的入境签证。当中国总领事馆从内务部拿回这份护照后，便按照毛永赞事先所提供的地址，将其寄往香港的容记栈商行，由这间金山庄具体负责安排毛周胜的赴澳行程。

对于能赴澳留学，毛周胜早就跃跃欲试。一俟金山庄将船期确定，他便去到香港，搭乘中澳船行经营的“获多利号”（Victoria）轮船，于一九二三年三月二十二日抵达美利滨，入境澳洲。毛永赞将侄儿从海关接出来，安置在自己的木店里住下。此时，毛周胜即将年满十五岁。

毛永赞最终考虑到北加非卢村距美利滨城区还有七十公里，交通实在不便，故放弃了此前让他进入北加非卢公立学校的计划，而安排他进入位于美利滨唐人街（亦即小卜街或小博街，Little Bourke Street）的长老会学校（P. W. M. U. School）就读。该校是由域多利省的基督教长老会所属的长老会女修会（Presbyterian Women Missionary Union）所创办，因其目的是致力于在美利滨华人社区中传教，故该校从十九世纪末的幼儿园课程开始，逐步提供正规的小学课程，最终也提供中学课程，当然其学生也主要是唐人街周围的华裔学童。自一九二一年澳大利亚开放中国学生赴澳留学后，许多到美利滨留学的中国学生也多进入该校就读。从四月八日开始，毛周胜正式注册入读长老会学校。

刚到美利滨不久，毛周胜的继伯母就因病去世，留下四个年幼的孩子，由其伯父独立承担抚养之责；好在其继伯母再婚前所生的一个女儿已经成人，目下帮着继父经营木店，同时也可以代为照顾几个年幼的弟妹，加上他们的外祖母也在美利滨，也可以帮上一把。但在继伯母去世后的治丧期间，毛周胜便里里外外帮忙，前后有一个月的时间无法正常上学。好在长老会学校对毛永赞这一家人都比较熟悉，也知道其生活不易，故对毛周胜这段时间的忙乎也予以默许，包括他有时候跟着伯父去到北加非卢村的菜园里帮忙干活。

根据学校的报告，毛周胜在校学习刻苦，非常用功，是校长和老师都很喜欢的那类学生。他从最基本的英语学起，逐级升迁，直到一九二七年底。次年初，域多利省长老会外方传教部（Foreign Missions Department of Presbyterian Church）负责人向内务部提出申请，希望准允毛周胜进入该教会在美利滨城里开设的圣安德烈神学院（St Andrew's Theological College）进修，以便日后能将其培养成为牧师。显然，毛周胜在长老会学校的刻苦和用功已被教会认可，并逐步引导他受洗并进入到传教的培训计划之中。教会表示，虽然毛永赞愿意资助侄儿在此留学读书，但他本人财务状况并不是很好；尽管他开有一个木店，但只有一位雇员，每周还只能支付该雇员两到三天的工资，其余的事情还都由他自己负责处理，凡事得亲力亲为，他去年的营业额只有五百六十三镑。为此，教会准允毛周胜进入神学院学习，费用无须毛永赞负担，且每周只有两个晚上的课程，白天他则仍然回到长老会学校继续其原有的学习。事实上，长老会学校对于这些中国学生基本上都是不收取学费的，即便收费亦是象征性质，学校的运行费用主要来自长老会的财政资助。对于这样的请求以及安排，内务部觉得合理，并未留难就予以批复。于是，按照上述安排，毛周胜便按部就班地在两所学校学习不同的东西。而从一九三〇年开始，他转为每天上午去到美利滨圣经学院（Melbourne Bible Institute）学习，下午再返长老会学校读书，也同样获得内务部认可。

一九三二年新学年开学后，毛周胜终于结束了在长老会学校的中小学课程，进入布雷潇商学院（Bradshaw's Business College）读书。但到三月，当中国总领事馆按例向内务部申请毛周胜下一年度的留学签证展延时，内务部秘书提出了不同意见。他表示，到五月份毛周胜就年满二十四周岁，而按照《中国留学生章程》规定，这是中国学生在澳留学的最高年限，一过年龄就应该收拾行囊返回中国。也就是说，不再批复其展签。域多利省长老会得知上述决定后，主任牧师便于四月十五日致函内务部部长，表示跟毛周胜核实过他的年龄，对方表示当时是按照虚岁填写的，实际上今年他才二十三周岁。为此，他希望能考虑到这一中国人与澳洲人不同的年龄算法，采信其言，再核发给其展签一年。与此同时，中国总领事陈维屏也在四月十九日就同一种算法致函内务部秘书，表达了同样的要求。此外，布雷潇商学院院长也致函内务部秘书，表示只要再给予毛周胜一年的时间，到明年六月份，他就应该可以完成既定的课程。虽然内务部的官员都明白毛周胜有关自己年龄的说法只是一个借口，因为他们在长期处理中国人签证申请的过程中见过的各种伎俩太多，早已对这些招数烂熟于心，但在各方面都呼吁再给他一年便可完成学业的这种情况下，也确实不太好予以拒绝，而且教会的势力很大，也要给个面子。于是，四月二十二日，内务部部长同意将毛周胜的留学签证展延到一九三三年六月三十日。

光阴似箭，很快就到了一九三三年四月。此时此刻，内务部和海关都非常关注毛周胜是否按期完成了学业，如果顺利，他将可以在六月份结束时便搭船回国。可是，从布雷潇商学院得到的信息是，毛周胜并没有完成学业，还有两门课没有通过。对此，商学院院长的解释是，虽然这位中国学生十分刻苦用功，但并不是属于那种很聪慧的学生，领悟力不强，因而总是事倍功半。为此，商学院希望再给他半年展签。内务部部长见事已至此，就好人做到底，同意给毛周胜展签到这一年的最后一天。

但到这一年十二月一日，事情又生变化。这一天，毛周胜致函内务部部长，表示已经选修了商法课程，这对于他日后无论是传教还是工作，都十分有益，希望再给其展签一年的时间，以便完成上述课程。内务部部长对他这种得寸进尺的做法很不认同，但为了表示宽容，批准他再展延三个月，即将他的签证有效期展延到一九三四年三月三十一日。

到一九三四年三月，布雷潇商学院院长致函内务部部长，告知毛周胜在这个学期还选修了秘书守则与操作、会计、公开演讲等课程，商学院对此大力支持，因为这些课程也有利于他日后的布道和其他工作；但他表示，课程要到年底才能完成，希望将其签证延至年底。与此同时，毛周胜本人也直接写信给内务部部长，诉说上述课程对其日后的人生如何重要，希望能获得展签，俾能完成上述课程。为了使上述申请更为有力，他还找了美利滨大律师出身的联邦众议员佐治·麦克斯维尔（George Maxwell）出面为其斡旋。既然支持者有如此强大背景，内务部部长心中纵有不愿，也只能顺水推舟。于是，内务部部长于三月二十六日再次破例批复了这一展签申请。随后的时间里，毛周胜顺利地读完了上述所选之全部课程。

在这一年九月份时，毛周胜曾经向内务部提出过再入境签证申请。他的理由是，按照长老会给他的传教任务，他需要回国传教，但财务资助方面则须由他自行解决。在这样的情况下，他需要在明年初返回中国一段时间后（比如一年），再重返美利滨，协助伯父经营其木店。如此，一方面解决自己的经费问题，另一方面也可将年事越来越高的伯父替换下来，让他休息，同时也照顾未成年的四个堂弟妹。但内务部以毛永赞的木店规模太小根本就无法容纳下多余的职员为由，否决了上述申请。

一九三五年二月五日，在澳洲留学长达十二年的毛周胜告别了伯父毛永赞一家及长老会的牧师，在美利滨港口登上“海王星号”（Neptune）轮船，离开澳大利亚，返回中国。[①]毛周胜的留学档案到此终止。至于他回到中国后，是否如澳大利亚长老会所期望的献身于传教事业，则不得而知。

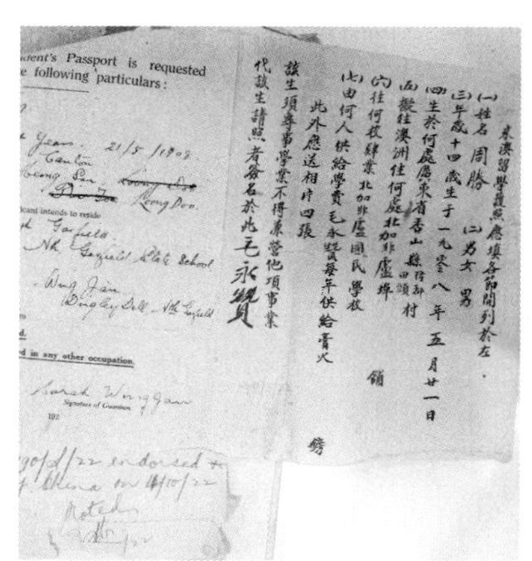

来澳留學護照應填各節開列於左
(一)姓名 周勝 (二)男女 男
(三)年歲 十四歲生于一九零八年五月廿一日
(四)生於何處 廣東省香山縣田頭村
(五)擬往澳洲往何處 北加非盧埠
(六)往何校肄業 北加非盧國民學校
(七)由何人供給學費 毛永贊每年供給
此外應送相片四張
該生須專事學業不得兼營他項事業
代該生請照者簽名於此 毛永贊

No. 190/S/22

I, the Chinese Consul-General for the Commonwealth of Australia, request, in the name of the Government of the Chinese Republic, all those whom it may concern, to allow Joe Sing, Chinese Student, to pass freely without let or hindrance, and afford him every assistance and protection of which he may stand in need.

Given this third day of tenth month in the year eleven of the Chinese Republic. Corresponding Oct. 3, 1922.

Chinese Consul-General

中華民國駐澳大利亞總領事魏子京為發給護照事茲據周勝係中國人民遵照新章領照來澳留學相應填給護照交與周勝收執望勿留難阻滯須至護照者

中華民國十一年十月三日

PHOTOGRAPH

PARTICULARS

1. Name Joe Sing
2. Sex Male
3. Date of Birth 21. May 1908.
4. Place of Birth

(一)姓名 周勝
(二)十四歲生于一九
(四)產于廣東省
(五)擬往澳洲往

ENDORSEMENT

Secretary, Home and Territories Department, Melbourne, Australia

左：一九二二年，毛永赞填表向中国驻澳大利亚总领事馆申领侄儿毛周胜的赴澳留学护照和签证；右：一九二二年十月三日，中国驻澳大利亚总领事魏子京给毛周胜签发的中国学生护照。

① Joe Sing Mou [passenger on board the SS NEPTUN, departed Sydney for Rabaul on 9 February 1935] [box 306], NAA: SP42/1, C1935/1336。

档案出处（澳大利亚国家档案馆档案宗卷号）：

Joe SING - [Aka JOE SING MOW] Chinese Student, NAA: A1, 1935/486

毛周结

香山石岐

毛周结（Joe Git），一九〇八年六月十四日出生，香山县石岐人。从名字上看，他应该和前面提到的毛周胜（Joe Sing Mow）[①]是同宗同辈。

毛永赞（Wing Jan）是毛周结的伯父。档案显示，毛永赞于一八九九年来到澳大利亚发展，在美利滨（Melbourne）附近拥有一块种植蔬菜的农场土地之后，与一西妇结婚，随后在美利滨的礼塔笠街（La Trobe Street）五十二号开设一家木店。[②]这条街即在唐人街（亦即小卜街或小博街，Little Burke Street）隔壁，当时的一些华商家具厂店大多位于该街，比如在美利滨比较有名气的华丰号（Wah Fung & Co.）[③]木铺。因档案中没有特别说明，故无法知道毛永赞木店的名称。

一九二四年二月十四日，毛周结该满十六岁了，他的伯父毛永赞替他向中国驻澳大利亚总领事馆提交了来澳留学申请，办理他的中国留学生护照并请求代办入境签证。在申请表中，毛永赞没有填写作保的商铺或公司名字以及提供多少数额的膏火费，只是在英文栏目写明供其所需。据此，这个说法可以理解为就是当时华人通常都会写的“供应足镑”，即需要多少费用便提供多少。至于侄儿毛周结前来入读的学校，毛永赞把开设在美利滨唐人街里

---

① Joe SING - [Aka JOE SING MOW] Chinese Student, NAA: A1, 1935/486。

② WING Jan John - Nationality Chinese - Arrived Melbourne 1899, NAA: B78, WING/J。

③ 见当时美利滨华社报纸上的广告：“Wah Fung & Co.: The Leading Furniture Manufacturers”，载美利滨《民报》（*The Chinese Times*）一九一九年十二月二十日，第七版。

的长老会学校（P. W. M. U. School）作为首选。

尽管跟别人的申请表上提供的资料相比，毛永赞所提供的个人资料要少一些，但中国驻澳大利亚总领事馆在接到这份申请后，处理得并不慢，前后只用了八天时间。这有可能是因为中国总领事馆与护照请领人位于同城，联络沟通比较方便，如有疑问，可就近咨询解决。二月二十二日，中国总领事魏子京就为毛周结签发了一份编号为386/S/24的中国留学生护照；四天之后，也为他从澳大利亚内务部那里拿到了入境签证。在当时那种情况下，不到两个星期就拿到护照并获签，算得上是高效率。

而按照流程，中国总领事馆便把上述获签护照寄交到香港金山庄容记栈，由其负责为毛周结安排赴澳行程。该金山庄办事迅捷，很快便订好船期与舱位，是最低等级的大舱舱位，并且也为他安排好同行的旅程期间监护人。于是，毛周结很快就去到香港，在那里乘坐由中澳轮船公司经营的“获多利号”（Victoria）轮船，于一九二四年六月二十七日抵达美利滨，入境澳洲，住进了伯父毛永赞的木店，跟早他一年来此留学的堂兄毛周胜做伴。

七月七日，毛周结就去到唐人街长老会学校注册入学。在这里，毛周结一直读了两年零两个月的书。校长提供给内务部的例行报告显示，他在校表现良好，学习也很刻苦，认真完成各科学业，各方面的表现都很令人满意。为此，老师和校长也都很喜欢他，常常称赞他是个好学上进的青年。

但在一九二六年九月二十二日，毛周结突然离开美利滨，乘船去往南太平洋上的海岛飞枝（Fiji）。档案文件中没有他为何去飞枝的任何解释，也再没有他返回澳洲的信息。

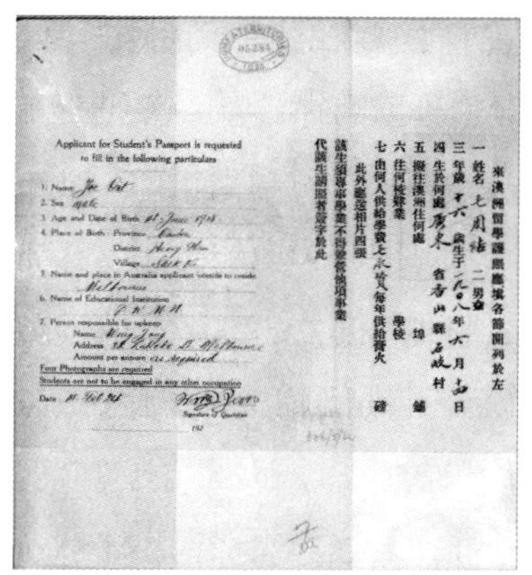

來澳洲留學護照應填各節開列於左

一 姓名 毛周結　二 男女

三 年歲 十六 歲生于一九〇八年六月十一日

四 生於何處 廣東 省 香山 縣 石岐 村

五 擬往澳洲住何處　埠

六 往何校肄業　學校

七 由何人供給學費 毛永贊 每年供給膏火　鎊

此外應送相片四張

該生須專事學業不得兼營他項事業

代該生請照者簽字於此

Applicant for Student's Passport is requested to fill in the following particulars

1. Name Joe Git
2. Sex Male
3. Age and Date of Birth
4. Place of Birth: Province Canton
   District Heong Shan
   Village Shek Ki
5. Name and place in Australia applicant intends to reside Melbourne
6. Name of Educational Institution
7. Person responsible for upkeep
   Name
   Address
   Amount per annum as required

Four Photographs are required

Students are not to be engaged in any other occupation

Date

Signature of Guarantor

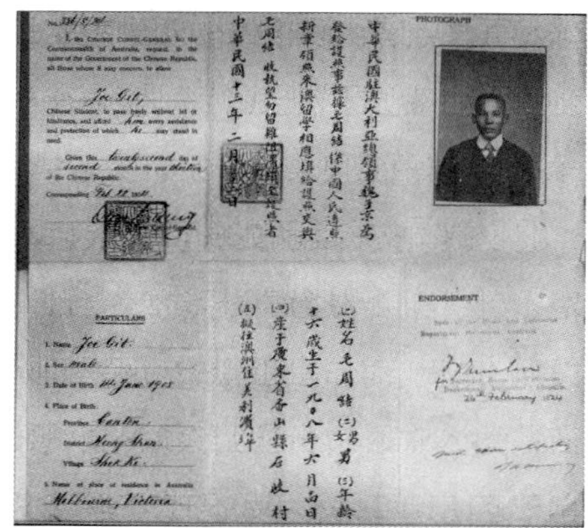

I, the Chinese Consul-General for the Commonwealth of Australia, request, in the name of the Government of the Chinese Republic, all those whom it may concern, to allow

Joe Git

Chinese Student, to pass freely without let or hindrance, and afford him every assistance and protection of which he may stand in need.

Given this twenty-second day of second month in the year thirteenth of the Chinese Republic.

Corresponding Feb 22 1924.

中華民國駐澳大利亞總領事魏子京爲發給護照事茲據毛周結係中國人民遵照新章領照來澳留學相應填給護照交與毛周結收執

中華民國十三年二月廿二日

PHOTOGRAPH

PARTICULARS

1. Name Joe Git
2. Sex Male
3. Date of Birth 11th June 1908
4. Place of Birth
   Province Canton
   District Heong Shan
   Village Shek Ki
5. Name of place of residence in Australia
   Melbourne, Victoria

(一)姓名 毛周結　(二)男女 男　(三)年齡 十六歲生于一九〇八年六月十一日

(四)產于廣東省香山縣石岐村

(五)擬往澳洲住美利濱埠

ENDORSEMENT

26th February 1924

左为一九二四年二月十四日，毛永赞向中国驻澳大利亚总领事馆申请侄儿毛周结来澳留学护照和签证所填写的申请表；右为一九二四年二月二十二日，中国驻澳大利亚总领事魏子京给毛周结签发的留学护照。

档案出处（澳大利亚国家档案馆档案宗卷号）：

Git, J - Student passport, NAA: A1, 1926/10049

林作、林锦兄弟

香山下泽村

林作（Lum Jock）和林锦（Lum Kam，或者Lum Kay）兄弟俩，分别生于一九〇八年六月十八日、一九一五年八月四日，香山县下泽村人，两人相差七岁。

他们的父亲名叫林泗流（Lum See Low），澳大利亚联邦成立之年（一九〇一年），就从香山来澳洲打拼，最终在雪梨（Sydney）定居下来，并获得了长期居留权。[①]至少是在一九〇四年之前，他便与同宗兄弟等人一起开设了泗栈号（See Jan & Co.）商铺兼点心铺，地点是在沙厘希区（Surry Hills）的或时科街（Wexford Street）六十六号，除了销售杂货果蔬，还销售点心包饺时款饼食等等[②]，生意稳定，经济也比较宽裕。一九一一年，他与杨安合股，将上述商铺改名为泗栈义记（See Jan & Co.），迁到矜布街（Campbell Street）四十六号经营[③]；多年后，其合伙人杨安离去，他便在一九一七年中，另觅合伙人，在原址将店铺重新更名为林泗栈号（Lum See Jan & Co.），自己作为大股东，继续经营。[④]

---

① 澳大利亚国家档案馆里找不到与林泗流英文名字相关的档案。而若干年后，林泗栈（Lum See Jan）在为侄儿林江（Lam Kong）申请赴澳留学时，在财政担保书上声明是一九〇一年即澳大利亚联邦成立之年抵达澳洲发展，由此定居下来。林泗栈实际上是林泗流商铺之名，故他也以林泗栈之名作为行世之名。见：Lam Kong Students – passport, NAA: A1, 1931/1079。

② “泗栈号广告”，载《东华报》（The Tung Wah Times）一九〇四年十月十五日，第四版。

③ “泗栈义记广告”，载《东华报》一九一一年三月十一日，第四版。

④ “林泗栈号又开张”广告，载《东华报》一九一七年八月二十六日，第七版。

自一九二一年开始，澳大利亚实施《中国留学生章程》，开放居澳华人申办其在华子女赴澳留学。由是，在一年的时间里，就有一百多名来自广东省珠江三角洲和四邑地区的青少年进入澳洲留学。看到这种情形，林泗流也计划将其两个儿子申办来澳读书。一九二二年六月，眼见长子林作就要满十四岁，林泗流觉得是时候将他办理来雪梨读书了；而次子林锦年纪尚小，还无法成行，只能暂时押后办理。于是，六月十二日，林泗流便以监护人身份填具表格，向位于美利滨（Melbourne）的中国驻澳大利亚总领事馆申请林作的留学护照和请其代办签证，办理儿子来澳留学。他以上述自己参与经营的林泗栈号店铺作保，承诺每年供给儿子足镑膏火费，即需要多少费用就负担多少，要将儿子办来雪梨东部位于兰域区（Randwick）的兰域预科学校（Randwick Preparatory School）念书。

不知何故，中国驻澳大利亚总领事馆在收到上述林泗流递交上来的申请材料后，并没有及时予以处理，一直拖到次年，即在申请资料递交上来几达十个月之后，才着手审理。一九二三年四月十日，总领事魏子京为林作签发了编号为247/S/23的中国留学生护照；再过了一天，也为他从澳大利亚内务部申请到了入境签证。随后，中国总领事馆按照林泗流的意见，将护照寄往香港的金山庄永益利号，由其负责转交并安排林作的行程。

尽管中国总领事馆在审理林作的留学护照申请上拖延了大半年的时间，但林作并没有显示出要着急赶来澳洲留学的迹象。导致其赴澳行程耽搁的最主要一个原因是，到一九二四年初，父亲林泗流认为次子林锦就要届满九岁，距离《中国留学生章程》规定最小年龄十岁也不远了，想将他也一并申办来澳留学。他觉得，待为林锦办妥手续，他们兄弟俩再一起前来更好。

于是，一九二四年二月六日，林泗流再次填表，向中国驻澳大利亚总领事馆申请办理次子林锦的赴澳留学手续。因其作为主要股东自营的林泗栈号已经在一年前卖给他人[①]，他这次就不能像前年申请长子林作时那样以其作保，而是代之以安益利公司（Onyik Lee & Co.）。该商行在雪梨历史悠久，经营出入口生意，地位崇高，其中一个主要股东是香山籍的欧阳南（D. Y. Narme）[②]。事实上，此时林泗流已经加入这家公司。[③]此前，他一直在雪梨华文报纸上每期都为自己的林泗栈号商铺打广告，而在一九二三年后，报纸上的这间商铺广告消失了，那就是他已经将自己的生意卖与他人，自己只是少量持股，不参与具体经营，可以腾出身来加入与同乡欧阳南等人合组的公司一起打拼，期待或许有更好的发展。因此，在这种情况下，他就用安益利公司作为次子赴澳留学的财政担保。但无论如何，林泗流允诺每年供给儿子膏火一百镑，作为其在澳留学期间的学费和生活费等项开支，想让儿子来雪梨入读当地的高等公立学校，实际上就是雪梨库郎街公学（Crown Street Public School）。

这一次申请，还是像上一次提出长子林作的申请一样，送交到中国驻澳大利亚总领事馆之后，又是大半年没有得到任何音讯。可是长子林作在一九二三年就接到了护照和签证，此时也已经过了一年半的时间，签证都早已过期失效了。于是，林泗流决定不管那么多，先把他们兄弟俩安排赴澳再说。他跟香港金山庄联络，请其尽快安排俩儿子的船期。待一切安排妥当，就由家人将兄弟俩送到香港，由此乘坐“圣柯露滨号”（St Albans）轮船，

---

① 林泗栈号在一九二三年二月二十三日卖给了奇香公司林崇业和林达三（由其在原址开办奇香茶居［Kee Heung & Co.］），见：“卖出生意广告”，载《东华报》一九二三年三月三日，第六版。但在一九二五年十二月二十一日，林泗流又从林达三手上将奇香生意收购回来，还是叫作林泗栈，见“卖出生意广告”，载《东华报》一九二五年十二月二十六日，第七版；“承受生意广告”，载《民国报》（*Chinese Republic News*）一九二六年一月二日，第六版。

② D Y Narme [includes 8 photographs showing front and side views] [box 128], NAA: SP42/1, C1921/6636。

③ 根据澳洲档案，安益利公司由来自广东省香山县的华商李益徽（William Robert George Lee）等于十九世纪末在雪梨开创，后由其子李元信（William Yuison Lee）继承并成为大股东，于一九一三年二月十八日在鸟修威省工商局正式注册。详见鸟修威省档案馆保存的十九世纪末二十世纪初在该省工商局登记的工商企业注册记录：https://search.records.nsw.gov.au/permalink/f/1ebnd1l/INDEX1817337；但到一九二二年，该公司重组，李元信退出，由欧阳南、林泗流、林祥、林渭滨、董直等人接管成为股东，并在当年七月十日在鸟修威省工商局正式注册，显示其董事会的变更，详见：https://search.records.nsw.gov.au/permalink/f/1ebnd1l/INDEX1817338；“安益利号特别告白：生意声明”，载《民报》（*The Chinese Times*）一九二二年七月八日，第七版。

于一九二四年十一月十九日，抵达雪梨。[①]

但在入境澳洲海关时，两个儿子都遇到了麻烦。此时的林作已经过了十六周岁，与两年多前申办护照时情况发生了很大变化，虽然所持有的这个签证已经失效，但经过一番解释，澳洲移民局仍然认可，他最终还是被准允登陆，按正常的留学程序，重新核发其一年的留学签证。可是在入境雪梨海关时，林作被卫生检疫部门检查出其身患疥癣，按照要求，入境后必须隔离治疗一段时间方可入学。这有可能是在航行途中环境不卫生造成，抑或是在此之前他就已经罹患此症，因此，尽管海关考虑到其所患疥癣不是太严重，而最终允许林作入境，但为其个人也是为公众利益着想，特别要求他在正式入学前一定要对此疥癣予以彻底治疗，才得以正式开始其留学澳洲的生涯。

而对于次子林锦的入境，林泗流也早就有所安排。在俩儿子从香港启程时，他便致函内务部秘书，说明情况，请其准允林锦临时入境，待其抵埠后再由中国总领事馆签发护照备案，为此，他愿意按照内务部的规定，先在海关缴纳一百镑作为保证金。与此同时，他也就此事跟在美利滨的中国总领事馆紧急联络。总领事魏子京了解林锦的申请尚在审理之中，一时间也无法核发护照，便直接与内务部联络，希望后者先让林锦入境，其余手续随后补办。一番紧急公关下来，事情得到解决，内务部通知雪梨海关依例放行。于是，林锦在卫生检疫合格后，顺利入关。[②]既然林锦已经获准入境，中国总领事馆对其护照申请的审理也就不紧不慢，照章进行，直到次年三月十一日，魏子京总领事方才给他签发了一份护照，号码是410/S/25，然后交给内务部，后者于三月十六日在护照上钤盖了入境签证章，用前后一年多的时间完成了他的这次护照和签证申请。然后，内务部按照流程，将该护照保管在其档案之中。

林作治疗疥癣痊愈后，于一九二五年新学年开学后才入校念书。林锦自

① Lum Jock ex "St Albans" (Sydney) 1924 - Re Expired Certificate for Exemption from Dictation Test, NAA: B13, 1926/28339。

② Lum Kam ex "St Albans" 19.11.1924 - Re Issue of fresh Certificate for Exemption from Dictation Test, NAA: B13, 1926/25362。

入境后，也没有进入库郎街公学读书，而是在年底就跟着父亲去了美利滨，因为父亲林泗流此时参股加入了南京楼餐馆（Nam King Café）。这是一间相对高档的中餐馆，在靠近美利滨中国城附近的律师街（Russell Street）上，林泗流要过埠去处理餐馆的股权转换及参与管理等事宜，林锦便也跟着一起过去。因此时已是澳洲学校放暑假时期，他就等着下一年新学年之后再进入学校就读。而林作在雪梨等到疥癣痊愈后，也没有去原先父亲跟他联络好的那所兰域预科学校念书，而是去往美利滨，和父亲、弟弟一起生活，住在南京楼餐馆的宿舍里。

一九二五年初新学年开始后，林作因还在海关检疫部门的观察期，需要随时报告其身上疥癣是否彻底痊愈抑或复发，便就近在戈登街（Gordon Place）的圣佐治书院（St Georges School）注册入读。而林锦则从一开始便进入位于坎伯南街（Cumberland Place）的圣若瑟书院（St Joseph's School）读书，因此前未曾读过英语，他在学校从一年级读起。而林作在圣佐治书院仅仅读了两个月不到的时间，待海关完全解除了他的医疗限制之后，就从这里退学，转学去了圣若瑟书院，跟弟弟一起上学。根据学校提供的例行报告，林作在校学习都很认真，守规遵纪，校长对他的表现尚属满意；林锦也是各项表现甚佳，给人的印象是潜心学习，并且总是着装整洁，非常阳光，很受校长和老师的喜爱，频受好评。可是他们在这里读了不到一年的时间，到这一年的十一月三十日，刚刚拿到下一年度的展签，兄弟二人就在离放暑假尚有两周的情况下，退学返回了雪梨。最主要的原因是，他们的父亲林泗流结束了在南京楼餐馆的参股程序，便退出经营，重返雪梨，继续参与经营原先在安益利公司的生意。

回到雪梨后，林作和林锦两兄弟于十二月初一起注册入读校址设在唐人街的中西学校（Chinese School of English）。但根据中西学校校长戴雯丽小姐（Miss Winifred Davies）报告，入学才几个月，林作在这里的表现却与之前在美利滨圣若瑟书院时大相径庭：无理傲慢，不守校规。最后，校长戴雯丽小姐终于忍无可忍，于一九二六年四月报告内务部，要把林作从学校开除出去。内务部原先得知林作在美利滨读书时，表现中规中矩，是令人满意的学生，接到上述报告后，对此巨大反差现象觉得奇怪，决定查一查，想搞清楚短短几个月的功夫，何以他在这两所学校的表现会判若两人。但通过海关了解，林作被中西学校开除后，即刻转学去了库郎街公学。他的弟弟林锦原本在中西学校里表现也算令人满意，但因哥哥转学，他便也在四月三十日从中西学校退学，转学进入库郎街公学读书。而在这里，校长报告说林作的表现尚可，学业也令人满意，又跟他在美利滨圣若瑟书院的表现一样，没有什么可以指责之处。对此，内务部也就没有再进一步深究。究其原因，或许是林作在中西学校里遭到了不公对待，或许是其他原因，导致了他表现反常。毕竟，一个处于青春反叛期十八岁的青年，在突发事件面前，情绪失控，难以把握自己，也是可以理解的。而幸运的是，他及时地调整了自己，也把握住了机会。一九二八年后，林作升入库郎街公学的商学部念中学课程，其学业和操行等表现仍然令人满意。就这样，此后四年里，他一直在库郎街公学读书，学习态度认真，遵纪守规，未做转校等举动。

一九三一年八月十九日，林作在雪梨搭乘“太平号”（Taiping）轮船，离开澳洲经香港回国了。此时，距其来澳留学，已近七年，而他的年纪也到了二十三岁，距澳洲的中国留学生章程规定的中国学生年龄最高为二十四岁上限还有不到一年的时间。也许，他深切地意识到了继续留下来读书已经没有什么空间了，而他现在这个年纪也是回国走向社会，成家立业之时。此后，档案资料中再未见有林作返回澳洲的信息。但是，在他离开之后，库郎街公学校长在一份报告上写明，林作之所以提前在这个时候走，主要原因是他患有肺结核病，并声明这是比较机密的消息来源。[①]由此可见，林作在到达二十四岁上限之前离境，还有尽快回国治疗休养的因素在起作用。

自转学到库郎街公学后，林锦也一直表现良好，学业优异，学校的例行报告对他的评价总是比较简练，基本上可以归纳为各项表现令人满意，是认真读书的好学生。到一九三一年哥哥林作结束学习回国后，他仍然留在那里继续读书。但平时对其在校表现评语很简练的校长却在当年九月份时报

① Lum Kam - Exemption [3cms], NAA: A433, 1948/2/6958。

告，林锦因耳疾，导致疼痛，有失聪危险，遂遵医嘱去医院治疗，从而缺勤长达四十七天。内务部接到报告后，派人去到医院查证，证实他确实患有耳疾，也接受过治疗，从而免除了失聪的危险。因此，到年底时，虽然他因耳疾病情反复，再次住院治疗长达近两个月，但因有医院证明，学校也认为他返校上学时仍然是表现良好，内务部便也接受现实，继续给予他下一年度的展签。

到一九三二年，林锦的健康状况仍然不是很好，学校对此表示他可能不是很适宜继续上学，建议休学；八月份，内务部接到上述报告后，也极表赞同，预备在年底时不再给他核发展签，让他回国治疗休养。可是，在十一月十七日，即林锦留学签证到期前两天，中国总领事陈维屏给内务部发来一封公函，虽然也说明林锦是要回国，但却是为他申请从留学签证转为工作签证，期限为六个月，目的是协助父亲将原先的林泗栈号剩余生意卖掉，然后再一起回国。他的父亲林泗流此时很急迫，想尽快将生意卖掉，回国探亲，因他已经很久没有回国了。要做到这一点，自然需要帮手，儿子已经十七岁，正好符合需要。陈总领事在函中强调，一旦结束上述买卖，他们父子二人便立即回国。事实上，在此之前，内务部就已经接到了海关稽查官的报告，证实林锦的健康状况有所好转，也表示要在协助父亲将生意卖掉后于明年初回国，这样的情况也正是内务部所期待的。为此，十一月二十四日，内务部就正式批复，告知陈维屏总领事，准其所请。

六个月的时间并不长，即便是双方紧赶慢赶，也很难在规定的时间里走完生意转让的程序以及解决所有的相关问题。到一九三三年五月初，林泗流已经把生意卖给了Foon Long（桓隆，译音），但买方一时间不能支付所有的购买费用。鉴于林锦的签证很快就要到期，陈维屏总领事便在五月八日致函内务部秘书，请其再展延这位中国学生三个月的签证，一俟上述款项到手，他便会与父亲一起乘船回国。这样的情形，在生意买卖的过程中是很常见的事，内务部秘书自然也很明白，因而在通过海关确认上述情况属实后，便在一个星期后批复，再给林锦展延三个月的签证。

按照签证，林锦应该在八月十九日到期之前离境回国，但因最后一笔分期付款的生意费用尚未到手，他只能先订上九月十六日的“利罗号”（Nellore）轮船船票；到上述开船日之前，应收款项仍然未到位，林泗流便去到海关说明情况，并告知改订了十月十六日从雪梨港口起航驶往香港的“丹打号”（Tanda）轮船，希望能让儿子林锦届时跟他一起走。[①]内务部接到海关转来的上述请求，觉得事已至此，只能批准，但特别强调，这是最后的延签，到时候林锦无论如何必须离境。

十月初，一切尘埃落定，上述“丹打号”轮船的起航时间也调整到十月十四日。就在这个时候，中国驻澳大利亚总领事陈维屏于十月六日再次致函内务部秘书，为十八岁的林锦申请再入境签证，表示林锦希望陪伴父亲回国探亲后，还能重返澳洲，继续完成其未竟学业。由于此时的林锦年龄距离《中国留学生章程》规定的二十四岁上限尚有很大空间，且检视其过往的所有在校表现报告都没有任何违规之处，并总是被学校认为是属于热心学习的好学生，内务部没有拒签的理由，遂于十月十六日批复，准其十二个月内重新进入澳洲，返回学校念书。当然，内务部秘书在给陈总领事的复函中特别强调，重返澳洲后，林锦只能全日制读书，不允许打工。在陈维屏总领事接到上述批复时，林锦已经和父亲在两天前按照预定计划，登船离境回国去了。陈总领事只能打电报发往中国，将此决定告知这位年轻的中国留学生。到第二年的年中，在确认林锦即将返回澳洲后，一九三四年六月二十日，中国驻澳大利亚总领事陈维屏特地为他签发了一份新的学生护照，然后将其送交给内务部，由其转交给雪梨海关，待这位中国青年抵埠时，在护照上钤盖入境签证章，再交回内务部代为保管。

差不多整整一年之后，在中国结束探亲的林锦，再次和父亲林泗流一起从香港乘坐“太平号”轮船，于一九三四年十月七日抵达雪梨口岸，重返

① Lee Jew, Lum See Jan, Gee Kai, Shir King, Chong Loong, Choy Son, Man Chew, Ah Shee, Hoe Hing and Yuck Lan [Certificate Exempting from Dictation Test - includes left hand impression and photographs] [box 236], NAA: ST84/1, 1933/509/51-60。

澳洲。[①]但是，林锦的身体健康状况尚未康复，主要是罹患沙眼病（颗粒性结膜炎），一时间也无法进入学校念书；为此，林泗流将儿子送入雪梨医院检查，待医生出具证明信后，于十月底将此事告知内务部，并附上医生检查证明备案。内务部秘书接到林泗流的上述信函后，略作考虑，于十二月五日指示海关，请其会同卫生检疫部门对林锦作一检测，以决定是否应该将这位不能上学的留学生遣返回国。也许是意识到如此下去确实对自己不利，也无法继续待在澳大利亚，因此，在内务部秘书下达上述指示的前五天，林锦便在设在唐人街附近的中西学校注册入读，选修其开设的商法课程，原因在于其父林泗流英语程度差，在其住所遭到损坏时遇到了很大的麻烦，林锦便想通过学习商法，为父亲讨个公道。而卫生检疫官员则按照指示对林锦进行检查，并在十二月十四日提交报告，认为此时没有必要将这位中国学生遣返回国，但其病情则需要观察六个月，看届时是否能够康复。为此，内务部秘书便嘱检疫官员到时要对这位学生再进行复检。半年后，复检结果显示，他的左眼仍然还受沙眼感染，因而医生的意见是还要再观察六个月。

对于林锦的在校学习表现，中西学校校长戴雯丽小姐还是比较认可的。只是在一九三五年年中她提交报告时表示，林锦除了有两个星期因流感无法到校上课，尚有八天旷课，也没有向学校解释是什么原因。内务部秘书接到上述报告后，下文到雪梨海关，请其调查此事。八月二十日，海关稽查官提交报告称，林锦患流感，有医生证明，毋庸置疑；而那八天旷课，经询问其父亲林泗流，得知因其住所被一辆卡车撞坏，其子林锦是目击者，法庭在此

---

① Miss Edna Gork Ming [includes Application for Passport] [issue of Commonwealth Passport in favour of subject], Wah Jew, Lee Chong, Ah Leung, Lee Kee, Lum See Jan, Harry Tong Hong, Joe Yow, Hing Ping, Mew Toy, Lowe Toy, Ronald O'Young [also known as Say Hoo], Lum Kam, Hia Deh Chung, Kwok Sue Ting [also known as Gock Sue Ting], Lee Sue Lun, Yee Bo Lay, Mrs Arthur Lowe [also known as Liu Cheng Su Tseng and children Wai Chee, Wai San and Wai Sha [arrived ex TAIPING in Sydney on 7 October 1934], 23 unknown Chinese [arrived ex TAIPING in Sydney on 7 October 1934] [Chinese passengers for transhipment and enroute to New Zealand and Suva], Ng Ping Kum [arrived ex TAIPING in Sydney on 7 October 1934] [Chinese passenger for transhipment and enroute to Nauru], Louey Yow Kee, Louey Toon Gip Way Ah Poy, Fong Ley and Louey Gee Kin [on-going for Melbourne] [includes 4 photographs showing front and side views; left hand print and thumb prints; Passport and Register of Births for Edna Ming] [box 383], NAA: SP42/1, C1938/8992。

事索赔和判决过程中，需要目击者出庭作证，这样就导致他无法到校上课。稽查官表示，他去过警察派出所和法庭了解，证实确有此事，而出庭作证也是法庭办案的一个程序。既然如此，内务部遂不再过问此事。而在十月份时，检疫官员复检时发现，林锦的沙眼仍然存在，也没有得到相应的治疗，在这种情况下，他无法判断林锦的这个沙眼是否会传染别人。由于有这个报告，故当陈维屏总领事按例为这位中国青年申请展签时，内务部秘书于十一月八日复函，拒绝了这次的展签申请，要求他安排林锦回国。

但陈总领事在接到上述拒签函后并不买账，他于十一月十六日发出公函，据理力争。他表示，曾就此事做过调研，知道过去一段时间里林锦一直接受眼科医生的治疗，现在是治疗尚未有结果，至少还要观察三个月才能确定其治疗效果。为此，他认为，内务部至少应该将其签证延长三个月的时间，一方面可以让林锦结束本年度的课程，另一方面也可以看到这个治疗的效果。当内务部秘书要求提供眼科医生证明时，陈总领事将圣文森特医院（St Vincent Hospital）眼科医生马赫（Odillo Maher）的证明及中西学校校长戴雯丽小姐的信一一呈上，并表示医生认为待观察期结束后，林锦的眼病一定会得到治疗和康复。虽然卫生检疫官员认为康复程度不明显，但也建议要等三个月之后再看效果。在这种情况下，十二月二十四日，内务部秘书取消了此前的拒签决定，而将林锦的签证有效期展延到次年二月七日。一九三六年一月三十日，马赫医生表示，林锦的沙眼病治疗已经有所进步，为此，当陈维屏总领事据此继续为这位中国学生申请展签时，内务部秘书在二月四日决定再给他三个月的展延。到五月初，鉴于他的眼病治疗效果明显，陈维屏总领事致函内务部秘书，要求给林锦按照正常学生待遇，展签十二个月。在咨询卫生部门的相关官员并获得肯定回复后，五月十八日，内务部秘书复函，准允林锦的十二个月展签，条件是他必须继续接受治疗，直至康复。到下一个年度，尽管林锦仍然接受治疗，但基本上也保持在校上课，因而再次获得展签。

一九三八年四月，又到了申请林锦展签的时候了。这一次，内务部需要知道林锦的监护人是否有向医院捐款，以此作为批复的依据。海关稽查人员的调查结果是，圣文森特医院对非住院病人并不收费，但鼓励患者向医院捐款，为此，每个诊室外面都有一个捐款箱。林锦每周来医院就诊三次，有时是早上，有时是傍晚，有时则是正常工作时间。他也知道有捐款这一回事，医院护士也曾经告诉过他，因此，每周来看眼病，他都带上五先令，作为捐款放进捐款箱里。据此，内务部秘书于五月十六日批复了他的下一个年度的展签。

但到一九三九年四月，中国驻澳大利亚总领事保君建为林锦申请展签时，遇到了问题。虽然马赫医生的证明显示林锦因沙眼病引起的其他眼病得到了治疗，也有成效，但仍然需要进一步的治疗和观察，但他每周的应捐款项并没有到位，这引起医院的不满。而他此时最主要的一个问题是，到八月四日，他将届满二十四周岁，到达中国学生准允在澳留学的最高年龄上限。为此，五月二十三日，内务部秘书虽然也批复了这一申请，但只准允展延三个月，即有效期到八月七日。他在给保总领事的复函中强调，林锦的签证到期后，请中国总领事馆负责安排这位中国学生的船期，让他尽快返回中国。

自一九三四年返回雪梨后，林泗流可能仍然在安益利公司占有一点股份，但也在佐治大街（George Street）六百五十一号开设一家餐馆，名为Kum Ling Café（锦麟餐室，译音）。在得知儿子的展签只能延至八月初之后，林泗流决定将这个生意卖掉，与儿子一起回国。但要卖掉生意，需要一些时间。他将自己的想法跟保君建总领事谈了，希望对方能向内务部申请，让林锦能多待一段时间，到时候跟他一起走。于是，七月十三日，保总领事便给内务部秘书写信，为林锦陈情，希望能考虑到其父亲的现状，再给他展延六个月的时间，以便林泗流在这段时间里处理完生意的出售，父子俩一起回国。由于此时林锦仍然在圣文森特医院接受定期治疗眼疾，医院认为再给他一些时间，将会有利于他的眼疾痊愈，加上林泗流正在出售生意，显示出他们要回国是确定的，这些都给内务部回复上述申请提供了正面依据。为此，七月二十八日，内务部秘书正式复函保君建总领事，批复了林锦六个月的展签，其签证有效期延至次年二月七日。这就意味着他仍然可以一边读书，一边去医院接受定期治疗。

虽然林锦自此仍然是中英学校注册的学生，但在十月十六日之后，他便去了美利滨，到十二月初也没有返回。于是，戴雯丽校长只好将此事报告给内务部。接到这份报告，内务部自然很不高兴，因为按规定，在学校上课期间要转学到其他地方，是需要先报备获得批复才行。为此，内务部指示海关和移民局，尽快找到林锦，弄清楚他住在什么地方，以及为什么要离开雪梨去美利滨。经海关和移民局一番犁地式排查，最终在一九四〇年一月十八日找到了林锦，得知他在美利滨的住处是在麦科马克街（McCormac Place）七号，跟他的父亲林泗流在一起。根据父亲的说法，儿子离开雪梨前，曾经告诉过校长，请校长告知海关其前往美利滨一事；至于要先征得内务部同意，他并不知道有这样的规定。而根据林锦的说法，他是应位于美利滨坎伯南街三十七号的木材中介商Sam Way（三维，译音）之邀而来的。三维近期极欲回中国广东省家乡探亲，想让林锦在其回国期间，作为替工，为他看管这个木材中介公司，预期为一年。十二月十九日，他已通过中国总领事馆在美利滨的副领事提出上述申请。在没有得到回复之前，他在美利滨没有进入任何商铺和公司工作，纯属度假性质。

就在上述报告提交到内务部时，中国驻澳大利亚总领事保君建在三天前写的申请信也同时寄达，内容正是为林锦申请转换身份，成为上述三维木材中介公司的替工。既然如此，上述林锦的不辞而别就不再成为问题，内务部遂集中精力调查三维的公司，以决定是否要批复这一申请。通过调查，内务部了解到，三维最早回国探亲是在一九一三年，此后又于一九二三年和一九二八年回去过。他向调查人员表示，他的妻子最近身亡，是故他无论如何要回去看望一下家里人，为此，他已订妥船票，搭乘二月二十八日从美利滨出发的"利罗号"轮船前往香港转国内。至于他的生意，是属于中介性质，他不直接进口木材，只从当地木材供应商那里拿货。他表示，该公司在二十年前由一位梁姓商人创立[①]，他于十年前将此生意盘入自己门下经营，没有雇员，任何业务都是亲力亲为，目前其经手的木材有三分之二是提供给本地华人家具商。他在上一个财政年度的年营业额是一千五百零三镑，扣除所有费用与税金，净利润为二百一十六镑。因上述船期已定，三维希望调查人员转告内务部，尽可能快地在上述日期前予以批复。对于三维的处境，内务部秘书也十分同情，而林锦在澳留学超过十年，中英文俱佳，适合作为替工，因为三维没有雇员，除此之外无人可以替代。因此，一九四〇年二月二十二日，内务部秘书批复了三维的申请，以便让他可以按照预定船期离开澳洲回国（“利罗号”实际上拖延到三月二日才起碇），并在三月四日正式将批复决定通知保君建总领事。他在批复函中强调指出，先给予林锦一年的替工签证，到期如果三维没有回来，可以申请展签，即最多可以给他三年替工签证。

自此，林锦就又一次转变了身份，在美利滨居住下来，看管三维的木材中介公司，业绩显著，其年营业额达到一千一百七十九镑。到一九四一年初，三维因战争原因给困在广东，无法返回，林锦再获一年展签。到了年底，太平洋战争爆发，好在三维正好赶在战前回到了澳洲。林锦虽然按部就班将公司管理权交还给了东主，但仍然继续协助三维工作，充任其雇员，为其拓展生意。

林泗流来到美利滨后，便于一九四〇年底在益士比臣街（Exhibition Street）上开了一间餐馆。一九四二年二月十二日，澳大利亚内务部因战争原因，仍将林锦签证延至六月三十日。林泗流此时想利用儿子只剩下几个月签证的机会，让他回来跟自己一起经营。因此，当年三月九日，新任中国驻雪梨总领事段茂澜致函内务部秘书，为此事申请批准。内务部了解到，林泗流

---

① 详见来自佛山的梁亚协（Ah Hep）和梁亚仓（Leong Ah Took）在美利滨创办的协隆木铺：Leong Ah HOO - Student passport, NAA: A1, 1927/21153; Choy, Lung Sha - Student's passport, NAA: A1, 1928/4067。此外，在十九世纪末二十世纪初时，香山县港头村的胡亚礼（Ah Lay）也在美利滨城里与人合股开设一间木厂，名称是三维号（Sam Way & Co.）。也许，该三维木厂与现在的这个木材中介公司也有渊源。胡亚礼在一九二二年申请儿子胡天锡（Tim Seck Ah Lay）来美利滨留学，到一九二八年与儿子一同回国。见：TIM SECK AH LAY - Chinese student, NAA: A1, 1934/6524。见：Application for Domicile Certificate by Ah Lay, NAA: A1, 1903/7216; TIM SECK AH LAY - Chinese student, NAA: A1, 1934/6524。

经营的是个小餐馆，其基本顾客都是当地华人，仅有一名雇员，到去年六月底的半年时间里，其营业额为六百二十镑，目前其食材等存货价值一百镑。而林锦虽然是与父亲住在一起，但更愿意在三维那里工作，而不愿意回来跟着父亲经营小餐馆。有鉴于此，内务部遂否决了段茂澜总领事的申请，仍然准允林锦在三维那里工作。

由于此时澳洲全力以赴投入对日作战，中国也成为其并肩战斗的盟国，为此，澳大利亚政府决定，从一九四二年七月一日开始，授予所有在澳盟国公民三年临时签证，到期满时如果战争仍未结束，则该签证再自动延期二年，林锦自然也在此列。由是，他就继续留在了美利滨，主要为三维的公司服务，也利用其他时间协助父亲经营小餐馆。

一九四六年八月二十日，林锦致函移民部秘书，告知父亲林泗流因中风而导致半身不遂，他需要尽快将其带回中国，让父亲在临死前与家人都能见上一面。他想知道，以他目前的身份，是否可以在回国一年或两年后，仍然可以获准再入境澳洲，如此，他将申请再入境签证。他表示，直到目前，他都是从事贸易经商，因此，打算从中国探亲回来后就自行开设一家公司，专做与中国的贸易。他还强调说，自孩童时代起，意即在其九岁时，他便来到澳大利亚，在此接受教育和生活，已经完全澳化，也已经视澳大利亚为自己的家园。因此，他恳切希望能获得移民部的认同，核发给他再入境签证。为了增强申请的力度，林锦也在同一天通过在美利滨的圣高隆庞外方传教会（St Columban’s Mission Society）的莱昂斯神父（Rev. D. Lyons），由后者直接致函移民部部长，为其陈情。但三天后，移民部部长复函莱昂斯神父，请其转告林锦，他可以回国后在那里提出入境澳洲申请，只要他说明在澳开设公司的金额以及列明贸易计划，移民部将会认真考虑其入境申请。这一回复表面上似乎说明林锦可以申请返澳，但实际上那些苛刻条件则表明，他获得入境准允的可能性极低。

既然如此，林锦已经明白移民部对他这样的外侨是个什么样的态度，即一旦离开，将难以重返这块土地，遂不再作他想，按照原先的计划安排回国。他把父亲带到雪梨，在此辞别亲友故旧；随后，在一九四六年十一月二十二日这一天，登上驶往香港的“云南号”（Yunnan）轮船，告别了学习和工作了二十二年的澳大利亚，和父亲一起回返广东家乡。这一年，他已经三十一岁。

林锦的留学档案到处终止。

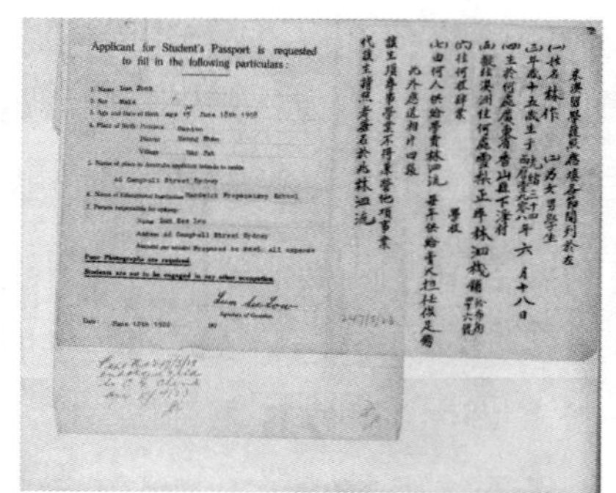

左：一九二二年六月十二日，林泗流填表向中国驻澳大利亚总领事馆申请儿子林作的留学护照；右：一九二三年四月十日，中国驻澳大利亚总领事魏子京给林作签发的留学护照。

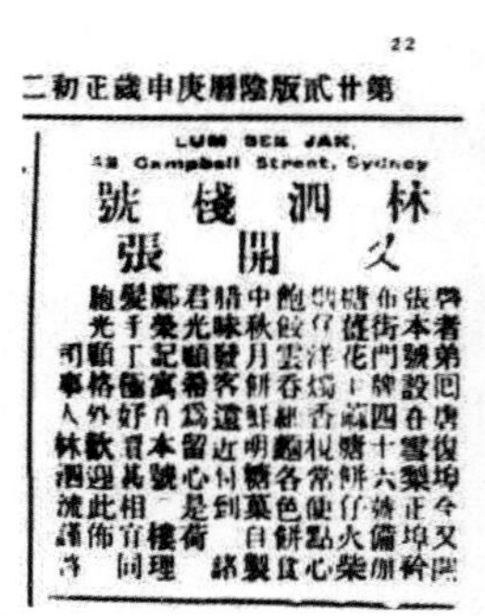
LUM SEE JAK,
Campbell Street, Sydney
林泗栈號
又開張

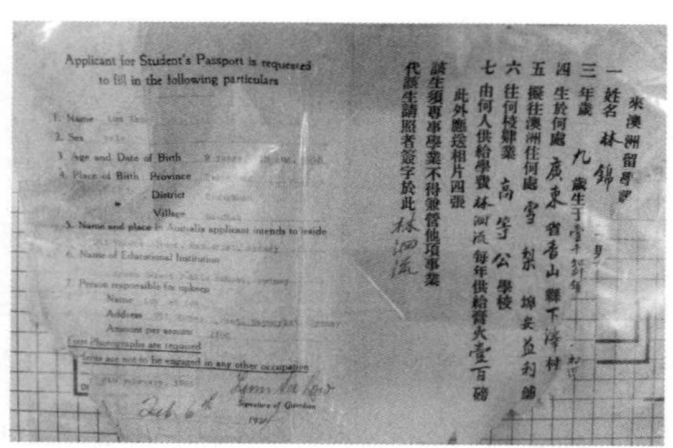

左：《东华报》一九二〇年二月二十一日第二十二版林泗栈号广告；右：一九二四年二月六日，林泗流向中国驻澳大利亚总领事馆申请儿子林锦来澳留学护照和签证所填写的申请表。

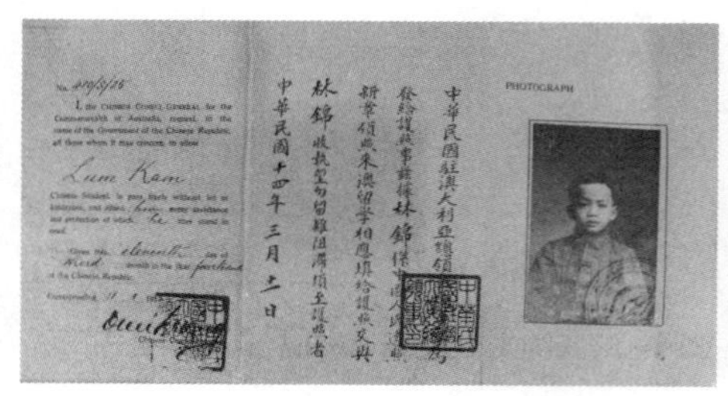
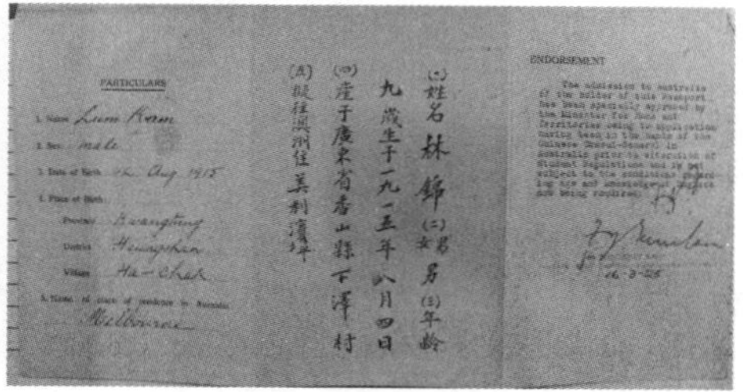

一九二五年三月十一日，中国驻澳大利亚魏子京总领事给林锦签发的中国学生护照。

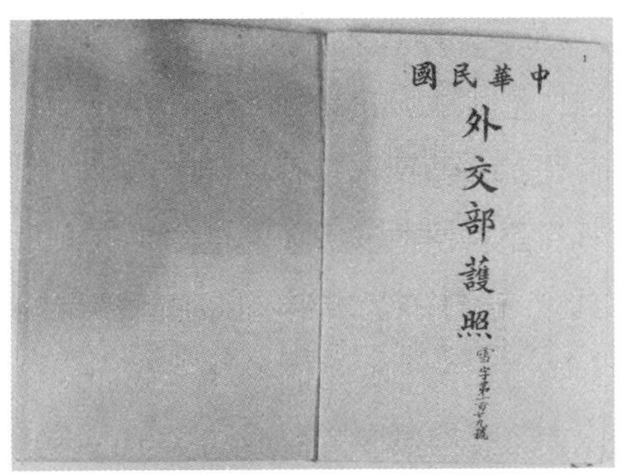

中華民國
外交部護照

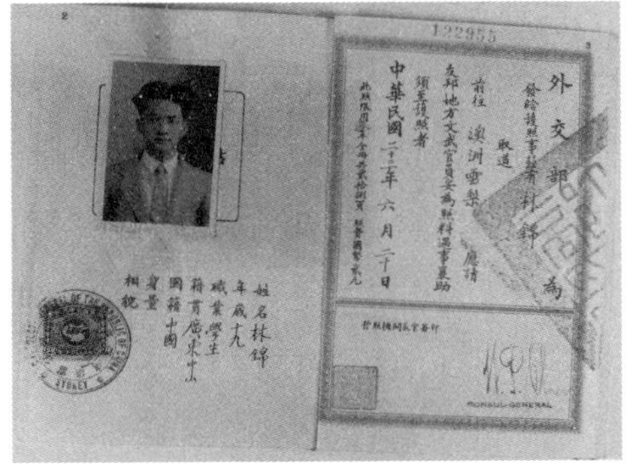

外交部
中華民國二十三年六月二十日
姓名 林錦
年歲
職業 學生
籍貫 廣東
國籍 中國
身量
相貌

一九三四年六月二十日，中国驻澳大利亚总领事陈维屏为林锦签发的新的学生护照。

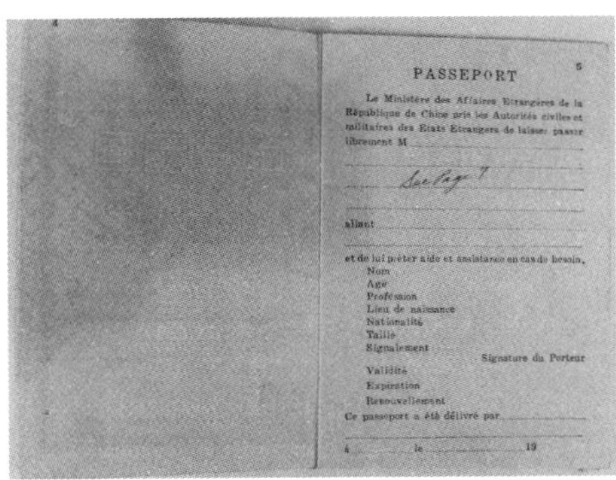

PASSEPORT

Le Ministère des Affaires Etrangères de la République de Chine prie les Autorités civiles et militaires des Etats Etrangers de laisser passer librement M

allant

et de lui prêter aide et assistance en cas de besoin.

Nom
Age
Profession
Lieu de naissance
Nationalité
Taille
Signalement

Signature du Porteur

Validité
Expiration
Renouvellement

Ce passeport a été délivré par

à le 19

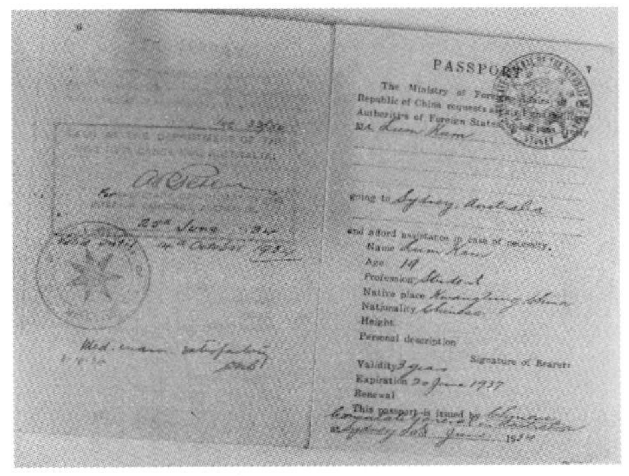

PASSPORT

The Ministry of Foreign Affairs of the Republic of China requests all civil and military Authorities of Foreign States to let pass freely Mr. Lum Kam

going to Sydney, Australia

and afford assistance in case of necessity.

Name Lum Kam
Age 14
Profession Student
Native place Kwangtung China
Nationality Chinese
Height
Personal description

Signature of Bearer

Validity 3 years
Expiration 20 June 1937
Renewal

This passport is issued by Chinese Consulate General in Australia at Sydney 20th June 1934

一九三四年六月二十日，中国驻澳大利亚总领事陈维屏为林锦签发的新学生护照内页。

档案出处（澳大利亚国家档案馆档案宗卷号）：

Lum Jock Student passport, NAA: A1, 1931/6642

Lum Kam - Exemption [3cms], NAA: A433, 1948/2/6958

刘 初

香山石岐南门

刘初（Low Chaw），生于一九〇八年六月二十二日，香山县石岐南门人。他的表兄郑泉（Jang Chin），生于一八八〇年九月十八日，大约在一九〇〇年前后从家乡来到澳大利亚发展，在澳大利亚昆士兰省（Queensland）北部重镇坚时埠（Cairns）经商。[①]档案中没有说明郑泉来自香山县具体的哪个村镇，但当时在坚时埠经商的香山籍郑姓商人，有一位比他大十一岁来自隆都的郑开记（Jang Hoy Kee）[②]，一八八五年便来到昆士兰省发展[③]；还有一位名叫郑泗全（See Chin）[④]，是早他十几年从家乡出来到坚时埠一带发展的库充村人。根据当时粤人赴澳发展是同乡相邀、宗亲联袂、兄弟共往、相互帮衬的特点，也许对于郑泉的籍贯确认有一定的参考作用。

一九二一年，在获知澳大利亚开放教育给中国学生后，十三岁的刘初家

---

① Chin, Jang - Nationality: Chinese [DOB: 18 September 1880] - Alien Registration Certificate No 742 [?142] issued 19 October 1916 at Cairns, NAA: BP4/3, CHINESE CHIN JANG。但在另一份档案宗卷里，郑泉将自己的出生年份整整推后了一年，而月份和日期则保持未变，见：Chin, Jang - Nationality: Chinese [DOB: 18 September 1881, Occupation: Merchant] - Alien Registration Certificate No D599 issued 18 February 1920 at Darwin, NAA: BP4/3, CHINESE CHIN JANG。

② Kee, Hoy - Nationality: Chinese [DOB: 1869, Occupation: Storekeeper] - Alien Registration Certificate No 15 issued 23 October 1916 at Gordonvale, NAA: BP4/3, CHINESE KEE HOY。

③ Hoy Kee [Chinese - arrived Townsville per SS BOWEN, 1885. Box 27], NAA: SP11/2, CHINESE/KEE HOY。

④ Certificate Exempting from Dictation Test (CEDT) - Name: Jan See Chin (of Cairns) - Nationality: Chinese - Birthplace: Canton - departed for China per EMPIRE on 13 March 1915, returned to Cairns per EASTERN on 13 May 1916, NAA: J2483, 174/28。

人便也想着将其办理来澳留学，其表兄郑泉遂应承出任他的监护人和财政担保人。当年的年中，郑泉填妥申请表，递交给位于美利滨（Melbourne）的中国驻澳大利亚总领事馆，代理表弟刘初赴澳留学事宜，为其申领留学护照和签证，计划将其安排入读坚时公立学校（Cairns State School）。为此，他以自己所开设和经营的郑泉记（Jang Chin and Company）①作保，并允诺由该商铺每年供给膏火五十镑，作为刘初来澳留学期间所需之学杂费和其他相关留学费用。

中国驻澳大利亚总领事馆接到上述申请后，按照流程予以了审理。当年八月二十二日，总领事魏子京给刘初签发了一份中国学生护照，号码是98/S/21；四天之后，即八月二十六日，澳大利亚内务部也在送上来的护照上钤盖了入境签证印章。中国总领事馆拿回护照后，便将其寄往中国，交由刘初家人代为收取，以便他尽快赴澳留学。

刘初家人通过本地与香港的金山庄联号合作，很快就为刘初订妥了船票，也安排好了其航海旅途中的监护人等项事宜。随后，家人将其送往香港，让他由此搭乘澳大利亚华商组建的中澳船行所运营的“获多利号”（Victoria）轮船，与本邑库充村也是前往坚时埠留学的郑仕航（Jang Shu Hong）②同行，于一九二二年一月二十日抵达昆士兰省北部的港口汤士威炉埠（Townsville），入境澳洲。汤士威炉在坚时的南面，相距约三百五十公里，从香港驶往澳大利亚的班轮，通常是在停靠坚时埠后，下一停靠港口才是汤士威炉埠。因此，不知是刘初坐过了站，还是其旅途监护人的目的地便是汤士威炉，因而他在这儿下船。总之，刘初在此埠入境后，还要搭乘其他交通工具北上，去往坚时埠，随后便住进了表兄开设在有唐人街之称的昔时街（Sachs Street）上郑泉记商铺里。

刘初来的时间比较合适，正好是当地新学年即将开学之际。在从旅途疲劳中恢复过来并熟悉了周边环境之后，他于二月十三日正式注册入读坚时公

---

① 郑泉记早在一九〇五年之前就在坚时开设。见：“澳洲拒约”，《东华报》（*The Tung Wah Times*）一九〇五年十二月二日，第五版。

② Jang Shu Hong - Student passport, NAA: A1, 1923/16780。

立学校。根据学校的报告，他的在校表现良好，总是衣冠整洁地去上学，且保持全勤；而学习成绩也按部就班，令人满意。他以这样的精神状态和学习成绩，一直在这所学校读到次年的上半学期结束。

一九二三年六月十九日，十五岁的刘初突然离开学校，辞别表兄郑泉，在坚时埠港口登上路经该埠驶往香港的“获多利号”轮船，返回中国去了。走之前，他没有通知澳大利亚内务部，也没有告诉中国驻澳大利亚总领事馆。是什么原因导致他匆匆忙忙地结束在澳只有一年半的留学生涯，不得而知。但与他一同赴澳留学的郑仕航，也是在同一天，与他乘坐同一艘船离境。当然，后者离开，并非是因为要与刘初共进退，而是因其监护人亦即伯父郑泗全要离澳赴港退休定居，他只能随之离澳回国。[①]此后，澳大利亚的出入境记录中也找不到与刘初相关的任何信息。显然，他是一去不复返。

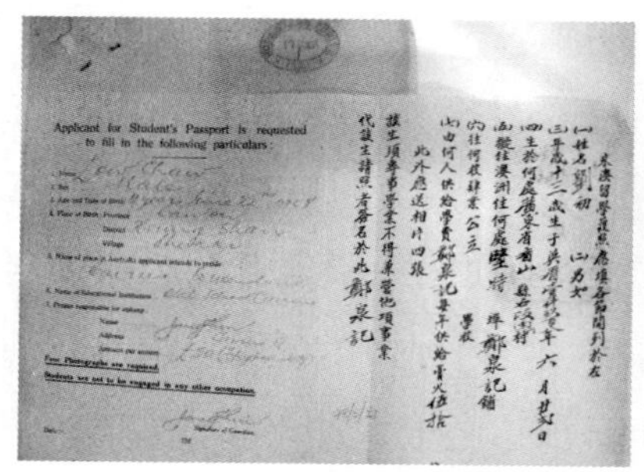

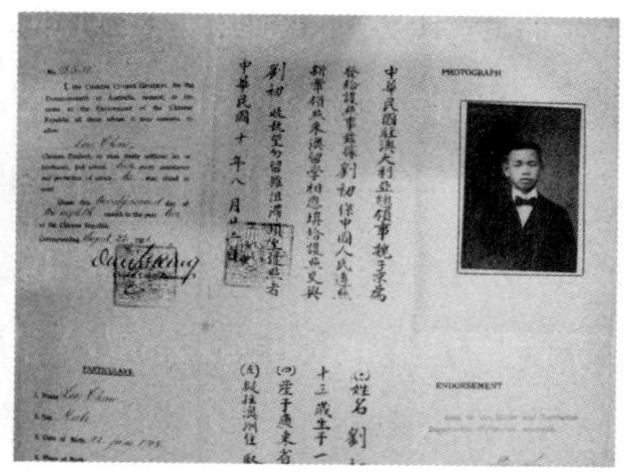

左：一九二一年，郑泉填写的申办表弟刘初赴澳留学护照和签证的申请表。右：一九二一年八月二十二日，中国驻澳大利亚总领事魏子京给刘初签发的中国学生护照。

档案出处（澳大利亚国家档案馆档案宗卷号）：

Low Chaw - Student passport, NAA: A1, 1923/15629

① 详见：Jang Shu Hong - Student passport, NAA: A1, 1923/16780。

雷亚培

香山渡头村

雷亚培（Louie Ah Poy），一九〇八年十月二十日生，香山县渡头村人。他的父亲雷道畴，生于一八七二年，于十九世纪末年到澳大利亚闯荡，定居于昆士兰省（Queensland）北部重要滨海城市汤士威炉埠（Townsville）[①]；立足之后，他在该埠西区的车打士滔路（Charters Towers Road）上开设了一家商铺，名为新三合记（Sun Sam Hop），而他本人也就以此店名作为自己在澳大利亚行世之名，因而也就没有留下他本人真实中文名字的英文写法。一九〇七年初，于获得在澳大利亚永久居留资格后，他便返回中国探亲，雷亚培便是在他此次探亲后出生的。

到一九一九年，在澳打拼多年的雷道畴申请到了回头纸，准备回国探亲，但因种种原因一直拖着未能成行。[②]到一九二一年初，当得知澳大利亚开放教育给居澳华人的在乡子弟前来留学的消息后，他便决定暂不回国，先把十三岁的儿子申办前来他所在的汤士威炉埠读书，以尽为父之责。由是，他

---

① Certificate Exempting from Dictation Test (CEDT) - Name: Sun Sam Hop - Nationality: Chinese - Birthplace: Canton - departed for China per KUMANO MARU on 4 February 1907, returned to Townsville per NIKKO MARU on 23 August 1907, NAA: J3136, 1907/11。

② Certificate Exempting from Dictation Test (CEDT) - Name: Sun Sam Hop (of Townsville) - Nationality: Chinese - Birthplace: Canton, NAA: J2483, 265/33。这一年，雷道畴当选为中国国民党澳洲汤士威炉埠分部评议长，表明他在当时汤士威炉埠华人社区中算得上是比较活跃的人士，即在经营自己生意同时，也热心公益，参与涉及祖国民主自由的政治活动。见“中国国民党澳洲汤士威炉埠分部职员表”，《民国报》（*Chinese Republic News*），一九一七年九月二十七日，第六版。

立即行动起来，填妥申请表，寄给中国驻澳大利亚总领事馆，申领儿子雷亚培赴澳留学的护照和签证。他以自己的新三合记商铺作保，承诺每年供给膏火六十镑作为儿子在澳留学所需之各项费用，准备将儿子安排入读当地的政府学校（State School）。

因雷道畴行动早，在上述《中国留学生章程》刚刚在一九二一年初实施时，中国驻澳大利亚总领事馆接到的申请不多，审理进展就很快。三月二十一日，驻澳总领事魏子京便给雷亚培签发了一份中国学生护照，号码33/S/21；三月三十日，澳大利亚主管外侨事宜的内务部也核发给雷亚培留学签证，将入境签证章钤盖在上述护照上。随后，中国总领事馆立即将该护照寄往雷道畴指定的香港金山庄，由其负责安排护照持有人的赴澳行程。

雷亚培早就接到父亲为其办理赴澳留学的通知，得知获签消息后，便做好了随时出发的准备。香港金山庄的安排也很及时，五月份正好有轮船“华丙号”（Hwah Ping）驶往澳大利亚，雷亚培便在家人陪同下去到香港，登上这艘轮船，于六月十三日抵达汤士威炉埠。雷道畴从海关将儿子接出来，住进了他在车打士滔路上的新三合记商铺里。

雷道畴将儿子安排入读南汤士威炉政府学校（South Townsville State School）读书，最主要的考量是，一个月前从香山来的梁棣祺（Leong Day Kee）[①]和梁沛霖（Leong Poy Lum）[②]就是在这所学校念书，让儿子进入这所学校就读会有同声同气的伴儿。雷亚培也很珍惜这样的机会，在校表现和学习都很令人满意。

到一九二二年新学年开学时，雷道畴感觉到让儿子从他所居住的汤士威炉埠西区去到南区的学校上学，路程太远了些，很不方便，便决定将其转学到靠近该市中心的汤士威炉罗斯道政府学校（Townsville Ross Island State School）读书，并致函内务部获得批准。雷亚培在这里的表现和成绩一如既往，同样获得好评。

---

① Leon Day Kee - Student on passport, NAA: A1, 1932/4655。

② Leong Poy Lum - Exemption certificate, NAA: A1, 1932/18。

然而，就在这一年的十一月，五十岁的雷道畴因病无治，撒手西归。[①]十四岁的雷亚培一边处理父亲的后事，一边继续上学。到一九二三年上半年，他一直坚持上学，并且也因学习成绩令人满意，已经连升了两级。这一年八月开始，他在处理完父亲后事并拿到了下一年度的留学展签后，通过学校向内务部申请再入境签证。他表示，因父亲突然去世，家中只剩下母亲一人，他必须回去看望，预期六个月，之后将再次返回汤士威炉，完成未竟之学业。[②]当地海关和内务部都对其父亲之死表示惋惜，也同情他的申请，但直到十月中旬也未能采取进一步的行动，主要原因是，按照规定，上述申请需要通过中国驻澳大利亚总领事馆提出，内务部方才可以进一步处理。

但雷亚培已经无法再等。一九二三年十月二十五日，在澳留学两年多的他在汤士威炉埠登上驶往香港的“获多利号”（Victoria）轮船，返回中国。此后，澳大利亚档案中再也没有与他相关的记录。显然，回国后，他与母亲相依为命，已经无法按计划重返澳洲留学，而只能待在国内就学和挑起家庭重担。

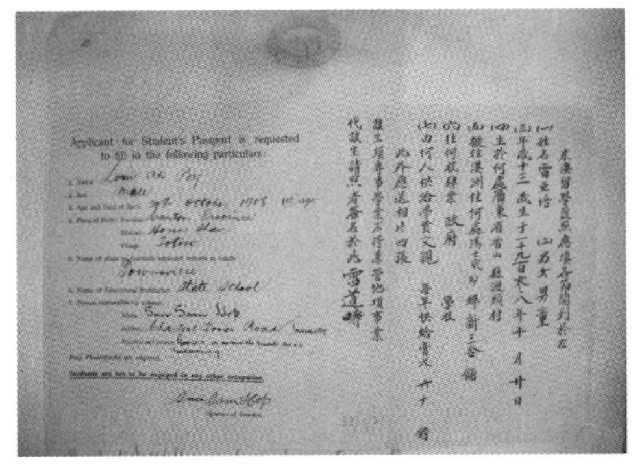
來澳留學護照應填各節開列於左
(一)姓名雷亞培 (二)男女 男童
(三)年歲十三 歲生于一千九百零八年十 月 廿日
(六)往何校肄業 政府 學校
此外應送相片四張
該生須專事學業不得兼營他項事業
代該生請照者簽名於此 雷道畴

Applicant for Student's Passport is requested to fill in the following particulars:
1. Name Louie Ah Poy
2. Sex Male
6. Name of Educational Institution State School
Students are not to be engaged in any other occupation.

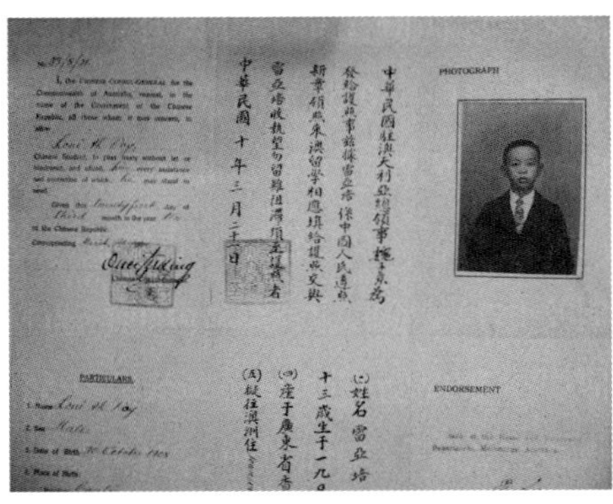
中華民國駐澳大利亞總領事魏子京為發給護照事茲據雷亞培係中國人民遵照新章領照來澳留學相應填給護照交與雷亞培收執望勿留難阻滯須至護照者
中華民國十年三月二十一日
(二)姓名雷亞培
十三歲生于一九〇
PHOTOGRAPH
PARTICULARS
ENDORSEMENT

左：一九二一年初，雷道畴填写的申办儿子雷亚培赴澳留学护照的申请表；右：一九二一年三月二十一日，中国驻澳大利亚总领事魏子京给雷亚培签发的中国护照。

① Louie Ah Poy, Sun Sam Hop, NAA: J2773, 370/1924。

② Name: Louie Ah Poy - Nationality: Chinese student - Birthplace: Canton, NAA: BP343/15, 7/395。

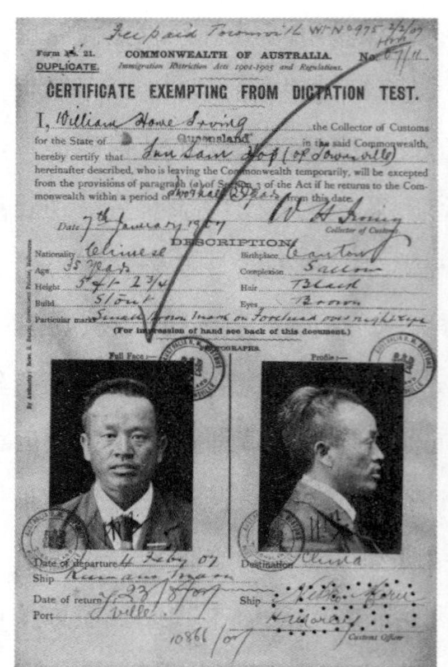

Form No. 21. COMMONWEALTH OF AUSTRALIA. No.

DUPLICATE. Immigration Restriction Acts 1901-1905 and Regulations.

CERTIFICATE EXEMPTING FROM DICTATION TEST.

I, William Howe Irving the Collector of Customs for the State of Queensland in the said Commonwealth, hereby certify that Lui Sam Hop (of Townsville) hereinafter described, who is leaving the Commonwealth temporarily, will be excepted from the provisions of paragraph (a) of Section 3 of the Act if he returns to the Commonwealth within a period of two years from this date.

Date 7th January 1907

W H Irving
Collector of Customs.

DESCRIPTION.

Nationality Chinese Birthplace Canton

Age 35 years Complexion Sallow

Height 5 ft 2¾ Hair Black

Build Stout Eyes Brown

Particular marks Small brown mark on forehead over right eye

(For impression of hand see back of this document.)

PHOTOGRAPHS.

Full Face :— Profile :—

Date of departure 4 Feby 07 Destination China

Ship

Date of return 23/8/09

Port T'ville

Ship

10866/07

Customs Officer

左：一九〇七年雷道畴申请的回头纸；右：一九二三年雷亚培离境时的照片。

档案出处（澳大利亚国家档案馆档案宗卷号）：

Loui Ah Poy Student on Passport, NAA: A1, 1923/28177

陈钧、陈光兄弟

香山南山村

陈钧（Chun Gwan），一九〇八年十一月七日出生，他的堂弟陈光（Chun Kong），生于一九二六年五月二十六日，均为香山县南山村人。而一八六三年出生的陈耀（Chun You）是陈钧的伯父①，也是陈光的父亲。

早在一八八四年，陈耀便从家乡奔赴澳大利亚谋生。他自雪梨（Sydney）登陆入境，随后进入鸟修威省（New South Wales）的内陆充任菜农，经近二十年的打拼，于一九〇三年获得澳大利亚永久居留权，方才回国探亲②，结婚生子。结束中国探亲返回澳洲后，陈耀逐渐将自己发展的地点从乡村转向都市，最终定居于雪梨。从二十世纪一十年代开始，他与一位名叫Sue Fong（萧丰，译音）③的同乡合股，在距华埠不远的啤扪埠（Pyrmont）的哈里斯大街（Harris Street）一百八十二号开设商铺，名为耀丰号（You Fong & Co.），主要经营销售的产品，以蔬菜水果为主，并在一九二〇年八月

① Yan [or You] Chun, NAA: SP42/1, C1908/1006。

② Ah Hing (Tumut NSW), Ah Chong (Sydney NSW), Hong Shue (East Orange NSW), Yow Hing (Bundarra NSW), Chun You (Wee Waa NSW), Leong Gun (Wee Waa NSW), Lee Way (Bundarra NSW), Sam Hop (Arncliffe NSW) and Ah Sam (West Maitland NSW) [Certificate of Domicile - includes left hand impression] [box 1], NAA: ST84/1, 1903/161-170。

③ 萧丰约生于一八六五年，大约在十九世纪八十年代来到澳大利亚发展。详见：Mrs Taminy Kainard (Kinaid), Yun Yuan, Charley On, You Foy, See Hop, Lee Doon Yow, Sue Fong, Way Hing and Tong Chum [Certificate Exempting from Dictation Test - includes left hand impression and photographs] [box 26], NAA: ST84/1, 1909/13/51-60。

二十六日正式在鸟修威省工商局注册备案[①]。

澳大利亚自一九二一年开始实施《中国留学生章程》，开放居澳华人申办其在乡子弟前来澳大利亚各地留学，由中国驻澳大利亚总领事馆具体负责办理护照申请及签证的预评估等事宜，然后交由澳大利亚内务部核发留学签证。这一年，总计上百名中国留学生得以进入澳洲读书，雪梨成为他们最主要的一个留学地点。看到华埠中骤然增多的华童身影，陈耀便也决定将正在家乡新式小学读书的侄儿陈钧申请来澳读书。一九二二年上半年，陈耀填具申请表格，递交给中国驻澳大利亚总领事馆，为侄儿陈钧前来雪梨入读都市商学院（Metropolitan Business College）请领护照和签证。为此，他以自己与人合股经营的耀丰号商铺作保，允诺每年供给膏火一百镑，作为侄儿来澳留学期间所需学费、生活费等各项开销之用。

中国总领事馆受理上述申请后，按照流程审理完毕，于一九二二年七月二十七日由总领事魏子京给陈钧签发了一份中国学生护照，号码168/S/22；当天，内务部也在送上来的护照上钤盖了签证印章，从而完成了此次护照和签证的申领程序。之所以能如此快捷地拿到签证，一方面是由于中国总领事馆和内务部都位于美利滨（Melbourne），同城办公，联络方便；二是因为中国总领事馆在受理护照申请的过程中，也负责进行签证预评估，也就是说，只要是中国总领事馆将护照送到内务部申请签证，也就意味着该项申请已经通过了签证预评估，内务部只需按章办事，在护照上钤印签证章即可。从内务部拿回护照后，中国总领事馆遂按照最后的流程，根据陈耀提供的地址，将其寄往香港的金山庄强华公司，由后者负责为陈钧安排赴澳行程和预定船票，并在最终成行时，将护照交给从香山来港搭船前往澳大利亚的陈钧随身携带。

强华公司的工作效率还是很给力，很快就在两个月内安排好了行程，也为陈钧找到了同行的伙伴，即前往昆士兰省（Queensland）北部汤士威炉埠下

---

① 见鸟修威省档案馆（NSW State Archives & Records）保存的二十世纪初该省工商企业注册记录：https://search.records.nsw.gov.au/permalink/f/1ebnd1l/INDEX1837839。该店股东为陈耀、萧丰两人。

船的同邑曲涌村的吴玉华（Yock Wah）[①]，以及一对来自新会县古井镇大朗坡村的堂兄弟黄社稔（Share One Wong）[②]和黄者莅（Jerry Wong）[③]，他们也是要去昆士兰省留学读书，地点是该省北部的一个小镇吓李啸埠（Halifax）。[④]随后，陈钧便被家人送到香港，在此与上述诸位小留学生会合，一起登上驶往澳大利亚的“获多利号”（Victoria）轮船，于当年十月二十一日抵达雪梨。[⑤]

然而，陈钧在雪梨海关遇到了麻烦，前去接他的伯父陈耀无法接到他。原来在入关的卫生检疫时，他被发现罹患了疥癣，检疫官要他留下来隔离治疗，但海关人员则表示不让他入关，要让他随原船返回香港。陈耀得知这个情况后，急得要死，一边向海关缴纳一百镑的保证金，请求将侄儿留下就地治疗，一边紧急致电中国驻澳大利亚总领事馆，希望由其出面斡旋，让陈钧留下。经一番紧急动员和沟通，内务部通知海关，准允将其送到雪梨医院里隔离治疗，一个半月后方才痊愈，于十二月五日出院。直到此时，海关才正式确认让其办理入境手续，而陈耀也方才得以从海关取回那笔保证金。

此时澳大利亚的各类学校即将进入暑假，陈钧只能等到明年新学年开学后才能正式上学。然而，他不能直接就去到伯父早期为他选定的都市商学院读书，毕竟那是需要具备小学毕业以上的资质才能进去，他便赶在学校放假前，到位于杜里奇希区（Dulwich Hill）的三一文法学校（Trinity Grammar School）报名注册，校长接受其入学，为他预留学位。

但是，到一九二三年新学年开学后，陈钧并没有进入三一文法学校，因为该校学风严，要求高，陈钧英语不行，难以跟上进度，故放弃了进入这所

① Yock Wah - Students Passport, NAA: A1, 1937/6280。

② Share One Wong - student passport, NAA: A1, 1929/1745。

③ Wong, Jerry - Student's passport, NAA: A1, 1925/23290。

④ 详见：WONG, Share One - Nationality: Chinese - arrived Townsville 16 October 1922 on the Aki Maru; [Chinese student], NAA: BP313/1, WONG S O; WONG, Jerry - Nationality: Chinese - arrived Townsville 16 October 1922 on the Aki Maru; [Chinese student], NAA: BP313/1, WONG J。

⑤ Chun Gwan [includes Certificates of Exemption] [correspondence regarding Chun Gwan's periods of exemption status] [arrived ex VICTORIA in Sydney on 21 October 1922] [box 341], NAA: SP42/1, C1937/2660 PART 2 OF 2。

名校的机会，转而注册入读位于雪梨城里必街（Pitt Street）上的基督堂学校（Christ Church School）。可是仅仅上了三个月的课，他就因鼻子右侧生了一个恶性皮下肿瘤，不得不在五月初住院，最终于七月初动手术切除。在这个过程中，内务部对他的病情也很关注，并且表示如果他不能上学的话就要将其遣返，让他回国慢慢治疗康复。好在七月中旬海关检疫官对出院后的陈钧进行了检查，认为他虽然仍然需要经常定期返回医院接受X光治疗，但也应该在近期稍微康复后就可以去学校上学。当然，陈耀也坚持认为侄儿完全可以一边治疗，一边上学念书。在这种情况下，经检疫官在八月中旬再次对其复查后确认其已康复，认为他的情况已经可以回到学校上学，于是，陈钧便在八月二十日重返学校念书，避免了一场被遣返的危机。

然而，基督堂学校因教会支持不力，生源有限，加上师资不稳，无法再维持下去，遂于一九二四年复活节后于四月十七日关闭。由是，在这所学校读书前后也就一年多的陈钧只能另择学校入读。经一番比较和选择，他最终于五月五日去了冀恋街公学（Cleveland Street Public School）正式注册入读。后来，该校改名为冀念街中学（Cleveland Street Intermediate High School），他仍然留在这里念书。学校对他的评价是：学习认真，遵守校规，举止有据，成绩良好。由是，他在这里一直读到一九二五年底学期结束。

从一九二六年新学年开始，陈钧转学到炮台街公学（Fort Street Public School）读书。该校还有另外一个名字，即炮台街初等技校（Fort Street Junior Technical School），即一个地点，两个校名，而教授不同的课程，陈钧实际上是选择后者入读。到次年的年中，他突然又患病，但这次不知病因，只是觉得全身疼，而且比其他人更怕冷，时刻都需要穿着一件大衣保暖，在医生的指导下治疗达三周之久。直到这一年的十月份，他才得以康复，出院后回到学校继续上课。

进入一九二八年，陈钧将要届满二十岁，便从上述炮台街初等技校退学，转到位于雪梨城里的渣打商学院（Charters Business College，该商学院即由此前的斯多德与霍尔斯商学院［Stott & Hoare’s Business College］改名而来）念书，主修簿记、打字及通识教育等课程，并在此读了三年。商学院的例行报告显示，他在这里的各项表现令人满意，尤其是其英语能力有了一个很大的提高，从而对他的其他各项课业的学习助力极大，他在此读完了中级会计课程。

经过三年的商学院课程学习，陈钧顺利毕业。一九三一年新学年开始，他注册入读雪梨美术学院（The Sydney Art School）。当他按例向海关报告自己的转学而请求内务部批复时，后者刚开始因对该校的性质不了解，也从来没有接到过中国学生入读此类学校的申请，因此，第一时间的反应是拒绝批准其入读该校，并责成中国驻澳大利亚总领事馆敦促陈钧选择另外的私立学校入读；但经海关进一步的调查发现，陈钧已经在该私立性质的学院就读两个多月，也像以前在其他的学校那样每天正常上课，而且该校学费也很贵，每个学期的学费高达十一个几尼金币。为此，到四月二十日，内务部秘书最终批复了他的入学资格。而陈钧似乎对美术很有兴趣，沉浸其中，在这个领域的学习也全力以赴，得到的都是好评。到一九三二年十月，又面临下一年度的展签申请，可是内务部秘书的回复是下个月陈钧便年满二十四周岁，已经到达中国留学生在澳学习的最高年龄限制，由此，按照规定，内务部不再批复其展签，而他必须在年底前离境回国。十一月十六日，中国总领事陈维屏再次致函内务部秘书，附上雪梨美术学院院长的陈情信，认为陈钧对美术十分热爱，已经读了两年，希望内务部部长考虑到其实际情况，再给他一年时间，从而可以完成在美术方面的课程。十一月二十四日，内务部部长认可了上述陈情，同意特批给已经二十四岁的陈钧额外一年的展签。

到一九三三年五月十五日，中国驻澳大利亚总领事陈维屏致函内务部秘书，申请陈钧从雪梨美术学院转学到阿德雷佩利绘画学校（Adelaide Perry School of Drawing and Painting），希望获得当局批复。内务部秘书通过海关得知，该校是通过教育厅认证的有资质私校，收费是每季度七个几尼金币，上课时间是朝九晚五，一切都符合规定，也很正规，便于六月六日通过了上述申请。但实际上，陈钧是到了九月份才离开雪梨美术学院去到上述绘画学校读书。可是，这时也到了他的签证就要过期的时候。绘画学校校长阿德雷佩利女士认为，陈钧此前的铅笔画和雕塑已经很有成绩，现在进入水粉画和油画学习阶段，如果就此终止学习，那他过去三年的努力就白费了；而且更重要的是，陈钧的目标是学好绘画，将来回国当美术老师，可是如果让他中途停止学习，让他半吊子回去教学生绘画，不仅误人子弟，事实上也是给澳洲绘画教学抹黑。因此，她希望中国总领事馆应该再为这位学生争取一年的展签，让他的绘画培训更为扎实才好。对此建议，陈维屏总领事深以为然，遂于十月十六日致函内务部秘书，呼吁内务部部长再次特批陈钧一年的展签，并附上阿德雷佩利校长的意见。内务部秘书接到上述信函后，先后与阿德雷佩利校长作了两次沟通，得知了后者的意见以及她对这位中国学生的热切期望，也通过海关人员去到上述绘画学校观看陈钧的创作，并且也从他自己嘴里得知其本人确实是想学好之后回国从事美术教学，遂在征得内务部部长的同意之后，于十一月二十三日复函陈维屏总领事，再次破例给予陈钧额外一年的展签。

在余下的一年里，陈钧在绘画上取得了很大成就。他的两幅油画在雪梨的当代画展中获得好评，甚至《雪梨先驱晨报》（*The Sydney Morning Herald*）和《太阳报》（*Sun*）都刊文对其作品予以介绍并提供了评论①，这对一个毫无背景的青年画家来说，显然是最大的奖赏，更何况他还是有色人种背景。有鉴于此，到一九三四年十月十八日，阿德雷佩利校长再次致函中国总领事陈维屏，希望他再向内务部申请陈钧的一年展签，从而使他可以完成学业，拿到美术学位证书。陈总领事也对陈钧的成绩很赞赏，也希望他能达成目标，便于十月二十三日再次为陈钧提出展签申请。接到上述申请后，内务部秘书很纠结：按照规定，陈钧已经二十六岁，早已超出规定年龄两岁，按理他早就应该乘船返回中国才是；可是业界的意见也很重要，而且画家这个行当是需要时间浸淫才能有所成就的，从这个角度，放他一马，也许就能让他进入另一个高度。为此，他行文海关，希望能获得陈钧的现状以及他的生活环境的真实情况，因为内务部时刻在预防中国留学生利用留学签证

① "Art In The Shadows At Australian Exhibition", in *The Daily Telegraph*, Saturday 18 July 1936, page 2。

出外打工。海关很快就报告说，陈钧现在整个人都沉浸在美术学习和艺术创作当中，海关稽核人员几次去到绘画学校，都见到他在专心致志地琢磨绘画创作；而他的所有学费和生活等各项费用都由伯父陈耀提供，目前他也跟伯父住在一起。据陈耀对海关人员表示，他会大力支持侄儿完成学业，估计在一年的时间里将会有好结果；而他则打算明年回中国探亲，届时就带着完成学业的侄儿一起回去。内务部部长见既然是这么一种情况，那就索性好人做到底，于十一月三十日再次破例给陈钧展签一年。而到了次年八月份，陈钧也再次获邀参加雪梨的现代派画展，选送两幅油画参展。

本来内务部已经破例给了陈钧额外三年的展签，按说他应该知足而返回中国，但在一九三五年十月，还是阿德雷佩利校长向陈维屏总领事陈情，希望再给她的这位前途远大的中国学生申请额外一年的展签，这样就使得他可以达到一个更进一层的高度，完成学业。正好在上一年四月十六日时，陈维屏总领事曾就中国学生在特殊情况下亦即超过了二十四周岁之后，如果遇有尚未完成的学业课程，向澳大利亚总理游说，希望能获得特批，让其完成学业，并获得了后者的认可。于是，陈维屏总领事遂以上述澳大利亚总理的正面回复作为依据，并附上阿德雷佩利校长的陈情信，于十月三十一日向内务部长申请，请其再特批陈钧一年的展签。内务部部长去年就已经期望今年不再有这样的申请，陈钧也应该像陈耀所言，应该返回中国去了，但陈维屏总领事翻出了总理的照会备忘录，表明陈钧的展签申请具有一定的合理性，对此，他不得不予以认真对待。经一番考察陈钧的在校学习情况及获得部内几个不同层级官员的评估及正面意见之后，十一月十五日，内务部部长再次破例批复了陈钧一年的展签，但特别强调，这是最后的一次展签；签证到期后，无论如何陈钧都必须离开澳大利亚回国。

可是到一九三六年六月十日，陈钧突然写信给雪梨海关，告知他已经结束了在阿德雷佩利绘画学校的课程，现在已经转学进入东雪梨工学院绘画系（East Sydney Technical College, Drawing & Painting）学习。因为距其十月底签证到期尚有一些时间，内务部对此转学也就睁一只眼闭一只眼，予以认可。于是，陈钧放下心来，继续其绘画方面的学习。

按照教学进度，陈钧在工学院的课程到其签证截止期之前，尚有一个月方才完全可以结束。为此，陈钧给内务部秘书写信，再次申请签证展期。在此申请函中，一方面请求让他完成上述课程，另一方面也申请准允他结束课程后去澳洲各地走走看看，包括写生，由是，总计完成学业和旅行需要六个月左右的时间。他在申请中还特别强调，非常明白自己早已超过规定的留学年龄好几年了，也特别感谢内务部部长过去几年给予他特别的照顾，方才让他可以完成学业，取得他梦想中的艺术学位。对于澳大利亚给予他的厚爱，他本人没齿难忘，铭记在心。但因过去几年里他全心全意投身于学习之中，根本无暇领略澳大利亚的大好河山，而此次如果没有机会，他此后恐怕也就再也无缘踏足这块土地了；尤其是对一个学习绘画的人来说，失去这样的机会，不能不会是一大遗憾。陈钧也将上述情况以及自己的想法告诉了陈维屏总领事，后者也于九月七日，致函内务部秘书，为其上述申请说情。内务部部长接到陈钧的申请，得知他已经定下时间回国，而计划进行的旅行也对其日后之职业生涯影响较大，遂于九月十八日批准了他的要求，将其签证展延到一九三七年三月三十一日。由是，陈钧得以从容地完成在东雪梨工学院的进修课程；同时，去到澳大利亚各省旅行写生，以及了解各地的风土人情，为回国做准备。①

就在一九三七年三月底一切准备就绪即将离澳之际，陈钧突然发现自己右前额角质变异，恶痛异常，急忙去到雪梨医院检查。医生诊断的结果是，他需要住院手术，预计要到五月中旬方才可以成行。为此，新任中国驻澳大利亚总领事保君建致函内务部秘书，附上医生证明，希望准允陈钧留在雪梨，至其治愈之后再离开澳洲回国；他也强调说，事实上，陈钧早已是归心似箭，毕竟他来到澳大利亚留学已经长达十五年，其间从未回过乡，早就想尽快返回中国，与父母团聚。对于这样的突发事件，内务部也无能为力，也意识到这是个人无法预料及控制之事，只能顺势而为，遂批准他的签证有效期延至五月三十一日。

---

① Chun Gwan [includes Certificates of Exemption] [correspondence regarding Chun Gwan's periods of exemption status] [box 341], NAA: SP42/1, C1937/2660 PART 1 OF 2。

最终也由于船期的原因，二十九岁的陈钧并未能在五月底之前按计划成行，而是等到六月十九日，方才在雪梨港口登上驶往香港的“太平号”（Taiping）轮船，告别一直在背后默默地支持他完成学业的伯父陈耀，挥别留学十五年之久的澳大利亚，返回中国，开始新的生活。①

从时间节点上看，陈钧回到国内时，恰逢七七卢沟桥事变后日本派兵大举侵华之际，由此中国开始了全面抗战的时期。因此，回到国内后的陈钧，能否实现其梦想，亦是未知之数。而此前一直扶植侄儿陈钧在澳求学实现梦想的陈耀，对于祖国的抗战进展也十分关注；到一九三八年下半年，随着日军从华东向华中的推进，兵锋已近武汉，国民政府一直在向西南撤退，原先处于后方的广东省也日益面临着日军入侵的威胁，为此，他对家乡安全的担忧也日益增多。此时，他的小儿子陈光已经十二岁，正当学龄。为了让他能在一个较为平和的环境中读书，完成学业，陈耀决定为其办理来到雪梨留学。

一九三八年十月四日，陈耀以监护人名义具结财政担保书，填妥申请表格，递交给中国驻澳大利亚总领事馆，申领儿子陈光赴澳留学所需的学生护照和签证。此前他的耀丰号商铺因合伙人撤股，他便将其改名为三利果子铺（Sam Lee & Co.），独家经营，还是开设在老地方，经营的也仍然是以果蔬为主的商品。他以自己经营的三利果子铺作保，允诺每年供给膏火七十镑，作为儿子来澳期间所需的学费、生活费和医疗保险费等各项开支。因此时对来澳留学的中国学生都要求入读私立学校，陈耀事先联络自己所在的啤扪埠由天主教会主办的圣贝德长老会书院（St Bede's Presbytery），为儿子拿到了入学录取信，也预留了学位。

早在一九二九年下半年，中国驻澳大利亚总领事馆已经从美利滨迁到雪梨，因此，陈耀便直接去到馆址设在华埠的中国总领事馆，亲手将所有的申请材料递交上去。总领事保君建经检索，见陈光只是年满十二岁，无须提供是否具备英语能力的证明，而所有其他材料也都齐备，便在十月十七日备

① Chun Gwan, Louey Kee Fung, Joe Yow [also known as Chow Yow], Ronald Hing O'Young, 8 unknown Chinese and 1 unknown Filipino [departed ex TAIPING from Thursday Island on 27 June 1937] [box 346], NAA: SP42/1, C1937/4888。

文，向内务部申请陈光的签证预评估。

虽然在此前几年处理陈钧的延期展签时，内务部秘书已经对陈耀的情况有所了解，但接到这项申请后，仍然按照流程，要求海关对其财务状况及出入境记录进行核查，作为批复这项申请的依据。海关反应比较迅速，几天工夫就有了结果。根据海关掌握的情况，陈耀的三利果子铺平均每周可以为他赚取净利润四镑；此外他在联邦银行的啤扪埠分行存有一百一十镑，手中握有现金一百五十镑，其销售之商品存货的价值也有一百五十镑。由此可见，陈耀算得上财务稳定自主，而且其人品行良好，邻里关系融洽。至于他与陈光出生相近的出入境记录，则是一九二五年八月二十八日出境，一九二七年三月十四日返回，出入地点都在雪梨；而这段时间，也正好是其侄儿陈钧就读于冀念街中学和炮台街初等技校之时。其子陈光的出生日期是在陈耀回到中国后的第二年五月，距其回到国内已经八个多月；而如果陈光的生日是按照农历来计的话，五月二十六日便是公历七月五日，那就应该是怀孕足月出生。无论是哪种情况，他们二人之间的父子关系应毋庸置疑。

内务部秘书接到上述调查结果，检视之后确认陈耀完全符合监护人和财政担保人的要求，遂于十一月二十九日通过了陈光签证的预评估。保君建总领事接到批复通知，便在十二月二日签发了一份号码为437773的中国学生护照给陈光，当天就寄送给内务部秘书。后者于十二月十二日在寄来的护照上钤印了入境签证章，再将其退还给中国总领事馆。随后，保总领事遂按照陈耀指定的地址，将护照寄往香港的金山庄，由其负责转交并安排赴澳行程。

此时，广东省的抗战局势也发生了变化。在陈耀刚刚提交申请后没有几天，日军就在惠阳大亚湾登陆，迅即攻占广东省城广州，其周边县市顿时便处于日军的炮火威胁之下，去往香港的交通也变得困难起来。尽管如此，金山庄还是尽其力量，在两个多月的时间里很快就为陈光安排好了行程，订妥船票。于是，家人将其送到香港，让陈光搭乘驶往澳大利亚的“彰德号”（Changte）轮船，于一九三九年三月六日抵达雪梨。[①]陈光比他的堂兄陈钧

① Chun Kong [Chinese - arrived Sydney in 1939. With photograph][Box 44], NAA: SP1732/5, 3017(A)。

幸运，顺利通过了卫生检疫，当场获准出关。陈耀去到海关将儿子接出来，仍然是住进了他在哈里斯大街一百八十二号的三利果子铺里。

这时候，圣贝德长老会书院已经改名为圣贝德堂区学校（St Bede's Parochial School），仍然由天主教的修女会管理。内务部以为陈光安顿好之后，是应该按照原先的安排就近入读这所学校，遂于八月初致函该校校长，询问这位中国留学生在校表现与学业情况。然而，校长的回复却是，这位曾经报名的中国学生根本就没有前来注册。于是，内务部秘书连忙指示海关在周围的学校排查，看他到底是进入了哪一所学校念书。直到九月九日，内务部秘书才接到圣母昆仲会技校（Marist Brothers' Technical School）校长的来信，告知陈光自四月九日开始便在该校注册，入读至今，除了几天因病请假缺勤之外，都正常到校上课，目前主要是学习英语，在校表现良好，学业颇有进步。对此，内务部只好认可他这次事先没有报备的转学，毕竟这所学校也是属于天主教会主办的，性质相同。他在这里读了两个学年，各方面表现都令人满意，最主要是其英语能力大为提高。

一九四一年新学年开始，陈光转学进入圣母昆仲会中学（Marist Brothers' High School）念中学课程。他在这里的学习也一如既往，各方面表现都很受校长和老师青睐。这一年的年底，因日军突袭美国海军基地珍珠港，太平洋战争爆发，澳大利亚也立即对日宣战，成为已经独自抗击日本全面侵华达四年多的中国之盟国。在这种情况下，澳大利亚对所有盟国因战争而滞留在澳的公民包括留学生提供三年临时居留签证，有效期至一九四五年六月三十日；期满时如果战争仍然继续，则该签证自动延期两年。作为中国留学生，陈光自然也享受到这一红利。

但是，在此全国动员全民参战的战争时期，十六岁的陈光不想再读书了。一九四二年九月十日，中国驻雪梨总领事段茂澜致函内务部秘书，申请准允陈光退学而进入父亲的三利果子铺充当店员，协助父亲陈耀经营。由于战争动员，许多人参军或去到与战争相关的部门工作，导致像三利果子铺这样的商店很难聘请到合适的人选协助经营，因此，陈耀便把眼光放在了儿子身上，希望他能尽可能快地加入进来，协助他经营店铺。内务部虽然不愿意看到只有十六岁的陈光就此放弃学业，但也深感局势如此，到处人手紧张，甚至有些学校的教师都上了战场而导致学校关闭，因此，便于九月二十二日批准了上述申请。由此，陈光便当起了店员，协助父亲打理生意。

日本于一九四五年八月十五日投降，太平洋战争结束。但澳大利亚直到一九四七年初才基本结束战后复员安置工作，从原先的内务部手中接管外侨事务的移民部，直到此时方才得以抽出时间来处理战时滞留在澳的那些外侨去留问题。这一年三月二十五日，移民部秘书行文海关，希望将陈光现在的情况报上来，以便决定是否要他在六月三十日之前离境回国。

但是，此后的几个月里，移民部几经催促，都未曾收到海关任何与此相关的报告。直到八月七日，移民部终于接到了一份海关报告，特别说明二十一岁的陈光已经于七月十九日从雪梨搭乘一艘名为“鹏霸号”（Poonbar）的轮船离境回国，此时该轮船已经离开昆士兰省（Queensland）北部重镇坚时埠（Cairns）港口，驶往香港。这也就是说，在过去的几个月里，海关与陈光保持着密切的联络；而在确认他于战时没有开办属于自己的生意只是在为父亲工作之后，就已经紧锣密鼓地安排其离境回国，并最终达成目的。而来澳留学和工作达八年之久的陈光，就随着澳大利亚战时移民政策的结束，也成为战后被成功按时遣返之一员。

一年之后，陈光的名字再次出现在移民部的公文里。陈光有一位与父亲同辈的亲戚名叫Willie Hin Yee（威利·显贻），是一八九九年在雪梨出生的第二代华人，此时在雪梨西区啪冧孖吖埠（Parramatta）开设有一间商铺。一九四八年初，他携全家回广东探亲[1]，在家乡见到了早他半年就已回国的侄儿陈光。到了年底，他要返回澳洲，计划在回来后将其年事已经很高的父亲再送回中国探亲，让其就此在家乡养老。为此，他想在返澳时将陈光带上同行，让他在自己再陪同父亲回国探亲离开澳洲的这段时间，亦即大约是一年左右的时间里，由陈光代为管理经营他在啪冧孖吖埠的商铺。当然，此事

① Willie Hin Yee - Chinese - departed 28 January 1948 from Brisbane aboard NELLORE, NAA: BP210/2, WILLIE H。

需要向移民部申请，使陈光获得入境签证方才可行。显贻因是在澳大利亚出生，平时也跟澳人尤其是一些政客有来往，而澳大利亚联邦众议员霍华德·比尔（Howard Beale）便是其中之一，此时担任联邦政府的交通部部长。于是，显贻便将此事托付给比尔，希望他能向移民部部长说情，帮助陈光拿到签证。移民部部长在接到十一月十五日比尔的来信交代此事后，也确实给予了认真考虑。但是，在去年显贻申请回国探亲的证件之前，他便已经安排从中国国内申请了一位亲戚来帮他照看商铺，以便他能安心回到中国探亲，只是这位中国雇员的签证有效期要到一九五〇年才失效。而这也就意味着，显贻申请的理由实际上就不存在了，因为无须再另行安排多一位的中国雇员前来为他的店铺打工。于是，十二月一日，移民部部长复函比尔，将此实情相告，表示无法批复他所代理的申请。比尔见事情如此，也就无话可说，将此回复转给了显贻。[①]

陈光的重返澳洲梦由此破灭，此后澳大利亚档案馆里再也未能找到与其名字相关的宗卷。至于他的父亲陈耀，同样也因找不到与其相关的信息，不知在此之前是已经去世，还是在战后与儿子陈光一起回去了中国。而即便此时他依然健在，以他高达八十多岁的年纪，此时显然已经无法再从事任何生意了。

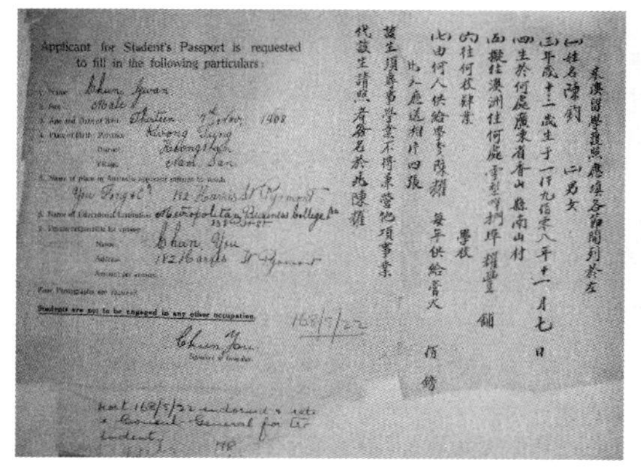
Applicant for Student's Passport is requested to fill in the following particulars:
Chun Gwan
Male
Thirteen 7th Nov 1908
Kwong Tung
Heungshan
Nam San
Yee Fong & Co 182 Harris St Pyrmont
Metropolitan Business College Ltd
Chun You
182 Harris St Pyrmont
Four Photographs are required
Students are not to be engaged in any other occupation.
Chun You
168/5/22

来澳留学护照应填各节开列于左
(一)姓名 陈钧 (二)男女 男
(三)年岁 十三岁 生于一仟九佰零八年十一月七日
(四)生于何处 广东省香山县南山村
(五)拟往澳洲住何处 雪梨呼𠯿埠耀丰铺
(六)往何校肄业 学校
(七)由何人供给学费 陈耀 每年供给膏火 佰镑
此人应送相片四张
该生须专事学业不得兼营他项事业
代该生请照者签名于此 陈耀

Applicant for Student's
to fill in the follo
Chun Gwan
Male
Students are not to be engaged

一九二二年上半年，陈耀填具申请表格，递交给中国驻澳大利亚总领事馆，为侄儿陈钧前来雪梨留学请领护照和签证。右边是贴在申请表背面的陈钧照片。

① YEE, Willie Hin [immigration case file; contains photographs], NAA: SP1122/1, N1966/2442。

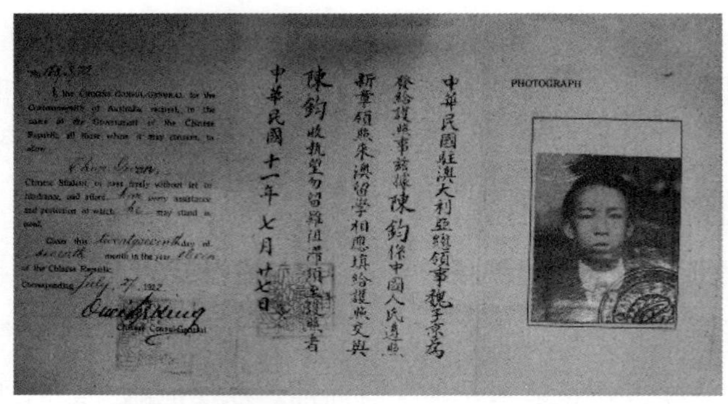

No. [illegible]

I, the Chinese Consul-General for the Commonwealth of Australia, request, in the name of the Government of the Chinese Republic, all those whom it may concern, to allow

Chun Gwan,

Chinese Student, to pass freely without let or hindrance, and afford him every assistance and protection of which he may stand in need.

Given this twentyseventh day of seventh month in the year eleven of the Chinese Republic

Corresponding July 27, 1922

Chinese Consul-General

中華民國駐澳大利亞總領事魏子京為發給護照事茲據陳鈞係中國人民遵照新章領照來澳留學相應填給護照交與陳鈞收執望勿留難阻滯須至護照者

中華民國十一年七月廿七日

PHOTOGRAPH

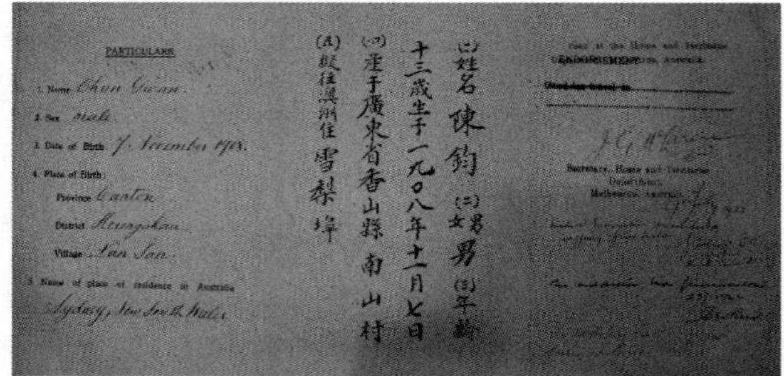

PARTICULARS

1. Name Chun Gwan
2. Sex male
3. Date of Birth 7 November 1908.
4. Place of Birth:
   Province Canton
   District Heungshan
   Village Nan San
5. Name of place of residence in Australia
   Sydney, New South Wales

(一)姓名 陳鈞 (二)男女 男 (三)年齡 十三歲生于一九〇八年十一月七日

(四)產于廣東省香山縣南山村

(五)擬往澳洲住雪梨埠

ENDORSEMENT

Secretary, Home and Territories Department, Melbourne, Australia

一九二二年七月二十七日，中国驻澳大利亚总领事魏子京给陈钧签发的中国学生护照。

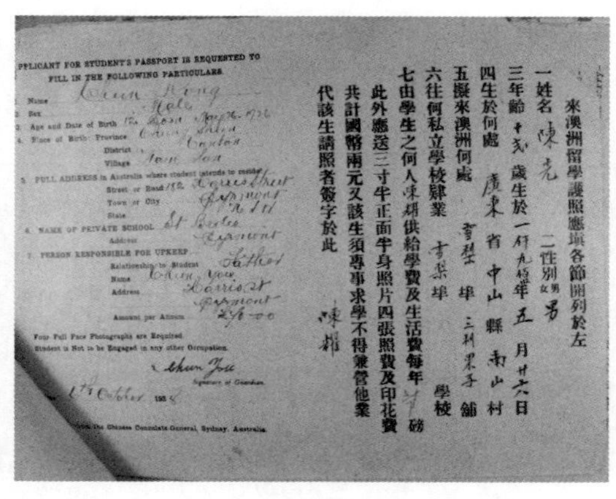

APPLICANT FOR STUDENT'S PASSPORT IS REQUESTED TO FILL IN THE FOLLOWING PARTICULARS

1. Name Chun Kong
2. Sex Male
3. Age and Date of Birth 12 Born May 26 1926
4. Place of Birth: Province Canton
   District [illegible]
   Village Nam San
5. FULL ADDRESS in Australia where student intends to reside
   Street or Road 152 Harris Street
   Town or City Pyrmont
   State N.S.W.
6. NAME OF PRIVATE SCHOOL St Bedes
   Address Pyrmont
7. PERSON RESPONSIBLE FOR UPKEEP
   Relationship to Student Father
   Name Chun You
   Address Harris St Pyrmont
   Amount per Annum [illegible]

Four Full Face Photographs are Required

Student is Not to be Engaged in any other Occupation.

Chun You

Signature of Guardian

4th October 1938

... the Chinese Consulate-General, Sydney, Australia.

來澳洲留學護照應填各節開列於左

一姓名 陳光 二性別 男女 男

三年齡 十弍 歲生於一仟九佰[illegible]年五月廿六日

四生於何處 廣東 省 中山 縣 南山 村

五擬來澳洲何處 雪梨 埠 [illegible]舖

六往何私立學校肄業 [illegible] 埠 [illegible] 學校

七由學生之何人 陳耀 供給學費及生活費每年 [illegible] 磅

此外應送三寸半正面半身照片四張照費及印花費

共計國幣兩元又該生須專事求學不得兼營他業

代該生請照者簽字於此 陳耀

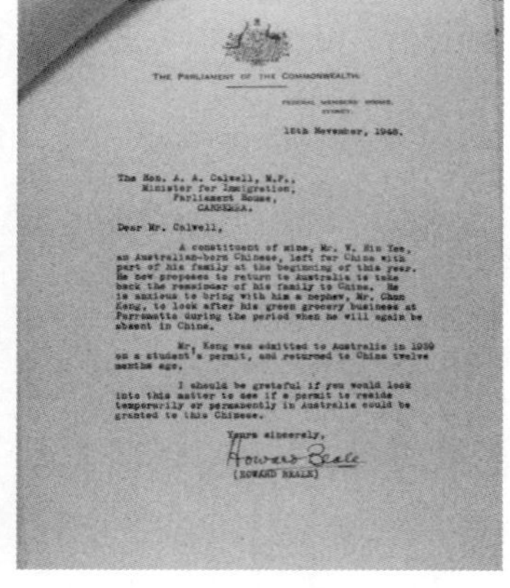

THE PARLIAMENT OF THE COMMONWEALTH

15th November, 1948.

The Hon. A. A. Calwell, M.P.,
Minister for Immigration,
Parliament House,
CANBERRA.

Dear Mr. Calwell,

A constituent of mine, Mr. W. Hin Yee, an Australian-born Chinese, left for China with part of his family at the beginning of this year. He now proposes to return to Australia to take back the remainder of his family to China. He is anxious to bring with him a nephew, Mr. Chun Kong, to look after his green grocery business at Parramatta during the period when he will again be absent in China.

Mr. Kong was admitted to Australia in 1939 on a student's permit, and returned to China twelve months ago.

I should be grateful if you would look into this matter to see if a permit to reside temporarily or permanently in Australia could be granted to this Chinese.

Yours sincerely,

Howard Beale

(HOWARD BEALE)

左：一九三八年十月四日，陈耀填妥申请表格，递交给中国驻澳大利亚总领事馆，申领儿子陈光的赴澳留学所需的护照和签证；右：一九四八年十一月十五日，澳大利亚联邦众议员霍华德·比尔给移民部长的信，为陈光重返澳洲代理经营威利·显贻的商铺申请入境签证。

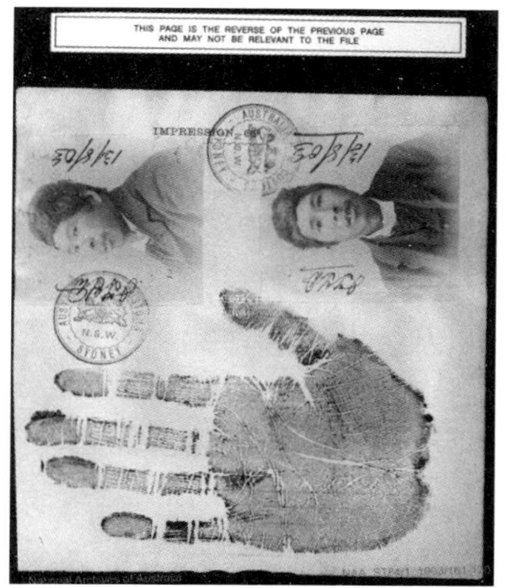

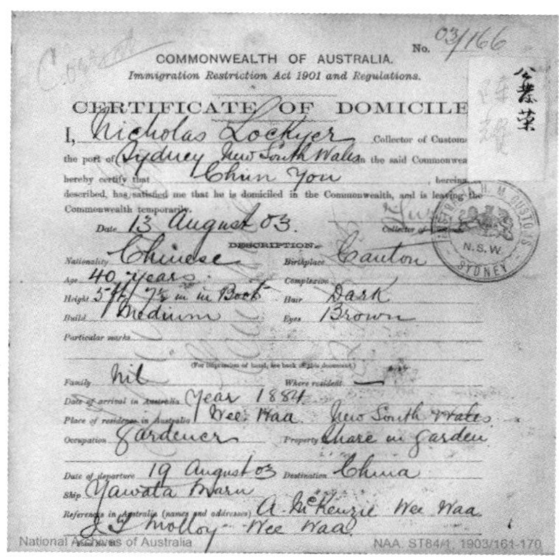

COMMONWEALTH OF AUSTRALIA. No. 03/166

Immigration Restriction Act 1901 and Regulations.

CERTIFICATE OF DOMICILE

I, Nicholas Lockyer, Collector of Customs for the port of Sydney New South Wales in the said Commonwealth, hereby certify that Chun You, hereinafter described, has satisfied me that he is domiciled in the Commonwealth, and is leaving the Commonwealth temporarily.

Date 13 August 03.

DESCRIPTION.

Nationality Chinese Birthplace Canton

Age 40 years Complexion

Height 5ft 7⅞ in in Boots Hair Dark

Build Medium Eyes Brown

Particular marks

Family Nil Where resident

Date of arrival in Australia Year 1884

Place of residence in Australia Wee Waa New South Wales

Occupation Gardener Property Share in garden

Date of departure 19 August 03 Destination China

Ship Yawata Maru

References in Australia (names and addresses) A. McKenzie Wee Waa, J. J. Molloy Wee Waa

一九〇三年，陈耀获得的永久居留证及照片。

档案出处（澳大利亚国家档案馆档案宗卷号）：

Chun Gwan Students Passport – 168, NAA: A1, 1937/2607

Chun Kong – Student, NAA: A433, 1948/2/6741

莫金饶

香山胡芦棚村

莫金饶（Yum You），生于一九〇八年十一月六日，香山县葫芦棚村人。

他的父亲名叫莫阿其（Mo Ah Kee），大约出生于一八七三年，早在一八九八年之前便赴澳谋生[①]，几经辗转，最终在昆士兰省（Queensland）北部重镇汤士威芦埠（Townsville）定居下来。[②]一九〇三年，他与人合股，在该埠开设一间商铺，名为福和栈（Hook Wah Jang & Co.）[③]，经营果蔬布匹杂货[④]，可能还提供旅舍生意及具有酒牌，可销售各种酒类；此外，还代办汇款，兼具金山庄性质。一九一〇年初，他还把商行的广告做到了雪梨的华文报纸上。[⑤]据报道披露，一九一二年初汤士威芦埠华商庆祝邑人孙中山当选为中华民国临时大总统的聚会，集会地点就在位于弗林德斯大街（Flinders Street）的福和栈大花园。[⑥]由此可见，在当地众多的华商中，福和栈商铺规

---

① Ah Kee, NAA: J2481, 1898/7。

② Certificate Exempting from Dictation Test (CEDT) - Name: Ah Kee (of Townsville) - Nationality: Chinese - Birthplace: Canton - departed for China per EASTERN on 1 October 1912, returned to Townsville per EMPIRE on 10 December 1913, NAA: J2483, 105/43。

③ 其中的一个主要合伙人是Mar Kee（马琪，译音）。他一直担任该商铺经理，到一九二二年才离开该商行，另立门户。见："Public notice", in *Townsville Daily Bulletin*, Tuesday 17 January 1922, page 1 Advertising。

④ Chinese employed under Certificate of Exemption by Hook Wah Jang & Co, Townsville, Queensland [death of James Sue Sue, wife Wai chun or Wai Jun, Mar Man Chiu, Mar Chor Kin], NAA: J25, 1949/2743。

⑤ "福和栈广告"，载《东华报》（*The Tung Wah Times*）一九一〇年二月二十六日，第七版。

⑥ "An Explanation", in *Townsville Daily Bulletin*, Saturday 3 February 1912, page 7。

模在当时还是不小的。

一九二一年，当澳洲实施《中国留学生章程》，主要由中国驻澳大利亚总领事馆负责办理中国学生来澳留学事宜后，当年五月初，莫阿其便填表递交给位于美利滨（Melbourne）的中国驻澳大利亚总领事馆，申领儿子莫金饶的来澳留学护照和签证。他以自己参与经营的福和栈号商铺作保，承诺每年为儿子供给足镑膏火银，供其留学之用。他为已经十二岁的儿子前来留学所选定的学校，则是汤士威芦的威士端公立学校（West End State School, Townsville）。

中国总领事馆接到莫阿其为儿子莫金饶提出的留学申请之后，立即予以审理，不到三个星期就有了结果。五月二十六日，总领事魏子京为莫金饶签发了编号为46/S/21的中国留学生护照，并在次日就为他从澳大利亚内务部拿到了入境签证。按照流程，中国总领事馆当天就将此护照寄往中国，以便在家乡的莫金饶尽快收拾停当，前来澳洲留学。

接到护照后不久，莫金饶的家人一边通过香港的金山庄代为安排船期及旅程的监护人，一边为其准备行装。经三个月左右的安排，一切就绪，他就被家人送到香港，在此搭乘“获多利号”（Victoria）班轮，于一九二一年九月十四日抵达汤士威芦，顺利过关，入境澳洲，开始其在澳留学生涯。

在父亲的店铺住下并休整了两个星期之后，莫金饶于十月一日正式入读威士端公立学校。从年底校长提交的报告看，无论是学业还是操行方面，莫金饶的表现都令人满意。自此之后，一直到一九二六年三月，这位香山少年都在这所学校按部就班地上学，平平静静地读了四年半左右的书。在读期间，学校提供的例行报告总是显示其在校表现与学业皆令人满意。

一九二六年三月四日，年届十八岁的莫金饶在汤士威芦登上“太平号”（Taiping）班轮，离开澳洲返回中国去了。据报他此次回国是因为来澳读书四年有余，想回去探亲。考虑到他来澳留学是从小学读起，此时应该是完成小学课程升读中学课程之时，因而还想回来继续学业。为此，在回国之前，他通过中国总领事馆向内务部提出再入境签证申请。内务部接获申请后，检查以往莫金饶的例行报告，未发现他在校期间有任何违规行为，校方对他的

印象也不错，自然不会拒绝，遂准允其申请，条件是如果他在回国之后的十二个月内重返澳洲留学，当可获入境签证，继续其学业。

然而，此后澳洲再没有与他有关的档案记录。换言之，尽管澳大利亚内务部对其重返该国留学开放了绿灯，但莫金饶回到中国后很可能改变了主意。

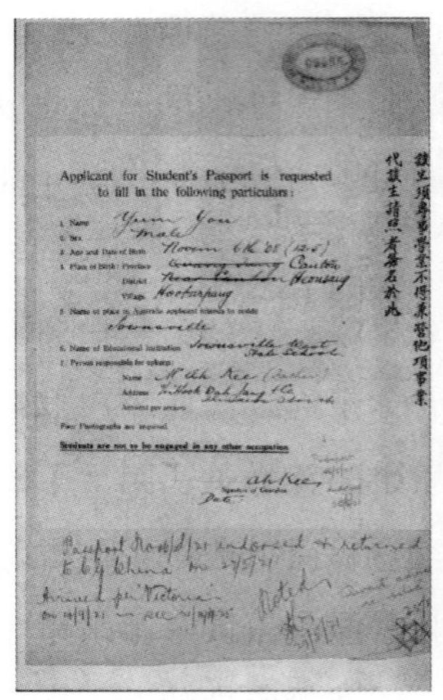

Applicant for Student's Passport is requested to fill in the following particulars:

1. Name Yum You
2. Sex Male
3. Age and Date of Birth
4. Place of Birth: Province Canton
District
Village
5. Name of place in Australia applicant intends to reside
6. Name of Educational Institution
7. Person responsible for upkeep:
Name
Address

Four Photographs are required.

Students are not to be engaged in any other occupation.

該生須專心學業不得兼營他項事業

代該生請照者簽名於此

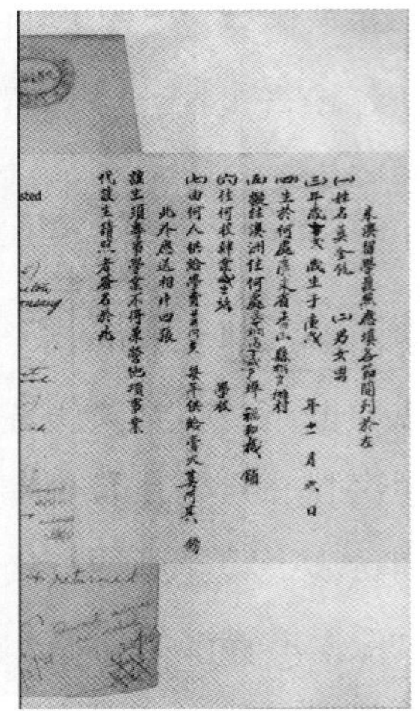

來澳留學生照應填各節開列於左

(一)姓名莫金饒 (二)男女男

(三)年歲

(四)生於何處

(五)擬往澳洲住何處

(六)往何校肄業

(七)由何人供給學費

此外應送相片四張

該生須專心學業不得兼營他項事業

代該生請照者簽名於此

一九二一年五月，莫阿其填写申请表，向中国驻澳大利亚总领事馆申办莫金饶来澳留学护照和签证。

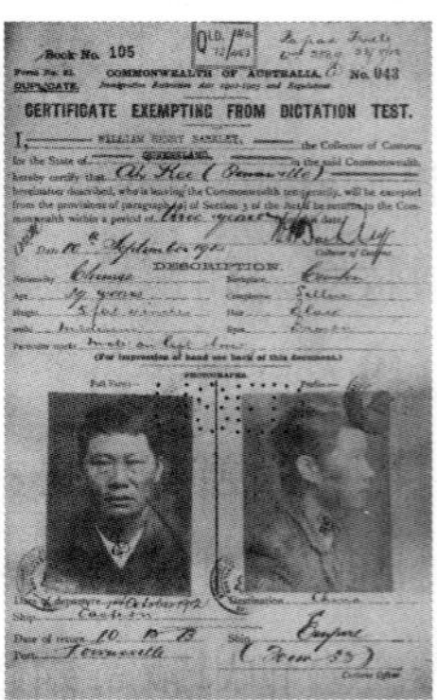

COMMONWEALTH OF AUSTRALIA.

CERTIFICATE EXEMPTING FROM DICTATION TEST.

DESCRIPTION.

左：一九二一年五月二十六日，中国驻澳总领事馆魏子京总领事为莫金饶签发的中国留学生护照及澳大利亚内务部次日签发的入境签证；右：一九一二年，莫阿其申请的回头纸。

档案出处（澳大利亚国家档案馆档案宗卷号）：

You, Yum - Student of passport, NAA: A1, 1926/3557

李守坚、李松庆兄弟

香山恒美村

早年奔赴澳大利亚昆时栏省（Queensland）打拼的香山（中山）县人，许多都集中于该省北部重镇坚时埠（Cairns）及其周围地区。由此，这里也是早期中国小留学生赴澳留学的一个主要目的地。

李守坚（Sou Kin，又写成Sow Kin或Lee Sou Kin）和李松庆（Choong Hing，或写成Chong Hing）是兄弟俩，前者一九〇八年十二月十四日出生，后者出生于一九一五年十二月十四日，香山县恒美村人。

兄弟俩的父亲名叫李开（Lee Hoy），大约出生于一八七七年。在十九世纪末（大约是在十九世纪九十年代早中期左右），他就与其兄长李泗（Willie Lee See）[①]一同从家乡来到澳洲谋生，随后在昆士兰北部重镇坚时埠定居下来。他和兄长都在二十世纪初年便拿到了澳大利亚的长期居留身份，这样就可以申请回头纸，回乡探亲，娶妻生子。在取得第一桶金后，约在一九〇七年，兄弟俩便在坚时埠合股开设一间名为利生号（Lee Sang & Co.）的商铺（以后亦称利生公司）[②]，店址位于当时的中国城沙昔街（Sachs Street），经营杂货与果蔬。

① 李泗生于一八七五年，于一九〇〇年在昆时栏申请长期居留，获得批准。由此可见，他是在此之前几年便来到澳大利亚的昆时栏发展。见：Lee See, NAA: J2481, 1900-298。

② 在当地报纸上看到利生号的最早记录是一九〇八年八月。见："Form a navy league - £1200 subscribed", in *Cairns Morning Post*, Monday 3 August 1908, p 2。

一九二〇年，李开回国探亲。[1]次年，澳大利亚开放居澳华人的在乡子弟前来留学，由中国驻澳大利亚总领事馆负责签发护照和签证的预评估等相关事宜。正在家乡的李开见儿子守坚时年已近十三岁，正是去澳洲留学读书的年纪，遂决定将其办到坚时读书；而小儿子松庆此时年纪尚小，故暂不考虑其赴澳留学事，等过几年长大了再予计较。经与此时在坚时埠的兄长李泗沟通之后，获得后者支持并允诺代为申请和安排相关事宜。一九二一年六月十三日，李泗便作为李开的代理，以监护人的身份填表向中国驻澳大利亚总领事馆提出申请，为李开的儿子李守坚办理赴澳留学生护照和签证。与此同时，他也为自己时年已满十一岁的儿子李宝胜（Lee Poo Sing）一起提出申请[2]，期望届时其子宝胜和其侄儿守坚两个堂兄弟一起赴澳留学，互相有个伴。他以上述自己所经营的利生号商铺作保，承诺每年供给儿子和侄儿膏火银各五十镑，作为他们在澳留学期间的各项开支，要将李守坚和李宝胜哥俩一起安排进入坚时仕低学校（Cairns Boys State School）念书。

位于美利滨（Melbourne）的中国驻澳大利亚总领事馆接获上述申请后，审核得很快，十天之后便完成了审理。六月二十三日，总领事魏子京为李守坚签发了编号为57/S/21的中国留学生护照，也为他的堂弟李宝胜签发了护照，号码是58/S/21；次日，澳大利亚内务部也为他们核发了赴澳留学入境签证。仅仅过了一天，中国驻澳总领事馆便按照李泗提供的地址，将李守坚和李宝胜附有签证印鉴的护照寄往香港的指定金山庄，由其转交护照持有者并安排行程。而在中国的李守坚得到信息后也动作迅速，很快就摒挡一切，等待赴澳。待订好船票，他便和堂弟李宝胜一起前往香港，乘坐往返于中澳之间的“获多利号”（Victoria）轮船，于一九二一年九月十三日抵达坚时埠。李泗将他们堂兄弟俩从海关接出，住进利生号商铺，开始了他们的在澳留学之旅。此时，李开仍然留在家乡和香港，处理与利生号的相关商务等事宜。

在父亲和伯父所经营的商铺兼住家休息了近两个星期，从疲惫的航海旅

---

① Name: Lee Hoy - Nationality: Chinese - Birthplace: Canton - Certificate of Exemption from the Dictation Test (CEDT) number: 298/10, NAA: BP343/15, 3/154。

② Poo Sing, NAA: A1, 1935/10658。李宝胜，生于一九一〇年六月十一日。

行中恢复过来之后，李守坚并没有去伯父原先为他安排的上述坚时仕低学校上学，而是于九月二十五日与堂弟李宝胜一起，正式注册入读坚时公立学校（Cairns State School）。两个月之后，该校校长提供的例行报告显示，来澳不到十个星期的李守坚已经尝试着开口说英语了，其进步之快令人高兴，由是，校长在报告中对他的学习和在校表现都很满意。显然，跟许多当年来澳留学的中国小留学生相比，李守坚的学习主动性更强一些，更能适应新的环境。就这样，一年时间很快就过去。到一九二二年九月份，当中国驻澳总领事馆向澳大利亚内务部申请李守坚的留学签证展期时，非常顺利，内务部二话不说，即刻就予以批复。按照这个架势，如果李守坚就这样坚持在这所学校读下去，不出几年，其学业将会大成。

但遗憾的是，李守坚并没有这样做。一九二二年十二月十五日，也就是在这一学年结束进入暑假之际，根据坚时埠海关提供给内务部的报告，刚刚过完十四岁生日的李守坚就在这里搭乘“长沙号”（Changsha）轮船，突然离开澳洲，前往香港，返回中国去了。至于是什么原因使他在刚刚留学一年之后就离开，海关报告并没有给予说明，更没有提及他是否曾提出过再返澳洲留学的入境签证问题，而此后的澳洲档案里也没有发现李守坚的进一步信息。换言之，此后李守坚再也没有返回澳洲念书。

李守坚离开澳洲回国前，父亲李开已经返回了坚时埠。但在一九二四年，李开再次回国探亲。[①]到一九二六年，小儿子李松庆将满十一岁，李开打算让其来澳读书。因为其兄长李泗紧跟他之后，也在一九二四年底回国探亲并处理在香港的投资与合股生意，直到目前也还未回去澳洲[②]，此次申请就无法像上次那样由兄长代劳，而只能求助于朋友。李开是准备等待儿子李松庆拿到护照和签证之后，再陪同儿子一起返澳。

---

① Certificate Exempting from Dictation Test (CEDT) - Name: Lee Hoy - Nationality: Chinese - Birthplace: Canton China - departed for China per EASTERN 16 October 1924 returned Cairns per TAIPING 27 January 1927, NAA: J2483, 384/46。

② Certificate Exempting from Dictation Test (CEDT) - Name: William Lee See - Nationality: Chinese - Birthplace: Canton China - departed for China per ST ALBANS 17 December 1924 returned Cairns per TANDA 19 March 1928, NAA: J2483, 385/12。

一九二六年九月十三日，李开请同乡暨朋友、当时在雪梨的《民国报》担任社长之杨福（Young Hook）[①]作为保证人，代其向中国驻澳大利亚总领事馆提出申请，办理李松庆的来澳留学护照和签证。还是跟几年前申办儿子李守坚赴澳留学时一样，李开仍然是以其自己有股份并参与经营的利生号商铺作保，承诺每年为儿子供给膏火五十镑，作为其来澳留学之用，包括学费、医疗保险和生活费以及往返中澳之船资等相关费用。因此时兄长李泗仍在国内，也同样想让他的二儿子李宝昌（Bow Chong）与大他几个月的堂兄李松庆结伴来澳留学，以便互相有个照应，故也附上材料，一道交由杨福代劳申请。此时，自一九二一年实施的《中国留学生章程》已进行了修订，其中的变化之一，便是中国学生此后来读书须入读私立学校。为此，李开选择了坚时天主教会学校（Convent School, Cairns），让儿子李松庆和侄儿李宝昌一起入读。

接到上述杨福代理李开为其子李松庆和侄儿李宝昌提出的申请之后，中国驻澳大利亚总领事馆审理相对滞后。因为这是转托他人代为申办，中国总领事馆的审理自然就比较小心谨慎一些。经过两个多月的沟通联络与核对，终于完成了全部的审理。一九二六年十一月十六日，总领事魏子京为李松庆签发了编号为453/S/26的中国留学生护照，也同时签发了一份护照给李宝昌，号码为454/S/26。

随着修订版的《中国留学生章程》新规在一九二六年的年中开始实施，原先由中国总领事馆负责的签证预评估事务，被澳大利亚内务部收回，即在中国总领事馆签发了学生护照之后，须将申请材料及护照交由内务部评估，通过后才在护照上钤盖入境签证印章。为此，内务部接获中国总领事馆代办李松庆的签证申请后，先向海关查询李开回中国探亲的日期是否与其子李松庆的出生有关。海关很快便于十一月三十日回复，根据出入境记录，李开曾于一九一四

① 见鸟修威省档案馆（NSW State Archives & Records）保存的工商局公司记录："CHINESE REPUBLIC NEWSPAPER COMPANY"，https://records-primo.hosted.exlibrisgroup.com/permalink/f/1ebnd1l/INDEX1790293。

年五月至一九一七年五月的三年时间里都在中国探亲[①]，这就意味着他与李松庆之间的父子关系成立，毋庸置疑；其次，作为李开拥有一半股份的利生号商铺，据海关一九一八年度的统计记录，其出口总额为二千七百七十二镑。尽管上述年份的营业额只是作为一个参考系数，但已足够证明李开具有不俗的财政能力，可以负担其子来澳之所有费用。换言之，李开的监护人和财政担保人的资格都没有任何疑义。有鉴于此，内务部便于十二月三日函复中国总领事馆，核发了李松庆的入境签证，但内务部在李松庆护照上落款的签证日期，则是十一月十七日，即护照签发的次日。可能内务部存有以前李守坚的档案，上面已经有李开的财政记录，之所以仍然需要海关核查，显然只是走程序而已。与此同时，因条件相同，李宝昌也同样获得了签证。[②]

在中国的李松庆接到护照后，立即收拾行装，订好船票后，便跟随父亲动身启程，从香港搭乘“太平号”（Taiping）轮船，于一九二七年一月二十七日抵达坚时。但原先要一起赴澳留学的李宝昌，则因父亲滞留处理商务及私事，将其送往香港读书，因而没有跟着一同前来。[③]二月二日，十一岁的李松庆就正式注册入读坚时天主教会学校。根据校长的例行报告，李松庆无论是学业还是操行都还令人满意。

在坚时的这所学校读了一年半之后，李松庆就转学了。一九二八年七月十一日，他被父亲李开送到位于车打士滔埠（Charters Towers）的另一所天主教主办的教会学校加美乐山书院（Mount Carmel College）念书。车打士滔距坚时约五百公里之遥，是位于汤士威炉埠（Townsville）内陆西南部一百三十多公里的一个矿镇；而加美乐山书院则是寄宿制学校，李松庆须寄宿在校念书。这就意味着不到十三岁的李松庆须脱离父亲，在学校里自己独立学习和生活。而他在这所学校的各项表现，一如在坚时天主教会学校，遵守校规，

---

① Certificate Exempting from Dictation Test (CEDT) - Name: Lee Hoy (of Chillagoe) - Nationality: Chinese - Birthplace: Canton - departed for China per EASTERN on 26 May 1914, returned to Townsville per ST ALBANS on 12 May 1917, NAA: J2483, 152/11。

② Chong, Bow - Student passport, NAA: A1, 1926/20310。

③ 详见李宝昌的第二次申请留学的档案宗卷：Li Poo CHONG - Student passport, NAA: A1, 1934/1170。

与同学和睦相处，认真读书，成绩优异，颇受好评。整个学期，波澜不惊。

然而，李松庆只是在加美乐山书院读了半年，到一九二八年下半学期结束放暑假后便回到坚时埠，跟伯父李泗住在一起，因为后者已经于当年三月份结束在香港和国内的业务返回澳洲，以接替兄弟李开于当年七月份返回中国公干和探亲。①

一九二九年一月二十七日，即在这一年的新学年即将开始之际，十三岁的李松庆没有返回学校上课，而是在坚时埠登上路经此港的“彰德号”（Changte）轮船，离开澳洲，经香港返回家乡去了。这个时间，距他抵达澳洲留学，刚好两年整。当然，跟他的哥哥李守坚来澳洲留学只待了一年的时间相比，他在澳洲的留学时间还是要长一些。但他回国前，没有告诉学校，也没有说明是什么原因，更没有经中国总领事馆向内务部提出再入境签证申请。这说明他跟哥哥李守坚当年一样，一旦决定离开，便没有再返澳洲读书的任何打算。

尽管父亲给了李守坚和李松庆哥俩很好的机会，但他们的赴澳留学显得蜻蜓点水，浅尝即止。不仅如此，他们的父亲李开似乎也在此前离开澳洲回国探亲后，再也没有返回。或许他此后便从上述利生公司中将自己的股份析出，另作发展，因而两个儿子此后也跟坚时埠的利生公司再无瓜葛。

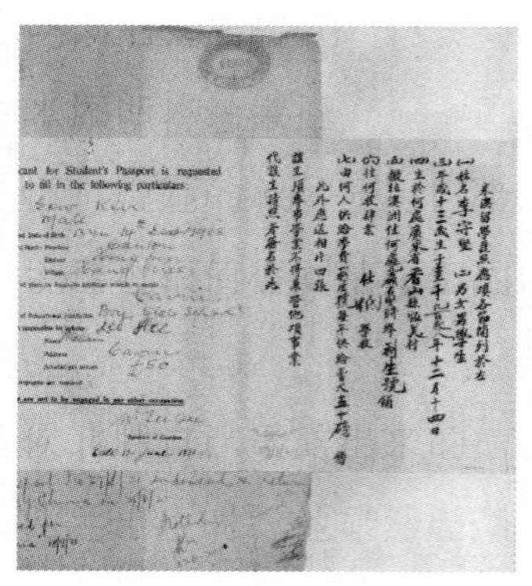

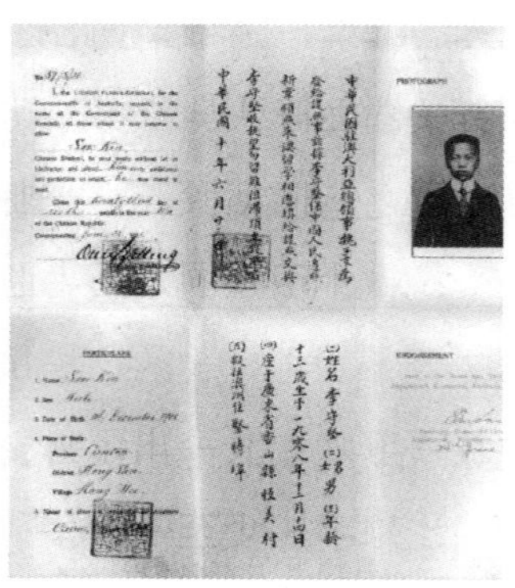

左：一九二一年六月十三日，李开通过李泗填写的向中国驻澳大利亚总领事馆申领李守坚来澳留学护照和签证申请表；右：一九二一年六月二十三日，中国总领事魏子京签发给李守坚的中国护照。

① Certificate Exempting from Dictation Test (CEDT) - Name: Lee Hoy - Nationality: Chinese - Birthplace: Canton - departed for China per TANDA 24 July 1928, NAA: J2483, 440/14。

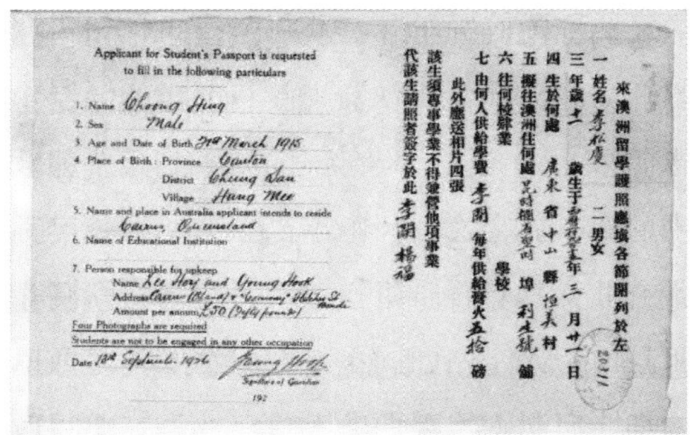

Applicant for Student's Passport is requested to fill in the following particulars

1. Name Choong Hing
2. Sex Male
3. Age and Date of Birth 7th March 1915
4. Place of Birth: Province Canton
District Chung San
Village Hang Mee
5. Name and place in Australia applicant intends to reside Cairns, Queensland
6. Name of Educational Institution
7. Person responsible for upkeep
Name Lee Hoy and Young Hook
Amount per annum £50 (Fifty pounds)

Four Photographs are required

Students are not to be engaged in any other occupation

Date 13th September 1926

Signature of Guardian

來澳洲留學護照應填各節開列於左

一 姓名 李松慶 二 男女

三 年歲 十一 歲生于民國四年三月廿一日

四 生於何處 廣東 省 中山 縣 恒美村

五 擬往澳洲住何處 昆士蘭省烟時埠 利生號 舖

六 往何校肄業 學校

七 由何人供給學費 李開 每年供給膏火 五拾 磅

此外應送相片四張

該生須專事學業不得兼營他項事業

代該生請照者簽字於此 李開 楊福

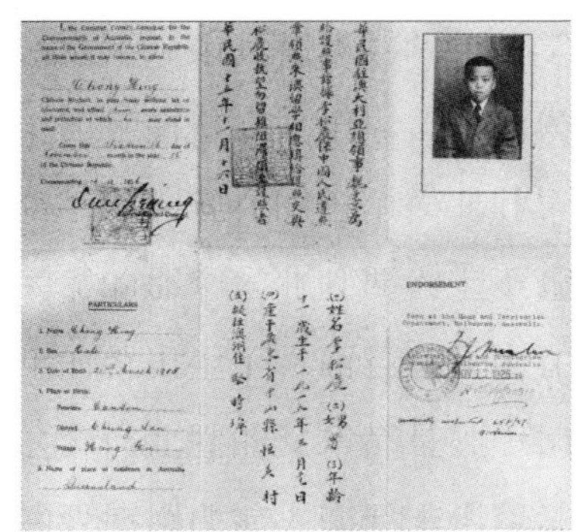

左：一九二六年九月十三日，李开通过杨福向中国驻澳大利亚总领事馆申请儿子李松庆来澳留学护照和签证所填写的申请表；右：一九二六年十一月十六日，中国驻澳大利亚总领事魏子京为李松庆签发的中国留学生护照，以及澳大利亚内务部十一月十七日在护照上钤盖的签证章。

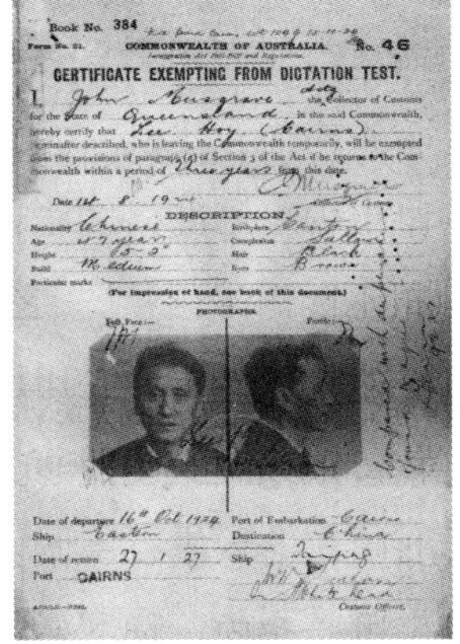

Book No. 384

COMMONWEALTH OF AUSTRALIA. No. 46

CERTIFICATE EXEMPTING FROM DICTATION TEST.

I, John Musgrave the Collector of Customs for the State of Queensland, in the said Commonwealth, hereby certify that Lee Hoy (Cairns) hereinafter described, who is leaving the Commonwealth temporarily, will be exempted from the provisions of paragraph (a) of Section 3 of the Act if he returns to the Commonwealth within a period of three years from this date.

DESCRIPTION.

(For impression of hand, see back of this document.)

PHOTOGRAPHS.

Date of departure 16th Oct 1924 Port of Embarkation Cairns

Ship Eastern Destination China

Date of return 27 1 27

Port CAIRNS

Customs Officer.

Book No. 440

DUPLICATE

COMMONWEALTH OF AUSTRALIA. No. 14

CERTIFICATE EXEMPTING FROM DICTATION TEST.

I, HENRY MACNAMARA ROBINSON the Collector of Customs for the State of QUEENSLAND in the said Commonwealth, hereby certify that Lee Hoy Cairns hereinafter described, who is leaving the Commonwealth temporarily, will be exempted from the provisions of paragraph (a) of Section 3 of the Act if he returns to the Commonwealth within a period of three years from this date.

Collector of Customs.

DESCRIPTION.

Nationality Chinese Age 51 years Hair Black Eyes Brown Build Medium

(For impression of hand, see back of this document.)

PHOTOGRAPHS.

Date of departure Port of Embarkation

Ship Destination

Date of return Ship

Port

Customs Officer.

李开申请的回头纸上的照片。左：一九〇五年；中：一九二四年；右：一九二八年。

档案出处（澳大利亚国家档案馆档案宗卷号）：

Sow Kin Student's Passport, NAA: A1, 1923/57

Hing, Chong - Students passport, NAA: A1, 1928/1751

林树标

香山新村

林树标（Lum See Bew），生于一九〇九年一月十日，香山县新村人。他的父亲林祥（Lum Chong），已在雪梨（Sydney）打拼多年，以菜农为业，在雪梨北部的一个名叫图拉穆拉（Turramurra）的小埠，开有一间果栏，可能就以他的名字作为铺名，按照惯例也夹带经销一些日用杂货。经多年累积，已具有一定的家底。①

一九二三年，鉴于儿子林树标已经十四岁，林祥希望能将他办理前来澳洲留学，便着手准备材料。五月十八日，他以雪梨华人著名的出入口商行安益利号（Onyik Lee & Co.）作保（据档案文件称，林祥同时也是这间公司的

① 有一份档案可能与林祥有关，谓其于一八八五年抵澳，入境口岸便是雪梨。见：Chong Lum [Chinese - arrived Sydney per WONG CHUNG, 1885. Box 34], NAA: SP11/2, CHINESE/LUM CHONG [3]。另据一九二八年林祥在申请据称是他儿子的林华海来澳留学时所出具的监护人声明，他已抵澳谋生并居住达四十七年之久。换算起来，他应该是一八八一年抵达澳洲，比上述档案记载更早，算得上是当时雪梨的老华侨了（见：Lum Wah Hay - student passport, NAA: A1, 1928/10072）。如果这个说法成立的话，那么，下面这条华人在一八八一年以来进入雪梨地区的档案记录，就跟林祥有关，因里面有他的名字。见：So Tine, Ah Hung, Lum Chong, Henry Gee Hon, Sing Kee, Mah Cow, Koot Gee, Harry Kum Chong (West Maitland NSW), Willie Sien Lee and Yee Sing [Certificate of Domicile - includes left hand impression and photographs] [box 3], NAA: ST84/1, 1904/91-100。

一个主要股东）[①]，承诺每年供给儿子林树标膏火费一百镑，具表向中国驻澳大利亚总领事馆申办林树标的中国留学生护照并代办入境签证。因安益利号是位于雪梨唐人街正埠贪麻时街（Thomas Street）二百一十三号，未来也可能是其子在雪梨城里留学时所居住之处，故林祥为儿子林树标挑选的入读学校是库郎街公学（Superior Public Commercial School, Crowns Street），这里紧靠唐人街，相当方便。

对于这一时期递交上来的护照申请，可能因种种不为人所知的原因，中国驻澳大利亚总领事馆审理的进度都比较慢，故林树标的申请也不例外。直到三个月后的八月三十日，中国总领事魏子京才为林树标签发了编号为323/S/23的中国留学生护照，并在次日为他拿到了澳大利亚内务部所签发的入境签证。随后，中国总领事馆按照指引，将护照寄往香港的金山庄永益利号，由后者负责转交护照并为其安排行程。

然而，在中国香山的家乡接到护照后，林树标并没有立即成行，而是在家又等待了四个月的时间，等在家乡全年的学期结束，自己也过了十五周岁之后，才去到香港搭乘“丫拿夫拉号”（Arafura）班轮，于一九二四年一月三十日抵达雪梨入境。林祥在安益利号的一位股东的陪同下，去到海关将儿子接出来，带回家中住下。

也正因为住在父亲的果栏里，林树标便没有进入其父事先为他预定好的库郎街公学读书，而是选择在父亲驻地所在区就近入学。二月四日，他正式注册进入图拉穆拉公学（State School, Turramurra）念书。根据学校的报告，林树标在校学习成绩良好，校长对他的表现十分满意。由是，他在图拉穆拉公学读了整整一个学年。到一九二四年底学期结束后，他便从该校退学，准

---

① 安益利公司是雪梨华社的老字号。由来自广东省香山县的华商李益徽（William Robert George Lee）等人于十九世纪末在雪梨开创，后由其子李元信（William Yuison Lee）继承并成为大股东，于一九一三年二月十八日在鸟修威省工商局正式注册。详见鸟修威省档案馆保存的二十世纪初在该省工商局登记的工商企业注册记录：https://search.records.nsw.gov.au/permalink/f/1ebnd1l/INDEX1817337；但到一九二二年，该公司重组，李元信退出，由欧阳南、林泗流、林祥、林渭滨、董直等人接管成为股东，并在当年七月十日在鸟修威省工商局正式注册，显示其董事会的变更，详见：https://search.records.nsw.gov.au/permalink/f/1ebnd1l/INDEX1817338；“安益利号特别告白：生意声明”，《民报》（*The Chinese Times*）一九二二年七月八日，第七版。

备转学到雪梨别的学校。

一九二五年初，当新学年开始时，林树标原准备转学入读雪梨城里的吧丁顿优等公学（Superior Public School, Paddington），然而不知何故，最终却是进入吧丁顿初等技校（Junior Technical School Paddington）上学。但仅仅过了两个月，也许是这里的课程并不合他的意，或者是因为其他的缘故，林树标从这所技校退学。四月一日，他又转学去了位于唐人街附近的中西学校（Chinese School of English）念书。从校长戴雯丽小姐（Miss Winifred Davies）提交给内务部的例行报告来看，对他的在校表现非常满意。

到了一九二六年初，又到了一年一度的林树标申请延签之时。也就在这个时候，戴雯丽小姐突然于一月四日致函内务部，说该校有学生向她告密，林树标想在延签时改学商科课程；此外，他也在自一九二五年由上海五卅惨案引起的中国反英浪潮推动下颇受影响，在同学中明确表示他的反英倾向，并公开声称憎恨英国人。为此，她建议内务部不要同意林树标改课程，另外也不要再给他延签。内务部对此报告自然很是重视，委托雪梨海关找林树标谈话，想看看他的态度。一月三十日，按照内务部的指示，海关安排了一次与林树标的见面会。但在会面时，后者矢口否认他公开表示过对英国人的仇恨。而在此次见面会之前的一月二十一日，戴雯丽小姐就曾致函海关，表示她是在与两个学生在一起讨论五卅惨案后有两名英国人在华死亡之事时，其中一位学生转述了林树标的对英态度。换言之，她想向海关澄清的是，她自己并没有亲耳听到过林树标对此事之明确态度。而且，自转学进入中西学校以来，林树标表现甚佳，学业和操行没有什么可以指责之处。戴雯丽校长的这封信，明显地表明她对林树标的态度与之前致函内务部时有了很大的变化。不知是她意识到了自己的褊狭，还是不想失去这样一个学生，因为对依靠学生缴纳之学费维持学校运转的戴雯丽小姐来说，林树标的离开无疑是一笔损失。事实上，海关人员从与林树标的谈话中也得出印象，认为他是个好学生，因而在报告中建议应如所请，继续核发他的延签。这一意见，很快就被内务部采纳，同意给予延签。

综合来看，一九二五年到一九二七年，是中国大革命的时期，中国国内民族主义高涨，在革命策源地的广东省尤甚。这一股民族主义浪潮也波及海外华人社区，从广东家乡出国留学的青少年受此影响，是符合那个时代特征的。至于林树标在与海关官员见面时之矢口否认，也许可以解释为他认识到被遣返的后果而采取的策略吧，毕竟他刚刚十七岁，还需要在澳洲完成学业。

一九二六年十月二十日，林树标在雪梨乘坐“太平号”（Taiping）班轮，离开澳洲回中国探亲。之所以未待学期结束而中途停学，是因为他接到家里来信，得知母亲病重，他要赶回家里去探望。在登船之前，他先后通过中西学校校长戴雯丽小姐以及中国驻澳总领事魏子京，致函内务部秘书，告知其回国的原因以及可能要在中国停留大约半年左右或多一点的时间；由于他的签证还有三个月就到期，故希望申请再入境签证，以便届时回来澳洲继续其未竟之学业。林树标对此事的处理很有章法，一切皆按照程序进行，提出申请的理由也很充分，自然很容易接到批复。内务部的回复是，如果他在十二个月内重返澳洲继续念书，将不会有任何障碍，海关会按例放行，意即很爽快地批准其再入境签证。果然，林树标没有食言，在回国探亲十个月之后，就在一九二七年八月三日从香港搭乘“太平号”班轮返回了雪梨，并于二十二日重返中西学校，继续其学业。

可是，就在林树标刚刚重返澳洲、回到中西学校继续学业之后不到一个月，他又要做出新的决定了。九月二日，中国驻澳大利亚总领事魏子京致信澳大利亚内务部秘书，谓林祥作为安益利号进出口商行的主要股东之一，近期意欲往中国一行，一方面固然是回家乡探亲，另一方面则是要为公司采购进口的中国商品，往返需要半年到一年左右的时间，然此间难以找到一位能在他离开期间替代他本人照看其生意之人，环视左右，唯有自己的儿子林树标能胜任此工作，可代其进行经营管理，何况此时他也已经届满十八岁，很快就要十九岁，可以独当一面了。因此，他希望通过中国总领事馆向内务部提出申请，让林树标休学一年，在其前往中国探亲及商务洽购期间，经营管理其在雪梨的生意。可能是安益利号的名气大，信誉好，九月二十六日，内务部复函，批准了林祥的申请，允许林树标休学六个月，转换为替工签证，代父经营管理其生意；但内务部也强调，在其父亲从中国探亲完毕返回澳洲之后，他应立即返回学校继续读书。待确认儿子获得工作签证之后，林祥遂将相关生意的经营权一一交代给儿子，然后便按照预定计划，于十月十五日在雪梨乘坐“吞打号”（Tanda）轮船前往香港转回中国探亲[①]，林树标则正式代父管理经营其在雪梨的生意。

到了一九二八年六月二日，距离林祥离开澳洲已经超过六个月，因仍未见中国总领事馆对其何时返回澳洲以及林树标的休学工作签证已过期之事做出任何说明，内务部遂致函中国驻澳大利亚总领事馆，就此提出质询。与此同时，内务部也通知雪梨海关就此事提出报告。林树标在接获雪梨海关的质询信之后，于七月二日复函，向海关说明父亲因有事无法及时返回，并提出再续十二个月的延签要求；他为此特别说明，待其父亲一回来澳洲，他就立即返回学校念书。同时，中国总领事魏子京在与林氏父子充分沟通之后，得知林祥将在十二月份返回澳洲，也复函内务部，告知林祥返回澳洲的大致时间，期望内务部再给林树标半年的延签，以待其父返回。因安益利号是雪梨较大的华人进出口商行，一九二六年的营业额达五千五百三十四镑，缴纳税费达三千三百七十六镑，且林祥经商有道，林树标此前的学校报告，也显示其在校表现都很正面，内务部觉得没有理由反对，遂于七月二十六日准其所请，展签到该年十二月底。但实际上，林祥于八月五日就从香港乘“太平号”轮船返回了雪梨；林树标也按照规定，于八月十三日重返中西学校，继续其学业。

按照正常程序，林树标应在每年的一月份即他首次入境澳洲读书的日期前，通过中国驻澳大利亚总领事馆向澳大利亚内务部提出展签申请。此前的展签，都是通过这种程序申请与核发。但进入一九二九年后，一直到了三月份，内务部仍然没有接到这份申请，固然很奇怪，遂发函中国总领事馆询问。不过，内务部并没有及时等来中国总领事馆的答复，而是收到了二十岁

① Tin Young, Lum Chong, Ah Red, Fung Goo, George Tom, Ah Sue, Ah Chun, Yee Tiy, Charlie Abdullah and Paglah [Certificate Exempting from Dictation Test - includes left hand impression and photographs] [box 200], NAA: ST84/1, 1927/428/31-40。

的林树标在三月二十一日所写的展签申请函，希望在澳洲再读一年书，以最终完成学业。内务部随即复函林树标，坚持走程序，即此类申请必须经过中国总领事馆与内务部的正式渠道进行。换言之，内务部实际上还是等待着中国总领事馆的正式申请函件。终于，五月八日，中国驻澳大利亚总领事馆向内务部发去函件，但不是展签申请，而是通知内务部，林树标将于本月十一日在雪梨搭乘“圣柯炉滨号”（St Albans）轮船，驶往香港回国。至于回国原因，则没有说明。也许，他选择此时返回中国，无论是升学读大学，还是出来社会上工作，甚至包括与人一起做生意，都会有许多的优势。自此之后，澳洲就再也找不到与林树标有关的档案资料，他的留学档案到此终止。

从一九二四年初入境澳洲，到一九二九年五月下旬离境回国，包括其间他有大半年的回国探亲及替代父亲照看生意的另外大半年，虽然林树标总计在澳留学约五年半左右时间，但真正在校读书也只有四年时间而已。

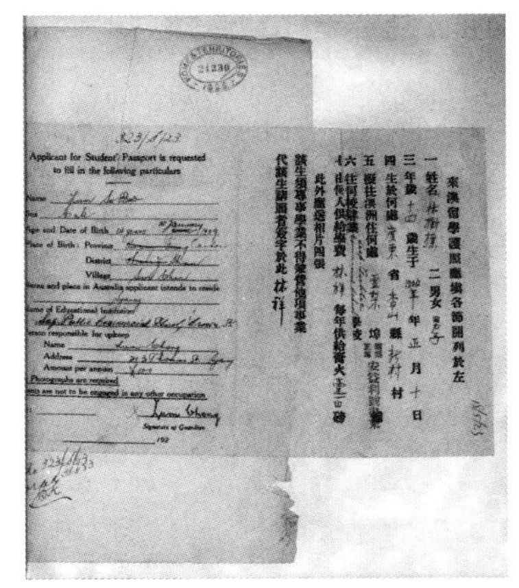

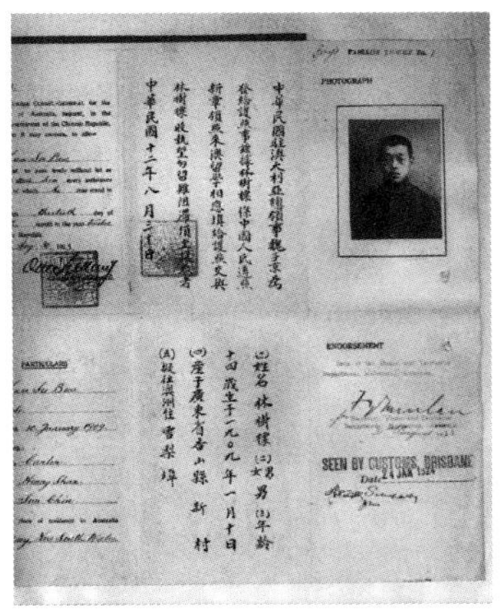

左：一九二三年五月十八日，林祥填写申请表，向中国驻澳大利亚总领事馆申请儿子林树标来澳留学护照和签证；右：一九二三年八月三十日，中国驻澳大利亚总领事魏子京给林树标签发的中国学生护照。

档案出处（澳大利亚国家档案馆档案宗卷号）：

Lum See Bew - student passport, NAA: A1, 1929/2903

陈鸿福

香山马山村

陈鸿福（Hoong Fook），出生于一九〇九年二月初十日，香山县马山村人。他的父亲陈华（Paul Wah，也叫Chun Sue Soong［陈瑞嵩，译音］），一八七八年出生，十九世纪末年从香山家乡来澳打拼，在雪梨（Sydney）唐人街与他人合开恒泰华记商栈。他在一九〇八年初回国探亲，然而只待了半年时间，便因生意太忙，而于当年八月十日赶回了雪梨。[①]陈鸿福便是在他此次探亲后出生的。

一九二一年初，鉴于其子鸿福将届满十二岁，陈华便入纸中国驻澳大利亚总领事馆，为其子申请中国学生护照及来澳留学签证。为使申请顺利获批，陈华以恒泰华记商铺作保，应允其子来澳留学期间，每年供给足镑膏火费。换言之，即包括其在澳期间的生活、学杂费及其他医疗保险等费用，当然也包括中国至澳洲之往返船资。

位于美利滨（Melbourne）的中国驻澳大利亚总领事馆自然承担起处理陈华此项申请之职责。一九二一年五月十六日，总领事魏子京为陈鸿福签发了一份中国护照，其护照编号是42/S/21；四天之后，澳大利亚内务部也为其核发了入境留学签证，随后就按照陈华的指引，将其寄往香港的金山庄金和兴

① Hung Yen, Saif Ali, Gan Gan, Mark Gee Hing, Paul Wah, Tart Zuin, Fong Chong, Lee Yum, Lee Loy and Willie Lee [Certificate Exempting from Dictation Test - includes left hand impression and photographs] [box 19], NAA: ST84/1, 1908/31-40。

记，由其代为转交给持照人陈鸿福，并负责为其安排船期及联络旅程的监护人，以便其尽快来澳。

过了大半年，待一切安排就绪，已经快满十三岁的陈鸿福便于这一年的年底从家乡启程奔赴香港，乘坐从香港驶往澳洲的“圣柯炉滨号”（St Albans）班轮，于十二月七日抵达雪梨港。[①]当时，陈华是与他的恒泰华记商铺另一合伙人Juan Chan Chew（张成昭，译音）一起去海关，将陈鸿福给接了出来。

陈鸿福抵达的时间，就入学而言，非常不合适，因为此时已是十二月份，再过一周左右的时间，澳洲的学校基本上都进入圣诞节假期及暑假期间，学校都在放假，要到次年一月底二月初，才开始新的学年。因此，这位年近十三岁的香山少年，甫抵澳洲，面临的不是马上注册入学，而是等待。不过这样也好，可先熟悉一下环境，再调整一下自己，突击补习英语。

可能在陈华最早为儿子申请护照及入境签证时，曾表示要将儿子送到位于纪聂区（Glebe）的纪聂优等公立学校（Glebe Superior Public School）读中学，因此，一九二二年新学年开学后，内务部就致函该校校长，询问陈鸿福的学习表现。但纪聂优等公立学校校长回复说，目前尚未接受该生的注册入学，而是将其先安排进入位于匹时街（Pitt Street）的基督堂学校（Christ Church School）入读，可能是先让他补习英语吧。但从一九二二年二月一日入读基督堂学校，陈鸿福在此校并未读满四个月，五月二十六日，他就结束了在基督堂学校的学习，于五月二十九日正式注册入读纪聂优等公立学校。在基督堂学校不到四个月的学习中，校长给他的评语是：用心学习，进步很快。

转入纪聂优等公立学校后，陈鸿福也一如既往，按时到校，遵纪守规，一门心思刻苦攻读。每个学期，学校对他的学业都给予了充分的肯定，他的各科学习成绩都不错，也是品行操守俱佳的好学生，评价很正面。

---

① Charlie Sue Kerr, Hong Tow, Ah Poy, Low Loy, Lee On, Hoong Fook, Yee Fong, Choy Yick, Gee Chong and You Young [Certificate Exempting from Dictation Test - includes left hand impression and photographs] [box 138], NAA: ST84/1, 1921/307/51-60。

一九二三年七月六日，有官员从非正式渠道接获中国驻澳总领事魏子京的通报，说陈鸿福已经结束其在澳大利亚的留学，返回中国了。该官员遂将此信息逐级向上汇报，最终报到了内务部秘书那里。当局接获此信息，自然很奇怪，也觉得不可思议，因为通常情况下中国留学生都会知照其回国的意向，于是便很紧张地在九月中旬下文，要求雪梨海关方面予以调查，查清这到底是怎么一回事儿。海关接文后便立即行动，但经一通查询，证实这是一个乌龙消息，陈鸿福仍然天天在纪聂优等公立学校上学，哪儿也没去。原来是上述那位官员听风是雨，拿着鸡毛当令箭了，导致虚惊一场，白白耗费了海关人员的大量精力和一笔额外调查费用。

就这样，陈鸿福在这所学校年复一年地读了下来，且勤奋用功，求知若渴，一直保持学霸的位置。例如，一九二五年年中的学校报告称，他是所在班级里学业最佳之学生，由此可见其学习成绩之优异，以致崇尚白人至上的老师和校长，亦对这个在该校留学的中国少年交口称赞。陈鸿福就是以这样的学习态度，在这所学校潜心读了五年书。

根据中国总领事魏子京一九二七年五月二十六日给澳大利亚内务部的通报，十八岁的陈鸿福，已于四月二十日从雪梨港搭乘“彰德号”（Changte）班轮，启程驶往香港，转道回国了。这个时间只是复活节的一个小假期，但不是毕业时间，显然他此时还没有中学毕业。那么，是什么原因促使他在此时回国呢？中国总领事在报告中没有说明。然而，根据雪梨海关的五月二十五日（比魏子京总领事的通报还早一天）的报告，陈鸿福是在五月二十一日乘坐“彰德号”离开雪梨的，两者报告所涉及的日期相差一个月。相比较而言，海关的报告自然更为准确。而中国总领事所报告的陈鸿福离境日期，很有可能是根据当事人本人事先的陈述和通报，事后可能又未及详查，尤其是无法查询当事人的行程是否出现变更，因而出现错漏。只是陈鸿福走得悄无声息，也没有申请再入境签证，对于内务部来说，似乎他就此在国内开始其新的人生，再也不会重返澳洲了。

但是在两年之后，陈鸿福的名字再次出现在内务部秘书的文件当中。

一九二九年七月二十三日，新任中国驻澳大利亚总领事宋发祥致函澳大利亚内务部，谓受陈瑞嵩（陈华）所托，其在雪梨中国城之德信街（Dixon Street）五十八号经营的Wing Hi and Co.（永泰号）商铺因生意拓展，自己无力兼顾，希望通过中国驻澳大利亚总领事馆协助，申请其时年已过二十岁之儿子陈鸿福，从中国前来雪梨，协助他管理经营此项生意，恳请澳洲当局签发工作签证，让其子入境居住，襄赞自家的生意拓展。宋总领事在申请函中表示，陈瑞嵩每年从中国进口六到七船货品，价值颇巨，管理量大，确实急需一值得信赖之人援手，方可应付。而其子曾在澳留学多年，懂英语，也了解澳洲社会与生活，故亦十分支持这一申请，也认为此项请求合情合理，望澳方当局能充分考虑陈瑞嵩的这一要求，为陈鸿福之入境协助父亲经商提供方便。①

内务部在接获宋发祥总领事的申请函后，自然要予以受理，遂指示海关方面提供陈瑞嵩之操行报告以及他所经营的永泰号在过去十二个月的收支状况，以作定夺。经调查，永泰号以经营大米、茶叶、爆竹、丝绸织品为主，年营业额大约在七百五十镑左右，只有陈瑞嵩一人经营，商铺中未请有帮手，但他属于守法商人。只是上一年（即一九二八年）的五月至十一月这半年时间里，陈瑞嵩本人是在中国。而在此期间，永泰号商铺是大门紧闭，并不营业。因此，即使是从一九二八年以来的十八个月里，永泰号的总营业额也仅只七百一十一镑左右，无论怎么说，这都只是属于小生意而已，上述宋总领事有关该商行每年进口大量中国货品的说法，显然是夸大其词，不可采信。有鉴于此，内务部于九月四日函复宋发祥总领事，拒绝了陈瑞嵩的申请。换言之，陈鸿福想重返澳洲最终助其父亲经营生意的希望落空了，无法前来澳洲。

此后澳洲也再找不到任何有关陈鸿福入境的信息。

---

① Hoong Fook [request by Fartsan T. Sung for Chun Sue Soong to bring his son (the subject) to Australia] [box 239], NAA: SP42/1, C1929/7027。

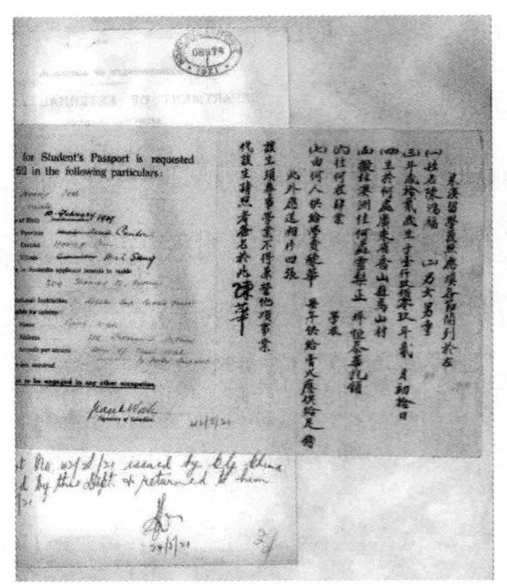

左：一九二一年初，为其子陈鸿福赴澳留学事，陈华所填写的申请表，向中国驻澳大利亚总领事馆申领其子之中国学生护照和留学签证；右：一九二一年五月十六日，中国驻澳大利亚总领事魏子京为陈鸿福签发的中国护照。

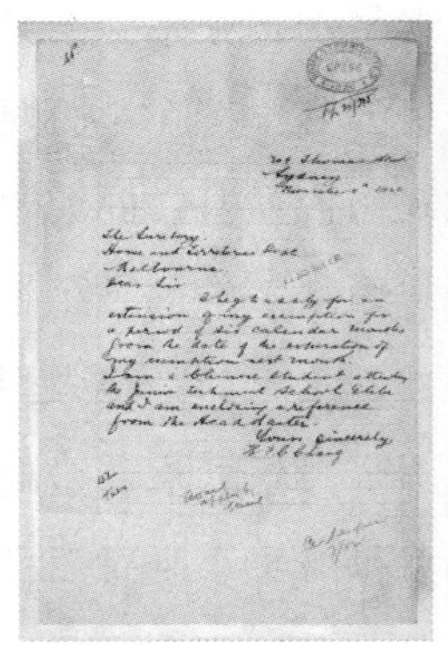

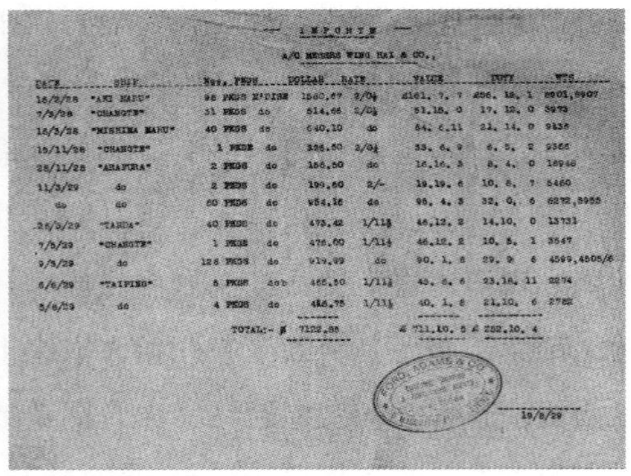

I M P O R T S

A/C MESSRS WING HAI & CO.,

DATE	SHIP	Nos. PKGS	DOLLAR	RATE	VALUE	DUTY	WTS
16/2/28	"ANI MARU"	98 PKGS M'DISE	1560.67	2/0½	£161. 7. 7	£56. 18. 1	8901,8907
7/3/28	"CHANGTE"	31 PKGS do	514.66	2/0½	51.16. 0	17. 12. 0	3973
16/3/28	"MISHIMA MARU"	40 PKGS do	640.10	do	64. 6.11	21. 14. 0	9436
15/11/28	"CHANGTE"	1 PKGE do	326.50	2/0½	33. 6. 9	6. 5. 2	9366
28/11/28	"ARAFURA"	2 PKGS do	166.50	do	16.16. 3	8. 4. 0	16946
11/3/29	do	2 PKGS do	199.60	2/-	19.19. 6	10. 8. 7	5460
do	do	60 PKGS do	954.16	do	95. 4. 3	32. 0. 6	6272,8955
26/3/29	"TANDA"	40 PKGS do	473.42	1/11½	46.12. 2	14.10. 0	13731
7/5/29	"CHANGTE"	1 PKGE do	476.00	1/11½	46.12. 2	10. 5. 1	3547
9/5/29	do	128 PKGS do	919.99	do	90. 1. 8	29. 9 6	4599,4505/6
6/6/29	"TAIPING"	5 PKGS do	465.50	1/11½	40. 6. 6	23.18. 11	2274
5/6/29	do	4 PKGS do	416.75	1/11½	40. 1. 8	21.10. 6	2782
		TOTAL:- $	7122.88		£ 711.10. 5	£ 282.10. 4	

19/8/29

左：一九二六年十一月九日（写信的日期落款是一九二二年，显然是笔误，因为收到的日期是一九二六年，其内容也跟当年情况有关），陈鸿福写给内务部秘书的信，要求延长签证六个月，这说明他次年五月离开澳大利亚回国是早已计划好的了；右：一九二九年八月十九日，海关提供的永泰号商行在过去十八个月里的营业总额及纳税信息。

档案出处（澳大利亚国家档案馆档案宗卷号）：

Hoong Fook - student passport - exemption certificate, NAA: A1, 1929/6743

李金成

香山金角环村

李金成（Lee Gum Sing），一九〇九年二月十三日出生在香山县金角环村。其父李月芳（Lee Yet Fong）出生于一八八〇年[①]，于十九世纪末二十世纪初年赴澳打拼，在昆士兰省（Queensland）北部大埠汤士威（Townsville）南部不远处的哝埠（Ayr）立足，与人合股经营着一间名叫新祥利号（Sun Chong Lee & Co.）的小商铺。

一九二〇年到一九二二年间，李月芳回中国探亲。[②]待其返回澳洲后，得知澳大利亚已于上一年开始开放居澳华人申办其在乡子弟前来留学。于是，他便一边继续经营生意，一边准备材料，以备为次年就要年满十四岁的儿子李金成申办赴澳留学事宜。一九二三年六月十八日，李月芳填好表格，附上材料，向中国驻澳大利亚总领事馆申请李金成的留学护照和入境签证。他以自己参与经营的新祥利号商铺作保，应允每年负责供给其子膏火三十镑，作为在澳期间留学开支，希望办理其子前来自己所在地的公立学校亦即哝埠皇家学校（Ayr State School）念书。按照旧例，此时中国留学生尚可入读公立学

① Certificate Exempting from Dictation Test (CEDT) - Name: Yet Fong - Nationality: Chinese - Birthplace: Canton - departed for China per EASTERN on 15 January 1907, returned to Cairns per EASTERN on 14 September 1907, NAA: J3136, 1906/324。

② Certificate Exempting from Dictation Test (CEDT) - Name: Yet Fong (of Ayr) - Nationality: Chinese - Birthplace: Canton - departed for China per VICTORIA on 18 September 1920, returned to Townsville per VICTORIA on 17 August 1922, NAA: J2483, 289/58。

校，不用像就读私立学校或教会学校那样缴纳高额学费。四个月之后，可能是经过一番调查与核实，中国驻澳总领事魏子京于十月十八日为李金成签发了编号为336/S/23的中国留学生护照。第二天，澳大利亚内务部也给李金成签发了赴澳留学签证。

过了约半年，经过香港德信公司的安排，十五岁的李金成于一九二四年四月一日抵达澳洲。因没有查找到他的入境记录，尚无法确定他是在昆士兰省的首府庇厘士彬埠（Brisbane）抑或汤士威埠入境，以及乘坐的是何艘班轮。因汤士威是当年来往中澳班轮的停靠港，一般说来，那些来到昆士兰中北部地区留学的中国学生，大多都在这里登陆入境，想来李金成也不会例外。从汤士威入境后，便由接船的父亲李月芳带领，直接转道前往唦埠，住进了他经营的新祥利号商铺。

抵达澳洲后的李金成，从这一年五月七日开始，便如其父李月芳所愿，注册进入唦埠皇家学校读书，也很快就适应了澳洲的学习环境，校长对他在学校的学习和操行都非常满意。就这样，李金成波澜不惊地在昆士兰省北部小镇的这所公立学校念了两年半的书，每年的考评和校长例行报告，都对他赞誉有加，显示出他非常适应在澳洲当地的学习，至少已经熟练地掌握英语，可以自由沟通了。

但在一九二七年一月二十四日，海关突然报告说，李金成当日在汤士威港口乘坐“彰德号”（Changte）班轮，离开澳洲返回中国去了①，此时，他尚未满十八岁。从海关的报告中，看不出是什么原因使他在此时离开澳洲回国，也没有提到他要申请重返澳洲继续学业的再入境签证②；此后，澳洲的档案中也查找不到任何有关他的信息。换言之，他走之前没有知照中国总领事馆，中国总领事馆也是事后才从澳大利亚内务部那里得知该生已经离境之消息。而他返回中国后的命运如何，因没有找到相关记载我们不得而知。

---

① Lee Gum Sing, Yet Fong, NAA: J2773, 352/1924。

② Certificate Exempting from Dictation Test (CEDT) - Name: Yet Fong - Nationality: Chinese - Birthplace: Canton - departed for China per CHANGTE 25 January 1927 returned Townsville per TANDA 19 December 1928, NAA: J2483, 416/11。从李月芳的这份档案可知，他是与儿子一起乘船返回中国的。可能是家里有急事，才使得父子俩在来不及打招呼的情况下，匆匆忙忙地离开澳大利亚返回中国。

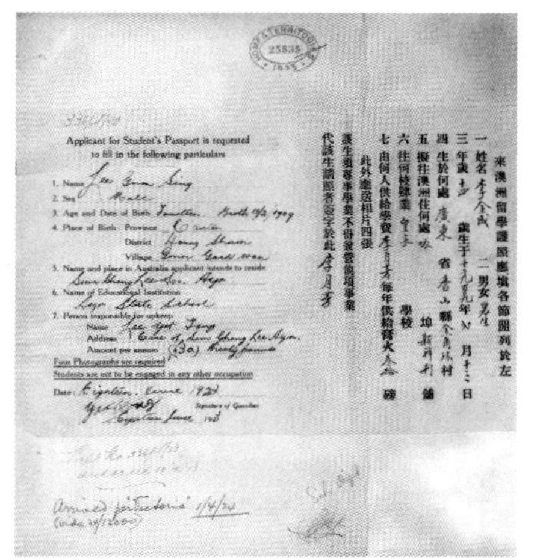

Applicant for Student's Passport is requested to fill in the following particulars

1. Name Lee Gum Sing
2. Sex Male
3. Age and Date of Birth Fourteen. Birth 13/2/1909
4. Place of Birth: Province Canton
   District Hong Shan
5. Name and place in Australia applicant intends to reside
   Sun Chong Lee Co. Ayr
6. Name of Educational Institution
   Ayr State School
7. Person responsible for upkeep
   Name Lee Yut Fong
   Address Care of Sun Chong Lee Ayr
   Amount per annum (30) Thirty pounds

Four Photographs are required

Students are not to be engaged in any other occupation

Date: Eighteen June 1923

Signature of Guardian

來澳洲留學護照應填各節開列於左

一 姓名 李金成　二 男女 男生

三 年歲 十四　歲生于十九百九年二月十三日

四 生於何處 廣東 省 香山 縣 金角環 村

五 擬往澳洲住何處 咾 埠 新祥利 舖

六 往何校肄業 官立 學校

七 由何人供給學費 李月芳 每年供給費大約 叁拾 磅

此外應送相片四張

該生須專事學業不得兼營他項事業

代該生請照者簽字於此 李月芳

中華民國駐澳大利亞總領事魏子京為

發給護照事茲據李金成係中國人民道經

新埠領照來澳留學相應填給護照交與

李金成收執望勿留難阻滯須至護照者

中華民國十二年十月十八日

PHOTOGRAPH

PARTICULARS

Lee Gum Sing

13 February 1909

Ayr, Queensland

(一)姓名 李金成　(二)男女 男　(三)年齡 十四歲生于一九〇九年二月十三日

(四)產于廣東省香山縣金角環村

(五)擬往澳洲住 咾 埠

ENDORSEMENT

左：一九二三年六月十八日，李月芳向中国驻澳大利亚总领事馆申请李金成的来澳留学护照和签证所填写的申请表；右：一九二三年十月十八日，中国驻澳总领事魏子京为李金成签发的中国留学生护照。

档案出处（澳大利亚国家档案馆档案宗卷号）：

Lee Gum SING - Student passport, NAA: A1, 1927/3516

关泗合

香山隆都

关泗合（Quan See Hop），生于一九〇九年四月二十五日，香山县隆都人。他的父亲名叫Wah Sun（华新，译音），因在澳大利亚国家档案馆里查找不到与其名字相关的宗卷，难以弄清楚他是何年到澳大利亚发展的；但当时在澳大利亚鸟沙威省（New South Wales）北部的内陆大埠嘅嗹弥士（Glen Innes），有一家规模相当大的由香山籍华商合股开设的商行，名为广生隆号（Kwong Sing Long & Co.）[①]，他是其中的股东之一。经商成功，使其得以有能力赡养家庭，给其家人提供较好的生活条件和教育机会。

一九二一年，澳大利亚实施《中国留学生章程》，正式开放居澳华人之在乡子弟前来留学。得知这一消息后，关华新便计划将十二岁的儿子申办来澳，进入他所在的嘅嗹弥士埠读书。当年的年中，由广生隆号经理关广结（Quan Kwong Gett）出面，他以监护人的身份，代关华新向中国驻澳大利亚总领事馆申领关泗合的赴澳留学护照和签证。他以广生隆号商行作保，允诺每年供给膏火五十镑，作为关泗合在澳留学的所有费用，准备将其安排进入

① 根据鸟沙威省档案馆（NSW State Archives & Records）收藏之该省工商局二十世纪初工商企业注册记录，广生隆号重组并向工商局正式注册的日期是一九二一年一月十二日（见：https://records-primo.hosted.exlibrisgroup.com/permalink/f/1ebnd1l/INDEX1808885），但该商行的前身广生和号（Kwong Sing War），则最早在一八九二年之前便已在嘅嗹弥士埠开业。例如，广生和号给嘅嗹弥士埠医院捐款四镑的报道，见："Local and General News", *Glen Innes Examiners & General Advertiser*, Tuesday 20 December 1892, p. 2。

嘅嗹弥士公众学校（Glen Innes District School）念书。

中国总领事馆接到申请后，很快便按照流程进行了审理。当年八月四日，中国总领事魏子京给关泗合签发了一份中国学生护照，号码是80/S/21；八天之后，澳大利亚内务部也批复了他的留学申请，在护照上钤盖了入境签证章。随后，中国总领事馆便按照护照请领人的指示，将其寄往香港的金山庄，由其安排关泗合的赴澳行程并负责将护照交到后者手中。

在关泗合申办护照和入澳签证的过程中，他的族兄关添（Kwan Tim）[①]从广州申领到了赴澳护照和签证。当关泗合的护照还在寄往香港的途中，关添就已经去到香港，准备搭船前往澳大利亚的嘅嗹弥士埠留学。因此，关泗合无法跟着这位族兄一起赴澳，只能等到次年他也来到这里后，再在嘅嗹弥士埠见面了。等到香港的金山庄将诸事安排妥当之后，关泗合便去到那里，搭乘中澳船行经营的“获多利号”（Victoria）轮船，于一九二二年四月八日抵达雪梨（Sydney），入境澳洲。他父亲关华新在广生隆号的一位同事提前赶到雪梨，从海关将关泗合接出来后，便辗转乘车回到了位于雪梨北部六百公里之外的嘅嗹弥士埠。

在父亲那里安顿好之后，十三岁的关泗合便注册入读嘅嗹弥士公众学校。学校在当年底提供的例行报告显示，他的在校表现及学业都非常令人满意，功课也做得很好。这一信息表明，他在来澳前已经接触过英语，具备了一定的基础，因而很容易便适应了当地的学习环境。他以这样的学习态度和良好成绩，一直在这所学校读到一九二四年底学年结束。

一九二四年十二月三日，关泗合给内务部部长写了一封信。他在信中表示，目前他已读完小学五年级，计划第二年去读雪梨工学院（Sydney Technical College），想选修那里的羊毛处理工艺课程，同时也想选修夜间授课的簿记课程，希望批准转校，并给予他另外的两到三年的签证，让他可以完成上述课程。他之所以选修羊毛处理工艺课程，也许是受其族兄关阿灼（Ah Chok，也写成Ah Chok Yee）的影响。后者是广生隆号的另一位股东关

---

① 关添的档案，见：Kwan, Tim - Canton student passport - Part 1, NAA: A433, 1947/2/2545。

洪裕的儿子，于一九一五年底来澳留学，从一九二一年开始便在嘅嗹弥士工学院（Glen Innes Technical College）选修上述课程，现在已经结业，以实习的名义在广生隆号里协助经营。①对此申请，内务部表示，转校没有问题，签证之事则要到次年四月他的签证到期时，通过中国驻澳大利亚总领事馆按正常渠道申请便可。当然，内务部复函也强调，其原则是，中国学生在澳留学，只能全日制上学，不能做其他的事情。简言之，就是不允许打工。

可是到一九二五年年中，内务部接到的是嘅嗹弥士工学院提交的例行报告，而不是关泗合早前所预先告知的雪梨工学院。虽然该报告表明关泗合聪颖好学，各方面表现都不错，但却没有说明他读的课程及每周上课的时间安排。内务部事先已经知道，羊毛处理工艺课程一周只上一次课，如果关泗合的羊毛处理工艺课程是在嘅嗹弥士埠读的话，那么，其余的时间他去做了什么呢？为此，内务部觉得其中有猫腻，遂于七月三十日下文到鸟沙威省海关，请其对此事予以核实。八月二十二日，广生隆号给内务部部长发来一封函件，希望准允关泗合利用其所学之澳大利亚商务知识，在进修羊毛处理工艺课程之外，为该商行工作，以便学以致用，最终目的是将澳大利亚的羊毛销售到远东地区。在这封信之后，内务部秘书接到了海关反馈回来的报告，证实自年初开始，关泗合已经像几年前他的族兄关阿灼那样，进入广生隆号商行工作，学习反而成了业余之事。对此，内务部秘书颇有上当受骗之感，遂于九月二十五日复函，质问为何隐瞒实情不报，即便是要关泗合协助广生隆号经营，至少事先进行报备并获得内务部部长批准方可。接到上述质问后，广生隆号经理关广结自觉理亏，赶紧于九月三十日写信给内务部秘书，先承认是自己考虑不周，表示如果需要的话，现在就安排关泗合就读夜间课程，以便其学习仍然可以视为全日制的上学性质；至于让其到商行来协助工作，最主要的原因是，广生隆号是大商行，致力于将澳大利亚的商品出口到亚洲地区，而关泗合所学的羊毛处理工艺课程，有利于促进这类产品的外

① Ah Chok Yee, Harry Way Yee, Poy Chin and Mrs Harry Way Yee [includes Certificates of Exemption for Poy Chin] [includes Certificates of Exemption for Mrs Harry Way Yee] [includes Certificate of Exemption for Ah Chok Yee] [box 329], NAA: SP42/1, C1936/5876 PART 2 OF 6。

销。关广结表示，之所以安排关泗合来做此事，还有一个原因，即该学生的父亲是商行的股东，他也有利益在里面。正是基于上述诸因素，希望内务部部长能批复关泗合一边进修上述课程，一边为商行工作，为商行出口羊毛到远东地区做好准备，打下基础。虽然关泗合的违规和“广生隆号”商行的做法引起内务部极大的不满，但上述出口羊毛到亚洲的说辞，又点中了澳洲非常希望将羊毛出口到中国这一软肋。因此，几经考虑后，十月十九日，内务部部长最终同意了广生隆号的申请。由是，关泗合便以学生的名义，同时做着商行出口业务员的工作，兼具两种身份。

但关泗合实际上把所有精力基本上都放在了协助广生隆号商行的经营上，除了每周一次定期去上羊毛处理工艺课程外，原先应承要去就读的夜间课程无暇顾及，甚至都根本没有去报名注册就读。当次年四月初内务部秘书接到嘅嗹弥士工学院报告得知真实情况后，正准备采取行动，拒绝核发其下一年度展签时，在四月二十八日接到了当地著名律师兼政客艾伯特（P. P. Abbott）的律师函，请求为关泗合申请展签。艾伯特在十九世纪末二十世纪初便是鸟沙威省北部地区的著名律师，曾两任嘅嗹弥士埠的市长，也担任过一届联邦众议员，第一次世界大战时服役澳大利亚皇家陆军，跟随部队进入欧洲战场作战，战后以中校头衔退役，重操旧业，随后在一九二五年成为联邦参议员，在政商两界极具影响力，在法律界也地位崇高。[①]广生隆号在当地深耕几十年，跟艾伯特私交甚笃。在这种情况下，内务部部长于五月十七日批复了关泗合的展签，第二年也予以同样处理。

很快就到了一九二七年底，关泗合想要回国了。十一月十四日，他致函内务部部长，表示明年四月他的签证到期时便返回中国，但他不仅仅是回国探亲，而是还肩负拓展生意的重任，尤其是希望跟相关方面联络和接洽，确实找到真正的中国羊毛买家，从而使澳洲的产品销往中国。他之所以这样做，不仅仅是为了澳大利亚的国家利益，也是因为他的父亲是“广生隆号”

---

① Terry Hogan, “Abbott, Percy Phipps (1869–1940)”, *Australian Dictionary of Biography*, National Centre of Biography, Australian National University, http://adb.anu.edu.au/biography/abbott-percy-phipps-4962/text8231, published first in hardcopy 1979, accessed online 11 May 2020.

的股东，他和父亲都在这里边有相当大的利益，而这样做的直接后果就是加强澳洲与中国之间的贸易往来。为此，他希望内务部部长能核发给他十二个月的再入境签证，以便他届时还能返回澳洲。为增强上述申请的力度，他仍像此前两年一样，请艾伯特参议员给内务部部长写信，为他背书。在这种情况下，内务部秘书遂表示，只要关泗合通过中国驻澳大利亚总领事馆提出申请，将会按照流程审批。之所以有这个要求，主要原因是直到此时，关泗合仍然保持着学生身份。而按照一九二六年修订的《中国留学生章程》新规，他必须要有学校愿意接受他重返澳洲留学，内务部方才接受审理。由是，经过一轮公牍往返，确定他仍然重返嘅唓弥士工学院读书之后，次年四月十六日，内务部部长核发给他再入境签证。

五月三十日，关泗合再函内务部部长，表示此前收到的再入境签证是学生签证，而他本人现在为广生隆号工作，而且回去中国事实上本身也是为了做好出口工作，因此，他希望将此换成商务签证，亦即他返回澳洲时应该是商人身份。对于他的横生枝节，内务部秘书指示海关查查广生隆号到底年营业额多少，所雇佣的员工人数如何。海关实际上跟广生隆号经常打交道，对其比较熟悉，遂于六月二十二日报告说，在过去一年里，该商行的年营业额为八万镑，进口商品价值一万五千镑，出口商品价值五千镑。从上面提供的报告看，广生隆号的规模确实不小，即便是以其员工的名义回国采购及推销商品，核发一份再入境的商务签证也是没有问题的，加上还有艾伯特参议员也为此事从旁催促，内务部部长遂于七月十日批准了关泗合的要求。于是，在安排好一切之后，关泗合去到雪梨，于九月十九日登上驶往香港的“彰德号”（Changte）轮船，返回中国去了。①

差不多一年后，二十岁的关泗合如期返回。一九二九年九月九日，还是乘坐同一艘“彰德号”轮船，关泗合与族兄关沛泉（Poy Chin）等人一起回到雪梨。后者是其族叔关洪裕的小儿子，即前述关阿灼的弟弟，此前他们哥俩

① Quan See Hop [includes 1 photograph showing front view and Certificate's of Exemption] [correspondence concerning Exemption status of subject] [box 446], NAA: SP42/1, C1941/3353 PART 3 OF 3。

一起前往畷嗹弥士埠留学读书，现在关沛泉是带着在澳出生的两个妹妹结束回国探亲返澳读书。关泗合因按期返回，通关顺利，并获发一年期的商务签证。他随即便返回畷嗹弥士埠，继续在广生隆号商行工作。

一年时间很快就过去，又到了申请展签的时候。在核发展签前，内务部按照惯例，需要查看“广生隆号”的业绩。但这次还没有等到内务部秘书下文给海关询问相关数据，就接到艾伯特参议员在一九三〇年九月六日发来的展签催促信，告知关泗合现在是“广生隆号”的部门经理，并且也成为该商行的股东之一，因为他的父亲将其股份分了一部分给他；其职位重要，重任也更大了，请内务部按照惯例核发签证。一个星期后，内务部秘书按照惯例下文海关核查。这个时候的广生隆号商行还是处于生意比较好的经营状态，股东有二十人，雇员三十五人，其中十五人为华裔，二十人为西裔，年营业额为六万镑，出口商品价值一千镑，进口商品价值两千镑。但相比较前两年的业绩，则下降得很多，毕竟世界性大萧条造成的影响是巨大的，只是对广生隆号这样的企业影响显得缓慢和滞后一些。尽管如此，内务部部长认为关泗合没有达成此前所夸下的出口任务，于十一月二十五日否决了上述申请，要求关泗合立即安排船期，返回中国。

艾伯特见自己的意见被否决，很不高兴，立即复函内务部部长请其考虑到贸易是需要时间的，希望他给个机会让关泗合用事实说话。与此同时，他也通过现任畷嗹弥士埠市长写证明信，表明他们眼中的关泗合是很有能力的商人，当地社区也期望他率领其部门创造更多的业绩，希望内务部部长不要赶他走。在这种压力下，内务部部长考虑到广生隆号商行是老字号，有一定的影响力，最主要的是还为当地创造利税和吸纳就业人员，遂于十二月九日取消了此前的决定，核发了关泗合的展签。但为了给自己挽回面子，他只给六个月时间的签证。

接到这样的展签，关泗合很不高兴。一九三一年二月十一日，他致函内务部部长，表示自己申请的是十二个月展签，不是六个月。他表示，他父亲和他本人在这里实际上也是为当地人创造就业，为当地服务，为此，只有按照正常的十二个月签证，才能让他更加安心地努力工作，创造业绩。第二天，艾伯特也致函内务部部长，表达了对他只给六个月的这种小气做法不满，要求他按照关泗合的请求，再考虑到该商行与当地经济发展的关系，换发给这位中国年轻商人一年的展签。此时，由于世界性大萧条的影响，该商行的股东刚刚作了调整，只剩下七人还在坚持经营，加上十八个西裔及一位华裔雇员，即便这样，也算得上是不错的业绩。了解到上述情况并衡量了当时的经济形势后，四月七日，内务部部长只好迎合同僚的请求及申请者的申诉，决定换发十二个月签证，满足了关泗合的要求。因此前的六个月签证已在三月九日到期，此次之一年签证便由此日期起算。

此后一年虽然关泗合仍然获批展签，但因经济大萧条导致的业绩继续下降，到一九三三年真是遇到了危机。此时，在其商业签证到期后，内务部只给他三个月的展延，亦即意味着他必须在这三个月内结束业务，返回中国。在这种情况下，还是艾伯特出面为他解围。他建议内务部部长再给这位年轻的中国商人六个月展签，然后让他回去中国，通过广生隆号在香港等地的联号和其他商务关系，扩大其出口贸易额。他相信这位年轻人有能力做到这一点。内务部部长虽然不太认同艾伯特的意见，但还是给了他一个面子，于九月五日同意再给他三个月的展签。到时再视情而定，看是否可以给他核发再入境签证。随后又经过几个来回的公牍往返，就离境事宜一再商榷，最后，关泗合于一九三四年四月十八日在雪梨搭乘“太平号”（Taiping）轮船离境回国。在他离境之后不久，经过艾伯特的争取以及中国驻澳大利亚总领事陈维屏出面代为向内务部申请，为他拿到了次年重返澳洲的再入境签证。①

在中国待了大半年时间后，关泗合又于一九三五年一月十六日从香港搭乘“南京号”（Nankin）轮船抵达雪梨入境，返回嘅嗹弥士埠。他是否跟他的几位关氏堂兄弟或者族亲一样，也在这次回国期间结婚生子，因档案中未有涉及，无从得知。此后，他继续在广生隆号商行服务，直到一九四一年。②由于

---

① Quan See Hop [includes Certificate's of Exemption and left and right thumb prints] [correspondence concerning Exemption status of subject] [box 446], NAA: SP42/1, C1941/3353 PART 2 OF 3。

② Quan See Hop [includes Certificate's of Exemption and left and right thumb prints] [correspondence concerning Exemption status of subject] [box 446], NAA: SP42/1, C1941/3353 PART 1 OF 3。

此后在澳大利亚国家档案馆里再找不到与其相关的宗卷，不知他最终是否定居于这块土地。但由于当年底太平洋战争爆发，像他这样的人员大概率滞留下来并获得了发展机会，因此，他此后留在澳大利亚继续发展的可能性较大。

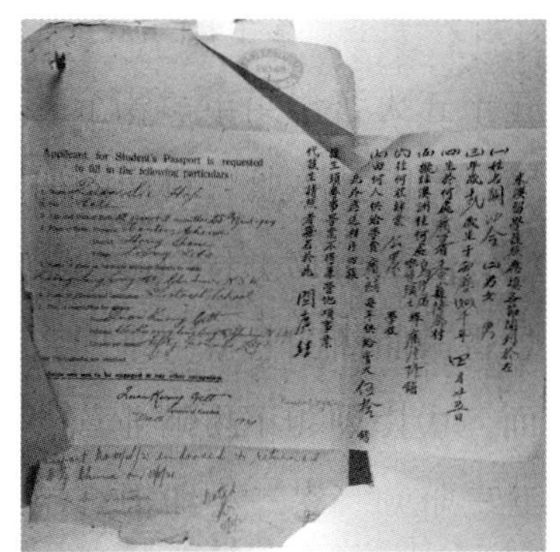

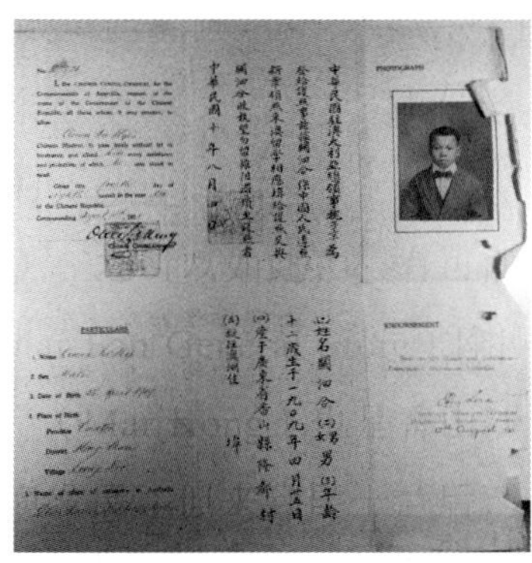

左：一九二一年的年中，广生隆号商行经理关广结填表，以监护人名义向中国驻澳大利亚总领事馆申请关泗合的赴澳留学护照和签证；右：一九二一年八月四日，中国驻澳大利亚总领事魏子京给关泗合签发的赴澳留学护照。

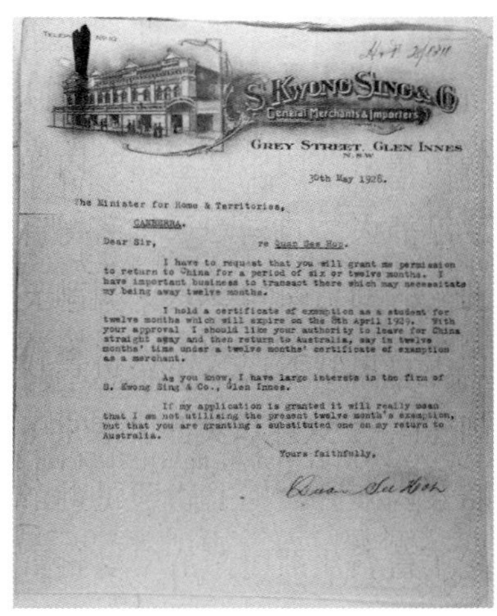

S. KWONG SING & CO.
General Merchants & Importers
GREY STREET, GLEN INNES
N.S.W.

30th May 1928.

The Minister for Home & Territories,
CANBERRA.

Dear Sir, re Quan Sec Hop.

I have to request that you will grant me permission to return to China for a period of six or twelve months. I have important business to transact there which may necessitate my being away twelve months.

I hold a certificate of exemption as a student for twelve months which will expire on the 8th April 1929. With your approval I should like your authority to leave for China straight away and then return to Australia, say in twelve months' time under a twelve months' certificate of exemption as a merchant.

As you know, I have large interests in the firm of S. Kwong Sing & Co., Glen Innes.

If my application is granted it will really mean that I am not utilising the present twelve month's exemption, but that you are granting a substituted one on my return to Australia.

Yours faithfully,

Quan Sec Hop

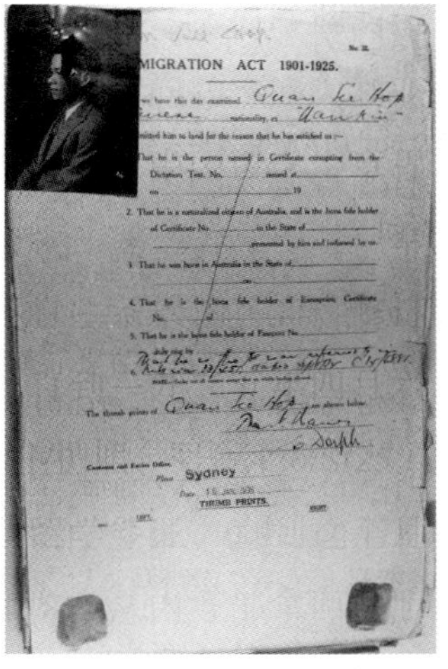

MIGRATION ACT 1901-1925.

Sydney

THUMB PRINTS

左：一九二八年五月三十日，准备回国探亲和做生意的关泗合致函澳大利亚内务部部长，申请将其再入境学生签证改换为商务签证；右：一九三五年一月十六日，关泗合重返澳大利亚入境雪梨时的入关登记表和照片。

档案出处（澳大利亚国家档案馆档案宗卷号）：

Quan Sec Hop - Student Pass Port & Bus. Ex/c, NAA: A1, 1935/1774

侯北胜

香山龙头环村

侯北胜（Buck Sing），香山县龙头环村人，在递交护照申请时中文页写一九一〇年五月八日出生，但英文页上出生年份则写为一九〇九年，最后中国驻澳大利亚总领事馆在护照上采用的也是后面这个出生年份。

一九二三年六月一日，在澳大利亚昆士兰省（Queensland）首府庇厘士彬埠（Brisbane）经商的侯溜（How Low）[①]，填表向中国驻澳大利亚总领事馆申领十四岁的侯北胜之赴澳留学护照和签证。他以监护人和财政担保人的名义，希望能安排侯北胜入读当地的圣佐治英格兰教会学校（St John's Church of England School），为此，他以自己经营的侯溜号商铺作保，允诺每年供给足镑膏火，作为侯北胜来澳留学期间所需之费用。在申请材料中，侯溜并没有写明他与侯北胜之间是什么样的关系，只是当地海关认为他们二人系父子关系。而无论从出生地和年龄以及为其安排赴澳留学等各方面看，他们也确实应该是父子关系。只是该份档案宗卷后面披露出现的一些事情，让所谓的父子关系出现了极大的问号。

上述申请递交给中国总领事馆之后，不知何故，被耽搁了差不多两年的

① 侯溜是香山县龙头环村人，生于一八七三年，十九世纪九十年代便来到澳大利亚发展，在庇厘士彬的华丽区（Fortitude Valley）的安街（Ann Street）上开设有一商铺，以其自己名字作为店名。见：Certificate Exempting from Dictation Test (CEDT) - Name: How Low or Wah Loo (of Brisbane) - Nationality: Chinese - Birthplace: Canton - departed for China per KUMANO MARU on 10 July 1914, returned to Brisbane per ST ALBANS on 6 January 1916, NAA: J2483, 158/1。

时间才得到处理。一九二五年四月二日，中国总领事魏子京给侯北胜签发了一份中国学生护照，号码为422/S/25；五天之后，澳大利亚内务部也在护照上钤盖了入境签证章。随后，中国总领事馆便按照流程，将护照寄往香港的悦昌隆号金山庄，由其负责转交并安排侯北胜的赴澳行程。

金山庄用了半年左右的时间，安排好了船期及旅程中的陪同监护人。到了这一年的年底，侯北胜也完成了在国内的学业，便赶到香港，搭乘“吞打号”（Tanda）轮船，于圣诞节的前夕即十二月二十四日这一天，抵达庇厘士彬口岸，入境澳洲。侯溜去海关将其接出，住进了他在安街（Ann Street）上的店铺里。

在入境的当天，海关问及其来澳之目的，侯北胜还是告知准备入读圣佐治英格兰教会学校；但当次年三月中旬澳大利亚内务部致函该学校，希望提供侯北胜在校表现的情况时，学校的回答是查无此人。得到这样的结果，内务部赶紧要求昆士兰海关核查，看这位中国学生到底去了什么学校。海关人员去到上述学校调查，从校长及在当地华人中的传教员金先生（Mr King）那里得知，侯北胜实际上应该是在庇厘士彬城里罗马街（Roma Street）上经商的店主亚位（Ah Way）[①]的儿子，而不是侯溜的儿子，真正的侯北胜并没有离开中国来此留学，而已经来此留学的这个中国青年并不是那个叫“侯北胜”的学生。只是海关将上述信息报告上去给内务部，但未能够引起相关官员的重视，或者是被忽略了。而且因调查人员很快就在庇厘士彬找到了这位留学生侯北胜，他是在一九二六年一月六日正式注册入读位于庇厘士彬城里女王街（Queen Street）的凯撒娜培训学院（Cassera’s Coaching College），随后便将此结果报告给了内务部秘书。后者得知侯北胜的去向后，关心的是他是否确实上学，以及严防其出外打工。当学院报告说这位中国学生在校正常上学，表现良好，内务部也就放心了。而此前海关调查人员所提供的真假侯北胜的问题，也就无人再提起。侯北胜在此读了一年，一直都备受好评，故

① 亚位，一八七三年出生，十九世纪九十年代来到庇厘士彬发展。见：Ah Way, NAA: J2481, 1900/4。

到年底申请展签时，内务部很爽快地予以批复。

就在刚刚拿到展签不到一个月，中国驻澳大利亚总领事魏子京突然在一九二七年一月十三日写信给内务部秘书，告知侯北胜因家里有急事，已经预订了当月二十七日的“彰德号”（Changte）船票，准备回国。只是他还需要回来继续学业，上述凯撒娜培训学院也表示欢迎他回来继续念书，也出具了录取函，希望给他核发再入境签证。内务部见所请之事属于正常，且上述学校也是私立性质，申请也是按照程序，一切都符合《中国留学生章程》新规的相关条例，于是，六天后便批复了申请。侯北胜获得了十二个月的再入境签证，有效期从其出境之日起算。按照规定，在此一年期内，他回到澳洲任何口岸入境即可。

三个月过去了，因海关没有上报给内务部有关侯北胜离境的任何消息，内务部秘书遂发文到海关询问。在还没有收到海关回复之时，四月二十五日，魏子京总领事来了一封信，通知内务部，侯北胜在登船之前决定不回国了，把船票退了之后，他重新返回学校读书。现在，他已转学去到位于摩顿街（Morton Street）的塞顿私立学校（Seton Private School）上学，晚上则仍然选修凯撒娜培训学院提供的夜间课程。内务部得知他没有回国，仍在正常上学，也就不再追问。

到这一年六月份，塞顿私立学校提交了有关侯北胜在校学习情况的报告。接报后内务部发现，虽然学校对这位中国学生的表现都给了很正面的评价，但他只是去读夜间课程，每晚两个小时。内务部对此极为重视，赶紧下文去海关，请其调查何以这位年轻人白天不去上学，因为当局最严防的是中国学生利用正常的白天工作时间去打工。调查结果显示，因为白天的课程班上同学较多，而侯北胜的听力和理解力都有限，难以听懂，也跟不上教学进度，故老师建议他读夜间课程，这样学生少，老师可以将更多时间花在他身上，这样可以帮助他更好更快地提高英语能力。海关也调查过，白天时间里，这位中国学生也基本上是在学习课程，没有去任何地方打工。尽管如此，内务部秘书还是在七月十九日致函中国总领事馆，就侯北胜的这一情况进行通报，并希望中国总领事馆要特别跟这位中国学生沟通，让他必须在白天回学校去正常上学，不然就要取消其签证，遣返回国。

虽然在此后的日子里侯北胜回去学校正常上课了，但两个月后海关对该校的调查结果表明，塞顿私立学校尽管是正式注册成立的学校，但其招收的学生人数从未超过十四人，且主要是儿童，都是属于那些学习成绩比较差的学生。也就是说，这样的一所学校，是非常不适合像侯北胜这样的年轻人的。内务部有鉴于他每季度所付的学费超过四镑，决定可以允许他读到这一年的年底，直到学期结束；但从明年新学年开学后，他必须转学到更合适的学校里读书。

只是侯北胜读完了上述学年之后，便于一九二八年一月十日，在庇厘士彬港口搭乘去年就曾经预订过的"吞打号"轮船，离开澳洲回国了。此时，距其入境澳大利亚留学，刚刚过了两年。

侯北胜走的时候，跟去年相比，显得悄无声息，既没有知会海关和内务部，也没有申请再入境签证，仅仅告知中国总领事馆自己离境的信息。事后，还是先由中国总领事馆告知内务部，然后海关才追踪其离境的日期和踪迹，记录在案。对于中国学生这样的做法，内务部显得很淡定，因为自一九二一年实施《中国留学生章程》以来，许多来澳的中国学生都是这样的做派，许多人就这么一走，再也不回来完成学业，这种现象真是太司空见惯了，不足为奇。

然而，一年半之后，新任中国驻澳大利亚总领事宋发祥在一九二九年六月六日给内务部秘书发来一份公函，意即侯北胜去年初回国探亲，未及申请再入境签证，现在想要重返澳洲，完成余下的学业，希望内务部能核发给他再入境签证。对于这样的申请，内务部处理过很多，很有经验，遂按照流程处理。在找出两年前的档案后发现，当时侯北胜就读的是一所很不正规的只给学习困难的孩童就读的学校，根本就不适合于他；当时内务部就已决定要他转学到其他正式的学校就读，只是因他已经缴纳学费，加上距离学年末只剩下两三个月时间，遂准允他读完那个学年，准备次年按照上述意见选择新的可以令内务部满意的学校就读。最终因去年年初他突然回国，未及执行此项决定，此事也就不了了之。现在他想要回来澳洲完成学业，按照规定是可以核发再入境签证的，但鉴于此前他的在澳读书经历和内务部对此之处理决定，此时侯北胜须提供一家正规的私立中等学校或者专门院校愿意接受他入读的录取信，然后内务部便可按照规定处理此项申请，最终核发给他再入境签证。于是，六月十二日，内务部秘书复函宋发祥总领事，将上述意见告知。然而，此信发出后，一直都没有收到宋发祥总领事的任何回复。

时间不知不觉地过了七年，侯北胜的名字又出现在澳大利亚的档案文件中，只是此时其英文名字的拼写已经改成了Buk Sin。

一九三六年九月二十一日，中国驻澳大利亚总领事陈维屏致函内务部秘书，为侯北胜申请六个月的临时入境签证。他在信中表示，侯北胜是从纽西兰（New Zealand）回国途中，在本月十九日抵达雪梨（Sydney），等候中转，同行者还有他的女儿Norma Joyce（王娜玛），今年九岁。据陈总领事介绍，侯北胜的父亲名叫Ah Chee（亚志），或Wong Ah Chee（王亚志），生于一八七一年，早在十九世纪九十年代中期之前便已来到澳大利亚发展，进入昆士兰省西南部与鸟修威省（New South Wales）交界处的小镇孟元太埠（Mungindi）定居，充当菜农。[①]他现在正准备将其菜园生意卖掉，然后返回中国，正好儿子和孙女路过澳洲，在雪梨停留中转，故希望能让儿子和孙女一起去看望一下他，如果生意出让顺利的话，他届时还可以跟他们一起回中国。陈总领事表示，多年前侯北胜就在澳洲留学过，此时路过，碰到这样的机会，如果能让他们祖孙三代团聚一下，将是非常值得庆幸的一件事，希望内务部能玉成此事。内务部经一番讨论，认为是可以满足上述要求的，可给予他们半年的入境签证，条件是侯北胜在此期间不能参与任何经营及在澳打工。十月六日，内务部将此决定通告陈总领事。

由是，侯北胜父女得以前往孟元太探亲。在签证期满后，他们便于一九三七年三月十三日从雪梨搭乘“利罗号”（Nellore）轮船离开澳洲，驶往香港。而原先想将生意卖掉后回国的亚志则没有同行，因生意处理得并未

① Chee, Ah - Nationality: Chinese [DOB: September 1871, Occupation: Gardener] - Alien Registration Certificate No 4 issued 23 October 1916 at Mungindi, NAA: BP4/3, CHINESE CHEE AH。

完全，还留有手尾，遂继续留在孟元太埠，仍然经营菜地。

上述档案资料显示，侯北胜真正的父亲应该就是王亚志。然而，因为他父亲姓王，而他最早出现的时候则是姓侯，那么，原先来澳留学的那位叫作侯北胜的学生是否其本人真身，还是个问题。如果是冒用侯家的这个名字，而他本身又是王家的人，则显然在办理赴澳留学入境签证时，侯溜和王亚志之间应该有所沟通并达成了某种协议。[①]只是上述替身法当时在庇厘士彬埠曾经被当地熟悉情况的华人看穿并说了出来，但并未引起当局重视。而且，当时在庇厘士彬埠经商的那个亚位，与其之间的真实关系为何，也是一个谜；或者说，亚位是否与王亚志有什么关系，也是本档案宗卷未能揭示者。此外，上述资料也显示出第二个问题，即来到澳大利亚留学的侯北胜之年龄问题。前面提到在递交护照申请时，写明他是一九一〇年出生，但最终出现在护照上的出生年份是一九〇九年，如果这个年龄是正确的话（也许其年龄还会更大一些），则可能在其赴澳留学之前即十六岁时便结了婚，方才可以解释其女儿就在他赴澳留学之次年即一九二六年九月之前出生，不然不会在一九三六年申请入境澳洲时，申明她年已九岁。当然，这些都是根据这份档案中出现的矛盾之处而提出来的问题，并且是只就其赴澳留学之前的经历而提出来的问题，并不涉及其去到纽西兰这一段无法查清的历史。只是当时的内务部及海关并没有对上述种种无法解释之节点提出任何疑问，仅就事论事地处理相关的出入境签证申请，因而留下很多谜团。

一年半之后，侯北胜之名字再度出现在澳洲档案之中。一九三八年九月二十二日，侯北胜搭乘从香港起航的“吞打号”轮船抵达雪梨，说是要前往纽西兰，而且也持有纽西兰的再入境签证，但只购买了到雪梨的船票。他在雪梨由同是香山籍的华商即合昌果栏（Hop Chong & Co.）大股东李基祥（Lee

---

① Buksin, Norma Joyce (married name Holmes), NAA: J25, 1953/7543。根据这份侯北胜女儿的档案宗卷，他的真正中文名字是王北善。

Kee Chong）[①]担保临时入境，随后以父亲亚志年老生病为由，申请短期入境签证，要前往孟元太埠探视父亲。九月二十八日，雪梨海关以其纽西兰再入境签证作为抵押，准允其三个月的临时入境签证。

侯北胜获签后，便来到孟元太探亲，前后只有三个月的时间，转眼之间就过去。到签证即将到期时，王亚志出招了。一九三八年年底，他向澳大利亚内务部提出申请，希望儿子侯北胜能留下来代理他管理自己的生意，因他目前处于病中，医生建议他最好能回国休养治疗。内务部受理上述申请后，便按照流程请海关协助核查相关的情况。当时最主要的问题是要先厘清其父所经营的生意，方才可以决定是否核发给侯北胜替工签证。

海关及税务部门的记录显示，王亚志此前与两个弟弟George Sun（佐治新）[②]和Tommy Tim（汤米添，也写成Wong Tim Wood［王添活］）[③]及一位外姓人士共四人在孟元太合股组成亚志兄弟行（Ah Chee Brothers）[④]，经营蔬菜水果产品，外加一些杂货商品。因孟元太横跨两个省，上述商行除了在这个小镇之外，还有一个分店，位于距其七十公里之外的东边靠近昆士兰省边

---

① 李基祥，一八六四年出生在香山县，一八八〇年来到澳大利亚发展，先在鸟修威省乡间当菜农和开商铺近二十年，再迁至雪梨，于一九一九年底与人合股在唐人街开设合昌果栏。见：Lee Kee Chong, wife Agnes Lee Kee Chong and children Grace, Norah, George and Edward Lee Kee Chong [includes 9 photographs showing front and side views of Lee Kee Chong] [includes 5 photographs showing front and side views of the children] [issue of CEDT in favour of Lee Kee Chong] [box 316], NAA: SP42/1, C1935/8292。鸟修威省档案馆（NSW State Archives & Records）保存有该省工商局的合昌果栏正式注册记录，具体注册日期是一九一九年十二月十一日。见：https://records-primo.hosted.exlibrisgroup.com/permalink/f/1ebnd1l/INDEX1803063。

② Certificate Exempting from Dictation Test (CEDT) - Name: George Sun (of Mungindi) - Nationality: Chinese - Birthplace: Canton - departed for China per AKI MARU on 28 March 1916, returned to Brisbane per TANGO MARU on 7 July 1917, NAA: J2483, 193/58。这份档案显示，佐治新大约生于一八八四年。这一信息显示，他应该是跟着兄长亚志一同前来澳洲的。

③ 汤米添，大约是一八八五年出生，应该是兄长亚志当年带着他一起来到澳大利亚的。见：Certificate Exempting from Dictation Test (CEDT) - Name: Tim Wood - Nationality: Chinese - Birthplace: Canton - departed for China per ALDENHAM on 21 March 1910, returned to Brisbane per ST ALBANS on 21 February 1912, NAA: J2483, 41/79; Tim Wood [includes 2 photographs showing front and side views; left hand print and left and right thumb prints] [issue of CEDT in favour of subject] [box 406], NAA: SP42/1, C1939/6076。

④ 该商行在二十世纪一十年代初便已成立，但到一九一六年九月四日才正式向政府登记注册。见鸟修威省档案馆保存的工商局二十世纪初工商企业注册记录：https://records-primo.hosted.exlibrisgroup.com/permalink/f/1ebnd1l/INDEX1784028。

界的小镇布迈（Boomi），该埠属于鸟修威省，因而需要动用两省的警察及海关人员去核查其生意经营状况。到一九三九年一月底，昆士兰警方终于将基本情况搞清楚，报告给内务部。调查结果显示，亚志兄弟行由菜园和商铺组成，但在一九二六年，商行做了分割，布迈的商铺归了佐治新和汤米添，孟元太的菜园则归亚志，而原先的外姓股东退出。虽然截止到上一年六月三十日的上一个财政年度里，亚志菜园的营业额为七百镑，净利润仅为六十镑，但其菜园却是这个边远小镇中最主要的蔬菜生果供应商，雇佣有三个年长华人，生产当地不可或缺的生活必需品，尤其是他一直以来都给镇子上的贫困家庭提供免费蔬菜。由于他现在身体有恙，当然需要休养和治疗。对此，昆士兰警方的意见是无论如何都应该核发替工签证给其子，以便这样的企业生产不至于中断，因其惠及当地普罗大众。既然边远地区有这样的需求，而且亚志作为澳洲的长期居民，也确实需要这样的休息，内务部在权衡了所有的因素之后，于三月六日批复了上述申请，给予侯北胜一年期的替工签证。侯北胜的三个月签证到上一年十二月二十二日到期，故此项签证便从这一天起算，到期后如果回国探亲的亚志仍然未能返回，则侯北胜可以申请展签，最多可以续签三年。而从现在起，亚志须在三个月内离境；而他在结束探亲返回澳洲后，侯北胜则须在一个月内交代工作并乘船离境。

按规定，亚志应该在一九三九年六月六日之前离境回国，但他却在确认儿子拿到签证后便将生意交代给他，然后去到布迈小镇兄弟佐治新那里小住，希望换个环境，待身体稍微复原一下再远行。可是到五月下旬，亚志发现身体状况并没有多大改善，而其小弟汤米添上一年曾经申请家小从家乡来澳探亲但未获批准[①]，心中极其郁闷；现在他见兄长是这样的情况，便决定陪其一起回去，也同时将此行作为自己的回国探亲。为此，亚志遂向海关申请延迟一个多月再走，因为汤米添需要一点时间安排生意上的事情，即找到合适的替工代管生意。最终，待一切安排就绪，他们一起去到雪梨，于八月

① Tommy Tim [also known as Wong Tim Wood] [correspondence concerning application by Tommy Tim for admission of his wife, daughter-in-law and latter's three children Wong See Hong, Wong See Ping and Wong See Wing] [box 393], NAA: SP42/1, C1939/1960。

十二日搭乘"太平号"（Taiping）轮船驶往香港回国。[1]而亚志抵达香港后，则因广东省也已成为抗日战争的前线，返家困难，最终也停留在香港养病。

而在这一年，侯北胜的经营管理工作也卓有成效。其财政年度的退税表显示，亚志兄弟行的年营业额达到一千一百三十八镑，扣除各种费用和开销，该商行这一年的净利润有七十四镑。鉴于他的服务范围广，当地警察部门对于他这家菜园极为重视，力保他是孟元太小镇及其周边区域民众的菜篮子。因此，到一九三九年底，侯北胜一年签证到期时，内务部很快便批复了他的下一年度展签。

一九四〇年九月八日，侯北胜致函雪梨海关，申请女儿王娜玛前来澳洲读书。他在申请中说，女儿今年十四岁，是在纽西兰出生。四年前，他带着女儿从纽西兰回国，之后将她安置在香港读书，委托那里的亲友照顾。由于现在战火烧到香港的迹象越来越明显，他十分希望能将女儿作为战争疏散人员安置到澳洲，跟他在一起，也顺便让她在自己身边读书。他强调说，女儿是在纽西兰出生，具有那里的永久居留身份，其回头纸因在本月十四日到期，已经寄回纽西兰更新；而他本人也有纽西兰回头纸，只是因为替代父亲管理菜园不得不滞留此地，一旦父亲返回，他自己也是要回去纽西兰的。因在纽西兰没有其他亲人，故其女儿无法自己直接回去，希望澳大利亚当局能准允她先来此读书，届时他们父女会一起返回纽西兰。侯北胜表示，此时，他的叔叔汤米添即将结束探亲从中国返澳，一旦澳大利亚海关转呈内务部批复其女儿签证，则她的叔公便可以带着她一起回到澳洲。尽管他的申请理由充足，个人境遇也很值得同情，但内务部并不认同，于十月八日否决了这一申请。

从上面侯北胜自己透露出来的信息，显示出一九二六年一月二十七日他的女儿在纽西兰出生时，他显然已经在那里待了至少一年以上的时间，不然不可能会有时间在那里结婚并生育。而此前的入境澳大利亚读书的那个侯北

---

① Ah Chee and Tim Wood [issue of CEDT's in favour of subjects] [departed ex TAIPING from Brisbane on 12 August 1939] [box 406], NAA: SP42/1, C1939/6048。

胜，恰恰也是在一九二五年底到达澳洲，一九二六年开始其在澳的两年留学生活的。由此可见，此时在孟元太的侯北胜与十四年前在庇厘士彬留学的侯北胜是两个不同的人，只是后者用的是前者的名字。而现在的这个侯北胜，其年龄显然较之当年用同样名字前来庇厘士彬读书的那个侯北胜要大上不止一到两岁以上，不然就很难解释其女儿在十四年前就出生了，而且还是生在纽西兰。既然他们是不同的两个人，而且现在这个侯北胜的父辈都是姓王，何以他在一九三六年和两年后入境澳洲时，仍然要使用此前去庇厘士彬留学的那个侯北胜的名字，而不是用其家族的姓氏呢？这也是本宗卷给我们留下的一个谜。此外，现在的这个侯北胜并非王亚志唯一的儿子，他至少还有另外一个出生于一九一四年的儿子（档案中没有透露其名字），曾在一九二九年底时，想将其申办来澳留学。只是因为亚志以孟元太小镇没有私立学校，想将其安置在当地公立学校就读，其申请被内务部否决。而就在那个时间点的半年前，原先来庇厘士彬留学的侯北胜也曾申请重返澳洲，因无法获得学校录取信而最终没了下文。[①]这一个名字两个不同的人，实在是有很多谜，因没有足够的资料，无法获解。

这一年，侯北胜经营的业绩也很好，菜园的年营业额增长到一千五百二十六镑，净利润达到一百零六镑。因此，当中国驻澳大利亚总领事保君建在年底循例为其申请展签时，内务部很爽快地批复。一九四一年的经营，因海关并没有给出具体的年营业额数据，只是说大体上与去年持平。但当年十一月后，他将菜园租给他人经营，搬到布迈，将名字改为Harry Buk Sin，住在叔叔汤米添那里，并按照父亲的指示，准备将上述菜园出售变现。

此时，太平洋战争已经爆发，亚志被困在了日军占领的香港，短时间内是无法回来澳洲了。警察在报告侯北胜准备卖掉菜园，同时也在物色地点和物业准备自己开办一家商铺时，还发现他带有家属跟他住在一起，即他的妻子和两个孩子。通过调查得知，侯北胜的妻子名叫Lizzie Tong（唐丽茜，译音），一九一七年二月二十二日生于雪梨。在其四岁时，父亲便带着她及她

① Ah Chee - Education exemption and son, NAA: A433, 1947/2/1013。

的几个兄弟姊妹回到中国家乡香山县。[①]一九三七年十一月十二日，她在香港嫁给侯北胜，然后于一九三八年九月与丈夫一起回到雪梨，然后再一起来到孟元太。她为侯北胜生了两个儿子，长子出生于一九三九年三月二十一日，次子是一九四一年二月十八日出生，出生地都是孟元太。此时侯北胜一边在待机售卖父亲的菜园，一边则作为叔叔佐治新商铺的助理店员，帮他打理生意。因为这个店铺仍然使用亚志兄弟行的注册名称经营，且上一财政年度的年营业额为八千七百六十五镑，完全符合聘请额外店员协助经营的要求；此外，太平洋战争爆发后，澳洲对所有滞留在澳的盟国公民都直接给予三年临时签证，有效期到一九四五年六月三十日；到期时如果战争尚未结束，则该签证自动延期两年。由是，一方面符合企业用工条件，另一方面也在澳洲给予盟国公民特别签证的范围内，侯北胜一家就这样留居下来。而到一九四三年，侯北胜已经搬迁到了庇厘士彬埠，在凯德伦区（Kedron）开设了一间商铺维生。至于其父之菜园是否卖了出去，档案中没有文字提及；但根据他全家搬迁到庇厘士彬获得准允的事实推测，应该是已经售出变现，如此，他才有资金来此投资开设商铺。

侯北胜的留学和替工档案到此终止。事实上，这份宗卷留下了太多的谜。首先，种种迹象表明，延续到这个时候的侯北胜与一九二六年和一九二七年两年间在庇厘士彬留学的那个侯北胜，显然是两个不同的人，即一个姓侯，一个应该是姓王。而即便是应该姓侯的那位，当年在庇厘士彬也被人指出非侯家之子，如此，就还应当有另外一个人被牵涉其间，亦即真正的侯北胜并没有出场。其次，是后来这个侯北胜（真名王北善）的年龄，这份档案宗卷一直也没有予以说明，即使是内务部的官员曾经两次询问到这个问题，但也没有见到任何答复，而且档案中也没有保存其在二十世纪三十年代的入境和出境登记卡，通常在该卡上是应该填写出生日期的，同时

---

① Jim Ing Tong [James Tong] [6 photographs attached], Lizzie Tong [2 photographs attached], Quin See Tong Yin [4 photographs attached], Ah Ping Tong [4 photographs attached], Sue Tong [2 photographs attached], Ivy Tong [2 photographs attached], Mau Ou Tong [4 photographs attached], Jong Way Yin [2 photographs attached] [Box 22], NAA: SP244/2, N1950/2/2381。

还有首次抵澳的年份日期，甚至包括搭乘的轮船名称。此外，档案宗卷里也没有后来这个侯北胜的照片，尽管他出入境澳洲两次，按规定需要其提供照片。再次，前面提到，后来的这个侯北胜在一九二六年初就已经有了女儿，但档案文件中并没有提及其妻子在何处，即便他在一九三七年再婚，也没有任何涉及其前妻的信息。当然，从他申请女儿赴澳留学的叙述来看，在纽西兰已无亲人，而回到中国时又只有他们父女俩，唯一可以解释的就是，其妻在一九三七年以前已经亡故，或者与其离异，而女儿则归其抚养。从前述其女儿的档案来看，王娜玛是混血儿，亦即其母亲是欧裔女性。这也表明，其父侯北胜（亦即王北善）与最早到庇厘士彬留学的那个同名同姓者是完全不同的两个人。如果上述结论正确的话，那么，另外一个推测是，将上述两个不同的人放在这一份档案宗卷里，是当年澳洲管理外侨事务的内务部主管人员的失误造成的。此外，由于上述两人名字的拼写极为相近，且王北善在一九三六年带着女儿入境澳洲中转时，中国驻澳总领事馆可能也将其错认为是十年前赴澳留学的侯北胜，并且其看法也被内务部接受。由是，双重失误下，两个不同的人之档案就合二为一，被视为同一个人了。

到了庇厘士彬后，侯北胜的英文名字又进一步变化，成了Harry Buksin，亦即其名字逐步简化合并，最终成了他的姓氏。其妻唐丽茜和所生的孩子（三男一女）因都是在澳洲出生，他们本身就具备了居留澳大利亚的资格，因此，自一九四七年侯北胜的签证到期后，他就继续留了下来[①]，获准长期居留。侯北胜在庇厘士彬的商铺也经营得很成功，到一九四八年，其年营业额就已经达到一万镑，一九五二年超过一万六千镑，为此，他从香港招来一位年纪与其相若的店员为他工作。

而他的女儿王娜玛，也在一九四七年二月获准前来庇厘士彬与其团聚，并在次年与一位当地邮局雇员结婚，搬去昆士兰省西南部与鸟修威省交界的近地温地埠（Goondiwindi）居住。[②]鉴于他们父女此前就具有的纽西兰永久

① Harry Buksin, NAA: BP210/9, 43。
② Buksin, Norma Joyce (married name Holmes), NAA: J25, 1953/7543。

居民身份，一九五三年，澳大利亚移民部核准他们加入澳籍。

这份档案宗卷也未提及王亚志的最终去向。因战时王亚志留在香港，但是否能挨过日占时期也是一个问题，毕竟那个时候他已经超过七十岁，且身体健康状况堪虞，而战后未见他有回澳的记录。

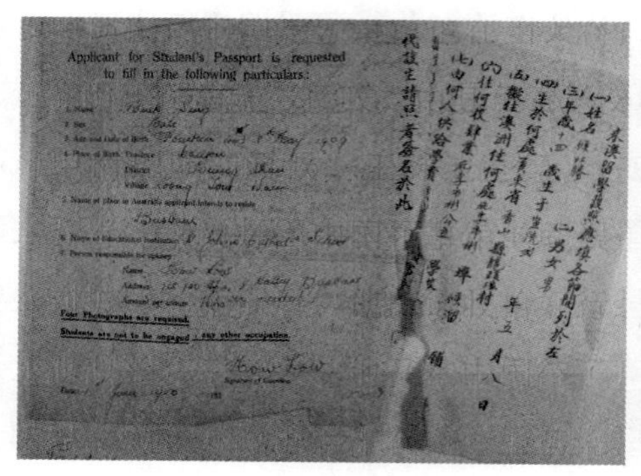

Applicant for Student's Passport is requested to fill in the following particulars:

Four Photographs are required.

Students are not to be engaged in any other occupation.

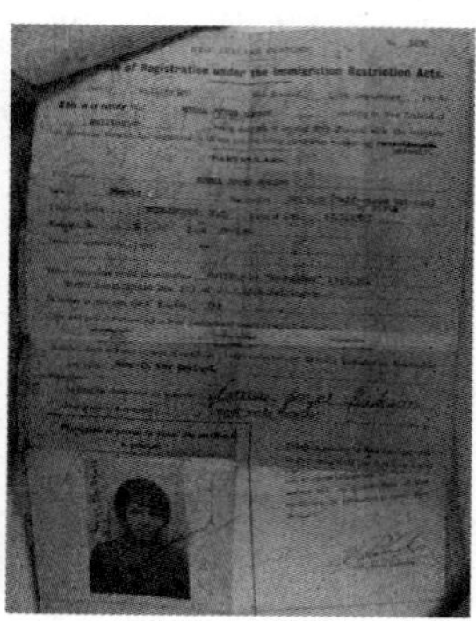

左：一九二三年六月一日，侯溜以监护人和财政担保人的名义填妥申请表，向中国驻澳大利亚总领事馆申办儿子侯北胜的赴澳留学护照和签证；右：纽西兰核发给王娜玛的回头纸。

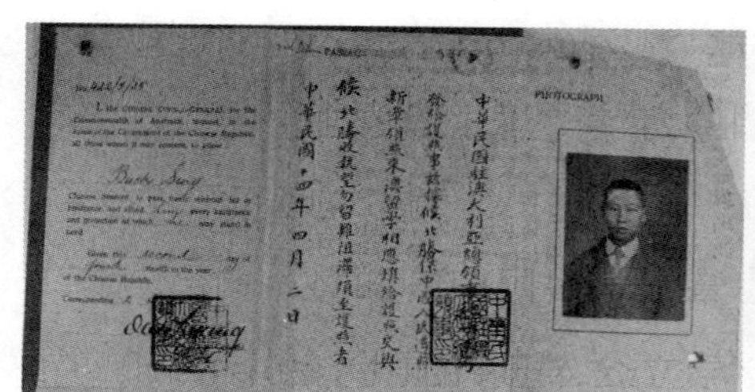

PHOTOGRAPH

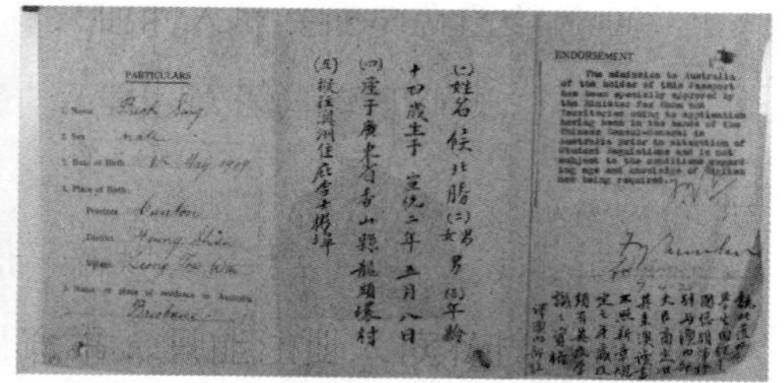

PARTICULARS

ENDORSEMENT

一九二五年四月二日，中国驻澳大利亚总领事魏子京给侯北胜签发的中国学生护照。

档案出处（澳大利亚国家档案馆档案宗卷号）：

Ah Chee - Education exemption and son, NAA: A433, 1947/2/1013

梁文汉

香山石岐福涌村

梁文汉（Leong Man Hone），一九〇九年六月十二日出生，香山县石岐福涌村人。

梁文汉的父亲是梁干（Leong Gon），生于一八七二年，十九世纪末随族人一起到澳洲谋生，最终定居于昆士兰州北部的汤士威炉（Townsville），作为年长他十岁的族兄梁天元（Leong Tin Yuen）①在该埠开设的天元号商铺（Tin Yuen & Co.）的股东之一，生活稳定，事业小成。一九〇八年回国探亲，两年后返回，梁文汉便是在父亲探亲期间出生的。②

一九二一年，是澳洲正式实施《中国留学生章程》的第一年，由位于美利滨（Melbourne）的中国驻澳大利亚总领事馆具体操作中国学生来澳留学的护照发放及代办签证申请事宜，方便侨胞。得到消息后，梁干便立即着手申请，意欲将儿子梁文汉办来澳洲留学念书，也顺便一尽为父之责，看着儿子成长。当年二月三日，梁干以监护人的名义，并以上述参股的天元号商行作保，承诺每年供给梁文汉膏火五十二镑，填表递交给中国驻澳大利亚总领事

---

① Yuen, Tin - Nationality: Chinese [DOB: 28 August 1862, Occupation: Business Manager] - Alien Registration Certificate No 89 issued 19 October 1916 at Townsville, NAA: BP4/3, CHINESE YUEN TIN。

② Certificate Exempting from Dictation Test (CEDT) - Name: Leong Gon - Nationality: Chinese - Birthplace: Canton - departed for China per CHANGSHA on 12 August 1908, returned to Townsville per CHANGSHA on 9 April 1910, NAA: J3136, 1908/266。

馆，申领儿子梁文汉的中国留学生护照并请代办其入境签证。至于要把儿子安排到哪一所学校念书，梁干属意于自己定居所在地的汤士威炉学校（State School Ross Island Townsville），以便使儿子跟其他在此前后来这里留学的香山同宗兄弟和同乡结伴上学。

申请材料递交上去后过了不到两个星期，二月十六日，中国总领事魏子京就为梁文汉签发了编号为12/S/21的中国留学生护照。考虑到当时的通信条件，从昆士兰北部到美利滨有近三千公里的路程，邮件在路上是需要走好几天时间的。这样看来，中国总领事处理此事的效率还算是蛮高的。而从护照号码的编号顺序来看，也比较靠前，显示出在梁文汉之前递交的留学申请不多，这也或许是中国总领事馆审理较快的原因之一吧。又过了三天，二月十九日，这天是星期六，澳大利亚内务部也为梁文汉发放了入境签证。总体来说，护照和签证的申办都算得上很顺利。而中国驻澳大利亚总领事馆在获得签证的当天，就将护照寄往中国梁文汉家里，以便他能及早前来澳洲留学。

约半年之后，十二岁的梁文汉与另外三位也是来澳洲同一地点留学的同乡莫金饶（Yum You）①、莫民生（Mon Sang）②和林快（Lum Wie）③，约好一起去到香港，在此结伴搭乘由澳中船行经营管理的“获多利号”（Victoria）轮船，于一九二一年九月十四日，抵达汤士威炉埠，顺利入境澳洲。

可能是旅途不适，也可能是初来乍到水土不服，刚到澳洲，梁文汉就病倒了，无法立刻注册入学。父亲梁干让他在家休养了两个多星期，病体康复之后，他才在十月一日正式进入南汤士威炉公立学校（South Townsville State School）念书，而不是原先预定的汤士威炉学校。从校长提交的例行报告可以看到，梁文汉在校表现令人满意，求知欲强，聪明好学，学业和操行俱佳。但半年之后，即一九二二年五月开始，梁文汉就转学到了汤士威炉的另

① You, Yum - Student of passport, NAA: A1, 1926/3557。

② Mon SANG - Student passport, NAA: A1, 1927/16206。

③ Lum Wie - Student exemption - Business exemption [1.5cm], NAA: A433, 1942/2/3297。

一家公立学校——西端公立学校（West End State School）继续念书。在这里，他一如既往，学业和操行皆受好评。就这样，梁文汉在西端公立学校波澜不惊地读了五年半的书，直到一九二七年年底学期结束。

一九二七年底学校放假之后，十二月二十三日，即圣诞节前夕的一天，已经在澳留学六年的梁文汉在汤士威炉登上"太平号"（Taiping）轮船，离开澳洲经香港返回中国度假去了。尽管此时他已经拿到了下一个年度的延签，时间是从当年的九月十三日至次年的九月十三日，即每年皆从他入境澳洲的那天算起展签，但他打算回国度假的时间是一年，按照当时的乡俗，十八岁的他很有可能就在这个时间里按照家里的安排结亲。但这样一来，届时这个签证势必失效，因此，在走之前，梁文汉写信给澳大利亚内务部，申请一年之后亦即一九二九的再入境签证，希望到时再返回澳洲继续完成学业。此时的梁文汉距澳洲规定的中国留学生入境最高年龄上限二十四岁尚有几年时间，且以往校长的报告也对他极为有利，内务部自然乐见他返回继续澳洲念书，但唯一的要求是要他通过中国驻澳大利亚总领事馆，循正规渠道提出再入境签证申请，内务部才可以正式受理此事。

但遗憾的是，此后，澳大利亚档案中再也找不到有关梁文汉的信息。也就是说，他此后并没有正式向中国总领事馆提出申请再入境签证的要求，当然，内务部对其请求的回复，是在他已经登船离开澳洲之后的事情了。也许，梁文汉回国之后，因种种原因无法回复或按照内务部的要求去做，或者是他改变了回澳洲继续念书的主意，而有了另外的人生规划。①

---

① 梁文汉的父亲梁干在一九二五年便回国探亲，直到一九二九年方才回到汤士威炉。但他是独自返回，儿子并未同行，由此表明梁文汉已经决定不再重返澳洲念书了。见：Certificate Exempting from Dictation Test (CEDT) - Name: Leong Gon - Nationality: Chinese - Birthplace: Canton China - departed for Hong Kong per ST ALBANS 17 March 1925 returned Townsville per TAIPING 29 March 1929, NAA: J2483, 386/47。

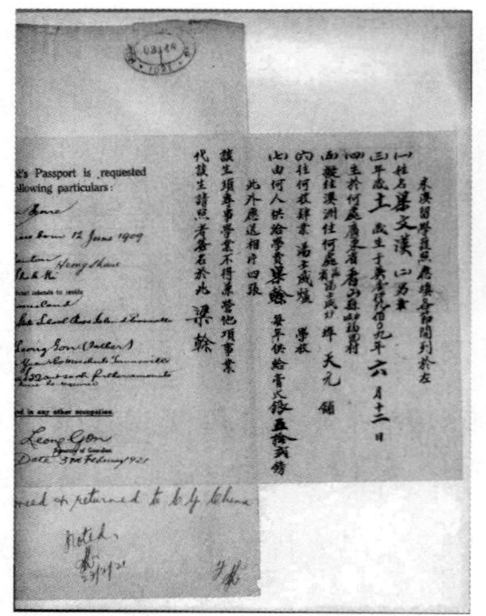

来澳留學護照應填各節開列於左

(一)姓名梁文漢 (二)男童

(三)年歲十二

(四)生於何處廣東省香山縣

(五)擬往澳洲住何處 天元 舖

(六)往何校肄業 湯士威爐 學校

(七)由何人供給學費梁幹 每年供給膏火銀五拾……镑

此外應送相片四張

該生須專事學業不得兼營他項事業

代該生請照者簽名於此 梁幹

...'s Passport is requested ... following particulars:

Leong Gon

Date 3rd February 1921

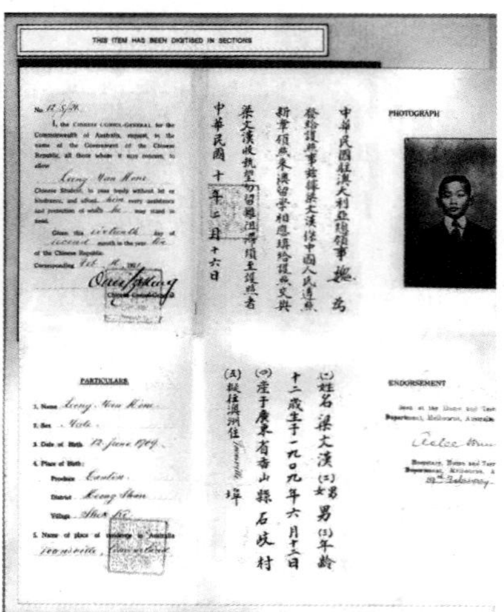

THIS ITEM HAS BEEN DIGITISED IN SECTIONS

中華民國駐澳大利亞總領事魏 為發給護照事茲據梁文漢係中國人民遵照新章領照來澳留學相應填給護照與梁文漢收執……須至護照者

中華民國十年二月十六日

PHOTOGRAPH

PARTICULARS

1. Name Leong Man Hone

2. Sex Male

3. Date of Birth 12 June 1909

4. Place of Birth: Province Canton District Heong Shan Village Shek Ki

5. Name of place of residence in Australia Townsville

(一)姓名梁文漢 (二)男 (三)年齡十二歲生于一九〇九年六月十二日

(四)產于廣東省香山縣石岐村

(五)擬往澳洲住……埠

ENDORSEMENT

左：一九二一年二月三日，梁干向中国驻澳大利亚总领事馆申请儿子梁文汉来澳留学护照和签证所填写的申请表；右：一九二一年二月十六日，中国驻澳大利亚总领事魏子京给梁文汉签发的留学护照。

档案出处（澳大利亚国家档案馆档案宗卷号）：

Leong Man HONE - Chinese student, NAA: A1, 1927/19431

吴光扬

香山库充村

吴光扬（Johnny War Kee），生于一九〇九年七月十五日，香山县库充村人，是前面提到的吴光宜（Arthur Sue Kee）①的堂弟和吴光荣（James Sue Kee）②的堂哥。他的父亲吴和基（War Kee，或者写成Wah Kee），一八六七年出生③，大约在一八九四年，与他的兄长吴肇基（Sue Kee）④一起从家乡奔赴澳大利亚谋生。与许多当年的香山乡亲一样，兄弟俩也是在昆士兰省（Queensland）登陆入境，最终定居于该省北部重镇汤士威炉埠（Townsville）。早在一九〇三年之前，兄弟俩便在这里的弗林德斯大街（Flinders Street）上开设了一家生果杂货店，以兄长的名字命名，叫作肇基号（Sue Kee & Co.）商铺，售卖土洋杂货以及生果蔬菜；吴和基虽然也在里边有股份，但主要充任菜农，在汤士威炉埠南面约八十公里处靠近鸦埠（Ayr）的小镇布朗顿（Brandon）拥有一块果菜园，为上述店铺提供蔬菜产

---

① Arthur Sue Kee - Student passport - Business exemption, NAA: A433, 1946/2/4202。

② James Sue Kee - Student's Passport, NAA: A1, 1931/5933。

③ Kee, War - Nationality: Chinese [DOB: 8 August 1867, Occupation: Gardener] - Alien Registration Certificate No 535 issued 6 March 1917 at Townsville, NAA: BP4/3, CHINESE KEE WAR。

④ Certificate Exempting from Dictation Test (CEDT) - Name: Sue Kee - Nationality: Chinese - Birthplace: Canton - departed for China per NIKKO MARU on 6 November 1911, returned to Townsville per TANGO MARU on 22 April 1914, NAA: J2483, 76/50; Kee, Sue - Nationality: Chinese [DOB: 1863, Occupation: Fruit Shop] - Alien Registration Certificate No 74 issued 18 October 1916 at Townsville, NAA: BP4/3, CHINESE KEE SUE。

品，另外，他自己也在镇子上开设一家小生果铺，自产自销。[①]

一九二一年八月二十日，吴肇基在申请两个儿子吴光宜和吴光荣来澳留学时，也把侄儿吴光扬加了进来，合在一起申办。为此，吴肇基以监护人和财政担保人的名义，仍然是以上述肇基号商铺作保，向位于美利滨（Melbourne）的中国驻澳大利亚总领事馆申请办理吴光扬的中国留学生护照和入澳签证，承诺每年提供足镑膏火银给侄儿作为留学费用。在英文申请表上，这笔足镑膏火的具体表述为每年五十镑，亦即按照吴肇基的理解，这个额度的钱应足以囊括其学费、生活费及相关的其他费用。吴肇基安排侄儿吴光扬来澳将要入读的学校，与他的两个儿子一样，是汤士威炉的西端公立学校（West End State School）。

接到申请后，中国总领事馆就予以及时审理。当年九月二十日，中国总领事魏子京给吴光扬签发了一份中国学生护照，号码是107/S/21（吴光宜和吴光荣的护照号码则分别为106/S/21和108/S/21）。九天后，澳大利亚内务部也为他核发了入境签证。按照流程，中国总领事馆在当天就根据吴肇基的指引，将其护照和签证寄往香港的金山庄全兴泰号，让其安排行程，以便吴家兄弟尽快入境澳洲念书。

虽然全兴泰号的工作效率高，但在当年年底只有他的堂兄吴光宜一人赶赴香港搭乘澳中船行经营的“获多利号”（Victoria）轮船，于一九二二年一月二十日先行抵达汤士威炉埠留学。而吴光扬则等了半年左右的时间，才与堂弟吴光荣一起，从香港乘坐“依时顿号”（Eastern）轮船，于一九二二年六月十六日抵达汤士威炉埠。父亲将他从海关接出，先在肇基号商铺稍作休息停留，然后便直接去到布朗顿镇住下。

原先吴肇基安排学校时，是想让侄儿吴光扬和他的两个儿子都入读西端公立学校，这样他们堂兄弟仨就可以一起上学，互相好有个照应。但后来吴和基觉得，还是把儿子带到他经营果菜园的布朗顿镇就近上学更为合适，因

① Wah Kee - Correspondence relating to application for certificate of domicile - Townsville – Gardener, NAA: BP342/1, 11800/245/1903。

为儿子即将十三岁，很快就会长大，必要时还可以帮他一把，以照顾果菜园的耕种和生果铺的经营。于是，他为儿子在布朗顿公立学校（Brandon State School）注册，儿子抵澳三天后，便送其去该校正式入读。

根据学校校长的报告，吴光扬此前未曾学过英语，但他求知欲强，在校表现良好，英语学习进步很快，尤其是阅读和作文，总是不断进步，但相比之下，其算术成绩最佳。虽然此后学校的报告与此大致相同，但从一九二三年下半年开始，就出现诸多他旷课或者半天到校上课的报告，原因基本上都与其父亲相关。即当吴和基需要花很多时间去到果菜园耕作与经营，或者是需要花更多时间送货去汤士威炉埠等地的店铺时，吴光扬就会顶替父亲，守在生果铺里，帮忙看管，事实上也就开始学习如何经营小生意。

时间长了，这事儿引起了内务部的关注，便责成当地部门查问。一九二四年六月中，汤士威炉地区警察局派人去到布朗顿镇，见到了吴和基。后者辩称道，很多情况下都是因为儿子生病无法去上课，才导致的旷课，并表示以后一定会预先告诉学校，获得同意才请病假。而当地学校虽然如实报告吴光扬的旷课行为和原因，但在乡村地区，这种半大孩子在需要时帮手父母干农活经营事业的事情很普遍，不唯亚裔家庭，其他欧裔家庭同样如此，因而也在来调查的警察面前给这位中国学生说好话，和稀泥。因此，警察也就只好冠冕堂皇地警告吴家父子，一定要严守《中国留学生章程》相关规定，不能打工，否则将会面临遣返；而事实上，他们承认校方所说符合乡下实情。由是，内务部接到的警察调查报告并不是很负面的，因而在这几年里，内务部都按例每年批复了吴光扬的展签。

从一九二六年新学年开始，这一年就要届满十七岁的吴光扬离开了布朗顿公立学校，转学到鸦埠公立学校（Ayr State School）继续念书。因布朗顿就紧靠着鸦埠，相距只有几公里，从其父亲的店铺去到鸦埠上学也十分方便。他在这里读完了高小，于一九二八年再进入中学部念书。在此期间，学校对其在校表现和学业情况的相关报告都很简单，基本上就是一个词：令人满意。进入鸦埠公立学校刚开始的一年多时间里，他出现的缺勤还不是很多，但从一九二七年下半年开始，这种情况就越来越多：他先是得了一场传染性流感，导致四个星期无法上学；其后，他就不断以生病为由请假旷课，到一九二八年下半年，他甚至有一个半月的时间没有去学校，而是去帮父亲收割蔬菜和摘采水果，或者看守店铺。

由于有此前被警告的经历，如果再次被内务部拿旷课帮父亲打工的事实来说事，后果可能会很严重。正好父亲吴和基打算在一九二九年初回中国探亲，吴光扬遂决定返回中国，赶在新学年开学后学校校长把自己旷课太多的事写在给内务部的例行报告中之前就离境回国，以避免尴尬。于是，在一九二九年初，吴光扬先跟学校校长和老师道别，然后便跟着父亲，一起赶往汤士威炉，于一月十八日登上路经该埠港口的“丹打号”（Tanda）轮船，驶往香港回国。[①]

他的父亲吴和基因自一九二九年底从中国探亲返回澳洲后，便已搬迁到昆士兰中部滨海城市墨溪埠（Mackay）附近的小镇密仁里（Mirani），租赁一块大地种植蔬菜。其兄长吴肇基早在一九二六年便从汤士威炉迁到墨溪，在此重开他的肇基号商铺。因此，吴和基的果菜园也有三分之一的股份属于肇基，蔬菜产品自然也都供应“肇基号”商铺销售。到一九三三年初，吴和基想回国探亲，便于二月十六日通过中国驻澳大利亚总领事馆向内务部提出申请，希望准允儿子吴光扬前来作为他的替工，代其管理果菜园。但内务部通过海关了解到，吴和基的果菜园价值为三百镑，已经雇有两人做工，根本无须再增加一个人手；此外，即便此时其兄长的肇基号商铺已经转手给他，但因有其侄儿吴光宜代为管理，无论是其英语流利程度还是人缘人望，都是十分合适的人选，无法替代，即便吴和基本人也无法更好地进行管理经营，故而退居幕后遥控，主要还是把精力放在经营果菜园上。有鉴于此，吴光扬不符合前来替工的条件。四月二十一日，内务部秘书复函中国总领事馆，正式拒绝了上述申请。由是，吴光扬重返澳洲的希望破灭。

---

① Certificate Exempting from Dictation Test (CEDT) - Name: War Kee - Nationality: Chinese - Birthplace: Canton - departed for China per TANDA 18 January 1929 returned Townsville per CHANGTE 30 December 1929, NAA: J2483, 457/80。

吴光扬的留学档案到此终结。从入境到出境，他总计在澳留学六年半，完成了小学课程，并从初中一年级肄业。

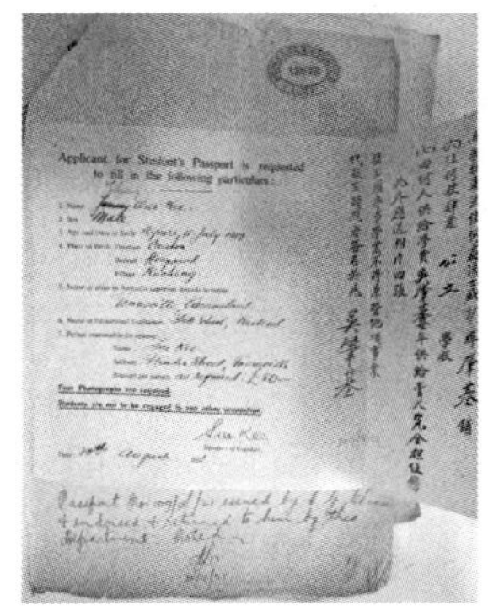

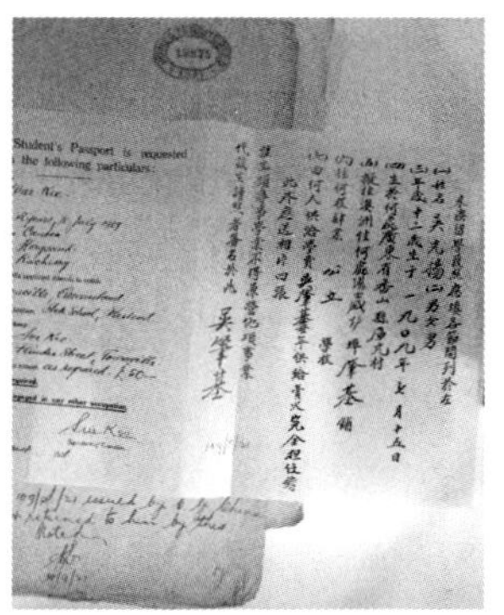

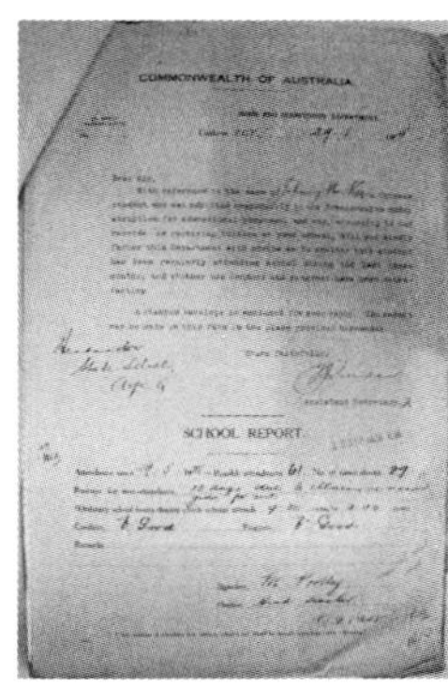
COMMONWEALTH OF AUSTRALIA.

SCHOOL REPORT.

左、中：一九二一年八月二十日，吴肇基填表向中国驻澳大利亚总领事馆申请侄儿吴光扬的来澳留学护照；右：一九二八年九月十一日，鸦埠公立学校校长给内务部提供的有关吴光扬在校表现和学业情况的报告。

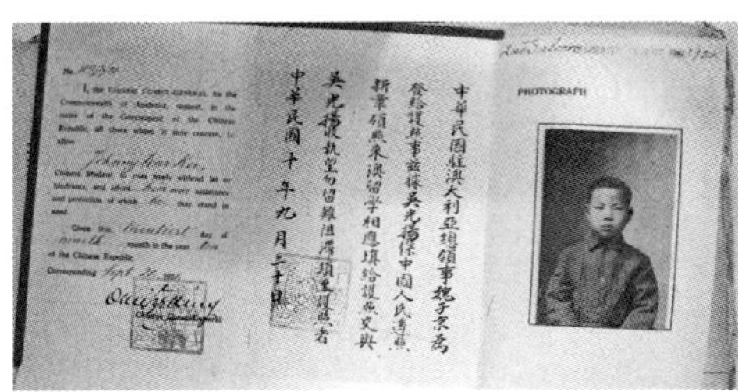
中华民国驻澳大利亚总领事魏子京为发给护照事兹据吴光扬中国人民请领前来澳洲留学相应填给护照……

中华民国十年九月二十日

PHOTOGRAPH

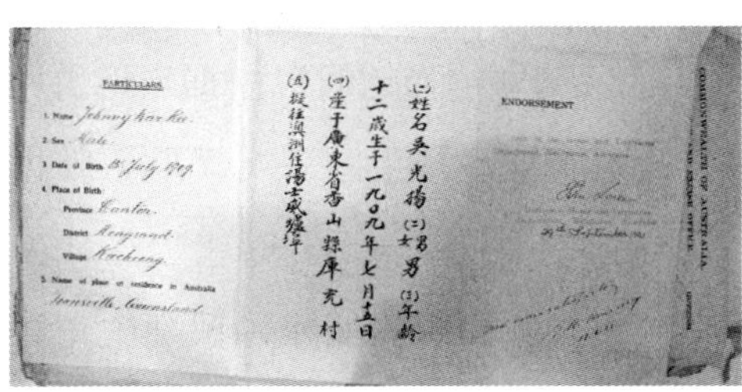
PARTICULARS.

1. Name Johnny War Kee

2. Sex Male

3. Date of Birth 5th July 1909

4. Place of Birth: Province Canton; District Heungsan; Village Kuchung

5. Name of place of residence in Australia Townsville, Queensland

(二)姓名 吴光扬 (三)男 (三)年龄 十二岁 生于一九〇九年七月五日

(四)产于广东省香山县库充村

(五)拟往澳洲……

ENDORSEMENT

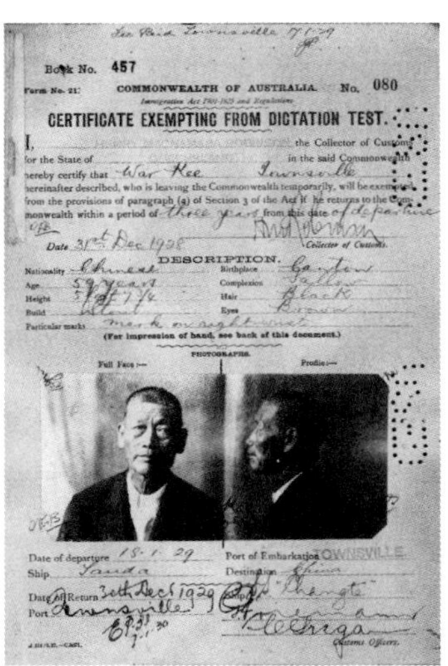
Book No. 457

Form No. 21. COMMONWEALTH OF AUSTRALIA. No. 080

Immigration Act 1901-1925 and Regulations.

CERTIFICATE EXEMPTING FROM DICTATION TEST.

I, ..., the Collector of Customs for the State of ... in the said Commonwealth hereby certify that War Kee Townsville hereinafter described, who is leaving the Commonwealth temporarily, will be exempted from the provisions of paragraph (a) of Section 3 of the Act if he returns to the Commonwealth within a period of three years from this date of departure.

Date 31st Dec 1928 — Collector of Customs.

DESCRIPTION.

Nationality Chinese — Birthplace Canton

Age 59 years — Complexion Sallow

Height 5 feet 7¼ — Hair Black

Build ... — Eyes Brown

Particular marks mark on right wrist

(For impression of hand, see back of this document.)

PHOTOGRAPHS.

Full Face:— Profile:—

Date of departure 18-1-29 — Port of Embarkation TOWNSVILLE

Ship Tanda — Destination China

Date of Return 30th Dec 1929 — Ship Changte

Port Townsville

Customs Officers.

左：一九二一年九月二十日，中国驻澳大利亚总领事魏子京签发给吴光扬的中国护照；右：一九二八年底，吴和基申请的回头纸。

档案出处（澳大利亚国家档案馆档案宗卷号）：

Johnny War Kee - Students passport, NAA: A1, 1933/1542

曹龙寿

香山南村

曹龙寿（Loong So），生于一九〇九年十二月三日，香山县南村人。

根据档案记录，曹龙寿的父亲名叫元记（Yuen Kee）。这可能是其商铺之名，人们可能叫习惯了，就把他的店铺名视为其本人之名；或者说，他本人因生意关系，也就把店铺名视为自己的名字，即以店名为自己行世之名。另外，也极有可能是他的名字中有一个字是“元”，即以此为其店铺之名。但其真实中文名字，则无法得知。[①]元记生于一八七四年八月二十五日[②]，十九世纪末来澳发展，最终定居于昆士兰省（Queensland）中部的洛今屯（Rockhampton），在该埠威廉街（William Street）上开设有一间商铺，名为元记[③]，专营蔬果批发及进口中国土杂货，销售给当地居民。据当地警察部门的报告，元记为人诚笃，处事沉稳，聪明能干，做生意童叟无欺，颇得地方人士好评，故生意稳定，有发展前景。

曹龙寿年满十二岁之年，正逢澳大利亚开始实施《中国留学生章程》，

---

① 一九二七年，洛今屯埠华人社区在处理一桩邑人病殁财产拍卖活动的善后报道中，出现有“元记”及“曹德然”之名。也许这个曹德然便是本文所涉之“元记”。见：“李德南启事”，《民国报》（*Chinese Republic News*），一九二七年一月十五日，第五版。

② Kee, Yuen - Nationality: Chinese [DOB: 25 August 1874, Occupation: Storekeeper] - Alien Registration Certificate No 22 issued 23 October 1916 at Rockhampton, NAA: BP4/3, CHINESE KEE YUEN。

③ 据当地传媒报道，一九〇七年四月三十日，元记将原先在现址经营的裕和号（Yee Wah）商铺盘下，改名自己经营。见”Notice”, Morning Bulletin (Rockhampton, QLD), Tuesday 30 April 1907, page 1。

开放中国孩童赴澳留学。元记早在上一年便回国探亲[1]，得知消息后，便函告其元记商铺代理经理作为代理人，为其办理儿子赴澳留学事宜。一九二一年二月二十八日，元记商行以监护人身份，具表向位于美利滨（Melbourne）的中国驻澳大利亚总领事馆申请曹龙寿之中国留学生护照，并请其协助办理其子来澳留学签证事宜。当时，元记商铺本身的价值约为一千镑；根据估算，该商铺一九二〇年的营业额达八千镑，而当年从中国进口之杂货物品价值则达到四千九百二十六镑，可见生意尚属兴隆。因而，以此商铺的收入，元记足以支撑曹龙寿来澳留学的全年膏火（学杂费和生活费），为此，元记自然是给儿子提供足镑膏火，即需要多少花费，他就能提供多少。按照元记的设想，他希望儿子曹龙寿能来当地的洛今屯公立学校（Rockhampton State School）读书。

可能是因为需要时间与澳大利亚内务部联络入境签证并协助联络学校的注册入学等事宜，同时也核实元记的身份，中国驻澳大利亚总领事馆在处理上述申请方面拖了好几个月的时间。直到一九二一年的六月九日，总领事魏子京才为曹龙寿签发了中国护照，编号55/S/21。四天之后，到六月十三日，澳大利亚内务部也为曹龙寿的签证开放了绿灯。同样是按照惯例，在获得签证的当天，中国总领事馆就将曹龙寿的护照寄往香港金山庄悦昌隆记，由后者负责转交护照并安排船期等事宜，以便曹龙寿能尽快赴澳留学。

四个月之后，悦昌隆记将一切安排妥当。一九二一年十月十二日，再过一个多月就将年满十二岁的香山少年曹龙寿由父亲元记陪同，乘坐“衣市顿号”（Eastern）班轮，从香港抵达昆士兰省的首府庇厘士彬埠（Brisbane），入境澳洲。他们父子二人要从这里再转乘其他交通工具北上，前往距此尚有七百多公里的洛今屯，住进元记商铺，然后曹龙寿可就近注册入学。

元记原先打算送儿子进入公立学校读书，但待儿子抵达洛今屯，征得儿子同意之后，他决定在这一年余下的不到两个月的上学期间里，让儿子暂时

---

① Certificate Exempting from Dictation Test (CEDT) - Name: Yuen Kee (of Rockhampton) - Nationality: Chinese - Birthplace: Canton - departed for Hong Kong per ST ALBANS on 31 August 1920, returned to Brisbane per EASTERN SS on 11 October 1921, NAA: J2483, 266/75。

不要去上学，而是在家补习英语，待到第二年一月底二月初新学期开学后，再将儿子送入洛今屯公立男校（Boys State School, Rockhampton）读书。

但计划还是赶不上变化。到了一九二二年二月初新学年的第一学期开学后，曹龙寿并没有按照父亲此前的安排进入洛今屯男校读书，而是选择进入位于洛今屯沃玛街（Alma Street）的圣博德书院（St Patrick's School）念书。这是一家天主教会主办的教会学校，当时的校长由玛丽·路易丝修女担任。看起来，这是一所提供初等教育的小学。

根据这所学校的报告，曹龙寿是个认真学习的好学生，他的各科都能跟上进度，也遵守学校各项规章制度，举止和品行亦获认可。尽管如此，他只是在此读了半年时间的书。到一九二二年的下半学期，他就转学进入了洛今屯的圣若瑟基督兄弟会书院（Christian Brothers' College）念书。虽然这也是一所天主教会办的学校，但却是一所完全学校，即包括小学和中学，而且也是男校。对于这么短的时间内就转学，一个合理的推测是：于适应了在澳洲学校的初步学习环境之后，曹龙寿很可能认为小学里教的那些课程已经不适合自己，他可能觉得自己已年近十三岁，应该进入中学学习了。由此，他在这所男校读了两年半的初中，一直到一九二四年底，各科成绩优异。

从一九二五年初开始，十五岁的曹龙寿离开洛今屯，只身来到昆士兰省首府庇厘士彬求学，进入位于该埠南部的安德梧商学院（Underwood Business College）读书。可能是这所商学院所处的地理位置不甚理想，曹龙寿只在此读了三个月，就转学到了位于庇厘士彬市中心的凯撒娜商学院（Cassera's Business College），继续选修商科课程。根据学校的报告，他在这两所商学院念书期间，读书都很刻苦，不仅读日班，还上夜课，可谓争分夺秒，充分利用有限的时间进行学习。

到了这一年的十月份，曹龙寿结束了在凯撒娜商学院大半年的课程，返回父亲所在的洛今屯埠，在此注册入读洛今屯工学院（Rockhampton Technical College）的课程，主修簿记，同样也是学习相当刻苦，成绩还算令人满意。也许他回来读的是短期密集授课课程文凭，到该年十二月底就结束了在这所工学院的所有课程。这一课程的时间，前后不到三个月。

一九二六年初新学年开始，十六岁的曹龙寿再次返回庇厘士彬，重入凯撒娜商学院继续学习。但从四月中到七月中这段第一学期的下半段时间里，以前从不旷课的曹龙寿却在澳洲读书期间旷课达十五天之久。旷课的主要原因是，这段时间里洛今屯埠举行嘉年华巡游，他对此极感兴趣，故特地从庇厘士彬跑回去跟父亲住在一起，在嘉年华期间尽情尽兴地玩了几天，逍遥一番。此时正当青少年时期的曹龙寿，在遥远的异国他乡碰到这样热闹的大事情，情不自禁地投身其间，也是可以理解的，而且这也是他试图融入当地社会的一个途径。当然，校方将他旷课的情况报告给了澳大利亚内务部。内务部对此十分重视，随后便派人找到曹龙寿，对其旷课予以相当严厉的警告。就是说，假如再犯，则会被中断其在澳之学习，遣返回中国。对此，曹龙寿战战兢兢，发誓要弥补旷课期间所拉下的所有课程。于是，他回到庇厘士彬的凯撒娜商学院继续上课之后，立马恶补这段时间拉下的所有课程，完成所有欠交的作业。这种知耻而后勇的结果，令校方极为满意。

到这一年十月份的时候，曹龙寿结束了在庇厘士彬的课程，遂决定返回中国。因此，这一次他不再像以前那样，每年都要通过中国驻澳大利亚总领事馆向澳大利亚内务部申请延期签证，而是主动告知内务部，他即将在近期返回中国。为此，他从庇厘士彬回到洛今屯，跟父亲待在一起，以尽父子之情，同时也在父亲的店铺中尽可能地帮忙打下手，学习经营之道。就这样，曹龙寿与父亲相聚了一个多月的时间。

一九二六年十一月二十一日，曹龙寿从洛今屯赶到庇厘士彬，登上在此停靠的“彰德号”（Changde）轮船，经香港返回中国。

曹龙寿的留学档案到此终止。他总计在澳留学达五年之久，完成了专科文凭。

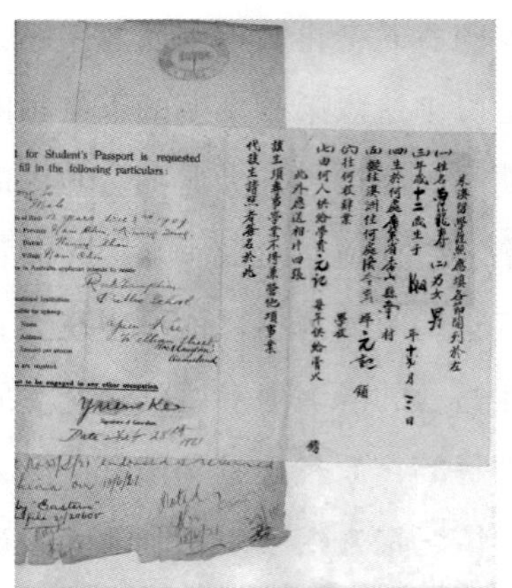

for Student's Passport is requested
fill in the following particulars:

來澳留學護照應填各節開列於左
(一)姓名曹龍壽　(二)男女　男
(三)年歲十二歲生于　年十二月三日
(四)生於何處廣東省香山縣　村
(五)擬往澳洲住何處讀書
(六)往何校肄業
(七)由何人供給學費元記　每年供給費用
此外應送相片四張
護生須專事學業不得兼營他項事業
代護生請照者簽名於此

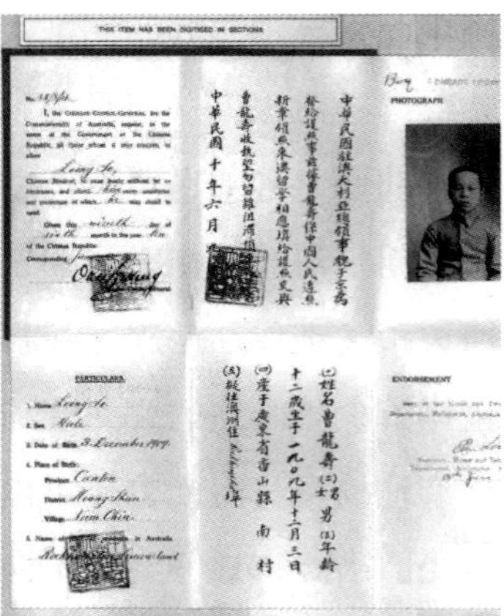

THIS ITEM HAS BEEN DIGITISED IN SECTIONS

中華民國駐澳大利亞總領事魏子京為發給護照事茲有曹龍壽係中國人民遵照新章領照來澳留學相應填給護照交與曹龍壽收執望勿留難沮滯
中華民國十年六月

PHOTOGRAPH

PARTICULARS
1. Name Loong So
2. Sex Male
3. Date of Birth 3 December 1909
4. Place of Birth:
Province Canton
District Heung Shan
Village Nam Chin
5. Name of ... in Australia

(一)姓名曹龍壽　(二)男女　男　(三)年齡
十二歲生于一九〇九年十二月三日
(四)產于廣東省香山縣　南　村
(五)擬往澳洲住

ENDORSEMENT

左为一九二一年二月二十八日，元记为其子曹龙寿向中国驻澳大利亚总领事馆申请护照和签证所填写的申请表；右为一九二一年六月九日，中国驻澳大利亚总领事魏子京为曹龙寿签发的中国护照。

档案出处（澳大利亚国家档案馆档案宗卷号）：

So, Loong - Student passport, NAA: A1, 1926/18835

徐松柏

香山下泽村

徐松柏（Chung Bark），生于一九〇九年十二月二十五日，香山县下泽村人。

其父是出生于一八六四年的徐北垣（Buck Yoon），早年跟随乡人一起渡海南下，于十九世纪末年赴澳闯荡，历经艰难，最终定居于鸟修威省（New South Wales）首府雪梨（Sydney）[①]，于一九〇九年六月三日在省政府工商局注册登记，与其他六位乡人合股，开始在牛津街（Oxford Street）九十二号经营一家商铺，商号名新南盛（Sun Nam Sing & Co.）。[②]

当徐松柏年满十二岁之后，徐北垣要把儿子办来澳洲留学念书，就于一九二二年三月十六日，以上述自己参与经营的"新南盛"商号作保，承诺每年供给徐松柏膏火费一百二十镑，向中国驻澳大利亚总领事馆申请儿子的中国留学生护照并请协助办理他的入境签证，以便让他前来雪梨，入读库郎街公学（Crown Street Public School）。

徐北垣提交的申请材料不知何故，送到中国总领事馆之后，就被搁置起来。一直拖到第二年的四月十一日，中国总领事魏子京才着手处理徐松柏的

① Buck Foon [includes 2 photographs showing front and side views and left finger and left and right thumb prints; and 'Certificate Exempting from Dictation Test' with 2 photographs showing front and side views and left hand print] [box 286], NAA: SP42/1, C1933/3287。

② 此据鸟修威省档案馆（NSW State Archives & Records）保存的该省工商局二十世纪初工商企业注册记录。详见：https://records-primo.hosted.exlibrisgroup.com/permalink/f/1ebnd1l/INDEX1824683。

申请，于当天签发了编号为248/S/23的中国留学生护照。两周之后，于四月二十七日获得澳大利亚内务部发放的入境签证。

在一九二六年以前，通常内务部都会在中国总领事馆将材料送达后的几天内核发入境签证，有时甚至是当天就发出，少有超过两个星期以上者。发生这样的情况，很有可能是双方在沟通方面出现了偏差，也有可能是具体经办人员突然休假而导致拖延。中国总领事馆于收到内务部的签证后，便按照惯例，立即将护照寄往香港，交由金山庄广和丰号保管，由其负责安排徐松柏的赴澳行程，并在其赴港乘船时将护照交还给持照人。

在得到获发护照和签证消息之后，徐松柏便开始收拾停当，准备好赴澳留学。过了大半年的时间，待一切安排妥当，他便赶到香港，与同样是赴澳留学的邑人林亚纳（Lum Arnarp）[①]和侯关德（Ho Goon Dick）[②]、增城县的李维满（Lee Way Moon）[③]和黄郘松（Wong Chew Chong）[④]结伴同行，乘坐“获多利号”（Victoria）客轮，于一九二三年十二月十七日抵达雪梨入境。

不过，许松柏到来的这个时间，正好是圣诞节和澳洲学校的暑假期间，无学可上，他只能待在家里。直到一九二四年一月二十一日新学年开始之时，十四岁的徐松柏才得以正式注册入读父亲早已为他联系好的库郎街公学。从一个多月之后校长提交的例行报告可见，徐松柏学业和操行俱佳，其在校表现令人非常满意，校长认为这个中国学生聪明好学，遵纪守规。此后的校长例行报告，都与上述评语类似。由是，徐松柏平平静静地在该校读了四年的书。

然而，一九二八年四月十四日，年过十八岁的徐松柏突然离开澳洲，在雪梨搭乘“吞打号”（Tanda）轮船，驶往香港返回中国去了。

对于他的突然离去，库郎街公校的校长还是感到挺惋惜的，认为他在过去四年里一直都是一位勤奋好学的学生，自然非常希望这样的学生能在该校

---

① Lum Arnarp - Student's passport [0.5cm], NAA: A1, 1924/28043。

② Ho Goon Dick - Student Passport, NAA: A1, 1933/123。

③ Lee Way MOON - Students passport, NAA: A1, 1927/21677。

④ Wong Chew Chong - Re-admission [2cms], NAA: A433, 1948/2/2329。

继续读下去，以完成学业。根据《中国留学生章程》的规定，二十四岁是中国学生来澳留学的上限，这对于十八岁的徐松柏来说，他实际上还有好几年的时间，可以在此完成商校或技校的课程。但他离开澳洲回国前，并没有申请再入境签证，也没有说明突然离开的理由，而且当时上半学期尚未结束。也许是家中有急事，他不得不匆匆赶回去；也许在澳留学四年之后，徐松柏需要规划自己的人生发展了，而回国是最好的选择。此后，再也没有他入境澳洲的任何信息。

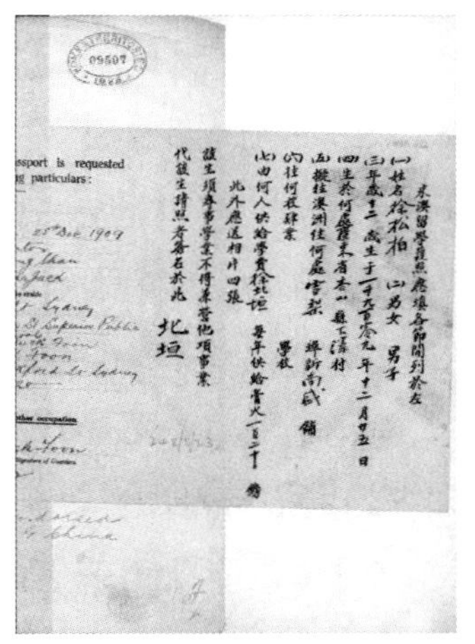

来澳留学护照应填各节开列于左
(一)姓名 徐松柏 (二)男女 男子
(三)年岁 十二 岁生于一千九百零九年十二月廿五日
(四)生於何处 广东省香山县下泽村
(五)拟往澳洲住何处 雪梨埠新南威[illegible]
(六)往何校肄业 [illegible]学校
(七)由何人供给学费 徐北垣 每年供给[illegible]一百二十镑
此外应送相片四张
护生须专事学业不得兼营他项事业
代护生请照者签名于此 北垣

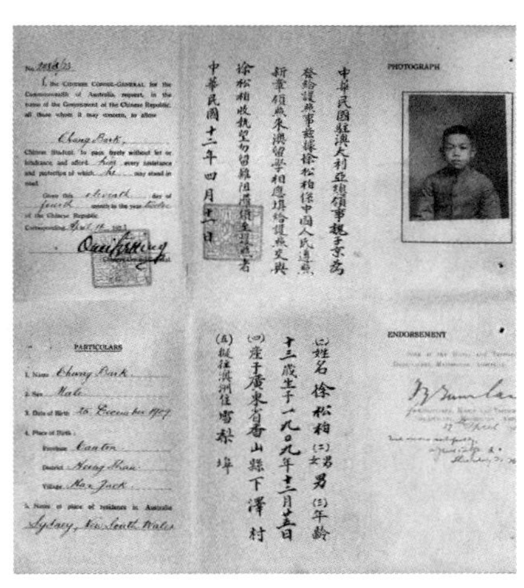

中华民国驻澳大利亚总领事魏子京为发给护照事：兹据徐松柏系中国人民，遵照新章领照来澳留学，相应填给护照交与徐松柏收执，望勿留难阻滞，须至护照者。
中华民国十二年四月十一日
(一)姓名 徐松柏 (二)男女 男 (三)年龄 十三岁生于一九〇九年十二月廿五日
(四)产于广东省香山县下泽村
(五)拟往澳洲住 雪梨埠

Chung Bark
PHOTOGRAPH
PARTICULARS
1. Name Chung Bark
2. Sex Male
3. Date of Birth 25 December 1909
4. Place of Birth: Province Canton; District Heung Shan; Village Hah Jack
5. Name of place of residence in Australia Sydney, New South Wales
ENDORSEMENT

左：一九二二年三月十六日，徐北垣向中国驻澳大利亚总领事馆申请其子徐松柏来澳留学护照和签证所填写的申请表；右：一九二三年四月十一日，中国总领事魏子京给徐松柏签发的留学护照。

档案出处（澳大利亚国家档案馆档案宗卷号）：

Chung BARK - Student passport, NAA: A1, 1927/22036

马炎璋、马瑞章兄弟

香山沙涌村

香山县沙涌村是马氏宗族的主要聚居地，一八七二年出生的马番（Mar Fan，又写成Mar Fin或Charley Mar Fin）便是来自沙涌村。刚过弱冠之年，马番便于一八九三年远渡重洋，跟着香山县及周边珠江三角洲各邑赴澳大利亚淘金的人流，前往该地寻找发财致富机会。[①]在昆士兰省（Queensland）北部登陆入境后，马番就在汤士威炉埠（Townsville）周围一带打工，做过厨师，当过菜农，也当过华人商铺的店员[②]，最终在汤士威炉埠自己开设了一间商铺，就此定居下来，于一九〇一年获得了澳大利亚的长期居留权利。

马炎璋（Mar Yium Chong，或写成Mar Yuim Chong）是马番的儿子，生于一九一〇年一月十五日；马瑞章（George Mar Fan）是马番的另一个儿子，一九一九年十一月十日出生。当一九二一年澳大利亚正式开放中国学生赴澳留学时，因小儿子马瑞章尚小，马番就想着先把大儿子马炎璋办理来澳大利亚留学，但他此时正好是在中国探亲度假，直到一九二三年底方才回到澳

---

① Certificate Exempting from Dictation Test (CEDT) - Name: Charley Mar Fin - Nationality: Chinese - Birthplace: Canton - departed for China per TSINAN on 22 October 1907, returned to Townsville per TAIYUAN on 8 May 1910, NAA: J3136, 1907/268。

② 在澳大利亚联邦成立后的十年时间里，马番是在西距汤士威炉埠一百多公里的内陆矿镇车打士滔（Charters Towers）附近一个叫塞尔海姆（Shellheim）的小镇上一间名为合和号（Hop Wah & Co）的华人商铺中工作，也占有一些股份。见：George Mar Fan (Fin) - Nationality: Chinese - Includes application for Certificates of Exemption from Dictation Test CEDT and character references [lived Townsville and Chaters Towers areas], NAA: BP234/1, SB1933/1633。

洲。于是，回到汤士威炉后，马番便着手准备申请材料。

一九二四年二月一日，马番以监护人和财政担保人的身份，填好申请表格，递交给中国驻澳大利亚总领事馆，办理儿子马炎璋的赴澳留学护照和签证。他想让已经十四岁的儿子入读汤士威炉西端国立学校（West End State School），允诺每年供给膏火五十五镑作为儿子来此留学读书的各项开支。而为此作保的商行，他不是用自己经营的商号，而是在汤士威炉埠颇有名望也颇具规模的马广号（Mar Kong & Co.）。之所以如此，很有可能是他刚刚从中国探亲回来，新开的商铺马番号（Mar Fan General Store）刚刚起步[①]，尚不知名，营业额也不够吸引力。而马广（Mar Kong）也是香山沙涌村人，是他的兄弟，比他小三岁，晚他三年赴澳发展，但来到昆士兰后，一直都在汤士威炉埠发展，其商铺在一九〇〇年前后便已设立，信用好。[②]自家兄弟，互相支持，也是理所当然的。

然而，马番递交申请后，正好碰上中国驻澳大利亚总领事馆严重拖延护照申请的审理时期，足足耽搁了一年多才予以审理。造成耽搁的最主要原因是，澳大利亚开放中国学生留学以来，出现了许多问题，澳大利亚政府主管外侨事务的内务部遂与中国总领事馆就所实施的《中国留学生章程》中的相关条款进行协商，予以修订，为此相互间公牍往返，折冲樽俎，牵涉了太多的精力，无暇顾及这些申请；此外，此时还有些条款正在商讨修订中，还不明朗，只好等待澄清之后才好执行。由是，直到一九二五年四月六日，中国总领事魏子京才为马炎璋签发了一份中国学生护照，号码426/S/25。随后，中国总领事馆将护照寄往澳大利亚内务部申请留学签证，直到这个月的最后一天，才获得批复，在该护照上钤盖了签证印鉴。从内务部拿回护照后，中国总领事馆便将其寄往中国马炎璋的家乡，以便他尽快安排行程，赴澳留学。

尽管上述护照的申请耽搁了一年多的时间，但在国内接到寄来的护照后，马炎璋显得并不着急，仍然在国内又多待了一年的时间才动身。

---

① Mar Fan General Store - Townsville - Firms file, NAA: J25, 1957/3862。

② Application for Certificate of Domicile for Mar Kong, a fruiterer from Townsville, NAA: BP342/1, 7790/232/1903。

一九二六年七月二日，已经十六岁的马炎璋搭乘从香港启程前往澳洲的“彰德号”（Changte）轮船，抵达汤士威炉埠港口，入境澳洲。马番去到海关将儿子接出来，住进了他开设在汤士威炉埠车打士滔路（Charters Towers Road）上的杂货铺（Hyde Park Cash Store［海德公园现金店］）里。

在父亲店铺里安顿好后，马炎璋从七月十三日开始正式入读西端国立学校。从学校校长提供的报告来看，他学习用功，求知欲旺盛，总是想多学些东西，作业也完成得很好，同时在校也遵守校规，是个品学兼优的好学生。尽管如此，他在读到年底学期结束后，便从该校退学。

一九二七年新学年伊始，马炎璋转学进入天主教会在汤士威炉埠办的基督兄弟会书院（Christian Brothers' College）。此前他所就读的西端国立学校属于公立性质，学生上学免费，但该校只是提供小学课程；而现在这所教会学校则是私立性质，需要付费，但提供小学到中学的全部课程。此前他在西端国立学校念书，或许只是一个过渡，待适应了澳大利亚的学习环境之后，他就去读中学课程，这也是基督兄弟会书院的优势所在。而他的在校表现和学业也一如此前西端国立学校校长的评价，备受好评。由是，他在这里一直读到一九二九年底学期结束，在这里完成了三年初中课程。

在汤士威炉的基督兄弟会书院读了三年之后，马炎璋认为该书院虽然教学质量不错，但仍然觉得其程度不够，达不到自己所期望的那种高度。因此，在一九三〇年新学年开学后，他便远赴雪梨（Sydney），住在安益利公司（Onyik Lee & Coy）位于唐人街的宿舍里，进入开设在威福里区（Waverley）的基督兄弟会书院继续念高中。在余后的两年时间里，马炎璋保持了全勤，学业也跟以前在汤士威炉埠一样毫不逊色；同时，他也在这里为自己取了一个英文名字，叫作Charles（查尔斯），全名就变成了Charles Mar Fan。事实上，他的父亲此前也曾经叫作查尔斯，只是全名的写法在其名“番”的英文拼写上稍有一点儿不同，是Charles Mar Fin；只是他此后很少用这个名字，而是直接用马番的英文拼音Mar Fan。马炎璋将英文名字作如此改动，一方面是为了与父亲的名字保持一致，另一方面也是为了更容易与当地学生沟通和打成一片，有利于其学业与交友。

在一九三一年底，他参加了雪梨的大学入学考试，可是结果公布之后，却没有通过。也就在这个时候，他的父亲马番想回国探亲，其生意自然需要有人代为管理，此时儿子因没有通过大学的入学考试，心情郁闷，马番觉得正好让儿子代替自己，也是最佳选择，遂将此意告知新任中国驻澳大利亚总领事陈维屏。于是，一九三二年二月九日，陈维屏总领事致函内务部秘书，申请现年二十二岁的马炎璋在马番回国探亲期间，作为替工代其管理店铺。内务部接到上述申请后，便进入正式的受理流程。从海关那里得到的调查报告得知，马番的海德公园现金店是从一位名叫道格拉斯太太（Mrs A. Douglas）的手中租来物业经营的，租金为每周三镑；其商铺雇有一名员工，也是中国人，目前年营业额为三千镑，毛收入为五百零九镑，净利润则为三百五十三镑。从当地警察派出所得到的反馈也是其人诚信经商，没有不良记录。按照当时的规定，年营业额达到两千镑以上者，一旦店主需要探亲或其他原因离开一段时间，可以申请替工代为经营。显然，马番的情况符合上述规定。三月七日，内务部秘书复函，正式批复了上述申请，给予马炎璋十二个月的商务签证，到期后如果需要，还可以申请展签。但此项签证是有条件的，即马番应在签证核发后三个月内离境回国探亲，这三个月实际上就是给予他培训儿子接管生意熟悉行情和操作的期限；而马炎璋须在其父返回澳洲接管商铺经营的一个月内，要么重返学校念书，当然，按照规定则必须是进入私校，而且还要看届时其年龄是否仍然符合规定；要么就订好船票返回中国，因为其签证届时就意味着到期。

然而，就在上述批复刚刚过了一个月，陈维屏总领事突然在四月十二日又给内务部秘书发来一份公函，表示他刚刚接到马番的通知，想把自己的回国计划稍做改动，即他暂时还待在汤士威炉一年，而由儿子回国探亲，先代他处理一些事情，然后在一年内再返回澳大利亚，替换父亲回去探亲。也就是说，上述替工签证需要推迟一年执行，而为了这个推迟以及马炎璋回国探亲，还需要给他申请一份再入境签证。为此，陈总领事认为这样的安排无可厚非，希望能予以批复，核发给马炎璋再入境签证。对于这样的申请，可能是内务部秘书见得也多，只要是合情合理说得过去，也不会横加刁难。经过一番内部讨论后，上报内务部部长获得批复。四月十九日，内务部秘书正式复函通知陈维屏总领事，同意了上述安排。

由于事先已经获悉此项变更申请没有什么问题，马炎璋也就在同一天，于汤士威炉埠港口登上驶往香港的“丹打号”（Tanda）轮船，回国探亲去了。推测起来，以马炎璋现在这样的年纪，正当谈婚论嫁之时。或许是他的父亲和家人对他的婚事早有安排，因而就趁这个机会让他先返回中国完婚，然后再回到澳大利亚接替父亲。可是，到了次年，马炎璋没有如期返回，而是去了香港，进入由其同村同宗的马应彪所创办的先施公司，担任会计职务。

也就在马炎璋应该返回澳洲而没有遵诺而来的这一年，他的弟弟马瑞章也要届满十四岁，父亲马番便考虑将他也办理来澳大利亚留学。一九三三年三月十三日，马番还是像九年前那样，出具财政担保书，填表递交给中国驻澳大利亚总领事馆，请领儿子马瑞章的赴澳留学护照和签证。他以自己经营的店铺（此时已经改名为“Hyde Park General Store”［海德公园杂货铺］）作保，允诺每年供给儿子五十镑作为他在澳留学期间的学费、生活费、保险及其他开销；至于入读学校，因自一九二六年七月一日开始，所有从中国来澳留学的中国学生，无论是读小学还是中学，皆不准允再就读公立学校，只能进入内务部认可并备案的私立学校，为此，马番选择汤士威炉基督兄弟会书院作为儿子的入读学校，并为此事先拿到了书院开具的录取信。

中国总领事馆接到上述申请后，先进行了一番预审，但不知何故拖了三个来月的时间，直到七月中旬才将这些申请材料寄送内务部，由其进行签证的预评估，然后再核发签证。按照流程，内务部先指示海关核查马番的出入境记录，以核对其回国探亲的日期是否与马瑞章的出生日期相适应；随后，还要核查其商铺生意状态，以确定其财务支付能力可以负担得起其子在澳期间的各项费用。海关动作较快，从档案中找出了此前马番回国的三次记录：其一，一九〇一年十月一日离境，一九〇三年十一月九日返回，在家乡待了两年；其二，一九〇七年九月二十二日至一九一〇年五月八日，有两年半的时间探亲；其三，一九一七年十一月二十九日出境，一九二三年十月二十三日返澳，探亲时间前后几达六年。[1]而马瑞章是在其第三次回国探亲期间所生，他们之间的父子关系毋庸置疑。至于马番的财务能力，因去年才刚刚核查过，显示出其生活稳定，财务状况无虞。八月十四日，内务部秘书复函中国总领事馆，通过了马瑞章的签证评估。陈维屏总领事接到复函后，立即于八月十六日给马瑞章签发了一份中国学生护照，号码是122762，然后寄给内务部，八月二十一日获其在护照上钤盖了入境签证章。

在中国的马瑞章接到中国驻澳大利亚总领事馆寄来的护照后，与当年他的哥哥迟迟不动身的情况正好相反，而是立即整理行装，通过在香港的金山庄协助安排好船票，便马上赶到香港，乘坐与当年哥哥马炎璋赴澳的同一艘“彰德号”轮船，于当年十一月三日抵达汤士威炉埠，顺利入境。经海关检疫，证实其身体健康，遂当场核发给他十二个月的留学签证。

马瑞章抵澳的日期距学校放暑假尚有一个半月左右，但他并没有立即去到学校上学，而是拖了下来，一方面在父亲店里协助经商，一边抓紧时间补习英语。待过了圣诞节和整个暑假之后，他才在一九三四年新学年开学之后，于二月五日正式去到基督兄弟会书院注册入读。学校每次提供的例行报告都很简单，只是说这位中国学生在校表现良好，各科成绩优良。就这样，他在这所天主教会主办的学校一直读到一九三六年底学期结束。

就在弟弟马瑞章仍然在汤士威炉基督兄弟会书院读到第三年时，哥哥马炎璋的名字出现在内务部秘书的案头。一九三六年五月六日，中国驻澳大利亚总领事陈维屏致函内务部秘书，告知马炎璋自一九三二年回去中国探亲后，原本是应该在次年返回汤士威炉作为其父亲的替工，但因他回国后不久便有机会进入香港的先施公司工作，便一直留在那里任职。现在，雪梨唐人街的同昌果栏（Toong Chong & Co.）因人手短缺，需要增加新的雇员，遂决定聘请马炎璋作为该果栏经理助理，前来协助经营，向中国驻澳大利亚总领事馆提出上述要求，请其协助向内务部申请马炎璋的入境商务签证。

---

① Certificate Exempting from Dictation Test (CEDT) - Name: Mar Fan or Mar Fin (of Townsville) - Nationality: Chinese - Birthplace: Canton - departed for China per NIKKO MARU on 29 November 1917, returned to Townsville per ARAFURA on 23 October 1923, NAA: J2483, 237/11。

接到上述申请，内务部先将此前马炎璋的再入境签证注销，然后行文海关提供同昌果栏的相关经营情况，以便决定是否可以批复这一申请。根据海关的记录，同昌果栏位于雪梨佐治大街（George Street）七十二号，目前有三位股东，并雇有三名员工；这三名股东中，有两人是十九世纪末在澳大利亚出生的香山县沙涌村马氏宗亲族人（一人是马丁酉［George Mah Chut］[①]，另一人是马丁锐[②]），还有一人则为香山县竹秀园村郭氏族人。同昌果栏上一个财政年度的营业额为二万八千一百九十镑，属于业绩较好的商行；其出口商品的量不是很大，是将澳洲的橙子出口到香港，上一年的出口价值为九十镑。尽管如此，该商行的年营业额足以让它可以另行聘请新的员工以协助工作，因为加上股东，总计六人工作的这间商行确实难以维持和发展，加上还有出口商品，尽管价值不是很多，但毕竟这是在推销澳大利亚的产品，出口贸易显然还有很大的增长空间。有鉴于此，内务部认为该商行符合从海外聘请员工的规定，而马炎璋此前在澳大利亚留学过，中英文俱佳，也确实是相当理想的人选，没有反对的理由。六月十一日，内务部秘书复函陈维屏总领事，批复了上述申请，给予马炎璋十二个月的商务签证，到期如果需要，可继续申请展签。[③]

当时人在香港的马炎璋接到从中国驻澳大利亚总领事馆转来的签证通知，在不到三个月的时间里便交代完在先施公司的工作，订好船票，搭乘从香港起航的“太平号”（Taiping）轮船，于当年九月三十日抵达雪梨，再次

---

① Certificate Exempting from Dictation Test (CEDT) - Name: George Mah Chut (of Brisbane) - Nationality: Chinese - Birthplace: Blackall, Queensland - departed for China per ST ALBANS on 3 February 1916, returned to Brisbane per EASTERN on 17 April 1917, NAA: J2483, 192/33。马丁酉是同昌果栏的经理，也是大股东，是马炎璋的族叔。

② [Charlie Mah Chut][Certificate Exempting from Dictation Test (CEDT) - Name: Charlie Mah Chut (of Blackall) - Nationality: Chinese - departed for China per CHANGSHA on 23 May 1907, returned to Brisbane per EMPIRE on 10 May 1915, NAA: J2483, 176/83。

③ Mar Yuim Chong [also known as Charles Mar Fan] [includes 1 photograph showing front view; Certificates of Exemption and left and right thumb prints] [arrived ex TAIPING in Sydney on 30 September 1936] [correspondence concerning application for permission to enter the Commonwealth exemption status of subject] [box 378], NAA: SP42/1, C1938/7112。

入境澳洲。[①]他重新去到中国城的安益利公司宿舍安顿下来，然后便去到同昌果栏上班。

或许是因为哥哥马炎璋已经重返澳大利亚去到雪梨做工，也或者是马瑞章本人也像其兄当年那样，觉得汤士威炉基督兄弟会书院的程度已经不再适合于他，一九三七年新学年开学后，马瑞章没有重返汤士威炉基督兄弟会书院上学，而是和哥哥一样，告别父亲，只身前往雪梨求学。不过，他去到雪梨后，刚开始时并没有和哥哥住在一起，而是住进了其堂兄、雪梨《民报》（*The Chinese Times*）的负责人马吐（Mah Hoe）[②]的家里。因为他去到雪梨后，与读书转学相关的事宜都是由马吐经手安排，让其注册入读雪梨工学院东区分校（East Sydney Technical College, East Branch），选修文学院开设的商业艺术课程。当中国总领事馆将马瑞章转学一事告知内务部秘书，请其正式批复时，后者通过雪梨海关了解到这位中国学生在这里是全职上学，且出勤率和学习成绩都完全合乎规定，于三月三十日正式批复了上述转学申请。[③]鉴于堂兄马吐家离雪梨城较远一些，待一切尘埃落定，马瑞章就搬到城里，住进了族叔马丁酉的家里。在此期间，哥哥马炎璋经常给他一些零花钱，这样，他便全心全意地投身于学习之中。工学院提供的例行报告显示，他的每科成绩都是优秀，总是名列前茅。

就在马炎璋来到雪梨不到半年的时间，他的父亲马番想回中国探亲。这一次，他希望越早走越好，因为他已经十几年没有回国了，自己也已经六十五岁，不能再等。他将自己的情况跟中国驻澳大利亚总领事保君建说了，希望他能协助将在雪梨替同昌果栏打工的儿子马炎璋申请转来汤士威炉，属于临时借调性质，接替他管理自己的店铺，以便他能早日成行。一九三七年三月四日，保君建致函内务部秘书，将上述意思传达，申请马炎

---

① George Mar Fan [includes Certificates of Exemption and left and right thumb prints] [box 403], NAA: SP42/1, C1939/5186。

② 马吐是香山县沙涌村马氏族人，但他的在澳档案只有一份，其抵澳发展的具体情况不详。见：Mar Hoe [also known as Mah Hoe] [includes 4 photographs showing front and side views and left and right thumb prints] [box 191], NAA: SP42/1, C1926/8039。

③ George Mar Fan [includes Certificates of Exemption and left and right thumb prints] [box 403], NAA: SP42/1, C1939/5186。

璋到汤士威炉工作，并且特别强调，希望将此视为急件处理。内务部秘书接到申请后，立即指示昆士兰省海关将马番的经营情况报上来，以便定夺。三月底，昆士兰海关再次将马番商铺的情况上报。报告显示，马番的海德公园杂货铺上一个财政年度的营业额为二千四百三十五镑，较之五年前下降了不少，只是仍然超过了可以申请帮手的两千镑以上的线；但其净利润则有四百三十八镑，还略有增加，主要原因是现在他已经没有雇工，只是他一个人经营；而目前他的另一个儿子叫Sonny Mar Fan[①]，正在汤士威炉埠留学，放学之后的时间里可以帮他一把。在中国总领事保君建一再催促下，内务部秘书于拿到海关的报告后与相关部门几经商讨，最终决定予以批复。四月二十二日，他复函保总领事，通告了上述决定，并表示马炎璋最多可以替工三年。

拿到上述批复后，马炎璋立即交代好在同昌果栏的工作，马上就赶往汤士威炉埠。因他已经在先施公司和同昌果栏经商多年，熟悉相关店铺经营的各方面运作，因此，父亲马番将店铺交给儿子没过几天，就于五月十七日登上路经汤士威炉埠驶往香港的轮船“南京号”（Nankin），回国探亲去了。[②]

这一年七月初，在中国的马番计划着早点儿返回澳洲，希望能在十月份成行，那么，儿子马炎璋作为他的替工就只能有半年不到的时间，而他此前是在同昌果栏有一份正式的助理工作，因此，有必要早点儿安排他重回雪梨，再次履行他在那里的工作义务。为此，他将此计划电告中国总领事保君建，请其向内务部说明此事，早做安排。于是，七月九日，保总领事致函内务部秘书，就马炎璋重返同昌果栏工作之事与其协商，看内务部如何处理。因此时距去年批复马炎璋来到同昌果栏的日期又差不多一年了，内务部自然想知道同昌果栏在过去一年里出口商品的价值是否有所增长，这样才能看到

---

① 这个Sonny Mar Fan可能是比马瑞章还要小的儿子，但因在澳大利亚国家档案馆里无法找到与这个英文名字相关的任何线索，无法得知他是何时申请来到汤士威炉埠读书的。由此也可以看到，马番至少有三个以上儿女，也许他在一九〇一年首次回国探亲时便已成婚，在那两年时间里，其夫人有可能就已经为他生下了一到两个孩子。而在一九一七年至一九二三年的六年探亲期间，他也应该生育了不止马瑞章一个儿子，应该至少还有一个孩子。

② Name: Mar Fan - Nationality: Chinese - Birthplace: Canton - Certificate of Exemption from the Dictation Test (CEDT) number: 539/11, NAA: BP343/15, 18/90。

马炎璋对于同昌果栏的重要性。海关总部接到核查通知后，先交由汤士威炉海关报告马番商铺的情况。很快，汤士威炉海关的报告显示，过去一年，马番商铺的年营业额有所增长，达到二千九百八十一镑，净利润为五百一十二镑，业绩良好。而雪梨海关的报告则显示，过去一年，同昌果栏的出口商品价值为二百十一镑，较之去年倍增。就在内务部还没有对上述问题答复之时，保君建总领事于九月二十三日再函内务部秘书，告知刚刚接到马番来电，因国内其他事务耽搁需要立即处理，他已经无法按照原定计划返回，需要推后一年左右时间，如此，其子马炎璋须得继续在汤士威炉代理他经营店铺，因而让他重返雪梨的提议只能暂时搁置，待以后再议。既然是这样的情况，内务部遂将其重返雪梨同昌果栏之事搁下不提，同意由马炎璋继续负责其父亲的店铺。因此前他从雪梨转到汤士威炉仍然使用的是去年九月入境时核发的签证，还没有来得及更换新的替工签证，故内务部便于九月份核发给他新的一年展签。

在父亲离境回国探亲和哥哥马炎璋去到汤士威炉替父经营的这段时间里，马瑞章则继续留在雪梨读书。此后的两年半时间里，根据雪梨工学院东区分校校长的报告，这位中国学生表现出惊人的学习能力，每门功课都是做到最好，总是显示出强烈的求知欲，每门课的老师都对他印象深刻，认为他是不可多得的好学生。以这样的学习态度和成绩，他一直读到一九三九年六月学期结束，修完了预订的课程。当年六月二十二日，马瑞章告别了雪梨工学院东区分校的老师和同学，辞别亲友，在雪梨港口登上驶往香港的“太平号”轮船，返回中国。

马番原本想着在一九三八年返回，但因种种原因未能成行，由是，马炎璋只得继续代父经营其店铺，并申请展签获准。而在过去的这个财政年度里，马炎璋经营的业绩基本上与一九三七年持平，年营业额为二千九百九十三镑，只是略有一点儿增长，而从香港进口的商品价值为三十八镑，也只是小批量的进口而已。而此时他也将父亲商铺原来的名字作了一些改动，打出了日升号（Sunrise Grocery Store）的招牌。到一九三九年八月，又是一年即将过去，马番还是未能返回澳洲。事实上，去年十月之后，因日军在广东省惠阳大亚湾登陆，很快就占领省城广州，其周边地区与香港的交通受到了很大阻隔，这恐怕对其顺利赴港有很大影响。一直坚持代父经营的马炎璋则在去年的基础上，将年营业额又有了一些提高，达到三千一百四十四镑，进口的商品价值也略有提升，达到四十一镑。于是，一九三九年九月二十五日，内务部再次批复展签马炎璋一年的替工签证。

然而，马番还是克服了困难，于中国总领事馆与内务部往返交涉而成功地为马炎璋申请到下一年度的展签后没有多久，他就搭乘同一艘“南京号”轮船，在当年十月十七日回到了汤士威炉。[①]鉴于此时广东抗战形势紧张，珠江三角洲和四邑地区时常受到日军的扫荡，马炎璋十分担心自己家小的安全。因此，在将店铺生意交还给父亲之后，就在十一月十一日，登上了父亲回来时乘坐的那艘“南京号”轮船，告别父亲和正在该地上学的弟弟，返回中国。

马炎璋和马瑞章的留学档案到此终止。此后马炎璋是否仍然再返澳大利亚工作，因未能找到相关档案，不得而知；但马瑞章则在二十世纪六十年代又回到了澳大利亚，最后定居于这个国家。[②]

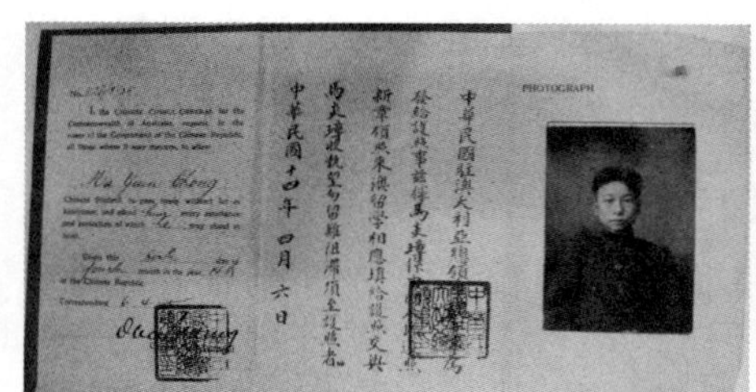

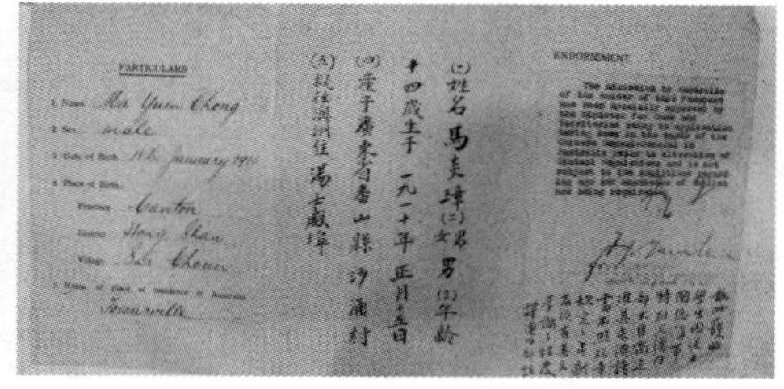

一九二五年四月六日，中国驻澳大利亚总领事魏子京给马炎璋签发的中国学生护照。

① Certificate Exempting from Dictation Test (CEDT) - Name: Mar Fan - Nationality: Chinese - Birthplace: Canton - departed for China per TAIPING 5 November 1946, NAA: J2483, 555/62。

② Mar Fan George, NAA: A2495, 1983/4200。

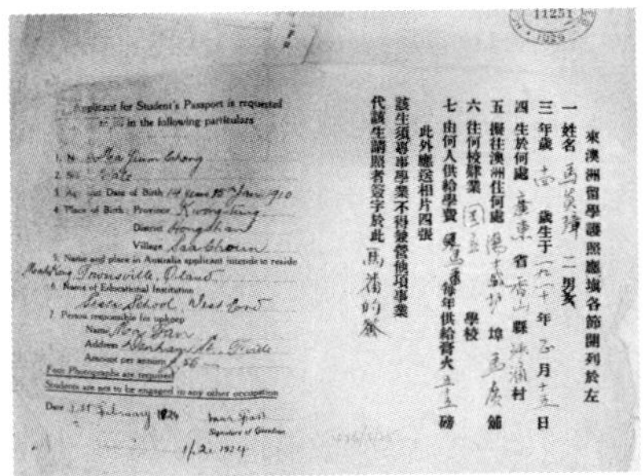
Applicant for Student's Passport is requested to fill in the following particulars

東澳洲留學證照應填各節開列於左
一 姓名 馬炎璋 二 男
三 年歲 十四 歲生於一九一〇年正月十五日
四 生於何處 廣東 省 香山 縣 沙涌 村
五 擬往澳洲住何處
六 往何校肄業
七 由何人供給學費 每年供給膏火 碲
此外應造相片四張
該生須專事學業不得兼營他項事業
代該生請照者簽字於此

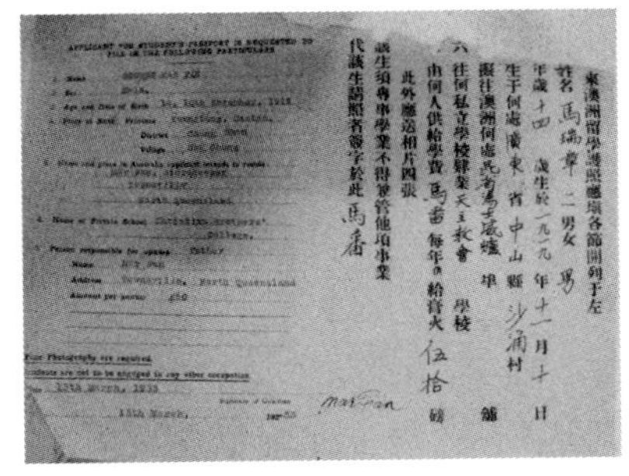
東澳洲留學證照應填各節開列於左
姓名 馬瑞章 二 男
年歲 十四 歲生於一九一九年十一月十 日
生於何處 廣東 省 中山 縣 沙涌 村
擬往澳洲何處
往何私立學校肄業 天主教會 學校
由何人供給學費 馬番 每年給膏火 伍拾 碲 舖
此外應造相片四張
該生須專事學業不得兼營他項事業
代該生請照者簽字於此 馬番

左：一九二四年二月一日，马番填表向中国驻澳大利亚总领事馆申办儿子马炎璋的赴澳留学护照和签证；右：一九三三年三月十三日，申办儿子马瑞章赴澳留学申请表。

122762
外交部
中華民國

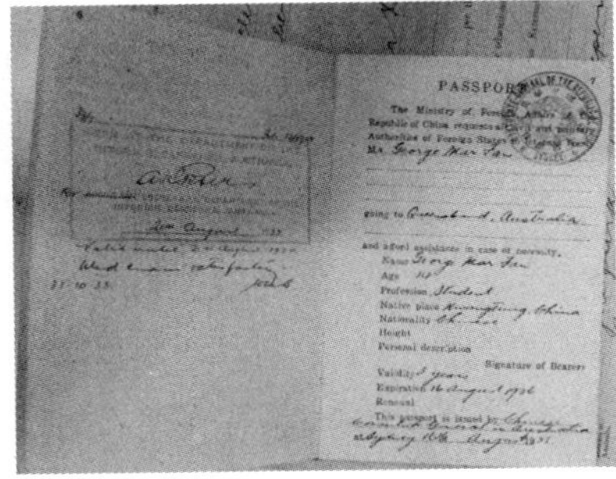
PASSPORT

一九三三年八月十六日，中国驻澳大利亚总领事陈维屏给马瑞章签发的中国护照。

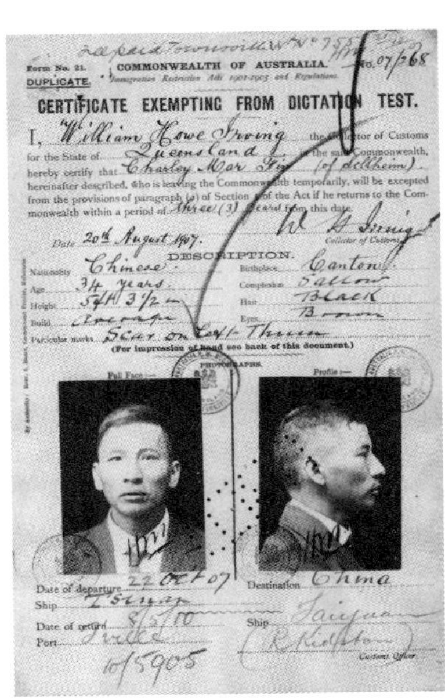
Form No. 21.
DUPLICATE.
COMMONWEALTH OF AUSTRALIA.
Immigration Restriction Acts 1901-1905 and Regulations.
No. 07/268
CERTIFICATE EXEMPTING FROM DICTATION TEST.
I, William Howe Irving the Collector of Customs for the State of Queensland in the said Commonwealth, hereby certify that Charley Mar Fan (of Selheim) hereinafter described, who is leaving the Commonwealth temporarily, will be excepted from the provisions of paragraph (a) of Section of the Act if he returns to the Commonwealth within a period of three (3) years from this date.
Date 20th August 1907. W H Irving Collector of Customs
DESCRIPTION.
Nationality Chinese Birthplace Canton
Age 34 years Complexion Sallow
Height 5 ft 3½ in Hair Black
Build Average Eyes Brown
Particular marks Scar on left thumb
(For impression of hand see back of this document.)
PHOTOGRAPHS.
Full Face:— Profile:—
Date of departure 22 Oct 07 Destination China
Ship Tsinan
Date of return 8/5/10 Ship Taiyuan
Port Tville
Customs Officer.

Mar Fan 18/90.
COMMONWEALTH OF AUSTRALIA.
STATE OF QUEENSLAND. PORT OF
Immigration Act 1901-1925
Previous C.E.D.T. Eyes: Brown
Nationality: Chinese Particular Marks: Scar on left thumb
Age: 66 yrs
Birthplace: Canton Left: S.S. "Nankin" 17/5/37
Height: 5 ft 3½ ins Returned: August 1939
Build: Heavy Fee paid
Complexion: Sallow Receipt No.
Hair: Black Prints filed, Book No. No.

左：一九〇七年，马番申请的回头纸；右：一九三七年，马番回国探亲的出境卡。

档案出处（澳大利亚国家档案馆档案宗卷号）：

Ma Yuim Chong (1) Student's Passport (2) Ex/c, NAA: A1, 1938/1785

George Mar Fan, Student Passport, NAA: A659, 1939/1/1261

王詠池

香山隆都

王詠池（Sweeny Wing Chee），出生于一九一〇年三月十三日，香山县隆都人。他的父亲名叫王威廉（William Nighjoy，他自己译成“威廉乃宰”），但其原名也可能是王威（Wong Way），一八六八年出生。他于十九世纪末时从家乡香山来到澳大利亚谋生，在鸟修威省（New South Wales）的乡村地区寻找机会，最终定居于该省西北部靠近昆士兰省（Queensland）的小镇天架埠（Tingha）。一九〇三年，他作为主要股东，与另外四位乡人一起在该埠开办了一家杂货店，名三记公司（Sam Kee & Co.）[①]，有了稳定的收入，事业小成。

一九二三年，鉴于儿子已经十三岁，应该是时候让他出来见见世面，学点儿西方的知识，王威廉便决定让王詠池来澳留学，入读他所在地的天架皇家书院（Tingha Public School）。于是，十一月二十二日，王威廉向中国总领事馆提出申请，为儿子办理中国留学生护照和澳洲的入境签证。他为此用以作保的是自己参股开办的店铺，即三记公司，并承诺每年提供给儿子的膏火费大约为五十镑，他认为这应该是充足镑了，即足以囊括儿子每年的学费、生活费及相关的其他费用。

---

① 按照鸟修威省档案馆（NSW State Archives & Records）保存的工商局注册记录，三记公司登记注册的日期是一九〇三年六月三十日。见：https://records-primo.hosted.exlibrisgroup.com/permalink/f/1ebnd1l/INDEX1822396。

不知何故，王詠池的这份申请在中国驻澳大利亚总领事馆搁置了一年多的时间才得以处理。一九二五年三月十九日，即在接到王威廉交来的申请将近一年半之后，中国总领事魏子京终于给王詠池签发了编号为419/S/25中国留学生护照，并在几天之后的三月二十八日获得了澳大利亚内务部签发的入境签证。按照惯例，中国总领事馆也在当天将护照和签证寄往香港，交由王威廉指定的金山庄悦昌隆号接收，由其负责送交王詠池本人。

最初申请护照的时候，王詠池已经十三岁，到拿到护照和签证时，他已年满十五岁。虽说是因中国领事馆的耽误造成他白白耽误一年多的时间，按说在拿到护照和签证后，他应该收拾好行装，尽快前来澳洲留学。但事实上，王詠池似乎并不着急，他又在中国待了几乎整整两年，可能一方面是读完中学课程，另一方面也事先补习一下英语，以便赴澳后能够较快地适应当地的学习。由是，在年满十七周岁之后，他才在香港金山庄悦昌隆号的安排下，订好船票，去到那里乘坐“吞打号”（Tanda）班轮，于一九二七年三月二十九日抵达雪梨（Sydney）。此时，他的入境签证早就已经过期一年有余，但海关因他持有一九二六年《中国留学生章程》修订新规之前的签证，依然放行，让他入境。

按照修订过的《中国留学生章程》新规，一九二六年七月以后来澳留学的中国学生，不能再进入公立学校念书，只能注册入读私校。鉴于王詠池此前申请入读的学校是天架皇家书院属于公立学校，内务部随后致函中国总领事馆，明确要求他们知照王詠池或其父亲或者监护人，为他选择一所私校入读，方与规定相符。这样一来，在天架是读不成皇家书院了，只好另作他想。尽管王詠池在五月到六月期间曾去到距天架南部一百多公里的小镇坤伦太（Quirindi）公立学校，偷偷地读了一个月不到的书，但随后还是要再返回天架埠父亲的店铺，又请了私人教师修读英文一个月左右；最后，几经转折，他才于七月十八日到邻近的新英格兰地区之重镇暗觅爹厘埠（Armidale），正式注册入读天主教会主办的喇沙书院（De La Salle College），并寄宿在学校，学费是每季度二镑十先令。此后的校长报告显示，他的在校表现符合校规，应对得体。

不过，王詠池在暗冕爹厘喇沙书院只是读了一年。到一九二八年七月份放寒假时，他离开了暗冕爹厘埠，南行去到探密埠（Tamworth），进入那里的基督兄弟会书院（Christian Brothers' College）读书。从人口规模来说，探密镇比暗冕爹厘埠还要小些，对于十八岁的王詠池来说，这自然是很不合他的口味，因为难以交到朋友。因此，他在这里只读了半年，到次年即一九二九年新学年开始，就去到了雪梨，转学入读都市商学院（Metropolitan Business College）。但王詠池在这里也没有读够一年，当年十月份时，再次转学去了靠近唐人街的华人英文学校（Chinese School of English）念中学课程。不过，王詠池在华人英文学校也只是读了两个多月而已，因为到年底时，该学年的课程就都结束了，学校进入暑假期间。

在一九二九年底学期结束后，王詠池通过中国驻澳大利亚总领事宋发祥向澳大利亚内务部提出，想要去雪梨的Yochsui Brothers公司实习六个月，以积累经商的经验。内务部鉴于这是一家以收取佣金为主的市场销售公司，由华人出资建立，已经雇有四位半唐番（即中西混血儿）为其工作，有一定的业绩，遂同意了王詠池的申请，展签有效期到一九三〇年七月三十一日。在这里，二十岁的王詠池工作得很开心，进步也很快，业绩出色，故在签证有效期截止前，他再申请半年展签，又获得批准。到签证有效期结束后不久，一九三一年二月十一日，已在Yochsui Brothers公司工作了一年、时年已近二十一岁的王詠池于雪梨乘坐“圣柯露滨号”（St Albans）轮船，离开澳洲回中国去了。包括其在雪梨实习工作的一年，王詠池总计来澳留学四年，换了五所学校念书。

过了两年，到一九三三年四月十三日，中国驻澳大利亚总领事陈维屏致函澳大利亚内务部，表示Yochsui Brothers公司的合伙人基厚（Kihow）要去中国探亲，同时也顺便考察中国市场，时间大约一年到一年半，因此，他希望现今人在中国、自己的表弟王詠池能获得工作签证，前来替代他在公司的工作，因为他曾经在此实习过，对业务熟悉。为此，陈总领事吁请内务部考虑到该公司的实际情况，准允王詠池前来澳洲替代基厚，让他能安心回中国探亲和考察商务。内务部因早先有该公司的记录以及知道王詠池曾在该公司实习，在那段时间他也都很守规矩，签证到期后就如期离开澳洲，认为他是个守信用懂规矩的人，因此，在四月二十八日批准了这一请求，决定给予王詠池一年的工作签证。条件是：待王詠池抵达澳洲之后，基厚需在三个月内离开澳洲，去中国探亲。

尽管有了再入澳洲的签证，但却再未见到有关王詠池的档案资料信息。换言之，他此后是否重返澳洲，抑或是在中国有更好的机会，最终结局如何，不得而知。但至少可以说，即使以后他再有机会入境澳洲，显然不是用的Sweeny Wing Chee这个名字。

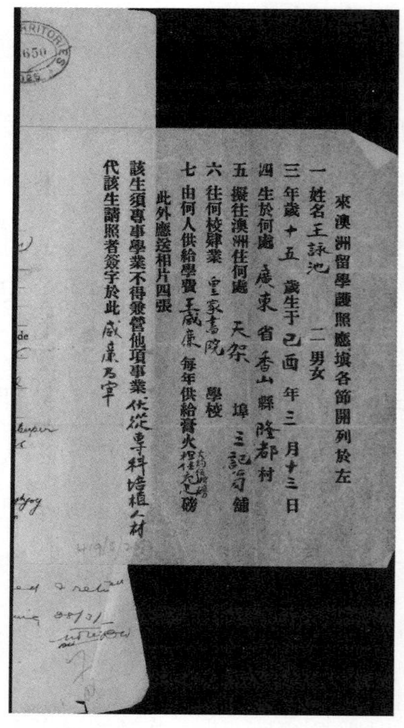

來澳洲留學護照應塡各節開列於左

一 姓名 王詠池 二 男女

三 年歲 十五 歲生于 己酉 年 三 月 十三 日

四 生於何處 廣東 省 香山 縣 隆都 村

五 擬往澳洲住何處 天架 埠 三記 舖

六 往何校肄業 皇家書院 學校

七 由何人供給學費 王威廉 每年供給膏火 磅

此外應送相片四張

該生須專事學業不得兼管他項事業 伏從專科培植人材

代該生請照者簽字於此 威廉

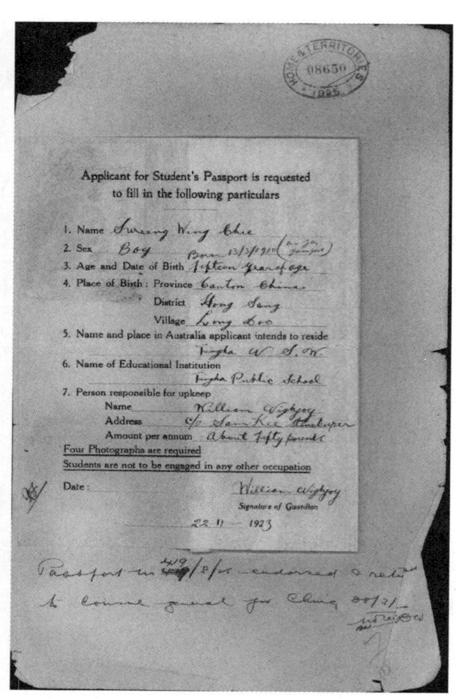

Applicant for Student's Passport is requested to fill in the following particulars

1. Name Sweeny Wing Chee
2. Sex Boy
3. Age and Date of Birth Fifteen years of age
4. Place of Birth: Province Canton China
   District Hong Sang
   Village Long Doo
5. Name and place in Australia applicant intends to reside
6. Name of Educational Institution
   Public School
7. Person responsible for upkeep
   Name William Wighjoy
   Address
   Amount per annum About fifty pounds

Four Photographs are required

Students are not to be engaged in any other occupation

Date:

William Wighjoy

Signature of Guardian

22 11 1923

一九二三年十一月二十二日，王威廉向中国驻澳大利亚总领事馆递交的儿子王詠池来澳留学申请表。

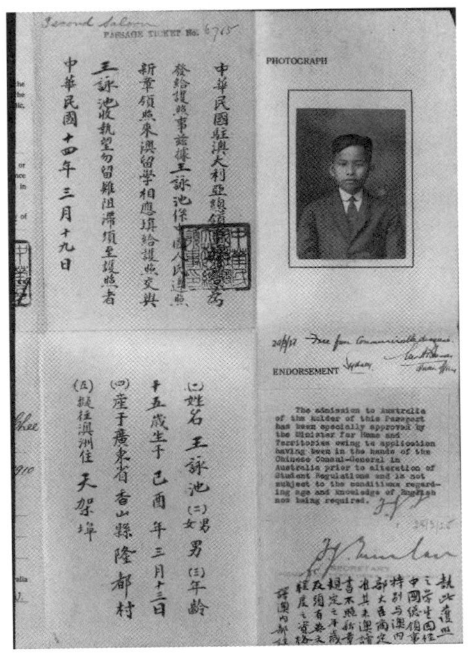

Second Saloon
PASSAGE TICKET No. 6715

中華民國駐澳大利亞總領事爲發給護照事兹據王詠池係中國人民遵照新章領照來澳留學相應填給護照交與王詠池收執望勿留難阻滞須至護照者

中華民國十四年三月十九日

PHOTOGRAPH

ENDORSEMENT

The admission to Australia of the holder of this Passport has been specially approved by the Minister for Home and Territories owing to application having been in the hands of the Chinese Consul-General in Australia prior to alteration of Student Regulations and is not subject to the conditions regarding age and knowledge of English now being required.

(一)姓名 王詠池
(二)男女 男
(三)年齡 十五歲 生于 己酉 年 三月十三日
(四)產于廣東省香山縣隆都村
(五)擬往澳洲住 天架埠

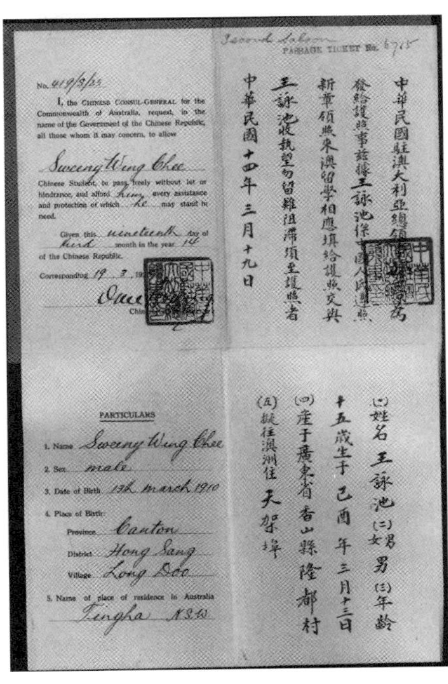

Second Saloon
PASSAGE TICKET No. 6715

No. 419/S/25

I, the Chinese Consul-General for the Commonwealth of Australia, request, in the name of the Government of the Chinese Republic, all those whom it may concern, to allow

Sweeny Wing Chee

Chinese Student, to pass freely without let or hindrance, and afford him every assistance and protection of which he may stand in need.

Given this nineteenth day of third month in the year 14 of the Chinese Republic.

Corresponding 19 3 19

中華民國駐澳大利亞總領事爲發給護照事兹據王詠池係中國人民遵照新章領照來澳留學相應填給護照交與王詠池收執望勿留難阻滞須至護照者

中華民國十四年三月十九日

PARTICULARS

1. Name Sweeny Wing Chee
2. Sex male
3. Date of Birth 13th march 1910
4. Place of Birth:
   Province Canton
   District Hong Sang
   Village Long Doo
5. Name of place of residence in Australia Tingha NSW

(一)姓名 王詠池
(二)男女 男
(三)年齡 十五歲 生于 己酉 年 三月十三日
(四)產于廣東省香山縣隆都村
(五)擬往澳洲住 天架埠

一九二五年三月十九日，中国驻澳大利亚总领事魏子京签发给王詠池的中国留学生护照。

档案出处（澳大利亚国家档案馆档案宗卷号）：

Sweeny Wing Chee - Student passport, NAA: A1, 1933/3362

郭林昭

香山竹秀园村

郭林昭（Kwok Lam Chin，又写成Gock Lam Chiu或Gock Lum Chew），一九一〇年四月二十七日出生，香山县竹秀园村人。

在一九二七年十月十七日的一封致澳大利亚内务部的公函中，当时的中国驻澳大利亚总领事魏子京称郭林昭是香山县竹秀园村郭氏兄弟中之老三郭泉（Gockchin Philip）（郭氏六兄弟，老大早亡，后面依次为郭乐、郭泉、郭葵、郭浩和郭顺，即香港与上海永安公司的创始者）之子。

一九二一年，刚满十一岁，已在竹秀园村之蓝田书塾读书四年之久的郭林昭，由其在澳大利亚雪梨经营著名的永安公司（即永安果栏）之六叔郭顺（William Gockson）作为其在澳留学之监护人，以每年供给五百银圆膏火（生活费和学费）之赞助，代其向中国政府外交部特派广东交涉员公署申请赴澳留学护照。四月二十五日，中华民国暨广州军政府外交部特派广东交涉员李锦纶为郭林昭签发了中国学生护照，护照号码为1122号，并于同日为其获得英国驻广州总领事核发的入澳签证。

郭林昭无疑是小留学生，要赴澳大利亚雪梨读书，护照英文页上说明，其拟前往该地留学四年（护照中文页上则写拟留学三年）。因此，在拿到护照和签证之后一个月，即一九二一年五月二十五日，通过香港永安公司的安排，郭林昭就与同乡高万安（Man On）[①]及萧萃贤（Shiu Shui Yin，或者写

① Man On. Student on Canton Passport, NAA: A1, 1922/7547。

成Shui You）[1]，还有族兄郭启添（Kwok Kay Tim）[2]、郭宝庭（Gock Bow Ting）[3]和郭堃荣（Kwok Kwan Wing）[4]结伴同行，从香港乘坐“获多利号”（Victoria）轮船，抵达雪梨。他由合利果栏（Hop Lee & Co.）的经理马赞芬（Spence Mah Hing）和其长辈、雪梨永安果栏负责人郭朝担保出关，由此而开始了他的澳洲留学之旅。

六月十三日，十一岁的郭林昭在雪梨正式入学读书。他就读的学校是位于皮特森区（Petersham）的晶石街公立高小（Crystal Street Superior Public School），后来该校改名为晶石街公立学校（Crystal Street Public School）。该校距离其族兄郭就（Joseph Gock）入读的位于杜里奇希区（Dulwich Hill）的三一文法学校（Trinity Grammar School）不远，就在其隔壁区。郭林昭在申请护照时，书写的英文名字，按照韦氏拼音，写成Kwok Lam Chiu，但在澳洲入关时，因护照上的英文名字乃手写之故，海关人员未及细察，将其误写成Kwok Lam Chin，故在之后的许多档案文件里，他的名字都被按照此误写者频繁出现。到了澳洲进到英文学校读书之后，郭林昭也像族兄郭就一样，给自己取了个英文名，叫Cecil，全名是Cecil Gock Chew，其中Gock Chew就是郭朝的名字（该名显示出他与郭朝的关系）。这里，Gock和Kwok可以互换，主要是读音都一样，目的可能是为了更好地与澳洲同学沟通，或者是为了能让自己更好地融入当地社会。因此，在澳大利亚的相关档案宗卷里可以看到，他的名字有时被写成Cecil Kwok，有时又仍然是Kwok Lam Chin。

三年后，即一九二四年的新学年开始，十四岁的郭林昭转入同一个区的炮台街男中（Boys High School, Fort Street），进入中学读书。无论是在小学还是中学，郭林昭皆品学兼优，学校的历次报告都很令人满意，以至于一九二五年八月五日，永安果栏经理郭朝特别致信内务部秘书，称其为中国人留学澳大利亚之榜样。

---

① Yiu, S - Student on Canton passport, NAA: A1, 1926/11418。

② Kwok Kay Tim. Student on Shanghai Passport, NAA: A1, 1922/13030。

③ Gock Bow TING - Passport application, NAA: A1, 1927/5587。

④ Kwok Kwan WING - Student on Canton passport, NAA: A1, 1927/8452。

郭林昭在澳洲读了六年书，一九二七年十月，初中毕业。从炮台街男中拿到毕业文凭后，十七岁的郭林昭不想继续读书了，但其学生签证尚余有半年有效时间，遂由永安果栏出面请中国总领事馆予以协助，希望能留在澳洲工作。于是，当年十月十七日，中国总领事魏子京致函内务部秘书，告知郭林昭系该著名商行主要股东郭泉之子。他在函中表示，郭泉自一九〇七年离开澳洲赴香港随兄郭乐开创其商业帝国之后，目下是永安公司香港分公司的总经理，故希望儿子郭林昭能进入永安公司雪梨分部实习，提高其经商技巧，多加历练，同时也顺带照看他个人在永安公司（即永安果栏）雪梨分公司里的股份及相关商业利益。换言之，是申请将郭林昭的学生身份转换为工作签证。或许是魏总领事的公函起了作用，或许是郭泉此前在雪梨的工作声誉卓著而给澳大利亚内务部留下了很好的印象，同时也与永安果栏在雪梨的规模与声望有关，内务部对此申请给予了积极回应。十一月十二日，内务部部长批准了郭林昭的申请，同意他可在现有的签证有效期内进入永安果栏工作，之后的续签与否可视情况而定。

澳洲官方在处理郭林昭的申请时，他的父亲公司之背景显然起了很大的作用。因为内务部并没有像接受其他人的同类申请那样，对其所要进入实习的公司进行调查核实，也没有核查其监护人和财政担保人的个人品行与财务状况，显然永安果栏亦即永安公司在内务部那里已经挂号为声誉卓著的华商进出口公司，算得上是信得过的企业，从而免掉了上述程序。当然，档案资料也表明，郭林昭本人是很想留在雪梨甚至成为澳洲永久居民的。就在郭林昭获得转换身份签证之后的两周左右，澳洲众议员暨联邦政府财政部部长裴杰（E. Page）致函内务部部长马尔（C. W. Z. C. Marr），告知他的弟弟是鸟加示中学（Newcastle High School）的校长，与炮台街男中校长汤普森（Thompson）是同行老友也是故交，后者曾写信给裴杰部长的弟弟，特别说明郭林昭在炮台街男中四年，学习成绩近乎完美，是他见到的最好的学生之一。而郭林昭现在却有一问题，即眼睛受了伤，还没有治好，他希望能永久地留在澳洲工作，同时也好有足够的时间治疗其眼病。为此，他希望前者能协助郭林昭实现这一愿望。众议员裴杰接受了这一请托，因而转请内务部部长将此作为特殊例子对待，以成全郭林昭。然而，担任内务部部长的众议员马尔没有如其所请，他于十二月三日复函裴杰部长，表示已经准其转变签证，但无法批准其成为澳洲永久居民；至于其眼病，他个人认为，这位年轻的中国人在其目前签证有效期内予以治疗即可。尽管如此，这些函电表明，郭林昭之能留在澳洲工作，除了其自身学业优秀为人称赞之外，还有父荫庇护，许多人帮忙，包括澳洲联邦政府部长级的高官。

由此，郭林昭便进入位于雪梨的永安公司任职。在其原先的签证于一九二八年五月到期后，内务部通过评估，认为他表现出色，再为其展签半年；到年底，更为其展签一年。就这样，经过年复一年地申请，郭林昭也就得以长期地留在雪梨永安公司里，在各种不同的岗位上接受训练并得到提升。他从公司的中文秘书做起，之后转到公司各个不同岗位锻炼和培训。实际上，这也是总经理郭朝在给他创造各种条件历练，并从一九二九年起，逐步取代郭泉原先的位置，成为永安公司雪梨分公司的股东，加上总经理郭朝在一九三五年又将他所有的二百股股份转让给他，他也最终继承了郭泉和郭朝此前在雪梨永安公司之全部股份。到一九三六年四月，年仅二十六岁的郭林昭就成为雪梨永安公司之董事兼总经理。[①]

当然，以这样的年纪就能成为永安公司总经理，自然为人侧目。当时，永安公司内就有人不服，以匿名信形式写信给雪梨的移民官及警察局，举报郭林昭与走私有联系，认为其能成为永安公司股东，全是因走私获暴利而来，实际目的是想通过海关经内务部上传此类信息，让郭林昭之展签无法通过，从而将其逐出澳洲。但中国人之间这样的窝里斗伎俩太过于明显，被海关和内务部一眼看穿，遂对此不予理睬，这样的诬告信未起丝毫作用，郭林昭在永安公司的地位并未因此受到任何影响。[②]

---

① Gock Chew [correspondence concerning bankrupt estate and sequestration of estate for subject and bonds furnished to Poy Chin, Grace Sing [also known as Ing Moung Yen], Gock Wah Ping, Hong Quan Wing, Lee Sue Lun, Kwong King Chiu, Kowk [Gock] Sue Ting, Gock Shiu Kam, Gock War Jew, Lee Hoong, Andrew Choy Lum and Gock Lam Chin [also known as Cecil Gock] who are under exemption] [box 398], NAA: SP42/1, C1939/3379。

② The Collector of Customs for The State of New South Wales versus GOCK Cecil, NAA: A10072, 1936/44。

虽然澳大利亚国家档案馆里有关郭林昭的留学档案宗卷只是截止到一九三六年底，但他之后一直都留在那里发展，根据鸟修威省档案馆保存的记录，郭林昭于一九七〇年七月二日在雪梨去世。[①]而有关他与雪梨永安公司的更多详情，就只能从永安公司的档案资料中去寻找。

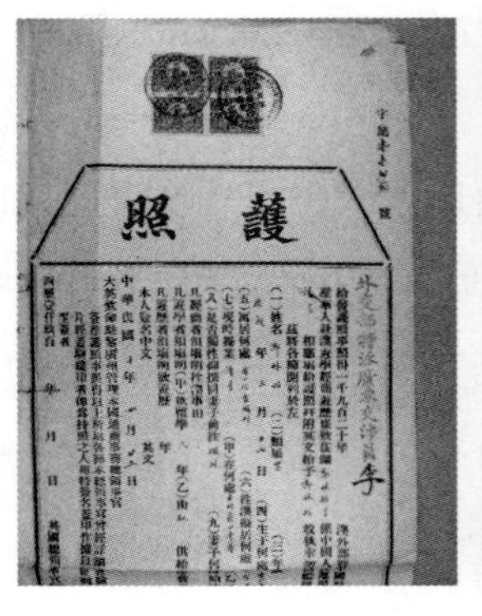
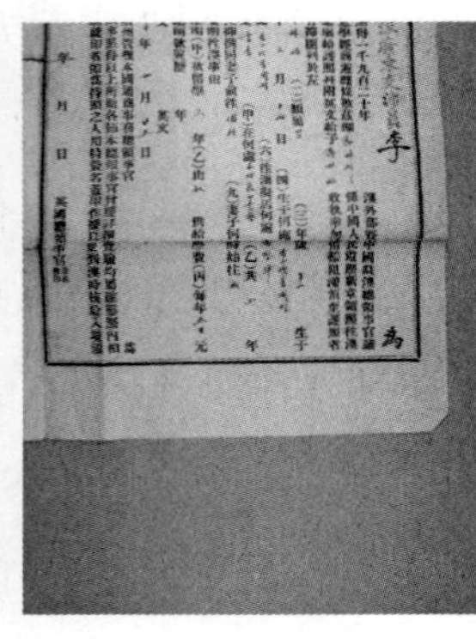
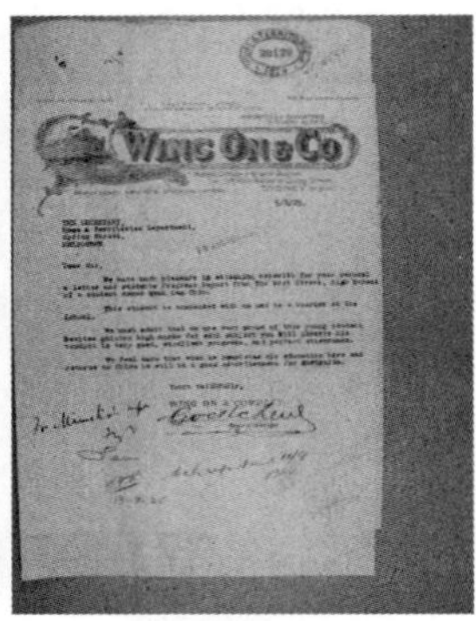

左、中：一九二一年四月二十五日，中国政府外交部特派广东交涉员公署颁发给郭林昭的赴澳留学护照中文部分；右：一九二五年八月五日，雪梨永安果栏（亦即永安公司）总经理郭朝致函澳大利亚内务部秘书，为郭林昭在校优秀表现致谢，实际上也是为他进入永安公司实习预热。

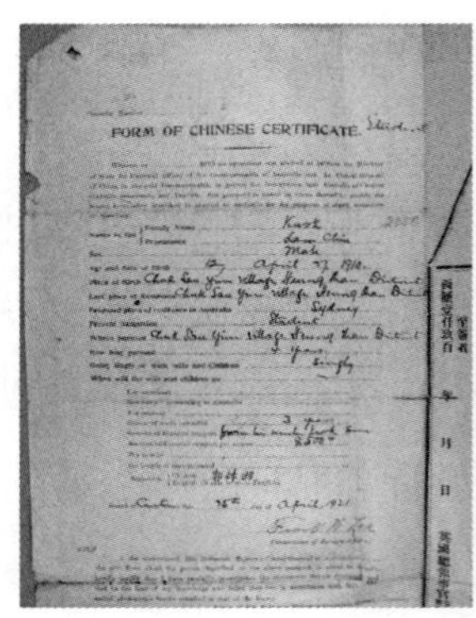
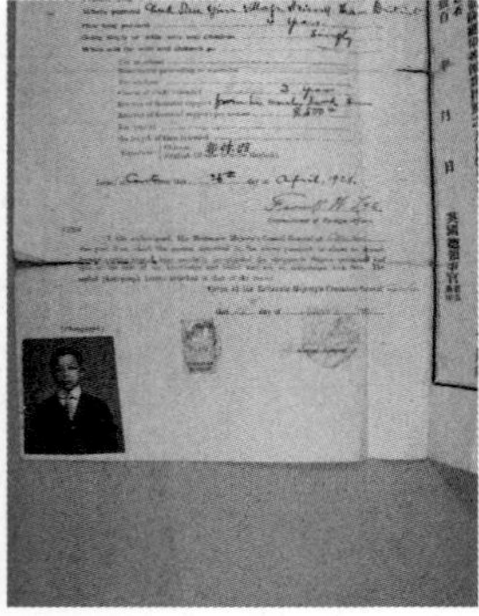
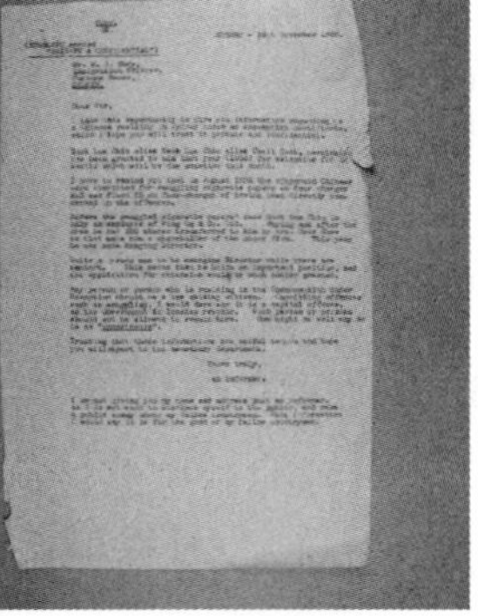

左、中：一九二一年四月二十五日，中国政府外交部特派广东交涉员公署颁发给郭林昭的赴澳留学护照英文部分及签证章；右：一九三六年十一月十九日，有人以匿名信形式致函雪梨海关，控告郭林昭涉嫌走私，要求彻查。

档案出处（澳大利亚国家档案馆档案宗卷号）：

Kwok Lam Chin - Student on Canton Passport, NAA: A1, 1935/1442

① https://records-primo.hosted.exlibrisgroup.com/permalink/f/1ebnd1l/ADLIB_RNSW110841339。

邝顺胜

香山斗门安嵅村

邝顺胜（Kong Soon Shing），生于一九一〇年六月二十八日，香山县斗门安嵅村人。

一九二一年，适逢澳大利亚开放教育给中国学生，由中国驻澳大利亚总领事馆负责办理相关留学事宜。当年五月五日，在雪梨（Sydney）城里的源兴木铺（Yin Hing Cabinet Makers）填具申请表格，以源兴木铺作保，允诺每年提供膏火五十五镑给邝顺胜，作为其来澳留学所需之费用，向中国驻澳大利亚总领事馆申领他的赴澳留学护照和签证，计划将其安排进入雪梨的贸易学堂（Public Commercial School, Crown Street）读书。

中国总领事馆受理上述申请后，很快就处理完毕。五月三十日，中国总领事魏子京给邝顺胜签发了号码为51/S/21的中国学生护照；第二天，也为他从内务部获得了留学签证，并在护照上钤盖了入境签证章。然后，中国总领事馆按照源兴木铺提供的地址，将其寄往香港的金山庄强华公司，由其负责安排持照人的赴澳行程。经过近半年的安排，诸事就绪。邝顺胜遂去到香港，拿上护照，并由强华公司安排好的旅途监护人陪同，登上“圣丫路彬号”（St Albans）轮船，于当年十二月七日抵达雪梨，顺利入境澳洲。

根据雪梨华文传媒披露的信息，源兴木铺早年由邝修託和邝修益二人创办；但在一九一六年正月初十日，邝修託将其全部股份转让给了邝修益，是故此后该木铺便由邝修益一人全资经营。[①]然而，邝修益并不是将邝顺胜申请来澳留学读书的真正监护人和财政资助人。档案文件显示，在邝顺胜抵达雪梨入关后，海关在给内务部的报告中特别提到，邝顺胜的监护人和财政资助人是Sun Sing（新盛，译音）。新盛（全名应该是邝新盛）才是邝顺胜的家长。之所以用源兴木铺作保，很可能他就在该木铺做工。而在企业或商铺中雇请亲戚、族人或同乡工作，是当时在澳华商的通常做法。根据澳大利亚国家档案馆所藏的一份档案显示，生于一八七八年的邝新盛曾在一九〇六年申请回头纸返回中国探亲。[②]通常来说，当时的在澳华人大体上是在来澳打拼五年或以上，立足下来，略有积蓄后方才回国探亲。由此推测，邝新盛可能在一九〇一年澳大利亚联邦成立之前便已来到这里发展。而他在一九〇八年再次回国探亲，到次年十二月方才回到雪梨。[③]而邝顺胜是在邝新盛结束此次探亲回到澳洲半年后出生，这符合其回国探亲造人的规律，从而在逻辑上表明他们之间具有父子关系。由是，抵达澳大利亚后的邝顺胜便在父亲邝新盛的住处安顿下来。

邝顺胜来到澳大利亚的日期，正好是当地学校即将放暑假之时，他便只好等到次年新学年开学后才能进入学校读书。一九二二年二月一日，邝顺胜正式注册入读库郎街公学（Crown Street Public School），亦即申请赴澳留学时所说的贸易学堂改名而成。因赴澳留学前他没有学过英语，故从进入该校始，他便从基础的一年级读起。根据学校提供的例行报告，他基本上保持了全勤，在校表现良好，学业也都令人满意，校长认为他是一位潜心学习的好学生。就这样，他一心一意地在这所学校读了六年半的书，完成了澳洲的小学全部课程。

一九二八年七月十七日，十八岁的邝顺胜在雪梨港口登上了驶往香港的

---

① “生意声明”，雪梨《民国报》（*Chinese Republic News*），一九一六年二月十九日，第六版。

② Kin Choy, Hing Yow, Charlie Kwong, Sun Sing, Chun Lock, Wong Lim, Pang Fook, Chow Get, Low See and Ah Gin [Certificate Exempting from Dictation Test - includes left hand impression and photographs] [box 9], NAA: ST84/1, 1906/41-50。

③ Jand See, Ah Sam, Pang Wah, Jow Yut, Willie Low Ton Wing, Lun Jone, Sun Sing, Lee Chew, Ah Hook and Yong Hip [Certificate Exempting from Dictation Test - includes left hand impression and photographs] [box 25], NAA: ST84/1, 1908/12/1-10。

“丹打号”（Tanda）轮船，返回中国。离境前，他没有知会中国总领事馆，也没有告诉内务部；回国后，也没有提出再入境签证的申请。显然，他是在完成了学业之后，返回中国，开始了他新的人生规划和发展。

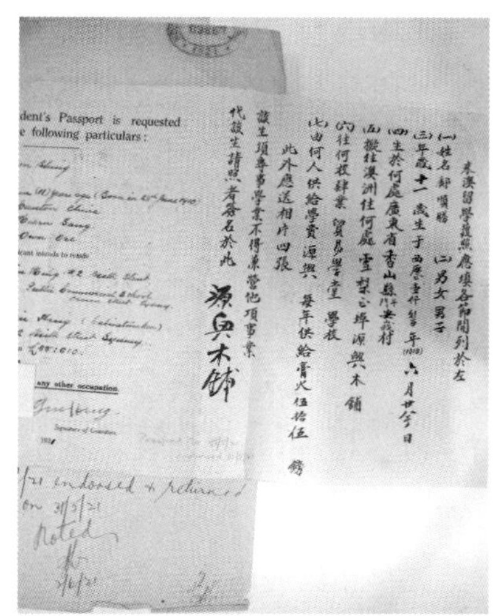

來澳留學護照應填各節開列於左

(一)姓名 鄺順勝 (二)男女 男子

(三)年歲 十一 歲生于西歷(1910)六月廿八日

(四)生於何處 廣東省香山縣

(五)擬往澳洲住何處 雪梨埠源興木鋪

(六)往何校肄業 貿易學堂 學校

(七)由何人供給學費 源興 每年供給膏火伍拾伍 鎊

此外應送相片四張

該生須專心學業不得兼營他項事業

代該生請照者簽名於此 源興木鋪

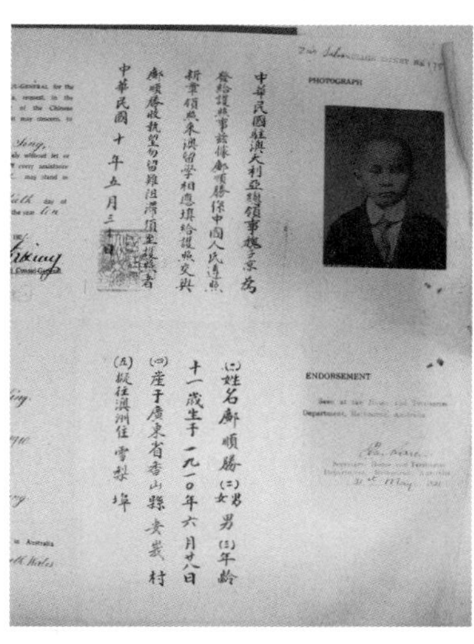

中華民國駐澳大利亞總領事魏子京為

發給護照事茲據鄺順勝係中國人民遵照

新章領照來澳留學相應填給護照交與

鄺順勝收執望勿留難沮滯須至護照者

中華民國十年五月三十日

(一)姓名 鄺順勝 (二)男女 男 (三)年齡

十一歲生于一九一〇年六月廿八日

(四)產于廣東省香山縣

(五)擬往澳洲住 雪梨埠

左：一九二一年五月五日，雪梨的源兴木铺填具申请表格，向中国驻澳大利亚总领事馆申领邝顺胜的赴澳留学护照和签证；右：一九二一年五月三十日，中国驻澳大利亚总领事魏子京给邝顺胜签发的中国学生护照。

档案出处（澳大利亚国家档案馆档案宗卷号）：

Kong Soon SHING – Student passport, NAA: A1, 1927/21152

陈刘发

香山三灶村

陈刘发（Chun Loo Fat），出生于一九一〇年八月四日，香山县三灶村人。

陈刘发的伯父陈明照（Chun Ming）[①]，早年泛海南下到澳洲，一番打拼之后，最终在雪梨（Sydney）近郊宾士镇（Bankstown）的若瑟·班克斯爵士路（Sir Joseph Banks Road）上安了家，并在雪梨唐人街上的萝臣街（Rawson Place）开有一间草药铺，名保时堂。一九二二年一月九日，陈明照以伯父的名义充当监护人，并以其草药铺保时堂作为担保，承诺每年供给膏火费（即生活费和学杂费等）五镑五作为留学费用，申请其当年将满十二岁之侄儿陈刘发前来澳洲留学，希望驻美利滨（Melbourne）的中国驻澳大利亚总领事馆为其颁发中国护照并接洽入境签证。当时，陈明照为侄儿陈刘发留学所联系的入读学校，是位于匹时街（Pitt Street）上的衶礼时书馆（Christ Church School），可能是因为这间衶礼时书馆与他的草药铺所在的萝臣街近在咫尺之故吧，两地之间步行也就只有几分钟的路程。

---

① 在澳大利亚国家档案馆里，无法查到与Chun Ming匹配的档案宗卷，无法得知其来澳发展的确切年份。鉴于他是在澳草医，在十九世纪末二十世纪初的年代，这些草医基本上属于游方郎中性质，即去到一个地方，驻诊一段时间，然后再去往下一个地方。也就是说，他们可能会从一个殖民地（省）去到另一个殖民地（省）谋生赚钱。一九二一年之前，他是在西澳首府普扶埠（Perth），其名出现在当地国民党分部筹款芳名之中。见："筹饷热"，《民国报》（*Chinese Republic News*），一九二一年九月十七日，第七版。由此可见，他是在这一年之后才去到雪梨发展。

可能是要证实陈明照与其侄儿之亲属关系以及其他方面的求证等原因，或者是位于美利滨的中国总领事馆本身因各项事务繁杂而有所耽搁，因而在审理这一申请的过程中拖延了相当长的时间，几达半年之久。直到一九二二年六月二十六日，中国总领事魏子京才最终为陈刘发签发了一份中国留学生护照，号码是158/S/22；五天之后，即七月一日，澳大利亚内务部也为陈刘发核准了入境留学签证。在拿到签证的当天，中国总领事馆就将护照寄往中国香山县三灶岛陈刘发的家里，由他的家人为其准备行囊，择期来澳留学。

四个月之后，即到了这一年的十一月一日，十二岁的陈刘发乘坐“太原号”（Taiyuan）轮船，从香港抵达雪梨。虽然伯父陈明照和他的一位朋友Charles Young（杨查理，是一位在帕丁顿区［Paddington］牛津街［Oxford Street］一百号开有杂货店的东主）按时去海关接他，但很不幸的是，雪梨海关不能即时放行陈刘发。当然，这并不是说他的担保或者其他的旅行文件有问题，而是因他在从香港来澳的短短几周航船期间，罹患了疥癣，雪梨海关卫生检疫机构要将其隔离治疗，待其痊愈之后，方可出关。就这样，他在海关的隔离医院里接受了近四个星期的治疗，才得以康复，于十一月二十八日始得获准入境，住在伯父陈明照开设在雪梨唐人街的店里。

三天之后，即十二月一日，虽然此时已近学期末，陈刘发还是正式注册入读伯父为他选择好的褂礼时书馆。他在这所学校的学习成绩相当不错，操行也中规中矩，该校每次向内务部提供的例行报告，校长都对他的表现予以好评。但他最终只是在该校读了一年半左右的书，即到一九二四年四月十七日，因褂礼时书馆于这一天倒闭关门了。经过两个星期左右的选择和比较，五月五日，陈刘发转学进入离此不远的冀恋街公学（Cleveland Street Public School）上学，此时他已结束高小课程，进入初中学习。他在这家学校的学业和表现，亦跟以前在褂礼时书馆时一样，算得上是品学兼优的学生。

从一九二六年三月十二日开始，陈刘发离开了冀恋街公学，再次转学，进入炮台街公立学校（Fort Street Public School），还是读中学。在这里，他的各项学业表现依然良好，品行操守亦中规中矩。因此，到年底他按例申请延期签证，都像以往每年所经历的那样，得到内务部爽快的答复。

但到了一九二七年，事情却发生了变化，上述品学兼优的中国留学生形象被颠覆过来。先是，陈刘发在年初时曾向澳大利亚内务部申请重返澳洲的入境签证，这说明他此时已经有了要回国探亲的想法。当然，有关方面也对此做出了积极回应，要求他循正规途径按照程序来，即通过中国驻澳大利亚总领事馆提出申请，然后内务部便可受理。换言之，通常这类申请都会获得满意的答复。可是在此之后，陈刘发并没有遵嘱透过中国总领事馆提出再入境申请，就突然于三月十一日离开了学校，不辞而别了。此时距他进入炮台街公立学校读书刚刚满了一年。对于炮台街公立学校来说，在此注册正常入读了一年的学生突然间旷课，不见了踪影，也不知道原因，校长固然不愿为此担责，遂将其离校之事报告给内务部，由后者负责调查陈刘发之行踪。

实际上，此时的陈刘发并没有回国，而是住在宾士镇伯父的家里，整日里无所事事，便也常常进城到伯父开在唐人街的草药铺逗留。到五月份，当海关人员终于在宾士镇找到他时，他向调查人员解释说，自己之所以没有去学校上学，主要是想利用申请重返澳洲的入境签证这段时间，到雪梨各处走走看看，会会老朋友。但内务部并不相信他的这个说法，而是严重怀疑他利用这个时间去协助其伯父做生意。令这些海关人员及内务部不解的是，即便他想在回国探亲前便申请到再入境签证，也要等到正式批复方可；或者说起码要按照要求，经由中国总领事馆代其提出申请，何况内务部已经要求他循此途径去做，哪怕是回国之后再经由中国总领事馆提出申请，都是没有问题的，但他却对此置若罔闻。对于这样的任性，为此付出代价也就不可避免了。事实上，当年许多来澳的中国留学生都处于十几岁的青少年青春躁动期，又是生活于白人至上的澳洲社会里，加上自己本身对澳洲社会的法律制度和社会准则又不了解，不懂得按照规则行事，故遇事非理性地做出许多幼稚举动也就不难理解了。陈刘发的上述不辞而别的举动，可能是他主观上认为已经知照内务部了，便以为万事大吉，可以自行其是的结果。殊不知，主观上的行为与客观上的结果，相距不知有多远，有时候甚至可以说是南辕北辙。为此，五月二十五日，内务部下令，转由中国总领事馆协助，知会陈刘发的监护人陈明照尽快安排他离开澳洲回国。换言之，鉴于陈刘发违反留学章程的条例，无故旷课，任性妄为，不仅他的重返澳洲入境签证的事情被搁置了，其本人也将要被尽快遣返回中国。

也许是意识到后果很严重，在上述内务部最终决定之前，陈刘发便从五月二十三日起，又重返炮台街公立学校上学了，并且各项表现亦不错。尽管如此，这一切都太晚了。鉴于他无故旷课的时间几达两个月之久，他重返学校上课的这一补救措施未能奏效，中国总领事馆的求情也不起作用，内务部的遣返决定已经无法更改。在这样的情况下，万般无奈的陈刘发只得按照内务部的指示，安排船票，打道回府。

于是，一九二七年七月三十日，未满十七岁的陈刘发在雪梨登上日本航运公司的“丹后丸”（Tango Maru）轮船，启程离澳，转道香港返回中国。此时，距其来澳留学的时间，未及五年。至于此后陈刘发是否再择机申请重返澳洲，以及他回到中国后的人生经历如何，因没有资料，无从追叙。

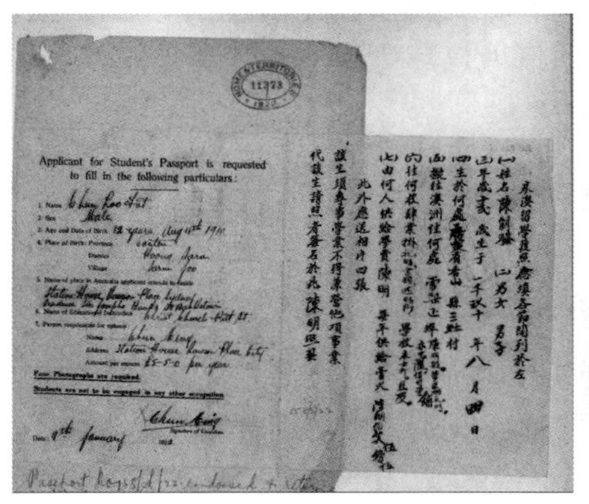

Applicant for Student's Passport is requested to fill in the following particulars:

Chun Loo Fat

Male

Fees: Photographs are required.

Students are not to be engaged in any other occupation

左：一九二二年一月九日，陈明照所填写的申请表，为其侄儿陈刘发向中国驻澳大利亚总领事馆申请留学护照和入澳签证；右：一九二二年六月二十六日，中国总领事魏子京为陈刘发签发的中国护照。

档案出处（澳大利亚国家档案馆档案宗卷号）：

Chun Loo FAT - Students passport, NAA: A1, 1927/6435

周 启

香山隆都

周启（Kay Joe），生于一九一〇年九月九日，香山县隆都人。他的父亲名叫周新（Joe Sun），一八六八年出生，十九世纪末年来到澳大利亚发展。他从澳大利亚东北部的昆士兰省（Queensland）登陆入境，然后一步步地南下，去到域多利省（Victoria）的首府美利滨埠（Melbourne）定居下来。[①]其开设的店铺位于美利滨城区到美利滨大学（The University of Melbourne）之间的卡顿区（Carlton）所属街道卡地见街（Cardigan Street）一百三十三号（位于与利弗巷［Levers Lane］交界处）。事实上，这一带因靠近内城区，交通便利，二十世纪初年许多中国人在此经营洗衣馆。比如，台山人雷社（Louey Share）的胜利衣馆（Sing Lee Laundry）[②]和雷维逊（Louey Way Sun）的禮近街衣馆（Lygon Street Laundry）[③]等等。由此推测，他应该是从事洗衣业，经营洗衣馆。[④]

一九二一年澳大利亚刚刚宣布实施《中国留学生章程》，开放中国学生赴澳留学，随后大批中国学生涌来澳大利亚。周新看到不旋踵间便充斥在美

---

① SUN Joe: Nationality - Chinese: Date of Birth - 1868: Arrived per TAIYUAN: First registered at Thursday Island, NAA: MT269/1, VIC/CHINA/SUN JOE。

② Louey Ning Fook - student passport, NAA: A1, 1929/6288。

③ Louey, Ah Lin - Chinese student's passport, A1, 1924/8727。

④ Sun, Joe - Nationality: Chinese [Occupation: Laundryman] - Alien Registration Certificate No 7888 issued at Thursday Island, NAA: BP4/3, CHINESE SUN JOE。

利滨唐人街上的中国孩童，便也想着将儿子周启办理来澳留学。一九二三年初，他以监护人和财政担保人的身份填具申请表，向中国驻澳大利亚总领事馆申领儿子的赴澳留学护照和签证，希望将其安排进入临近其店铺的律乎所学校（Rathdown Street State School）读书。他用来作保的产业便是坐落于上述卡地见街上的店铺，但没有说明店名，只标注街名及门牌号码；至于在供给膏火的数额的栏目上，也留下了空白。当然，从没有说明具体数额事实上就意味着提供足镑膏火这一共识来看，他应该是允诺全额供给。

当年五月二十一日，中国总领事魏子京签发了一份号码为261/S/23的中国学生护照给周启；三天后，内务部也给他核发了留学签证，将入境签证章钤盖在上述护照页上。中国总领事馆拿回护照后，按照流程，将其寄往香港的“全兴泰号”金山庄，待其为护照持有人安排赴澳船期。将近半年后，诸事妥当，周启便从家乡去到香港，搭乘“鸦拿夫拿号”（Arafura）轮船，于当年十一月四日抵达美利滨港口，顺利入境。

此时距澳洲学校放暑假也就剩下一个来月的时间，但周启没有等到次年新学年才入学，而是在安顿好之后，便于十一月十九日正式注册入读律乎所学校。只是因为转眼就要到暑假，以致校长要到一九二四年初新学期开学后才注意到这个新来的中国学生。在余后的日子里，除了生病比如流感而不得不待在家里治疗和康复，周启按时去到学校上学，校长提供的例行报告，涉及其在校表现和学业的用词极为简单，即一个词：令人满意。就这样，他在这所学校波澜不惊地读了一年半的书。

一九二五年五月十二日，周启在美利滨港口登上与他赴澳时的同一艘轮船“鸦拿夫拿号”，告别父亲，离境返回中国。走之前，他既没有告诉内务部，也没有知会中国驻澳大利亚总领事馆，后者还是在内务部接到海关的报告之后将此消息通告，方才知道周启已经离境回国。此后，周启也没有通过中国总领事馆向内务部提出再入境签证申请，表明此番回国，他已经决定不再返回澳洲。

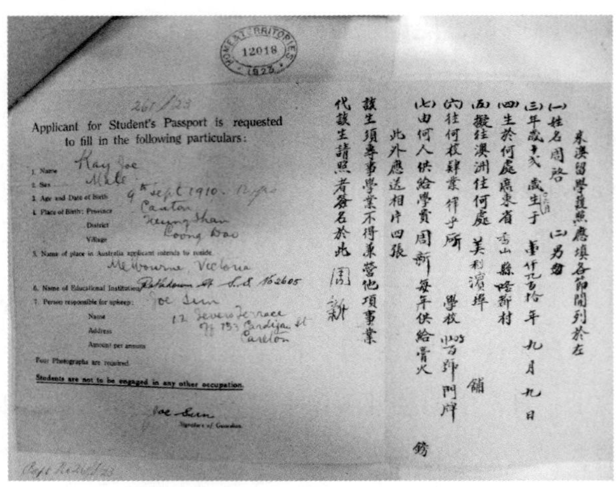

12018

261/23

Applicant for Student's Passport is requested to fill in the following particulars:

1. Name Kay Joe
2. Sex Male
3. Age and Date of Birth 9th Sept 1910. 12 yrs
4. Place of Birth: Province Canton
   District Heung Shan
   Village Coong Dao
5. Name of place in Australia applicant intends to reside Melbourne Victoria
6. Name of Educational Institution Rathdown St. S.S. No. 2605
7. Person responsible for upkeep: Joe Sun
   Name
   Address 12 Severn Terrace Off 153 Cardigan St Carlton
   Amount per annum

Four Photographs are required.

Students are not to be engaged in any other occupation.

Joe Sun
Signature of Guardian.

来澳留学護照應填各節開列於左
(一)姓名 周啓 (二)男女
(三)年歲十二歲 生于 年 九月 九日
(四)生於何處 廣東省 香山縣 隆都 村
(五)擬往澳洲住何處 美利濱埠 舖
(六)往何校肄業 往于所 學校
(七)由何人供給學費 周新 每年供給膏火 鎊
此外應送相片四張
該生須專事學業不得兼營他項事業
代該生請照者簽名於此 周新

一九二三年初，周新以监护人和财政担保人的身份填具申请表，向中国驻澳大利亚总领事馆申领儿子周启的赴澳留学护照和签证。

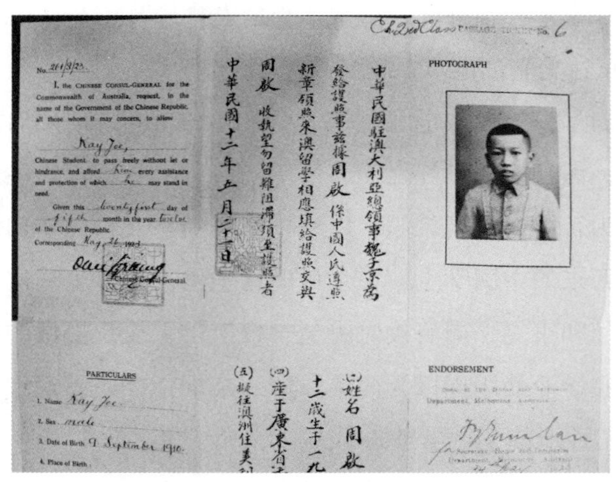

No. 261/S/23.

I, the Chinese Consul-General for the Commonwealth of Australia, request, in the name of the Government of the Chinese Republic, all those whom it may concern, to allow

Kay Joe,

Chinese Student, to pass freely without let or hindrance, and afford him every assistance and protection of which he may stand in need.

Given this twenty-first day of fifth month in the year twelve of the Chinese Republic.

Corresponding May 21, 1923.

Chinese Consul-General.

中華民國駐澳大利亞總領事魏子京爲
發給護照事，茲據周啟係中國人氏，遵照
新章領照來澳留學，相應填給護照交與
周啟收執，望勿留難阻滯，須至護照者
中華民國十二年五月二十一日

PHOTOGRAPH

PARTICULARS

1. Name Kay Joe
2. Sex Male
3. Date of Birth 9. September 1910.
4. Place of Birth

(一)姓名 周啟
十二歲生于一九
(四)産于廣東省
(五)擬往澳洲住美

ENDORSEMENT

一九二三年五月二十一日，中国总领事魏子京给周启签发的中国学生护照。

档案出处（澳大利亚国家档案馆档案宗卷号）：

Kay Joe - Student's passport, NAA: A1, 1924/3457

袁僚兴

香山平岚村

袁僚兴（Leo Hing），出生于一九一〇年九月十二日，香山县平岚村人。在一九二三年将满十三岁时，根据家人的安排，他要去澳洲留学。

代袁僚兴办理留学手续的是袁德梅，也称威厘兴（Willie Hing）[①]，早年来到澳洲发展，定居于昆士兰省（Queensland）西南部地区的小镇车厘蔚埠

① 详见：Certificate Exempting from Dictation Test (CEDT) - Name: Willie Hing (of Cunnamulla) - Nationality: Chinese - Birthplace: Canton - departed for China per NIKKO MARU on 27 May 1918, returned to Brisbane per KANOWNA on 10 October 1920, NAA: J2483, 239/32。但在同一时期惠阳县留学生巫阿耀（Moo Ah Yow，又写成Mow Ah Yow［You］或Moh Ah Yow）的档案里，袁德梅的名字变成了巫德梅（见：Moo Ya Yow - Students Passport, NAA: A1, 1937/171）。根据这份档案宗卷，巫德梅是惠阳客家人；而"威厘兴"实际上是其经营的商铺名，全名是William Hing & Sons，简写或简称为Willie Hing。从澳大利亚国家档案馆保存的相关宗卷看，巫（袁）德梅出生于中国。见：Certificate Exempting from Dictation Test (CEDT) - Name: William HING - Nationality: Chinese - Birthplace: Canton - departed for China per COBLENZ on 13 February 1911 - returned to Brisbane per EMPIRE on 14 July 1912, NAA: J2483, 64/83。而据其在澳所娶之第二任太太的档案记录，他的确切出生日期是一八八五年一月十五日，且是生于中国，其英文名也写成William Moo Hing，故其中文名也就应该为"巫德梅"。由此看来，以巫德梅这个年纪，显然是袁僚兴的长辈；只是他如何又姓了"袁"，以及与袁僚兴的真实关系是什么，不得而知。见：Mrs Nellie Quee HING- Naturalization, NAA: A1, 1934/10856。与此同时，根据另外的说法，他也有可能是在澳大利亚出生的第二代华人。档案显示，巫德梅的父亲早在十九世纪七十年代就已经来到澳大利亚发展。由是，巫德梅是在澳出生的第二代华人的可能性是存在的，因为他的几个弟妹都是在澳洲北部的打运埠(Darwin)出生。详见：William Hing - Temporary Admission of Relatives, NAA: A1, 1923/1754。如果是在澳出生，他也就有可能像当时大部分在澳出生的第二代华人（包括他的弟妹们）一样，年少时便被送回国内家乡抚养，学习中文及家乡方言习俗，长到十几岁时再从中国家乡重返澳洲和父亲待在一起，共同打拼。从威厘兴号商行的英文名字William Hing & Sons也可以看出，该商行是由巫父所创，带着他的几个儿子一起经营而发展起来的，而巫德梅只是他其中的一个儿子，且并非长子。见：HING, Albert [also known as Soh Moy] - born 1927 Darwin – Nationality: Chinese [children Jock, Dorothy and May Hing], NAA: J25, 1973/6938。

（Charleville）多年。从档案中得知，袁德梅不是袁僚兴的父亲，但也没有明确说明他们之间的关系；只是从都是姓袁这一点来看，可以猜想他们应该是同宗之乡人或其他亲戚关系，也许袁德梅是袁僚兴的叔伯辈，不然也不会委托他代办袁僚兴的赴澳留学事宜，而且还是前往他所在的昆士兰省西南部地区读书，同时还作为袁僚兴来澳留学的监护人。

一九二三年四月二十八日，袁德梅填妥申请表，提交给中国驻澳大利亚总领事馆，代为申领袁僚兴来澳留学所需之护照和签证。他以自己与人合股在车厘蔚埠管辖下的另一个小镇卡剌孖剌（Cunnamulla）开设的车厘赞号（Charlie Chan & Co.）商铺作保，允诺每年供给袁僚兴膏火费八十镑，以充其学费和生活费等方面的开销。至于袁僚兴要入读的学校，因袁德梅所居住的镇子周围地广人稀，没有其他选择，只能是当地的卡剌孖剌皇家学校（Cunnamulla State School）。

虽然昆士兰的西部乡村比较偏僻，通讯联络上没有那么方便，但在美利滨（Melbourne）的中国驻澳大利亚总领事馆接到这份申请后，并没有耽搁多少日子，很快就给予了处理。十天之后，即五月八日，中国总领事魏子京就向袁僚兴核发了编号为257/S/23的中国留学生护照，并在次日也从澳大利亚内务部那里为他拿到了入境签证。当天，中国总领事馆就按照流程，将办妥的证件根据袁德梅的指引，寄往香港的金生泰号洋行，由后者转交给袁僚兴并为其安排行程。

四个月之后，一切安排妥当，十三岁的袁僚兴就从家乡香山转道香港，在这里乘坐“衣市顿号”（Eastern）轮船，于一九二三年九月十八日抵达昆士兰省首府庇厘士彬埠（Brisbane），入境澳洲。袁德梅提前去到海关将他接出，然后再由此转车西行，到达距庇厘士彬约七百五十公里的卡剌孖剌小镇，将他送到他舅舅或叔叔（伯父）亚赞（Ah Chan）①那里，这也是档案文

① 亚赞生于一八七五年，在十九世纪末年来到澳大利亚发展，最终定居于卡剌孖剌镇。见：Certificate Exempting from Dictation Test (CEDT) - Name: Ah Chan - Nationality: Chinese - Birthplace: Canton - departed for China per EASTERN on 15 December 1920 - returned to Brisbane per EASTERN on 18 September 1923, NAA: J2483, 298/059。

件中唯一的一次提到他这位亲戚的名字。也许，上面所说的“车厘赞号”商铺虽然是以袁德梅为主，但实际上袁僚兴的舅舅亚赞也是股东，并实际上主持经营，因为商铺的英文名中就有他的名字“赞”。

九月二十四日，袁僚兴正式注册入读卡剌孖剌皇家学校。也就是说，甫放下行李，他就由长辈带领，立即去往学校注册上学。在赴澳留学之前，袁僚兴并没有学过英语，故到澳洲留学后，一切都应该是从头开始。但在入学两个月之后，他就开始明白简单的英语，校长对他的进步很高兴。他学习刻苦，上进心强，很快就适应了澳洲乡村的学习环境，学业和操行一直都受到好评。在这种状态下，袁僚兴一直在这所乡村学校读到一九二八年底，足足在这里念了五年多的书，而且出满全勤。而悄然之间，袁僚兴也长成了十八岁的大小伙子。

但从一九二九年的新学年开始后不久，以往在卡剌孖剌皇家学校出满全勤的中国学生不见踪影了。为此，校长向内务部报告说，自二月份开学起，不知何故，袁僚兴就不来上学了，学校没有他的任何信息。刚开始时，内务部还以为他是转学别处了；但遍询周围的学校，都未见到他报名入读的踪迹，这才开始着急起来，赶紧于四月份下文，责成当地海关及警察部门调查这人去了哪儿。警察得知，他的舅舅或叔伯亚赞早在今年三月份便已回国探亲①，只能找其监护人袁德梅才能了解到情况；到五月中旬，最终在车厘蔚埠找到了袁德梅，方才得知袁僚兴此时正跟他住在一起。但袁德梅向前来调查的警察表示，这位年轻人已经不会再返回学校读书了，因为出国快六年，袁僚兴目前一门心思只想尽快返回中国；而袁德梅本人也正好计划要在近期内就返回中国探亲，他表示，届时就顺便将这位年轻人一起带回中国去。既然如此，内务部接到报告后，也只能顺其自然，但责成袁德梅尽快安排船票，将袁僚兴遣送回中国。因为他这样不去上学，而长期待在澳洲，又无所事事，是违反《中国留学生章程》相关规定的。

---

① Certificate Exempting from Dictation Test (CEDT) - Name: Ah Chan - Nationality: Chinese - Birthplace: Canton - departed for China per CHANGTE 22 March 1929, NAA: J2483, 458/66。

于是，在昆士兰的西部乡村又待了三个月之后，袁僚兴就和袁德梅一起从车厘蔚赶到庇厘士彬等船。一九二九年八月二十日，他们在这里登上中途停靠的“圣柯露滨号”（St Albans）班轮，离开澳洲返回了中国。[①]此时，距袁僚兴来澳留学还差不到一个月的时间就满六年。但在最后这八个月的时间里，他实际上并没有入读任何学校，只是待在其监护人的家里或者是到周围乡野地方闲逛。离开澳洲之前，他没有跟中国总领事馆打招呼，也没有申请再入境签证，显然是一去不返。

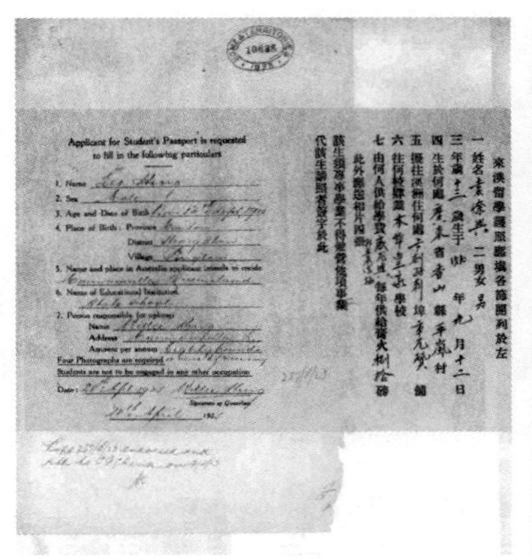

Applicant for Student's Passport is requested to fill in the following particulars

1. Name Leo Hing
2. Sex Male
3. Age and Date of Birth
4. Place of Birth: Province
District
Village
5. Name and place in Australia applicant intends to reside
6. Name of Educational Institution
7. Person responsible for upkeep
Name
Address
Amount per annum
Four Photographs are required
Students are not to be engaged in any other occupation.
Date:

来澳留学护照应填各节开列于左
一 姓名 袁僚兴 二 男女 男
三 年岁 十三 岁生于 年 九 月 十二 日
四 生于何处 广东 省 香山 县 平岚 村
五 拟往澳洲住何处
六 往何校肄业 学校
七 由何人供给学费 每年供给费 镑
此外须送相片四张
该生须专心学业不得营谋他项事业
代该生请照者签字于此

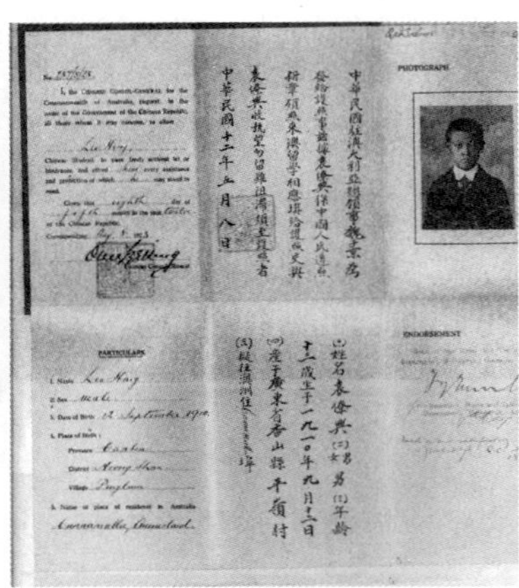

PHOTOGRAPH

PARTICULARS
1. Name Leo Hing
2. Sex Male
3. Date of Birth 12 September 1910
4. Place of Birth:
Province Canton
District Heung Shan
Village Pinglam

ENDORSEMENT

中华民国驻澳大利亚总领事魏子京为发给护照事兹有袁僚兴系中国人民送往澳洲留学相应填给护照
中华民国十二年五月八日

（一）姓名 袁僚兴 （二）男 （三）年龄 十三岁 生于一九一〇年九月十二日
（四）产于广东省香山县平岚村

左：一九二三年四月二十八日，袁德梅向中国驻澳大利亚总领事馆申请袁僚兴来澳留学护照和签证所填写的申请表；右：一九二三年五月八日，中国驻澳大利亚总领事魏子京给袁僚兴签发的留学护照。

档案出处（澳大利亚国家档案馆档案宗卷号）：

Leo Hing - student passport, NAA: A1, 1928/9663

---

① Certificate Exempting from Dictation Test (CEDT) - Name: Willie Hing - Nationality: Chinese - Birthplace: Canton - departed for China per ST ALBANS 20 August 1929, NAA: J2483, 465/57。

黄 添

香山长洲村

黄添（Wong Tim），出生于一九一〇年十月十日，香山县长洲村人。他的父亲名叫黄彬（Wong Bun），一八六一年十一月二十三日出生。[①]在十九世纪末香山人奔赴海外谋生及寻求发展的大潮中，黄彬也跟上了潮流，于一八九九年泛海南渡，去到南太平洋的澳大利亚发展。[②]他在昆士兰省（Queensland）北部地区登陆入境后，便一直在坚时埠（Cairns）和汤士威炉埠（Townsville）之间的区域里当菜农，最后在汤士威炉埠北面约一百一十公里处的英吟（壬）埠（Ingham）定居下来。在这里，他参股加入同邑石岐人黄源（Wong Yuen）[③]和黄洋（Wong Yung）[④]兄弟为主所开设的商铺鸿源号（Houng Yuen & Co.）[⑤]，生活稳定下来。一九〇九年底，他回国探亲，十个月后再返回澳洲，继续挣钱养家，黄添便是他此次探亲后出生的。[⑥]

---

① Bun, Wong - Nationality: Chinese [DOB: 23 November 1861]- Alien Registration Certificate No 23 Issued 26 October 1916 at Ingham, NAA: BP4/3, CHINESE BUN WONG。

② Wong Bun, NAA: J2481, 1899/329。

③ Yuen, Wong - Nationality: Chinese [DOB: 1 June 1876, Occupation: Storekeeper] - Alien Registration Certificate No 11 issued 25 October 1916 at Ingham, NAA: BP4/3, CHINESE YUEN WONG。

④ Yung, Wong - Nationality: Chinese [DOB: 20 July 1877, Occupation: Storekeeper] - Alien Registration Certificate No 1 issued 24 October 1916 at Ingham, NAA: BP4/3, CHINESE YUNG WONG。

⑤ 鸿源号的名字最早是于一九一四年一月出现在当地报纸中，这表明至少在此之前该店铺便已开张营业。见：”Herbert River Notes”，*Townsville Daily Bulletin*, Saturday 10 January 1914, page 11。

⑥ Certificate Exempting from Dictation Test (CEDT) - Name: Wong Bun - Nationality: Chinese - Birthplace: Canton - departed for China per CHANGSHA on 19 December 1909, returned to Townsville per CHANGSHA on 19 October 1910, NAA: J2483, 39/57。

一九二一年澳大利亚开放教育给中国学生，居澳华人可通过中国驻澳大利亚总领事馆申办其在乡子弟前来澳洲读书。黄彬见这是给儿子接受西方教育的良好机会，便于当年儿子满十一岁的那一天，填具申请表，递交给中国总领事馆，办理儿子黄添赴澳留学所需之护照和签证。他以自己参股经营的鸿源号商铺作保，允诺每年供给膏火足镑，亦即需要多少便提供多少，并安排儿子入读英吟学校（Ingham State School）。

中国驻澳大利亚总领事馆接到申请后，按序予以审理。因这一年是中国学生正式通过总领事馆申办赴澳留学，人数众多，过了两个多月才轮到审理黄添的申请。当年十二月二十八日，中国总领事魏子京为黄添签发了号码为136/S/21的中国学生护照；但澳大利亚内务部的签证核发却等了近四个月的时间，于一九二二年四月二十一日才在该护照上面钤盖了签证印章。中国总领事馆当天拿回护照后，便按照黄彬事先给的地址，寄往香港的一家名叫全兴泰号的金山庄，由其负责将此护照转交给持照人并为其安排赴澳行程。

半年之后，诸事安排妥当。黄添便由家人送到香港，在此搭乘来往于香港与澳大利亚之间的“山亚班士号”（St Albans）轮船，于一九二二年十一月十五日抵达汤士威炉埠。父亲黄彬提前赶到海关，将儿子接出来后，便乘车北上，回到英吟埠，住进了鸿源号商铺的宿舍里。

尽管此时距圣诞节放暑假只有不到一个月的时间，但黄添求学心切，还是抓紧时间，于安顿好自己并熟悉周围环境后，在十一月二十七日那天正式注册入读英吟学校，赶在学校放暑假之前的两到三个星期，学习英语，认识新同学。在余下的一年时间里，他按部就班地上学。而每次学校提供给内务部有关他的报告都很简单：在校表现良好，学习令人满意。

然而，就在中国驻澳大利亚总领事馆刚刚为黄添拿到下一个年度的留学展签不久，一九二四年元旦刚刚接任管理英吟学校的新任校长都还没来得及认识这位中国小留学生，在新学期开学之后不到三个星期，黄添就退了学，然后去到汤士威炉埠，于二月二十一日登上路经该港口驶往香港的“获多利号”（Victoria）轮船，回国去了。走之前，没有任何征兆显示他不愿继续在澳留学，也没有任何线索显示出其父黄彬要回国探亲而必须将他带走，他也没有给出任何匆忙离境的原因。

黄添的留学档案就这样戛然终止，此后再也找不到他重新入境的记录。

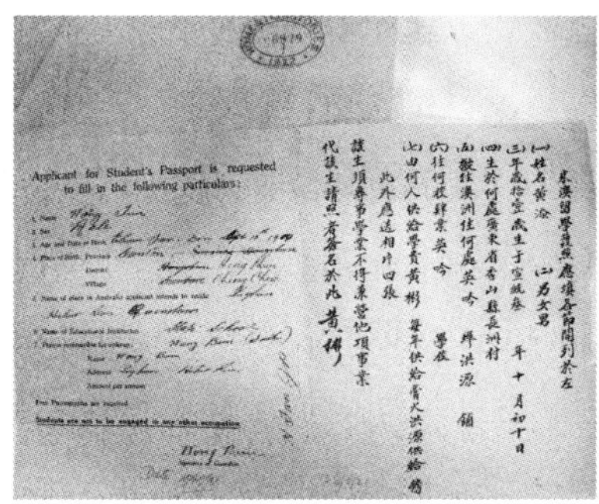

Applicant for Student's Passport is requested to fill in the following particulars:

Students are not to be engaged in any other occupation

来澳留學生照應填各節開列於左

(一)姓名黄添

(三)年歲拾壹歲生于宣統叁年十月初十日

(四)生於何處廣東省香山縣長洲村

(五)欲往澳洲住何處英吟埠洪源舖

(六)往何校肄業英吟學校

(七)由何人供給學費黄彬

此外應送相片四張

該生須專事學業不得兼營他項事業

代該生請照者簽名於此 黄彬

PHOTOGRAPH

中華民國駐澳大利亞總領事魏子京為

中華民國十年十二月二十八日

PARTICULARS

ENDORSEMENT

(一)姓名黄添

左：一九二一年十月十日，黄彬提交给中国驻澳大利亚总领事馆申领儿子黄添赴澳留学护照和签证的申请表；右：一九二一年十二月二十八日，中国总领事魏子京给黄添签发的中国护照。

档案出处（澳大利亚国家档案馆档案宗卷号）：

Wong Tim - Student's passport, NAA: A1, 1924/6651

李　和

香山涌头村

在雪梨（Sydney）华埠，广和昌号（Kwong War Chong & Co.）[①]历史悠久，名声在外，是十九世纪末二十世纪初由香山人开办的颇负盛名之金山庄。在当时的历史条件下，金山庄在华人社区中承接派送家书和赡家侨汇之责，在旅澳华人与家乡沟通信息等方面起着桥梁纽带作用。这家创办于一八八三年的广和昌号，系由来自香山隆都涌头村的李春（Phillip Lee Chun）[②]所开创和经营。一九一一年，广和昌号从金宝街（Campbell Street）迁到的臣街（Dixon Street）八十四号，为雪梨唐人街著名的百年老店（现已成为雪梨历史遗产）。因其信誉卓著，自然也成为民国时期香山县涌头村李氏族人留学澳洲之担保人或承保商号。

李和（Lee Wah），出生于一九一〇年十月十五日，香山县涌头村人。其父名李可（Lee Cor），具体何时来到澳洲打工，澳洲档案中没有找到相关记录；但在二十世纪二十年代时，档案记载他定居于雪梨，并以广和昌号之的臣街店址为住宿和联络地址。这一信息反映出，他可能是广和昌号老板李春

① 广和昌号的档案，见：Kwong War Chong and Company - Certificate of exemption - Staff [1cm], NAA: A433, 1950/2/3305。

② 郑嘉锐在他的一篇涉及在澳中山籍华人历史的文章中，称澳洲档案及报章中频频出现的“李春”之名应为“李临春”。见郑嘉锐：《雪梨市中山华侨遗迹考察记事》，载《中山文史》第24辑（1991年）。李春的档案也可在澳大利亚国家档案馆里找到，见：Lee, Chun [Chinese - arrived Melbourne (or Sydney) in 1895] [Box 4], NAA: SP605/10, 275。

的同宗族人或近亲家人。也许他此时是在广和昌号里做事或帮工；或者是在雪梨近郊充任菜农，成为广和昌号生果蔬菜产品的上游供货商，具有合作关系。他为儿子李和申请来澳留学的资料在很大程度上说明了他与广和昌号的上述可能关系，因为广和昌号是李和来澳留学的担保者。

一九二三底，李和已满十三岁。该年十二月十四日，李可向位于美利滨（Melbourne）的中国驻澳大利亚总领事馆提出申请，希望为其子李和办理来澳留学，向中国总领事馆申领留学生护照和代办来澳留学签证。在申请表上，李可以其所帮工或做事或者就是借住之李春的广和昌号店铺作保，承诺为其子来澳留学每年供给膏火二百镑。相较于同时期的其他来自中国的父亲为其子女来澳留学每年所供膏火才几十镑，李可提出的担保费用数额巨大，显示出财大气粗。当然，这笔申请时务必申报的膏火费，亦极有可能是属于广和昌号商行，而非李可个人所有，并且这个数字也只是形式，而非实际投入，亦无须存于银行。与当时大多数华人送自己的子女进入公立学校不同，李可安排儿子入读的学校，是所私校，即耶稣教堂学校（Christ Church School）。该校位于雪梨城中之匹时街（Pitt Street）上，临近唐人街。

中国总领事馆接到李可的申请之后，虽然也允诺着手审理，但这一审理过程则是长达一年多之久。直到一九二五年三月十八日，中国驻澳大利亚总领事魏子京才为李和签发了中国留学生护照，编号为416/S/25。十天之后，即三月二十八日，澳大利亚内务部也给李和核发了入境签证。随后，中国总领事馆就将此护照寄往广和昌号在香港的金山庄联号广和丰号洋行，由其通过自己在广东香山县石岐的联号广和祥号转交李和家里。

李和的家人在接到护照和签证之后，通过上述金山庄为其安排赴澳船票及旅程中的监护人等事宜。等了将近一年左右的时间，诸事方才准备就绪。由是，李和就被家人从香山县送到香港，在此乘坐“太平号”（Taiping）轮船，于一九二六年二月十一日，抵达雪梨港口，顺利登陆澳洲。李可在广和昌号老板李春的陪同下，去到海关将儿子接了出来。从申请护照和签证，到李和最终搭船来澳，前后耗时达两年又两个月之久，此时的李和，也已年满十五周岁矣。

但来到雪梨之后，李和并没有能够进入其父李可原先替他安排好的耶稣教堂学校读书，因为该校早在一九二四年四月十七日就已经倒闭关门；因此，他只得从一九二六年的三月八日开始，另行注册入读雪梨吧丁顿区（Paddington）的初等技校（Junior Technical School），可能他来澳读书的目的就是想要学些现代化的技术，以便成为日后安身立命之本。据该技校校长四月十二日的例行报告，李和在校之操行与学业俱佳。校长的评价是：该生十分聪颖，虽尚未能开口说上流畅之英语，然已进步显著，尤以算术课程最佳。三个月后的七月十四日校长报告，亦声称李和操行和学业甚好，特别是算术课程，然仍受制于语言方面之劣势，尚无法流畅操说英语，并且在这方面的进步甚微。可能是在英语的表达方面进步迟缓，使李和感到在这所学校继续读下去比较困难，遂于这一年的十月十一日离开了初等技校。该校校长随即向澳大利亚内务部报告说，李和转学到了雪梨的列坟区（Redfern）一所私立学校，但具体是哪一所学校，他也不是很清楚。

两个星期之后，中国驻澳总领事馆致函澳大利亚内务部，知照李和已经转学到了雪梨城中的唐人英文书馆（Chinese School of English），继续他的在澳学业。内务部透过自己的管道与该校联络，得到回复说，李和的各项表现和学业皆中规中矩。到一九二七年二月十八日，该校校长戴雯丽小姐（Miss Winifred Davies）提供的例行报告，也与内务部此前所了解到的并无二致。由此开始，李和在唐人英文书馆一直读到一九三一年的上半年。而在这四年半的时间里，校长戴雯丽小姐提供给内务部的例行报告，也非常简单，每次都说李和的操行与学业统统合乎学校的规范，亦即在校表现令人满意。

一九三一年四月，中国驻澳总领事馆函告澳大利亚内务部，李和准备在五月中旬休学，乘船回中国探亲，时间约为六个月；探亲结束后，他希望能重返澳洲，继续学业，故希望内务部能给他颁发再入境签证。到那时，李和还想继续在唐人英文书馆完成学业，他还有一些中学课程尚未读完，为此，校长戴雯丽小姐特地致函已搬迁到雪梨的中国驻澳总领事馆的新任总领事桂植，承诺为李和的再入学读书预留一个学位。鉴于这几年来李和都是在唐人英文书馆读书，该校也有合适的课程可供修读，且校长的历次报告对他的品学皆没有异议，内务部遂如所请。

事实上，李和在五月十五日并没有登上原订的“圣柯炉滨号”（St Albans）轮船驶往香港，按计划回国探亲，而是在最后一刻选择继续留下来读书。到七月十日，戴雯丽小姐照例给内务部递交了有关李和学业与操行的例行报告，内务部这才知道，尽管内务部部长已经核准了他的再入境签证，这位中国留学生其实一直没有走，仍留在雪梨继续上课学习，也就默认了这种现实状态。直到九月十五日，中国驻澳总领事馆才函告内务部秘书，解释李和之所以未回中国探亲，是因其父李可请求其子不要于此时回去，希望他留下来，抓紧时间，继续完成学业。明白了其留下的具体原因，内务部也就乐观其成。

一切又都回归老样子。对于已年届二十一岁的中国留学生李和来说，唐人英文书馆仿佛就是他的最爱，在过去的五年多的时间里，他一直在该校读书，不离不弃；而校长戴雯丽小姐所做有关他的例行报告，也是既不说好，也不言坏，十分简单。至于内务部，在接到中国总领事馆每年例行递交的展签申请后，也照常给予李和延签。一切似乎都在有条不紊、按部就班地进行着。

可是，到了一九三二年六月，这样的局面不再。在这个月，戴雯丽校长向内务部报告说，过去几个月里，李和这位已经成人的中国留学生，显得越来越管不住自己，常常不按时到校上课，各科成绩下降，不复往昔；在校表现，亦乏善可陈。看来，对于这个中国学生，戴雯丽小姐已经是忍无可忍了。为此，内务部遂责成雪梨海关调查处理此事。海关人员首先到雪梨的臣街八十二号（亦即广和昌号的隔壁），找到李和的父亲李可查询。了解到儿子的上述在校情况之后，李可对儿子的行为深感失望，对海关人员表示，要把儿子从唐人英文书馆转校到其他的学校去，将他置于男性教师的管教之下，庶几能让他转性，潜心向学。李可一再说明，透过中国总领事之安排，他一定能为李和找到一所合适的学校，并将此知照内务部并办理相应的手续。果然，七月五日，新任中国驻澳总领事陈维屏函告内务部秘书，已将李和转校到雪梨都市商学院（Metropolitan Business College）就读，仍然是全日制学习。这一安排获得了内务部的认可，从而使李和避免了被取消签证、遣送回国的命运。

刚刚渡过上述危机之后三个月，李可通过中国总领事馆又提出了新的要求。一九三二年十月十三日，中国总领事陈维屏致函内务部秘书，谓李可急着要回中国探亲，故希望能向内务部申请其子李和在学校停课，替代他位于雪梨喜街（Hay Street）九十八号的华隆号（War Loong & Co.）商铺中的位置，在其探亲中国期间，代其履行在该商行的职责。此时的李和马上二十二岁，李可此举，或者有通过这一安排让儿子留下来，以替代自己位置的名义，使之在生意上有所历练，并最终能达到留居于澳洲之目的。对侨胞之事有求必应的陈维屏总领事，自然乐意向内务部陈情，希望能获得部长的特许，给李和这个机会。

对此请求，内务部给予了认真的考虑。首先，在十月二十四日，内务部秘书责成海关税收当局，查清李可是否为该华隆号商行之股东老板。如果答案是肯定的话，则李可在其中所占之股份又是多少，价值有多大。其次，则要厘清该商行一年的营业额是多少，与海外的贸易值有几多。如果这些都清楚的话，提供去年一年的交易额清单备案，以备检索。雪梨海关接获指示之后，没有怠慢，立刻行动起来。经多方查证，他们于十一月十日报告说：一、李可既非华隆号商行之股东，亦非该商行之雇员。二、对于想让儿子替代他在华隆号商行里的位置一事，李可向海关人员解释说，此事可能是中国总领事误解了他的原意，他只是谈过想让儿子进入该商行工作的愿望。实际上，他此刻并不期望申请其子成为华隆号商行之雇员，而反过来，华隆号商行也并不愿意雇佣李和。三、李可声称，此时他只是希望其子能在都市商学院读完这个学期的课程，到一九三三年一月份之前，待其子结束相关学业，就督促他返回中国。因此时距离李可所说的明年一月份也就只剩下一个多月，内务部遂不再计较，而接受了李可的这种解释。

但李和并不认同父亲的解释。也许他此时已经无心向学，或者他认为父亲的上述做法严重影响了他的自尊与自信，在他看来，父亲对海关的解释，显然就是在狡辩，也是其目的败露之后的掩饰而已。因此，他等不及这个学期结束，没有如其父所期待的将商学院的课程读完，也不知会中国总领事馆和澳大利亚内务部，就在一九三二年十一月二十三日这一天，在雪梨乘坐“彰德号”（Changte）轮船，义无反顾地离开澳洲，经香港返回中国，从此再也没有回头。李和六年多的澳洲留学生涯，就此结束。

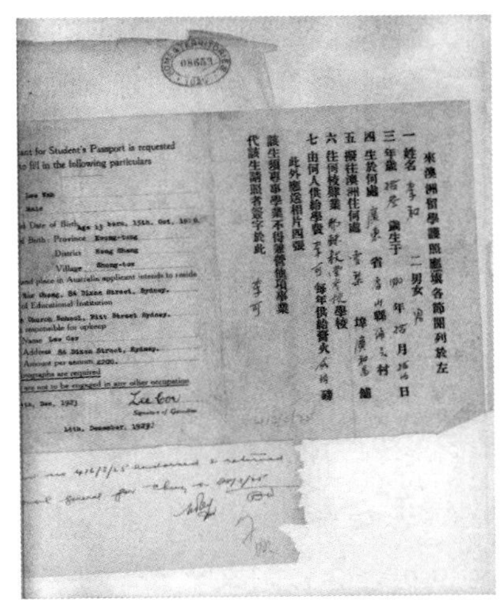

來澳洲留學護照應填各節開列於左
一 姓名 李和　二 男女 男
三 年歲　歲生于　年　月　日
四 生於何處 廣東 省 香山 縣　村
五 擬往澳洲住何處 雪梨 埠
六 往何校肄業　學校
七 由何人供給學費 李可 每年供給費　磅
此外應送相片四張
該生須專事學業不得兼營他項事業
代該生請照者簽字於此 李可

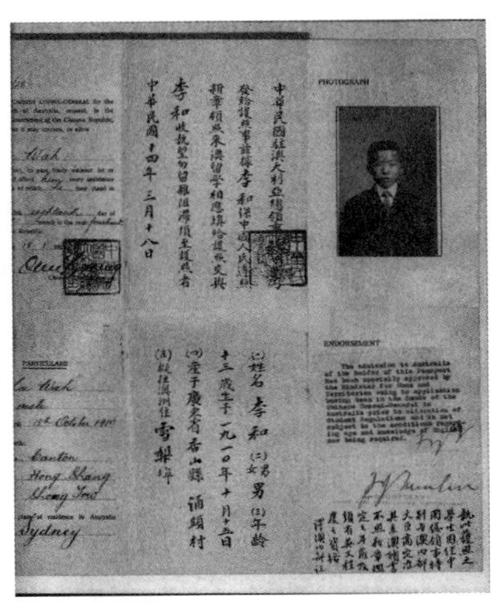

中華民國駐澳大利亞總領事
發給護照事照得李和係中國人民
李和收執望勿留難須至護照者
中華民國十四年三月十八日
(一)姓名 李和 (二)女男 男 (三)年齡 十三歲生于一九一〇年十月十五日
(四)産于廣東省香山縣涌頭村
(五)擬往澳洲住雪梨埠

左为一九二三年十二月十四日，李可为其子李和来澳留学之事所填写的申请表，向中国驻澳大利亚总领事馆申请护照和代办签证；右为一九二五年三月十八日，中国驻澳总领事馆魏子京总领事为李和签发的中国留学生护照及澳大利亚内务部三月二十八日签发的入境许可。

档案出处（澳大利亚国家档案馆档案宗卷号）：

Lee Wah - Students passport, NAA: A1, 1932/627

黄 三

香山长洲村

黄三（Tom Wong Sam），出生于一九一〇年十一月十九日，香山县长洲村人。事实上，黄三在家乡应该还有学名，因为他的父亲在档案中的申请表上，中文名字也是写成黄三，而英文名字也是Wong Sam。实际上，其父真正的名字叫Ah Loy，而根据译音，Ah Loy可能是黄阿来（磊）或者黄亚来（磊）。

黄亚磊生于一八六六年，十九世纪末年来到澳洲，在昆士兰省（Queensland）北部一带打拼，最终定居在英壬埠（Ingham）[①]，在此开设一间名为黄三的生果杂货铺，并经营一块菜地，供自己售卖。该商铺的具体英文名未知，因档案中没有提及，按照惯例，极可能就叫作Wong Sam。英壬埠位于汤士威炉埠（Townsville）以北约一百一十公里，坚市（Cairns）以南约二百四十公里处，距海仅十余公里，是昆士兰省重要的产糖区，蔗田连陌。

一九二一年十一月，黄亚磊以自己所经营的生果杂货铺作保，承诺每年供给儿子黄三足镑之膏火银，向中国驻澳大利亚总领事馆提出申请，办理其子赴澳大利亚的留学护照和签证，要让儿子进入昆士兰省北部英壬埠公立学校（Ingham State School）念书。在受理上述申请后，为区别其父子的中文名

① Certificate Exempting from Dictation Test (CEDT) - Name: Ah Loy (of Ingham) - Nationality: Chinese - Birthplace: Canton - departed for China per ST ALBANS on 25 December 1919, returned to Cairns per VICTORIA on 18 May 1920, NAA: J2483, 285/59。

字，中国总领事馆人员就将儿子黄三的名字在申请表上写成“贪末黄三”，因他取有一洋名“Tom”。

在审理完黄亚磊的申请后，一九二一年十二月二十八日，中国总领事魏子京为黄三签发了编号为135/S/21的中国留学生护照。但不知何故，签证的申办却拖了近四个月的时间。这种现象在早期的中国留学生签证申请办理过程中并不常见。直到一九二二年四月二十一日，澳大利亚内务部才最终给黄三签发了赴澳留学入境签证。拿到签证的第二天，中国驻澳总领事馆就根据要求，将护照和签证邮往昆士兰英壬埠黄亚磊的铺子里。

收到护照后，黄亚磊立即申请了一份回头纸，然后赶往坚市埠，于五月二日在此搭乘路经该港口的“获多利号”（Victoria）轮船，驶往香港回国探亲。过了半年左右的时间，他帮儿子收拾好行装，便带着黄三从家乡去到香港，乘坐“圣柯露滨号”（St Albans）轮船，于一九二二年十一月十五日，抵达澳洲昆士兰州北部滨海重镇坚市。[①]入境之后，黄亚磊带着黄三由此赶赴英壬埠，住进他经营的生果杂货铺里。

安顿好之后，当年十一月二十七日，黄三就按照父亲的安排，正式进入英壬埠公立学校念书。但此时离学期结束已经没有多长时间，几个星期后就放暑假，直到次年初即一九二三年新学期开学后，校长才得以向内务部提交例行报告。从报告上看，对黄三的在校学习和操行都表示满意。由是，他就以这种学习状况一直延续到一九二四年上半年。

也就是在这段时间里，即在一九二四年三月份到七月初之间，黄三旷课达二十天之久。待收到学校报告后，其旷课行为引起了内务部的关注，要求他的父亲对此予以解释。但实际上，因学业不佳，黄三在这一年的六月份就离开父亲，转学去了汤士威炉公立学校（Ross Island State School）。然而在这所学校里，他也并没有待多长时间。短暂就学三个月之后，到这一年的九月二十六日，他就离开了这所学校，又再次转学去了汤士威炉的另一所学

① Certificate Exempting from Dictation Test (CEDT) - Name: Ah Loy - Nationality: Chinese - Birthplace: Canton China - departed for China per VICTORIA 2 May 1922 returned Cairns per ST ALBANS 15 November 1922, NAA: J2483, 336/022。

校，即哈密特公园公立学校（Hermit Park State School）。但是，直到十月二日，黄三才正式到哈密特公园公立学校上学。然而仅仅一个多月之后，即到十一月十日，他就又离开了该校。在这所学校的这一个多月时间里，黄三之表现可谓三天打鱼，两天晒网，不思学习，拒做作业，更不合群，不交朋友，也不参与他们的游戏与课外活动。

在接到哈密特公园公立学校的报告之后，面对其连续不断的旷课行为，内务部一下子就被激怒了。内务部秘书致函海关，严令其找黄三的父亲黄亚磊谈话，一方面请他解释何以黄三一而再、再而三地旷课；另一方面也向他提出警告，再这样下去，就要取消黄三的学生签证，将其遣送回国。

实际上，早在黄三于英壬埠公立学校旷课一事发生后，当地海关和警察局就开始探究其旷课之原因。一九二四年七月三十一日，当海关人员找到黄亚磊时，他解释说，先前黄三旷课是因为那段时间海关人员要到他所经营的菜园来买菜，因他雇佣的工人病了，就将儿子留下来在家里帮手，碰巧给海关人员看到了。当得知这是违规行为时，他对此的解释是，他本人并不知道这样做是违反了《中国留学生章程》有关条例的规定，还认为这是人之常情。经海关人员警告后，黄亚磊表示，今后将不会这样处理事情，并会督促儿子黄三不要再旷课。由于此前已经与黄亚磊沟通过，海关人员与警察在接到内务部指示，奉命调查黄三此后在哈密特公园公立学校的表现及旷课原因时，都很紧张，他们马上派人寻找黄氏父子，以了解到底是什么原因导致黄三变本加厉，无心向学。

然而，警察发现，此时黄亚磊也找不到了。自一九二四年七月份之后，也就是与警察沟通有关儿子在英壬埠公立学校旷课的原因之后不久，黄亚磊就已经离开了英壬埠，据说去了螺蛳河（Ross River）。知情人说，他在离螺蛳河肉联厂（Ross River Meat Works）一英里的地方，与一位名叫Tiy Chong（泰祥，译音）的华人一起经营一块菜园。一九二五年二月九日，当警察赶往该菜园时，却得知黄亚磊当时并非与人合资经营此菜园，而是受雇于该菜园，但已结束了在这里的工作，大约在上一年的圣诞节后便去了汤士威炉（Townsville），据说是住在了同邑乡亲吴肇基（Sue Kee）在弗林德斯街

（Flinders Street）上开设的肇基号商铺（Sue Kee Store）里。三天之后，汤士威炉海关报告说，根据他们调查得知，黄氏父子此时已不在汤士威炉，而是去了昆士兰省首府庇厘士彬（Brisbane）。从本地华商提供的线索得知，那里一位名叫Sun Jug You（孙祖祐）的华商或许知道他们的具体下落。

汤士威炉海关因在这段时间里找不到黄氏父子，遂于一九二五年三月九日与哈密特公园公立学校校长联络，询问他对黄三在校表现有何评价。不幸的是，校长对黄三的评价非常糟糕。他说，十四岁的黄三是他所接触到的最不堪的学生，他压根儿就不想要读书，并且总是为一点儿小事就与别的学生争执打架。海关在该埠经过进一步的了解，汤士威炉的华人对他们的去向也不清楚，但相信他们此时已经去了雪梨（Sydney），住在该埠的某个地方。当内务部获知有人提供信息说黄三在雪梨的地址是安益利（Onyick Lee & Co.）商行时，海关随即于四月二十一日追踪前往核实。但结果仍然令内务部很失望，黄三并没有住在那里，只是此前在雪梨的华人报刊《民国报》上，已经刊登了因黄氏父子失联的寻人启事，旨在将此信息扩大到整个澳洲的华人社区，以协助内务部追踪他们的行迹。与此同时，中国总领事馆也因与黄氏父子联络中断，无法找到他们，致函澳大利亚内务部，希望协助找到他们。

就当时黄三的年龄来说，处在十四五岁的这一阶段，正是青少年性格转变时期，亦即逆反心理逐渐强烈之际，在原有的社会价值观与现实环境不能匹配而又没有得到正确引导的情况下，做出一些出格的事情也就不难理解了。

那么，黄氏父子到底去了哪儿呢？整个一九二五年，内务部与海关及警察部门，都在寻找他们；然而，没有任何一点有关他们的确切消息。无奈，内务部只得将黄三列入移民局的黑名单之中。①

曙光出现在一九二六年初。一月六日，十五岁的黄三突然出现在了雪梨海关办公室里。他向接待他的相关官员表示，要在当天搭乘启碇的“彰德

① Re Whereabouts of Tom Wong Sam - Chinese student, NAA: B13, 1925/23688。

号”（Changte）轮船离开澳洲前往香港回国。黄三的出现，也导致整个海关和内务部紧急动员起来。内务部要求庇厘士彬海关备齐黄三的相关入境资料，一俟“彰德号”轮船于两日后抵达停靠庇厘士彬港口，立即登船，核对随船而来的黄三身份信息等无误之后，就对其放行，并注销其签证。待一切处理完毕，内务部于一月二十八日致函中国驻澳大利亚总领事馆，告知黄三的最后行踪以及海关的举措。

实际上，与黄三一起失踪的，还有他的父亲黄亚磊。黄三出现在雪梨海关办公室里时，并没有谈及其父亲，海关人员似乎也没有问起，或者当时因忙于处理黄三之事而无暇问起。至于他的行踪如何，档案材料里也没有任何文字说明，这也成了一个谜，不知道他最终是返回中国老家了，还是仍然留在了澳洲。如果是后者，也许是去到了澳洲的其他乡下，继续充当菜农，售卖生果杂货。

从上面的轨迹来看，黄三显然是很典型的问题留学生。他总计在澳洲留学三年多一点儿的时间，其中只有一半时光在学校里读书，其余时间不是旷课，就是查无踪迹。

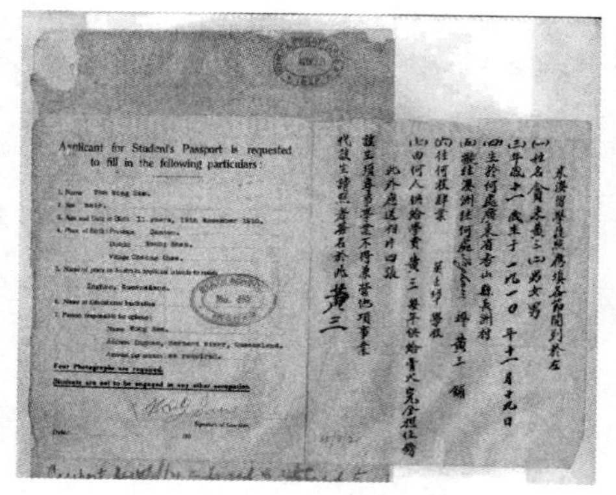

Applicant for Student's Passport is requested to fill in the following particulars:

Four Photographs are required.

Students are not to be engaged in any other occupation.

來澳留學護照務須填各節開列於左

(一)姓名 貪末黄三 (二)男女 男

(三)年歲 十一歲生于一九一〇年十一月十九日

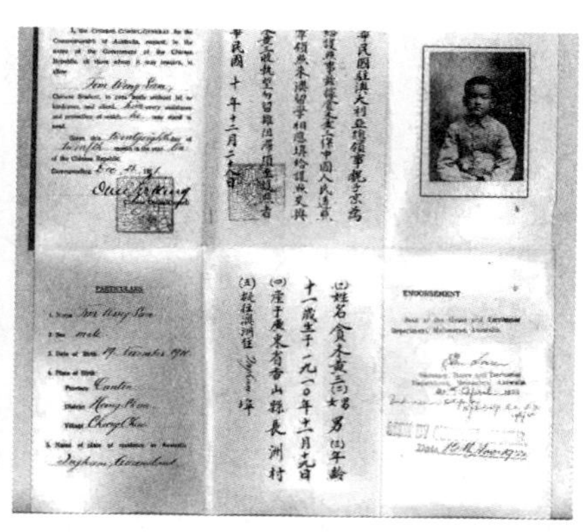

PARTICULARS

ENDORSEMENT

(一)姓名 貪末黄三 (二)男女 男 (三)年齡 十一歲生于一九一〇年十一月十九日

(四)產于廣東省香山縣長洲村

左：一九二一年十一月，黄三所填写的申请表，向中国驻澳大利亚总领事馆申请其子贪末黄三来澳留学护照和签证；右：一九二一年十二月二十八日，中国驻澳大利亚总领事魏子京签发给贪末黄三的中国留学生护照。

档案出处（澳大利亚国家档案馆档案宗卷号）：

Sam, Tom Wong - Student passport, NAA: A1, 1926/1273

李宝胜、李宝缘、李宝昌、李宝杰兄弟

香山恒美村

李宝胜（Poo Sing，又写成Willie Stanley Lee See或Willie Poo Sing）、李宝缘（Poo Yuen）、李宝昌（Bow Chong，或Poo Chong）和李宝杰（Gilbert Lee See）是兄弟，依次出生于一九一〇年六月十一日、一九一三年十一月十三日、一九一六年三月十一日以及一九二七年二月八日，都是香山县恒美村人，但最小的李宝杰是在香港出生的。他们先后到澳洲留学读书，最终有三人留在了那里。

兄弟四人的父亲名叫李泗（Lee See，或William Lee See），一八七四年出生，一八九三年跟着乡人一起，与胞弟李开（Lee Hoy）[①]从家乡来到澳大利亚发展。经几年打拼，他们都在一九〇〇年获得了在澳长期居留权利，遂得以回国探亲，结婚生子。[②]探亲结束重返澳洲后，李泗最终定居于昆时栏省（Queensland）的北部重镇坚时埠（Cairns），于一九〇七年与兄弟李开合股，在该埠中国城沙昔街（Sachs Street）上开设利生号（Lee Sang & Co.）商铺（也称利生公司），生活日渐稳定，生意越做越好。

---

① 李开的档案，见：Alien Immigration - correspondence relating to Chinese passengers on the SS Tsinan March - mentioned are Yee How, Ah Way, Lee Tay, You Que, Ah Get, Ah Pong, Lee Hoy, Ah Soe, Ah Chock, Ah Sin, Lee On and Sue Lang -all were refused landing due to illegal documentation - also mentioned are Johnny Hing, On Kee, Lo Tsung [Sung] Yao, Ah Lee and Ah Yiu, NAA: J3116, 11。

② Lee See, NAA: J2481, 1900/298。

一九二〇年，李宝胜的叔叔李开回国探亲。[①]次年，澳大利亚实施《中国留学生章程》，开放居澳华人的在乡子弟前来留学，由位于美利滨（Melbourne）的中国驻澳大利亚总领事馆负责签发护照和签证的预评估等相关事宜。于是，李泗便与正在家乡的兄弟李开商量，谓其十一岁的儿子李宝胜和李开的将近十三岁之子李守坚（Sow Kin）[②]正是赴澳留学读书的年纪，决定将其办到坚时埠读书，期望届时其子宝胜和其侄儿守坚堂兄弟俩一起赴澳留学，相互有伴好照应；而待他们获得签证后，则由李开负责将俩孩子带来澳洲读书。对此提议，李开深表赞同。

一九二一年六月十三日，李泗以监护人和财政担保人的身份填表，向中国驻澳大利亚总领事馆提出申请，为儿子李宝胜及侄儿李守坚办理赴澳留学生护照和签证。他以上述自己所经营的利生号商铺作保，承诺每年供给儿子和侄儿膏火银各五十镑，作为他们在澳留学期间的各项开支，要将李守坚和李宝胜哥俩一起安排进入坚时仕低学校（Cairns Boys State School）念书。

接获上述申请后，中国驻澳大利亚总领事馆只用了十天时间便审理完毕。六月二十三日，中国总领事魏子京为李守坚和李宝胜分别签发了编号为57/S/21和58/S/21的中国留学生护照，并在次日也为他们从澳大利亚内务部拿到了赴澳留学入境签证。仅仅过了一天，中国驻澳总领事馆便按照李泗提供的地址，将李守坚和李宝胜的护照和签证寄往指定的香港金山庄，由其转交护照持有者并安排行程。

得到获签信息后，李开在家乡指导李守坚和李宝胜哥俩迅速收拾行李，很快就摒挡一切，等待赴澳。待香港的金山庄为他们订好船期，但李开却因故不能一起走，遂再通过金山庄的关系，找到了前往澳洲做生意的新会籍商人赵昌（Chin Chong）[③]，作为两个孩子的旅途监护人。于是，赵昌带着他们前往香港，由此乘坐往返于中澳之间的“获多利号”（Victoria）轮船，于

---

① Name: Lee Hoy - Nationality: Chinese - Birthplace: Canton - Certificate of Exemption from the Dictation Test (CEDT) number: 298/10, NAA: BP343/15, 3/154。

② Sow Kin Student's Passport, NAA: A1, 1923/57。李守坚，一九〇八年十二月十四日出生，较李宝胜年长不到两岁。

③ 赵昌的档案，见：Chin Chong - Canto Merchant's Passport, NAA: A1, 1937/2600。

一九二一年九月十三日抵达坚时埠。李泗将他们从海关接出，住进利生号商铺（当时，大多这些华人生意都是前店后家的格局），开始了他们的在澳留学之旅。

原本李泗是安排儿子李宝胜和侄儿李守坚一起入读坚时仕低学校，但在他们抵达坚时后，经一番权衡，便于九月二十五日在坚时公立学校（Cairns State School）为他们注册，随后送他们哥俩一起入学，正式开始他们的留学读书。两个月之后，该校校长提供的例行报告显示，来澳不到十个星期的李宝胜和堂哥李守坚一样，已经尝试着开口说英语了，能够用当地语言与人沟通，令人高兴，故校长在报告中对他的学习和在校表现都极表满意。看来，因年龄较小的关系，接受新事物的能力强，尤其是学习一种新的语言，年纪小更占优势。由是，李宝胜很快就适应了新的环境。到一九二二年底堂哥李守坚离开澳洲返回中国后，他继续在这所学校读书，表现一如既往。在这段时间，他为自己取了一个英文名字，叫作Stanley（斯坦利），以后也将父亲的名字作为自己的名字，全名就成了Willie Stanley Lee See，或者是Willie Poo Sing。

一九二三年底，李泗的次子李宝缘十岁了。这时候，李泗正好回到国内探亲[①]，他觉得此时是将这个儿子也接来澳洲读书的时候了，以便日后能使他兼具东西方的文化知识，有所成就；另一方面也可以择机使其留澳，再求发展。于是，该年十二月三日，由在坚时埠管理利生号运营的兄弟李开出面，代表他向中国驻澳大利亚总领事馆提交申请，为其刚满十岁的儿子李宝缘来澳留学申领留学生护照和代办签证。按照要求，李泗以其自己作为大股东的利生号店铺作保，承诺为其子来澳留学每年供给膏火五十镑，包括学费、医疗保险和生活费以及往返中澳之船资等相关费用。当然，鉴于长子李宝胜已经在坚时公立学校就读，他也希望能把儿子安排到同一所公立学校入读。

虽然中国总领事馆接到李开的申请之后，就着手处理，但不知道是什么

---

① Certificate Exempting from Dictation Test (CEDT) - Name: William Lee See - Nationality: Chinese - Birthplace: Hong Kong - departed for China per VICTORIA 4 April 1923 returned Cairns per VICTORIA 15 August 1924, NAA: J2483, 359/45。

原因，这一处理过程长达几近一年半之久，不知是李泗或李开兄弟俩与中国总领事馆之间的沟通有问题，抑或是总领事馆在核对李泗的财产资格以及联络学校方面，有所阻碍，或者是因澳、中两国修订《中国留学生章程》新规而使护照申办工作陷于停顿，从而导致审理未有进展。总之，直到一九二五年四月八日，中国总领事魏子京才为李宝缘签发了中国留学生护照，编号427/S/25。因此时中、澳两国已经就修订中国留学生来澳留学章程新规达成协议，即"经中国总领事特别与澳内务部大臣商定，凡在一九二六年之前持中国驻澳大利亚总领事馆签发的中国留学生护照者，准其来澳读书不照新章规定之年龄及须有英文学识程度之资格"限定，因而，澳大利亚内务部的批复时间也就长了很多。直到四月的最后一天，即四月三十日，澳大利亚内务部才给李宝缘核发了入境签证。根据档案的记录，中国总领事馆就在内务部签发了李宝缘的入境签证之当天，转手就将此护照寄往香港的金山庄，由其负责安排行程，以便在广东家乡等待护照和签证近一年半之久的李宝缘能及早束装赴澳学习。原来想在国内接到次子赴澳留学的批复之后便携子一同赴澳的李泗，因久久等不来中国总领事馆的审核及发放签证，早在上一年八月便先行返回了坚时埠。

接到护照和签证之后，李宝缘确实也并没有耽误多久时间，毕竟他已经为此等待长达一年半之久。此时，他的父亲李泗又因商务等事宜于上一年底回到广东和香港两地奔忙①，因无法与其同行赴澳，遂交代金山庄为其订好船票，也找到了同行的赴澳小留学生以及回国探亲后返澳的同乡以便在旅行途中充当监护人可以代为照顾之后，家人便为其收拾行装，将其从家乡香山县送往香港，在这里乘坐来往中澳间的客轮"彰德号"（Changte），于一九二五年十月十五日抵达坚时埠，入境澳洲，由叔叔李开从海关将其接出，住进了利生号店铺。此时，李宝缘即将年满十二岁。

从十一月六日开始，李宝缘正式注册入读坚时公立学校，与兄长李宝胜

---

① Certificate Exempting from Dictation Test (CEDT) - Name: William Lee See - Nationality: Chinese - Birthplace: Canton China - departed for China per ST ALBANS 17 December 1924 returned Cairns per TANDA 19 March 1928, NAA: J2483, 385/12。

一同去上学。李宝胜也利用自己已经很熟练的英语，无论是在学业上还是生活上，帮助弟弟尽快适应这里的学习环境。根据次年三月底校长提交给内务部的例行报告，李宝缘在校之操行表现及各科学习成绩皆中规中矩，尚称满意，也在英语能力方面颇有提高。在这所学校里，李宝缘也给自己取了一个英文名字，叫Robert（罗伯特），全名成了Robert Poo Yuen，以便于与人沟通交往，算是入乡随俗吧。此后，每次校长的例行报告，对他都是好评。就这样，李宝缘在坚时公立学校读了近两年的书。

此时，在中国探亲兼办商务的李泗还没有回来，他基本上是把家搬到香港并长住那里，同时兼顾打理利生号在香港分行的生意，其返程设定到一九二八年；而在一九二四年底李泗重返中国前，李开也早他两个月就已经回去中国探亲。到一九二六年，李宝昌满十岁了，又到了像当年李宝缘来澳洲读书的年纪，而李开的小儿子李松庆（Chong Hing）此时也十一岁了，同样也需要送去澳洲读书[①]，李泗决定为他们一起提出申请，这样到坚时读书时，几个堂兄弟在一起还会有个照应。当年九月十五日，还是像几年前申请李宝缘来澳留学一样，李泗委托李开出面作为监护人和财政担保人提出申请。但因李开本人此时也在中国，就又商请在雪梨（Sydney）担任《民国报》社长之同乡兼老友杨福（Young Hook）[②]作为保人，并由他出面，作为此次两个孩子赴澳留学事宜的具体申办人，向位于美利滨的中国驻澳大利亚总领事馆提出申请，办理李宝昌和李松庆的来澳留学护照和签证。还是跟以前申请李宝缘时所做的一样，李开以他自己和兄长一起经营的利生号店铺作保，承诺为儿子李松庆和侄儿李宝昌来澳留学每年供给膏火银各五十镑，包括学费、医疗保险和生活费以及往返中澳之船资等相关费用。当然，鉴于当年七月一日开始实施《中国留学生章程》新规，其中一项变化便是，此后所有赴澳之中国留学生只能入读缴费的私立学校，也就是说，这次已经不能像

---

① 李松庆的留学档案，见：Hing, Chong - Students passport, NAA: A1, 1928/1751。

② 见鸟修威省档案馆（NSW State Archives & Records）保存的工商局公司记录："Chinese Republic Newspaper Company"，https://records-primo.hosted.exlibrisgroup.com/permalink/f/1ebnd1l/INDEX1790293。

三年前李宝缘申请留学时那样可以入读当地的公立学校。为此，李开便为李松庆和李宝昌选择了当地的天主教会学校（Convent School, Cairns）入读。

中国总领事馆接到以李开的名义为李宝昌和李松庆提出的申请之后，没有像处理李宝缘的申请那样拖了一年多的时间，而是经过两个月的审核之后，就于一九二六年十一月十六日，由总领事魏子京为李宝昌签发了编号为454/S/26的中国留学生护照，而他的堂兄李松庆的护照号码则是453/S/26。

由于有《民国报》社长杨福的介入，这次李宝昌来澳签证的申请，也是由杨福致函中国总领事，说明李宝昌父亲李泗目前无法来澳的理由，但希望中国总领事馆向澳大利亚内务部特别强调李泗已在澳逾三十年，尽管其近期内难以定下何时才能返澳的具体日期，但其子接受英语教育之事似无法予以耽搁，吁请澳洲当局核发签证为荷。内务部在十二月三日就此申请复函中国总领事馆时，特别表明并没有拒签，而是早在十一月十七日就给李宝昌核发了签证，但在函中却表示，目前将护照和签证暂时保存在内务部，希望中国总领事馆提供有关李泗的详细返澳资料，尤其是提供一个他何时回澳的具体日期，一旦收到这些材料并确定下李泗之回澳日期，内务部就可将李宝昌的护照和签证一并发还给他。而在核发李宝昌签证的同一天，李松庆也拿到了签证。内务部之所以要李泗的回澳日期，是在于按照《中国留学生章程》新规，十三岁以下的中国留学生前来澳洲留学时，须由其具有澳洲长期居留资格或澳籍之父母陪同，方才可以准允入境。因此项新规刚刚于这一年的年中实施，故内务部死守着这条规则行事。

但遗憾的是，无论是中国总领事馆，还是雪梨《民国报》的杨福抑或李开以及李泗，均未有对内务部上述要求予以回复，因为在档案中无法找到对此问题的任何回应。根据李宝杰的出生年份是一九二七年二月来判断，他的三哥李宝昌无法由父亲陪同前往澳洲留学，最主要原因是李泗此时的妻子在未来的两个月左右就要分娩，同时还有在香港的生意也必须要照顾，短时期内实在是腾不出时间返澳。由是，因李泗的预定返澳日期还要一年多的时间，也就只好先搁置李宝昌的赴澳留学事宜，待稍后再议，而他也就此将这位儿子先带到香港读书。也正因为此，李开在接到中国驻澳大利亚领事馆寄来的儿子护照后，便只好带着李松庆启程，从香港搭乘开往澳洲的“太平号”（Taiping）轮船，于一九二七年一月二十七日抵达坚时入境。①

在坚时公立学校读书的李宝胜和李宝缘哥俩仍然保持着此前的学习态度，潜心向学，表现令人满意。一九二六年底，十六岁的李宝胜从坚时公立学校小学毕业，于一九二七年新学年开始，顺利地升学进入坚时公立中学（Cairns State High School），似乎显示出他至少将在此完成初中的课程。可是刚刚进入中学读了两个月的课程，他就在三月二十六日搭乘路经坚时埠驶往香港的“彰德号”客轮，返回中国去了。临走之前，他知会了学校和当地海关，但没有说明突然回国的原因。

李宝缘没有跟着大哥一起走，仍然留在坚时公立学校继续念书。但他也没有坚持多久，只是比兄长又多在这里读了半年书而已。一九二七年十月一日，李泗这位还未满十四岁的次子，毫无征兆地在坚时登上与他来澳时所搭乘的同一艘客轮“彰德号”，离开澳大利亚，返回中国。是什么原因使他来澳不到两年就中断在澳之留学返回中国呢？档案中没有提及。但在李宝缘离开后不久，因其父亲李泗仍然在中国没有返回坚时，他的叔叔李开曾经向坚时埠海关当局申请过这位侄儿的返澳签证，海关当局叮嘱他要通过驻美利滨的中国总领事馆循正常程序申请。这就从某种程度上表明，李宝缘之突然回国，极有可能是香山家中发生了什么事，李泗需要这个儿子尽快回去；与此同时，为了儿子的前程及储备更多的西方知识，李泗也还是希望他在回国办理完急需之事宜后，能在近期内返回澳洲重新投入学习，并为此有所安排。而一九二七年的秋天，中国乃多事之秋，尤其是广州及其周围地区，局势动荡，地方不靖，这些无疑都对当地之民生有很大影响。不过，此后李宝缘并没有重返澳洲继续求学读书。因为自此以后，再也没有查找到他入境澳洲的记录。

李泗在两个儿子都离开澳洲后，于一九二八年三月回到坚时埠。可是到

① Certificate Exempting from Dictation Test (CEDT) - Name: Lee Hoy - Nationality: Chinese - Birthplace: Canton China - departed for China per EASTERN 16 October 1924 returned Cairns per TAIPING 27 January 1927, NAA: J2483, 384/46。

这一年七月，他的弟弟李开回国探亲去了，同时接管在香港的利生号分行的经营。[①]此前几年基本上是弟弟李开在管理坚时的生意，现在他一走，全部经营管理重担都落在李泗肩上，同时还要兼顾香港的生意，因为利生号的进出口业务就与其相关。到年底，他需要回国探亲兼及其他公私事务，如何安排坚时利生号的经营管理也就成了一个问题，他感到了很大压力。鉴于这时长子李宝胜已经十八岁，是应该出来历练的时候了。于是，他把自己的想法告诉了中国驻澳大利亚总领事馆，请其代为申请儿子李宝胜前来作为他的替工，为期三年，代他管理这间已经创办了二十多年的商号，也就是照看好他的利益。十一月二十八日，中国总领事馆正式向内务部发出公函，代其提出上述申请。

内务部受理这一申请后，需要海关对利生号的经营情况予以核查，提出报告，以便定夺。接到指令后，海关行动迅速。首先，确认了坚时埠的利生号商行与雪梨的利生公司（Lee Sang & Co.）[②]虽然同名，但无任何瓜葛；而坚时埠利生号则由李氏两兄弟合开，股份各占一半，但以李泗为主。该商行年营业额为一万五千镑，进口物品价值为一千零七十镑。除此之外，兄弟俩还拥有一大块土地，用于种植水果蔬菜，供应销售。所有这些表明，李泗有资格申请替工。一九二九年一月十八日，内务部部长批准了上述申请，给予李宝胜三年工作签证，但每次只核发一年，到期再展签，累计三年为止。

确认申请获得批复后，李泗先于四月二十四日从坚时埠乘坐“太平号”轮船回到香港办事。此行最大的可能性是处理家事，即在长子李宝胜赴澳履

---

① Certificate Exempting from Dictation Test (CEDT) - Name: Lee Hoy - Nationality: Chinese - Birthplace: Canton - departed for China per TANDA 24 July 1928, NAA: J2483, 440/14。李开的小儿子李松庆到次年一月底，也从澳洲学校退学返回中国。自此，在澳大利亚国家档案馆里，再也找不到了一九二八年之后与李开相关的宗卷及相关信息，也不知道他与兄长李泗此后是如何处理两人在利生号商行的股份，因为以后只见到李泗的子女接续经营该商行，而未见李开的两个儿子有任何参与。由此可以推测，既然自己的两个儿子都无意留在澳洲协助经营利生号，而李开跟兄长李泗又在香港开有分行（或者分公司），那么，将自己在坚时埠利生号商行的股份退出，转到香港发展，全力经营利生号香港分公司的业务，由其两个儿子协助经营，看来也是一个不错的选择。

② 雪梨的利生公司由东莞籍商人叶同贵（Gilbert Yet Ting Quoy）等人在十九世纪末设立，一九〇三年三月二十六日正式向鸟修威省工商局注册。见鸟修威省档案馆（NSW State Archives & Records）保存的该省工商局公司注册记录：https://records-primo.hosted.exlibrisgroup.com/permalink/f/1ebnd1l/INDEX1809797。

行替工代父经营生意职责之前，为其办完婚姻大事。根据档案宗卷，办理李宝胜的留学护照时，申请表上其出生年份是一九一〇年，可是在申办此次替工的工作签证时，他的父亲却将其出生年份改到了一九〇六年；而在另一份李泗夫妇的档案里，则显示他们这位长子的出生年份是一九〇七年，或一九〇八年[①]，或者一九〇九年[②]。当时居澳华人中，出生年份经常变换的不在少数，即便许多去到澳洲留学的年轻人，其年龄也经常前后不一致。本文中的李宝胜是这样，他的弟弟李宝昌也是如此（接下来继续涉及的李宝昌重新申请赴澳留学，便是例子）。无论如何，李泗在香港和广东家乡处理完相关业务及家事后，便立即于九月三十日，携带长子李宝胜搭乘与返港时的同一艘轮船抵达坚时。[③]此次重返澳洲的李宝胜，已经完全不是当年做学生的少年，也不是回来继续求学的青年书生，而是以一个年轻企业家的形象出现在众人面前，作为利生号商行代理经理，代父经营生意。经过近四个月的手把手传帮带，确认儿子上手管理之后，李泗便于一九三〇年一月二十九日，搭乘"彰德号"客轮离开澳洲前往香港，留下儿子李宝胜独立经营其家族生意。

由是，年轻的李宝胜就开始独当一面，肩负起维持和发展家族企业的责任。作为代理经理，李宝胜也同时兼任利生号的簿记，了解和掌握商行的进出口货物及收支，及时解决资金的流动。到一九三〇年六月底的财政年度报表统计显示，上一个财政年度的营业额达到一万五千镑，进口货物价值为二千三百五十五镑。这在全球大萧条的情况下，其业绩表现很好。有鉴于此，到当年九月份其父李泗仍然未归时，他的下一年度展签便得以顺利批复。虽然在此之后李泗曾经在次年短期回来坚时埠检查商行的经营情况，但他现在是将越来越多的时间放在香港分行的业务上，同时也把家搬到了香港，而次子李宝缘就极有可能也去到香港，协助他经营管理；因此，他只是

---

① LEE See Willie Stanley (aka Willio and William) born 28 October 1908; Bowying born 5 March 1912; Joyce Evelyn born 20 March 1937 – Chinese, NAA: A446, 1957/61856。

② Lee See William and Sam (wife), NAA: J25, 1957/12163。

③ Certificate Exempting from Dictation Test (CEDT) - Name: William Lee See - Nationality: Chinese - Birthplace: Hong Kong - departed for China per TAIPING 24 April 1929 returned Cairns per TAIPING 30 September 1929, NAA: J2483, 458/88。

待了三个月的时间，又返回了香港。因而在一九三一年九月，内务部遂再次批复了李宝胜的下一年展签。

几年前未能跟着堂兄李松庆一起前来留学的李宝昌，如前所述，实际上是从家乡中山县去到了香港。经父亲李泗安排，进入当地华仁书院（Wah Yan College）读书，接受中英双语教育。到一九三一年底，李宝昌已经满十五岁，父亲李泗决定将他送到澳洲留学。就在他返回坚时检查利生号经营状况的那段时间里，他去到天主教会在坚时埠开设的圣母昆仲会书院（Marist Brothers' College），为儿子李宝昌拿到了接受入读的录取通知；回到香港后，到年底时李泗请华仁书院院长开具了一份李宝昌具备初步英语学识的证明，也让李宝昌自己手写一份英语翻译小文章，作为自己具备英语能力的证明，寄交给坚时的李宝胜，由他负责为弟弟前来留学申办护照和签证。按照《中国留学生章程》新规，年满十四周岁以上的赴澳留学中国学生，皆须提供具备基础英语学识能力的证明。上述李宝昌的英语抄件和华仁书院院长证明信，便是为此而准备的。

接到父亲的指令后，李宝胜自然全力以赴地为弟弟来澳留学办理相关手续。一九三二年一月二十一日，李宝胜填具申请表格，代父具结财政担保书，向中国驻澳大利亚总领事馆提出申请，办理三弟李宝昌的赴澳留学护照和签证。在这份申请表里，可以看到，李宝昌的出生日期被改为一九一六年九月二十一日，较之上一次的申请改小了半岁。因利生号经济实力强，自然承担李宝昌来澳留学的全部费用。从一九三一年开始，中国总领事馆审理留学申请的流程已经有所改变，即在受理之后，经初审合格，便将全部申请材料先送交内务部评估，后者认为其符合要求通过评估后，发回中国总领事馆签发护照，再交由内务部核发签证。由是，中国总领事陈维屏接到上述申请，六天后便送交内务部呈请签证评估。内务部因近期都在处理利生号的替工事宜，对李泗以及该商行的情况比较熟悉，因而无须按照流程再经海关核查其经营状况及财政能力，一个星期后便复函批复。于是，陈维屏总领事在二月十日给李宝昌签发了一份中国学生护照，号码是043134；二月十二日，内务部在上述护照上钤盖了入境签证章。

当年五月二日，李宝昌搭乘“彰德号”客轮，从香港航抵坚时，入境澳洲。大哥李宝胜将弟弟接出海关，住进了利生号商铺里。抵埠的第二天，李宝昌就注册入读圣母昆仲会书院。可能是在香港的中英双语学校接受教育的原因，李宝昌的英语能力使之完全适应当地的学习环境，书院提交的例行报告，每次都对其在校表现和学业表示满意，因而在次年申请展签时，很顺利地获批。

而到一九三二年九月，李宝胜的三年替工签证到期，为了日后的发展并给内务部和当地海关留下诚实守信的良好印象，他决定按时回国，当然也为了回家与新婚不久就分离的妻子团聚。为此，父亲李泗及时从香港赶回来接管生意，使得他得以在十月二十八日搭乘“太平号”轮船离境回国。一年后，李泗于一九三三年十月再以自己要回国探亲以及照顾香港的生意为由，申请李宝胜重返坚时，代他经营利生号。内务部通过坚时海关了解到，一九三一年和一九三二年两年，因受世界性萧条大环境的影响，利生号的年营业额略有下降，均为一万三千多镑，但到今年六月三十日的财政年度，营业额大有增长，达到二万六千镑，并且开始有少量澳洲产品出口到香港。具有这样效益的企业自然受当地政府和海关所青睐，提交给内务部的报告也都是积极正面的。内务部见到这样的结果，自然也明白商行需要较好的管理和运营才行，而李宝胜此前已经在这个管理职位上有所历练，成绩也显著，且中英文俱佳，可以胜任。于是，当年十一月九日，内务部部长再次批准了上述替工申请，给予李宝胜十二个月的签证，到期后可根据需要申请展签，而内务部届时亦视情决定是否批复。一九三四年三月二十六日，李宝胜再次回到了坚时，从父亲手中接过来管理利生号商行的责任。

在哥哥李宝胜离开坚时的一年多时间里，李宝昌虽然在学习上没有什么障碍，也能赶上课程的进度，但身体健康状态不是很好，经常因病不得不病休在家，据报告说是因患钩虫病感染，除了看当地西医，他也寻求中医予以治疗。但内务部对此颇有微词，认为他是在夸大病情，以达到缺勤在家的目的。实际上，内务部是深恐中国学生在澳留学期间利用机会为自己家族企业打工，或者出外打工，为此，总是千方百计地阻止一切有可能的缺勤旷课行为。而当地海关却认为，李宝昌是以上述疾病为由而逃学；经晓以利害，他有所改变，但明显是在应付。从某种角度看，在香港的读书环境比在坚时要优越很多，对于一个正在成长期的少年而言，在新的环境里思想和行为出现波动是很正常的。也许正因为此，父亲李泗明察秋毫，在长子李宝胜重返坚时后，也到了要为李宝昌申请下一年展签之时，但他决定不再为其申请，自己离开坚时埠之时，便将他一起带走，返回香港继续读书。知道很快就要离开澳洲回去，李宝昌在复活节假期结束后干脆就不再上学，在家静等归期。

于是，李泗在交代完所有管理经营事宜给李宝胜之后，就于一九三四年五月二十九日在坚时登上“彰德号”客轮，返回香港。而跟他一起走的，还有十八岁的儿子李宝昌。从进入澳洲到离境，李宝昌的在澳留学时间刚刚过了两年。

李宝胜在上一次三年替工时期，就曾经三次申请妻子和刚刚出生的儿子前来探亲，但每次都被内务部拒绝，理由是他的身份只是临时替工而非长期居澳商人。这次待父亲和弟弟走了之后，他便再向内务部提出申请。一九三四年六月十九日，他通过中国驻澳大利亚总领事馆，再一次正式向内务部提出申请，希望准允妻子携带子女前来坚时探亲。这一次内务部经过对利生号的再次评估，得知该商行近年来生意越做越好，遂于八月三日批复了这一申请，准允她们十二个月的探亲签证。十月一日，其妻带着儿子搭乘“太平号”抵达坚时。此后，随着利生号生意的不断扩大，李宝胜不断得以申请作为替工前来坚时工作①，最终全家定居于澳洲②。

一九三八年中，正在坚时的李泗把利生号管理交给长子李宝胜后，准备返回香港。因为小儿子李宝杰已经年满十一岁了，李泗考虑到要把他也办来澳洲读书，希望在确认他可以获得签证后才走，以便回去后再返澳洲时，将小儿子一起带来。五月份，中国驻澳大利亚总领事保君建根据李泗的申请，致函内务部秘书，请其尽快核发签证给这位小留学生。接到上述请求后，内

---

① William Stanley Lee See [immigration file] [2.0cm; box 1085], NAA: SP1122/1, N1955/24/4343。

② Willie, Stanley Lee See, NAA: J25, 1951/3837。

务部秘书对利生号商行的经营状况已经很熟悉，对其能够负担李宝杰的全部留学费用毫不置疑，也深信李泗和他的商铺有这个能力。而内务部只需要核对一件事，即李泗的出入境记录是否与李宝杰的出生日期相吻合。经海关翻查记录，显示自一九二四年到一九二八年李泗都待在香港和广东，而李宝杰正好是在这段时期里出生，表明他们之间生物学意义上的父子关系完全成立。而李宝杰虽是在香港出生，但仍然被视为中国公民，因此，内务部秘书通过了此项申请的预评估，请中国总领事馆为其签发护照。于是，保君建总领事在六月一日给李宝杰签发了中国护照，号码是384478；六月十日，内务部在该护照上钤盖了入境签证章。

李泗接到护照后，觉得时间紧迫，遂通知香港家人帮李宝杰收拾行装，订妥船票，搭乘最近一艘驶往澳洲的“太平号”轮船，于当年七月三十日抵达澳洲。李泗则拿着中国总领事馆直接寄给他的李宝杰护照，交给海关验过，通过核查，将儿子接出关来，住进了他的利生号商铺里。鉴于此前他的三哥就读的是圣母昆仲会书院，此次李宝杰也同样被父亲安排进入这家天主教会主办的学校念书。在把小儿子安排好之后，李泗便离开坚时，返回香港，留下小儿子在坚时由他的大哥李宝胜照顾。

此后两年多的时间里，李宝杰在这所书院里的表现和学业都令人满意。而且从一九三九年开始，待内务部正式确认他的英国臣民身份之后，就不需要中国总领事馆为他申请展签，改由利生号每年通过海关申请。从一九四〇年新学年开始，他又被父亲送到车打士滔埠（Charters Towers）的万灵书院（All Souls’School）读中学。该埠是矿镇，位于昆士兰省中北部重镇汤士威炉埠（Townsville）之西南内陆一百三十多公里处；而汤士威炉埠在坚时埠南面，两地相距三百五十公里，因此，李宝杰是作为住校生在那里读书。书院提供的报告显示，他天资聪颖，学业优秀。一九四二年新学年开学后，因此时已经是太平洋战争时期，李宝杰离开读了两年的万灵书院，返回坚时，进入圣思定书院（St Augustine College）读了四年，完成了中学课程。一九四六年，他报名入读位于昆时栏省首府庇厘士彬（Brisbane）一间名为海明威与罗伯森公司（Hemingway & Robertson Limited）提供的函授会计课程，不断提高自己。

也就在一九四六年，由父亲李泗安排，李宝杰成了利生号的合伙人之一。两年后，他返回香港[①]，然后取得香港的护照，在那里娶妻生子[②]，再带回澳洲，最终定居下来，在二十世纪六十年代加入澳籍。[③]

而李泗则在不断申请儿子前来读书和替工的过程中，也把安置在香港的太太于一九三九年先申请过来坚时埠探亲，让她有机会照顾正在读书的小儿子李宝杰。[④]此后，他又多次申请太太进入澳洲[⑤]，最终在二十世纪五十年代定居澳洲，获准成为澳籍居民。[⑥]

不仅仅是长子李宝胜以及后来在此留学时间最长的小儿子李宝杰留在了澳洲，李泗的第三子李宝昌在回去香港后，也换了一个名字，即跟大哥一样，把姓氏换成了父亲姓名，再配上一个英文名，成了Leslie Lee See，出生年份也改成了一九一五年三月十一日（比最早在一九二六年申请赴澳留学护照时整整多了一岁），也在一九三六年七月获准重返澳洲[⑦]，回到坚时，进入利生号工作。[⑧]自此之后，他协助大哥李宝胜管理利生号商行，不断地以替工或者助理的身份，几次进出澳洲[⑨]，并担任利生号商行的副经理，最终也获准把妻小申请过来澳洲，在二十世纪五十年代末到二十世纪六十年代，得以全

---

① Lee See Gilbert - Chinese - arrived 30 July 1938 in Cairns aboard TAIPING - departed 16 May 1948 from Cairns aboard CHANGTE, NAA: BP210/2, LEE SEE G。

② Lee See, Gilbert; wife Rita [nee Kwok], NAA: J25, 1967/10463。

③ Gilbert Lee See - CEDT (Certificate for Exemption from Dictation Test), NAA: J25, 1958/2270。

④ Lee See Mrs William - Chinese - arrived 30 March 1939 in Cairns aboard TAIPING - departed 16 May 1948 from Cairns aboard CHANGTE, NAA: BP210/2, LEE SEE W; Lee See William - Chinese - departed 16 May 1948 from Cairns aboard CHANGTE, NAA: BP210/2, LEE SEE W。

⑤ Lee See, William - Nationality: Chinese - Arrived Brisbane on S.S. Shansi 31 July 1940, NAA: BP25/1, LEE SEE W CHINESE。

⑥ Lee See William and Sam (wife), NAA: J25, 1957/12163; Lee See, William and Sam (Lee Cham Wai Pui), NAA: J25, 1962/7843。

⑦ Lee Kong Yee - Student exemption, NAA: A433, 1947/2/1458。

⑧ Leslie Lee See (Chinese) - under exemption [box 32], NAA: SP42/2, C1945/2016。

⑨ Lee See Leslie - Chinese - departed 28 January 1948 from Brisbane aboard NELLORE, NAA: BP210/2, LEE SEE L。

家申请加入澳籍。①

只是李氏四兄弟里，未有见到老二李宝缘的踪影。他在澳洲留学未满两年时间，此后他的哥哥和两个弟弟都以替工或者店员的名义重返澳洲，进入父亲开创的企业里工作，唯独未见到他的踪影。当然，他的父亲在香港尚有生意，当父亲也退休返回澳洲居住之后，推测起来，留在香港的生意也许就只有他来负责打理并继承了。显然，由于香港生意需要，他无法离开，因而也就没有进入澳洲的必要。

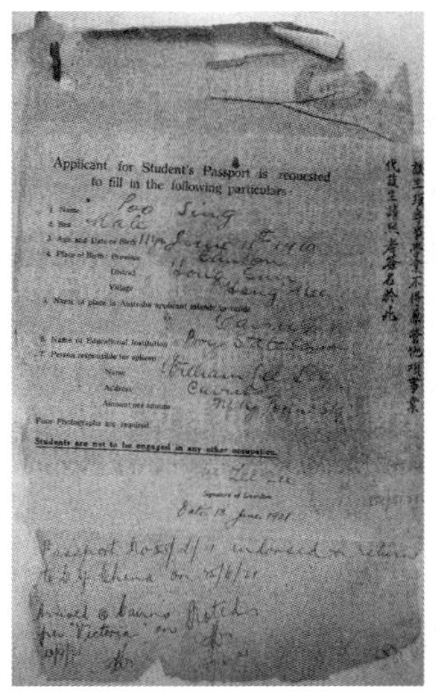

Applicant for Student's Passport is requested to fill in the following particulars:

1. Name Poo Sing
2. Sex Male
3. Age and Date of Birth 11 yrs June 11th 1910
4. Place of Birth: Province Canton
5. Name of place in Australia applicant intends to reside Cairns
6. Name of Educational Institution Boys State School
7. Person responsible for upkeep: Name William Lee See; Address Cairns; Amount per annum Fifty Pounds

Face Photographs are required.

Students are not to be engaged in any other occupation.

Lee See

Signature of Guardian

Date 13 June 1921

護生須專事學業不得兼營他項事業

代護生請照者簽名於此

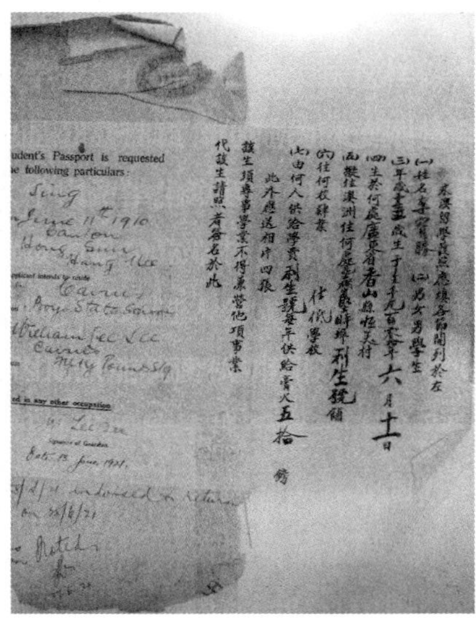

(一)姓名李寶勝 (二)男女男學生

(三)年歲十一歲 生于一千九百一十年六月十一日

(四)生於何處廣東省香山縣

(五)擬往澳洲住何處

(六)往何校肄業

(七)由何人供給學費 利生號每年供給費五拾镑

此外應送相片四張

護生須專事學業不得兼營他項事業

代護生請照者簽名於此

一九二一年六月十三日，李泗以监护人和财政担保人的身份填表，向中国驻澳大利亚总领事馆提出申请，办理儿子李宝胜的赴澳留学护照和签证。

① LEE SEE Leslie, NAA: J462, S1965/23; LEE SEE, Leslie [born 1915]; and wife NG DUG TAK FONG; LEE, Miu To; LEE, HO WAH; LEE Ho Cheung - [Howard LEE SEE other names LEE HO WAH [born 1950] - [known as Howard LEE SEE]; LEE SEE (nee NG), TAK FONG [born 1917]; LEE HO Cheung [known as John - born 1951]; LEE MIU TO [born 1948] - known as Myrtle LEE SEE], NAA: J25, 1966/8752。

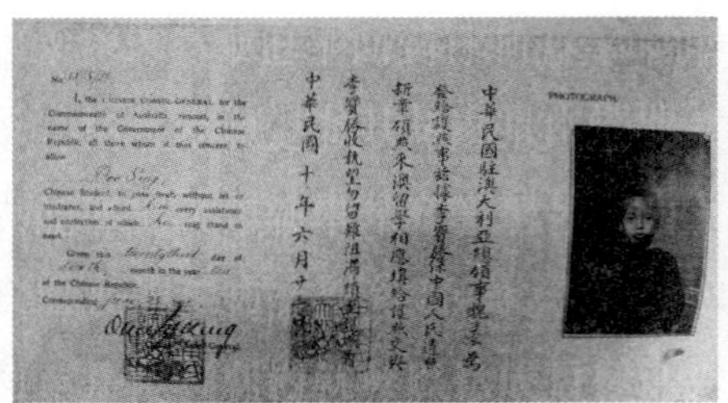

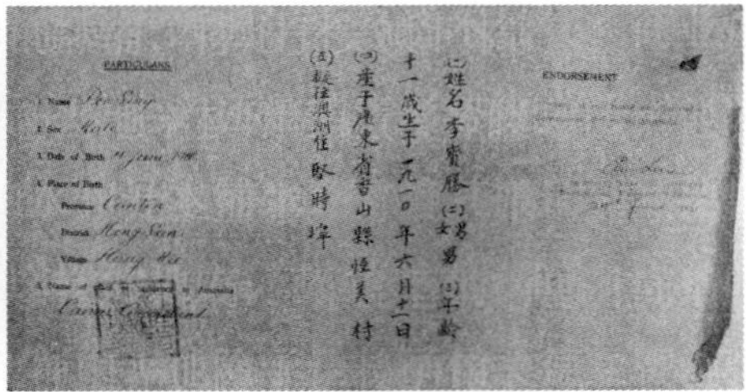

一九二一年六月二十三日，中国驻澳大利亚总领事魏子京给李宝胜签发的中国留学生护照。

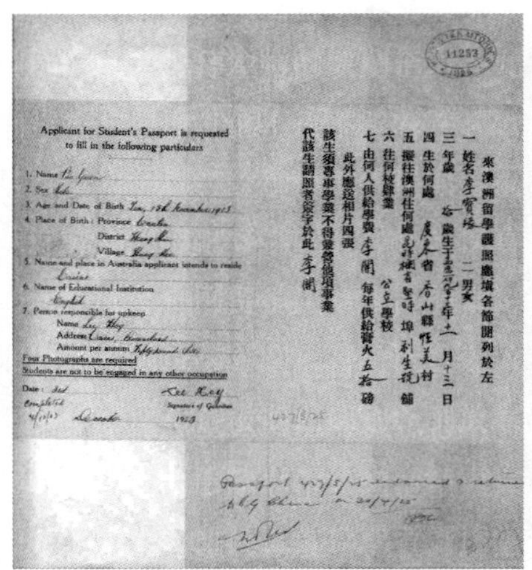

Applicant for Student's Passport is requested to fill in the following particulars

1. Name Poo Yuen
2. Sex Male
3. Age and Date of Birth Ten, 13th November 1913
4. Place of Birth: Province Canton
   District Hang Shan
   Village Hang Mee
5. Name and place in Australia applicant intends to reside
   Cairns
6. Name of Educational Institution
   English
7. Person responsible for upkeep
   Name Lee Hoy
   Address Cairns, Queensland
   Amount per annum Fifty pounds (£50)

Four Photographs are required

Students are not to be engaged in any other occupation

Date: 3rd December 1923 Lee Hoy Signature of Guardian

來澳洲留學護照應填各節開列於左

一 姓名 李寶緣 二 男女

三 年歲 拾 歲生于 年十一月十三日

四 生於何處 廣東省 香山縣 恒美村

五 擬往澳洲住何處 堅時埠 利生號舖

六 往何校肄業 公立學校

七 由何人供給學費 李開 每年供給膏火五拾磅

此外應送相片四張

該生須專事學業不得兼營他項事業

代該生請照者簽字於此 李開

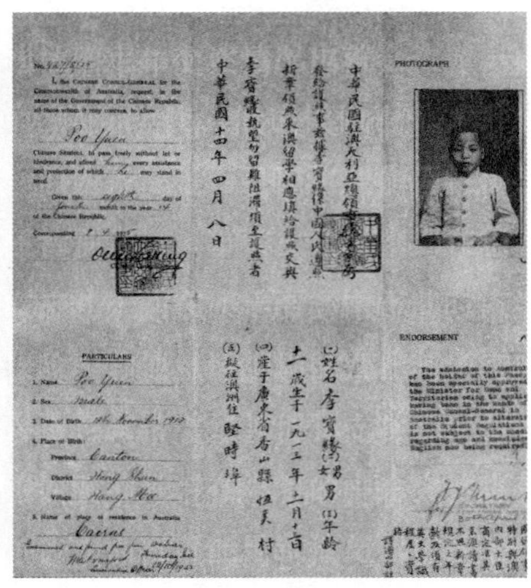

左：一九二三年十二月三日，为侄儿李宝缘来澳留学之事，李开所填写的申请表，向中国驻澳大利亚总领事馆申请其留学护照和签证；右：一九二五年四月八日，中国驻澳大利亚总领事魏子京为李宝缘签发的中国留学生护照及澳大利亚内务部四月三十日签发的入境许可。

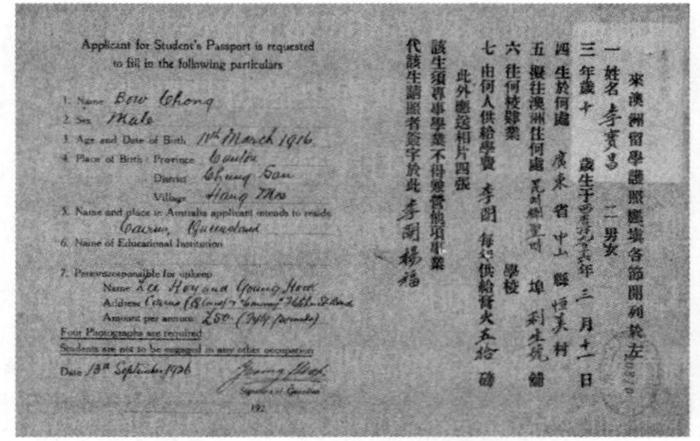

Applicant for Student's Passport is requested to fill in the following particulars

1. Name Bow Chong
2. Sex Male
3. Age and Date of Birth 11th March 1916
4. Place of Birth: Province Canton
   District Chung San
   Village Hang Mee
5. Name and place in Australia applicant intends to reside
   Cairns, Queensland
6. Name of Educational Institution
7. Persons responsible for upkeep
   Name Lee Hoy and Young Hoo
   Amount per annum £50 (Fifty pounds)

Four Photographs are required

Students are not to be engaged in any other occupation

Date 13th September 1926 Signature of Guardian

來澳洲留學護照應填各節開列於左

一 姓名 李寶昌 二 男女

三 年歲 十 歲生于 年三月十一日

四 生於何處 廣東省 中山縣 恒美村

五 擬往澳洲住何處 堅時埠 利生號舖

六 往何校肄業 學校

七 由何人供給學費 李開 每年供給膏火五拾磅

此外應送相片四張

該生須專事學業不得兼營他項事業

代該生請照者簽字於此 李開 楊福

左：一九二六年九月十五日，李开向中国驻澳大利亚总领事馆申请兄长李泗之子李宝昌来澳留学护照和签证所填写的申请表；右：一九二六年十一月十六日，中国驻澳大利亚总领事魏子京为李宝昌签发的中国留学生护照及澳大利亚内务部十一月十七日签发的入境签证，但李宝昌未能赴澳留学。

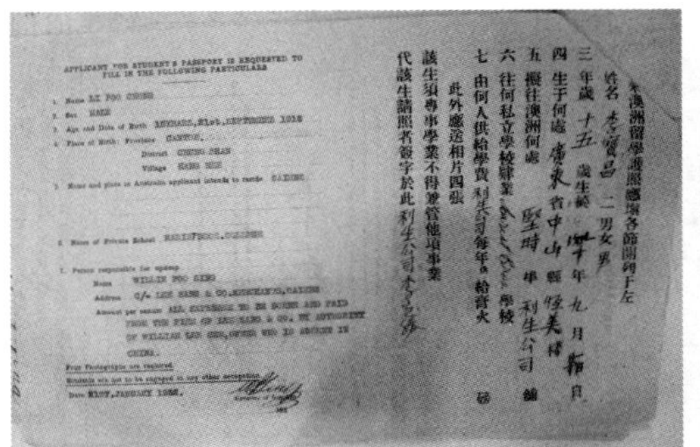

APPLICANT FOR STUDENT'S PASSPORT IS REQUESTED TO FILL IN THE FOLLOWING PARTICULARS

1. Name LI POO CHONG
2. Sex MALE
4. Place of Birth: Province CANTON.
   District CHUNG SHAN
6. Name of Private School
7. Person responsible for upkeep
   Name WILLIAM POO SING
   CHINA.

Four Photographs are required.
Students are not to be engaged in any other occupation.

赴澳洲留學護照應填各節開列于左

一 姓名 李寶昌 二 男女 男
三 年歲 十五 歲生於
四 生于何處 廣東 省 中山 縣
五 擬往澳洲何處 堅時 埠
六 往何私立學校肄業 學校
七 由何人供給學費 利生公司 每年 給費
此外應送相片四張
該生須專事學業不得兼營他項事業
代該生請照者簽字於此 利生公司

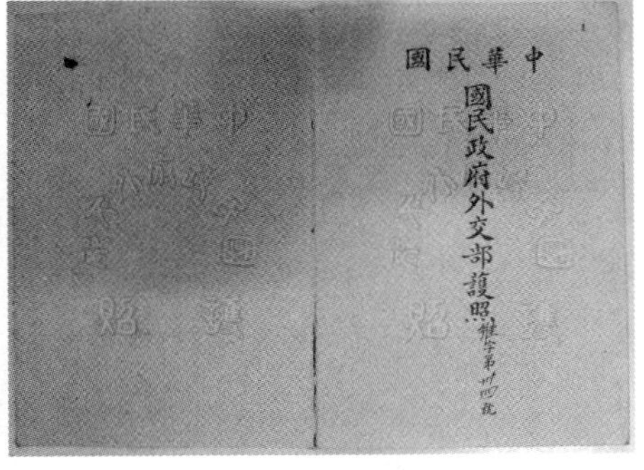

中華民國
國民政府外交部護照

左：一九三二年一月二十一日，李宝胜填具申请表格，代父向中国驻澳大利亚总领事馆提出申请，办理弟弟李宝昌的赴澳留学护照和签证，上面显示的李宝昌出生日期，与六年前申请时所填有所变化；右：中国驻澳大利亚总领事陈维屏在当年二月十日签发给李宝昌护照的扉页。

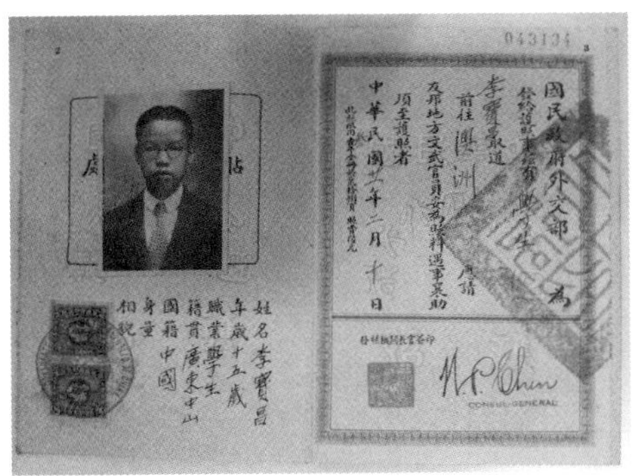

國民政府外交部
李寶昌 前往澳洲
中華民國 年 月 日

姓名 李寶昌
年歲 十五歲
職業 學生
籍貫 廣東中山
國籍 中國

CONSUL-GENERAL

PASSPORT

SEEN AT THE DEPARTMENT OF HOME AFFAIRS, CANBERRA, AUSTRALIA.

going to AUSTRALIA

Name LI POO CHONG
Age 15
Profession STUDENT
Nationality CHINESE

Signature of Bearer

左：一九三二年二月十日，中国驻澳大利亚总领事陈维屏签发给李宝昌的赴澳留学护照；右：两日后，澳大利亚内务部在护照上钤盖的签证章。

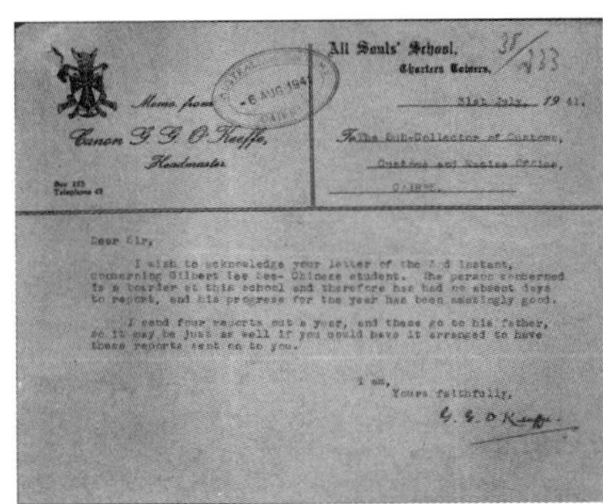

All Souls' School,
Charters Towers.

Memo from
Canon G. G. O'Keeffe,
Headmaster

31st July, 1941.

To The Sub-Collector of Customs,
Customs and Excise Office,
CAIRNS.

Dear Sir,

I wish to acknowledge your letter of the 2nd instant, concerning Gilbert Lee - Chinese student. The person concerned is a boarder at this school and therefore has had no absent days to report, and his progress for the year has been amazingly good.

I send four reports out a year, and these go to his father, so it may be just as well if you would have it arranged to have these reports sent on to you.

I am,
Yours faithfully,
G. G. O'Keeffe.

左：一九三八年，刚到坚时留学时的李宝杰照片；中：一九四八年返回香港前的李宝杰照片；右：一九四一年七月三十一日车打士滔万灵书院院长给坚时海关的信，告知李宝杰在书院各项表现与学业都十分令人满意。

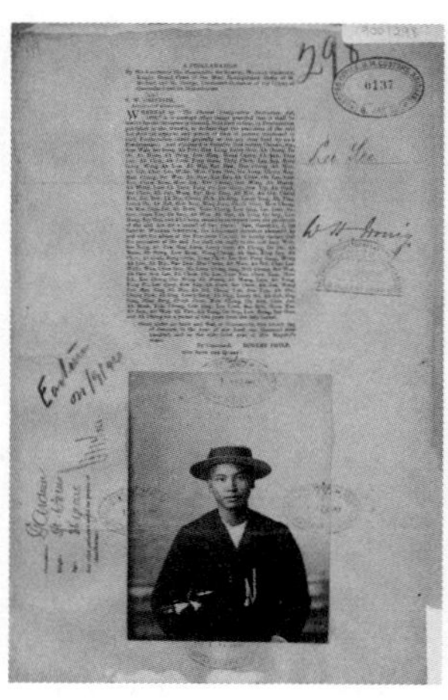

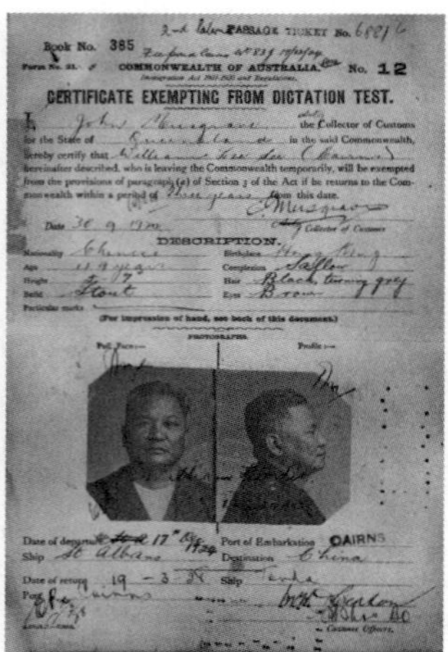

Book No. 385

COMMONWEALTH OF AUSTRALIA. No. 12

CERTIFICATE EXEMPTING FROM DICTATION TEST.

I, John Musgrave the Collector of Customs for the State of Queensland in the said Commonwealth, hereby certify that William Lee See (Cairns) hereinafter described, who is leaving the Commonwealth temporarily, will be exempted from the provisions of paragraph (a) of Section 3 of the Act if he returns to the Commonwealth within a period of three years from this date.

DESCRIPTION.

Nationality Chinese / Birthplace Hong Kong / Complexion Sallow / Hair Black, turning grey / Build Stout / Eyes Brown

(For impression of hand, see back of this document.)

PHOTOGRAPHS.

Full Face / Profile

Port of Embarkation CAIRNS

Book No. 568. FEE—£1. (One Pound) 48/2778

COMMONWEALTH OF AUSTRALIA. No. 74

CERTIFICATE EXEMPTING FROM DICTATION TEST.

I, EDGAR ALEXANDER BIRD COMMONWEALTH MIGRATION OFFICER for the State of QUEENSLAND hereby certify that WILLIAM LEE SEE hereinafter described who is leaving the Commonwealth temporarily, will be exempted from the provisions of paragraph (a) of Section 3 of the Act if he returns to the Commonwealth within a period of THREE YEARS from the date of departure shown below.

Date 8-4-48

DESCRIPTION.

Nationality CHINESE / Birthplace CANTON / Age 73 YEARS / Complexion SALLOW / Height 5'7" / Hair GREY / Build STOUT / Eyes BROWN

Particular marks MOLES ON SIDES OF FACE

(For thumb prints, see back of this document.)

PHOTOGRAPHS.

Full Face / Profile

左：一九〇〇年，申请获得长期居留证的李泗；中：一九二四年，李泗申请的回头纸；右：一九四八年，李泗申请的回头纸。

档案出处（澳大利亚国家档案馆档案宗卷号）：

Poo Sing, NAA: A1, 1935/10658

Poo Yuen. Students Passport, NAA: A1, 1926/17867

Chong, Bow - Student passport, NAA: A1, 1926/20310

Li Poo CHONG - Student passport, NAA: A1, 1934/1170

Lee See Gilbert - Chinese - arrived 30 July 1938 in Cairns aboard TAIPING - departed 16 May 1948 from Cairns aboard CHANGTE, NAA: BP210/2, LEE SEE G

吴远球

香山恒美村

吴远球（Ngnn Yein Kow），一九一〇年十一月二十七日出生，香山县恒美村人。

吴亚平（Ngnn Ah Ping）是吴远球的父亲，出生于一八八二年。跟许多其他乡人一样，早在十九世纪末二十世纪初年，吴亚平就到澳洲发展，定居于昆士兰省（Queensland）北部重镇汤士威路埠（Townsville），开设一间以自己名字命名的商铺亚平号维生。有一定的积蓄后，他得以在一九〇九年十月回国探亲，娶妻生子，吴远球便是在此期间出生。到一九一一年五月，吴亚平再重返汤士威路埠，继续挣钱，赡养家小。[①]

当一九二一年十一月吴亚平结束了一年多的探亲从中国回到澳洲后，方才得知年初开始，澳洲就已实施《中国留学生章程》，开放居澳华人申办其在乡子弟前来读书上学，便计划尽快将正当学龄的儿子办理来汤士威路埠念书。进入一九二二年，考虑到儿子就要满十二岁了，吴亚平决定把儿子来澳留学读书的想法付诸实现。于是，他准备好材料，于八月七日向中国驻澳大利亚总领事馆递交了申请，申办儿子吴远球的赴澳留学护照和签证。他以上述自己所经营的亚平号商铺作保，承诺每年供给儿子膏火费五十二镑，申请

---

① Certificate Exempting from Dictation Test (CEDT) - Name: Ah Ping - Nationality: Chinese - Birthplace: Canton - departed for China per ALDENHAM on 2 October 1909, returned to Townsville per KUMANO MARU on 26 May 1911, NAA: J2483, 19/75。

儿子来汤士威路的皇家学校（West End State School，威士端学校）念书。

中国总领事馆在接收到上述申请材料后，不知何故，一直拖着没有处理，直到九个月之后，方才审理完此项申请。一九二三年五月四日，中国总领事魏子京为吴远球签发了编号为254/S/23的中国留学生护照；五天之后的五月九日，又从澳大利亚内务部那里为他拿到了赴澳留学入境签证。在核对无误之后，当天中国驻澳大利亚总领事馆便将护照和签证寄往香港的一家金山庄昭信公司，由其负责转交给吴远球家里并安排行程。

在接到护照通知后，吴远球就积极做好启程准备。因昭信公司很快便为他安排好船票并找到同行的监护人，吴远球随即从家乡香山动身去到香港，在那里乘坐澳洲劫行东方轮船有限公司（The Eastern and Australian Steamship Co. Ltd.）的班轮"丫拿夫拉号"（Arafura），于一九二三年十月二十三日抵达汤士威路入境，开始其小留学生之旅。

根据记录，抵达汤士威路的当天，吴远球便正式注册入读了位于该埠西端区（West End）的皇家学校。在校期间，他求知欲强，遵守校规。其认真学习的态度，颇受校方好评。他以这样的学习态度和良好的学习成绩，度过了余后的两年时间，直到一九二五年底。[①]

一九二六年新学年开学后，吴远球仍然继续上学，在校表现也很正常。但到四月二十三日，他与父亲吴亚平一起，突然就在汤士威路港口搭乘"吞打号"（Tanda）轮船，转道香港回返中国家乡。[②]与他们结伴而行的，还有从香山县北台村来汤士威路埠附近鸦埠（Ayr）留学的杨章惠（Chong Way）。[③]不过，后者突然离开的原因是因为母亲病危，他必须回去探望，而且他走之前还知照过中国总领事馆，表示在探亲结束后还要重返澳洲继续学业。然而吴远球并没有说明原因，也没有事先跟中国总领事馆打招呼，更未有申请重返澳洲继续读书的再入境签证；此外，他和年长他三岁的杨章惠

---

① Ngnn Yein Kow, Ah Ping, NAA: J2773, 366/1924。

② Certificate Exempting from Dictation Test (CEDT) - Name: Ah Ping - Nationality: Chinese - Birthplace: Canton China - departed for China per TANDA 23 april 1926 returned Townsville per TANDA 19 September 1927, NAA: J2483, 409/38。

③ Chong WAY - Student passport, NAA: A1, 1927/10264。

同船回国，不知是碰巧遇上，还是两人早已认识，约好一起离开澳洲。但从吴亚平也与儿子同行这一情况来看，很有可能也是因为吴远球的母亲或者他的祖母或祖父病危或家族其他紧急事项，才会使得父子俩急匆匆地离境返回家乡。

无论是什么理由，可以肯定的是，吴远球此番回国，虽然也按规在海关留下了一张照片备案[①]，但显然并没有重返澳洲的打算，因为次年九月份其父吴亚平是只身回澳，儿子吴远球并未随行。也许，留学澳洲两年半之后，这位香山少年已经对自己的人生有了新的看法和计划，并将其付诸行动。

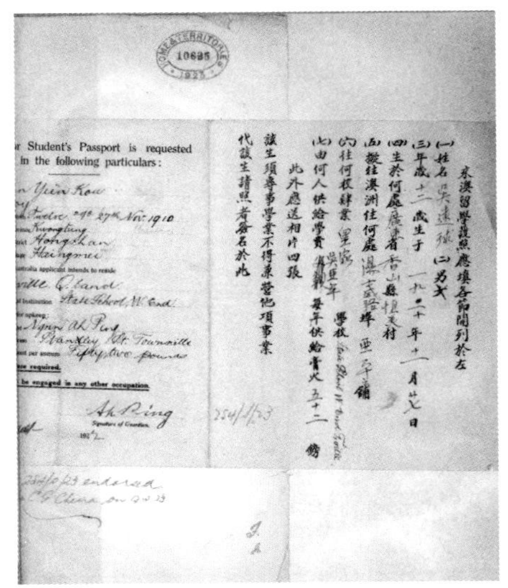

r Student's Passport is requested
in the following particulars:

東澳留學護照應填各節開列於左
(一)姓名 吳遠球 (二)男女
(三)年歲 十二 歲生于 一九一十年十一月廿七日
(四)生於何處 廣東省香山縣恒美村
(五)擬往澳洲住何處 湯士威路埠
(六)往何校肄業 學校
(七)由何人供給學費 吳亞平 每年供給費火 五十二 鎊
此外應送相片四張
該生須專事學業不得兼營他項事業
代該生請照者簽名於此

I, the Chinese Consul-General for the Commonwealth of Australia, request, in the name of the Government of the Chinese Republic, all those whom it may concern, to allow Ngan Yein Kow Chinese Student, to pass freely without let or hindrance, and afford him every assistance and protection of which he may stand in need.

中華民國駐澳大利亞總領事魏子京爲
發給護照事茲據吳遠球係中國人民遵照
新章領照來澳留學相應填給護照交與
吳遠球收執望勿留難阻滯須至護照者
中華民國十二年五月四日

PHOTOGRAPH

PARTICULARS

1. Name Ngan Yein Kow
2. Sex male
3. Date of Birth 27 November 1910.
4. Place of Birth: Province Canton District Heungshan Village Haingmei
5. Name of place of residence in Australia Townsville, Queensland

(一)姓名 吳遠球 (二)男 (三)年齡
十三歲生于一九一〇年十一月十日
(四)産于廣東省香山縣恒美村
(五)擬往澳洲住 埠

ENDORSEMENT

左：一九二二年八月七日，吴亚平向中国驻澳大利亚总领事馆递交的申请表，申办儿子吴远球留学护照和签证；右：一九二三年五月四日，中国总领事魏子京签发给吴远球的中国护照。

① Ngnn Yein Kow, NAA: BP343/15, 10/601。

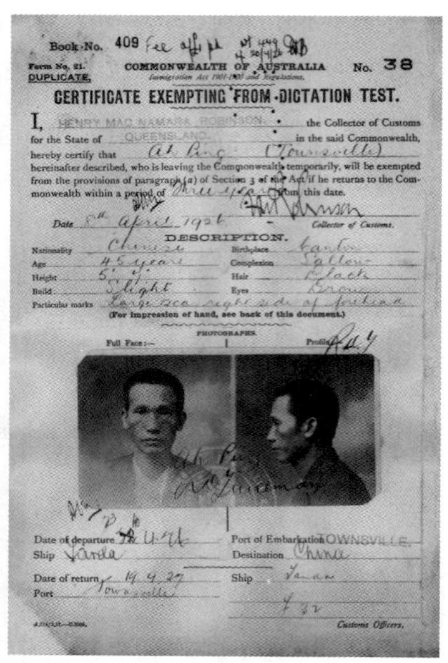

Book No. 409

Form No. 21.
DUPLICATE.

COMMONWEALTH OF AUSTRALIA
Immigration Act 1901-1920 and Regulations.

No. 38

CERTIFICATE EXEMPTING FROM DICTATION TEST.

I, HENRY MAC NAMARA ROBINSON the Collector of Customs for the State of QUEENSLAND in the said Commonwealth, hereby certify that Ah Ping (Townsville) hereinafter described, who is leaving the Commonwealth temporarily, will be exempted from the provisions of paragraph (a) of Section 3 of the Act if he returns to the Commonwealth within a period of three years from this date.

Date 8th April 1926

Collector of Customs.

DESCRIPTION.

Nationality	Chinese	Birthplace	Canton
Age	45 years	Complexion	Sallow
Height	5'	Hair	Black
Build	Slight	Eyes	Brown

Particular marks: Large scar right side of forehead

(For impression of hand, see back of this document.)

PHOTOGRAPHS.

Full Face:— Profile:—

Date of departure — Port of Embarkation TOWNSVILLE

Ship Tanda — Destination China

Date of return 19.9.27 — Ship Tanan

Port Townsville

Customs Officers.

左：一九二六年四月二十三日，吴远球在离境时提交给海关的个人照片；右：一九二六年四月八日，吴亚平申办的回头纸，赶上搭乘一九二六年四月二十三日的过路轮船离境回国探亲。

档案出处（澳大利亚国家档案馆档案宗卷号）：

Kow, Ngnn Yein - Student passport, NAA: A1, 1926/9327

郑金富

香山隆都

香山县隆都的郑开记（Jang Hoy Kee）出生于一八六九年[①]，早在一八八五年，便追随乡人淘金的步伐，从家乡来到澳大利亚东北部的昆士兰省（Queensland），寻找发展机会。他在汤士威炉埠（Townsville）登陆入境后，便在该省北部地区打工，最终北上到了重镇坚时埠（Cairns）南面约二十公里左右的小镇葛顿威炉（Gordonville）定居下来。[②]这是一个因甘蔗种植园集中而迅速发展起来的小镇，早期来到昆士兰北部的华人有很多在此种植蔗园甚至开设糖厂[③]，郑开记便在这个镇子上开设了一间商铺，就用他的名字作为店名，叫作开记（Hoy Kee & Co.）。或者说，他此后也是以店名作为在当地之行世之名。郑开记来澳较早，在其成年并站稳脚跟之后，也会跟当时大多数在澳发展的华人一样，回国探亲，娶妻生子。因可以查找到的与其相关的档案资料不多，他何时首次回国探亲，无法确定，现有档案宗卷表明，在一九〇八年，他得以回国探亲，次年年底返回澳洲。其子郑金富（Jang Gum

---

① Kee, Hoy - Nationality: Chinese [DOB: 1869, Occupation: Storekeeper] - Alien Registration Certificate No 15 issued 23 October 1916 at Gordonvale, NAA: BP4/3, CHINESE KEE HOY。

② Hoy Kee [Chinese - arrived Townsville per SS BOWEN, 1885. Box 27], NAA: SP11/2, CHINESE/KEE HOY。

③ G. C. Bolton and Kathryn Cronin, "Leon, Andrew (1841–1920)", *Australian Dictionary of Biography*, National Centre of Biography, Australian National University, http://adb.anu.edu.au/biography/leon-andrew-4012/text6359, published first in hardcopy 1974, accessed online 31 May 2020。

Foo）便是他此次探亲后出生的，据报出生日期为一九一〇年十二月一日。[1]

一九二一年底，郑开记再次回国探亲。[2]回到国内后，他看到因澳大利亚今年开始实施《中国留学生章程》而开放教育给中国学生，周围亲友已经有送孩子前往留学，比如，库充村的郑仕航（Jang Shee Hong）由伯父郑泗全（Jan See Chin）申请去到坚时埠留学[3]；石岐的刘初（Low Chaw）由表兄郑泉（Jang Chin）申请，也是去到坚时埠留学。[4]由是，他也想将其年满十一岁的儿子郑金富办去澳大利亚读书。

一九二二年四月六日，郑开记委托在澳朋友代为填表，递交给中国驻澳大利亚总领事馆，申领儿子郑金富赴澳留学护照和签证。他以自己的开记商铺作保，承诺每年供给膏火五十镑，作为儿子在澳留学期间所需的开销，要将儿子安排入读他所居住地的葛顿威炉公立学校（Gordonville State School）。

在接到上述申请后，因中国总领事馆此时的审理较之去年要缓慢得多，直到半年之后，郑开记的申请才有了结果。一九二二年十一月二十八日，中国总领事魏子京给郑金富签发了一份中国学生护照，号码203/S/22；并在第二天就很顺当地从澳大利亚内务部拿到了留学签证。随后，中国领事馆将上述护照寄送香港金山庄悦昌号，由其负责转交给护照持有人并负责安排船票。

在国内探亲的郑开记获知儿子的护照和签证都已办妥，便开始准备返回澳洲。半年之后，他带着儿子去到香港，搭乘由中澳船行经营运行的“获多利号”（Victoria）轮船，于一九二三年七月二十日抵达坚时埠。因有父亲陪

---

① Certificate Exempting from Dictation Test (CEDT) - Name: Hoy Kee - Nationality: Chinese - Birthplace: Canton - departed for China per EASTERN on 24 December 1908, returned to Cairns per EASTERN on 27 October 1909, NAA: J2483, 2/11。郑金富的出生日期为一九一〇年十二月一日，恐为民国纪年换算为公元纪年出错所致。合理的解释应该是多算了一年。另外的一个可能是，郑金富是在一九一〇年出生，但是在早几个月前，即上半年的某个月份出生，只是后来郑开记在为其办理赴澳留学申请时，为使其入读当地学校方便，故意将其年龄往后推了几个月。事实上，这种做法在当时的居澳华人中相当普遍。

② Certificate Exempting from Dictation Test (CEDT) - Name: Hoy Kee - Nationality: Chinese - Birthplace: Canton China - departed for China per VICTORIA 13 December 1921 returned Cairns per VICTORIA 20 July 1923, NAA: J2483, 322/080。

③ Jang Shu Hong - Student passport, NAA: A1, 1923/16780。

④ Low Chaw - Student passport, NAA: A1, 1923/15629。

同，郑金富的入关一切顺利。随后，便跟着父亲返回他在葛顿威炉的小镇。

七月二十七日，十三岁的郑金富正式注册入读葛顿威炉公立学校。他给老师的印象是：衣冠整洁，按时到校上课，热心学习，各方面表现及学业皆令人满意。就这样，他在学校里波澜不惊地读了三年，每年七月份中国总领事馆按例为其申请展签，都顺利地获得批复。

到一九二六年九月，郑金富的留学读书生涯有了改变。九月七日，中国总领事魏子京致函内务部秘书，为郑金富申请临时转变身份，即暂时将其学生签证转为商务签证。他在函中表示，郑开记因身体长期透支，想近期回国探亲，顺便休养调整一下，而在其离开这段时期，希望能由儿子代为管理和经营其商铺。魏总领事强调说，郑金富来此留学已经三年，在校表现与学业一直都很出色，且即将届满十六岁，是完全可以担起代父管理店铺的责任，而且其父此番回国探亲预期不长，将尽可能快地赶回，一旦他回来后，郑金富就可以重返学校继续念书。为此，他恳请内务部批复这一申请。内务部秘书经一番档案查阅之后得知，郑开记是独资经营商铺，只有一个雇员，虽然郑金富只有十六岁，但学校的报告一直都对其能力多有褒扬，总是称其聪颖好学。因此，内务部秘书并没有对此申请予以留难，而是认为这位中国小年轻在其父亲雇员的协助下，应该可以经营好这个商铺，就于十月二十二日批准郑金富停学六个月，代父经营商铺。

郑开记得知申请获批，立即集中精力培训儿子熟悉商铺进货出货及销售和记账的各个环节。四个月之后，待儿子可以上手了，他便在一九二七年二月二十五日赶到坚时埠，登上驶往香港的“太平号”（Taiping）轮船，回国探亲去了。[①]而由此开始，郑金富正式代父经营起他的商铺。

六个月时间很快就过去，而郑开记也是刚刚离开不久，无法回来澳洲，于是，一九二七年五月，当中国总领事魏子京再为郑金富申请签证展签时，内务部也毫不犹豫地再批复了六个月的展延，因为事先就已经预料到郑开记

---

① Certificate Exempting from Dictation Test (CEDT) - Name: Hoy Kee - Nationality: Chinese - Birthplace: Canton - departed for Hong Kong per TAIPING 25 February 1927 returned Cairns per TAIPING 27 may 1929, NAA: J2483, 415/86。

此番回去探亲至少需要一年到一年半的时间。到了年底，郑开记还是无法返回，内务部再给他续了半年的签证；到一九二八年年中，因郑开记身体仍然不太适合长途航行，内务部在衡量了诸方面因素后，再次批复展签六个月，并表示这是最后的展签。但在一九二九年年初时，中国驻澳大利亚总领事馆代理总领事吴勤训再次为郑金富申请半年的展签，理由是郑开记脚踝受伤不良于行，一时间无法旅行。在这种情形下，内务部便再次核发六个月的签证给郑金富。好在郑开记在五月底回到了澳大利亚，郑金富将生意交还给父亲，于六月中旬又重新回到学校去上学了。

就在郑金富重返学校不到两个月，新任中国驻澳大利亚总领事宋发祥于八月十二日致函内务部秘书，为这位中国青年申请十二个月内有效的再入境签证。他在函中表示，因刚刚接到中国来信，得知母亲病重，郑金富急欲尽早回国探望，希望早日获得内务部的批复。九月五日，内务部秘书复函，如其所请。而在八月二十三日还没有拿到内务部的正式批复之时，正好有一艘驶往香港的轮船“山亚班士号”（St Albans）路经坚时埠，郑金富便赶去港口，登上该轮径直回国探亲去了。待到中国总领事馆转来内务部的批复，就只能由其父亲再写信或捎信回中国告知。

可是，郑金富回国后并没有如期返澳。此后的五年间，也没有他的消息。显然，他回国后可能因母亲的病使他无法远行，而一年期过后，他也到了谈婚论嫁之时，就此在国内开始了新的人生之旅。一九三五年一月二十五日，中国驻澳大利亚总领事陈维屏致函内务部秘书，为过去五年间无声无息的郑金富重返澳大利亚工作申请入境签证。他在申请函中表示，因兄弟Ah Tung（阿堂，译音）加盟，郑开记的商铺有所发展，现在也改名为开记兄弟行（Hoy Kee Brothers）了。因阿堂近期要回国探亲，郑开记希望能将二十四岁的儿子郑金富再申请过来顶替其叔叔的工作，协助父亲将生意做好。因此，他希望内务部能批准这位曾经在此读了三年书并曾经代父经营商铺两年多的年轻人再次入境，希望能给予他一年签证，待其叔叔结束从中国的探亲回来后，他便返回家乡。

接到这样的申请，内务部照例通过海关核查郑开记的经营状况，作为是否批复的依据。从海关反馈回来的信息显示，现在的开记兄弟行商铺虽然有了阿堂的加盟，但已经没有了雇员，就是说，就他们哥俩经营。除了销售一些日用杂货，该商铺也售卖蔬菜水果，但量都不大，去年的年营业额只有一百六十镑，净利润才六十镑。之所以阿堂要回国，主要原因是去年底他赶马车运货时伤了大腿，需要回国找他熟悉的草医治疗，然后还需要一段时间康复，所以才申请其侄儿过来顶替他。尽管上述情况值得同情，且当地警察派出所也都力证郑开记和阿堂口碑好，为人和善，但上述商铺经营状况实在太微不足道，内务部部长最终于四月四日拒绝了郑金富的入境签证申请。

两个月后，坚时埠的一家律师行作为郑开记的代理，致函内务部秘书，提出了同样的申请。内务部秘书以此事已经决定不再受理为由，拒绝了其提出的要求。

郑金富的留学档案到此终止。

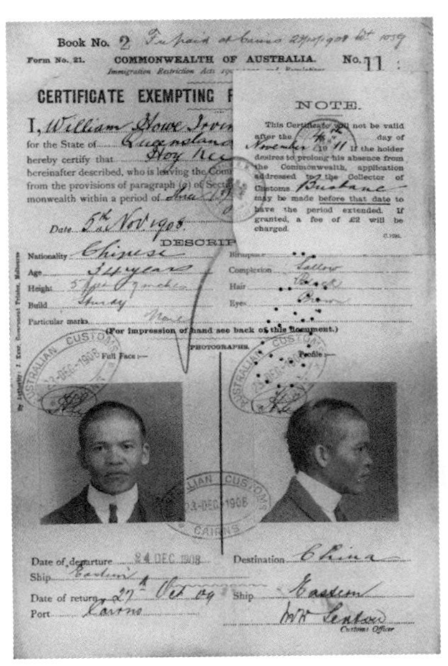

Book No. 2

Form No. 21. COMMONWEALTH OF AUSTRALIA. No. 11

CERTIFICATE EXEMPTING F

I, William Howe Irvin

for the State of Queensland

hereby certify that Hoy Kee

hereinafter described, who is leaving the Com

from the provisions of paragraph (a) of Sect

monwealth within a period of

Date 5th Nov 1908

DESCRIP

Nationality Chinese

Age 54 years

Height 5 feet 7 inches

Build Sturdy

Particular marks

Complexion Sallow

Hair Black

Eyes Brown

(For impression of hand see back of this document.)

PHOTOGRAPHS

Full Face :—

Profile :—

NOTE.

This Certificate will not be valid after the day of November 1911 if the holder desires to prolong his absence from the Commonwealth, application addressed to the Collector of Customs Brisbane may be made before that date to have the period extended. If granted, a fee of £2 will be charged.

Date of departure 24 DEC 1908

Destination China

Ship Eastern

Date of return 27th Oct 09

Ship Eastern

Port Cairns

Customs Officer

Book No. 415

Form No. 21. DUPLICATE. COMMONWEALTH OF AUSTRALIA No. 86

Immigration Act 1901-1920 and Regulations.

CERTIFICATE EXEMPTING FROM DICTATION TEST.

I, MAURICE JAMES NAUGHTON actg the Collector of Customs for the State of QUEENSLAND, in the said Commonwealth, hereby certify that Hoy Kee Cairns hereinafter described, who is leaving the Commonwealth temporarily, will be exempted from the provisions of paragraph (a) of Section 3 of the Act if he returns to the Commonwealth within a period of Three years from this date.

M Naughton actg Collector of Customs.

Date 1st Dec 1926

DESCRIPTION.

Nationality	Chinese	Birthplace	Canton
Age	57 years	Complexion	Sallow
Height	5 feet 7½ ins	Hair	Black
Build	Sturdy	Eyes	Brown

Particular marks Ears pointing outwards

(For impression of hand, see back of this document.)

PHOTOGRAPHS.

Full Face :—

Profile :—

Date of departure 25/2/27

Port of Embarkation Cairns

Ship Taiping

Destination Hongkong

Date of return 27.5.29

Ship Taiping

Port Cairns

Customs Officers.

左：一九〇八年，郑开记申请的回头纸；右：一九二六年底，郑开记申请的回头纸。

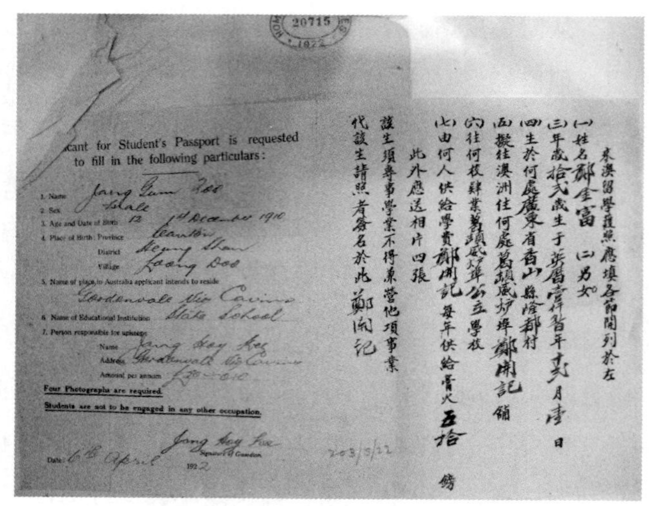

20715
1922

...cant for Student's Passport is requested to fill in the following particulars:

1. Name Jang Gum Foo
2. Sex Male
3. Age and Date of Birth 12 1st December 1910
4. Place of Birth: Province Canton
   District Heung Shan
   Village Loong Doo
5. Name of place in Australia applicant intends to reside Gordonvale via Cairns
6. Name of Educational Institution State School
7. Person responsible for upkeep
   Name Jang Hay Hoi
   Address Gordonvale via Cairns
   Amount per annum £50-0-0

Four Photographs are required.

Students are not to be engaged in any other occupation.

Jang Hay Hoi
Signature of Guardian

Date: 6th April 1922

203/S/22

來澳留學護照應填各節開列於左
(一)姓名鄭金富　(二)男女
(三)年歲拾弍歲生于英曆壹仟玖佰壹拾年十二月壹日
(四)生於何處廣東省香山縣隆都村
(五)擬往澳洲住何處葛頓威炉埠鄭開記舖
(六)往何校肄業葛頓威炉埠公立學校
(七)由何人供給學費鄭開記每年供給膏火五拾鎊
此外應送相片四張
該生須專事學業不得兼營他項事業
代該生請照者簽名於此鄭開記

一九二二年四月六日，在中国探亲的郑开记委托在澳朋友代为填表，递交给中国驻澳大利亚总领事馆，申领儿子郑金富的赴澳留学护照和签证。

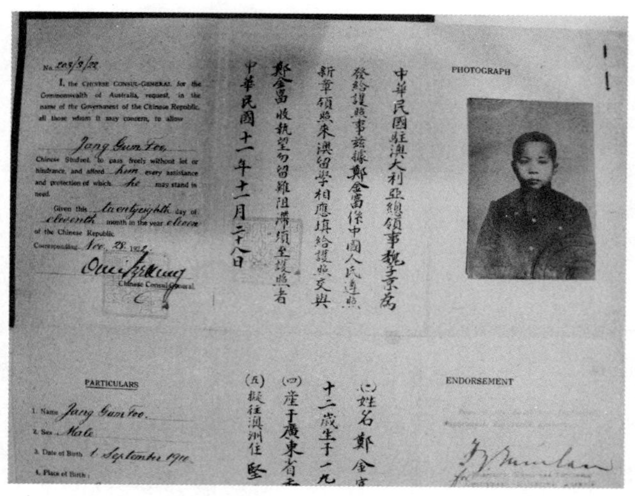

No. 203/S/22

I, the Chinese Consul-General, for the Commonwealth of Australia, request, in the name of the Government of the Chinese Republic, all those whom it may concern, to allow Jang Gum Foo Chinese Student, to pass freely without let or hindrance, and afford him every assistance and protection of which he may stand in need.

Given this twentyeighth day of eleventh month in the year eleven of the Chinese Republic.

Corresponding Nov. 28, 1922.

Chinese Consul-General.

中華民國駐澳大利亞總領事魏子京為
發給護照事茲據鄭金富係中國人民遵照
新章領照來澳留學相應填給護照交與
鄭金富收執望勿留難阻滯須至護照者
中華民國十一年十一月二十八日

PHOTOGRAPH

PARTICULARS

1. Name Jang Gum Foo.
2. Sex Male
3. Date of Birth 1 September 1910
4. Place of Birth

(一)姓名鄭金富
(三)十二歲生于一九
(四)產于廣東省香
(五)擬往澳洲住堅

ENDORSEMENT

一九二二年十一月二十八日，中国驻澳大利亚总领事魏子京给郑金富签发的中国护照。

档案出处（澳大利亚国家档案馆档案宗卷号）：

Janf Gum Foo – Student Passport, NAA: A1, 1935/1576

麦门旷

香山沙平下村

麦门旷（Mark Moon Kong），出生于一九一〇年十二月九日，香山县沙平下村人。其父名麦兆（Mark Chew），一八七七年出生。一八九七年，麦兆跟随着乡人的步伐，来到澳大利亚寻找机会。他先从鸟修威省（New South Wales）首府雪梨（Sydney）登陆入境，打工谋生。在这里盘桓了五年之后，他去往该省北部里士摩埠（Lismore）；待了四年后，再继续北上，去到昆士兰省（Queensland）的首府庇厘士彬（Brisbane），又在此待了三年。也就在这时，有了一些积蓄的麦兆，才得以于一九〇九年回国探亲，结婚生子。[①]次年年中，麦兆返回庇厘士彬后不久，又南下鸟修威省，去到雪梨北岸区充任菜农和生果杂货商。[②]若干年后，他迁到鸟修威省中部距雪梨西南约近三百公里的吔时埠（Yass），经营有一生果杂货铺，名广生号（即麦兆铺）[③]。

到一九二一年底，麦门旷满十一岁了，麦兆想把儿子办到澳洲留学。鉴

---

① 参见：Certificate Exempting from Dictation Test (CEDT) - Name: Mark Chew - Nationality: Chinese - Birthplace: Hong Shan - departed for China per EASTERN on 7 June 1909, returned to Brisbane per EMPIRE on 20 June 1910, NAA: J2483, 18/45。

② Mack Chew (also known as Mark Chew) [includes 1 photograph showing front and side views and left hand print] [box 90], NAA: SP42/1, C1916/9877。

③ 档案中没有给出广生号商铺的英文名字。

于他所在的吔时埠太小，他便通过雪梨合昌公司（Hop Chong Co.）[①]来具体操作，为其子申请办理来澳留学事宜。这一年的十二月十六日，合昌公司作为麦兆的代表，具表向位于美利滨（Melbourne）的中国驻澳大利亚总领事馆递交申请，希望中国总领事馆为麦门旷来澳留学签发留学生护照并代办来澳留学签证。在申请表上，麦兆以其自己在吔时埠的"广生号"店铺作保，承诺每年供给膏火五十镑，作为其子来澳留学之费用。至于麦门旷来澳留学的学校，他也给找好了，就是吔时公立学校（State School of Yass）。

但不知何故，中国总领事馆在接到麦门旷的留学申请之后，足足拖了一年半之久。直到一九二三年五月四日，上述申请才审理完毕，中国驻澳总领事魏子京给麦门旷签发了一份中国留学生护照，编号为256/S/23。过了五天，即五月九日，澳大利亚内务部也给麦门旷核发了入境签证。按照流程，中国总领事馆当天便将此护照寄往香港的金山庄广和丰号洋行，由其转交中国广东香山县麦门旷家里，同时为其安排船期，以便他随时束装前来澳洲留学。

事实上，不仅仅中国驻澳大利亚总领事馆在办理麦门旷护照和签证之过程中拖沓延误，麦门旷本人在接到护照和签证之后，也同样是不紧不急。经过与广和丰号洋行大半年的沟通，将船票及旅途中的一系列事项安排妥当，也同时在完成了当年的学业之后，他才收拾好行囊，从家乡出发，于一九二四年一月去到香港，在此搭乘"圣柯炉滨号"（St Albans）轮船直下南太平洋。二月九日，十三岁的麦门旷随船抵达昆士兰省最北部的达士埃仑

① 合昌公司由来自香山县恒美村的李基祥（Lee Kee Chong）和李宝成（Tommy Lee）合股于二十世纪初期创办，在鸟修威省工商局正式注册的日期是一九一九年十二月十一日，见鸟修威省档案馆（NSW State Archives & Records）所藏该省二十世纪初工商企业注册记录：https://search.records.nsw.gov.au/permalink/f/1ebnd1l/INDEX1803063。李基祥生于一八六四年。他于一八八〇年来到澳大利亚发展，先在雪梨打工立足；五年后，去到鸟修威省内陆北部乡村的天架埠（Tingha）开设商铺，在此又待了九年；随后转到西北乡村的磨厘埠（Moree）开店，一待就是二十年，便在这里与一位华欧混血的第二代华女结婚。之后于二十世纪一十年代中期全家去到雪梨。见Lee Kee Chong, NAA: SP42/1, C1905/530；Lee Kee Chong, wife Agnes Lee Kee Chong and children Grace, Norah, George and Edward Lee Kee Chong [includes 9 photographs showing front and side views of Lee Kee Chong] [includes 5 photographs showing front and side views of the children] [issue of CEDT in favour of Lee Kee Chong] [box 316], NAA: SP42/1, C1935/8292。李宝成生于一八七六年，于一八九七年来到澳大利亚发展，落脚于雪梨。有关其档案宗卷，见：Tommy Lee [includes 2 photographs showing front and side views] [box 111], NAA: SP42/1, C1919/7711。

（Thursday Island，礼拜四岛，当时澳洲华人也将此地称为珍珠埠），这里是进入澳大利亚水域的第一关，在这里检疫合格，然后再绕道大堡礁，于二月二十一日抵达昆士兰省首府庇厘士彬港口，由此入境澳洲，开始了他的在澳留学生涯。

在护照和签证的申请过程中，麦门旷的留学目的地一直非常明确，即前往雪梨西南部的吔时埠。可是，他入境澳洲的地点，不是雪梨，而是距雪梨北部一千公里的昆士兰省首府庇厘士彬埠，这样的结果，与其最早的规划显得有点南辕北辙。这到底是怎么回事呢？根据庇厘士彬海关的报告，麦门旷将由此地搭乘其他交通工具，转赴该省中部的厌麻炉埠（Emerald），他的舅舅沾美柔（Jimmy Yow）[①]就在那里谋生，在此参股经营一间名叫黄杨号（Wong Yong）的商铺。事实上，一八七九年出生的沾美柔，是一九〇〇年从家乡来到澳大利亚谋生的，此后一直都在昆士兰省发展。外甥麦门旷赴澳留学申请正在进行中时，他在一九二二年返回中国探亲；当得知外甥已经获准赴澳留学后，他便与家人商量，由其陪同前来澳洲，并且让他跟着自己到昆士兰读书。这也是为何麦门旷在接到护照后又在家乡等待了大半年的一个最主要原因。因此，麦门旷在庇厘士彬入境，就是跟着舅舅沾美柔一起下船的。[②]这样，麦门旷跟舅舅去到厌麻炉埠，并跟他住在一起，由沾美柔充当他的监护人。或者也可以说，麦兆通过这种安排，由妻子的娘家亲属照料麦门旷，两家人都比较放心。至于麦门旷所要入读的学校，就是当地的厌麻炉公立学校（Emerald State School）。

一九二四年三月三日，已经年满十三岁的麦门旷正式注册入读厌麻炉公立学校。入学后，校长对他这个中国留学生比较留意，评价也不错：在学业方面，表现良好；在行为举止上，亦中规中矩，尤其是穿戴整洁，精神面

---

① YOW, Jimmy - Nationality: Chinese - (First Entry) Arrived Cairns on unknown vessel in 1900 (Last entry) Arrived Brisbane on Tintar 10th March 1936, NAA: BP25/1, YOW J – CHINESE。因黄扬号商铺的其他股东基本上都姓黄，为同村或同宗兄弟，如此，沾美柔也极有可能是姓黄。

② Certificate Exempting from Dictation Test (CEDT) - Name: Jimmy Yow - Nationality: Chinese - Birthplace: Canton China - departed for China per ST ALBANS 16 June 1922 returned Brisbane per ST ALBANS 20 February 1924, NAA: J2483, 336/085。

貌较佳。事实上，在当时这所小镇上的公立学校里，除了当地学生之外，也就只有他这样一位中国学生，算得上比较稀罕，因此，其学业表现及行为举止自然也受人瞩目。从上述评价看起来，在这样的环境里，麦门旷的总体形象还是比较正面的；而且，由于这里没有其他的中国留学生，他日常学习和生活就大多与当地人在一起，在这种环境中，英语会话能力就提高得很快，行为举止也很容易类同于当地学生。就这样，麦门旷在这个小镇子上按部就班地学习和升级，读了五年，即一直读到一九二八年底。此时，麦门旷已经十八岁。

到一九二九年年初时，因此时尚未收到中国驻澳总领事馆为他申请到新的一年签证展延，眼见其留学签证就要过期，麦门旷的舅舅沾美柔有点儿急了，便通过当地海关为其外甥催办续签证；同时，他也告诉官方说，要把麦门旷送去庇厘士彬，进入由天主教会主办管理的纳吉书院（Nudgee College）读书念中学，因该校有寄宿条件，故麦门旷去那里之后，自然就住在学校里。可是，这仅仅是他舅舅个人的想法而已。实际上，麦门旷在获得中国总领事馆为其拿到展签后，根本就没有去庇厘士彬，而是抄近路，去到昆士兰中部海边的重镇洛今屯埠（Rockhampton），于一月二十二日正式入读洛今屯工学院（Technical College, Rockhampton）。在这里，麦门旷的学习仍然是相当顺利，可能是在厌麻炉那个乡村小镇的五年学习，使他在英语的理解和运用上已经没有什么障碍，对各项科目的考试能够轻松应付，院长对他的表现评语也很好。就这样，他在这所学院总共读了一年。

一九三〇年二月，中国驻澳总领事宋发祥在月初便提出申请，早早就为麦门旷成功地拿到了新的一年展签，他也在新学年开学时，仍然正常注册回校读书。种种迹象都显示出，这位中国留学生还要继续完成其在洛今屯工学院的学业。[①]可是，这一年就要届满二十岁的麦门旷，突然就在四月二十九日这一天，即复活节假期结束之后，从厌麻炉埠北上，赶到昆士兰北部重

① Certificate for exemption from dictation test list - Jimmy Yow, Harry Chun Tie, Ah Kee, Way Sum [Wah Sam], Fong Ah Jack, King Sing, Yat Quay, Way Tim, Mark Moon Kong, Kai Ming Wong, T Obaro [H Yamada], Charlie Neya, NAA: J2773, 426/1930。

镇汤士威炉埠（Townville），在那里乘坐路经该埠驶往香港的“吞打号”（Tanda）班轮，返回中国去了。跟他同行的，还有他的舅舅沾美柔。[①]他走的时候显得比较低调，没有说明原因。

事实上，麦门旷在四月四日复活节放假之后便没有再去上学，可能是因为时间短，而学校也没有来得及报告，他也没有知照中国总领事馆和内务部等部门，显得很神秘，更没有提出重返澳洲念书的再入境签证申请。只是在当地海关循例报告其离境消息后，上述部门才知道其去向。而自此之后，澳洲再也查不到麦门旷重返澳洲入境的记录。也许他就此返回中国选择在当地继续念中学，甚至读大学，或者就此回去遵父母之命，结婚生子，成家立业。而这一切，只有依靠当地资料来补充了。

从其入境澳洲留学读书，到突然中断学业悄然离开回国，麦门旷在昆士兰的中部地区待了六年多的时间，其间从未回国探亲，也没有任何违反校规和留学条例的报告，显示出他是个遵纪守规的好学生。

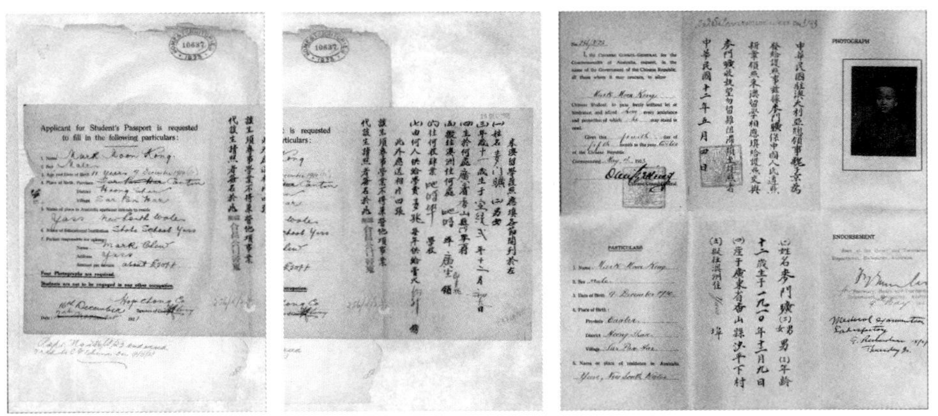

左、中：一九二一年十二月十六日，麦兆通过雪梨合昌公司为其子麦门旷来澳留学之事所填写的申请表（中英文部分），代为向中国驻澳大利亚总领事馆申请护照和签证；右：一九二三年五月四日，中国驻澳大利亚总领事魏子京为麦门旷签发的中国留学生护照。

① Certificate Exempting from Dictation Test (CEDT) - Name: Jimmy Yow - Nationality: Chinese - Birthplace: Canton - departed for China per TANDA 29 April 1930 returned Brisbane per TANDA 22 March 1937, NAA: J2483, 439/78。

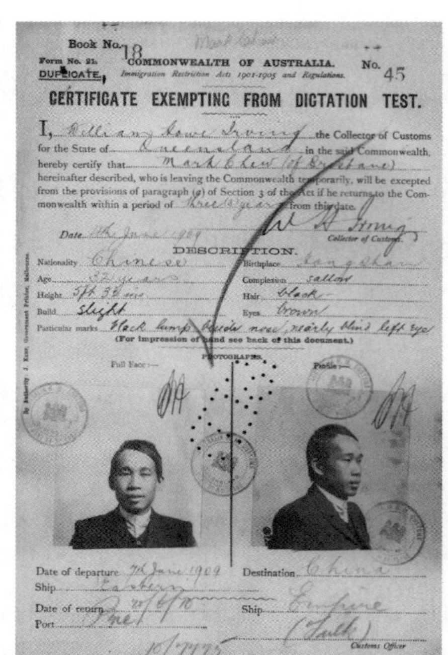

Book No. 18

Form No. 21. COMMONWEALTH OF AUSTRALIA. No. 45

DUPLICATE. *Immigration Restriction Acts 1901-1905 and Regulations.*

CERTIFICATE EXEMPTING FROM DICTATION TEST.

I, William Lowe Irving the Collector of Customs for the State of Queensland in the said Commonwealth, hereby certify that Mark Chew (of Brisbane) hereinafter described, who is leaving the Commonwealth temporarily, will be excepted from the provisions of paragraph (a) of Section 3 of the Act if he returns to the Commonwealth within a period of Three (3) years from this date.

Date 4th June 1909 Collector of Customs.

DESCRIPTION.

Nationality Chinese Birthplace

Age 32 years Complexion sallow

Height 5ft 3½ ins Hair black

Build slight Eyes brown

Particular marks Black lump beside nose, nearly blind left eye

(For impression of hand see back of this document.)

PHOTOGRAPHS. Full Face:— Profile:—

Date of departure 7th June 1909 Destination China

Ship

Date of return Ship Empire

Port

Customs Officer

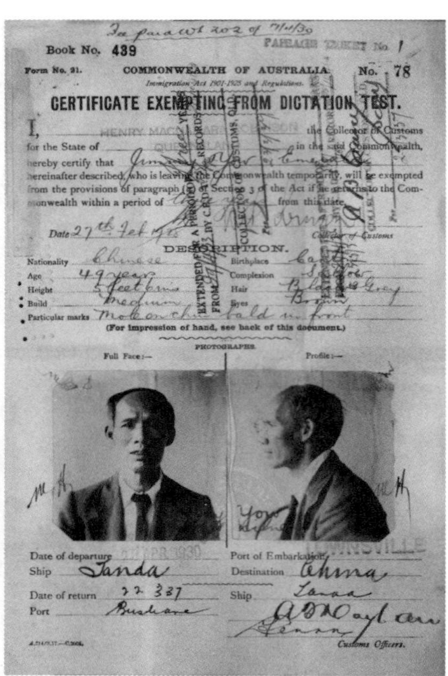

Book No. 439 No. 78

Form No. 21. COMMONWEALTH OF AUSTRALIA. *Immigration Act 1901-1925 and Regulations.*

CERTIFICATE EXEMPTING FROM DICTATION TEST.

I, the Collector of Customs for the State of QUEENSLAND in the said Commonwealth, hereby certify that hereinafter described, who is leaving the Commonwealth temporarily, will be exempted from the provisions of paragraph (a) of Section 3 of the Act if he returns to the Commonwealth within a period of from this date.

Date 27th Feb Collector of Customs

DESCRIPTION.

Nationality Chinese Birthplace

Age 49 years Complexion

Height Hair

Build Medium Eyes Brown

Particular marks

(For impression of hand, see back of this document.)

PHOTOGRAPHS. Full Face:— Profile:—

Date of departure Port of Embarkation

Ship Tanda Destination China

Date of return Ship

Port

Customs Officers.

左：一九〇九年麦兆申请的回头纸；右：一九二八年，沾美柔申请的回头纸。

档案出处（澳大利亚国家档案馆档案宗卷号）：

Mark Moon KONG - Student passport, NAA: A1, 1930/1757

吴玉华

香山曲涌村

生于一八七〇年的吴信宽（Ah Hoon）是香山县曲涌村人氏，早在一八九九年之前的几年里就已经奔赴澳大利亚发展。[①]他从昆士栏省（Queensland）最东北端的谷当埠（Cooktown）登陆入境后，便在该省北部的坚时埠（Cairns）到汤士威炉埠（Townsville）一带做工，最终定居于南距汤士威炉埠二百公里左右的滨海地区般埠（Bowen）。自一九〇五年获得长期居澳权之后[②]，他就比较放心地回国探亲；而一九〇九年回国探亲一年的结果[③]，据说便是次年年底即一九一〇年十二月十四日儿子吴玉华（Yock Wah）的出生。

当澳大利亚政府于一九二一年一月一日正式实施《中国留学生章程》，开放居澳华人申办其在乡子弟赴澳留学之后，许多在澳华人闻风而动，纷纷通过中国驻澳大利亚总领事馆，将自己的孩子及其侄甥等办理来到这块土地的不同地方读书。吴信宽此时在般埠开设有商铺，名为亚宽号（Ah Hoon），手头上比较宽裕。考虑到刚刚年满十岁的儿子吴玉华此时正在家乡上学，完

---

① Ah Hoon, NAA: J2481, 1899/378。

② Ah Hoon of Stratford near Cairns, Qld - birthplace: Canton, China - departed Cairns, Queensland on the Empire 28 March 1905, NAA: J2482, 1905/56。

③ Certificate Exempting from Dictation Test (CEDT) - Name: Ah Hoon - Nationality: Chinese - Birthplace: Canton - departed for China per SS EASTERN on 19 March 1909, returned to Cairns per EMPIRE on 19 March 1910, NAA: J2483, 17/4。

全符合条件将其申办来澳读书，庶几可以接受西方文化的熏陶，学习西方经世致用之术，待将来即便不能经商，亦可进入政府或者其他相关行业发展。于是，这一年五月二十八日，吴信宽以监护人名义填表，递交给中国驻澳大利亚总领事馆，申领儿子吴玉华的赴澳留学护照和签证。他以自己经营的亚宽号商铺作保，承诺每年供给膏火五十二镑，作为儿子来澳后所需各项开支之用，要将其安排到般埠国家学校（Bowen State School）念书。

澳大利亚实施上述开放教育政策，与之配套的措施是，中国驻澳大利亚负责护照的发放及签证的预评估。也就是说，居澳华人从各地向中国总领事馆提出申请，然后为其在乡子弟申领到护照和签证。在此项政策实施的第一年，通常情况下，中国总领事馆的审理进度都还算是比较迅捷，少则一两个星期，多则个把两个月，但超过三个月以上者则不多见。而中国总领事馆受理吴信宽递交的申请后，不知何故，却拖了整整半年时间。直到当年十一月二十八日，总领事魏子京才给吴玉华签发了一份号码为117/S/21的中国学生护照，并在三天后为他从澳大利亚内务部拿到了入境签证。从内务部拿回护照后，中国总领事馆便按照流程，将其寄往吴信宽指定的香港金山庄，由其转交并代为安排行程等事宜。

经大半年的协调与安排，金山庄将诸事办妥，包括找到旅途中的监护人，并且也为吴玉华找到了两位同行小伙伴，即同样也是去到汤士威炉埠下船的来自新会县古井镇大朗坡村的黄社稳（Share One Wong）和黄者莅（Jerry Wong）堂兄弟[①]，他们是要去昆士栏省北部的一个小镇吓李咈埠（Halifax）留学读书。于是，吴玉华的家人将其送到香港，在此与上述黄家兄弟会合，一起搭乘由中澳船行经营驶往澳大利亚的“获多利号”（Victoria）轮船，于一九二二年十月十六日抵达汤士威炉埠港口，顺利入境澳洲。吴信宽提前赶到汤士威炉埠海关，将儿子接出来后，再搭乘其他交通工具南下，回到般埠自己的店铺，将儿子安顿下来。

---

① Share One Wong - student passport, NAA: A1, 1929/1745; Wong, Jerry - Student's passport, NAA: A1, 1925/23290。

虽然此时距暑假只有两个月左右时间，但吴信宽没有让儿子等到明年新学年才去上学，而是在安顿下来后，便将吴玉华送到了般埠国家学校入读。他对儿子的学习寄以很高的期望，每天都送他去学校，也让他穿戴得整整齐齐地去读书，校长都对这位风雨无阻送子上学的华商店主印象深刻。而吴玉华也很勤奋，从原先没有一点英语基础到逐渐适应新的语言环境，进步很大。在此期间，他也在学校给自己取了一个英文名字，叫佐治（George），并以父亲在当地的名字为姓，全名就成了George Ah Hoon。

在般埠读到一九二三年底学期结束之后，吴玉华从该校退学，跟着父亲去到位于汤士威炉埠与般埠中间的一个镇子鸦埠（Ayr）。因没有资料说明吴信宽此时是把商铺迁到这里，还是来此加入其他华商在此开设的商铺，但吴玉华则在一九二四年新学年开学后就注册入读鸦埠公立学校（Ayr State School），并在此读了四年，一直保持令人满意的在校表现和学业成绩。到一九二八年初，吴信宽再次北上，去到汤士威炉埠居住，吴玉华也跟着父亲来到这个大埠，进入市区里的蒙丁布拉公立学校（Mundingburra State School）就读，念五年级。到这一年的十一月，他参加小学毕业统考，成功通过，获得升读中学的资格。

一九二九年新学年开始，十八岁的吴玉华注册入读汤士威炉中学（Townsville State High School）。他在这所学校读了两个学期，成绩令人满意，但从八月起就突然从这里退学。因他走之前未告诉学校要去什么地方，故该校校长在九月份给内务部秘书的例行报告中只能说他退了学，不知去向。当地海关和警察局经过两个月的排查，方才得知他转学到了汤士威炉文法学校（Townsville Grammar School）。然而，他在这所私立学校也只是读了一个学期，到次年新学年开始，又重返汤士威炉中学继续念书。一九三一年底，他通过昆士栏大学初选入学考试（Queensland University Junior Examination），这就意味着他由此可以进入高中阶段的学习或者可以进入其他专上院校就读，为未来进入大学做准备。

一九三二年初，吴玉华曾经表示想要回国探亲，因而在新学年最初的一个月并没有去汤士威炉中学读高中；但之后不知何故，他放弃了回国的念头，又返回学校继续念书。这个时候，吴信宽搬迁到汤士威炉埠南边约二十公里的小镇阿里加特溪（Alligator Creek），在此租地经营一个果菜园，改任菜农，供应汤士威炉埠几间华人经营的果栏。吴玉华自然也跟着父亲搬到那里住，这样每天上学就远了很多，大约有十五公里的路他需要搭乘火车，剩下五公里左右的路程则依靠一辆自行车代步。由是，遇有恶劣天气就麻烦，尤其是大风暴雨，就很可能会让他无法出行。也正是因为上述原因，在当年八月份之前，因风暴所阻，他累计有十天左右时间缺勤。可是，接到学校校长的报告后，内务部秘书认为他缺勤太多，希望当地海关和警察派出所核查是否属实。事实上，内务部对于成年留学生的缺勤之事如此敏感，关键在于深恐他们利用留学签证出外打工，这是内务部要严防死守的，一旦发现这样的事情，轻则警告，重则遣返回国。对于海关和警察的调查，汤士威炉中学校长倒是很为学生着想，一再强调这是因为天气原因无法避免的事情，而这样的天气在昆士栏省北部也很常见，不唯吴玉华如此，其他当地学生也面临同样的问题，也同样处理。对此现象，当地警察自然也很了解，如实报告。获得这些信息后，内务部秘书方才松了一口气，然后就在十月份很爽快地批复了中国总领事馆递交上来的吴玉华展签申请。

汤士威炉中学的高中部实际上也是汤士威炉工学院（Townsville Technical College）的一部分，也就是说，二者之间许多课程实际上是共享的。从一九三四年开始，吴玉华便选修工学院的商科课程。本来在年初时他想于这一年十一月参加大学入学考试，但经过一番衡量决定放弃上述想法，而全心全意地完成所修商科课程。到十月份中国总领事馆再次为其申请下一年度的展签时，内务部秘书表示，到年底他就年满二十四周岁，已经达到准允中国留学生在澳留学的最高年限，内务部部长决定不予批复；按规定他必须在十二月三十一日之前得离境，但考虑到他的课程到年底结束，内务部部长特别给予他一个月的宽容，准允他待到明年一月三十一日，这样就可以给他比较宽裕的时间处理读完上述课程的相关事务，然后订妥船票返回中国。

吴玉华所选修的商科课程是两年制，他实际上只是完成了一半课程而已。汤士威炉工学院院长一直都很欣赏这位中国学生，得知他因年龄限制不得不中途离开，很是可惜，遂致函中国总领事馆，希望能设法再给他申请一年的展签，以便他能完成课程，回去中国也有一个较为完整的学历。对此，中国总领事陈维屏深以为然。他于一九三四年十二月十四日致函内务部秘书，将此事原委一一详告，也附上工学院院长的陈情信，请其无论如何也要给吴玉华额外一年的展签，协助他完成学业。遗憾的是，内务部秘书在十二月二十四日复函拒绝了上述申请。

看来吴玉华必须要在过了新年就走，汤士威炉埠海关人员和警察派出所的人员也接到指示督促他尽早成行。就在这一年的年底，汤士威炉埠海关税收副监接到汤士威炉工学院院长的信，希望他能协助中国学生吴玉华再展签一年的签证。他表示，吴玉华动手能力很强，在工学院也是澳式橄榄球队的队员，非常活跃，在其他队员中很有感染力。此前这位学生也曾经谈过想进入工程机械班学习，并希望能获得实习机会。而吴信宽自然觉得如果真能给儿子这个机会，对于他返回国内之后的生涯将会有更多的优势。随后税收副监见到了吴玉华，他表示知道自己因超过二十四周岁的规定而不得不走人，但他表示自己实际上才二十一岁，此前的年龄记录是错的。对此，税收副监回去翻查汤士威炉海关记录，发现吴信宽确实是在一九一一年十二月二日于该港口登上“太原号”（Taiyuan）轮船驶往香港回国探亲，直到一九一三年三月二十五日乘坐从香港启航的“奄派号”（Empire）轮船返回到同一港口。[①]从吴信宽的这个出境记录来看，如果吴玉华是在一九一三年他父亲回澳之年出生的话，还真的是只有二十一岁。根据税收副监此前的了解，原本吴玉华是要参加大学入学考试的，之所以放弃参加考试，最主要原因是他恐怕自己的弱项英语还无法跟本地人一样，怕到时候发挥不好而无法通过，就白白浪费一年的时间，因而选修商科课程，以期有成。对此，他觉得吴玉华的选择是很对的，也因此而强烈建议再给予他一年的延签，这样就可以让他有时间完成学业。

---

① Certificate Exempting from Dictation Test (CEDT) - Name: Ah Hoon - Nationality: Chinese - Birthplace: Canton - departed for China per TAIYUAN on 2 December 1911, returned to Townsville per EMPIRE on 25 March 1913, NAA: J2483, 77/10。

内务部秘书收到上述信函，已经是一九三五年元旦之后的事情。他虽然觉得汤士威炉海关税收副监的建议有一定道理，但他从档案中找出十几年前中国总领事馆递交上来的吴玉华签证申请材料，上面白纸黑字写明吴玉华是一九一〇年十二月十四日出生；那么，吴信宽声称是吴玉华的父亲，可是在其子出生之时他又不在中国，这又如何解释呢？于是，内务部秘书于一月七日致函中国总领事陈维屏，提出了上述疑问，也将汤士威炉海关的记录告知，希望中国总领事馆能对此问题给出一个合理的说法，那么，在本月底吴玉华的签证到期前还是可以重新考虑其展签之事。陈维屏总领事接到上述信函后，立即跟汤士威炉海关联络，希望找到更多的吴信宽那段时间的出入境记录。海关税收副监也查到一九〇九年十二月二十四日吴信宽搭乘“依时顿号”（Eastern）轮船回国，到次年十二月十八日乘坐“太原号”轮船回到汤士威炉。[①]他就此事直接询问吴信宽，到底其子吴玉华是他此次回国而生还是属于后一次。事主的回答是，他此次回去探亲原本是要结婚的，但在一九一〇年初抵达家乡之后，女方家庭说其女儿年纪实在太小，希望再过两年再过门；由此，他没有结成婚，便在该年年底返回澳洲。直到两年后，他才回国探亲，终于将媳妇娶了过来。而其子便是在其结婚后方才出生。照此时间算计，其子确实现在刚过了二十一岁。但直到二月初仍然未有收到中国总领事的回复，内务部秘书也十分焦急，于二月五日发函催促。到二月十五日，陈维屏总领事终于复函内务部秘书，表示在过去的一个多月时间里经其进一步调查与询问的结果，吴信宽是在一九一二年初才回到家乡，随后筹办婚礼迎娶妻子；照此进度，其子吴玉华最快也是当年年底甚或次年年初方才出生。[②]如此看来，他距离二十四岁的最高年限显然仍然有至少一至两年的时间。据此，陈维屏总领事吁请内务部秘书根据此项年龄更正，重新核发一年的签证给这位中国学生。事实上，内务部秘书就是等待中国总领事对此年龄的确

① Certificate Exempting from Dictation Test (CEDT) - Name: Ah Hoon - Nationality: Chinese - Birthplace: Canton - departed for China per CHANGSHA on 17 October 1908, returned to Townsville per EMPIRE on 9 July 1909, NAA: J2483, 1/3。

② AH HOON, George [Yock Wah] [born 1913, China], NAA: J25, 1955/6848。

定，才能从此前的决定再退回来，亦即有个台阶可下，然后再重新核发展签给吴玉华，即从上一次核发到本年一月三十一日到期起算，再延长一年，有效期至一九三六年一月三十一日。由是，这一问题得以圆满解决。

可是直到当年四月中旬，吴玉华也没有在汤士威炉工学院注册入读机械工程课程。当时的情形是，院长这段时间正好休假，而代理院长对吴玉华要注册入读该课程之事不是很了解，只是根据记录发现他没有来注册，于是便直接找到吴玉华询问原因。后者表示，他在没有收到上述展签确认信之前是无法来工学院注册的，而他本人也是最近才收到由海关发出的展签信。鉴于这一耽搁，上述课程讲授已经过半，但该课程之重点实际上是汽车的构造及维修，他表示自己更多的是想加入车行的维修部门实习和操作，如此同样可以达到完成此项课程的目的。于是，吴玉华便在星期二、星期三和星期四这三天集中精力上机械工程课并参与汽车的维修服务；其余时间自学，但他也由此花更多的时间在父亲的果菜园帮忙做工，正如去年底和今年初在等待展签批复这段时间里所做的那样。内务部秘书得知他这样的时间安排，觉得有违《中国留学生章程》的规定，遂指示海关与工学院联络看如何处理他的课程学习和实习。就在上述几方面就此事公牍往返的过程中，吴玉华已经在九月份完成了上述课程和学习。

一九三五年十月二十四日，完成了学业的吴玉华辞别父亲，也挥别了汤士威炉工学院的院长和老师，登上驶往香港的"太平号"（Taiping）轮船，结束了长达十三年未曾间断的在澳留学生涯，返回中国。由此可见，他是属于学成归国。

但此后不到两年，吴玉华又重返澳大利亚。在汤士威炉埠独家经营一间果子铺的梁和生（Leong Shing或Leong Sing），也是香山县人，一八七八年出生，大约与吴信宽是同样的时间来到澳大利亚发展。①一九三七年初，他准备回国探亲看望家中妻小，遂向澳大利亚内务部申请老友吴信宽的儿子吴玉华

① Name: Leong Shing [Leong Sing] - Nationality: Chinese - Birthplace: Canton - Certificate of Exemption from the Dictation Test (CEDT) number: 539/75, NAA: BP343/15, 18/107。

前来作为替工，因为此前吴玉华在此读书期间，他是看着这个年轻人成长起来的，对其学识和能力都极为欣赏，而将自己的店铺交给这位年轻人管理，他也放心。内务部通过海关对梁和生的果子铺的核查显示，该店年收入虽然没有超过一千镑，但净利润则有近三百镑，显然经营有方，且为人厚道，与顾客关系也很好，而他也没有雇佣任何人，故海关倾向于批复此项申请，因为此前梁和生的几次探亲也都是这样处理，只是在当地找到人代为管理而已。内务部秘书因刚刚处理完吴玉华的留学事宜不久，对其还有印象，再通过汤士威炉工学院了解，后者对吴玉华此前的在校表现称赞有加，认为他是较为适宜的替工人选。于是，当年五月内务部部长便批复了此项申请，给予他十二个月的替工签证，可以最多申请展签三年。

于是，在中国家乡的吴玉华接到父亲和世叔梁和生的上述通知后，便摒挡一切，立即赶往香港，搭乘“太平号”轮船，于一九三七年七月三十日抵达汤士威炉，重新入境澳大利亚。而梁和生则在交代完有关果子铺事项及密集培训他相关经营技巧及程序后，于当年九月二十四日离境回国探亲。[①]到一九四〇年底，梁和生结束探亲回到汤士威炉，吴玉华将代为经营管理而年收入已经倍增的果子铺交还给了这位世叔。

一九四一年，因父亲身体健康恶化无法全力经营其“亚宽号”商铺及农场菜园，为此，吴玉华获得内务部批准留下来代父经营，为期一年，并正式成为父亲开办的商铺及菜园股东。[②]到这一年的年底，因太平洋战争爆发，他得以继续留居下来，并于战争期间与一位澳大利亚出生的欧裔女士结婚，于一九四五年生下了一个儿子。

当地政府官员提交给移民部的报告显示，吴信宽可能希望能有一个纯华人血统的孩子继承家产，便通过运作，从家乡找到一位名叫Sue Quen（瑞琼，译音）的女士，以其女儿的名义，将其办理来到汤士威炉团聚。于是，

---

① Certificate Exempting from Dictation Test (CEDT) - Name: Leong Shing or Leong Sing - Nationality: Chinese - Birthplace: Canton - departed for China per CHANGTE 24 September 1937 returned Cairns per TAIPING 27 November 1940, NAA: J2483, 539/75。

② Ah Hoon Store, Townsville, NAA: J25, 1963/887。

瑞琼于一九四九年八月持探亲护照抵澳[①]，成为吴信宽家庭的一个成员。次年，瑞琼在汤士威炉生育了一个孩子。汤士威炉海关人员认为这是一位非婚生孩子，可能是与吴玉华有关。但无论如何，此后瑞琼就成为吴家的一员，最终定居在这个国家。[②]

而早在一九三九年，吴信宽也经多次锲而不舍的申请，最终得以将妻子高氏申请来到澳大利亚探亲。此后适逢太平洋战争，其妻无法在期满后回国，便一直留居了下来。由是，他们一家人都得以在澳团聚，并最终在二十世纪六十年代加入澳籍。[③]

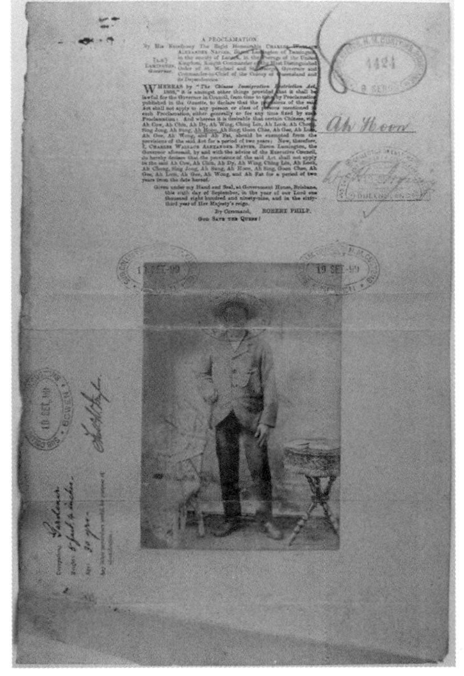

A PROCLAMATION

Ah Hoon

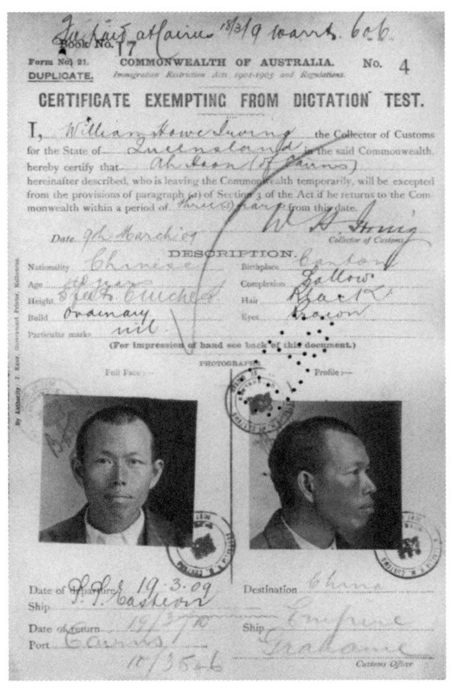

Book No. 17

Form No. 21. COMMONWEALTH OF AUSTRALIA. No. 4

DUPLICATE. Immigration Restriction Acts 1901-1905 and Regulations.

CERTIFICATE EXEMPTING FROM DICTATION TEST.

I, William Howe Irving the Collector of Customs for the State of Queensland in the said Commonwealth, hereby certify that Ah Hoon (of Cairns) hereinafter described, who is leaving the Commonwealth temporarily, will be excepted from the provisions of paragraph (a) of Section 3 of the Act if he returns to the Commonwealth within a period of three (3) years from this date.

Date 9th March 09 Collector of Customs.

DESCRIPTION.

Nationality Chinese Birthplace Canton

Age Complexion Sallow

Height Hair Black

Build Ordinary Eyes Brown

Particular marks nil

(For impression of hand see back of this document.)

PHOTOGRAPHS.

Full Face :— Profile :—

Date of departure 19.3.09 Destination China

Ship S.S. Eastern

Date of return Ship Empire

Port Cairns

Customs Officer

左：一八九九年，昆士栏省总督颁发给吴信宽不受该省一八八八年严禁中国人入境移民法限制的证明，表明他在此之前便已居澳多年；右：一九〇九年吴信宽申请的回头纸，准备回国探亲结婚。

① Quen, Sue born 1914 - nationality Chinese - arrived in Cairns on CHANGTE 25 August 1949, NAA: BP9/3, CHINESE QUEN S。

② Sue Quen, NAA, J25, 1964/8115。

③ Ah Hoon [Born 1883 - China]; Mo Ah Hoon [Born 1892 - alias Ng Gosee Ah Hoon], NAA: J25, 1960/10806。

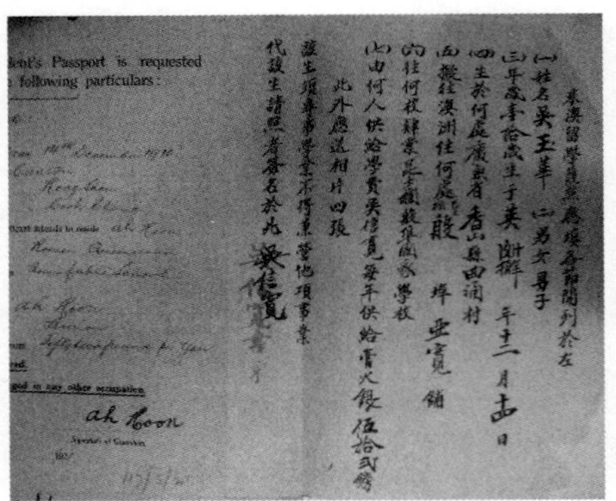

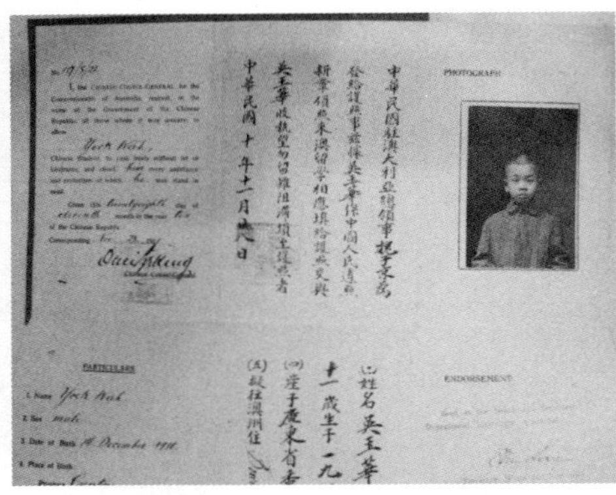

左：一九二一年五月二十八日，吴信宽填表递交给中国驻澳大利亚总领事馆，申领儿子吴玉华的赴澳留学护照和签证；右：一九二一年十一月二十八日，中国总领事魏子京给吴玉华签发的学生护照。

档案出处（澳大利亚国家档案馆档案宗卷号）：

Yock Wah - Students Passport, NAA: A1, 1937/6280

李华福

香山石岐

李华福（Willie Wahook Lee），生于一九一一年一月九日，香山县石岐人。其父李紫云（Chee Win Lee），一八八〇年出生[①]，于澳大利亚联邦成立的前一年（一九〇〇年）赴澳谋生，当时正值弱冠之年。他从域多利省（Victoria）首府美利滨（Melbourne）登陆入境[②]，然后穿州过府，辗转多地，最终定居于鸟修威省（New South Wales）首府雪梨（Sydney）。随后，他与人合开了一间杂货铺，名流利号（Lowe & Lee Co.），位于雪梨唐人街附近的衣利什步街（Elisabeth Street）二百二十八号，生活较为稳定。[③]

一九二二年十月二十八日，为让当时已近十二岁的儿子能来澳洲留学，当然也包括父子能有多点时间相聚并希望儿子能在此学到点儿西方知识，李紫云向中国驻澳大利亚总领事馆提出申请，希望为李华福赴澳留学提供护照并协助申请签证。他以上述自己的店铺作保，承诺每年供给儿子李华福膏火一百镑，作为他在澳留学期间的生活、上学和医疗等各项费用。至于李紫云

① Ah King, Que Hack, Chee Win Lee, Lee Woo, Lee Moy, Hing Yen, Ah Gee, War Lee, Sue Sing and Ah Loo [Certificate Exempting from Dictation Test - includes left hand impression and photographs] [box 237], NAA: ST84/1, 1933/510/21-30。

② Chee Win Lee [Chinese - arrived Melbourne per NAKKO MARU, 1900. Box 29], NAA: SP11/2, CHINESE/LEE CHEE WIN。

③ 李紫云生意上比较成功，也热心公益，积极参与社区活动，是澳洲鸟修威雪梨中华商会第三届和第四届（一九一五年至一九一八年）理事会的理事。见“雪梨中华商会职员履历册”（Chinese Chamber of Commerce of New South Wales - List of office bearers），澳大利亚国立大学图书馆馆藏档案，http://hdl.handle.net/1885/11483。

为儿子注册入读的学校，则是在雪梨内城沙厘希区（Surry Hills）靠近唐人街的库郎街公学（Crown Street Public School）。

在接到李华福有关护照和签证的申请材料之后，中国驻澳大利亚总领事馆就进入了材料的审核阶段。这一过程，持续了四个月左右的时间。可能是中国总领事馆有些疑问需要与李紫云沟通而耽误了时间，或者是总领事馆人手不足，所有申请都被依次顺后或延后处理。无论如何，直到一九二三年二月二十六日，中国驻澳大利亚总领事魏子京才为李华福签发了编号为225/S/23的中国留学生护照，并在两天之后，即二月二十八日，为其获得了澳大利亚内务部发放的留学签证。随后，中国总领事馆按照流程，次日便将此附有签证的护照寄往香港的金山庄德信公司，由后者负责将其转交给在中国家乡的李华福，并为其安排赴澳行程，希望其能如期赴澳留学。

可是，在中国拿到护照和签证的李华福并未能立即启程，毕竟年龄小，必须要为他找到合适的旅途监护人才能成行，而为达此目的，德信公司花了六个多月才得以办妥。一切就绪后，李华福才由家人送往香港，在此会合另外五位也是赴澳留学的珠三角地区的小留学生，一同乘坐“获多利号”（Victoria）轮船，于一九二三年的九月二十二日，抵达雪梨入境，开始了他的澳洲留学生涯。

入境澳洲仅三天，李华福便于九月二十五日正式进入父亲已经为他安排好的库郎街公学念书。从一个多月后校长提供的例行报告来看，李华福在库郎街公学的学习成绩获得好评，操行亦尚称满意。就这样，李华福认认真真地在这所学校读了三年书。在此期间，校长的每次报告都对他的表现很满意，对他在校之学习和操行没有任何不良反映。

但就在一九二六年九月二十三日这一天，在没有知会任何一方的情况下，十五岁的李华福突然从雪梨乘坐“奥朗基号”（Aorangi）轮船，前往邻近的纽西兰（New Zealand）。至于他是去旅游抑或探亲，甚至是转学，都没有做出任何说明；甚至在此之前中国驻澳大利亚总领事馆也对他的突然离去一无所知，直到澳大利亚内务部根据海关的报告将其离境的消息函告，方才知晓其去向。李华福日后是否重返澳洲，或者是从纽西兰直接返回中国，在澳洲的档案中查找不到任何线索。

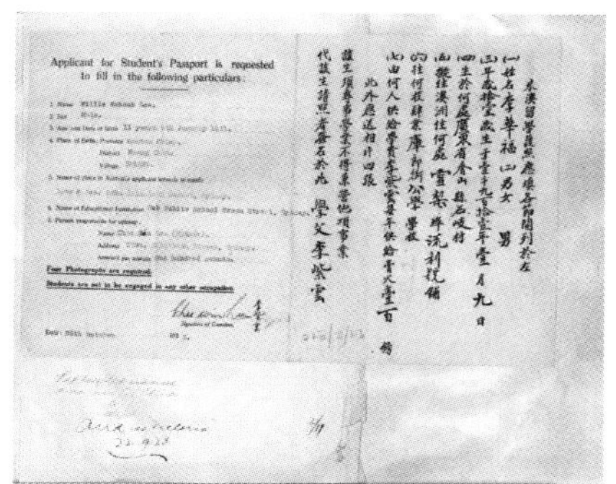
Applicant for Student's Passport is requested to fill in the following particulars:

Four Photographs are required.

Students are not to be engaged in any other occupation.

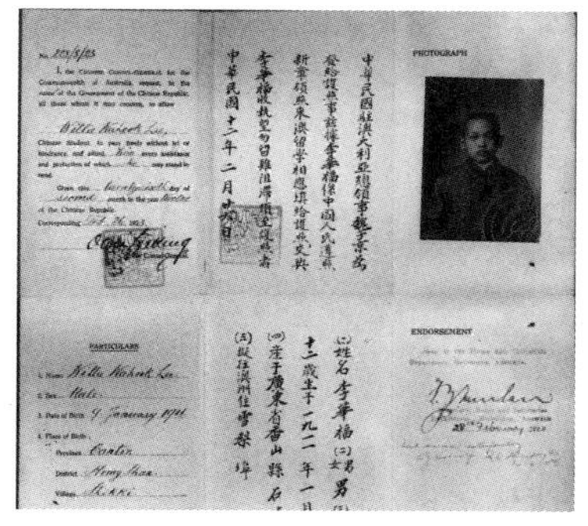
PHOTOGRAPH

PARTICULARS

ENDORSEMENT

左为一九二二年十月二十八日，李紫云为儿子李华福来澳留学事宜向中国驻澳大利亚总领事馆申请护照和签证所填写的申请表；右为一九二三年二月二十六日，中国驻澳大利亚总领事魏子京为李华福签发的中国留学生护照。

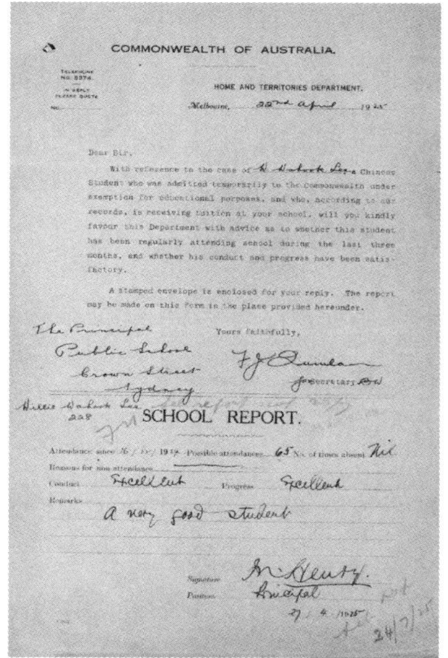
COMMONWEALTH OF AUSTRALIA.

HOME AND TERRITORIES DEPARTMENT.

Melbourne, 22nd April 1925

Dear Sir,

With reference to the case of W. Wahook Lee, a Chinese Student who was admitted temporarily to the Commonwealth under exemption for educational purposes, and who, according to our records, is receiving tuition at your school, will you kindly favour this Department with advice as to whether this student has been regularly attending school during the last three months, and whether his conduct and progress have been satisfactory.

A stamped envelope is enclosed for your reply. The report may be made on this form in the place provided hereunder.

The Principal
Public School
Crown Street
Sydney

Yours faithfully,

for Secretary

SCHOOL REPORT.

Possible attendance 65 No. of times absent Nil

Conduct Excellent Progress Excellent

Remarks A very good student

Signature

Position Principal

27. 4. 1925

Book No. 510

Form No. 21.

DUPLICATE.

COMMONWEALTH OF AUSTRALIA. № 028

Immigration Act 1901-1925 and Regulations.

CERTIFICATE EXEMPTING FROM DICTATION TEST.

I, GEORGE FINLAY ASHTON MITCHELL the Collector of Customs for the State of NEW SOUTH WALES in the said Commonwealth, hereby certify that Chee Win Lee hereinafter described, who is leaving the Commonwealth temporarily, will be exempted from the provisions of paragraph (a) of Section 3 of the Act if he returns to the Commonwealth within a period of THREE YEARS from the date of departure shown below.

Date 14 DEC. 1933

Collector of Customs.

DESCRIPTION.

Nationality Chinese

Build Heavy

(For thumb prints, see back of this document.)

PHOTOGRAPHS.

Full Face

Profile

Date of Departure 16 DEC. 1933

Port of Embarkation Sydney

Destination China

Date of Return

Port Sydney

Customs Officers.

左：一九二五年四月二十七日，库郎街公学校长提供给内务部的例行报告，显示李华福在校表现良好，学业优异；右：一九三三年李紫云申请的回头纸。

档案出处（澳大利亚国家档案馆档案宗卷号）：

Willie Wahook Lee - Student passport, NAA: A1, 1923/28341

黄富昌

香山石岐

黄富昌（Wong Foo Chong），一九一一年二月一日出生，香山县石岐人。他的父亲名叫Jimmy Ah Lin，因为档案中没有提供其中文名，只是中国总领事馆职员根据译音在申请表上将其写成“针尾阿连”，其中之“针尾”显系Jimmy之译音，由此看来，其中文名可能是黄阿连或者黄亚连。

从当时香山人大批涌至澳大利亚昆士兰省（Queensland）北部地区淘金寻梦的历史来看，一八七六年出生的黄亚连可能也是跟随大潮在一八九六年便到达澳洲，在昆士兰北部这块土地闯荡，当过一般的劳工、菜农和厨子，逐渐立足于此，于一九一〇年获得长期居留权，随后回国娶妻生子，黄富昌便是此次回国的结果之一。[①]返回澳洲后他几经选择，最终在坚市埠（Cairns）定居下来，开设或经营一间生果铺。[②]遗憾的是，档案中没有提供该商铺的中文抑或英文名称；而且，从档案中也看不出来这间生果铺是黄

---

① Certificate Exempting from Dictation Test (CEDT) - Name: Jimmy Ah Lin - Nationality: Chinese - Birthplace: Canton - departed for China per CHANGSHA on 19 November 1910, returned to Thursday Island per EASTERN on 15 May 1913, NAA: J2483, 42/72。

② Certificate Exempting from Dictation Test (CEDT) - Name: Jimmy Ah Lin (of Cairns) - Nationality: Chinese - Birthplace: Canton - departed for China per EMPIRE on 11 July 1913, returned to Cairns per ST ALBANS on 5 April 1914, NAA: J2483, 125/37; Lin, Jimmy Ah - Nationality: Chinese [DOB: 16 January 1866, Occupation: Cook] - Alien Registration Certificate No 5 issued 10 November 1916 at Burketown, NAA: BP4/3, CHINESE LIN JIMMY AH; Lin, Jimmy Ah - Nationality: Chinese [DOB: 1876, Occupation: Labourer] - Alien Registration Certificate No 863 issued 23 May 1917 at Cairns, NAA: BP4/3, CHINESE LIN JIMMY AH。

亚连自己开的，还是他只是在该商铺里参股甚或是做帮工当伙计。根据当时华人在澳洲经营生果铺的情况看，一般的生果铺如果规模小的，一人便可经营，属于小摊档生意；而那些有规模或者说店面稍微大些的，则仍然需要帮手，人数多寡不定，且多是合股经营。从申请表上只表明黄富昌到澳后的落脚地点是该生果铺的情况来看，这个生果铺极有可能是黄亚连自己一人经营的；并且，其生果铺的名字恐怕也就是上述Jimmy Ah Lin（针尾阿连）。

一九二三年初，黄富昌即将年满十二岁。由是，一月十七日，黄亚连便以自己所经营的生果铺作保，承诺每年供给儿子膏火银四十镑，具表向中国驻澳大利亚总领事馆申请其子之赴澳留学护照和签证，办理黄富昌前来坚市公立学校（Cairns State School）念书。中国总领事馆在受理黄亚连递交的申请后，可能因护照申请者众多以及其他原因，耽搁了几个月时间，直到五月二十八日，总领事魏子京才为黄富昌签发了编号为270/S/23的中国留学生护照。过了一天，澳大利亚内务部也为黄富昌签发了赴澳留学入境签证。随后，中国驻澳总领事馆就在当天将黄富昌的护照和签证邮往香港，交由金山庄容记栈代为保管，并为其安排赴澳行程。

但黄富昌也跟当时的许多中国小留学生一样，在接到护照和签证之后，无法立即启程，而是一拖再拖，主要是容记栈代为寻找同行之伴，或者是在寻找合适之托带者作为旅行期间的监护人，时间几近一年之久，方才一一安排妥当。直到一九二四年，十三岁的黄富昌才被家人从香山家乡送到香港，由此乘坐“圣柯炉滨号”（St Albans）轮船，于五月十九日抵达坚市埠，入境澳洲。

在父亲那里安顿下来三天之后，即五月二十二日，黄富昌就注册进入坚市公立学校读书。根据校长提供的例行报告，黄富昌的在校学习和表现都算令人满意。由此，他在这所学校一直读到一九二七年上半学期结束，前后达三年之久。

从一九二七年六月九日开始，黄富昌离开坚市公立学校，前往距坚市一百多公里的内陆西部小镇丫打顿（Atherton），转学到该镇的公立男校（State Boys School）读书。这是一所寄宿学校，主要招收周围地区的乡下孩子入读，管理还算严格。民国时期，前往澳洲昆士兰北部地区留学的中国小留学生中，进入该校读书者，为数不多。根据校长的例行报告，刚刚进入该校的头半年里，黄富昌在这里的学习和操行都获佳评，但随后他的学习成绩下降，乏善可陈。这种情况，一直持续到一九二八年下半年。

但黄富昌也只是在丫打顿公立男校读了不到一年半的时间。就在距一九二八年下半学期的期末结束尚有几个星期之际，年近十八岁的黄富昌突然就从丫打顿返回坚市埠，于十一月二十四日，在这里乘坐停靠该港的“彰德号”（Changte）轮船，离开澳洲，前往香港，返回了中国。无论是中国驻澳大利亚总领事馆还是澳洲海关，在涉及他离境的报告中，都没有说明黄富昌在学期尚未结束时就匆忙回国的原因，而在此前后，他也没有提出申请再入境签证的要求。此后，也再未见到有关他入境澳洲的记录。

黄富昌的留学档案到此结束。总计，他在澳留学有四年半的时间。

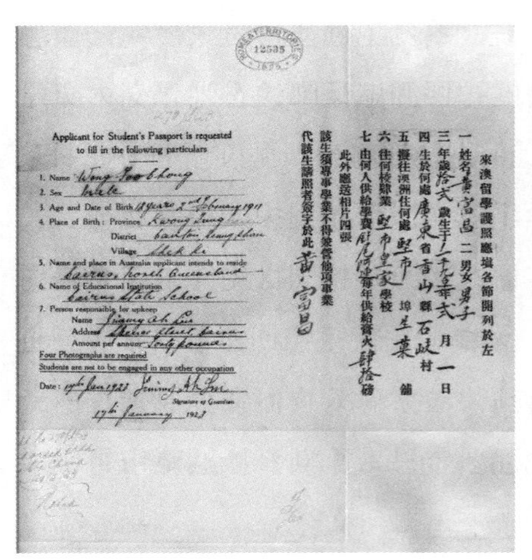

Applicant for Student's Passport is requested to fill in the following particulars

1. Name Wong Foo Chong
2. Sex Male
3. Age and Date of Birth 11 years 2nd February 1911
4. Place of Birth: Province Kwong Tung
District Canton, Heung Shan
Village Shek Ki
5. Name and place in Australia applicant intends to reside Cairns, North Queensland
6. Name of Educational Institution Cairns State School
7. Person responsible for upkeep
Name Jimmy Ah Lin
Address Spence Street Cairns
Amount per annum Forty pounds
Four Photographs are required
Students are not to be engaged in any other occupation
Date: 17th Jan 1923 Jimmy Ah Lin
Signature of Guardian
17th January 1923

來澳留學護照應塡各節開列於左
一 姓名黃富昌 男女 男子
二 年歲拾式 歲生于一千九百壹年式月一日
三 生於何處廣東省香山縣石岐村
四 擬往澳洲住何處堅市埠
五 往何校肄業堅市皇家學校
六 由何人供給學費阿尾阿連每年供給費大肆拾磅
此外應送相片四張
該生須專事學業不得兼營他項事業
代該生請照者簽字於此 黃富昌

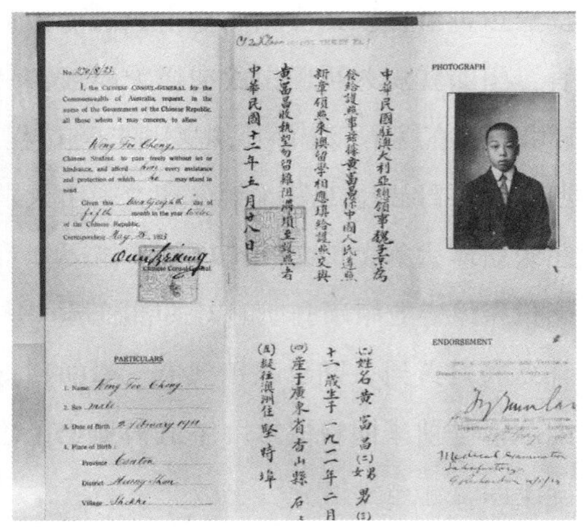

No. 270/8/23

I, the Chinese Consul-General for the Commonwealth of Australia, request, in the name of the Government of the Chinese Republic, all those whom it may concern, to allow

Wong Foo Chong,

Chinese Student to pass freely without let or hindrance, and afford him every assistance and protection of which he may stand in need.

Given this twentyeighth day of fifth month in the year twelve of the Chinese Republic.
Corresponding May 28, 1923

Chinese Consul-General

中華民國駐澳大利亞總領事魏子京爲發給護照事茲據黃富昌係中國人民遵照新章領照來澳留學相應塡給護照文與黃富昌收執望沿途經過關卡驗照放行毋得留難阻滯須至護照者

中華民國十二年五月廿八日

PHOTOGRAPH

PARTICULARS

1. Name Wong Foo Chong
2. Sex Male
3. Date of Birth 2 February 1911
4. Place of Birth:
Province Canton
District Heung Shan
Village Shekki

(一)姓名黃富昌 (二)男女 男
(三)十二歲生于一九一一年二月
(四)產于廣東省香山縣石
(五)擬往澳洲住堅特埠

ENDORSEMENT

Medical Examination Satisfactory

左：一九二三年一月十七日，针尾阿连（黄亚连）向中国驻澳大利亚总领事馆申请黄富昌来澳留学护照和签证所填写的申请表；右：一九二三年五月二十八日，中国驻澳大利亚总领事魏子京签发给黄富昌的中国留学生护照。

档案出处（澳大利亚国家档案馆档案宗卷号）：

Wong Foo Chong - Student passport, NAA: A1, 1928/4768

黄祖熞、黄祖林兄弟

香山青羌村

黄祖熞（Joe Gan），生于一九一一年三月初一日，香山县青羌村[①]人；他有个弟弟黄祖林（Cecil Gan，又写成Wong Jue Lum或Cecil Tsu Ling Wong），一九二二年十月二十五日出生。他们的父亲是一八八〇年左右出生的黄福邦（Wong Fook Bong，又写成Wong See Fook Bong），大约是在一九〇〇年前后来到澳大利亚发展，一直都是在昆士兰省（Queensland）中部滨海地区寻找致富机会，最终，他选择定居于洛金顿埠（Rockhampton）[②]，并在此开设一间果子菜蔬店。

一九二二年十月十九日，鉴于儿子黄祖熞已经十一岁，黄福邦便想将其办理前来澳大利留学。于是，他以监护人和财政担保人的身份填表，向中国驻澳大利亚总领事馆申领儿子的赴澳留学护照和签证，准备将其安排进入自己所在地的洛金顿中央学校（Rockhampton Boy’s Chentral School）读书。为此，他以自己经营的果子菜蔬店作保，应承每年供给膏火五十二镑，作为给儿子来此留学所需之相关费用。中国总领事馆接到申请后，前后审理了半年多，直到一九二三年五月二十一日，总领事魏子京才给黄祖熞签发了一份中

① 无法在中山市所辖村落名单中找到青羌村；但该市大涌镇辖下有青岗村，该村黄姓亦为大姓，据信青羌青岗二者已合一。

② Certificate Exempting from Dictation Test (CEDT) - Name: Wong See Hook Bong - Nationality: Chinese - Birthplace: Canton - departed for China per ALDENHAM on 18 June 1910, returned to Brisbane per EMPIRE on 2 January 1913, NAA: J2483, 40/89。

国学生护照，号码是260/S/23，并在三天后也为他从内务部拿到了入境签证。

原本黄福邦早在一九二一年七月就申请到了回头纸，准备回国探亲，期限是三年，可是因种种缘故而一拖再拖，未有成行。在最终决定可以回国探亲前，他便订妥了船票，然后递交上去了上述儿子的留学申请，以为中国总领事馆会很快就给予批复，然后他就可以拿着护照回国探亲，待结束探亲时将儿子一并带回来。然而，等了一个多月都没有消息，他便只好按照预订船期，于一九二二年十二月十一日搭乘过路的“长沙号”（Changsha）轮船，驶往香港，转道回国探亲。①好在走之前他将联络方式知会了中国总领事馆，因此，在后者从内务部拿回钤盖有签证印章的黄祖燈护照之后，便按照事先的约定，将其寄往香港的金山庄容记栈商行，由其负责为护照持有人预订船票并送交护照。黄福邦在国内得知护照和签证已经下发后，便安心地按原计划继续度假。到一九二四年上半年，他的回头纸有效期即将到期，便决定返回澳洲。于是，他带着十三岁的儿子去到香港，取上护照，搭乘驶往澳洲的“山亚班士号”（St Albans）轮船，于五月十九日抵达昆士兰省北部重要港口坚时埠（Cairns）入境。然后，他再带着儿子转乘其他交通工具南下，前往据此有一千公里之遥的洛金顿埠，回到他的店铺中，将儿子安顿下来。

刚刚放下行李，黄祖燈便去到学校上学了。但他不是进入父亲此前联系好的洛金顿中央学校，而是去到洛金顿公立学校（Rockhampton State School），注册和入读的日期是五月二十三日。从这一点便反映出，黄祖燈对在新的文化和环境里的学习还是很向往和有热情的，其后的学校报告也显示，他按时到校上课，学习认真。尤其是他对英语的领悟力也很强，只要他完全理解了那门功课的话，他的学习和作业就都会很出色。总之，校长和老师对其在校学习非常满意。

黄祖燈有一个亲戚，住在北距洛金顿九百多公里靠近坚时埠的烟厘时非炉埠（Innisfail），并在该埠下属的一个名叫塔利（Tully）的镇子上有一间商

① Certificate Exempting from Dictation Test (CEDT) - Name: Wong See Hook Bong - Nationality: Chinese - Birthplace: Canton - departed for China per CHANGSHA 11 December 1922 returned Cairns per ST ALBANS 16 May 1924, NAA: J2483, 312/055。

铺。到这一年的十一月份，他便离开刚刚读了几个月的洛金顿公立学校，转学到塔利，进入当地的邦岩公立学校（Banyan State School）念书（后来改名叫作Tully State School［塔利公立学校］）。他在这所学校读了大约一年半的书，校长和老师对他印象深刻，认为他聪颖好学，每门功课都非常优异，是非常令人满意的好学生。

在一九二六年新学年刚刚开学不久，大约在四月中旬，黄祖燈再次转学，去到了奄蔴炉公立学校（Emerald State School）上学。奄蔴炉埠（Emerald）是位于洛金顿埠西部内陆近三百公里左右的一个大镇子，是为周边矿区服务的商业中心，人口过万，有很多生意机会。他的另一位亲戚名叫黄扬（Wong Yong），早前就在此发展开有一家店铺[①]，以其名字作为店名，就叫作Wong Yong & Co.（黄扬公司）。因他之前也在洛金顿埠停留和发展过[②]，便邀请黄福邦成为该商行的股东之一，黄祖燈便是因为父亲加股进入该埠，因而也就从塔利小镇转来这里。在这所学校里，他的表现和成绩一如之前，频受好评。在这里，他读了三年半左右的时间。而在他之前两年，该校便有一位香山小同乡麦门旷（Mark Moon Kong）来此读书[③]，他的舅舅沾美柔（Jimmy Yow）也是黄扬公司的股东。[④]由是，这两位香山留学生在此一同读书达两年半之久。

一九二七年十一月十六日，黄祖燈给内务部秘书写信，希望同意他停学而将学生身份转为经商身份。他在信中表示，在过去的几年中，他已经快要读完了这里的小学课程；目前，他觉得自己的年龄已经不适合跟着小学的学生一起上学了，过年后他就满十七岁，是到了应该出来做工的年纪。正好黄

---

① 黄杨是香山县青岗村人，生于一八七九年，大约是在一九〇〇年抵达澳大利亚发展，从昆士兰北部入境，便在该省北部和中部地区流动，最终定居于厌蔴炉埠。见：Yong, Wong - Nationality: Chinese [Occupation - Storekeeper, DOB - 15 October 1879] - Alien Registration Certificate No 3 issued 19 October 1916 at Emerald, Qld, NAA: BP4/3, CHINESE YONG W。

② Certificate Exempting from Dictation Test (CEDT) - Name: Wong Yong (of Rockhampton) - Nationality: Chinese - Birthplace: Canton - departed for China per EASTERN on 25 June 1914, returned to Brisbane per NIKKO MARU on 1 August 1916, NAA: J2483, 144/90。

③ Mark Moon KONG - Student passport, NAA: A1, 1930/1757。

④ YOW, Jimmy - Nationality: Chinese - (First Entry) Arrived Cairns on unknown vessel in 1900 (Last entry) Arrived Brisbane on Tintar 10th March 1936, NAA: BP25/1, YOW J – CHINESE。

扬公司在奄蔴炉埠这里的生意是黄扬与另外的三个宗亲或乡人合股经营（其中包括他的父亲黄福邦），此时他们股东中有两人想要回国探亲，而商行此时正处于上行阶段，需要人协助经营。为此，这些股东便希望他能够加入这个商行，作为替工，帮忙做好生意。当然，这也是他想要做的事情，为此，他恳请内务部能够批复他的申请。

尽管这封信寄到了内务部，但并没有引起关注。即便按照程序，此类事情应该经由中国驻澳大利亚总领事馆的渠道向内务部提出，后者方予以受理，但按照常规，内务部也应该回信，将其申办程序告知，方为合理。因没有得到内务部对其申请的任何回应，黄祖燡便只好继续在学校念书；到次年五月份时，中国总领事馆也照例为其向内务部提出展签申请，并顺利获批。随后一年，他继续将余下的课程读完，到一九二九年底顺利获得小学毕业证书。在这期间，他也为自己取了一个英文名字，叫作Joseph（约瑟夫），其英文全名就成了Joseph Gan。这样的改名，实际上是为了能更好地融入当地社会，对他的发展是有积极作用的。

待到一九三〇年新学年开学后，黄祖燡没有就地升读奄蔴炉埠的中学，也没有返回父亲原来所在的洛金顿埠读那里的中学，而是转到坚时埠，进入坚时公立中学（Cairns State High School）就读。显然，这是他父亲黄福邦的安排。此前在奄蔴炉埠写信给内务部秘书想出来工作，实际上也主要是黄祖燡个人的想法，当然也有黄扬公司其他股东在一旁鼓动；但作为父亲，黄福邦当时非常希望儿子能在此将中学读完，这也是因儿子到上述坚时埠升学而导致海关人员前来向他作例行调查时，他所表达的意思。坚时公立中学校长对黄祖燡的评价也很高，认为这是一个非常聪明好学的中国青年，所有的功课都做得很认真，学习成绩也是在班上名列前茅。

这样的状况在一年后被打破。一九三一年一月三日，位于雪梨（Sydney）的中国驻澳大利亚总领事馆副领事李明炎以代理馆务的身份致函内务部秘书，为将满二十岁的黄祖燡申请转换身份。他在函中表示，黄福邦想尽早回国探亲，为期一年，但在此期间无人照看他在奄蔴炉埠黄扬公司里的股份及相关利益，尤其是他负责的主要是簿记等关键部门，为此，他希望由其子黄祖煜顶上去，作为他的替工，这样他就可以放心地回国，并且希望能尽快得到批复，以便他尽早成行。李明炎在函中希望内务部能将此作为急件处理，尽早玉成此事。

按照流程，内务部秘书将此事交由昆士兰海关核查，请其对上述商行的经营情况等事宜做一个调查报告，作为是否批复的依据。海关遂委托奄蔴炉埠警察派出所代为调查，并对黄福邦的个人品行等也一并给个报告。二月五日，当地派出所所长将报告提交给了昆士兰海关总部。据他们的了解，黄扬公司在当地主要是销售杂货和其他日用品以及蔬果，也进口中国的大米、茶叶、丝绸、铁器和陶瓷产品，年营业额在三千镑以上。目前黄扬和黄福邦是主要股东，都在店里亲力亲为经营，此外还雇佣一位帮手。此前黄祖煜在奄蔴炉公立学校读书时，课余时间也都在店里帮忙，因其中英文俱佳，故他父亲所负责的这块簿记和对外联络的部分实际上都由他这位年轻人具体操作。因为黄扬本人虽是该商行的最大股东，但英语操说能力比较差，对外联络大多依赖他人，以及其他的股东，故黄福邦如果离开回国探亲的话，他负责的这一块确实是需要人代劳的。就目前当地市场来看，还真找不到一个比他儿子更为合适的人来作为其替工，何况黄福邦作为第二大股东，在商行里的利益也只有儿子才能更为有效地为其照看；而因过去几年的接触以及黄祖煜在店里的协助工作，黄扬对他也极为信任，事实上也多依赖他负责记账和对外联络工作。此外，黄扬和黄福邦过去几年在奄蔴炉埠的为人也极好，主顾关系和邻里关系极佳，也回馈社区，颇受当地社区人士的尊重，警务部门也都很认可他们对社区所做出的贡献，比如为医院等机构捐款。当地警务部门认为黄福邦的上述请求是合情合理的，希望内务部接受上述申请。对此，海关也有同感。

既然如此，内务部秘书觉得此项申请符合规定，遂在征得内务部部长的批复后，于二月二十一日正式复函中国总领事馆代理馆务李明炎，批准给予黄祖煜从学生身份转为替工身份，有效期为一年。他在复函中特别强调，黄福邦须在其子正式加入黄扬公司接手其工作后一个月内离境，而黄祖煜则需在其父返回之后，应于一个月内将业务交回给父亲，然后重返学校继续读书。事实上，由于儿子本来就很熟悉业务，以往协助他经营商行，因此，黄福邦交代好工作后，便订好船票，去到坚时埠，于三月三十一日搭乘路过该港驶往香港的“彰德号”（Changte）轮船，离境回国探亲。[①]

由是，黄祖燡的替工签证便从父亲离境这一天起算，他也就开始了其在澳商人身份，即代父参与经营黄扬公司的日常运行。而在黄福邦回国探亲后不久，黄扬也回去中国探亲[②]，其工作由其兄弟黄瑞（Wong Sue）[③]替代，但因黄祖燡年轻，中英文俱佳，其对内对外都能应付自如，实际上就是由他来主持商行的经营。一年后，黄福邦没有回来，据报是因其身体健康堪虞，需要更多时间休养，何时能返回，代替其工作的儿子也不知道，只能由他自己申请回头纸展延，只是这边黄祖燡就必须申请替工身份展签。一九三二年三月十一日，新任中国驻澳大利亚总领事陈维屏致函内务部秘书，以黄福邦无法按期返回为由，为黄祖燡申请下一年度的签证展延。从奄蔴炉埠警察派出所反馈回来的信息表明，黄祖燡把黄扬公司管理得井井有条，且其人举止有矩，行为有礼，人品甚佳，显示出他在当地算得上是经商有道的华商，为此，内务部秘书于三月二十二日便批复了其展签。随后两年，都是同样的情况，内务部也都很爽快地批复其展签。

转眼就到了一九三五年。早在上一年，内务部在批复黄祖燡的展签时就说过，当局原本预计给予他的展签是三年，考虑到黄福邦仍然在国内探亲未回的实际情况，内务部同意再核发一年展签，但强调说这是给他最后的展签。到了这一年初，黄福邦有消息了，申请到了回头纸展延，准备明年返回澳洲。据此，三月十一日，中国总领事馆陈维屏致函内务部秘书，为黄祖燡再申请额外一年的展签。在这种情况下，内务部秘书决定要看看其业绩，才能做最后的定夺。奄蔴炉埠派出所所长动作很快，三月二十三日便报告说，

① Certificate Exempting from Dictation Test (CEDT) - Name: Wong See Hook Bong - Nationality: Chinese - Birthplace: Canton - departed for Hong Kong per CHANGTE 31 March 1931 returned Cairns per TAIPING 27 July 1936, NAA: J2483, 482/90。

② Name: Wong Yong (of Emerald) - Nationality: Chinese - Birthplace: Canton - Certificate of Exemption from the Dictation Test (CEDT) number: 496/68, NAA: BP343/15, 16/69。

③ SUE, Wong - Nationality: Chinese - arrived Townsville on Taipang in 1898, NAA: BP25/1, SUE, W – CHINESE。

上一年度黄扬公司的年营业额为一万零三百四十四镑，算得上经营得法，很有成绩，与几年前相比，可谓业绩倍增，他建议应该继续核发展签给这位年轻的中国商人。在经过一番内部讨论后，内务部秘书将此建议送交内务部部长，获得首肯。四月八日，他把上述决定正式通知了陈总领事，再由后者知会黄祖燦。

黄福邦决定次年返回澳大利亚，也想着在返回时顺便将时年十三岁的小儿子黄祖林一并带来澳大利亚留学，为此，他就让在奄蔴炉埠代理黄扬公司经理的儿子黄祖燦代其填表申请。一九三五年二月十八日，黄祖燦向中国驻澳大利亚总领事馆递交了申请表，申领小兄弟的赴澳留学护照和签证。他代表父亲，以监护人和财政担保人的名义，要安排黄祖林进入奄蔴炉公立学校念书，并以黄扬公司作保，允诺每年可供给膏火五十二镑作为小兄弟来澳留学后所需之花费。实际上，这笔膏火数目跟当年申请他来澳留学时父亲所填的是一样的，亦即一个星期一镑的费用，十多年过去了，并没有什么变化。中国驻澳大利亚总领事陈维屏接到上述申请后，略做审核，便在三月二十五日这一天，备文将申请材料送交内务部请其进行预评估，然后批复黄祖林的留学入境签证。

内务部接到上述申请后，首先便发现了一个问题，即黄祖林来到奄蔴炉埠入读的是一所公立学校。按照一九二六年中实施的《中国留学生章程》修订新规，所有赴澳留学的中国学生必须入读私立学校，即只要是独立的或是教会性质的这类政府认可的收费学校，都是其可以选择的范围。为此，内务部秘书复函陈维屏总领事，请其转告申请者更换一所私立学校，当局方才可以接受审理。但是，问题是奄蔴炉埠当地没有私立学校可供选择，到外地又太远，无法前往。双方就这一问题有几个回合的公文往返，但问题仍然无法解决。在这种情况下，黄祖燦求助于出身于当地选区的联邦议员、当时的反对党工党副领袖法兰克·福德（Frank Forde），将实情告知，希望他能利用其长期在政坛所具备的影响力代为转圜。福德是以洛金顿为基地的选区议员，对自己选区内的教育状况和学校分布还是了解的，故在接到上述求援信后，便于五月下旬致函内务部部长，希望他能灵活处理此事，务必使该留学生能有书可读。经过一番内部讨论，于六月十八日形成共识，最终由内务部部长批准黄祖林可以进入奄蔴炉公立学校上学。但此项批复有一个条件：到其年届十五岁时，须转入其他地方的私立学校就读。

还有一个就是年龄问题。按照新的规定，年龄在十至十四岁的中国留学生虽然无须提供英语学识能力证明，亦即来澳留学前不需要检查其是否学过英语，但必须由其在澳之父亲或父辈亲戚监护才能获准入境和上学。刚开始时，内务部认为当时黄祖林的父亲并不在澳大利亚，而只有兄长在此，并不符合上述规定，因而也耽搁了审理。后经黄祖燈力争，认为他代父管理商行，也作为此项留学的申请代理人，具备监护人资格，并且这项资料也只是在申请过程中起作用，而其父亲届时是会带着黄祖林一起返回，其后就会自然而然地接过其监护人的责任；再加上当地海关和警察派出所的人员也都为黄祖燈说话，因此，这个问题也最终得到解决，内务部不再纠缠这一问题。

按照流程，内务部是应该核查来澳留学生与其财政担保人亦即父亲的血缘关系，通常都是检索其出入境记录，以确认签证申请者是否是在实质上的财政担保人回国探亲期间所出生。根据上述申请中所填报的黄祖林的出生日期，是在黄福邦一九二二年底回国之前。据此，其父子关系显然是不成立的。当然，也有可能是黄祖燈在把民国纪年换算成公元纪年时出错，多算了一年。如果是算成一九二三年，则一切都合乎逻辑了。事实上，当时许多家长填表申请在华子弟来澳留学时，经常出现此类错误。大多数情况下，中国总领事馆如果加以解释，大方承认是录入错误或者换算错误，基本上内务部官员都会接受此类解释，因为他们也知道稍为大意，就难免出现此类错误。只是这一次内务部秘书并没有核实黄福邦的此项记录，因而也就避免了一场对此问题解释的公牍往返。

因刚刚在同一时期里审理核发了黄祖燈的展签申请，对于黄扬公司的财务状况已经有了相当的了解，由是，内务部秘书也就不再要求海关就黄福邦是否具备财政担保人资格一事展开调查，免去了这一项程序。待上面两个主要问题都解决之后，六月二十日，内务部秘书通过了黄祖林的签证评估。第二天，陈维屏总领事便给这位中国留学生签发了中国学生护照，号码

223866。内务部在收到上述护照后，于六月二十六日在护照上钤盖了签证印章。

到了一九三六年一月，黄福邦仍然没有返回澳洲，根据中国总领事馆的解释，是其身体仍然没有完全恢复，尚需要一些时日。而这边的黄祖熞则有点儿等不及了，因为他来到澳洲留学至今快要十二年，他也马上二十五岁了。由是，他迫切希望能回国一趟，预期一年，如果届时父亲仍然不能回来参与经营，他将重返奄蔴炉埠，继续代父经营。为此，他需要申请再入境签证。一月二十日，中国总领事陈维屏致函内务部秘书，代其提出了上述要求。内务部经过一番讨论，也与陈总领事确认此时如果黄祖熞离境回国的话，他的位置由谁代理的问题。后来，昆士兰省海关和奄蔴炉派出所报告说，去年十一月底，黄扬公司的另一位股东黄发（Wong Fatt）已经结束在中国的探亲返回了奄蔴炉埠[1]，他可以在黄祖熞离开的这段时间里代替主持公司的经营。待确认了上述这个最关键的问题之后，内务部秘书于二月十一日批复了黄祖熞的再入境签证，但严格限定此项签证的有效期为十二个月，即他在此期限内返回有效，否则就失效；如需再入境的话，则要重新申请签证。

事实上，在陈维屏总领事为其申请再入境签证的这段时间，黄祖熞已经去到了雪梨，在那里坐等申请结果。他原先预订的船期是二月十二日从雪梨港口起航驶往香港的“南京号”（Nankin）轮船，但他的上述批复是在此船开航之前一天，等他在次日从中国总领事馆那里拿到批件时，已经赶不上当天的登船时间了，只好改期。二月十五日，正好有“太平号”（Taiping）轮船赴港，他便换票登上该轮返回中国探亲去了。

黄祖熞如此急迫地回国探亲，在申请再入境签证时并没有列出具体的理由。从其年龄将届二十五岁这一特殊情况来推测，显然是到了结婚的时候了。想必家人此时已经为他订好了亲，只等着他回国完婚。而其父亲以身体尚未康复致一时间无法返回澳洲为由，迟迟不动身赴澳，恐怕很大程度上也

① Certificate Exempting from Dictation Test (CEDT) - Name: Wong Fatt - Nationality: Chinese - returned Townsville per TAIPING 28 November 1935 [includes 535/12 - same person], NAA: J2483, 535/11。

是想着在儿子回来完婚后才走，也算得上是完成了人生中的一桩大事。

在黄祖燦匆匆忙忙地返回中国探亲后五个月，黄福邦也终于带着儿子黄祖林登船赴澳了。他们搭乘从香港出发的“太平号”轮船，于一九三六年七月二十七日抵达坚时埠，入境澳洲。[1]随后，他们再从这里转乘其他交通工具，去到奄蔴炉埠，住进了黄扬公司的宿舍里。八月五日，黄祖林便按照此前的安排，正式注册入读奄蔴炉公立学校。从年底的学校报告来看，他的出勤率和在校表现都尚称令人满意，但英语程度较低，进步相对比较缓慢。

一九三七年一月七日，新任中国驻澳大利亚总领事保君建致函内务部秘书，表示黄祖燦无法在规定的期间内赶回澳洲，希望能申请展期，到今年年底前再返回。对此，内务部秘书表示，可在其定下返澳日期再申请，届时将根据具体情况予以批复。到四月一日，保总领事告诉内务部秘书，黄祖燦已经定下了返澳日期，将不会晚于七月三十一日回到澳大利亚，希望核发给他入境签证。接到这一来函后，内务部秘书指示海关提供黄扬公司的运营情况的报告，包括营业状况，是否经营进出口业务，以及他的父亲黄福邦是继续待在澳大利亚抑或打算回国探亲等等。五月十一日，海关将调查结果上报给内务部秘书。根据调查显示，黄扬公司除了股东之外，还有两个雇员，上一个财政年度的营业额为八千八百四十五镑，预计今年会比去年要好些；目前该商行基本上不做出口生意，进口量极小，可忽略不计，销售产品基本上都是来自本地供应商；而黄福邦有意向在未来三个月左右又要返回中国。根据上述报告，黄祖燦回来澳大利亚重新作为其父亲的替工是没有问题的；而根据相关规定，如果华商企业年营业额达到五千镑以上，如果需要增加人手，也是可以从海外引进一名帮工的。无论是哪一种情况，黄祖燦都符合条件。于是，五月二十一日，内务部秘书正式批复了上述再入境签证申请。得到批复，黄祖燦很快便收拾行装，去到香港，搭乘驶往澳大利亚的定期班轮“彰德号”，于当年八月二十六日抵达坚时埠，入境澳洲。回到了奄蔴炉埠后，

---

① Certificate Exempting from Dictation Test (CEDT) - Name: Wong See Hook Bong - Nationality: Chinese - Birthplace: Canton - returned Cairns per TAIPING 27 July 1936, NAA: J2483, 516/21。

他重新进入黄扬公司协助经营。

一个月后，保君建总领事再次写信给内务部秘书，申请将黄祖煜转到雪梨工作。他在信中表示，原本黄福邦是打算近期就离开澳大利亚回国，但目前中国的形势混乱（因日本全面侵华，中国全面抗战爆发）以及他本人年近六十，决定不回去中国了。而其子黄祖煜的入境本来是要作为他的替工，现在父亲不走了，签证的理由就已不存在。但雪梨的一家名为P W Chew and Company的商行股东兼经理Wong Yong Tai（黄永泰，译音）此前便与黄祖煜相熟，对其能力很了解，过去也曾经向内务部申请从中国引进新的员工[①]；现在因商务发展，他本人也需要去中国大半年时间解决一些公私方面的事宜，故需要有人代理其工作。正好现在黄祖煜在澳大利亚，完全适合他的那份工作，希望能将其转到他的公司，在他离境回国期间，代其经营。保总领事认为这样的安排于双方都很有利，希望内务部批准上述工作转换。十月十九日，内务部秘书通知保君建总领事，批准了上述申请。

获得上述批复后，黄祖煜便辞别父亲和小弟弟，从奄蔴炉埠前往雪梨，加入上述商行之中。他在那里工作了两年[②]，后来因战争的原因，便留在雪梨，一直待在黄永泰的公司[③]，最终定居于该地。

而黄祖林在经历了一年多的学习之后，英语能力大为提高，学业进步明显，学校认为他各项表现和学习成绩都令人满意。按照此前内务部部长特批他入读这所公立学校的条件，他在满十五岁之后，应该要进入一所私立学校念书，亦即要去到外地的学校念书。但到了一九三七年七月份，也就是他即将年满十五岁之时，正好是其申请下一个年度的展签之际，在中国总领事保君建为其提出展签申请时，内务部并未要求他转学，由是，他便继续留在奄蔴炉公立学校念书。此后，他一直在该校读到一九四〇年底学期结束，其间每次申请展签都很顺利，内务部也从来未有提出让其转学到外地的私立

① Wong Yong Tai [trading as P W Chew and Company - permission to introduce an assistant from China] [box 305], NAA: SP42/1, C1935/894。

② Joe Gan, Wong Gum Won, Wong Yung (Yong) (Young) Tai [correspondence relating to certificate exempting from provisions of the Immigration Act] [Box 12], NAA: SP42/2, C1939/4703。

③ WONG Yong Tai trading as CHEW PW and Company, NAA: A446, 1956/62839。

学校。

一九四一年初，黄祖林刚刚在新学年里读了一个多月的书，黄扬公司的大股东黄扬之子黄炽（Wong Chee）[①]返回中国探亲后不久，因公司人手短缺，父亲黄福邦便通过中国总领事保君建正式向内务部提出，申请儿子黄祖林作为黄炽的替工。三月十七日，保总领事致函内务部秘书，表达了上述意思，希望将黄祖林的学生签证转为替工签证。经过一番考察，内务部部长于七月一日同意了上述申请。由此，黄祖林便成为黄扬公司的一员。

到次年，因上一年底太平洋战争爆发，所有在澳大利亚的盟国公民都获得了三年的临时居留签证，有效期至一九四五年六月三十日；如果届时战争尚未结束，则该签证再自动延期两年。黄祖林自然也不例外，亦被包括在上述签证范围里。战后，他也获准继续留在该埠的黄扬公司里服务。一九五八年，黄祖林与一九三二年出生在马来西亚槟榔屿的陈少英（Chan Siu Ying）结婚[②]，并在当年将其申办前来奄蔴炉埠团聚，此后五年，他们就有了一男二女三个孩子，家庭幸福。[③]

黄家两兄弟从二十世纪二十年代到二十世纪三十年代一前一后前来澳大利亚留学，最终都因参与当地商行经营而留居下来。

---

① See Chee n& Wong Chee - Education Ex/c, NAA: A1, 1938/30933。黄炽生于一九一六年，在一九三〇年时来澳留学，随后因父亲回国探亲而替代父亲在黄扬公司工作。

② Tsu Ling Wong, Cecil; Chan Siu Ying, NAA: J25, 1958/2248。

③ Wong, Cecil Tsu Ling and wife Chan Siu Ying [known as Susan], NAA: J25, 1965/13606。

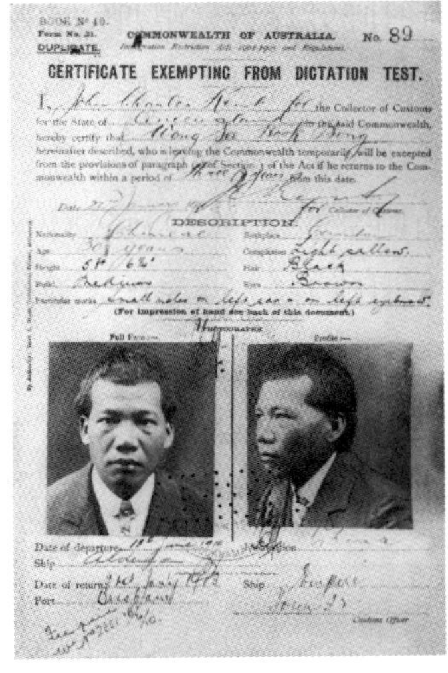

BOOK № 40.
Form No. 21. COMMONWEALTH OF AUSTRALIA. No. 89
DUPLICATE.

CERTIFICATE EXEMPTING FROM DICTATION TEST.

DESCRIPTION.

(For impression of hand see back of this document.)

PHOTOGRAPHS.

Full Face Profile

Date of departure
Ship
Date of return Ship
Port

Customs Officer

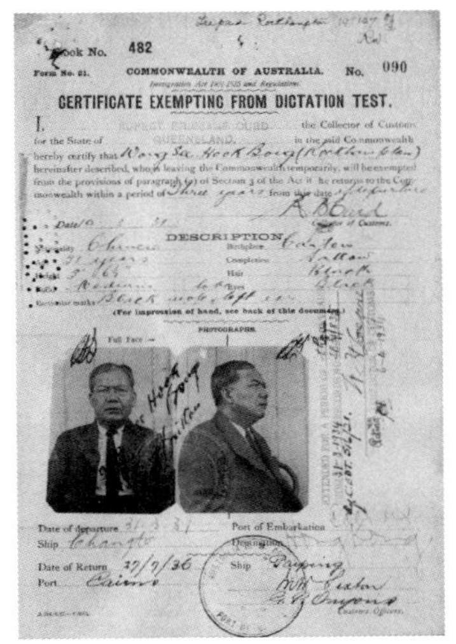

Book No. 482
Form No. 21. COMMONWEALTH OF AUSTRALIA. No. 090

CERTIFICATE EXEMPTING FROM DICTATION TEST.

DESCRIPTION.

(For impression of hand, see back of this document.)

PHOTOGRAPHS.

Full Face Profile

Date of departure Port of Embarkation
Ship
Date of Return Ship
Port

Customs Officers.

左：一九一〇年，黄福邦申请的回头纸；右：一九三一年，黄福邦申请的回头纸。

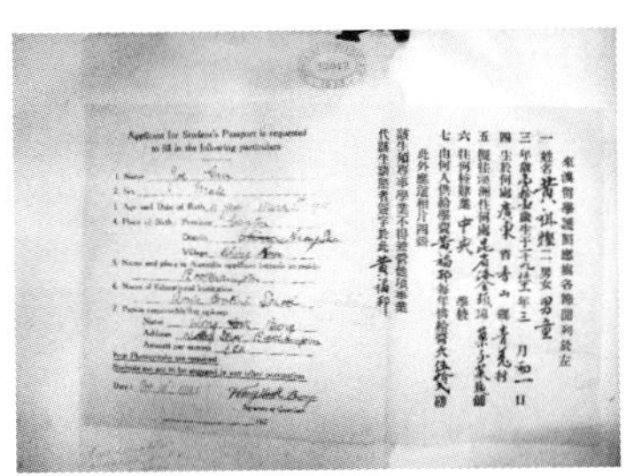

左：一九二二年十月十九日，黄福邦填表，向中国驻澳大利亚总领事馆申请儿子黄祖燡赴澳留学护照和签证；右：一九二三年五月二十一日，中国驻澳大利亚总领事魏子京给黄祖燡签发的中国护照。

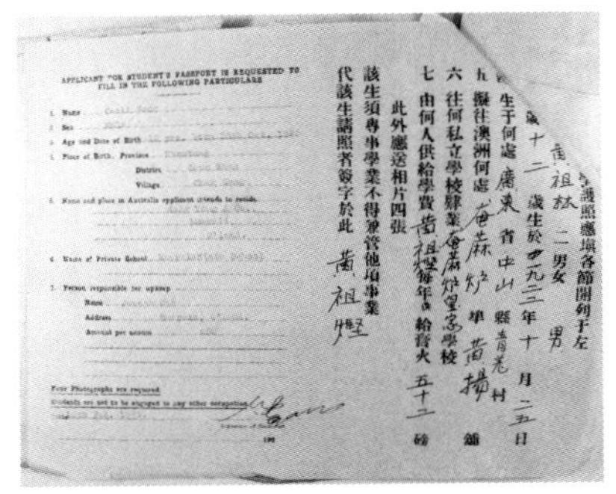

APPLICANT FOR STUDENT'S PASSPORT IS REQUESTED TO FILL IN THE FOLLOWING PARTICULARS

Four Photographs are required
Students are not to be engaged in any other occupation

護照應填各節開列于左
一 黃祖林 二 男女 男
三 歲十二 生於一九二三年十 月 二三 日
四 生于何處 廣東 省 中山 縣
五 擬往澳洲何處
六 往何私立學校肄業
七 由何人供給學費 黃祖燡 每年給費大 五十二 磅
此外應送相片四張
該生須專學業不得兼營他項事業
代該生請照者簽字於此 黃祖燡

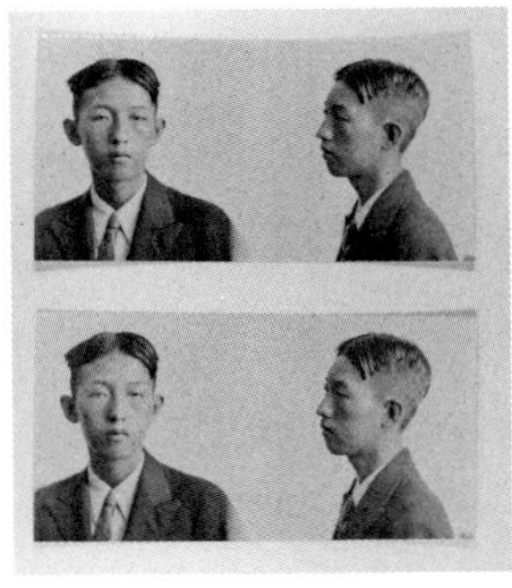

左：一九三五年二月十八日，黄祖燡以监护人和财政担保人的名义，代父填妥申请表，申请小兄弟黄祖林的赴澳留学护照和签证；右：一九三六年七月二十七日，黄祖林抵达澳大利亚坚时埠入境时，向海关提交的当年照片。

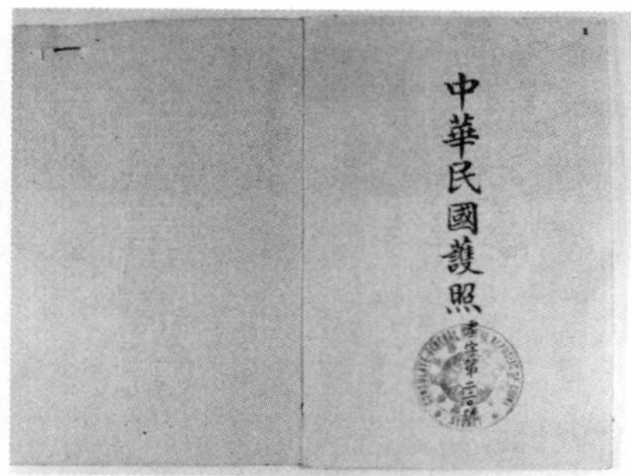

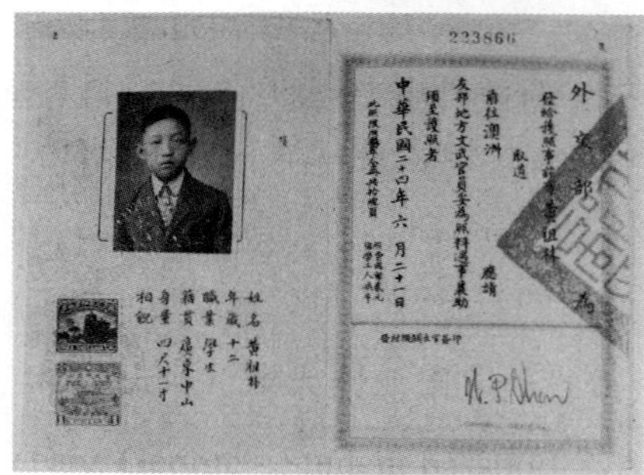

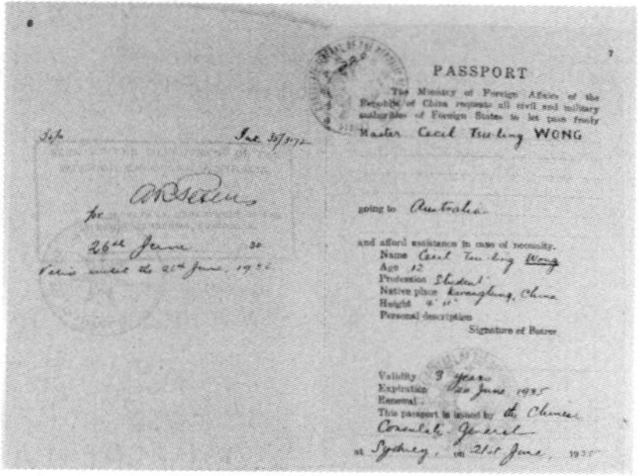

一九三五年六月二十一日，中国驻澳大利亚总领事陈维屏给黄祖林签发的赴澳留学护照和同年六月二十六日澳大利亚内务部核发的入境签证。

档案出处（澳大利亚国家档案馆档案宗卷号）：

Joe Gan – Student Passport, NAA: A1, 1937/5405

Gan, Cecil - Student exemption [1.5cms], NAA: A433, 1949/2/269

黄新作

香山青羌村

黄新作（Wong Sun Jock），出生于一九一一年三月三日，香山县青羌村人。其伯父黄好（Wong Howe，或者Willie Wong Howe），于一八九七年从家乡去到澳大利亚发展。他先是在昆士兰省（Queensland）首府庇厘士彬（Brisbane）登陆入境，随后逐步移往鸟修威省（New South Wales），最后定居于雪梨（Sydney）。[①]随后，他加股进入增城人黄汝钦（Wong Home，也叫黄钦）[②]等人在华埠矜布炉街（Campbell Street）十六号合开的新万利号（Sun Wan Lee & Co.），参与经营，日子顺畅。

当澳大利亚政府在一九二一年实施《中国留学生章程》，开放中国学生到澳大利亚留学时，黄新作在这一年正好十岁。他的父亲跟兄长黄好商量，认为上述政策原则上规定十岁以上的中国孩童可以来澳留学，其子完全符合这项规定，希望由兄长负责代为申请。于是，黄好备齐材料并填表，以监护人和财政担保人的名义，于当年下半年递交到中国驻澳大利亚总领事馆，

① Howe Wong [Chinese - arrived Brisbane per SS EASTERN, 1897. Box 44], NAA: SP11/2, CHINESE/WONG HOWE。

② 黄汝钦也是雪梨城里著名的芳利栈号（Fong Lee Jang & Company）的股东，该商行在工商局正式注册是在一九〇三年。见鸟修威省档案馆（NSW State Archives & Records）收藏之二十世纪初该省工商企业注册记录：https://search.records.nsw.gov.au/permalink/f/1ebnd1l/INDEX1797084。但雪梨华埠之中文报纸上，芳利栈号早在一八九九年就在做广告了。见："芳利栈号"，《东华报》（*The Tung Wah News*），一八九九年八月十二日，第四版。由此可见，黄汝钦至少是在一八九九年之前便已来到澳大利亚发展。

申领侄儿黄新作的赴澳留学护照和签证，想让他入读雪梨的企廉伦街学校（High School, Cleveland Street）。为此，他以自己参与经营的“新万利号”商行作保，承诺每年供给侄儿膏火足用镑，亦即足镑，也就是说需要多少便供给多少，不封顶。为了更精确地说明足用镑的数额，他在英文栏目里特别说明，每年提供一百二十镑。这个数字在当时算得上是一笔大钱，足见黄好之豪气。经一段时间审理通过后，当年十一月二十八日，中国总领事魏子京给黄新作签发了号码为126/S/21的中国学生护照；十二月三日，澳大利亚内务部也在护照上钤盖了签证印章。随后，再由中国总领事馆按照黄好的指引，将护照寄往香港的金山庄代收，以便后者负责安排黄新作之赴澳行程。

经大半年的联络安排，确定了行期后，黄新作由家人送往香港，在一位赴澳经商的粤商监护下，搭乘中澳船行经营运行的“获多利号”（Victoria）轮船，于一九二二年八月二十一日抵达雪梨口岸，顺利入境。黄好去到海关将侄儿接出来，将其安顿在自己的家里住下。

在其入境一个多月后，内务部想了解黄新作是否已经注册上学以及在校表现的情况，便致函企廉伦街学校。十月九日，该校校长发来一份报告，显示该名中国学生在校表现和学业皆相当优秀，但却标明其名字为Kin Guy Yee Quay（余键解），这是一位早在一年多前就来此留学的开平县籍的学生。[①]由是，内务部意识到上述学校把余键解当成黄新作了，而且也显示出他并不在这所学校念书，连忙通过海关寻找；同时也与中国总领事馆联络。一番忙活下来，方才得知这位新到的中国学生并没有按照父亲原来的安排入读企廉伦街学校，而是就近入读库郎街公学（Crown Street Public School）。根据学校报告，黄新作于八月二十八日注册入学，无论是在校表现还是各科学业都非常出众，成绩优异，被认为是品学兼优的学生。从一九二四年开始，他进入该校高小部读书，各方面都仍然一如既往地令人满意。由是，这种状态一直维持到一九二九年八月。此时，他已经开始读中学了。

---

① 详见：Kin Giy [Guy] - Student on Passport - Application for Certificate of Exemption from Dictation Test [1.5cms], NAA: A1, 1928/4153。

从一九二九年八月二十三日开始，黄新作获得校长的同意，请假离开学校周游全国，但直到两个月后，校长在提交例行报告中才对内务部提到此事。内务部秘书得知此事，感到很奇怪，因为学生离开学校如此长的时间，事先务必要先征得内务部的同意，方才可以行动。但此事是由学校校长负责处理，内务部秘书不好直接批评，遂转而责怪中国总领事馆。十一月十四日，他致函中国总领事馆，要其警告这位中国学生的监护人黄好，务必立即将侄儿召回，重新回到学校正常上课，不然就会取消其签证，将其遣返回中国。中国总领事馆得知真相后，觉得这事儿确实做得有些过分，急忙与黄好联络。后者明白，如果此事不改正过来，后果会很严重。遂一边向内务部道歉，表示是对中国留学生相关规定理解有误，一边急忙安排侄儿火速返回雪梨，于十一月二十五日重返学校上课，从而化解了这场危机。

一九三〇年新学年刚刚开始了两个月，中国驻澳大利亚总领事宋发祥便在三月二十九日致函内务部秘书，为黄新作申请停学一年，进入雪梨的茂生果栏（Mow Sang & Co.）①工作。当时该果栏的两位股东回国探亲去了，人手短缺，尤其是他们留下的与记账相关的工作一时间在雪梨找不到合适的人接手，影响生意的运营，故希望年轻有文化的黄新作能中断学业一年，进入该果栏作为替工，协助经营好相关的生意；待其股东结束探亲返回雪梨后，黄新作可再行重返学校念书。

内务部接到上述申请后，自然予以认真对待。通过海关，内务部了解到茂生果栏现在列名股东确有其人，其中之一早在六年前便回国探亲，至今未回，去年底有两位股东离境回国探亲，剩下四名股东仍在坚持，但其中有

---

① 根据鸟修威省档案馆保存的工商局二十世纪初该省工商企业注册记录，茂生果栏正式登记注册的日期是在一九〇四年七月十三日，股东除了来自香山县青岗村的黄舜（Thomas Wong）和黄蝉（Arthur Wong或者Arthur Wong Sim）兄弟，还有另外两位他姓华人。详见：https://records-primo.hosted.exlibrisgroup.com/permalink/f/1ebnd1l/INDEX1835024。通常来说，除了正式注册时列名的股东，通常还会有其他人随时加股进入商行，因此，其实际的股东就会与注册时不同。从其籍贯来看，黄舜和黄蝉应该是黄新作的同族长辈，但黄舜在一九二九年便已退出董事会，回到国内探亲。有关黄舜的档案，见：Wong, Thomas [Chinese - arrived Melbourne or Sydney in 1899] [Box 1], NAA: SP605/10, 79；黄蝉的档案，见：Arthur Wong Sim [Chinese - arrived Sydney? 1898. Box 39], NAA: SP11/2, CHINESE/SIM ARTHUR WONG。

一人平时就不参与经营，实际上商行中只有三名股东在管事。此外，商行还有四名雇员，其中一人是华人，其余则为西裔。茂生果栏规模较大，生意繁忙，去年的年营业额为三万一千镑，进口货品价值为一千一百五十七镑。这样的一间商行，一个萝卜一个坑，自然需要补充人手。虽然黄新作可以说中英文俱佳，但因其来澳留学时也不过十一岁，其中文再好也会很有限。只是因为商行确实需要人手，而无论如何黄新作都算得上是合适人选，是可以胜任工作的。因此，内务部部长于五月十六日批准了黄新作进入茂生果栏工作，但只给予六个月的替工签证。而事实上，从四月二十七日开始，黄新作便已加入茂生果栏，成为其负责簿记等事宜的文员。到八月底，宋发祥总领事再为他申请展签六个月，也很快获得批准。

到一九三一年三月十日，黄新作结束了在茂生果栏的工作，又重新返回库郎街公学继续读书。可是重新拿起课本一个多月，中国总领事馆在四月三十日再次致函内务部秘书，表示茂生果栏的另一个股东刚刚离境回国探亲，商行再次人手短缺，急需将刚刚结束在此工作的黄新作召回帮手，预期一年，申请批准。但雪梨海关经多方了解，茂生果栏计划在今后一年内结束营业，因而不再需要增添人手，内务部秘书便于五月二十三日以上述理由拒绝了此次申请。

虽然黄新作仍然还去上学，但从八月份之后，他对上学厌烦了，也可能是做工的这一年的经历使他有了新的想法，便开始找机会逃学，而谎称生病是其中一招。到十二月初，海关稽查人员发现他在中国城的一间水果店里打工；而他的伯母是欧裔人士，也在年底找到海关，表示侄儿已经搬出她家里到别人家借助，她觉得此时的侄儿已经不适合在澳读书，应该尽快让他回国方为正途。于是，十二月二十四日，内务部部长下令将黄新作遣送回国。

既然如此，黄新作只好认命。一九三二年二月十七日，他在雪梨登上驶往香港的“太平号”（Taiping）轮船，离开了留学九年多的澳大利亚，返回中国。其间，曾经有近一年是进入茂生果栏做工。这就给了他很好的经历，回到中国后，可以开始更好的人生。

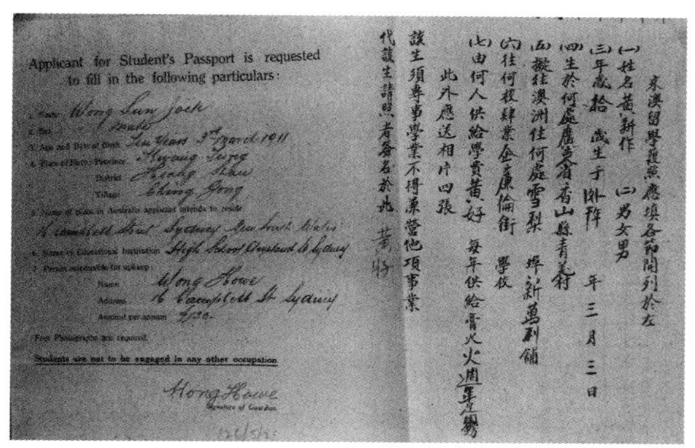

Applicant for Student's Passport is requested to fill in the following particulars:

1. Name Wong Sun Jock
2. Sex Male
3. Age and Date of Birth Ten Years 3rd March 1911
4. Place of Birth: Province Kwang Tung
   District Heung Shan
   Village Ching Gong
5. Name of place in Australia Applicant intends to reside
   16 Campbell Street Sydney New South Wales
6. Name of Educational Institution High School Cleveland St Sydney
7. Person responsible for upkeep:
   Name Wong Howe
   Address 16 Campbell St Sydney
   Amount per annum £50.

Four Photographs are required.

Students are not to be engaged in any other occupation

Wong Howe
Signature of Guardian

來澳留學護照應填各節開列於左

(一)姓名 黃新作 (二)男女 男

(三)年歲 拾 歲生于 [illegible] 年 三 月 三 日

(四)生於何處 廣東省香山縣青羌村

(五)擬往澳洲往何處 雪梨 埠 新萬利鋪

(六)往何校肄業 企廉倫街 學校

(七)由何人供給學費 黃好 每年供給膏火 [illegible]鎊

此外應送相片四張

該生須專事學業不得兼營他項事業

代該生請照者簽名於此 黃好

一九二一年下半年，黄好填表，向中国驻澳大利亚总领事馆申领侄儿黄新作赴澳留学护照。

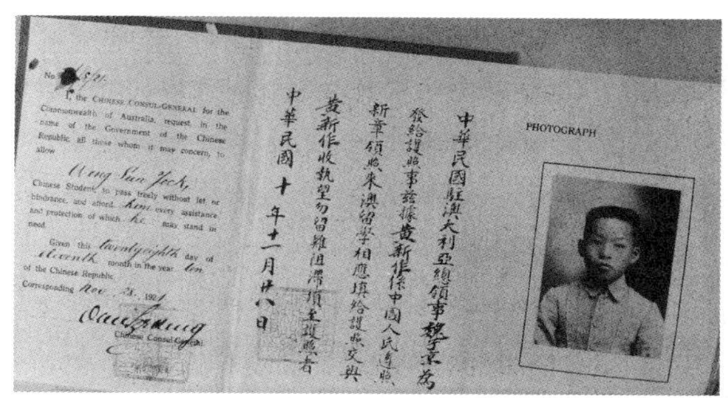

I, the CHINESE CONSUL-GENERAL for the Commonwealth of Australia, request in the name of the Government of the Chinese Republic all those whom it may concern, to allow

Wong Sun Jock,

Chinese Student, to pass freely without let or hindrance, and afford him every assistance and protection of which he may stand in need.

Given this twentyeighth day of eleventh month in the year ten of the Chinese Republic.

Corresponding Nov. 28, 1921

Chinese Consul-General.

PHOTOGRAPH

中華民國駐澳大利亞總領事魏子京為

發給護照事茲據黃新作係中國人氏道照

新章領照來澳留學相應填給護照交與

黃新作收執望勿留難阻滯須至護照者

中華民國十年十一月廿八日

一九二一年十一月二十八日，中国驻澳大利亚总领事魏子京给黄新作签发的护照。

档案出处（澳大利亚国家档案馆档案宗卷号）：

Wong Sun Jock - Student passport [2cms], NAA: A433, 1949/2/4601

侯关德、侯关扶、侯亚权兄弟

香山龙头环村

侯关德（Ho Goon Dick，又写成Ho Goon Duck或Ho Guan Dick）、侯关扶（Ho Goon Foo）和侯亚权（Ah Kim，或Ah Kin）是兄弟仨，皆为香山县龙头环村[①]人。关德是一九一一年四月出生，关扶生于一九一五年四月[②]，亚权出生于一九一六年五月七日。

兄弟仨的父亲名叫侯官妙（Goon Mew，或Howe Goon Mew），生于一八七六年。[③]早年，他跟随乡人到澳洲寻梦，大约是在澳大利亚联邦成立的前一年即一九〇〇年左右抵澳[④]，经一段时间的努力适应了当地生活，先在鸟修威省（New South Wales）北部乡镇打了几年工，随后依靠木匠手艺在雪梨（Sydney）定居下来。一九〇三年六月，他与其他三位乡人（可能是同宗兄弟）合股，在雪梨城里阿伯塔街（Alberts Street）二十三号开设了一间家具铺，名为永和号（Wing War & Co.）木铺。[⑤]

---

① 档案中写为龙环村。查龙环村早前确属香山县，然当时已在澳门界内。而香山当时有龙头环村，属隆都（现沙溪镇），且该村氏族有侯姓者，故判断档案此处实为漏写了一个“头”字，而成了“龙环村”，实际上应为“龙头环村”。而侯亚权的申请表上则籍贯只填隆都这一较大的地名，而没写村名。

② 关德和关扶兄弟俩的档案没有标明其具体的出生日期，只有月份。

③ Goon Mew [Chinese - arrived Melbourne, c. 1900. Box 35] , NAA: SP11/2, CHINESE/MEW GOON 。

④ Mew, Goon [Chinese - arrived Melbourne (or Sydney) per Taiping circa 1900] [Box 4], NAA: SP605/10, 303。

⑤ 详见鸟修威省档案馆（NSW State Archives & Records）保存的工商局有关二十世纪初该省相关公司企业注册记录：https://records-primo.hosted.exlibrisgroup.com/permalink/f/1ebnd1l/INDEX1837402。

到一九二三年，侯官妙看到长子侯关德将要十二岁了，计划将其办来雪梨留学；而次子侯关扶也快八岁，尽管这个年纪在中国也就是刚刚过入学的年龄，但他也想让其与哥哥一起来澳留学，或者说是借助刚刚实施两年的《中国留学生章程》而允许父母居住在澳之中国少年儿童来澳读书，因而想为次子在这里的学校先卡个位，遂决定一起为他们申请办理留学手续。而小儿子亚权还不到七岁，年龄实在太小，只得先搁置一下，待其长大一些再行申请。

当年二月二日，侯官妙填好申请表，提交给驻地在美利滨（Melbourne）的中国驻澳大利亚总领事馆，为两个儿子申领中国护照及办理来澳留学签证事宜。为此，他以自己和他人一起开设的已经搬迁到雪梨马里街（Mary Street）上的永和号木铺作为担保，承诺每年分别供给两个儿子足镑膏火，即完全承担其子在澳留学期间的全部学费、生活费、医疗保险费以及往返中国的船资等各项费用，希望将他们安排进入临近唐人街的库郎街公学（Superior Public School, Crown Street）读书。

中国驻澳大利亚总领事馆接获上述申请之后，总计花了四个月的时间才审理完毕。一九二三年六月七日，总领事魏子京为侯关德和侯关扶各签发了一份中国护照，编号分别是280/S/23和281/S/23；仅仅过了一天，即六月八日，澳大利亚内务部也为侯家哥俩核发了入境签证。随后，中国总领事馆按照侯官妙的指引，将护照寄往香港，交由金山庄德信公司保管并负责转交给两位持照人，同时，也负责为两个孩子安排赴澳行程。看起来，处理护照申请的时间虽然是稍稍长了些，但整个流程都很正常流畅，不出意外的话，这一对哥俩显然也会像其他中国留学生一样，应该快则几个月、多则半年到一年左右就可以动身来澳留学。

实际情况也是如此。金山庄德信公司很快就为侯家哥俩订好了船票，也为他们联络好了同行的小伙伴，甚至侯官妙也在上述护照寄出去后没有几天，就特地从澳洲赶回国内探亲，想在次年回来时将两个儿子一起带出来[①]，但实际上，到这时候，只有长子侯关德可以启程赴澳。次子侯关扶则因种种缘故未能跟着一起走，只好暂时先待在国内，待过几年长大了些再说。当年年底，侯关德被家人带到香港，从金山庄拿到他的护照，会合来自香山县的赴澳留学生林亚纳（Lum Arnarp）和徐松柏（Chung Bark）以及增城县的李维满（Lee Way Moon）和黄邵松（Wong Chew Chong）[②]，一起登上驶往澳洲的"获多利号"（Victoria）轮船，于十二月十七日抵达雪梨，入境澳洲。侯官妙在永和号木铺的一位合伙人Gum Sow（金寿，译音）[③]以及他的好友也是同宗侯胜和（Sing War Howe）[④]来到海关，将侯关德接出，安排在木铺店里住下。而侯官妙则继续在国内探亲，直到下一年的十月份，方才结束探亲，回到雪梨。而其次子侯关扶，则仍未跟着父亲一起走，依旧留在国内。

侯关德抵澳之际，正好是澳洲学校放暑假之时，于是，他只能等到次年新学年开学后才能正式上学。一九二四年一月二十二日，库郎街公学开学，

---

① Yip Kum, Goon Mew, Hoi Back, War Ick, Ah Hop, Sing Wing, Louey Shong, Sue Gaw, Hing Gong Sew and See tye [Certificate Exempting from Dictation Test - includes left hand impression and photographs] [box 159], NAA: ST84/1, 1923/353/71-80。

② 林亚纳的档案，见：Lum Arnarp - Student's passport [0.5cm], NAA: A1, 1924/28043；徐松柏的档案，见：Chung BARK - Student passport, NAA: A1, 1927/22036；李维满的档案，见：Lee Way MOON - Students passport, NAA: A1, 1927/21677；黄邵松的档案，见：Wong Chew Chong - Re-admission [2cms], NAA: A433, 1948/2/2329。

③ 在澳洲档案文件中，金寿像官妙一样，只是一个名字，而没有姓氏。根据当时粤人赴澳发展和创业的兄弟联袂、同宗结伴、乡人合伙等特点，推测起来，金寿也许是和官妙一起结伴一同闯澳洲的同村人，甚至就是同宗兄弟，也是姓侯。金寿的详情可见：Dow Sing, Gum Sow, Bealah Sing, Ah Chee, Sow Bee, Ah See, Ah Too, Ah Chung, Kung Yen and Willie Shai Hee [Certificate Exempting from Dictation Test - includes left hand impression and photographs] [box 17], NAA: ST84/1, 1907/501-510。

④ 见：WAR SING [correspondence of the Collector of Customs relating to immigration restrictions] [9 pages] [box 2], NAA: SP42/1, C1903/903。侯胜和生于一八八六年，父亲侯亚昭（Ah Chew）早在十九世纪八十年代便已来到澳大利亚发展，在雪梨从事家具制造业，于一九〇〇年将其申办到澳洲读书，并在三年后让其获得长期居民权，见：Ah Fi (Sydney NSW），Jim Fong (Sydney NSW), Hook Yin (Sydney NSW), Goon Tin (Sydney NSW), Lock Gave (Mittagong NSW), Young Sing (Newcastle NSW), Sam Lee (Grenfell NSW), Choy Yut (Parramatta NSW), Mock See Moy (Hay NSW) and Sue Chong (Sydney NSW) [Certificate of Domicile - includes left hand impression] [box 1], NAA: ST84/1, 1903/111-120。其后他自营生意，是雪梨著名草医馆生和堂（Sing War Howe）的堂主，是德国应验生殖灵总代理。见鸟修威省档案馆所藏该省工商局二十世纪初工商企业的注册记录：https://records-primo.hosted.exlibrisgroup.com/permalink/f/1ebnd1l/INDEX1823311。

侯关德便去到父亲早已为其安排好的这所学校上课。据学校校长提供的报告显示，他每天按时到校上课，在校各项表现良好，学习认真，被认为是潜心学习的好学生。就这样，他在这里一直读了两年，到一九二五年底学期结束便退了学。

从一九二六年新学年开始，侯关德转学进入位于唐人街旁的唐人英文书馆（Chinese School of English）读书。在这里，他的表现依然很好。该校来自广东的留学生不少，事实上这也是以接收来自中国的留学生为主的一家私校。此时正好是中国因五卅惨案导致的全国性反英浪潮时期，加上香港大罢工所带来的对英国当局的痛恨，也影响着中国留学生。作为一个热血青少年，侯关德在学校里参与了一些时事讨论以及出席一些反英的场合，遂为校方不喜。于是，在仅仅读了半年之后，他便在七月初从这里退学，重返库郎街公学继续念书，学校对他的评价一仍其旧。

就在这个时候，三年前拿到护照和签证之后没有和哥哥侯关德一起赴澳的弟弟侯关扶，决定赴澳留学了。与此同时，最小的弟弟侯亚权也已经过了十周岁，也到了可以前来澳洲留学的年龄。于是，侯官妙便决定为小儿子申请赴澳留学的护照和签证，以便让小儿子跟着他的二哥侯关扶一起前来澳洲读书。

就在一九二六年底澳洲的学校放暑假之际，十二月二十一日，侯官妙具结财政担保书，以监护人的身份填表，向中国驻澳大利亚总领事馆申请小儿子侯亚权赴澳留学的护照和签证。他仍然以自己经营并占有价值为四千镑股份的永和号木铺作保，允诺每年可以供给膏火一百五十镑，作为儿子赴澳留学所需的学费和生活费等开支。这个一百五十镑的承诺跟此前他申请长子和次子时允诺的足镑膏火一样，显示出他当时的财务状况良好。根据当年七月一日实施的《中国留学生章程》新规，要求此后来澳留学的中国学生必须就读缴费的私立学校，侯官妙自然也须遵守此项规定。但在递交申请时，各校都处于放假中，他无法联络到相关的学校，遂决定将此栏留空，交由中国总领事馆便宜处置，即后者为其联络上什么样的私立学校，届时就让儿子去念那所学校，以示其对中国总领事馆的充分信任。

中国总领事馆受理上述申请后，很快就审核通过。一九二七年一月十四日，总领事魏子京为侯亚权签发了号码为459/S/27的中国学生护照，然后备文向内务部秘书申请他的留学签证。内务部秘书接到申请后，也立即按照流程核实监护人的情况。先是核查了侯官妙的财务状况，表明他所经营的永和号木铺生意平稳，其本人经济实力雄厚。而从海关获得的出入境记录显示，自抵达澳洲发展后，迄今为止，侯官妙总计回国探亲四次，每次的出入境口岸都是雪梨。其出入境的具体年份如下：一、一九〇三年六月十六日搭乘“澳大利亚人号”（Australian）出境，到一九〇六年乘坐“依时顿号”（Eastern）返回①；二、一九〇九年九月登上德国轮船“普连时和地马号”（Aldenham）出境，到一九一二年二月二十一日乘“山亚班士号”（St Albans）轮船返回②；三、一九一四年九月二日搭乘日轮“日光丸”（Nikko Maru）出境，到一九一八年十一月七日乘坐同一艘轮船返回③；四：一九二三年六月十三日乘坐“获多利号”轮船出境，到一九二四年十月二十四日乘“亚拿夫拉号”（Arafura）轮船返回④。由此看来，其次子侯关扶和小儿子侯亚权都是在他第三次回国探亲期间所生。于是，在等到中国总领事馆于二月二十八日从唐人英文书馆馆长戴雯丽小姐（Miss Winifred Davies）那里拿到了接受侯亚权入读的录取信后，内务部秘书于三月七日正式批复了这位中国小留学生的入境签证，在其护照上钤盖签证印章，然后退还给中国总领事馆，由后者按照流程，寄往香港金山庄，以安排护照持有人的赴澳留

① Mark Kew (Sydney NSW), George Worner (Geelong VIC and Sydney NSW), Silas Smith (Sydney NSW), Lee Chew (Turramurra NSW), George Hay (Cobar NSW), Paul Wong Git (Dubbo NSW), Lee Joe (Botany NSW), Lee Yun (Manly NSW) and Goon Mew (Sydney NSW) [Certificate of Domicile - includes left hand impression] [box 1], NAA: ST84/1, 1903/121-130。

② Ah On, Young Hoo, Ah Hing, Goon Mew, Lee Long, Lee Fong, Low Yen, Hop Lee and Ah Dap [Certificate Exempting from Dictation Test - includes left hand impression and photographs] [box 30], NAA: ST84/1, 1909/23/81-90。

③ Ah Kim, See Sun, Yip Lay, Goon Mew, Way Some (missing), Sam Chon, Ah Co, Yee Chow and Charlie Choy [Certificate Exempting from Dictation Test - includes left hand impression and photographs] [box 78], NAA: ST84/1, 1914/156/21-30。

④ Yip Kum, Goon Mew, Hoi Back, War Ick, Ah Hop, Sing Wing, Louey Shong, Sue Gaw, Hing Gong Sew and See tye [Certificate Exempting from Dictation Test - includes left hand impression and photographs] [box 159], NAA: ST84/1, 1923/353/71-80。

学行程。

一九二七年五月二十一日，已经十二岁的侯关扶和十一岁的侯亚权哥俩乘坐从香港起航的“丫拿夫拉号”轮船，抵达雪梨港口。四年前，即便父亲回到家乡想将侯关扶携带出来赴澳留学，当时他没有行动，可能是其心中害怕不愿意，也可能是因其年龄实在太小，母亲不舍，考虑到当时他所处的环境，也是可以理解的。另一方面，当时他才八岁，在当时的中国也就是刚刚过就学之龄，让其在家乡入学读几年书，学习中国文化，事实上也是当务之急，不然在这个年纪放弃中文的学习直接赴澳，若干年后回到中国，将无法与国内文化衔接，将会对其生活和职业生涯造成很大的不便。因此，先让其在国内读几年书，打下一点儿中国文化的基础，恐怕也是侯家的一个考量。侯官妙也许就是意识到这一点，此后便先返回澳洲，待过几年再行安排儿子前来留学。这次侯关扶和弟弟侯亚权一起搭船前来，便是他的安排。

可是，侯亚权顺利入关，但准备进入澳洲留学的侯关扶由于并没有携带其应有的护照等相关证件，被挡在了海关。事实上，侯关扶此前已经办妥并已收到的护照早在几年前就已经遗失，但在过去的四年里，他并没有告知中国驻澳大利亚总领事馆，向其提出申请补发。按照程序，中国总领事馆在接到补发护照申请后，是完全可以补发一份同样号码的学生护照给他的，或者也可以给他另发一新号码的学生护照。如果这样，即使签证过期失效，入境澳洲时也就不至于搞得如此紧张。因此，在来接关的父亲侯官妙经过一轮奔波斡旋之后，雪梨海关经内务部授意，准允侯关扶临时入境一个月。这个临时入境的条件是：他要在这一个月的时间里，将其新的学生护照办妥，并且只能进入学校读书，不能做别的事。当然，十二岁的侯关扶进入澳洲就是为读书而来，对此自然毫无异议。

为此，侯官妙紧急行动起来。首先，他找到中国驻澳大利亚总领事馆求助。此时的中国总领事还是魏子京，刚刚才为侯亚权办理过护照申请，对其监护人侯官妙还有印象，似乎也还依稀记得四年前曾为这个年仅八岁的香山儿童办理过赴澳留学生护照，遂从档案中找出当年的记录，然后致函澳大利亚内务部，告诉此次事情之缘由，并表示因此前所发之侯关扶的护照业已遗失，无法找回，只能宣布作废。而当今之计，只能另行为他补发新的护照，而此新的护照之号码则仍与四年前所签发者一样，保持不变。

此时已是一九二七年，即修订过的《中国留学生章程》新规开始实施后的第一年（新规从一九二六年六月三十日开始实施，到侯关扶抵达雪梨时，尚未满一年）。按照新的规定，所有年龄在十岁至十四岁的中国留学生，无须英语能力证明，只要其被安排入读于澳洲政府认可的私校，内务部就应该准予核发其入境签证，有效期为十二个月。当然，这首先要获得该私校校长对该生的录取接受函。为此，侯官妙自然不敢怠慢松懈，连忙联络位于唐人街附近的雪梨唐人英文书馆，因为他的小儿子侯亚权就是由中国总领事馆的联络而注册入读这所学校。五月二十四日，唐人英文书馆馆长戴雯丽小姐致函中国驻澳大利亚总领事魏子京，表示正式接受侯关扶入读其书馆。从有学校接收来看，显示出侯关扶获得在澳留学之护照和签证已有很大把握。接下来澳大利亚内务部要核对者，就是确认侯官妙与侯关扶之父子关系及他的经济担保能力。根据雪梨海关报告，侯关扶生于侯官妙的第三次回国探亲期间，是后者生物学意义上的儿子无疑。因还需要一位保人，而前面提到的乡人或宗亲金寿，是侯官妙在雪梨马里街九号经营家具木铺的合伙人之一，他们遂以二人之名义，以其家具店永和号担保侯关扶在澳留学之所有费用。

待上述所有程序走完，确认侯官妙所提供的申请材料与实际调查的结果无误，内务部遂于七月四日下文，最后确认核准侯关扶的入境申请，签证有效期为一年，当然，签证有效期从侯关扶入境之日起算，到次年的五月二十日止。就是说，该签证在期满日之前，侯关扶如果还要继续在澳读书，则须提前申请续签。只要符合条件，续签的发放通常是走程序而已。

实际上，侯关扶早在获准入境之后的第五天即五月二十五日，亦即戴雯丽馆长致函中国总领事确认接收这位中国少年入学就读之次日，就已经与弟弟侯亚权一起，正式注册入读唐人英文书馆，由此开始了他们的在澳留学生涯。据戴雯丽小姐的报告，侯关扶和侯亚权兄弟俩按时上课，各项学业都尚称满意。由是，他们在这所学校读了两年半左右的时间，直到一九二九年底学校放假。

就在一九二九年三月份，即长子侯关德在新学年里刚刚回去库郎街公学上学了一个多月之时，侯官妙于这个月的二号，致函内务部部长，请求准允其子转换身份，即从学生签证转为工作签证，协助他经营永和号木铺。他表示，现木铺的股东包括他自己在内有三位，但另外两位已经返回中国探亲，目前就他一人独撑生意。但一下子走了两人，他忙不过来，希望能批准其子侯关德进入永和号，当其助手，直到另外两个股东结束探亲返回雪梨，他再重返学校继续读书。内务部通过海关了解到，金寿早在一九二七年九月就已回国探亲，因其身体不好，何时能返回澳洲，现在无法确定；另一个股东走得比金寿还早一个月，何时回来也无法确定。在他们走之后，对二人遗下的空位，侯官妙也曾经在现有工人中找人顶替，但因他们教育程度有限，无法胜任，尤其是管理账簿，需要有现代知识才能协助把生意做好。通过与侯官妙交谈，海关人员也确认，他认为自己的儿子在库郎街公学读书已学过许多商业课程，目前正好是其子学以致用的机会；如果准允进来永和号木铺工作，侯官妙将会让他管理账簿等文书事宜。对于侯关德的学业和能力，海关人员也从学校方面得到了非常正面的答复，校长甚至认为侯关德的学习成绩远远高于当地学生，且肯努力，肯吃苦，进入社会工作将会是一位很好的雇员。尽管各方面的反馈都有利于侯官妙的申请，但内务部部长还是在四月十七日否决了上述申请。拒签的理由很简单，即侯关德是以学生名义来澳洲读书的，不是来打工的。为此，原本做好准备进入父亲木铺工作的侯关德，便只能留在库郎街公学继续上学。

侯关德因抵澳日期是在十二月中旬，因而他的展签申请每年都应该在此之前，或者大致在此日期的前后进行。但当一九二九年底内务部接到展签申请时，照例需要通过海关对其过去一年的活动予以核查。可是海关在次年一月份反馈回来的信息却是，侯关德在过去一年里实际上已成为父亲永和号木铺的簿记，协助父亲经营生意。内务部接到海关的报告后觉得很奇怪，以为是这位中国学生在打工问题上作弊。因为此前内务部一直都接到库郎街公学的例行报告，显示过去一年里侯关德在校表现良好，尤其是没有缺勤的记录；而中国驻澳大利亚总领事馆的展签申请公函里，也都表明侯关德是库郎街公学的在校学生，唯海关的报告与此不同，便急忙再与海关沟通，以确认此事。内务部当时严防中国学生利用留学签证打工，一经发现，立即取消签证，遣返回国。如果侯关德在去年转换身份被拒签后仍然无视此决定而打工的话，那结果就是遣返。海关接到内务部对上述报告的核查指示后，于一九三〇年二月十九日复函，对上述问题予以解释，表示是他们的报告表述不清楚而导致误解。实际情况是：侯关德上学都很正常，只是在寒暑假里协助父亲做簿记等事务。经此一番解释，内务部才松了一口气，遂正式批复了他的展签。但实际上，从这一年新学年开始，侯关德便转学到了鸟修威省北部地区的暨涟弥士埠（Glen Innes），借住在当地由香山籍同乡于二十世纪一十年代注册开办的的新广生号（S Kwong Sing & Co.）[①]商铺宿舍里，并在那里的暨涟弥士公立中学（Glen Innes High School）读书。

但从一九三〇年新学年开始后，发生变化的不仅仅是侯关德，也包括他的两个弟弟侯关扶和侯亚权。年初时，侯官妙告诉澳洲海关当局，他计划到鸟修威省的乡间走一走，需要大约两周左右的时间，主要是考察一下这些地方的商铺情况，即有意将其木铺生意重新定位布置一下。为此，他打算在考察期间将其两个儿子一起带上，好让他们也见识一下澳洲的社会与商业运行。于是，海关便按照指示前往雪梨唐人英文书馆查询。刚开始时，海关确认他们二人都已在年初时就离开，因为戴雯丽小姐不愿意因学生离开而承担任何责任，遂将此信息如实告知内务部。内务部获知此事，经一番调查，得知侯亚权在三月三日已重返雪梨唐人英文书馆读书，对此，内务部认可了此前他的缺勤有一定的原因，可以不追究，并且在随后不久的签证展延申请中未予留难，顺利获批。

但侯官妙到底是如何安排其他儿子的学业，则让内务部有点儿摸不着头脑。此时所能确认者，其长子侯关德已在暨涟弥士中学读书，并已在内务部备案，这是他们了解也批准的事。可是，通过这番核查也得知，其次子侯

① 该商铺的情况，可见鸟修威省档案馆所藏之二十世纪初年工商局企业注册记录：https://records-primo.hosted.exlibrisgroup.com/permalink/f/1ebnd1l/INDEX1808881。

关扶却没有跟着父亲结束乡村考察重返唐人英文书馆，而是在随父亲考察完毕鸟修威省西部地区的磨厘埠（Moree）和昆士兰省（Queensland）与鸟修威省西北部交界的近地温地埠（Goondiwindi）之后，去了一个叫作步迈（Boomi）的小镇。该镇位于鸟修威省的西北部，靠近昆士兰省，距离雪梨有七百多公里之遥。侯关扶于三月四日在该地的步迈公立学校（Boomi Public School）注册读书，借住在当地一家叫作亚志兄弟行（Ah Chee Bros）的店铺里，因为在此开店的王添活（Tommy Tim或Wong Tim Wood）①是其同村人。根据当时实施的《中国留学生章程》新规，中国学生只能注册入读私立学校，而非公立学校，因为后者不收学费。换言之，侯关扶这样做，属于违规。虽然侯关德在乡下入读的中学也是公立性质，但他的入读则是合规的。因为按照上述新规，在一九二六年《中国留学生章程》新规实施之前进入澳大利亚留学的中国学生，如果当时就读的是公立学校，可以继续读下去，即便是从公立小学毕业后升读中学，亦同样可以进入公立中学读书。而侯关扶是在一九二七年方才进入澳洲留学，因而只能就读私立学校。

澳洲当局当然是不能容忍这样明目张胆的违规行为，随即采取行动。一九三〇年三月二十一日，内务部致函此时已经从美利滨移址到雪梨的中国驻澳大利亚总领事馆，告知此事，并强烈申明侯关扶此举违规，作为中国留学生的监管机构，中国总领事馆需为此事做出解释。同时，中国总领事馆还应知照侯关扶之监护人，即他的父亲侯官妙，明确告知他，此系违规行为，他必须立即终止其子在步迈公立学校的学习，即刻将侯关扶转入指定的私立学校入读。不然，后果自负。

过了六天，即三月二十七日，中国总领事宋发祥函复内务部，就上述问题予以答复。宋总领事报告说，已经与侯官妙在总领事馆见过面，了解了事情的来龙去脉。侯官妙对于此次违规，深感不安，并深致歉意。对于将其

---

① 王添活生于一八八五年，龙头环村人，十岁时便跟随兄长闯荡澳洲。见：Certificate Exempting from Dictation Test (CEDT) - Name: Tim Wood - Nationality: Chinese - Birthplace: Canton - departed for China per ALDENHAM on 21 March 1910, returned to Brisbane per ST ALBANS on 21 February 1912, NAA: J2483, 41/79。

次子侯关扶放在步迈读书，侯官妙的解释是：因近年来经济不景气，商业萧条，生意难做，尤其是家具木器业，无论是生产还是销售形势更为恶劣，为此，他早就想结束其在雪梨马里街上的永和号木铺生意，将其搬迁到其他比较适宜的地方去继续经营。因要寻找这样的地方，势必要在乡间多待些时间，并非短期内就可以达成目标。如此一来，他除了让长子侯关德在暨涟弥士埠就读并且他可以自己照顾自己外，将其次子侯关扶托付给在步迈经商的同村乡人和朋友照看，他就可以全心全意地寻找自己理想的经商地点。他强调说，这只是一个临时短期举措，一俟选址确定，上述情况也就会改变。再者，步迈是个小镇，只有公立学校，而无私立学校，他这样做也是无奈之举。他甚至思忖，也许他做得完全不对，但内务部是否可以将此作为特例，默许这样的临时安排呢？另外，侯官妙还特别强调，事实上他时刻都在想着如何按照《中国留学生章程》的规定来安排儿子的在澳学习。由于此时该学期已经将近过半，到六月份就进入放寒假阶段，他恳请当局能否让其子完成在步迈的这一个学期之课程，到放寒假时再将其转学到其他私立学校；而到那时，他经商的选点工作也已结束。他想说明的是，在学习的中途突然将其子转学到另一所私立学校或者寄读学校，一方面有可能导致他与儿子的分离时间会更长，距离也可能更远；另一方面，也是最重要的，则有可能因公私学校课程不同，影响其学业。换言之，他希望这个学期维持现状，因为这对于侯关扶的学业进步与否，至关重要。当然，宋总领事对侯官妙的这番表白和解释深以为然，故亦请求内务部秘书能理解。

可能四月份当中正好是复活节，内务部的官员都度假去了，相关文件无人处理。直到五月十日，内务部秘书才复函宋总领事。他在函中质问，尽管侯官妙上述理由值得同情，但问题是，他还有一个儿子侯亚权，此时正在入读雪梨唐人英文书馆，因而说明侯官妙上述关于侯关扶在步迈的理由根本不成立。对此，他表明态度，侯官妙不要再为此安排诡辩，应立刻安排侯关扶转学到私校，这事儿没有商量的余地。不然的话，只能安排船票，让侯关扶立即结束在澳留学，返回中国。五月十五日，内务部秘书再次发函宋发祥总领事，特别强调这后一点。换一句话说，这是内务部对此事发出的第二次警告。

每年的五月二十日之前后，中国驻澳大利亚总领事馆照例总是要为侯关扶和侯亚权续签之事致函内务部，申请续签。但在中国总领事馆尚未提出上述申请时，侯官妙就在六月四日突然向澳洲海关提出，他将于七月底之前回中国探亲，届时会携带侯官扶、侯亚权二子同行。[①]当然，他在信中提出，想获得澳方给其子返澳留学的再入境签证。但此时此刻，最关键的一个问题是，其子侯关扶仍然在步迈公立学校读书，侯官妙并未按照内务部的指示将其转学到私立学校。即便这样，他也没有表示在临返中国探亲之前，为其子侯关扶预先选定一所私立学校并提前注册，因为按照规定，这是申请获得再入境签证的前提条件之一。换言之，侯官妙显然是采取拖延战术，故意违规。关注到上述种种，六月十二日，内务部批复了侯亚权的展签，但拒绝了宋总领事为侯关扶提出的续签申请，同时并明确地作出了最终的决定：侯官妙应立即将侯关扶遣送回中国。因为其子亚权并没有违反此一规定，故该决定不会波及他，亦即后者仍可留在澳洲继续读书，如果他要回国探亲，也可以获得再入境签证。

原本侯官妙还自以为得计，想通过一来一往的交涉拖延时间，以达到目的，但内务部秘书的决定一来，他就慌了。六月十四日，他告诉宋总领事说，已经将雪梨的永和号木铺生意作了处理，并订妥了七月十九日的“吞打号”（Tanda）轮船船票，携带二子和他一起返回中国。他同时也告诉宋总领事，为了满足内务部的要求，他已经为儿子侯关扶再次在雪梨唐人英文书馆注册，希望内务部能允许其子重返澳洲留学，为其发放再入境签证。他恳请宋总领事斡旋此事，并保证会按照留学生章程的相关条例去做。

种种迹象表明，在澳大利亚内务部那里，宋发祥总领事还是有一点儿面子的。六月二十日，内务部复函宋总领事，尽管澳方可以网开一面，但按照《中国留学生章程》新规，中国留学生来澳留学，在私立学校读小学的话，

---

① Leong Sing, Chong Gee, Choy Yick, Dart Gain, Way Jong, Goon Mew, King Lie, Ah Young or Charlie Young and Foo Chong [Certificate Exempting from Dictation Test - includes left hand impression and photographs] [box 222], NAA: ST84/1, 1930/483/91-100。

时限最多是三年。而侯关扶自一九二七年抵澳，至此时已逾三年之久，而且他也已经满十五岁了，此次他父亲侯官妙还是为他注册入读小学性质的唐人英文书馆，完全不合规。如果真要继续在澳留学，他应该进入私立中学读书，方可考虑再签证之事。就是说，内务部口气有所松动，侯关扶再入境有希望。

侯官妙从宋总领事那里得知有转圜余地，自然十分高兴，忙不迭地为侯关扶寻找能够就读的中学。最终，他选择位于雪梨东区的圣母昆仲会中学（Marist Brothers High School），作为两个儿子侯关扶和侯亚权重返澳洲后要入读的私校。为儿子选择名校入读，自然是为了能在获得内务部核发签证时有更多的把握。七月三日，宋总领事代其将选定的上述学校，知照内务部。果然，这一招颇见成效。六天之后，即七月九日，内务部最终函复宋总领事，同意发给侯关扶和侯亚坚再入境签证，有效期为一年，即从其出境之日起算，十二个月内返回澳洲任何港口入境皆可。鉴于侯关扶此前在步迈公立学校入读半年之久严重违规的事实，内务部在给侯关扶的再入境签证里是有条件的，即他必须严格遵守中国留学生在澳之相关规定行事，不得有违。

侯官妙将回中国的船期推迟了六天，一九三〇年七月二十五日这天，他携带两个儿子侯关扶和侯亚权，改乘“彰德号”（Changte）班轮，从雪梨港直航香港，转道回广东省中山县家乡。[①]虽然侯关扶和他的弟弟亚权最终设法获得了澳洲政府的再入境签证，但遗憾的是，在此后几年间，侯关扶并没有如约重返澳洲继续读书，只有他的弟弟侯亚权几年后才独自回来留学，完成学业。

就在侯官妙为次子侯关扶转学和最终带两个儿子回国之事忙得焦头烂额之时，在暨涟弥士中学读书的侯关德也只是读了一个学期，到六月份就退了学。他认为，自己来到澳大利亚留学的目的是学好英语，尤其是正宗的英语，但在这里的中学课程并不满足他的要求。为此，他从七月份开始，转学

---

① Leong Sing, Chong Gee, Choy Yick, Dart Gain, Way Jong, Goon Mew, King Lie, Ah Young or Charlie Young and Foo Chong [Certificate Exempting from Dictation Test - includes left hand impression and photographs] [box 222], NAA: ST84/1, 1930/483/91-100。

到新英格兰文法学校（New England Grammar School）读书。这是一所私立学校，但教学质量相当好，也是位于暨涟弥士埠。也就是说，当父亲带着两个弟弟于七月底离境时，他没有跟着一起走，而是选择留了下来，且在这所乡镇里的私校继续读书；并且他的转学因暨涟弥士公立中学通知内务部比较及时，也获得了批复，没有遇到任何障碍。

转学之后，侯关德虽然也依旧保持此前那样的学习态度，亦颇受好评；但因在年底缺勤了三个多星期，引起了内务部的关注，遂指示海关对此予以调查，看是什么情况导致他缺勤；如果是违规的话，就要采取措施。后经当地警察调查证实，那是因为侯关德得了流感，无法返回学校上课。对此，内务部明白，即便流感得到初步控制，也仍然需要在家隔离休息一个星期方才可以去上学，不然会有传染给他人的危险。得知实情后，内务部也就消除了疑虑，当中国总领事馆为这位中国学生申请展签时，便顺利通过。

但在新英格兰文法学校读了两个学期后，二十岁的侯关德在一次考察了当地暨涟弥士工学院（Glen Innes Technical School）的课程后，对其开设的羊毛处理工艺课程产生了极大兴趣，便想转学进入工学院就读这一课程。一九三一年五月二十六日，他写信给内务部部长，希望能批准他的申请，让他转学去读上述课程。内务部部长对此申请还是很重视的，交代秘书处理。但内务部秘书通过海关去了解该课程的设置情况，足足有两个月未见回音。侯关德等不及，请退役中校及担任过联邦参议员的当地著名律师艾伯特（P. P. Abbott）向内务部催问结果。七月二十七日，内务部秘书最终回复艾伯特，拒绝了侯关德的申请，原因是该项课程一周只上一次课，只有四个小时，不适合留学生选修。但内务部秘书在回复中也表示，如果侯关德选修工学院其他的课程，内务部部长将会予以考虑并批准。

既然如此，侯关德只好继续留在新英格兰文法学校读书。但这一年下半年他的身体健康状况再次出现问题，导致缺勤达四个星期。所幸的是，他的在校表现和学习没有受到太大影响，学校仍然给予他很好的评语。此后一年，情况类似，内务部对此似乎也就习以为常，继续核发其展签。

进入到一九三三年，情况发生了极大的变化。如果说此前侯关德的缺

勤确实很大程度上是因为流感等疾病，学校也觉得可以理解，而且也有医生证明，但从这一年开始，侯关德的出勤就成了三天打鱼两天晒网的状态，经常跑到暨涟弥士埠以外的其他乡镇去度假；而从四月一日开始，他甚至就不去上课了。到了当年八月八日，忍无可忍的新英格兰文法学校校长终于将此情况报告给了内务部。内务部秘书接到报告后，觉得事态严重，一方面下文海关指示认真核查，弄清楚这位旷课的中国学生到底是在干什么；同时也致函中国总领事馆，告知后者此事，并请其说明侯关德旷课的原因。他还在函中明白地表示，如果旷课不是因为患病并有医生病假证明，其后果将会很严重。接下来的几个星期，海关通过各地警察局地毯式的搜索而将得到的调查报告陆续送到了内务部，每一项报告都对侯关德极为不利。综合各地汇总的信息，显示自一九三三年年初以来，侯关德所谓的去外埠度假和最终翘课，实际上是去到这些地方的不同华商店铺里打工。据统计显示，此前他去过周边的天架埠（Tingha）、烟花飞路埠（Inverell）、艾玛围埠（Emmaville）打工，现在则是住在暗觅爹厘埠（Armidale）的一位华商家里，在其商铺里打工。所有这些都表明，他已经完全无视作为一位留学生应该遵守的规定，彻底违规。于是，内务部部长在九月二十一日决定，立即取消其留学签证，并下令将侯关德递解出境。

或许是听到了风声，或许是意识到自己做得太过分了，必须有所收敛。就在内务部部长做出上述决定前的一个星期，侯关德又回到了暨涟弥士埠，返回新英格兰文法学校上学了。为此，校长赶紧写信告诉内务部秘书这一新的情况，并向其求情，希望给予这个中国学生一个继续读书的机会。九月十九日，雪梨著名草医馆生和堂的老板侯胜和也致函内务部部长，为侯关德继续留下来读书求情。他在信中表示，该学生的父亲侯官妙已在今年六月七日从中国返回[①]，因此前他的永和号木铺生意由于大萧条影响已经难以经营，早经处理结业，故于七月份在工商局注册了新的杂货商铺生意，就以他的名字作为公司名，叫作Howe Goon Mew[②]，投资资金为三千镑，现正在艾玛围埠准备开张。万事开头难，他的儿子现正在选修会计课程，希望他学到的知识能够助父亲一臂之力。为此，他呼吁能再给这位年轻人一个机会，让他继续留在澳洲，读完课程。与此同时，侯关德也在九月二十五日给中国驻澳大利亚总领事陈维屏写信，恳求他跟内务部交涉，让自己留下来，他一定不会再逃学，一定会遵守校规。九月二十八日，陈维屏总领事致函内务部秘书，表示侯关德的旷课确实有违规定，但现在学校给予这位中国学生一个机会，他也希望内务部能够给他一个机会，而中国总领事馆将会配合内务部监督他不再犯这样的错误。上面各方的努力起到了相当大的效果。十月九日，内务部部长收回了此前的递解令，重新核发了侯关德的留学签证。但批复令也特别强调，只准允他入学读书，决不能在外打工，一经发现，将立即被遣返回国。也就是说，对于生和堂所提的让侯关德协助父亲经营的请求，则予以否决。这样的结果，无论如何都是好事，意味着侯关德渡过了被立即递解出境的这一危机。

也就在生和堂侯胜和与中国总领事馆为侯关德能够留下来继续读书向内务部部长求情而公牍往返之际，刚刚回到澳洲准备筹划新生意的侯官妙，也在为小儿子侯亚权重返澳洲留学而努力。他向中国总领事陈维屏表示，他因世界性的经济危机已将此前的生意处理掉，回到国内休整之后想重整旗鼓，但经济形势太不乐观，以致归程一拖再拖，直到最近方才得以回来。而

---

① Edward Wong Kam Wai, William John Yum Tong, Violet Gnut Quan, Marjorie Lock Lee, Kenneth Lock Lee, Stanley Lock Lee, Frederick Lock Lee, Edna Lock Lee, Wong You or Wong Kew, Ah How, Charlie Gee, Wong Yee, Arthur Sin Hop, Lily Lock Lee, Ah Din, Wong Hong Doyal, Goon Mew, Ah Chong, Ah Gum, Ah On (or Charlie Ah On), Way Shing, Kwong Lee, Ah Hon, Louey Wing, Louey On, Yock Loy and Tommy Ah King [Certificates Exempting from Dictation Test and related correspondence for Chinese passengers arriving Sydney per TAIPING 07 Jun 1933 - includes photographs, Birth Certificates, hand impression, left and right thumb prints] [Box 5], NAA: SP42/2, C1933/4302。

② 后来该商行改名为Yow Sing & Co（耀生号），经营杂货、陶瓷、服装、鞋帽和生果。见：Chun LUM - Student Passport, NAA: A1, 1934/1592。

小儿子原本是想跟着一起回来的，也因为自己的耽搁而致签证过期，为此，他希望总领事能协助他为儿子回来继续念书，向内务部秘书提出申请再入境签证。当年八月二十日，陈维屏总领事致函内务部秘书，提出了上述要求，希望能重新核发一份再入境签证给这位已经十七岁的中国学生。内务部秘书翻找出三年前的档案，经过一番审核后，认为侯亚权仍然符合前来留学的条件，便于九月二十二日重新批复了他的再入境签证，要求其在一九三四年二月一日前入境，亦即在新学年的开学日之前必须抵达，且必须就读圣母昆仲会中学，因为三年前他离境时就已经报名并获得该校录取，此时应该是兑现其承诺之时。

早就准备好等待赴澳的侯亚权，接到父亲转来的内务部批复决定后，立即摒挡一切，通过香港的金山庄订妥了船票。然后，他从家乡赶赴香港，搭乘驶往澳大利亚的“太平号”（Taiping）轮船，于当年十二月六日抵达雪梨[①]，顺利入境，当场获海关核发十二个月的留学签证。父亲侯官妙因在鸟修威省北部的艾玛围埠忙着他的新商铺开张事宜，无暇前来雪梨接他，遂委托其雪梨的两位好友林祥（Charles Chong或Lum Chong）[②]和欧阳南（David Young Narme）[③]，代为接关。而且由于侯亚权要在雪梨读书，亦请他们二人负责为其子在雪梨著名的安益利公司（Onyik Lee & Co.）安排住宿，因他们二人都是安益利公司的主要股东[④]，也都是中山籍人士，对于乡梓子侄辈的来

---

① Ah Kin [Chinese - arrived Sydney per TAIPING, 25 Nov 1933. Box 28], NAA: SP11/2, CHINESE/KIN AH [2]。

② 林祥大约是在十九世纪八十年代初便已来到澳大利亚发展。有关他的情况，详见林树标（Lum See Bzew）的留学档案：Lum See Bew - student passport, NAA: A1, 1929/2903。

③ 欧阳南生于一八九〇年，但未及十岁就在十九世纪末年来到澳大利亚发展，二十世纪二十年代便在雪梨华社中极为活跃，是当地著名华商。澳大利亚国家档案馆中有关欧阳南的宗卷，见：David O'Young Narme [Chinese - arrived Sydney per SS EASTERN, 1899. Box 36], NAA: SP11/2, CHINESE/NARME D O。

④ 安益利公司由来自广东省香山县的华商李益徽（William Robert George Lee）等于十九世纪末在雪梨开创，后由李益徽子李元信（William Yuison Lee）继承并成为大股东，于一九一三年二月十八日在鸟修威省工商局正式注册。详见鸟修威省档案馆保存的二十世纪初在该省工商局登记的工商企业注册记录：https://search.records.nsw.gov.au/permalink/f/1ebnd1l/INDEX1817337。但到一九二二年，该公司重组，李元信退出，由欧阳南、林祥等人接管成为股东，并在当年七月十日在鸟修威省工商局正式注册，显示其董事会的变更，详见：https://search.records.nsw.gov.au/permalink/f/1ebnd1l/INDEX1817338。

澳发展总是予以大力支持。而侯亚权抵达澳大利亚的这个时间，正好碰上当地学校还有一个星期左右就进入放暑假的日子，自然无法去上学，须待明年初新学年正式开学后，方才可以去学校入读。于是，侯亚权听从两位长辈的安排，先安顿下来再说。

而就在父亲为小弟弟侯亚权重返澳洲念书奔波的同时，侯关德也调整好自己，在新英格兰文法学校认真读书，再也没有出过什么乱子，无论是在校表现还是学业成绩，学校也给予了好评，故在年底小弟弟侯亚权抵达雪梨之际，他也得以顺利获得下一年度的展签。然而，半年前他之所以愿意留下来继续读书，其主要目的是想协助父亲开展新的生意，但内务部部长并没有批准他的这一主要诉求，这是非其所愿；他能读下来这半年的课程，只是为了给花了大力气向内务部部长游说的长辈一个交代，因为是宗亲侯胜和及中国总领事陈维屏，当然也包括父亲侯官妙，经多方努力，才使得内务部部长改变了此前对他的遣返决定。因此，在结束了一九三三年的全部课程之后，他便利用暑假之便，在艾玛围帮助父亲把杂货店铺开办起来。当然，他也在这段时间里，与刚刚重返澳洲继续读书的弟弟侯亚权见了面。而自一九三四年新学年开学后，即将二十三岁的侯关德认为即便再返回学校读书，也只剩下一年时间就达到中国学生在澳留学的最高年限，留下来读书已经没有多大意义，遂决定回国。三月二十一日，他在雪梨登上驶往香港的“彰德号”轮船，告别了父亲和留学十年多的这个国家，返回了家乡。侯关德的留学档案也到此中止。此后，澳大利亚的出入境记录中再也找不到他的信息。也许，回到国内后，他已经有了很好的归宿，或者就此去到香港或者澳门有了新的发展。

按照正常的安排，侯亚权应该在一九三四年新学年开学后便去上学了。当年五月一日，内务部秘书想了解其在校表现和学业情况，便致函圣母昆仲会中学。然而，他得到的反馈是，该校根本就没有这样一位学生。内务部秘书接到回复后，难掩心中的愤怒，遂于五月十一日致函中国总领事陈维屏，质问他何以这位中国学生说话不算话，不按照此前的承诺入读这所高质量的名校；如果他去了别的学校，何以不事先知会内务部获得批复再转学。他希望对方就上述问题予以解释，因为当时申请再入境签证时，批复的条件之一便是回来后入读上述学校。陈总领事自然也理解内务部秘书的愤怒，急忙应承过问此事。两周之后，他致函内务部秘书，报告了侯亚权的去向。他表示，是在安益利公司总经理欧阳南的安排下，从新学年开学起，这位中国学生便去了鸟修威省北部地区的盖拉埠（Guyra），注册入读仍然是由天主教会在此创办的吴苏乐修会书院（Ursuline Convent, Guyra）。该埠位于暨涟弥士埠与暗觅爹厘埠之间，距其父所在的艾玛围埠不是太远，便于他们父子的联络。根据院长嬷嬷的报告，侯亚权在校表现良好，各科学业令人满意。有鉴于此，这位中国总领事一方面对侯亚权没有按照承诺入读圣母昆仲会中学感到遗憾，另一方面也希望在木已成舟的情况下，内务部部长能顺势批复此次转学。内务部秘书见陈维屏总领事如此说，而且侯亚权就读的仍然是天主教会主办的学校，也就没有再得理不饶人地纠缠此事。五月三十日，他复函认可了侯亚权的转学。

然而，吴苏乐修会书院院长在八月份提交给内务部的报告显示，鉴于侯亚权的程度无法进入中学课程，而其年龄又太大，无法跟那些小学生一起念小学，书院现在对他的安排是让他回校接受私教辅导。为了搞清楚其接受私教的时间安排，内务部秘书通过当地警察部门调查得知，侯亚权每周只有两个下午去到上述书院接受私教，每次也就是半个小时左右，其余时间都在该埠街上的一间华人店铺中打工。得知侯亚权所谓入学读书真相后，九月十四日，内务部秘书致函陈维屏总领事，指出其违规行为，对这位学生的处理提出了如下两种选择：要么他返回雪梨立即注册入读圣母昆仲会中学，要么立即购买船票离境返回中国。他要求中国总领事馆与这位学生监护人沟通，尽快做出选择。可是在余下的几个月里，中国总领事馆都无法与侯官妙联络上；每次在接到内务部秘书的催促信后，陈总领事都回复说正在联络中，并表示通过欧阳南的联络，已经得知侯亚权又重返吴苏乐修会书院正常上课，希望能获得内务部批准让他仍然就地上学。由此可见，中国总领事的做法也是采取拖字诀，希望内务部能容忍侯亚权在乡镇学校里就读。此后，陈总领事为了安抚内务部秘书，于十一月函告，表示通过欧阳南得知，侯官妙目前搬到了另一个名叫坤伦太（Quirindi）的镇子，要盘下一位华人此前在这里开设的商铺，因而此前中国总领事馆给他的那些信函就有可能收不到。他表示，现在侯官妙得知内务部的决定后，就准备将其子迁到坤伦太埠的天主教会学校（Convent School）读书，希望获得内务部批准。这样一来，事情就拖到了年底暑假。

内务部秘书见侯亚权无论如何也不去雪梨的圣母昆仲会中学上学，而只是在乡村的这些修会学校转圈圈，其真相如何，还有待厘清，遂在一九三五年新学年开学后，亲自致函上述两所学校的校长询问。然而，反馈回来的信息对侯亚权很不利：吴苏乐修会书院院长复函表示，虽然这位中国学生仍然到校上学，但他仍然是接受私教而已，并非正常上课；而坤伦太天主教会学校校长则明确表示，鉴于这位中国学生年龄太大，不会接受他的入学申请。得知真相后，内务部秘书明白，只有采取坚决措施，方能解决问题。四月五日，他致函陈维屏总领事，告知了内务部部长对此事的最后决定：如果在四月三十日之前侯亚权再不注册入读圣母昆仲会中学，内务部将采取强制措施，将其遣送回国。

这一次，无论是中国总领事馆还是侯官妙，再也无法回避上述警告。四月二十九日，陈维屏总领事致函内务部秘书，告知侯官妙已经将儿子办理到暨涟弥士埠新英格兰文法学校就读，像其长子侯关德当年一样，是去念中学课程，且是全日制上课。他表示，这样的安排事实上与去雪梨圣母昆仲会中学是相似的，希望获得批复。鉴于此校相当正规，也是该埠名校，提供中小学完全教育课程，符合内务部的要求，而且内务部通过鸟修威省海关和当地警察部门的及时调查，确认了侯亚权正常到校上学，遂于五月三日批准了上述转学安排。由是，纷扰了大半年的这场转学风波得以平息。而在此后，侯亚权便一直在这所学校读中学，其间再没有出现波折，直到一九三九年上半年。

就在侯亚权进入新英格兰文法学校读书的这几年，他的父亲侯官妙已经迁移到了盖拉埠，加股进入二十世纪三十年代初在该埠开设的一家名叫G. Wing的杂货水果商铺，最终以其雄厚资金盘下了这间商铺，成为大股东，另外两位华商则成为该店的小股东。因生意的拓展，其年营业额达到了五千镑以上，由是，一九三七年，侯官妙获准将次子侯关扶从中国申请前来作为帮工，协助经商。一九三七年六月十二日，侯关扶搭乘“太平号”轮船抵达雪梨，加入父亲的商铺当店员。[①]

一九三九年四月十四日，中国驻澳大利亚总领事保君建致函内务部秘书，为即将届满二十三岁的侯亚权申请从学校退学，以便转入其父亲侯官妙的商铺工作，希望获得批复。内务部从当地警方了解到，该店铺除了侯官妙等三个股东之外，只有一名西裔雇员和侯关扶作为店员，虽然没有从事进出口贸易，但年营业额达到六千五百镑，属于经营得相当不错的商行。按照这样的规模，该商行确实是还可以雇请额外的一名海外员工，而目前侯亚权的情况也正好符合要求。于是，当年六月七日，内务部秘书批复了上述申请。由这一天起，侯亚权便正式从学生签证转为工作签证，有效期为一年，但从五年多前他再次入境澳洲之日期（十二月六日）起算，换言之，即从去年底他的留学签证截止期起算，实际上其签证有效期也就只剩下半年。根据当时在澳华人的惯常做法，在此申请提出之前，侯亚权实际上就已经加入父亲的商行开始工作了；虽然在这一年复活节之前，侯亚权仍然是正常到校上学，但在四月初进入假期，也就是他离开学校之时。正好他去年底就应该申请的留学展签尚未批复下来，因而内务部秘书的批复，就接续了此次展签的核发，只是将签证性质做了改变。

按照惯例，上述工作签证有效期虽然是一年，但通常都是可以申请展签，可连续申请三年。之后再根据需要，可以继续申请展签。而在一九四〇年到一九四一年的财政年度里，因侯官妙经商有道，生意兴隆，该商铺的年营业额达到了一万零一百镑。由是，一九四一年下半年，侯关扶和侯亚权哥俩都再次获得了内务部核发的展签，继续协助父亲经营生意。他们哥俩的留学档案也到此终止。

---

① Goon Foo [Also Ho Goon Foo] [Chinese - arrived Sydney per TAIPING, 12 Jun 1937. Box 22], NAA: SP11/2, CHINESE/FOO GOON。

但我们知道，随着年底太平洋战争的爆发，所有在澳盟国公民都获得了澳大利亚政府提供的三年临时居留签证，有效期至一九四五年六月三十日；到期如果战争尚在继续，则该签证自动展签两年。尽管此后在澳大利亚国家档案馆里找不到与他们相关的宗卷，但他们有极大的机会就此留在了澳洲这块土地上。

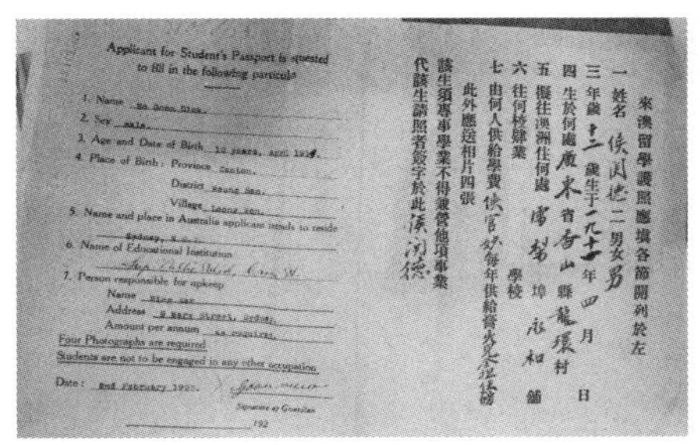

Applicant for Student's Passport is requested to fill in the following particulars

1. Name
2. Sex
3. Age and Date of Birth
4. Place of Birth: Province
District
Village
5. Name and place in Australia applicant intends to reside
6. Name of Educational Institution
7. Person responsible for upkeep
Name
Address
Amount per annum
Four Photographs are required
Students are not to be engaged in any other occupation

Date:

Signature of Guardian

來澳留學護照應填各節開列於左
一　姓名　侯関德　男
三　年歲　十二歲生于一九十一年四月　日
四　生於何處　廣東省香山縣龍環村
五　擬往澳洲住何處　雪梨埠
六　往何校肄業　永和舖
七　由何人供給學費　侯官妙
此外應送相片四張
該生須專事學業不得兼營他項事業
代該生請照者簽字於此　侯関德

左：一九二三年二月二日，侯官妙为其子侯关德申请来澳留学提交给中国驻澳大利亚总领事馆申领其子护照和签证所填写的申请表；右：一九〇九年侯官妙申请的回头纸。

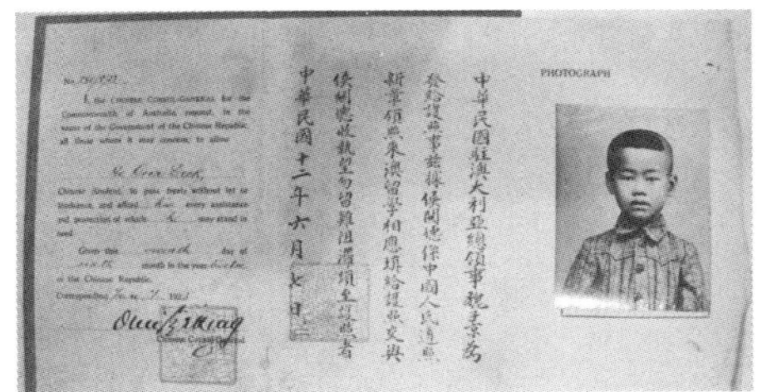

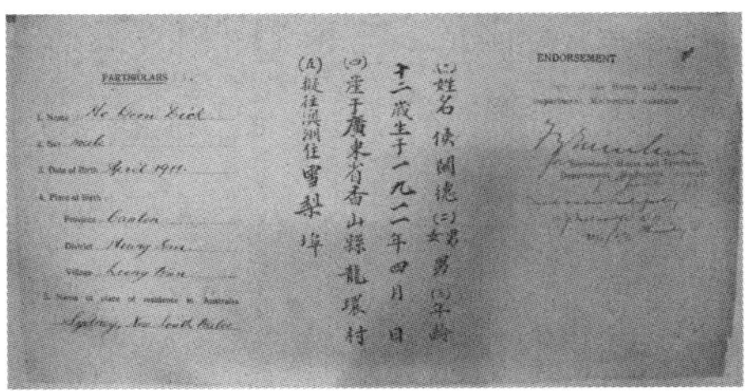

PARTICULARS

1. Name
2. Sex
3. Date of Birth
4. Place of Birth
Province
District
Village
5. Name of place of residence in Australia

（一）姓名　侯関德　（二）女男　（三）年齡　十二歲
（四）產于廣東省香山縣龍環村
（五）擬往澳洲住雪梨埠

ENDORSEMENT

一九二三年六月七日，中国驻澳大利亚总领事魏子京给侯关德签发的中国学生护照。

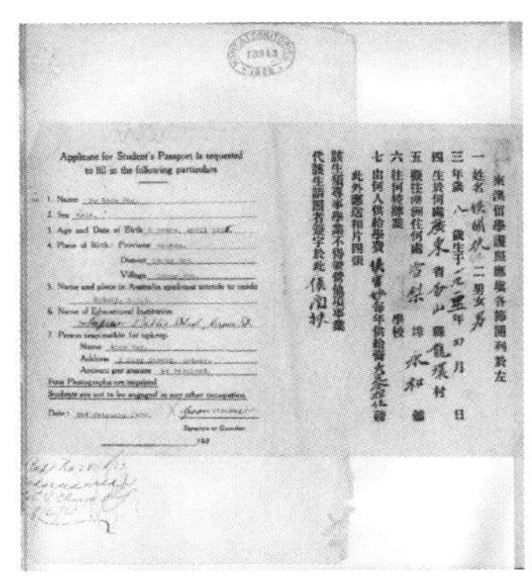

一九二三年二月二日，侯官妙为其子侯关扶申请来澳留学，向中国驻澳大利亚总领事馆申领护照和签证所填写的申请表。右为申请表背面所附侯关扶的照片。

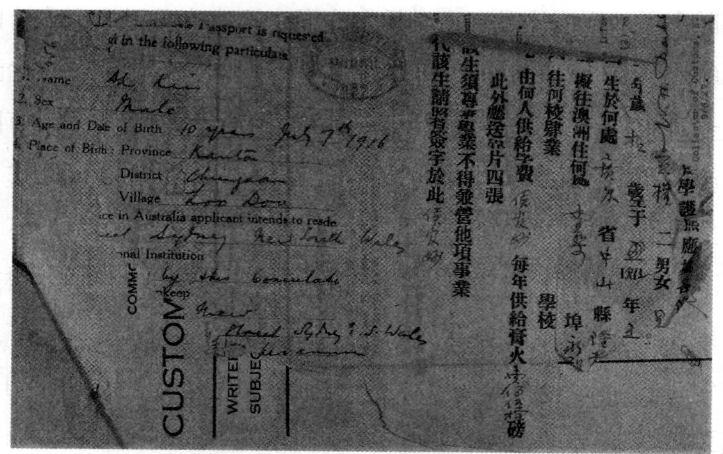
...Passport is requested
...in the following particulars
...Name Ah Kim
2. Sex Male
3. Age and Date of Birth 10 years July 7th 1916
4. Place of Birth: Province Kanton
District Chungsan
Village Loo Dow
...ce in Australia applicant intends to reside
...Sydney New South Wales
...onal Institution
...by this Consulate
...keep

生於何處 省 中山 縣 埠
擬往澳洲住何處
往何校肄業 學校
由何人供給學費 每年供給膏火 磅
此外應送相片四張
該生須專心學業不得兼營他項事業
代該生請照者簽字於此

CUSTOM
WRITE
SUBJEC

一九二六年十二月二十一日，侯官妙以监护人的身份填表，向中国驻澳大利亚总领事馆申请儿子侯亚权赴澳留学的护照和签证。

档案出处（澳大利亚国家档案馆档案宗卷号）：

Ho Goon Dick - Student Passport, NAA: A1, 1933/123

Ho Goon Foo - Students Passport, NAA: A1, 1929/4257

Ah Kim - Student exemption certificate, NAA: A433, 1941/2/217

杨日生

香山龙头环村

杨日生（George Day），一九一一年五月初六日出生，香山县龙头环村人。其父杨棣（Ah Day）[①]，一八八一年出生，一八九五年左右跟随同邑之乡人及宗亲跨洋过海，来到澳大利亚发展[②]，从昆士兰省（Queensland）北部的大埠坚时（Cairns）入境，随后就留在这里，扎下根来。跟当时抵达这里的许多华人一样，他先从事种植业，当菜农，也在甘蔗种植园里打工。赚得第一桶金后，便在坚时埠开设一间商铺，售卖杂货和蔬菜水果，店名就叫亚棣号（Ah Day）。事实上，他在当地行世之名，也是亚棣，店名与人名合二为一。站稳脚跟及取得永久居住权限之后，杨棣便申请回头纸，返乡探亲，结婚生子。

一九二一年，杨日生届满十周岁，适逢澳大利亚从年初开始实施《中国留学生章程》，开放居澳华人申请其在乡子弟前来澳大利亚留学，并且由中国驻澳大利亚总领事馆具体办理留学生的护照发放及签证的预评估，再交由澳大利亚内务部核发签证。眼见和听闻着周围已有乡亲申办孩子来到澳洲不同地方读书，杨棣也决定将正当学龄的儿子办理来到坚时埠留学，以便其学

① Certificate Exempting from Dictation Test (CEDT) - Name: Ah Day (of Cairns) - Nationality: Chinese - Birthplace: Canton - departed for China per ALDENHAM on 12 October 1914, returned to Cairns per EASTERN on 20 November 1915, NAA: J2483, 146/93。

② Application from Ah Day applying for a Certificate of Domicile, letter from Sub-Collector of Customs and references, NAA: J2482, 1902/23。

习英语及西方文化，为日后发展打下一个良好基础。

一九二一年九月二十八日，杨棣以监护人身份填妥申请表，递交给中国驻澳大利亚总领事馆，申领儿子杨日生赴澳留学所需之护照和签证。他以自己经营的亚棣号商铺作保，允诺每年供给膏火五十镑作为儿子在澳留学期间所需之各项费用，要将其安排进入坚时埠学校，亦即北昆公立学校（North Queensland State School）就读。

在《中国留学生章程》实施的第一年，中国总领事馆的审理大都还算是比较快，少则几个星期，多也就是两三个月的时间，但杨棣递交上去申请后，不知何故，其审理被拖了一年之久。直到一九二二年十一月二十八日，中国总领事魏子京方才给杨日生签发了一份中国学生护照，号码是204/S/22；而内务部的签证核发则很迅捷，第二天就在上述护照上钤盖了入境签证印章。

杨日生的家人在接到中国总领事馆寄来的护照之后，便通过在香港的金山庄为其安排赴澳行程。经近半年协调，联络好了旅程中的陪同监护人，也订妥了船票。然后，家人将杨日生送到香港，在此乘坐由澳大利亚华人创办的中澳船行所运行的“获多利号”（Victoria）轮船，于一九二三年五月十日抵达坚时埠。杨棣去到海关将儿子接出，住进了他所居住和拥有的亚棣号商铺里。当时，大部分华人经营的小商铺，都是商住两用性质。

两天之后，杨棣便带着儿子去到学校注册入学。但他没有把儿子放到原先计划的北昆公立学校，而是让杨日生就近进入坚时公立学校（Cairns State School）读书。虽然抵澳时已经十二岁，此前也没有读过英语，但以其这样的年龄，接受新的语言还是比较快的。杨日生很快就适应了当地的学习环境，无论是在校表现还是学业进程，都令人满意；学校每年提供给内务部有关杨日生在校表现的季度性例行报告，都给予他好评。就这样，他在这所学校波澜不惊地读了将近三年的书。

根据学校的记录，一九二六年三月八日是杨日生上学的最后一天，此后便不再到校上课。三月二十五日，杨日生在坚时埠登上驶往香港而路经并停靠该埠的“山亚班士号”（St Albans）轮船，挥别澳洲，返回中国。

在其档案文件中，没有找到任何文字解释杨日生突然退学回国的原因。但检索其父杨棣的出入境记录，则显示在儿子退学的前两天，他便已从海关申请到了回国探亲的回头纸，并且也是在三月二十五日那天与儿子同行，回国探亲。[①]由此可见，有可能是国内家中有事需要杨棣带着儿子一同返回，也可能是杨棣本人早就计划回国探亲，但不放心儿子一人在坚时读书，故而只能将其带回去。无论是哪种情况，到第二年杨棣从中国返回澳大利亚时，杨日生并没有一同回来，也没有通过中国驻澳大利亚总领事馆申请再入境签证。

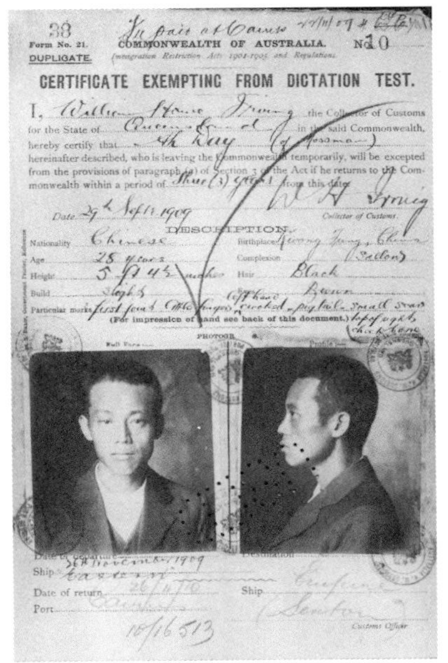

38

Form No. 21. COMMONWEALTH OF AUSTRALIA. No. 10

DUPLICATE. Immigration Restriction Acts 1901-1905 and Regulations.

CERTIFICATE EXEMPTING FROM DICTATION TEST.

I, ... the Collector of Customs for the State of Queensland in the said Commonwealth, hereby certify that .... hereinafter described, who is leaving the Commonwealth temporarily, will be excepted from the provisions of paragraph (a) of Section 3 of the Act if he returns to the Commonwealth within a period of three (3) years from this date.

Date 29th Sept 1909 .... Collector of Customs.

DESCRIPTION.

Nationality	Chinese	Birthplace	
Age	28 years	Complexion	(Sallow)
Height		Hair	Black
Build		Eyes	Brown

Particular marks ....

(For impression of hand see back of this document.)

PHOTOGRAPHS.

Full Face — Profile —

Date of departure 26th November 1909 Destination

Ship

Date of return 26/4/10 Ship

Port

Customs Officer

Book No. 146

Q'LD. '14 No. 220

Form No. 21. COMMONWEALTH OF AUSTRALIA. No. 93

DUPLICATE. Immigration Restriction Acts 1901-1905 and Regulations.

CERTIFICATE EXEMPTING FROM DICTATION TEST.

I, OSWALD SEPTIMUS MADDOCKS the Collector of Customs for the State of QUEENSLAND. in the said Commonwealth, hereby certify that .... hereinafter described, who is leaving the Commonwealth temporarily, will be excepted from the provisions of paragraph (a) of Section 3 of the Act if he returns to the Commonwealth within a period of three years from this date.

Date 7th April 1914 .... Collector of Customs.

DESCRIPTION.

Nationality	Chinese	Birthplace	Canton
Age	33 years	Complexion	sallow
Height		Hair	Black
Build	normal	Eyes	Dark Brown

Particular marks ....

(For impression of hand see back of this document.)

PHOTOGRAPHS.

Full Face :— Profile :—

Date of departure 13th Oct 1914 Destination

Ship

Date of return 30/11/15 Ship Eastern

Port Cairns

Customs Officer

左：一九〇九年杨棣申请的回头纸；右：一九一四年，杨棣申请的回头纸。

① Certificate Exempting from Dictation Test (CEDT) - Name: Ah Day - Nationality: Chinese - Birthplace: Canton China - departed for China per ST ALBANS 23 March 1926 returned Cairns per CHANGTE 27 February 1927, NAA: J2483, 408/92。

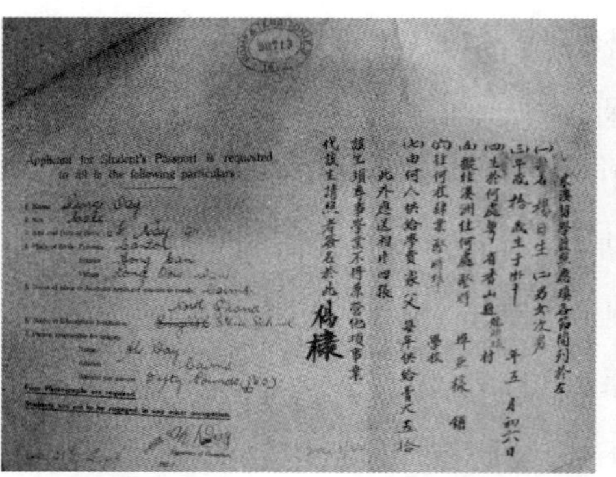

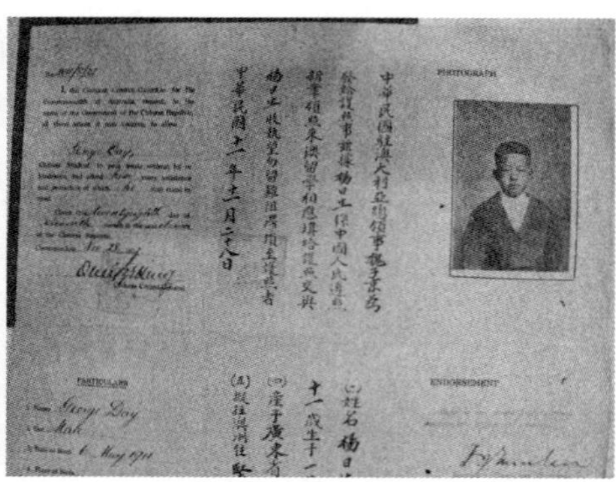

左：一九二一年九月二十八日，杨棣填表向中国驻澳大利亚总领事馆申领儿子杨日生赴澳留学所需之护照和签证；右：一九二二年十一月二十八日，中国驻澳大利亚总领事魏子京给杨日生签发的中国学生护照。

档案出处（澳大利亚国家档案馆档案宗卷号）：

Day, George - Student passport, NAA: A1, 1925/10974

黄锡祥

香山石岐

黄锡祥（Wong Sick Chong），生于一九一一年五月十四日，香山县石岐人。其父名黄生（Wong Sang，又写成Wong Sing），大约是一八六六年出生，最迟二十七岁之时便从家乡来到澳大利亚发展，于昆士兰省（Queensland）最北端的谷当埠（Cooktown）登陆入境。据澳大利亚档案披露，他自一八九三年起，便一直居住在昆士兰北部地区，充当果农[①]，最终在昆士兰北部重镇坚市（Cairns）附近一个名叫渔场溪（Fishery Creek）的小村定居下来，经营有一什货铺。

一九二三年一月十九日，黄生向位于美利滨（Melbourne）的中国驻澳大利亚总领事馆申请其子黄锡祥的中国学生护照，并请协助办理其子来澳留学签证事宜。当时，黄锡祥尚未满十二岁。黄生以其什货铺作保，应承每年供给其子膏火（学杂费和生活费）四十五镑，并准备安排黄锡祥入读位于坚市的皇家学校（Cairns State School）。

中国驻澳大利亚总领事馆在接到申请后，整个审理过程都有所拖延，总计耽搁有四个多月之久。直到一九二三年五月二十八日，总领事魏子京才为黄锡祥签发了中国学生护照，编号为269/S/23。但澳大利亚内务部对其签证之批复则很快，次日就在黄锡祥护照上钤盖了入境签证章。在五月二十九号获

① Wong Sing, NAA: J2481, 1900/39。

得签证的当天，中国总领事馆就将护照寄往香港的利生公司，以便其能尽快安排黄锡祥的来澳事宜。

经半年左右时间协调安排，诸事妥当。黄锡祥遂由家人送往香港，乘坐驶往澳洲的“获多利号”（Victoria）轮船，于一九二三年十一月二十八日抵达昆士兰省北部的汤士威（Townsville）港口，但他实际上直到十二月十七日才得以出关入境，原因是他在此被海关隔离检疫达二十天之久。当时汤士威埠的海关报告没有披露隔离检疫他的原因，可能是因其抵达时身上有澳人认为不卫生之处，或罹患疥癣，或者是因旅途生病身体羸弱而需隔离观察。

父亲黄生在汤士威将黄锡祥接出关之后，再从此地搭车前往坚市附近的渔场溪，住进了他的小什货铺里。由于此时已临近圣诞节，澳洲的学校正处于放暑假阶段，无学可上，黄锡祥便跟着父亲守着那小什货铺，体验当地生活。直到次年一月底新学年开学，黄锡祥才正式入读坚市皇家学校。刚刚开学不久，锡祥就因病无法上学。可能是初来乍到，水土不服，或者是天气炎热导致患热带病，时间长达十天。坚市地处热带，比广东珠江三角洲还要炎热些。这或者可以部分地说明他在入境时遭到隔离检疫，是有一定原因的。但在病愈之后，锡祥上学的出勤率就保持良好，表明他很快就适应了这里的气候和生活。而学校的报告也显示，他在这所学校的学习能跟上进度，举止品行亦中规中矩。

就这样，黄锡祥波澜不惊地在坚市皇家学校读了一年多。但到一九二五年的四月底时，学校在给内务部的例行报告中说，自这一年的二月二十七日之后，亦即新学期开学后一个月，黄锡祥就再也没有来学校上学。校方询问其他在校的中国留学生，也都说不清他去了什么地方，甚至还有人说他早已离开了此地。接获这个报告之后，内务部急了，要求当地警察局和海关尽快与其监护人，亦即黄锡祥的父亲黄生联络，以探明其子之去向。

于是，一九二五年五月十二日，坚市警察局派人到渔场溪找到开什货铺的黄生，才知道黄锡祥前段时间因患腿疾，无法上学。但警察发现，黄锡祥并没有在家。黄生表示，其子因在别处治疗腿患，现已近痊愈，当责成其尽快返校，继续上学。为进一步确认其腿疾的患病程度，警察于五月下旬在坚市找到了芮德医生（Dr Reed），他曾在三月初时为黄锡祥医治过腿疾。据这位大夫的观察，黄锡祥的腿是有些红肿，但并未溃烂。换言之，以其作为医生的观察，经过适当的治疗，在两个星期后他就应该可以去上学的。就是说，即便他患有腿疾，也没有理由旷课如此长的时间。鉴于在坚市上学时，黄锡祥是住在位于沙昔街（Sachs Street）李益（Yick Lee）所开的铺头里①，故警察亦找到他做进一步的查询。据李益讲，黄锡祥确实因大腿肿胀，无法行走，致不能去上学。而为治其腿疾，黄锡祥随后便去了位于坚市西南部约一百公里的高原地区丫打顿埠（Atherton），找当地的中医为其治疗。虽然坚市皇家学校也承认黄锡祥在校时，学习用功，行为举止亦合规范，但如果他旷课多了，则难以继续入读该校；根据留学章程，他就应被遣返回中国。

六月初，警察终于在高原地区的小镇滔炉架（Tolga）找到了黄锡祥。他此时一直跟住在该镇下面的一个名叫凯里（Kairi）的小村中一位名叫亚甘（Ah Gun）的华人农工待在一起，尽管他腿疾有时候似乎是因肿胀而让他很痛苦，但很显然，他并没有真正去找医生给予治疗。现在从外表上看起来，黄锡祥的腿似乎已无大碍。到六月五日，他已从滔炉架搭乘火车返回坚市，住在李益的铺头里。几天之后，黄锡祥就转回他父亲在渔场溪的铺子里。

在经过上述一番调查得知黄锡祥的情况后，一九二五年七月十三日，内务部致函中国驻澳大利亚总领事馆，谓黄锡祥在过去的四个月里，没有充足的理由而旷课时日过长，已严重违反了《中国留学生章程》的相关条例，由此，他已不再符合继续待在澳大利亚读书的条件，希望中国总领事馆知照该小留学生的家长亦即他的监护人黄生，尽快安排船票，将他遣返回中国。

但实际上，到这一年的六月底时，黄锡祥又返回坚市皇家学校继续上学了。直到这一年的十一月十九日，因该校校长继续向内务部提供例行报告，内务部发现他仍然留在澳洲，并继续上学，遂再次发函给中国驻澳大利亚总

① 李益出生于一八七三年，在坚市开有一家杂货商铺，名泗益号（See Yick & Co.）。见：Certificate Exempting from Dictation Test (CEDT) - Name: Yick Lee (of Cairns) - Nationality: Chinese - Birthplace: Canton - departed for China per TAIYUAN on 23 [18] January 1913, returned to Cairns per EASTERN on 27 July 1914, NAA: J2483, 93/84。

领事魏子京，质问其为何没有督促黄生安排其子离开澳洲回国。根据记录，此时的黄锡祥作为非法居澳滞留者，已达一年之久。事实上，在此段时间里，魏总领事和坚市皇家学校也都曾经努力为黄锡祥说情，谓其学习用功，遵守校规，希望当局慎重考虑再给他一个机会，让他继续留学完成学业。但最终，这些努力都没有改变内务部的决定。折冲之间，黄锡祥只是得以在此读完一九二五年下半学期的课程。

一九二六年一月二十日，黄锡祥在坚市登上“吞打号”（Tanda）轮船，不得不离开澳大利亚，返回中国。屈指算来，他在澳大利亚总共留学两年，但实际上只是念了一年半的书而已。

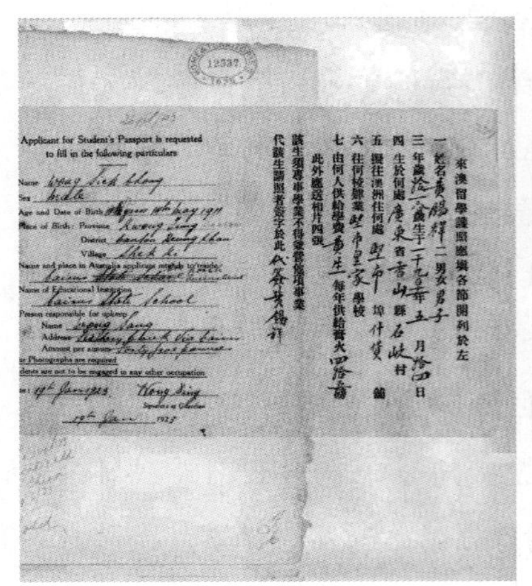

Applicant for Student's Passport is requested to fill in the following particulars

Name Wong Sick Chong

Sex Male

Age and Date of Birth ... 14th May 1911

Place of Birth: Province Kwong Tung

Village Shek Ki

Name of Educational Institution Cairns State School

Person responsible for upkeep

Name Wong Sing

来澳留學護照應填各節開列於左

一 姓名 黃錫祥 二 男女 男子

四 生於何處 廣東省香山縣石岐村

六 往何校肄業 堅市皇家學校

此外應送相片四張

該生須專事學業不得兼營他項事業

代該生請照者簽字於此

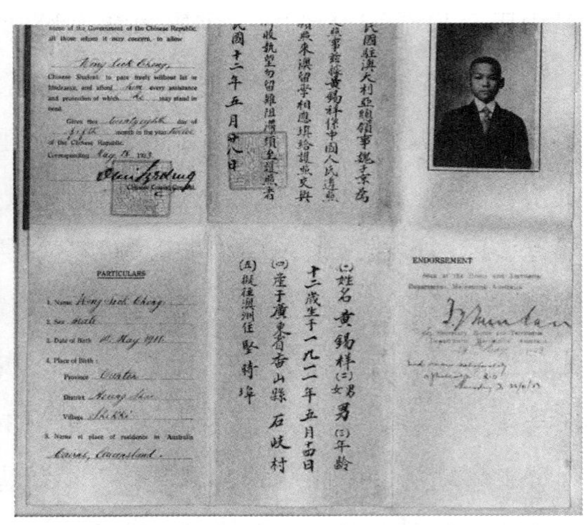

Wong Sick Chong

PARTICULARS

1. Name Wong Sick Chong

2. Sex Male

3. Date of Birth 14 May 1911

4. Place of Birth:

Province Canton

Village Shekki

5. Name of place of residence in Australia

Cairns, Queensland.

ENDORSEMENT

民國十二年五月廿八日

(一)姓名 黃錫祥 (二)男女 男 (三)年齡

十二歲 生于一九一一年五月十四日

(四)產于廣東省香山縣石岐村

左为一九二三年一月十九日黄生为其子黄锡祥向中国驻澳大利亚总领事馆申请护照和签证所填写的申请表；右为一九二三年五月二十八日中国总领事魏子京为黄锡祥签发的中国护照。

档案出处（澳大利亚国家档案馆档案宗卷号）：

Chong, Wong Sick - Student passport, NAA: A1, 1926/2526

高良友

中山大石兜村

高良友（Go Leong You），生于一九一一年七月十八日，中山县大石兜村人。

他的伯父是一八七九年出生的高添利（Go Tim，又写成Tim Lee）。[①]他早在一八九五年便从香山渡海南下，来到澳大利亚谋生，最终定居于雪梨（Sydney），自己独资创办一间杂货铺，以自己的名字命名，名曰添利号（Tim Lee）。该店设于雪梨唐人街边的帝王榭街（Devonshire Street）第一百一十号，生意不错。

进入中学后，高良友就在广州入读德国人开设的私校德文多语学校（German Polyglot School），读了多年，英语有一定的基础。一九二八年九月五日，因想要来澳洲留学，他的伯父高添利便填好申请表，具结财政担保书，递交到中国驻澳大利亚总领事馆，为侄儿办理来澳之留学生护照和入境签证。作为侄儿来澳留学的监护人，高添利以自己经营的添利号商铺作保，承诺每年供给膏火银一百镑给侄儿高良友作留学之用。跟当时大多数的乡人一样，他也为侄儿报读了开设在雪梨唐人街上的中西学校（Chinese School of English），并拿到了校长戴雯丽小姐（Miss Winifred Davies）开出的录取信。

---

① Ah Bun, Gid Ming, Lum Chong, Way Lee, Tuck King, Gee En, Dang Sing, Sam Yin and Go Tim [Certificate Exempting from Dictation Test - includes left hand impression and photographs] [box 163], NAA: ST84/1, 1923/357/71-80。

对于这份申请，中国总领事馆不知何故搁置了两个月才予以审理。这也许跟魏子京总领事离任，而新任总领事宋发祥尚未抵埠接任，从而形成了一个工作空档期有关。直到一九二八年十一月十二日，署理中国总领事吴勤训才为高良友签发了编号为523/S/28的中国留学生护照，后立即致函澳大利亚内务部，为他申办入境签证。

按照流程，内务部接到上述申请后，就得通过海关核查高添利是否有资格和能力资助高良友赴澳留学，然后才决定是否发放入境签证。

十二月初，海关回复说，高添利确实是上述商号的东主，财产总值为七百镑；上述商号地址是他租的，周租为二镑十二先令六便士，而他的档口生意每周可获净利润约为五镑，他还在银行有一百镑存款，主要是为货品交易而准备的流动资金；此外，他还在昆士兰省（Queensland）的一家杂货铺拥有股份，价值一百镑，在中国有房产等固定资产价值达四千大洋（约合四百一十六镑）。跟许多华人的商铺或商号都兼做进出口贸易的情况不同，高添利的杂货铺只做本地货品，是这些本地产品的批发商，专注本地市场；其商业信誉卓著，没有不良记录。获得这些资讯后，内务部对高添利的财政能力没有疑义，遂于十二月十日函复中国总领事馆，同意核发高良友入境签证。

待一切手续办妥，将届十八岁的高良友便离开广州，去到香港搭乘由这里起航的“彰德号”（Changte）轮船，于一九二九年五月五日抵达雪梨，入境澳洲。伯父高添利在同乡以及雪梨华社著名商人欧阳南（David Young Narme）[①]的陪同下，去海关将侄儿接出，安置在他的店铺里，由此开始了他的在澳留学生活。

从五月十三日起，高良友就正式注册入读中西学校，念中学课程。可能因在来澳之前就读于广州的外语学校，已具备了一定的英语底子，他在学业

---

① 欧阳南，中山县人，生于一八九〇年，十九世纪末年便来澳发展，二十世纪二十年代在雪梨华社中极为活跃，是当地著名华商企业安益利公司（Onyik Lee & Co.）主要股东。澳大利亚国家档案馆中有关欧阳南的宗卷见：David O'Young Narme [Chinese - arrived Sydney per SS EASTERN, 1899. Box 36], NAA: SP11/2, CHINESE/NARME D O。

和操行上的表现还都尽如人意，没有什么不好的评语。

但高良友在中西学校只是读了半年，到这一年的年底，就有了新的想法，想转学去另一所更好的私校读书。于是，一九三〇年初，他去了位于达令赫斯特区（Darlinghurst）的圣母昆仲会中学（Marist Brothers High School）就读。但是，这所天主教会主办的学校不愧是名校，不仅学风好，校规也很严。刚去不久，高良友便觉得很受约束，诸事不习惯，感到这里的学习太过于超前了，难以读下去。于是，他仅在此读了三个月，就又再次返回中西学校念书，毕竟这所学校主要就是面向来澳留学的中国小留学生而开设的，比较体谅这些中国学生的处境，校规也相对比较宽松些，像他这样想要多一些自己时间和自由的学生，自然就很容易应付学校的学习。因此，他就这样在此一直读到这一年的年底。

到一九三一年三月十四日，不满二十岁的高良友结束了在澳留学，于雪梨登上驶往香港的“利罗号”（Nellore）轮船回中国了。按照《中国留学生章程》的规定，他还可以在澳洲念四年多的书，直到二十四岁。但看起来，他显然觉得在澳留学近两年，已经没有多少上升空间；或者是他原先在广州德文多语学校就是读中学课程的，来澳洲留学只是继续完成中学课程而已，并为自己对世界的认识增加些阅历；即使在澳洲再读下去，他也只能选择技校或商学院抑或工学院等中专或大专课程，但要进入大学则较为困难。也许，他在回国后，无论是继续升学读大学还是出去找事情做，都是比留在澳洲更好的选择吧。

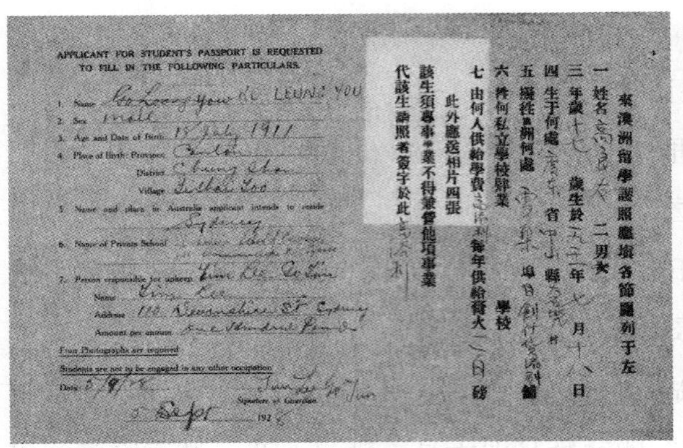

APPLICANT FOR STUDENT'S PASSPORT IS REQUESTED TO FILL IN THE FOLLOWING PARTICULARS.

1. Name Go Leong You KO LEUNG YOU
2. Sex Male
3. Age and Date of Birth 18 July 1911
4. Place of Birth: Province Canton
   District Cheung Shan
   Village
5. Name and place in Australia applicant intends to reside Sydney
6. Name of Private School
7. Person responsible for upkeep
   Name
   Address 110 Devonshire St Sydney
   Amount per annum One Hundred Pound

Four Photographs are required

Students are not to be engaged in any other occupation

Date: 5/9/28

Signature of Guardian

5 Sept 1928

來澳洲留學護照應填各節臚列于左

一 姓名 高良友 二 男女

三 年歲 十七 歲生於一九一一年七月十八日

四 生于何處 廣东 省 中山 縣 村

五 擬往澳洲何處 雪梨 埠 鋪

六 往何私立學校肄業 學校

七 由何人供給學費 高添利 每年供給費大 一百 磅

此外應送相片四張

該生須專事學業不得兼營他項事業

代該生請照者簽字於此 高添利

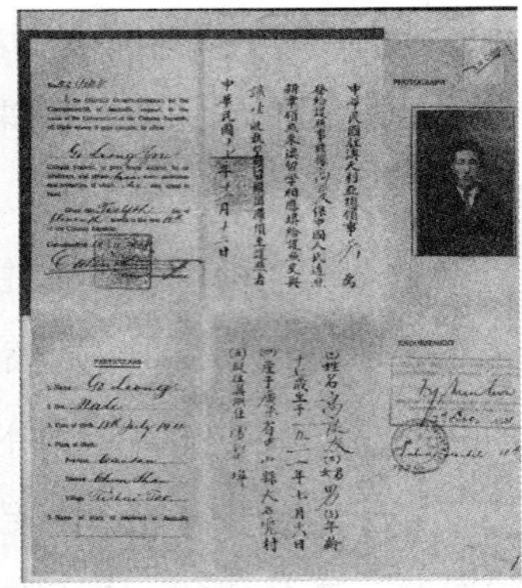

左：一九二八年九月五日，高添利向中国驻澳大利亚总领事馆申请侄儿高良友来澳护照和签证所填写的申请表；右：一九二八年十一月十二日，署理中国驻澳大利亚总领事吴勤训为高良友签发的中国留学生护照。

档案出处（澳大利亚国家档案馆档案宗卷号）：

Go Leong YOU - Students passport, NAA: A1, 1930/4819

梁万鸿

香山福涌村

梁万鸿（Leong Man Hung），出生于一九一一年八月六日，香山县福涌村人。其父梁富元（Hoo Yuen，又写成Leong Hoo Yuen），一八七六年出生，是一八六二年出生之梁天元（Leong Tin Yuen）①的兄弟，于一八九二年左右从香山老家前往澳洲谋生，经一段时间的发展，最终定居于昆士兰省（Queensland）北部的汤士威炉埠（Townsville）②，后与兄长梁天元及其他同宗兄弟和乡人共七人合股，在此开设天元号（Tin Yuen & Co.）商铺，事业有成。

当一九二一年初梁天元将其儿子梁沛霖（Leong Poy Lum）成功地申请来澳留学之后③，梁富元也动了让儿子梁万鸿来澳读书的念头。一九二一年九月二十二日，梁富元为给刚满十岁的儿子申请留学护照和签证，到自己身边念书，向中国驻澳大利亚总领事馆递交了申请表，以当时自己有股份并参与经营的天元号商铺作为担保，承诺每年供给儿子足镑膏火费，即保证负担其所有的学费和其他相关费用。他当时给儿子梁万鸿注册入读的学校是汤士威炉公众学校，亦即汤南公学（South Townsville State School）。

鉴于当时《中国留学生章程》规定较松，审核也比较容易，尤其是签证

① Tin Yuen - of Townsville, Queensland - birthplace: Canton, China - departed Townsville, Queensland on the Changsha 16 November 1905, NAA: J2482, 1905/223。

② Hoo Yuen, NAA: J2481, 1899/235。

③ Leong Poy Lum - Exemption certificate, NAA: A1, 1932/18。

的预评估是由中国总领事馆负责，因此，中国总领事魏子京很快就给梁万鸿签发了编号为125/S/21的留学生护照，并在十二月五日获得了澳大利亚内务部签发的入境签证。当天，中国总领事馆就将此护照和签证寄往中国梁万鸿家里，只等他择日搭乘来往于中澳之间的班轮，前来澳洲留学。

可是，自一九二一年底接到护照和签证后，在中国的梁万鸿一直没有来澳。也许当时年纪太小，也许还有其他的原因，这样一拖就是好几年，来澳签证也随之失效。等到一九二八年，梁万鸿将届十七岁了，这时因梁富元正在中国探亲，就想返回澳洲时也把儿子一起带来澳洲留学。可是，与七年前相比，此时的来澳留学申请程序已经发生了很大变化，主要原因是一九二六年修订的《中国留学生章程》新规生效后，要满足许多条件，比如年龄段限制、担保人财产证明和学生的英文学识程度等，才能最终获批来澳留学。既然如此，为儿子来澳留学之事，梁富元就只能跟着程序走，照章办理。

由于梁富元本人此时正在中国，此事便只好委托其在澳之兄长梁天元出面代办。一九二八年六月十五日，后者再次向中国驻澳大利亚总领事馆提出梁万鸿的留学生护照的申请并请其协办签证。梁富元仍以自己在其中所占股份价值五百澳镑的天元号商铺作保，由其兄长梁天元作为自己财政的保人，承诺每年供给儿子五十二镑的膏火费，并安排儿子入读汤士威炉的基督兄弟会书院（Christian Brothers' College）。此时的梁万鸿已经在香港显勤学校（Hin Kan Anglo-Chinese School）注册入学，读六年级。这是一所用中英文教学的学校，有一定的声誉。为了证明学生本人已经具备一定的英文程度，梁万鸿商请该校校长开具证明信，并让梁万鸿本人手写一封给中国驻澳大利亚总领事馆的英文申请信，作为其已具备一定英语学识的证据，一并提交给中国总领事馆。在检查上述申请资料时，中国总领事馆发现由梁天元负责填写的申请表中文页上梁万鸿的年龄是十四岁，但英文页上则仍然是与七年前所填一致，遂在与梁天元联络后，将其改正过来，即改为十七岁，这样就与之前的记录一致。待核查过这些资料符合要求之后，六月三十日，中国驻澳大利亚总领事魏子京再次为梁万鸿签发了编号为513/S/28的中国留学生护照；随后，他汇集这些材料，包括上述签发的护照，并备函一起发给澳大利亚内务部秘书，为梁万鸿来澳留学申请入境签证。也就是说，由内务部评估后再核发签证。

内务部接到申请后，自然按既定流程处理。根据海关在七月十八日的报告，梁富元虽然此时人在中国探亲，但确实是汤士威炉最大的中国杂货铺天元号商铺的股东，占该商行全部股份的七分之一；而且其人经商有道，品行良好，在澳时总是协助兄长梁天元经营生意，在当地颇有口碑。截止到一九二四年度的财务报表来看，天元号商铺的年营业额达一万三千至一万五千镑；同时，该商行还拥有一块价值达一千五百镑的农场，面积很大，专事种植果蔬，供其商铺售卖。另外，根据出入境记录，梁富元于一九〇八年从汤士威炉出境回国探亲，到一九一二年方返回澳洲，是在雪梨入境。①而梁万鸿是一九一一年出生的，正好是在梁万鸿回国探亲期间，因此，他们之间的父子关系应无疑问。经过上述核查，内务部对梁富元的财政情况表示满意，遂于九月六日给梁万鸿签发了入境签证。

三个月之后，梁万鸿独自从香港乘坐“吞打号”（Tanda）轮船，于一九二八年十二月十九日抵达汤士威炉，入境澳洲，开始其留学生涯。②而其父亲梁富元并未如期与他一同乘船返回汤士威炉，因事而留在了家乡。由于此时已经临近圣诞节和学校开始放暑假，梁万鸿只好待在天元号商铺里，趁机观摩和学习在澳洲之经商之道；直到一九二九年二月四日，他才正式注册入读基督兄弟会书院。根据院长的例行报告，梁万鸿的学业和操行皆令人满意。就这样，他在这里平平静静地念了两年书。

从一九三〇年底开始，梁万鸿就开始接触联络汤士威炉工学院（Townsville Technical College），准备在下一个新学年开学后便转学到该学院专攻商科。为此，他一边在申请获得该学院的录取，一边通过中国总领

---

① Certificate Exempting from Dictation Test (CEDT) - Name: Hoo Yuen - Nationality: Chinese - Birthplace: [unstated] - departed for China per TAIYUAN on 14 September 1908, returned to Sydney per SS TAIYUAN on 25 January 1912, NAA: J2483, 52/14。

② Certificate for exemption from dictation test list - Sing Yee, Mong Sing, Lim Kee, Gong Chew [Chong], Yick Lee [Yack], Gum Yee, Hore Sang, Yee Chong, Yet Fong, Yee Chong, Choy Dan, Yee Fong, Leong Man Hung, C Chong Wah, Romulado Panza, NAA: J2773, 1027/1928。

事馆向内务部申请转学和学生签证的展期。但在一九三一年一月二十二日，即刚刚获得内务部同意转学及展签之后一个星期，梁万鸿突然接到父亲梁富元来信，谓因中国家里有急事，需其尽速赶回。因此，他一方面张罗预订最近的返港船票，订到了一月二十九日可搭乘路过汤士威炉的“彰德号”（Changte）轮船前往香港回国；另一方面，通过中国总领事馆向内务部申请再入境签证。由于他自己都不知道此番回国需要耽搁多长时间，故希望能给予他一个较为宽裕的时间，即再入境签证不要限定日期和时间，以便他返回澳洲，进入刚刚同意录取他入学的汤士威炉工学院念书，完成学业。一月二十七日，内务部批准给予梁万鸿十二个月内有效的再入境签证。这是一个常规的再入境签证，并非如他所期望的不限期者。事实上，如果在规定的日期内无法入境，再入境签证也可以申请展延，并且批复的可能性极大。也许梁万鸿的要求太过于离奇，而他的情况又还不至于使内务部可以为他破例，而且，在如此短的时间内批复他的申请，内务部办事效率已经算很高的了。因此，在确认拿到再入境签证之后，梁万鸿如期登上“彰德号”返回中国。

一年之后，即到了一九三二年二月九日，汤士威炉海关仍未见到梁万鸿返回澳洲继续学业，遂致函内务部询问如何处置此事。十天后，内务部回复称，如果该生近期再次申请延期返回澳洲读书，当局可予以考虑，意即可以批复；如果该生此时或稍后时间内在没有再入境签证的情况下返回澳洲，意即无证闯关入境，则可以先行由当地海关给予其一个月的临时入境签证，待其循正规渠道即通过中国驻澳大利亚总领事馆提出正式申请后，再予以审核批复。也就是说，入境签证大门对梁万鸿是敞开的，只要走程序申请即可，而且显得非常通融。显然，内务部对于此事还是给予了高度重视，希望尽可能地给梁万鸿于近期内再次来澳留学完成学业提供方便，因为这时他的年龄，距《中国留学生章程》规定的中国学生年龄上限二十四岁尚有三年多的时间。但遗憾的是，此后澳洲档案里再也找不到与梁万鸿相关的任何文档宗卷。换言之，梁万鸿回去中国后，可能受制于种种因素，就再也没有能够返回澳洲留学。

虽然从申请赴澳留学到最终离境回国，前后所经历的时间长达十一年，但梁万鸿真正在澳留学时间，总计才只有两年。

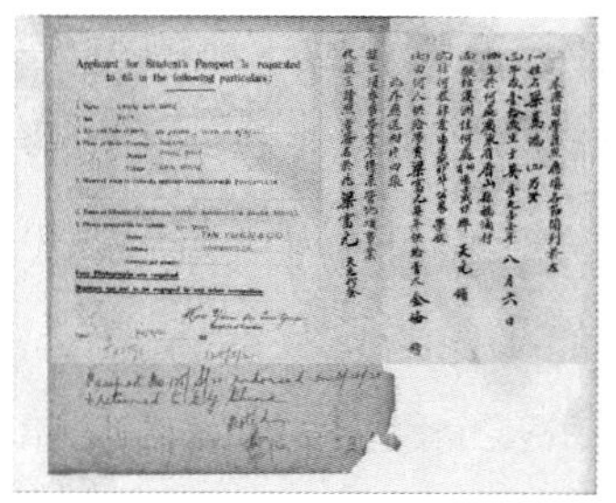

Applicant for Student's Passport is requested to fill in the following particulars:

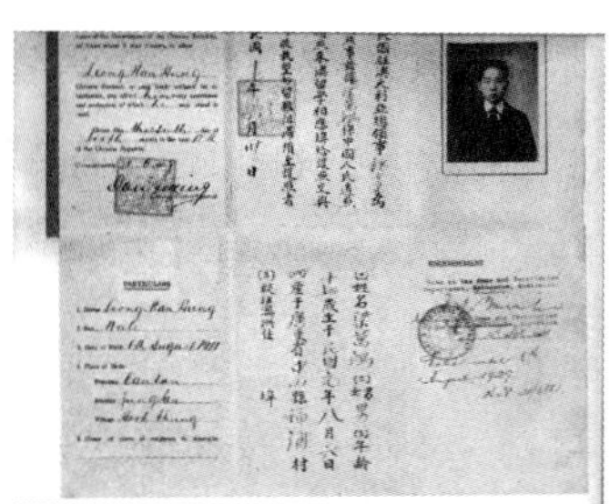

左：一九二一年九月二十二日，梁富元通过兄长梁天元，向中国驻澳大利亚总领事馆申请儿子梁万鸿来澳留学护照和签证所填写的申请表；右：一九二八年六月三十日，中国驻澳大利亚总领事魏子京给梁万鸿签发的留学护照。

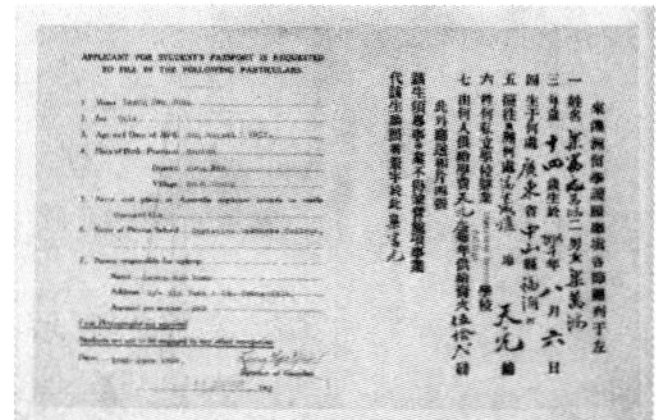

APPLICANT FOR STUDENT'S PASSPORT IS REQUESTED TO FILL IN THE FOLLOWING PARTICULARS

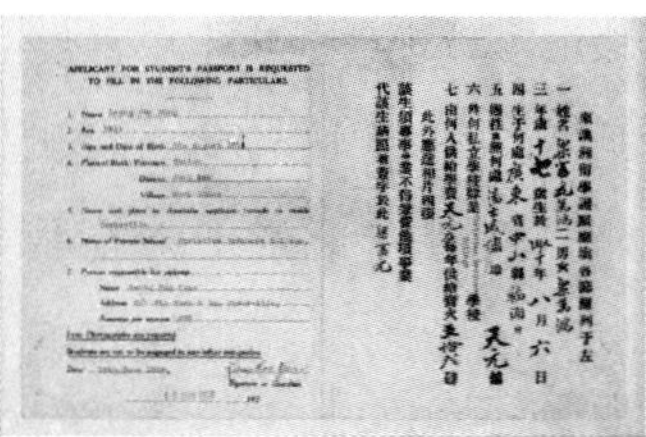

APPLICANT FOR STUDENT'S PASSPORT IS REQUESTED TO FILL IN THE FOLLOWING PARTICULARS

一九二八年六月十五日，梁富元再次通过兄长梁天元向中国驻澳大利亚总领事馆申请儿子梁万鸿来澳留学护照和签证所填之申请表（申请表上的年龄被从十四岁［左图］改为十七岁［右图］）。

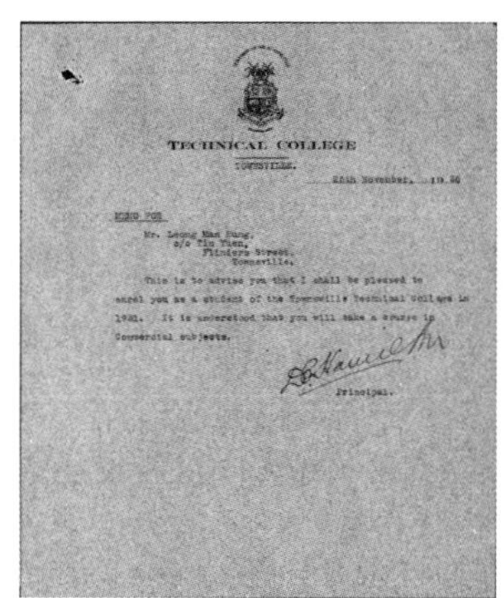

TECHNICAL COLLEGE

TOWNSVILLE.

25th November, 1930

Mr. Leong Man Hung,
c/o Tin Yuen,
Flinders Street,
Townsville.

This is to advise you that I shall be pleased to enrol you as a student of the Townsville Technical College in 1931. It is understood that you will take a course in Commercial subjects.

Principal.

THIS IMAGE IS REPRODUCED FROM A DAMAGED PAGE WITH A PORTION OF THE INFORMATION MISSING.

COMMONWEALTH OF AUSTRALIA.

CERTIFICATE EXEMPTING FROM DICTATION TEST.

左：一九三〇年十一月二十五日，汤士威炉工学院给梁万鸿的录取信；右：一九〇七年梁富元申请的回头纸。

档案出处（澳大利亚国家档案馆档案宗卷号）：

Leong Man Hung student passport, NAA: A1, 1931/423

杨笠弼

香山石岐

杨笠弼（Robert Young Gow），出生于一九一一年九月八日，香山县石岐人。

其父杨牛（George Young Gow），出生于一八六六年。在十九世纪末香山人前赴后继赴澳发家致富的大潮中，杨牛也成了这支队伍中的一员。虽然从目前可查找到的档案宗卷里无法获知他确切的抵达澳大利亚的具体年份，但显然不会晚于一九〇一年澳大利亚联邦成立时，而且他应该是在昆士栏省（Queensland）的北部登陆入境[①]，最初几年是在北部滨海大埠汤士威炉（Townsville）落脚[②]。在立下脚跟之后，他便沿着海边，逐渐向北移动。他先去到距离坚时埠（Cairns）不到一百公里的烟弥士非炉埠（Innisfail）[③]，在此开设商铺经商[④]。然后，他再往北移动二十公里，进入小镇孖剌温弥埠（Mirriwinni），把商铺开在此处，店名与其英文名一致，叫作杨牛号

---

① Certificate for exemption from dictation test - Young Gow, NAA: J2773, 1509/1915。

② Certificate for exemption from dictation test - Ah Git, Gee Chong, Leong Chin, Leong Get, Leong Mang, Lum Hoy, Young Gow, How Sing, Lee Young, Lum Loy, NAA: J2773, 1540/56/1911。

③ Certificate for exemption from dictation test list - Ah Hoo, Young Gow, Ah Lie, Chung Fung, Wah Sing, Ah Sing, Yee Gone, Lee Hing, Ah Sing, Lum Chong, Tommy Ah Sue, Leong Get, Lam King, Moon Sue, Wong Chat, Gum Sun, Lee Kee, Willie Ah Moo, Goon Sing, Low York Yow, Sung Yee, Fook Sing, NAA: J2773, 2196/1915。

④ Certificate Exempting from Dictation Test (CEDT) - Name: Young Gow (of Innisfail) - Nationality: Chinese - Birthplace: Canton - departed for China per ALDENHAM on 18 October 1915, returned to Townsville per AKI MARU on 5 June 1918, NAA: J2483, 183/56。

（George Young Gow）。

从澳大利亚国家档案馆所藏宗卷中，无法找到杨牛在这里站稳脚跟并取得长期居留权限之后的首次回国探亲记录，但杨笠弼是在他一九〇九年那次探亲后出生的。他于一九〇九年底回国，在一年半后再重返澳洲[①]，可谓中年得子。也许正因如此，他希望给予儿子最好的教育。从给儿子取名倾向于英文名，并配以自己的名字来看，就可能暗示着要让他学好英语，为日后发展打下一个好的基础。而一九二一年澳大利亚开始实施《中国留学生章程》，开放居澳华人申请其在乡子弟前来澳大利亚留学，就给杨牛提供了一个将儿子办理来澳读书学好英语的机会。

在儿子年满十周岁之后，杨牛决定采取行动，将其办理来到自己所在地方的公立学校读书。在备齐相关材料后，一九二二年三月十四日，他以监护人的名义填妥申请表格，递交到位于美利滨（Melbourne）的中国驻澳大利亚总领事馆，代儿子杨笠弼申请赴澳留学的护照和签证。他以自己所经营的杨牛号商铺作保，允诺每年供给膏火五十镑，给儿子充作留学期间所需之各类开支，要把儿子安排进入孖剌温弥公立学校（Mirriwinni State School）就读。

中国驻澳大利亚总领事馆接到上述申请后，经过五个月左右的时间才完成审理。八月二十二日，中国总领事魏子京给杨笠弼签发了号码为176/S/22的中国学生护照；并且在两天后，也从澳大利亚内务部拿到了入境签证。随后，中国总领事馆便按照流程，将上述护照按照杨牛的意思寄到香港的金山庄悦昌隆号，由后者负责转交并安排杨笠弼的赴澳行程。

悦昌隆号是老牌金山庄，经营丰富，人脉广泛，资源众多，办事老到，在不到三个月的短短时间内，就联络好了航海旅程的同行人和监护人，也订妥了船票。待诸事就绪，十一岁的杨笠弼就由家人送到香港，在此搭乘往来香港与澳大利亚之间的“依时顿号”（Eastern）轮船，于当年十二月十四日顺利抵达坚时埠港口，入境澳洲。父亲杨牛提前赶到坚时海关，将儿子接了

---

① Certificate Exempting from Dictation Test (CEDT) - Name: Young Gow - Nationality: Chinese - Birthplace: Canton - departed for China per ALDENHAM on 31 December 1909, returned to Townsville per YAWATA MARU on 23 June 1911, NAA: J2483, 39/93。

出来，再搭乘巴士回到孖剌温弥埠自己的店铺，将儿子安顿下来。

杨笠弼抵达澳大利亚的日子，适逢当地学校刚刚进入暑假时期，他就只能等到次年新学年开学后才能去上学。一九二三年二月一日，杨笠弼正式注册入读孖剌温弥公立学校。学校提供的报告显示，在此后的两年时间里，他总是按时到校，并总是衣冠整洁，精神阳光，遵守学校的相关规定，待人礼貌，且聪慧好学，各科学业表现优异。而以他这种年龄，即便此前没有学过英语，也很快就适应了当地的学习环境，英语能力逐步提升。他在读期间唯一的一个礼拜左右的缺勤，是一九二四年上半年父亲杨牛因生意需要去往烟弥士非炉埠，他不得不跟着一起去，但为此事先与学校校长请假；后者因是所乡间学校，这种事司空见惯，也欣然同意。后来在给内务部的例行报告中，校长也对此事作了详细解释。

一九二四年十一月，杨笠弼接到中国家乡来信，告知其母病重，希望他回国探望。于是，他将此事告知中国驻澳大利亚总领事魏子京，表示在探亲结束后还想重返此地继续念书，对此，魏总领事表示支持，而孖剌温弥公立学校校长也表示非常欢迎他结束探亲后回来继续上学。十一月十三日，魏子京总领事致函内务部秘书，为杨笠弼重返澳洲读书提出再入境签证申请。因杨笠弼是循正常渠道申请，且过去两年里他的在校表现都很好，加上十三岁的年纪正是需要接受教育的年龄，内务部秘书没有任何留难，便于十一月二十四日批复，准予他在离境之日起算的十二个月内重返澳大利亚的再入境签证。换言之，在此签证有效期间，他从任何口岸入境皆无阻拦。

一九二五年新学年开学后，杨笠弼便没有继续回学校上学，而是与父亲一起等待离境。事实上，杨牛得知妻子病重之后，自然也希望回去看望，便一边处理其店铺的转让或者托交他人代管，一边申请回头纸。[①]待上述事宜完成，他便与儿子一起，去到坚时埠，于当年三月七日在此搭乘过路的“长沙号”（Changsha）轮船，驶往香港[②]，转道返回香山老家。

---

① Certificate for exemption from dictation test - Young Gow, NAA: J2773, 158/1925。

② Certificate Exempting from Dictation Test (CEDT) - Name: George Young Gow - Nationality: Chinese - Birthplace: Canton China - departed for China per CHANGSHA 7 March 1925, NAA: J2483, 392/19。

杨笠弼的留学档案到此终止。虽然他获得了再入境签证，但此后澳大利亚的出入境记录中未见其踪影，可能在其回国后形势变化，他已经无法按照预定计划重返澳洲，便留在国内读书和发展。事实上，他的父亲杨牛此次回国后，也在澳大利亚国家档案馆中无法找到其重返这块土地的记录。从其当时已经近六十岁的年纪来看，很有可能，他就此在家乡颐养天年，终老故乡。

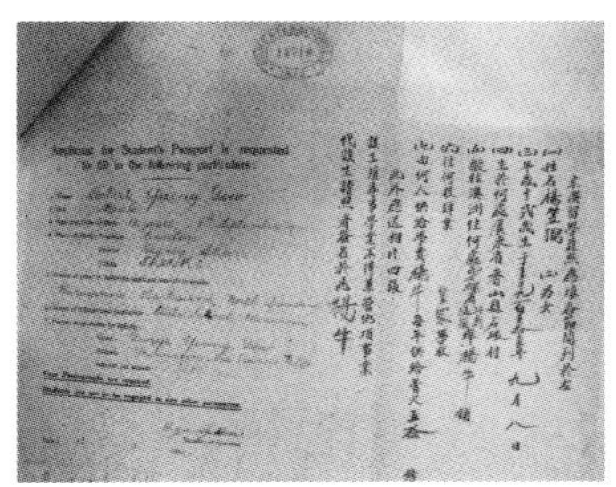

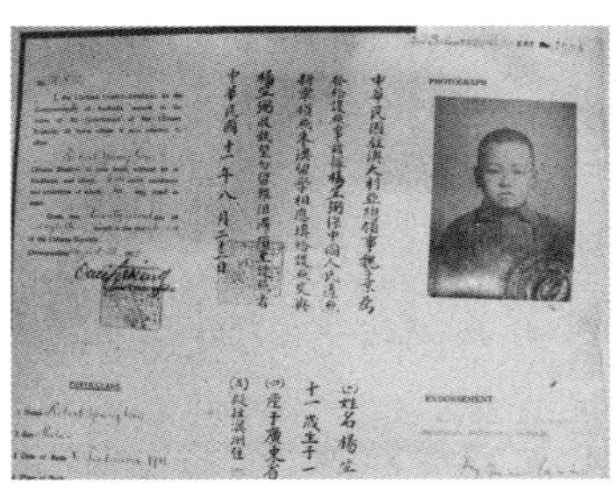

左：一九二二年三月十四日，杨牛填表向中国驻澳大利亚总领事馆申领儿子杨笠弼赴澳留学护照和签证；右：一九二二年八月二十八日，中国总领事魏子京给杨笠弼签发的中国护照。

Book No.183

Form No. 21. DUPLICATE. COMMONWEALTH OF AUSTRALIA. No. 056

CERTIFICATE EXEMPTING FROM DICTATION TEST.

I, OSWALD SEPTIMUS MADDOCKS, the Collector of Customs for the State of QUEENSLAND, in the said Commonwealth, hereby certify that Young Gow (Innisfail) hereinafter described, who is leaving the Commonwealth temporarily, will be exempted from the provisions of paragraph (a) of Section 3 of the Act if he returns to the Commonwealth within a period of three years from this date.

Date 29th June 1915

DESCRIPTION.

Nationality Chinese; Birthplace Canton; Age 50 years; Complexion Sallow; Hair Black; Eyes Brown; Build Slight

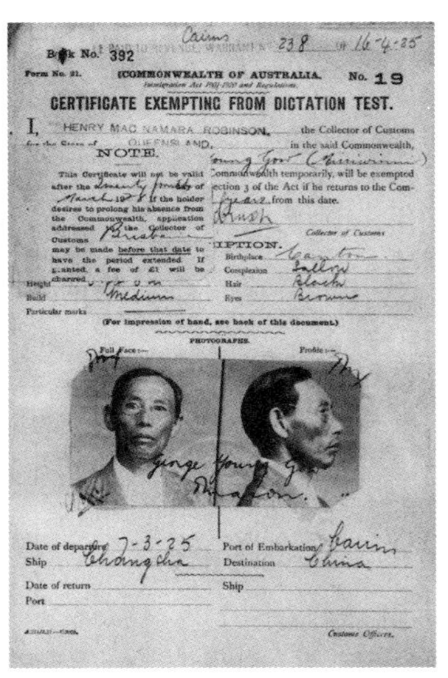

Book No. 392

Form No. 21. COMMONWEALTH OF AUSTRALIA. No. 19

CERTIFICATE EXEMPTING FROM DICTATION TEST.

I, HENRY MAC NAMARA ROBINSON, the Collector of Customs for the State of QUEENSLAND, in the said Commonwealth,

Date of departure 7-3-25; Ship Changsha; Port of Embarkation Cairns; Destination China

左：杨牛在一九一五年申请的回头纸；右：杨牛在一九二五年申请的回头纸。该回头纸上没有他返回澳大利亚的记录，表明他可能自此次回国后，便未能返回澳大利亚。

档案出处（澳大利亚国家档案馆档案宗卷号）：

Gow, Robert Young - Chinese student's passport, NAA: A1, 1925/8054

张祖霖

香山大环村

张祖霖（Chong Julum），生于一九一一年九月二十日，香山县大环村人。他的伯父张坤廉（Chong Quinlem）一八七九年出生，大约在二十岁左右便离开家乡，奔赴澳大利亚寻找梦想。他在昆士兰省（Queensland）北部重镇坚时埠（Cairns）入境，随后在当地及周边地区做工，以三合（Sam Hop）为别名，即与其原名Chong Quinlem交替使用，在一九〇五年之前便取得在当地之长期居留权，随后便回国探亲。①自一九〇七年返回澳洲后，他便逐渐转到昆士兰省最北部的海岛、珍珠养殖基地礼士参埃仑埠（Thursday Island，亦称珍珠埠），在那里开设自己的商铺做生意，就以其别名三合当作店名，称为三合商店（Sam Hop & Coy）。随后他想办法将太太带到礼士参埃仑埠②，让其在此生育孩子，日子过得很红火。③

一九二一年，澳大利亚实施《中国留学生章程》，开放居澳华人申办

---

① Sam Hop - of Cairns, Queensland - birthplace: Canton, China - departed Cairns, Queensland on the Eastern 24 October 1905, NAA: J2482, 1905/169。

② Certificate for exemption from dictation test list - Sangora Sagata, Ah Yan [Yin], Kook Kee, Lum Foy [Ah Kee], George Wing Lun [Line], Tam Yen, Tam Tai, Ah Get, Quon Yee, Wong Ing, Tin Choy, Ah Yin, Ah Wan, Ah Kong, Sam Wah Sam Hop, Too Choy, Kwong Tie, Louie Kee, Jack Coo, Lee Yin, Ah Lum, Jay Hing, Wing Lee, Mar Joy, Fong Wah Mar Foo, Loo Wah Sum, NAA: J2773, 2348/1918。

③ 在一九二〇年珍珠埠华商为直隶山东等省水旱荒灾的捐款名单中，有"张坤廉师奶"的记录，可见在这一年之前她便已经在珍珠埠与丈夫一同生活，生育孩子，助夫持家。见："赈灾录：筹赈国内水旱荒灾劝捐小启"，载《东华报》（*The Tung Wah Times*）一九二〇年十一月十三日，第八版。

其在乡子弟从中国来澳大利亚留学。张祖霖的家人得知这一消息，决定将他送往澳大利亚留学。经与在澳的张坤廉沟通之后，后者允诺作为侄儿的监护人，负责为其申请赴澳留学所需之护照和签证。于是，当年的年中，张坤廉填具申请表格，递交给中国驻澳大利亚总领事馆，办理张祖霖赴澳留学手续。他以自己经营的三合商店作保，应承每年由他负担所有学费，要将侄儿办到他所在地方的墶士爹埃仑省立学校（Thursday Island State School）念书。他在申请中没有填写自己与张祖霖的关系，而是模糊处理，让中国总领事馆觉得他就是护照申请者的父亲，这样办理留学事宜就顺理成章。按照《中国留学生章程》的规定，监护人和财政担保人应该是签证申请者的父母，具有在澳永久居留权。而张坤廉在这方面的模糊做法，让人看起来他是符合上述条件。

因张坤廉所填表格未具日期，因而无法得知具体是何时递交给中国驻澳大利亚总领事馆的，而后者又花费多长时间审理此项申请。可以确定的是，当年九月二十一日，中国总领事魏子京为张祖霖签发了一份学生护照，号码是107/S/21；并且也在同一天，为他从主管外侨事务的澳大利亚内务部拿到了入境签证。随后，中国驻澳大利亚总领事馆便按照流程，根据张坤廉提供的指引，将该护照寄送给雪梨（Sydney）的永生公司（Wing Sang & Co.），再由其寄送香港的先施公司，由后者负责为张祖霖安排行程，并在其赴港搭船前来澳大利亚时，再将护照交予他随身携带。

经过大半年的准备与安排，张祖霖方才得以成行。其家人送他去到香港，在此搭乘由中澳船行经营运行的“获多利号”（Victoria）轮船，于一九二二年六月七日抵达墶士爹埃仑埠，这也是赴澳轮船抵达澳大利亚的第一站。张坤廉由在当地开设张秀记（Tommy Ah Sue & Coy）商铺、原籍广东省惠阳县瓦陶坑村的华商张槐勋（Chung Yet）[①]陪同，去到海关将侄儿接

① Yet, Chung - Nationality: Chinese [Occupation - Cabinet Maker, DOB 1867] - Alien Registration Certificate No 115 issued 19 October 1916 at Townsville, NAA: BP4/3, CHINESE YET CHUNG; Jimmy Ah Foo [includes photographs and 2 Proclamations relating to Yet Chung and Quoy Hing with photographs. Box 17], NAA: SP42/1, B1907/135。

出来，安顿在自己家中住下。根据海关的记录，张坤廉将张槐勋请来，其目的是让他也成为侄儿张祖霖的监护人，一旦其本人需要离开墶士爹埃仑埠去他处办事甚或回中国探亲时，张槐勋就可以顶上去充任监护人。而实际上，两年后张槐勋也回国将两个儿子张瑞（Willie Cheung Sui）和张胜（Harry Cheung Shing）申办到墶士爹埃仑埠读书[①]，与张祖霖做伴，同在一所学校念书。

安顿下来后，六月十二日，张坤廉便带着张祖霖去墶士爹埃仑省立学校注册入学，这也是该岛上唯一的公立学校。但校长在与其见面交谈过之后发现，这位十一岁的男孩从来没有学过英语，根本无法进行正常的上课，即便有老师愿意特别帮助，也需要他具备一定的基础才行。于是，他向张坤廉建议，回家延请家教，密集培训，用个把月的时间让这个中国男孩懂一点儿英语的基础，再去学校。对此建议，张坤廉全盘接受。两个月后，张祖霖于八月十四日正式入读墶士爹埃仑省立学校，在校长和老师的特别关注下，开始了英语的学习，且进步很大。一年后，其英语操说就已经很流利，也顺利地升读二年级。由此，他在这所学校逐年升级，按部就班地一直读了下来，直到一九二八年底。

一九二九年初，张祖霖不再去学校上学，而是待在伯父张坤廉的三合商店里，顶替原先所雇佣的一位半唐番（华人与当地人［欧裔或土著］通婚所生之后代）的工作。此事被当地的海关稽核人员发现后，对张坤廉这种雇佣侄儿的行为提出警告，如不改正，将立即按照条例将张祖霖遣返中国。于是，四月份的时候，张祖霖回到墶士爹埃仑省立学校跟校长商量如何解决自己的学习问题。因他已经在此读完了小学的全部课程，此后应该就读中学或者进入各种专业学院读书，遂向位于美利滨（Melbourne）的司铎茨商学院（Stott's Business College）注册，选修其函授课程，由墶士爹埃仑省立学校校长负责监督其课程的学习。为此，他将此事报告给了中国驻澳大利亚总领事馆，希望后者向内务部报备并希望获得批复。可是，过了两个多月，也没

---

① Shing, Harry Cheung - Student passport, NAA: A1, 1925/11291.

有见到内务部对此事有何回复，到六月二十六日，新任中国驻澳大利亚总领事宋发祥致函内务部秘书，一方面询问对此事的回复，另一方面也是循例为张祖霖申请下一年度的展签。直到这时，内务部秘书才指示昆士兰省海关对张祖霖的现状予以调查，然后再决定如何处理。经过一段时间的调查，海关人员得知，张祖霖确实是在每周的上课时间里去到学校，在校长的指导下学习函授课程，只是在课余时间里协助伯父经营商铺。内务部早前没有对中国总领事馆申请的张祖霖转读函授课程做出回复，主要在于认为既然他可以在这个澳大利亚的偏僻海岛学习函授课程，那么也同样可以回到中国继续接受这样的函授课程学习，因而便不准备批复他的下一年度展签。现在既然墶士爹埃仑省立学校校长愿意承担指导责任，海关人员的调查也显示，张祖霖在上课期间基本上都去到学校里修读函授课程，不懂的地方就近咨询校长，于是，便在七月二十三日批复了宋发祥总领事的申请，但却打了折扣，即只给这位中国学生展签半年，有效期至一九二九年十二月三十一日。

在这样的情况下，张祖霖便只能老老实实地接受函授教育，只是在课余时间为伯父的商店做点事儿。经过大半年的函授学习，其课程难度已经超出了校长所能指导的范围，而他自己也无心再读下去，遂于年底通过中国总领事馆向内务部申请再入境签证，以便回国探亲，然后希望能重返澳洲，再决定到什么地方继续求学。于是，在获得内务部批复之后，十二月十三日，中国总领事宋发祥为张祖霖签发一份一年有效期的护照，以便他能在有效期内返回澳洲。[①]拿到护照后，张祖霖便收拾行装，挥别在此读书七年半的墶士爹埃仑省立学校和对他照顾有加的校长，并向伯父一家辞行，于十二月二十七日登上路经该埠驶往香港的“太平号”（Taiping）轮船，只身返回中国探亲。

然而，一年后张祖霖没有如期返回。直到一九三一年十月二十日，新任中国驻澳大利亚总领事陈维屏致函内务部秘书，申请张祖霖的入境签证，但他申请的不是这位中国青年的留学签证，而是工作签证。陈总领事在申请函

① CHONG, Julum - Nationality: Chinese, NAA: BP313/1, CHONG J。

中表示，张坤廉的三合商店在过去二十年中，发展得很好，也做进出口贸易，仅在上一个财政年度，其进出口货品价值就达六千二百一十三镑；为此，该店东主张坤廉希望能申请其侄儿张祖霖前来负责簿记工作，处理进出口贸易的相关业务。接到这样的申请，内务部遂通过海关了解三合商店的营业状况及员工人数，以便取舍。海关的统计显示，上一个财政年度，三合商店的年营业额为一万四千四百二十六镑，进出口货品的价值也确如中国总领事申请函中所言，表现相当好；至于其员工，除了其年长张坤廉三岁的兄长张庸廉（Chong Yong Lem）作为襄理协助经营之外（但已在本年七月回国探亲）[①]，还另外雇佣三人，分司店员、货物管理和送信等不同岗位。因此，该商店的营业额与规模，目前确实处于人手不够的状态，而且也符合从海外聘请员工的要求。更主要的是，张坤廉拟聘用的张祖霖此前曾在该埠学习七年半，熟悉那里的情况，中英文俱佳，是最佳人选。内务部部长核查所有调查的结果，认为都符合条件，遂于十二月一日批复了张祖霖的入境签证，准允其前来三合商店充任店员，先给予十二个月签证，到期后可视情形申请展签。

在中山家乡的张祖霖接到伯父转来的签证批复通知后，便立即收拾行装，处理完在国内的相关事宜，赶赴香港，在此搭乘"彰德号"（Changte）轮船，于一九三二年四月三十日抵达墶士爹埃仑埠，海关当场核发给他十二个月的工作签证。由是，进入伯父的三合商店，成为其店员。[②]他在司职记账工作的同时，具体负责进出口商品的贸易。

张祖霖的工作还是卓有成效的。次年，仅出口商品一项（主要是海产品，如马蹄螺和海参），就达一万一千五百一十六镑，盈利三千七百六十二镑；越一年，出口额达一万二千八百四十八镑，盈利三千五百五十一镑；一九三五年，出口额为一万五千一百零七镑，盈利三千五百镑。虽然盈利略有下降，这可能是因为利率或成本的增加所致，但无论如何，出口额则在逐

---

① Certificate Exempting from Dictation Test (CEDT) - Name: Chong Yong Lem - Nationality: Chinese - Birthplace: Canton - departed for Hong Kong per CHANGTE 30 July 1931 returned Thursday Island per TAIPING 28 September 1935, NAA: J2483, 496/35。

② CHONG, Julum - Nationality: Chinese - Arrived Thursday Island on SS Taiping 30 April 1932, NAA: BP25/1, CHONG J CHINESE。

年增长。这样的成绩，自然使得他每年申请展签时都很顺利地通过。

一九三六年底，二十五岁的张祖霖与一九一八年一月三十一日在澳出生的华人第二代女子波琳（Pauline）在墶士爹埃仑埠结婚。不久，他申请永久居民获准。一九四〇年，他因身体不好，申请病假半年，去到雪梨治病。之后因为太平洋战争爆发，墶士爹埃仑埠成为前线，他便没有再返回那里，而是去到昆士兰省北部的滨海城市汤士威炉埠（Townsville）定居。事实上，他的两个伯父（张庸廉和张坤廉）全家也迁到了昆士兰省的首府庇厘士彬埠（Brisbane）居住，并且将商店搬到了那里；一九四七年十一月十三日，张坤廉病逝。①

一九四四年，张祖霖携全家再南下到昆士兰省中部的大埠洛金顿（Rockhampton）居住，在此开设了属于自己的商铺，以自己的名字作为店名，叫作祖霖号（Julum Chong），独家经营。到一九五二年，其年营业额已经达到八千二百八十八镑，显见其经商有道，生意兴隆。而到此时，他也和太太一起生养了五个子女。②

张祖霖的档案到此终止。相信此后随着澳大利亚移民政策的松动，他从而申请加入澳籍；而其家庭成员也有可能进一步增加，毕竟此时他的太太三十多岁，如果他们愿意再要孩子，还是有很大空间的。

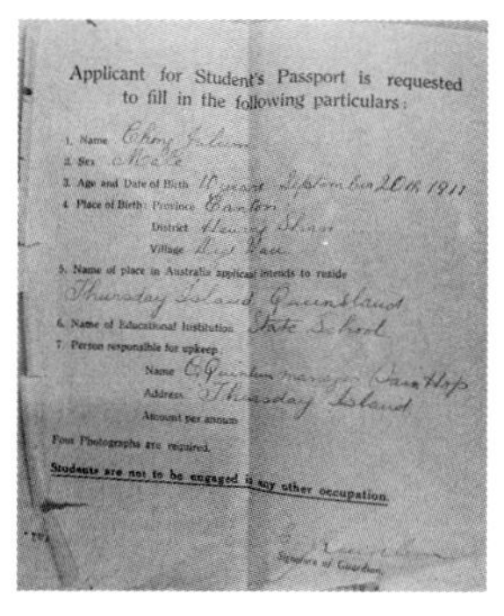

Applicant for Student's Passport is requested to fill in the following particulars:

1. Name Chong Julum
2. Sex Male
3. Age and Date of Birth 10 years September 20th 1911
4. Place of Birth: Province Canton
   District
   Village
5. Name of place in Australia applicant intends to reside
   Thursday Island Queensland
6. Name of Educational Institution State School
7. Person responsible for upkeep
   Name
   Address Thursday Island
   Amount per annum

Four Photographs are required.

Students are not to be engaged in any other occupation.

Signature of Guardian

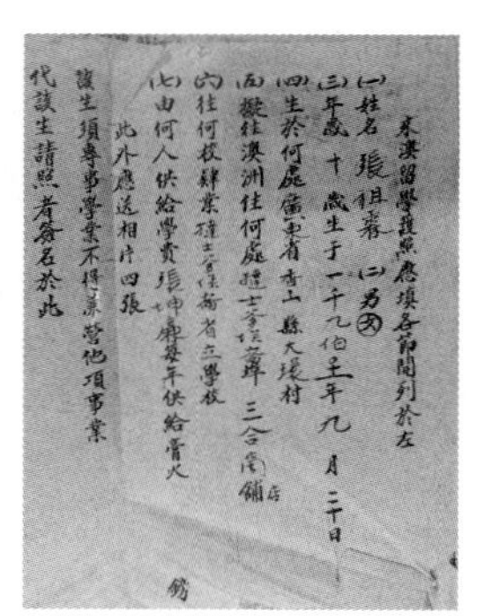

来澳留学护照应填各节开列于左

（一）姓名 張祖霖 （二）男女

（三）年歲 十歲 生于一千九伯壹年九月二十日

（四）生於何處 廣東省 香山縣 大𡋡村

（五）擬往澳洲住何處

（六）往何校肄業

（七）由何人供給學費

此外應送相片四張

該生須專事學業不得兼營他項事業

代該生請照者簽名於此

一九二一年年中，张坤廉以监护人身份填具申请表格，递交给中国驻澳大利亚总领事馆，办理侄儿张祖霖赴澳留学手续。

---

① “RE: CHONG QUINLEM (Sometimes called Chong Quin Lem), Deceased”, in *The Courier-Mail*, Saturday 20 December 1947, page 10。

② Julum Chong, NAA: BP210/9, 58。

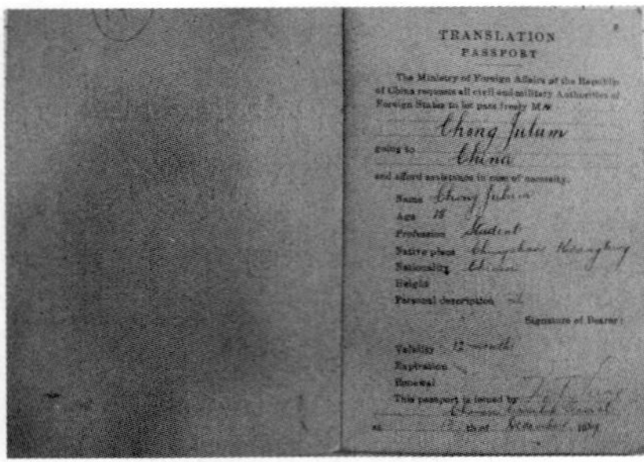

TRANSLATION
PASSPORT

The Ministry of Foreign Affairs of the Republic of China requests all civil and military Authorities of Foreign States to let pass freely M. Chong Julum going to China and afford assistance in case of necessity.

Name Chong Julum
Age 18
Profession Student
Native place Chungshan Kwangtung
Nationality Chinese
Height
Personal description

Signature of Bearer:

Validity 12 months
Expiration
Renewal
This passport is issued by

左：一九二一年申请张祖霖赴澳留学护照申请表上提供的照片；右：一九二九年十二月十三日，中国驻澳大利亚总领事陈维屏给张祖霖签发的护照内页。

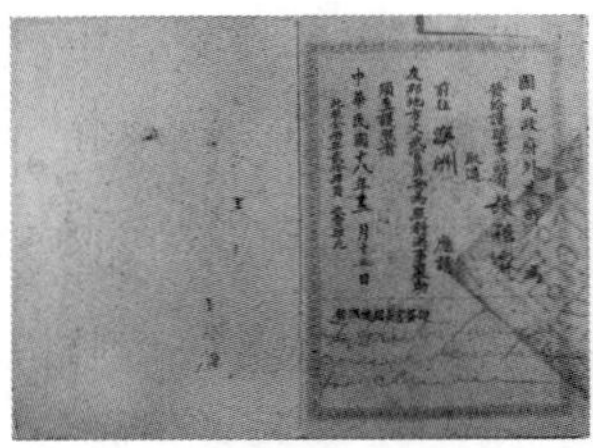

一九二九年十二月十三日，中国驻澳大利亚总领事陈维屏给张祖霖签发的护照。

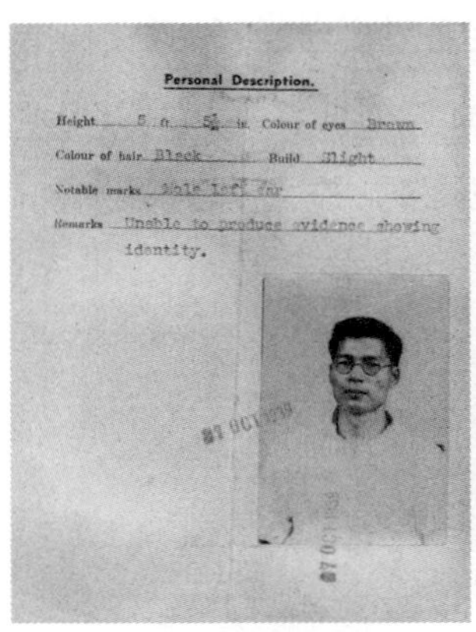

Personal Description.

Height 5 ft. 5½ in. Colour of eyes Brown
Colour of hair Black Build Slight
Notable marks Mole left ear
Remarks Unable to produce evidence showing identity.

Personal Description:
Height 5 ft. 5½ ins.
Build slight
Eyes brown Hair black
Remarks mole left ear

左：一九三九年，外侨证上张祖霖的照片；右：一九四八年，外侨证上张祖霖的照片。

档案出处（澳大利亚国家档案馆档案宗卷号）：

Chong Julum - Exemption certificate [1.5cms], NAA: A433, 1949/2/239

陈和溪

中山蒲山村

陈和溪（Chan Wo Kai，有时也写成Chan Kai，后来在校改名William Chun），生于一九一一年十月二十日，中山县蒲山村人。他的舅舅名叫欧阳南（David Young Narme）[①]，是当时雪梨（Sydney）华商圈中颇具名气的金山庄安益利行（On Yik & Lee Co.）经理，专做中国土货等户外产品进出口及代理生意，他在公司中的股份价值二千镑。

当陈和溪即将进入十七岁时，欧阳南打算为他的这个外甥办理来澳留学事宜。一九二八年二月二日，他向中国驻澳大利亚总领事馆递交了申请陈和溪留学护照和签证的材料。他以上述安益利行作保，承诺每年供给膏火费一百镑，作为陈和溪在澳留学期间的学费和生活费以及相关的费用。至于陈和溪入读的学校，欧阳南选择的是名校，在位于达令赫斯特区（Darlinghurst）的圣母昆仲会中学（Marist Brothers High School）为他注了册，留下学位。为了使他在申请入澳签证时更具条件，早在一九二七年，陈和溪就被从家乡香山县送到香港，进入久负盛名的圣佐治男校（St. George's Boys School）读书，进修英文，以便他在进入澳洲读书时得以具备相当的英文学识基础。

以这样强大的背景申请护照和签证，其申办过程自然很顺利。三个多

① 澳大利亚国家档案馆中有关欧阳南的宗卷见：David O'Young Narme [Chinese - arrived Sydney per SS EASTERN, 1899. Box 36], NAA: SP11/2, CHINESE/NARME D O。

星期后，一九二八年二月二十八日，中国总领事魏子京就为陈和溪签发了编号为497/S/28的中国留学生护照，并附上材料，立即发函内务部为他申请入境签证。这一次，内务部没有按部就班对签证申请材料进行核查，亦即预评估，而是在接到申请后，直接就于三月八日为他核发了入境签证，签证编号28/2442。从接到申请到批复，前后也就一个星期时间，审核的条件似乎跟新修订的《中国留学生章程》实施前的情形没有什么区别。推测起来，这可能跟安益利行在雪梨华社中的商业地位有关，或者内务部人员对欧阳南这个人太熟悉了，交道打得多，也深知他的经济实力。故无需按例核查。

而陈和溪的行动也很迅速，在接到护照后，就于当年五月二日从香港乘坐“彰德号”（Changte）轮船抵达雪梨，入境澳洲。过了二十天的适应期后，五月二十二日，陈和溪正式进入舅舅安排好的圣母昆仲会中学念书。根据学校的报告，他在校各项表现尚可，平平稳稳，就这样在这所学校读了一年半多一点的时间，直到一九二九年底学年结束时止。

到一九三〇年新学年开始，即从二月份开学时起，陈和溪转学去了戴雯丽小姐（Miss Winifred Davies）当校长的中西学校（Chinese School of English）。档案中没有资料说明他为什么突然转学，但从陈和溪开始申请护照和签证时就已经在一九二七年底预先拿到了戴雯丽小姐发给的录取信来看，他当时是有意要去这所中西学校念书的，只是舅舅已经先期在圣母昆仲会中学为他注册了学位，并预付了学费，花了钱，他自然要先去那里上学，何况这还是一所著名的教会学校。而在来到雪梨念书后，他就一直住在舅舅的安益利行里，即雪梨中国城喜市场（Haymarket）探眉士街（Thomas Street）二百一十三号。从这里走路去达令赫斯特的圣母昆仲会中学上课，路途还是远了点，而中西学校此时已从沙厘希区（Surry Hills）的矜文威炉街（Commonwealth Street）搬迁到金宝街（Campbell Street），就靠近唐人街，咫尺之遥而已。因此，在圣母昆仲会中学念了一年半的书之后，再转学到中西学校，仅从距离来看，也是可以理解的，至少可以省掉很多走路的时间。在中西学校，陈和溪的学业亦称顺利，言行举止得体，颇得好评。

但实际上，在中西学校，陈和溪也只是读了半年的书而已。就在一九三〇年五月顺利地拿到下一年的展签之后没有多久，陈和溪没有知会中国总领事馆，也没有告诉学校，就在八月十六日这一天，与舅舅欧阳南道别后，突然从雪梨港口搭乘“圣柯炉滨号”（St Albans）轮船，驶往香港返回家乡去了。

没有任何文字说明是什么原因使陈和溪突然离开，也无法找到他之后是否要返回澳洲读书的进一步资料，包括是否通过中国总领事馆向内务部申请了再入境签证，以便近期重返澳洲继续学业。算起来，陈和溪在澳洲留学的经历也就是两年多一点的时间。在此期间，他分别就读于一所教会学校及一所普通私校，学业与操行都令人满意，算得上是一位知书识礼的留学生。

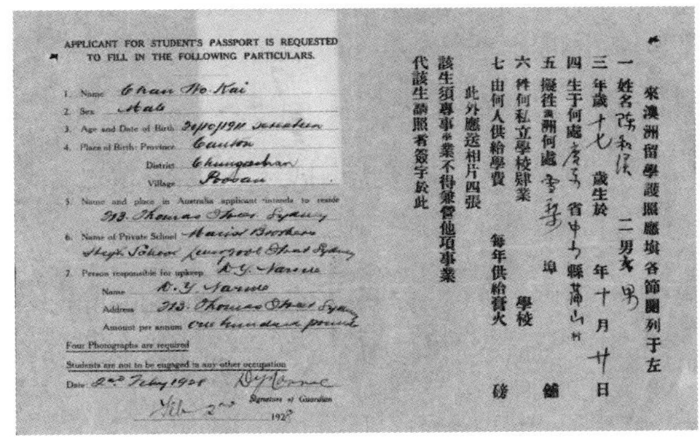
APPLICANT FOR STUDENT'S PASSPORT IS REQUESTED TO FILL IN THE FOLLOWING PARTICULARS.

1. Name Chan Wo Kai
2. Sex Male
3. Age and Date of Birth 20/10/1911 seventeen
4. Place of Birth: Province Canton
District Chungshan
Village Poovan
5. Name and place in Australia applicant intends to reside
313 Thomas Street Sydney
6. Name of Private School Marist Brothers High School Liverpool Street Sydney
7. Person responsible for upkeep D. Y. Narme
Name D. Y. Narme
Address 313 Thomas Street Sydney
Amount per annum one hundred pound
Four Photographs are required
Students are not to be engaged in any other occupation
Date 2nd Feby 1928
Signature of Guardian

來澳洲留學護照應塡各節開列于左
一 姓名 陳和溪 二 男女 男
三 年歲 十七 歲生於 年 十 月 廿 日
四 生于何處 廣東 省 中山 縣 蒲山 村
五 擬往澳洲何處 雪梨 埠
六 往何私立學校肄業 學校
七 由何人供給學費 舖
每年供給膏火 磅
此外應送相片四張
該生須專事學業不得兼營他項事業
代該生請照者簽字於此

一九二八年二月二日，欧阳南向中国驻澳大利亚总领事馆申请外甥陈和溪来澳留学护照和签证所填写的申请表。

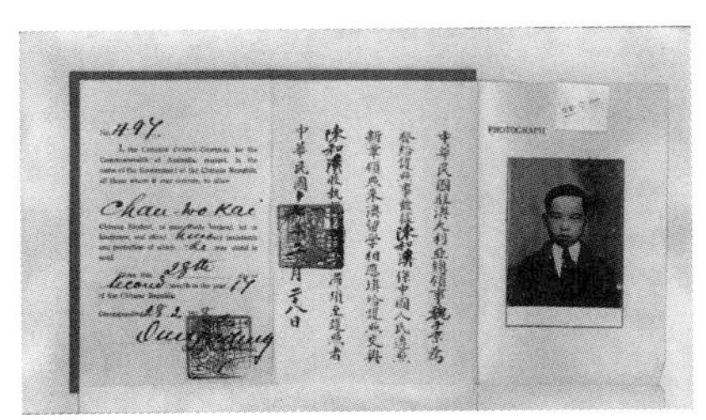
No. 497
Chan Wo Kai
中華民國駐澳大利亞總領事魏子京
陳和溪
中華民國 年 二月 廿八日

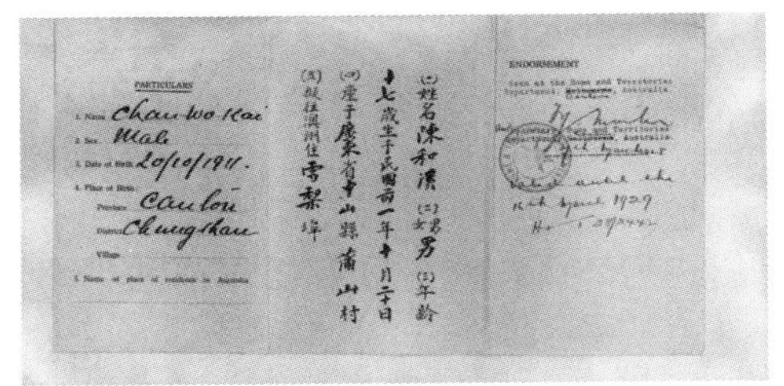
PARTICULARS
1. Name Chan Wo Kai
2. Sex Male
3. Date of Birth 20/10/1911
4. Place of Birth
Province Canton
District Chungshan
Village
5. Name of place of residence in Australia
(一) 姓名 陳和溪
(二) 男女 男
(三) 年齡 十七 歲生于民國前一年十月二十日
(四) 產于 廣東 省 中山 縣 蒲山 村
(五) 擬往澳洲住 雪梨 埠
ENDORSEMENT

一九二八年二月二十八日，中国驻澳大利亚总领事魏子京给陈和溪签发的留学护照。

档案出处（澳大利亚国家档案馆档案宗卷号）：

Chan Wo Kai - student passport, NAA: A1, 1992/4992

金　元

香山金角环村

民国初年，许多出国赴澳留学生的护照上，只有名字，没有姓，这一现象与其父辈早年赴澳做工打拼时的做法，如出一辙，如果不对照其整个档案宗卷检索查找，大多数情况下，还真无法确认其真实姓氏。金元（Gin Yuen）即是其中之一。

根据档案中有关赴澳护照和签证申请表所提供的个人资料，金元生于一九一一年十一月一日，是香山县金角还村人。查香山县村名，在民国初年时，有金角环村[①]，而无金角还村。出现这种情况，可能是当时填表时，把"环"字错写成"还"了；而在正式给金元签发护照时，中国总领事馆又将金角环村的"环"（或"还"）给漏掉了，从而变成了金角村。这或者是中国总领事馆的职员在填写护照资料的那个年代，正是金角环村易名为金溪村不久，在海外之乡亲可能对此不甚了了，外交官员可能也不去或者无法详查，以为村名从三个字改为两个字，遂把最后一字去掉，这种可能性也是存在的。另外，与金元同一年申请前来澳洲昆士兰省（Queensland）铱（鸦）埠

① 综合互联网相关资料，清朝康熙六十年（一七二一年），有李沛美、沛德兄弟俩等，从隆都涌边（属今沙溪镇）迁此建村。该村东倚梅岭，南有陈薄坑溪水注入石岐河，溪流状似兽角，李沛美赞此乃"山清水秀，人杰地灵"之地，遂命名金角环。这一段资料也说明，该村是以陈氏宗族聚居而成。一九一七年村名易称金溪。一九八三年并入福涌乡，一九八六年十二月复分；二〇〇二年，原福涌村、寮后村、金溪村三村合并为新的行政村，办公地点设在福涌。二〇〇六年，该村改制为社区。

（Ayr）留学的另一位小留学生李金成（Lee Gum Sing），他所填写之籍贯，就是金角环村[①]，这亦可印证，他们应该是同村人。

另外，从金角环村起源来看，这应该是一个李姓宗族建立的村庄，全村人（或者说全村的大部分人）都应该姓李，前面提到的从该村出来赴澳留学之李金成，显然就是这个李氏家族的成员。既然可以初步判断金元与李金成是同村人，那么，也可以类推，金元应该也是姓李，而护照上的金元显然只是名字，全名应该是李金元；而他也极有可能与上述提到的李金成是同辈的族亲，因为名字的第一个字相同，都是"金"字。在中国的宗法社会里，许多世系分明的家族，大多按照一定的文字依此划分辈分，并世代遵行。如此说来，金元与金成或许就是李氏家族中的"金"字辈。而澳洲档案中也提到了金元的父亲名字叫Lee Tuck Nain（李德年，译音[②]），对应起来，"Lee"为"李"姓无疑。由此亦可进一步说明金元是金角环村李氏宗族的成员。只是在申请护照时，因只仅仅提供了名字，故全部可查找到的档案材料中均没有出现他的姓氏。

为金元赴澳留学提出申请之年份，是一九二三年四月二十八日。当时，金元还不满十二岁，为其申请护照和签证之人，正常情况下应该是其父亲或长辈亲友，然而申请表上没有说明这种关系，只是填写了一个英文人名Charlie Dick，并被位于美利滨（Melbourne）的中国驻澳大利亚总领事馆的官员译成"差厘的"。从这个译名来看，估计是一家与此译名相同名称的店铺，而资助人或监护人也被写成"差厘的"，但每年供给之膏火费则留作空白，最后在代领护照签证之申请者一栏上签名者，仍然是"差厘的"。金元将要前往留学的地方，是昆士兰省的厌麻炉埠（Emerald），这是一个位于昆士兰省中部距海岸约三百公里的小镇，距海边的大埠洛今屯（Rockhampton）约二百七十公里。而金元将要注册入读的学校则是一所皇家学校，即厌麻炉

① 李金成的档案，见：Lee Gum SING - Student passport, NAA: A1, 1927/3516。

② 此处提到的金元父亲的名字之时间和地点，是在他入境澳洲时之海关记录，是移民局官员询问金元之结果，应该比较准确可靠。但很遗憾的是，在澳大利亚国家档案馆里，无法查找到与上述英文名字匹配的任何档案宗卷。

公立学校（Emerald State School）。

中国驻澳大利亚总领事馆在接到金元的申请材料之后，用了两个多月的时间审理，才于七月六日由中国驻澳总领事魏子京为金元签发了编号为302/S/23的中国留学生护照，签证则可能是在其后一两天里获得。从接到申请材料到最终签发护照这一段时间，极有可能是为了确认申请者之监护人身份及资格等事宜，也许还要与代理护照申请者沟通其财政担保之事，因为此前提供的申请表中缺失担保金额，而昆士兰省之厌麻炉小镇与中国驻澳总领事馆驻地美利滨又相距甚远，往返需时，这些可能都是导致审理达两个多月之原因。尽管如此，这样的审理进程还算是比较快的。通常情况下，中国总领事馆在获得澳大利亚内务部给申请者核发的签证之后，都是非常迅速及时地将护照寄往中国申请者之家乡或者请领人，以便其收到护照和签证之后，能及时通知护照持有者收拾行囊，赴澳留学。可是，过了一个多月之后，金元在中国的家人反馈说没有收到这份护照，也就是说，该护照在邮寄过程中极有可能给弄丢了。[①]于是，为保险起见，魏子京总领事于八月十四日再次为金元签发了一份新的护照，编号则改为317/S/23，并于同日获得内务部的补签[②]，然后再将其寄往香港的金山庄容记栈，由后者负责转交护照给金元并为其安排赴澳行程。

与中国总领事馆迅速及时补发护照形成对照的是，金元并没有在接到护照后便束装赴澳，直到来年的年底，即在拿到护照和签证一年半之后，十三岁的金元才从家乡去到香港，按照上述容记栈预先订好的船期，从那里乘坐“衣市顿号”（Eastern）轮船，于一九二四年十二月十六日抵达昆士兰省首府庇厘士彬（Brisbane）入境。按照申请表上所填的留学目的地，他应该再由此地转乘其他交通工具北上，前往申请表上所提到的学校所在地厌麻炉埠，开始他的澳洲留学生涯。

如果正常的话，到一九二五年初新学年开学后，来澳留学的金元就应该

① Gin Yuen - Lost Passport, NAA: P437, 1923/2465。
② Gin Yuen - Loss of student's passport, NAA: B13, 1923/1712。

在其申请护照和签证时所选定的学校——厌麻炉公立学校正式入学上课了。事实上，澳洲当局开始也一直相信金元入读的是厌麻炉公立学校，因为洛今屯埠警察局在一九二五年四月中的报告说，根据厌麻炉公立学校校长的报告，该校的中国学生金元一直在就读，各方情况皆好。但是，随后内务部于七月份根据自己的渠道获得的厌麻炉公立学校校长的报告则表明，上述警察局报告中说到的那位中国学生并非金元，而是一位也是来自香山县名叫麦门旷（Mark Moon Kong）①的学生，而且他还是该校中唯一的一位中国学生。因此，内务部要求当地海关尽快弄清楚，既然在厌麻炉没有金元的踪影，那么，他到底是在什么地方上学？一直到这一年的八月中旬，根据洛今屯埠海关收税官的报告，内务部才最终得知，金元实际上并没有在厌麻炉注册入读当地学校，而是在新学年开始后就转道去了洛今屯埠，随后一直在那就读一所天主教会主办的学校，即圣博德书院（St Patrick's School）。

这里实际上也牵涉到金元父亲的名字和身份问题。如前所述，代金元申请护照和签证之人，名为差厘的（Charlie Dick），其与金元之关系为何，在护照申请表中没有予以说明。到金元入境澳洲时，移民官员从问询金元的过程中得知，其父名为Lee Tuck Nain（李德年），报称是洛今屯埠威林街（William Street）上之果菜商。可是，洛今屯埠海关收税官在其后的报告中则说，金元之父亲名叫Charlie Leong Mun（李亮文，译音）②，是位于洛今屯埠威林街上之元记（Yuen Kee）果栏之伙计。该官员也在海关办公室里与时年已过十三岁半的金元见面交谈，得知他乘坐“衣市顿号”班轮抵达庇厘士彬之后，并没有由此转往厌麻炉，而是直接就到了位于布里斯本北部六百多公里的洛今屯，并在圣博德书院注册就读，根本就没有踏足厌麻炉一步。该官员确认，此前警察局报告说金元在厌麻炉公立学校就读一事，是摆了乌龙，将麦门旷误认为金元之故。

从上述报告中可以看到，金元父亲的身份难辨，他到底是果菜商还是伙

① 麦门旷的留学档案，详见：Mark Moon KONG - Student passport, NAA: A1, 1930/1757。

② 李亮文出生于一八八四年（Leong Mun Charlie - born 1884 - incoming passenger card - arrived Cairns on the Changte, NAA: BP26/1, Leong Mun C）。

计？他的名字也有好几个，到底哪个才是他真正的名字呢？综合档案资料来看，金元父亲之英文名应该是叫作Charlie（差厘），这点应该是确定的；其中文名则可能叫李亮文，也有可能是叫李德年。在一九二四年底金元入境澳洲之后，其父已经是元记果栏伙计的可能性最大，不然金元也不会在入境澳洲之后，不去厌麻炉小镇，而是直奔洛今屯大埠。如果这一点成立的话，甚至可以这样来理解金元父亲的行踪：在递交护照和签证申请之一九二三年，Charlie极有可能是住在厌麻炉，因为在申请表上他并没有列明担保的商号，那极有可能是他只是在这里打工维生，并未开店经营生意；由此看来，当时他也确实是想让儿子金元入读厌麻炉公立学校。只是其后他因故便离开了这个小镇，到海边大埠洛今屯谋生活，而元记果栏就为其提供了挣钱生活的基础，即让他在该店充任伙计。而在还没有经历过澳洲生活的中国人看来，作为果栏东主抑或伙计，其实二者职责相差不是太远，因为股东也是和伙计一样做工，甚至做得更多，只是股东是投资者，伙计只管打工而已；有时候甚至二者之形象和性质也是模糊的，尤其是那些规模小的店，或者自营小店铺。这也可能是金元在入境澳洲过海关回答移民官员提问时，报上父亲乃经营果菜店商人的缘故吧。可能当时才十三岁的金元，此前也没有出过远门，自己也搞不清楚这店主和伙计有何区别。何况当时在很多情况下，许多伙计也在店铺中入有适量的股份作为投资，这种情况在当时的华人中是比较常见的。而另一个原因，则有可能是当时的华人出于爱面子，回国探亲的时候在亲友和乡人面前充大头，即便是当伙计，也愣要说成自己是做东主，是商号的股东。家人不明就里，也就信以为真了。二十世纪二十年代末到二十世纪三十年代初到南澳（South Australia）首府克列埠（Adelaide）留学的开平县学子谢鹏举（Howard Allan Torr），在这方面就表现得比较明显。[①]

在搞清楚了目前金元所在之地点以及入读的学校之后，问题得到了解决，内务部也就放下心来。随后，金元的续签亦顺理成章地通过。到一九二六年新学年开始，他离开了圣博德书院，转入本地的另一所教会学校

---

① 详见：Howard Allan TORR - Student Passport, NAA: A1, 1934/1600。

基督兄弟会书院（Christine Brother’s College）读书。总体而言，在这两所学校里，金元的学习成绩尚称满意，操行亦获好评。就这样，金元波澜不惊地在洛今屯读了两年书。

就在一九二六年底，中国驻澳大利亚总领事馆刚刚为其申请到次年的续签之后，一九二七年一月二十四日，十五岁的金元突然离开洛今屯北上，到距他所居住的洛今屯约八百公里之遥的昆士兰省北部重镇汤士威炉（Townsville），乘坐路经此埠驶往香港的“彰德号”（Changte）轮船，离开澳大利亚回国了。[①]是什么原因导致他在留学两年之后就返回中国，档案中没有透露任何信息；他日后是否重返澳洲，也没有查找到任何线索。

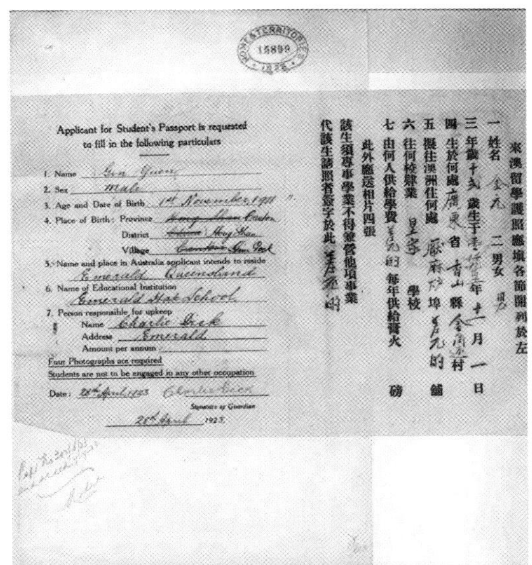

15890

Applicant for Student's Passport is requested to fill in the following particulars

1. Name Gin Yuen
2. Sex Male
3. Age and Date of Birth 1st November 1911
4. Place of Birth: Province Canton
   District Hong Shan
   Village Gim Gock
5. Name and place in Australia applicant intends to reside Emerald Queensland
6. Name of Educational Institution Emerald State School
7. Person responsible for upkeep
   Name Charlie Dick
   Address Emerald
   Amount per annum

Four Photographs are required

Students are not to be engaged in any other occupation

Date: 28th April 1923 Charlie Dick

Signature of Guardian

28th April 1923

来澳留學護照應填各節開列於左

一 姓名 金元 二 男女 男

三 年歲 十二 歲生于 壬子 年 十一 月 一 日

四 生於何處 廣東 省 香山 縣 金角 村

五 擬往澳洲住何處 暗麻炉 埠 差厘的 舖

六 往何校肄業 皇家 學校

七 由何人供給學費 差厘的 每年供給膏火 磅

此外應送相片四張

該生須專事學業不得兼營他項事業

代該生請照者簽字於此 差厘的

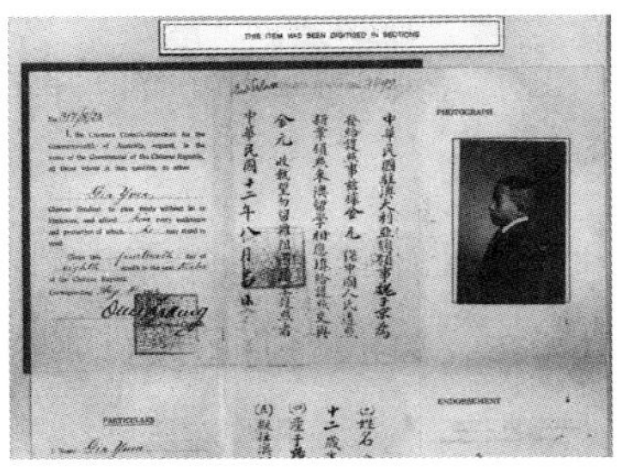

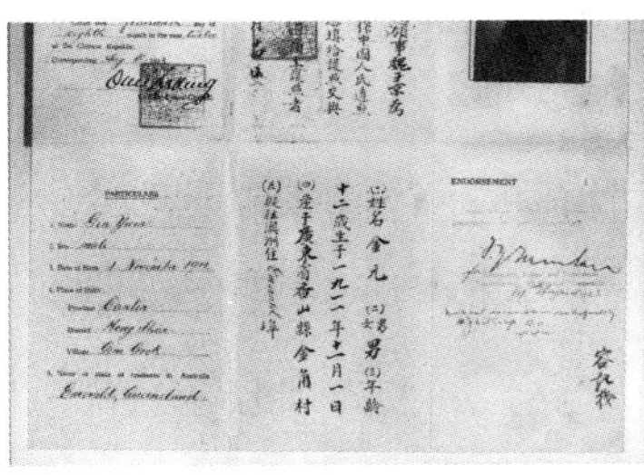

左：一九二三年四月二十八日，为金元来澳留学事宜，差厘的（Charlie Dick）向中国驻澳大利亚总领事馆申请护照和签证所填写的申请表；右：一九二三年八月十四日，中国驻澳总领事魏子京为金元重新签发的中国留学生护照。

① Certificate for exemption from dictation test list - Fong Jack, Sing Kee, Lee Bun, Yee Fong, Ah Yow, Willie Young, Ah Hoong, Jong Chu, [Chong Chew] Chong Kwon, Hoong Foon, Low Man, Bow Chong, Sue Yuen Hop, Yet Fong, Louie Wing, Low Yen Lun, Man Bew, Long Yow, Leong Day Kee, Gin Yuen, Lee Gum Sing, NAA: J2773, 128/1927。

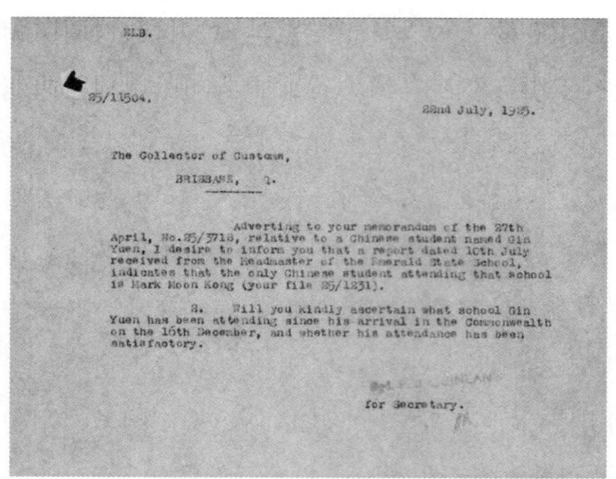

ELB.

25/13504.

22nd July, 1925.

The Collector of Customs,

BRISBANE, Q.

Adverting to your memorandum of the 27th April, No.25/3718, relative to a Chinese student named Gin Yuen, I desire to inform you that a report dated 10th July received from the Headmaster of the Emerald State School, indicates that the only Chinese student attending that school is Mark Moon Kong (your file 25/1231).

2. Will you kindly ascertain what school Gin Yuen has been attending since his arrival in the Commonwealth on the 15th December, and whether his attendance has been satisfactory.

for Secretary.

Book No. 390

Form No. 21. DUPLICATE.

COMMONWEALTH OF AUSTRALIA

No. 37

CERTIFICATE EXEMPTING FROM DICTATION TEST.

I, HENRY MAC NAMARA ROBINSON, the Collector of Customs for the State of QUEENSLAND in the said Commonwealth, hereby certify that Charlie Leong Mun (Rockhampton) hereinafter described, who is leaving the Commonwealth temporarily, will be exempted from the provisions of paragraph (a) of Section 3 of the Act if he returns to the Commonwealth within a period of three years from this date.

Date 30th July 1925

CANCELLED

DESCRIPTION

左：一九二五年七月二十八日，内务部秘书要求昆士兰海关查清金元到底在哪里上学的信函；右：一九二五年，据报是金元父亲的李亮文所申请的回头纸。

档案出处（澳大利亚国家档案馆档案宗卷号）：

Gin Yuen. Student Passport, NAA: A1, 1926/20643

李连生

香山金角环村

李连生（Lee Ling Sing），一九一二年二月十三日出生，香山县金角环村人。前面曾经提到的在一九二一年申请其子李华福（Willie Wahook Lee）[①]赴澳留学的李紫云（Chee Win Lee）是香山县石岐人。档案中说李连生是李紫云的cousin，也就是说，不是堂弟就是表弟；而既然是同姓，则为同宗兄弟的可能性较大。

李连生的父母及其他亲戚早年到纽西兰（New Zealand）挂生活，档案中也显示其叔叔或伯父Man Dick Lee（李文第，译音）和Jin Bow Lee（李金宝，译音）则到澳洲打拼，但在澳洲的档案馆里却搜寻不到与他们的名字相关的信息。一九二七年，十五岁的李连生获得纽西兰六个月的签证，去到南太平洋底部的这个岛国探望其父母与亲戚。待其签证即将到期时，大约在一九二八年初，他致函中国驻澳大利亚总领事魏子京，希望协助其办理来澳留学护照及签证事宜。可能是当时他的两个叔叔都不在澳洲的缘故吧，他提出由其在雪梨（Sydney）的堂兄李紫云作为其监护人，因后者已来澳逾二十八年，事业有成。[②]

此时的李紫云在雪梨与人一起经营专做进出口业务的日升号（Yet Shing

---

① Willie Wahook Lee - Student passport, NAA: A1, 1923/28341。

② 李紫云的档案，详见：Chee Win Lee [Chinese - arrived Melbourne per NAKKO MARU, 1900. Box 29], NAA: SP11/2, CHINESE/LEE CHEE WIN。

Co.）[1]商铺，他在该商行中所占股份价值为一千镑。一九二八年一月二十五日，他以自己参与经营的这间商铺作保，由在雪梨恶士佛街（Oxford Street）一百一十六号经商之乡人刘均荣（Alf Lowe）[2]作为他这位监护人之保人，应允每年供给李连生膏火一百镑，具表向中国驻澳大利亚总领事馆提出申请，办理堂弟李连生的中国留学生护照和入境签证。为此，他也在递交护照和签证材料之前两天，就为其堂弟联络好了雪梨的圣罗纶学校（St Lawrence College），准备让其注册入读该校。在接到李紫云提交的有关护照和签证的申请材料之后不久，二月十六日，中国驻澳总领事魏子京就为李连生签发了编号为493/S/28的中国留学生护照，并在当天致函澳大利亚内务部秘书，请求按例给李连生核发入境签证。

内务部接到上述材料后，便按程序来处理这个申请，因申请者与担保人是堂兄弟关系，就主要是要调查监护人和财政担保人李紫云的经济能力和财务状况。到三月九日，海关将对李紫云的调查结果上报内务部：李紫云确为日升号商行股东，占该商行一半的股份；日升号商行一九二六年六月便已开始营业，但直到一九二八年一月十九日才正式在鸟修威省（New South Wales）工商局注册备案，注册证号为38540；李紫云之保人刘均荣为生果杂货铺东主，已在上述地址经营商铺达十四年之久，铺租为每周十五镑，现租约尚余三年，可以显示出其业绩不俗；至于日升号商行，尽管创办的时日不算长，但上一财政年度已缴税十镑。李紫云的经济状况表明，他确实有能力可以作为申请者的监护人和担保人。于是，三月十九日，内务部函复中国总领事馆，同意签发李连生的入境签证。随后，中国总领事馆便将护照寄往纽

---

① 在前面“李华福”一文里，李紫云当时与人合开的商行名叫流利号（Lowe & Lee Co.），与本文中的这个日升号（Yet Shing Co.）明显不同。但李华福的申请是在一九二二年，是在此次为李连生申请护照和签证之六年前。也许，这是在这段时间里李紫云又投资与人开设的另外一家商行；或者，可能是原先的商号改名了。

② 这位刘均荣，是前述前往纽西兰路经雪梨时被挽留在澳留学之刘寿如（Sou Yee Lowe）的伯父，不知是否也是前述李紫云与人合开的流利号商行的合伙人，尽管他自己也开设有刘梁公司。参见：Alfred Lowe [Chinese - arrived Sydney per TUJ YUEN, June 1897. Box 34], NAA: SP11/2, CHINESE/LOWE ALFRED; Lowe, Alfred [Chinese - arrived Sydney per TIY YUN, Jun 1897. With photograph][Box 43], NAA: SP1732/5, 3098。关于刘寿如的档案，见：Lowe, Sou Yee - Education exemption certificate, NAA: A1, 1928/11614。

西兰李连生的住处。李连生在接到护照和签证之后，也没有耽搁，很快就订妥船票，从纽西兰乘坐“蒙哥雷号”（Maunganui）轮船，于四月十七日抵达雪梨入境，开始了他的在澳留学生经历。

此时，因圣罗纶学校第一学期的课程即将结束，该校校长建议李连生在第二学期再正式注册入学，由是，李连生遂于五月二十九日正式入读该校。但他只是在这所学校读了三个多月，读到九月四日这个学期结束就选择离开，然而校长对他的学业和其他在校表现都很满意。从九月三十日起，他转学去了靠近雪梨唐人街由戴雯丽小姐（Miss Winifred Davies）担任校长的中西学校（Chinese School of English）。当年，许多到雪梨留学的中国学生，都选择到这所学校读书。在这里，校长的例行报告尽管很简单，对他的学业和操行同样也都是好评。或许是戴雯丽小姐在这里给中国留学生们提供的学习环境更为自由，更让他投入，就这样，一直到一九三二年底学期结束，李连生完成了在中西学校的课程。

一九三三年初，李连生二十一岁了，他决定在其签证到期之前便回国，打算回去国内后再继续升学。在从年初到其回国求学前的两个月时间里，他希望能进修经商方面的课程，遂通过中国总领事馆向内务部提出申请。鉴于其学生签证离到期尚有几个月的有效时间，而他又是付钱修读商务课程，符合规定，内务部自然乐观其成，批准了他的申请。

原本李连生已经订妥四月十八日搭乘“太平号”（Taiping）客轮返回香港的船票，他的修读商务课程也是按照这个日期安排的，看起来一切都井井有条，就等着离境了。但就在他准备登船的当天，突然接获其叔叔李文第已于当天在香港搭乘“彰德号”（Changte）客轮，将于五月五日抵达雪梨之电报。因他与叔叔有很重要的生意等事宜需要当面交接，便临时决定改签船票，并通过中国驻澳大利亚总领事馆向内务部部长提出延迟离澳的申请，即利用“彰德号”客轮在澳洲停留的那段约两周左右的时间，与他的叔叔见面，做好生意的交接，然后于五月二十日“彰德号”客轮离澳前往香港时，他再搭乘该轮离澳回国。他申请的理由充足，所滞留的时间也不长，前后也就一个月左右的时间，而且事事他都经过程序，颇具西人办事的风格，中规

中距，无可挑剔，内务部遂如所请。

一九三三年五月二十日，“彰德号”客轮如期离开雪梨，驶往香港。李连生也如约搭乘该轮离开澳洲，回国升学。李连生总计在澳留学五年。

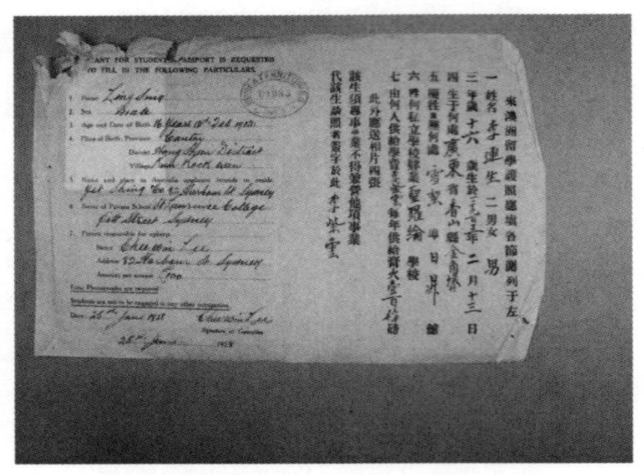

APPLICANT FOR STUDENT'S PASSPORT IS REQUESTED TO FILL IN THE FOLLOWING PARTICULARS.

1. Name: Ling Sing
2. Sex: Male

Date: 25th Jan 1928

來澳洲留學護照應填各節開列于左
一 姓名 李連生　二 男女 男
三 年歲 十六
四 生于何處 廣東 省 香山 縣
此外應送相片兩張
該生須專事學業不得兼營他項事業
代該生領照者簽字於此 李紫雲

一九二八年一月二十五日，李紫云为其堂弟李连生来澳留学事宜向中国驻澳大利亚总领事馆申请护照和签证所填写的申请表。

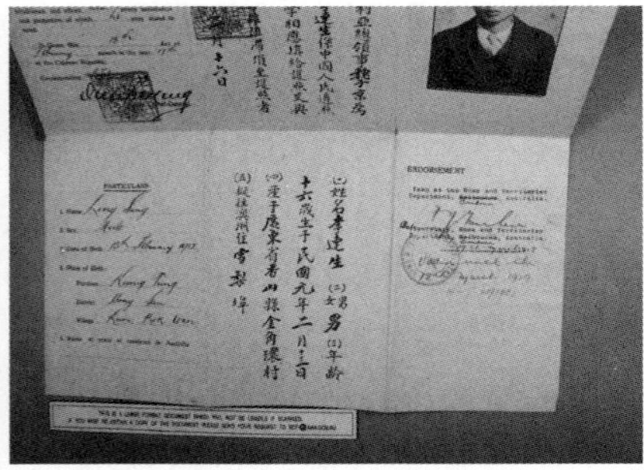

一九二八年二月十六日，中国驻澳总领事魏子京为李连生签发的中国留学生护照。

档案出处（澳大利亚国家档案馆档案宗卷号）：

Ling Sing - Students passport, NAA: A1, 1932/664

余　明

香山隆都

余明（Yee Ming），一九一二年六月六日出生，香山县隆都人。他的父亲是一八七九年出生的余江（Yee Kong），早在澳大利亚联邦成立之前，于一九〇〇年就已来到澳洲发展①，最终在鸟修威省（New South Wales）东北部小镇溉涟弥士埠（Glen Innes）立足，与人合股开设有一间名为广生隆号（Kwong Sing Long & Co.）②的杂货蔬果商行，利润丰厚，已有相当的积蓄。

一九二一年，澳洲实施《中国留学生章程》。余江或许在此之前便已得知这个消息，因为一般情况下，这类条例的实施都是预先告知，定时执行，预先获知消息者便可提前做好准备，以便采取行动。于是，他就成为这一年里最早向中国驻澳大利亚总领事馆提出为儿子申办来澳护照和签证的少数几位澳洲华人之一，具表日期为一月二十一日。当时，他的儿子余江尚未年满九岁。余江以自己参股并参与经营的广生隆号商行作保，承诺每年提供膏火银五十镑，作为给儿子在澳留学的各项开支之用，办理他来自己所在地的溉涟弥士埠皇家书馆（Glen Innes District School）读书。

---

① Frank Yee Kong, NAA: SP1122/1, N1958/1827。

② 广生隆号商行的前身是广生和号（Kwong Sing War），最早在一八九二年之前便已在嘅嗹弥士埠开业。例如，“广生和号”给嘅嗹弥士埠医院捐款四镑的报道，见：“Local and General News”, *Glen Innes Examiners & General Advertiser*, Tuesday 20 December 1892, p. 2。后在二十世纪一十年代改名广生隆号。根据鸟修威省档案馆（NSW State Archives & Records）收藏之该省工商局二十世纪初工商企业注册记录，该商行重组并向工商局正式注册的日期是一九二一年一月十二日。见：https://records-primo.hosted.exlibrisgroup.com/permalink/f/1ebnd1l/INDEX1808885。

或许是申请提交的早，中国总领事馆手中当时接获的申请材料不多，故而审理进行得也比较快。一个星期后，即一月二十八日，中国驻澳大利亚总领事魏子京便给余明签发了中国留学生护照，编号为2/S/21。由此编号可见，这是当时中国总领事馆发出的第二份中国留学生护照。五天之后，亦即二月二日，澳大利亚内务部也为余明发放了入境签证，钤盖在这个护照上。二月四日，中国总领事馆便按照余江的指引，将护照和签证一起寄往香港的金山庄保生昌号，由后者负责将其交给在广东家乡的余明，并为其安排赴澳船期。

保生昌号的工作效率很高，很快就为这位小留学生找到了一位名叫Yat Leung（梁溢，译音）[①]的在澳做生意的粤商，作为余明赴澳行程中的监护人，随后便订妥了船票。余明遂由家人送到香港，拿到护照和签证，在此搭乘“圣柯露滨号”（St Albans）轮船，于六月二十二日抵达雪梨（Sydney），入境澳洲。余江特地提前去到雪梨，将儿子接出关之后，并没有怎么在此停留，而是立即转乘其他交通工具，于两天之后，回到距雪梨约六百公里的溉涟弥士埠。但这个时候，余江已经搬迁到距离溉涟弥士埠东南约二十公里的一个名叫红岭（Red Range）的山村。因为上述广生隆号生意的合伙人，早在一九一七年之前便将其一部分生意扩张到此，在这里租了一大幅土地，种植蔬菜水果出售，注册公司，称为广利号（Kwong Lee & Co.）[②]，此时，余明就被派驻这里，代表商行的其他股东就地管理。在红岭村租地种植果蔬，除了自产自销之外，还负责供应溉涟弥士埠“广生隆号”之需。

由是，余明就不是去到溉涟弥士埠，而是跟着父亲到了这个小山村住下，于七月一日正式入读红岭皇家书馆（Red Range Public School），而非此前父亲为其预留学位的溉涟弥士埠皇家书馆。到这时，余明才刚刚满九周

① Yat Leung [includes 1 photograph showing side view; Certificates of Exemption and left and right thumb prints] [application by Yat Leung for permission to return to the Commonwealth] [box 287], NAA: SP42/1, C1933/4335。

② 根据鸟修威省档案馆的工商局注册记录，广利号的登记注册日期为一九一七年七月七日。见：https://records-primo.hosted.exlibrisgroup.com/permalink/f/1ebnd1l/INDEX1808861。

岁。由于年龄小，接受新事物快，学习新的语言也快，加上这所乡村小学学生人数不多，沟通容易，教师可以把更多的精力和资源放到学生身上，因材施教，由此，他的在校表现和学习还算令人满意，英语很快就上手。在这所乡村小学里，余明总共读了两年。

一九二三年八月，余明转学到位于溉涟弥士埠南部约二百公里的探密埠（Tamworth），进入西探密公立高小（Superior Public School of West Tamworth）读书。转学的原因，是其父亲余江此时已经从上述在溉涟弥士埠的商行中退股，转到这个鸟修威省中部较大的镇子，开设自己的生意，商号名称就使用自己的名字，叫作余江号（Yee Kong & Co.）商铺。

刚去到西探密公立高小的那一年，余明的在校表现还是令人满意的；但从一九二四年中开始，他无论是在校内还是课后的表现都有诸多违反校规之处，为此，校长对他进行了处罚。有了这样的教训，余明就收敛了很多，学习成绩有所提高。不过，校长觉得，要巩固其成果，要继续保持余明在校有好的成绩和严守校规，具有良好的操行，还需要他的父亲余江立字具结保证，故致信内务部寻求帮助。为此，内务部于十月份通过当地海关税收部门找到余江，晓以利害，办妥此事。在这种恩威并施的环境中，余明不断学习，成长很快。

一九二五年初，余江要回中国探亲，也想把儿子带上一起回去，计划是回去中国探亲三个月左右。为此，他先跟西探密公立高小校长麦道阁（C. McDougall）商量，要替儿子请假几个月，并希望探亲后回来澳洲时再把儿子带上，待其重返探密后，他希望儿子能再回到这所学校念书。麦校长对此表示同意，并将此事告知内务部，为其陈情。内务部于二月二十四日复函同意余明请假停学，并给予一年内返回澳洲读书的再入境签证。待这些手续办妥之后，余江就在四月十五日，带着儿子余明赶到雪梨，从这里的港口乘坐“吞打号”（Tanda）轮船，驶往香港转香山家乡去了。[①]

---

① Jimmy Young, Charlie Shee Too, Ah How, Ah On, Yee Kong, Man Hung or Jimmy Hung, Gan Fun or Gin Foon, Low Luk and Young Gee [Certificate Exempting from Dictation Test - includes left hand impression and photographs] [box 177], NAA: ST84/1, 1925/393/91-99。

然而，到了一九二六年的四月，已经十四岁的余明没有如期返回，但他还是通过中国驻澳总领事馆，向麦校长申请要到下一年才能回来读书。麦校长表示同意，并将此事报告内务部，希望能给他这个中国学生再展签一年。五月二十一日，内务部批准了这一请求，将给余明入境澳洲的签证再展期到一九二七年四月十五日。但余明没有拖延到最后的入境日期才采取行动，而是在一九二七年一月十二日就乘坐日轮“丹后丸”（Tango Maru）抵达雪梨，再次入境澳洲。这次中途回国探亲，余明在家乡待了一年零八个月的时间，很有可能，他是利用这段时间在中国补习中文和其他文化知识，为养成中英双语能力打下基础。而他回到探密埠，正好就赶在新学年开学之时，便于一月二十四日重返西探密公立学校念书。随后，他在此平平静静地又读了两年书，并在此期间给自己取了一个英文名，叫作Tommy，全名就成了Tommy Yee Ming。

到一九二九年初，为了儿子日后之发展，余江已有了初步的规划。他先致函内务部，再通过联邦政府参议员艾伯特（P. P. Abbott）的支持向内务部申请，想让内务部批准儿子余明以及其侄儿Chum Lum（余春林，译音）转换身份，到他的店里帮他照看生意。因他想近期返回中国探亲及考察生意，为期一年到一年半左右的时间，他不想将此生意交给外人管理，觉得还是自己的儿子及侄儿可靠，同时也可通过这个机会让他们历练一下，因为他们都已经在澳洲多年，接受了当地的良好教育。

内务部接到申请后，对此事予以认真对待，遂责成鸟修威省海关部门调查余江号商铺的经营状况，以便定夺。三月三十日，海关将通过探密埠警察局获得的调查情况报告给内务部：余江号商铺开设在探密埠西区之皮尔街（Peel Street）四十四号，经营果蔬、杂货及五金等货品，商号之价值为二千镑，有三个股东，最大的股东是余江，另一位即为春林，但其人在雪梨，只是投资加股而已，还有一位是西探密本地的华人，叫Tom Ming（汤姆明）[1]，雇有三人在店里做工。该店铺价格公道，童叟无欺。尽管有当地警察部门说好话，也有来自当地的联邦参议员为其缓颊，但内务部还是在四月十九日否决了这一请求，可能是余江店铺的规模还是太小的缘故吧。因为警察部门没有提供其商铺的年营业额到底是多少，可能是低于二千镑，而这样的规模，显然无法满足内务部批复的标准。

既然余江的上述请求不获批准，余明只得继续在学校念书。就这样，时间很快过去，转眼就到了一九三〇年的年中。七月三日，中国驻澳大利亚总领事宋发祥致函内务部，再次为余江申请其子余明替他管理自己的生意。因为他近期需要回国探亲，为老母亲尽孝。他计划回去十二个月的时间，希望在此期间，其生意由已经成人的儿子照看，而不是让那些自己不熟悉的人代为管理。故宋总领事希望内务部能考虑到余江的现实情况，批准这一请求。与一年多前之结果不同的是，这次申请进展很顺利，八天之后，内务部就通知照准，同意给予余明转换签证类别。即从学生签证转为替工签证，有效期为十二个月。[2]由此看来，上一次的申请本来问题亦不大，但问题的关键是余江一次就想申请两个人来替工，口开得太大，而自己的商铺规模又不够大到一次可以容纳两个人进来做工，故被内务部拒绝。而他这次只申请儿子一人，显然就没有什么问题。

到一九三一年七月，余江未能如期赶回澳洲，中国总领事馆再为余明申请一年展签，也顺利获批。又过了一年，因余江还是无法赶在一九三二年八月之前回到澳洲，尽管他多次表示是在准备回来，但具体日期定不下来。这一年的八月份，中国总领事馆就再次为余明展签一年之事向内务部交涉。内务部经过一番调查，并确认余江已决定在明年一月份左右返回澳洲，才于十月十日决定，再次给予余明一年展签，条件是：一旦余江回来澳洲重掌其生

---

① 无法在澳大利亚国家档案馆里查到汤姆明的任何信息。很有可能这个汤姆明就是余明，Tom即Tommy的简写。证之上面也说他的侄儿春林亦是其中的股东，显然是余江为了更有利于申请他们作为替工，从而在此加上他们二人的名字作为股东。

② Yee Kong [also known as Frank Yee Kong] [includes 6 photographs showing front and side views; left hand and finger prints and left and right thumb prints] [Issue of CEDT in favour of subject] [box 256], NAA: SP42/1, C1930/7222。

意，余明就必须恢复其学生身份，继续求学。

但是，到一九三三年一月份，余江没有回来澳洲，反而是他来电要余明尽快返回中国与他汇合。从现有的档案资料里，没有披露是什么原因让余明如此急匆匆地赶回中国。鉴于余江此次回中国探亲的主要目的是为母亲尽孝，而返程被其一推再推，或许跟他母亲年事日高身体欠安有关；此次急召余明回国，或许就是他祖母病重甚至去世，需要他这个孙子回去见上最后一面也有可能。于是，余明对父亲的店铺生意稍做安排交代，便急急忙忙地从探密赶往雪梨，准备搭乘一月十四日起航的“吞打号”轮船赴香港转回家乡。走之前，他也将此行程告知中国总领事馆，请其通知内务部。

可是到了二月份，上述班轮已经离开有好几个星期了，但内务部还没有接到海关有关余明登船出港的信息，遂致函中国总领事馆询问原因。三月十五日，中国总领事陈维屏回复说，当日余江本人确实已到了雪梨，也订好了那天的船票，但因其从探密埠赶来雪梨的途中突然患病，抵达雪梨时已很严重，无法按时登船，只好先在雪梨住下来，治疗休养。目前他正在康复之中，一旦身体允许，他就会登船回国。既然如此，内务部也就只好等待余明康复后再说。只是余明的康复很慢，以致又过了三个月也没有动静，惹得内务部耐不住性子，于六月十六日再次发函中国总领事馆催问结果。过了好几天，才获中国总领事馆回复说，余明现在身体已经复原，并已订好七月十五日的船票，届时仍然搭乘“吞打号”班轮离开澳洲回国。

实际上，余明这次回到中国探亲，也没有停留太长的时间，两年之后，又于一九三五年重返澳洲[①]，到父亲的店里帮工，此后就一直留在了澳洲。

从一九二一年进入澳洲，到一九三三年离开，余明在澳留学有整整十二年的时间。其间他有近两年时间回国探亲，以及在一九三〇年之后的两年多时间里代父经营生意，实际在澳上学读书时间为八年。但其代父经营生意之经历，也为他日后重新进入澳大利亚并最终留居下来奠定了基础。

① Tommy Yee Ming [Chinese - arrived Sydney per ST ORPAN, 1925. Box 35], NAA: SP11/2, CHINESE/MING T Y。

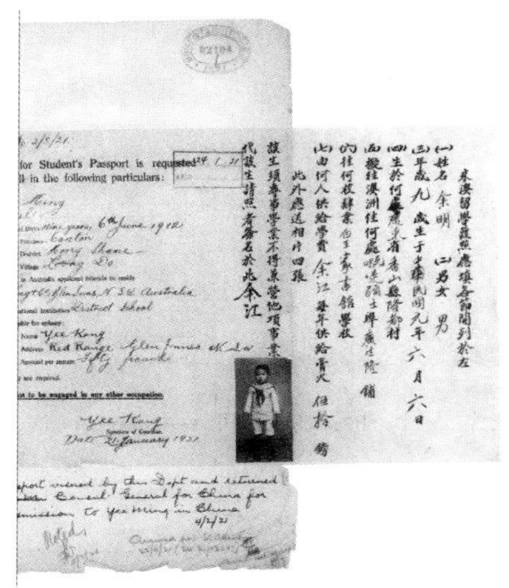

No. 2/5/21.

... for Student's Passport is requested ... fill in the following particulars:

Yee Kong
Date 21 January 1921

来澳留学护照应填各节开列于左
(一)姓名 余明 (二)男女 男
(三)年岁 九 岁生于中华民国元年六月六日
(四)生于何处 广东省香山县隆都村
(五)拟往澳洲住何处
(六)往何校肄业
(七)由何人供给学费 余江 每年供给膏火 伍拾 镑
此外应送相片四张
该生须专事学业不得兼营他项事业
代该生请照者务名于此 余江

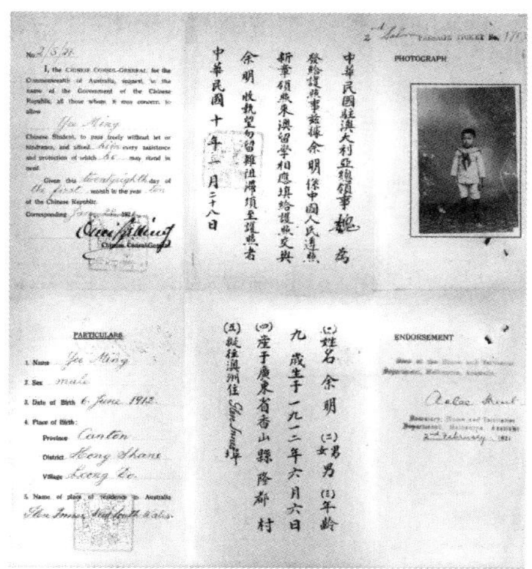

No. 2/5/21.

I, the Chinese Consul-General for the Commonwealth of Australia, request, in the name of the Government of the Chinese Republic, all those whom it may concern, to allow Yee Ming Chinese Student, to pass freely without let or hindrance, and afford him every assistance and protection of which he may stand in need.

Given this twentyeighth day of the first month in the year ten of the Chinese Republic.

Chinese Consul-General

中华民国驻澳大利亚总领事魏 为
发给护照事兹据余明系中国人民遵照
新章领照来澳留学相应填给护照交与
余明收执望勿留难阻滞须至护照者
中华民国十年一月二十八日

PHOTOGRAPH

PARTICULARS

1. Name Yee Ming
2. Sex male
3. Date of Birth 6 June 1912
4. Place of Birth:
Province Canton
District Hong Shane
Village Loong Do
5. Name of place of residence in Australia Glen Innes, New South Wales.

(一)姓名 余明 (二)男女 男 (三)年龄
九 岁生于一九一二年六月六日
(四)产于广东省香山县隆都村
(五)拟往澳洲住 Glen Innes 埠

ENDORSEMENT

左：一九二一年一月二十一日，余江向中国驻澳大利亚总领事馆申请儿子余明来澳留学所填写的申请表；右：一九二一年一月二十八日，中国驻澳大利亚总领事魏子京签发给余明的中国留学生护照。

档案出处（澳大利亚国家档案馆档案宗卷号）：

Yee Ming - Students passport, NAA: A1, 1932/667

孙镜轩

香山沙边村

孙镜轩（Suen King Hin，又写成Suen King Hing或Sin King Kin），香山县沙边村人，生于一九一二年六月十四日。其父名孙炳辉（Bing Fay），早在十九世纪末年便与兄弟孙炳桂（Bing Kwei）一起从家乡奔赴澳大利亚发展。从雪梨（Sydney）登陆入境后，进入鸟修威省（New South Wales）内陆地区，在靠近昆士兰省（Queensland）边界的东北部小镇天架埠（Tingha）立下脚跟。这里的三记公司（Sam Kee & Co.），亦称三记号，是经营不同种类商品的综合商店，早在十九世纪八十年代后期就已由首批进入该埠的华商开设，孙氏兄弟到达该地后，也加入该商行工作。兄弟俩吃苦耐劳，工作卓有成效，将所赚之钱再投入其间，在公司里逐渐占有了一些股份。到一九〇三年六月三十日该公司董事会重组并在鸟修威省工商局正式注册登记时，孙氏兄弟都成为正式股东。[①]而在一九一一年左右，孙炳辉在其结束返乡探亲回澳后[②]，便成为该公司的执行董事亦即董事总经理，主持公司的日常运营。

一九二一年，澳大利亚实施《中国留学生章程》，准允居澳华人申办在乡子弟赴澳留学，由中国驻澳大利亚总领事馆具体受理相关申请。在这一年的时间里，就有一百多名中国青少年进入澳大利亚各地留学。看到这种情形，孙

---

① 见鸟修威省档案馆（NSW State Archives & Records）保存的二十世纪初该省工商企业登记注册记录：https://search.records.nsw.gov.au/permalink/f/1ebnd1l/INDEX1822396。

② Bing Fay, NAA: SP42/1, C1915/2740。

炳辉也决定将儿子办理来澳留学。一九二二年六月三日，就在孙镜轩即将届满十岁之时，孙炳辉以监护人的身份填好申请表，向中国总领事馆申领儿子孙镜轩的赴澳留学护照和签证。他以自己主持的三记公司作保，承诺每年供给膏火五十镑，以充儿子来澳留学期间所需之各项开销，要将其安排到他所在地的天架埠国民学校（Tingha Public School）读书。接到上述申请后，中国总领事馆按照流程受理，经两个月时间审理完毕。八月八日，总领事魏子京给孙镜轩签发了号码为170/S/22的中国学生护照；三天后，澳大利亚内务部也在该护照上钤盖了入境签证印章。随后，中国总领事馆便按照流程，将护照寄往孙炳辉指定的香港金山庄，由其负责安排孙镜轩的赴澳行程。

经过一段时间的联络与安排，找到了赴澳旅程中的监护人，同时孙镜轩也在家乡完成了一九二二年下半年余下的课程，遂由家人送去香港，登上早已预订好的中澳船行经营运行的“获多利号”（Victoria）轮船，于一九二三年三月十八日抵达雪梨港口，顺利入境。孙炳辉提前赶到海关，将儿子接出来后，当天就换乘其他交通工具，兼程回到距雪梨有五百六十多公里之遥的天架埠。

三月二十日，孙镜轩由父亲领着，去到天架埠国民学校正式注册入读。在这所乡村学校，还有三位年长于孙镜轩的同邑留学生[1]比他先来此读书，但他年纪小，接受新的语言能力较强，很快就适应了当地的学习环境，英语能力进步很快。校长和老师咸认其举止有据，穿戴整洁，按时到校，非常阳光；更重要的是，这位小留学生聪慧勤奋，接受能力强，学业令人满意。他就以这样的精神面貌和学习态度在这所学校读了下来，并不断跳级，直到

① 这些人是：一九〇四年出生的石岐隆墟村刘锡南（Shik Narm）和一九〇七年出生的永后村缪玉兰（Yock Larn Mew），两人都是一九二一年七月抵达；而一九〇四年出生的象角村阮应枢（Yuen Ink Hee，也写成Yuen In Kee），则是一九二三年一月抵达，只比孙镜轩早来两个月。他们都是由天架埠另一所华人商铺永兴隆号（Wing Hing Long & Co.）的东主刘作舟（Jack Joe Lowe）担保申请而来，也与后者有亲戚关系。这三位留学生的档案，见：Marm, Shik - Chinese student on passport, NAA: A1, 1925/21721; Miss Yock Larn Mew Chinese on Student's Passport, NAA: A1, 1931/3859; Yuen Ink Hee Students Passport, NAA: A1, 1927/1148。刘作舟的档案，见：Jack Joe Lowe [Chinese - arrived Cooktown per EMPIRE, 1900. Box 34], NAA: SP11/2, CHINESE/LOWE JACK JOE。

一九二九年第二学期结束。

一九二九年八月十日，孙炳辉给澳大利亚内务部部长写信，表示儿子孙镜轩来澳留学六年，现在已经在天架埠国民学校读到九年级（亦即初中三年级），已经是该校能够提供的最高一级的学位了。鉴于其子的展签有效期是到明年三月份，他特别向内务部部长呈请准允其子离开学校，进入他担任董事总经理的三记公司里见习六个月时间，以学习西方经商之道，以便将来回国从商时进退有据，也为此后能从事澳大利亚与中国之间的贸易打下基础。而他所管理的这家三记公司，已在当地经营长达四十年，亦希望此后能加强和扩大这方面的生意往来。对于此项申请，内务部部长交由秘书及海关具体研判。海关的调查显示，三记公司是一间综合商店，其年营业额在一万四千至一万六千镑左右，雇佣员工有十四人之多，其中除了四人是华裔，余皆为当地欧裔。从当地反馈的信息显示，这是一间很有发展前途的企业。获知这些详情后，内务部部长认为该公司已具一定规模，其申请也算得上合情合理，便于九月十四日批准了上述申请，准允孙镜轩进入三记公司实习和接受培训。

孙炳辉接到批复，自然很高兴。可是就在这个时候，天架埠国民学校校长告诉他，到年底前其子孙镜轩就可以参加初中结业考试，建议他让儿子参加考试，这样可以拿到一个毕业文凭。对此建议，孙炳辉深以为然。十月十一日，他致函内务部秘书，以此为理由，希望能将其子在商行的六个月实习期从明年初开始计算，而准允其子在今年余下的两个月时间里完成所有的考试，也好让他的留学生涯有一个好的交代。内务部秘书理解这种心情，自然会成人之美，遂于十月二十四日复函，如其所请。

半年时间，转眼即逝。到一九三〇年六月十二日，孙炳辉再次致函内务部部长，为儿子孙镜轩申请额外的十二个月展签。他在信中表示，自一月一日孙镜轩正式进入公司不久，就被一场始于邻居建筑物的大火波及，三记公司的店铺被全部焚毁，损失惨重，也导致儿子实际上并没有多少机会进行商业实习。现在三记公司的商店新楼即将建好，重新开业在即，希望能再给予他一年的时间，接受比较系统的商业训练。内务部通过天架埠警察派出所了解到，三月九日的那场大火，不仅烧掉了三记公司的大楼，也将其附属仓库里的存货也一起烧掉[①]；目前，其新建商店大楼已经接近完工，预计会在七月七日重新开业。而在过去六个月里，孙镜轩都协助处理商店的相关事务。对于因大火而造成的损失，内务部部长深表同情，但孙炳辉的口开得太大，要的是一年的展签，他不会批复这样的申请；但鉴于孙镜轩原定的实习和培训由此所受到的影响，他决定给予这位年轻人额外六个月的展签，有效期至这一年的年底即十二月三十一日。孙炳辉虽然对此结果不是很满意，但毕竟还是折中处理，总比否决要好得多吧，也就只能如此了。

到这一年十二月二十二日，眼见儿子的签证就要到期，孙炳辉再次致函内务部部长，表示孙镜轩的实习和培训颇有成效，但鉴于他只有十八岁，且是他家中唯一的男孩，因而希望给予他更进一步的传帮带培训，以便将来能早日自己管理一个企业，故特别希望再展签他十二月的时间。这一次，内务部部长被其舐犊情深的做法感动，于一九三一年一月二十一日复函，批准了他的上述申请。

当年五月十六日，孙镜轩给内务部秘书写信，表示要跟雪梨一家名为海明威与罗伯森（Hemingway & Robertson）的会计师行跟班学习会计业务，但同时也兼顾三记公司的工作，因此，希望能一次性地核发给他两年或者三年的签证，以便能达成上述目的。内务部秘书通过税务部门得知，此时的孙镜轩在三记公司里是担任经理助理的职位，负责公司的记账以及其他的事务。目前，三记公司的年营业额约为一万八千镑，共有十名员工，其中三位华裔，七位欧裔。上述结果显示，三记公司的生意经营形势很好，尤其是在世界经济大萧条的情况下，能有这样的业绩实在是难能可贵，故经请示内务部部长之后决定，为使其能进行会计资格的跟班学习，再次给予孙镜轩十二个月的展签，到期后再视情形决定是否可以继续展签。实际上，这也是变相地对其申请两到三年签证的一个积极回应。次年底，三记公司的年营业额约在

---

① “Another Disastrous Fire early Morning Blaze”, in *Tingha Advocate and Northern-Western Journal*, Friday 14 March 1930, page 2; “Sanderson and Wahid Acquitted Arson and Inciting Charges Sequel to Tingha Fire: What Was the Motive?”, in *Tingha Advocate and Northern-Western Journal*, Friday 30 March 1930, page 2。

一万五千至两万镑之间，雇佣有八名员工，生意仍然比较稳定。但内务部秘书对于其雇员减少很重视，询问海关是什么原因导致雇员人数减少。海关经再一次调查后报告说，目前三记公司雇有两名华裔和七名欧裔职员，主要原因是过去一年没有了海外贸易，因而人手减少。尽管如此，但其业绩仍然与去年持平，表明其生意经营管理还是很到位。在此情况下，内务部秘书再次批复了孙镜轩一九三三年的展签。

这一年的五月十八日，孙镜轩再次给内务部部长写信，申请核发给他中国商人身份的再入境签证。他在信中表示，父亲孙炳辉近期要回国探亲及洽谈业务，也要将他一并带上，目的仍然是对其进行经商贸易方面的传帮带。鉴于他本人在那家会计师行的学习尚未结束，在结束此次回国探亲及商业实习之后，还需返回澳洲继续学习，完成上述会计培训。而此次回国期间，他的目的是希望开展澳洲与中国之间的进出口贸易，最主要的是希望找到那边的代理人，建立起两地贸易的网络。为此，他希望能获得批复，核发给他再入境签证。随后，他再次致函内务部秘书，补充说明他此次回国预期十二到十八个月，并将随身携带一些澳洲所产的肥皂、干果、罐头和面粉等样品，希望能够做成一些生意。但这一次的申请，他没有以前那样幸运。六月十五日，内务部秘书复函，拒绝了他的申请。经孙镜轩再次致函申诉，一再表示他回国的目的就是想做成两国之间的贸易之后，内务部秘书于七月五日回复，经请示获内务部部长同意，如果他在此次回国探亲及洽谈生意后在十二个月内返回，可以给予他再入境签证，以及返回后可在澳大利亚停留六个月，但条件是：他必须拿回价值达五百镑的生意合同。

对于这样的结果，显然没有达到孙镜轩申请的目的，但也只好接受。一九三三年八月二十三日，孙镜轩在雪梨登上“太平号”（Taiping）轮船，离开澳大利亚返回中国。当然，和他一起走的，还有父亲孙炳辉。①

近一年后，孙镜轩于一九三四年七月五日在香港致函内务部秘书，表示

① Ah Len or Ah Lin, Mrs Lily Beatrice Bing Fay, Bing Fay, Low Hook, Lee Chong, George Gee, Foon Oie, Chung Fong, Yee Chan and Joseph Isaac Moussa [Certificate Exempting from Dictation Test - includes left hand impression and photographs] [box 236], NAA: ST84/1, 1933/509/11-20。

因经济形势不好，在中国无法找到合适的代理人，无法拿到价值五百镑的出口合同。他希望能给他再展签一年的时间，庶几能完成上述任务。八月十三日，内务部秘书复函，很爽快地同意展签一年再入境签证，但特别强调说，届时返回澳洲时，务必带上五百镑的出口合同，否则，海关会拒绝其入境。对此要求，孙镜轩只能唯唯诺诺，但是否能够完成，以及如何才能达成此项任务，实际上他心里根本就没有底。

孙镜轩的留学档案到此终止。很显然，在其后几年间，他无法达成任务，拿不到出口合同，尤其是数额如此巨大的订单，也就无法按照上述条件重返澳洲。

但孙炳辉毕竟只有他这一个儿子，其他的都是女儿，其商铺的经营仍然需要孙镜轩参与，加上他的母亲是澳大利亚出生的第二代华人①，因此，在经孙炳辉坚持不懈的多次申请后，他得以跟着父母一起，于一九三九年从香港返回澳洲②，进入三记公司工作。太平洋战争后，他便留在了澳大利亚，最终加入澳籍。③

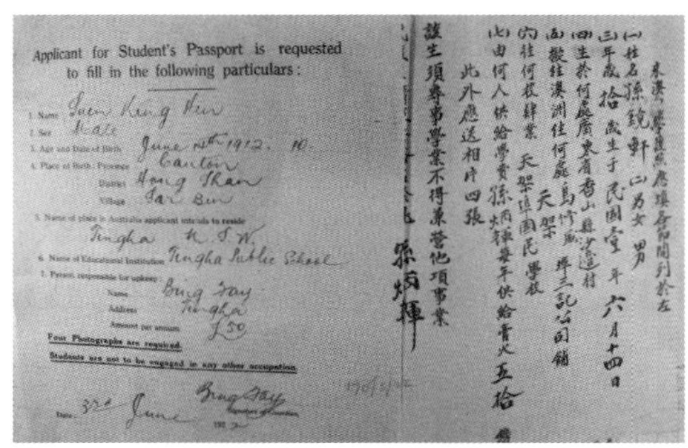

Applicant for Student's Passport is requested to fill in the following particulars:

1. Name Suen King Hin
2. Sex Male
3. Age and Date of Birth June 14th 1912. 10.
4. Place of Birth: Province Canton
   District Hong Shan
5. Name of place in Australia applicant intends to reside Tingha N.S.W.
6. Name of Educational Institution Tingha Public School
7. Parent responsible for upkeep: Name Bing Fay Address Tingha Amount per annum £50

Four Photographs are required.

Students are not to be engaged in any other occupation.

Date 3rd June 1922 Bing Fay

來澳學生應填各節開列於左

(一)姓名 孫鏡軒 (二)男女 男

(三)年歲 拾 歲 生于民國壹年 六月十四日

(四)生於何處 廣東省香山縣沙涌村

(五)擬往澳洲住何處 鳥修威天架 孖三記公司舖

(六)往何校肄業 天架埠國民學校

(七)由何人供給學費 孫炳輝 每年供給費 五拾

此外應送相片四張

該生須專事學業不得兼營他項事業

孫炳輝

一九二二年六月三日，孙炳辉以监护人的身份填表，向中国驻澳大利亚总领事馆申领儿子孙镜轩的赴澳留学护照和签证。右边是其贴在申请表背面的孙镜轩照片。

① Lily Beatrice Bing Fay [Chinese - Born in Australia, wife of Bing Fay. Box 22], NAA: SP11/2, CHINESE/FAY L B B。

② Bing Fay [Chinese - arrived Sydney per CHANGTE, 30 Jun 1939. Box 22], NAA: SP11/2, CHINESE/FAY B; King Hing Suen [Chinese - arrived Sydney per CHANGTE, 30 Jun 1939. Box 40], NAA: SP11/2, CHINESE/SUEN K H。

③ King Hing Suen [also known as Garnet Fay] [Chinese - arrived Sydney per CHANGTE on 30 June 1939. Box 1] [N1958/3306], NAA: SP1732/2, SUEN, KING HING。

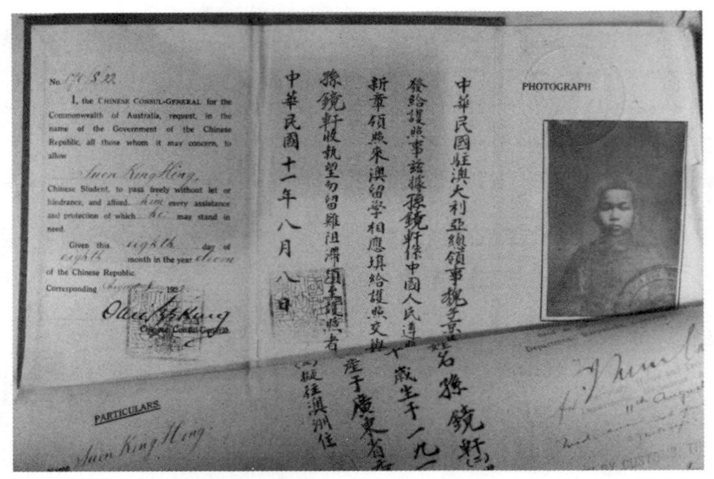

No. 17832

I, the Chinese Consul-General for the Commonwealth of Australia, request, in the name of the Government of the Chinese Republic, all those whom it may concern, to allow Suen King Hing, Chinese Student, to pass freely without let or hindrance, and afford him every assistance and protection of which he may stand in need.

Given this eighth day of eighth month in the year eleven of the Chinese Republic.

Corresponding August 1922

Chinese Consul-General.

中華民國駐澳大利亞總領事魏子京

為發給護照事茲據孫鏡軒係中國人民年十歲生于一九一

新章領照來澳留學相應填給護照交與

孫鏡軒收執望勿留難阻滯須至護照者

中華民國十一年八月八日

姓名 孫鏡軒

產于廣東省香

擬往澳洲住

PHOTOGRAPH

PARTICULARS.

Suen King Hing

一九二二年八月八日，中国驻澳大利亚总领事魏子京给孙镜轩签发的中国学生护照。

档案出处（澳大利亚国家档案馆档案宗卷号）：

Suen King Hing [1.5cm], NAA: A1, 1936/102

莫民生

香山芦溪村

莫民生（Mon Sang），出生于一九一二年六月十七日[①]，香山县芦溪村人。

莫民生的父亲是莫阿燕（Mo Ah Yin）[②]，生于一八八二年，于一八九九年从家乡奔赴澳大利亚谋生，在昆士兰省（Queensland）北部重镇汤士威芦埠（Townsville）定居下来，最终在弗林德斯街（Flinders Street）上开设了一间以他自己名字命名的商铺——莫阿燕号商铺。[③]一九二一年五月二十七日，莫阿燕为儿子莫民生来澳留学之事，填表向中国驻澳大利亚总领事馆提出申请，要求为其子办理留学生护照和入境签证。他以自己经营的莫阿燕号商铺作保，承诺每年为儿子莫民生供给足镑膏火费，并为儿子报读了汤士威芦埠的威士端公立学校（West End State School, Townsville，亦即西端公立学校）。

---

① 此时莫民生的父亲在国内探亲，待其出生后方才返回澳洲。见：Certificate Exempting from Dictation Test (CEDT) - Name: Ah Yin - Nationality: Chinese - Birthplace: Canton - departed for China per TAIYUAN on 28 September 1911, returned to Townsville per YAWATA MARU on 16 August 1912, NAA: J2483, 76/5。

② Yin, Ah - Nationality: Chinese [Occupation - Storeman and Fruiterer, DOB 12 May ?1882] - Alien Registration Certificate No 38 issued 17 October 1916 at Townsville, Re-Issued at Thursday Island, NAA: BP4/3, CHINESE YIN AH。

③ Certificate Exempting from Dictation Test (CEDT) - Name: Ah Yin (of Townsville) - Nationality: Chinese - Birthplace: Canton - departed for China per TANGO MARU on 5 November 1914, returned to Townsville per ST ALBANS on 4 January 1916, NAA: J2483, 159/96。

对于莫阿燕提交的申请，中国总领事馆的处理很快。一九二一年五月三十日，中国总领事魏子京为莫民生签发了编号为53/S/21的中国留学生护照，并在次日从澳大利亚内务部为他拿到了入境签证。按照惯例，在接到签证的当天，中国总领事馆就将其寄往中国莫民生的家乡，让他做好准备，尽早前来澳洲留学。

接到护照后不久，九岁的莫民生就与前文所提到的莫金饶结伴，一同从家乡启程，转道香港后搭乘“获多利号”（Victoria）轮船，于一九二一年九月十四日抵达汤士威芦埠，入境澳洲，开始了他在澳洲的留学生涯。

十月一日，莫民生再次与莫金饶一道，正式入读威士端公立学校。虽然莫民生的年纪比莫金饶要小近四岁，但也知道用功，而且因为年龄小，学语言上手快，很快就适应了当地的生活和学习。从年底校长提交的报告看，无论是学业还是操行方面，莫民生也和莫金饶一样，其表现令人满意。就这样，他在这所学校一直读到一九二七年底的学年结束，完成了全部的小学课程。而此时，十五岁的莫民生也考上了汤士威芦中学（Townsville High School）。

一九二八年新学年开始，莫民生正式注册入读汤士威芦中学，虽然成绩很好，校长报告中对他的评价也很不错，但他只是读了半年。

就在一九二八年八月十七日这一天，莫民生突然在汤士威芦港口登上“圣柯炉滨号”（St Albans）轮船，驶往香港，转道返回中国。因走得很突然，他没有给出何以在此时中断学业回国的理由，而且在回国之前，也没有像莫金饶一样通过中国总领事馆向内务部提出再入境签证申请。此后，澳洲的档案记录中再也找不到与他有关的任何信息。显然，他是一去不返。

然而，检视其父亲莫阿燕的出入境记录便可以看到，他也正好是那一天回国，搭乘的是同一艘轮船。[①]由此可以推测，因父亲已经决定要回国探亲，他也想一起回去，因为对于已在澳留学七年，时年十六岁的莫民生来说，或

① Certificate Exempting from Dictation Test (CEDT) - Name: Ah Yin - Nationality: Chinese - Birthplace: Canton - departed for China per ST ALBANS 18 August 1928 returned Townsville per TANDA 22 September 1930, NAA: J2483, 440/95。

许回中国升读中学，也是一个不错的选择。由是，在未来得及知会任何一方的情况下，他便跟着父亲一道走了。[1]而他回国后便不再想重返澳洲，因为两年后他的父亲莫阿燕是一个人回来澳洲的。

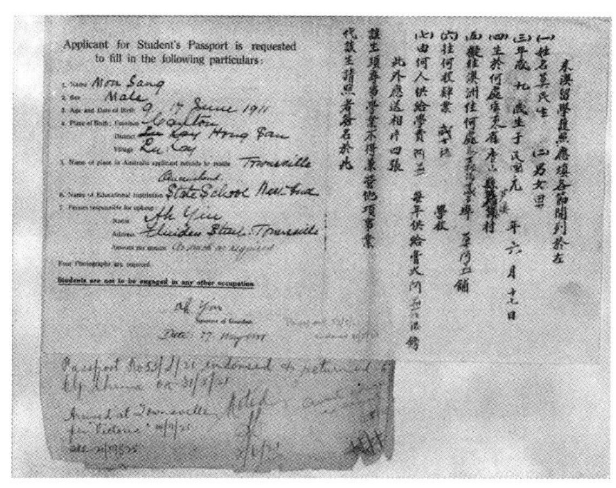

Applicant for Student's Passport is requested to fill in the following particulars:

1. Name Mon Sang
2. Sex Male
3. Age and Date of Birth 9. 17 June 1911
4. Place of Birth: Province Canton
District Lu Kay Hong Sau
Village Lu Kay
5. Name of place in Australia applicant intends to reside Townsville Queensland
6. Name of Educational institution State School
7. Person responsible for upkeep:
Name Ah Yin
Address Flinders Street Townsville
Amount per annum As much as required

Four Photographs are required.

Students are not to be engaged in any other occupation.

Ah Yin
Signature of Guardian
Date: 27 May 1921

来澳留学护照应填各节开列于左
（一）姓名 莫民生 （二）男女 男
（三）年岁 九岁 生于民国元年六月十七日
（四）生于何处 广东省香山县
（五）拟往澳洲住何处
（六）往何校肄业
（七）由何人供给学费
此外应送相片四张
该生须专习学业不得兼营他项事业
代该生请照者签名于此

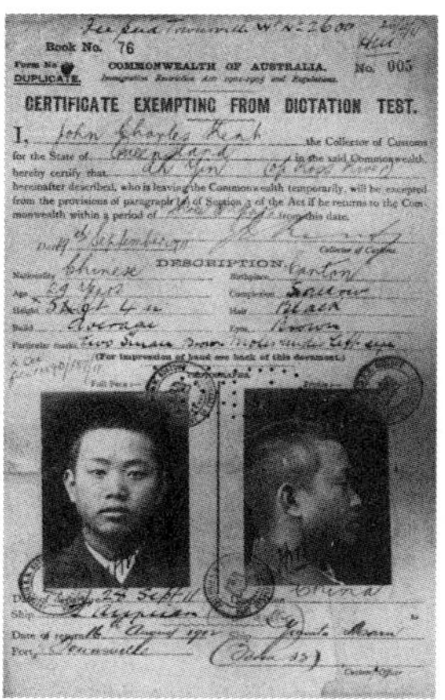

COMMONWEALTH OF AUSTRALIA.

CERTIFICATE EXEMPTING FROM DICTATION TEST.

DESCRIPTION

左：一九二一年五月二十七日，莫阿燕向中国驻澳大利亚总领事馆申请儿子莫民生来澳留学护照和签证所填写的申请表；右：一九一一年，莫阿燕申请的回头纸。

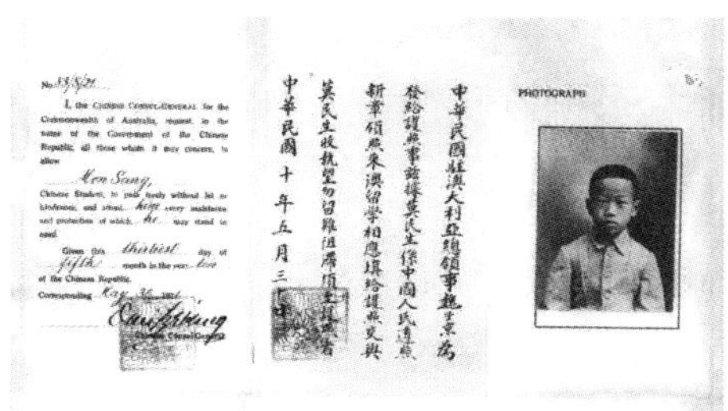

No. 33/S/21

I, the Chinese Consul-General for the Commonwealth of Australia, request, in the name of the Government of the Chinese Republic, all those whom it may concern, to allow Mon Sang, Chinese Student, to pass freely without let or hindrance, and afford him every assistance and protection of which he may stand in need.

Given this thirtieth day of fifth month in the year ten of the Chinese Republic.

Corresponding May 30 1921

Chinese Consul-General

中华民国驻澳大利亚总领事魏子京为发给护照事兹据莫民生系中国人民遵照新章领照来澳留学相应填给护照仰沿途经过各处关卡查验放行毋得留难阻滞须至护照者

中华民国十年五月三十日

PHOTOGRAPH

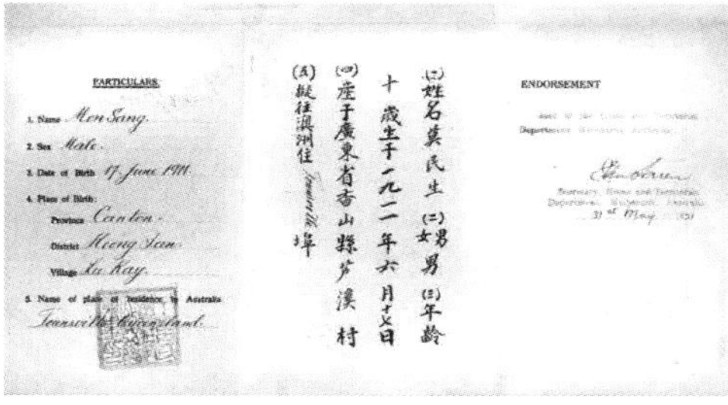

PARTICULARS

1. Name Mon Sang
2. Sex Male
3. Date of Birth 17 June 1911
4. Place of Birth:
Province Canton
District Heong Sean
Village Lu Kay
5. Name of place of residence in Australia Townsville Queensland

（一）姓名 莫民生 （二）女男 男 （三）年龄 十岁 生于一九一一年六月十七日
（四）产于广东省香山县芦溪村
（五）拟往澳洲住 Townsville 埠

ENDORSEMENT

31st May 1921

一九二一年五月三十日，中国驻澳大利亚总领事魏子京为莫民生签发的中国留学生护照。

档案出处（澳大利亚国家档案馆档案宗卷号）：

Mon SANG - Student passport, NAA: A1, 1927/16206

---

① Certificate Exempting from Dictation Test (CEDT) - Name: Ah Yin - Nationality: Chinese - Birthplace: Canton China - departed for China per VICTORIA 21 February 1924 returned Townsville per MISHIMA MARU 11 March 1926, NAA: J2483, 360/26。

李伟先、李祐荣兄弟

中山恒美村

李伟先（Charlie Lee Fay Sin，或Charlie Li Fay Sin）和李祐荣（Li Yo Wing，或Lee Yo Wing）是兄弟俩，中山县恒美村人。前者生于一九一二年七月六日，后者生于一九一七年十月一日。

李家哥俩的父亲是李业微（Li Yip Fay）。在李祐荣的个人档案中，李业微自报说，大约是在一九〇七年左右来到澳洲谋生；但在李伟先的个人档案中，他又宣称自己是一九〇〇年前就已抵达澳洲闯荡讨生活。因澳大利亚国家档案馆里找不到他的最早入澳记录，故上述哪种说法更接近事实，目前不得而知，但关键的一点是，当时澳大利亚内务部和海关都没有对他的说法提出任何异议。据此，从当时的官方口气上判断，他的后一个说法是比较可信的；而一九〇七年的说法，也许是他获得长期居留权之后返乡探亲后回到澳洲的年份。从档案馆保存的仅有的一些记录看，李业微应该是最早从昆士兰省（Queensland）登陆入境，然后在该省北部的汤士威埠（Townsville）定居下来。在一九一三年汤士威埠的一个华人入境案子里，李业微作为证人，曾向海关证实，他与案中人是亲戚关系，大约七至八年前在昆士兰省某地曾经相遇过。[①]自此之后，他可能就去了雪梨（Sydney）发展，直到一九一五年从

① Prosecution Wong Get, mentions Yip Fay, Woo Lee, NAA: J2773, 2872/1913。

那里回国探亲。[1]一九二八年初，李业微重返澳洲后，就去了昆士兰，重返汤士威埠，在该埠加农街（Cannon Street）开设一间以自己名字命名的杂货铺，即李业微杂货铺（Li Yip Fay Store），后来也称李辉号商铺，自营生意。

在次子李祐荣满十一岁之后，李业微决定把他申办来澳洲读书，让他入读位于汤士威的天主教立基督学校（Christian Brothers' College，即基督兄弟会书院）。一九二八年十月十七日，他备齐材料，具表向位于美利滨（Melbourne）的中国驻澳大利亚总领事馆申请办理李祐荣的来澳留学生护照和入境签证。他以自己经营的李辉号杂货铺作保，承诺每年供给儿子李祐荣膏火费一百镑。这笔留学费用，包括了其子来澳留学之学费、医疗保险和生活费以及往返中澳之船资等相关开销。

中国总领事馆在接到李业微的申请后，搁置了相当长的一段时间未予审理，可能是因为总领事魏子京去职，而新任总领事宋发祥尚未赴任，因而在这个空档期相关事务都有所耽搁。直到一九二九年四月四日，几乎就是在李业微的申请递交上来已近半年之后，才由一位刘姓馆员以代理总领事的名义，为李祐荣签发了编号为534/S/29的中国留学生护照，并当天就汇集申请材料，发函澳大利亚内务部，为他申请入境签证。

内务部接到李业微的申请后，自然是按照流程来审理。首先是通过海关查询其从澳洲返回中国探亲的具体日期，以便确定李祐荣是否为他的亲生儿子。据海关记录，李业微于一九一五年十一月从雪梨搭乘“奄派号”（Empire）轮船返回中国，直到一九二八年五月二日，才乘坐“彰德号”（Changte）轮船返回雪梨，在中国待了十二年多。这样看来，一九一七年出生的李祐荣是其在中国期间所生儿子当不是问题。

其次，根据指示，海关对李业微的财政能力与操行也进行了调查核实。上述李业微杂货店是在其返回澳洲之后才开设的，时间并不长。据汤士威埠官方的观察，该人品行无瑕，公平买卖，虽然该生意运行才十个月的时间，

---

① Low Chong, Munchy, Jollah, Yee Fang, Charles Ah Yan, Pan Foon, Fong Gow, Ah Gee, Lee Yip Fay and Ah Chong [Certificate Exempting from Dictation Test - includes left hand impression and photographs] [box 92], NAA: ST84/1, 1915/194/11-20。

但预计其一九二八至一九二九年度的营业额约在二千五百镑左右，表明其经商有道，财务状况良好。在如此短的时间内能有这样的业绩，充分显现出李业微过人的商业才能。

待核实完上述情况之后，内务部确认李业微符合监护人和财政担保人的条件及相关规定，而李祐荣也因未满十四岁，无须提供英语学识能力证明，便于六月十九日核发了李祐荣的入境签证。①随后，内务部将戳有签证印章的李祐荣护照退回给中国驻澳大利亚总领事馆，由其寄往中国李祐荣的家乡。

李祐荣接到护照后，并没有太多的耽搁，就收拾好行装，从家乡中山县赶赴香港，在那里搭乘“吞打号”（Tanda）轮船，于一九二九年九月十八日抵达汤士威埠，与父亲住在一起。随后，这位十二岁的中山少年按父亲要求，入读天主教立基督学校，但具体注册入学的日期因无档案记录，不得而知。尽管如此，根据校长的报告看，李祐荣的在校表现是令人满意的。在这里，李祐荣一直读到一九三二年上半年，到该年七月份上半学期结束，总计在这所教会学校读了三年。

在一九二九年成功地将次子李祐荣申办来汤士威埠读书之后，李业微于一九三〇年四月五日，再次具表向中国驻澳大利亚总领事馆提出申请，办理长子李伟先之来澳留学生护照和入境签证。此时的李伟先即将进入十八岁的年纪，正在省城广州廉伯英文学校（Limpak College）读书。李业微仍以自己在汤士威埠加农街经营的李辉号杂货铺作保，承诺每年供给儿子李伟先五十镑的膏火费，作为其来澳留学之学费、医疗保险和生活费以及往返中澳之船资等各项费用。鉴于次子李祐荣目前正在汤士威的基督兄弟学校（Christian Brothers’College，即基督兄弟会书院）就读，长子李伟先自然也不例外，李业微预先为他拿到了该校的录取信。

此时的中国驻澳大利亚总领事是宋发祥，而且中国总领事馆也已经从美

---

① Lee Yip Fay [also known as Li Yip Fay and Lee Yep Fay] [application by Lee Yip Fay for admission of his son Lu Yo Wing, into the Commonwealth] [includes 8 photographs showing front and side views; Certificates Exempting from Dictation Test and Domicile; Certificate of Exemption; left hand and finger prints and left and right thumb prints for Lee Yip Fay] [Issue of CEDT in favour of subject] [box 262], NAA: SP42/1, C1931/535。

利滨搬到了雪梨办公，加上在此之前总领事馆里就已有李祐荣的申请档案，他哥哥的监护人和财政担保人等基本情况与之相比并没有什么差别，因此，在接到李业微给长子李伟先办理护照的申请后，宋总领事只是做了一下核实，就于五月二日为李伟先签发了编号为578/S/30的中国留学生护照。随后，宋总领事汇集上述资料，发函给澳大利亚内务部，为李伟先申请入境签证。因李伟先年龄已超过十四岁，需要提供英语学识能力证明，故在提交申请前，李业微就嘱咐儿子拿到了广州廉伯英文学校校长的推荐函，也让儿子手写了一份英文信原件，一起作为他已具有相当英文程度的证据，作为申请材料的附件。

与处理李祐荣申请的程序一样，内务部还是按照流程来审理李业微为李伟先提出的申请。根据海关的记录，李业微曾于一九一〇年九月从澳洲返回中国探亲，到一九一二年二月一日才回到澳洲。根据他的这个探亲行程，一九一二年七月六日出生的李伟先，显然就是在李业微探亲期间已经让妻子怀上的，等他回到澳洲后五个月才出生，故而他们之间具有生物学上的父子关系应不成问题。其次，李业微杂货铺在一九二九至一九三〇年度的营业额为二千七百四十八镑，净利润为三百三十七镑，缴纳国税一镑九先令四便士，地方税为四镑十五先令五便士，比上一年预估的还要高一些，显示出他良好的财务状况。虽然李业微在银行的存款微不足道，但他有股票，价值达五百镑，据报还在中国拥有价值达三千镑的固定财产。对上述情况进行核实之后，加上又知道李业微的次子李祐荣此刻正在汤士威基督兄弟学校读书，内务部确认所有这一切都符合规定，遂于七月三日为李伟先核发了入境签证。中国驻澳大利亚总领事馆在接到内务部核发的签证之后，就按流程将护照寄往广州李伟先的住处。

十八岁的李伟先接到护照和签证之后，也跟弟弟李祐荣一样，很快便收拾好行囊，于年底前结束了在广州廉伯英文学校的课程，便赶往香港，搭乘从那里起航的“太平号”（Taiping）轮船，于一九三〇年十二月五日抵达汤士威，跟父亲和弟弟住在一起。就在李伟先刚刚注册入读天主教基督兄弟学校之后没有几天，事情起了变化，他需要改变自己的身份，即转变签证的类别。

当年十二月十五日，李业微通过中国驻澳大利亚总领事馆向内务部提出申请，谓自己身体欠安，须遵医嘱回中国休养，约需半年左右的时间，近期内就要成行。此前，他曾想将其生意出售，但一直未能出手，想在当地找到一个合适的人来代理经营其生意，亦无法寻觅到。据此，唯有其子李伟先可以胜任此职。他表示，一方面，由于李伟先已在广州读英文学校多年，其英文之听、说、写等运用能力已达相当熟练程度，这通过其入关汤士威之时海关人员所做的测试可获得证实；另一方面，也唯有像其子这样的中英文俱佳之人来代理负责经营管理其生意，方可令自己放心前往中国休养；而且，儿子已经年满十八岁，算是成人了，对于许多商业交往的事情可以自行做出决定。况且本学年业于十二月十三日便已结束，余下的七个星期皆为假期，如果让李伟先休学半年，改变其签证性质，负责经营管理其父之生意的话，实际上，他不能上学的时间也就只有十九周而已。由是之故，在他本人返回中国休养治疗不在澳洲的这半年左右的时间里，由儿子李伟先代父管理经营生意，乃上上之选。

由这个申请可以看出，李业微在长子已在广州接受了良好教育且又已年满十八岁之际申请其来澳留学，显然是有预谋的。他是在按照自己的设想和安排出牌，而上述中国驻澳大利亚总领事给内务部的申请公函，事实上也积极配合并支持李业微的陈情，吁请内务部对此给予认真考虑，玉成此事。既然这样，内务部在受理上述申请后，经过与汤士威埠当地海关的沟通以及检视当地西人医生给李业微开出的诊断证明，也都确认其身体健康堪虞的陈述属实，遂于十二月二十七日函复中国总领事馆，同意给予李伟先六个月的休学签证，由他来代理经营管理父亲的生意。[1]看来，李业微的计划成功了。从其在中国探亲时间长达十余年之后再返澳洲创业，短短一到两年时间就将生意做得风生水起来看，其人精于计算，颇具头脑。而且，鉴于次子李祐荣年

---

① Certificate for exemption from dictation test list - Yat Quay, James Chock Gun, Leong Fat, Leong Poy Lum, Charlie Lee, Fay Sin, NAA: J2773, 1192/1930。

幼，在父亲李业微离开澳洲治疗休养期间，他的哥哥李伟先还要暂代其父充当其监护人。待这些都得到确认并做好安排之后，一九三一年一月十九日，李业微便在汤士威搭乘“吞打号”轮船，按计划回到中国治疗休养。①

一九三一年六月四日，因李业微无法按期返回澳洲，中国驻澳大利亚总领事馆再次致函澳大利亚内务部，要求再为李伟先之休学代父管理经营其店铺生意展签六个月。六月十二日，内务部复函，如其所请，并没有通过海关或警察局进行核查，似乎早已预料到有这样的结果，也早已对此做出预案。到了这一年的年底，李业微仍然还在中国治病休养，一时间无法返回澳洲。中国总领事桂植于十一月二十五日再次向内务部提出申请，希望准允李伟先继续休学，直到其父返回澳洲。这一次，内务部比较慎重，批复之前先通过汤士威埠海关找到在店铺中维持生意经营的李伟先，详细咨询其父病情。他们由此获知，李业微此时依然病重，身体很弱，目前确实无法返回澳洲。而李伟先在经营其父之生意上也碰到了很大困难，他本人一直想尽快代父出手这个生意。但因现在经济形势不佳，受全球性经济大萧条影响，生意出售转手不易，据他个人估计，至少要六个月的时间才能解决生意出售事宜，然后他就会去处理其父身体健康之事宜。了解到这个情况后，内务部于一九三二年一月四日致函中国总领事馆，同意再次给予李伟先六个月休学展签。

到一九三二年五月，李伟先终于得以将李辉号商铺出手，卖给了他人。但因他还要一段时间整理售后账务，缴纳税款，他希望内务部再给他展签三个月，以便他把这些事情全部处理完毕，然后就回中国，探望父亲。尽管中国总领事馆在给内务部的公函中替他申请的是六个月的展签，想为他多预留一些时间，以便多些回旋余地，但内务部得知李伟先已将生意出售之后，还是如当事人所请，只给予他三个月的展签，有效期到九月四日为止。

于是，在处理完有关生意及税务之事后，二十岁的李伟先便与将要十五岁的弟弟李祐荣一起，于一九三二年八月一日在汤士威港登上驶往香港的

---

① Name: Lee [Li] Yip Fay (of Townsville) - Nationality: Chinese - Birthplace: Canton - Certificate of Exemption from the Dictation Test (CEDT) number: 482/55, NAA: BP343/15, 16/7。

“彰德号”轮船，离开澳洲返回中国。兄弟俩一起回国之主要的目，就是探望重病之中的父亲李业微，按中国人的传统，以尽孝道。当然，也包括将父亲店铺李辉号生意卖掉之后的那笔钱一并带上，回到中国，或充父亲治疗之药资，或作发展之用。

总计李伟先在澳留学一年半多一点的时间，除了刚刚抵达汤士威后的那几天时间里是在学校读书之外，其余的时间，都是替代病休的父亲管理其在汤士威的生意。此后，李伟先再也没有返回澳洲读书。鉴于中国留学生在澳留学的年龄上限是二十四岁，而已留学三年的李祐荣此时不到十五岁，事实上尚有很多年的在澳升学空间，但此后他也没有返回澳洲读书。而他返回中国后的情况，也因没有资料，无从得知。至于此前精心安排两个儿子赴澳留学并对生意发展有所布局的李业微，则不幸因回国休养而导致病重滞留，加上时运不济，致两个儿子不得不放弃学业和卖掉生意回国，可能就是他无法预料的了。

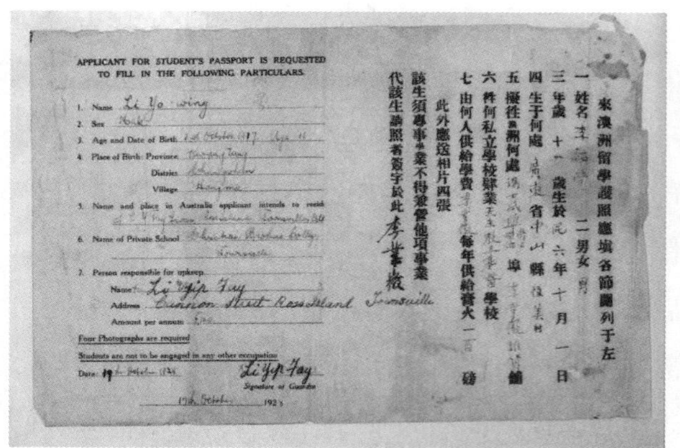

APPLICANT FOR STUDENT'S PASSPORT IS REQUESTED TO FILL IN THE FOLLOWING PARTICULARS.

1. Name Li Yo Wing
2. Sex Male
3. Age and Date of Birth
4. Place of Birth: Province
District
Village
5. Name and place in Australia applicant intends to reside
6. Name of Private School
7. Person responsible for upkeep.
Name Li Yip Fay
Address
Amount per annum

Four Photographs are required

Students are not to be engaged in any other occupation

Date:

Li Yip Fay
Signature of Guardian

来澳洲留学护照应填各节开列于左
一 姓名
二 男女
三 年岁 十一 岁生于民 六 年 十 月 一 日
四 生于何处 广东 省 中山 县
五 拟往澳洲何处 埠
六 拟入何私立学校肄业 学校
七 由何人供给学费 每年供给費火 镑
此外应送相片四张
该生须专事学业不得兼营他项事业
代该生请照者签字於此 李业微

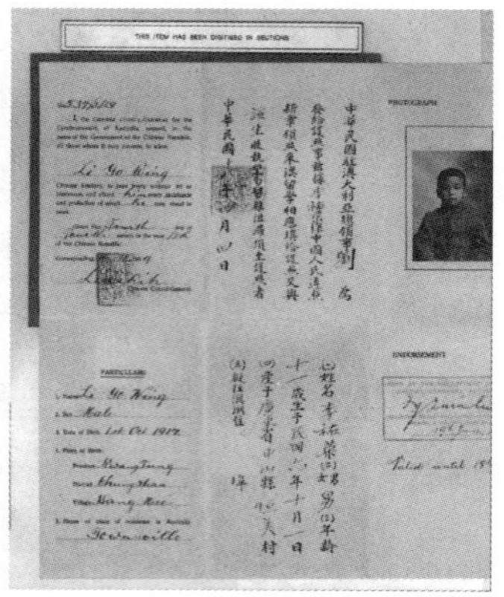

左：一九二八年十月十七日，李业微向中国驻澳大利亚总领事馆申请儿子李祐荣来澳留学护照和签证所填写的申请表；右：一九二九年四月四日，中国驻澳大利亚总领事馆刘姓馆员代总领事为李祐荣签发的中国留学生护照及澳大利亚内务部六月十九日为他核发的入境签证。

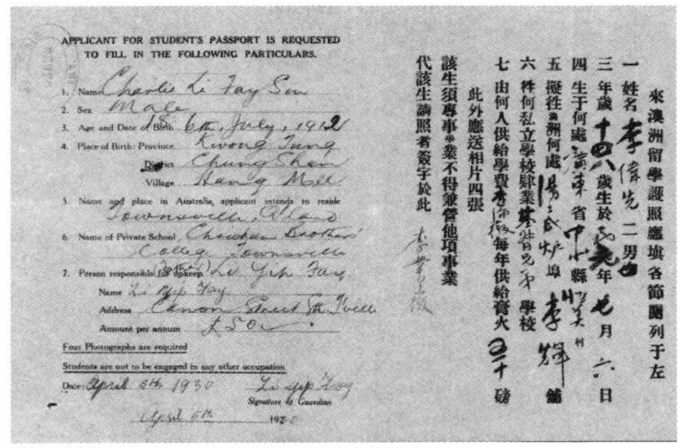

APPLICANT FOR STUDENT'S PASSPORT IS REQUESTED TO FILL IN THE FOLLOWING PARTICULARS.

1. Name Charlie Li Fay Sin
2. Sex Male
3. Age and Date of Birth 18 6th July, 1912
4. Place of Birth: Province Kwong Tung
   District Chung Shan
   Village Hang Mell
5. Name and place in Australia applicant intends to reside Townsville, Q'land
6. Name of Private School Christian Brothers' College Townsville
7. Person responsible for upkeep Li Yip Fay
   Name Li Yip Fay
   Address Canon Street Th'ville
   Amount per annum £50

Four Photographs are required

Students are not to be engaged in any other occupation

Date April 5th 1930 Li Yip Fay Signature of Guardian

April 5th 1930

來澳洲留學護照應填各節開列于左

一 姓名 李偉先 二 男

三 年歲 十八歲生於民國元年七月六日

四 生于何處 廣東省中山縣恒美村

五 擬往澳洲何處 湯士威炉埠

六 往何私立學校肄業 基督兄弟學校

七 由何人供給學費 李業微 每年供給膏火 五十磅 李輝舖

此外應送相片四張

該生須專事學業不得兼營他項事業

代該生請照者簽字於此 李業微

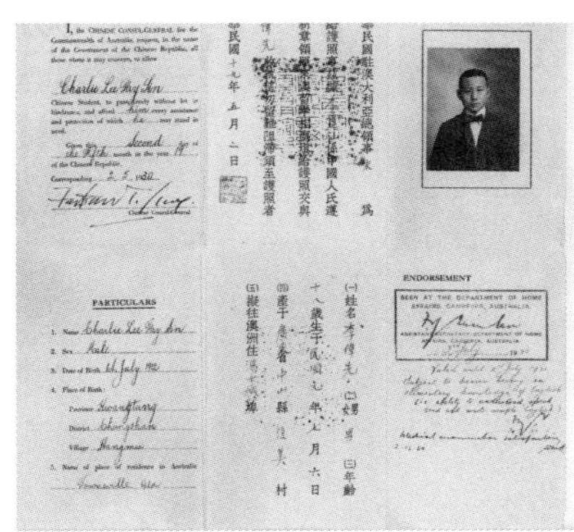

I, the Chinese Consul-General for the Commonwealth of Australia, request, in the name of the Government of the Chinese Republic, all those whom it may concern, to allow

Charlie Lee Fay Sin

Chinese Student, to pass freely without let or hindrance, and afford ... every assistance and protection of which ... may stand in need.

Given this Second day of the Fifth month in the year 19 of the Chinese Republic.

Corresponding 2. 5. 1930

Chinese Consul-General

中華民國駐澳大利亞總領事 為

民國十九年五月二日

PARTICULARS

1. Name Charlie Lee Fay Sin
2. Sex Male
3. Date of Birth 6th July 1912
4. Place of Birth:
   Province Kwongtung
   District Chungshan
   Village Hangmee
5. Name of place of residence in Australia Townsville Qld

(一)姓名 李偉先 (二)男 (三)年齡 十八歲

生于民國元年七月六日

(四)產于廣東省中山縣恒美村

(五)擬往澳洲住湯士威炉埠

ENDORSEMENT

SEEN AT THE DEPARTMENT OF HOME AFFAIRS, CANBERRA, AUSTRALIA.

左为一九三〇年四月五日，李业微向中国驻澳大利亚总领事馆申请儿子李伟先来澳护照和签证所填写的申请表；右为一九三〇年五月二日，中国驻澳大利亚总领事宋发祥为李伟先签发的中国留学生护照及澳大利亚内务部七月三日为他核发的入境签证。

档案出处（澳大利亚国家档案馆档案宗卷号）：

C Lee Fay Sin - students passport, business exemption certificate, NAA: A1, 1932/60

Li Yo Ming - Students passport, NAA: A1, 1931/7376

黄禄、黄卓兄弟

香山石岐

黄禄（Charlie Son，或Wong Lock）和黄卓（George Yung，或Wong Chock）是堂兄弟，香山县石岐人。黄禄生于一九一一年四月十日，黄卓生于一九一二年八月十五日。

黄洋（Wong Yung）是黄卓的父亲，出生于一八七七年，于一八九九年来到澳洲打工[①]，一直在昆士兰省（Queensland）北部发展，最终在该省北部重镇汤士威炉埠（Townsville）北面一百多公里处的小镇英壬埠（Ingham）定居下来，与其兄长等人一起合股经营着一家杂货店铺，名为鸿源号（Houng Yuen & Co.）[②]，由他出任司理[③]。整个档案中未披露他的兄长姓名，只是在第一次世界大战期间英壬埠登记的华人名单中，有一人名叫Wong Yuen（黄源，译音），比黄洋大一岁多一点，也是跟黄洋一样，职业是店主，在澳大利亚档案馆藏的英壬埠华人宗卷中，于第一次世界大战前后都标记为“店主”者，也就只有他们两位；更重要的是，他的名“源”（Yuen），正好就是商号名中的一个字。[④]由此看来，黄源至少是和弟弟黄洋一起赴澳发展的，

---

① Wong Yung of Ingham, NAA: J2482, 1904/135。

② 鸿源号的名字最早是于一九一四年一月出现在当地报纸中，这表明至少在此前该店铺便已开张营业。见：” Herbert River Notes”, *Townsville Daily Bulletin,* Saturday 10 January 1914, page 11。

③ Yung, Wong - Nationality: Chinese [DOB: 20 July 1877, Occupation: Storekeeper] - Alien Registration Certificate No 1 issued 24 October 1916 at Ingham, NAA: BP4/3, CHINESE YUNG WONG。

④ Yuen, Wong - Nationality: Chinese [DOB: 1 June 1876, Occupation: Storekeeper] - Alien Registration Certificate No 11 issued 25 October 1916 at Ingham, NAA: BP4/3, CHINESE YUEN WONG。

甚至有可能是他先来，立足之后再把弟弟召唤而来。兄弟俩与其他人合股创下这份基业，他们作为主要股东，其经济实力还是有些基础的。由是，本宗卷中未曾披露姓名的黄源，则正是黄禄的父亲。

一九二一年初，当澳洲开始实施《中国留学生章程》之后，由中国驻澳大利亚总领事馆主导处理有关中国留学生的申请事宜，黄洋和他的兄长就想将他们的儿子都办来澳洲留学，只是此时黄禄的父亲人在中国，不在澳洲，遂由黄洋一人作为两个孩子的监护人，全权代理申请事宜。二月三日，黄洋向内务部提出申请，以其鸿源号杂货店作保，担保其儿子黄卓及侄儿黄禄前来澳洲念书，其店铺就作为两个孩子读书时的住所，所要入读的学校是英壬公立学校（State School of Ingham）。对于这样的一个申请，内务部认为不合规矩，因为从今年开始，这类申请已经转由中国驻澳大利亚总领事馆负责受理。但幸运的是，内务部并没有将这份申请材料退回去，而是顺手转交给中国总领事馆处理。而对于黄洋而言，他或许知道此时已实施新的《中国留学生章程》，但对申请程序可能不是很清楚，因此，就像以往向内务部申请回头纸（Certificates of Domicile and Certificates Exempting from the Dictation Test）一样，只是循惯例将申请递交到内务部。

中国驻澳大利亚总领事魏子京接到上述由澳大利亚内务部转来的申请后，很快便于二月十八日签发了两份中国留学生护照给黄卓和黄禄，前者护照编号为18/S/21，后者为19/S/21，而且都在护照签发的次日就获得了澳大利亚内务部核发的入境签证。中国总领事馆也在同一天将两份护照一同寄往中国香山县黄家，因为此时黄源正在那里探亲，计划在结束探亲后便可带着两个孩子动身前来澳洲。

但是，在黄家兄弟上述签证获发之后，正在紧锣密鼓地安排赴澳之时，黄洋正好因商务需求，要回香港和国内办理，也顺便探亲，便立即申请回头纸，于二月二十八日离开澳洲回国，准备在返澳时将两个孩子一并带来。于是，半年多之后，黄洋便携黄禄和黄卓兄弟俩一同前往香港，在那里搭乘中澳船行经营的"获多利号"（Victoria）轮船，于当年十一月十三日抵达昆士兰北部大埠汤士威炉埠，入境澳洲，然后转道去英壬埠。[1]到埠之后，他们就住进了鸿源号商铺。因此时距学校放暑假只剩下四到五个星期的时间，黄洋就决定让这兄弟俩先熟悉情况，先在家补习英语，到明年开学再去上学。而黄源是否也跟着他们一起返回，因这份档案宗卷未曾提及，不得而知。

一九二二年新学年开学后，黄禄黄卓兄弟一起注册入读英壬公立学校。从校长的例行报告看，黄家兄弟学习尚可，这种状况持续了一年。对于十岁左右的孩子，进入这样的环境读书，一年的时间应该是可以让他们很快与澳洲当地学生融合到一起的，尤其是学英语口语，上口也快。

在黄氏兄弟于上述公立学校读了一年之后，从一九二三年新学年开始，黄洋将他们送到位于汤士威炉埠内陆西南部一百三十多公里的矿镇车打士滔（Charters Towers），进入设在那里的一所教会学校加美乐山书院（Mount Carmel College）念书。该校是寄宿制，兄弟俩在此都很适应，表现亦获认可。

但是，在加美乐山书院读了一年之后，黄卓于一九二四年二月二十一日在汤士威炉港口乘坐两年前他来澳洲时的同一艘轮船“获多利号”，驶往香港，返回香山。无论是海关还是中国总领事馆，都在报告中未披露是什么原因使这个不满十二岁的小留学生突然退学回国，此后也再没有与他有关的档案。也就是说，此后黄卓再也没有重返澳洲念书。但检索黄洋的档案，发现他也是同一日搭乘上述轮船回国探亲和处理公私事务，直到一九二六年十月方才返回汤士威炉埠。[2]由此可见，可能是出于家中长辈对小辈的思念，黄洋便按照要求将儿子一并带上回国。只是在回国后，黄卓不再愿意出来澳洲继续留学，或许去到省城广州甚至香港或澳门，其环境和舒适度都会比在澳大利亚东北部的那个小镇子要好很多。

---

① Certificate Exempting from Dictation Test (CEDT) - Name: Wong Yung - Nationality: Chinese - Birthplace: Canton - departed for China per HWAH PING on 28 February 1921 returned Townsville per VICTORIA 13 November 1921, NAA: J2483, 299/067。

② Certificate Exempting from Dictation Test (CEDT) - Name: Wong Yung - Nationality: Chinese - Birthplace: Canton China - departed for China per VICTORIA 21 February 1924 returned Townsville per TAIPING 1 October 1926, NAA: J2483, 364/55。

虽然找不到黄源的相关档案宗卷，但可以推测的是，他应该早就已经结束在中国的探亲返回澳洲，并在弟弟黄洋离开澳洲的这段日子里，主持鸿源号商铺的日常经营。

而黄禄则仍然留在加美乐山书院，继续学业，直到一九二六年底学期结束。在这四年的日子里，书院提交给内务部有关他的例行报告虽然平淡无奇，但却显示出他在学校里中规中矩，各科学业平稳，按部就班地读书，逐级升迁；而中国总领事馆也就年复一年地为其申请留学签证展延，都顺利地获得内务部的批复。

到一九二七年新学年开学后，十六岁的黄禄待在英壬埠，没有再回去加美乐山书院读书，也没有告知学校是什么原因不去上学。书院院长在等了近两个月还没有他的消息之后，便将其未继续注册入学之事报告给内务部。内务部以为黄禄可能是转学去了别的学校，遂发函汤士威炉海关，责成后者在当地的学校中排查，以厘清此事。但还没有等到海关回复，内务部就接到中国驻澳大利亚总领事馆的通知，知照黄禄已于四月二十九日在汤士威炉港口乘坐“太平号”（Taiping）轮船，离开澳洲返回中国去了。无论是中国总领事馆的信函，还是海关的报告，都没有说明他不去上学以及突然回国的原因。但同样的是，黄禄是跟着叔父黄洋走的。黄洋在回到澳洲后不到半年，又因故需要回国处理公私事务，因而在离境时，顺便就把侄儿黄禄也一并带走。①

黄禄总计在澳留学五年半，较之堂弟黄卓只留学两年，时间要长得多，但也没有他日后重返澳洲的记录。

---

① Certificate Exempting from Dictation Test (CEDT) - Name: Wong Yung - Nationality: Chinese - Birthplace: Canton - departed for China per TAIPING 29 April 1927 returned Townsville per TAIPING 1 October 1935, NAA: J2483, 429/8。

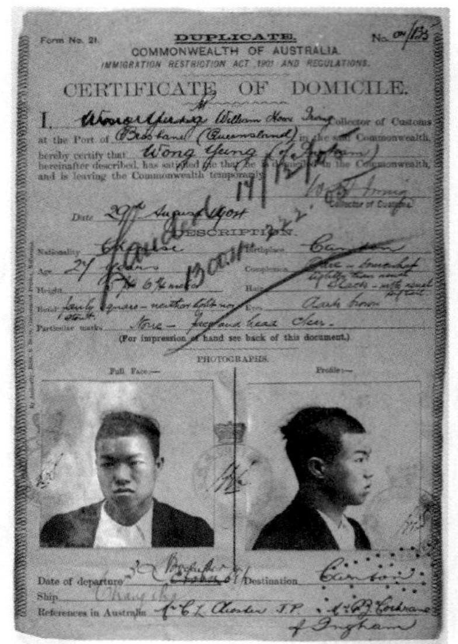

Form No. 21.

DUPLICATE.

COMMONWEALTH OF AUSTRALIA.

IMMIGRATION RESTRICTION ACT 1901 AND REGULATIONS.

CERTIFICATE OF DOMICILE.

I, ... Collector of Customs at the Port of Brisbane (Queensland) in the said Commonwealth, hereby certify that Wong Yung ... hereinafter described, has satisfied me that he is domiciled in the Commonwealth, and is leaving the Commonwealth temporarily.

Date 29th August 1904

DESCRIPTION.

(For impression of hand see back of this document.)

PHOTOGRAPHS.

Full Face:— Profile:—

Date of departure ... Destination Canton

Ship ...

References in Australia ...

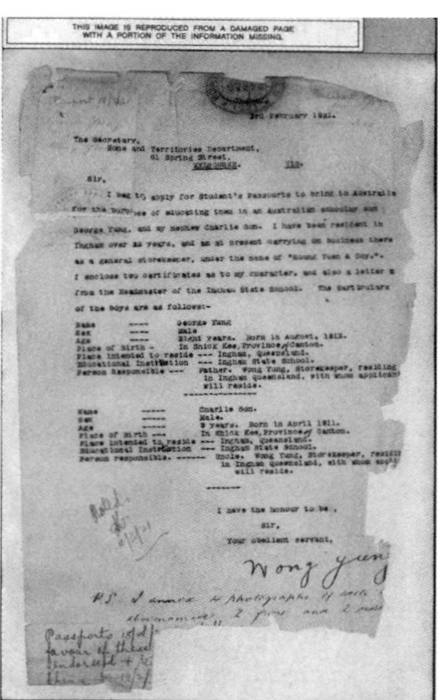

THIS IMAGE IS REPRODUCED FROM A DAMAGED PAGE WITH A PORTION OF THE INFORMATION MISSING.

3rd February 1921.

The Secretary,
Home and Territories Department,
61 Spring Street,
MELBOURNE. Vic.

Sir,

I beg to apply for Student's Passports to bring to Australia for the purpose of educating them in an Australian schooling son George Yung, and my nephew Charlie Son. I have been resident in Ingham over 22 years, and am at present carrying on business there as a general storekeeper, under the name of "Wong Yung & Coy.". I enclose two certificates as to my character, and also a letter from the Headmaster of the Ingham State School. The particulars of the boys are as follows:-

Name ---- George Yung
Sex ---- Male
Age ---- Eight years. Born in August, 1912.
Place of Birth - In Shick Kee, Province of Canton.
Place intended to reside --- Ingham, Queensland.
Educational Institution --- Ingham State School.
Person Responsible --- Father. Wong Yung, Storekeeper, residing in Ingham Queensland, with whom applicant will reside.

Name ---- Charlie Son.
Sex ---- Male.
Age ---- 9 years. Born in April 1911.
Place of Birth --- In Shick Kee, Province of Canton.
Place intended to reside --- Ingham, Queensland.
Educational Institution --- Ingham State School.
Person responsible. ---- Uncle. Wong Yung, Storekeeper, residing in Ingham Queensland, with whom applicant will reside.

I have the honour to be,
Sir,
Your obedient servant,
Wong Yung

左：一九〇四年，黄洋申请的回头纸；右：一九二一年二月三日，黄洋向澳大利亚内务部申请儿子黄卓和侄儿黄禄来澳留学的申请信。

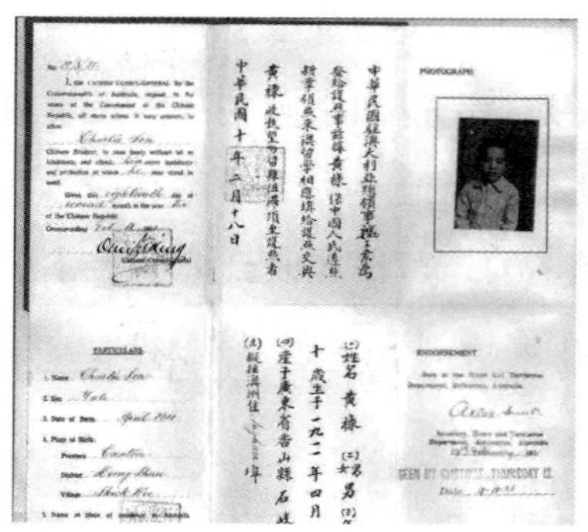

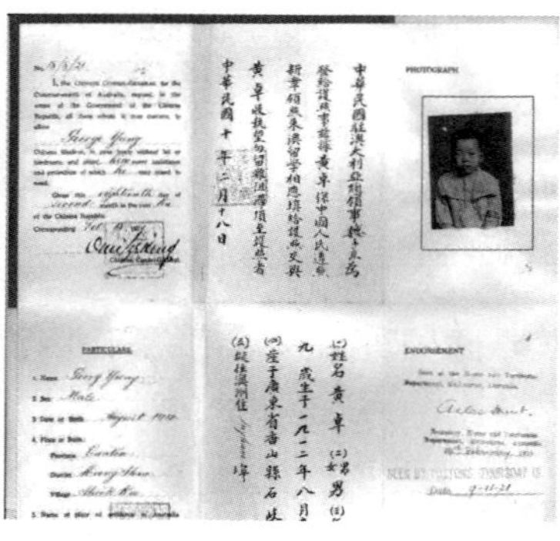

左：一九二一年二月十八日，中国驻澳大利亚总领事魏子京给黄禄签发的留学护照；右：同一天，中国驻澳大利亚总领事魏子京给黄卓签发的留学护照。

档案出处（澳大利亚国家档案馆档案宗卷号）：

Yung, George - Son, C - Students on passports, NAA: A1, 1926/19267

彭耀松

香山象角村

彭耀松（Pang Ton Choong，也写成Pang Yau Chong），出生于一九一二年八月二十九日，香山县象角村人。

其父名叫彭聘朝（Pang Chew），一八七一年出生[①]，可能是在十九世纪九十年代，便离开家乡，跟乡人一起来到澳大利亚谋生，最终定居于雪梨（Sydney）。其后几经风雨，略有发展，在雪梨北部的劳士非芦区（Roseville），独资开有一间兵记商铺（Pang Bing Kee），主要从事蔬果生意。

一九二三年，彭耀松即将年满十一岁时，彭聘朝就筹划着为儿子办理来澳留学事宜。八月十八日，他备齐材料，以监护人名义，向中国驻澳大利亚总领事馆递交了留学护照和签证申请表。他以上述自己经营的兵记商铺作保，承诺每年供给儿子膏火费一百镑作为留学费用，并为他在雪梨北部地区属于车士活区（Chatswood）的附属实验学校（Supplementary Practice School）注册了一个学位，准备等儿子彭耀松来澳后就进入该校读书。

中国驻澳大利亚总领事馆在接到彭聘朝递交的申请材料后，总计花了约三个月的时间来审理。该项审理有所耽搁的原因在于，从上一年开始，澳大利亚内务部因中国留学生大批来澳后引发了很多问题，需要与中国驻澳外交

① PANG Chew: Nationality - Chinese: Date of Birth - 1871: Arrived per TAIYUAN: First registered at Sydney, NAA: MT269/1, VIC/CHINA/PANG CHEW。

机构商讨修订《中国留学生章程》，双方沟通往返费时，导致中国总领事馆处理护照申请的速度比较缓慢。当然，相较同时期其他人的申请被耽搁一到两年的情况，这项申请的速度又算是比较快的。到这一年十一月十九日，中国总领事魏子京终于为彭耀松签发了编号为350/S/23的中国留学生护照，并于次日也获得了内务部为他核发的入境签证。随后，中国总领事馆按照惯例将护照和签证寄往中国彭耀松家里，以便其能尽快安排船期，前来澳洲留学。

在接到护照半年之后，当地金山庄与香港金山庄的联号多方安排，找到了旅途中的监护人和订好了船票，彭耀松便由家人送到香港，乘坐中澳轮船公司运营的“获多利号”（Victoria）轮船，于一九二四年六月二十二日抵达雪梨，顺利入境澳洲。他由父亲接出关，住进其兵记商铺，开始了他的在澳留学生涯。

但在入境雪梨之后，彭耀松并没有进入原先父亲为其安排好的车士活附属实验学校念书。因为他来到雪梨后是与父亲住在一起，当时兵记商铺所在的劳士非芦区距离车士活的这所附属实验学校还有相当的一段距离，彭耀松年纪尚小，从其住处走去该校上学的话，距离太远，比较辛苦，难以持久。于是，八月初，即在彭耀松进入澳洲一个多月之后，彭聘朝在他所居住区的劳士非芦公校（Roseville Public School）为儿子注册，彭耀松遂入读该校。从学校的例行报告看，他的在校各项表现尚可，既不是非常出众，也没有违反校规等情况。就这样，彭耀松在这里平平淡淡、波澜不惊地读了一年。

按规定，他的留学签证有效期是一年，每年到期时可申请展签。一九二五年六月，经中国总领事馆向内务部提出申请，很顺利地为他拿到下一年的展签。可是仅仅过了两个月，彭耀松突然就在八月十三日这一天，从雪梨搭乘“蒙哥雷号”（Mounganui）轮船，去了南太平洋上的法属殖民地大溪地（Tahiti）。档案中没有披露是什么原因使他突然前往那个地方，以及是跟随谁而去，也没有迹象表明他是前往观光探亲还是别有计划，也无法找到他之后是否返回澳洲读书的进一步资料，更没有在走之前或者之后知会中国总领事馆或者澳洲相关部门，也没有申请再入境签证。

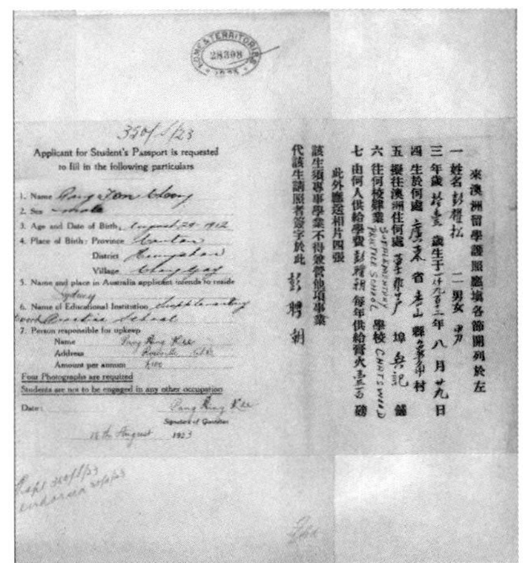
3504/23

Applicant for Student's Passport is requested to fill in the following particulars

1. Name
2. Sex
3. Age and Date of Birth
4. Place of Birth: Province
   District
   Village
5. Name and place in Australia applicant intends to reside
6. Name of Educational Institution
7. Person responsible for upkeep
   Name
   Address
   Amount per annum

Four Photographs are required

Students are not to be engaged in any other occupation

Date:

Signature of Guardian

來澳洲留學護照應填各節開列於左

一 姓名 彭耀松 二 男女 男

三 年歲 拾壹 歲生于一千九百十二年八月廿九日

四 生於何處 廣東 省 香山 縣 象角村

五 擬往澳洲住何處 雪梨 埠

六 往何校肄業 學校

七 由何人供給學費 彭聘朝 每年供給費大壹百磅

此外應送相片四張

該生須專事學業不得兼營他項事業

代該生請照者簽字於此 彭聘朝

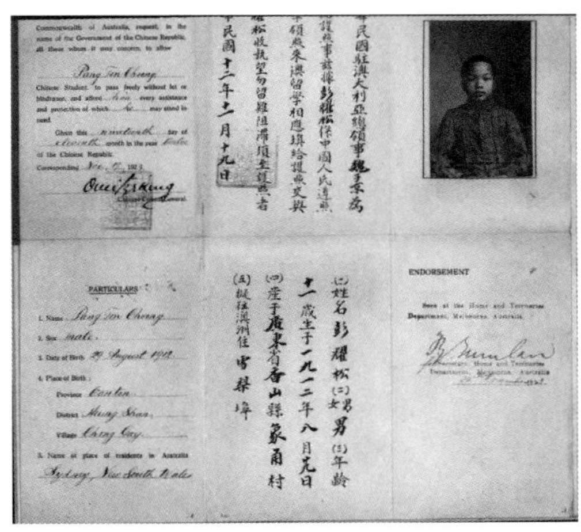
Commonwealth of Australia, request, in the name of the Government of the Chinese Republic, all those whom it may concern, to allow Pang Ton Cheung Chinese Student, to pass freely without let or hindrance, and afford him every assistance and protection of which he may stand in need.

Given this nineteenth day of eleventh month in the year twelve of the Chinese Republic.

Corresponding Nov. 19, 1923.

中華民國駐澳大利亞總領事魏子京為發給護照事茲據彭耀松係中國人民遵照……領照來澳留學相應填給護照……彭耀松收執望勿留難阻滯須至護照者

中華民國十二年十一月十九日

PARTICULARS

1. Name Pang Ton Cheung
2. Sex male
3. Date of Birth 29 August 1912
4. Place of Birth: Province Canton, District Heung Shan, Village Cheng Gay
5. Name of place of residence in Australia Sydney, New South Wales

(一)姓名 彭耀松 (二)男女 男 (三)年齡 十一歲生于一九一二年八月廿九日 (四)產于廣東省香山縣象角村 (五)擬往澳洲住 雪梨埠

ENDORSEMENT

Seen at the Home and Territories Department, Melbourne, Australia.

左：一九二三年八月十八日，彭聘朝向中国驻澳大利亚总领事馆申请儿子彭耀松来澳留学护照和签证所填写的申请表；右：一九二三年十一月十九日，中国总领事魏子京给彭耀松签发的留学护照。

档案出处（澳大利亚国家档案馆档案宗卷号）：

Choong, Pang Ton - Student's passport, NAA: A1, 1925/20947

李炳光

香山良都恒尾乡

李炳光（Lee Ping Kwong），一九一二年九月十八日生，香山县良都恒尾[1]乡人。到了入学年龄，他先是在乡读书；九岁那年，由家人在中国境内代其申请赴澳大利亚雪梨（Sydney）留学，由广州军政府外交部特派广东交涉员李锦纶为其签发护照，编号为1052号，核发日期是一九二一年三月二十三日。其英文页有英国驻广州总领事签证章，日期为一九二一年三月二十四日。澳大利亚当时是英国的自治领，其外交事务仍由英国照管；因此，外国人如要前往澳洲游历、学习和经商等，其入境签证皆由其所在国的英国使领馆负责审核签发。

护照申请者李炳光时年未满九周岁，从护照的资料上看，他计划到澳大利亚留学六年。这个年龄，无疑是从小学读起，或者是在小学插班就读。护照上没有列明他在澳大利亚的监护人信息，只是说明其留学之财政资助来自其父李宝成（Lee Bo Sing），每年资助三百大洋。换言之，此处之信息难以确认其父李宝成此时是在澳经商，还是在乡营生。如果是后者，那么，李炳光显然有亲戚在雪梨，可以作为其在澳留学之监护人。而在澳大利亚国家档

① 尾，应为“美”字之误，因香山下属乡村有恒美村，而无恒尾村。盖因广东话发音“尾”与“美”（写成英文皆为“Mei”）相同，故在申请护照时，工作人员将其误写。另一个原因可能是，此时在广东处理对外事务者，为广州军政府外交部特派广东交涉员李锦纶，该李姓官员虽然是广东台山人，但为中外混血儿，且是在美国出生并接受的教育，他的英文好过中文，极有可能将此二字混淆或者混用。

案馆里，无法查找到任何与上述他父亲名字相匹配的信息。

经家人通过香港相关金山庄的安排，李炳光在拿到护照和签证将近半年后，便从香港乘坐“获多利号”（Victoria）轮船，于一九二一年九月二十日抵达雪梨。在雪梨海关，他由当地著名的永安果栏亦即永安公司（Wing On & Co.）东主郭顺（William Gockson）[①]和李祥（Lee Chong）[②]将其担保出来。这一信息透露出，至少他的父亲李宝成此时并不在雪梨，甚至可以说，他根本就不在澳洲；或者说，他本人就没有赴澳谋生过，其子李炳光之赴澳留学，很可能是由在澳亲戚资助的。而李炳光由当时雪梨华埠名人郭顺接关，则显示出其家庭与永安公司或者郭氏家族有相当的渊源关系，甚至可能是亲戚关系。与郭顺一起来接关的李祥，显然是他的同宗，或者就是他的伯父。

可能是年龄太小，在来到雪梨后的四个月时间里，李炳光并没有立即进入学校读书，而且事先他也没有决定是要进入哪一所学校入读。因没有其他资料说明他这段时间的安排，一个合理的解释可能是，他利用这段时间在住家（李祥的家里）恶补英语。直到一九二二年新学年开学后，他才于一月二十四日进入位于雪梨城里必街（Pitt Street）上的基督堂学校（Christ Church School）读书。也许是年龄小，学语言上手快，他在这所学校的各项成绩皆佳，校长在报告中给予很高评价。

但刚刚在雪梨留学一年之后，即在他获得来澳后的第一个展签不久，一九二二年十二月十四日，刚过十岁的李炳光就在雪梨乘坐“圣阿露滨号”（St Albans）班轮，驶往香港返回了中国。是什么原因使得刚刚留学一年多一点的这个中国小留学生突然返回中国，不得而知。为此，澳洲当局还曾经为他保留签证，以待他不久后重返澳洲继续学业；同时，内务部也知会雪梨海关，谓在李炳光的这个签证有效期过后，如果他还想要返回澳洲继续读书

① 有关郭顺的档案，见：William Gockson [Chinese - arrived per MONTEREY; port and date of arrival unknown. Box 6], NAA: SP1732/4, GOCKSON, WILLIAM。

② 有关李祥的档案，见：LEE CHONG [correspondence of the Collector of Customs relating to immigration restrictions] [7 pages] [box 6], NAA: SP42/1, C1903/9392。根据这份档案宗卷，李祥生于一八六六年，于一八八八年从广东家乡抵达澳大利亚，先做菜农，然后在中国城经营果栏。从姓氏上来看，他很有可能就是李炳光的伯父。

的话，则必须通过中国驻澳大利亚总领事馆向内务部提出申请，如此，内务部将循正规渠道予以受理，重新核发其入境签证。

然而，李炳光的留学档案就到此结束，此后，在澳洲未见有他进一步的信息。因此，李炳光回国后，是否还准备来澳洲继续留学，还是留在当地或去香港以及其他地方求学，则只能有待于从中国当地的档案资料中搜寻与发掘。

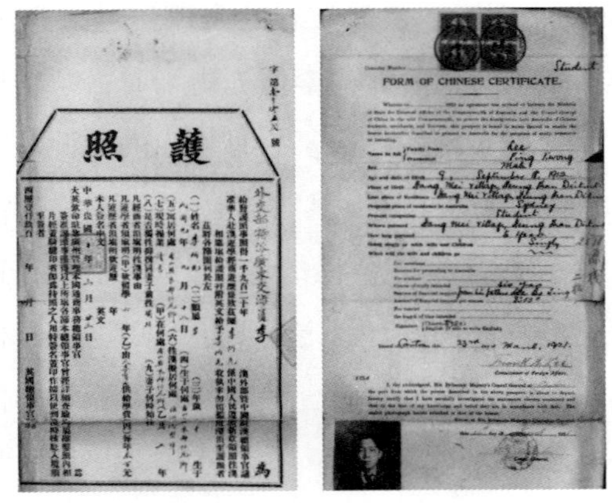

護照

FORM OF CHINESE CERTIFICATE.

一九二一年三月二十三日，外交部特派广东交涉员李锦纶给李炳光签发的护照及英国驻广州总领事于次日给他签发的赴澳入境签证。

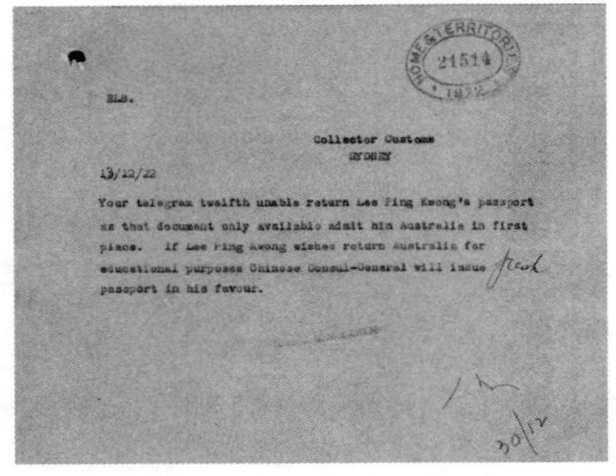

HOME & TERRITORIES 21514 1922

ELS.

Collector Customs
SYDNEY

13/12/22

Your telegram twelfth unable return Lee Ping Kwong's passport as that document only available admit him Australia in first place. If Lee Ping Kwong wishes return Australia for educational purposes Chinese Consul-General will issue passport in his favour.

一九二二年十二月十三日，内务部致海关考虑核发李炳光再入境签证的函件。

档案出处（澳大利亚国家档案馆档案宗卷号）：

Ping Kwong Lee Canton student passport, NAA: A1, 1822/22737

王华森

香山石门村

在众多赴澳小留学生里，大多数都是由父辈资助，且大多父辈都有名字留存，便于查询；但也有少数学生，资助其赴澳留学者，是以商铺公司名义进行，没有具体的人名，无法得知该商铺主人与被资助者之确切关系。王华森就是一例。

王华森（Way Sum），生于一九一二年十二月十一日，香山县石门村[①]人。到其年满十岁之后，一九二三年五月四日，位于澳大利亚昆士兰省（Queensland）坚时埠（Cairns）的新和泰号（Sun Wo Tiy）以自身商铺作保，特向中国驻澳大利亚总领事馆提出申请，办理王华森的中国留学生护照并请协助办理入境签证。在申请表上，新和泰号承诺每年供给王华森膏火费一百镑，给他注册入读的学校是坚时埠立学校（Cairns State School）。

在这里，除了作为经济担保者这一身份之外，看不出新和泰号与王华森之间是一种什么关系。细究起来，可能他的父亲是该商号的股东，抑或职员；或者新和泰的股东或职员中有王华森的叔伯或舅舅等前辈甚至同辈中的堂兄或表兄等。无论如何，新和泰号是坚时埠有数的几个华商老字号，早在

① 护照上则写成是石岐。

十九世纪八十年代就已在坚时埠开业[①]，销售网络辐射周边地区[②]。总之，因无资料可查，上述王华森与新和泰号之间的关系也仅属推测而已。但有一点是可以肯定的，即新和泰号既是王华森的监护人，也是他的财政担保者，而他前来坚时埠留学，也会住在该店铺里。

上述申请材料递交到位于美利滨（Melbourne）的中国总领事馆之后，可能是申请者众多，审理人手不够；也可能是总领事馆人员忙于与澳洲当局商讨《中国留学生章程》的修订工作，因而并没有得到及时处理，就这样给耽搁了五个月的时间。直到这一年的十月之后，申请才获得了审理。十月二十一日，中国总领事魏子京为王华森签发了编号为347/S/23的中国留学生护照；但澳大利亚内务部发放的入境签证，则在两个星期后，即十一月五日才予以核发。

尽管中国总领事馆在拿到签证后就及时地将上述护照寄往香港的金山庄广和丰号，由其负责安排王华森的赴澳行程并在其准备赴澳时将护照转交给他。可能是年龄太小的缘故，为其寻找旅途中监护人的事情就花费了半年左右的时间。待一切安排就绪，王华森才被家人送到香港，在此启程前往澳洲。

一九二四年四月一日，王华森乘坐从香港出发的“获多利号”（Victoria）轮船，抵达位于坚时埠南面三百多公里的汤士威炉埠（Townsville），再从该地北上转往坚时埠。通常而言，那个时期的中国留学生如果留学目的地是坚时埠的话，基本上都会直接到坚时入境，因为坚时港口也是香港到澳洲大陆东海岸的首个客轮停靠港。而汤士威炉则是继坚时之后的第二站，在此入境，则需再乘坐其他交通工具北上去往坚时。因此，王华森搭乘的是从香港出发之客轮，在汤士威炉埠下船入境，则很可能是错过了原定的停靠港，而不得不在其下一个停靠港下船，再倒头赶往三百多公里以外的原定目的地。

---

① 在当地报纸上找到新和泰号最早的广告是一八八七年八月十日。见：“Advertising”, *Cairns Post*, Wednesday 10 August 1887, p. 3。

② 详见：May, C. Topsawyers, *The Chinese in Cairns*. Townsville: James Cook University History Department, 1984; Bolton, G C. *A Thousand Miles Away: A History of North Queensland to 1920*. Brisbane: Jacaranda Press, 1963。

当然，也有可能是其旅途监护人的目的地是汤士威炉，他便只能在此下船，登陆入境。

王华森入境抵达坚时埠后，住进了新和泰号的宿舍里。此时正好碰上复活节假期，然后就是学校的秋假，因此，他是等到五月十二日才正式入读坚时埠立学校。他可能是年龄小，学语言容易，也比较能适应环境，特别是很快就能用英语跟当地同学沟通，故该校校长在每季的例行报告中，都对这个中国小留学生的学习和操行表示满意。在坚时埠立学校，王华森读了两年半，直到一九二六年底学期结束，其间没有缺勤现象，在校表现良好，各科成绩皆令人满意。

自一九二七年新学年开始，十四岁的王华森从坚时埠立学校转学到了离汤士威炉埠一百多公里的西部小镇车打士滔（Charters Towers）的孟卡蔴学校（Mount Carmel College）。从年龄上看，王华森转学之目的可能是为了去念中学，而孟卡蔴学校恰恰是一所提供寄宿的教会完全学校，包括中学。在孟卡蔴学校，王华森共读了三个学期，直到一九二八年七月，校长的报告显示，他在学业上进步很快，也遵守校规校纪，没有什么不良记录。

但在一九二八年七月二十四日，不到十六岁的王华森就突然退学，从车打士滔返回坚时埠，就在这里搭乘“吞打号”（Tanda）班轮，离开澳洲，前往香港返回家乡了。至于是什么原因导致他匆匆回国，没有任何文件予以说明，他也没有向中国总领事馆提出再入境申请，这就意味着他没有重返澳洲继续留学的打算。

总体而言，在澳读书四年，王华森的留学经历波澜不惊，较为平淡。即便是两所学校的校长报告，也很简单。对他的在校表现，仅仅只用“满意”一词概括而已。

左：一九二三年五月四日，位于坚时埠的新和泰号向中国驻澳大利亚总领事馆申请王华森来澳留学护照和签证所填写的申请表；右：一九二三年十月二十一日，中国驻澳大利亚总领事魏子京给王华森签发的留学护照，以及当年十一月五日澳大利亚内务部钤盖的入境签证章。

档案出处（澳大利亚国家档案馆档案宗卷号）：

Sum, Way - Student's passport, NAA: A1, 1928/4117

王国兴

香山龙头环村

王国兴（Gook Hing），一九一二年十二月十五日出生，香山县龙头环村人。

父亲王添活（Tommy Tim，或Wong Tim Wood），生于一八八五年，十岁左右便跟着兄长王亚志（Ah Chee）[①]奔赴澳大利亚发展。他们从昆士兰省（Queensland）的首府庇厘士彬埠（Brisbane）登陆入境，然后一路西行，去到该省西南部地区的一个农牧业集散中心圣佐治埠（St George），充当菜农；若干年后，南迁去到与鸟修威省（New South Wales）交界的孟元太埠（Mungindi），继续充任菜农，经营有一个果菜园。待站稳脚跟并取得澳洲长期居留的资格后，王添活便在一九一〇年申请澳洲回头纸，回乡探亲，娶妻生子，两年后才返回澳洲。[②]

在儿子将满十一岁之际，王添活想让他赴澳留学，接受英语训练，学习西方文化知识，便着手为他办理赴澳留学手续。一九二三年十二月十三日，他以监护人和财政担保人的身份填妥申请表，递交给中国驻澳大利亚总领事馆，为儿子王国兴申领学生护照和入境签证。当时，其兄长王亚志与他们两个兄弟

① 王亚志生于一八七一年，早在十九世纪九十年代中期之前便已来到澳大利亚发展。详见：Chee, Ah - Nationality: Chinese [DOB: September 1871, Occupation: Gardener] - Alien Registration Certificate No 4 issued 23 October 1916 at Mungindi, NAA: BP4/3, CHINESE CHEE AH。

② Certificate Exempting from Dictation Test (CEDT) - Name: Tim Wood - Nationality: Chinese - Birthplace: Canton - departed for China per ALDENHAM on 21 March 1910, returned to Brisbane per ST ALBANS on 21 February 1912, NAA: J2483, 41/79。

（另一个是George Sun［佐治新］[①]）再加上一位外姓人氏，在孟元太埠成立亚志兄弟行（Ah Chee Brothers）[②]，经营果菜园和商铺，他便以此亚志兄弟行的果菜园作保，允诺每年供给膏火五十镑，作为儿子来澳留学所需之全部费用开销，计划将儿子安排进入孟元太皇家学校（Mungindi Public School）读书。

中国总领事馆接到申请后，按部就班地予以处理。一九二四年二月二十二日，总领事魏子京给王国兴签发了一份学生护照，号码是389/S/24；四天之后，澳大利亚内务部也在该护照上钤盖了入境签证章。随后，中国总领事馆按照王添活的指引，将护照寄到香港的金山庄广和丰号，由其负责转交并安排相关行程。

广和丰号的安排进展顺利，用半年左右时间联络好旅程中的监护人并订好船票。待一切准备就绪，王家便把王国兴从家乡送到香港，搭乘“丫剌夫剌号”（Arafura）轮船，于当年十月二十二日抵达庇厘士彬港口入境。王添活提前赶赴庇厘士彬，将儿子从海关接出，再乘坐长途汽车，回到昆士兰省和鸟修威省交界处的孟元太埠，在其住所安顿下来。

待熟悉了周边环境，也适应了澳洲的生活之后，王国兴于一九二四年十一月十三日正式注册入读孟元太皇家学校。在学校里，王国兴总是穿戴整洁，充满阳光；除非碰上恶劣天气无法上学，他从不缺勤；同时，他的学习欲望极高，总是十分勤奋努力，因而英语能力提高得很快，每次学校校长提交的例行报告，都对其在校表现和良好成绩表示十分满意。就这样，他一直在这里读了四年多的书。

一九二九年八月，王添活接到家里来信，告知母亲病重，十分想念在澳

---

① Certificate Exempting from Dictation Test (CEDT) - Name: George Sun (of Mungindi) - Nationality: Chinese - Birthplace: Canton - departed for China per AKI MARU on 28 March 1916, returned to Brisbane per TANGO MARU on 7 July 1917, NAA: J2483, 193/58。这份档案显示，佐治新大约生于一八八四年。这一信息说明，他应该也是和王添活一样，是跟着兄长王亚志一同前来澳洲的。

② 该商行于一九一六年九月四日正式登记注册，但十年后王氏兄弟开始分家。见鸟修威省档案馆（NSW State Archives & Records）保存的工商局二十世纪初全省工商企业注册记录：https://records-primo.hosted.exlibrisgroup.com/permalink/f/1ebnd1l/INDEX1784028。分家后的亚志兄弟行，虽然公司名仍然保持下来，菜园仍由兄长王亚志管理经营，但商铺划归佐治新和王添活所有，两者名称依旧是用亚志兄弟行，店铺后搬迁到东距孟太元埠七十公里左右的鸟修威省小镇布迈（Boomi），仍然靠近昆士兰省边界；在此兄弟俩再分家，各自拥有一家店铺。见：Ah Chee - Education exemption and son, NAA: A433, 1947/2/1013。

留学读书的孙子王国兴。为此，他便决定让儿子先停学几个月，回去看望年迈的祖母。于是，八月二十日，即将届满十七岁的王国兴赶到庇厘士彬，搭乘路经该埠驶往香港的“圣柯炉滨号”（St Albans）轮船，离开澳洲，返回家乡探亲。

当然，无论是父亲王添活还是儿子王国兴，都只是将这一次的离境当作短期的探亲，仍然希望在明年就返回澳洲，继续学业。为此，在儿子离境之前，王添活除了向孟元太皇家学校请假之外，也将此行动告诉了中国驻澳大利亚总领事馆，请其协助申请王国兴的再入境签证。八月十九日，中国总领事宋发祥致函内务部秘书，代王国兴提出上述申请。鉴于此前王国兴的留学生涯一直保持良好记录，学校对其表现和学业也都是大力称赞，而且这种探亲度假也是正常行为，故内务部没有表示任何留难，十天后便予以批复，准允王国兴在十二个月内入境，重返学校继续读书。

很快大半年时间过去。一九三〇年五月六日，宋发祥总领事给内务部秘书发来一份公函，表示接获王国兴从国内来的信函，告知因祖母病体仍然没有康复，他无法按期在八月份赶回澳洲，希望再展期一年，届时他将可以重返澳洲的学校，完成未竟的学业。这样的要求算得上合情合理，内务部于十天后予以批复。

但到了一九三一年，形势发生了变化。此时，王国兴的伯父佐治新也想要回国探亲，一方面固然是问候病中的母亲，更主要的是想与家小团聚，便在年初由王添活向内务部提出，请其准允其子王国兴前来代其伯父经营在布迈小镇的商铺，以便他能回国探亲。为此，内务部取消了此前核发给他的留学再入境签证，而准其以替工的身份进入澳洲。

于是，当年三月十八日，王国兴便以Henry Gock Hing这个新的名字，搭乘从香港出发的“天咑号”（Tanda）轮船，抵达雪梨（Sydney）入境，赶到布迈小镇，成为伯父佐治新商铺的替工。[①]在伯父回国探亲期间，他一直为其

① Henry Gock Hing [Chinese passenger ex TANDA at Sydney, 18 March 1931 - permitted to land; includes 2 passport sized black and white photographs, left and right thumb prints and 'Certificate of Exemption' forms] [Box 523], NAA: SP42/1, C1945/8488 PART 1 OF 2。

打理生意，直到一九三九年。[①]此后，因太平洋战争爆发，他也一直留在澳大利亚，直到一九四五年。[②]至于此后他是留在澳大利亚，还是回国另创天地，因未能找到进一步的资料，无从得知。

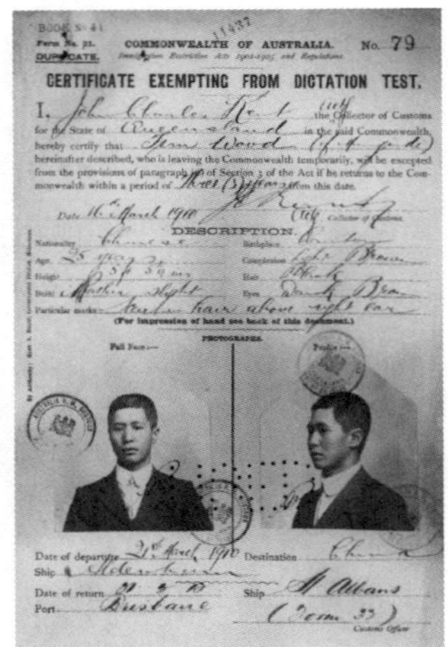

COMMONWEALTH OF AUSTRALIA. No. 79

CERTIFICATE EXEMPTING FROM DICTATION TEST.

DESCRIPTION.

(For impression of hand see back of this document.)

PHOTOGRAPHS.

一九一〇年，王添活申请的回头纸。

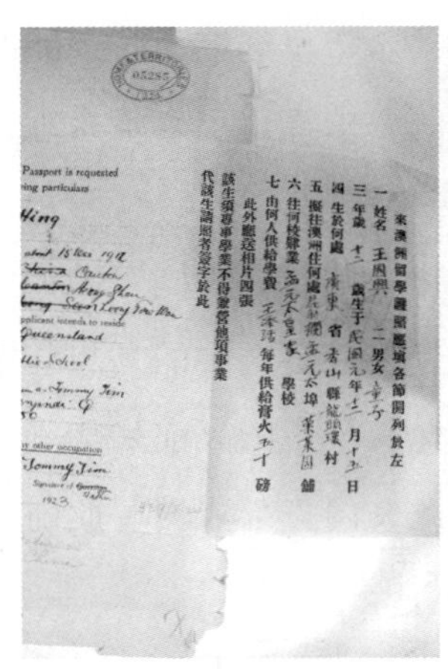

來澳洲留學護照應填各節開列於左

一 姓名 王國興 二 男女 童子

三 年歲 十一 誕生于民國元年十二月十三日

四 生於何處 廣東 省 香山 縣 龍頭環村

五 擬往澳洲住何處

六 往何校肄業 學校

七 由何人供給學費 王添活 每年供給費

此外應送相片四張

該生須專事學業不得兼營他項事業

代該生請照者簽字於此

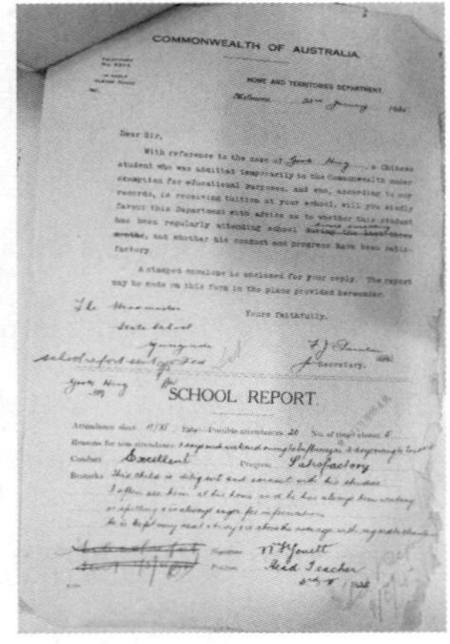

COMMONWEALTH OF AUSTRALIA.

Dear Sir,

SCHOOL REPORT.

左：一九二三年十二月十三日，王添活向中国驻澳大利亚总领事馆申办儿子王国兴赴澳留学护照和签证；右：一九二五年三月三日，孟元太皇家学校校长提交给内务部的有关王国兴在校表现与学业状况的例行报告。

---

① George Sun [includes 4 photographs showing front and side views; left finger prints and left and right thumb prints] [issue of CEDT in favour of subject] [box 339], NAA: SP42/1, C1937/1817。

② Henry Gock Hing [Chinese passenger ex TANDA at Sydney, 18 March 1931 - permitted to land; includes 'Certificate of Exemption' forms] [Box 523], NAA: SP42/1, C1945/8488 PART 2 OF 2。

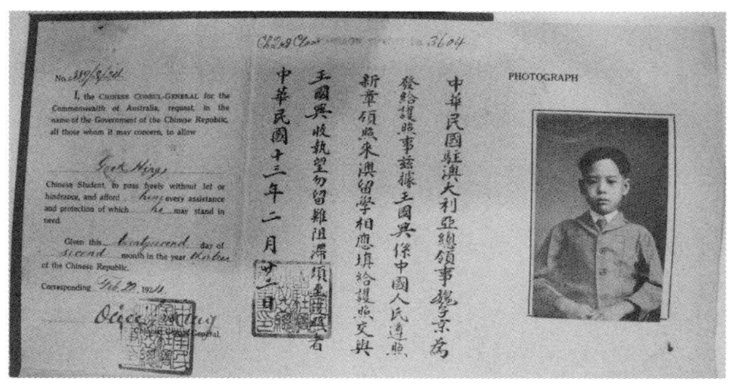

No.

I, the CHINESE CONSUL-GENERAL for the Commonwealth of Australia, request, in the name of the Government of the Chinese Republic, all those whom it may concern, to allow

Gook Hing

Chinese Student, to pass freely without let or hindrance, and afford him every assistance and protection of which he may stand in need.

Given this twentysecond day of second month in the year thirteen of the Chinese Republic.

Corresponding Feb. 22, 1924.

Chinese Consul-General.

PHOTOGRAPH

中華民國駐澳大利亞總領事魏子京爲發給護照事兹據王國興係中國人民遵照新章領照來澳留學相應填給護照交與王國興收執望勿留難阻滯須至護照者

中華民國十三年二月廿二日

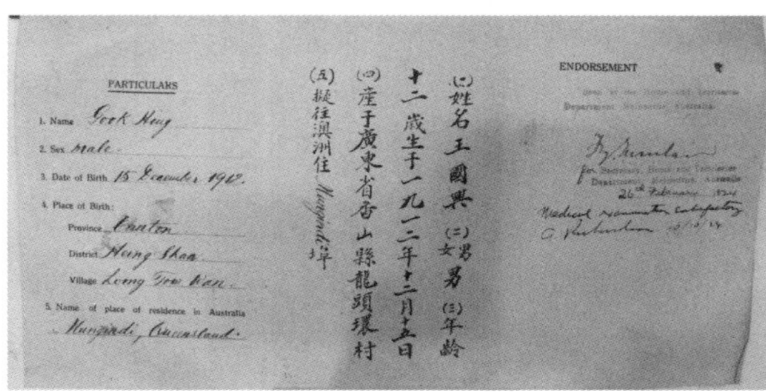

PARTICULARS

1. Name Gook Hing
2. Sex male
3. Date of Birth 15 December 1912.
4. Place of Birth:
   Province Canton
   District Heung Shan
   Village Loong Tow Wan
5. Name of place of residence in Australia
   Mungindi, Queensland.

(一)姓名王國興 (二)男女男 (三)年齡十二歲生于一九一二年十二月十五日

(四)產于廣東省香山縣龍頭環村

(五)擬往澳洲住 Mungindi 埠

ENDORSEMENT

for Secretary, Department, Australia

26th February 1924

Medical examination satisfactory

一九二四年二月二十二日，中国驻澳大利亚总领事魏子京给王国兴签发的中国护照。

档案出处（澳大利亚国家档案馆档案宗卷号）：

Gook Hing (1) Student passport (2) Exemption Certificate, NAA: A1, 1936/10695

方 炳

香山毛涌村

从第三国转道澳洲，曲线留学，方炳可谓其中之典型。

方炳（Fong Bing），生于一九一三年二月十二日，香山县毛涌村人。早在他未满十四岁时，亦即约在一九二六年至一九二七年之交，其家人就把他送到了西南太平洋上的英国殖民地飞枝（Fiji），投奔该处亲友，在该岛首府苏瓦读书。此时的飞枝在英国当局统治下，官方语言是英语，因而也就开设有许多英文学校。到了这个岛国，方炳入读的学校，是一所天主教会主办的苏瓦修会书院（Brothers College Suva）。方炳前来飞枝这个时间的节点，正好是澳大利亚于一九二六年中实施修订过的《中国留学生章程》新规之时。由是，问题就来了：如果是想来澳大利亚留学，何以不直接申请澳洲的学校，而是选择前往飞枝？为什么他要走这样的一条迂回路线呢？澳大利亚档案记载显示，答案可能在其父亲那里，稍后会谈到这个问题。

一九二八年，方炳想要来澳洲留学。但当时他的申请途径也跟其他来澳之留学生不一样，他是通过在澳洲的中山同乡李春（Phillip Lee Chun）[①]，以其当时在雪梨唐人街开设的广和昌号（Kwong War Chong & Co.）[②]之名

① Lee, Chun [Chinese - arrived Melbourne (or Sydney) in 1895] [Box 4], NAA: SP605/10, 275。此外，郑嘉锐在其文中，称澳洲档案及报章中频频出现的李春之名为李临春。见郑嘉锐：《雪梨市中山华侨遗迹考察记事》，载《中山文史》第24辑（1991年）。

② 广和昌号的档案，见：Kwong War Chong and Company - Certificate of exemption - Staff [!cm], NAA: A433, 1950/2/3305。

义，在八月十日向澳大利亚内务部提出申请，希望准许方炳从苏瓦来澳留学。李春所依据的申请材料，就是当时位于苏瓦的圣三一教会（Holy Trinity Church）主教霍克思（W. J. Hawks）牧师于该年六月十四日为方炳来澳留学所写的一封推荐信。显然，李春的介入与正常的签证处理程序不符，故是年八月十七日，内务部复函告知李春，既然方炳作为中国人，打算来澳洲留学，就应该通过中国驻澳大利亚总领事馆申请留学护照和签证方为正途，因为内务部只能通过这个途径，才受理签证申请。于是，这事儿在兜了一圈之后，又回到起点，即由方炳之父在澳洲通过中国总领事馆提出申请。

按照《中国留学生章程》新规，十四岁以上的中国学生，如欲进入澳洲学习，需具备一定的英文基础，类似现在来澳洲留学的雅思最低要求。而当时尚未有雅思这种考试形式，只是要求该学生手写一封英文信，以此证明自己所具备的英文基础。为此，方炳在得知要通过中国总领事馆申请护照和签证之后，便于一九二九年三月四日，写了一封自我介绍的信函，寄给驻澳大利亚中国总领事，由其转交给澳大利亚当局。此时，距李春代方炳向澳大利亚内务部提出申请入澳签证，已经过去了半年之久。

一九二九年六月二十二日，自一八九三年就已来澳谋生的方炳之父方三（Ah Sam，或者写成Fong Sam）①，正式入纸中国驻澳大利亚总领事馆，为其子申领中国护照及赴澳留学签证。他以自己与他人在雪梨德拉默英埠（Drummoyne）汤普森街（Thompson Street）上一起开设的菜园永和果栏（Wing War & Co.）作保，承诺每年供给儿子方炳膏火二百镑，安排儿子入读位于唐人街附近的华人英文书院（Chinese School of English）。七月四日，中国总领事宋发祥为方炳签发了中国留学生护照，编号是546/S/29，然后将材料寄交给澳大利亚内务部申请签证。

按照流程，政府方面要核实监护人的财政状况以及其与申请者的亲缘关系。这一次，官方似乎并不关注方三与方炳的父子关系，没有调档核查，

① AH SAM [correspondence of the Collector of Customs relating to immigration restrictions] [box 16], NAA: SP42/1, B1906/3998。

显然是相信了他们之间的这种关系。也许是前述苏瓦圣三一教会主教和广和昌号经理李春的介绍，具有一定的公信力，从而使之免除了这一核查程序。而对方三的财政情况的核查却比较仔细，其结果显示如下：三年前，即一九二六年，方三出资三百镑，入股永和果栏，拥有该果栏及菜园之一半股份，现该公司雇有工人四名。与此同时，他还在广和昌号存款六百镑，有利息收入。这里提到方三是在三年前才入股永和果栏，这个时间正好是方炳前赴飞枝之际。对此，一个合理的解释或许是这样：因要入股永和，当时他无余钱为其子来澳作保。而已经十三四岁的儿子之教育又不能耽搁，就将其先送往飞枝学习。当然，按照澳洲《中国留学生章程》新规，十四岁以上的学生须具有初步的英语基础，前往英国殖民地并以英语作为官方语言的飞枝，在那里入学先打好英语基础，也不失为日后留学澳洲的极佳跳板。很显然，方炳在那里读书还有亲戚代为照应，因为此地之香山人为数众多，当年先施公司和永安公司的前身永生果栏和永安果栏，都在飞枝有大片香蕉种植园，就是因为这里香山人多之故；当然，方炳来到飞枝，入读教会学校，或许获得相应的资助也有可能。

经过一轮核查之后，内务部对各项要求的结果皆感满意，并在七月底收到了方炳手写的英文信以确信他具备基本的英语学识能力之后，遂于八月十六日给方炳签发了入境签证。一九二九年十月十日，方炳从苏瓦乘坐“羲娜号”（Sierra）轮船，抵达雪梨。当天，方三和李春一起去海关将他接了出来，他也得以趁此机会在雪梨与父亲住在一起，由此正式开始了他可能几年前就已计划好的澳洲留学生涯。

但来到雪梨留学的方炳并没有去父亲为他选择的华人英文书院入读，而是于十月二十五日注册进入位于达令赫斯特区（Darlinghurst）的圣母昆仲会书院（Marist Brothers School）读中学，因为这是一所天主教会办的学校，其性质与他在飞枝苏瓦所入读之学校一致。尽管方炳此前在飞枝苏瓦读书健康状况没有什么问题，但在进入雪梨圣母昆仲会书院之后，其身体状况并不理想，缺课非常严重。根据校长给内务部的报告，从十一月一日到十二月十三日，一共二十九个上课日子里，方炳就有二十八天请了病假，显然病得不轻。因为方炳来澳之前已进入苏瓦读英文学校已有两三年，此时并没有太多的语言障碍，如果不是病得不能上学，到离学校放假也就只有个把月的时间，他没有理由天天请病假，而且校长也完全认可其因病难以上学，说明他并非有意逃学。该校的暑假是从十二月十四日开始，到一九三〇年二月二日止。可以说，在其来到雪梨入学后的半个学期里，方炳真正在学校的上课天数也就只有刚刚开始的个把星期而已。

可是到一九三〇年三月十五日，也就是圣母昆仲会书院在新学年开学后不到一个半月，十七岁的方炳没有继续回校上学，而是乘坐“利罗号”（Nellore）轮船，从雪梨港出发，径直返回中国去了。文件中没有只字说明是什么原因造成他如此快地离开澳洲，但前面已经提到过的其健康状况也许就是答案——他的病可能比较严重，已经使他无法继续在澳留学。既然如此，尽快回国静养治疗康复，也许是最好的选择。

由是，方炳的在澳留学档案到此为止。其在澳留学时间，前后满打满算尚不足半年。

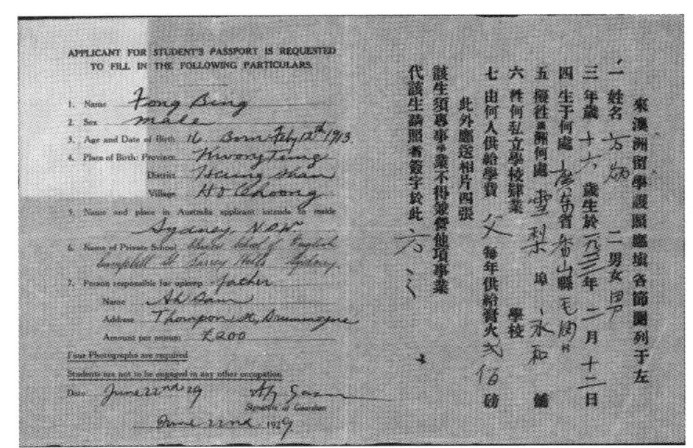

APPLICANT FOR STUDENT'S PASSPORT IS REQUESTED TO FILL IN THE FOLLOWING PARTICULARS.

1. Name Fong Bing
2. Sex male
3. Age and Date of Birth 16 Born Feby 12th 1913
4. Place of Birth: Province Kwong Tung
   District Heung Shan
   Village Ho Choong
5. Name and place in Australia applicant intends to reside Sydney N.S.W.
6. Name of Private School
7. Person responsible for upkeep father
   Name Ah Sam
   Address Thompson St. Drummoyne
   Amount per annum £200

Four Photographs are required

Students are not to be engaged in any other occupation

Date: June 22nd 29 Signature of Guardian

June 22nd 1929

來澳洲留學護照應填各節開列于左

一 姓名 方炳 二 男女 男

三 年歲 十六 歲生於 一九一三 年 二 月 十二 日

四 生于何處 廣东省 香山縣 毛周 村

五 擬往澳洲何處 雪梨 埠 永和 舖

六 往何私立學校肄業 學校

七 由何人供給學費 父 每年供給膋火 弍佰 磅

此外應送相片四張

該生須專事學業不得兼營他項事業

代該生請照者簽字於此 方三

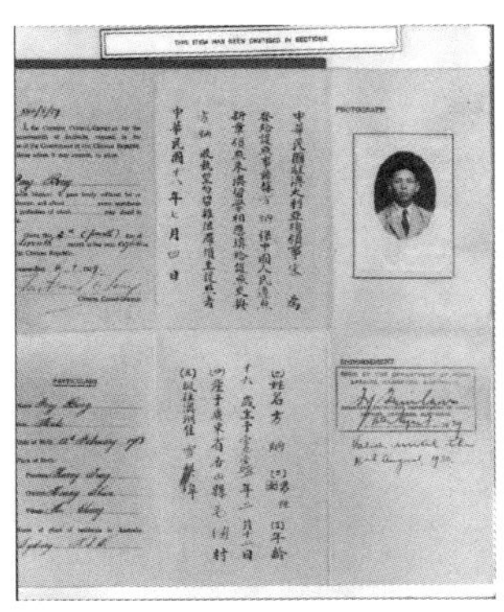

左：一九二九年六月二十二日，方三为其子方炳申请来澳留学向中国驻澳大利亚总领事馆申领护照和签证所填写的申请表；右：一九二九年七月四日，中国驻澳大利亚总领事宋发祥为方炳签发的中国护照。

G P O Box 117
Suwa
4th March 1929

To The Honourable
The Consul General
Melbourne
Australia

Dear Sir
Having received a letter from Mr Lee Chan Saying that you will be pleased in getting one of my own hand writing letters which can be tested my ability of English and the period of education. I have the honour to inform you that I have been attended in Brother school Suva for a period of one and a half year, my works were improving long beyond than the other students who were attended school even two years longer than my education. I shall be very much obliged if you will arrange through the way with the Customs for me to enter Australia so that I may getting a better class of education.

I have the honour to be
your Obedient Servant
Fong Bing

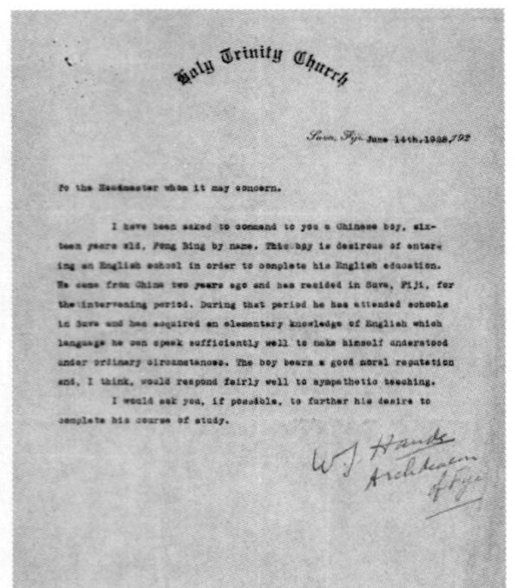

Holy Trinity Church

Suva, Fiji. June 14th, 1928

To the Headmaster whom it may concern.

I have been asked to commend to you a Chinese boy, sixteen years old, Fong Bing by name. This boy is desirous of entering an English school in order to complete his English education. He came from China two years ago and has resided in Suva, Fiji, for the intervening period. During that period he has attended schools in Suva and has acquired an elementary knowledge of English which language he can speak sufficiently well to make himself understood under ordinary circumstances. The boy bears a good moral reputation and, I think, would respond fairly well to sympathetic teaching.

I would ask you, if possible, to further his desire to complete his course of study.

W. J. Hands
Archdeacon of Fiji

左为一九二九年三月四日，方炳手书给中国驻澳大利亚总领事之信函；右为一九二八年六月十四日，苏瓦三一教会主教为方炳来澳留学所写的推荐信。

档案出处（澳大利亚国家档案馆档案宗卷号）：

Fong Bing - student passport, NAA: A1, 1929/6290

民国粤人赴澳大利亚留学档案全述

（中山卷下）

粟明鲜　编著

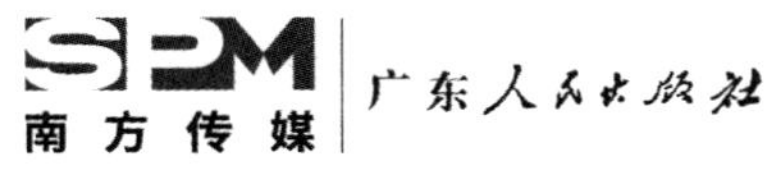

·广州·

萧有安、萧有开兄弟

香山南文村

萧有安（Willie Sue），一九一一年一月十二日出生；萧有开（Andrew Sue），生于一九一三年二月十日，香山县南文村人。他们是兄弟俩，都是萧锦波（Charlie Sue）的侄儿。萧锦波生于一八七六年，早在澳大利亚联邦成立之前就来到澳洲谋生。[①]跟当年许多香山人一样，他首先踏足的澳洲土地是昆士兰省（Queensland），并最终在昆士兰北部的鸦埠（Ayr）定居下来，开设一间以其英文名字命名的杂货店铺，叫差厘号（Charlie），生活有所保障。

当一九二一年澳洲实施《中国留学生章程》，来澳留学的护照和签证主要由中国驻澳大利亚总领事馆主理和代办评估后，萧家兄弟的父母可能就与在澳洲定居的兄弟萧锦波商量过，筹划着为他的上述两个侄儿办理来澳留学手续。一九二三年六月十一日，萧锦波以上述自己经营的“差厘号”杂货店作保，承诺每年供给两个侄儿足镑膏火费，就是说包括他们的所有学费、生活费、医疗保险费及来往中国船费等等，向中国驻澳大利亚总领事馆申办萧有安和萧有开兄弟俩的中国留学生护照，以及请其代办他们的入境签证。为了让孩子就近入学，萧锦波为两个侄儿申请注册入读鸦埠公立学校（Ayr State School）。

但中国驻澳大利亚总领事馆接到萧锦波递交的申请后，并没有及时予以

---

① Certificate Exempting from Dictation Test (CEDT) - Name: Charles Sue (of Ayr) - Nationality: Chinese, NAA: J2483, 264/3。

处理，审核时间达半年之久。被耽搁的原因很多，可能是当时总领事馆人手有限，而申请人数又较多，加上总领事馆日常还有许多其他事情需要关照和处置，特别是与澳方商量修订《中国学生章程》新规等。事实上，一九二三年，澳洲侨胞向中国总领事馆提出的护照申办申请，都受到不同程度的耽搁，时间长短不一。直到这一年的年底，过了圣诞节了，中国总领事魏子京才于十二月二十八日最终为萧有安和萧有开兄弟同时签发了中国留学生护照，前者的护照编号为369/S/23，后者的护照编号为370/S/23。一九二四年一月三日，中国总领事馆又为兄弟俩拿到了澳大利亚内务部为他们颁发的入境签证。

在接到护照和签证之后兄弟俩没有立即启程，而是在家乡等了大半年的时间才动身。一九二四年九月十二日，萧家两兄弟从香港搭乘“衣市顿号”（Eastern）轮船，抵达昆士兰省北部重镇汤士威炉埠（Townsville）港口。航海途中，弟弟萧有开嘴上长了一个脓疱疮，造成极大的不便；还好，因在船上得到及时治疗，到入境上岸时病情已经得到控制，处于痊愈状态，因而也就免去了被隔离医疗，最终与哥哥萧有安一同顺利入境。鸦埠位于汤士威炉埠南面，两地相距约九十公里，萧锦波在汤士威炉港口接到两个侄儿后，便转车去到鸦埠，将他们安置在自己店铺里。

兄弟俩在抵达伯父萧锦波所在地稍事休息，两个多星期之后，于九月三十日正式注册入读鸦埠公立学校。尽管校长对这两个中国小留学生的表现都还满意，但他们只是在这里读了三个月的书，即到这一年的年底学期结束就在该校停学了。

在一九二五年新学年开始时，萧家两兄弟曾告诉鸦埠公立学校校长，他们要转学去英壬埠（Ingham）公立学校读书，因此，鸦埠公立学校校长随后便将此事报告给了内务部。英壬埠位于汤士威炉埠北面，两地距离不是太远，约一百一十公里左右。究其原因，可能是萧锦波当时想结束在当地的生意而离开鸦埠，打算转到英壬埠发展吧。但当五月份内务部致函英壬埠公立学校校长，打算询问有关萧氏兄弟的在校表现时，才发现他们根本就没有转学去那里。最终，内务部通过海关才了解到，萧氏兄弟是转学去了汤士威炉埠由天主教会主办的基督兄弟会书院（Christian Brothers' College）读书，原因在于他们的伯父萧锦波最终并没有去成英壬埠，而是把生意转到汤士威炉埠南区发展了。事实上，萧氏兄弟到来后，当地学校及海关人员皆认为他们是萧锦波的儿子，每每有什么问题时，都直接找到他来应对。好在萧氏兄弟在校表现和学业基本上没有什么问题，小事情上，萧锦波处理起来也都较为轻松。而基督兄弟会书院院长的报告，也对萧氏兄弟的在校表现给予积极的评价。在这所教会学校，兄弟俩从一九二五年新学年开始一直读到年底。

一九二六年的新学年开始后，萧氏兄弟又一起转学到汤士威炉西端公学（West End State School, Townsville）念书。虽然兄弟俩的在校表现还算令人满意，但哥哥萧有安却不知何故，只在这里读了四个月之后，就于五月三十一日在汤士威炉港口乘坐"彰德号"（Changte）轮船，离开澳洲，返回中国。[①]在离开之前，十五岁的萧有安就没有知照中国总领事馆，也不通知学校，更没有说明是什么原因导致他突然中断学业，让他在留学澳洲不到两年之际，就急匆匆地收拾行囊返回中国，并且一去不返。

也许这只是哥哥萧有安的个人行为，对弟弟萧有开并未有什么影响，后者在哥哥离开澳洲后，仍留在西端公学继续上学，似乎一切正常，也顺利地拿到了下一年度的展签。[②]但实际上，他也只是比哥哥在澳洲这所学校多读了不到一年半时间的书而已。就在一九二七年九月份刚刚拿到新的一年展签之后，十四岁的萧有开也于十月二十五日在汤士威炉埠搭乘"吞打号"（Tanda）班轮，返回中国去了。同样，在澳留学三年的萧有开也没有对其匆匆回国留下任何解释，更没有提出再入境签证的要求。

萧氏兄弟的留学档案到此终止，此后澳洲再未见到他们入境的信息。

---

① Willie Sue, Andrew Sue, NAA: J2773, 733/1924。

② Andrew Sue - Application for Certificate for Exemption from Dictation Test, NAA: B13, 1926/15714。

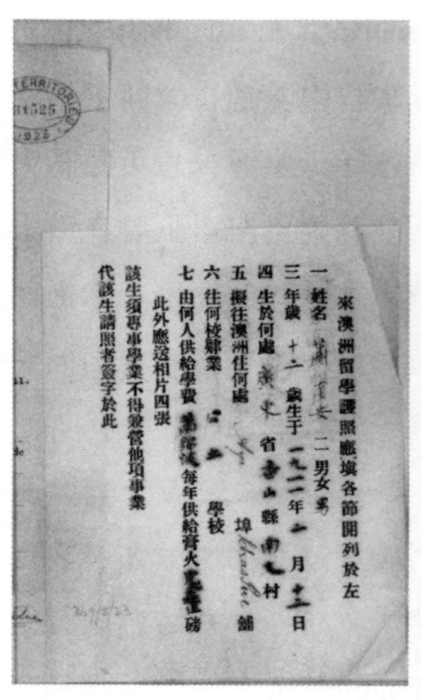

來澳洲留學護照應填各節開列於左
一 姓名 蕭有安 二 男女 男
三 年歲 十二 歲生于 一九一一年 二 月 十三 日
四 生於何處 廣東 省 香山 縣 南文 村
五 擬往澳洲往何處 Ayr 埠 Charles Sue 舖
六 往何校肄業 公立 學校
七 由何人供給學費 蕭錦波 每年供給膏火 足用 磅
此外應送相片四張
該生須專事學業不得兼營他項事業
代該生請照者簽字於此

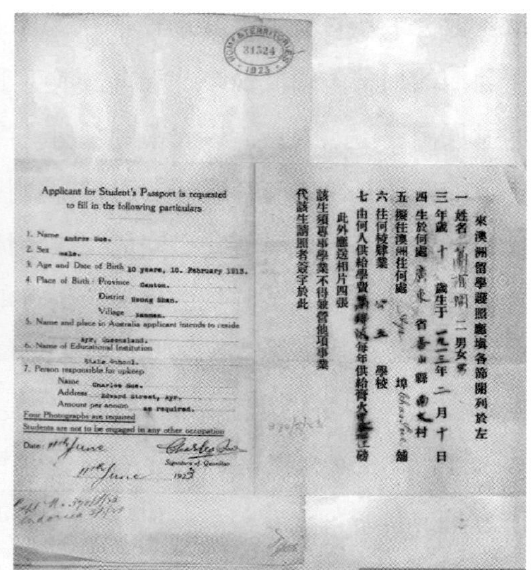

Applicant for Student's Passport is requested to fill in the following particulars

1. Name Andrew Sue.
2. Sex male.
3. Age and Date of Birth 10 years, 10. February 1913.
4. Place of Birth: Province Canton. District Heong Shan. Village Nanmen.
5. Name and place in Australia applicant intends to reside Ayr, Queensland.
6. Name of Educational Institution State School.
7. Person responsible for upkeep Name Charles Sue. Address Edward Street, Ayr. Amount per annum as required.

Four Photographs are required
Students are not to be engaged in any other occupation
Date: 11th June Charles Sue Signature of Guardian
11th June 1923

來澳洲留學護照應填各節開列於左
一 姓名 蕭有開 二 男女 男
三 年歲 十 歲生于 一九一三年 二 月 十 日
四 生於何處 廣東 省 香山 縣 南文 村
五 擬往澳洲往何處 Ayr 埠 Charles Sue 舖
六 往何校肄業 公立 學校
七 由何人供給學費 蕭錦波 每年供給膏火 足用 磅
此外應送相片四張
該生須專事學業不得兼營他項事業
代該生請照者簽字於此

一九二三年六月十一日，萧锦波向中国驻澳大利亚总领事馆申请侄儿萧有安、萧有开来澳留学护照和签证所填写的申请表。

中華民國駐澳大利亞總領事魏子京為發給護照事茲據蕭有安係中國人民遵照新章領照來澳留學相應填給護照須至護照者
中華民國十二年十二月廿八日
(一)姓名 蕭有安 (二)男女 男 (三)年齡 十二歲生于一九一一年二月十三日
(四)產于廣東省香山縣南文村
(五)擬往澳洲住 Ayr 埠

PARTICULARS
1. Name Willie Sue
2. Sex male
3. Date of Birth 12 February 1911
4. Place of Birth: Province Canton District Heong Shan Village Nanmen
5. Name of place of residence in Australia Ayr, Queensland

ENDORSEMENT

中華民國駐澳大利亞總領事魏子京為發給護照事茲據蕭有開係中國人民遵照新章領照來澳留學相應填給護照須至護照者
中華民國十二年十二月廿八日
(一)姓名 蕭有開 (二)男女 男 (三)年齡 十歲生于一九一三年二月十日
(四)產于廣東省香山縣南文村
(五)擬往澳洲住 Ayr 埠

PHOTOGRAPH

PARTICULARS
Andrew Sue
male
10 February 1913
Canton
Heong Shan
Nanmen
Ayr, Queensland

ENDORSEMENT

一九二三年十二月二十八日，中国驻澳大利亚总领事魏子京给萧有安和萧有开分别签发的留学护照。

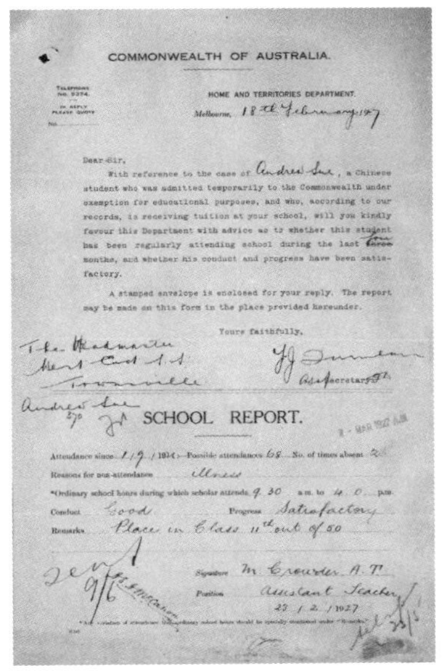

COMMONWEALTH OF AUSTRALIA.

HOME AND TERRITORIES DEPARTMENT.

Melbourne, 18th February 1927

Dear Sir,

With reference to the case of Andrew Sue, a Chinese student who was admitted temporarily to the Commonwealth under exemption for educational purposes, and who, according to our records, is receiving tuition at your school, will you kindly favour this Department with advice as to whether this student has been regularly attending school during the last four months, and whether his conduct and progress have been satisfactory.

A stamped envelope is enclosed for your reply. The report may be made on this form in the place provided hereunder.

Yours faithfully,

Asst. Secretary

The Headmaster

Townsville

SCHOOL REPORT.

Attendance since 1/9/1926 — Possible attendances 68 No. of times absent 2

Reasons for non-attendance illness

*Ordinary school hours during which scholar attends 9.30 a.m. to 4.0 p.m.

Conduct Good Progress Satisfactory

Remarks Place in Class 11th out of 50

Signature M. Crowder A.T.

Position Assistant Teacher

23/2/1927

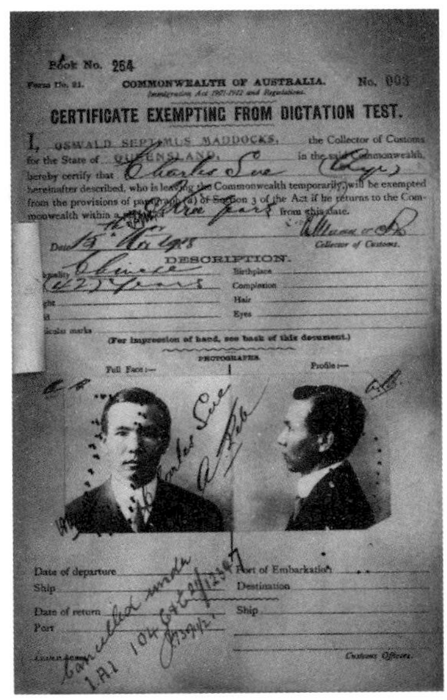

Book No. 254

Form No. 21. COMMONWEALTH OF AUSTRALIA. No. 003

Immigration Act 1901-1912 and Regulations.

CERTIFICATE EXEMPTING FROM DICTATION TEST.

I, OSWALD SEPTIMUS MADDOCKS, the Collector of Customs for the State of QUEENSLAND, in the said Commonwealth, hereby certify that Charles Sue hereinafter described, who is leaving the Commonwealth temporarily, will be exempted from the provisions of paragraph (a) of Section 3 of the Act if he returns to the Commonwealth within a period of three years from this date.

Date 15th Nov 1918

Collector of Customs.

DESCRIPTION.

Nationality Chinese

Age (42) years

Birthplace

Complexion

Height

Hair

Build

Eyes

Particular marks

(For impression of hand, see back of this document.)

PHOTOGRAPHS.

Full Face:— Profile:—

Date of departure Port of Embarkation

Ship Destination

Date of return Ship

Port

Customs Officer.

左：一九二七年二月二十三日，西端公学校长提供给内务部的例行报告，显示萧有开学习成绩良好，在全班五十名同学中，其学习成绩排在第十一位，比较靠前；右：一九一八年，萧锦波申请的回头纸。

档案出处（澳大利亚国家档案馆档案宗卷号）：

Sue, Willie - Students passport, NAA: A1, 1926/11898

Andrew SUE - Student passport, NAA: A1, 1927/16695

熙 文

香山斗门

熙文（He Man），生于一九一三年二月十五日，香山县斗门人。实际上，熙文只是名字，档案中没有提及熙文的姓氏，但根据一份香港英文学校的证明信中提到的熙文的姓是“Chin”来判断，他应该是姓陈，故其全名应该是陈熙文。

陈熙文幼时在乡读书，在十五岁时，就被家人送到香港上学，后进入中山英文学校（Chung San College of English Hong Kong）读了两年英语，有了一定的英文学识基础。一九三〇年三月五日，十七岁的陈熙文想到澳洲留学，遂由其在雪梨（Sydney）的表兄黄佐治（George Wong）出面作保，向已从美利滨（Melbourne）搬迁到雪梨的中国驻澳大利亚总领事馆递交了申请留学护照和签证的材料。黄佐治是在澳出生的第二代华人，在雪梨唐人街的喜市场（Haymarket）一间名为华信（War Sing & Co.）[①]的生果商铺做蔬果销售代理，他同时也在这间公司拥有股份，价值三百五十镑。为保证自己拥有经济能力承担表弟熙文的费用，他同时也请了恒泰号（Hong Hi & Co.）的老板恒泰作为其财务上的保人。因此，他以这间恒泰号商铺作保，承诺每年由他提供膏火一百镑，供表弟陈熙文前来澳洲留学，并为其申请到了位于雪梨唐

① 华信果栏于一九一九年八月十九日在鸟修威省（New South Wales）工商局注册。见鸟修威省档案馆（NSW State Archives & Records）记录：https://records-primo.hosted.exlibrisgroup.com/permalink/f/1ebnd1l/INDEX1835835。

人街的华人英文学校（Chinese School of English）作为其在雪梨入读之学校。

中国总领事宋发祥在接到上述申请后，仅仅过了五天，就在三月十日为陈熙文签发了编号为573/S/30的中国留学生护照。然后，他汇集这些申请材料，立即发函澳大利亚内务部，为其申请入境签证。

接到签证申请后，内务部自然是循例核查信息。鉴于黄佐治是申请人陈熙文的表兄，又是在澳出生的第二代华人，显然没有必要去核查其回中国探亲的出入境记录，只需专注于其个人之财政担保能力。过了两周，经海关核查后的回馈信息显示，黄佐治确在华信果栏工作，周薪为四镑。目前，他除了在该果栏有三百五十镑的股份（共三百五十股，每股一镑）之外，在银行还有一百五十镑的存款。而恒泰是上述恒泰号商铺的经理，每周领取工资，周薪四镑十先令，他也在这间商号中有自己的股份，共计十股，每股价值一镑；除此之外，他没有其他产业。就二人的操行而言，则无不良记录，没有案底，跟周围人员的关系也较为融洽。从经济能力的角度，监护人和保证人虽在财政上不是十分宽裕，但尚可保障申请人在澳之生活与学费。既然如此，内务部觉得没有拒绝的理由，遂于四月四日函复中国驻澳大利亚总领事馆，同意核发陈熙文入境签证。

拿到签证后，陈熙文没有耽误。毕竟他已经十七岁，再不抓紧时间，就该进入社会做工，成家立业了。因此，他很快便安排好行程，根据预定之船票，从他正在读书的香港，直接搭乘“太平号”（Taiping）轮船，于六月九日抵达雪梨，顺利入关。

由于六月中下旬是澳洲学校的寒假期间，无法入学，故自入境之后，陈熙文一直等了一个月的时间，到七月八日才得以正式入读华人英文学校。因为原先在香港学校所得到的英语训练，让他应付澳洲的课程游刃有余。根据校长戴雯丽小姐（Miss Winifred Davies）的报告，陈熙文在校学习和操行俱佳，表现令人满意。

在华人英文学校一直读到一九三一年的学期结束，总计一年半的时间，陈熙文就将届满十九岁。此时，他选择不再读下去，准备回国另行发展。于是，一九三二年一月二十日，陈熙文挥别表兄黄佐治，在雪梨搭乘“彰德号”（Changte）轮船，离开澳洲，返回香港，转道回国去了。

算起来，陈熙文在澳留学的时间，只有一年半的光景，总计只念了三个学期的书而已。当然，由于他在香港和澳洲都受过很好的教育，回去中国后，无论是继续升学还是进入政府部门任职抑或去商界闯荡，都具有相当的优势。显然，镀上留学的这层金后，还是很有利于其日后的职业生涯的。只是他回国之后如何发展，不得而知，尚有赖于当地是否有记载或资料来予以说明。

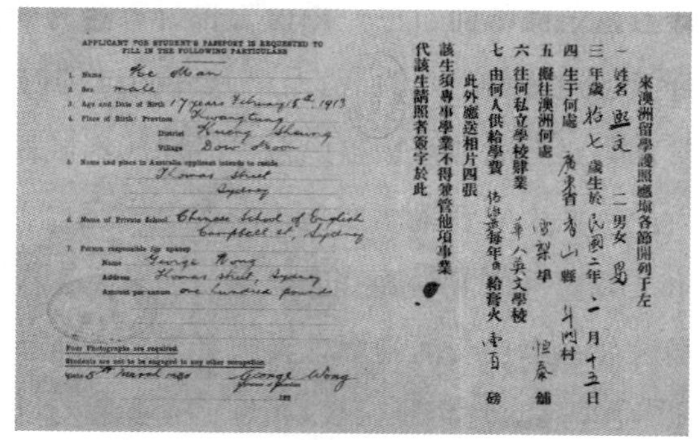

来澳洲留學護照應塡各節開列于左
一 姓名 熙文 二 男女 男
三 年歲 拾七 歲生於 民國二年 二 月 十五 日
四 生于何處 广东省 香山 縣 斗門村
五 擬往澳洲何處 雪梨埠 恒泰 舖
六 往何私立學校肄業 華人英文學校
七 由何人供給學費 黄佐治 每年供給膏火 壹百 磅
此外應送相片四張
該生須專事學業不得兼管他項事業
代該生請照者簽字於此

APPLICANT FOR STUDENT'S PASSPORT IS REQUESTED TO FILL IN THE FOLLOWING PARTICULARS

1. Name: He Man
2. Sex: male
3. Age and Date of Birth: 17 years February 15th 1913
4. Place of Birth: Province: Kwangtung; District: Heung Shang; Village: Dow Moon
5. Name and place in Australia applicant intends to reside: Thomas Street, Sydney
6. Name of Private School: Chinese School of English, Campbell St, Sydney
7. Person responsible for upkeep: Name: George Wong; Address: Thomas street, Sydney; Amount per annum: one hundred pounds

Four Photographs are required.
Students are not to be engaged in any other occupation.

Date 5th March 1930 George Wong

一九三〇年三月五日，黄佐治向中国驻澳大利亚总领事馆申领表弟陈熙文来澳留学护照和签证所填写的申请表。

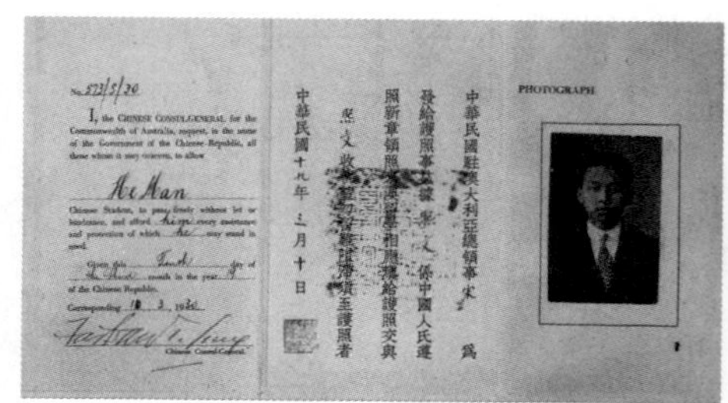

No. 573/S/30

I, the CHINESE CONSUL-GENERAL for the Commonwealth of Australia, request, in the name of the Government of the Chinese Republic, all those whom it may concern, to allow

He Man

Chinese Student, to pass freely without let or hindrance, and afford him every assistance and protection of which he may stand in need.

Given this Tenth day of the Third month in the year 19 of the Chinese Republic.

Corresponding 10. 3. 1930

Chinese Consul-General

中華民國駐澳大利亞總領事宋 爲
發給護照事據 熙文 係中國人民遵
照新章領照……相應發給護照交與
熙文收……護照者
中華民國十九年三月十日

PHOTOGRAPH

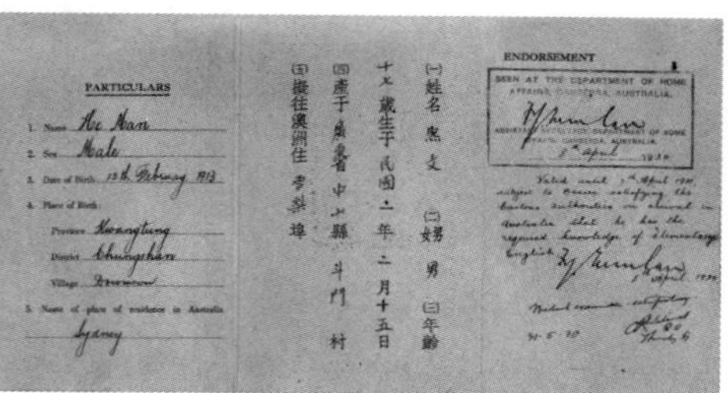

PARTICULARS

1. Name: He Man
2. Sex: Male
3. Date of Birth: 15th February 1913
4. Place of Birth: Province: Kwangtung; District: Chungshan; Village: Dowmoon
5. Name of place of residence in Australia: Sydney

(一)姓名 熙文 (二)男女 男 (三)年齡 十七 歲生于民國二年二月十五日
(四)產于 廣東省 中山縣 斗門 村
(五)擬往澳洲住 雪梨埠

ENDORSEMENT

SEEN AT THE DEPARTMENT OF HOME AFFAIRS, CANBERRA, AUSTRALIA.
ASSISTANT SECRETARY, DEPARTMENT OF HOME AFFAIRS, CANBERRA, AUSTRALIA.
8th April 1930

Valid until 7th April 1931 subject to Customs satisfying the Customs authorities on arrival in Australia that he has the required knowledge of elementary English.
8th April 1930

Medical examination satisfactory

一九三〇年三月十日，中国驻澳大利亚总领事宋发祥给陈熙文签发的留学护照，以及四月八日澳大利亚内务部在该留学护照上的签证章。

档案出处（澳大利亚国家档案馆档案宗卷号）：

He Man - Students passport, NAA: A1, 1932/471

马金玉

香山塘敢村

马康良（Harry Marr Long或Harry Long）大约生于一八八〇年，是香山县塘敢村人。一八九八年，他从家乡奔赴澳大利亚发展，从昆士兰省（Queensland）首府庇厘士彬埠（Brisbane）登陆入境。[①]经过十余年的奋斗，他在一九一二年获得了在澳洲的永久居留资格，遂申请回头纸，于当年三月十三日在庇厘士彬港口乘坐“山亚班士号”（St Albans）轮船驶往香港，回国探亲。在家乡香山县，他经人介绍认识了一位名叫金媛（Kum Noon）的女子，英文名字叫作Lizzie（莉琪），全名是Lizzie Kum Noon（莉琪·金媛）。金媛是在澳出生的第二代华人，一八八八年生于雪梨（Sydney），七岁时被父亲送回家乡，直到二十四岁时遇到了马康良。两个月后，他们在香山结婚。一年后，即一九一三年五月十八日，他们的女儿马金玉（Kum Yook Long）出生。

然而，马康良并没有等到女儿出生，便将妻子安置在家中，于一九一三年年初便赶赴香港，搭乘“依时顿号”（Eastern）轮船，于二月二十八日回到了庇厘士彬埠。可能因为妻子是在雪梨出生的缘故，不久之后，他移居鸟修威省（New South Wales）的首府雪梨发展。在这里，他于一九一六年入股位于华埠钦布炉街（Campbell Street）二十八号的新昌盛号（S. C. S. Dockson

① Harry Marr Long [Chinese - arrived Brisbane, 1898. Box 33], NAA: SP11/2, CHINESE/LONG H M。

& Coy）商铺，成为该中式商铺的主要股东。[①]待其商铺经营稳定之后，他写信回去中国家乡香山县，让妻子返回雪梨。于是，金媛便将七岁的女儿马金玉交由婆婆代养，只身去到香港，搭乘“华丙号”（Hwah Ping）轮船，于一九二〇年八月回到雪梨。她之所以选择只身回澳，在于自回到中国后，她已经二十五年没有回过澳洲，不知能否重新入境。好在她还持有当年的澳洲出生证，最终海关放行，她得以与丈夫团聚。

回到澳洲安顿下来后，金媛便与丈夫马康良筹划要将女儿马金玉办理来澳团聚。恰好次年开始，澳大利亚实施《中国留学生章程》，开放居澳中国人办理其在乡子弟前来澳洲读书，他们夫妇便决定以这种方式将女儿办理来澳，一方面固然是为了家庭团聚，另一方面当然也是要给她提供良好的教育。

一九二二年十一月六日，马康良填具申请表，以监护人的名义向中国驻澳大利亚总领事馆申请女儿马金玉的赴澳留学护照和签证。他以自己参与经营的新昌盛号商铺作保，允诺每年供给膏火五十镑，充作女儿在澳留学期间的学费及其他各项开销，要将她安排入读雪梨城里的基督公会学校（Christ Church School）。但中国总领事馆接到申请后，没有及时予以审办，直到近半年之后，才将其审理完毕。一九二三年五月四日，中国总领事魏子京给马金玉签发了一份中国学生护照，号码是253/S/23；五天后，澳大利亚内务部也核发了签证给她，在其护照上钤盖了入境签证印章。

就在等待办理护照的过程中，马金玉的祖母于一九二三年三月前后病逝。于是，待拿到签证后，中国总领事馆便按照马康良的意见将其寄往香港的金山庄，由后者具体为马金玉安排赴澳行程并在其登船时将护照转交给她。经三个月左右的多方联络安排，找到了同行的监护人后，也联络好了当

---

① 根据鸟修威省档案馆（NSW State Archives & Records）所藏该省工商局保存的二十世纪初年工商企业注册记录，新昌盛号最早正式注册是在一九〇三年六月二十五日，时有股东十人；但一九一六年三月二十二日重组注册时（有时候也直接用Dockson & Coy，而不是S. C. S. Dockson & Coy），股东就只有两人，马康良排名在前面。见：https://search.records.nsw.gov.au/permalink/f/1ebnd1l/INDEX1821897。

时正计划前往雪梨留学的同邑及四邑地区的另外五位小留学生[①]一起结伴同行。随后，金山庄订妥船票，十岁的马金玉便由家人送往香港，搭乘“获多利号”（Victoria）轮船，于当年九月二十二日抵达雪梨，入境澳洲。马康良夫妇去到海关将女儿接出来，回到家中安顿下来。

十月三日，马金玉正式注册入读基督公会学校。学校的报告显示，这位中国来的小姑娘在校各项表现都很好。但不幸的是，这所教会学校因资金和师资等问题难以为继，于一九二四年新学年的第一个学期结束之日，即四月十七日正式关闭，所有的学生就被分流到其他的公立或私立学校。为此，马康良将女儿转到位于华埠附近也是钦布炉街上的唐人英文学校（Chinese School of English）读书，这样从其新昌盛号商铺去上学也很方便。四月二十八日，马金玉正式去到这所学校念书。她在这里同样是在校表现和学业成绩都令人满意，一直读到一九二六年六月下旬学期结束。

此时，马康良将在新昌盛号的股份转卖了出去，于一九二六年六月下旬前往鸟修威省西北部地区的烟化炉埠（Inverell），加入祖籍香山县但其本人却是在澳出生的第二代华人雷妙辉（Harry Fay）控股的逢源公司（Hong Yuen & Co.）[②]，以求有更好的发展。马金玉随着父母转场，也跟着去到这个小镇，进入天主教会主办的圣心学校（The Convent of Our Lady of Mercy, Sacred Heart School）上学。在这里，她除了依旧学业令人满意之外，还给自己取了

---

① 这五位留学生是：香山县李华福（Willie Wahook Lee）、新会县黄瑶（Wong Yew）和黄彩（Wong Toy）兄妹、台山县雷鸿奕（Louey Hong Yet）和谭孔儒（Coon Yee）。详见：Willie Wahook Lee - Student passport, NAA: A1, 1923/28341; Wong Yew - student passport, NAA: A1, 1929/117; Wong TOY - Student passport, NAA: A1, 1927/16694; Louey Hong Yet-students passport, NAA: A1, 1930/4775; Yee, Coon - Student passport, NAA: A1, 1926/17196。

② 该公司早在十九世纪末二十世纪初年便已开设。见：“Hong Yuen & Co.”, in *The Inverell Times*, Saturday 22 December 1900, page 2。该项当地报纸报道显示，至少在一九〇〇年的上半年，该公司便已在烟化炉埠开业。可见，至少在此前一年，该公司已在该埠选址并筹办商铺的运行事宜。虽然三年后（一九〇三年六月二十六日）才正式在鸟修威省工商局注册，当时该公司的股东名单里未见到雷妙辉名列其中（见：鸟修威省档案馆所藏二十世纪初该省工商企业在工商局注册记录：https://search.records.nsw.gov.au/permalink/f/1ebnd1l/INDEX1803025），但在一九一九年二月十一日因董事会重组而重新注册时，该公司的股东就只有两人，即已完全由雷妙辉与其兄长雷妙炳（Harry Kee）控股，即便此后有加入其间者，也都是小股东（见：https://search.records.nsw.gov.au/permalink/f/1ebnd1l/INDEX1803024）。

一个英文名字，叫作Phillis（菲莉丝），以便于更容易融入当地学生中去，由是，她的行为举止都力求符合当地淑女的规范。

然而，马康良在烟化炉埠待的时间并不长。因逢源公司在此已经营多年，如果马康良想在此自立门户，生意不一定好做，遂决定离开，一年后重返雪梨。但他没有返回雪梨城里，而是去往雪梨西部郊区，在格兰围区（Granville）租地当起了菜农。而马金玉也在一九二七年十一月离开了烟化炉埠的圣心学校，进入南格兰围区（South Granville）所属的布莱克塞尔街公立学校（Blaxcell Street Public School）就读。她在这里学习良好，行为举止都合乎规范，于一九二八年完成了所有的小学课程。次年的新学年开始，马金玉进入柏利孖打家政学校（Parramatta Domestic School）念书，读中学课程。

从烟化炉埠转来到格兰围区读书后，马金玉与其家人认识了住在隔邻吉尔福德区（Guildford）的一位欧裔家庭主妇汉娜·史密斯太太（Mrs Hannah Smith），两家也互相来往密切。史密斯太太是一位八个孩子的母亲，而金媛在返回雪梨后的这九年时间里也再生了三个孩子，加上马金玉，已有四个孩子，现已又怀上了另外一胎。而马金玉之弟妹们因在澳出生，都具备澳洲公民资格，而不像她那样，按照移民法规定，读完书须返回中国。史密斯太太对于此时十六岁的马金玉很是爱惜，认为她在家庭中显得太过于特殊，父母都是澳大利亚永久居民而所有弟妹都具有澳洲公民资格，应该争取在澳洲留下来。而且，史密斯太太也意识到，马金玉出国前，祖母病故，她在国内就已经没有了至亲的长辈，即便回到那里，她也无人照顾，加上在澳洲接受现代教育，事实上她已经无法适应家乡的环境和文化；更重要的是，从她的角度来看，对一个十六岁的女孩子来说，如果此时让她回去中国，那等待她的将是沉沦。为此，史密斯太太决定，要为这位年轻的中国女孩子留下来发声，为其争取应得的利益。

一九二九年三月底，史密斯太太致函她所在联邦选区的国会议员科尔曼（Percy Coleman M. P.），将马金玉的情况作了一番介绍之后，希望他通过与内务部部长的沟通与联络，帮助这位年轻的中国姑娘留下来，跟她的父母和弟妹们在一起生活。对于自己选区的选民所提出的问题，科尔曼给予了极为认真的对待。他于四月三日写信给内务部部长艾伯特（C. L. A. Abbott），附上了史密斯太太的信，表示这是一个比较特别的案子，希望内务部能本着基督耶稣的精神，让这位中国女孩子可以留下来与家人在一起，不要让她返回中国，那样对她不公。科尔曼是资深议员，在政坛上有一定的影响力，艾伯特自然对其提出的要求不能拒绝，遂交由属下官员及海关调查马康良一家的情况，以便对此做出决定。海关人员经二到三个星期的翻查出入境记录以及走访问话，在四月底将马康良和金媛夫妇的情况以及养育孩子的现状核实清楚，证实了史密斯太太所说属实，然后将结果报告给内务部秘书。经过内务部不同层级官员的评估后，内务部部长于六月十三日决定，同意马金玉留下来，给予她十二个月的居留签证，即在现有的签证到期后，她可以继续留在澳大利亚，而在此期间，她可以不用去学校上学，亦即不再将她视为中国留学生。事实上，这就是批准她永久留居在澳大利亚了，只是需要年复一年地申请展签而已。但史密斯太太得知此决定后，认为马金玉今年就读的第二个学期到九月下旬才结束，应该准允她读到那个时候才退学。她的上述意见也被内务部秘书接受。由是，马金玉的身份有了新的变化。七月十日，内务部秘书知会中国驻澳大利亚总领事馆，将内务部部长的上述决定告知，表示此后无须中国总领事每年都为这位中国女孩子申请留学签证展延，而改由海关每年根据要求更新其签证。于是，在澳留学读书近六年后，马金玉便离开了学校，回到家中，协助母亲处理家务。

一九三〇年四月，因科尔曼议员去日内瓦开会，不在澳大利亚，史密斯太太便直接写信给时任总理斯卡林（James Scullin），请他直接过问马金玉的签证展延事宜。斯卡林总理了解了这件事的整个过程之后，遂指示内务部部长直接办理此事。于是，内务部秘书于五月三日便批复了马金玉的签证展延。由是，此后几年，每到这个时间，史密斯太太就写信给内务部秘书，后者也每次都很耐心地回复她，并每次都按照规定核发展签给马金玉。而在这段时间里，金媛除了此前在澳为马康良生了三个孩子后，最近又生了一对双胞胎男孩。为此，马金玉就在家里协助母亲，代为照顾几个年幼的弟妹。

到一九三五年八月二日，史密斯太太再次致函内务部秘书，表示马金玉需要陪着母亲及几个弟妹一起返回中国探亲，希望核发给前者再入境签证。八月十二日，内务部秘书复函表示，已经核发给马金玉三年的展签，她可以在此后三年内在中国探亲，然后返回澳洲。但条件是，如果她在此期间在国外结婚，此项签证就失效，盖因当时的澳洲法律规定，一旦澳洲永久居民与外国人结婚，就被视为放弃了其在澳大利亚的永久居留权益。马金玉见一切安排妥当，遂于八月十四日在雪梨港口与母亲和弟妹们一起登上驶往香港的"南京号"（Nankin）轮船，返回中国探亲去了。

可是，在中国探亲期间，马金玉和母亲将他们的入境签证批准函弄丢了，遂于一九三六年初致函史密斯太太，请其帮忙向内务部秘书申请补发。二月十日，史密斯太太给内务部秘书写信，告知此事，并表示她们母女希望尽快返回澳洲，希望能补发入境批准函。二月二十五日，内务部秘书如其所请。可是，在中国收到史密斯太太转寄来的上述文件后，她们并没有立即成行，而是在又过了约半年时间，金媛才带着其余的孩子，搭乘由香港出发的"彰德号"（Changte）轮船，于当年九月六日回到了雪梨。[①]然而，原先表示要一起返澳的马金玉，却没有跟着母亲和弟妹们一起回来。直到次年初，其谜底才由史密斯太太揭开。

史密斯太太在一九三七年一月十四日致函内务部秘书，重新为马金玉申请入境澳大利亚的游客签证。跟她列名一起申请签证者，是一位姓黄名叫Ronnie Wong的男士，而马金玉的头衔也已经成为黄太太。史密斯太太在函中表示，一九三五年，二十二岁的马金玉与母亲和弟妹们回国探亲后，就在香港经人介绍，认识了香港一家注册名为M. P. San & Co.的糕点饼干糖果厂少东家，随即在去年初与其成亲。这也就是去年金媛何以拖到八月份才离开香港，并且只是带着其他孩子返回澳洲而独缺马金玉的原因。而按照此前批复

① Mar Loo and Mar Chong [application by Harry Marr Long for admission of his 2 nephews Mar Loo and Mar Chong, into the Commonwealth], Mrs Lizzie Marr Long and children Marjorie, Edmond, Gorman, Jessie and Harry Clemans Long [includes 2 photographs each showing front and side views; left finger prints and left and right thumb prints of Harry Clemans Long, Gorman Long, Marjorie Long and Mrs Harry Marr Long [Mrs Kum Noon Long] [arrived ex CHANGTE in Sydney on 6 September 1936] and Kum Yook Long [includes Certificate's of Exemption for Phyllis Kum Yook Long] [box 452], NAA: SP42/1, C1941/5896。

马金玉回澳的条件，一旦他在回国探亲期间结婚，其返澳签证就会被自动取消，也就丧失了澳洲永久居留的资格；如果还想返澳探亲或访问，需要重新另行申请入境签证。史密斯太太在上述函中是为黄先生和他的太太马金玉申请六个月到十二个月的探亲签证，最主要是黄先生想要借此机会来拜会岳丈马康良，也看看他们在澳洲居住的环境；此外，黄先生还想借此机会跟澳洲的主要面粉生产厂家或出口商建立关系并商谈，以便为其在香港的工厂获得稳定的面粉供应。他希望借此次探亲访问，能够达成上述生意。基于上述理由，史密斯太太希望内务部秘书能够批复此项申请。

内务部秘书接到上述信函后，经与相关部门官员几番商讨，皆认为上述理由成立，尤其是黄先生所期望的直接与澳大利亚面粉出口商联系以购买澳方产品的构想，更是应该予以支持。内务部部长接受了下属的意见，于二月三日批准核发给黄先生和黄太太（马金玉）六个月的访问签证，条件是他们在探亲访问期间不能打工，同时也责成海关与黄先生保持密切联络，已确认其构想的生意合同得以签订。随后，内务部秘书将此项决定函告史密斯太太，并由她通知目前人在香港的马金玉夫妇。与此同时，他也将此决定通告海关，以便黄先生夫妇入境时有据可查。

马金玉的留学档案到此终止，此后澳大利亚国家档案馆里再也找不到与其姓名（无论是婚前的Phillis Kum Yook Long还是婚后的Phillis Wong）相关的宗卷，虽然澳大利亚内务部批复了她的再入境签证，很显然，他们夫妇没有能够前来澳洲。考虑到一九三六年初结婚到一九三七年初这段时间里，正常情况下，正好是怀孕和生育的周期，如果马金玉处于妊娠生育阶段，就有可能导致其搁置赴澳行程。而这一年七月之后，日本大举侵略中国，中国则进入全面抗战时期；而香港因其特殊地位，则在太平洋战争前，成为大批中国难民的接收地及国民政府对外沟通的主要据点，无论是对经济还是民生，都有着巨大的影响。在新的形势下，马金玉的赴澳行程也就可能不了了之，而代之以其父亲马康良在战后去往香港探望女儿女婿。[1]

---

① Mar Long, Harry [Chinese - (1) arrived Sydney per Changte on 8 June 1949; (2) arrived Sydney per Changsha on 16 October 1954] [Box 5], NAA: SP605/10, 349。

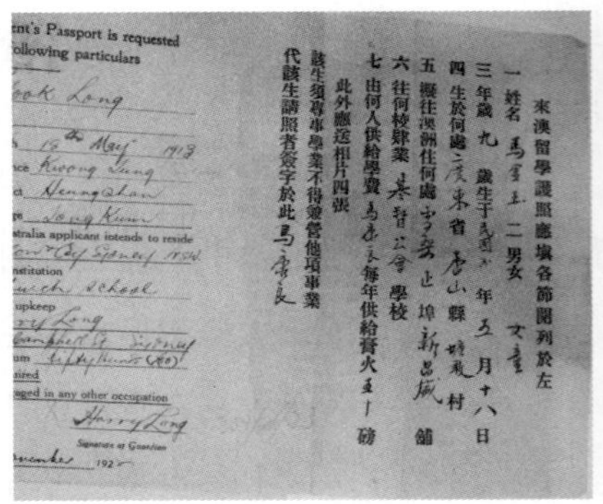

一九二二年十一月六日，马康良填表向中国驻澳大利亚总领事馆申领女儿马金玉的赴澳留学护照和签证。右边是马金玉的侧面照片。

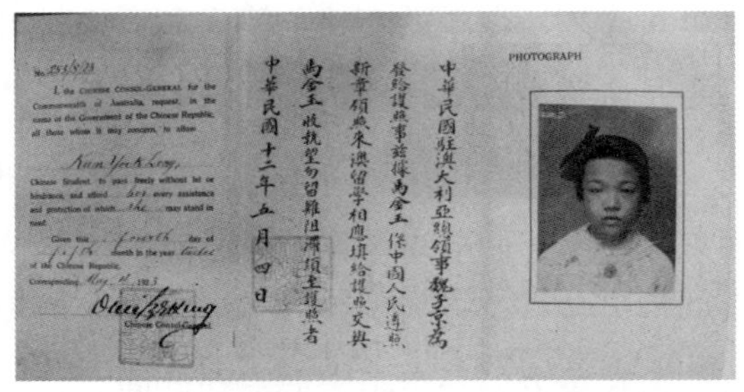

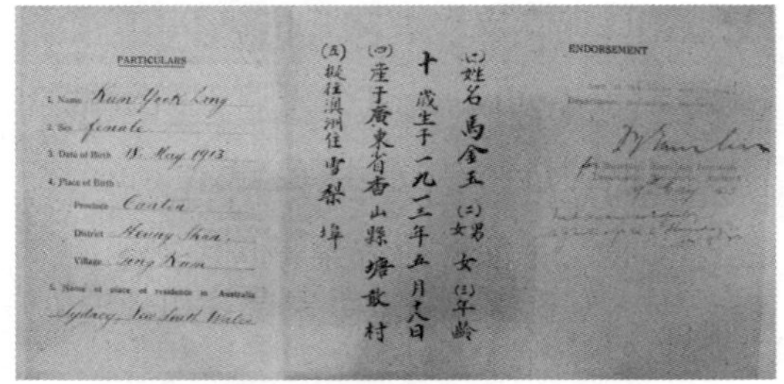

一九二三年五月四日，中国驻澳大利亚总领事魏子京给马金玉签发的中国学生护照。

档案出处（澳大利亚国家档案馆档案宗卷号）：

Kuni Jook Long (Mrs. Phillis Wong) Stud. Exc Readm, NAA: A1, 1937/1635

布德威

中山

生于一九一三年六月六日的布德威（Po Tak Wai，也写成Ah Lum），原籍中山县，在香港出生。因家境优渥，布德威自幼便在香港接受教育；从一九二八年起，家人便将其送入历史最悠久的官立学校英皇书院（King's College, Hong Kong）读中学。该校实行双语教学，布德威由是在此接受了较好的英语训练。

布德威有一位伯父，名叫布金胜（George Kum Sing，也写成George Sun或Kum Sun），一八七九年生于香山县，年方十六岁便追随乡人步伐，来到澳大利亚发展。他先在昆士兰省（Queensland）登陆入境，在先辈指引下去到该省西南部地区的圣佐治埠（St George），充当菜农。该埠靠近鸟修威省（New South Wales）边界，是当地农牧业集散中心。六年后，小有所成的他再往南迁移一百多公里，跨过省界，进入属于鸟修威省的小镇孟元太（Mungindi），仍然是做菜农这一行。一九〇六年，他获得在澳永久居留资格，便回国探亲。两年后返回澳大利亚，他仍然回到孟元太小镇，继续耕耘积累；到二十世纪二十年代初，便去到雪梨（Sydney），利用此前的经历和建立起的人脉，在这里充当蔬菜水果经销商，经营颇为成功。[①]

在年满十八岁这一年，布德威想要来澳大利亚留学，遂商之于伯父布金

① Gum Sing [also known as George Sun or Gum Sun] [box 87], NAA: SP42/1, C1916/2694。

胜，获得全力支持。在拿到香港英皇书院院长莫理士（Alfred Morris）核发的学生就学证明信以及一份布德威本人用英文写给伯父的信函，以示其已具备初步的英语学识能力，同时也拿到了雪梨圣若瑟书院（St Joseph's College）的录取信之后，布金胜便具结财政担保声明书，以自己独立经营资产价值达五千镑的果菜经销商的身份，担保侄儿赴澳留学。为保险起见，他还得到了也是中山籍同乡的雪梨华社中规模较大的进出口商行安益利公司（On Yik Lee & Co.）大股东欧阳南（D. Y. Narme）[①]背书支持，充当其保人，因为后者名气大，澳大利亚内务部和海关对他都非常熟悉。

待上述文件齐备，布金胜便以监护人和财政担保人的身份，于一九三一年十月二十日填妥申请表，向中国驻澳大利亚总领事馆申领侄儿布德威的赴澳留学护照和签证，并允诺每年供给膏火一百镑，作为侄儿来此留学的各项费用开支。在填写申请表时，他可能因计算错误或者记错了年份，将布德威的出生年份写成了一九一九年；后经中国总领事馆的人员指出，方才在申请表上的英文栏目上改为一九一三年。位于雪梨同城的中国驻澳大利亚总领事馆接到上述申请后，很快就初审完毕。过了两天，中国总领事陈维屏将申请材料汇集，备函向内务部申请布德威的留学入境签证。

通常情况下，内务部接到留学签证申请之后，都会按照流程进行预评估，即通过海关及警察部门对监护人和财政担保人的情况予以调查核实，确认其具备资格后才核发入境签证。但这次受理上述申请后，内务部没有启动上述流程，而是由主管官员对照送交上来的材料核查了一遍之后，认为布德威在香港的名校读书，已具备了一定的英语能力，只需在入境时由移民官当场测试即可，毋庸再议；而布金胜的生意无论是商业规模和价值都足以担负得起布德威的所有费用；更重要的是，还有生意额更大的进出口商行安益利公司背书，因而其财政能力亦毋庸置疑。也就是说，签证的预评估通过了。由是，当年十一月九日，内务部秘书函复陈维屏总领事，批复了布德威的留

① 有关欧阳南的档案，见：D Y Narme [includes 8 photographs showing front and side views] [box 128], NAA: SP42/1, C1921/6636。

学签证申请。三天后，陈维屏总领事便给布德威签发了一份学生护照，号码是043049；随后将其寄送内务部，后者于十一月十九日在护照上钤盖了入境签证章。中国总领事馆拿回上述护照，原本是想按照流程将其寄往香港，等待布德威赴澳留学，但因布金胜已通知侄儿尽快搭船前来，遂将护照交给他这位伯父代收，以便待其入境时，将其交由海关查验，接其入关。

果然，早就准备好了赴澳留学的布德威，一接到伯父的电报通知，便立即订妥船票，从香港乘坐“天咑号”（Tanda）轮船，于当年十二月二十日抵达雪梨港口。布金胜在欧阳南的陪同下，拿着护照去到海关迎接侄儿；而布德威则很顺利地通过了移民官员的英语测试，顺利入境，海关当场核发给他十二个月的留学签证，然后收回护照，交由内务部代为保存。随后，布德威便住进了伯父的商行里，开始其在澳留学生涯。

布德威抵达澳大利亚之时，正好碰上了当地学校处于放暑假时期，无学可上，他正好利用这段时间熟悉周围环境，也跟着经商的伯父熟悉市场行情。到一九三二年新学年开学，他便在二月二日正式入读位于雪梨海湾北岸猎人山区（Hunter’s Hill）的圣若瑟书院。在这一年的全部两个学期里，布德威按时到校，从未缺勤，书院对其各科成绩的评价都是非常令人满意。

一九三三年新学年开始，布德威从上述圣若瑟书院退学，转学到雪梨城里的圣博德商学院（St Patrick’s Commercial College）读书。该商学院坐落于海云屯街（Harrington Street）上，与其伯父布金胜开设在同一条街上六十四号的果蔬公司仅咫尺之遥，走路上学极为方便。商学院提供给内务部的例行报告显示，他在学校里表现优异，学习成绩总体而言还算令人满意；不足之处是其英语理解能力与本地人相比仍然有一定的距离，因而拖了成绩的后腿。

然而，布德威只在这所商学院读了一个学期便退学。一九三三年六月十四日，二十岁的布德威在雪梨港口登上“利罗号”（Nellore）轮船，告别伯父，也挥别了留学一年半的澳大利亚，返回香港去了。

布德威的留学档案到此终止。

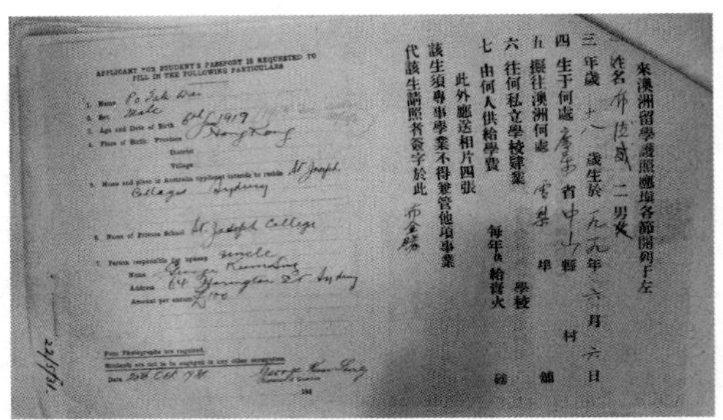

APPLICANT FOR STUDENT'S PASSPORT IS REQUESTED TO FILL IN THE FOLLOWING PARTICULARS

1. Name Po Tak Wai
2. Sex Male
3. Age and Date of Birth 6th Jun 1919
4. Place of Birth: Province Hong Kong
   District
   Village
5. Name and place in Australia applicant intends to reside St Joseph College Sydney
6. Name of Private School St. Joseph College
7. Person responsible for upkeep uncle
   Name George Kum Sing
   Address 64 Harrington St Sydney
   Amount per annum £100

Four Photographs are required.

Students are not to be engaged in any other occupation.

Date 20th Oct 1931 George Kum Sing

來澳洲留學護照應填各節開列于左

一 姓名 布德威 二 男女

三 年歲 十八 歲生於一九一九年六月六日

四 生于何處 廣東 省 中山 縣 村

五 擬往澳洲何處 雪梨 埠 舖

六 往何私立學校肄業 學校

七 由何人供給學費 每年供給膏火 磅

此外應送相片四張

該生須專事學業不得兼營他項事業

代該生請照者簽字於此 布金勝

一九三一年十月二十日，布金胜填写的申请表，向中国驻澳大利亚总领事馆申领侄儿布德威的来澳留学护照和签证。

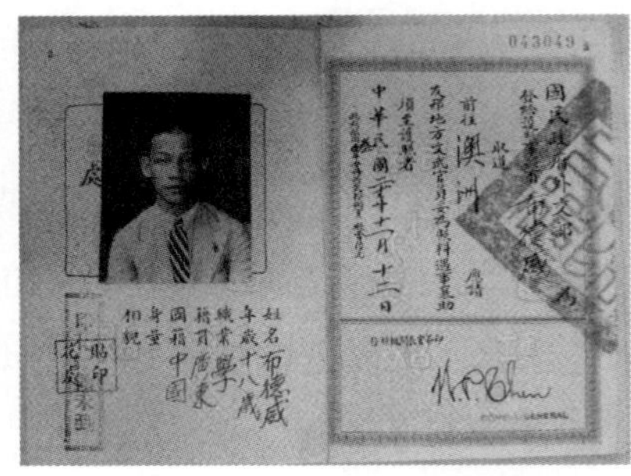

一九三一年十一月十二日，中国驻澳大利亚总领事陈维屏给布德威签发的学生护照内页。左为中文页，右为英文页，上面有十一月十九日钤盖的入境签证章。

档案出处（澳大利亚国家档案馆档案宗卷号）：

Po Tak Wai - Student's Passport, NAA: A1, 1933/256

张荣华

香山马山村

张荣华（Cheung Wing Wah），生于一九一三年五月初五日（公历六月九日），香山县马山村人。在其即将八岁时，亦即其在香山家乡刚刚进入学堂读书不久，他的父亲张百顺（Cheung Pak Sun）就考虑为他办理赴澳留学。一九二一年五月三十日，张百顺在广州向军政府外交部特派广东交涉员公署提出申请，希望发给正在学堂里念书的儿子张荣华赴澳留学护照，希望让他去到那里读书四年（在英文页上则写为六年），而他本人则供给学费每年五百元大洋。交涉员李锦纶当天便为张荣华签发了一份护照，然后于六月一日为他从位于沙面的大英帝国驻广州总领事馆拿到了入境澳大利亚的签证。此时的澳大利亚是大英帝国的自治领，在海外仍然由大英帝国的使领馆核发入境签证，并为澳大利亚海关等部门认可。

此处提到的张百顺是否为居澳华人，因无法在澳大利亚国家档案馆里找到相同名字的宗卷，不得而知。有可能他此前去过澳大利亚寻梦，后来回国发展；也有可能是其家人亦即父兄宗亲去到了澳洲，而他本人则留在国内，作为接应，经商而发家。而后一种可能性更大，因为澳大利亚于一九二一年一月一日开始正式实施《中国留学生章程》，准允居澳华人申请办理其在乡子弟赴澳留学，张百顺在这个时候去到省城广州为儿子办理赴澳留学手续，显然不是巧合，而极有可能是他在澳大利亚的亲友通报此项线索并与之协商沟通之后采取的行动。

当护照和签证办妥之后，张百顺便通过香港的金山庄永信泰行代为安排儿子张荣华的赴澳行程。一个多月后，诸事妥当，他便将儿子送到香港，让其搭乘由中澳船行经营运行的“获多利号”（Victoria）轮船，于当年七月二十二日抵达雪梨（Sydney）。到海关来接应张荣华出关者，是从鸟修威省（New South Wales）中部距雪梨两三百公里之遥的两个镇子里赶来的亲戚：一位是在阿论治埠（Orange）开设有店铺的黄恒盛（Wong Hang Sing）[①]，是香山县黄良都村人；另一位是在苟虏埠（Cowra）拥有果菜园和商铺的菜农和果菜商Thomas Sun（探眉士顺，译音）[②]，是张荣华的伯父。最终由黄恒盛将张荣华带去阿论治埠读书，并充当这位小留学生的监护人。无论是人口规模还是学校数量，阿论治埠都远较苟虏埠为甚。而由黄恒盛代为照顾张荣华，也表明他与张家关系匪浅：即便不是亲戚，也是世交。

八月八日，黄恒盛带着张荣华去到阿论治埠的克罗博德书院（Croagh Patrick College）面见院长，经测试后获准正式注册入读，成为该书院的学生。书院提供的例行报告显示，他聪颖好学，能与班上的同学搞好关系，获得他们的帮助，而且因年纪小，学习新语言上手快，在英语学习方面很快就有了很大进步；而且他也遵守校规，除了有病请假之外，其余的上学日都能准时到校上课，也参与学校组织的各种体育活动。他在此读了一年多的时间，直到一九二二年底学期结束。

从一九二三年开始，张荣华转学到距阿论治埠五十公里之外把打池埠（Bathurst）的把打池公立学校（Bathurst Public School）上学，住在该埠一位

---

① 黄恒盛原名黄位基（Wong Way Kee），恒盛可能是其字，也可能是进入澳大利亚后使用的名字，并且此后开设的商铺也使用此“恒盛”名字作为店名；也可能是以店名作为人名而行于世。黄恒盛生于一八七八年，一八九八年抵达澳大利亚发展，在阿论治埠开设有恒盛果栏（Hang Sing & Co.）。详见：Hang Sing [Chinese - arrived Cooktown per CHONG CHOW, c. June 1898. Box 40], NAA: SP11/2, CHINESE/SING HANG; Hang Sing, NAA: J2481, 1900/202。他开设的果栏曾在雪梨华文报纸上刊登广告，见：“声明告白”，载雪梨《民国报》（*Chinese Republic News*），一九一五年七月二十四日，第六版。此外，其果栏广告也刊于当地英文报纸。见：“Hang Sing and Co.”, in *Leader*(Orange, NSW), Friday 10 November 1911, page 2。这是在阿论治埠当地报纸上找到的首个恒盛广告，可见黄恒盛在一九一一年之前便已到达这个镇子，然后开设自己的店铺。因其姓氏与张荣华不同，推测起来，他可能是后者的舅舅，也可能是其姑父或者姨丈。

② 在澳大利亚国家档案馆找不到与这个名字匹配的档案宗卷，他与张荣华之关系，则是本档案宗卷所透露。

名叫亚明（G C Ming）的长辈亲戚家里。刚刚到这所学校不久，他就因患腮腺炎，而不得不被隔离在学校里达三个星期之久，直到痊愈，方才准允回到班上与其他同学一起上课。他在这里的表现一仍其旧，只是在其表兄去世时请了两天假（这表明其亲戚亚明在当地成家），以及因参加体育活动导致大腿受伤无法行动而待在家里养伤，其余时间都正常上学，从来不给学校添麻烦。他在此一直读到一九二五年底，完成了大部分的小学课程。

一九二六年，十三岁的张荣华去到伯父探眉士顺所在的苟虏埠，由此，他就处在了伯父的监护之下。在这里，他于年中通过了小学毕业考试，正式进入苟虏中学（Intermediate High School, Cowra）念书，开始读中学课程。可以说，张荣华以其聪颖和努力，以五年时间，从不谙英语的状态迅速赶上学习进度，完成了六年的小学课程。而其进入中学就读时的年龄，就与当地学生基本上相同。换言之，他与当地学生共同成长。

在头两年的时间里，他的学习成绩令人满意，出勤率也都跟以前在阿论治埠和把打池埠没有多大差别，故而每年在六月份前后提出的展签申请都很顺利通过。但从一九二八年下半年开始，虽然他的各科学业仍然很优秀，只是到九月十三日时，已经累计缺勤达二十四天半，这其中除了几天确实是属于生病需要休息，但大部分都是其伯父要他旷课，在其果菜园地及商铺里帮工。尽管此后的一年多时间里，这种现象仍然存在，但学校都将其归入他的病假，从而让内务部继续给他核发展签。然而，到一九三〇年上半年，校长终于忍不住，向内务部秘书报告了实情，即张荣华的伯父探眉士顺经常让他留在家里不去上学帮其做工；校长认为，张荣华现在已经读到中学五年级，年底就要参加统考，以决定其是否可以入读大学，因而他希望内务部秘书过问此事，并使该问题得以解决。为此，内务部通过当地警察派出所对探眉士顺予以严厉警告，也知会中国驻澳大利亚总领事馆出面协调，从而使事情有所改观，这一年的展签也获得及时批复。

在一九三〇年的年底，张荣华顺利地通过了统考，完成了在苟虏中学的所有课程，获得了中学毕业文凭。更重要的是，他的统考成绩优秀，达到了雪梨大学（Sydney University）的入学录取线，于次年四月被录取，入读该大学的商科文凭课程。为此，他从荀虔埠来到雪梨，住进位于华埠附近沙厘希区（Surry Hills）的致公堂大厦宿舍里。

但是在这一年的签证展延申请时，张荣华遇到了麻烦。原因是内务部通过海关了解到，张荣华选定的课程都是在晚上，每周只有三次；而据中国总领事馆的说法，其余白天时间张荣华是去到当地报馆，在采编部主任的指导下学习传媒技巧，不受薪。对此，内务部秘书认为他违反了《中国留学生章程》的规定，因为其章程条款特别说明中国学生必须全日制上学，而不是只去读夜间课程，而留下白天时间自由支配。事实上，内务部一直严防死守的一项政策，就是不允许中国学生利用留学签证在澳大利亚打工；而在内务部看来，上述张荣华的做法无论如何都已经具备了其白天打工的条件。因此，在接到中国总领事馆为张荣华提交的展签申请后，内务部特别回复说，除非他将课程改为白天，否则不会核发签证，甚至还会按照规定将其遣返回国。

在接到中国总领事馆转来的内务部秘书的上述意见之后，一九三一年九月十二日，张荣华给内务部部长写信，对上述课程安排做出了解释。他在信中表示，按照他的统考成绩，是完全符合条件，可以就读正式的学位课程，但大学的注册主任因其外侨身份而采取歧视政策，只允许他就读文凭课程，而这些课程全部都安排在晚上授课。这对于他来说，也是身不由己，他自己也不想这样，但学校的这种安排，他个人也无力改变。而为了他自己的利益及前程着想，此前他已经致函雪梨大学的注册主任，要求复议对自己的录取，希望能按照成绩将其正式升级为就读正式学位的大学生，这样一来，明年他就可以像其他的学生一样，正常选课，亦即可以白天正常上课。他在信中告诉内务部部长，注册主任已经接受了他的申诉，并表示会将此事提交专门委员会讨论，如果一切顺利，明年他的情况就会得以改善。对此，他恳请内务部部长核实他提供的上述情况，并考虑到他目前所处的这种不尴不尬的地位，准允他读完今年余下的几个月课程，即核发给他展签，以待明年他的大学生身份得以改善，届时将一切恢复正常，也符合内务部相关的规定。内务部部长得知实际情况，也觉得此事确与张荣华无关，遂决定继续核发其展签，并于九月十八日正式批复。

很快就到了一九三二年新学年。开学后，张荣华如愿以偿，他在去年完成了一年的经济学课程，得以成为雪梨大学商科学士学位的正式学生。刚刚开学不久，踌躇满志的张荣华就在三月十日这一天给内务部秘书写信，为自己申请再入境签证。他在信中表示，他来到澳大利亚超过十年，也达成了其进入大学学习商科课程了解澳大利亚经济发展和相关商业条件的目的；而他的理想则是，以其所学，投身于为加强澳大利亚与中国的商业往来的贸易活动之中。为此，他近期与位于雪梨佐治大街（George Street）七百号上的商家米尔森（G. Milson）一拍即合，双方决定成立合组公司，近期目标是将澳大利亚的葡萄酒和其他产品输往中国，而从中国进口茶叶、手工艺品等相关产品到澳大利亚。因此，他们计划是在本年复活节后便前往中国，一方面了解市场，另一方面也是寻找买家，预期需要三到六个月的时间。为此目的，他特别向内务部申请再入境签证，希望内务部能核发给他商务签证性质的再入境签证，便于他从事此项生意所需。当然，他返回澳大利亚之后，仍然还会重返雪梨大学，去完成刚刚开始不久的商科学位课程。为这项再入境签证，尤其是为了能返回澳洲恢复在雪梨大学的课程学习，他在此后不久也知会了中国驻澳大利亚总领事陈维屏，由其代为提出此项申请，而其主要理由则是回国探亲，因为他已经来澳十年未曾见过父母，现在是回去探望他们的时候了。

看到张荣华煞有介事的计划以及再入境申请，内务部秘书自然要予以认真对待。他立即行文海关稽核部门，责成他们搞清楚张荣华所述之合伙公司一事，切实调查，看此事的真实度如何。从内务部的角度来说，毕竟如果真能促成澳大利亚产葡萄酒出口输华，也是一件大好事。

三月底，海关部门完成了相关的调查任务。根据了解，米尔森个人记录良好，是雪梨三家公司的股东，即朗福德氏（Langford's）、喜市场制衣店（Haymarket Tailors）和奇纳氏（Kino's），都位于佐治大街上，总年营业额为一万二千镑；此外，他还在昆士兰省（Queensland）首府庇厘士彬埠（Brisbane）附近有一大块土地，价值为三百镑。由此可见，米尔森还是有一些身家的。他对海关人员表示，与张荣华合伙之事，目前还只限于计划阶段；而在没有确认中国市场有确切的买家之前，一切都属于空谈。正因为此，他们决定，现阶段先由张荣华回去中国，意在先投石问路，以确定具体是什么样的商家对澳大利亚的产品感兴趣；而他本人则已经为此准备了一笔钱，一旦贸易可行，就可先垫支开展生意。由是，预计在四月中，张荣华就应该先回去中国一趟。

获得此事的真实情况后，内务部和海关曾就此问题反复协商讨论，原则上达成了共识，即对此持审慎乐观态度。最终，内务部部长决定，原则上同意批复张荣华的再入境签证。但该批复附有条件，其具体要求是：张荣华在结束此次回国探亲和考察后而决定重返澳洲前，应该先呈报此行的结果，尤其是具体的洽谈成果，然后海关和内务部将视情批复其入境签证的类别。四月十五日，内务部秘书将上述决定通告了陈维屏总领事以及米尔森。

事实上，根据以往的历次展签申请的经验，张荣华显然对获得再入境签证的批复深信无疑。而早在内务部上述决定正式通知发出的前两天，即一九三二年四月十三日，张荣华便去到雪梨港口，登上此前就已订妥的“丹打号”（Tanda）轮船，驶往香港回国。内务部秘书发出的有条件再入境签证通知，则需要另找途径转达给这位踌躇满志的中国年轻人。

张荣华的留学档案到此终止，此后澳大利亚国家档案馆里未能找到与其名字相关的任何记录。这或许也就意味着，原先意气风发踌躇满志的这位中国学生在回到中国后发现，现实的中国远非他在澳洲时所想象的那样具有一个广阔的市场，毕竟他赴澳留学时还是一个孩童，对中国根本就谈不上了解，也没有任何的商业网络，他的所谓的市场调查结果应该是很不理想的。此外，也有可能他的家庭发生了很大的变故，使他不得不放弃此前重返澳洲完成学业的想法。也许，他由此而在中国开始了新的人生。

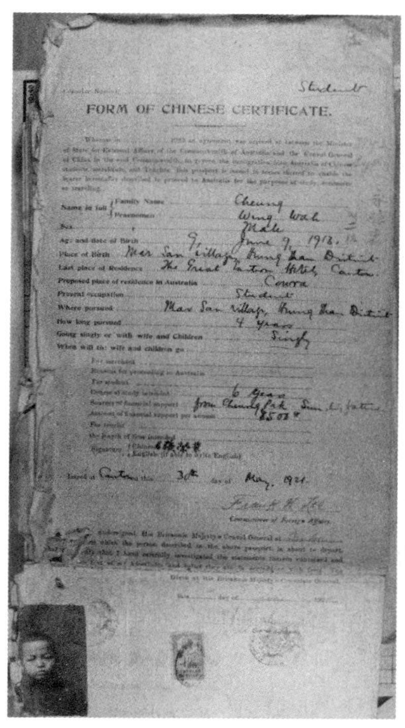

Student

FORM OF CHINESE CERTIFICATE.

Name in full { Family Name Cheung / Praenomen Wing Wah

Sex Male

Age and date of Birth 9, June 9, 1913.

Place of Birth Mar San Village, ... District

Last place of Residence The Great Canton Hotel, Canton.

Proposed place of residence in Australia Cowra

Present occupation Student

Where pursued Mar San Village, ... District

How long pursued 4 years

Going singly or with wife and Children Singly

When will the wife and children go

Duration of study intended 6 Years

Issued at Canton this 30th day of May, 1921.

Commissioner of Foreign Affairs

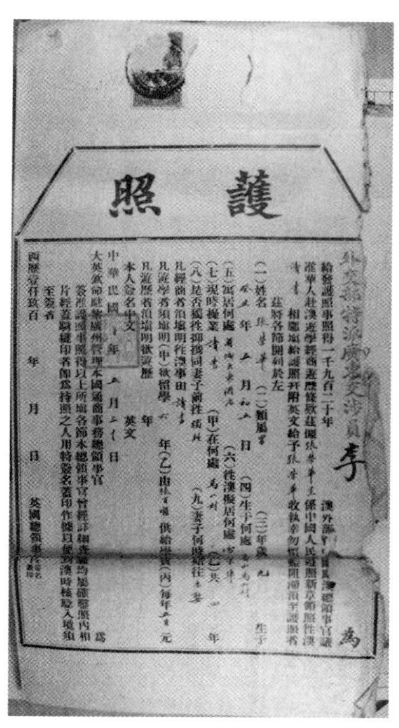

護照

外交部特派廣東交涉員 李 為

給發護照事照得一千九百二十年 澳外部與澳總領事官議

准華人赴澳遊學經商遊歷條款茲據 係中國人民遵照新章第 節所列往澳

讀書 相應填給護照幷附英文給予 收執幸勿留難阻滯須至護照者

茲將各節開列於左

(一)姓名 (二)類屬 (三)年歲 九 生於

年 五 月 日 (四)生于何處

(五)寓居何處 (六)往澳擬居何處

(七)現時操業 讀書 (甲)在何處 (乙)共 四 年

(八)是否攜往抑携同妻子前往 (九)妻子何時續往

凡經商者須填明往澳事由

凡游學者須填明(甲)欲留學 六 年(乙)由 供給學費(丙)每年 元

凡遊歷者須填明欲遊歷 年

本人簽名中文 英文

中華民國 十 年 五 月 日

大英欽命駐紮廣州管理本國通商事務總領事官 為

簽准護照事照得以上所填各節本總領事官曾經詳細查察均屬確鑿照內相

片經蓋騎縫印者即為持照之人用特簽名蓋印作據以便到澳時核驗入境須

至簽者

西歷壹仟玖百 年 月 日 英國總領事官簽名蓋印

一九二一年五月三十日，张百顺在广州向军政府外交部特派广东交涉员公署申请儿子张荣华的赴澳留学护照，当天获得交涉员李锦纶签发护照，并在六月一日获大英帝国驻广州总领事核发澳大利亚入境签证。

档案出处（澳大利亚国家档案馆档案宗卷号）：

Cheung Wing Wah [2cms], NAA: A433, 1947/2/1988

雷炳旺

香山渡头村

雷炳旺（Louie Bung Wong），出生于一九一三年六月十日，香山县渡头村人。

雷炳旺的父亲叫雷宜湾（Louie Yee Wan），此时定居于雪梨（Sydney）。在澳大利亚国家档案馆里，找不到与其名字相关的档案宗卷，也无资料说明或者暗示他是何时来澳洲发展的。但根据当时许许多多的香山籍人士大体上是在一九〇一年澳大利亚联邦成立之前后几年里来澳并得以定居的情况来看，雷宜湾极有可能也是在这段时间抵达澳洲的。与雷宜湾相关的点滴线索，都是来源于其子雷炳旺的档案。

一九二三年九月初，雷炳旺已满十岁，雷宜湾委托他在雪梨城里管理合利果栏（Hop Lee & Co.）的好友马赞芬（Mah Hing）[①]，代其向位于美利滨（Melbourne）的中国驻澳大利亚总领事馆申请其子雷炳旺之赴澳留学护照和签证。当时，雷宜湾居住于雪梨北部的忌剌剌区（Killara），申请表上没有填写他所代表的商铺，极有可能是他并没有独立经营一家属于自己的店

---

① 马赞芬，香山县沙涌村人，出生于澳大利亚昆士兰（Queensland），初居于庇厘士彬（Brisbane）经商；是在一九〇八年结束回国探亲返回澳洲之后，才迁移到雪梨，加入由永安果栏（Wing On & Co.）郭顺（William Gockson）负责接管的合利果栏，并逐渐代替后者成为该果栏的实际负责人。马赞芬档案见：Certificate Exempting from Dictation Test (CEDT) - Name: Spence Mah Hing - Nationality: Chinese - Birthplace: Maryborough, Queensland - departed for China per EMPIRE on 6 March 1908, returned to Brisbane per EASTERN on 4 September 1908, NAA: J3136, 1908/124。

铺；而后来的文件透露出，他系从属于某家果栏，显然他当时是受雇于此果栏，在菜地和果林里做工，故而也没有写明以什么样的商号为雷炳旺来澳留学作保。雷宜湾为儿子来澳念书所选择的学校，是位于该区的了不咸书馆（Abbotsholme College）。鉴于这是一所颇有名气的私校，因此，雷宜湾应允每年供给儿子膏火银九十镑。这笔费用包括了雷炳旺来澳之生活、念书及医疗和旅行等各方面的花销，事实上只是一个承诺而已，具体花销多少则因人因事而异。

中国驻澳大利亚总领事馆的审理很迅捷。九月十二日，总领事魏子京就为雷炳旺签发了编号为332/S/23的中国留学生护照。仅仅过了五天，澳大利亚内务部也给雷炳旺之赴澳留学签发了入境签证。九月十八日，中国驻澳总领事馆在收到澳大利亚政府发放给雷炳旺的签证之当天，就立即将护照寄往香港的金山庄广和丰号，由其安排雷炳旺尽快赴澳留学。雷炳旺等待了约半年的时间，待船票订妥，以及旅途中的监护人等事宜也安排好之后，便从香港乘坐“衣市顿号”（Eastern）轮船，于一九二四年三月二十三日抵达雪梨，入境澳洲，开始了他的在澳留学生经历。

但到了雪梨后，雷炳旺并没有如其父所希望进入他所居住区域的了不咸书馆念书，而是选择入读在中国城附近的唐人英文书馆（Chinese School of English）。只是不幸的是，刚入学两周，他在吃午饭时不慎脚踝受伤，无法行走，被送到医院，治疗了好几个星期，方才返校上课。总体而言，校长的报告表明，他在校的表现良好，学习成绩不错，属于十分用功的学生。

然而，在唐人英文书馆，雷炳旺也没有读多长时间，到这一年的年底学期结束时就离开了。到了一九二五年新学年开始的时候，他转学到了位于雪梨城南边布达尼路（Botany Road）上的滑铁卢公校（Waterloo Public School）读书。尽管他在这所学校也如在唐人英文书馆般用功读书，校长的报告也可圈可点，但他也没读够一年，就于十月二十二日转学，去了库郎街公立高小（Crown Street Superior Public School）念书。这一次，他在此校待的时间稍微长了些，超过了一年多一点的时间。不过，到一九二七年新学年开始时，雷炳旺又再次转学，去到位于雪梨西郊大镇柏利孖打埠（Parramatta）的圣母

昆仲会学校（Marist Brothers School）念书。根据报告，他在校的成绩甚好，校长对他有很好的印象。

差不多五年的时间里，他转了四所学校读书，仿佛是想由此比较各校的优势一样。但有一点是可以肯定的，他在每所学校的表现都还令人满意。

一九二九年三月十日，雷炳旺突然与他父亲雷宜湾一起，在雪梨乘坐“丫拿夫拉号”（Arafura）轮船，返回中国去了。是什么原因使他们如此匆忙离开，档案资料没有说明，他也没有通过中国总领事馆向内务部申请重返澳洲留学的再入境签证。此后，澳洲的档案中也没有他的任何信息。也就是说，他日后没有重返澳洲读书。而他返回中国后的去向，因无资料，亦不得而知。

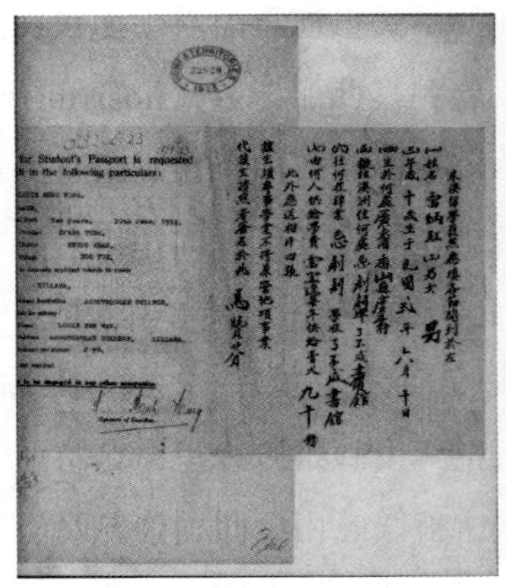

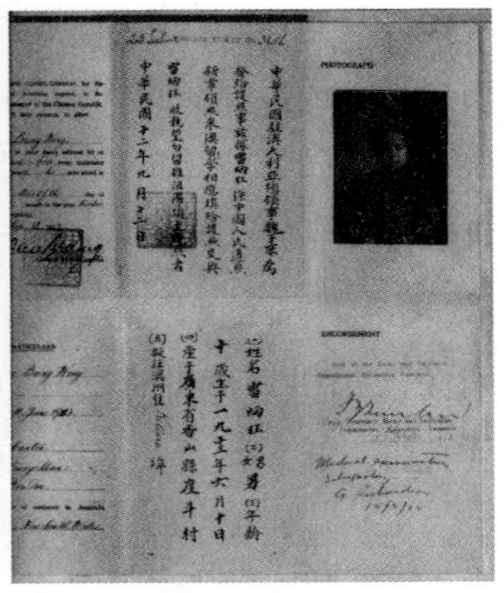

左：一九二三年九月，雷宜湾通过老友马赞芬向中国驻澳大利亚总领事馆申请雷炳旺的来澳留学护照和签证所填写的申请表；右：一九二三年九月十二日，中国驻澳大利亚总领事魏子京为雷炳旺签发的中国留学生护照。

档案出处（澳大利亚国家档案馆档案宗卷号）：

Louie Bung WONG - Student passport, NAA: A1, 1927/3392

林　江

中山象角村

林江（Lam Kong），生于一九一三年七月一日，中山县象角村人。他有一位伯父名叫林泗栈（Lum See Jan），自称是在澳大利亚联邦成立的那一年即一九〇一年就与族人及其他乡亲一道从家乡南渡，来到澳洲谋生，最终定居于雪梨（Sydney）。[①]事实上，这里的这位林泗栈便是下泽村的林泗流（Lum See Low）[②]。他在华埠矜布街（Campbell Street）四十八号开设有一间餐馆，叫林泗栈号（Lum See Jan）[③]，兼做进出口贸易，生活有保障，具有一定的经济基础。由是，他有时候就用上述商行或餐馆的名字作为自己行世之名。

一九二九年，林江十六岁，时在中山县城的中山中学念书。家里想要送他赴澳留学，让他投奔在雪梨开餐馆的伯父。于是，林泗栈就于四月十七

① Lee Gar, Tung Yee, Pang Yen, Gun Chock (missing), Lum See Jan, Cheong You, Tye Gee, Charlie Ginn, Ding Foo and Gilbert Sue Fan [Certificate Exempting from Dictation Test - includes left hand impression and photographs] [box 158], NAA: ST84/1, 1923/352/11-20。

② 林泗流的相关资料，见其两个儿子林作（Lum Jack）和林锦（Lum Kam）的赴澳留学档案：Lum Jock Student passport, NAA: A1, 1931/6642; Lum Kam - Exemption [3cms], NAA: A433, 1948/2/6958。

③ 根据报道，林泗栈号在一九二三年二月二十三日卖给了奇香公司林崇业和林达三（由其在原址开办奇香茶居［Kee Heung & Co.］）。见："卖出生意广告"，载雪梨《东华报》（*The Tung Wah Times*）一九二三年三月三日，第六版。但在一九二五年十二月二十一日，林泗流又从林达三手上将奇香生意收购回来，还是叫作林泗栈号。见"卖出生意广告"，载《东华报》一九二五年十二月二十六日，第七版；"承受生意广告"，《民国报》（*Chinese Republic News*）一九二六年一月二日，第六版。

日填好申请表，向中国驻澳大利亚总领事馆申办林江来澳留学，请领中国留学生护照并代为办理入境签证。他作为林江的监护人，提出以自己经营的林泗栈号餐馆与商行作保，承诺每年提供膏火费五十镑（但在英文栏里则写为“供其所需”，亦即“供应足镑”之意）。他为侄儿选择的学校，在申请表的中文栏里没有，在英文栏里写的是雪梨库郎街公学（Crowns Street Public School），但实际上他拿到的入学录取信则是戴雯丽小姐（Miss Winifred Davies）当校长的中西学校（Chinese School of English）。可能在最初填表时，他确实是想让侄儿来澳洲留学时入读库郎街公学；但后来得知，按照《中国留学生章程》新规，中国留学生不能进入公校而只能入读私校，因而重新选择中西学校作为林江来澳留学入读之学校。为此护照和签证申请者背书，中山中学校长林旬此前也为林江写了推荐信（未署日期），特别注明他已具有英语学识的初级水平，加上林江本人手写的一份给中国总领事的留学申请信，寄到中国驻澳大利亚总领事馆备案。

虽然前任中国驻澳大利亚总领事魏子京已离任，新任总领事宋发祥尚未履新，但此项申请，中国总领事馆很快便审理完毕。十天之后，即四月二十七日，由刘姓馆员以署理总领事名义，为林江签发了编号为537/S/29的中国留学生护照，并在当天就致函澳大利亚内务部，为他请领入境签证。

按照流程，内务部针对个人的征信调查非常仔细。五月十五日，雪梨海关报告说，林泗栈为人正直，商誉良好，他确为上述地址餐馆的东主，并且雇有四人为餐馆工作。他在该餐馆的股份价值三百镑，并在一年前预付了三百镑给上述地址房东以作租赁该物业信誉之用。他还在澳大利亚伦敦银行和新南威尔士银行分别存款二十镑和七十二镑，并在雪梨安益利公司（Onyik Lee & Co.）也持有股份，价值二百镑。此外，为了保证自己具有相当的财政能力担保侄儿来澳读书，林泗栈还请了雪梨《民国报》秘书兼编辑杨瑞祥（Young Sueh Chong）[①]作为自己财务之保人。为此，海关也按例对保人的情

① 有关杨瑞祥的情况，见其子杨棉（Young Min）赴澳留学档案：Young Min Student's Passport, NAA: A1, 1931/5022。

况进行核查。海关的税务记录表明，杨瑞祥的周薪是八镑，收入较好，远高于当时许多华人小生意业主的收入，且品行端正，为人正直，自然可以担当此任。在确认上述信息无误之后，内务部于五月二十七日给林江核发了留学签证，在其护照上钤盖了签证印章。

拿到护照和签证三个多月后，林江就从香港搭乘“长沙号”（Changsha）轮船，于一九二九年九月九日抵达雪梨入境。一个月后，他正式入读位于雪梨唐人街的中西学校。根据校长戴雯丽小姐的报告，他的学习成绩令人满意，在校表现亦中规中矩，是个好学生。由此，他在这里一直读到次年年底。

一九三一年一月十四日，未满十八岁的林江在雪梨乘坐“吞打号”（Tanda）班轮，离开澳洲回国了。走之前，他没有提出再入境签证的申请，以后也未见到有他重返澳洲的任何信息。也许，从其离境回国是在年初的时间节点看，林江返回中国很有可能是为了升学。因为以他这个年纪，回到中国，无论是在中山石岐，还是去省城广州抑或香港，升读高中或者大学，都是正当其时。

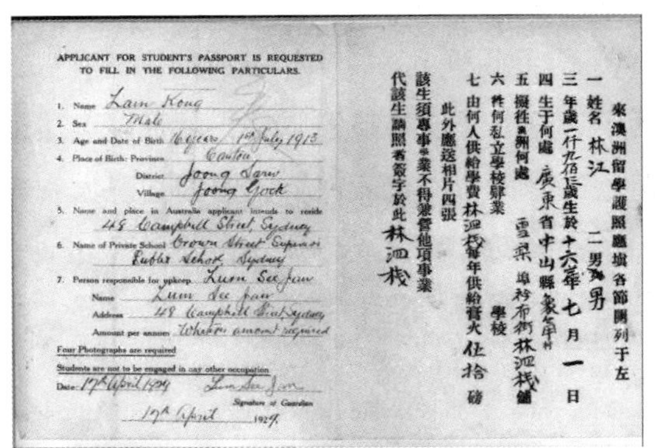

APPLICANT FOR STUDENT'S PASSPORT IS REQUESTED TO FILL IN THE FOLLOWING PARTICULARS.

1. Name Lam Kong
2. Sex Male
3. Age and Date of Birth 16 years 1st July 1913
4. Place of Birth: Province Canton
   District Joong Saw
   Village Joong Gock
5. Name and place in Australia applicant intends to reside 48 Campbell Street, Sydney
6. Name of Private School Crown Street Superior Public School, Sydney
7. Person responsible for upkeep Lum See Jaw
   Name Lum See Jaw
   Address 48 Campbell Street Sydney
   Amount per annum Whatever amount required

Four Photographs are required

Students are not to be engaged in any other occupation

Date: 17th April 1929 Lum See Jaw

Signature of Guardian

17th April 1929

來澳洲留學護照應塡各節開列于左

一 姓名 林江 二 男或女 男

三 年歲 一仟九佰壹拾叁年生於十六年 七 月 一 日

四 生于何處 廣東省中山縣象角村

五 擬往澳洲何處 雪梨 埠衿布街林泗栈舖

六 往何私立學校肄業 學校

七 由何人供給學費 林泗栈 每年供給膏火 任拾 磅

此外應送相片四張

該生須專事學業不得兼營他項事業

代該生請照者簽字於此 林泗栈

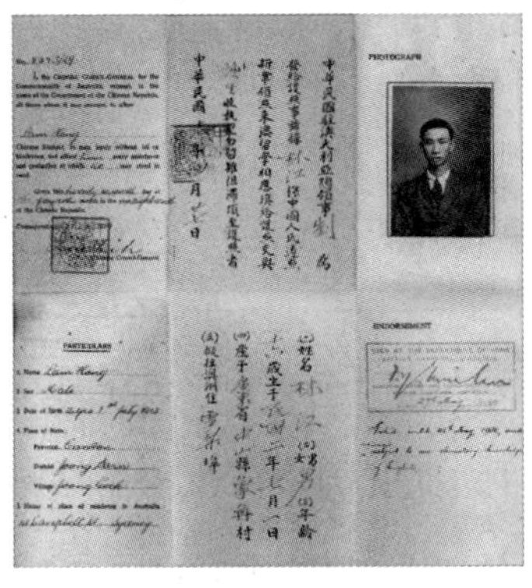

左：一九二九年四月十七日，林泗栈向中国驻澳大利亚总领事馆申请侄儿林江来澳留学护照和签证所填写的申请表；右：一九二九年四月二十七日，中国驻澳大利亚刘姓署理总领事给林江签发的留学护照。

档案出处（澳大利亚国家档案馆档案宗卷号）：

Lam Kong Students – passport, NAA: A1, 1931/1079

萧耀辉

香山南文村

萧耀辉（Sue Yow Fay），一九一三年九月一日出生，香山县南文村人。其父萧赞（Sue Jang），大约是一八七五年出生[①]，十九世纪末年与同乡一道闯荡澳洲，历经风雨，在这块新大陆扎下根来。似乎南文村的人有做木匠的传统，香山县的另一位萧氏族人萧碧池（Sue Back Chee），到澳洲后也是以木匠身份谋生。[②]萧赞显然比他的那位族人幸运，后来得以木工手艺在雪梨（Sydney）立足，参股或者在亚历山大区（Alexandria）的广生木铺（Kwong Sang & Co.）[③]里做工。

一九二三年三月十二日，为了办理儿子前来澳洲留学，萧赞以上述广生木铺作保，承诺每年供给儿子萧耀辉膏火费六十五镑，向中国驻澳大利亚总

---

① Sue Jang, Young Sing, Lee Gar Yee, Henry Lothian, Lee Jang, Bow Hong, Young Hoy, Mew Toy, You Young and Nabob Meer [Certificate Exempting from Dictation Test - includes left hand impression and photographs] [box 256], NAA: ST84/1, 1939/549/51-60。

② 参见：Ah Chee [or Sue Back Chee] [includes photograph showing front and side views, left finger and left and right thumb prints; and 'Certificate Exempting from Dictation Test' with photograph showing front and side views and left hand print] [box 263], NAA: SP42/1, C1931/2270；并参见萧祥（Sue Chong）的留学档案：Sue CHONG - Students passport, NAA: A1, 1927/13080。

③ 据鸟修威省档案馆（NSW State Archives & Records）保存的该省工商局有关二十世纪初工商企业登记注册记录显示，广生木铺早在十九世纪九十年代中之前便已开设，但在一八九七年四月一日破产清盘，见：https://records-primo.hosted.exlibrisgroup.com/permalink/f/1ebnd1l/INDEX123028；后在一九一五年一月二十七日又重新注册开张，见：https://records-primo.hosted.exlibrisgroup.com/permalink/f/1ebnd1l/INDEX1808867。由此可见，萧赞应该是在上述广生木铺破产前后就已经在雪梨工作，其后在该木铺复名复工后，有可能其后加股其间（在注册登记的董事会名单中，未见到与萧赞英文名字匹配者），也有可能只是为其打工。

领事馆提出申请，申办其子的中国留学生护照并请代办入境签证。他为儿子萧耀辉申请留学的学校，是位于雪梨列坟区（Redfern）的公立高小（Superior Public School），就在其木铺所在区隔壁。

中国驻澳大利亚总领事馆虽然受理了上述递交的申请，但审理进程却被拖延了有三个月之久。六月二十一日，中国总领事魏子京方才为萧耀辉签发了编号为294/S/23的中国留学生护照；五天之后，即六月二十六日，中国总领事馆也为萧耀辉拿到了澳大利亚内务部发放的入境签证。随后，中国驻澳大利亚总领事馆就按照流程，将护照寄往香港容记栈，由后者转交至在香山县的萧耀辉家并为其安排赴澳行程。

可能是萧耀辉年龄还小，接到护照时，他还未满十岁，因而在寻找合适之人与其同行并兼做监护人一事上耗费了不少时间，前后长达一年左右。到最终诸事安排妥当后，家人才得以送他远行。次年年中，年将届满十一岁的萧耀辉才去到香港，与另外四位来雪梨留学的广府人同乡[①]在此汇合，结伴同行，一起搭乘"获多利号"（Victoria）班轮，于一九二四年八月二十一日抵达雪梨。当船抵港口后，其父萧赞和雪梨"广和昌号"（Kwong War Chong & Co.）老板李春（Phillip Lee Chun）一同前往接其入境，住进父亲所在的广生木铺。

九月八日，萧耀辉正式注册入读列坟公立高小。从校长提供的例行报告看，他的在校表现尚可，成绩不突出，在学习上未见有什么不适，但校长也未对他这个中国学生给予任何特别的评价。此后，萧耀辉似乎很能适应澳洲的学习环境，也未转校，而是在这所学校波澜不惊地一直读了几乎三年的书。而学校每年给他的评语也很简单，即各科学业成绩令人满意，表现中规中矩。

一九二七年七月十六日，十四岁的萧耀辉在雪梨港搭乘"吞打号"

① 这四位留学生分别是来自增城的区珠（Oh Gee）和陈鹤龄（Chan Haw Ling）、东莞县的张英（Jong Yeung）和张秉衡（Cheong Bing Hing）。见：Ah. Gee. Student Passport, NAA: A1, 1935/226; Chan Haw Ling, [aka George Hunt] Chinese Student's Passport, NAA: A1, 1934/8077; Jong Yeung (Cecil Young) Student Passport, NAA: A1, 1933/121; Cheong Bing Hing - Exemption certificate, NAA: A1, 1932/495。

（Tanda）轮船，离开澳洲，返回了中国。档案文件没有说明是什么原因使他突然决定回国，就连中国总领事馆也只是接到其父的通告时才知道他已经离开澳洲的消息，但也没有透露其回国的原因。而萧耀辉在回国之前甚至之后，也没有提出申请再入境签证。就是说，萧耀辉此次离开澳洲，显然就没有再回来继续念书的打算。在此之后，澳洲档案文件也未再见有任何与萧耀辉相关的信息。

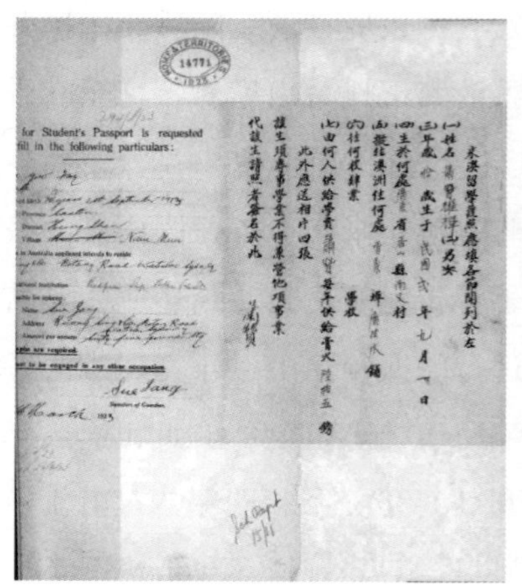

... for Student's Passport is requested
... fill in the following particulars:

来澳留學護照應填各節開列於左
(一)姓名
(三)年歲 歲生于 年 月 日
(四)生於何處 省 縣 村
(五)擬往澳洲住何處
(六)往何校肄業 學校
(七)由何人供給學費 每年供給費大 鎊
此外應送相片四張
該生須專心學業不得兼營他項事業
代該生請照者簽名於此

PHOTOGRAPH

中華民國駐澳大利亞總領事魏子京為發給護照事茲據蕭耀輝係中國人民遵照新章領照來澳留學相應填給護照交與蕭耀輝收執望勿留難須至護照者

中華民國十二年六月

PARTICULARS

1. Name Sue You Fay
2. Sex male
3. Date of Birth 1 September 1913
4. Place of Birth: Province Canton, District Heong Shan, Village Nam Mun
5. Name of place of residence in Australia: Sydney, New South Wales

(一)姓名 蕭耀輝 (二)男 (三)年齡 十歲 生于一九一三年九月一日
(四)產于廣東省香山縣南文村
(五)擬往澳洲住 雪梨埠

ENDORSEMENT

左为一九二三年三月十二日，萧赞向中国驻澳大利亚总领事馆申请儿子萧耀辉来澳留学护照和签证填写的申请表；右为一九二三年六月二十一日，中国驻澳大利亚总领事魏子京给萧耀辉签发的留学护照。

档案出处（澳大利亚国家档案馆档案宗卷号）：

Fay, Sue Yow - Student passport, NAA: A1, 1926/15566

黄　财

香山斗门

斗门现在属于珠海市，但在二十世纪五十年代以前，斗门，甚至包括珠海，都是属于香山（中山）县。而在斗门，黄姓最多，为当地大姓。黄财便是斗门人。

黄财（Wong Tsoi），一九一三年九月四日出生。其兄长黄兴（Wong Hing）大约出生于十九世纪七十年代后期，早在十九世纪末年（约在澳大利亚联邦成立前之三五年间）便桴海南下，到澳大利亚的雪梨（Sydney）打拼。[①]到一九二七年，即黄财十四岁时，黄兴早已在雪梨立下脚跟，经营有一生果铺，以自己的名字作为店名。黄兴比黄财这个小兄弟年长三十多岁，他此时年纪在五十岁左右。如此看来，黄财与其兄长黄兴应该并非同母兄弟，极有可能其父在乡尚娶有偏房或者继室。就是说，黄财应是其父之继室或者妾室所生，因而导致他与兄长黄兴之年龄差距如此之大。当然，如果黄兴是黄财的堂兄，在一个大家族里，这样的年龄差距就不足为奇了。但这份档案中，确切地标明他们是兄弟关系。

就在一九二七年黄财年满十四岁之际，黄兴为其小兄弟黄财之来澳留学读书正式提出了申请。因此时澳洲已经实施《中国留学生章程》新规，对来

---

① 黄兴可能是先到昆士兰省（Queensland）发展，然后再向南，到达雪梨发展。见：Certificate Exempting from Dictation Test (CEDT) - Name: Wong Hing - Nationality: Chinese - Birthplace: China - departed for China per EMPIRE on 9 March 1908, returned to Townsville per EASTERN on 7 August 1909, NAA: J3136, 1907/182。

澳留学之中国学生的条件有了较多的限制，故而黄兴为此提前做了些准备。首先，他在上一年即一九二六年下半年开始，便建议和安排黄财前往香港，进入圣佐治男校（St George's Boys School）念书，主要是学习英语，因为新例规定，来澳中国留学生年在十三岁以上者须具备基础的英语学识能力。从一九二六年十一月开始，黄财在香港圣佐治男校修读英语课程。为此，一九二七年七月十四日，黄兴便向香港圣佐治男校的校长取得了黄财业已在该校学了九个月英语之证明信。随后，他又于九月五日，从位于雪梨中国城的中西学校（Chinese School of English）校长戴雯丽小姐（Miss Winifred Davis）那里，拿到了同意黄财前来该校念书之录取信。此外，作为黄财在澳留学期间的监护人，黄兴还于八月二十五日出具其拥有一千镑资产的财政担保书，并征得与他在同一条街道上某商铺中任职之洋人朋友魏佐治（George White）的同意，作为其财政担保之保人。

拿上这些材料，确认一切准备就绪之后，一九二七年九月十日，黄兴便填妥申请表，向位于美利滨（Melbourne）的中国驻澳大利亚总领事馆提出申请，希望办理其弟黄财来澳留学之护照及入澳留学签证。他以自己在北雪梨弥勒街（Miller Street）一百四十九号经营之黄兴生果铺（Wong Hing & Co.）作保，承诺每年供给黄财膏火费一百二十镑，作为他在澳留学期间所有的学费、生活费和医疗保险等费用。在该申请表上，列名代黄材申请护照的签字者为黄福星。因该名字只有中文而无英文拼音，无法查证。但很可能黄福星是黄兴的正式学名，而他通常行世之名则是黄兴。

对于中国驻澳大利亚总领事馆来说，黄兴为此项申请准备得比较充分，提供的申请材料也翔实，故而只是做了必要的核实之后，便于九月十六日由总领事魏子京为黄财签发了中国留学生护照，护照号码是489/S/27。当天，魏总领事就备函寄送澳大利亚内务部秘书，请其根据所附之申请资料和由他本人所签发的护照，尽快核发签证。

根据程式化的审理流程，内务部在接到上述中国留学生的申请之后，需要核实监护人的财务状况以及与签证申请者之间的亲缘关系，通常都是核实其父子关系。因黄兴与黄财非父子关系，而是兄弟关系，故内务部无须核查其出入境记录以确定二人之关系，但须核查担保人或监护人之财政能力。于是，在九月二十三日致函雪梨海关，请其核查黄兴在当地的生意经营状况和品行，而他的保人魏佐治之经济财政状况也在被调查之列。十月十日，海关向内务部报告说，黄兴在弥勒街上的生果铺开张于本年二月二十四日，商铺租赁合同期为五年，每周租金为六镑；合同到期后可再续租三年，届时周租则涨至六镑十五先令。黄兴生果铺目前雇佣有一欧裔员工，还有四名华人职员，有一部载货汽车，财产总值约为一千镑。以这样的商铺规模和财产价值，作为财政担保来说，显然是没有什么疑问的。至于黄兴的保人魏佐治，则是马偌思·克拉克公司（Marous Clarke & Co.）生果部门的经理，周薪为六镑。这样的薪水，属于高收入阶层人士，能作为黄兴的保人，看来亦在情理之中。

内务部秘书比较挑剔。他在接到海关的报告后，知道在财政担保方面黄财无可挑剔，遂在其英语能力上进行刁难。十一月五日，他在给中国总领事魏子京的信中表示，尽管圣佐治男校校长证明黄财已在该校就读达九个月之久，但却并未具体说明其英语之听说能力如何。他表示，在签发入境签证之前，黄财应提供更为详细的证明，以表明他来澳洲学习时能跟得上此间的课程进度，符合要求。没有看到中国总领事接到此函后如何应对，但在两个多星期之后，内务部还是于十一月二十二日签发了黄财的入境签证。

尽管黄兴为兄弟来澳留学的申请奔波了几个月，但黄财在香港收到澳洲寄来的护照和签证之后，并没有立即动身，而是拖了半年之久，才从香港乘坐“太平号”（Taiping）班轮，于一九二八年六月七日抵达雪梨。他在接到护照后延迟了半年才启程来澳，可能需要在这段时间内将所选修之英语课程上完。这或许是内务部秘书的警告起了作用，即黄财充分利用了这段时间，在香港圣佐治男校又继续多念了半年的英语，以提高其英文水平。

黄财在雪梨入境后，正好是澳洲中小学第一学期期末及冬假期间，他也就乐得稍事休息放松了三个多星期，于七月二日才正式到中西学校上课读书。由此一直到一九三一年的年中，三年的时间里，在校长的例行报告中，对他的成绩和在校之操行都给予好评。也就是说，在来澳留学之前，黄财的英语基础已经打好，因而比较容易适应在这里的学习。

但是，到一九三一年的年中，黄财上述按部就班上学的规律被打破。就在黄财刚刚获得内务部给予的下一年十二个月展签之后不久，他就因身体羸弱，影响上学念书，其家庭医生建议他休学一段时间，以康复身体，再行求学。为此，他决定回国休养。七月一日，黄财通过已经从美利滨搬迁到雪梨的中国总领事馆，告知内务部上述自己的病情以及要回国休养的决定，并希望获得再入境签证，因他仍然想重返中西学校完成学业。内务部获知此事后，检索以往的校长例行报告，黄财皆无任何不良记录，便遂其所请，因此时他的签证一直到明年的六月份依然有效，就只给他半年的休学假。换言之，如果黄财在离开澳洲后半年之内再重返澳洲，继续求学，其现有签证仍然有效；反之，则做无效处理，需重新申办。

于是，黄财选择在七月二十七日搭乘“彰德号”（Changte）轮船，从雪梨经香港回国。尽管他已经获得再入境签证，但之后并未能找到他再入境澳洲的任何档案记录。也许他在回国之后，病情反而恶化，拖延时日；又或许身体康复之后，他有了新的选择。当然，这方面的记录，就只能在其家乡抑或香港寻找了。

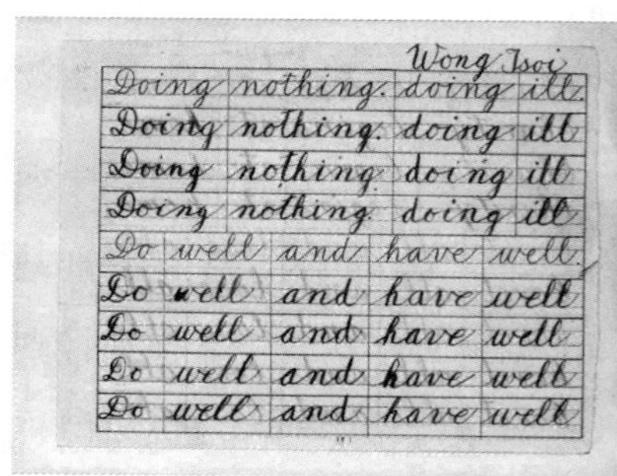

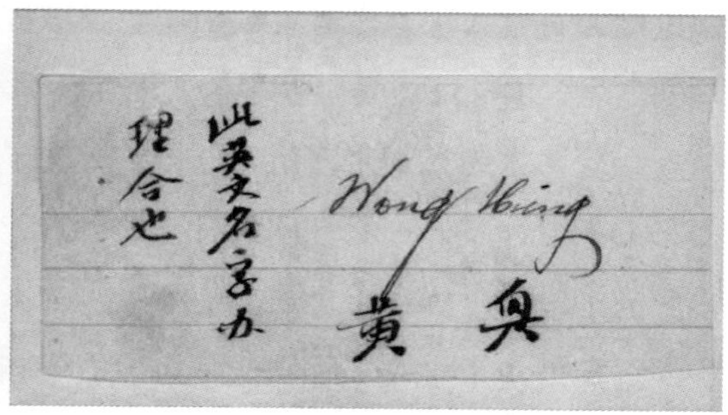

左为一九二七年，黄材提供给澳大利亚内务部的手写英文练习，以证明自己具备一定的英语基础；右为黄材兄长黄兴的名字。

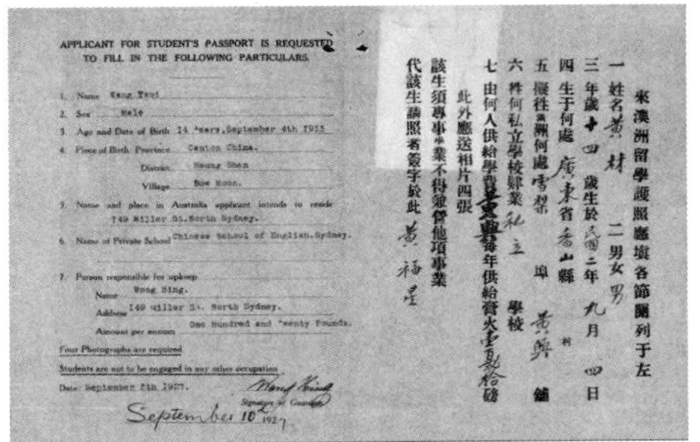

APPLICANT FOR STUDENT'S PASSPORT IS REQUESTED TO FILL IN THE FOLLOWING PARTICULARS.

1. Name Wang Tsoi
2. Sex Male
3. Age and Date of Birth 14 Years, September 4th 1913
4. Place of Birth Province Canton China.
   District Heung Shan
   Village Sze Moon.
5. Name and place in Australia applicant intends to reside 149 Miller St. North Sydney.
6. Name of Private School Chinese School of English, Sydney.
7. Person responsible for upkeep
   Name Wong Sing.
   Address 149 Miller St. North Sydney.
   Amount per annum One Hundred and Twenty Pounds.

Four Photographs are required

Students are not to be engaged in any other occupation

Date September 8th 1927. Signature of Guardian

September 10 1927

來澳洲留學護照應填各節開列于左

一 姓名 黃材 二 男女 男

三 年歲 十四 歲 生於 民國二年 九月 四日

四 生于何處 廣東省 香山縣 村

五 擬往澳洲何處 雪梨 埠 黃興 舖

六 擬入何私立學校肄業 私立 學校

七 由何人供給學費 黃興 每年供給膏火壹百弍拾磅

此外應送相片四張

該生須專事學業不得兼營他項事業

代該生請照者簽字於此 黃福星

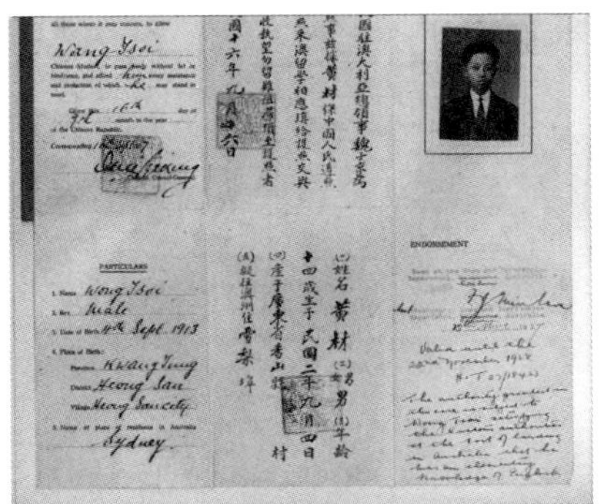

PARTICULARS

1. Name Wong Tsoi
2. Sex Male
3. Date of Birth 4th Sept. 1913

Sydney

左为一九二七年九月十日黄兴为黄财来澳留学向中国驻澳大利亚总领事馆申请护照和签证所填写的申请表；右为一九二七年九月十六日中国驻澳大利亚总领事魏子京为黄财签发的中国护照。

档案出处（澳大利亚国家档案馆档案宗卷号）：

Wong Tsoi Student's passport, NAA: A1, 1931/5053

李耀文

香山石岐

李耀文（Lee You Mun），出生于一九一三年九月十四日，香山县石岐人。

李耀文的父亲名叫Lee Mow（李茂，译音），早在十九世纪九十年代便已来到澳洲发展，定居于雪梨（Sydney）[①]，是当时雪梨中国城的臣街（Dixon Street）上著名的金山庄广和昌号（Kwong War Chong & Co.）杂货商行股东之一[②]，所占股份价值为二千镑。

一九二六年，李耀文十三岁，此时李茂本人在香港，因为广和昌号商行在此间设有分公司（亦即联号），名广和丰号（Kwong War Fung），他要常驻在此地为澳洲的母公司办货，同时也照看这里的生意。为了将儿子送到澳洲读书，他以当时自己为股东的广和昌号商铺作保，承诺每年供给儿子膏火费一百五十镑，向中国驻澳大利亚总领事馆递交了留学生护照和签证申请表，为儿子办理留学事宜。十月十二日，他为儿子选定的学校是戴雯丽小姐

---

① Wong Yut, James Ah Won, Yee Lie, Mow Choy, Long Ching, Wong Sing, Lee Choy, Lee Mow, Hong Yee and Gum Tong [Certificate Exempting from Dictation Test - includes left hand impression and photographs] [box 27], NAA: ST84/1, 1909/20/31-40。

② 查鸟修威省档案馆（NSW State Archives & Records）保存的二十世纪初相关公司企业登记注册的记录，无论是一九〇三年的注册（见：https://records-primo.hosted.exlibrisgroup.com/permalink/f/1ebnd1l/INDEX1808898），还是一九〇四年的更新（见：https://records-primo.hosted.exlibrisgroup.com/permalink/f/1ebnd1l/INDEX1808896），都找不到李茂的名字，可能他是在此后添加上去的。

（Miss Winifred Davies）担任校长的中西学校（Chinese School of English）。鉴于他本人此时不在澳洲，故委托其兄李春（Phillip Lee Chun）亦即广和昌号商行经理代为办理申请事宜，并由他作为自己财政的保人。他还表示，一旦李耀文拿到签证，届时他会陪同儿子一起回到澳洲。

中国总领事馆接到申请后，很快就审查核实完毕。十一月十六日，魏子京总领事为李耀文签发了编号为441/S/26的中国留学生护照，并在当天便发函给澳大利亚内务部秘书，附上材料，申请李耀文的入境签证。内务部对广和昌号是很熟悉的，知道它在雪梨华社中的地位，也了解其在华商中有一定的影响力，其财务状况显然没有核查的必要，唯有检视李茂的出入境记录，以确认他与申请者之间的父子关系是否成立。为此，内务部很快就通过海关检索的资料，确认李茂曾于一九一二年十二月十八日乘坐“衣市顿号”（Eastern）轮船返回中国探亲①，直到一九一六年五月十九日方才乘坐同一艘班轮回到澳洲，其子李耀文确实是在此期间出生，与其返乡探亲停留时间相吻合。确认此事之后，内务部遂于十一月二十日核发了李耀文的入境签证，并交回给中国总领事馆，由后者在当天就将其寄往香港的广和丰号金山庄。

半年之后，一九二七年五月二十一日，未满十四岁的李耀文在他人的陪同下从香港乘坐“丫拿夫拉号”（Arafura）轮船抵达雪梨港，入境澳洲。而李茂则并未与儿子一同乘船返回雪梨。根据当时的《中国留学生章程》新规，凡年在十岁至十四岁之中国留学生抵澳留学，须由其家人陪同前来。这次李耀文父亲李茂未如期陪同前来，显然有违规定，故海关在李耀文入境时只给予他三个月签证有效期，期待在此期间李茂能返回澳洲，届时再给予李耀文正常的一年学生签证。

来到雪梨后，李耀文便与伯父李春住在一起。此时的中西学校的校址位于当时的唐人街附近沙厘希区（Surry Hills）的矜文威炉街（Commonwealth Street）上，距离李耀文所住之的臣街广和昌号商铺并不远，步行也就十分

---

① Sam Yin, You Foon, Choy Luck, Charlie Low, Low On, Lee Song, Lee Mow, George Ah Yin, Wing Poy and Lee Gee [Certificate Exempting from Dictation Test - includes left hand impression and photographs] [box 59], NAA: ST84/1, 1912/103/11-20。

钟左右，上学非常方便。因此，仅仅在入境三天后，李耀文就由伯父李春带领，去到中西学校正式注册入读。对他的在校表现，校长戴雯丽小姐的评价很高，称其学业与操行俱佳。

然而，海关给予的三个月签证时间毕竟太短，操作起来很困难，也很不方便，因此，八月十五日，中国总领事魏子京致函内务部，希望为李耀文申请到一年的留学签证。他在信中特别强调说，李茂此时无法返回澳洲是由于他必须要留在香港，以整合广和丰号与广和昌号的财务系统，使之能适应广和昌号在澳洲商务之拓展；同时，魏子京总领事也再次强调，李茂一定会在不久的将来尽快返回澳洲，因为目前广和昌号经理李春年老力衰，面临退休，也期待着李茂尽早回来接任广和昌号经理之职，以保证该商行业务之顺利开展。经过反复确认李茂即将回来澳洲之后，内务部于九月二十六日复函中国总领事魏子京，再给李耀文六个月的签证，签证有效期从八月二十一日起，至一九二八年二月二十一日止。就是说，内务部虽然认可了中国总领事的解释，但仍然对其请求打了折扣。

但结果是，到了次年李耀文的签证到期之时，李茂仍然无法在上述签证有效期内回到澳洲，还需要继续待在香港处理商务。因此，魏子京总领事遂于一九二八年三月一日再次致函内务部秘书，希望他将此作为特例，再给予李耀文一年的展签。内务部经过反复考虑与磋商，最终于四月十九日批复，给予李耀文一年的展签，日期从二月二十一日算起。这一次，魏子京总领事的努力才算是如愿以偿。如是，到了一九二九年二月，内务部又效仿前议，再次给予李耀文一年的展签。就这样，内务部依次为他展签下去。李耀文也由此在中西学校念了两年半的书，每次校长例行报告都对其学业和操行表示满意。

但从一九三〇年新学年开始，李耀文离开了中西学校，转学去了位于杜里奇希区（Dulwich Hill）的三一文法学校（Trinity Grammar School）读中学。这是雪梨的一所名校，由圣公会在一九一三年创办，教学质量高，学风好，吸引了众多的中国留学生前往就读。李耀文在这里读满了一个学年，成绩令人满意。

进入一九三一年之后，李耀文没有再申请展签，只是在年初转学去了圣玛丽基督兄弟会书院（Christian Brothers' College St. Mary's），选一个短期的课程修读。这是由于他事先已经知道自己很快就要离开澳洲，因为伯父李春计划回国探亲，他要陪同一起回去，并将此计划事先知照了内务部。在写给内务部的信函中，他并没有提出再入境签证的申请，因为按照《中国留学生章程》中规定的二十四岁年龄上限，未满十八岁的他尚有很多年的在澳留学读书空间。由此可见，李耀文此时回国，就是他结束澳洲留学、回去继续升学或者进入社会工作的新开端，是他早已谋划好的事情。

一九三一年三月十四日，李耀文与伯父李春在雪梨登上“利罗号”（Nellore）轮船，挥别澳洲，返回香港，转道回国了。李耀文在澳留学前后不到四年。

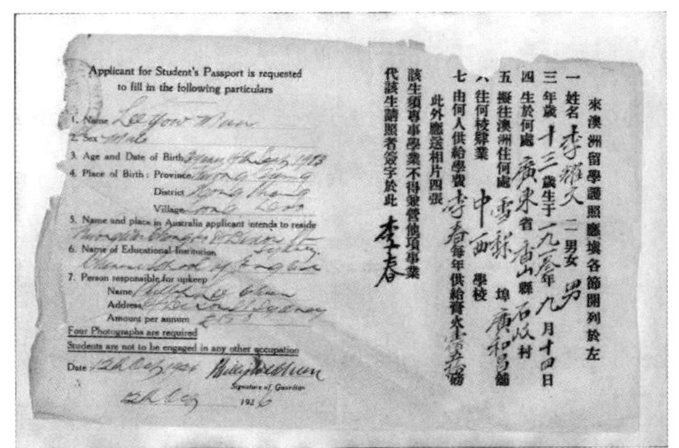

Applicant for Student's Passport is requested to fill in the following particulars

1. Name
2. Sex
3. Age and Date of Birth
4. Place of Birth: Province
District
Village
5. Name and place in Australia applicant intends to reside
6. Name of Educational Institution
7. Person responsible for upkeep
Name
Address
Amount per annum

Four Photographs are required

Students are not to be engaged in any other occupation

Date

Signature of Guardian

192

來澳洲留學護照應填各節開列於左

一 姓名 李耀文 二 男女 男

三 年歲 十三 歲生于一九一三年九月十四日

四 生於何處 廣東省香山縣石岐村

五 擬往澳洲住何處 雪梨 埠

六 往何校肄業 中西 學校

七 由何人供給學費 李春 每年供給費

此外應送相片四張

該生須專事學業不得兼營他項事業

代該生請照者簽字於此 李春

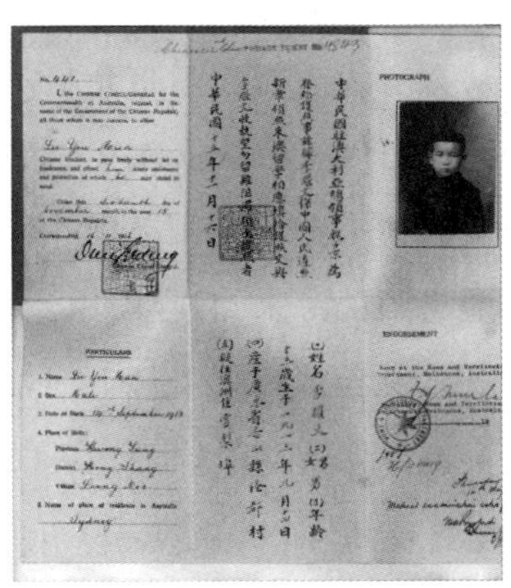

左为一九二六年十月十二日，李春向中国驻澳大利亚总领事馆申请侄儿李耀文来澳留学护照和签证所填写的申请表；右为一九二六年十一月十六日，中国驻澳大利亚总领事魏子京给李耀文签发的留学护照。

档案出处（澳大利亚国家档案馆档案宗卷号）：

Lee You Mun student's passport, NAA: A1, 1931/2121

李星谱

香山隆都

李星谱（Sing Poo，又写成Lee Sing Poo），一九一三年十一月二日出生，香山县隆都人。他的父亲名叫李关贺（Lee Quan Hor），一八九六年就从家乡香山南渡到澳大利亚闯荡，从雪梨（Sydney）登陆入境，定居于该埠布达尼湾（Botany Bay）的孖时葛区（Mascot），后在该区布达尼路（Botany Road）七十号与人合开一间名为广合号（Kwong Hop & Co.）的商铺，股份资产为四百镑。

一九二六年十月十一日，为申请儿子李星谱来澳读书，李关贺以广合号商铺作保，并由位于雪梨中国城的臣街（Dixon Street）八十四号的广和昌号老板李春（Phillip Lee Chun）作为其保人，承诺每年提供膏火费一百五十镑作为儿子在澳留学的费用，同时也联系好了位于唐人街的中西学校（Chinese School of English）作为其子来澳就读之学府，具表提交给位于美利滨（Melbourne）的中国驻澳大利亚总领事馆，申请李星谱的中国留学生护照及入境签证。

此时是澳大利亚刚刚实施修订后的《中国留学生章程》新规的第一年，新规从当年七月一日开始执行。中国总领事馆在收到申请后，经过核对，认为资料齐全，很快予以批复。十月二十八日，总领事魏子京为李星谱签发了编号为436/S/26的中国留学生护照，便在当天备函向内务部申请这位中国学生的留学签证。

也许这是刚开始实施《中国留学生章程》新规，内务部对于李关贺的财务状况以及返回中国探亲情况也只是根据中国总领事的申报即予以认可，未有异议，也未核查，但却对接受李星谱注册入学之中西学校是否属于由政府核发认定之私校一事提出质疑，颇费了一番口舌。直到中国总领事馆和鸟修威省（New South Wales）教育厅分别回复说，该校为注册持牌之私校，每三年需更新执照，内务部方才满意，将其纳入内务部认证之可以接受海外学生（实际上主要是中国留学生）的学校名单之列。之后，内务部便于十一月十一日给李星谱发放了入境签证。中国总领事馆随即将护照寄往香港的金山庄广和丰号，由其安排李星谱的赴澳行程。

中国总领事馆办事的效率高，广和丰号的行动也挺迅速。很快，船票和旅途监护人等事宜全部办妥。李星谱便由家人送往香港，在此乘坐“太平号”（Taiping）轮船，于一九二七年一月二十九日抵达雪梨。父亲李关贺及广和昌号老板李春前往海关将其接入关来，他便正式成为了当时来自中国的众多留学生中之一员。

一九二七年二月七日，李星谱正式注册入读中西学校。在此后的五年里，他一直在这所学校安心就读，直到一九三二年五月修完小学和初中课程。中西学校校长戴雯丽小姐（Miss Winifred Davies）每年提供给内务部的几次例行报告，都对他在校之表现与学业甚为满意，因而他每年申请展签都非常顺利。

在一九三二年中从中西学校结业后，李星谱获准升学，注册进入雪梨的都市商学院（Metropolitan Business College）念书，主修商科课程。校长在该年八月份提供的报告中说，李星谱在校学习用功，表现非常优秀。尽管能够升学去读大专课程，但李星谱在都市商学院也仅仅是读了一个学期而已，前后不到五个月的时间。

一九三二年十月二十二日，李星谱从雪梨乘坐“太平号”轮船，前往香港回国。离开澳洲之前，他明确表示，回国的目的是要在国内升学念书。根据此时李星谱即将十九岁的年龄来判断，他的回国升学，极有可能是想读大学。从入境到离开澳洲，李星谱总共在澳留学不到六年。

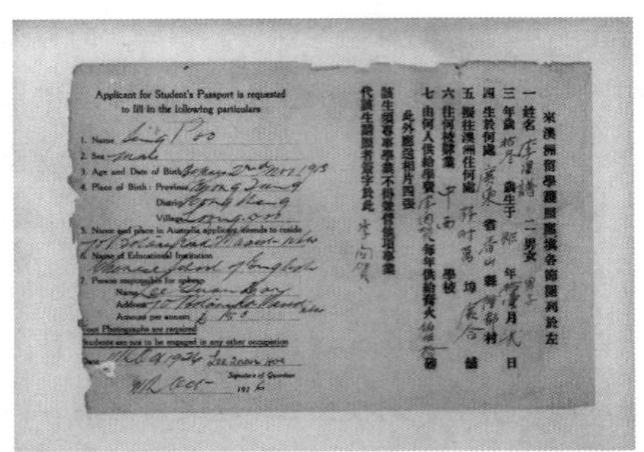

Applicant for Student's Passport is requested to fill in the following particulars

1. Name Sing Poo
2. Sex male
3. Age and Date of Birth
4. Place of Birth: Province Kwong Tung
District Heung Shang
Village Loong Doo
5. Name and place in Australia applicant intends to reside
6. Name of Educational Institution
7. Person responsible for upkeep
Name Lee Kwan Hoy
Address
Amount per annum £ 150

Four Photographs are required

Students are not to be engaged in any other occupation

Date

Signature of Guardian

來澳洲留學護照應填各節開列於左

一 姓名 李星譜 二 男女 男子

三 年歲 拾叁 歲生于 年 月 日

四 生於何處 廣東 省 香山 縣 隆都 村

五 擬往澳洲住何處 雪梨 埠 鋪

六 往何校肄業 中西 學校

七 由何人供給學費 李關賀 每年供給膏火 一百五十 磅

此外應送相片四張

該生須專心學業不得營謀別項事業

代該生請照者簽字於此 李關賀

一九二六年十月十一日，李关贺向中国驻澳大利亚总领事馆申请儿子李星谱来澳护照和签证所填写的申请表。

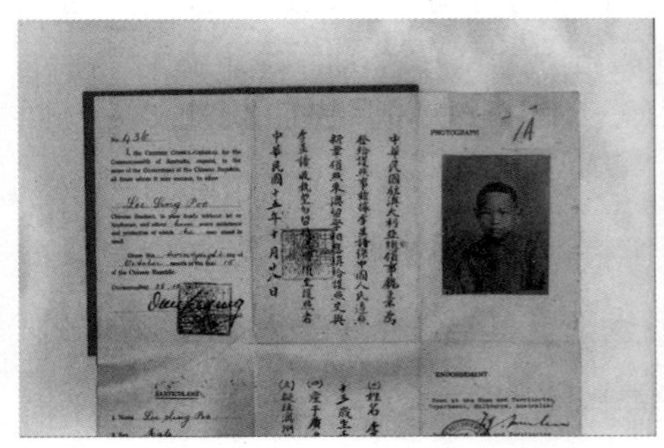

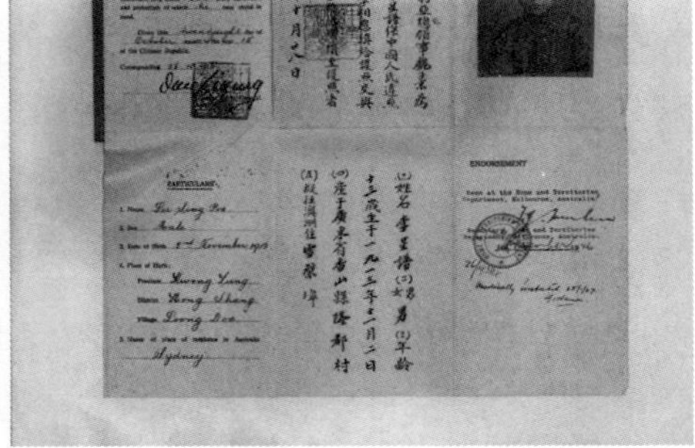

一九二六年十月十八日，中国驻澳大利亚总领事魏子京给李星谱签发的中国留学生护照。

档案出处（澳大利亚国家档案馆档案宗卷号）：

Lee Sing Poo student passport, NAA: A1, 1931/1355

雷　房

香山渡头村

雷房（Louie Fong），一九一四年一月十四日出生，香山县良镇渡头村人。

雷房的父亲名叫雷丙申（Bing Sun，又写成Louie Bing Sun），出生于一八八四年。年仅十四岁（一八九八年）时，他便跟随乡人渡海南下，前来澳大利亚发展。他先在昆士兰省（Queensland）首府庇厘士彬（Brisbane）登陆入境，随后在该省打拼，逐步北上，最终定居于该省北部的一个名叫罗令士端（Rollingstone）的小镇，在此经营一兼售杂货的生果铺，名为园吧。[①]该镇靠近昆士兰北部滨海城市汤士威炉埠（Townsville），位于其北部约五十公里之处，离海岸不远，亦属滨海地区。由是，他在此生活稳定下来，有了一定的积蓄。

一九二三年，有鉴于儿子已经满九岁了，雷丙申觉得应该为儿子的学习和日后出路有所计划和安排，加上此时中国驻澳大利亚总领事馆又具体负责办理侨胞子女来澳留学的相关事宜，于是，三月二十四日这一天，他便填妥申请表，向中国驻澳大利亚总领事馆申请雷房之赴澳学生护照和签证，希望办理儿子到他所居住之地的罗令士端公立学校（Rollingstone State School）念书。为此，他以前述自己所经营之园吧商铺作保，应允每年供给儿子膏火费

---

① Sun, Bing, NAA: BP25/1, SUN B CHINESE。

四十镑，以支付其来澳之生活、念书及医疗和旅行等各方面的费用。

但是，中国驻澳大利亚总领事馆在接到雷房的申请材料之后，一直拖了两年才为其办理好护照和签证事宜。造成申请被耽搁两年的原因诸多，但其年龄可能是主要的一个。根据一九一二年中华民国政府驻澳总领事馆与澳大利亚内务部之间就中国学生来澳留学所达成的协议备忘录，来澳中国学生之年龄最小不应低于七岁，最大则不应超过二十四岁，而此时雷房已经九岁，显然符合这个规定。雷丙申或许就是根据这个规定，才在儿子九岁时便提出让其来澳留学。而在一九二一年实施《中国留学生章程》时，上述最低来澳留学年龄原则上改为十岁，但实际上控制得并不严格，事实上还是有许多低于这一年龄的中国留学生抵澳的。也许中国总领事馆有鉴于此类低龄留学生来澳所引起的问题多多，欲让其延后一至两年再来澳，从而将此申请先行搁置一段时间。另外，财政担保和资助也是中国总领事馆在处理申请时要考虑的事情，必要时还需要做些调查。尽管雷丙申经营之生果铺间或要在周围居民区走乡串寨式巡回售货，但似应能保证其子在澳期间的相关费用。无论是什么原因吧，总之，直到一九二五年四月六日，中国驻澳大利亚总领事魏子京才最终为雷房签发了编号为424/S/25的中国留学生护照。又过了三个多星期，到了四月三十日这一天，澳大利亚内务部才给雷房之来澳留学核发了入境签证。

考虑到自一九二二年起，澳、中两国外交部门就修改《中国留学生章程》展开长时间的谈判，其中就涉及来澳留学生的年龄应提高到十岁，此项新规定将于一九二六年中开始实施。或许，这也是导致雷房的入境申请迟迟没有给予受理的主要原因之一，因为中国驻澳总领事魏子京是全程参与该章程条例修改谈判的中国代表。实际上，在雷房的护照上，还贴有一份澳大利亚内务部关于此类中国留学生护照类别的特别注释："执此护照之学生因经中国总领事特别与内部大臣商定，准其来澳读书不照新章规定之年龄及须有英文学识程度之资格。"这也从某种程度上表明，雷房签证申请之被耽搁，事实上是受到即将于一九二六年实施的《中国留学生章程》新规的影响。

照理说，等了整整两年才终于拿到了中国护照和澳洲签证，雷房在中国家乡接到护照后应该是很快便收拾行囊，立即赴澳；但实际上，雷房在家乡又盘桓了一年之久，方才成行。造成耽搁的最主要一个原因是，雷丙申原本想在一九二五年回国探亲，这样就可以在结束探亲后返回澳洲时，将儿子一并带上。为此，他在儿子获签后，在当年十月向内务部申请了回头纸，但几周后便因故放弃了此次探亲计划。[①]直到这个时候，雷丙申才通过香港的金山庄为儿子安排赴澳行程。过了半年，待船票和旅途中的监护人等事宜办妥之后，雷房才由家人送到香港，在此搭乘“彰德号”（Changte）轮船，于一九二六年七月二日抵达昆士兰省北部的滨海城市汤士威炉，顺利入境澳洲，开始他的在澳留学生涯。此时，雷房已经年满十二岁，距其父提出申请他来澳留学，已过了三年多。

到罗令士端小镇后，雷房并没有如期入读罗令士端公立学校，而是返回汤士威炉，住进了位于弗林德斯街（Flinders Street）上一位名叫雷泗（Louie See）[②]的族人所开之店铺里，于七月十日正式注册入读汤士威炉西端公学（West End State School）。不过，尽管他在这所学校的表现还好，校长对他学业和操行也有好评，但雷房只是在该校读了一个学期。到次年初新学年开学时，他先是转学到位于同城的圣若瑟基督兄弟会书院（Christian Brothers College）念书，但仅仅一个月之后，他就又转学去了距汤士威炉西部约一百四十公里的小镇车打士滔（Charters Towers），作为住校生进入加美乐山书院（Mount Carmel College）念书。他在这所学校的表现，一如汤士威炉西端公学之所作所为。如此，他波澜不惊地在加美乐山书院读了三年多，各科学业令人满意。

但到一九三〇年八月份，事情起了变化。此时，中国驻澳大利亚总领事宋发祥刚刚为他申请到下一个年度的展签，却突然接到加美乐山书院寄来的

---

① Certificate Exempting from Dictation Test (CEDT) - Name: Bing Sun - Nationality: Chinese - Birthplace: Canton China, NAA: J2483, 391/17。

② 雷泗是汤士威炉的一位果栏商人，生于一八七六年，一八九十年代来到昆士兰发展。见：See, Louie - Nationality: Chinese [Occupation - Fruiterer] [DOB 26 October 1876] - Alien Registration Certificate No 452 issued 31 October 1916 at Townsville, NAA: BP4/3, CHINESE SEE LOUIE; Louie See Kee and import invoices, NAA: J2773, 712/1925。

一份特别报告，告知自本年六月底开始，雷房已休学达两个月之久。原因是他这段时间里病得很厉害，住进了汤士威炉私立医院。据他的主治大夫泰勒医生（Dr. E. J. Taylor）于八月二十七日提供的病情报告，雷房是因心脏病严重而住进医院，经几个星期的治疗，病情虽有所控制，但仍未见康复。为此，他建议雷房休学，返回家乡静养调理至少半年时间，待身体好转，再行返回澳洲继续完成学业。

据此建议，雷丙申不敢怠慢，忙向澳大利亚内务部提出申请，希望儿子暂时中断在澳之学业，回国静养，并已为他预订好九月十八日在汤士威炉乘坐“利罗号”（Nellore）轮船船票，直驶香港，再由此转回中山家乡。因儿子还年轻，为了给他再返澳洲继续读书完成学业留下后路，雷丙申在给内务部的函件中提出，希望能给予雷房核发一份再入境签证。当然，中国驻澳大利亚总领事宋发祥根据雷丙申的要求，也同时致函内务部，提出同样的签证申请要求。鉴于雷房此前在加美乐山书院的表现尚称满意，老师和校长对他皆有好评，而雷房的病情有当地医生的证明，内务部对此没有异议，随即复函同意。内务部核发再入境的条件是，只要雷房在此时离澳回国后的一年内，如果身体得以康复，还想再返澳洲继续读书，只需从中国搭乘客轮前来，澳洲海关将一体放行，入境地点不限。

待上述安排妥当之后，留学澳洲四载已年满十六岁的雷房收拾好行囊，如期于一九三〇年九月十八日，在汤士威炉乘坐“利罗号”轮船，离开澳大利亚回国了。此后的澳洲档案中再没有他的任何信息。也就是说，他此后并没有重返澳洲。而他此后在中国的去向，则只能查找当地记录或者族谱记载，方可得知。

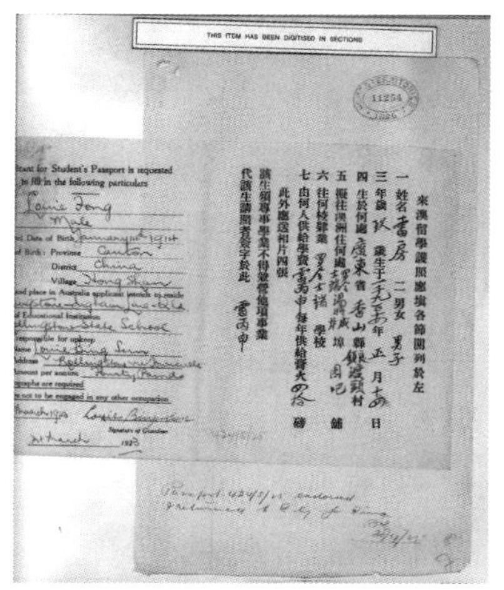
THIS ITEM HAS BEEN DIGITISED IN SECTIONS

11254

...tant for Student's Passport is requested to fill in the following particulars

Louie Fong

Male

...Date of Birth January 1914

...of Birth: Province Canton

District China

Village Hong Shan

...and place in Australia applicant intends to reside

...of Educational Institution

...State School

...responsible for upkeep

Amount per annum

...graphs are required

...not to be engaged in any other occupation

Signature of Guardian

1923

来澳留学护照应填各节开列于左

一 姓名 雷房 二 男女 男子

三 年岁 玖 岁生于一千九百一十四年 正 月 十四 日

四 生于何处 广东省 香山县 镇 濠头村

五 拟往澳洲住何处 汤士威埠

六 往何校肄业 学校

七 由何人供给学费 雷丙申 每年供给费大四十 磅

此外应送相片四张

该生须专事学业不得兼营他项事业

代该生请照者签字于此 雷丙申

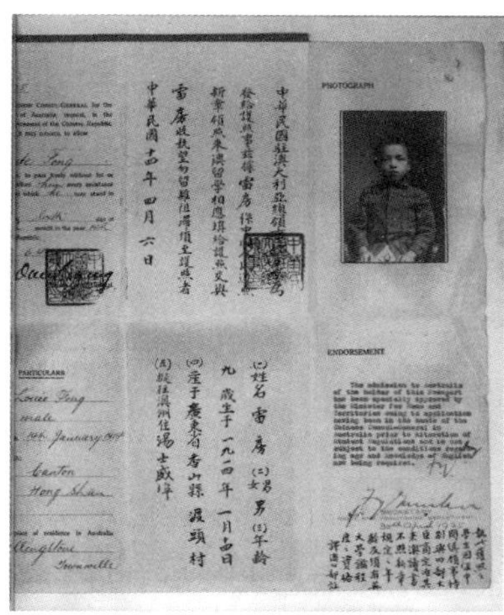
PHOTOGRAPH

中华民国驻澳大利亚总领事 发给护照事兹有雷房 ... 新章领照来澳留学相应填给护照交与 雷房收执望勿留难俾得顺道保护为者

中华民国十四年四月六日

PARTICULARS

Louie Fong

male

14th January 1914

Canton

Hong Shan

Townsville

(一)姓名 雷房 (二)男女 男 (三)年龄 九 岁生于一九一四年一月十四日

(四)产于广东省香山县濠头村

(五)拟往澳洲住汤士威埠

ENDORSEMENT

左为一九二三年三月二十四日，雷丙申向中国驻澳大利亚总领事馆申请儿子雷房的来澳留学护照和签证所填写的申请表；右为一九二五年四月六日，中国驻澳总领事魏子京给雷房签发的中国留学生护照。

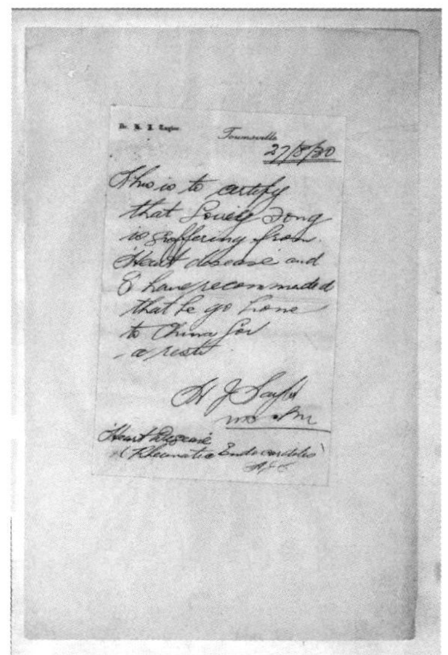
Townsville 27/8/30

This is to certify that Louie Fong is suffering from Heart disease and I have recommended that he go home to China for a rest.

Heart Disease (Rheumatic Endocarditis)

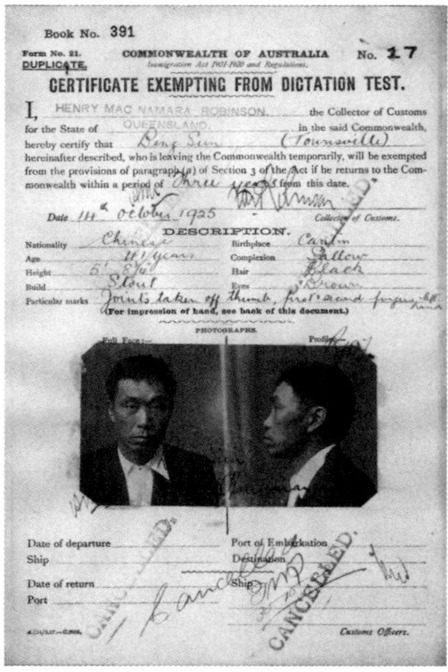
Book No. 391

Form No. 21. DUPLICATE. COMMONWEALTH OF AUSTRALIA No. 17

Immigration Act 1901-1920 and Regulations.

CERTIFICATE EXEMPTING FROM DICTATION TEST.

I, HENRY MAC NAMARA ROBINSON the Collector of Customs for the State of QUEENSLAND in the said Commonwealth, hereby certify that Bing Sun (Townsville) hereinafter described, who is leaving the Commonwealth temporarily, will be exempted from the provisions of paragraph (a) of Section 3 of the Act if he returns to the Commonwealth within a period of three years from this date.

Date 14th October 1925 Collector of Customs.

DESCRIPTION.

Nationality	Chinese	Birthplace	Canton
Age	41 years	Complexion	Sallow
Height	5' 8½"	Hair	Black
Build	Stout	Eyes	Brown

Particular marks Joints taken off thumb, first and second finger left hand

(For impression of hand, see back of this document.)

PHOTOGRAPHS.

Full Face Profile

Date of departure Port of Embarkation

Ship Destination

Date of return Ship

Port

Cancelled

CANCELLED.

Customs Officers.

左：一九三〇年八月二十七日，汤士威炉私立医院的泰勒医生所书雷房患心脏病需要休学和静养的证明信；右：一九二五年，雷丙申申请的回头纸。

档案出处（澳大利亚国家档案馆档案宗卷号）：

Louie FONG - Student passport, NAA: A1, 1930/6523

萧 祥

香山塔园村

萧祥（Sue Chong），生于一九一四年三月一日，香山县塔园村人。其父萧碧池（Sue Back Chee），约在一八九六年从香山桴海到澳洲闯荡[①]，寄居于雪梨（Sydney），以木匠手艺讨生活，但时运不济，三十年间未曾找到一份固定工作，靠打短工度日。

大约在一九二六年十月底，其子萧祥十二岁了，萧碧池打算办理儿子来澳留学，向中国驻澳大利亚总领事馆递交了申请表，提交了申办萧祥留学护照和签证的相关材料。他以朋友在雪梨踮文佘街（Devonshire Street）一百四十三号之商铺[②]作保，承诺每年供给儿子膏火费八十镑，声称要将儿子办来雪梨哄乎伦街高等学校（Public High School Cleveland Street）留学。当时该中学校长还致信中国总领事馆，郑重其事地保证录取萧祥到该校念书。

一九二六年是澳洲《中国留学生章程》新规修订版实施的第一年。根据这个修订新规，中国驻澳总领事馆被剥夺了核查申请者财务状况与监护人和申请者之间关系的资格，除了可以签发护照，基本上就成为一个申请签证的承上启下之中介机构。在这样的背景下，基本上只要有中国侨民提出护照申请，大多给予签发。因此，中国总领事魏子京在收到萧碧池递交上来的申请

① Ah Chee, Lee Yook, Sun Lee, On Lee, Ching Yee, Jimmy Ah Chong, Yee Ben, Kum Sing and Way Sing [Certificate Exempting from Dictation Test - includes left hand impression and photographs] [box 122], NAA: ST84/1, 1919/270/41-50。

② 无论是中文还是英文档案均没有记载该商铺之名称；另外，萧碧池亦报称寄住在这个地址。

后，很快就于当年十一月五日为萧祥签发了编号为440/S/26的中国留学生护照，然后于当天发函澳大利亚内务部，为萧祥申请入境签证。

内务部接到中国总领事的申请后，发现申请来澳留学的学校是所公立学校，与新例规定的中国留学生必须入读私立学校的原则不符，遂将申请材料退回中国总领事馆，要求按例更换学校，方可循章程新规对签证申请做进一步的审理。发生这样的事情，显然是中国总领事馆没有认真把关之过，总领事魏子京只好通知萧碧池，嘱他更换一所私校。后者无奈，就只得选择雪梨中西学校（Chinese School of English）作为儿子留学入读之学校，而该校事实上也极希望有多些中国留学生入读，以维持其生存和发展。随后，萧碧池将中西学校校长戴雯丽小姐（Miss Winifred Davies）给萧祥的录取信交给中国总领事馆，再由后者附上录取信原件，知照澳大利亚内务部之后，这一签证申请方才获得受理。

根据审理流程，内务部照例函请海关等部门核查监护人出入境和财政状况等信息并提供报告。十二月三日，海关向内务部提交了其对萧碧池的调查报告。首先，萧碧池于一九一二年十月十九日出境回中国探亲，至一九一三年十一月二十一日方才返回澳洲。其子于次年三月一日出生，是在萧碧池返回澳洲三个多月后的事情，与他此前在中国探亲时间相吻合，二人具父子关系当无疑问。其次，他目前所寄住之雪梨踮文佘街一百四十三号，是其朋友亨利·阿福（Henry Ah Foo）所开之杂货铺[①]。换言之，他尚未有自己的固定居所。再次，萧碧池目前没有固定工作，但表示正在考虑购买一间蔬果商铺自行经营，尚在等待交易机会；目前他在银行的存款加起来只有六十六镑，而且这显然就是他全部的财产。最后，萧碧池个人有一个账本，其中一页所记载的一人名叫Kong Sing Lee（康新利，译音），很可能与某赌博群体有关。海关认为，尽管还没有发现萧碧池个人品行有什么大的问题，但似应对他与赌博群体有联络的问题予以重视。事实上，海关的报告相对比较负面。

---

① 根据鸟修威省档案馆（NSW State Archives & Records）保存的工商局注册记录，阿福的商铺是生果蔬菜商铺，一九二一年五月正式注册。见：https://records-primo.hosted.exlibrisgroup.com/permalink/f/1ebnd1l/INDEX1837765。

根据这份报告，内务部认为萧碧池的财政能力实在有限，根本无法负担其子在澳留学之费用，遂于十二月十六日复函中国总领事馆，拒绝了萧祥的签证申请。

虽然儿子萧祥的来澳申请遭到拒签，但萧碧池并没有放弃努力。转眼之间，半年过去了。一九二七年六月二十三日，他通过中国总领事魏子京再次向内务部提出萧祥的签证申请。在给内务部的函中，魏子京总领事首先强调，萧碧池中年丧偶，而原先他的在中国乡下照顾萧祥的长子亦于最近病逝，可谓祸不单行，目前只剩下次子萧祥一人，故希望能给他签证来澳留学，由其父亲照顾他的生活。其次，萧碧池的财政状况最近亦有所改进，其朋友亨利·阿福已雇佣他在自己的杂货店里做工，有固定薪水，而阿福更表示愿意担保并负担萧祥来澳洲留学的所有费用。阿福个人有价值一千五百镑的房产，还有上述杂货店商铺，经济上有实力，且在雪梨华商中口碑不错。为此，他希望内务部根据这些情况，重新审核萧祥的签证申请，让这位年幼的中国男孩有机会来澳留学读书。

内务部循例再次对萧碧池和阿福进行重点调查。八月十一日，海关提供的调查结果如下：萧碧池此时确实受雇于阿福，周薪为二镑十先令。同时，他也正在与人洽谈在周围的商业生活区盘下一家店铺自己经营。如果萧祥入境时需要缴纳一百镑作为保证金的话，作为申请者的保人，具有相当经济实力的阿福表示会一力承担。但海关人员确信，阿福虽然财政上不成问题，但上述他经营的杂货商铺之真正东主亦即后台老板，则是一位专事组织偷渡到澳之蛇头，而阿福也显然就是这个从事偷渡生意的团伙成员。海关人员这样的看法，显然在很大程度上左右了内务部的最终决定。

果不其然，在权衡了萧碧池的财政状况以及担保人阿福有可能陷身于偷渡走私团伙的事实之后，内务部于八月二十六日函复中国总领事馆，再次否决了萧祥的签证申请。而此后，再也没有看到萧碧池的申诉，也没有萧祥的入境记录。换言之，萧祥来澳留学的申请失败后，就再也没有申请来澳的任何尝试。

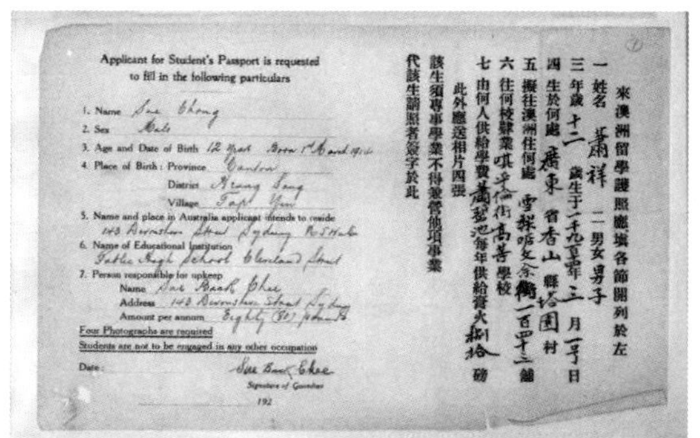

Applicant for Student's Passport is requested to fill in the following particulars

1. Name Sue Chong
2. Sex Male
3. Age and Date of Birth 12 years Born 1st March 1914
4. Place of Birth: Province Canton
   District Heung Sang
   Village Tap Yun
5. Name and place in Australia applicant intends to reside
   143 Devonshire Street Sydney N.S.Wales
6. Name of Educational Institution
   [illegible] High School Cleveland Street
7. Person responsible for upkeep
   Name Sue Bark Chee
   Address 143 Devonshire Street Sydney
   Amount per annum Eighty (80) pounds

Four Photographs are required

Students are not to be engaged in any other occupation

Date:

Sue Bark Chee
Signature of Guardian

192

來澳洲留學護照應填各節開列於左

一 姓名 蕭祥 二 男女 男子

三 年歲 十二 歲生于一千九百十四年三月一号日

四 生於何處 廣東 省 香山 縣 塔園 村

五 擬往澳洲住何處 雪梨喳文侖街一百四十三號

六 往何校肄業 唄孚倫街高善學校

七 由何人供給學費 蕭碧池每年供給膏火捌拾磅

此外應送相片四張

該生須專事學業不得兼營他項事業

代該生請照者簽字於此

左：一九二六年十月底，萧碧池向中国驻澳大利亚总领事馆申请儿子萧祥来澳留学护照和签证所填写的申请表；右：一九二六年十一月五日，中国驻澳大利亚总领事魏子京给萧祥签发的留学护照。

档案出处（澳大利亚国家档案馆档案宗卷号）：

Sue CHONG - Students passport, NAA: A1, 1927/13080

林 昆

香山寮后村

林昆（Lum Quan），生于一九一四年四月十九日，香山县寮后村人，父亲名叫林福（Lum Hook）。林福大约在一八九九年从家乡来到澳大利亚发展，落脚于雪梨埠（Sydney）。他从做蔬菜水果的市场摊档小生意开始，慢慢有了一定基础，便联合另外两个人，联手成立公司，名为三益公司（Sam Yick Company），仍然是在雪梨街市中经营同类生意，实际上就是果栏，并于一九二一年在鸟修威省（New South Wales）工商局正式注册。[①]

一九二七年五月十日，在林昆满十三岁之后，林福以监护人的名义填具申请表，向中国驻澳大利亚总领事馆申领儿子的赴澳留学护照和签证。此时，按照去年中便实施修订过的《中国留学生章程》新规，所有赴澳留学生须就读收费的私立学校，且必须事先获得欲就读学校的录取确认信。于是，林福便在五月十一日去到开设在雪梨城里必街（Pitt Street）上原基督堂学校（Christ Church School）旧址的圣罗纶学校（St Laurence College），当场获得了校长开列的接受林昆入读的录取信。同时，他还具结财政担保书，以其在三益公司中价值一千镑的股本作保，允诺每年供给膏火一百镑，作为儿子来澳留学期间所需之各项费用。为保险起见，他还需找到一个保人，以保证他确实可以提供上述财政资助，而同邑石岐人李紫云（Chee Win Lee）愿意担

① 详见鸟修威省档案馆（NSW State Archives & Records）所藏该省二十世纪初工商企业注册记录：https://search.records.nsw.gov.au/permalink/f/1ebnd1l/INDEX1822426。

当此责[1]，他以雪梨日升号（Yet Shing & Co.）[2]东主的身份于五月二十日在上述财政担保书上签名。待上述文件材料齐备后，中国总领事馆正式受理这份申请。六月十日，中国总领事魏子京给林昆签发了号码是478/S/27的中国护照。四天之后，魏子京总领事备文向澳大利亚内务部申请林昆的留学签证，并将上述申请材料和护照一起作为附件寄出。

内务部接到上述申请材料后，便按照流程审理。通过海关的协助，于七月初确认了林福的财务状况良好，在三益公司中的股东地位稳定，且经商有道，没有不良记录，完全符合财政担保人的条件。其次，海关从相关出入境档案中，也找到与林昆出生最接近的林福回国探亲记录：一九一二年二月十七日，搭乘"奄派号"（Empire）轮船从雪梨出境回国探亲，到次年十月十一日，乘坐"山亚班士号"（St Albans）轮船返回到同一港口。而林昆在此后半年出生，因此，他们之间的父子关系当无疑义。至于林福的保人李紫云，不仅是上述日升号商行东主，在银行也有四百镑的存款，身家丰厚，有相当的财政实力。再次，警方反馈也表明，林福经商有道，没有不良记录。所有从海关反馈回来的信息表明，无论是监护人还是保人都完全符合相关规定；而签证申领者林昆又刚刚年满十三岁，未到十四岁，无须提供其具备基础英语学识的证明。由是，内务部便通过了上述签证评估。七月十二日，内务部秘书正式批复了林昆的留学签证，也在其护照上钤盖了入境签证印章，然后退回给中国驻澳大利亚总领事馆。中国总领事馆从内务部拿回护照后，便按照林福提供的地址，将其寄往香港的指定金山庄，由后者负责将其转交给护照持有者，并负责为其安排赴澳行程等事宜。

根据中国总领事馆的要求，上述护照和签证持有人必须在第二年七月十二日之前入境澳洲，不然，签证就会失效，因此，赴澳行程的安排就只能提前，不能推后。经过三个多月的安排，联络好了旅程中的同行监护人并且订好了船票，早已经准备好的林昆就被家人送到了香港。在这里，他搭乘运

---

① 李紫云的档案，见：Chee Win Lee [Chinese - arrived Melbourne per NAKKO MARU, 1900. Box 29], NAA: SP11/2, CHINESE/LEE CHEE WIN。

② 关于日升号，见李连生（Ling Sing）档案：Ling Sing - Students passport, NAA: A1, 1932/664。

行于香港与澳大利亚之间的"太平号"（Taiping）轮船，于一九二七年十二月三日抵达雪梨。林福在李紫云的陪同下，去到海关将儿子接出来，将其安置在自己家里。因此时距当地学校放暑假也就不到两个星期，学校基本上处于考试阶段，无课可上，自然无法入学，林福便只好让儿子先在家休整，并熟悉周边环境，待明年新学年开学后再注册入读。

一九二八年二月十四日，林昆正式进入圣罗纶学校读书。学校对他的评价是：在校表现良好，学业令人满意。他就以这样的学习态度在这所学校读了两年。从一九三〇年新学年开始，他没有再去圣罗纶学校上学，而是在二月四日转学到位于杜里奇希区（Dulwich Hill）的三一文法学校（Trinity Grammar School）就读。这是由圣公会主办的一所完全学校，学风好，教学质量高，也吸引着许多像林昆这样的中国留学生。他在这所学校表现更佳，学校认为他的算术最好，他也总是全力以赴地展示自己学习新知识的热情与能力。就这样，他在这里又度过了两年多的时光。

到一九三二年，在刚刚过了第一个学期后，亦即林昆即将年满十八岁的前一天，即四月十八日，林福致函内务部秘书，希望改变儿子的签证性质。他表示，三益公司在过去二十多年间生意不断扩大，虽然近年因经济危机而使进出口业务下滑，但刻下正在努力恢复之中。其子林昆已来此留学四载有余，现在是到了给他一些商业训练的时候了，希望内务部能批准他停止在校学习，加入三益公司来，获得一些经商的经验并学习一些营销技巧，以便日后回到中国去，为三益公司的业务在东方的拓展做准备。

内务部秘书接到上述申请后，直接指示海关提供三益公司的经营状况报告，以便其作为是否批复此项申请的依据。海关的调查显示，上一个财政年度，三益公司的年营业额为二万四千镑，但进出口量不大，基本上只有进口，一年的进口量所缴纳的关税为约二百二十镑，主要原因是该商行是果栏性质，其他杂货和日用百货并非其强项。虽然进出口贸易量不大，但其营业额还是比较可观的，符合聘请海外员工的条件，对此，内务部部长表示可以开放绿灯。五月二十三日，内务部秘书便正式通知林福，同意给予林昆十二个月的工作签证，让其进入三益公司接受锻炼。

一年时间很快就过去。一九三三年五月一日，林福给内务部秘书写信，希望给其子林昆再续签十二个月的工作签证。同样地，内务部秘书仍然需要海关提供三益公司的营业额作为依据。过去一年里，三益公司的业绩不彰，年营业额只有一万四千镑，进出口贸易额价值为四百三十八镑。面对这样的业绩，内务部秘书认为林昆在公司里已经成为无关紧要之人，遂于六月十二日复函，拒绝了上述展签申请，要求林昆重返学校念书，不然就需要整理行装，离开澳大利亚回国。

林福对此决定难以接受，三天后再函内务部秘书。他在信中表示，去年的批复并没有设置前提条件，而公司业务的下滑也是受大气候的影响，即世界性的经济大萧条所致，并非一人之力可以挽救；何况当时申请儿子进来公司的目的，也主要在于对他的培训和让他熟悉商业的运作，现在他才刚刚入行，正是需要时间巩固之时。他强调说，目前公司里一位股东已经离境回中国探亲，他所留下来的空位也需要人填补上去，此时正好可以将林昆继续留在公司里，让他顶替这位股东留下的位子，继续在公司里培训，希望内务部批复他继续保持上述工作签证。但内务部秘书查到了此前林福已经申请他的另一个儿子林辉（Lum Fay）[①]前来作为上述回国探亲股东的替工，因而认为其申诉的理由并不充分。六月二十六日，内务部秘书复函表示，如果林福让其前来作为替工的儿子在一个月内回国，那么，林昆可以继续留在三益公司里。七月一日，林福致函内务部秘书，还想继续为此申诉，但内务部秘书在七月十一日复函表示，上述决定无法更改，让林福自行决定去留。在这种情况下，林福只好为儿子林昆安排重新入学。

当然，林昆不想再返三一文法学校念书，便于八月十四日在位于雪梨城里的都市商学院（Metropolitan Business College）注册，主修簿记和会计课程，整个课程的费用是三十七镑，外加每个月一镑的附加费，并于同月二十一日正式入读。由此，他从工作签证又再次转回为学生签证。他在商学

① 没有找到林辉入境的档案宗卷，只是本文所据档案宗卷显示，他于一九三三年经父亲林福申请，得以入境澳洲，进入三益公司工作，作为另一位回国探亲的股东之替工，协助父亲经营生意。

院读到十一月初，获得的评价都很好，但此后一个多月里则因内分泌失调而接受中医治疗，未能到校上课。内务部接到商学院的报告后很紧张，深恐他以生病为借口，出外打工或者重返其父亲的三益公司帮忙，急忙发函到海关，请其调查。直到一九三四年初，海关报告林昆重返商学院上课，这事儿才告消停下来，此后一切如故，林昆也在校表现良好。

到一九三四年五月八日，林福再次致函内务部秘书，重新申请儿子林昆进入三益公司，完成此前未曾做完的商业培训。他在信中解释道，两年前申请时，就是想给予儿子一个商业培训的机会，获批复时并没有设置前提条件是必须要多少的营业额才可以续签，由此，请内务部重新考虑给予林昆一个机会，让他可以在公司里完成此前的未竟训练科目，学习商业运作。为增强此次申请的力度，林福也通过关系找到他所在选区的澳洲联邦国会议员哈里森（E. J. Harrison）寻求帮助。后者听了他的申诉后，表示尽力协助办成此事，其后便直接写信给内务部部长，请其合理批复这样的要求。很幸运，这次内务部部长很给面子，答应了哈里森议员的请求，五月二十三日批复林昆进入三益公司工作，给予一年的工作签证。

又是一年过去。一九三五年五月八日，林福再次提出儿子林昆展签申请，表示他在公司里表现很好，希望得到进一步的锻炼和培训，并且继续通过哈里森议员从旁协助。内务部秘书从海关那里了解到，过去一年三益公司的营业额为一万二千五百一十六镑，比之前又有所下滑，进出口货物的价值也急剧萎缩，价值只有几十镑。但海关明白当时全球的经济刚刚处于恢复期，这样的业绩已经算是很不错的了，因而建议批复。于是，五月十九日，内务部部长再次批准林昆一年的展签。到一九三六年五月，林福再次提出申请，此时，三益公司的年营业额进一步下滑，为一万一千六百九十八镑，只是进出口商品的价值略有增长，达到九十五镑。尽管如此，内务部部长于六月九日再一次批复了林昆十二个月的延签。

看起来，林昆是要长期在三益公司做下去了。可是，事情后续发展却有了很大变化。林福于七月九日通过哈里森议员再次向内务部部长提出，要将在国内的侄儿Lum Yee Doong（林奕栋，译音）申请前来顶替儿子林昆的位子，而让儿子回国。对于这样的安排，内务部并无异议，于次日便予以批复。至于为何林福要让二十二岁的儿子回国，档案文件中没有提供任何解释。只是根据当时的情况来看，也许儿子到了谈婚论嫁的年纪，家里也已经为他订好了亲，利用这个机会回国结亲，显然也是人生一件大事。此外，林福一开始申请林昆进入三益公司工作时就表示，要将生意扩展回国，届时由儿子去负责打理，因此，林昆进入三益公司就是接受培训，为日后经商做准备。而此时也许就是实施此项计划的时候了。于是，当年八月十五日，林昆在雪梨港口登上驶往香港的"太平号"轮船，离开澳大利亚，返回家乡。

而从中国前来接替他工作的堂弟林奕栋，则在当年十一月四日，搭乘从香港出发的"彰德号"（Changte）轮船抵达雪梨，接替了林昆原先在三益公司的工作，并由此不断申请获得展签，就一直留在了澳大利亚，直到二十世纪六十年代加入澳籍。[①]

林昆在雪梨留学将近九年，其中上学五年半，进入父亲所创办之企业工作逾三年，算得上是完成了一定的学业，也积累了经商经验。他此次回国后，父亲林福再也没有申请他前来帮工或者参与经营，也许是在回国后就投入到自己开设的生意当中，或者是到了香港有了更好的发展。而他的兄长林辉，则继续留下来协助父亲经营生意，并且最终留在了澳大利亚，于二十世纪六十年代加入澳籍。[②]

---

① LUM, Doong Yee [Chinese migrant; immigration file], NAA: SP1122/1, N1957/007036。林奕栋生于一九一七年八月二十七日。

② Fay LUM [Immigration naturalization file] [1.5cm; box 3911], NAA: SP1122/1, N1959/3834。

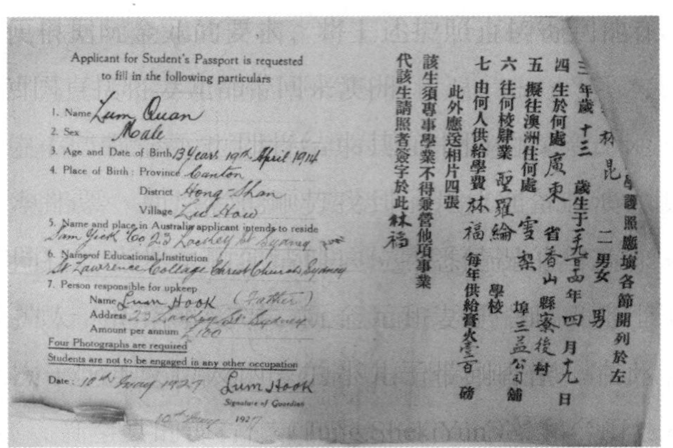

Applicant for Student's Passport is requested to fill in the following particulars

1. Name Lum Quan
2. Sex Male
3. Age and Date of Birth 13 years 19th April 1914
4. Place of Birth: Province Canton
   District Hong Shan
   Village Lie How
5. Name and place in Australia applicant intends to reside
   Sam Yick Co 23 Lackey St Sydney
6. Name of Educational Institution
   St Lawrence College Christ Church Sydney
7. Person responsible for upkeep
   Name Lum Hook (Father)
   Address 23 Lackey St Sydney
   Amount per annum £100

Four Photographs are required

Students are not to be engaged in any other occupation

Date: 10th May 1927 Lum Hook

Signature of Guardian

10th May 1927

□□護照應填各節開列於左

一 林昆 二 男女 男

三 年歲 十三 歲生于一九一四年四月十九日

四 生於何處 廣東省香山縣寮後村

五 擬往澳洲住何處 雪梨埠三益公司舖

六 往何校肄業 聖羅倫學校

七 由何人供給學費 林福 每年供給膏火壹百磅

此外應送相片四張

該生須專事學業不得兼營他項事業

代該生請照者簽字於此 林福

一九二七年五月十日，林福以监护人的名义，具表向中国驻澳大利亚总领事馆申领儿子林昆的赴澳留学护照和签证。

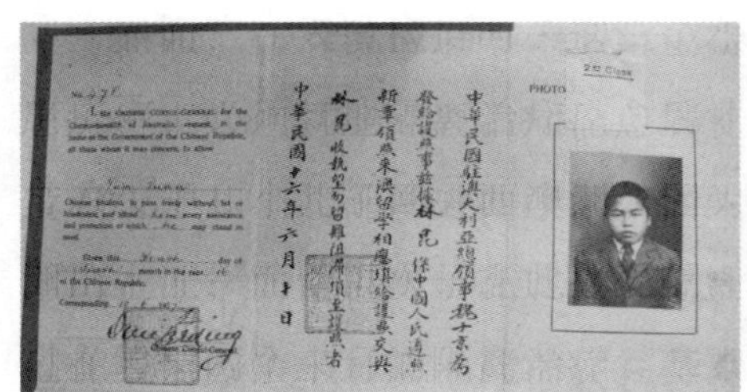

中華民國駐澳大利亞總領事魏子京為發給護照事茲據林昆係中國人民遵照新章領照來澳留學相應填給護照交與林昆收執望勿留難須至護照者

中華民國十六年六月十日

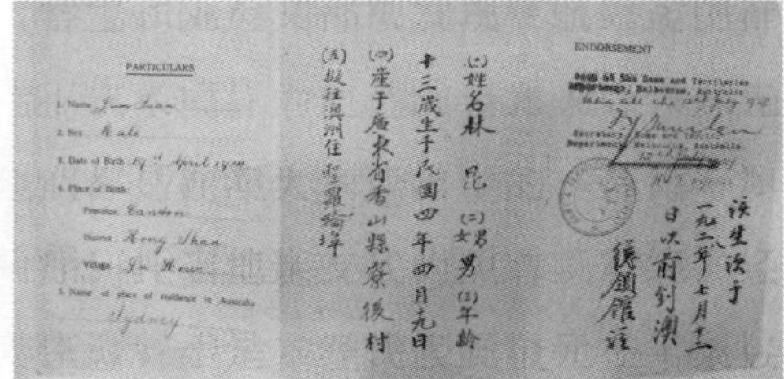

PARTICULARS

ENDORSEMENT

(一)姓名 林昆 (二)男女 男 (三)年齡 十三歲 生于民國四年四月九日

(四)產于廣東省香山縣寮後村

(五)擬往澳洲住雪梨埠

該生於一九二八年七月十日以前到澳 總領館註

一九二七年六月十日，中国驻澳大利亚总领事魏子京给林昆签发的中国学生护照。

档案出处（澳大利亚国家档案馆档案宗卷号）：

Lum Quan (with Sam Yick & Coy.) Students passport, NAA: A1, 1936/763

马赞衡

中山沙涌村

马赞衡（Mar Jang Hang），生于一九一五年[1]三月三日，中山县沙涌村人。他的伯父是一八七二年出生的马番（Mar Fan），在一八九三年便追随乡人的步伐，跨洋过海，来到澳大利亚寻找发展机会，在昆士兰省（Queensland）登陆入境。[2]几经辗转，最后定居于该省北部重要港口汤士威炉埠（Townsville）[3]，在车打士滔路（Charters Towers Road）上开设有一间以自己名字命名的商铺，其资本价值六百镑。[4]

早在一九二四年，马番就申请儿子马炎璋（Mar Yium Chong，又写成Mar Yuim Chong）前来澳大利亚留学。但直到三年后，马炎璋才来到汤士威炉，进入基督兄弟会书院（Christian Brothers' College）上学。[5]一九二九年，马赞衡十四岁，正在澳门华仁中学（Wah Yan Middle School）读书，家人也想让他赴澳留学，遂与其伯父马番商量，后者对此表示大力支持。于是，四月十二日，马番具结财政担保书，以监护人的身份填具申请表，向中国驻澳大利亚

---

① 但申请表和护照的英文页上都写成了一九一四年，应该是换算错误。

② Certificate Exempting from Dictation Test (CEDT) - Name: Charley Mar Fin - Nationality: Chinese - Birthplace: Canton - departed for China per TSINAN on 22 October 1907, returned to Townsville per TAIYUAN on 8 May 1910, NAA: J3136, 1907/268。

③ George Mar Fan (Fin) - Nationality: Chinese - Includes application for Certificates of Exemption from Dictation Test CEDT and character references [lived Townsville and Chaters Towers areas], NAA: BP234/1, SB1933/1633。

④ Mar Fan General Store - Townsville - Firms file, NAA: J25, 1957/3862。

⑤ Ma Yuim Chong (1) Student's Passport (2) Ex/c, NAA: A1, 1938/1785。

总领事馆申领侄儿马赞衡赴澳留学的护照和签证，也想让其入读基督兄弟会书院，好与大他五岁的堂兄马炎璋做伴，由是，他在填表的当天也从该书院院长那里给侄儿拿到了录取信。他以自己经营的马番号商铺作保，允诺每年可以供给膏火三十五镑，作为侄儿在此间留学时所需之学费、生活费、医疗保险费及其他的开销。因此时马赞衡已满十四岁，按《中国留学生章程》的要求，须提供其具备基础英语学识能力的证明，为此，在伯父为其提交申请前，马赞衡就在三月初用英文手书一封致中国驻澳大利亚总领事的信，表达赴澳留学愿望及提出协助办理护照签证的请求，作为自己具备初步英语能力的证明；与此同时，他也拿到了华仁中学第三学期（即初中二年级第一学期）的成绩单，作为在学校学习英语的证据。马番在填写申请表之前收到上述两份材料，便将其附在其他申请材料中一并提交给中国总领事馆。

中国总领事馆接到上述申请后，很快初审完毕，于四月十九日由刘姓馆员代理总领事为马赞衡签发了一份中国学生护照，号码是535/S/29；并且在当天便备文，将此护照和申请材料转寄给澳大利亚内务部秘书，为这位中国学生申请入境签证。接到上述申请后，内务部秘书的处理也很迅捷，五天后便行文海关，请其协查签证申请者监护人的财务状况。两个星期后，汤士威炉海关收税官便提交了相关的报告。根据他们的了解，马番号商铺的年营业额约在三千镑到四千镑之间，他虽然做杂货生意，但只销售本地产品，没有进出口物品。这样的结果无疑表明，马番财务状况良好，完全符合监护人的条件。于是，五月二十一日，内务部秘书批复了该项申请，在马赞衡护照上钤盖了签证印章，然后退还给中国总领事馆。

早就做好了赴澳留学准备的马赞衡，在香港相关金山庄安排下，不到三个月的时间就订妥了船票，便从家乡赶赴香港，搭乘“彰德号”（Changte）轮船，于当年九月四日抵达汤士威炉埠。经移民官当场测试，表明他确实已经具备初步的英语学识，得以顺利入境澳洲。马番去到海关将其接出来，把他安排在自己的商铺里住下。

九月十五日，马赞衡正式注册入读基督兄弟会书院。因有堂兄马炎璋做伴及引导，他很快就熟悉了这里的环境和所学课程。只是马炎璋到年底学期结束便离开了汤士威炉，前往雪梨求学，但马赞衡已经完全适应了该书院的学习环境，安定下来。书院的报告显示，他的在校表现与学业成绩都十分令人满意。

一九三一年底，马赞衡大病一场，随后因肛门直肠瘘住院和手术，无法上学。到一九三二年五月底，基督兄弟会书院院长因未见他返校上学，以为他转学他处，遂将其住院手术之事报告内务部，并表示这个时候他也该返回学校上学才是。内务部接到报告后，责成当地海关核查马赞衡的情况。六月二十日，海关查明，马赞衡在汤士威炉医院做了手术，住院是从二月九日到三月十七日；之后虽然出院，但需要每天返回医院接受治疗，这种状况一直维持到四月二十日；此后，他处于恢复疗养之中，因身体仍然虚弱，一时间还无法去学校上学，预计会在七月中旬可以重返学校念书。果不其然，到七月中旬后，已经病愈的马赞衡便回到基督兄弟会书院，继续上学，一切又恢复到原来的轨道。

一九三四年三月九日，中国驻澳大利亚总领事陈维屏致函内务部秘书，表示汤士威炉埠的一家华人商铺马广号（Mar Kong & Co.）[①]因店务拓展但又适逢员工休假，导致人手短缺，店主暨总经理马初见（Mar Chor Kin）[②]希望能由正在读书的马赞衡顶上，充任马广号的店员，以保证该商号正常运营。马初见认为，马赞衡中文好，在澳留学又是就读久负盛名的老牌教会学校，英文能力强，对于该商行进一步开展对华出口将有很大促进作用。目前，该商行已经开始出口澳洲花生到香港，对于该商行的海外贸易是个好的开端。

① 马广号由比马番小三岁也晚三年抵澳发展的兄弟马广所创，开办年份大约在一九〇〇年。详见：Application for Certificate of Domicile for Mar Kong, a fruiterer from Townsville, NAA: BP342/1, 7790/232/1903。

② 马初见是沙涌村人，一八七一年出生，但抵澳发展的年份更早一些，应该是在一八九一年前后到达雪梨，在先施公司创办人马应彪当年起家的永生果栏（Wing Sang & Co.）里有股份。他一九一五年回国探亲，直到一九二六年才回到澳洲，便来到汤士威炉，从同宗马广手中将马广号整铺买下，继续用其原注册名经营，而马广则携资赴雪梨发展。见：MAR, Chor Kin - Nationality: Chinese - arrived Townsville aboard TAIPING 1st October 1926, NAA: BP25/1, MAR C K – CHINESE; Chinese employed under Certificate of Exemption by Hook Wah Jang & Co, Townsville, Queensland [death of James Sue Sue, wife Wai chun or Wai Jun, Mar Man Chiu, Mar Chor Kin], NAA: J25, 1949/2743。

为此，希望内务部秘书批复马赞衡将留学签证转为工作签证。马初见是马赞衡的族亲长辈，自然希望自家子侄辈在关键时刻能顶上来帮手经营，这样使用起来既顺手也有效率。但申请递交上去后近一个月未见回音，陈维屏总领事遂于四月三日再函内务部秘书，表示马广号因人手不够，希望能尽快批复马赞衡加入该商行工作，才能保证其商行正常运营。

此前，内务部秘书并没有在意是项申请，将其搁置一旁；直到这时接到陈总领事的催办函，才对此事重视起来，赶紧责成汤士威炉埠海关对马广号的资产和经营情况予以核查，以便内务部部长对此申请做出决定。由于近期马广号商行的员工变动较大，最主要的一个老员工返回中国探亲，目前只有一位从中国来的员工协助马初见经营，马赞衡如果获准进入，就是去顶替那位老员工的缺。海关人员花了近一个月的时间才把这个关系理顺。随后，海关了解到，该商行每年的营业额约为六千五百镑，进口货品价值九十八镑，但却为此缴纳关税一百六十四镑。而目前来说，该商行的雇员除了一个本地欧裔人士作为司机拉货之外，就只有一位从中国请来的帮工，加上马赞衡，也就只有两个店员。得知马广号实情后，内务部部长于六月五日批准了十九岁的马赞衡转换身份，以替工的身份进入马广号工作，条件是，一旦原马广号的老员工结束探亲返回，马赞衡须在一个月内移交工作，重返学校念书，或者直接回国。

事实上，早在陈维屏总领事向内务部提出申请时，马赞衡就已经进入马广号商铺工作，而内务部部长的批复就使得其工作有了合法依据。因他抵澳的时间是九月初，因而在每年八月份时都按例申请展签，这次身份转变之后，距其申请展签只有两个月，故而等到八月份时才将其留学签证正式转为工作签证，随后，他也每年都在这个时间申请展签并获得批复。

马赞衡的留学档案到一九三七年终止。至于此后其去向，因目前尚未找到与其相关的宗卷，不得而知。因自该年开始，中国进入全面抗战，几年后又太平洋战争爆发。从大概率来说，马赞衡滞留在澳的机会颇大，也有可能此后他就留在了澳洲。

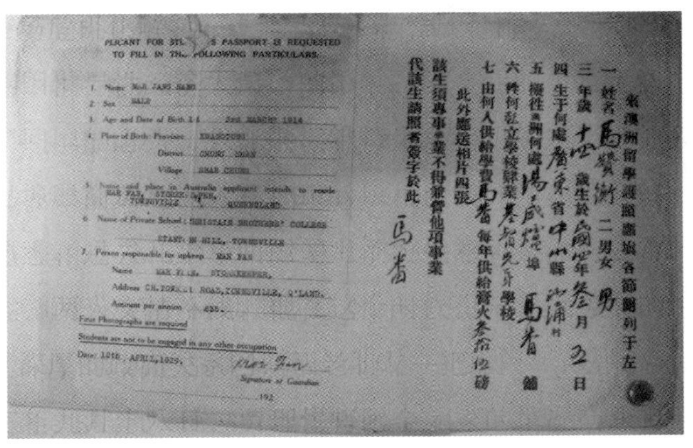

PLICANT FOR STU S PASSPORT IS REQUESTED
TO FILL IN TH FOLLOWING PARTICULARS.

1. Name MAR JANG HANG
2. Sex MALE
3. Age and Date of Birth 3rd MARCH 1914
4. Place of Birth: Province KWANGTUNG
District CHUNG SHAN
Village SHAR CHUNG
5. Name and place in Australia applicant intends to reside MAR FAN, STOREKEEPER, TOWNSVILLE QUEENSLAND
6. Name of Private School: CHRISTIAN BROTHERS' COLLEGE STANTON HILL, TOWNSVILLE
7. Person responsible for upkeep MAR FAN
Name MAR FAN, STOREKEEPER,
Address ROAD, TOWNSVILLE, Q'LAND.
Amount per annum £35.

Four Photographs are required

Students are not to be engaged in any other occupation

Date: 12th APRIL, 1929. Mar Fan
Signature of Guardian

来澳洲留学护照应填各节开列于左

一 姓名 马赞衡 二 男女 男

三 年岁 十四 岁生于民国 年叁月五日

四 生于何处 广东省中山县 沙涌村

五 拟住澳洲何处 汤士威炉埠 马番 铺

六 拟进何私立学校肄业 基督兄弟学校

七 由何人供给学费 马番 每年供给膏火叁拾伍磅

此外应送相片四张

该生须专事学业不得兼营他项事业

代该生请照者签字于此 马番

一九二九年四月十二日，马番以监护人的身份填具申请表，向中国驻澳大利亚总领事馆申领侄儿马赞衡赴澳留学的护照和签证。

中华民国驻澳大利亚总领事 刘 为
发给护照事兹据 马赞衡 系中国人民遵照
新章领照来澳留学相应填给护照交与
该生收执望勿留难阻滞须至护照者
中华民国十八年四月十九日

(一)姓名 马赞衡
十四 岁生于
(四)产于广东省
(五)拟往澳洲住

No. 535/S/29

I, the Chinese Consul-General for the Commonwealth of Australia, request, in the name of the Government of the Chinese Republic, all those whom it may concern, to allow

Mar Jang Hang

Chinese Student, to pass freely without let or hindrance, and afford him every assistance and protection of which he may stand in need.

Given this 19th day of fourth month in the year 18 of the Chinese Republic.

Chinese Consul-General.

PARTICULARS

1. Name Mar Jang Hang
2. Sex Male
3. Date of Birth 3rd March 1914

PHOTOGRA

ENDORSEMENT

21st May, 1929

一九二九年四月十九日，中国驻澳大利亚代理总领事为马赞衡签发的中国学生护照。

档案出处（澳大利亚国家档案馆档案宗卷号）：

Mar Jang Hang - Ex/c, NAA: A1, 1937/1965

余福绵

香山叠石村

余福绵（Yee Fook Min，又写成Yee Foo Min），生于一九一四年[①]五月，因档案宗卷上没有说明具体出生日期，故不详，香山县叠石村人。他的父亲是余信（Yee Sun），大约是一八七七年出生[②]，一八九九年[③]从家乡到澳洲闯荡，以木工手艺维生，最后定居于雪梨（Sydney），开有一间以自己名字命名的余信木铺，财产价值为一千五百镑，经济比较稳定。

一九二七年三月七日，通过在安益利公司任职的宗亲余文厚（Yee Mun How）[④]，余信向中国总领事馆申请时年将满十三岁的儿子余福绵来澳留学，为其办理中国留学生护照和入境签证。他先是为儿子选择入读和打噜公立学校（Waterloo Public School），但因新的《中国留学生章程》规定中国留学生这时只能去读私校，不能再像以前那样可以进入不同的公立学校就读，因而他再选择位于唐人街附近的华人英文学校（Chinese School of English），作为

① 这是护照上的出生年月，申请表上则写成一九一六年。

② Willie Lee, Yee Sun, Man Joe, Fong Hoy, Jimmy Lee Chew, Ah Hoo, Joseph Bedwee, Mew Sun Kew and Yuen Sang [Certificate Exempting from Dictation Test - includes left hand impression and photographs] [box 65], NAA: ST84/1, 1913/120/21-30。

③ 根据雪梨华文报纸报道，余信于一八九九年七月从香港乘船抵达雪梨入境。见：《广益华报》（*The Chinese Australian Herald*）一八九九年七月十八日，第三版。

④ 见：Yee Man How [also known as Yee Man Ho and Yee Mun Ho] and wife Lucy Yee Man How [includes 1 photograph of each showing front view; Certificates of Exemption for both subject and Chinese Passport] [application by Onyik Lee and Company for admission of Yee Mun Chew [also known as Yee Mun Cheu] and Yee Tack Yam, into the Commonwealth] [box 318], NAA: SP42/1, C1936/719。

余福绵来澳留学的正选。他以自己开办的余信木铺作保，承诺每年提供给儿子余福绵六十镑的膏火费。

接到上述申请后，中国总领事魏子京很快便于三月二十五日给余福绵签发了中国留学生护照，号码为466/S/27。他并于当天备文，将材料转交给澳大利亚内务部，为余福绵申请入境签证。而接到入境签证申请后，内务部就按照流程审查余信的资质。四月二十日，海关报告说，余信木铺是由他一人经营，专做家具，且全部是手工打造，手艺不错，自然，售价亦不菲，且信誉很好。其每周营业额为三十镑，净盈利则为每周七镑十先令。具有这样的营业额和收入，显示出余信具有良好的财政担保能力。而在来澳近三十年里，海关出入境记录表明，余信总共回中国探亲四次，分别为：一九〇七年十月至一九〇九年二月九日，一九一三年五月三十一日至一九一四年三月二十日，一九一八年四月二十六日至一九二〇年三月二十日，一九二四年七月八日至一九二六年五月十日。因中国总领事馆提供的护照和签证申请表中把余福绵的出生日期填为一九一六年五月出生，内务部据此认为，余信根本不可能在一九一六年有孩子出生，因为此时段他本人在澳洲，没有回中国。如此，内务部认为，申请表上填写的余福绵显然不是他的亲生儿子，二人之间应无血缘关系，故而于五月十三日直截了当地拒绝了余福绵的入境签证申请。

魏子京总领事接到内务部的回函后，再与余信联络沟通，方才意识到是中国总领事馆方面在誊录信息时有误，从而导致这样的结果，遂于八月二十六日发函给内务部，坦承是总领事馆职员录入错误，实际上余福绵是一九一四年五月出生，今年已经十三岁，希望内务部能宽容中国总领事馆所犯的低级错误，核实情况后给余福绵发放入境签证。既然中国总领事馆认错，内务部也就顺水推舟，于九月二十四日予以批复，发给余福绵入境签证。

拿到护照和签证后，余福绵立即从家乡赶到香港，搭乘澳洲劫行东方轮船有限公司（The Eastern and Australian Steamship Co. Ltd.）的班轮“丫拿夫拉号”（Arafura），于一九二七年十一月十九日抵达雪梨。因此时澳洲学校已经到了本学年的最后几个星期，面临放暑假，余福绵就没有入学，先在父亲的木铺休息，并趁机学习观摩木工手艺。到一九二八年一月三十日新学年开始时，他才正式注册入读华人英文学校。根据报告，他的在校表现令人满意。由此，他在该校读了两年，直到一九二九年底学年结束。

一九二九年底澳洲学校暑假时期，十五岁的余福绵没有安排度假，也没有在父亲的家具店里帮手打工，而是跟着他的叔叔于十二月十三日在雪梨搭船前往南太平洋岛国飞枝（Fiji），去视察那里的木材收购站。他原定是去两个月左右就返回澳洲继续读书，但因在预定的时间段里还有地方的木材没有看完，便在一九三〇年二月十日，又向内务部申请展签两个月。但到五月份时，他还是不能回到澳洲上学，这次是因为他在飞枝生病，身体很弱，医生叮嘱一到两个月内要卧床静养，无法航海旅行，为此，他将此情况报告给澳大利亚内务部，获得通融。可是，到八月份之后，内务部也仍然没有见到他从飞枝返回，询问海关，亦不清楚。此后就再也没有关于他的消息，澳洲有关他的档案也到此终止。他在飞枝的命运如何，就不得而知了。

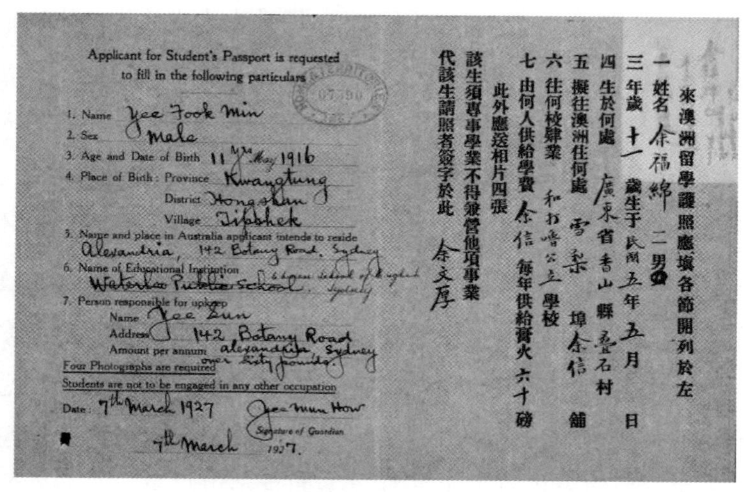

来澳洲留學護照應塡各節開列於左
一 姓名 余福綿 二 男
三 年歲 十一 歲生于 民國 五年 五 月 日
四 生於何處 廣東省 香山 縣 疊石村
五 擬往澳洲住何處 雪梨 埠余信 舖
六 往何校肄業 和打嚕公立 學校
七 由何人供給學費 余信 每年供給膋火 六十磅
此外應送相片四張
該生須專事學業不得兼營他項事業
代該生請照者簽字於此 余文厚

Applicant for Student's Passport is requested to fill in the following particulars

1. Name Yee Fook Min
2. Sex Male
3. Age and Date of Birth 11 Yrs May 1916
4. Place of Birth: Province Kwangtung
   District Hongshan
   Village Tipshek
5. Name and place in Australia applicant intends to reside Alexandria, 142 Botany Road, Sydney
6. Name of Educational Institution Waterloo Public School
7. Person responsible for upkeep
   Name Yee Sun
   Address 142 Botany Road alexandria Sydney
   Amount per annum over sixty pounds.

Four Photographs are required

Students are not to be engaged in any other occupation

Date: 7th March 1927 Yee Mun How
Signature of Guardian

7th March 1927.

一九二七年三月七日，余信向中国驻澳大利亚总领事馆递交的儿子余福绵来澳留学申请表。

name of the Government of the Chinese Republic, all those whom it may concern, to allow

Yee Foo Min

Chinese Student, to pass freely without let or hindrance, and afford him every assistance and protection of which he may stand in need.

Given this 25th day of 3rd month in the year 16 of the Chinese Republic.

Corresponding 25 3 1927

Consul-General

民國駐澳大利亞總領事魏子京為
發照事照據余福綿係中國人民遵照
領照來澳留學相應填給護照交與
收執望[illegible]留難[illegible]須至護照者
民國十六年三月二十五日

PARTICULARS

1. Name Yee Foo Min
2. Sex Male
3. Date of Birth May 1914
4. Place of Birth:
Province Kwangtung
District Hong Shan
Village Tipeek
5. Name of place of residence in Australia
Sydney

(一)姓名 余福綿
(二)男女
(三)年齡 十三歲 民國三年五月五日
(四)產于廣東省香山縣疊石村
(五)擬往澳洲雪梨埠

ENDORSEMENT

Valid until the 1st May, 1928.

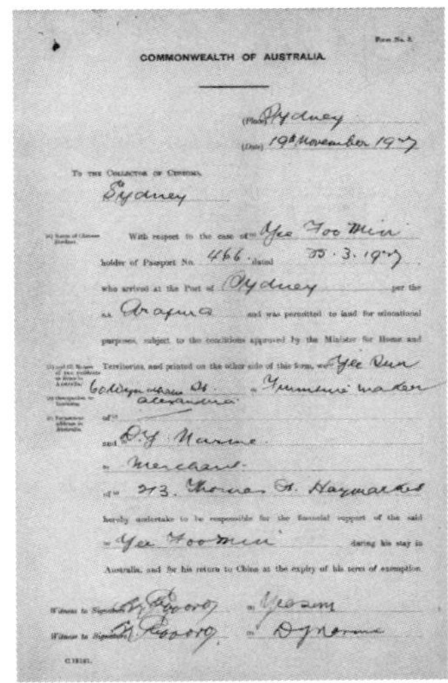
COMMONWEALTH OF AUSTRALIA.

(Place) Sydney
(Date) 19th November 1927

To the Collector of Customs,
Sydney

With respect to the case of Yee Foo Min holder of Passport No. 466 dated 25.3.1927 who arrived at the Port of Sydney per the s.s. Arafura and was permitted to land for educational purposes, subject to the conditions approved by the Minister for Home and Territories and printed on the other side of this form, we, Yee Run of 60 Wyndham St. Alexandria, furniture maker and D.Y. Narme, merchant, of 213 Thomas St. Haymarket hereby undertake to be responsible for the financial support of the said Yee Foo Min during his stay in Australia, and for his return to China at the expiry of his term of exemption.

Witness to Signature ... Yeeruny
Witness to Signature ... D.Y. Narme

左为一九二七年三月二十五日，中国驻澳大利亚总领事魏子京签发给余福绵的中国留学生护照；右为一九二七年十一月十九日，余福绵抵达雪梨的入境登记表。

档案出处（澳大利亚国家档案馆档案宗卷号）：

Yee Foo Min - Student Passport, NAA: A1, 1929/3234

探眉九

中山隆镇

探眉九（Tommy Ah Gow），生于一九一四年六月十日，中山县隆镇人。但他并非姓探或探眉，根据护照申请表上其父亲的姓氏，他应该是姓阮。而根据其名字的英文写法，他的名字应该是叫亚九，或阿九；按广东人的习惯，写成亚九更为接近些，因而，其全名极有可能是阮亚九。至于申请表中将其姓写成探眉，细究起来，实为其英文名字Tommy（探眉，或汤米）转译之故。可能当时中国驻澳大利亚总领事馆的职员偷懒，申请人如何说，就如何写上，也不核查；或者也有一种可能，就是其家长特意给儿子取个洋名，直接根据译名叫便可。

一九二七年十月七日，已在澳打拼长达三十五年之久的探眉九父亲阮锦（Yin Gum）[①]，为了已年满十三岁儿子的前途，想为他办理来澳留学手续，遂入纸当时驻美利滨（Melbourne）的中国驻澳大利亚总领事馆，以自己在雪梨（Sydney）参股经营的立利木铺（Lop Lee & Co.）作保，允诺每年供给足镑膏火给儿子作为在澳留学的所有费用，代其申领中国护照及来澳留学签证。而根据一九二七年十一月七日之前中国总领事魏子京为阮亚九入境签证事宜写给内务部的函件，表明已经为阮亚九签发了一份中国护照，其护照号

① 阮锦生于一八六八年，大约在一八九二年来到澳大利亚发展。见：Yin Gum, Ah Chew, Ting Chong, Ah Hoy, Low Gat, Low Gat, Jimmy Ah So, Chun Coy, Lee Sing and Dong Yee [Certificate Exempting from Dictation Test - includes left hand impression and photographs] [box 14], NAA: ST84/1, 1907/181-190。

码是451/S/27。

按照一九二六年实施的《中国留学生章程》新规，阮锦要先为其子探眉九取得在澳注册入读学校的录取函或确认信，该信应该是写给中国驻澳大利亚总领事的，表达接收该生申请入读其学校之意愿。就像当时许多其他办理子女来雪梨读书的华侨一样，他们都愿意选择唐人街附近的唐人英文书馆（Chinese School of English），因为这是一所类似于英文补习类型的学校，便于那些原先并没有多少英文基础而从中国来此留学的广东学生跟班学习。实际上，在阮锦递交护照申请时，也将当天获得的唐人英文书馆校长戴雯丽小姐（Miss Winifred Davis）写给中国总领事魏子京的录取探眉九的确认信，一并提交上去。这说明在此之前，阮锦已经就儿子入学唐人英文书馆之事，与戴雯丽校长充分沟通过。而立利木铺的大股东阮立利（Lop Lee）[①]则成为阮锦的保人，以担保他这个合伙人作为上述申请入境签证的留学生之监护人，能有效地提供上述费用。

根据十一月三十日海关给内务部的报告，可以得知阮锦的财政信息如下：他持股并参与经营的家具店位于亚历山大区（Alexandria）布达尼路（Botany Road）六十六号，商铺目前的年营业额为九千至一万镑，有雇员十二人，都是华人。可能是家具店的商铺面积比较大，立利木铺每周需交纳房租八镑。

而海关保存的出入境记录表明，阮锦是在一九一二年八月二十九日，以Yin Gome这样的英文名字离开雪梨回中国探亲，直到一九一四年三月二十五日，才返回雪梨。前述探眉九的出生日期是一九一四年六月十日，这与他回国探亲日期相吻合，可以确认探眉九即为阮锦之子。内务部在接获海关核实报告之后，确认阮锦的各项条件皆合规定，遂于一九二七年十二月十七日下文，核准了探眉九之入境签证。

---

① 立利木铺正式在鸟修威省（New South Wales）工商局登记注册的日期是一九一七年九月二十日，但注册时的原始股东里，没有阮锦的名字，可能他是此后才入股；其他股东此后陆续离开，最终只剩下他和阮立利两个股东。见鸟修威省档案馆（NSW State Archives & Records）所藏二十世纪初年该省工商局注册记录：https://records-primo.hosted.exlibrisgroup.com/permalink/f/1ebnd1l/INDEX1810372。

看来一切都很顺利，中国总领事馆也像处理其他留学生申请材料一样，在拿到澳大利亚内务部的批复之后，就立刻将钤盖签证印章的护照邮寄去中国，交予申请人，让其家人为其准备来澳行李及办理船票等事宜。可是，澳大利亚档案馆中探眉九的申请材料就到此为止，再也找不到他进一步的材料。换言之，在此之后，没有探眉九进入澳洲的任何记录。一个可能的也是合理的解释是：探眉九最终并没有前来澳洲留学。至于是什么原因导致他没有来澳，目前没有任何材料予以说明，无法探究。

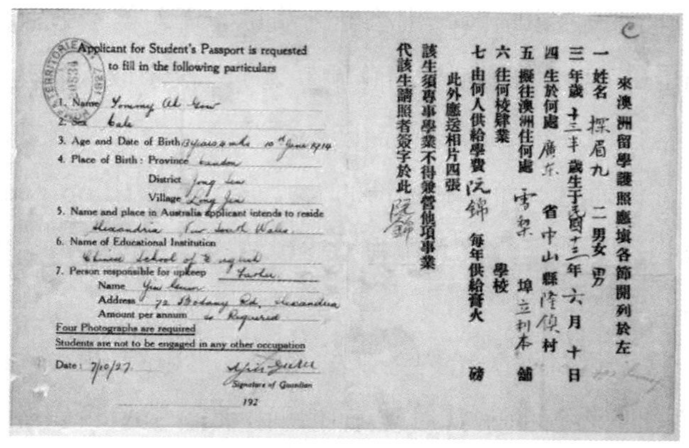

來澳洲留學護照應填各節開列於左
一 姓名 探眉九 二 男女 男
三 年歲 十三丰 歲生于民國十三年 六 月 十 日
四 生於何處 廣东 省 中山 縣 隆镇 村
五 擬往澳洲住何處 雪梨 埠 立利本 舖
六 往何校肄業 學校
七 由何人供給學費 阮錦 每年供給膏火 磅
此外應送相片四張
該生須專事學業不得兼營他項事業
代該生請照者簽字於此 阮錦

Applicant for Student's Passport is requested to fill in the following particulars
1. Name Tommy Ah Gow
2. Sex Male
3. Age and Date of Birth 13 years 10th June 1914
4. Place of Birth: Province Canton
District Jong Sen
Village Long Jin
5. Name and place in Australia applicant intends to reside
Alexandria New South Wales
6. Name of Educational Institution
Chinese School of England
7. Person responsible for upkeep Father
Name Yiu Kam
Address 72 Botany Rd, Alexandria
Amount per annum as Required
Four Photographs are required
Students are not to be engaged in any other occupation
Date: 7/10/27.
Signature of Guardian
192

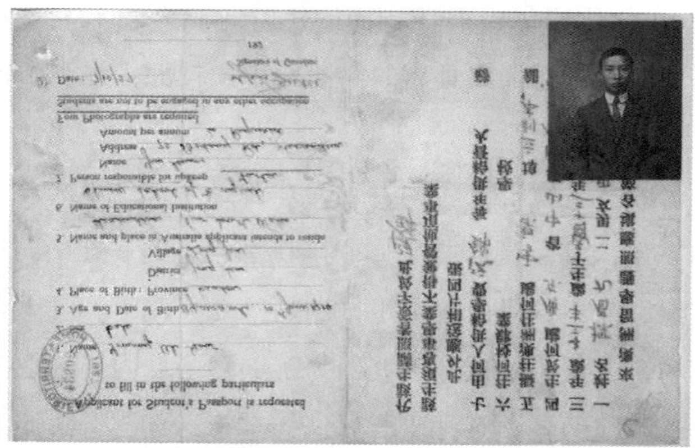

一九二七年十月七日，阮锦为其子探眉九来澳留学向中国驻澳大利亚总领事馆申请护照和签证所填写的申请表；下图是申请表背面所贴之探眉九照片。

档案出处（澳大利亚国家档案馆档案宗卷号）：

Tommy Ah GOW - Student passport, NAA: A1, 1927/20834

赵 潮

香山斗门

赵潮（Chiu Cheu），出生于一九一四年八月初十日，香山县斗门人。

赵潮的祖父赵鸿纫（Hong Ying）在其三十岁时，亦即一八九八年，离乡背井，来到澳大利亚谋生，定居于雪梨（Sydney）北部地区，充做花农，靠给人打工维生。一九三〇年三月四日，时年六十二岁的赵鸿纫，为了让当时正在香港九龙华胄学校（Hua Chou School）读书的孙子赵潮能来澳洲留学念书，特向中国驻澳大利亚总领事馆提出申请，办理赵潮的来澳留学护照和签证。他为孙子赵潮选择的学校是位于雪梨唐人街附近的华人英文学校（Chinese School of English），作保的商铺是恒泰号[①]，而他承诺提供给孙子的膏火费是每年一百镑。

① 此处只有中文恒泰号，未有相对应的英文名，因而不知它是否就是指斗门人黄良球（Wong Long Cole）与人合股在雪梨开设的恒泰记（Hang Hi Kee Co.）。此处赵潮的申请表上所填籍贯，跟黄良球给儿子黄照墉（Gew Yoong）所填一样，都是斗门，不知是指斗门镇，抑或以斗门代表该镇下属诸村。从黄良球与赵鸿纫都是斗门人，又都在雪梨这一事实看，此处所说的恒泰号有可能是恒泰记。见：Gew Yoong - students passport, NAA: A1, 1932/5361。但是，在雪梨，当时还有另一间由恒泰担任经理的恒泰号（Hong Hi & Co.），因为斗门人黄佐治（George Wong）为表弟陈熙文（He Man）申请护照和签证时，用的也是恒泰号作为财政担保人。上述两家商号都是斗门人所办，也都在雪梨。因此，此处赵鸿纫所说的恒泰号，也有可能是指后者。见：He Man - Students passport, NAA: A1, 1932/471。此外，黄美玉（Wong My Yook）在申请儿子黄怡厚（Yit Ho）赴澳留学时，其财务担保人是恒泰号经理黄兴（Wong Hing）。见：Yit Ho - Chinese student, NAA: A433 1947/2/4555。当然，上述所说的三家商铺，也有可能就是一家，只是因为股东较多，有时在表述上略有差别，在英文拼写时有些误差。而以赵鸿纫与黄兴的密切关系看，此处的恒泰号应为最后者。

当时的中国总领事馆已经从美利滨（Melbourne）搬到了雪梨，总领事是宋发祥。他接到上述申请材料后，花了约两个多月的时间对申请材料予以核实，完成了护照申请的初审。一九三〇年五月十七日，他为赵潮签发了编号为583/S/30的中国留学生护照。过了十天，宋总领事备文，将护照和相关资料送交澳大利亚内务部，为赵潮申请来澳留学入境签证。

鉴于监护人是来澳留学生之祖父，内务部无须核查其回中国探亲之出入境记录，而是仅强调要核查其是否具有财政担保能力。海关根据内务部的指示，于六月十六日报告核查之结果如下：作为花农，赵鸿纫受雇于北雪梨桧花屯大街（Waverton Avenue）上的欧德先生（Mr Old），周薪为四镑十先令，现其手头握有现金三百镑；除此之外，别无产业。其人性善，人缘极佳，但因所住之处为雇主提供，地方不是很大，一旦其孙子获准来澳留学，也许会与其同住，但其最佳住处是其祖父之朋友黄兴（Wong Hing）[①]家里，他家在北雪梨弥勒街（Miller Street）一百四十九号。内务部在对赵潮有可能寄住的家庭主人黄兴的财务状况进行调查后，认为其生意状况良好，雇佣数人工作，可以信赖，遂于七月九日批准了赵潮的入境签证申请。

看来签证申请过程很顺利。赵潮也在接到护照后就积极准备，直接从其正在读书的香港乘坐“彰德号”（Changte）轮船，于一九三〇年九月十七日抵达雪梨，与祖父住在一起。自十月七日开始，他正式注册入读华人英文学校。可能是因为在香港读的中英双语教学的学校，他已具有一定的英语底子，故能适应在澳洲的学习，校方在报告中对其表现表示满意。

不过，海关曾对赵潮的英语能力有所怀疑。原因是按照《中国留学生章程》新规，凡十四岁以上来澳留学之中国学生，须具备最基本的英语学识能力。在申请签证时，赵潮曾提供过一篇手写英文作业抄件作为其英语能力之证明，供澳方参考；待其抵达雪梨在海关入境时，海关人员也让他当场抄

① 有关黄兴的详情，见：Certificate Exempting from Dictation Test (CEDT) - Name: Wong Hing - Nationality: Chinese - Birthplace: China - departed for China per EMPIRE on 9 March 1908, returned to Townsville per EASTERN on 7 August 1909, NAA: J3136, 1907/182; 以及Wong Tsoi Student's passport, NAA: A1, 1931/5053。

写一篇小文，作为对其英语能力之检查。待其入关之后，海关人员在比对此前他所提交的手写抄件和入关时之手抄件时，认为二者差距太大，应该不是一个人所写，怀疑此前他提供之抄件作假。于是，在十月中旬安排他前往海关，再当场手抄一篇文章，准备对此再做一鉴定。赵潮奉命去了海关，也应其要求重抄了一篇文章，但最终海关仅将其归档备查，并没有对此做出结论。看来，这也是走程序而已，因为其人已到了澳洲，也已经入学读书，而且校方并没有抱怨其英文程度有碍其学业。

可是，赵潮在华人英文学校并没有待太长时间，到一九三二年初，他就和当时也在雪梨留学的斗门同乡陈熙文（He Man）一起，于一月二十日在雪梨港口搭乘“彰德号”轮船，结伴返回中国去了。他走时没有说明原因，也没有表示要重返澳洲继续学业。赵潮在澳留学不到一年半的时间，总共也就读了三个学期，但他显然已经对今后的发展有了自己的计划，从而离开祖父，回国发展，准备大展宏图了。

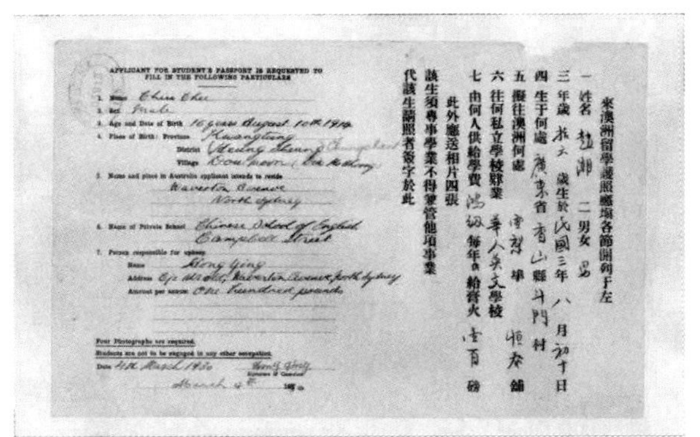

APPLICANT FOR STUDENT'S PASSPORT IS REQUESTED TO FILL IN THE FOLLOWING PARTICULARS

1. Name Chiu Cheu
2. Sex Male
3. Age and Date of Birth 16 years August 10th 1914
4. Place of Birth: Province Kwangtung
   District
   Village
5. Name and place in Australia applicant intends to reside Waverton Avenue North Sydney
6. Name of Private School Chinese School of English Campbell Street
7. Person responsible for upkeep
   Name
   Address
   Amount per annum One hundred pounds

Four Photographs are required.
Students are not to be engaged in any other occupation.
Date 4th March 1930

來澳洲留學護照應填各節開列于左
一 姓名 趙潮 二 男女 男
三 年歲 十六 歲生於民國三年八月初十日
四 生于何處 廣東省香山縣斗門村
五 擬往澳洲何處 雪梨埠
六 往何私立學校肄業 華人英文學校
七 由何人供給學費 鴻紉 每年給費 壹百 磅
此外應送相片四張
該生須專事學業不得兼管他項事業
代該生請照者簽字於此

左：一九三〇年三月四日，赵鸿纫递交给中国驻澳大利亚总领事馆以办理孙子赵潮来澳留学护照和签证的申请表；右：一九三〇年五月十七日，中国驻澳大利亚总领事宋发祥签发给赵潮的中国留学生护照。

档案出处（澳大利亚国家档案馆档案宗卷号）：

Chiu Cheu - students passport, NAA: A1, 1932/1042

梁棣溶

香山福涌村

梁棣溶（Leong Day Yong），一九一四年九月十六日出生，香山县福涌村人，是此前提到的在一九二一年前来澳洲留学的梁棣祺（Leong Day Kee）[①]的堂弟。

梁棣溶的父亲梁卓根（Leong Chock Gun，又写成James Chock Gun或James Ghock Gun）[②]与其兄梁秀根（Leong Sou Gon，亦即梁棣祺的父亲）[③]，都是在一九〇一年澳大利亚联邦成立之前到澳洲打拼，最终在昆士兰（Queensland）北部重镇汤士威炉（Townsville）定居下来，两兄弟加入族人梁天元（Leong Tin Yuen）[④]发起的生意中，与其合股开设一名为天元号（Tin Yuen & Co.）之商铺，他作为哥哥梁秀根的助手，协助经营杂货和果蔬，事业小成。

一九二三年，可能是看到侄儿梁棣祺已经来到澳洲留学，在学校里无论学业和操行都令人满意，最主要的是梁棣祺就住在天元号店铺里，课余时间也接触到如何经商，对其日后的发展将会有潜移默化之影响，因此，梁卓根

① 梁棣祺的档案，见：Leon Day Kee - Student on passport, NAA: A1, 1932/4655。

② 梁卓根生于一八七四年，在一八九七年时，来到澳大利亚发展，在昆士兰登陆入境。见：James Chock Gun (also known as James Ghock Gun) [box 100], NAA: SP42/1, C1918/2934。

③ 详见：Certificate for exemption from dictation test - Sou Gun, NAA: J2773, 2746/1913。

④ 梁天元的档案，见：Tin Yuen - of Townsville, Queensland - birthplace: Canton, China - departed Townsville, Queensland on the Changsha 16 November 1905, NAA: J2482, 1905/223。

也动了让儿子来澳洲留学的念头。这一年的八月二十日，也就是在他刚刚结束探亲从中国回来一个月之后[①]，梁卓根便填具表格，向中国驻澳大利亚总领事馆提出申请，办理其子梁棣溶之赴澳学生护照和入境签证。同样地，他以自己参与经营的天元号商铺作保，也像其兄两年前所做的一样，承诺每年供给儿子梁棣溶膏火费五十二镑。但在为儿子选择入读学校这件事情上，他并没有萧规曹随，而是把西汤士威炉公立学校（State School Townsville West）作为梁棣溶来此留学入读之首选。

但不知是什么原因，中国驻澳总领事馆在接到梁卓根的申请后，并没有很快予以处理，而是拖了很长时间。不过，检索中国总领事馆对这一年提出护照申请的其他留学生的处理情况，也都有拖延，可能跟中国总领事馆涉及与澳方修订《中国留学生章程》新规而导致所有护照申请都被延迟处理有关。无论如何，档案显示，直到梁卓根递交申请材料上去近两年之后，即到了一九二五年四月，梁棣溶的申请才得以处理，中国总领事魏子京为梁棣溶签发了编号为423/S/25的中国留学生护照，并且也在这一年的四月二日获得了澳大利亚内务部给梁棣溶核发的赴澳留学入境签证。在获得入境签证的当天，按照流程，中国总领事馆将护照寄往中国梁棣溶的家中。

然而，梁棣溶的留学档案到此为止，在澳洲的档案记录中再也没有他进一步的信息。就是说，不知道梁棣溶此后是否已经准备好来澳留学，或者是用其他的名字业已入境读书，也不知道最终他的去向。

然而，当检索其父梁卓根同一时期的出入境记录时，可以看到，就在儿子的留学签证批复四个多月之后，他便申请到了回头纸，在一九二五年八月二十五日从汤士威炉搭乘“丫剌夫剌号”（Arafura）轮船驶往香港，回国探亲，直到一九二八年三月二十日，方才乘坐“天咑号”（Tanda）轮船，返回

---

① Certificate Exempting from Dictation Test (CEDT) - Name: James Chock Gun - Nationality: Chinese - Birthplace: Canton China - departed for Hong Kong per TAIYUAN 14 November 1922 returned Townsville per VICTORIA 21 July 1923, NAA: J2483, 344/073。

汤士威炉。①由此可以推测的是，梁卓根很可能原本就有计划回国探亲，待儿子签证下来后，便想利用这个机会，在结束探亲返澳时将儿子一并带来澳洲留学；然而，事与愿违，儿子并不愿意赴澳留学，或者是其妻不愿意儿子远行，或者还有其他的原因，结果他只能独自回澳。一九二九年初，梁卓根再次回国探亲，一年后返回。②间隔如此短的时间再回国探亲，很有可能他仍然想再争取一下，把儿子梁棣溶带来澳洲留学，但结果还是他独自一人返回。此后他再没有提出儿子来澳留学之事，显然，他已经彻底放弃了。

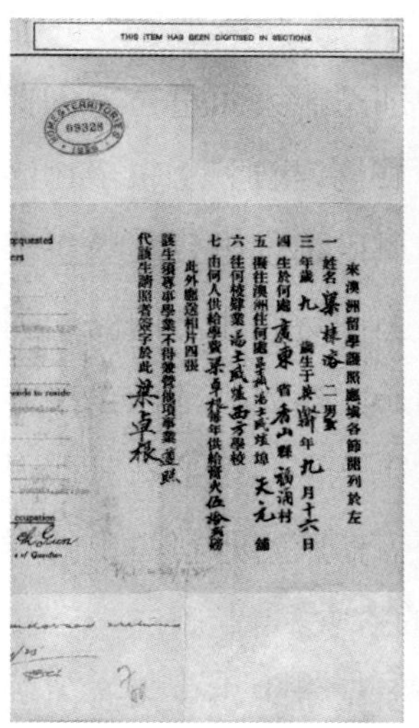

THIS ITEM HAS BEEN DIGITISED IN SECTIONS

來澳洲留學護照應填各節開列於左
一　姓名　梁棣溶　二　男女
三　年歲　九　歲生于民國　年九月十六日
四　生於何處　廣東　省香山縣福涌村
五　擬往澳洲住何處　昆士蘭湯士威埠　天元　舖
六　往何校肄業　湯士威埠西方學校
七　由何人供給學費　梁卓根　每年供給膏火伍拾鎊
此外應送相片四張
該生須專事學業不得兼營他項事業遵願
代該生請照者簽字於此　梁卓根

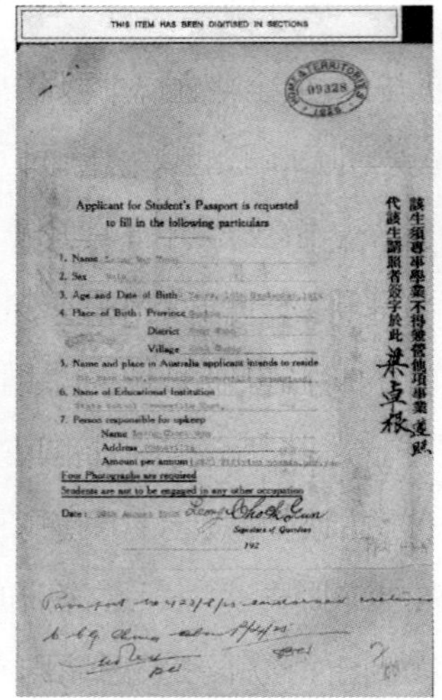

THIS ITEM HAS BEEN DIGITISED IN SECTIONS

Applicant for Student's Passport is requested to fill in the following particulars

1. Name
2. Sex
3. Age and Date of Birth
4. Place of Birth: Province
District
Village
5. Name and place in Australia applicant intends to reside
6. Name of Educational Institution
7. Person responsible for upkeep:
Name
Address
Amount per annum
Four Photographs are required
Students are not to be engaged in any other occupation
Date:
Signature of Guardian

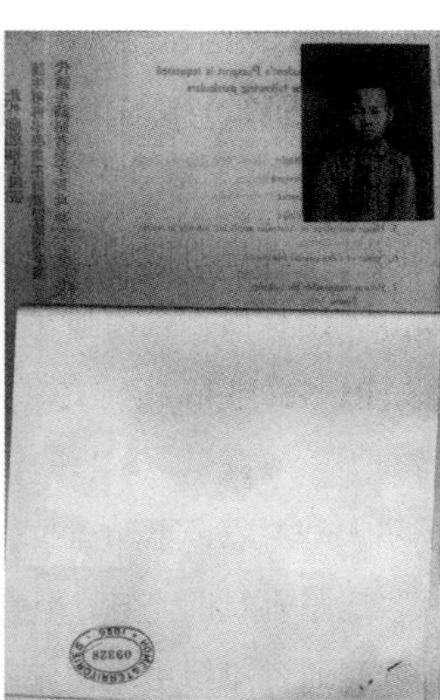

一九二三年八月二十日，梁卓根向中国驻澳大利亚总领事馆申请其子梁棣溶来澳留学护照和签证所填写的申请表。左为申请表的中文部分，中为英文部分，右为申请表背面所贴之梁棣溶照片。

档案出处（澳大利亚国家档案馆档案宗卷号）：

Yong, Leong Day - Student's passport, NAA: A1, 1925/9328

---

① Certificate Exempting from Dictation Test (CEDT) - Name: James Chock Gun - Nationality: Chinese - Birthplace: Canton China - departed for China per ARAFURA 25 August 1925 returned Townsville per TANDA 20 March 1928, NAA: J2483, 390/52。

② Certificate Exempting from Dictation Test (CEDT) - Name: James Chock Gun - Nationality: Chinese - Birthplace: Canton - departed for China per TANDA 18 January 1929 returned Townsville per TAIPING 5 December 1930, NAA: J2483, 458/1。

余文鼎

中山叠石村

余文鼎（Yee Man Ting），一九一五年正月出生，中山县叠石村人。因家境优渥，少小便在石岐镇读书；及至一九二九年下半年开始，更进入设在石岐镇上的中山圣这士英文学校（St. James Grammar School）。在念中学课程的同时，也专心读英语，经两年时间的学习，颇有心得。为进一步提高英语能力，他决定赴澳留学，目的地是鸟修威省（New South Wales）的首府雪梨（Sydney）。

与中山县当时绝大部分赴澳留学的青少年都是由父兄辈资助并代为申领其赴澳留学证件不同的是，余文鼎是通过朋友关系申请赴澳留学事宜，并由其充任监护人和财政担保人。而他的这位朋友，便是位于雪梨的安益利公司（Onyik Lee & Co.）[①]的主要股东欧阳南。

一九三二年三月三日，欧阳南以监护人身份具结财政担保书，填表递

① 安益利公司由来自广东省香山县的华商李益徽（William Robert George Lee）等于十九世纪末在雪梨开创，后由其子李元信（William Yuison Lee）继承并成为大股东，于一九一三年二月十八日在鸟修威省工商局正式注册，详见鸟修威省档案馆（NSW State Archives & Records）保存的二十世纪初该省工商企业注册记录：https://search.records.nsw.gov.au/permalink/f/1ebnd1l/INDEX1817337。但到一九二二年该公司重组，李元信退出，由欧阳南等人接管成为股东，并在当年七月十日在鸟修威省工商局正式注册，显示其董事会的变更，详见：https://search.records.nsw.gov.au/permalink/f/1ebnd1l/INDEX1817338。欧阳南（David Young Narme），中山人，生于一八九〇年，但在十九世纪末年便来到澳大利亚发展，二十世纪二十年代便在雪梨华社中极为活跃，是当地著名华商。澳大利亚国家档案馆中有关欧阳南的宗卷，见：David O'Young Narme [Chinese - arrived Sydney per SS EASTERN, 1899. Box 36], NAA: SP11/2, CHINESE/NARME D O。

交到中国驻澳大利亚总领事馆，申领余文鼎的赴澳留学护照和签证。他以自己作为大股东的安益利公司作保，允诺每年可以供给膏火一百镑，作为余文鼎来澳留学期间所需的学费、生活费、医疗保险费和其他各项开支之用。至于余文鼎来到雪梨所要入读的学校，他属意位于华埠附近的未士弟未士学校（Chinese School of English），并从该校校长戴雯丽小姐（Miss Winifred Davies）那里为余文鼎拿到了录取信。鉴于此时余文鼎已经十七岁，按照《中国留学生章程》规定，必须提供具备初步英语学识能力的证明。早在年初，欧阳南就让他提供了一份手写的英文作业抄件，同时也由中山圣这士英文学校校长出具了一封证明信，此时也已经寄到。于是，便将其随上述申请材料一并提交。

中国驻澳大利亚总领事馆接到申请后，检索后见材料齐全，很快便审理完毕。三月七日，总领事陈维屏备文附上这些申请材料，寄送内务部秘书，为余文鼎申请赴澳留学签证。通常情况下，内务部秘书会按照流程，交由海关核查监护人的财政状况以及与签证申请者之间的关系，但这次接到申请后，因监护人已经表明与签证申请者之间只是朋友关系，自然无须再质疑他们之间的关系；而对欧阳南的财政状况也没有去核查，这是因为欧阳南在雪梨华社名气大，财力雄厚，最主要原因是他与当地海关很熟悉，甚至内务部在处理很多华人事务时也经常借助他的协调。因此，内务部秘书免去了所有这些核查环节。仅仅一个星期后，他便批复了上述申请。陈维屏总领事得到批复通知，于次日为余文鼎签发了号码为43140的中国护照，并立即送交内务部秘书，后者在三月二十二日钤盖入境签证章于该护照上。随后，中国总领事馆便按照流程，将该护照寄往欧阳南指定的香港金山庄，由其转交该护照并负责安排余文鼎的赴澳行程。

在家乡的余文鼎接到获签通知，很快便结束了当年上学期在中山圣这士英文学校的课程。到放暑假时，他便赶赴香港，搭乘已经订妥船票的“彰德号”（Changte）轮船，于九月十一日抵达雪梨。在入关时，移民局官员当场对他进行英语测试，发现他口语有一定基础，书写也很熟练，完全具备初步的英语能力，因而很顺利获准入境，并当场为其签发十二个月的留学签证。

来海关接余文鼎的人，是他的两位亲戚，一位是余文厚（Yee Man How），另一位是Yee Mun Chew（余文钊，译音），都是安益利公司的职员。在澳大利亚国家档案馆里找不到他们的宗卷，只有两个出入境记录，显示他们是一九二四年之后安益利公司从海外聘请的员工。[①]从他们二人以及余文鼎姓名的英文拼写比较相近来看，他们是兄弟（或者是同一个祖父的堂兄弟）的可能性极大。由此亦可以推测，何以欧阳南可以出面担任余文鼎赴澳留学的监护人和财政担保人，显然是那两位余氏兄弟作为雇员，不具有澳大利亚永久居民或者澳籍公民身份，无法出来承担上述职责，只能依赖于所任职的安益利公司大股东。当然，欧阳南愿意这样做，也表明他与余氏兄弟的关系非同一般。

余文鼎在华埠探眉士街（Thomas Street）二百一十三号安益利公司的宿舍安顿下来后，因接下来的日子正好是本学年第二学期结束后的假期，他只好在第三学期开学时，才于十月四日正式注册入读未士弟未士学校。可能是此前在中山圣这士英文学校打下的基础，他很快就适应了这里的学习环境，学业令人满意，波澜不惊地读了两年书。

就在刚刚拿到下一个年度展签后没有几天，不知何故，十九岁的余文鼎突然在一九三四年十月十三日去到雪梨港口，登上驶往香港的“丹打号”（Tanda）轮船，返回中国。

余文鼎的留学档案到此结束。但此后还有一份澳大利亚出入境记录表明，一九三五年六月二十日，余文鼎还是乘坐上次回国时的同一艘轮船返回雪梨。一九三七年八月二十日，从雪梨港口乘坐“蒙特雷号”（Monterey）

① 见：Yee Man How [also known as Yee Man Ho and Yee Mun Ho] and wife Lucy Yee Man How [includes 1 photograph of each showing front view; Certificates of Exemption for both subject and Chinese Passport] [application by Onyik Lee and Company for admission of Yee Mun Chew [also known as Yee Mun Cheu] and Yee Tack Yam, into the Commonwealth] [box 318], NAA: SP42/1, C1936/719。上述档案显示，余氏兄弟是在一九二四年经安益利公司申请前来工作的职员，而且余文厚还准允携带太太一起前来。

离开了澳洲。[①]

“蒙特雷号”轮船是一九三二年方才下水的新型豪华游轮，是属于美国美森航运公司（Matson Lines）在美注册的船只[②]，并非运行于澳大利亚与东亚间的航线，而是运行于澳大利亚与夏威夷及美国的西海岸之间。如此，余文鼎显然是直接前往美国。从此后再未见到他入境澳大利亚的任何信息来看，很可能在离开雪梨前，他便已经从美国驻澳领事馆获得了入境签证。他也许是去往美国进一步念大学，或者有亲戚接应，去到那里发展，毕竟中山籍在美华人数量不少，机会也多，他或许在那里有所建树。

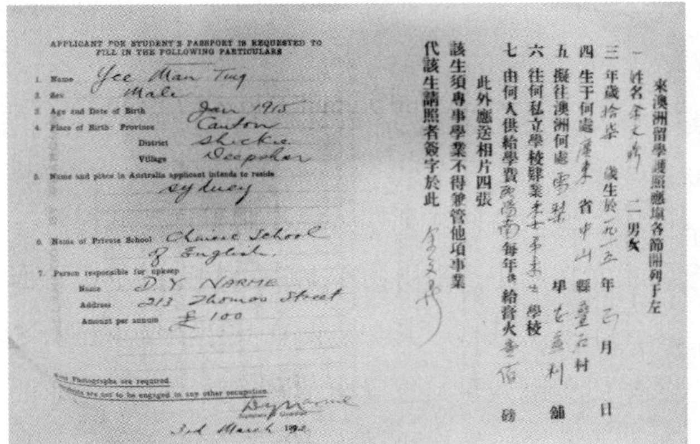

APPLICANT FOR STUDENT'S PASSPORT IS REQUESTED TO FILL IN THE FOLLOWING PARTICULARS

1. Name Yee Man Ting
2. Sex Male
3. Age and Date of Birth Jan 1915
4. Place of Birth: Province Canton
District Shekki
Village Deepokar
5. Name and place in Australia applicant intends to reside Sydney
6. Name of Private School Chinese School of English.
7. Person responsible for upkeep
Name D. Y. NARME
Address 213 Thomas Street
Amount per annum £100

Photographs are required.
Students are not to be engaged in any other occupation.

D Y Narme
3rd March 1932

來澳洲留學護照應填各節開列于左

一 姓名余文鼎 二 男女
三 年歲拾柒 歲生於一九一五年正月 日
四 生于何處廣東 省中山 縣疍石村
五 擬往澳洲何處雪梨 埠 利舖
六 往何私立學校肄業中西英文 學校
七 由何人供給學費歐陽南每年供給膏火壹佰 磅
此外應送相片四張
該生須專事學業不得兼管他項事業
代該生請照者簽字於此 余文鼎

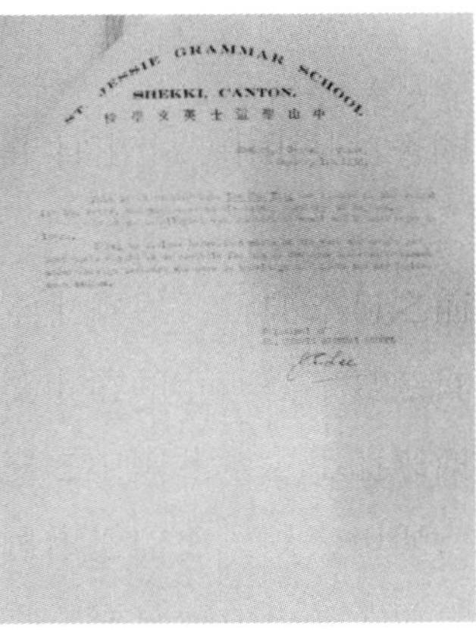

ST. JESSIE GRAMMAR SCHOOL
SHEKKI, CANTON.
中山聖這士英文學校

左：一九三二年三月三日，欧阳南填表向中国驻澳大利亚总领事馆申领朋友余文鼎的赴澳留学护照和签证；右：一九三二年一月一日，中山圣这士英文学校校长给余文鼎出具的证明信。

① 见：Man Ting Yee [also known as Yee Man Ting] [includes Certificates of Exemption and left and right thumb prints] [arrived ex TANDA in Sydney on the 20 June 1935] [departed ex MONTEREY from Sydney on 20 August 1937] [correspondence on application for permission to enter the Commonwealth] [box 346], NAA: SP42/1, C1937/4587。

② 详见：“T/S Monterey”，http://www.faktaomfartyg.se/monterey_1932.htm (Retrieved[访问日期]: 2020-07-25)。

一九三二年三月十五日，中国驻澳大利亚总领事陈维屏给余文鼎签发的中国护照及三月二十二日内务部在护照内页上钤盖的入境签证印章。

档案出处（澳大利亚国家档案馆档案宗卷号）：

Yee Man TING - Student passport, NAA: A1, 1934/1165

林 连

中山石岐

林连（Lum Len），生于一九一五年二月十日，中山县石岐人。

他的父亲林渭滨（Lum Way Bun），早在一八九七年便远赴澳大利亚发展，进入鸟修威省（New South Wales），最终在雪梨（Sydney）立足。[①]他跟一些与其抵澳时间差不多的中山人在一起合伙做生意，最终加入当地最负盛名之商号之一安益利号（Onyik Lee & Co.）[②]，并在一九二二年七月十日与邑人欧阳南（David O' Young Narme）[③]和林祥（Charles Chung或Lum Chung）[④]正式注册承顶该商行，成为注册股东[⑤]，使其继续成为雪梨华埠著名商行。

---

① Way Bun [also known as Woy Bun] [includes 8 photographs showing front and side views and left and right thumb prints] [Issue of CEDT in favour of subject] [box 253], NAA: SP42/1, C1930/5237。

② 安益利号早在十九世纪八十年代便已在雪梨华埠颇具盛名，由香山县籍商人李辅所创办。见："华商寿终"，载雪梨《广益华报》（*The Chinese Australian Herald*）一九一一年四月八日，第四版。而根据鸟修威省档案馆（NSW State Archives & Records）所藏有关该省工商局二十世纪初工商企业注册记录，安益利号于一九一三年二月十八日由在澳出生的李辅之孙李元信（William Lee Yuison）重新正式注册，注册时登记的股东仅有李元信。见：https://search.records.nsw.gov.au/permalink/f/1ebnd1l/INDEX1817337。

③ 欧阳南，香山县人，一八九九年抵达澳大利亚雪梨发展。见：David O' Young Narme [Chinese - arrived Sydney per SS EASTERN, 1899. Box 36], NAA: SP11/2, CHINESE/NARME D O。

④ 林祥，香山县新村人，一八八一年赴澳发展，在雪梨拥有自己的菜园。见：CHUNG LUM [correspondence of the Collector of Customs relating to immigration restrictions] [8 pages] [box 3], NAA: SP42/1, C1903/3348。

⑤ 见鸟修威省档案馆所藏有关该省工商局二十世纪初工商企业注册记录：https://search.records.nsw.gov.au/permalink/f/1ebnd1l/INDEX1817338。但事实上，承顶时的股东共五人，同样是中山人的林泗流和董直也加入进来成为股东。见："生意声明"，载雪梨《民国报》（*Chinese Republic News*），一九二二年七月八日，第六版。

当儿子林连即将十三岁时，林渭滨想将其办理来雪梨留学。一九二七年十一月三十日，他以监护人的名义出具财政担保书，承诺以安益利号股东的身份，每年供给膏火一百镑，作为儿子来澳留学所需之学费和生活费及其他相关开销，具表递交到位于美利滨（Melbourne）的中国驻澳大利亚总领事馆，请领儿子林连赴澳留学所需之护照和签证。因当时规定中国留学生必须进入当地收费之私立学校就读，他便与开设在靠近中国城的钦文威炉街（Commonwealth Street）上的中西学校（Chinese School of English）校长戴雯丽小姐（Miss Winifred Davies）联络，获得后者于十一月一日开具的接受林连入读的录取信，一并交给中国总领事馆。

中国总领事馆接到上述申请后，审理有些滞后，拖延了近半年的时间。直到一九二八年五月十四日，总领事魏子京才给林连签发了一份中国学生护照，号码是504/S/28。当天，魏子京总领事便修书备函，连同上述申请材料及护照，一起寄往澳大利亚内务部，为林连申请留学签证。

内务部的审理很迅捷，海关在一个多星期后便提交了与林渭滨相关的调查核实报告。根据他们的了解，林渭滨作为安益利号股东的身份属实，他所占股份价值为二百镑，同时他也作为商行店铺的管理人，每周支薪四镑十先令，年底还有分红，有相当的财务实力；而且，他为人谦和，口碑甚佳。经商有道，热心公益。根据海关出入境记录，林渭滨于一九一四年四月七日从雪梨搭乘“奄派号”（Empire）轮船回国探亲，到次年九月十八日乘坐德国邮船公司的“普连时和地马号”（Aldenham）返回雪梨。在其回澳之前，其子林连已经出生，他们间的父子关系毋庸置疑。所有这些调查结果都表明，林渭滨完全符合监护人和财政担保人的条件，何况他还找了欧阳南为其保人，因后者不仅是安益利号的大股东，也是安益利号与官方打交道最主要的代言人，无论是海关还是内务部对他都很熟悉，也了解他个人的财务实力雄厚，等于给林连来澳留学在各项开销方面打下了双保险。至于林连本人，因刚刚满十三岁，按照一九二六年中实施的《中国留学生章程》新规，十四岁以下赴澳留学的中国学生无须提供具备初步英语学识能力的证明，他也符合这个条件。于是，内务部秘书于六月二十五日批复了上述申请，在递交上来的林连护照上钤盖了入境签证印章。

就在内务部将上述护照退还给中国总领事馆，让其寄给在中国的林连时，林渭滨突然意识到犯了一个错误，即贴在护照上的林连照片实际上并非他本人，而是他哥哥的照片。这是林渭滨在准备申请材料时，由其侄儿帮忙，后者选错了照片，而林渭滨本人也没有仔细检查，现在回想起来才发现这个错误。于是，他紧急联络中国总领事馆，正好此时钤盖了签证印章的护照刚刚送返回来，尚未寄出。于是，魏子京总领事在拿到林渭滨重新寄来的林连新照片之后，于七月十三日致函内务部秘书，将事情原委告知，并附上新护照，号码不变，请其在上面重新钤盖签证印章。十一天后，内务部秘书在把遵嘱所办之事完成后，将护照寄回，并告诫说，签证持有者须在一九二九二月十日之前入境澳洲。

因香港的金山庄将相关的船期及旅途监护人等事宜安排得当，早就准备好赴澳留学的林连并没有等待多久，就得以成行。他在年底去到香港，搭乘"彰德号"（Changte）轮船，于一九二八年的最后一天抵达雪梨口岸，顺利入境。林渭滨在欧阳南的陪同下去到海关，将儿子接出来，住进了安益利号在华埠贪麻时街（Thomas Street）二百一十三号的店铺里。

此时因澳大利亚的学校都在放暑假，林连便利用这个机会先熟悉周边环境。待一九二九年一月底新学年开始后，他便正式注册入读中西学校。住处距离学校不远，每天走路上学很方便，他按时上课，在校表现良好，学业也都令人满意，校长戴雯丽小姐总是给予好评。由是，他在这里一直读到年底学期结束。

从一九三〇年新学年开始，十五岁的林连转学进入位于达令赫斯特区（Darlinghurst）的圣母昆仲会学校（Marist Brothers' School）就读。转学的原因是，中西学校虽然也提供中小学课程，但基本上属于补习班性质，教学质量不是很高，在学界也没有多少名气；而圣母昆仲会学校由天主教会主办，名声好，教学质量有保证，这对林连有极大的吸引力，因而想要进入正规有名的学校读书。但他只在这里读了半年，就转去同样是天主教会主办的开设在威福里区（Waverley）的基督兄弟会书院（Christian Brothers' College）上学。他在这里表现良好，院长认为他是一位非常优秀的学生，各个方面都追求完美，总是想方设法地弥补其英语不够好的短板。他就以这样的学习态度在这里读了两年半，直到一九三二年底学期结束。

一九三三年新学年开始后，林连从基督兄弟会书院退学，转学到位于雪梨城里的都市商学院（Metropolitan Business College），选修商业课程。但他只是在这里读了一个学期，到五月初考试完毕就终止上课，跟学院解释说准备回国。[①]事实上，这个时候，他的父亲林渭滨已经去了香港，就任香港永益利金山庄副司理[②]，事业已经转到了这个自由港。林连自然也想在商业上有所发展。而在父亲离开澳洲后，就由安益利号主要股东即负责人欧阳南代理监护人职责，他也希望这个世侄能在商业方面有所出息，便在雪梨尽可能地为其发展提供机会。

但此时的林连之所以退学，是因为还有另外一个机会在等待着他。当时在雪梨出版的一份名为《民报》的中文报纸是从美利滨迁来，重新注册出版发行，欧阳南是其中的主要股东之一，对其人事有极大的决策权。这一年，该报的一位排字工十月份签证到期，届时就必须按规定离境回国，留下一个空缺。报纸每周六定期出版，缺少工人就会影响出版，一旦出现空缺，必须早做准备，到时可以有人顶上去。为此，欧阳南决定让林连去填补上述空位。他将此事告知已经从美利滨迁址到雪梨的中国驻澳大利亚总领事馆，获得支持，并负责代为申请。五月十日，中国驻澳大利亚总领事陈维屏致函内务部秘书，申请将林连的学生签证转为工作签证。他在申请函中表示，鉴于现有的排字工离境在即，林连需要尽早进入报社，在上述老排字工的指导下，希望能在三个月左右的时间里熟悉操作程序，故希望内务部尽早批复。

① 林连的留学档案事实上是到此突然终止，但他仍然待在澳大利亚，主要是进入报社工作，其此后的相关信息都记录在另外一份与《民报》（*The Chinese Times*）职员相关的档案宗卷里。见：Chinese Times [1.5cm], NAA: A433, 1950/2/6890。

② “香港永益利金山庄特别广告”，载雪梨《民国报》一九三五年四月二十七日，第七版。永益利金山庄的总司理余钧和是中山县石岐人，跟安益利号诸位股东相熟。一九二五年四月，他前来澳大利亚考察商务（“华商来游澳洲”，《民国报》一九二五年五月二日，第六版），与安益利号建立了联号关系（“香港永益利金山庄迁铺启事”，载雪梨《东华报》［*The Tung Wah Times*］一九二六年一月二日，第六版）。

因所述理由充分，内务部部长于五月三十一日批准了这一申请，先准其充任排字工助理，有效期一年。由此，十八岁的林连转换了身份。

在随后的三年里，林连每年都申请展签，每次也都顺利获批，后来也被正式升任为排字工。可是就在一九三七年初刚刚拿到下一个年度的展签不久，林连却突然要去纽西兰（New Zealand）。至于什么原因让他如此急匆匆地前往该地，档案文件中未有片语提及。因事起仓促，中国驻澳大利亚总领事保君建于四月一日紧急致函内务部秘书，根据《民报》股东的意见，将也是从中山县前来雪梨留学的张岳彪（Jong Ngock Bew）[①]从留学生身份转为商务替工身份，以替代林连留下来的空缺，内务部于五月五日予以批复。

而林连则等不及内务部的批复，在张岳彪未等到批复之前便进入报社接受其短期密集培训而熟悉排字程序，完成了交接任务之后，他就于四月三十日在雪梨港口登上"蒙特雷号"（Monterey）轮船，驶往纽西兰的屋仑埠（Auckland），结束了他的在澳八年半的留学生涯。[②]当然，在这期间，他有将近一半的时间是在报社工作。此后，再未见到他重返澳洲的入境记录。

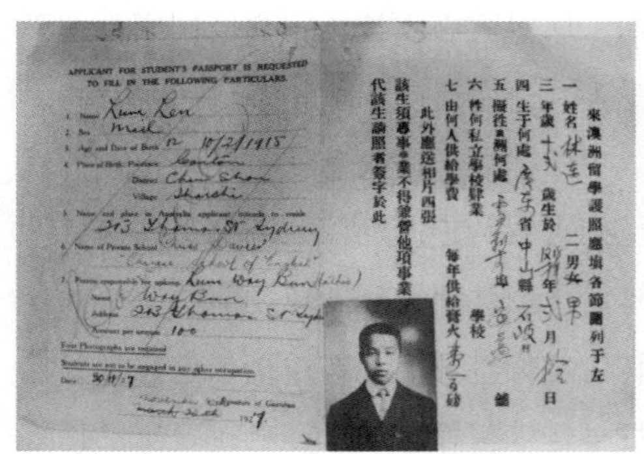

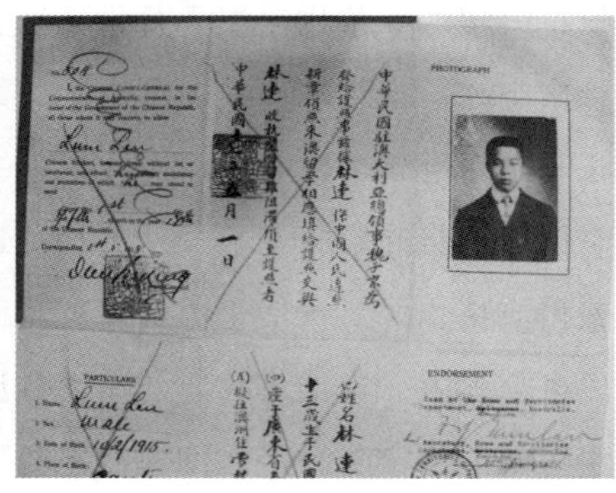

左：一九二七年十一月三十日，林渭滨以监护人的名义填表，向中国驻澳大利亚总领事馆申领儿子林连的赴澳留学护照；右：一九二八年五月十四日，总领事魏子京给林连签发的中国学生护照。在拿到签证后，林渭滨发现护照上的相片并非儿子林连的，需要更换，总领事魏子京便将上述护照注销。

① 张岳彪的留学档案宗卷，见：Jong Ngock Bew - Student Passport, NAA: A1, 1937/114。

② Lum Len [also known as Lum Lin] [includes Certificates of Exemption and left and right thumb prints] [correspondence regarding exemption status] [arrived ex CHANGTE in Sydney on 31 December 1928] [box 343], NAA: SP42/1, C1937/3462。

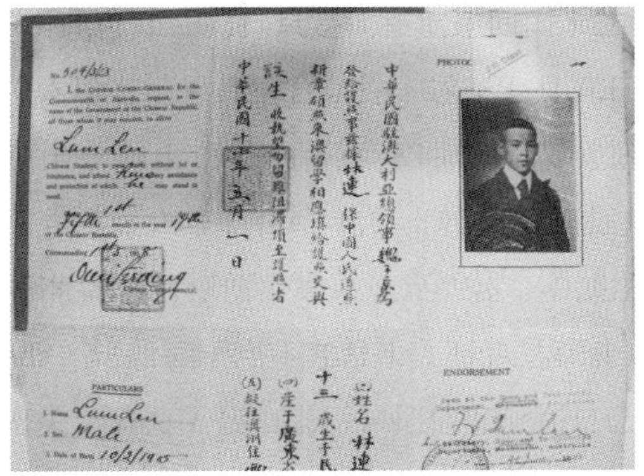

中華民國駐澳大利亞總領事魏子京

為發給護照事茲有林連係中國人民遵照

新章領照來澳留學相應填給護照交與

該生收執望即驗照放行隨時保護是荷

中華民國十七年五月一日

Lum Len

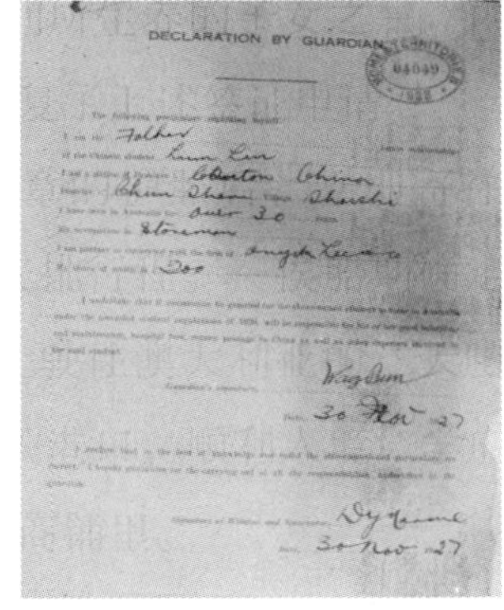

DECLARATION BY GUARDIAN

左：一九二八年五月，中国驻澳大利亚总领事魏子京给林连重新签发的护照，号码保持不变，但他把签发日期做了修改，提前到五月一日；右：一九二七年十一月三十日，林渭滨以监护人的名义出具财政担保书，办理儿子林连前来雪梨留学读书。

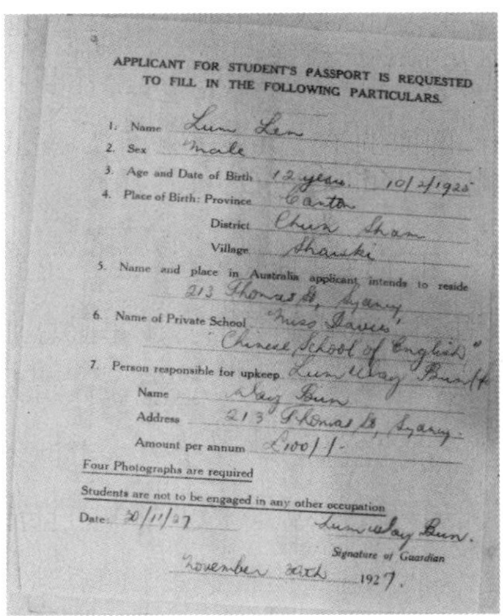

APPLICANT FOR STUDENT'S PASSPORT IS REQUESTED TO FILL IN THE FOLLOWING PARTICULARS.

1. Name Lum Len
2. Sex Male
3. Age and Date of Birth 12 years 10/2/1925
4. Place of Birth: Province Canton
   District Chun Shan
   Village Shaski
5. Name and place in Australia applicant intends to reside 213 Thomas St, Sydney
6. Name of Private School Miss Davies' "Chinese School of English"
7. Person responsible for upkeep. Lum Way Bun (father)
   Name Way Bun
   Address 213 Thomas St, Sydney
   Amount per annum £100/-/-

Four Photographs are required

Students are not to be engaged in any other occupation

Date: 30/11/27 Lum Way Bun.

Signature of Guardian

November 30th 1927.

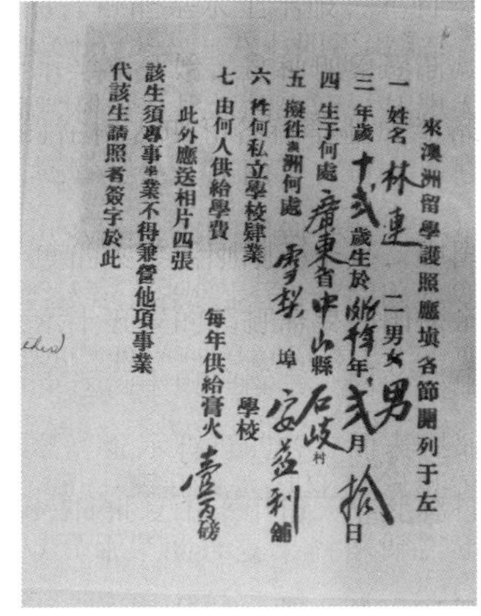

來澳洲留學護照應填各節開列于左

一 姓名 林連 二 男女 男

三 年歲 十弍 歲生於[illegible]年弍月拾日

四 生于何處 廣東省中山縣石岐村

五 擬往澳洲何處 雪梨 埠

六 往何私立學校肄業 安益利舖 學校

七 由何人供給學費 每年供給膏火 壹百磅

此外應送相片四張

該生須專事學業不得兼營他項事業

代該生請照者簽字於此

为配合因失误贴错照片而重新签发林连的留学护照，林渭滨将申请表重新填了一遍，但填表日期仍然保持不变，即一九二七年十一月三十日。

档案出处（澳大利亚国家档案馆档案宗卷号）：

Lum Len - Student's Passport, NAA: A1, 1936/1199

阮英文

香山隆都

阮英文（Yingman Gum Yuen），生于一九一五年二月十日，香山县隆都人。他的父亲阮金元（Gum Yuen），在十九世纪末跟随乡人的步伐去到澳大利亚发展。[①]但与众多同邑乡亲大都是去往昆士兰省（Queensland）和鸟修威省（New South Wales）不同的是，他是去到濒临印度洋的西澳洲（Western Australia），在该省首府巴埠（Perth）以木匠手艺立足，最终定居下来，获得永久居留资格。他在此与人合股，租赁鸟加时街（Newcastle Street）二百三十五至二百三十七号的物业，开设荣记木业（J W Wing Ltd.），他占股最大，也是家具店的司理。

阮金元是在巴埠结的婚，时在一九〇九年六月十五日，妻子为在澳出生第二代华裔，是时年约十九岁的May Sam（美珊，译音）。在次年底（十一月二十七日）生下长子瑞文（Raymond Gum Yuen）[②]后，阮金元曾在

① 因难以查找到阮金元的档案宗卷，无法得知其确切抵澳年份。但根据澳大利亚华文报纸报道，一九〇三年初美利滨（Melbourne）华人发起的全澳华人捐赈广东饥荒的善者名单中，就有阮金元之名，显见他应该是在此前便已在澳定居下来，有了收入，方才有余粮捐出。根据当时粤人赴澳发展的情况来看，从抵达澳洲而在某地停留下来，到立足下来有了一点收入，通常都需要三至五年甚至更长的时间。据此，本文推测其抵澳是在十九世纪末。而他本人在本宗卷中于一九二八年底的自我声明，也称已经居澳三十年，亦即抵澳年份在一八九八年前后，与上述推测相吻合。见："大金山捐赈芳名列"，载美利滨《民报》（*The Chinese Times*）一九〇三年三月十八日，第二版。而根据西澳洲西文报纸的报道，一九四三年阮金元去世时，享年六十九岁。推算起来，他应该是一八七四年出生。见："Personal", in *West Australian,* Tuesday 18 May 1943, page 2。

② 阮瑞文的档案宗卷，详见：Raymond George Gum Yuen [includes left and right thumb prints and birth certificate pertaining to subject] [box 166], NAA: SP42/1, C1924/8906。

一九一一年带着妻儿回乡探亲。[①]随后，他将妻儿留在家乡，自己先返回澳洲经营生意，赡养家庭；待三年后再回去探亲[②]，次子阮英文便是第二年在国内出生。夫妇将两个孩子留在家乡由其祖父母代管抚养之后，便返回巴埠。当一九二二年初美珊再生下一个儿子后，当年下半年便又带着这个婴儿回国探亲，目的是待回澳时也顺便将留在国内的两个儿子一起带回来。

可是，到一九二三年初，美珊准备返澳时，突然发现，次子阮英文是在中国出生，如果要来到澳大利亚的话还需要获得内务部的批准，核发入境签证。于是，一月三十一日，阮金元致函内务部秘书，为儿子阮英文申请入境签证。虽然西澳洲司法厅出具证明，确认阮英文是阮金元之子，也表明阮金元所参与经营的荣记木业在巴埠有一定规模，颇具声望，其人也具知名度，但内务部部长仍然于三月二十三日否决了此项申请。内务部的这个拒签决定自然让阮金元很沮丧，但也无可奈何，只好叮嘱妻子携带其在澳出生的婴儿与另两个儿子先在家乡等待，再行设法回澳。

就在此时，阮金元经人提醒，自一九二一年澳大利亚实施《中国留学生章程》，准允居澳华人申请在乡子弟前来澳大利亚留学，迄今已经有二百多人获准签证来到澳大利亚各地留学，他完全可以走这条路，将刚刚八岁的次子申请赴澳。对此建议，阮金元深以为然。

于是，一九二三年五月四日，阮金元以监护人的名义填妥申请表，递交给位于美利滨（Melbourne）的中国驻澳大利亚总领事馆，为儿子阮英文申领赴澳留学护照和签证。他以自己经营的荣记木业作保，允诺由他本人每年供给足镑膏火，作为儿子来澳后各项开支所需，要将儿子办到巴埠的占时街巴学校（James Street School）念书。中国驻澳大利亚总领事馆的办事效率很高，收到上述申请后，马上便审理完毕。五月十五日，总领事魏子京便给阮英文这位小留学生签发了中国学生护照，号码258/S/23。与此同时，澳大利亚内务部的批复也很快，第二天就在上述护照上钤盖了入境签证章。[③]随后，

① Gum Yuen [Chinese], NAA: K1145, 1911/80。
② Gum Yuen [Chinese], NAA: K1145, 1914/82。
③ Yingman Gum Yuen [Passport], NAA: A2998, 1951/2430。

中国总领事馆便根据阮金元的要求，将上述护照直接寄到他在巴埠的木铺地址，因为他要回国直接将妻儿都带回来澳洲。[1]

过了一年左右，阮金元也即将结束其在中国的探亲，随即通过香港的金山庄订妥赴澳船票。而后者也顺势找到了几位准备赴澳念书的小留学生与阮英文做伴同行，当然也顺便请他这位熟悉情况的华商作为这批小留学生旅途中的监护人。待诸事妥当，阮金元和妻子一起，将十三岁的长子阮瑞文和九岁的次子阮英文以及两岁的小儿子带到香港，在此与同邑的陈林（Chun Lum）[2]、新会县的钟石仁（Jung Shek Yun）[3]和台山县的伍亚称（Ng Ah Chan）[4]这三个小留学生会合，搭乘中澳船行经营运行的“获多利号”（Victoria）轮船，于一九二四年六月二十四日抵达雪梨（Sydney）。[5]

然而，在入境检疫时，这三个小留学生和阮英文都被发现在航海途中罹患疥癣，必须就地隔离治疗痊愈后才能正式入境。为此，阮金元夫妇只好先带着长子和小儿子回去西澳洲，因为他们都是在澳大利亚出生的，都持有澳洲出生证；而留下次子在此接受隔离治疗，托当地亲友代为照看。最终，经过在雪梨两个来月的隔离治疗，基本上痊愈。于是，经代表阮金元在雪梨接阮英文出关的代理人与海关协商，后者同意将其安排乘坐另外的一艘近海轮船前往西澳洲巴埠，但坚持要求在其抵埠后，必须在家进一步隔离治疗，直到彻底痊愈，方才可以去上学。为此，九月二十六日，西澳洲海关检疫官在复查了这位小留学生的身体之后，才宣布他根除了疥癣，完全康复。

十月初，阮英文按照此前父亲的安排，注册入读占时街巴学校。但从一九二五年开始，他转学到鸟加时街公立学校（Newcastle Street State School）读书。对此，占时街巴学校校长认为，因转去的这所学校与其父亲经营的店铺就在同一条街道上，这对阮英文上学更为方便，对其转学大力支持。在这所新的学校，老师发现他的英语达到了当地二年级的水平，对算术

---

① Gum Yuen[Chinese], NAA: K1145, 1923/59。
② 详见：Chun LUM - Student Passport, NAA: A1, 1934/1592。
③ 详见：Jung Shek YUN - Student passport, NAA: A1, 1927/10277。
④ 详见：Ng Ah CHAN - Student passport, NAA: A1, 1927/11362。
⑤ Yingman Gum Yuen [includes left and right thumb prints] [box 164], NAA: SP42/1, C1924/6289。

的认识也很符合其年龄，此外，他对数量和质量的认识也都还不错。这一方面表明他深受家庭的影响，毕竟其母亲和其他兄弟都是在澳洲当地出生，本身英语就与当地人无异，加上他本身的年龄也处于很容易接受新的语言阶段，人又聪明伶俐，因而英语的进步也就很快。就这样，他在这里一直读了下来。

一九二八年十月九日，阮金元致函内务部秘书，以全家其他成员皆为澳大利亚永久居民及在当地出生而具备公民身份为由，申请他唯一的一位在华出生的儿子阮英文成为永久居民。因为按照留学签证规定，来澳留学的中国学生年满二十四岁后必须离境，返回原出发地，这是阮金元时常担心的事，总想着让儿子能避免这一规定而留下来跟家人一起生活。为此，他在申请函中呼吁，希望当局不要让这个家庭的成员由此而分居不同的国家，准允阮英文留在澳洲。阮金元表示，如果能给予其子永久居民资格，等到他再长大一些，便会将他再送回中国学习几年中文，以示不忘文化之根。虽然阮金元自己认为提出的理由很充分，但内务部秘书很快就对此申请做出了回复，于十月二十四日直截了当地予以拒绝。

在当地小学读了五年，而完成了六年的小学课程之后，从一九三〇年新学年开始，阮英文升学转入巴埠的基督兄弟会书院（Christian Brothers' College）念中学课程，并在此为自己取了一个英文名，叫"威廉"（William），并把自己的全名简化为William Yuen。虽然在这里表现尚可，学业也令人满意，但一年半之后，他却突然退学，也没有告诉书院要转学去哪里，就直接去到巴埠男校（Perth Boy's School）注册入读。一九三一年九月，当接到基督兄弟会书院院长有关阮英文的退学离校报告后，内务部立即行文西澳洲海关，责成其对该学生退学原因进行调查，并弄清他到底是去到哪一所学校念书，因为按照《中国留学生章程》规定，中国留学生转学必须要经过内务部批准。十一月初，海关人员去到阮金元的店铺，但没有见到这位店主，因为他此时患病住在医院，只是见到阮太太。她告诉了儿子的去处，但表示此前并不知晓转学还需要经过内务部批复。阮太太对海关人员解释了阮英文退学的原因，主要在于其子对基督兄弟会书院印象不佳，非常不喜欢那里的氛围，过去一年多的时间里很不开心。但转学到巴埠男校后，他在那里很愉快，跟同学的关系也很好，精神面貌非常不一样，显见那里的学习氛围及学生之间以及师生之间的关系等等，都远较基督兄弟会书院要好，由是，其学习的主动性和自觉性都较以前要好很多。阮太太又将其长子自杀之事[①]也告诉了海关人员，以此作为次子转学的垫脚。接到海关的报告后，再看到学校提供的报告都显示出阮英文转学后表现良好，学业令人满意，内务部秘书也就不再纠缠此事，算是默认了他的转学。

在一九三二年初，阮金元曾经打算将儿子阮英文送回中国待一段时间，但对于这样一个半大孩子回到中国，他又非常不放心，对于是否要这样做，他始终拿不定主意。于是，三月五日，他给巴埠海关监督写信，询问其意见，即是否值得向中国驻澳大利亚总领事馆申请儿子的护照，以及是否能由一位合适的朋友带着他回去中国家乡，这样才不至于出乱子。可是，海关监督也无法确切回答这个问题，遂将阮金元的信转交给内务部秘书，想询问他的意见。但后者表示，只有当阮英文拿到护照之后来申请再入境签证时，他才会有具体的意见。这样一来一往，时间很快就过去了四个月。直到七月七日，西澳洲司法厅的官员才致函海关监督，通告阮金元最终决定不让儿子回国，原因是自己这一家人都在澳大利亚，如果这个儿子回去便无人管束，反而会害了他。事实上，他最终也没有向中国驻澳大利亚总领事馆申领儿子的回国护照。而自年初起，因他有打算让儿子回国，阮英文便没有重返巴埠男校继续上学；现在决定不走了，他遂让儿子注册入读城市商学院（City Commercial College）的课程。至于此时的阮金元本人，因年齿日长，身体欠佳，目前正在找机会将生意出售；此外，他的一些物业也正在寻找买家，希望拿到一笔钱后，最终的目标是带领全家六口（阮英文之下，还有一个弟弟两个妹妹）回中国去。

---

① 阮金元的长子阮瑞文死于一九二六年四月十三日，年仅十五岁，当时是在巴埠基督兄弟会书院读书。警察局的尸检报告显示，瑞文是上吊自杀。种种迹象表明，可能由于种族和文化的原因，他在书院中备受欺凌和歧视，而又得不到心理疏导，这可能是其自杀的最主要原因之一。见："Family Notices", in *West Australian,* Thursday 15 April 1926, page 1。

可是，内务部秘书接到海关转来的有关阮英文的报告后，对于这位中国留学生过去几个月没有去上学的行为颇有微词，而此时也正好到了要给阮英文申请展签的时候，他便将自己的不满直接表现在给中国总领事陈维屏的复函中，意即如果中国总领事馆对阮英文的上述行为没有说法，那么，就不会考虑核发阮英文下一年度的展签。陈维屏总领事于七月二十九日复函表示，他确实接到过阮金元询问为其子申请回国护照一事，但到五月底时阮金元已经放弃了这个念头。因为直到那时，阮英文都因为想回国而没有去上学，因而中国总领事馆就本着负责的精神，敦促他一定要去上学，以避免更多的麻烦。最终，阮英文意识到过去的任性是错误的，很快便注册入读了城市商学院。他认为，阮英文此前几个月没有去上学事出有因，现在既然已经知错就改，自然应该给予他一个机会，希望内务部秘书能体谅一个家庭在想结束生意而回国的过程中对子女造成的影响。当然，内务部秘书要的就是一个说法。八月三日，他批复了阮英文的下一个年度展签。

在城市商学院，阮英文的表现总体而言还算令人满意，但因其英语是弱项，做起其他作业来就显得吃力一些。商学院为了帮助他，还特地找老师为他补习，希望尽快弥补这块短板。在一九三二年的下半年，他还能认认真真地学习，但到了次年上半年，因上述的学习再加上补习搞得他很紧张，其懒惰性就显现出来，到四月初甚至就开始逃学了。海关得知这一情况后，便报告给内务部秘书。上一年就因为阮英文的近半年不上学而使内务部秘书对他印象极差，如果不是中国总领事陈维屏的斡旋说项，内务部秘书是不会核发给他展签的。现在得知他逃学，内务部秘书立即致函陈维屏总领事，对他表示，目前摆在阮英文面前的路只有两条，一是马上返回学校上学，二是准备订好船票，立即离境回国。就在内务部秘书给陈维屏总领事去函后两个星期，巴埠海关便报告说，得知内务部的回复后，阮英文不顾一切，尤其是不顾父母的劝阻，已经于一九三三年五月四日去到巴埠近旁的富李满度（Fremantle）港口，搭乘近海航行的“西澳号”（Westralia）轮船，驶往雪梨。他在临走时表示，到了雪梨之后，他会搭乘就近开航的一艘驶往香港的轮船，离境返回中国。看来，他是无法忍受内务部这种态度，因而采取了这种决绝的方式。

这一来，阮金元夫妇可是急坏了，连忙发了好几封加急电报到驻地已从美利滨迁到雪梨的中国总领事馆，请其劝阻儿子阮英文；同时，也打电报给其亲戚，即雪梨的“李福号”（Lee Fook & Co.）商铺的少东主亦即阮英文的表兄，请其在表弟抵达后帮忙安顿他。事实上，九年前当阮英文在雪梨隔离治疗时，就是由他负责照应并最终送去登船前往西澳洲的。

五月十九日，中国总领事陈维屏给内务部秘书写了一封长信，重点是希望对方再慎重考虑此前给阮英文指出的第一个出路，让他能继续留在澳大利亚读书。他在信中表示，几天前阮英文抵达雪梨，就在表兄陪同下立即到中国总领事馆来见他，向他诉说在从巴埠前来雪梨的航海途中，认真反思了自己的行为，深感辜负了父母的期望，也辜负了总领事对他的关心维护；如果就此返回中国，他感到前途茫茫，因为父母兄弟姊妹都在这里，回到中国反而没有了一个亲人；更重要的是，他很小就来到这里，中国那里已经是一片陌生的土地。针对阮英文的情况，陈维屏总领事表示，希望内务部秘书考虑到阮金元夫妇及另外三个子女都是在澳出生而具有澳洲身份这个现实，以及在此次阮英文奔赴雪梨期间，其父从基督兄弟会书院、巴埠男校和城市商学院的校长老师那里拿到的证明信，都对其在校良好表现及学业的进步颇有佳评这个事实，能够再给这位年轻的中国学生一个机会，使其重返学校念书。他在信中也强调，阮英文本人也当面向他保证，将会痛改前非，此后一定刻苦读书，不再任性旷课违规，完成学业。陪同他一起来的表兄亦表示，只要表弟在这里，他将负起监护和所有其他的责任。

对于中国总领事如此苦心安排及对年轻人非常负责任的请求，内务部秘书自然不能无动于衷。他也深刻地意识到，鉴于阮英文的家庭情况，如果真的任由他回到中国，也确实会使他深感孤独，甚至崩溃。此时也正好又快要到了这位中国学生申请展签之时，他便告诉陈维屏总领事，如果阮英文定下来在雪梨读书的话，希望尽快告知入读哪一所学校，核实之后，他便为阮英文核发下一年度的展签。六月十五日，阮英文注册入读雪梨的渣打商学院（Charters Business College）；六月二十日，内务部秘书如期为他核发了展签。由是，一场危机化解。

而这几年因世界性经济大萧条的影响，阮金元的生意无法顺利售出，他也打消了举家回国的念头，只能继续维持生意，仍然是当地业界的资深木器和家具商。巴埠殷商贾理惕（T. Cullity）是西澳洲木业公会的一位负责人，对阮金元很熟悉，过去几十年间因是上下游生意关系而与之常打交道，了解其为人和品性，两人交情不浅。他在这个时候得知了阮英文的情况，决定站出来，利用其深厚的政商关系网，帮老朋友一把。

一九三三年九月十八日，贾理惕将阮金元家的情况向跟自己熟悉和有交情的西澳洲议员倪汉（E. Needhem）一一说明，表示像这样全家人都是在澳出生或具有永久居留资格者，而且父亲还是服务当地几十年对社区颇有贡献的商家，如果让他们家里唯一的一位出生在中国的孩子远离家庭，去到一个陌生的环境独自生活，是很不道德的；他表示，换位思考的话，我们自己都不允许有这样的事情发生。而要让这位年轻人留下来的最好办法，是要找到合适的权威机构负责人，才能达成目标。而倪汉恰恰又与联邦政府贸易与海关部部长颇有深交，而海关部门正好也是时常要处理这些事务的一个职能部门。于是，贸易与海关部部长接到倪汉的请托后，便于九月二十六日直接与内务部部长交涉，将情况介绍后，请其玉成此事。内务部部长自然很给贸易与海关部部长面子，于十月九日批准一次性给予阮英文三年签证，即这一次的签证有效期到一九三七年六月二十一日，到期后可再展签；与此同时，在此期间，他也不必像以前那样，不去上学就面临着遣返。换言之，这就是变相地改变了此前阮英文的签证性质，即从学生签证改为了居留签证，从而为他此后申请成为永久居民开启了大门。

这一结果，是阮金元过去几十年真诚待人有道经商所得的福报，他对上述诸人的热心帮助深表谢忱。由此亦见，即便是在“白澳政策”严格实施的大环境下，还是有许许多多的澳人（包括商人和政客）对处于困境的华人深表同情，施以援手。[①]而由于上述签证所提供的条件，阮英文便在结束余下来这半年的渣打商学院课程后，告别给予他特别关照的表兄以及在关键时刻给予他极大关怀和帮助的陈维屏总领事，于一九三四年二月十一日返回到巴埠，跟父母住在一起。[②]

回到巴埠后，十九岁的阮英文不想再去学校念书，便直接进入父亲主持的荣记木业里做工，协助父亲经营生意，周薪为四镑十七先令九便士。一九三七年，他的签证到期后，经核实他在父亲的企业里做工，内务部部长再给予他展签一年。到次年，再次获签一年。此时，因实在无法忍受年复一年地申请展签，阮英文决定申诉，争取更多的利益。一九三八年八月十一日，就在刚刚获得一年展签后，阮英文给内务部秘书写信，表示自己九岁就来到澳洲，在这里接受了良好教育，现在的一言一行都与澳人无异，也完全遵守澳洲法律条文，从不惹事，而现在也正与一位在澳出生的华人第二代女子处于热恋之中，因此，希望能获准成为澳大利亚永久居民。这样的申诉虽然未能达成，但也很快有了一个较好的结果。九月三十日，内务部秘书通知他，内务部部长再次核发给他三年签证，有效期至一九四一年六月二十二日；到期后，可以再次申请展签。

一九三九年三月四日，阮英文与上述提到的那位澳大利亚出生的华人女子Lee Kong（李绛，译音）结婚；次年一月二十三日，他们的女儿出生。为此，阮英文于一九四一年四月十六日再次致函内务部秘书，希望能批复他成为澳大利亚永久居民。虽然内务部部长此前曾表示过考虑给予这位年轻人永久居留身份，但顾及这样的口子一开的后果，将会引起群体效应，而阮英文此前也从来没有被强迫离境，他的生活也很滋润，并不紧张，因此，内务部秘书最终决定不接受他的申请，但给予他十年有效签证，到期可再申请展

---

① 在相同的年代里，同样是来自中山的马金玉（Kum Yook Long），跟阮英文情况相似，也是碰到了同样热心的澳人，而达成了同样的结果。见：Kuni Jook Long (Mrs. Phillis Wong) Stud. Exc Readm, NAA: A1, 1937/1635。

② Yingman Gum Yuen [applicant for exemption from the Dictation Test under the Immigration Act; includes 'Certificate of Exemption' form and left hand print and left and right thumb prints] [box 300], NAA: SP42/1, C1934/4845。

签，可以这样延续下去，对他也是十分有利的。无论如何，这次签证又比过去进了一大步，事实上也跟永久居留签证相差不大。

在此后的十年中，阮金元于一九四三年五月十五日因病去世[1]，二十八岁的阮英文接手了父亲留下的荣记木业，主持经营。到一九五一年其签证到期后，移民部在评估了此前的核发情况以及阮英文的现状后，于七月八日决定，他不再需要继续申请展签，而由此可以永久留居在澳大利亚。[2]也就是说，他接下来要做的事，就是申请正式加入澳籍。

于是，这位九岁便来到澳大利亚留学的中国学生，不断申请加入澳籍，历经二十多年，最终成了真正具备国籍的澳洲人。

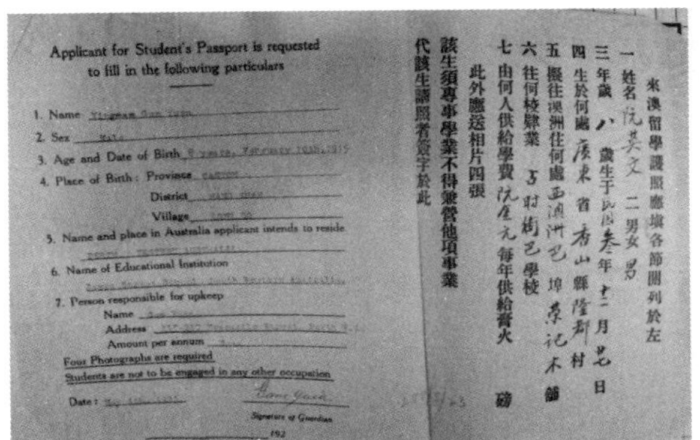

Applicant for Student's Passport is requested to fill in the following particulars

1. Name
2. Sex
3. Age and Date of Birth
4. Place of Birth: Province
District
Village
5. Name and place in Australia applicant intends to reside
6. Name of Educational Institution
7. Person responsible for upkeep
Name
Address
Amount per annum

Four Photographs are required

Students are not to be engaged in any other occupation

Date:

Signature of Guardian

192

來澳留學護照應填各節開列於左

一 姓名 阮英文 二 男女 男

三 年歲 八 歲生于民國叁年十二月　日

四 生於何處 廣東 省 香山 縣 隆都 村

五 擬往澳洲何處 西澳洲巴埠 榮記木舖

六 往何校肄業　學校

七 由何人供給學費 阮金元 每年供給膏火　鎊

此外應送相片四張

該生須專事學業不得兼營他項事業

代該生請照者簽字於此

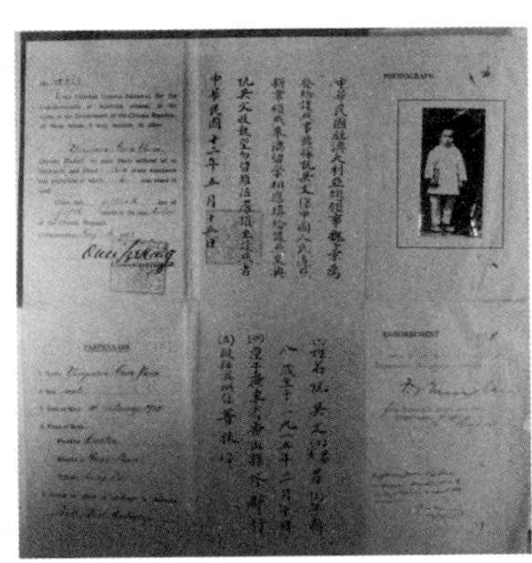

左：一九二三年五月四日，阮金元以监护人的名义填具申请表，递交给中国驻澳大利亚总领事馆，为儿子阮英文申领赴澳留学护照和签证；右：一九二三年五月十五日，驻澳大利亚总领事魏子京给阮英文签发的中国学生护照。

① “Death Notice”, in Sunday Times (Perth), Sunday 16 May 1943, page 3。

② Yingman Gun Yuen (William Yuen), NAA: PP15/1, 1953/65/6701。

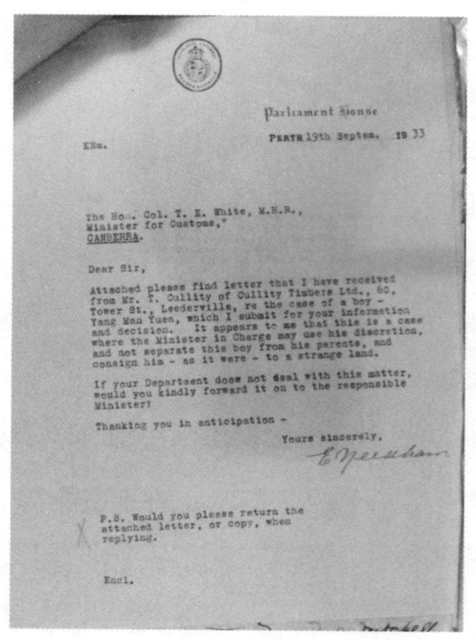
Parliament House

PERTH 19th Septem. 1933

EHm.

The Hon. Col. T. E. White, M.H.R.,
Minister for Customs,"
CANBERRA.

Dear Sir,

Attached please find letter that I have received from Mr. T. Cullity of Cullity Timbers Ltd., 60, Tower St., Leederville, re the case of a boy - Yang Man Yuen, which I submit for your information and decision. It appears to me that this is a case where the Minister in Charge may use his discretion, and not separate this boy from his parents, and consign him - as it were - to a strange land.

If your Department does not deal with this matter, would you kindly forward it on to the responsible Minister?

Thanking you in anticipation -

Yours sincerely,
E Needham

P.S. Would you please return the attached letter, or copy, when replying.

Encl.

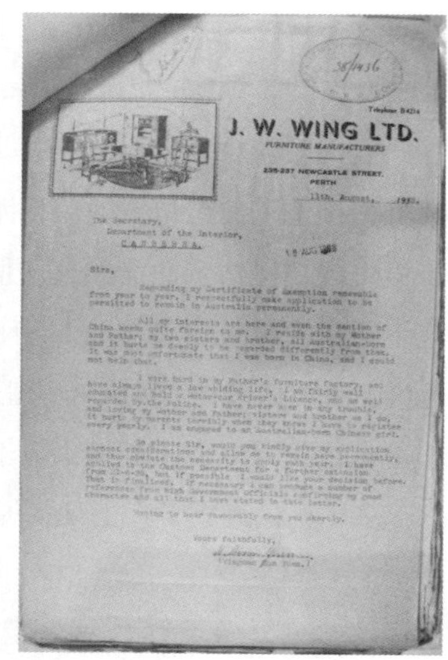
J. W. WING LTD.
FURNITURE MANUFACTURERS
NEWCASTLE STREET,
PERTH

11th. August, 193

The Secretary,
Department of the Interior,
CANBERRA.

Sirs,

左：一九三三年九月十九日，西澳洲议员倪汉（E. Needhem）致函联邦贸易与海关部部长，请其协助阮英文获得永久居澳资格，这是关系到阮英文命运改变的关键文件；右：一九三八年八月十一日，阮英文给内务部秘书写信，再次申请核发给他永久居民签证。

档案出处（澳大利亚国家档案馆档案宗卷号）：

Yingman Gum Yuen, NAA: A2998, 1951/2430

刘惠光

中山胡洲脚村

刘惠光（Lowe Wai Gong），生于一九一五年二月十五日，中山县胡洲脚村人。父亲名叫刘溢（Harry Lowe Yet），一九〇〇年便来到澳大利亚发展。刘溢从雪梨埠（Sydney）登陆入境后，便去到鸟修威省西北部地区的磨利埠（Moree）定居下来。他在挣得第一桶金后便投资加股到当地华商所开设的商铺，到二十世纪二十年代，他在两间商铺中占有股份。因档案中未说明其所参与经营商铺的性质及店名，无法得知其具体的财务状况。

一九二八年底，刘溢返回中国探亲。①两年后，在返回澳洲前，他想将儿子刘惠光办理赴澳留学，想在拿到护照和签证后，便可带着儿子一起搭船共同赴澳。于是，在一九三〇年底，他通过联络，征得雪梨的永生公司（Wing Sang & Co.）秘书马亮华（Leong Wah Mar）②同意，由其代表他本人，代向中国驻澳大利亚总领事馆申请其子刘惠光的赴澳留学签证。根据一九二六年中实施的《中国留学生章程》新规，十四岁以上赴澳留学的中国学生须提供

---

① Delipa or Daleepa, Ah Sow, Ah Ping, Harry Yet, John Hoon, Mar Jo, Mon Tan, Goo Won, See Hing, Jimmy Fang Chuck [Certificate Exempting from Dictation Test - includes left hand impression and photographs] [box 209], NAA: ST84/1, 1928/452/71-80。

② 马亮华，生于一九〇四年。其父为马辛巳（Mar Sun Gee），香山县沙涌村人，十九世纪末年，从家乡赴澳发展，加入同村族人马应彪在雪梨创办的永生果栏（即永生公司，香港先施公司的前身），成为该商行股东。一九二一年，马亮华赴澳留学，几年后进入永生公司工作，逐渐接班，到二十世纪三十年代中便成为永生公司总司理。见：Leong Wah Mar [Chinese - arrived Sydney per SS VICTORIA, 25 May 1921. Box 35], NAA: SP11/2, CHINESE/MAR L W。

具备初步英语学识能力的证明，刘溢便在中山县找到其子刘惠光就读过的石岐圣这士英文学校（St Jessie Grammar School）和设在恒美村的师范男校，请两所学校的校长都出具证明，特别说明刘惠光在上述学校就读时便学习英语，且已具备了相当的学识能力，对其赴澳留学不会造成学习上的困难。

在拿到上述证明后，就由马亮华代其出具财政担保书，并作为他的保人，于一九三〇年十一月二十八日填妥申请表，代为申办刘惠光赴澳留学事宜。因马亮华本人就是刘溢的保人，他在为其填写作保商行即供给膏火数额的栏目上留空。一方面以其自己的资产及永生公司的名望，就足以撑得起财政担保的责任；另一方面，按照惯常思维，将膏火数额一栏留空，也就意味着提供足镑，即不封顶，需要多少便供给多少，他也相信刘溢有这个能力。至于刘惠光来到澳大利亚入读的学校，按规定必须是私立性质，马亮华决定让他进入戴雯丽小姐（Miss Winifred Davies）主持的学校亦即中英学校（Chinese School of English）念书，该校位于雪梨华埠附近的钦文威炉街（Commonwealth Street），交通方便。[①]

早在一九二九年下半年，中国驻澳大利亚总领事馆在新任总领事宋发祥的主持下，便从原驻地美利滨（Melbourne）搬迁到了雪梨，新馆址就位于唐人街，这样处理与雪梨等地的相关侨务就比较方便。但宋发祥总领事在一九三〇年十月奉命调往他处任职，新派任的总领事桂植则尚未到职，中国总领事馆的事务由原副领事李明炎升署领事代理馆务，并没有耽误当地中国侨民的留学申请事宜。接到马亮华递交上来的申请材料后，署理总领事李明炎初步审理通过后，便于十二月四日给刘惠光签发了一份中国留学护照，号码为593/S/30。两天后，他便备文，将上述申请材料和护照寄往澳大利亚内务部，为刘惠光申请留学签证。

内务部秘书接到申请后，便立即指示海关，对签证申请者的监护人和财政担保人的财务状况进行调查，并提供其出入境记录，以为批复之依据。而

---

① Lowe Wai Gong [Application for endorsement of subject's Passport] [box 260], NAA: SP42/1, C1930/10895。

与此同时，他在检索递交上来的申请材料时，发现少了一份应该由刘惠光手写的英文抄件或信件，作为其具备一定英语能力的证明；同时，马亮华欲安排刘惠光进入中英学校就读，但并没有取得该校的录取信。为此，他于十二月十七日复函李明炎署理总领事，请其尽快提供上述两份材料，内务部方才可以完成签证的预评估，然后决定是否核发签证。

得知中国总领事馆希望尽快获得刘惠光的签证批复，海关接到协查指示后便立即行动起来，于十二月十八日完成了核查任务。根据他们的了解，刘溢在磨利埠是两间商铺的主要股东，现在都租给他人经营，他只收取租金。由此可以表明，他的财务状况还是非常好的，而且他在当地经商有道，很有口碑。他们还了解到，刘溢打算结束在中国的探亲返回澳洲后，将会在磨利埠再开设一间商铺。为了保险起见，海关也对其保人马亮华的财产进行了调查。作为永生公司的秘书，马亮华的周薪是八镑十先令，比普通人及小业（店）主收入高出一倍；此外，他还是另外三家地产公司的股东，资产加起来价值为五百五十镑，也是雪梨华商中声誉卓著的青年才俊。海关保存的刘溢的出入境记录显示，过去三十年间，他总共回国探亲四次：其一，一九一三年五月三十一日至一九一四年十一月二十五日①；其二，一九一七年四月二十七日至一九一九年一月十八日②；其三，一九二四年五月八日至一九二六年三月十五日③；其四，一九二八年十一月十七日出境，到现在仍然是在中国。刘惠光是其长子，是在其首次回国探亲结束后回到澳洲不到三个月出生，他们二人之间生物学意义上的父子关系毋庸置疑。

上述调查结果表明，刘溢符合监护人和财政担保人的相关规定，只是因

① Foo Sue, Ah Hoy, Wong Toe, Fong Kum, Harry Yet, Yook Wah, Willie Tye Sing, George Lowe and Got Gee [Certificate Exempting from Dictation Test - includes left hand impression and photographs] [box 65], NAA: ST84/1, 1913/120/1-10。

② Young On, Ah Duck, Chun Lai, Li On, Low Zuai, Day Sing, Harry Yet, Low Sing, Tart Hing and Set Foon [Certificate Exempting from Dictation Test - includes left hand impression and photographs] [box 105], NAA: ST84/1, 1917/213/41-50。

③ Yee Lin, Ah Hing, Charlie Gock Way, Willie Young, Hoe Hing, Ah Gun, Lee Hoo, You Yeng, Harry Yet and Lee Kit [Certificate Exempting from Dictation Test - includes left hand impression and photographs] [box 169] NAA: ST84/1, 1924/376/0-10.

刘惠光手写抄件往来邮寄费时，直到一九三一年四月十七日，新任中国驻澳大利亚总领事桂植方才将这份手写抄件和早就已经拿到的中英学校录取信一起寄送内务部，这样才算得上是申请材料齐全了。内务部秘书检查了所有申请材料，并认为刘惠光具备了基础的英语能力之后，于五月二十五日正式批复了这位中国留学生的入境签证。中国总领事馆收到签证后，便将上述护照交由永生公司寄往香港的先施公司，由后者转交护照给刘惠光，并为他安排行程。

可是，原本急着要赶来澳洲留学的刘惠光，并没有在拿到护照后立即启程。一九三二年三月二十四日，内务部秘书接到新任中国驻澳大利亚总领事陈维屏的一封公函，表示因种种缘故，包括家庭原因及个人原因，刘惠光可能赶不及在今年五月之前赴澳，有可能延后几个月，希望能批复其入境展期。内务部秘书认为，这位中国学生今年十七岁了，但其英语能力尚可，仍然适合于赴澳留学，但也不能太晚了来此读书，因为按照《中国留学生章程》新规，年满十九岁后，就不再接受中国学生赴澳就读中学以下课程，于是，便批准他最迟可以在十二月底之前入境。这项入境展期对刘惠光来说十分利好，让他可以从容处理自己的事情。

事实上，从刘惠光此时的年龄上看，很有可能就是想在此之前完成其在国内的初中课程，课程通常都会在每年的七月份结束，因而在赴澳日期上就有所耽搁。好在刘惠光并没有耽搁太久时间，到这一年十月二十日，他搭乘从香港启程的“南京号”（Nankin）轮船抵达雪梨。在入境过关时，移民局官员当场测试其语言，结果显示出他确实已有相当的英语能力。他的父亲刘溢因在去年等不及他赴澳，已经先行返回澳洲，回到了磨利埠。因此，去海关接他的人，是马亮华的父亲即永生公司司理马辛已，还有永泰果栏（Wing

Tiy and Company）[1]股东马显荣（Charles Joe Young）[2]。后者之父马祖容（Ma Joe Young）是中山县沙涌村人，出生于一八六九年，大约在一八八八年赴澳发展，追随族人马应彪等人经营果栏。因其父早期就是永泰果栏的股东，马显荣本人是在澳出生之第二代华人，在雪梨成长，后赴香港读书，学成返澳后便取代父亲，成为永泰果栏股东。

从十一月一日开始，刘惠光正式注册入读中英学校。因其赴澳前所受的教育，使他很容易适应澳洲的学习环境，应付相关的课程，为此，校长戴雯丽小姐对他的语言能力和在校表现都非常满意。只是他在这里读了不到两个月的时间，就到了暑假。在一九三三年初新学年开始后，刘惠光注册入读位于雪梨城里的渣打商学院（Charters Business College），学习商科课程，但仅仅四个星期后，他发觉自己英语程度不够，无法适应这些课程，便又重新回到中英学校，继续在这里读中学课程，直到一九三六年九月第二个学期结束。

刘惠光有亲戚在纽西兰（New Zealand）发展和定居，也保有联络。自来到雪梨后，他便与纽西兰驻澳机构联络，希望能去到那里探亲。直到一九三六年九月，他获得了纽西兰官方核发的入境签证，准其前往探亲六个月。为此，九月十六日，中国总领事陈维屏致函内务部秘书，告知此事，并为刘惠光申请再入境签证，以便他结束探亲后重返雪梨，再回到中英学校念

---

① 永泰果栏早在十九世纪末就活跃于雪梨华埠，但凡华人社区筹款赈灾，该商号都出钱出力。见："善款核数"，载雪梨《东华报》（*The Tung Wah Times*）一九〇〇年十月二十四日，第三版。而根据鸟修威省档案馆（NSW State Archives & Records）所藏该省二十世纪初工商企业注册记录，永泰果栏于一九〇三年三月三十一日正式登记注册，主营生果蔬菜和杂货。当时有四位股东，但马祖容的名字并不在股东名单里，显然当时他并没有成为注册股东，但实际上他已经加股进去，只是在注册登记时没有显现出来。详见：https://search.records.nsw.gov.au/permalink/f/1ebnd1l/INDEX1837400。

② 马显荣一九〇四年生于雪梨，十一岁去到香港接受教育，读完大学后于一九二八年返回雪梨，取代父亲成为永泰果栏股东。见：Thomas Ma Joe Young - Educ. Ex/C, NAA: A1, 1937/160; Yung See Joe Young [arrived in Australia circa 1899] York Chan Joe Young [arrived in Australia in 1888] [issue of CEDT for York Chan Joe Young and wife] [includes photos and hand prints and birth certificates of children Eva Joe Young, Charlie Wing Joe Young and Bess Joe Young] Charlie Wing Joe Young and Eva Joe Young [permission for re entry sought from brother, Henry Joe Young] [permission sought for Thomas and Jacob Joe Young for permanent residence in Australia] [includes photographs of front and side view of various members of family] [box 437], NAA: SP42/1, C1940/7105。

书，为保住这个学业优秀的学生，戴雯丽小姐自然也同意接受他回来读书。九月二十四日，内务部秘书批复其离境，准他在过完圣诞假期后再重返中英学校上学。在获得保证及做好安排后，刘惠光便在次日于雪梨港口搭乘“阿瓦缇号”（Awatea）轮船，驶往纽西兰。但是，刘惠光并没有按期返回，而是在纽西兰获得了半年的展签。由是，一九三七年八月六日，新任中国驻澳大利亚总领事保君建致函内务部秘书，告知了刘惠光的现状，并表示他近期就要返回澳洲，但此前的再入境签证已经失效，希望在原有获准半年期的再入境签证基础上，将其有效期展延到下个月，并保证这位中国学生回来后仍然入读中英学校。内务部秘书见中国总领事馆安排有序，也有所保证，便于八月九日批复了上述申请。

也就在内务部秘书批复的当天，二十二岁的刘惠光便搭乘从纽西兰屋仑埠（Auckland）启航的“蒙特雷号”（Monterey）轮船抵达雪梨。海关刚刚收到内务部发来的上述准允其展延的入境签证副本，因而让其顺利通关，并按照规定，再给予他核发十二个月有效的留学签证。

在正常情况下，刘惠光回到雪梨后，应该马上就要重返中西学校上学。但直到一九三七年底学期结束时，戴雯丽小姐根据规定向内务部提交了例行报告，特别说明是在内务部的准允下，刘惠光将在次年开学后方才重返学校念书。内务部秘书接到上述报告，深感诧异，怎么可能会准允这位中国学生入境后四个月不去学校上学呢？他立即指示海关对此进行调查，尤其是严查这位中国学生是否利用这段时间出外打工，这也是内务部最为担忧的事情，因为当时虽然是开放中国学生赴澳留学，但条件是他们在学期间严禁出外打工，甚至是帮父亲经营也不行。可是这时是暑假期间，海关只有在次年开学后再去找戴雯丽小姐，询问是怎么回事。戴校长说，她之所以表示刘惠光要到今年开学后才重返学校，是因为在前年内务部批复其离境去纽西兰探亲时曾表示，希望该生在圣诞节假期后返校念书，她当时还特别就此向内务部确认过此事；基于内务部的上述表示，在去年八月份刘惠光从纽西兰回来后不久曾准备回学校上课，但她对这位中国学生说，按照内务部的决定，应该等待明年新学年才回来上学。海关表示，内务部的决定只是就一九三六年到一九三七年间的暑假而言，并不是指一九三七年至一九三八年的这个假期。对此，戴雯丽小姐表示，这是她理解错了内务部的决定。得到这样的解释，内务部秘书除了苦笑，别无他法，也只得将其放过一边。而且在这段时间里，海关的调查也显示，刘惠光实际上并没有去任何地方打工，并非那种一心一意想着打工的留学生，而是在雪梨周围游山玩水。只要他没有去打工，内务部也就没有了说辞。进入新学年后，刘惠光如期重返学校上学，一切又都恢复到此前的状态。

半年之后，保君建总领事于七月二十二日致函内务部秘书，为刘惠光申请将其留学签证转为工作签证，进入永泰果栏任职。他在函中表示，永泰果栏现在的年营业额已经超过两万镑，生意在不断地扩展，多年来该商行一直想找到一位中英文俱佳的员工，以便能更好地促进公司的业务发展，尤其是加强与远东地区的贸易往来。而刘惠光来澳前便打下了良好中文基础，来澳留学后又在英语专业学习上更上一层楼，正是该果栏所需要的那种类型的员工。希望内务部能考虑到永泰果栏的迫切需求，批复上述申请。通过海关，内务部秘书了解到，上一个财政年度永泰果栏的年营业额超过二万一千镑，根据规定，该商行可以从海外申请两个额外的员工协助工作。去年，马显荣已经成功地将其从香港来此读书的弟弟马显维（Thomas Ma Joe Young）申请转为了永泰果栏的店员，现在又推荐刘惠光填补这个空缺，从道理上说是无法反对的，何况中英学校校长戴雯丽小姐也极力支持她的这位学生，认为他完全可以胜任此职。于是，九月十四日，内务部秘书将此报告内务部部长之后，获得批复。由是，二十三岁的刘惠光便加入永泰果栏，成为其职员。①

刘惠光的留学档案到此终止。但从后来的结局看，他最终留在了澳大利亚，并在二十世纪六十年代澳洲移民政策松动之后，逐步地将其家人申请来澳团聚，最终全部加入澳籍。②

---

① Wing Tiy and Co - Exemption for staff [4cms], NAA: A433, 1947/2/742。

② Nominees: Lau [Lowe], Tony Tung Kit [Kid or Keith]; wife Ping [Kit Bing] [nee Lee]; parents in law; Lee, Show Hong; and Lee; Kwok Han; and sister Lau, Sophia Fee Fung; Nominator: Lowe [Lau or Law], Wai Gong, NAA: J25, 1972/7067。

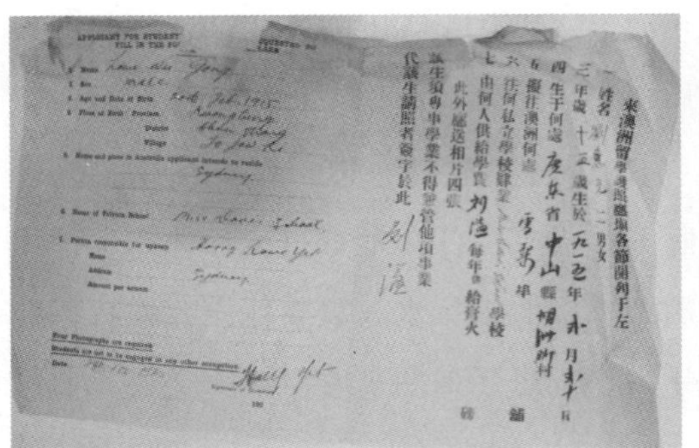
来澳洲留学生须照填各节开列于左
一　姓名　一男女
二　年岁　岁生于　年　月　日
三　生于何处　省　县　乡
四　往澳洲何处
五　往何私立学校肄业
六　由何人供给学费　每年　给费
七　此外尚须相片四张
该生须专事学业不得兼营他项事业
代该生请照者签字于此

Four Photographs are required.
Students are not to be engaged in any other occupation.

左：一九三〇年十一月二十八日，马亮华代刘溢填妥申请表，递交给中国驻澳大利亚总领事馆，代为申请刘惠光赴澳留学所需之护照和签证；右：一九三〇年十二月四日，中国驻澳大利亚总领事馆署理领事代理馆务的李明炎，以代总领事的身份给刘惠光签发的中国留学护照。

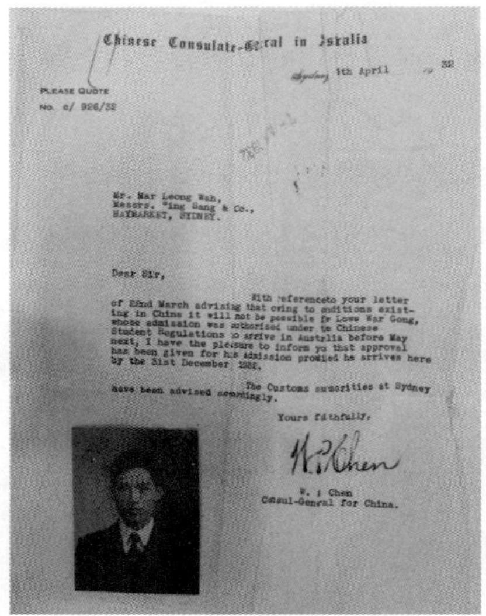
Chinese Consulate-General in Isralia

Sydney 5th April 1932

PLEASE QUOTE
No. c/ 926/32

Mr. Mar Leong Wah,
Messrs. Wing Sang & Co.,
HAYMARKET, SYDNEY.

Dear Sir,

With reference to your letter of 22nd March advising that oring to conditions existing in China it will not be pessible for Lowe War Gong, whose admission was authorised under the Chinese Student Regulations to arrive in Australia before May next, I have the pleasure to inform you that approval has been given for his admission provided he arrives here by the 31st December 1932.

The Customs authorities at Sydney have been advised accordingly.

Yours faithfully,

W. P. Chen

W. P. Chen
Consul-General for China.

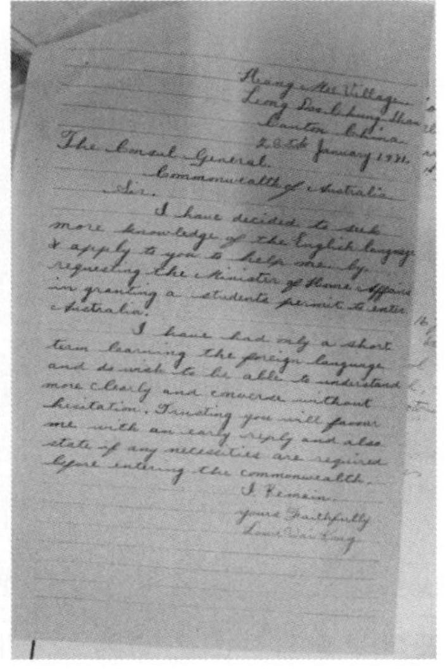
[illegible] Village
[illegible]
Canton China
28th January 1931.

The Consul General
Commonwealth of Australia

Sir.

I have decided to seek more knowledge of the English language & apply to you to help me by requesting the Minister of Home Affairs in granting a students permit to enter Australia.

I have had only a short term learning the foreign language and do wish to be able to understand more clearly and converse without hesitation. Trusting you will favour me with an early reply and also state if any necessities are required before entering the commonwealth.

I Remain
yours Faithfully
Lowe Wai Gong

左：一九三二年四月五日，中国驻澳大利亚总领事陈维屏写给永生公司秘书马亮华的信，告知已经为刘惠光延期入境申请到了展签，有效期至当年年底，并贴上一张刘惠光当年的照片；右：一九三一年一月八日，刘惠光写给中国驻澳大利亚总领事的信，作为其已具备基础英语学识能力的证明。

档案出处（澳大利亚国家档案馆档案宗卷号）：

Lowe Wai Gong - Students Passport, NAA: A1, 1938/539

周观鹤

中山龙头环村

周观鹤（Chau Kun Hok），据报出生于一九一五年六月二十日，中山县龙头环村人。

他的父亲名叫周华灿（Chow Wah Chan），大约是一八七〇年出生。当其年约二十五岁时，就跟随着乡人赴澳发家致富的大流，买棹南渡，于一八九五年前往澳大利亚。他从位于澳大利亚东北部的昆士兰省（Queensland）北部重镇坚时埠（Cairns）登陆入境，去到该埠南面不远的小镇丫路坝（Aloomba）打工，在此待了整整十年。此处位于两山对峙的河谷平缓山地之间，是昆士兰省北部的重要甘蔗种植园基地之一。一九〇五年，他搬到靠近丫路坝北面的更大的镇子果顿威炉埠（Gordonville）居住，先当了若干年的菜农，然后在这里开设杂货店铺，名为灿利号（Chan Lee）。此后，他也以“灿利”这个名字作为自己在当地的行世之名；而在官方记录里，他则一直是用“华灿”这个名字。

像当年许多在澳发展的乡人一样，周华灿也是在站稳脚跟并略有积蓄之后，才在二十世纪一十年代回到家乡探亲，并在四十岁左右方得以结婚。他把在澳洲挣下的钱补贴家小，让他们能有一个较好的生活环境；尽管他自己没有受过多少教育，但却尽最大的努力给予孩子最好的教育。为了让儿子接受英语教育，周观鹤于一九三一年被家人送到香港，进入中英书院（Chung Ying College）读八年级；第二年，转学到九龙中国英文书院（China

College），念七年级的课程。周华灿想让他具备一定的英语基础，然后再来到澳大利亚留学。

一九三二年十一月十日，他以监护人的身份具结财政担保书，填好申请表，递交给中国驻澳大利亚总领事馆，申领儿子周观鹤的赴澳留学护照和签证。他以自己所创并独立经营的灿利号商铺作保，承诺每年提供足镑膏火，作为儿子来澳留学期间所需之学费、生活费及其他各项必需的开支。因儿子目前在香港读的是中学，他所居住的地方虽然也有中学，但属于公立性质，而按规定中国留学生必须进入私立学校，为此，他特地去到北距果顿威炉埠二十多公里的大埠坚时，找到天主教会主办的孖厘特书院（Marist Brothers' College），征得院长的同意，为儿子拿到了一封录取信。而鉴于儿子已满十七岁，按规定必须提供其具备初步英语学识能力的证明，他事先就与前述香港的中英书院及中国英文书院的院长取得联络，由他们各自出具了周观鹤在读英语及其成绩的证明；同时，他也让儿子提供一份英文作业的抄件，以表明其正在学习英语，已具备一定基础。

中国驻澳大利亚总领事馆接到周华灿提交的上述申请后，立即给予了处理。在确认申请材料齐备之后，总领事陈维屏于十一月十四日致函澳大利亚内务部秘书，希望他能尽快核发给这位十七岁的中国学生留学签证，并附上了前述之申请材料。内务部秘书则按照流程，行文到昆士兰省海关，请其协助对该项申请作预评估，即提供签证申请者监护人的财务状况及出入境记录，以确定其与签证申请者之间之父子关系。

昆士兰省海关接到指示后，很快便行动起来。通过坚时埠警察局了解到，周华灿的灿利号主要经营杂货、蔬菜水果和饮料，所有的商品和食品皆从本地供应商那里批发而来，因而他跟坚时埠的这些主要批发商都很熟，他也很有人缘，即便警察也都知道他，属于为人和善工作勤勉的华商，其财务状况很不错。但对于他的出入境记录，当海关人员当面向周华灿询问时，他记得不是很清楚，但对于在一九一五年回国探亲的那次就记忆比较深刻。[1]可是海关人员认为此次回国是在其子出生之后，明显不合乎逻辑，可因其英语表达能力有限，只能判断出他说还有在一九一〇年回国探亲。于是，海关便通过保存的出入境记录，查到周华灿曾在一九一一年十月四日回国，是在坚时搭乘“山亚班士号”（St Albans）轮船出境，次年七月十日乘坐“奄派号”（Empire）轮船回到坚时。[2]如此看来，周观鹤是周华灿之子的可能性就成问题了。于是，他们在十二月二十日将此疑问提交给了内务部秘书，请其核对并作出决定。

当然，周华灿本人也意识到了上述问题。鉴于他本人英语表达能力差，便从坚时埠聘用了一位律师，代他查询其出境记录。由此，他发现将儿子的出生年份记错了，是在其首次结束回国探亲回到澳洲后半年出生，即一九一三年二月二十日。也只有这样，他们之间的父子关系才是符合常情：即周华灿是在得知妻子怀孕之后才离境返回澳洲，并在回来半年多后得知其子出生的消息。为此，他将此问题紧急提交给中国总领事陈维屏，更正儿子的年龄。十二月二十三日，陈维屏总领事致函内务部秘书，告知此事，并特别将此前所说的周观鹤年龄从十七岁更正为十九岁。

内务部秘书接受了上述更正。在过去十几年里，他已经处理过很多这些将自己儿子年龄记错的申请，主要在于很多人在将民国纪年换算公元纪年时，不是多算就是少计；还有一些人则是因为年份久远，记忆失误，从而出现这样那样的错误。大部分情况下，只要解释得通，要求更正，他都予以接受。但现在周观鹤留学签证的申请，问题不在于记错年龄，而是在于按照现在他的真实年龄，已经超龄，无法进入澳大利亚留学。按照一九二六年中实施的《中国留学生章程》新规，年满十九岁的中国学生不能再申请前来就读

① Certificate Exempting from Dictation Test (CEDT) - Name: Wah Chan (of Gordonvale) - Nationality: Chinese - Birthplace: Canton - departed for China per ST ALBANS on 13 November 1915, returned to Townsville per EASTERN on 12 April 1917, NAA: J2483, 185/99。

② Certificate Exempting from Dictation Test (CEDT) - Name: Wah Chan - Nationality: Chinese - Birthplace: Canton - departed for China per ST ALBANS on 4 October 1911, returned to Cairns per EMPIRE on 10 July 1912, NAA: J2483, 67/81。

中学，而这个年龄已经在澳者则不受此规定限制。当然，来此读大学则没有问题。换言之，按照周观鹤现在已经十九岁即将年满二十岁的年龄，内务部就不再受理其申请；而即便他想来读大学，也因英语程度不够根本就没有大学可以接受他入读。于是，一九三三年一月十八日，内务部秘书复函陈维屏总领事，以上述规定为理由，拒绝进一步审理此项申请。陈维屏总领事是明白人，知道这项申请已经无法继续下去，遂将结果告诉周华灿。

因自己的疏忽，记错了儿子的年龄，从而导致无法将儿子申请前来澳大利亚留学，周华灿除了自责，也无法改变现实，只能让周观鹤继续在香港念书。

就在确认儿子无法申请赴澳留学一个月之后，周华灿迎来了他在澳生活的最后一天。一九三三年二月二十二日晚，还在守着店铺未曾结束当天经营的周华灿遭人入店抢劫，他因反抗而被劫犯爆头，当场重伤而亡。[①]而抢劫犯也因周华灿的反抗而受伤，事后不久就被捕，一个多月后被判无期徒刑。[②]而周华灿的财产和物业很快便由政府指定的遗产局负责拍卖，代其偿还所欠债务，并将剩余资产转交给受托人和遗产继承人。[③]

只是从当地报刊记录中，未见到周华灿遗产的继承人周观鹤的名字出现，无法得知他最终是否踏足过这块其本人曾经希望到此留学的土地。

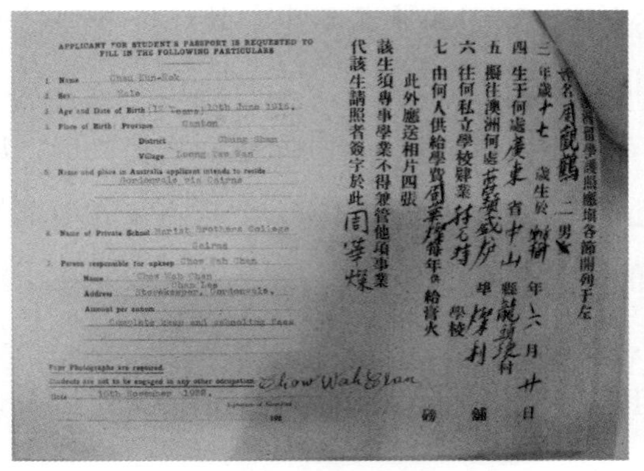

左：一九三二年十一月十日，周华灿填表，向中国驻澳大利亚总领事馆申领儿子周观鹤的赴澳留学护照和签证；右：一九一五年，周华灿申请回中国探亲的回头纸。

① "A Dastardly Crime", in *Cairns Post*, Friday 24 February 1933, page 8。

② "Murder Charge", in *Cairns Post*, Tuesday 4 April 1933, page 6。

③ "Statutory Notice to Creditors: re Chow Wah Chan", in *Cairns Post*, Saturday 4 March 1933, page 2。

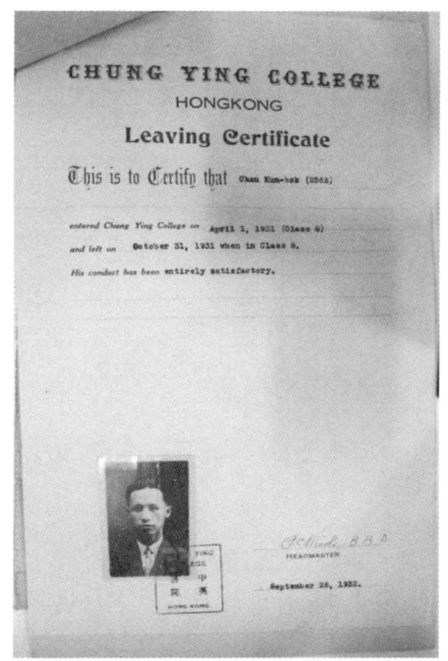

CHUNG YING COLLEGE
HONGKONG

Leaving Certificate

This is to Certify that Chan Kun-hok (2565)

entered Chung Ying College on April 1, 1931 (Class 8)
and left on October 31, 1931 when in Class 8.
His conduct has been entirely satisfactory.

HEADMASTER

September 26, 1932.

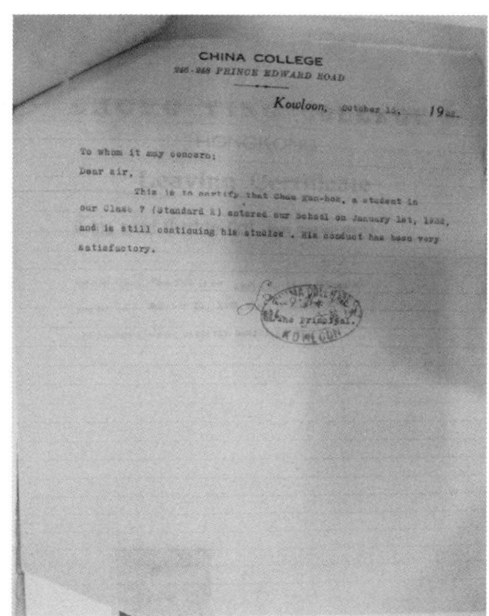

CHINA COLLEGE
246-248 PRINCE EDWARD ROAD

Kowloon, October 12, 1932.

To whom it may concern:
Dear sir,

This is to certify that Chan Kun-hok, a student in our Class 7 (Standard 1) entered our School on January 1st, 1932, and is still contiouing his studies . His conduct has been very satisfactory.

The Principal.

左：一九三一年，周观鹤在香港进入中英书院读八年级的证明；右：一九三二年，周观鹤进入九龙中国英文书院念七年级的证明。

档案出处（澳大利亚国家档案馆档案宗卷号）：

Chan Kum Hok - students' passport, NAA: A1, 1932/10788

郭章赞

中山竹秀园村

郭章赞（Kwok Chang Chun），一九一五年七月十日出生，中山县竹秀园村人。

一九二六年中之后，因澳大利亚实施《中国留学生章程》新规，与之前通行多年的留学生签证条例相比，中国留学生的入境申请和审理程序复杂许多，最重要的变动有两点：其一，凡年在十至十三岁之中国儿童少年前来澳洲求学，须由其定居于澳洲之父母或相关授权之亲属作为监护人以为担保；其二，年在十四至十九岁之中国青少年，来澳求学时，须具备初步的英语学识基础和能力。

一九三二年四月九日，在雪梨（Sydney）与人合股开有同昌果栏（Toong Chong & Co.）的郭亚开（Ah Hoy），为其已年近十七周岁的儿子郭章赞能来澳大利亚留学，向位于同城的中国驻澳大利亚总领事馆递交申请，办理郭章赞的中国学生护照并请协助其子获得来澳留学签证。为此，郭亚开以位于雪梨中国城沙厘希区禧街（Hay Street, Surry Hills）七十二号的同昌果栏作保，应承每年供给膏火五十二镑，申请其子郭章赞入读位于雪梨中国城金宝街（Campbell Street）的唐人英文书馆（Chinese School of English）。为支持这一申请，郭亚开签署了监护人声明和财政担保书，谓其本人已来澳定居达四十七年之久，业已加入澳籍，参股同昌果栏，生意价值为三百五十镑，品行端正。

郭亚开生于一八六五年，早在一八八五年就已从香山桴海南渡，进入澳大利亚追寻梦想[1]，经艰苦打拼，小有所成。此时，他已经是六十多岁的老人了。生身父亲以监护人的身份作为担保，这符合新的中国学生签证条例的第一个条件。此外，郭亚开还向唐人英文书馆的馆长戴雯丽小姐（Miss Winifred M Davies）要到了接受其子入学的承诺信函（可视之为入学录取信），还有其子郭章赞在香港雪厂街的华南英文书院（Hwa Nan College）就读之时任校长Lam Choi Chiu（林彩昭，译音）的推荐信，加上郭章赞本人在该书院的一份英文作业稿，以证明其子已具初步的英文基础，可以胜任在澳留学。中国总领事馆在接到上述申请后，经初步审核，便送往澳大利亚内务部为其申请入境签证。

按照流程，内务部在接到申请后，便对监护人的财政能力及与申请者之间的关系（主要是父子关系）进行审核，评估其是否符合要求。郭亚开之子此时已经十六岁多了，如何证明他们之间的父子关系呢？当时的做法是通过海关查询其出入境记录，确认其离开澳洲回中国探亲的时间，以推测在此期间是否有生育的可能性，即其探亲日期与子女出生日期是否相吻合。鉴于当时澳洲华人的回乡探亲目的通常就是结婚生子，因此在家乡一待少则一年半载，多则更长时间，两到三年不等，甚至有人时间更长，长达十年以上，因而在这段时间内生子的可能性和现实性就很大。而事实上也确实如此。故澳大利亚当局以此作为判断，既很现实，亦颇为有效，因为澳洲海关保留了旅客出入境的详细记录。

根据海关记录，郭亚开此前从一九〇七年到一九二八年间曾六次回国探亲，每次在中国停留的时间都超过一年以上。其出入境的记录分别如下：一九〇七年八月至一九〇九年八月、一九一二年六月至一九一五年三月、一九一八年六月至一九二〇年五月、一九二二年二月至一九二三年六月、一九二四年十月至一九二六年四月及一九二七年一月至一九二八年十月。郭

---

① Sam Lee, Meek Sam, Loong Choong, Ah Hoy, Low Chong, Tin Dow, Edward William Rolins, Ike Stewart, Richard Bain and J A R Ashley [Certificate Exempting from Dictation Test - includes left hand impression and photographs] [box 54], NAA: ST84/1, 1912/98/51-60。

章赞出生于一九一五年七月，是在郭亚开第二次回国探亲返回澳洲四个月之后的事情，则他们有父子关系显然是合情合理的：很显然，在郭亚开那次结束在中国的探亲返回澳洲前，他的妻子已怀孕五六个月了。

通过上述记录，澳大利亚内务部确认了其父子关系，并且经过调查也确认了郭亚开无不良行为与嗜好以及其果栏生意状况良好财务状况稳定，便通过了签证的预评估。为此，五月十三日，中国驻澳大利亚总领事陈维屏为郭章赞签发了新版的中国护照，护照号码122511（维字第56号），有效期三年。五月十九日，内务部也照准发放了一年期的入境签证，号码是H.A.32/7（32/3017）。总之，办理护照和申请签证，只是用了一个多月的时间，一切都还算顺利。

拿到护照和签证四个多月之后，郭章赞从香港乘搭"太平号"（Taiping）轮船，于一九三二年十月九日抵达雪梨港。海关按照惯例，当场核发给他十二个月的留学签证。他的父亲郭亚开和与父亲一起经营着同昌果栏的兄长Shar King一起去到海关，将他接引出关。

抵达雪梨的第二天，郭章赞就于十月十日正式进入唐人英文书馆念书。换句话说，郭章赞没有在家休息一下以缓解旅途疲劳，就直接上学念书了，表明他非常珍惜来澳洲的这个学习机会。因其早在一九三一年初就注册入读香港的华南英文书院，打下了较好的英文基础，过雪梨海关时，也能在回答澳洲官员的考试式提问时对答如流，因此，就读唐人英文书馆之澳洲相关课程，就显得比较从容，应付自如。由是，他在这所学校一直念到一九三三年底，各科成绩优良，波澜不惊，学校提供的报告及成绩单，对他都是称赞有加。

一九三四年新学年开始，郭章赞转入位于市区东部达令赫斯特区（Darlinghurst）的圣母昆仲会中学（Marist Brothers High School）就读。这是一所天主教会主办的私立学校，属于名校，校规较严，收费也不菲，当时有许多来雪梨留学的中国学生选择到此校读书，颇负盛名。虽然学习成绩及在校表现依然保持优良，但郭章赞只是在这所中学读了一年，不知道是什么原因，他没有在这里继续求学下去。到一九三五年初，又转回到唐人英文书馆继续读书。这一次，他算是定下心来，此后的一年半时间里再也没有转校，也保持原有的学习成绩，只是其间因骑摩托出事，受了点轻伤，为此请病假休息了一个星期而已。

一九三六年六月十七日，郭章赞结束了三年零九个月的澳洲留学生涯，在雪梨乘坐与来澳时的同一艘轮船“太平号”，经香港返回中国。①作为受到过西方中等教育的年轻人，回到风云变幻之际的祖国，面对日本侵华日益加快的脚步，以及中山籍开办的四大百货公司在上海、广州以及香港的商业拓展，郭章赞的人生发展及职业生涯当有很多的选择。只是无法找到他此后的资料，对其日后发展无从谈及。他的父亲郭亚开当时已经入了澳籍，按照规定，其经营的店铺在超过一定数额的营业额（五千镑）之后，是可以申请亲属或族人前来作为帮手打理店铺的。换言之，郭亚开是有这个机会的。但遗憾的是，我们在澳洲档案馆里再也找不到有关郭章赞的信息。

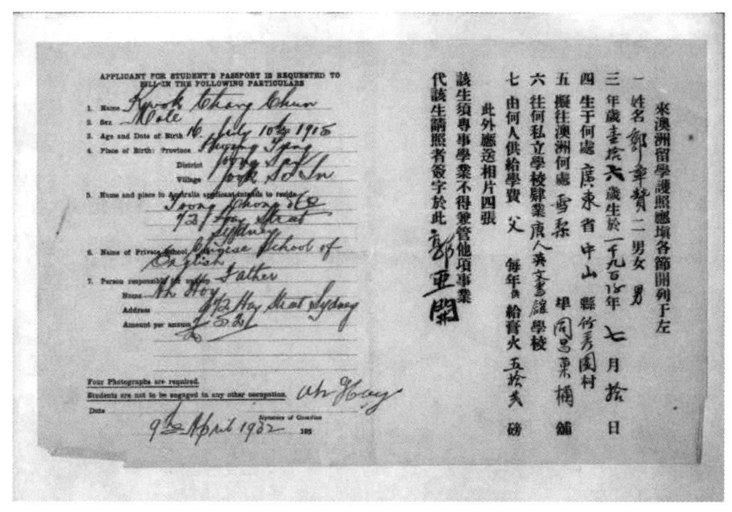

來澳洲留學護照應填各節開列于左

一 姓名 郭章贊 二 男女 男

三 年歲 壹拾六 歲生於 一千九百16年 七 月 拾 日

四 生于何處 廣東 省 中山 縣 竹秀園村

五 擬往澳洲何處 雪梨 埠 同昌果欄 舖

六 往何私立學校肄業 唐人英文書館 學校

七 由何人供給學費 父 每年供給膏火 五拾 磅

此外應送相片四張

該生須專事學業不得兼管他項事業

代該生請照者簽字於此 郭亚開

APPLICANT FOR STUDENT'S PASSPORT IS REQUESTED TO FILL IN THE FOLLOWING PARTICULARS

1. Name Kwok Chang Chun
2. Sex Male
3. Age and Date of Birth 16. July 10th 1916
4. Place of Birth: Province
   District
   Village
5. Name and place in Australia applicant intends to reside
   72 Hay Street
   Sydney
6. Name of Private School Chinese School of English
7. Person responsible for upkeep Father
   Name Ah Hoy
   Address 72 Hay Street Sydney
   Amount per annum £50

Four Photographs are required.

Students are not to be engaged in any other occupation. Ah Hoy

Signature of Guardian

Date 9th April 1932

一九三二年四月九日，郭亚开为其子郭章赞在中国驻澳大利亚总领事馆申请护照和签证所填写的申请表。

① Kwock Chung Chan [also known as Kwok Chang Chun] [includes Certificates of Exemption and left finger prints and left and right thumb prints] [box 324], NAA: SP42/1, C1936/4329。

12251

外交部為發給護照事

郭章贊

前往澳洲雪梨

中華民國廿一年五月十三日

姓名 郭章贊
年歲 十六歲
職業 學生
籍貫 廣東中山
國籍 中國

H.P. Chun
CONSUL-GENERAL

SEEN AT THE DEPARTMENT OF THE INTERIOR, CANBERRA, AUSTRALIA.

ASSISTANT SECRETARY, DEPARTMENT OF THE INTERIOR, CANBERRA, AUSTRALIA.

19th May 1932

Valid until 19th May 1935.

PASSPORT

The Ministry of Foreign Affairs of the Republic of China requests all civil and military Authorities of Foreign States to let pass freely MASTER KWOK CHANG CHUN

going to SYDNEY, AUSTRALIA, VIA PORTS

and afford assistance in case of necessity.

Name KWOK CHANG CHUN
Age 16
Profession STUDENT
Native place KWANGTUNG
Nationality CHINESE
Height
Personal description

Signature of Bearer

一九三二年五月十三日，中国驻澳大利亚总领事陈维屏为郭章赞签发的中国护照中文页及签证页。

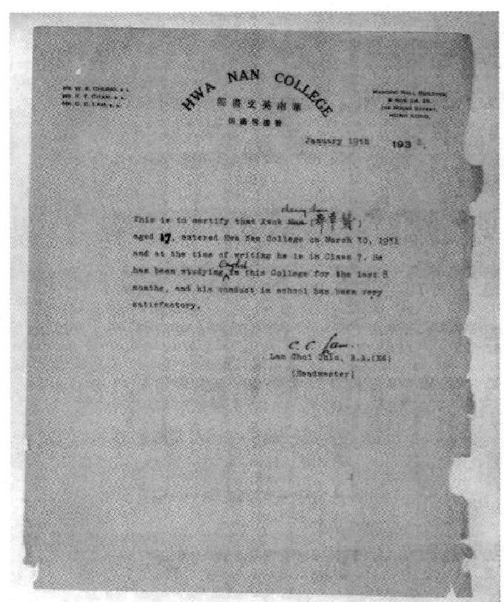

HWA NAN COLLEGE
華南英文書館

January 19th 1932.

This is to certify that Kwok Chang Chun (郭章贊) aged 17, entered Hwa Nan College on March 30, 1931 and at the time of writing he is in Class 7. He has been studying English in this College for the last 8 months, and his conduct in school has been very satisfactory.

C. C. Lam.
Lam Choi Chiu, B.A.(Ed)
(Headmaster)

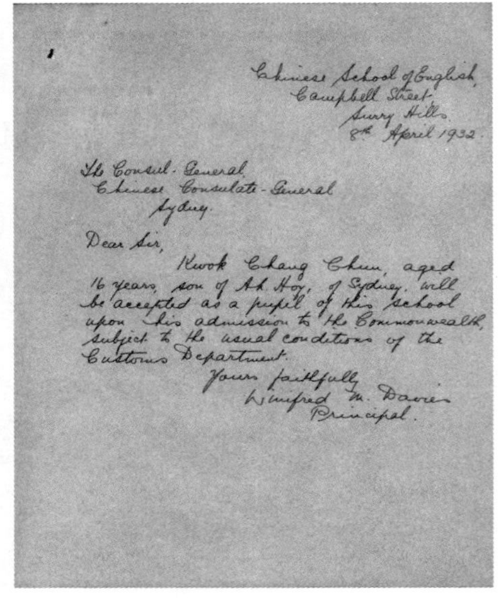

Chinese School of English,
Campbell Street,
Surry Hills.
8th April 1932.

The Consul-General,
Chinese Consulate-General
Sydney.

Dear Sir,

Kwok Chang Chun, aged 16 years, son of Ah Hoy, of Sydney, will be accepted as a pupil of this school upon his admission to the Commonwealth, subject to the usual conditions of the Customs Department.

Yours faithfully
Winifred M. Davies
Principal.

左为一九三二年一月十九日香港华南英文书院校长给郭章赞写的推荐信；右为一九三二年四月八日唐人英文书馆馆长戴雯丽小姐给郭章赞的录取信。

档案出处（澳大利亚国家档案馆档案宗卷号）：

Kwok Chang Chun - Student's passport, NAA: A1, 1936/773

鸦打学应

香山石岐

鸦打学应（Arthur Hock Ing），生于一九一五年七月十五日，香山县石岐人。这个名字，前面的那个“鸦打”是其自己的名字，后面的“学应”则是其父亲的名字。这种以父名为姓而在前面再加上一个英文名的现象，在十九世纪末二十世纪初的澳大利亚华人中比较常见；但也给后人造成了很大影响，就是无法探知其真实的中文姓名。

鸦打的父亲学应出生于一八七六年，大约在一八九七年便已赴澳发展。档案显示，他是先去到鸟修威省（New South Wales）登陆入境，很快便立下脚跟，在一九〇四年之前已经取得了在澳长期居住权。[①]之后他去到昆士兰省（Queensland）北部的重镇汤士威炉埠（Townsville）寻找机会，但到一九一〇年便回国探亲，十二年后才返回原地。随后，就在该埠开设了属于自己的商铺，以自己的名字命名，称为学应号（Hock Ing & Co.）。根据该埠的华人雷姓比较集中，且雷姓的“学”字辈人数较多的特点，推测学应也应该是雷

① Ah Choong, Charlie Sing, Jan Lee, Ah Zuong, Fong Kee, Poey Sang (Sydney NSW), Yee Gock and Hock Ing [Certificate of Domicile - includes left hand impression and photographs] [box 4], NAA: ST84/1, 1904/171-180。

姓。[①]

一九二八年初，鉴于儿子鸦打即将届满十三岁，学应决定将其办理到他所在的地方留学。三月三日，他出具财政担保书，以监护人的身份填妥申请表，递交给中国驻澳大利亚总领事馆，申领儿子鸦打学应的赴澳留学护照和签证。他以自己经营的学应号商铺作保，允诺每年供给膏火二十六镑，以作儿子鸦打来澳留学期间所需之费用，要将其安排入读天主教会在汤士威炉创设的圣玛丽书院（St. Mary's College）。

接到申请后，中国驻澳大利亚总领事馆很快便完成了护照审理。当年五月一日，由总领事魏子京给鸦打学应签发了号码为501/S/28的中国学生护照，然后在次日将其与其他申请材料寄送澳大利亚内务部，为这位中国小留学生申请入境签证。内务部秘书按照流程，行文昆士兰省海关将学应的财务状况及其与签证申请者的关系予以详查，以便决定批复与否。昆士兰海关的回应比较拖沓，直到六月二十日，方才回复。

调查显示，学应的商铺大约是在一九二四年间正式开业，位于汤士威炉埠的白马街（Palmer Street）上，他本人是最大的股东，其他人只是小额随股而已，因而由他主持管理，主要经营日用品及果蔬等产品。预计到该月底截止的财政年度里，其年营业额会有二千五百镑，算得上经营有方；其货仓中所囤积的商品价值约三百镑，而这样的财务状况显然与其举止有据，为人甚好，公平交易有关，何况他还在银行有三百镑的活期存款，以备随时调用。他自一九一〇年十月十七日从汤士威炉搭乘"太原号"（Taiyuan）轮船回国，直到一九二二年四月三日才乘坐"获多利号"（Victoria）轮船回到该

① 从澳大利亚华文报纸披露出来的汤士威炉及其周围的华人在二十世纪头二十年里的赈灾捐款人员名单来看，以"学"字为其中间名者，基本上都是雷姓，如雷学列、雷学清、雷学美、雷学汀、雷学诚等等。根据当时粤人赴澳是兄弟同往、宗亲抱团、乡梓互助等特点来看，可以推测，学应也极有可能是姓雷，全名很有可能应该是雷学应。上述赈灾捐款人名单，详见："筹赈三省灾民捐款：昆省汤士威炉埠"，载雪梨《民国报》（*Chinese Republic News*）一九二〇年十二月四日，第五版。

埠。[①]由此可知，鸦打只是他在上述回国十二年间所生养的子女之一。内务部秘书检索所有结果都符合条件，遂于七月五日批复了上述签证申请。

中国总领事馆从内务部拿回钤盖入境签证章的护照后，立即寄往学应指定的香港金山庄，由后者负责转交给鸦打并安排行程。一俟船期确定，早就做好准备的鸦打便由家人送至香港，在此登上驶往澳大利亚的“天咑号”（Tanda）轮船，于当年九月十九日抵达汤士威炉港口，顺利入境。学应提前赶到海关，将儿子接出来后，把他安顿在自己的商铺里。

尽管父亲此前已经安排好了学校准备让儿子去就读，但鸦打可能是不愿意进入由师姑管理及任教的圣玛丽书院念书，而是选择进入仍然是由天主教会创办但由神父或修士主持及任教的基督兄弟会书院（Christian Brothers' College）上学。刚开始入学的头半年时间，可能是水土不服，鸦打经常生病而不得不经常请病假。但自一九二九年下半年开始，这种现象逐渐减少，到一九三〇年就好多了。在此期间，他的在校表现和各科学业成绩都令人满意。

就在一九三〇年九月拿到了下一个年度的展签后刚刚一个月，中国驻澳大利亚总领事宋发祥致函内务部秘书，表示十五岁的鸦打需要回国探亲，希望申请再入境签证，以便在结束探亲之后重返汤士威炉读书。内务部秘书检索过去两年基督兄弟会书院提交的例行报告，显示鸦打的各方面表现都很正面，而且该申请也符合规范，便于十月十八日批复了该申请，准允鸦打在离境之日起算的十二个月内重返澳洲。

原本鸦打预订好了船票，准备在十月二十四日搭乘路经汤士威炉驶往香港的“天咑号”轮船离境回国。但在十月二十五日，宋发祥总领事突然再函内务部秘书，告知因学应近期身体不好，深受风湿病和神经痛等疾病折磨，遂要求儿子退掉船票，等待他身体康复一些再离开澳洲。为此，宋总领事将此事告知内务部秘书，表示鸦打仍然是要回国探亲，只是行程需要推后，而

---

① Certificate Exempting from Dictation Test (CEDT) - Name: Ah Kong or Hock Ing - Nationality: Chinese - Birthplace: Canton China - departed for China per TAIYUAN 17 October 1910 returned Townsville per VICTORIA 3 April 1922, NAA: J2483, 336A/013。

具体到何时启程，他也无法确定，要看学应的病情恢复程度如何。如此，直到十二月十八日，鸦打方才登上另一艘“利罗号”（Nellore）轮船离境回国。

再入境签证有效期是一年，但鸦打并没有在一九三一年底按期返回澳洲。一九三二年一月，新任中国驻澳大利亚总领事陈维屏出访昆士兰省各大城市，在汤士威炉埠见到了学应，后者请其代为申请儿子再入境签证展延到当年五月份，理由是他的身体近期有所康复，可以照顾儿子了，因而希望他回来继续念书。之所以延到五月份，在于昆士兰省北部地区属于热带，目前正是炎暑时期，到五月份之后就没有那么酷热。为此，陈维屏总领事回到雪梨（Sydney）驻地后，立即于同月十八日致函内务部秘书，为鸦打申请再入境签证展延。由于上述再入境签证刚刚过期不久，陈维屏总领事又是按例申请展延，手续正规，理由正当，故八天后内务部秘书就予以批复，将其有效期展延至六月三十日。然而，在上述日期前，鸦打还是没有抵达澳洲。当年十二月二十日，陈维屏总领事再次致函内务部秘书，告知因鸦打健康原因，过去大半年里都没有康复，无法旅行，其父希望他能尽快好起来，再重返澳洲留学读书，故希望再为其展签一年的时间，届时他应该可以过来澳洲。内务部秘书接到上述来函后，很给面子，立即如其所请。十二月二十三日，他正式通知批准了鸦打的再次展签，但签证期限从本年七月一日起算，有效期仍然是到下一年的六月三十日。

一九三三年五月二日，将满十八岁的鸦打搭乘“彰德号”（Changte）轮船回到了汤士威炉。在离开澳洲回国探亲两年半之后，海关人员发现，鸦打的英语还是相当的不错，这表明在回国的这段时间里，他很可能就读的是教会学校或者中英文双语学校，甚至是去到香港或者澳门念书。他告诉海关人员，仍然会重返基督兄弟会书院继续念书。而海关也不含糊，当场便依照惯例，核发给他十二个月有效的留学签证。

然而，在儿子刚回到汤士威炉重返学校不到两个月，学应便通过当地的一家律师行申请回头纸，要回国探亲，最主要是治病和疗养。他表示自己的身体非常不好，必须尽快回去治病及休养一段时间，计划在月底就走。鉴于他目前的身体健康状况，他自己也无法保证届时是否可以上船，而如果身体不允许，他将在八月底时离境。因其离开一段时间，其店铺需要有人代为经营。前两年，他曾经有过一次回国探亲，走之前安排好让其表亲代为经营其店铺；可是结果显示，这位亲戚根本就无法独立经营管理，频频叫急，逼得他提前结束探亲，早早地赶回来接管自己的生意。[①]现在，他再也不能请这样的亲戚代为经营，而且其亲戚也不会同意再做这件事，实在是吃力不讨好。为此，唯有儿子可以代为经营。只是如此做，则他势必要从学校退学，如果还继续上学，则既读不好书也管不好店。因此，他希望内务部秘书能批复其子转变身份，即将其留学签证转为工作签证。更进一步说，他此次回国治病疗养，按惯例是申请三年的回头纸，但预期是一年后能够返回澳洲，毕竟他的生意还是要做下去，可是如果届时身体不允许的话，他还需要在国内多待些时日；如此一来，儿子鸦打还需继续代其经营商铺。为此，他希望内务部秘书在批复其转换身份时，能给予比较灵活的处理，即鸦打届时还可以申请展签并希望能获得批复。

接到上述申请后，内务部秘书便通过汤士威炉海关了解学应的情况。海关税收副监对学应比较了解，便于七月七日提交了一份报告。根据他的了解，目前学应号商铺的存货价值计有三百五十镑，而在刚刚过去的财政年度里其银行累计存款显示其营业额有九百八十六镑，换言之，其年营业额肯定是超过一千镑的；由此看来，虽然此时经济不景气，但他的生意还是有一些底子。由于学应身体有病，此前他曾经想过将生意卖掉，但鉴于目前各种小生意都不景气，没有买家，即便想贱价处理掉，在短期内也无法做到。作为海关人员，税收副监表示，完全相信学应所说的无法找到合适的替工代其经营，因为目前市场上确实有失业人士可以充数，但其能力是否可以担起这个责任就无法保证，而真有这个能力的人，目前失业市场上又找不到。而他的儿子鸦打自来此间留学便与父亲住在店铺里，英语也好，耳濡目染，显然比

① Certificate Exempting from Dictation Test (CEDT) - Name: Ah Kong Hock Ing - Nationality: Chinese - Birthplace: Canton - departed for Hong Kong per NELLORE 18 December 1930 returned Townsville per TAIPING 1 December 1931, NAA: J2483, 481/94。

其他人更适合代替父亲经营其商铺。对于学应所说的无法确认何时能够返回的问题，税收副监认为，按照他目前的身体状况，很显然一年内很难返回，医生也表示希望他回家能稍微待长一点的时间，这样对其身体康复有利，为此，建议对此代工设置一个期限是必要的。由此可见，税收副监基本上是站在学应这一边为其说话。内务部秘书再通过基督兄弟会书院及其他途径了解到，鸦打在校表现和学习都令人满意，因而于八月四日批准了鸦打代父经营其店铺，期限为一年，期满后如果父亲仍未能返回，他可以申请展签，可累计总共三年的替工年限。当然，该项批复还有一个条件：待其父亲返回澳洲后，他须在一个月内将生意交还。然后，如果仍想重返学校念书，可立即注册入读；但如果不想再读书了，则须在一个月内离境回国。

而在上述等待的过程中，学应也将替工之事告知中国总领事馆，故陈维屏总领事在八月二十九日向内务部秘书提出了同样的申请。后者于九月四日复函告知，已经处理好此事了。而学应从申请回头纸开始，就已经开始手把手地教儿子如何进出货品，如何记账，如何控制损耗，如何应对顾客等一系列的经商方法，好在他此前就在旁观察，已有一定基础，因而很快上手。待一切安排妥当，九月二十九日，学应便在汤士威炉埠港口搭乘过路驶往香港的“彰德号”轮船，返回中国去了。[①]

鸦打就这样接管了父亲的店铺，代父经营。而他的签证性质虽然变了，但其有效期还是从这一年他的入境之日起算。故到次年四月份，陈维屏总领事以学应仍未康复无法归来为由，为鸦打申请下一年度的展签。内务部早就预料他会申请额外的展签，因而很爽快地予以批复。到一九三五年四月，当陈维屏总领事以同样的理由申请鸦打下一个年度展签时，内务部就比较慎重了，需要先看看鸦打的业绩。海关反馈的信息显示，上一个财政年度其营业额为一千零五十镑，净利润为二百零三镑。对于这样的业绩，内务部秘书认为鸦打的表现令人满意，遂于五月九日再次批复其展签。

---

① Certificate Exempting from Dictation Test (CEDT) - Name: Ah Kong Hock Ing - Nationality: Chinese - Birthplace: Canton - departed for China per CHANGTE 29 September 1933 returned Townsville per CHANGTE 3 July 1936, NAA: J2483, 514/79。

可是就在一九三五年的年底前后，鸦打将父亲的学应号商铺关闭并最终出手了，然而他在此后的几个月里并没有回到学校上课，而是住在一位同宗叔伯雷添寿（Louie Tim So）的店铺里，后者在汤士威炉开设有一间名为利合号（Lee Hop & Co.）的商店。①当海关人员获悉他的上述行踪时，已经到了一九三六年的四月份。此时，学应已经打电报过来，表示将在五月底乘船回到汤士威炉；而海关人员要求鸦打去上学时，他拒绝了，表示要等父亲回来后再做出最后决定，但基本上确定是返回中国。眼见鸦打是如此打算，而其父亲也确实正在返回的路上，海关人员觉得等待个把月就会有结果，遂将此间的情况上报给内务部秘书，由其定夺。而后者对此无计可施，只好等待。

然而，进入六月份，原定在上月底就回来汤士威炉的学应并没有抵达。六月三十日，忍无可忍的内务部秘书致函中国总领事陈维屏，对学应的言而无信非常不满，也对鸦打赖着不走深恶痛绝，直接要求中国总领事馆采取行动，尽快安排就近离澳赴港的一艘轮船，让其随船回国。还没有等到中国总领事馆的回复，学应便乘坐“彰德号”轮船于七月三日返回了汤士威炉。五天后，他致函内务部秘书，表示他计划近期要在汤士威炉埠或者远去昆士兰省西北部矿区的郎架厘埠（Cloncurry）买一间杂货商铺经营，需要儿子帮手经营，故为鸦打申请十二个月的展签。

就在这个时期，海关人员才知道学应回来了，去跟他说须尽快安排儿子回国；他也表示，到月底就让儿子搭乘从美利滨（Melbourne）返航路经该埠的同一艘“彰德号”轮船离境；但他也一再强调，如果他买下新的生意，确实是需要儿子帮手才行。海关人员则表示，鸦打早就应该走了，他的签证五月一日便已到期，现在已经超过了两个月。即便想让儿子来帮他，也必须先让他回国，然后再申请他出来帮助经商。但学应对此还是做了两手准备，即一边答应为儿子预定好月底的船票，一边与中国总领事馆联络，请其出面代为申请鸦打的展签。七月十四日，陈维屏总领事致函内务部秘书，表示虽然按规定鸦打是应该在签证到期就须返回中国，但目前其父亲正在重组生意，

① Louie See [Tim So] and imports, NAA: J2773, 156/1930。

在这种情况下，自然很需要帮手，其子自然是最佳选择。为此，他希望内务部秘书能体谅学应的处境与需要，正式将鸦打的学生签证转为工作签证，让其留下来协助父亲。但是，内务部秘书以学应目前所说的只是一个计划，没有明确到底要经营什么性质的生意，以及投资的金额是多少，而预期的年营业额将要达到多少，更重要的是，该项生意是否涉及出口贸易，而所有这些需要提交给内务部考虑的事项，学应一项也没有说明。据此，内务部部长接到秘书的汇报后，对其请求不予考虑，拒绝了以上申请。

一计不成，再施一计。七月二十二日，陈维屏总领事再函内务部秘书，告知汤士威炉的亚合（Ah Hop）[①]在该埠开店多年，现在想要回国探亲，需要找人代为经营其店铺，正好有经验的鸦打可填补这个空缺。为此，陈总领事吁请内务部秘书给予这位中国青年这个机会，让其留下来代亚合经营。对于这个申请，内务部秘书表示，必须要先核查亚合商铺的规模及年营业额，才能最终做出决定。鸦打明白，亚合本来经营的就是小生意，即便查出亚合商铺的经营规模，恐怕拒签的可能性极大，为此，只能三十六计，走为上。

一九三六年八月二十日，鸦打在汤士威炉登上驶往香港的“太平号”（Taiping）轮船，告别父亲，返回中国。

不算其中回国探亲两年半的时间，鸦打总计在澳留学前后五年半，但真正在校读书加起来也就是两年半左右，其余时间都是为其父亲代营生意。尽管他没有完成学业，但却在生意经营方面有所历练，这对其回国后的发展显然大有裨益。

---

① 亚合生于一八八四年，但在一八九九年便已来到澳洲，在汤士威炉自营商铺。见：Ah Hop, NAA: J2481, 1899/58; Hop, Ah - Nationality: Chinese [Occupation - Storekeeper] [Born 12 June 1884] - Alien Registration Certificate No 296 issued 23 October 1916 at Townsville, NAA: BP4/3, CHINESE HOP AH。

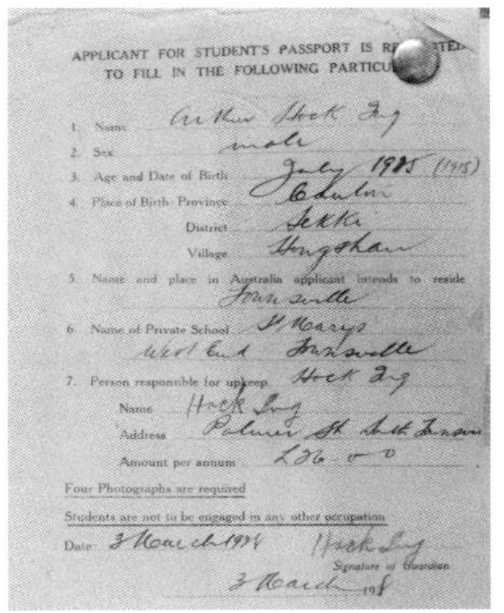

APPLICANT FOR STUDENT'S PASSPORT IS RE[QUES]TED TO FILL IN THE FOLLOWING PARTICU[LARS]

1. Name Arthur Hock Ing
2. Sex male
3. Age and Date of Birth July 1905 (1915)
4. Place of Birth: Province Canton
   District Sekki
   Village Hongshan
5. Name and place in Australia applicant intends to reside Townsville
6. Name of Private School St Marys West End Townsville
7. Person responsible for upkeep Hock Ing
   Name Hock Ing
   Address Palmer St South Townsville
   Amount per annum £26-0-0

Four Photographs are required

Students are not to be engaged in any other occupation

Date: 3 March 1928 Hock Ing Signature of Guardian

3 March 1928

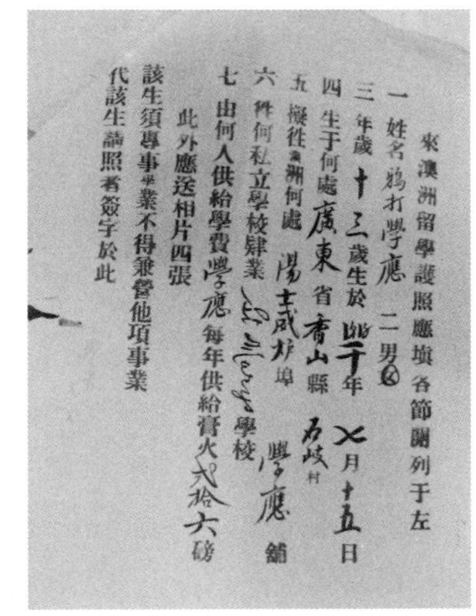

來澳洲留學護照應填各節開列于左

一 姓名 鴉打學應 二 男女

三 年歲 十三歲生於 民國四年 七月十五日

四 生于何處 廣東省 香山縣 石岐村

五 擬往澳洲何處 湯士威炉埠 學應舖

六 往何私立學校肄業 St Marys學校

七 由何人供給學費 學應 每年供給膏火 弍拾六磅

此外應送相片四張

該生須專事學業不得兼營他項事業

代該生請照者簽字於此

一九二八年三月三日，学应以监护人的身份填表，递交给中国驻澳大利亚总领事馆，申领儿子鸦打学应的赴澳留学护照和签证。

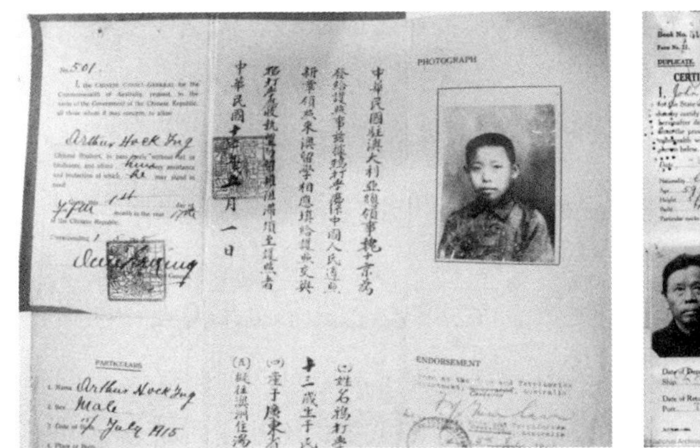

No. 501

Arthur Hock Ing

中華民國駐澳大利亞總領事魏子京為

中華民國十七年五月一日

PHOTOGRAPH

PARTICULARS

1. Name Arthur Hock Ing
2. Sex Male
3. Date of Birth July 1915

ENDORSEMENT

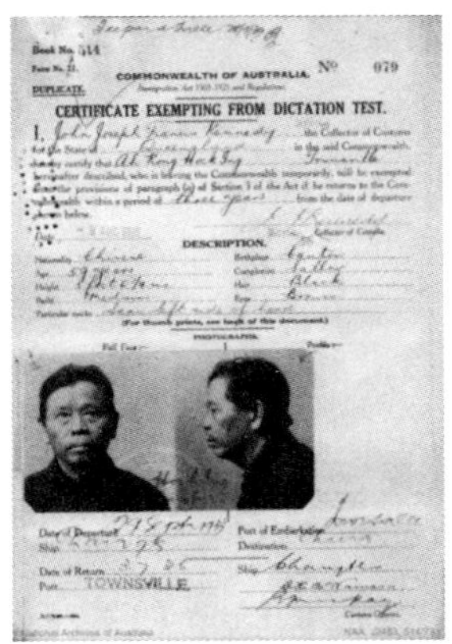

COMMONWEALTH OF AUSTRALIA. No 079

DUPLICATE.

CERTIFICATE EXEMPTING FROM DICTATION TEST.

DESCRIPTION.

PHOTOGRAPHS.

Date of Departure

Ship

Port of Embarkation

Destination

Date of Return

Port TOWNSVILLE

Ship

左：一九二八年五月一日，中国驻澳大利亚总领事魏子京给鸦打学应签发的中国学生护照；右：一九三三年，雷学应申请的回头纸。

档案出处（澳大利亚国家档案馆档案宗卷号）：

Arthur Hocking - Student Passport, NAA: A1, 1936/263

张国权

香山鸦岗村

张国权（C Kwok Hing），出生于一九一五年九月四日，香山县鸦岗村人。张翼鸿是他的父亲，于一八九八年从家乡来到澳洲发展。但张翼鸿在来到澳洲后，在当地所用的英文名字与一般的在澳华人略有不同，即非按照韦氏音标拼写，亦非只是加上一个洋名在名字之前而其姓仍是中文读音而按韦氏音标书写，或者是以名代姓的英文拼音，而是完完全全地使用一个彻底西化的洋名和洋姓，叫作Charles Dickson。他在鸟修威省（State of New South Wales）辗转打工，最终定居于雪梨（Sydney），并开有一间商铺，经营杂货，股份和生意价值五百镑。

到儿子张国权年满十一岁之时，张翼鸿想把儿子接来澳洲，在自己身边念书，遂于一九二六年十一月九日，填具申请表，以当时自己经营的名为德信号（C. Dickson）[①]的商铺作为担保，承诺每年供给儿子足镑膏火费，即保证负担其在澳所有的学费和其他相关费用，向中国驻澳大利亚总领事馆申请儿子张国权的留学护照和签证。为预留学位，他事先已经获得当地华人英文学校（Chinese School of English）校长戴雯丽小姐（Miss Winifred Davies）接纳张国权入读该校的录取信。中国总领事馆接获这份申请之后，很快就做了处理。两个星期之后的十一月二十三日，总领事魏子京给张国权签发了中国

① 在雪梨当地华文报刊中，可以见到德信号的活动踪迹。最早是在一九〇六年的捐赈活动。见："救济同胞"，载雪梨《东华报》（*The Tung Wah Times*）一九〇六年十月二十七日，第五版。

留学生护照，号码是454/S/26，并在当天就给澳大利亚内务部去函，为张国权申请入境签证。

内务部秘书接到申请后，就按照流程指示海关进行下列调查：一、张翼鸿在一九一五年前后之出入境记录，以检视其回中国探亲的时间与张国权之出生日期是否相吻合；二、张翼鸿目前之生意与财务状况；三、张翼鸿之操行。海关接到指示后，行动迅速，到十二月八日，就完成任务。其调查结果显示：一、张翼鸿的杂货铺德信号位于列坟区（Redfern）的鸭庇钦比街（Abercrombie Street）第二百五十六号，截至一九二六年六月三十日的统计，其上一财政年度的营业额为三千九百七十七镑，毛利润为四百九十二镑。该商行现有一华裔雇员，周薪为四镑十六先令。从一九二五年十一月开始，张翼鸿签了一张租赁上述铺址的三年租约，年租金为一百一十七镑。二、张翼鸿目前在英国、苏格兰与澳洲银行（The English, Scottish & Australian Bank）有一百六十六镑的存款，数额不算小；其个人品行良好，遵纪守法；三、张翼鸿在一九一五年并未返回中国探亲，但当时他的太太来到澳洲探亲与他住在一起，其入境签证有效期是到当年三月二十二日到期，她于四月二十一日在雪梨乘坐“圣柯炉滨号”（St Albans）轮船前往香港回国。换言之，她回国四个多月后生下了张国权。显而易见，在回国前她在澳洲就已怀孕数月。就是说，张国权与张翼鸿的父子关系是成立的。根据上述报告，内务部秘书确认所有一切都符合规定，遂于十二月二十六日为张国权签发了入境签证。

在收到中国留学生护照和签证半年之后，张国权便从香港乘坐“彰德号”（Changte）轮船，于一九二七年七月六日抵达雪梨，入境澳洲。一周之后，他就正式入读华人英文学校。刚开始，校长例行报告显示，其各项表现皆属令人满意。但仅仅过了三个月，戴雯丽小姐就致信内务部报告说，自九月底以来，张国权就自行转学去了达令顿公立学校（Darlington State School）上学，她对此不告而别的行为非常不满；而更重要的是，张国权去读的学校还是属于公立性质。内务部接到戴雯丽小姐的报告后，也很不高兴，认为这属于违规行为，即于十月十八日致函中国总领事馆，强调按照已经修订过的

《中国留学生章程》新规，中国留学生只能上政府认可之私立学校而不允许再读公立学校，除非是在新规实施之前就已来澳读书，已经注册入读公立学校。因此，张国权必须立即从上述公立学校退学，返回原来注册的私立学校或进入其他私校就读，否则将立即将其遣返中国。中国总领事馆经核查，得知是因张翼鸿考虑到儿子与他是住在列坟区，每天由此前往雪梨城里上学太远了些，故就近将其送往附近的达令顿公立学校念书。经中国总领事馆晓以利害，张翼鸿表示愿意遵守规定，于十月二十四日又将其子转回到华人英文学校念书，直到次年年底。

但张国权在雪梨的留学生涯，从一九二七年七月下半学年算起，到一九二八年底下半学期结束，仅仅只有一年半左右的时间。尽管在年中已经获得了下一个年度的延签，但他仍在一九二八年十二月十五日，即该学年结束之时，与父亲一起在雪梨乘坐“太平号”（Taiping）轮船离开澳洲，返回中国去了。此时，张国权年方十三岁。他于此时回国的原因，是父亲张翼鸿需要回国探亲，预计为期两年，因他不愿意留下张国权独自一个人在澳留学无人照顾，故而将其一同带回中国去，意欲回中国让他读书两年以巩固其中国文化的教育基础。为此，回国之后，张国权就被父亲送入澳门接受教育。

在决定回国的同时，张翼鸿也希望在其结束中国探亲返回澳洲之时，张国权仍能随其返澳继续留学。为此，他通过中国总领事馆向内务部申请张国权的再入境签证，并以拿到手上的华人英文学校校长戴雯丽小姐同意接受张国权继续返回该校念书的录取函，作为申请张国权再入境签证的支持文件。内务部接获申请后，经审核，同意给予张国权十二个月内再入境签证，该签证从张国权离境澳洲时开始生效。

一九二九年十二月，因尚未准备好再来澳留学，张翼鸿为儿子申请一年延签，获得同意；再过了一年，仍以同样理由申请延签，又获得批准。只是在此之后，澳洲档案中再未见到与张国权相关的文件资料。换言之，不知此后张国权是否最终来到澳洲完成学业，抑或就此留在澳门或去别的地方留学或发展。

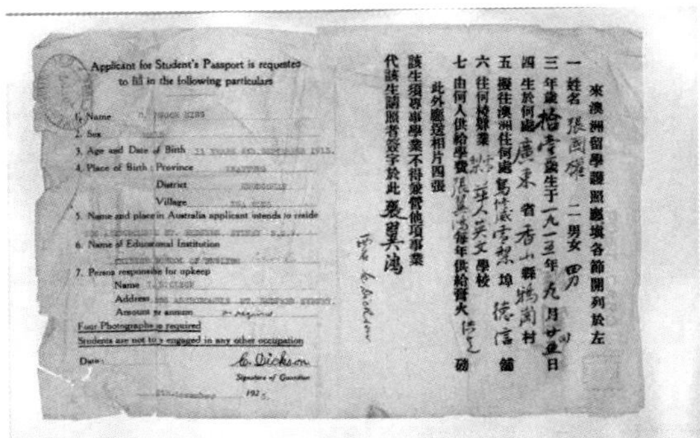

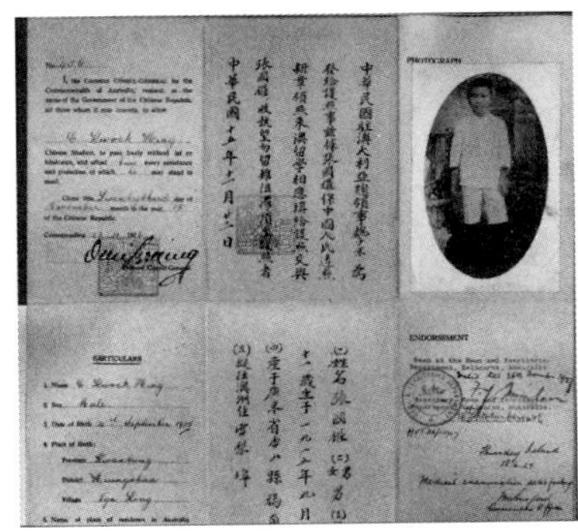

左：一九二六年十一月九日，张翼鸿向中国驻澳大利亚总领事馆申请儿子张国权来澳留学护照和签证所填写的申请表；右：一九二六年十一月二十三日，中国驻澳大利亚总领事魏子京给张国权签发的留学护照。

档案出处（澳大利亚国家档案馆档案宗卷号）：

C Kwok HING - Student passport, NAA: A1, 1930/11628

李洪元

香山石岐市

李洪元（Lee Hoong Yuen），出生于一九一六年一月十六日，香山县石岐市[①]人。其父名李协益（Lee Hip Yick），又名威莲生（William Sing），生于一八八三年八月十四日，约在一九〇〇年，即澳大利亚联邦成立之前一年桴海南渡，进入澳洲打工创业[②]，最终在澳洲昆士兰省（Queensland）东北部之重镇坚时埠（Cairns）立足，开有一间小店，成为水果杂货经营商。

到李洪元十一岁时，父亲李协益想让儿子来澳洲读书受教育。一九二七年三月十八日，李协益将一纸申请递交到位于美利滨（Melbourne）的中国驻澳大利亚总领事馆，申请办理儿子李洪元来澳留学之护照及入澳留学签证。李协益以其在坚时经营的与人合股开办之协益公司（Hip Yick & Co.）作保，承诺每年供给其子李洪元足镑膏火费，即承担其子在澳期间所有的学费、生活费和医疗保险等费用。同时，在递交上述申请表的三天之前，李协益也已经为其子报名入读位于坚时埠的由天主教会主办的圣莫尼卡学校（St Monica's School），并将该校校长开具的录取确认信与上述申请资料一并递交上去。

接到李协益递交的申请之后，中国驻澳大利亚总领事馆通过一个多月的

① 护照申请表上填的是“石岐市”。

② Sing, William [Chinese born Canton 14 August 1883, arrived in Australia 1900 lived in Cairns, storekeeper], NAA: J25, 1948/5878。

核实与处理，于四月二十七日，由总领事魏子京为李洪元签发了中国留学生护照，号码是430/S/27。次日，魏总领事备函寄送澳大利亚内务部秘书，请其根据所附转给他的申请资料和他本人所签发的护照，为李洪元留学澳洲核发入境签证。

内务部在接到中国留学生的申请之后，即进入标准化的审理流程之中。四月二十九日，内务部指示昆士兰省首府庇厘士彬（Brisbane）海关，请其核查李协益返回中国探亲的来往记录，以及他在当地的生意状况和品行。五月五日，海关确认了李协益曾于一九一四年五月二十五日回中国探亲，是从坚时埠乘坐“衣市顿号”（Eastern）轮船赴香港转回国的，直到一九一五年七月九日才从香港乘坐“圣柯炉滨号”（St Albans）轮船返回澳洲，入境地点仍然是坚时。[①]其子李洪元生于次年一月，距他离开中国仅半年之久，故在其离开家乡时，显然其妻已怀孕，李洪元是其亲生骨肉应无疑义。又过了十几天，即五月十六日，庇厘士彬海关再向内务部报告说，李协益的协益公司是与杨维利（Willie Young）[②]合股创办的，于上一年李协益从中国探亲返回澳洲后正式开张营业[③]，其年营业额约在六千至七千镑。调查表明，李协益操守无瑕，口碑甚好。换言之，李协益对其子的财政担保显然没有什么问题。既然监护人暨担保人李协益之各项条件皆符合要求，内务部自然没有理由拒签，遂于六月八日正式为李洪元核发入境签证。

在拿到李洪元的入境签证之后，中国驻澳大利亚总领事馆就按照流程，马上将其邮寄到他在中国的家里。但李洪元仍然在国内等了半年之久，方才得以成行。最主要原因是他年纪尚小，为其安排行程的相关金山庄和家人须在乡间寻觅是否有人赴澳，届时可将其携带上，充任其旅途中的监护人，方

---

① Certificate Exempting from Dictation Test (CEDT) - Name: William Sing (of Cairns) - Nationality: Chinese - Birthplace: Canton - departed for China per EASTERN on 26 May 1914, returned to Cairns per ST ALBANS on 9 July 1915, NAA: J2483, 146/63。

② 杨维利生于一八八五年，比李协益早来到澳大利亚发展。见：Young, Willie - Nationality: Chinese - Arrived Brisbane on unknown vessel in 1899, NAA: BP25/1, YOUNG W CHINESE。

③ Certificate Exempting from Dictation Test (CEDT) - Name: William Sing (of Cairns) - Nationality: Chinese - Birthplace: Canton - departed for China per SS EASTERN on 15 February 1917, returned to Cairns per CHANGSHA on 31 August 1926, NAA: J2483, 193/81。

可赴澳。由是，直到一九二八年一月二十六日，他才得以乘坐从香港出发的“太平号”（Taiping）轮船，抵达坚时埠。

在父亲的店铺里稍事休憩十天之后，二月六日，十二岁的李洪元便由父亲领着，去到早已为他注册好的坚时圣莫尼卡学校读书。根据学校的报告，他的学习成绩还算令人满意，也对学习英语很感兴趣，遵守校规，操守甚佳。如果能保持这样的状态，李洪元显然是可以应付在澳洲之学习的。

可是，仅仅只在坚时留学半年，到当年的七月二十四日，李洪元就在坚时埠乘坐停靠该港的“吞打号”（Tanda）轮船，驶向香港回国了。导致他短暂留学后就急匆匆地回国之原因为何，无论是中国总领事馆之报告还是海关的通报，都没有只字涉及。此后，澳洲再未见到与李洪元相关的入境报告，可知他这是一去不返。

但检索其父李协益的出入境记录，可以发现，他也是在当天与儿子乘坐同一艘轮船离开澳洲回国探亲的。[①]由此可以推测，可能是家里有急事，需要李协益赶回去，他因儿子太小无人照顾，只好将其一并带回；而且因走得太过匆忙，来不及知会中国总领事馆及内务部。此后，李协益未有向中国驻澳大利亚总领事馆提出代办儿子的再入境申请。这也许是因为李洪元此前学习跟不上，萌生退意；或许是生活不习惯，导致身体不适，需要回国调养；也许还有其他原因，故一旦回到国内，便不再愿意重返澳洲学习，李协益只好作罢，到次年底，只能独自返回澳洲。

无论如何，李洪元的澳洲留学，可谓来去匆匆。

---

① Certificate Exempting from Dictation Test (CEDT) - Name: William Sing - Nationality: Chinese - Birthplace: Canton - departed for China per TANDA 23 July 1928 returned Cairns per TANDA 16 December 1929, NAA: J2483, 440/77。

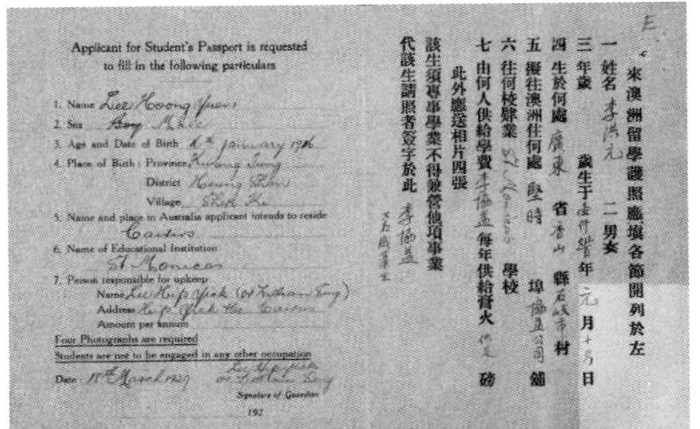

Applicant for Student's Passport is requested to fill in the following particulars

1. Name Lee Hoong Yuen
2. Sex Boy Male
3. Age and Date of Birth 6th January 1916
4. Place of Birth : Province Kwang Tung
   District Heung Shan
   Village Shek Ki
5. Name and place in Australia applicant intends to reside Cairns
6. Name of Educational Institution St Monicas
7. Person responsible for upkeep
   Name Lee Hip Yick (of Kwan Tung)
   Address Hip Yick Co Cairns
   Amount per annum

Four Photographs are required

Students are not to be engaged in any other occupation

Date: 18th March 1927 Lee Hip Yick

Signature of Guardian

192

來澳洲留學護照應填各節開列於左

一 姓名 李洪元 二 男女

三 年歲 生于 年 元 月 十 日

四 生於何處 廣東 省 香山 縣 石岐市 村

五 擬往澳洲住何處 堅時 埠 協益公司 舖

六 往何校肄業 St Monicas 學校

七 由何人供給學費 李協益 每年供給膏火 磅

此外應送相片四張

該生須專事學業不得兼營他項事業

代該生請照者簽字於此 李協益

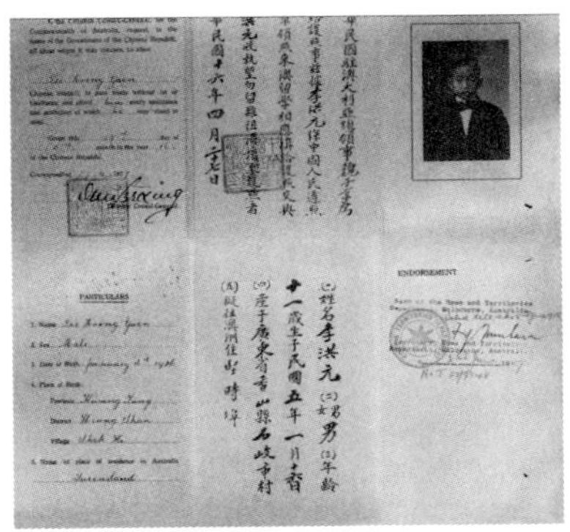

左：一九二七年三月十八日，李协益为其子李洪元来澳留学向中国驻澳大利亚总领事馆申请护照和签证所填写的申请表；右：一九二七年四月二十七日，中国驻澳大利亚总领事魏子京为李洪元签发的中国护照。

档案出处（澳大利亚国家档案馆档案宗卷号）：

Lee Hoong Yuen Student passport, NAA: A1, 1927/9348

刘棣怡

香山谿角村

刘棣怡（Thomas Henry Quay），一九一六年正月十八日出生，香山县谿角村人。其父刘裔蕃（Charles Quay），据他自称是在澳大利亚出生的华人，随后跟父母回到中国，大约是在民国成立之前两年，即一九〇九年，只身桴海重返澳大利亚，最终定居于鸟修威省（New South Wales）西北部距雪梨（Sydney）四百多公里的奈若敏镇（Narromine），经营着一个以自己名字命名的店铺，叫作C Quay Store。

一九二九年，刘棣怡十三岁了，刘裔蕃希望将其接来澳大利亚读书。遂于当年六月五日向仍然位于美利滨（Melbourne）的中国驻澳大利亚总领事馆提交申请，申领刘棣怡赴澳留学的护照和签证。他以自己所经营的C Quay店铺作保，承诺每年为刘棣怡供给膏火七十八镑，包括学费、医疗保险和生活费以及往返中澳之船资等开销。同时，他为儿子选择入读的学校是当地的教会学校，名为梅西修会书院（Convent of Mercy）。该书院院长亦出具证明，表示会录取刘棣怡为该书院学生。

当时担任中国驻澳总领事的是新到任的宋发祥，他在接手馆务之后，便着手处理刘裔蕃的申请。七月二十六日，宋总领事为刘棣怡签发了中国留学生护照，编号547/S/29；同时，他当天就备函，将刘棣怡的护照和申请资料寄送澳大利亚内务部，请求其按照规例给这位中国少年核发入境留学签证。

在接到刘棣怡的签证申请之后，内务部循例对这位申请者的监护人亦是他的父亲刘裔蕃的相关情况予以调查，以确认其提供之资料与实际情况相符。经过约一个半月不同部门的反复公文往来及调查，认为刘裔蕃在奈若敏镇经营之店铺规模还不算小，资本达一千镑，生意状况良好；其人口碑也不错，品行端正。但问题在于他与刘棣怡的亲缘关系，当局持否认态度。鉴于刘裔蕃是一九〇九年十一月一日才来到澳洲，自此之后，澳洲海关记录表明，他总共返回中国探亲两次：其一，一九一一年十一月十六日到一九一三年十月三十日；其二，一九二一年十月一日到一九二三年十二月十七日。而申请表中写明的刘棣怡的出生日期，是一九一六年正月十八日，根据出入境记录，这段时期的前后年份，刘裔蕃压根儿就没有回去过中国，显然，澳洲当局认为他们之间的亲缘关系不成立，故决定不予核发签证。

宋发祥总领事在接获内务部的拒签决定通知之后，经咨询刘裔蕃，得知内情，遂在十月七日再次致函内务部秘书，澄清刘棣怡是刘裔蕃领养的儿子。他强调说，根据中国的传统，领养的儿子也是被视为家庭的亲生儿子等同对待的，既合情、合理，也合法。也就是说，无论从哪一个方面讲，他们的父子关系都是成立的。为此，他特别希望澳洲当局能考虑到这种情况，予以重新评估，给刘棣怡核发签证。但宋发祥总领事的这一努力未能奏效，一个多星期之后，内务部秘书复函，坚持前议。这次拒签的理由是，根据修订的《中国留学生新章程》新规，年龄在十至十四岁之间的中国小留学生，来澳时必须有其父母陪同，或者该生之父母已经是定居澳洲之永久居民。而刘棣怡并不符合上述条件。

然而，在刘裔蕃的坚持下，宋发祥总领事没有放弃申请，还想就此事做进一步的努力。十月十八日，他再一次致函内务部秘书，就其拒签理由提出异议。宋总领事在信中表示，根据他所掌握的资料，刘棣怡原先出生于一个十分贫穷之家庭，在其出生仅仅几个月之后，就为刘裔蕃（由其老家之亲属具体代办）所领养，由刘家极力抚养成人。就其个人而言，刘棣怡实际上并不知道自己是被领养的，他已将刘裔蕃视为自己的亲生父亲。而刘裔蕃对这个领养的儿子也视为己出，感情极深。现在刘棣怡已经十三岁，而刘裔蕃本人作为他的父亲就居住在澳大利亚，鉴于事实上他们之间的这种父子关系，是完全符合上述这个留学生章程的。因此，宋总领事恳切希望内务部考虑到这种实情，从而改变前议，为刘棣怡能留学澳洲提供方便。对于宋总领事这一次的抗争和申诉，内务部几个不同层级的官员，经过认真的讨论，于十一月十四日复函说，他们最终还是认为，不能把《中国留学生章程》中的有关法律上认可的父子关系延伸到领养的父子关系上，这是两个不同范畴里的概念，不能混淆。换言之，他们尽管对宋总领事表述的刘裔蕃和刘棣怡之间事实上的父子关系表示同情和理解，但仍然不能在此事上额外开恩，打破惯例。一句话，还是拒签。

宋发祥总领事显然对这样的结果并不满意，他还想为此做最后的努力。十一月下旬，他从雪梨前往澳大利亚首都堪培拉（Canberra），专程拜会内务部部长，陈述该养子来澳留学的专案，提请部长重新考虑其拒签的决定。对此，内务部部长当面表示将如其所请。随后，宋总领事又于十一月二十九日，以私人信函的形式，写信给内务部秘书堃澜（F J Quinlan），告知他与内务部部长沟通的情况与结果，请他协助办理，玉成此事；并随之以中国驻澳大利亚总领事馆的公函知照内务部，以期双管齐下，达成目的。可以看出，宋总领事为了能帮侨胞将此事办妥，已经竭尽全力，锲而不舍地沟通各方。

十二月二日，堃澜致函宋发祥总领事，告知内务部部长再次考虑整个专案之后，一仍其旧，维持前议。这说明，尽管宋总领事就此事专程拜会他，他也表示要重新考虑给予刘棣怡入境签证，但那极有可能是在敷衍中国外交官而已，实际上他并不愿意通融。最终，刘棣怡无法来澳留学。不过，宋发祥总领事为此事奔波几个月，还是尽了中国外交官最大的努力，这是值得充分肯定的。

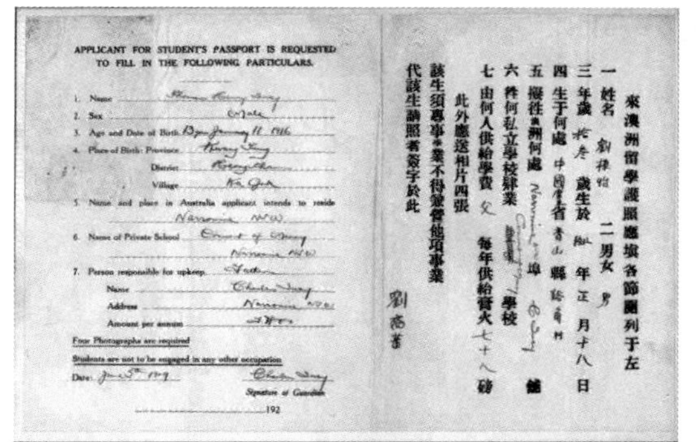

APPLICANT FOR STUDENT'S PASSPORT IS REQUESTED TO FILL IN THE FOLLOWING PARTICULARS.

1. Name Thomas Henry Quay
2. Sex Male
3. Age and Date of Birth 13 yrs January 11 1916
4. Place of Birth: Province Kwong Tung
   District
   Village
5. Name and place in Australia applicant intends to reside Narooma NSW
6. Name of Private School Convent of Mercy, Narooma NSW
7. Person responsible for upkeep Father
   Name Charles Quay
   Address Narooma NSW
   Amount per annum

Four Photographs are required

Students are not to be engaged in any other occupation

Date: June 5th 1929

Signature of Guardian

192

來澳洲留學護照應塡各節開列于左

一 姓名 劉棣怡 二 男女 男

三 年歲 拾叁 歲生於 一九一六 年 正 月 十八 日

四 生于何處 中國廣東省 香山 縣 稔谷 村

五 擬往澳洲何處 埠

六 往何私立學校肄業 學校

七 由何人供給學費 父 每年供給費大 七十八 磅

此外應送相片四張

該生須專事求學不得兼營他項事業

代該生請照者簽字於此 劉裔蕃

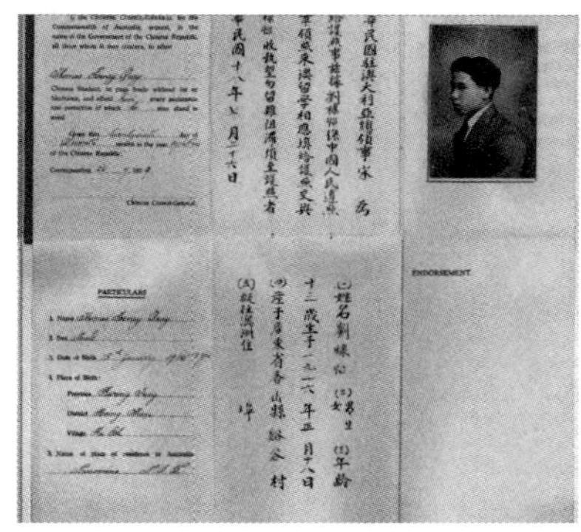

中華民國十八年七月二十六日

PARTICULARS

ENDORSEMENT

(一)姓名 劉棣怡 (二)男 (三)年齡 十三歲生于一九一六年正月十八日

(四)産于廣東省香山縣稔谷村

左：一九二九年六月五日，刘裔蕃为儿子刘棣怡来澳留学事宜所填写的申请表，向中国驻澳大利亚总领事馆申请其子之护照和签证；右：一九二九年七月二十六日，中国驻澳总领事宋发祥为刘棣怡签发的中国留学生护照。

档案出处（澳大利亚国家档案馆档案宗卷号）：

Thomas Henry Quay - student passport, NAA: A1, 1929/6848

李照三、李显华兄弟

中山涌边村

李照三（Joe Sam Lee）和李显华（Hin Wah Lee）是两兄弟。哥哥李照三出生于一九一六年二月四日，弟弟李显华出生于一九一九年三月二十四日，中山县涌边村人。

李家兄弟的父亲是李官信（George Lee，又写成Lee Go或Goon Sun）。李官信生于一八六九年，于一八九九年跟随乡人的步伐，从家乡桴海南渡，来到澳洲谋生求发展，先在昆士兰省（Queensland）北部闯荡，后又计划到鸟修威省（New South Wales）的雪梨（Sydney）发展。[①]他可能做过许多不同类型的营生，但最终还是以草医行世。流动的维生方式是他在澳洲生活的写照。

二十世纪二十到三十年代，来澳发展或定居的中山人申办子女前来澳洲留学，俨然已成风气，李官信自然亦不甘落后。鉴于两个儿子已过十岁，李官信也想把他们都申请来澳读书，希望他们入读雪梨中西学校（Chinese School of English），接受西方教育，以便日后他们的人生发展能有较大的优势。于是，一九三〇年五月九日，此时他本人在雪梨，遂就近向当时已经将驻地从美利滨（Melbourne）搬迁到雪梨的中国驻澳大利亚总领事馆递交申

① Certificate Exempting from Dictation Test (CEDT) - Name: George Lee or Lee Go (of Murwillumbah) - Nationality: Chinese - Birthplace: Canton - departed for China per NIKKO MARU on 14 March 1919, returned to Brisbane per ARAFURA on 3 May 1922, NAA: J2483, 266/1。

请，为俩儿子办理来澳之留学生护照和入境签证。[1]因当时他尚居无定所，因而无法以自己的生意或找什么商家作保，只是承诺每年给两个儿子各供给膏火银八十镑。当然，为支持自己的这个申请，李官信特别请位于雪梨华埠德信街（Dixon Street）六十二号商铺荣记公司（King Young & Co.）的经理钟胜利（Harry Young）作为自己财务上的保人，因后者收入稳定，个人财务状况良好。而他自己在雪梨期间，是暂时借住在德信街八十四号的广和昌号（Kwong War Chong & Co.）商铺里边，希望在其东主李春（Phillip Lee Chun）的帮助下，让他在当地寻觅到一个住址后再行搬出来。

递交上述申请资料时，李官信曾对中国总领事馆人员表示，他的两个儿子年岁渐大，希望在总领事馆帮助下能尽快办来澳洲留学念书。因此，中国总领事馆收到申请后，很快就予以处理，总领事宋发祥于五月二十二日为李家兄弟分别签发了编号为580/S/30和581/S/30的中国留学生护照后，当天便致函澳大利亚内务部，为他们申办入境签证。

按照惯例，通过海关核查此间之监护人是否有资格和能力资助其子女或亲属来澳留学，是澳大利亚内务部核发签证的依据。但相较而言，内务部对监护人李官信的审查显得更为严格和仔细。

六月初，雪梨海关的报告呈交给了内务部。根据报告，李官信虽然看起来是面善之人，但该人目前无业亦无固定居处，据说是正在寻找合适的生意，并希望能找到一个合适的地址作为医馆，继续做草医生意，既悬壶济世，亦养家糊口。而出入境记录显示，自其来澳谋生之后的三十一年间，李官信总共回中国探亲五次：一九〇九年七月至一九一〇年九月、一九一三年五月至一九一五年七月、一九一八年二月至八月、一九二一年十月至一九二三年九月、一九二五年五月至一九二九年三月。显然，他的上述两个儿子应分别在其第二次和第三次探亲回来澳洲之后所生，从月份上及生育规律来看，都还在探亲之结果范围内，即他们之间的父子关系成立，毋庸置疑。

但接到上述报告后，内务部对李官信的财务状况及担保能力还是有疑问。

---

① George Lee [also known as Lee Go and Lee Goon Sun] [application by George Lee for admission of his sons Hin Wah Lee and Joe Sam Lee, into the Commonwealth] [box 259], NAA: SP42/1, C1930/9776。

其一，当局想知道，距离其递交护照和签证申请材料已经一个月了，李官信此时是否已经找到住处，因为这涉及如果核发签证给其子来澳留学，他们来后住在什么地方，以及李官信对此有什么安排。其二，李官信在雪梨曾经住过多长时间？因其以前的回头纸都表明是由昆士兰省核发，那么，他第二次和第三次出入境澳洲的口岸是哪个呢？为此，内务部希望海关就此再进一步核查。同时，鉴于李官信说过，他曾在昆士兰的坚时埠（Cairns）居住过，内务部还在七月五日致函昆士兰海关，请他们去坚时查查，以确认李官信是否真的在那儿住过，以及从昆士兰口岸回国探亲的具体出入境日期。因搞清楚这些问题需要时间，内务部还特地函复中国总领事馆，针对其几次来函对此案审理进展的催问，告知处理情况，并表示问题一旦厘清，即会知照。

但此时李官信却离开了雪梨，去了别处。即便是他的朋友广和昌号商铺的老板李春，也不知道他现在何处以及何时再回到雪梨。因此，当中国总领事馆代表李官信再次催问签证审理结果时，内务部于十月底回复说，目前无法处理此申请，因为不知道李官信现在什么地方，希望中国总领事馆协助找到他的住址，方可予以处理。中国总领事馆随即提供了在坚时埠的Care Sye Chong & Co.商行的地址，谓可与该公司联络，便可知晓李官信之下落。虽然昆士兰海关确认了李官信回国探亲是从庇厘士彬（Brisbane）港口出入境的，但海关人员拿着李官信的照片给当地唐人街的华人看，则无人承认曾经见过他。直到十一月份，昆士兰海关人员终于在坚时见到了李官信本人，他还没有找到住处，临时借住在朋友家里。他告诉海关人员，他去雪梨的时间也就是今年五月份，只在那里待了一个月左右的时间，想在那里寻找发展机会而已；他其余在澳洲的时间，实际上都是待在昆士兰省，是在昆士兰省不同的地方打工或行医谋生。

经过大半年的核查对比，也动用了大量的人力和物力，辗转鸟修威和昆士兰两个省，前后衡量的结果，内务部以李官信目前经济状况不稳、居无定所为由，于十二月二十四日致函中国总领事馆，否决了李官信两个儿子的入境签证申请。

对于这种结果，许多人到此也就不再多想，此后也不再花心思重新申请，但李官信却不然，他还在继续寻找机会，创造条件，争取儿子能来澳留学。又过了一年半之后，即一九三二年七月十一日，新任中国总领事陈维屏接手了李官信的案子，再次为李家两兄弟留学澳洲申请签证之事致函澳大利亚内务部。他在信中特别强调说明，李官信最近两年里已经迁居到昆士兰北部的小镇丫打顿（Atherton）。在那里，李官信已经在该镇的主街租赁到住处，开设商铺，与香港做贸易，财务状况已经有了很大的改变。内务部接到该函后，表示可以接受再申请，但必须说明李家兄弟的英语水平如何，因为来澳中国留学生一旦超过十四岁，入境时需测试其是否具备初步的英语学识能力。

内务部的回函让李官信看到了曙光。于是，他在一九三三年二月一日重填申请表，希望内务部部长可以重新考虑让他的两个儿子来澳读书，并特别为照三和显华哥俩申请入读丫打顿的梅西修会书院（Convent of Mercy）。此时的李家兄弟已经被从家乡送到省城广州培正中学读书，因该校是美国浸信会所办，也教授英语，该校的黄启明校长（K. M. Wong）根据要求，分别为他们出具了介绍信，特别说明年届十七岁的哥哥李照三之英语刚刚入门，程度如何难以界定，但十四岁的弟弟李显华则已有初步的英语学识能力，即英语的听、说、写皆具备了一定的基础。

接到上述申请后，内务部又通过海关和警察局，专门针对李官信现在的财务状况做了一轮调查，前前后后耗时两个月之久。随后又将他之前的申请及其处理结果再翻出来进行了多次的讨论，主流意见认为，其目前的生意状况可以支撑其维持两个儿子的在澳留学费用。最终，内务部于五月四日函复中国总领事陈维屏，告知内务部部长同意给予李照三和李显华哥俩入境签证，但条件是哥哥李照三在入境澳洲时，必须向海关人员证明他已具备一定的英语表达能力。就是说，在入境过关时，海关人员需要对他的英语能力做个测试。

陈维屏总领事接到回复，自然很高兴，因为这表明他为此事所做的努力是有成效的。两天之后，他便重新签发李照三和李显华的中国留学生护照，编号分别为122590和122591，然后将它们送交内务部核发入境签证。五月十二日，内务部在护照上钤盖了入境签证章，有效期一年（亦即签证持有者须在一年有效期内入境澳洲）；签证到期后，还可申请展签。随后，陈维屏总领事便按照陈官信的指引，将上述两份附有签证印章的学生护照寄往中国的相关地址，以便其子尽快前来澳洲留学。

经过三年的不懈努力，李官信最终为两个儿子留学澳洲拿到了入境签证。但遗憾的是，在签证的有效期内，李家兄弟并没有像其父亲所期望的那样进入澳洲，去父亲为他们选定的学校读书，而且以后也再未见到有关他们的进一步档案信息。换言之，这两兄弟拿到了签证，但最终并没有来澳留学。至于是什么原因，不得而知。

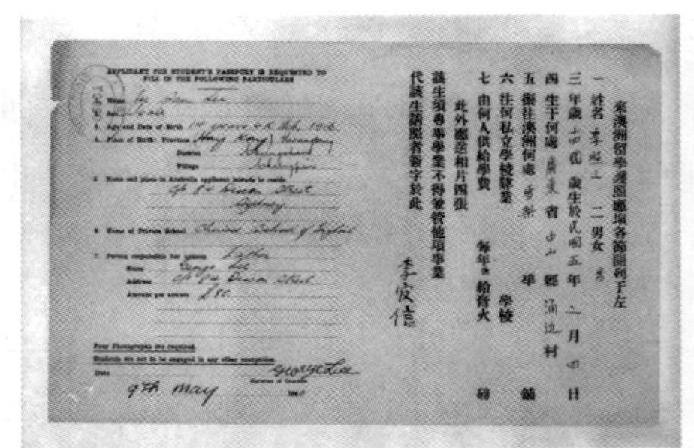

APPLICANT FOR STUDENT'S PASSPORT IS REQUIRED TO FILL IN THE FOLLOWING PARTICULARS

Four Photographs are required.
Students are not to be engaged in any other occupation.

9th May

來澳洲留學護照應塡各節開列于左
一 姓名 李照三 二 男女 男
三 年歲 十四 歲生於民國五年二月四日
四 生于何處 廣東 省 中山 縣 涌邊村
五 擬往澳洲何處 雪梨 埠
六 往何私立學校肄業 學校
七 由何人供給學費 每年 給費 磅
此外應送相片四張
該生須專事學業不得兼管他項事業
代該生請照者簽字於此

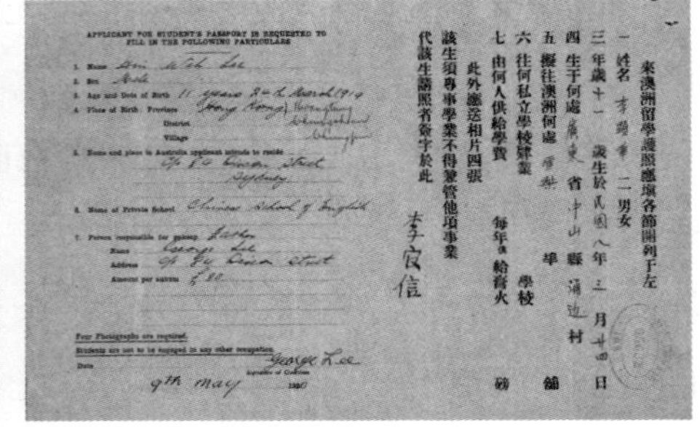

APPLICANT FOR STUDENT'S PASSPORT IS REQUIRED TO FILL IN THE FOLLOWING PARTICULARS

9th May

來澳洲留學護照應塡各節開列于左
一 姓名 李顯華 二 男女 男
三 年歲 十一 歲生於民國八年三月廿四日
四 生于何處 廣東 省 中山 縣 涌邊村
五 擬往澳洲何處 雪梨 埠
六 往何私立學校肄業 學校
七 由何人供給學費 每年 給費 磅
此外應送相片四張
該生須專事學業不得兼管他項事業
代該生請照者簽字於此

一九三〇年五月九日，李官信向中国驻澳大利亚总领事馆申请儿子李照三（左）和李显华（右）来澳护照和签证所填写的申请表。

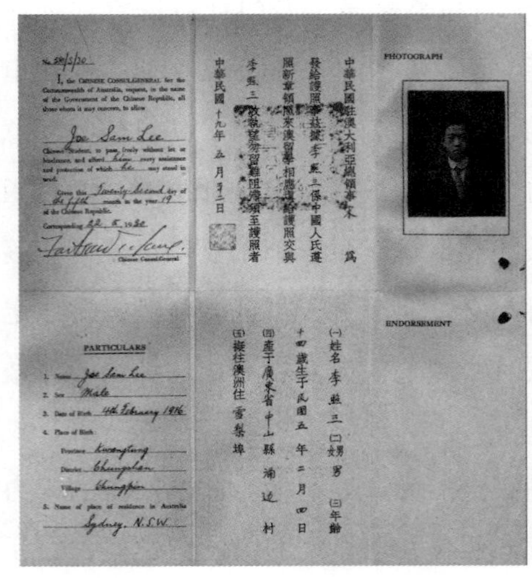

I, the Chinese Consul-General for the Commonwealth of Australia, request, in the name of the Government of the Chinese Republic, all those whom it may concern, to allow Joe Sam Lee Chinese Student, to pass freely without let or hindrance, and afford him every assistance and protection of which he may stand in need.

Given this Twenty-Second day of the fifth month in the year 19 of the Chinese Republic.

Corresponding 22. 5. 1930

Chinese Consul-General

中華民國駐澳大利亞總領事宋 爲
發給護照事兹據李照三係中國人民遵
照新章領照來澳留學相應填給護照交與
李照三收執望勿留難阻滯須至護照者
中華民國十九年五月廿二日

PHOTOGRAPH

ENDORSEMENT

PARTICULARS

1. Name Joe Sam Lee
2. Sex Male
3. Date of Birth 4th February 1916
4. Place of Birth:
Province Kwangtung
District Chungshan
Village Chungpin
5. Name of place of residence in Australia
Sydney. N.S.W.

(一)姓名 李照三 (二)男女 男 (三)年齡 十四歲生于民國五年二月四日
(四)產于廣東省中山縣涌邊村
(五)擬往澳洲住 雪梨埠

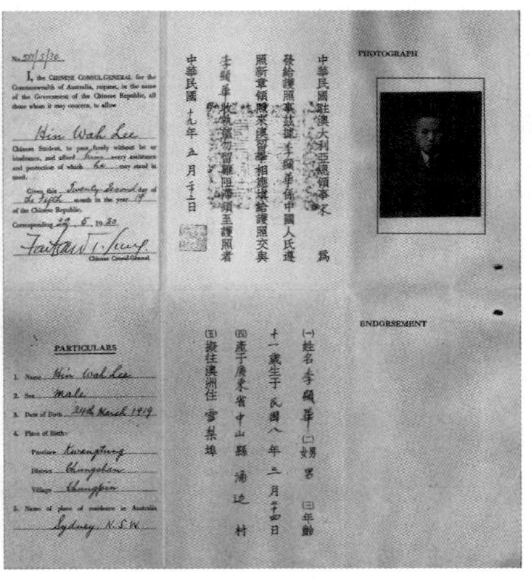

I, the Chinese Consul-General for the Commonwealth of Australia, request, in the name of the Government of the Chinese Republic, all those whom it may concern, to allow Hin Wah Lee Chinese Student, to pass freely without let or hindrance, and afford him every assistance and protection of which he may stand in need.

Given this Twenty-Second day of the fifth month in the year 19 of the Chinese Republic.

Corresponding 22. 5. 1930

Chinese Consul-General

中華民國駐澳大利亞總領事宋 爲
發給護照事兹據李顯華係中國人民遵
照新章領照來澳留學相應填給護照交與
李顯華收執望勿留難阻滯須至護照者
中華民國十九年五月廿二日

PHOTOGRAPH

ENDORSEMENT

PARTICULARS

1. Name Hin Wah Lee
2. Sex Male
3. Date of Birth 24th March 1919
4. Place of Birth:
Province Kwangtung
District Chungshan
Village Chungpin
5. Name of place of residence in Australia
Sydney. N.S.W.

(一)姓名 李顯華 (二)男女 男 (三)年齡 十一歲生于民國八年三月廿四日
(四)產于廣東省中山縣涌邊村
(五)擬往澳洲住 雪梨埠

一九三〇年五月二十二日，中国驻澳大利亚总领事宋发祥为李照三和李显华签发的留学护照。

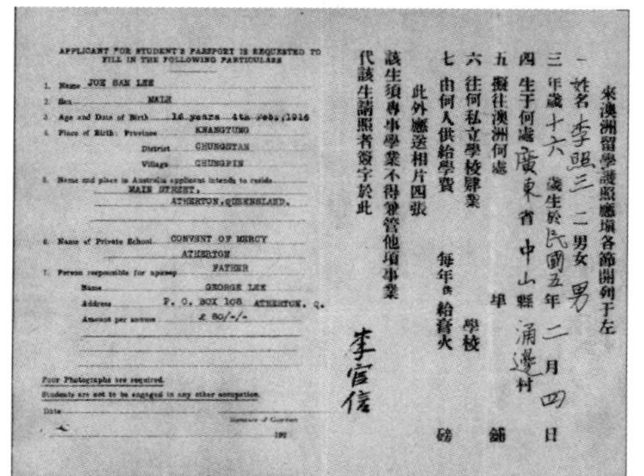

APPLICANT FOR STUDENT'S PASSPORT IS REQUESTED TO FILL IN THE FOLLOWING PARTICULARS

1. Name JOE SAM LEE
2. Sex MALE
3. Age and Date of Birth 16 years 4th Feb.,1916
4. Place of Birth: Province KWANGTUNG
   District CHUNGSHAN
   Village CHUNGPIN
5. Name and place in Australia applicant intends to reside MAIN STREET, ATHERTON, QUEENSLAND.
6. Name of Private School CONVENT OF MERCY ATHERTON
7. Person responsible for upkeep FATHER
   Name GEORGE LEE
   Address P. O. BOX 108 ATHERTON, Q.
   Amount per annum £ 80/-/-

Four Photographs are required.
Students are not to be engaged in any other occupation.
Date
Signature of Guardian

來澳洲留學護照應填各節開列于左
一 姓名 李照三
二 男女 男
三 年歲 十六 歲生於民國五年二月四日
四 生于何處 廣東省中山縣涌邊村
五 擬往澳洲何處 埠 舖
六 往何私立學校肄業 學校
七 由何人供給學費 每年供給膏火 磅
此外應送相片四張
該生須專事學業不得兼營他項事業
代該生請照者簽字於此 李官信

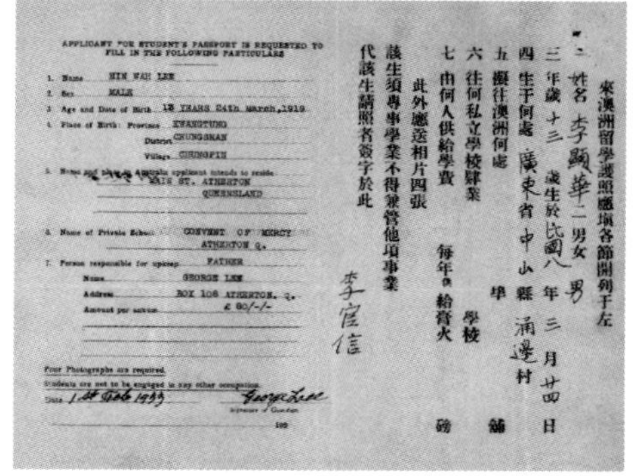

APPLICANT FOR STUDENT'S PASSPORT IS REQUESTED TO FILL IN THE FOLLOWING PARTICULARS

1. Name HIN WAH LEE
2. Sex MALE
3. Age and Date of Birth 13 YEARS 24th March,1919
4. Place of Birth: Province KWANGTUNG
   District CHUNGSHAN
   Village CHUNGPIN
5. Name and place in Australia applicant intends to reside MAIN ST. ATHERTON QUEENSLAND
6. Name of Private School CONVENT OF MERCY ATHERTON Q.
7. Person responsible for upkeep FATHER
   Name GEORGE LEE
   Address BOX 108 ATHERTON, Q.
   Amount per annum £ 80/-/-

Four Photographs are required.
Students are not to be engaged in any other occupation.
Date 1st Feb 1933 George Lee
Signature of Guardian

來澳洲留學護照應填各節開列于左
一 姓名 李顯華
二 男女 男
三 年歲 十三 歲生於民國八年三月廿四日
四 生于何處 廣東省中山縣涌邊村
五 擬往澳洲何處 埠 舖
六 往何私立學校肄業 學校
七 由何人供給學費 每年供給膏火 磅
此外應送相片四張
該生須專事學業不得兼營他項事業
代該生請照者簽字於此 李官信

一九三三年二月一日，李官信重新填写申请表，向中国驻澳大利亚总领事馆申请儿子李照三（左）和李显华（右）的来澳留学护照和签证。

档案出处（澳大利亚国家档案馆档案宗卷号）：

Hin Wah Lee - students passport, NAA: A1, 1932/5368

Joe Sam Lee - students passport, NAA: A1, 1932/5369

李子兆

中山石岐

李子兆（Lee Gee Chew，又写成Gee Chew），出生于一九一六年二月五日，中山县石岐人。

李子兆的父亲李福（Lee Foon，又写成Lee Foo）一八九八年来澳[①]，与兄长李彩（Lee Choy）[②]一同在雪梨（Sydney）唐人街开设一间名为广合号的肉铺（Kwong Hop Butcher）。一九二八年底，李福在中国探亲，决定把即将年满十三岁的儿子李子兆申办到雪梨留学念书。为此，他与兄长李彩商量，获大力支持。于是，在当年圣诞节之前的十二月十八日，李彩以监护人的名义，向中国驻澳大利亚总领事馆提出申请，为侄儿李子兆办理来澳留学生护照及入澳留学签证。李彩以其在雪梨经营的肉铺广合号作保，承诺每年供给膏火费一百五十镑，作为侄儿李子兆来澳留学各项开销。并在递交此申请之前一天，已为其报名入读位于雪梨唐人街附近的中西学校（Chinese School of English）。

由于此时已临近圣诞节，按照惯例，就算驻澳大利亚中国总领事馆以最快的速度处理李子兆的申请，亦难以赶在圣诞节之前，将所有处理好的申请材料递交到位于首都堪培拉（Canberra）的澳大利亚内务部。因此，只能按部

---

① Lee Foon [Chinese - arrived Cairns per CHONGSHA, 18 Sep 1898. Box 22], NAA: SP11/2, CHINESE/FOON LEE。

② 李彩来到澳大利亚打拼的年份应该是在一八八四年，并在一九〇三年获得永久居留权。见：Application for Domicile Certificate by Lee Choy, NAA: A1, 1903/7084。

就班进行审理。一九二九年新年过后，署理总领事吴勤训在一月十二日为李子兆签发了中国留学生护照，护照号码是529/S/29。两天之后，他便修书致函内务部秘书，请其根据所附申请资料和他本人所签发的护照，为李子兆留学澳洲核发入境签证。

一九二九年一月二十二日，内务部首先行文雪梨海关，请其提供李福返回中国探亲的来回年份与日期，以及他在当地的生意状况和品行记录。一周之后，雪梨海关报告说，李福首次从澳洲回国探亲的时间是一九一三年九月，返回澳洲是一九一五年八月，前后约两年。鉴于签证申请者李子兆的出生日期是一九一六年二月五日，是在李福离开中国返回澳洲六七个月后，说明他在离开中国之前，其妻已怀孕，可以确定李子兆系李福之子。而李福是上述广合号肉铺的合伙人之一，也是市政厅市场肉铺泗昌号（See Chong Co.）的合伙人，但有关其为人和品行，则无从打探。然而，李福本人财政的保人李春（Phillip Lee Chun）则大名鼎鼎，是雪梨华埠德信街（Dixon Street）广和昌号（Kwong War Chong & Co.）商铺的老板，为人诚实可靠，经济状况稳定，常为同乡作保，信誉可靠。在确认各项条件皆符合《中国留学生章程》的规定之后，二月十二日，内务部正式为李子兆签发了入境签证。

拿到护照约半年之后，一九二九年八月四日，十三岁的李子兆在父亲李福的陪同下，从家乡去到香港，乘坐“太平号”（Taiping）轮船抵达雪梨入境。稍事休整之后，他于八月十五日正式入读华人英文学校。根据学校的报告，李子兆的学习尚可，在校表现中规中矩。就这样，他波澜不惊地在华人英文学校度过了近一年半的时间。

事情的转折发生在一九三一年初。一月六日，代理中国驻澳总领事李明炎致函内务部秘书，谓李福因接国内信息，有紧急事务需其回国处理，时间约为一年。在此期间，其子李子兆如继续留澳念书，则无一近亲可以照顾[①]，为此，他不得不将儿子李子兆也一并带回中国。但这个孩子毕竟还年轻，仍需继续念书，日后方有前途，故恳请内务部能为其子一年后重返澳洲继续念书提

① 档案中未说明李福兄长李彩是否仍在澳洲抑或回了中国。

供再入境签证。接到这样的请求，如果事情属实的话，势无法予以拒绝；但在核发签证之前，内务部想确认李子兆重返澳洲后，要在什么学校念书，意即是重返华人英文学校抑或选择其他的私校，遂于十五日发函中国总领事馆询问。对于这类事情，中国总领事馆因有经验，知道如何应对，也为此做了准备，事实上也早就在十二日获得了华人英文学校校长戴雯丽小姐（Miss Winifred Davies）愿意接收李子兆重返该校念书的录取确认函，因而据此于十九日复函内务部。内务部收到该函之后，确认没有任何疑问，遂于一月二十三日，正式复函中国总领事馆，同意为李子兆再次入境澳洲念书提供签证。

在获得澳洲政府的满意答复之后的次日，即一九三一年一月二十四日，李子兆就和父亲李福登上了从雪梨驶往香港的“彰德号”（Changte）轮船，返回中国。此时的李子兆尚未满十五岁，也只是在澳洲留学一年半左右，正常情况下，他应该还是在上学的年纪，在一年内重返澳洲读书应该是最佳选择。但此后，他与父亲李福就一去不返，澳洲档案中再也没有李子兆入境雪梨的信息。换言之，即便他获得了澳洲政府的再次入境签证，他也没有重返澳洲。什么原因导致这样的结果，因无片纸资料查询，不得而知。

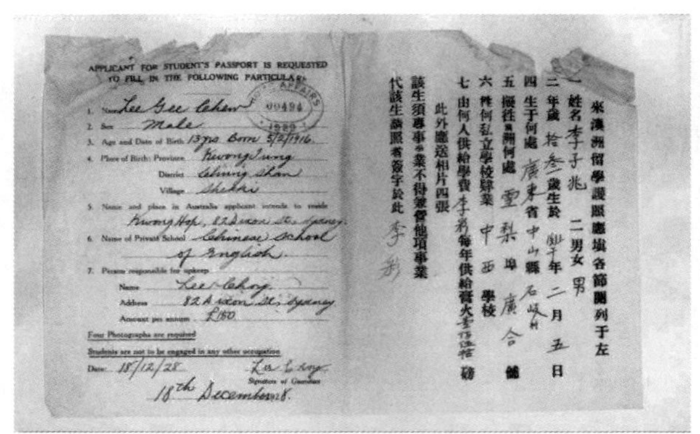

APPLICANT FOR STUDENT'S PASSPORT IS REQUESTED TO FILL IN THE FOLLOWING PARTICULARS:

1. Name Lee Gee Chew
2. Sex Male
3. Age and Date of Birth 13yrs Born 5/2/1916.
4. Place of Birth: Province Kwong Tung
   District Chung Shan
   Village Shekki
5. Name and place in Australia applicant intends to reside Kwong Hop, 82 Dixon St., Sydney
6. Name of Private School Chinese School of English
7. Person responsible for upkeep
   Name Lee Choy
   Address 82 Dixon St., Sydney
   Amount per annum £150

Four Photographs are required

Students are not to be engaged in any other occupation

Date: 18/12/28 Lee Choy Signature of Guardian

18th December 28.

來澳洲留學護照應塡各節開列于左

一 姓名 李子兆 二 男女 男

三 年歲 拾叁 歲生於 卅五年 二 月 五 日

四 生于何處 廣東 省 中山 縣 石岐 村

五 擬往澳洲何處 雪梨 埠 廣合 號

六 將何私立學校肄業 中西 學校

七 由何人供給學費 李彩 每年供給若大 壹佰伍拾 磅

此外應送相片四張

該生須專事學業不得兼營他項事業

代該生簽限者簽字於此 李彩

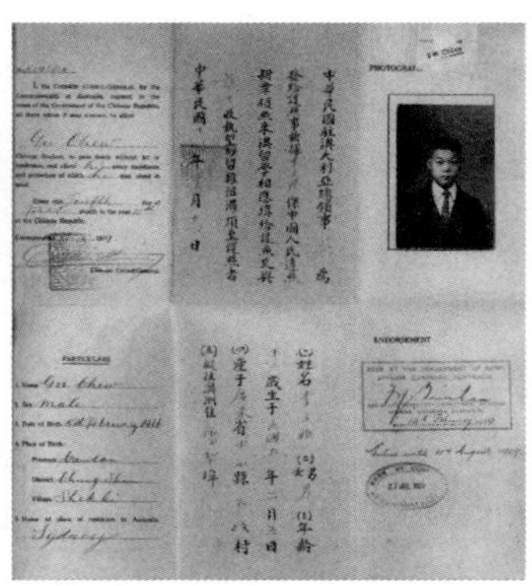

PARTICULARS

Gee Chew

Male

ENDORSEMENT

左：一九二八年十二月十八日，李彩为其侄子李子兆来澳留学所填写的申请表，代向中国驻澳大利亚总领事馆申领其护照和签证；右：一九二九年一月十二日，中国驻澳大利亚署理总领事吴勤训为李子兆签发的中国护照。

档案出处（澳大利亚国家档案馆档案宗卷号）：

Gee Chew Students Passport - Naturalization Certificate, NAA: A1, 1931/356

林华海

中山新村

林华海（Lum Wah Hay），出生于一九一六年二月五日，中山县新村人。是前面提到的林树标（Lum See Bew）[①]的弟弟。

一九二八年九月[②]，为了申办林华海来澳留学，父亲林祥（Lum Chong）[③]填好申请表，递交给中国驻澳大利亚总领事馆，申办次子林华海的中国留学生护照并请求代办入境签证。根据前面林树标的档案文件，此时的林祥刚刚从中国探亲回来，鉴于儿子林树标已经返回到此前就注册好的雪梨中西学校（Chinese School of English）就读，林祥也为林华海申请进入同一所学校留学。他还是像五年前申办儿子林树标来留学一样，以雪梨华人最大的出入口商行之一的安益利公司（On Yik Lee & Co.）作保。不过，林祥这次须按《中国留学生章程》新规出具监护人声明，写明他是这家公司的一个主要股东，表明自己拥有包括该公司之股份在内的财产价值达两千镑，并承诺每年供给儿子林华海膏火费一百镑。

此时，原中国驻澳大利亚总领事魏子京刚刚去职回国，新任总领事宋发

① 详见：Lum See Bew - student passport, NAA: A1, 1929/2903。

② 日期不详。

③ 林祥大约是在十九世纪八十年代初便已来到澳大利亚发展。见：So Tine, Ah Hung, Lum Chong, Henry Gee Hon, Sing Kee, Mah Cow, Koot Gee, Harry Kum Chong (West Maitland NSW), Willie Sien Lee and Yee Sing [Certificate of Domicile - includes left hand impression and photographs] [box 3], NAA: ST84/1, 1904/91-100。

祥尚未履新，由署理总领事吴勤训办理林祥递交的申请，其于十月八日为林华海签发了编号为519/S/28的中国留学生护照。在完成分内例行工作后，他随即备函将材料转给澳大利亚内务部，请其为林华海核发入境签证。

在这个时间段里，林祥的大儿子林树标仍在澳洲留学，刚刚解除其过去的大半年时间里代理其父管理在雪梨的生意，重新回到学校去上课。因此，内务部秘书对林祥似乎并不陌生，但对于他此时才申请另一个儿子来澳留学，还是感到有些蹊跷，遂行文海关，要求对林祥的情况做个调查，以澄清一些疑云。

十一月一日，海关呈上了报告：

林祥与另外两位华人合伙在雪梨北部的图拉穆拉埠（Turramurra）开有一家果栏，专营果蔬和花卉。他本人不用下地栽花种菜，只是用马车向客户送货。他在该果栏的股份价值二百镑。此外，他也在安益利公司占有股份，价值四百镑。他个人在图拉穆拉埠还拥有两大块土地，总值四百镑，在英国、苏格兰与澳洲银行（English, Scottish and Australian Chartered Bank，即现在的澳纽银行［Australia and New Zealand Bank］的前身之一）喜市场分行，还有五百镑的存款。总之，其人财务状况良好，为人也不错，在当地颇有口碑，特别是在图拉穆拉埠名气不小。

但从其出入境记录来看，则颇有问题。根据海关记录，二十世纪一十年代的十年间，林祥离开澳洲回中国探亲的记录总共只有两次：其一，一九一四年五月三十日出境，当年十一月二十五日返回澳洲；其二，一九一九年二月二日出境，一九二〇年十一月十五日返回澳洲。前面申请表中所填具的其子林华海的出生日期是一九一六年二月五日，而一九一五年至一九一六年间的海关记录表明，这段时间里林祥根本就没有出境过澳洲，如何会有这个儿子呢?

从上述记录中，已经可以看出问题所在，内务部秘书认为事情已经很清楚，已经不需要再费精神去查了。于是，十一月九日，他复函中国总领事馆的吴勤训代总领事，呈上海关列出的上述出入境记录，直接表态说，申请材料上林祥所称的儿子林华海，事实上与他根本就没有亲缘关系，其父子关系不成立。因此，根据已修订实施的《中国留学生章程》新规，不能给林华海核发澳洲的入境签证。

收到中国总领事馆转来的内务部拒签复函之后，林祥没有申诉。显然他也知道，这件事让他自己给搞黄了，林华海无法以林祥儿子的身份前来澳洲留学。很有可能，林华海是林祥在家乡领养的儿子，确实与他没有血缘关系。他如果注意到自己以前回中国探亲日期这样的细节，填报其出生日期与此相吻合的话，以他的经济财政实力，要办理养子林华海来澳留学，显然是没有问题的。即便以林华海是其侄儿的名义申请赴澳留学，事实上也是可以获批的。他之所以对内务部的决定逆来顺受，也许是对自己的粗心铸成的错误懊恼不已；而如果再申诉下去，他无法再去应对此后的各项未知问题。

在澳洲的档案资料里，以后也没有发现任何与林华海相关的信息。

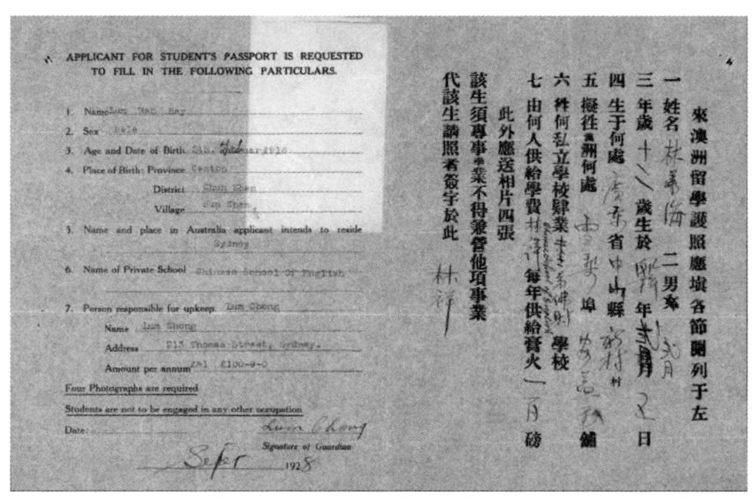
來澳洲留學護照應塡各節開列于左
一 姓名 林華海 二 男女
三 年歲 十八 歲生於 年 月 日
四 生于何處 廣東省中山縣
五 擬往澳洲何處 埠
六 在何私立學校肄業 學校
七 由何人供給學費 林祥 每年供給膏火 一百 磅
此外應送相片四張
該生須專事學業不得兼營他項事業
代該生請照者簽字於此 林祥

APPLICANT FOR STUDENT'S PASSPORT IS REQUESTED TO FILL IN THE FOLLOWING PARTICULARS.
1. Name
2. Sex
3. Age and Date of Birth
4. Place of Birth: Province Canton
District
Village
5. Name and place in Australia applicant intends to reside Sydney
6. Name of Private School Chinese School of English
7. Person responsible for upkeep Lum Chong
Name Lum Chong
Address 213 Thomas Street, Sydney.
Amount per annum £100-0-0
Four Photographs are required
Students are not to be engaged in any other occupation
Date: Sep 1928
Lum Chong
Signature of Guardian

一九二八年九月，林祥所填写的申请表，向中国驻澳大利亚总领事馆申请儿子林华海来澳留学护照和签证。

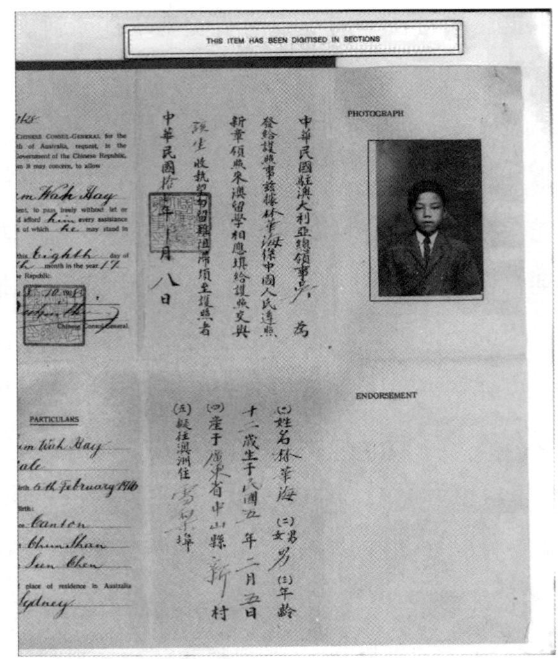

一九二八年十月八日，中国驻澳大利亚署理总领事吴勤训给林华海签发的留学生护照。

档案出处（澳大利亚国家档案馆档案宗卷号）：

Lum Wah Hay - student passport, NAA: A1, 1928/10072

郭彩霖

中山竹秀园村

郭彩霖（Andrew Choy Lum），生于一九一六年二月七日，中山县竹秀园村人。他的父亲名叫郭彩（Andrew Cork Choy），一八七四年出生。[①]十六岁时，郭彩便跟随乡人桴海南下，前来澳大利亚寻找新的生活。从澳大利亚东北部的昆士兰省（Queensland）登陆入境后，他一路南下，进入鸟修威省（New South Wlaes），最终定居于雪梨（Sydney）。直到一九一一年，他在获得了澳洲永久居住权后，才得以回国探亲，结婚生子。[②]后因永安果栏（Wing On & Co.，亦称永安公司）在雪梨的发展，他得以为该果栏主要股东亦即其同宗郭氏兄弟所吸纳，进入该果栏做工。

一九二九年五月十三日，郭彩填表，向中国驻澳大利亚总领事馆申办十三岁的儿子郭彩霖赴澳留学事宜。他以其做工的永安果栏作保，允诺每年供给膏火五十镑，作为儿子来澳留学所需各项支出，要将儿子安排入读位于沙梨山区（Surry Hills）的钦布街英文学校（Chinese School of English, Campbell Street, Sydney）。为此，他已经从该校校长戴雯丽小姐（Miss Winifred Davies）那里拿到了录取信。

---

① CHOY Andrew Cork: Nationality - Chinese: Date of Birth - 8 October 1874: Arrived per SS VICTORIA: First Registered at Thursday Island, NAA: MT269/1, VIC/CHINA/CHOY ANDREW。

② Min Gin, Min Yip, Harry Garping, Jim Kie Toon, Joe Sing, Andrew Cork Choy, Mark Jackman Yee War, Low Zuay Ching, Low You and Gum Eng [Certificate Exempting from Dictation Test - includes left hand impression and photographs] [box 45], NAA: ST84/1, 1911/71/31-40。

中国驻澳大利亚总领事馆受理后，很快便审理完毕上述申请。五月二十九日，新任总领事宋发祥给郭彩霖签发了号码为542/S/29的中国学生护照。当天，他便修书内务部秘书，为这位中国学生申请入境签证。内务部秘书通过海关了解到，郭彩是永安果栏的店员，周薪四镑，虽无银行账户，但却在永安果栏存有三百镑，且随时可以调用这笔钱。也就是说，他有能力负担得起儿子来澳期间的留学费用。与此同时，海关也翻出了一份出入境记录，显示郭彩在一九一五年二月二十二日离境回国探亲，到次年六月二十六日方才回到雪梨。[①]而其子郭彩霖正是在他这次回国探亲期间出生，显示出他们之间具有生物学意义上的父子关系。内务部秘书虽然觉得郭彩的财务状况一般，但因永安果栏总经理郭朝（Gock Chew）[②]作为其保人，以其公司强大的财务实力作为支撑，则完全可以解除任何人对签证申领者的财务顾虑。于是，六月二十七日，内务部秘书批复了郭彩霖的留学签证。但他在批复函中强调，鉴于郭彩霖明年二月七日年满十四岁，如果他在此日期之后抵澳，则须按《中国留学生章程》新规，在入关时需测试其英语能力，以确定他是否具备初步的基础英语学识，才能决定是否准其入境。当然，在此日期前入境，则不受此规定之影响。

在中国的郭彩霖接到由中国总领事馆寄来的护照后，立即通过香港的永安公司订妥船票。随后，他由家人送到香港，在此搭乘驶往澳洲的“彰德号”（Changte）轮船，于当年九月九日抵达雪梨，顺利通关。因郭彩当天要守在店里工作，无法前去接船，郭朝便代其前往海关，将郭彩霖接出来，安顿在他父亲做工的永安果栏欧田模路（Ultimo Road）店铺住处。

十月八日，郭彩霖正式去到钦布街英文学校注册入读。他在这里一直读到次年年中上半学期结束，其间各项表现皆令人满意。到一九三〇年七月

---

① Ah Yee, Hin Joong, Andrew Cork Choy, Willie Ah Gun, Mew Sun, Mew Gip, Ah Poon, Chun On Loong, Ah Hing and Yin Lee [Certificate Exempting from Dictation Test - includes left hand impression and photographs] [box 83], NAA: ST84/1, 1915/166/61-70。

② 郭朝是中山县竹秀园村人，是郭彩的宗亲，早在十九世纪八十年代便已来到澳大利亚发展，是创办永安果栏的老股东。有关郭朝的档案，见：Chew Gock [Chinese - arrived Cooktown per SS EASTERN. Box 23], NAA: SP11/2, CHINESE/GOCK CHEW。

份时，戴雯丽校长向内务部报告说，郭彩霖业已退学，应该是转学到位于把定顿区（Paddington）的圣母昆仲会学校（Marist Brothers School）就读。但事后经海关核查，才发现他去的是另一所同样是天主教会主办的学校，即位于达令赫斯特区（Darlinghurst）的基督兄弟会书院（Christian Brothers' College），在那里念五年级课程。各科学习成绩优秀，备受好评。

在一九三二年新学年刚开学两个月不到，永安果栏总经理郭朝突然致函内务部秘书，申请这位年方十六岁的中国学生进入永安果栏工作。他表示，该公司一位伙计刚刚去了纽西兰（New Zealand），此前是持工作签证来这里工作的，签证有效期到今年五月份；而他这一走，就留出了一个职位空缺，需要有人填补。郭彩霖的签证有效期到九月，还有半年时间，鉴于他此前在中国具备了良好的中文基础，现在又从澳洲留学的过程中学好了英语，学校对他的各项表现都很满意，让他接替上述工作，对他是个锻炼；而学习如何经商，也会让他日后返回中国时具有良好的经商经验，可以开创更好的未来，这实际上也是他的父亲所希望看到的结果。为此，他恳请内务部秘书考虑到永安果栏需要员工的现实以及郭彩霖所具备的条件，批准他从学生身份转为工作签证。内务部秘书接到上述申请后，认为郭朝的理由成立，遂于四月十三日批准了他的要求，准予郭彩霖转变身份，核发给他十二个月的工作签证。由是，从这一天起，郭彩霖退学，正式成为雪梨永安果栏的员工；而内务部秘书也在同一天致函中国总领事馆，知会了上述决定。

郭彩霖做事认真，在永安果栏兢兢业业地服务，很受郭朝喜爱。第二年，郭朝为他申请展签获批；其后两年，则由中国总领事馆代为申请展签，也顺利获批，原因是郭朝认为他的素质和服务较之其他店员更令人满意。

只是在一九三五年内务部秘书批复了他的展签后，郭彩霖的档案到此终止。而郭朝的档案显示，直到一九三九年，郭朝在处理一些地产等物业时，其中所涉及的家人和族人，也包括郭彩霖在内，表明此时他仍然拿着工作签

证。[1]此后，再未能找到与他相关的档案宗卷，但因为此后不久太平洋战争爆发，导致许多人滞留在澳，郭彩霖很可能就由此留在了澳大利亚。

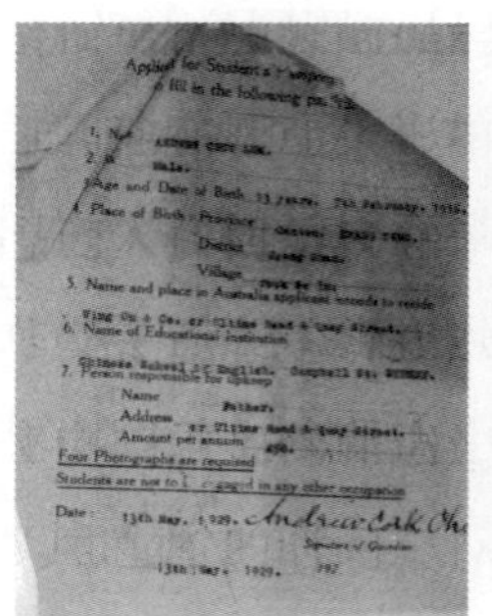

Applied for Student's
fill in the following
1. Name
2. Sex Male.
3. Age and Date of Birth
4. Place of Birth: Province
District
Village
5. Name and place in Australia applicant intends to reside
6. Name of Educational institution
7. Person responsible for upkeep
Name Father.
Address
Amount per annum
Four Photographs are required
Students are not to engaged in any other occupation
Date 13th May. 1929.
Signature of Guardian

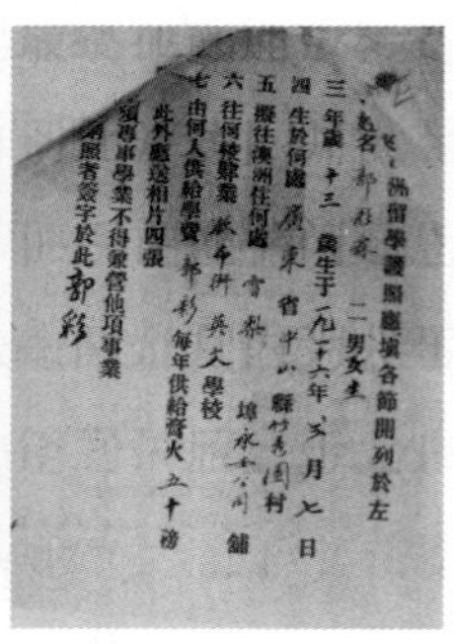

一、姓名 郭彩霖 二、男女
三、年歲 十三 歲生于一九一六年 五月七日
四、生於何處 廣東省中山縣竹秀園村
五、擬往澳洲住何處 雪梨 埠永和公司舖
六、往何校肄業 雪梨英文學校
七、由何人供給學費 郭彩 每年供給膏火五十磅
此外應遞相片四張
須專事學業不得兼營他項事業
請照者簽字於此 郭彩

一九二九年五月十三日，郭彩填表向中国驻澳大利亚总领事馆申办儿子郭彩霖赴澳留学事宜。

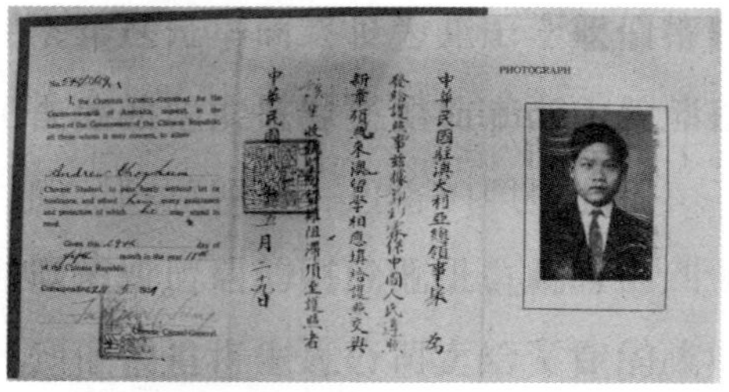

PHOTOGRAPH
中華民國駐澳大利亞總領事宋 為
發給護照事照得郭彩霖係中國人民茲
來澳留學相應填給護照交與
中華民國 月 二十九日

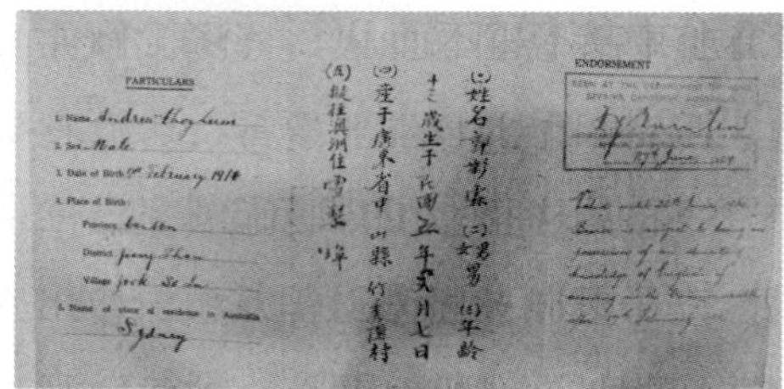

PARTICULARS
1. Name Andrew Choy Lum
2. Sex Male
3. Date of Birth
4. Place of Birth:
Province Canton
District
Village
5. Name of place of residence in Australia Sydney
(一)姓名 郭彩霖 (二)男 女 (三)年齡
十三歲生于民國五年 月七日
(四)產于廣東省中山縣竹秀園村
(五)擬往澳洲住雪梨埠
ENDORSEMENT

一九二九年五月二十九日，中国驻澳大利亚总领事宋发祥给郭彩霖签发的中国学生护照。

档案出处（澳大利亚国家档案馆档案宗卷号）：

Andrew Choy Lun - Students Passport, NAA: A1, 1937/805

---

① Gock Chew [correspondence concerning bankrupt estate and sequestration of estate for subject and bonds furnished to Poy Chin, Grace Sing [also known as Ing Moung Yen], Gock Wah Ping, Hong Quan Wing, Lee Sue Lun, Kwong King Chiu, Kowk [Gock] Sue Ting, Gock Shiu Kam, Gock War Jew, Lee Hoong, Andrew Choy Lum and Gock Lam Chin [also known as Cecil Gock] who are under exemption] [box 398], NAA: SP42/1, C1939/3379。

陈炳秀

香山陵冈村

陈炳秀（Chan Bing Sow），出生于一九一六年三月十五日，香山县陵冈村人。就在他刚满十一岁的那年（一九二七年），这位香山少年就于三月二十八日，在其父亲陈旺（Chan Wong）的带领下，从香港乘坐“吞打号”（Tanda）轮船，抵达雪梨（Sydney），准备入境并在澳洲留学。而当抵达雪梨准备入境时，陈炳秀并没有随身携带任何护照和身份证明，当然也就谈不上持有澳洲入境签证了。

陈旺是在澳时间超过三十年的老华侨。因查找不到与其相关的档案记录，无法得知他具体是哪一年抵达澳大利亚的，但根据档案宗卷，他已经取得了在澳永久居住的资格。在儿子入关遭遇到因没有携带护照证明而无法通关的情况时，他首先向雪梨海关陈述，造成这一结果在于他个人的疏忽，由他本人负责向中国驻澳大利亚总领事馆申领其子之护照。为此，他先向海关缴纳一百镑的保证金，并请安益利号（Onyik Lee & Co.）商行出面作担保，以获得海关应允其子陈炳秀可临时入境一个月；而在此一个月的时间里，他奔波张罗，负责为其子申领中国学生护照及在澳留学签证。

第一关成功通过之后，位于美利滨（Melbourne）的中国驻澳大利亚总领事馆，成为陈旺的首个求助机构。当陈炳秀抵达雪梨港仍在办理临时入境手续时，陈旺就通过前述之安益利号商行，拍发电报去中国总领事馆，告知其目前所遇之窘境，请求总领事魏子京迅速为其子签发留学生护照。与此同时，他也于入境的第二天即三月二十九日就填妥中国护照申请表，递交给中国总领事馆。但是，根据一九二六年修订的《中国留学生章程》新规，在留澳学生已经抵达澳洲而此前又没有事先申领护照的情况下，在未得澳大利亚当局同意其入境并注册学校入读学习之前，中国驻澳总领事馆是不能为闯关入境之中国留学生签发学生护照的。有鉴于此，陈旺遂采哀兵之策，向中国总领事魏子京承认是因他的错误和疏忽而造成此一尴尬境地。他陈述说，此次回中国探亲期间，听闻有消息说澳大利亚对中国留学生的留学年龄已放宽到十岁起，而其子当时就将年满十一岁，由是，他顿生时不我待之感，担忧如果儿子来澳太晚了就无法获得良好的教育，故在情急之中，未及申领护照和获得签证，就径自携子南下，转道香港，直奔雪梨而来。他为此陈情，此乃一个父亲因舐犊情深而造成之失误，还望总领事予以理解并给予大力协助，玉成此事。既然事已到此，唯有提供充分的协助，方能使这个冒冒失失闯关的香山少年得以顺利达成留学之梦想。故魏子京总领事积极地为之与澳大利亚内务部等各方联络，希望澳方能满足这位不远万里前来澳洲求学之中国少年的留学愿望；为此，他特别向澳方承诺，会根据当局要求，随时为陈炳秀之签证申请提供一切必需的证明材料。

与此同时，陈旺首要之务是为其子陈炳秀联络可以入读的学校。鉴于其子此前并没有很好的英文基础，最佳之选择是进入一所类似于英文补习类型的学校。而当时在雪梨，位于沙厘希区（Surry Hills）唐人街附近的英文华校（Chinese School of English），正是上乘之选。陈旺的努力是有效的。在陈炳秀抵达雪梨两天之后，即三月三十日，英文华校的校长戴雯丽小姐（Miss Winifred Davis）亲笔致函魏子京总领事，表示陈炳秀之入学申请已被该校接受。就是说，陈炳秀已经获得了入学录取信。

陈旺要做的第二件事，是提供证明以担保其子在澳留学期间的一切费用。此前，陈旺是一位种菜的菜农，经多年积蓄之后，不久前刚刚以三百镑入股位于雪梨布达尼区威林街（William Street, Botany）上的一块名叫Chung Sun Wah（钟新华，译音）的街市菜园。而位于雪梨唐人街贪麻时街（Thomas St., Sydney）二百一十三号之安益利号商行，可能是陈旺的主顾，也可能是其合作伙伴（极有可能是陈旺的菜园为安益利号商行供货），因而，安益利号商行就成为陈炳秀留学澳洲之最大资助担保机构，应允每年为其供给膏火费六十镑。四月一日，陈旺再以自己本身是广茂生园（Kwong Mow Sang）农场（或者说菜园）合伙人（其资产价值是三百镑）的身份，向澳大利亚内务部及移民局保证，他作为陈炳秀在澳留学之监护人，将会负责其子在澳期间之行为规范以及留学期间所涉及的生活费、学杂费、医疗费、返回中国的船资以及其他与此相关之所有费用。对于陈旺所提出的这个财政担保声明，安益利号商行亦在其后予以背书支持。

内务部在接获陈旺及中国总领事魏子京递上的申请及附属证明材料之后，自然也没有拖延，而是及时地按程序审理。根据流程，此时须核实两件事：一是陈旺其人之操行及经济状况，这个问题从海关的反馈表明，陈旺为人诚实，口碑极佳，因而没有什么疑问；二是陈炳秀是否就是陈旺之子，申请表上说明，陈炳秀是一九一六年三月十五日出生，那么，最有效的证明，就是在其出生之前陈旺在什么地方。当然，这个问题还是要通过澳洲海关和移民局的出入境记录来比对。根据雪梨海关的记录，陈旺于一九一五年八月三十一日从雪梨乘坐“奄派号”（Empire）轮船，前往香港转道回中国探亲，直到一九一七年五月二十八日，才乘坐“圣柯炉滨号”（St Albans）轮船返回雪梨。可见，陈旺在中国的这一次探亲前后近两年之久。而陈炳秀在申请资料上所声明的出生日期是一九一六年三月，从时间上说，是在陈旺回国期间。虽然有处理此案之澳大利亚官员认为，陈炳秀所声称的出生日期与陈旺回到中国探亲的日期相距太短，怀疑其非陈旺之子；但有更高层级之官员认为其父子关系应无疑义，因为那个时期，大部分中国人的出生日期基本上都是以阴历计算，也就是说，换算成阳历的话，陈炳秀的出生日期可能就到了四月中旬，这样一来，陈旺返乡到炳秀出生之相距时间就达到了八至九个月。虽说一个孩子的出生要经过十月怀胎，这实际上是指足月出生，但在现实中，婴儿早产一到两个月者亦属常见。由是，澳洲当局对陈炳秀之入境留学开放了绿灯。

经过一系列的公牍往返和多次咨询面谈，澳洲相关部门的审理结束。

一九二七年六月二十日，中国总领事魏子京为陈炳秀签发了中国护照，号码是479/S/27。澳大利亚内务部也早在三日前（六月十七日）就同意陈炳秀入境留学，但正式的签证日期则应从其实际入境的那天即三月二十八日算起，有效期为一年，届时该学生签证可再申请续签。待上述手续办完，原先陈旺为其子能临时入境澳洲所缴纳给海关的一百镑保证金，也在七月份时得以退还。虽然中国总领事馆和澳大利亚内务部都全力以赴地处理这一特殊的签证申请，前前后后还是花去了两个多月的时间，才最终把所有事情办妥。

至于陈炳秀的上学读书，实际上在还没有等到中国护照正式签发下来之前，他就于五月九日开始在英文华校正式注册上学。从进入这家学校开始，陈炳秀就给校长戴雯丽小姐留下了文静、听话、肯学的好印象，戴校长甚至表示，要协助陈旺帮陈炳秀适应在校的学习，以便其尽快提高英语能力。尽管如此，陈炳秀只是在这所学校读了一年书，到次年的五月二十二日，便结束了在该校的学习。当他离开英文华校时，尚欠学校三点三镑的学费未付。因陈旺一直拒付这笔费用，搞到最后，该校不得已，遂于八月份将此事投诉到中国驻澳大利亚总领事馆，望其协助索要这笔费用，因为在当时，三镑并不是一个太小的数目。最终陈旺是否在中国总领事馆的催促下缴纳了这笔费用，不得而知，因为档案资料未对此予以清楚交代。一般情况下，经官方出面斡旋后，此类事情都会得到妥善解决。尽管有这种债务上的纠纷，戴雯丽小姐对陈炳秀的学业还是给予了充分的肯定，认为他是一个愿意学习且成绩不错的好学生。

从一九二八年的六月开始，陈炳秀转学到了位于雪梨达令赫斯特区（Darlinghurst）的圣母昆仲会学校（Marist Brothers School）继续念书。在这里，陈炳秀给自己取了一个英文名，叫Henry，其姓氏的拼写也有所改动，Chan变成了Chun，因而他在这所教会学校的名字就变成了Henry Chun。对于陈炳秀在学校的表现，该校也同样首肯，所提供的报告都是非常正面的评价。尽管陈炳秀学习不错，英语能力也有很大的提高，但在该校上了半年课之后，他并没有继续再读下去，而是选择离开。当然，他不是离开这所学校再转学到别处，而是直接打道回府了。

一九二九年二月十六日，陈炳秀在雪梨乘坐“太平号”（Taiping）轮船，挥别澳洲，直驶香港转回中山家乡了。也就是说，他在新学年开学时，没有再去这所学校上学，而是选择返回中国。此时，他尚未满十三岁，在澳洲的留学也未到两年。

是什么原因导致陈炳秀此时选择回国？根据他在学校的表现，继续读下去应该没有问题；而且他还年幼，通常他这种年龄的中国留学生都选择在此完成中学学业再回国，而他此时还是在读小学。显然，他的突然回国不是因为学业的问题。那么，是他父亲的问题抑或家中有什么变故？所有这些都是谜，目前澳洲没有相关的档案材料可以解答。

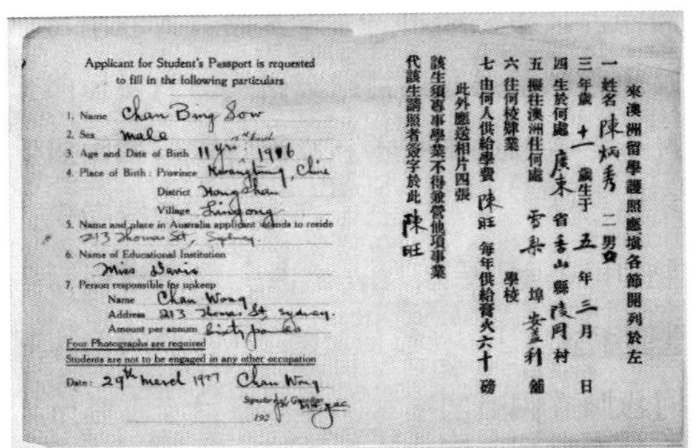

Applicant for Student's Passport is requested to fill in the following particulars

1. Name Chan Bing Sow
2. Sex male
3. Age and Date of Birth 11 yrs 1916
4. Place of Birth: Province Kwangtung, China
   District Hongshan
   Village Lingong
5. Name and place in Australia applicant intends to reside
   213 Thomas St, Sydney.
6. Name of Educational Institution
   Miss Davis
7. Person responsible for upkeep
   Name Chan Wong
   Address 213 Thomas St, Sydney.
   Amount per annum Sixty pounds

Four Photographs are required

Students are not to be engaged in any other occupation

Date: 29th march 1927 Chan Wong

Signature of Guardian

來澳洲留學護照應填各節開列於左

一 姓名 陳炳秀 男

三 年歲 十一 歲生于 五 年 三 月 日

四 生於何處 廣東 省 香山 縣 陵岡 村

五 擬往澳洲住何處 雪梨 埠 安益利 舖

六 往何校肄業 學校

七 由何人供給學費 陳旺 每年供給費火六十 磅

此外應遞相片四張

該生須專事學業不得兼營他項事業

代該生請照者簽字於此 陳旺

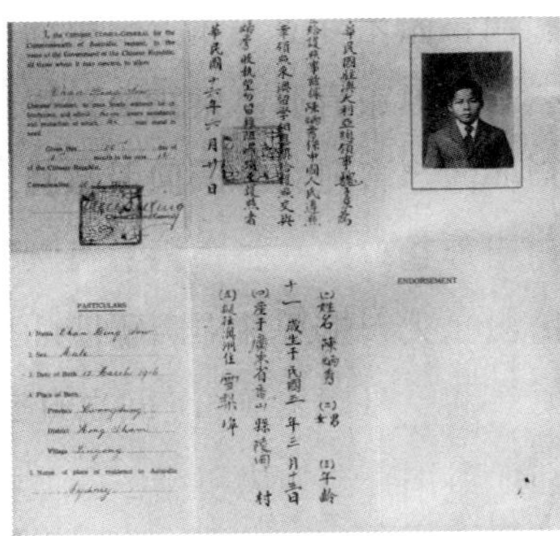

PARTICULARS

ENDORSEMENT

左：一九二七年三月二十九日，陈旺填写的申请表，为其子陈炳秀向中国驻澳大利亚总领事馆申请护照和签证；右：一九二七年六月二十日，中国驻澳大利亚总领事魏子京为陈炳秀签发的中国护照。

档案出处（澳大利亚国家档案馆档案宗卷号）：

Sow, Chan Bing - Chinese student exemption certificate, NAA: A1, 1928/2828

黄钰堃

中山江尾头村

黄钰堃（Wong Yook Queon），一九一六年三月十五日出生，中山县江尾头村人。他的父亲黄邦业（Charlie Wong）约在二十世纪初年即澳大利亚联邦成立之前夕来到澳洲谋生[①]，最后在鸟修威省（New South Wales）的星咕顿埠（Singleton）立下脚跟，经营一个以其名字命名的杂货铺，售卖生果蔬菜和杂货商品，生意价值为三百镑。该埠位于雪梨（Sydney）之西北方，相距约二百公里之遥，在著名的猎人谷酿酒区的西北顶端。黄邦业在此服务周围牧区和农业区以及矿区人口，生意还算稳定。

一九二八年，鉴于其子黄钰堃此时已年过十二岁，黄邦业想让儿子来澳洲留学，便于八月十五日，向中国驻澳大利亚总领事馆申请儿子的留学生护照和签证。他以当时自己经营的杂货铺所拥有的三百镑资产作为担保，并由其朋友唐泗（Thomas Tong See）[②]作为保人。同时，他选择位于雪梨唐人街的中西学校（Chinese School of English）作为其子入读的学校，承诺每年供给膏火银五十镑，以充黄钰堃之学费和其他相关费用。他表示，儿子在雪梨读书时，将他安排到其保人唐泗的这唐号（J Tong）商铺居住，并由唐泗作为其监护人代负照管之责。

---

① Hurury, Harold Charles Julum Hoong, Hin Fay, Moon Tong, Charlie Wong, Chong Moy, Ah Chew, Ah Chin, George OChee and Mrs Marie OChee [Certificate Exempting from Dictation Test - includes left hand impression and photographs] [box 198], NAA: ST84/1, 1927/426/81-90。

② Thomas Tong See [Chinese - arrived Sydney? c. 1895. Box 39], NAA: SP11/2, CHINESE/SEE TT。

此时，由北京的北洋政府任命的中国驻澳总领事魏子京已经辞任，国民政府任命的新任总领事宋发祥尚未到任，许多护照申请处理由此受到耽搁。尽管如此，当时的代理总领事吴勤训还是在八月二十八日给黄钰堃签发了中国留学生护照，其编号是518/S/28，并于当天致函澳大利亚内务部，将护照和相关的材料一起寄去，为黄钰堃申请入境签证。

内务部接到申请后，也立即按照流程予以审理。八月底，内务部秘书函电乌修威省警察局，嘱核实黄钰堃之担保人和保人的情况。不久，星咕顿埠的警察派出所于九月十日报告说，黄邦业在该镇经营生果杂货铺已有两年半之久，地点在约翰大街（John Street）二百三十一号，其人买卖公平，操行良好。镇上没有黄氏出入境的记录，唯根据黄氏自述，表明他是一九一五年二月返回中国探亲，同年十一月回返澳洲。回到澳洲后，他就在雪梨经商，其子黄钰堃则在次年年初出生。此后，黄邦业又返回中国探亲有好几次。至于其保人唐泗，只是知道他住在雪梨金宝街（Campbell Street）十七号，其财务状况如何则不得而知。

为进一步了解唐泗的情况，内务部要求海关予以核查。十月二日，雪梨海关向内务部提交报告称，唐泗现年三十六岁，已婚，育有七个子女，全家住于上址。他们在该址经营一家茶餐厅，名为Carnation Café（康乃馨餐室）。该生意于三个月前正式开张，由唐泗主理，并雇四名西女为招待，每周营业额为五十镑，产值有三千镑。此外，他们在福维克斯街（Foveaux Street）上的四十四号，还开有一间名为这唐号的商铺，专营杂货，产值为四百镑，由唐泗夫人负责经营照管。根据目前的资料来看，唐泗的口碑和操行都无可挑剔。

而根据海关记录，黄邦业首次离开澳洲返回中国探亲是一九一五年一月二十七日，同年十一月十日回到澳洲。查其子黄钰堃生于次年三月十五日，即在其返回澳洲后四个月，他们间的父子关系是没有疑义的。

按说，上述核查的结果已经表明，黄邦业的经济状况良好以及他与黄钰堃的父子关系无疑，内务部此时应该可以签发黄钰堃的入境签证了。但是，他们发现，黄钰堃来澳留学的地点是雪梨，而不是星咕顿埠，即黄邦业此时经商居住的地方。而如果是在雪梨念书的话，因父亲不在这里，那黄钰堃住在哪里？由谁监护？因此，内务部在十月十六日致函中国总领事馆，希望对此问题予以澄清。

原来在黄邦业提交的中文申请表上就已经写明，黄钰堃来雪梨留学将会住在福维克斯街四十四号，即唐泗的这唐号商铺，但可能是新任总领事宋发祥仍未到任，代理总领事吴勤训又不熟悉业务，他在十月二十九的复函中，将上述这唐号的英文名字J Tong误写成了J Wong。这下问题就来了。内务部通过核查文件，说没有J Wong这个人，还兴师动众地让警察局和海关税务部门都去查了一遍，说是要查看这个实际的监护人是否有财政能力负担黄钰堃的食宿。这一来去，又折腾了将近两个月，最终在十二月底由海关确认，代理中国总领事吴勤训所指的住址，实际上就是上述唐泗的商铺地址，唐泗也是黄钰堃在雪梨留学的实际监护人；而且海关也确信唐泗夫妇在此口碑声誉颇佳，值得信赖。

待这一切都澄清之后，内务部终于在一九二九年一月十日复函中国驻澳大利亚总领事馆，准予核发黄钰堃的入境签证。在处理签证申请上，内务部这一来一去折腾了几个来回，前后就花去了四个多月的时间。

一般情况下，接下来应该就是中国总领事馆将护照和签证寄给在中国的护照持有人，随后就是这位小留学生搭乘轮船来澳，入境和进校学习。但黄钰堃的档案却到此为止，再无下文。就是说，他没有来澳洲留学，有可能不想出国而留在国内读书，或者去了别的地方留学，毕竟那时他正是上学的年纪。总之，此后澳洲档案中再也找不到有关他的线索。

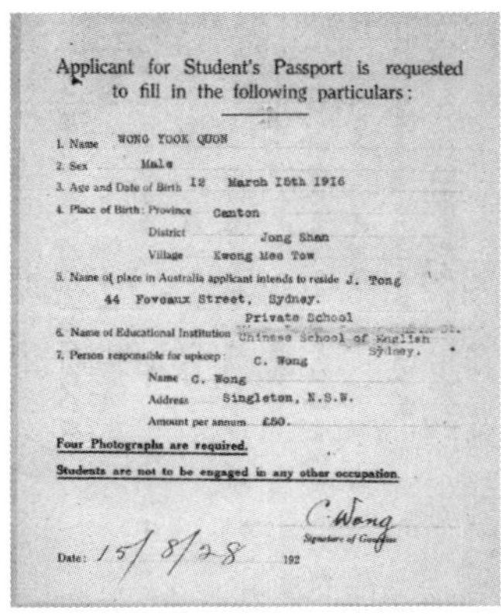

Applicant for Student's Passport is requested to fill in the following particulars:

1. Name WONG YOOK QUON
2. Sex Male
3. Age and Date of Birth 12 March 15th 1916
4. Place of Birth: Province Canton
   District Jong Shan
   Village Kwong Mee Tow
5. Name of place in Australia applicant intends to reside J. Tong 44 Foveaux Street, Sydney.
6. Name of Educational Institution Private School Chinese School of English Sydney.
7. Person responsible for upkeep: C. Wong
   Name C. Wong
   Address Singleton, N.S.W.
   Amount per annum £50.

Four Photographs are required.

Students are not to be engaged in any other occupation.

C. Wong
Signature of Guardian

Date: 15/8/28 192

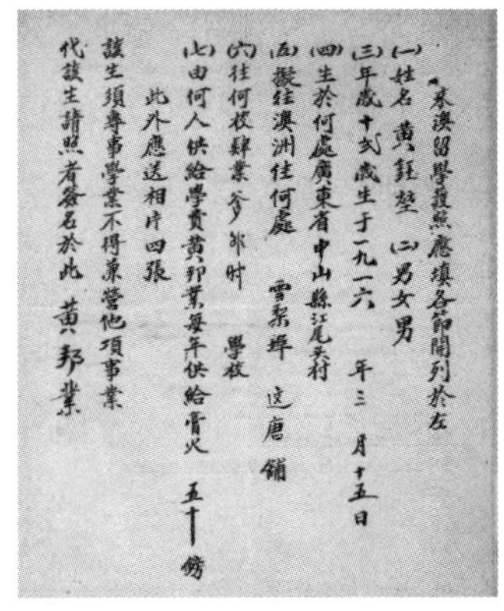

來澳留學護照應填各節開列於左
(一)姓名 黄鈺堃 (二)男女 男
(三)年歲 十式 歲生于一九一六 年 三 月 十五 日
(四)生於何處 廣東省中山縣江尾头村
(五)擬往澳洲住何處 雪梨埠 过唐 舖
(六)往何校肄業 爹乎咑 學校
(七)由何人供給學費 黄邦業 每年供給 膏火 五十 镑
此外應送相片四張
該生須專事學業不得兼營他項事業
代該生請照者簽名於此 黄邦業

一九二八年八月十五日，黄邦业向中国驻澳大利亚总领事馆申请儿子黄钰堃来澳留学护照和签证所填写的申请表及黄钰堃的照片。

档案出处（澳大利亚国家档案馆档案宗卷号）：

Wong Yook Queon - Student passport, NAA: A1, 1928/8776

黄 炽

中山青岗村

黄炽（Wong Chee），生于一九一六年五月五日，中山县青岗村人。

其父黄扬（Wong Yong），一八七九年十月十五日出生，于弱冠之年跟随乡人出洋求生存的步伐，一九〇〇年八月搭乘从香港起航的火船“奄派号”（Empire）抵达澳大利亚。[①]他在昆士兰省（Queensland）东北角的谷当埠（Cooktown）登陆入境后，便一路南下，最终在该省中部的一个专为矿区服务的大镇子奄薜炉埠（Emerald）立下脚跟，定居下来。[②]随后，他在此开设了一间商铺，以自己的名字命名，就叫作黄扬公司（Wong Yong and Company）。当然，这间商铺是同宗乡人合股，但他是大股东。自一九〇八年拿到澳大利亚的长期居住权而首次回国探亲[③]，结婚生子，此后黄扬又多次回国。

自一九二一年澳大利亚开放中国学生赴澳留学之后，黄扬对此也很关注。一九二四年上半年他返回中国探亲后，想将其长子办理来到他的在澳居

---

① Yong, Wong - Nationality: Chinese [Occupation - Storekeeper, DOB - 15 October 1879] - Alien Registration Certificate No 3 issued 19 October 1916 at Emerald, Qld, NAA: BP4/3, CHINESE YONG W。

② YONG, WONG - Nationality: Chinese - arrived Cooktown aboard EMPIRE August 1900, NAA: BP25/1, YONG W – CHINESE。

③ Certificate Exempting from Dictation Test (CEDT) - Name: Wong Yong - Nationality: Chinese - Birthplace: Canton - departed for China per EMPIRE on 8 March 1908, returned to Townsville per EASTERN on 19 February 1909, NAA: J3136, 1908/99。

住地奄蘼炉公立学校（Emerald State School）念书。他本身英语不是很好，便于当年年底委托一位在奄蘼炉埠名叫F. Lindrum的朋友向海关打听，看是否准允他将其十三岁的儿子带来奄蘼炉埠读书。可能上面那位朋友询问不得法，得到的回复是中国学生必须是在十四岁到十九岁之间方才可以进来澳大利亚读书。因此，当次年初仍在中国的黄扬得到上述回复后便放弃了原先的想法，儿子赴澳留学的事情就不了了之。随后，他便继续在国内探亲，直到一九二九年底。

一九二九年，世界经济大萧条开始。在中国探亲的黄扬看到经济下行，顾及自己的在澳生意，便决定返回澳洲，并带上了已经十三岁的另一个儿子黄炽。他们在十一月底从香港搭乘“丹打号”（Tanda）轮船，于十二月二十二日抵达鸟修威省（New South Wales）首府雪梨（Sydney）。[①]黄扬本人持有回头纸，入境自然没有问题；但儿子黄炽没有签证，入境就遇到了很大问题。为此，黄扬告诉海关，他此次回澳洲在雪梨入境，实际上是想在此中转，再前往西南太平洋上的海岛飞枝（Fiji），欲考察那里的经济及投资环境，因而带着儿子一起过去。如果那里条件允许，则将儿子放在那里接受教育。由是，他为儿子争取到了临时入境一个月的许可。

此时，原本设在美利滨（Melbourne）的中国驻澳大利亚总领事馆刚刚好在这一年下半年搬迁到了雪梨，黄扬在办理好儿子的临时入境许可之后，就立即在中国城找到了这个中国政府在澳大利亚的外交机构，将自己的情况和盘托出，希望能协助办理其子黄炽在此留学读书。与此同时，黄扬在雪梨也有亲戚。此时在雪梨经商的黄蝉（Wong Sim，又写成Arthur Wong Sim或Arthur Wong）[②]，是黄扬的堂弟，比他还要早两年来到澳大利亚发展。在雪梨立足后，便与和他一起来澳闯荡的兄长黄舜（Thomas Wong）[③]等人合股在

---

① Wong Chee [includes Certificates of Exemption] [correspondence regarding exemption status for subject] [arrived ex TANDA in Sydney on 22 December 1929] [box 343], NAA: SP42/1, C1937/3380。

② 黄蝉生于一八八二年，于一八九八年抵达澳洲发展。见：Sim, Arthur Wong [Chinese - arrived Sydney per GUTHRIE in 1898. With photograph][Box 43], NAA: SP1732/5, 3113; Arthur Wong Sim [Chinese - arrived Sydney? 1898. Box 39], NAA: SP11/2, CHINESE/SIM ARTHUR WONG。

③ Wong, Thomas [Chinese - arrived Melbourne or Sydney in 1899] [Box 1], NAA: SP605/10, 79。

这里开设了一家商行，名为茂生果栏（Mow Sang & Co.）[①]。黄扬也将自己的情况告知堂弟，征得他的同意，由他代理黄扬的职责担任黄炽的监护人并让他住在自己家里，同时由茂生果栏作保，将黄炽安排进入位于中国城附近的中西学校（Chinese School of English）念书。当然，学费和其他等各项费用仍然是由黄扬负责，为此，他允诺每年供给膏火一百镑，作为儿子的留学费用。

中国驻澳大利亚总领事宋发祥了解清楚了黄炽的情况后，认为根据现有的《中国留学生章程》相关规定，是完全可以将其留在澳洲留学的。于是，一九三〇年新年一过，他便在一月二日致函内务部秘书，为黄炽申请在雪梨中西学校念书的留学签证。他认为，虽然黄炽是利用路过雪梨前往飞枝的机会申请留学签证有点儿不符合规范，但鉴于他的父亲是在澳大利亚经商，此前所获得的有关准允中国学生赴澳留学限定在一定年龄段的信息不尽准确，那是一九二一年《中国留学生章程》实施之前的做法[②]，但他选择将儿子放置在雪梨读书也是基于这里的环境远比奄麻炉埠要好这一事实，希望能够获得批准。在内务部秘书回复会对此予以认真考虑之后，一月九日，他便将黄扬所填写的申请表和具结的财政担保书等申请材料一并寄过去，请其按照流程审核，并最终发放签证。[③]

在这种情况下，内务部遂按照流程对黄扬提交的申请予以审核。首先，他行文海关，请其提供黄扬的出入境记录，以确认其与黄炽的父子关系是成立的。根据海关的出入境记录，自黄扬抵达澳大利亚之后，迄今为止，他已经回国探亲达五次之多。除了前述的一九〇八年三月八日至一九〇九年二月十九日的首次探亲之外，其余四次是：一九一二年七月十六日至一九一三年

---

① 根据鸟修威省档案馆（NSW State Archives & Records）保存的工商局二十世纪初企业注册记录，茂生果栏正式登记注册的日期是在一九〇四年七月十三日，股东除了黄舜和黄蝉，还有另外两位他姓华人。见：https://records-primo.hosted.exlibrisgroup.com/permalink/f/1ebnd1l/INDEX1835024。

② Chinese merchants and students: Conditions governing entry into Australia, NAA: A2998. 1951/2130。

③ Wong Chee [application by Wong Yong for admission of his son Wong Chee, into the Commonwealth] [application for issue of Passport for Wong Chee] [includes 4 photographs showing front view; left and right thumb prints] [Issue of CEDT in favour of subject] [box 262], NAA: SP42/1, C1931/980。

二月二十二日[①]，一九一四年六月二十五日至一九一六年八月一日[②]，一九二〇年八月二十一日至一九二二年二月一日[③]，以及一九二四年三月十七日至一九二九年十二月二十二日[④]。黄炽在一九一六年出生，当时黄扬尚在国内，由是，他们之间的父子关系毋庸置疑。至于其财务状况，尽管一时间也来不及通过昆士兰省海关去核实其所开设的黄扬公司经营情况，但谨就雪梨其堂弟黄蝉所开设的茂生果栏，也已经足够保证黄炽的在澳留学期间的财务支持了。二月十一日，外务部通过了上述签证评估。两天后，宋发祥总领事便给黄炽签发了一份中国学生护照，号码570/S/30；二月二十日，内务部在送交上来的这份护照上钤盖了签证印章。在完成了此次留学签证的审核之后，上述护照便按规定交由内务部保管。

事实上，在上述护照和签证的审理过程中，黄炽就已经入读中西学校。只是他在这里读的时间并不长，等到上完一个学期，他便在六月初离开了雪梨，去到了父亲所在的昆士兰省奄蔴炉埠，并于六月二十三日正式注册入读奄蔴炉公立学校。在当地海关于七月七日将黄炽转学之事报告给内务部秘书时，中国总领事宋发祥也同时给他发来一封公函，告知这位中国学生的去向。他在信中表示，按照规定，中国学生来澳留学只能入读收费的私立学校，不允许进入免费的公立学校就读，为此，黄炽去到奄蔴炉埠后是应该入读私立学校。他本人也已经与监护人黄扬取得联络，就此事与其沟通过；但对方表示，奄蔴炉埠除了上述公立学校，并未有任何私立学校可读，换言之，不是他们不愿意上私立学校，而是此处别无选择。因此，他在信中表

① Certificate Exempting from Dictation Test (CEDT) - Name: Wong Yong (of Emerald) - Nationality: Chinese - Birthplace: China - departed for China per ALDENHAM on 16 July 1912, returned to Brisbane per EASTERN on 22 February 1913, NAA: J2483, 92/59。

② Certificate Exempting from Dictation Test (CEDT) - Name: Wong Yong (of Rockhampton) - Nationality: Chinese - Birthplace: Canton - departed for China per EASTERN on 25 June 1914, returned to Brisbane per NIKKO MARU on 1 August 1916, NAA: J2483, 144/90。

③ Certificate Exempting from Dictation Test (CEDT) - Name: Wong Yong (of Emerald) - Nationality: Chinese - Birthplace: Canton - departed for Hong Kong per ST ALBANS on 31 August 1920, returned to Brisbane per ARAFURA on 1 February 1922, NAA: J2483, 286/40。

④ Certificate Exempting from Dictation Test (CEDT) - Name: Wong Yong - Nationality: Chinese - Birthplace: Canton China - departed for China per ST ALBANS 17 March 1924 returned Sydney per TANDA 22 December 1929, NAA: J2483, 364/76。

示，鉴于当地情况特殊，希望内务部能将此作为一个特例，准允黄炽在上述公立学校就读。

内务部秘书接到上述请求后，觉得黄扬言而无信，于达到让儿子留在澳洲读书目的后，便按照自己的意愿行事，不愿意支付学费而只想着让儿子入读免费的公立学校，对此行经，他感到非常愤慨。他认为，黄扬以雪梨条件好过奄蔴炉埠才将儿子安排在那里读书，这也是当初批准黄炽签证的最主要理由。七月二十四日，他函复宋发祥总领事，表示如果奄蔴炉没有私立学校，黄炽可以重返雪梨中西学校；如果不能这样做，则会取消黄炽的留学签证，让他即刻离境回国。八月七日，宋发祥总领事表示，虽然目前的硬性规定是中国学生必须入读私立学校，但凡事有例外，有些地方没有选择，而且此前内务部部长也曾表示过，此后将会考虑那些十五岁以下的中国学生在没有选择的情况下，可以作为特例而准允其进入公立学校就读。黄炽目前所面临的情况，就是这样的特例，希望由其开始，贯彻实施这一特例。在此期间，奄蔴炉公立学校校长和当地警察派出所也出来为黄炽说好话，前者表示愿意接受这位中国小留学生，表示他的在校表现良好，学习认真；后者则力证黄扬这位中国商人在当地经商有道，备受尊敬，言外之意，是希望能承认既成事实，让黄炽能就读公立学校；而且他们还将此事告知昆士兰省教育厅，希望其介入此事，并获得后者表示愿意接受现实。此外，来自当地的联邦众议员也在接到黄扬的求援信后致函内务部部长，希望他根据现实灵活处理此事，让这位未成年的中国学生能在父亲的监护下在当地学校读书。种种因素叠加，使得内务部部长不得不履行此前的承诺，即给予此类中国学生可以就近入读公立学校的特别照顾。于是，八月十四日，内务部秘书知会宋发祥总领事，同意了他的请求。

由此，黄炽便安心地在奄蔴炉公立学校上学。学校的留学报告显示，他总是衣冠整洁地去上学，在校表现与学习成绩都令人满意，热心学习新知识，算得上是一位好学生。然而，这样的状况到一九三四年上半年后有所改变，黄炽开始旷课了。校长的解释是，以他目前十八岁这样的年龄，确实是很不适合在小学里读书了，因为该校只是提供小学课程而已，而他应该去读中学更为合适。对此，内务部提供给黄扬两个选择：其一是继续在奄蔴炉公立学校念书到年底，必须保证出勤，但在年底时须将儿子送回中国；其二是将其送往临近的洛金顿埠（Rockhampton）或其他地方，进入当地的私立学校读中学。黄扬自然不想让儿子这样离开，遂多方联络，最后决定让儿子仍然重返雪梨中西学校念书。当年十月二日，黄炽回到雪梨，进入中西学校念中学课程。在这里，黄炽再也没有旷课，波澜不惊地读了一年。

一九三五年上半年，黄扬再次回国探亲。[①]他在走之前，安排其在澳的兄弟黄瑞（Wong Sue）[②]临时代为照看他在黄扬公司里的利益。但是，黄瑞也有自己的生意，短期内代理兄弟的生意尚可，但长期则无法持续，而且他年纪大了，也需要回国探亲，而黄扬一时间也无法从中国返回澳洲。于是，当年十月三十日，中国总领事馆致函内务部秘书，表示在这种情况下，唯有申请将黄炽的学生身份转换为商务签证，即由他作为父亲的替工，进入黄扬公司协助经营，如此便可维持该商行的正常运转。为此，希望内务部批准此项变动。十一月十一日，内务部部长批准了上述要求。此时距黄炽的签证更新日期也就剩下一个月左右，因此，他的签证展签便在前面的学生签证到期后，更换成为商务签证；他也在当年十二月回到奄蔴炉埠，正式进入父亲的商行协助经营生意。

在这里，黄炽工作了两年半。一九三八年七月一日，黄扬结束了在中国的探亲，返回了澳洲。[③]按照规定，黄炽要么就此结束在澳工作和生活返回中国，要么重返学校读书，因为此时他刚刚满二十二岁，距离澳大利亚规定的中国留学生在澳留学之最高年龄二十四周岁尚有两年左右的空间。黄炽自然选择后者。于是，当年十一月七日，内务部秘书致函中国驻澳大利亚总领事

---

① Certificate Exempting from Dictation Test (CEDT) - Name: Wong Yong - Nationality: Chinese - returned Townsville per CHANGTE 1 July 1938, NAA: J2483, 520/65。

② SUE, Wong - Nationality: Chinese - arrived Townsville on Taipang in 1898, NAA: BP25/1, SUE, W – CHINESE。黄瑞的英文名字在本宗卷里写成了Wong So，根据黄扬公司另一个股东黄福邦（Wong See Fook Bong）之子黄祖熞（Joe Gan）档案，应该是Wong Sue。见：Joe Gan – Student Passport, NAA: A1, 1937/5405。

③ Certificate Exempting from Dictation Test (CEDT) - Name: Wong Yong - Nationality: Chinese - Birthplace: Canton - returned Townsville per CHANGTE 1 July 1938, NAA: J2483, 544/69。

保君建，同意黄炽重返学校念书，而相应地，他的商务签证在年底时又更换为学生签证。

黄炽的留学档案到此终止。因在澳大利亚国家档案馆里再也找不到在此之后与其读书和工作相关的宗卷，故对其此后的情况不得而知。此外，只有一条信息显示，一九四九年四月十一日，黄炽在昆士兰省北部港口坚时埠（Cairns）搭乘“彰德号”（Changte）轮船离境前往香港。[①]这表明在此之前黄炽一直都在澳大利亚学习和工作，只是此后他是否重返澳大利亚，则找不到相关记录。但如果他的离境是在战后获得五年期工作签证之后的探亲之举，则他此行便是拿着再入境签证回国娶妻结婚，然后再返回澳洲。此后，大概率上他应该是加入澳籍。

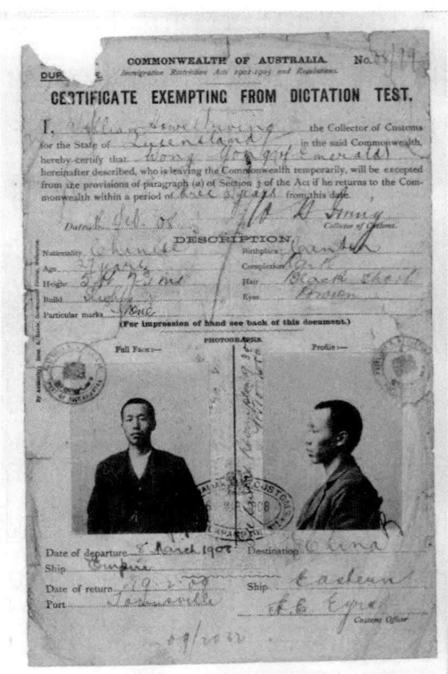

COMMONWEALTH OF AUSTRALIA. No.

Immigration Restriction Acts 1901-1905 and Regulations.

DUPLICATE.

CERTIFICATE EXEMPTING FROM DICTATION TEST.

I, ______ the Collector of Customs for the State of Queensland in the said Commonwealth, hereby certify that Wong ______ Emerald hereinafter described, who is leaving the Commonwealth temporarily, will be excepted from the provisions of paragraph (a) of Section 3 of the Act if he returns to the Commonwealth within a period of three (3) years from this date.

Dated ______ Collector of Customs.

DESCRIPTION.

Nationality Chinese — Birthplace Canton

Age ______ — Complexion ______

Height ______ — Hair Black short

Build ______ — Eyes Brown

Particular marks None

(For impression of hand see back of this document.)

PHOTOGRAPHS.

Full Face:— Profile:—

Date of departure 8 March 1908 — Destination China

Ship Empire

Date of return 19.2.09 — Ship Eastern

Port ______

Customs Officer

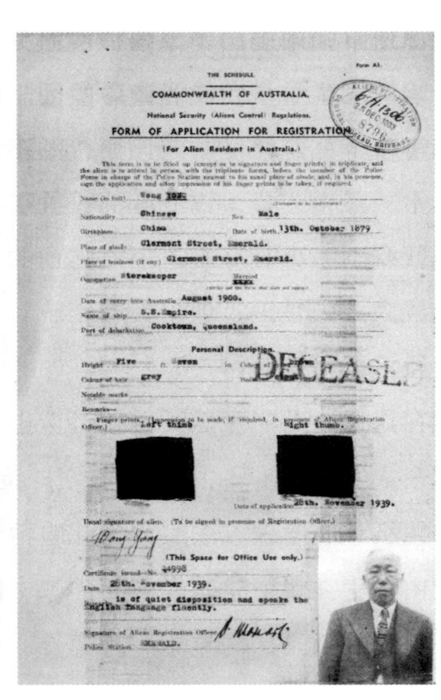

Form A1.

THE SCHEDULE.

COMMONWEALTH OF AUSTRALIA.

National Security (Aliens Control) Regulations.

FORM OF APPLICATION FOR REGISTRATION.

(For Alien Resident in Australia.)

Name (in full) Wong YONG

Nationality Chinese — Sex Male

Birthplace China — Date of birth 13th. October 1879

Place of abode Clermont Street, Emerald.

Place of business (if any) Clermont Street, Emerald.

Occupation Storekeeper — Married

Date of entry into Australia August 1900.

Name of ship S.S. Empire.

Port of debarkation Cooktown, Queensland.

Personal Description.

Height Five ft. Seven in.

Colour of hair grey

Notable marks

Remarks—

Finger prints. Left thumb — Right thumb.

DECEASED

Date of application 28th. November 1939.

Usual signature of alien. (To be signed in presence of Registration Officer.)

(This Space for Office Use only.)

Certificate issued—No. 24998

Date 28th. November 1939.

Remarks is of quiet disposition and speaks the English language fluently.

Signature of Aliens Registration Officer

Police Station EMERALD.

左：一九〇八年，黄扬申请的回头纸；右：一九三九年，黄扬的外侨登记卡。

① Wong Chee - Chinese - departed 11 April 1949 from Cairns aboard CHANGTE, NAA: BP210/2, WONG C。

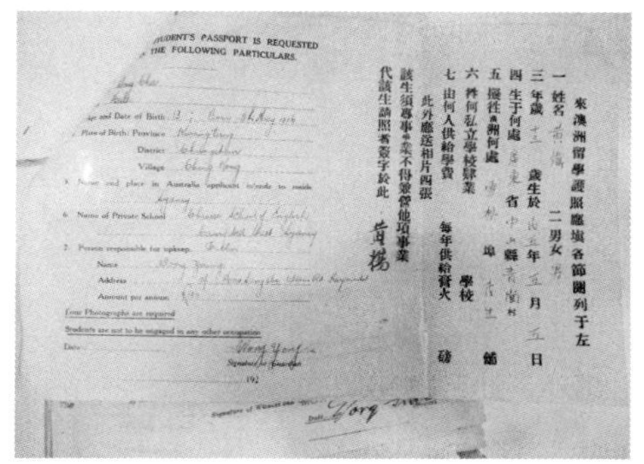
STUDENT'S PASSPORT IS REQUESTED
THE FOLLOWING PARTICULARS.

東澳洲留學護照應塡各節開列于左

PHOTOGRAPH

PARTICULARS

ENDORSEMENT

左：一九三〇年一月，黄扬在抵达雪梨后，填表递交给中国驻澳大利亚总领事馆，申办儿子留学护照和签证；右：一九三〇年二月十三日，中国驻澳大利亚总领事宋发祥给黄炽签发的中国护照。

档案出处（澳大利亚国家档案馆档案宗卷号）：

See Chee n& Wong Chee - Education Ex/c, NAA: A1, 1938/30933

唐丙辰

中山隆镇沙平下村

唐丙辰（Tong Ping Sun），一九一六年六月九日出生，中山县隆镇沙平下村人。

唐泗和（Tong Shee War）约在一八九七年时，从家乡来到澳洲打工。[①] 经过几十年的努力和积蓄，到一九二七年初，亦即他来澳三十年之后，终于有了自己经营的杂货店生意，位于雪梨华打鲁区（Waterloo）衣列士弼街（Elizabeth Street）三十六号，名为赞利号（Jang Lee）。有了自己的生意为基础，唐泗和遂开始考虑申请他在家乡的儿子唐丙辰前来澳洲留学。当然，作为父亲，自然也希望看到儿子在自己跟前成长。

一九二七年，就在儿子年满十一岁的这一天，唐泗和决定为他办理来澳留学手续，以便能学习西方知识和文化，为日后发展打下良好的基础。于是，他入纸当时驻美利滨（Melbourne）的中国总领事馆，为其子申领中国留学生护照及入澳留学签证。此时申请留学事宜的程序，因一九二六年修订的《中国留学生章程》新规而有所改变，总领事馆可以先为申请者签发护照，但签证的预评估则交还给澳大利亚当局，即内务部要根据递交的申请材料，核实申请者与在澳监护人的关系以及担保条件，方可发给入境签证。由是，

---

① Jimmy Ah Gun, Tong Fook, Wong Shong, Ah Seung, Ah On, Frank Suew, Shee War, Yew Leong, Wah Jew and War Tin [Certificate Exempting from Dictation Test - includes left hand impression and photographs] [box 45], NAA: ST84/1, 1911/71/81-90。

一九二七年七月八日，中国总领事魏子京先期为唐丙辰签发了中国护照，编号是480。跟以往中国总领事馆发出的护照编号后缀总要带上护照类别（比如代表学生）和年份有所不同的是，这一护照编号缺乏后缀，不知是中国总领事馆疏忽还是有意省略。

在递交了护照申请之后，唐泗和就首先考虑要为其子唐丙辰在雪梨注册进入一所类似于英文补习类型的学校进行学习。位于唐人街附近的唐人英文书馆（Chinese School of English），自然就是他的不二选择。当然，像唐人英文书馆这样的学校，实际上也是以接收此类没有什么英文基础的学生作为生存条件的，因而有学生来，自然很欢迎。在唐泗和前来联系之后的第二天，即六月十日，唐人英文书馆的馆长戴雯丽小姐（Miss Winifred Davis）就亲笔致函中国总领事魏子京，表示愿意接受唐丙辰之入学申请。

在向中国驻澳大利亚总领事馆提出申请唐丙辰护照的同一天，唐泗和亦具结财务担保书，向澳大利亚内务部提交财政证明，以保障其子在澳留学期间的一切费用。他以自己是一家杂货店赞利号东主的身份，报称其所拥有之财产价值为五百镑，其本人作为唐丙辰之父亲以及他在澳学习期间之监护人，应允每年为儿子供给膏火费五十镑。换言之，即他会负责其子唐丙辰在澳留学期间之行为规范以及留学期间所涉及的生活费、学杂费、医疗费、返回中国的船资以及其他与此相关之所有费用。按照规定，唐泗和还需要找到另外一位保人，以担保他这个留学生之监护人能有效地提供上述费用。于是，他找到另一位杂货店东主林积庆（Jack Hing）[①]，为其担保。作为同乡和朋友，关键时刻自然要出手相助。林积庆很爽快地为唐泗和背书，签上自己的名字。

在接获唐泗和以及中国总领事魏子京提供的申请及附属证明材料之后，内务部就根据审批流程展开核查。

首先，需要核实唐泗和其人之操行及经济状况。根据八月九日海关给内

---

① 林积庆比唐泗和晚一年抵达澳洲发展，在雪梨唐人街附近开设一间商铺，叫作积庆号（Jack Hing & Co.）。见：Jack Hing [Chinese - arrived Brisbane, June 1898. Box 25], NAA: SP11/2, CHINESE/HING JACK。

务部的报告，唐泗和的经济信息如下：他在华打鲁区衣列士弼街三十六号的那间杂货店，是在这一年的一月份从一位名叫威利李（Willie Lee）[①]的商人手中买下。目前该店存货价值为四百镑，设备等固定资产值二百镑。唐泗和本人在英国与苏格兰和澳洲银行（English, Scottish and Australian Bank）设在唐人街喜市场（Haymarket）的分行开有账户，现有存款额为五十六镑。唐泗和在上述地址之杂货店，既为其经商所在，其本人亦居住其中，他每周需要交付房租三十先令。而唐泗和的保人林积庆，则在雪梨李士威街（Reservoirs Street）八十三号开有一家杂货店，并且在雪梨北部滨海地区的威乐比区（Willoughby）潘瑟斯特街（Penshurst Street）上有一别墅，价值七百镑。他也同样在英国与苏格兰和澳洲银行设在唐人街喜市场的分行开有账户，但目前其账面处于透支状态。林积庆商铺目前的年营业额为七千镑，显示出其经营有一定的规模。可能是其商铺面积较大，他每周需交纳房租一镑十八先令六便士，远高于唐泗和之房租。[②]

其次，要确认唐丙辰是唐泗和之子。海关报告表明，一九一五年一月二十七日，唐泗和在雪梨乘坐日轮“丹后丸”（Tango Maru）前往香港，由此转道回乡探亲，直到一九一六年四月三日，才乘坐“圣柯炉滨号”（St Albans）轮船返回雪梨。唐丙辰是一九一六年六月九日出生，是在唐泗和刚刚返回澳洲后不久，可以确认唐丙辰为唐泗和之子。

由是，澳洲当局对唐丙辰之入境留学开放了绿灯，入境签证于八月十五日发出，有效期一年，即由一九二七年八月十五日至一九二八年八月十四日为止，亦即持照人须在此有效期截止日之前入境。中国总领事馆在拿到唐丙辰的签证之后，即刻将其邮寄去中国，交予中山县沙平下村之唐丙辰家收讫。

接到上述护照，唐家遂通过当地金山庄与香港金山庄的联号安排船票，也联络确定了旅途中的监护人等事宜。将近半年之后，诸事安排妥当，家人

① Willie Lee生于一八六四年，早在一八八七年便来到雪梨，随后便在此立足，经商。见：Willie Lee, NAA: SP42/1, C1908/825。

② 详见：Jack Hing. Education Exemption Certificate for Son, NAA: A1, 1923/1591。

便将唐丙辰送往香港，让他在此乘坐驶往澳洲的“太平号”（Taiping）轮船，于一九二八年二月一日安全抵达雪梨。唐泗和在林积庆的陪同下，去到海关将儿子接了出来，住进了他的赞利号杂货店铺里。在父亲的住处歇息了两个多星期并熟悉周围环境之后，从二月二十日开始，唐丙辰便在中国城附近的唐人英文书馆正式注册上学。

看来，一切都在向好的方向发展。然而，天有不测风云。仅仅过了一个月，即在三月二十五日星期五这一天，唐丙辰在放学后回家的路上，被一辆货车撞伤。尽管当即就被送到雪梨医院抢救，但抵达医院后便因伤重而不治身亡。第二天，唐丙辰就被埋葬在了雪梨西部的碌活坟场（Rookwood Cemetery，亦称六福坟场）。[①]

操劳奔波了大半年才把儿子弄到澳洲留学的唐泗和，骤然受此打击，其悲伤之情，难以言状。而在三月三十日，唐人英文书馆馆长戴雯丽小姐向内务部提交的第一份有关唐丙辰的在校表现报告，竟然是有关他的死亡报告，这也成了唐丙辰留学澳洲的唯一一份学业报告，也是最后一份报告。

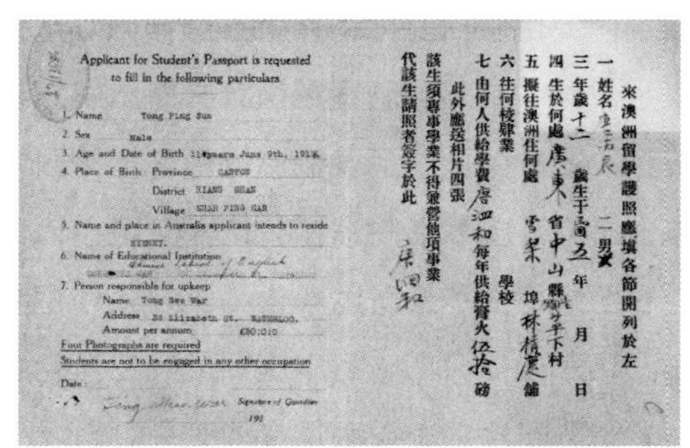
Applicant for Student's Passport is requested to fill in the following particulars

1. Name Tong Ping Sun
2. Sex Male
3. Age and Date of Birth 11 years June 9th, 1916
4. Place of Birth: Province CANTON
District HIANG SHAN
Village SHAN PING HAR
5. Name and place in Australia applicant intends to reside SYDNEY.
6. Name of Educational Institution
7. Person responsible for upkeep
Name Tong See War
Address 38 Elizabeth St. WATERLOO.
Amount per annum £80:0:0
Four Photographs are required
Students are not to be engaged in any other occupation
Date
Signature of Guardian
191

來澳洲留學護照應填各節開列於左
一 姓名 唐丙辰 二 男
三 年歲 十二 歲生于 壹五 年 月 日
四 生於何處 廣東 省 中山 縣 下村
五 擬往澳洲住何處 雪梨 埠 林積慶 舖
六 往何校肄業 學校
七 由何人供給學費 唐泗和 每年供給膏火 八拾 磅
此外應送相片四張
該生須專事學業不得兼營他項事業
代該生請照者簽字於此 唐泗和

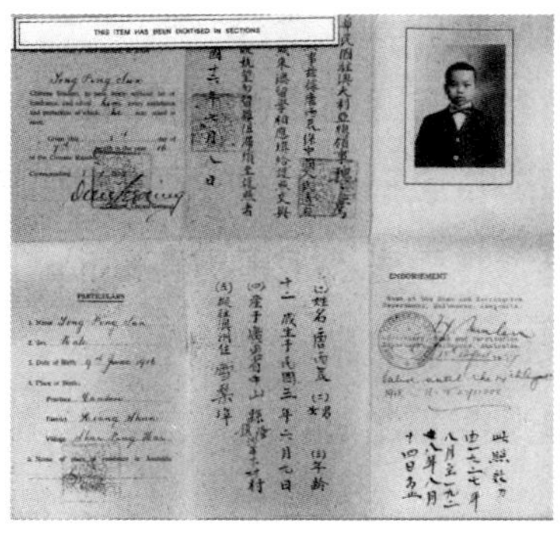
THIS ITEM HAS BEEN DIGITISED IN SECTIONS

PARTICULARS

ENDORSEMENT

左为一九二七年六月九日，唐泗和为其子唐丙辰来澳留学向中国驻澳大利亚总领事馆申请护照和签证所填写的申请表；右为一九二七年七月八日，中国驻澳大利亚总领事魏子京为唐丙辰签发的中国护照。

① Tong Ping Sun [also known as Shee War] [includes 4 photographs showing front and side views and left and right thumb prints] [box 217], NAA: SP42/1, C1928/4235。

Chinese School of English
14 Commonwealth St,
Sydney
27th March 1928.

The Secretary
Home and Territories Dept.
Canberra

Dear Sir,
I regret to report the death of Bing Son aged 12 years, son of Slee War of Waterloo and a pupil of this school.
He was knocked down by a motor lorry and fatally injured on his way home from school on Friday last, and died in the Sydney Hospital on Sunday.
Yours faithfully
Winifred M. Davies
Principal

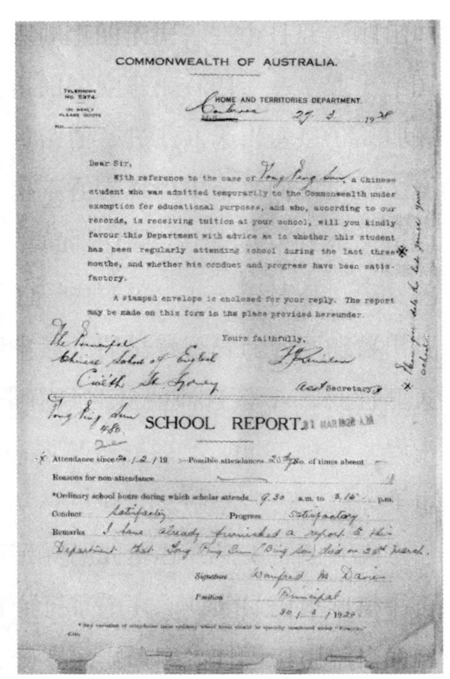

COMMONWEALTH OF AUSTRALIA.

TELEPHONE No. 5374.
IN REPLY PLEASE QUOTE
No.

HOME AND TERRITORIES DEPARTMENT.
Canberra 27. 3. 1928

Dear Sir,

With reference to the case of Tong Ping Sun, a Chinese student who was admitted temporarily to the Commonwealth under exemption for educational purposes, and who, according to our records, is receiving tuition at your school, will you kindly favour this Department with advice as to whether this student has been regularly attending school during the last three months, and whether his conduct and progress have been satisfactory.

A stamped envelope is enclosed for your reply. The report may be made on this form in the place provided hereunder.

Yours faithfully,
Asst Secretary.

The Principal
Chinese School of English
C'with St. Sydney

SCHOOL REPORT. 31 MAR 1928 A.M.

Attendance since 20 / 2 / 19 Possible attendances No. of times absent —

Reasons for non-attendance —

*Ordinary school hours during which scholar attends 9.30 a.m. to 3.15 p.m.

Conduct Satisfactory Progress Satisfactory

Remarks I have already furnished a report to this Department that Tong Ping Sun (Bing Son) died on 25th March.

Signature Winifred M. Davies

Position Principal

30 / 3 / 1928

左为一九二八年三月二十七日，唐人英文书馆馆长戴雯丽小姐向内务部报告唐丙辰的死讯；右为三天后，戴馆长提供的有关唐丙辰情况的学校例行报告。

档案出处（澳大利亚国家档案馆档案宗卷号）：

Ton Ping SUN - Student passport, NAA: A1, 1927/13886

黄海澄、黄海燕兄弟

中山青岗村

黄海澄（James Wong），生于一九一六年八月十六日；黄海燕（Walter J. Wong），生于一九一七年十月二十八日。他们是兄弟俩，皆为中山县青岗村人。

黄氏兄弟的父亲黄舜（Thomas Wong）生于一八七七年，大约在一八九七年从家乡浮海南下抵达澳洲[①]，几经磨难，立下脚跟。除了在昆士兰省（Queensland）开设商铺经营，并且也拿到在澳长期居留权之外[②]，他也与比他晚一年抵澳发展的兄弟（或者是至亲堂弟）Arthur Wong（黄蝉）[③]合伙，在雪梨（Sydney）唐人街附近之欧提摩路（Ultimo Road）开办了茂生果栏（Mow Sang & Co.）[④]，并同时兼做船票等其他中介代理。

到了一九二八年，在两个儿子分别将满十二岁和十一岁时，黄舜觉得不能再耽搁儿子们的教育了，要把他们带到身边，提供给他们较好的西式教

---

① Thomas Wong [Chinese - arrived Melbourne, 1897. Box 45], NAA: SP11/2, CHINESE/WONG THOMAS [1]。

② William Wong - student, NAA: A2998, 1952/823; Wong, Thomas - Nationality: Chinese [Occupation - Fruiterer, DOB 5 June 1877] - Alien Registration Certificate No 992 issued 23 October 1916 at No 2 Police Station, Sydney, NAA: BP4/3, CHINESE WONG THOMAS。

③ Arthur Wong Sim [Chinese - arrived Sydney? 1898. Box 39], NAA: SP11/2, CHINESE/SIM ARTHUR WONG。

④ 根据鸟修威省档案馆（NSW State Archives & Records）保存的工商局二十世纪初企业注册记录，茂生果栏正式登记注册的日期是在一九〇四年七月十三日，股东除了黄舜和黄蝉，还有另外两位他姓华人。见：https://records-primo.hosted.exlibrisgroup.com/permalink/f/1ebnd1l/INDEX1835024。

育，遂于五月八日入纸中国驻澳大利亚总领事馆，为其子申请来澳留学生护照及入澳留学签证。他以其拥有一半股份（股本一千镑）的茂生果栏作为担保，并得到他的兄弟及合伙人黄蝉的加持，承诺每年供给俩儿子膏火各六十镑，准备安排他们入读位于雪梨唐人街附近的私立英文学校，即唐人英文书馆（Chinese School of English）。

此时的中国总领事仍然是魏子京。他在接到黄舜为俩儿子申请的来澳留学申请之后，马上处理。五月十八日，他就为黄海澄和黄海燕兄弟俩签发了中国护照，其护照号码分别是510/S/28和511/S/28。当天，他便将这些申请资料附在一起，修书致函澳大利亚内务部秘书，为黄氏兄弟留学澳洲申请入境签证。

内务部接到申请后，很仔细地认真核查。通过海关税务部门的调查，他们得知，黄舜和黄蝉在茂生果栏各拥有一半股份，公司雇有三个员工，公司年销售额为三万镑，年净利润为七百五十镑。黄舜还在雪梨东区孖霖罢埠（Maroubra）有两栋别墅，而黄蝉也在马力围埠（Marrickville）自置有住宅，与家人同住在那里。看起来，他们都是有一定资产的华商，经济担保毫无问题。黄舜曾于一九一五年三月二十九日离开雪梨返回中国探亲，一住就是五年多，到一九二〇年八月十二日才返回澳洲。因此，上述两位儿子的出生，与其回国探亲日期是相吻合的，可确认黄海澄和黄海燕皆为黄舜之子无疑。上述种种，皆与一九二六年实施的《中国留学生章程》新规相符，故内务部于一九二八年六月二十三日核准了黄氏兄弟的入境签证。

但黄氏兄弟的留学档案到此就中断了，无法查找到他们最终是否前来留学以及（如果来澳的话）何时到达澳洲的任何信息。就是说，尽管黄海澄和黄海燕兄弟在家乡接获了中国总领事馆寄来的护照和入境签证，但他们显然没有来澳洲留学；而他们的父亲黄舜也在为他们成功地办理好赴澳留学手续后不久便返回中国，原本是想将他们一起带来澳洲，亦未能如愿。因为二十世纪二十年代末三十年代初，中国战乱频仍，黄家在家乡遭受变故而致影响其出国留学是有可能的；而当时许多青少年本身并不想出国留学，只是因为父母安排而不得不去。也许，黄舜在办理好儿子的出国手续后，回国发现他们并不愿意背井离乡，也就顺其自然。

而澳洲自二十世纪二十年代末受国际经济危机的影响，在三十年代初工商业也受到重创，这对于许多中小商人都有很大影响。也许黄舜受此影响，便从茂生果栏退股，离开了雪梨，回国探亲，再等待机会回澳发展。当然，因无资料，我们实在无法得知，到底是何原因导致黄氏兄弟未能赴澳留学。

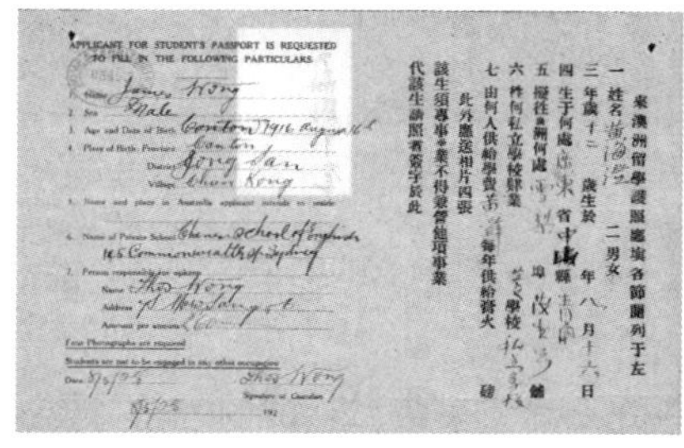

APPLICANT FOR STUDENT'S PASSPORT IS REQUESTED TO FILL IN THE FOLLOWING PARTICULARS.

1. Name James Wong
2. Sex Male
3. Age and Date of Birth Canton 1916 August 16th
4. Place of Birth: Province Canton
District Jong San
Village Chun Kong
5. Name and place in Australia applicant intends to reside
6. Name of Private School Chinese School of English 145 Commonwealth St Sydney
7. Person responsible for upkeep
Name Shu Wong
Address
Amount per annum £60

Four Photographs are required

Students are not to be engaged in any other occupation

Date 8/5/28

Signature of Guardian Shu Wong

來澳洲留學護照應塡各節開列于左

一 姓名黃海澄　二 男女

三 年歲十二 歲生於　年八月十六日

四 生于何處廣東省中山縣

五 擬往澳洲何處雪梨埠

六 將何私立學校肄業

七 由何人供給學費　每年供給費火　磅

此外應送相片四張

該生須專事學業不得兼營他項事業

代該生請照者簽字於此

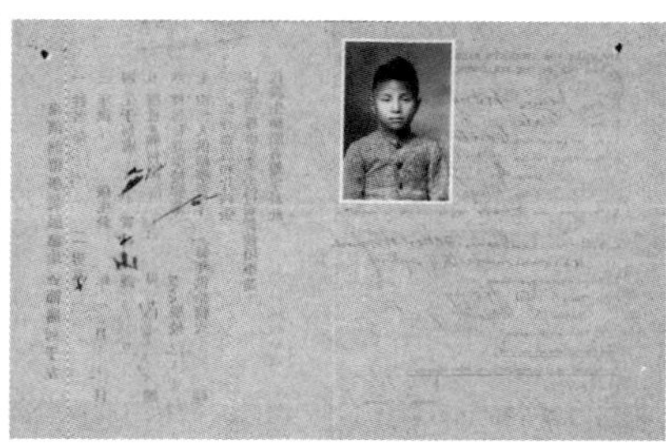

一九二八年五月八日，黄舜为其子黄海澄来澳留学向中国驻澳大利亚总领事馆申请护照和签证所填写的申请表及申请表背面所贴之黄海澄照片。

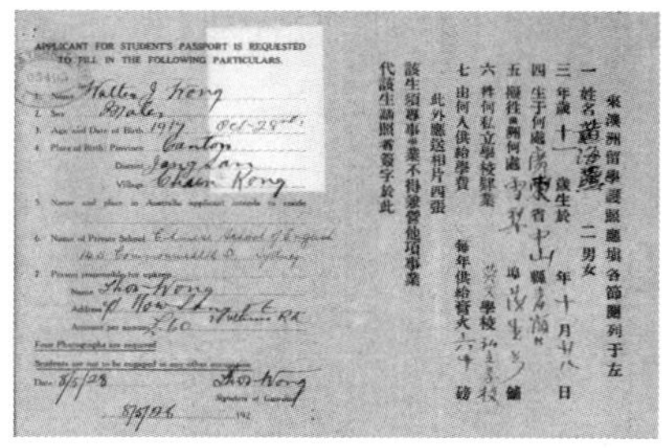

APPLICANT FOR STUDENT'S PASSPORT IS REQUESTED TO FILL IN THE FOLLOWING PARTICULARS.

1. Name Walter J Wong
2. Sex Male
3. Age and Date of Birth 1917 Oct 28th
4. Place of Birth: Province Canton
District Jong San
Village Chun Kong
5. Name and place in Australia applicant intends to reside
6. Name of Private School
7. Person responsible for upkeep
Name Shu Wong
Address
Amount per annum £60

Four Photographs are required

Students are not to be engaged in any other occupation

Date 8/5/28

Signature of Guardian Shu Wong

來澳洲留學護照應塡各節開列于左

一 姓名黃海燕　二 男女

三 年歲十一 歲生於　年十月廿八日

四 生于何處廣東省中山縣

五 擬往澳洲何處雪梨埠

六 將何私立學校肄業

七 由何人供給學費　每年供給費火六十磅

此外應送相片四張

該生須專事學業不得兼營他項事業

代該生請照者簽字於此

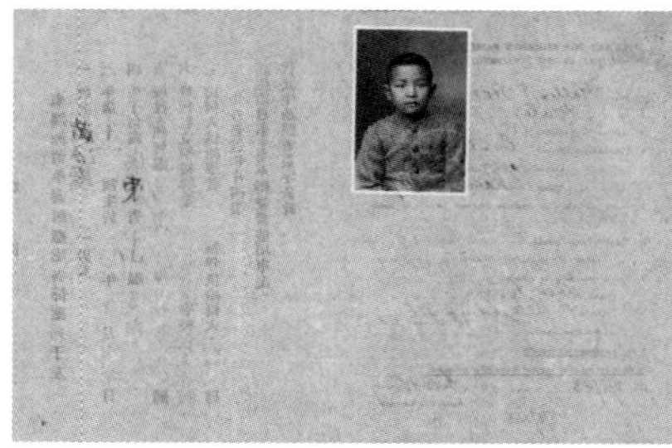

一九二八年五月八日，黄舜为其子黄海燕来澳留学向中国驻澳大利亚总领事馆申请护照和签证所填写的申请表及申请表背面所贴之黄海燕照片。

档案出处（澳大利亚国家档案馆档案宗卷号）：

Wong, Jarues - Student passport, NAA: A1, 1928/5535

Wong, Walter J - Student passport, NAA: A1, 1928/5495

李亚伯特、李丕打兄弟

中山得都村

李亚伯特（Albert Lee），生于一九一六年九月十日；李丕打（Peter Lee），据报出生于一九一七年六月十六日（但在英文栏里则写为一九一六年出生，其实际出生日期应为一九一七年十二月十五日）。两人是兄弟，但同父异母，中山县石岐（得都村）[①]人。亚伯特和丕打都不是他们的中文原名，而是其父为他们取的洋名转译过来的。至于其中文原名为何，无从考究。

他们的父亲名叫李嗹波（Len Boo Lee，或Leonard Lee），自称是在澳大利亚出生的第二代华人。从其年纪判断，他应该是一八九〇年生人[②]，但无论是内务部还是海关部门，都无法找到他的在澳出生证。据其自述，他的在澳出生证是在其首次回国探亲时便交由上述两部门相关机构所保存，但官方按照上述名字在鸟修威省（New South Wales）和昆士兰省（Queensland）两地遍寻无着。[③]二十世纪一十年代到二十年代，他在鸟修威省东北部和北部内陆地区不同的乡镇经营商铺。同时，他也做烟业生产种植的生意，但在一九二一年时因大旱，他的烟草种植园没有收成，损失惨重，倒贴一千四百镑巨款，

① 护照申请表上李亚伯特的籍贯为石岐，李丕打的籍贯则写为得都村。但在中山市所属村落名单中，无法找到得都村的名字；而在该档案宗卷的申请表英文栏里，则显示其籍贯为石岐。或许得都是紧靠在石岐镇的一个小村落，随着石岐镇的扩展，早就被淹没其中。

② LEN BOO [Certificate Exempting From Dictation Test (Form No 21); includes photographs] [box 17], NAA: SP42/1, B1907/420。

③ Leonard Lee [also known as Len Boo Lee] [correspondence on an application by Len Lee for permission for his wife to visit Australia] [box 289], NAA: SP42/1, C1933/6073。

导致破产。[①]此后，他仍然在鸟修威省的乡间经营小商铺，再一步一步地积累资金，重整旗鼓。到二十世纪三十年代初，定居于昆士兰省东南部内陆与鸟修威省交界之小镇加喇尔（Killarney）。该镇东距昆士兰省的黄金海岸约一百八十公里，南距鸟修威省北部大埠天地非埠（Tenterfield）约一百公里，但地处偏僻。尽管如此，李嗹波在此与人合股（他占股价值为四百镑）开设一间商行，名为生光公司（Sing Kong & Co.），他是主要股东并担任公司经理，主要销售日用杂货。可能当地没有竞争对手，生意倒也不错。

李亚伯特的母亲也是在澳出生的第二代华人，为华裔父亲与当地西裔妇女所生，名叫Lottie Lee（李萝蒂，译音）。一九〇六年，她被父亲带回中国，直到一九二八年方才返澳。[②]有可能是一九一五年李嗹波回中国探亲的时候[③]，得以与其相识并结婚，生下了李亚伯特。而其后的李丕打，则是李嗹波按照乡俗娶的二房或者妾室所生。这也是李亚伯特和李丕打同父异母的内情。

一九二七年，李嗹波在鸟修威省北部的一个名叫司康埠（Scone）的小乡镇经营一间商铺。这一年的年初，他以监护人名义，用自己经营的商铺担保，承诺每年供给足镑膏火作为长子来澳留学的费用，向中国驻澳大利亚总领事馆申请儿子李亚伯特的赴澳留学护照和签证。四月二十七日，中国驻澳大利亚总领事魏子京给李亚伯特签发了一份中国护照，号码是472/S/27。五月初，内务部秘书批复了他的留学签证。他的家人接到中国总领事馆寄来的护照后，经三个月左右的联络和协调，为其做好了赴澳行程安排。当年九月三日，李亚伯特去到香港，搭乘由此启程的“彰德号”（Changte）轮船抵达雪梨（Sydney）。李嗹波提前赶到雪梨将儿子从海关接出来，然后搭乘内陆长途汽车回到司康埠他的店铺住下。

---

① "Up In Smoke: Len Boo's Speculations £1400 On Tobacco", in *Evening News* (Sydney), Wednesday 26 October 1921, Page 6。

② Joe Sing Lee and Lottie Say Joe [includes 2 photographs showing front and side views and left hand and finger prints of each subject] [box 218], NAA: SP42/1, C1928/4946。

③ Ah Kuṇe, Len Boo, Ah Gun, Harry Hoy, Young Hing, Loong Hooey or Long Hoy, Ah Kay, Ah Ling, Ah Sing or Foo Sung and Lee So [Certificate Exempting from Dictation Test - includes left hand impression and photographs] [box 91], NAA: ST84/1, 1915/182/51-60。

待安顿好之后，李亚伯特便按照此前父亲的安排，进入司康埠的天主教会学校（Scone Convent School）念书。因他在这里上学的记录缺失，其在校表现和学业情况如何，不得而知。但从他来到澳洲时才十一岁的年纪来看，还处于接受新语言文化的最佳年龄区段里，显然在英语能力的提高和熟练方面应无太大的问题。

到一九三一年初，李嚏波离开司康埠，往北迁徙，最终越过鸟修威省边界进入昆士兰省，将生意搬迁到加喇尔埠，商铺名称也改为生光公司。此时，李亚伯特的母亲已在两年前返回了澳大利亚，但没有跟他的父亲住在一起，而是去了昆士兰省西南部靠近鸟修威省边界的一个名叫近地温地（Goondiwindi）的大镇子。他的母亲是否与其父亲离异，档案文件未有任何披露，但这种分居显然已经说明了问题。李亚伯特去到近地温地探望了母亲之后，最终也还是搬来跟父亲一起住。但他没有在加喇尔这个小镇念书，而是去到三十五公里之外的华威埠（Warwick）上学。这是与鸟修威省交界的地方，但属于昆士兰省。这里有天主教会开设的基督兄弟会书院（Christian Brothers' College），教学质量较好，为了去该书院上学，他每天都搭乘公共交通（小火车）来往于两地之间。一年后，李嚏波得以安排儿子住进书院，成为寄宿生，从而免去了每天都要长途奔波的辛苦。

一九三三年，李嚏波考虑到小儿子李丕打即将十六岁，也应该将其办理来到澳大利亚读书。三月初，李嚏波出具财政担保书，以监护人名义填表，向中国驻澳大利亚总领事馆申请儿子李丕打赴澳留学的护照和签证。他以自己经营的生光公司作保，承诺每年供给膏火三十六镑，以充其子在澳留学期间所需之各项开销，要把儿子送入圣若瑟书院（St. Joseph's Convent）就读。该书院位于距其所居住小镇加喇尔一百公里开外的鸟修威省天地非埠，由天主教会主办，属于寄宿性质的学校，李嚏波在二月中旬便从该书院院长那里拿到了接受其子入读的录取信。为了儿子能来此好好念书，李嚏波在提交上述申请时，也同时向澳大利亚内务部提交了另外一份申请，拟办理其二房即李丕打的母亲来澳探亲的签证，希望届时他们母子俩可以一起同来。[①]

中国驻澳大利亚总领事馆在接到上述申请后，发现按照申请表上所填的李丕打出生日期，他已经十五岁了，按规定须提交具备英语能力的证明；但总领事陈维屏认为，可以先交由内务部评估其留学签证申请，而在此期间请李嗹波与国内联络，尽早将其子手书英文抄件或信件及相关学校有关其子英语能力的证明材料寄来，这样就不会耽搁申请。为此，三月三日，陈维屏总领事备函，附上这些申请材料，向内务部秘书提出申请，并特别就上述问题予以说明，希望内务部能够理解和配合。

内务部秘书接到上述申请后，检索之下，发现了一个问题，即六年前李嗹波申请长子李亚伯特时，其出生日期是一九一六年九月十日，而现在申请的这个小儿子，其出生日期标明为一九一六年六月十六日（中文栏上则为一九一七年），怎么反而会比大儿子的出生日期要早三个月呢？而且怎么可能两兄弟的出生日期只相差三个月？于是，他于三月十四日复函陈维屏总领事，提出了上述疑问，表示要待其澄清这一问题之后，方才可以受理上述申请。陈总领事接到复函后，立即与李嗹波联络，后者遂重新填写了一份申请表，中文部分仍然是保持原有的出生年份，但月份改为十二月十五日，英文部分则与之相适应，也从一九一六年改为一九一七年十二月十五日。陈总领事在三月二十二日将其再寄送内务部秘书，表示英文部分是李嗹波在进行中英文年份换算时搞错之故。根据上述李嗹波在一九一五年的回国探亲记录，事实上，如果上述出生日期是正确的话，则表明是在他一九一七年七月回返澳洲后，其子李丕打才在年底出生。无论如何，这都显示出李嗹波离开家乡返澳时，确知其妻已经怀孕，他们之间的父子关系是符合逻辑的。他在此处也没有说明这个儿子与长子并非同母所生，但即便是不明就里者看来，将其视为与李亚伯特为同母所生，也是说得过去的，不会由此而引起怀疑。

这一次，内务部秘书算是接受了上述解释，正式受理此项留学签证申

① Leonard Lee [also known as Len Boo Lee] [correspondence on an application by Len Lee for permission for his wife to visit Australia] [box 289], NAA: SP42/1, C1933/6073。

请。然而，内务部又发现了第二个问题：即便根据申请表上提供的年龄，李丕打也已经超过了十五岁，按规定是必须具备一定的英语能力才能前来澳大利亚留学的，这也是批复签证的必要条件。于是，内务部秘书于四月六日致函陈维屏总领事，要求他提供李丕打的英语能力证明材料，方才可以批复。

经过与李嗹波的一番沟通，陈总领事于四月二十四日复函，表示无法提供上述证明。原因是李嗹波此前根本就不知道申请孩子来澳留学还有这样的要求；他也特别强调，他在中山县的家乡地处偏僻，其子此前没有获得过任何英语教育，而乡下地方也不可能提供此项教育。由此，其子既无法直接手写一份英文抄件或信函，也没有任何一所学校的校长可以写出一份他曾经接受过英语教育的证明信。有鉴于此，陈总领事建议，对此事予以特殊处理，即准允李嗹波的儿子前来留学，让他进入当地学校给予密集英语培训，使之能在尽可能短的时间内具备初步的英语能力，从而可以跟当地学生一起上课。他强调说，这件事并非李丕打的错，因为他所处的环境使其无法接受英语教育，而李嗹波则是因为对此要求不了解，也不知情，从而造成尴尬。如果他早就了解到有这个要求，在去年年底之前亦即李丕打年满十五岁之前提出申请，就可以避免出现这种为难之事，因为按照最新调整的规定，中国学生十五岁之前来澳留学的话，并不需要提供此项英语能力证明。

在与陈维屏总领事就李丕打英语能力沟通的过程中，内务部秘书并没有停止打听李嗹波的财务能力，因为这位商人与此同时也在申请其二房亦即李丕打的母亲一起前来探亲。海关在当地警察派出所的协助下得到的资料显示，上一个财政年度里（一九三一年七月一日至一九三二年六月三十日），李嗹波的生光公司营业额达到五千镑，业绩看起来相当的不错。但问题也不小，因为他实际上也欠着昆士兰省首府庇厘士彬埠（Brisbane）几家商行的贷款和赊单，需要还债；此外，他仍然做着烟叶生产的生意，在其驻地附近租了一大片土地种植烟叶。但不幸的是，今年的收成对他并不利，而这次不是因为天气原因导致歉收，而是因为世界经济不景气，市场疲软，导致他的烟叶收获后大量积压无法卖出。这样的市场形势，将会对他的财务造成巨大的冲击。昆士兰省海关部门表示，虽然目前李嗹波的生意看起来还很好，但考虑到上述隐患，如果各种因素叠加发酵，他的生意很可能就会受到极大的拖累，甚至导致结业。

得知喱波财务状况的上述内情后，内务部秘书明白，在目前的情况下，以其现有的财政能力，这位华商还是具备监护人和财政担保人的条件，但最大的问题是李丕打的英语能力无法适应这里的学习环境，也达不到批复的要求。于是，六月二日，他复函陈维屏总领事，拒绝了这位中国学生的留学签证申请。但他也在复函中表示，李丕打今年十六岁，距《中国留学生章程》规定的十九岁之后不能申请赴澳留学尚有三年时间，如果现在将其送到中国一家英语培训机构突击英语，一年内是可以达到具备初步英语学识能力的；届时他再申请赴澳留学，内务部将会按照规定给他批复入境签证。内务部秘书的这一个承诺，算得上是对此前陈维屏总领事为李丕打求情所做出的积极回应，也是给这位中国外交官员的一个面子和台阶。与此同时，内务部也否决了李喱波二房来澳探亲的申请。

李丕打的留学档案到此终止。显然，他不谙英语，在现有条件下也无法去读英语；而即便有机会送其进入语言培训机构突击英语训练，他能否达成目标也是未知的。加上其年龄已经没有任何优势，对此，李喱波只好放弃。此后，澳大利亚也再无与其相关的信息。

李喱波对于小儿子无法前来留学固然感到很失意，而在这一段时间里，此前在华威埠住读的大儿子李亚伯特也不让他省心，而且其所作所为让他更窝心。自一九三三年新学年开始后，李亚伯特并没有重返基督兄弟会书院上学，而是跑去了庇厘士彬埠。事实上，他早在上一年的最后一个学期就出现了缺勤旷课现象，前后累计达四个星期之久；只是书院未对此问题及时报告，直到下一个学年开学后基督兄弟会书院见他仍然旷课，不去上学，才将实情上报内务部秘书。而当内务部秘书下文到昆士兰省海关请其协助核查相关情况时，又接获报告说，李亚伯特去到庇厘士彬后一直都未见行踪。因此，在拒绝了李丕打留学申请后不到一个星期，内务部秘书再于六月八日致函中国总领事陈维屏，告知李亚伯特旷课的实情，表示这位中国学生已经严重违反了规定，必须立即将其遣返回国。

也就在这个时候，海关通过当地派出所找到了监护人李嗹波。从他那里得知，其子是因为厌学，根本就不想去学校读书，对此，他也无可奈何，无计可施。之后，警察根据李嗹波的提示最终在庇厘士彬找到了李亚伯特。后者告诉警察，这段时间他在庇厘士彬埠到处游荡，并没有进入任何学校继续念书，事实上也不想进入任何学校念书，现在就一门心思地想回国。此时，李嗹波的财务危机爆发，遂表示将在这一两个月内为儿子订购船票回国。内务部部长在得知这位中国学生旷课达半年之久后，于七月十日决定取消其留学签证，下令立即将其遣返。

中国驻澳大利亚总领事馆得知上述情况后，对李亚伯特的境遇也无能为力，只能知会李嗹波，要求他配合内务部的决定而采取行动。在当地海关与警察部门的一再督促下，这位华商终于为儿子李亚伯特订妥了八月二十五日路经庇厘士彬埠驶往香港的“太平号”（Taiping）轮船，让他按照规定离境回国。

而李嗹波自年初以来所遭遇的财务危机，此时也到了最后的关头，就在长子离境的这个月底，他被迫将生光公司卖给了在华威埠的一家华商主持名为Chong Sing（昌盛号）的商行[①]，从而不得不结束他在加喇尔埠经营了三年多的生意。

然而，两年后，位于近地温地埠的大型商行洪裕公司（Hong Yee & Co.）于九月底向内务部提出申请，欲聘任李嗹波的长子李亚伯特作为该商行的簿记。该商行是由原在鸟修威省北部重镇坚嗹弥士埠（Glen Innes）经营广生公司（Kwong Sing & Co.）[②]的股东唐泗（Samuel See）[③]、黄永春（Thomas

---

① 见华威埠昌盛号于一九三三年九月一日在当地报刊发布重组生光公司董事会、将生光公司纳入昌盛号经营范围的广告：“Advertising”, in *Warwick Daily News*, Friday 1 September 1933, page 6。

② 广生公司是当地华商于十九世纪末二十世纪初创办，但因在一九一二年重组而在鸟修威省工商局正式注册。见鸟修威省档案馆（NSW State Archives & Records）收藏之该省工商局二十世纪初工商企业注册记录：https://records-primo.hosted.exlibrisgroup.com/permalink/f/1ebnd1l/INDEX1808874)。

③ 唐泗为在澳大利亚鸟修威省北部乡村地区出生的第二代华人，但在澳大利亚国家档案馆里找不到与其英文名字相匹配的宗卷。

Wong Young）和关洪裕（Harry Yee）[①]合股创办，由唐泗主持经营，其他两人则在坚嗹弥士埠经营广生公司及设在周边乡镇的他们各自的商铺，并不参与该商行的具体经营。李嗹波长期在这一带地区经商，与上述各埠华商相熟，且大都是中山籍乡亲，后者对其子李亚伯特的情况也都了解，如果有需要，聘请熟人之子或者说受人之托也在情理之中。因洪裕公司记账以中文为主，此前这项工作皆由唐泗自己做，但现在业务量大，工作繁忙，公司年营业额此时已达到一万三千二百八十四镑，必须有人代替其簿记的工作，他才可以腾出时间来更好地管理商铺及商行的运营。因该公司业务量大，也有规模，且也符合条件另行聘请一名海外雇员，内务部实无法拒绝。十月二十九日，内务部按照规定批复了上述申请，准允李亚伯特赴澳工作，给予十二个月的工作签证，可以申请展签，最多可展延三年。

一九三六年一月二十七日，李亚伯特乘坐与其两年多之前离境的同一艘轮船“太平号”，抵达雪梨，再由此去到近地温地埠，开始了他重返澳洲做工的生涯。这次重返澳洲，他把自己的年龄改小了两岁，变成了一九一八年十一月二十四日出生。由是，他按照规定在这里做了三年，直到一九三八年底。

一九三九年二月，中国驻澳大利亚总领事馆向内务部提出申请，将李亚伯特转到庇厘士彬埠李嗹波的商行做工。自一九三四年起，李嗹波在华威埠重新开设了自己的生意，东山再起，但这回主要是做中草药批发和经营，颇有起色。到一九三七年，他还在庇厘士彬埠开设了一间分公司。当儿子在洪

---

① 黄永春是在澳出生的第二代华人，背景与唐泗相似，一八八五年出生于雪梨附近。见：Hazel Young [includes 2 photographs showing front and side views and left and right thumb prints], Audrey Young [includes 4 photographs showing front and side views; left hand and finger prints and left and right thumb prints], Tommy Wong Young [also known as Thomas] [includes 4 photographs showing front and side views; Certificate Exempting from Dictation Test; left hand print and left and right thumb prints], Mrs Amy Young [also known as Amy Ung Quoy] [includes 4 photographs showing front and side views and left and right thumb prints], Leonard Young [includes 4 photographs showing front and side views; left hand print and left and right thumb prints], Eulalie Maynard Young [includes 2 photographs showing front and side views and left and right thumb prints] [Issue of CEDT in favour of subject] [box 270], NAA: SP42/1, C1931/8912。关洪裕的档案，见：H Way Yee [Henry or Harry Hong Yee, includes photograph], NAA: SP42/1, C1915/3553。

裕公司的三年工作结束后，他计划先将其安置在自己的新公司协助经营，然后便出资八百到一千镑，给儿子独自开办一间专做进出口贸易的公司，进口中国的日用土货，而出口昆士兰省的水果产品，届时该公司将会定名为远东贸易公司（The Eastern Trading Company）。可是经过几个月的评估后，内务部在当年五月否决了上述申请。按规定，李亚伯特必须离境回国。但随后的几个月里，李嗹波通过各种途径，继续申诉，终于在这一年的年底获准让其子留下来。

此后，李亚伯特便在庇厘士彬埠定居下来，经营上述远东贸易公司。太平洋战争结束后，其贸易公司的生意有所发展，他也得以继续留居当地。到二十世纪六十年代，他最终加入澳籍。

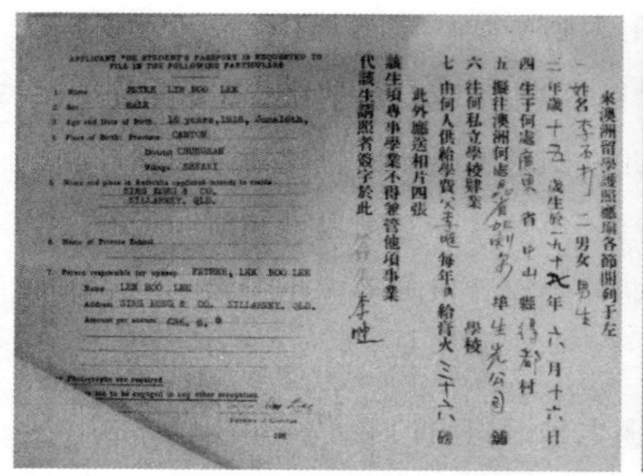

APPLICANT FOR STUDENT'S PASSPORT IS REQUESTED TO FILL IN THE FOLLOWING PARTICULARS

來澳洲留學護照應塡各節開列于左
一 姓名 李丕打 二 男女 男生
三 年歲 十五 歲生於一九十九年六月十六日
四 生于何處 廣東 省 中山 縣 村
五 擬往澳洲何處 埠 公司 舖
六 往何私立學校肄業 學校
七 由何人供給學費 每年 給育火 三十六 磅
此外應送相片四張
該生須專事學業不得兼管他項事業
代該生請照者簽字於此 李嗹

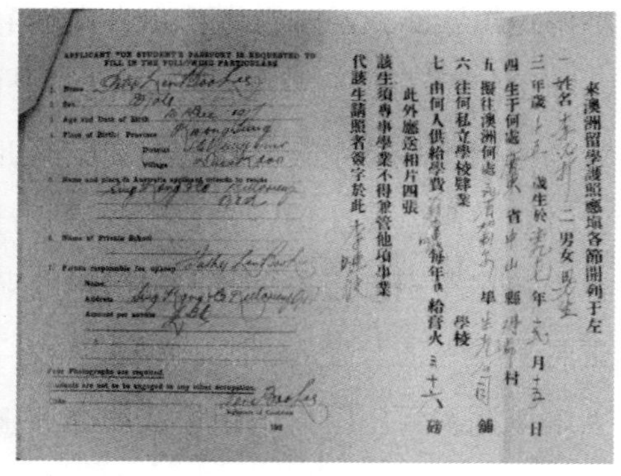

APPLICANT FOR STUDENT'S PASSPORT IS REQUESTED TO FILL IN THE FOLLOWING PARTICULARS

來澳洲留學護照應塡各節開列于左
一 姓名 二 男女
三 年歲 歲生於 年 月 日
四 生于何處 省 中山 縣 村
五 擬往澳洲何處 埠 舖
六 往何私立學校肄業 學校
七 由何人供給學費 每年 給育火 三十六 磅
此外應送相片四張
該生須專事學業不得兼管他項事業
代該生請照者簽字於此

一九三三年三月初，李嗹波以监护人名义填表，向中国驻澳大利亚总领事馆申请小儿子李丕打赴澳留学的护照和签证。因中英文栏上的出生年份换算出错，右边的是随后改正过来的新申请表，同时也将其出生月份和日期作了改动。

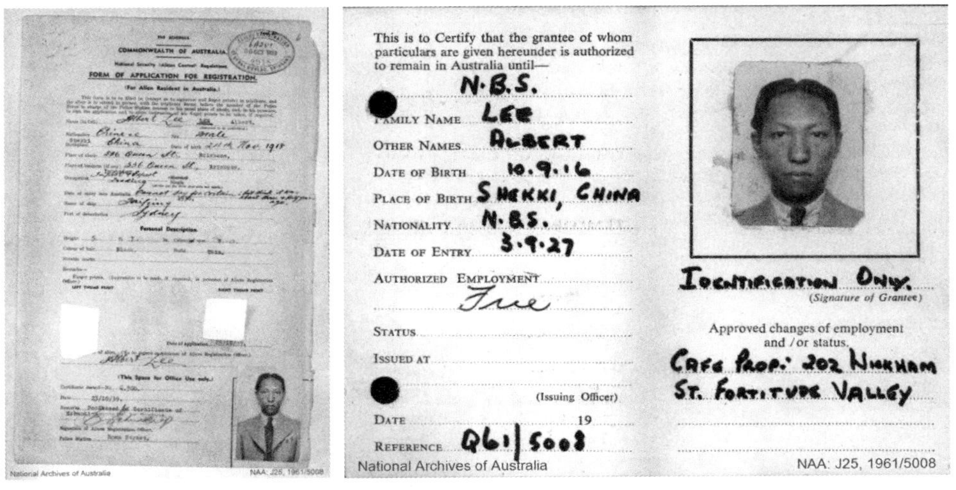

COMMONWEALTH OF AUSTRALIA

FORM OF APPLICATION FOR REGISTRATION.

National Archives of Australia NAA: J25, 1961/5008

This is to Certify that the grantee of whom particulars are given hereunder is authorized to remain in Australia until— N.B.S.

FAMILY NAME LEE

OTHER NAMES ALBERT

DATE OF BIRTH 10.9.16

PLACE OF BIRTH SHEKKI, CHINA

NATIONALITY N.B.S.

DATE OF ENTRY 3.9.27

AUTHORIZED EMPLOYMENT Free

STATUS

ISSUED AT

(Issuing Officer)

DATE 19

REFERENCE Q61/5008

IDENTIFICATION ONLY.

(Signature of Grantee)

Approved changes of employment and /or status.

CAFE PROP.: 202 WICKHAM ST. FORTITUDE VALLEY

National Archives of Australia NAA: J25, 1961/5008

左：一九三六年一月二十七日，李亚伯特在雪梨入境时的登记卡及其照片；右：一九六一年，李亚伯特所持澳洲临时出入境证件上的照片。时隔二十多年，他使用的还是同一张照片，但出生年份又改回到一九一六年。

档案出处（澳大利亚国家档案馆档案宗卷号）：

Lee, Albert [Chinese born 1918, Shekki, China, naturalisation file for cafe proprietor], NAA: J25, 1961/5008

Peter See - Students passport, NAA: A1, 1933/2119

阮洪耀

中山隆镇

阮洪耀（Hong Hue），生于一九一六年十月二十六日，中山县隆镇人。

阮洪耀的父亲是阮立利（Lop Lee），出生于一八七二年[①]，与前面提到的探眉九的父亲阮锦（Yin Gum）[②]可能是同宗兄弟，来到澳洲的时间较之阮锦要晚几年，但也是在澳大利亚联邦成立之前便已在澳洲谋生了，定居于雪梨（Sydney）。待有了一些积累后，他便与族人包括阮锦等合股开办了一个前店后厂式的家具商铺。由于他是主要股东，该木铺就以他的名字命名。

实际上，在阮锦为儿子探眉九申请来澳留学之前两天，即一九二七年十月五日，阮立利就已填表，入纸当时驻美利滨（Melbourne）的中国总领事馆，为儿子阮洪耀申领中国留学生护照及来澳留学签证。他为儿子阮洪耀选择的学校，也跟阮锦为其子探眉九选择的一样，都是唐人街附近的唐人英文书馆（Chinese School of English）。他以和阮锦等族人合股在雪梨开设的那间以自己名字命名的木器家具店立利木铺（Lop Lee & Co.）[③]作担保，报称其

---

① Lee Lap or Lop, NAA: SP42/1, C1912/7659。

② 阮锦出生于一八六八年，大约在一八九二年来到澳大利亚发展。见：Yin Gum, Ah Chew, Ting Chong, Ah Hoy, Low Gat, Low Gat, Jimmy Ah So, Chun Coy, Lee Sing and Dong Yee [Certificate Exempting from Dictation Test - includes left hand impression and photographs] [box 14], NAA: ST84/1, 1907/181-190。

③ 立利木铺正式在鸟修威省（New South Wales）工商局登记注册的日期是一九一七年九月二十日，阮立利是最大的股东。见鸟修威省档案馆（NSW State Archives & Records）所藏工商局登记记录：https://records-primo.hosted.exlibrisgroup.com/permalink/f/1ebnd1l/INDEX1810372。

在该店所占之股份价值为一千镑，应允每年为儿子供给足镑膏火费。中国总领事魏子京接到申请后，便为阮洪耀签发了中国留学生护照（因未见护照正本，不能确定签发的具体日期），编号是450/S/27，并同时致函澳大利亚内务部，为他申请入境签证。

内务部接到申请后，便按照流程要求海关提供相关信息并核查监护人的财务状况。根据十一月二十九日海关税务部门给内务部的报告，可以得知阮立利的财政信息如下：他的家具店此时只剩下两个股东，即他本人和阮锦，他占三分之二股份，阮锦占三分之一；该店位于亚历山大区（Alexandria）布达尼路（Botany Road）六十六号，商铺目前的年营业额为九千至一万镑，有雇员十二人，都是华人。可能是家具店的商铺面积比较大，立利木铺每周需交纳房租八镑。据英格兰、苏格兰与澳大利亚银行在雪梨华埠喜市场的分行经理反映，该行与立利木铺做生意多年，从未有过任何问题。换言之，即该商户信誉良好，从不拖欠。

而根据海关的出入境记录，阮立利来澳后仅回中国探亲过一次，是在一九一四年一月二十一日到一九一六年四月三日之间[①]，阮洪耀是一九一六年十月二十六日出生的，亦即在阮立利返回澳洲后之半年内。这表明在他返回澳洲前，其妻已怀孕，由此看来，两人之间的父子关系当无问题。接获海关核实报告之后，内务部确认阮立利提交的申请全部都符合规定，遂于一九二七年十二月二十日核准阮洪耀的入境签证。

但是，阮洪耀的档案就此终止，此后再无任何有关他的记录。也就是说，最终阮洪耀也跟探眉九一样，并没有前来澳洲留学。至于是什么原因导致他没有来澳，不得而知。

---

① Lop Lee [includes 12 photographs showing front and side views; Certificate Exempting from Dictation Test; left hand and finger prints and left and right thumb prints] [application from subject for extension of CEDT] [box 274], NAA: SP42/1, C1932/1716。

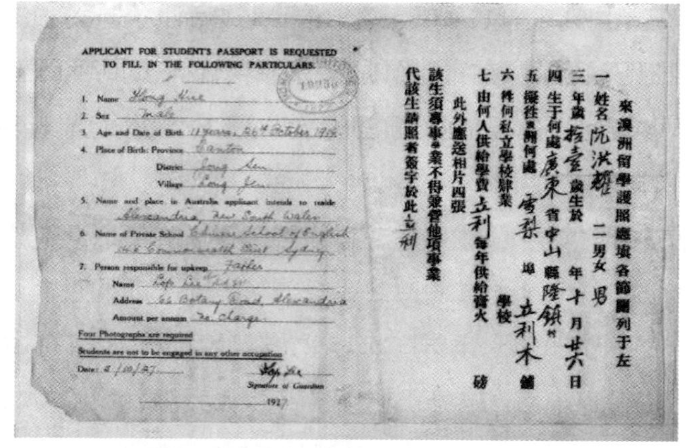
APPLICANT FOR STUDENT'S PASSPORT IS REQUESTED TO FILL IN THE FOLLOWING PARTICULARS.

19950

1. Name Hong Hue
2. Sex Male
3. Age and Date of Birth 11 years, 26th October 1916
4. Place of Birth: Province Canton
District Long Sen
Village Long Jen
5. Name and place in Australia applicant intends to reside Alexandria, New South Wales
6. Name of Private School Chinese School of English 148 Commonwealth Street Sydney
7. Person responsible for upkeep Father
Name Lop Lee
Address 66 Botany Road, Alexandria
Amount per annum No charge.

Four Photographs are required

Students are not to be engaged in any other occupation

Date: 5/10/27.

Lop Lee
Signature of Guardian

192 7

來澳洲留學護照應填各節開列于左

一　姓名阮洪耀　二男女男

三　年歲拾壹歲生於　年十月廿六日

四　生于何處廣東省中山縣隆鎮村

五　擬往澳洲何處雪梨埠

六　往何私立學校肄業　學校

七　由何人供給學費立利　每年供給膏火　磅

此外應送相片四張

該生須專事肄業不得兼營他項事業

代該生請照者簽字於此立利

立利木舖

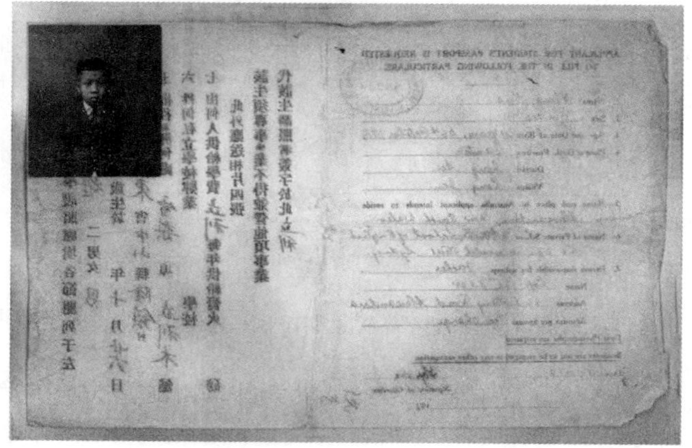

一九二七年十月五日，阮立利为儿子阮洪耀来澳洲留学向中国驻澳大利亚总领事馆申请中国留学生护照和签证所填写的申请表。下图为申请表之背面所贴之阮洪耀照片。

档案出处（澳大利亚国家档案馆档案宗卷号）：

Hong HUE - Student passport, NAA: A1, 1927/19950

刘伟珊

中山石岐民生路

刘伟珊（Way Sarn），一九一六年十一月一日出生，家住中山县石岐镇民生路。他的父亲是一位居澳华商，名叫差厘养（Charlie Young）。澳大利亚国家档案馆的宗卷显示，他的中文应该是养熙（Young Hee），如此，其全名应该是刘养熙，而差厘养则是他抵达澳大利亚之后的行世之名。[①]

生于一八七九年的差厘养，年方十七岁时便与乡人结伴闯澳洲。他抵达澳大利亚东北部的昆士兰省（Queensland），从坚时埠（Cairns）登陆入境后，便南下到达该省首府庇厘士彬埠（Brisbane）待了五年，然后再南下到鸟修威省（New South Wales）的首府雪梨（Sydney）待了四年。在此之前，他基本上是充任菜农，并且也开始使用差厘养作为自己在澳大利亚的名字；挣得一笔钱后，就去到鸟修威省西北内陆小镇那拉布赖埠（Narrabri），在此开设小店，同时也租地种菜，供自己的商铺出售。经一番努力，在一九一〇年获得永久居留权，遂得以回国探亲，结婚生子。刘伟珊是在其第二次回国探亲后出生的[②]，也是他的第一个儿子。一九一六年，结束中国探亲回来澳洲后，他仍然是回到鸟修威省的内陆地区，继续经商。他先后去到暨涟弥士埠

① Charlie Young [also known as Charles and Charley] [includes 10 photographs showing front and side views; Certificates Exempting from Dictation Test and left and right thumb prints] [box 257], NAA: SP42/1, C1930/8546。

② Charlie Young [also known as Charlie Yong] [includes 6 photographs showing front and side views; left hand and finger prints and left and right thumb prints] [box 201], NAA: SP42/1, C1927/2684。

（Glen Innes）和天架埠（Tingha）开设商铺，最终于一九二七年去到坤伦太埠（Quirindi），在那里开设了自己的商铺，就以自己的名字命名，叫作差厘养号，但英文注册则用其原名，即Young Hee & Co.。

一九二九年，鉴于长子刘伟珊将满十三岁，差厘养决定将其办理来澳留学。九月二十四日，他具结财政担保书，填写申请表格，向中国驻澳大利亚总领事馆申领刘伟珊的赴澳留学护照和签证。他以自己所经营的差厘养号商铺作保，允诺每年供给膏火七十八镑，作为儿子来澳后所需之学费、生活费、医疗保险费等各项开销。而对于安排儿子在何处读书，他不是选择坤伦太埠的学校，而是选择相距不远的威厘士克力埠罗马学校（Werris Creek Convent School），让儿子去入读，并为此取得了该校校长的录取信。他之所以选择在威厘士克力埠的这所教会学校，是因为他的兄弟（也有可能是至亲堂兄弟）刘广熙（George Lowe）[①]在该埠与人合股开有一间名为柏利号（Park Lee & Co.）的商铺，而且也准备将其儿子刘汉生（Low Hon Sang）办理来此留学[②]。如此，差厘养将儿子刘伟珊送到那里，可以让他跟刘汉生结伴一起上学。当然，该校由天主教会主办，教学质量好，这也是差厘养选择它的一个重要原因。

中国驻澳大利亚总领事馆接到申请后，很快审理完毕。十二月二日，总领事宋发祥给刘伟珊签发了一份号码为564/S/29的中国学生护照；随后，他在当天备函，连同该护照和相关的申请材料寄送澳大利亚内务部秘书，为这位中国学生申请留学签证。内务部秘书在确认所有材料齐备之后，便行文海关，请其协助核查刘养熙的相关情况，作为批复之依据。

海关行动迅速，在十二月底就提交了第一份报告，显示差厘养号正式注册的名字是养熙公司，商铺开在坤伦太埠的主街上，财务自主，资本为一千至一千五百镑之间；其人品行持正，是该埠的殷商。几天之后，海关于

① 刘广熙生于一八八三年，是在兄长刘养熙赴澳一年后来到雪梨，然后逐步进入鸟修威省内陆地区做工，最后得以跟人合股开店。见：Lowe, George [Chinese - arrived Sydney per Airlie in 1897] [Box 3], NAA: SP605/10, 256。

② 可能是需要预先做些准备工作，刘广熙是在两个月后即一九三〇年一月才正式填表，提出申办其子刘汉生赴澳留学事宜。详见：Low Hon SING - Student Passport, NAA: A1, 1934/1666。

一九三〇年一月初再次提交了另一份报告，显示差厘养此前总计有三次出入境记录：其一为一九〇五年十月至一九一〇年十月，其二为一九一五年六月二日至一九二〇年五月二十五日，其三则为一九二二年三月十八日至一九二六年六月二十三日。刘伟珊出生于一九一六年底，是在差厘养第二次回国期间所生，其父子关系毋庸置疑。内务部秘书接到上述报告后，确认差厘养符合监护人和财政担保人的所有条件，而刘伟珊因其年龄未满十四岁，无须提供具备初步英语学识能力的证明，也符合留学的要求，遂于一月二十一日批复了该项签证申请。随后，便将钤盖了签证印章的护照退还给中国驻澳大利亚总领事馆，由其寄给中国的护照持有人。

不过，海关在这一年三月三日再向内务部秘书提交了另外一份报告，特别说明有好几个居澳华人都叫作Charlie Young，故此前所提供的出入境记录是属于另外一位Charlie Young，现在找到了真正的差厘养的出入境记录，也是总计三次。具体的记录如下：一九一〇年十一月乘“依时顿号”（Eastern）轮船去，一九一三年八月九日乘同一艘船回；一九一五年六月二十三日还是乘“依时顿号”轮船去，一九一六年九月六日乘日轮“安艺丸”（Aki Maru）回；一九一九年十一月六日乘“获多利号”（Victoria）轮船去，一九二六年六月十日乘“太平号”（Taiping）轮船回。虽然三次出入境的年份和日期都有所不同，但差厘养第二次探亲结束回到澳洲两个月后，其子就出生，也仍然可以证明他与刘伟珊之间所具有的父子关系。对此，内务部秘书觉得这不影响其批复的刘伟珊留学签证的结果，故仅将其存档备查。

也就在同一个月，内务部秘书也批复了刘汉生的留学签证。于是，在石岐的刘氏家族人员便紧锣密鼓地为刘伟珊和刘汉生安排赴澳行程，并联络好旅程途中的监护人。待诸事安排妥当，便将他们送往香港，搭乘“太平号”轮船，于当年六月九日抵达雪梨港口。当时，差厘养和刘广熙因各自在不同的镇子里经营商铺，不好脱身前往雪梨接船，遂委托朋友暨同乡、雪梨著名的安益利公司（Onyik Lee & Co）经理欧阳南（David Young Narme）[①]，代其前去接关，并负责安排专人将刘伟珊和刘汉生送到北距雪梨约四百公里之外的威厘士克力埠，安顿在刘广熙的柏利号商铺里，以便他们俩日后一起在该地上学。当然，刘伟珊在这里上学，其叔父刘广熙自然也就取代父亲差厘养，成为其代理监护人。

在叔父刘广熙的商铺住处放下行李后，一九三〇年六月十六日，刘伟珊就和刘汉生一起，正式注册入读威厘士克力埠罗马学校。学校提供的例行报告显示，刘伟珊在校表现良好，基本上保持全勤，且学习努力，刻苦勤奋，各科学习成绩优异，英语能力提高得很快。事实上，刘汉生也跟他一样，颇受好评。就这样，他波澜不惊地在这所学校一直读到一九三三年底学期结束。

一九三四年新学年尚未开学，一月二十日，刘伟珊就与刘汉生一起去到雪梨，登上驶往香港的“彰德号”（Changte）轮船，告别留学三年半的澳大利亚，返回中国去了。档案中没有说明他突然回国的原因，但其叔父刘广熙也跟他们搭乘同一艘船[②]，与两个小辈同行。很有可能是刘广熙要回国探亲，因不放心儿子一个人在这里，遂将其一并带走；而此时刘伟珊也不愿意再在此读下去，要回国另做打算，故而也跟着一起离境回国。

刘伟珊的留学档案到此终止，此后，澳大利亚档案中再也没有他入境的信息。

---

① 欧阳南比差厘养和刘广熙都年轻，生于一八九〇年，在十九世纪末年便来到澳大利亚发展，二十世纪二十年代在雪梨华社中极为活跃，为安益利公司的大股东，是当地著名华商。澳大利亚国家档案馆中有关欧阳南的宗卷，见：David O'Young Narme [Chinese - arrived Sydney per SS EASTERN, 1899. Box 36], NAA: SP11/2, CHINESE/NARME D O。

② Ah Bow, Jimmy Ah Len or Fong Ling, Ah Sow, Way Ruck, Hong Nip, York Louie, Ah Fong, Ah Yong, George Lowe and Saidressan [Certificate Exempting from Dictation Test - includes left hand impression and photographs] [box 239], NAA: ST84/1, 1934/512/11-20。

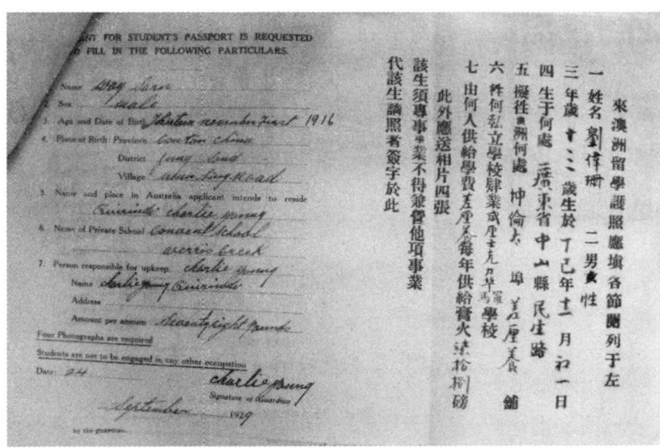

左：一九一九年差厘养申请的回头纸；右：一九二九年九月二十四日，差厘养填表向中国驻澳大利亚总领事馆申领儿子刘伟珊的赴澳留学护照和签证。

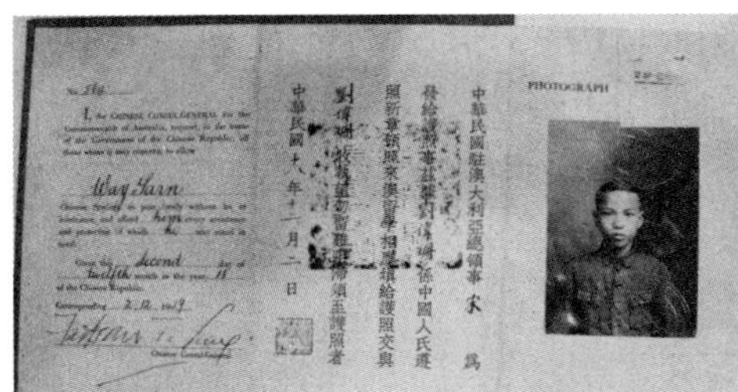

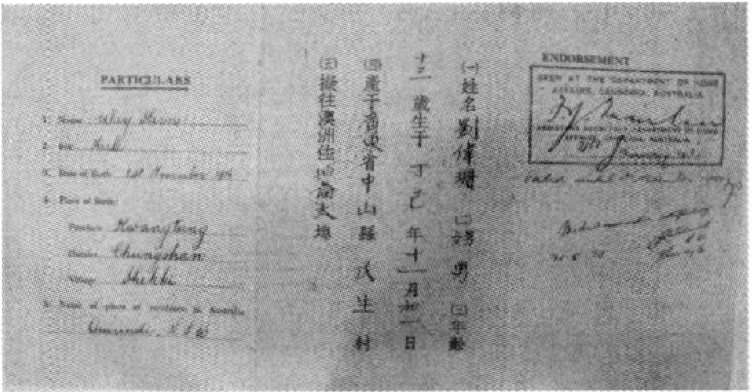

一九二九年十二月二日，中国驻澳大利亚总领事宋发祥给刘伟珊签发的中国学生护照。

档案出处（澳大利亚国家档案馆档案宗卷号）：

Way Sarn - Student's Passport, NAA: A1, 1933/127

陈华目

中山坑尾村

陈华目（Chun Wah Mot），一九一六年十一月三日出生，中山县坑尾村人。他的父亲据说是生于一八七八年的陈鸿（Chun Hoong），于澳大利亚联邦成立（一九〇一年）之前夕便来到这块土地上谋生，后定居于昆士兰省北部的汤士威炉埠（Townsville），以做木工和当小贩挑菜沿街叫卖维生。[①]由此看来，其财政经济能力难以跟那些开有店铺生意固定的同乡相比。

即便这样，陈鸿也还是在一九三〇年五月九日，向中国驻澳大利亚总领事馆提出申请，办理其子陈华目来澳留学事宜。他虽然按规定出具监护人声明，但没有公司或自己的生意作保，只是承诺每年供给儿子陈华目膏火费五十镑，希望申请儿子入读位于汤士威炉的基督兄弟会书院（Christian Brothers' College）。

尽管陈鸿提交的申请中有些项目不合规定，但中国总领事馆并没有拒绝他的申请，而是予以认真处理。六月三日，宋发祥总领事为陈华目签发了编号为584/S/30的中国留学生护照。第二天，宋总领事就将这些材料附上，致函澳大利亚内务部，请其为陈华目入境澳洲留学核发签证。

对于这样材料不全的申请，内务部也还是同样予以受理，并按流程进行

---

① Certificate Exempting from Dictation Test (CEDT) - Name: Chun Hoong - Nationality: Chinese - Birthplace: Canton - departed for China per CHANGSHA on 3 October 1909, returned to Townsville per KUMANO MARU on 26 May 1911, NAA: J2483, 16/92。

审核。随后，通过海关等部门了解到的陈鸿情况如下：

首先，调查结果显示，陈鸿的财务状况恐难以维持儿子在澳读书花费。他声称以上述工作每周可收入四镑，但没有缴税记录，无从判断，实际上他已经很多年都没有交过税了。而且，他在澳洲没有过任何银行账户，也就没有任何存款。为此，他拉了朋友马初见（Mar Chor Kin）[①]来做他的财政上的保人。虽然此人财务状况良好，但因他已经为另外的申请者担任财务保人，海关认为，再让他来当陈鸿的财务保证人，恐怕有些不合适。

其次，陈鸿已经在汤士威炉住了好些个年头了，做事认真，与人友善，邻里关系好，没有什么不良记录。

最后是陈鸿从澳洲回中国探亲的海关记录。陈鸿自称曾回中国探亲很多次，这也没错。但检索起来，他与申请表上所填的陈华目出生日期最接近的一次探亲是一九一七年十一月三日，从汤士威炉乘坐日本邮轮会社的“丹后丸”（Tango Maru）轮船离港，到一九一九年二月十七日乘坐日本邮轮会社的“日光丸”（Nikko Maru）轮船返回汤士威炉。[②]此后，他也在一九二四年四月十四日在同一个港口乘坐“衣市顿号”（Eastern）客轮回中国，到一九二五年八月十七日才搭乘“吞打号”（Tanda）客轮返回。[③]

从上述调查结果看，在财政上陈鸿已经被怀疑是否有能力供儿子来澳读书了，而更重要的是，上述海关记录表明，陈华目出生时，陈鸿本人尚在澳洲，他是陈华目出生后的次年才回中国探亲的。换言之，仅这个海关记录便足以证明陈鸿与陈华目血缘上的父子关系不成立，除非是申请表上陈华目的出生日期被误写。于是，内务部于七月五日函复中国总领事馆，以上述海关

① 马初见生于一八八〇年，十九世纪末年来到澳洲，先在雪梨，后到昆士兰省发展，此时在汤士威炉经营果栏。见：MAR, Chor Kin - Nationality: Chinese - arrived Townsville aboard TAIPING 1st October 1926, NAA: BP25/1, MAR C K – CHINESE。

② Certificate Exempting from Dictation Test (CEDT) - Name: Chun Hoong (of Townsville) - Nationality: Chinese - Birthplace: Canton - departed for China per TANGO MARU on 3 November 1917, returned to Townsville per NIKKO MARU on 17 February 1919, NAA: J2483, 233/63。

③ Certificate Exempting from Dictation Test (CEDT) - Name: Chun Hoong - Nationality: Chinese - Birthplace: Canton China - departed for China per EASTERN 14 April 1924 returned Townsville per TANDA 17 March 1925, NAA: J2483, 365/97。

所存陈鸿出关记录与陈华目出生之间实无关系为由，表明陈华目并非陈鸿之子，由是，否决了陈华目的签证申请。

可能中国驻澳大利亚总领事馆也意识到上述问题，因此，接到内务部复函后也就接受了现实。如果是总领事馆职员将陈华目的出生日期搞错了，也许这还有解释的空间，也还可以由总领事馆出面去解决，就如托马斯林茂（Thomas Lum Mow）[①]的出生日期得以改正一样。但陈鸿在接到由中国总领事馆转来的内务部拒签通知之后，没有去申诉并修改陈华目的出生日期，似乎也就默认了内务部对他与陈华目之间关系的判断。可能他也知道这是个无法解释的问题，因而也就没有提出上诉了。由此看来，陈华目也许就是陈鸿的家人在中山老家为他领养的儿子。

陈华目的档案就到此为止，结果是他最终也没能来澳留学读书。

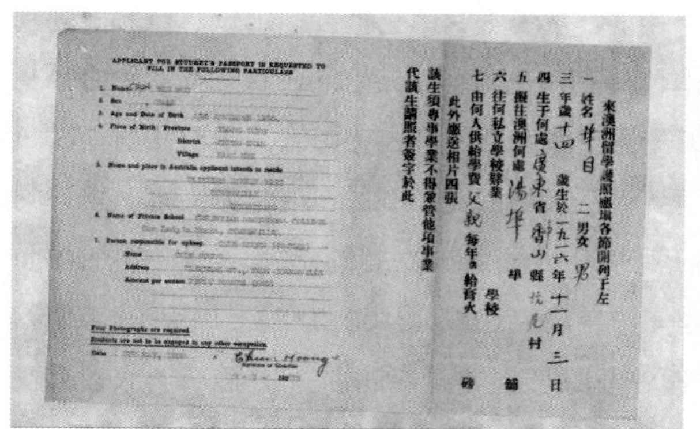

APPLICANT FOR STUDENT'S PASSPORT IS REQUESTED TO FILL IN THE FOLLOWING PARTICULARS

Four Photographs are required.

Students are not to be engaged in any other occupation.

来澳洲留学護照應填各節開列于左

一　姓名 華目　二　男女 男

三　年歲 十四　歲生於一九一六年十一月三日

四　生于何處 廣東省香山縣坑尾村

五　擬往澳洲何處 鴻華埠

六　往何私立學校肄業　學校

七　由何人供給學費 父親 每年 鎊 給膏火

此外應送相片四張

該生須專事學業不得兼管他項事業

代該生請照者簽字於此

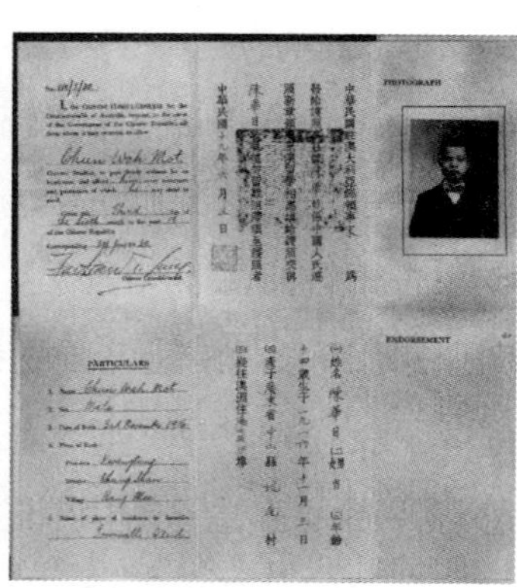

Chun Wah Mot

左：一九三〇年五月九日，陈鸿向中国驻澳大利亚总领事馆申请儿子陈华目来澳留学护照和签证所填写的申请表；右：一九三〇年六月三日，中国驻澳大利亚总领事宋发祥给陈华目签发的留学护照。

档案出处（澳大利亚国家档案馆档案宗卷号）：

Chun Wah MOT - Students passport, NAA: A1, 1930/6222

① Lum Mow, Henry - Student exemption certificate [3cms], NAA: A443, 1949/2/7501。

刘张麟、刘张煦兄弟

中山龙眼树涌村

刘张麟（Lou Jung Lun），出生于一九一六年十一月初三日，刘张煦（Lou Jung Hee），出生于一九一七年十二月十四日，兄弟俩是中山县龙眼树涌村人。

刘张麟和刘张煦的父亲叫刘嵩（Willie Soong，也写成 Lou Willie Soong），一八八三年出生[①]，大约在一八九八年至一八九九年从广东来到澳洲谋生。但他不是在雪梨（Sydney）营生，而是跟当时的许许多多的来澳中山同乡一样，在澳洲的东北部昆士兰省（Queensland）打拼，辗转于不同的矿区与乡村，从走乡串村的挑担小卖货郎开始[②]，最终在当时昆士兰北部的矿区车打士滔埠（Charters Towers）自己开了一家名为亚乐兄弟（Ah Lock Bros）的果栏，专营蔬菜与生果。[③]

一九二九年七月八日，刘嵩向中国驻澳大利亚总领事馆提出申请，为刘张麟和刘张煦两个儿子办理来澳留学生护照及入澳留学签证。刘嵩以上述自己独家经营的亚乐兄弟果栏作保，承诺每年供给俩儿子膏火各十二镑十二先

---

① Willie Soong - CEDT (Certificate for Exemption from Dictation Test), NAA: J25, 1950/3642。

② Soong, Willie - Nationality: Chinese [DOB: 17 January 1883, Occupation: Fruit Hawker] - Alien Registration Certificate No 22 issued 24 October 1916 at Queenton, NAA: BP4/3, CHINESE SOONG WILLIE。

③ Soong, Willie - Nationality: Chinese [DOB: 17 January 1883, Occupation: Merchant] - Alien Registration Certificate No 8218 issued 29 July 1920 at Thursday Island, NAA: BP4/3, CHINESE SOONG WILLIE。

令，安排他们入读位于车打士滔埠的孟卡蔴学校（Mount Carmel College）。

此时，南京国民政府已经统一全国，原北洋政府任命的驻澳大利亚中国总领事魏子京去职，总领事换成了宋发祥。宋总领事也是职业外交官出身，精通外语，办事一如其前任。他在接到刘嵩的申请后，经过一番核查，就于七月二十八日为刘张麟和刘张煦俩兄弟签发了中国护照，号码分别是550/S/29和551/S/29。第二天，他将这两本护照和其他的申请资料附在一起，发函给内务部秘书，请他为刘家兄弟留学澳洲发放入境签证。

接到申请后，内务部的核查十分仔细认真。首先，经昆士兰省海关协调，通过车打士滔警察局了解刘嵩在当地的生意状况及品行。根据八月十五日警察局提交的报告，刘嵩在当地经商，为人诚实可靠，童叟无欺，经济状况稳定。警察也顺便询问了刘嵩本人有关他何时返回中国探亲的年份。他向警察表示，共回国探亲三次，首次从澳洲回国探亲的时间是一九一三年十一月三日，返回澳洲是一九一六年[①]，但具体月份则已经记不清了，但他记得当时乘坐的客轮是一艘日轮，船名为“丹后丸”（Tango Maru）；第二次回中国探亲的时间，他记得是一九一九年一月二日至一九二〇年七月三十一日[②]；而第三次的时间，则是一九二四年七月十三日至一九二六年九月一日[③]。为进一步澄清刘嵩首次中国探亲后回来澳洲的具体日期，内务部又再次通过海关予以详查。最终，海关于九月五日报告说，查明刘嵩是在一九一六年九月二十六日乘坐“丹后丸”客轮返回澳洲的。

通过比对，内务部发现，长子刘张麟是在刘嵩首次探亲返回澳洲两个月内出生的，可以确认其为刘嵩之子无疑。因此，内务部秘书在九月十六日

---

① Certificate Exempting from Dictation Test (CEDT) - Name: Willie Soong (of Charters Towers) - Nationality: Chinese - Birthplace: Canton - departed for China per KUMANO MARU on 3 November 1913, returned to Townsville per TANGO MARU on 26 September 1916, NAA: J2483, 136/83。

② Certificate Exempting from Dictation Test (CEDT) - Name: Willie Soong (of Charters Towers) - Nationality: Chinese - Birthplace: Canton - departed for China per KITANO MARU on 2 January 1919, returned to Cairns per HWAH PING on 1 August 1920, NAA: J2483, 264/35。

③ Certificate Exempting from Dictation Test (CEDT) - Name: Willie Soong - Nationality: Chinese - Birthplace: Canton China - departed for China per VICTORIA 13 July 1924 returned Townsville per CHANGTE 1 September 1926, NAA: J2483, 366/87。

正式函复宋发祥总领事，同意发给刘张麟入境签证。但问题在于刘嵩的次子刘张煦。护照申请表上所填报的张煦的出生日期是在一九一七年十二月十四日，而声称是刘张煦父亲的刘嵩则早在上一年的九月二十四日就已返回澳洲。内务部质疑说，按照常识，他的妻子不可能拖到一年多之后才把孩子生出来；而且，在他返回澳洲时，其长子刘张麟尚未出生。所以，刘张煦不可能是刘嵩的儿子。既然他们不是父子关系，也就不符合《中国留学生章程》新规，故当局不考虑刘张煦的入境签证申请。

十月十八日，宋发祥总领事再次致函内务部秘书，为刘张煦陈情。他表示，经与中华总商会和国民党驻雪梨支部多方接洽与调查，皆确认刘张煦实为刘嵩骨肉，是其在乡之二房所生。按照中国的法律和传统，无疑刘张煦就是刘嵩的儿子。希望内务部考虑到中国人的这一特殊情况，给刘张煦发放入境签证。其实，宋总领事在函中说了那么多，也没有回答这个核心问题：即何以在刘嵩本人返回澳洲十四个月之后，他的这个儿子才出生，而这也是刘张煦被拒签的最直接的原因。也许宋总领事也同意内务部所提出的这个疑问与结论，只是因侨胞催得紧，不得不为之说情。当然，如果是二房所生，是在一九一七年上半年的某个日期，或者是将出生日期多算了一年，也是可以说得通的，也应该可以获得内务部秘书的认可。问题是，宋发祥总领事的解释没有往这方面延伸，或者说，刘嵩并没有向他解释这个问题。果不其然，六天之后，内务部于十月二十四日复函中国总领事，指出他没有回答何以刘张煦是在一九一七年底出生的这一实质问题，故该申请无法复核，并重申了之前的决定。

自上述内务部的复函之后，便再未见到有关刘家兄弟的任何留学记录。换言之，无法查找到刘张麟最终是否前来留学的档案。也许，对于刘嵩而言，既然小儿子（是否与他有血缘关系无法确定）不能来澳洲留学，那也不打算让大儿子一人来澳，好让他们在国内一起读书，相互有个照应。而如果他后来确实来澳的话，又是何时抵达澳洲，目前查找不到任何的信息。

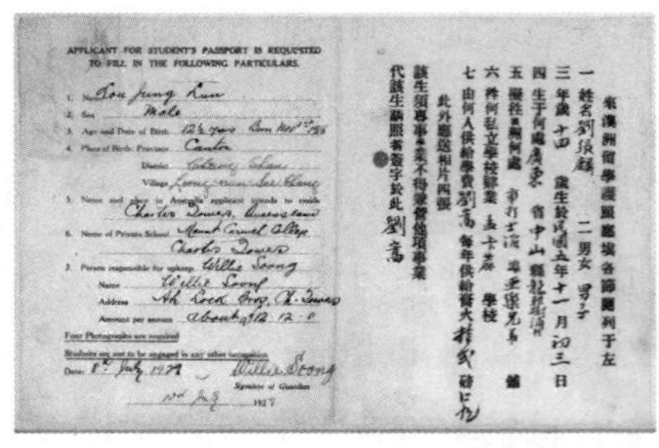

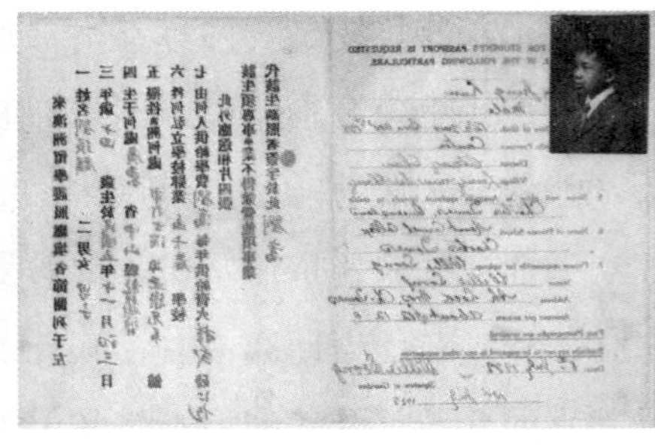

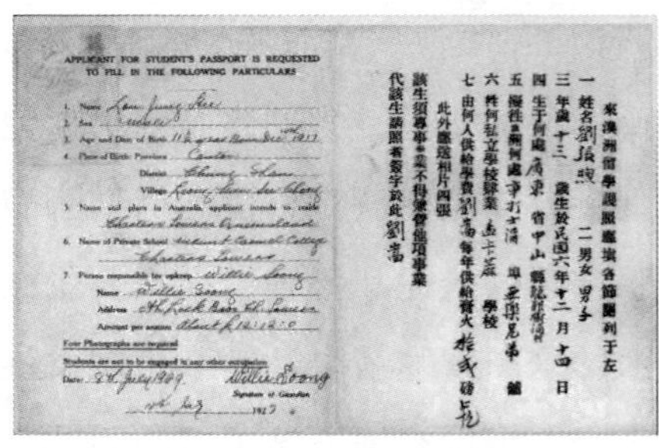

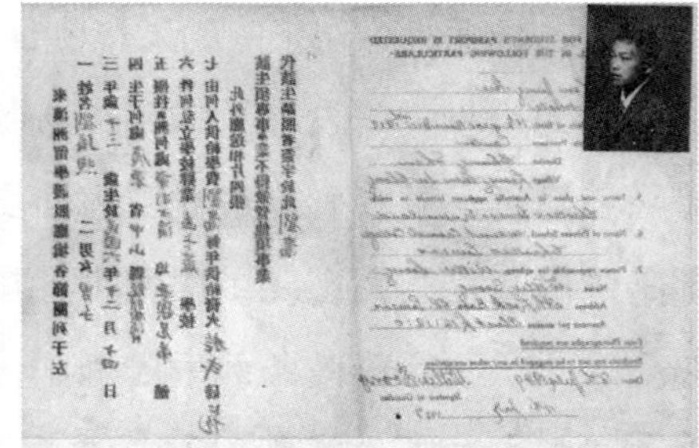

一九二九年七月八日，刘嵩为其子刘张麟和刘张煦来澳留学所填写的申请表，向中国驻澳大利亚总领事馆申请他们的护照和签证，右边是申请表背面所贴之刘张麟（上）和刘张煦（下）照片。

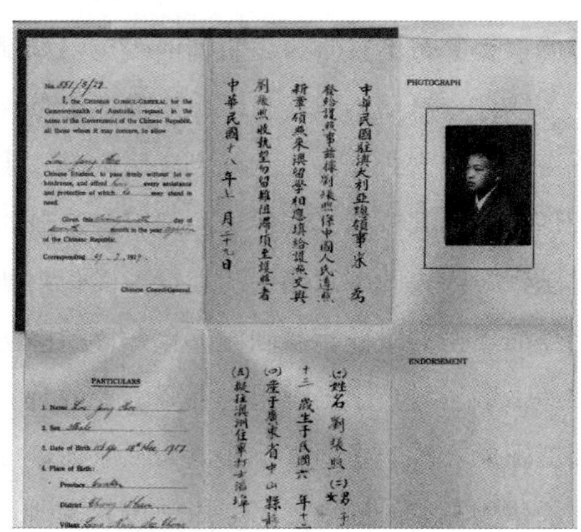

一九二九年七月二十八日，中国驻澳大利亚总领事宋发祥为刘张煦签发的中国护照。因刘张麟的护照已寄往中国，故不在这份档案中。

档案出处（澳大利亚国家档案馆档案宗卷号）：

Lou Jung Lun and Lou Jung Hee - student passport, NAA: A1, 1929/6872

杨鉴泉

中山隆都

杨鉴泉（Kam Chan），一九一七年一月二日出生，中山县隆都人。

他的父亲是大约生于一八七六年的杨桥（George Kue），早在一八九九年七月便离家奔赴澳大利亚寻找发展机会。他在昆士兰省（Queensland）最北端的谷当埠（Cooktown）登陆入境[①]，然后从这里一路南下，到二十世纪一十年代时，进入鸟修威省（New South Wales）东北部靠近昆士兰省边界的乡村小镇卡西诺（Casino）。[②]他在一路漂泊拼搏的过程中，先以珠三角赴澳华人最看家的种植技巧充任菜农；待略有了积蓄，便再往南走，去到仍然属于鸟修威省北部的烟化炉埠（Inverell），在此以自己的本钱六百镑加股进入当地老字号广源号（Kwong Yuen & Co.）商铺成为股东。该商号早在十九世纪末便已由老一辈华商所创，售卖蔬菜水果及日用品，客源稳定，因此，杨桥的收入也较为可观。

到儿子杨鉴泉即将十二岁时，考虑到他已经在国内读了几年书，中文有了一点基础，杨桥便决定将其申办来到澳大利亚读书，让其学习西方文化知识，将来如有可能便继承父业，或者学成中西文化，为回国发展奠定基础。一九二八年十二月十一日，他出具财政担保书，以监护人身份填表，提交给中国驻澳大利亚总领事馆，申办儿子赴澳留学事宜。他以自己参与经营的广

---

① George Kue [Chinese - arrived Cooktown, July 1899. Box 28], NAA: SP11/2, CHINESE/KUE G。

② George Kue, NAA: SP42/1, C1914/6551。

源号作保，应允每年供给膏火五十镑充作儿子赴澳留学所需之所有费用，要将其安排进入自己所在烟化炉埠由天主教会主办的干昐学校（Convent of Mercy）读书。

中国驻澳大利亚总领事馆接到上述申请后，很快便审理完毕。一九二九年一月四日，代理总领事吴勤训给杨鉴泉签发了号码为528/S/29的中国护照。当天，他便将该护照连同其他申请资料一起寄送澳大利亚内务部秘书，为这位中国留学生申请入境签证。他在申请函中还特别指出，杨桥曾于一九一四年十二月十四日从昆士兰省首府庇厘士彬埠（Brisbane）搭乘驶往香港的“长沙号”（Changsha）轮船回国探亲，到一九一六年十一月十三日乘坐日轮“日光丸”（Nikko Maru）回到雪梨（Sydney）[①]，以此证明一个多月后出生的杨鉴泉与杨桥之间的父子关系符合逻辑。然而，内务部秘书收到申请后，经检查发现，两年前杨桥在烟化炉埠因经营一家赌场被警察抓获罚款二十五镑，属于有案底者，即品行有疵。于是，他于三月七日复函中国总领事馆，以此为由拒绝了此项申请。对此拒签结果，吴勤训代总领事没有放弃申辩，表示杨桥已经为其当年的错误付出了代价，现在合法经商，也回馈社会，而按照《中国留学生章程》的规定，他也有权利申请自己的孩子前来接受西方教育，应该要给他这个机会。内务部秘书认为上述说法可以接受，最终于六月二十四日改变了此前的决定，为杨鉴泉核发了签证。

然而，拿到护照和签证的杨鉴泉却没有及时动身，而是等了约一年半的时间，方才到香港搭乘“太平号”（Taiping）轮船，于一九三〇年十二月十日抵达雪梨。[②]通常情况下，签证有效期为一年，持有者须在有效期内入境，否则签证就失效，海关可以拒绝入境；而如果预计到签证过期，正常的做法应该是申请签证延期，以便届时海关有所凭据放行入境；如果因延期入境而超过十五

---

① Certificate Exempting from Dictation Test (CEDT) - Name: George Kue (of Casino) - Nationality: Chinese - Birthplace: Canton - departed for China per CHANGSHA on 14 December 1914, returned to Sydney per SS NIKKO MARU on 13 November 1916, NAA: J2483, 170/66。

② Harry Kam Chan [known as Kam Chan] [arrived ex TAIPING in Sydney on 10 November 1930] [includes Certificate's of Exemption and left and right thumb prints] and Bing Hoon [includes Certificate of Exemption] [correspondence concerning application for admission into the Commonwealth and exemption status of subjects] [box 367], NAA: SP42/1, C1938/3435。

岁，还需要海关移民局官员当场测试其英语能力。杨鉴泉的签证已经过期半年，海关是在请示内务部秘书之后，才作为特例对他放行，而且因为他尚未到十五岁，也就无须进行英语能力的测试。而在其办理通关的过程中，海关同时也按例为他核发了十二个月的留学签证。父亲杨桥将儿子从海关接出来后，便带着他搭乘其他交通工具，返回距雪梨约近六百公里的烟化炉埠。

因杨鉴泉抵达澳大利亚时，正好碰上当地学校进入放暑假的漫长时期，他便只好等待次年新学年开学后方才可以去上学。一九三一年二月二日，杨鉴泉正式注册入读烟化炉埠干吩学校；后来这所学校改名为圣心学校（Sacred Heart School），他也在这里为自己取了一个英文名，叫作哈利（Harry）。校长提供的例行报告显示，他在校循规蹈矩，学业也算得上令人满意，就这样波澜不惊地读了差不多两年。

从一九三二年底开始，杨鉴泉的出勤记录就有了问题。先是因父亲杨桥患病在床，他无法到校上学，便留在店里代理父亲经营了两个星期，后来又应父亲的要求，在店里帮工达一周之久，再到次年中时就有两周时间未有到校上课，而且还没有给出任何理由。内务部接到学校的报告后，于一九三三年八月十一日致函中国总领事馆，对杨鉴泉悍然旷课的行为大为不满，认为中国学生来澳大利亚的目的是读书而不是做工，强烈要求中国领事人员必须出面干预此事，对其监护人发出警告，如果还想如此利用留学签证而继续让其子为其做工，内务部就会对此采取严厉措施。中国总领事陈维屏接到上述警告信后，立即于八月十四日复函表示，根据此前的经验，很显然杨鉴泉后面的那两周旷课是因为杨桥的病复发所致，但尽管这样，这也是不应该的，他允诺马上派人去了解情况。九月四日，陈总领事再函内务部秘书，表示已经与杨桥作了很好的沟通，后者允诺此后一定要让儿子正常到校上学。由此，为杨鉴泉化解了一场危机。

到了年底，陈维屏总领事按例为杨鉴泉申请下一年度的展签。然而，学校提供的报告显示，自八月以来一直到年底学期结束，这位中国学生在此期间缺勤长达十六天，其中除了几天确实是他因病请假之外，大部分时间都是在父亲的店里帮工。对于这样的明知故犯，内务部秘书觉得很难容忍，遂指示海关去调查其原因，以便作为其处理此事的依据。一个月后，烟化炉埠警察派出所提交了一份报告，表明杨鉴泉的缺勤事出有因，一是他仍在国内的母亲去世，得到信息后他依据中国的习俗在家守孝几天，这是可以理解的事；二是因为他的父亲患病在床，他不得不在家看护父亲，间或也要去到店铺里帮帮忙，为此还有当地诊所医生开具的杨桥患病证明。得到这样的报告，说明杨鉴泉确实是迫不得已才缺勤的，内务部秘书觉得情有可原，遂于一九三四年一月十九日批复了上述展签申请，但仍然警告此后不能再出现这样的缺勤旷课。而在这一年里，杨鉴泉确实是比较正常上学，即便有几天缺勤，都是请的一两天病假，有医生证明。

从一九三四年开始，杨鉴泉在这所学校里升级念中学课程，到次年也开始修读相关的商科课程。学校的报告显示，他的学习成绩非常令人满意，但一九三五年下半年则总计有八天时间用在了工作上。对此，内务部秘书再次指示海关核查。中国总领事陈维屏在为杨鉴泉申请展签时，引用学校的解释是上述八天皆因其父亲患病所致，不是连续八天，而是下半年以来累计有八天。而海关通过烟化炉埠警察派出所的调查也显示，那是因为杨桥患风湿病卧床不起，动弹不得，而不得不让儿子在家伺候，煮饭熬药，但并没有去店铺帮忙打工。由是，内务部秘书方才释然，继续核发展签给这位中国学生。

从一九三六年开始，杨鉴泉选修的全部都是商科课程，都是在上午上课，这样他被发现又有十二天左右的时间去到店铺里帮父亲做工。尽管学校对其在校表现和学业都很满意，尤其是他的英语能力的提高最为突出，但内务部通过其他途径了解到，他的下午时间都是自由安排的，不是出去镇子周围到处闲逛，就是找人坐在一起聊天侃大山，那些帮工基本上也是发生在下午时间。为此，内务部秘书于九月二十八日致函中国总领事陈维屏，请其关注此事，并提醒监护人杨桥，否则内务部将采取行动，将杨鉴泉遣返回国。到年底，无论是学校报告，还是警察派出所的调查，都显示这位中国学生在校表现和学业令人满意；而其协助父亲做工一事，被证实主要是在课余时间进行，因为他的父亲早已经从原先的广源号商行退出，自己经营一个小店铺，作为儿子，利用业余时间帮一下手，在乡村地区是很常见的事。为此，他们都认为这样的表现符合规范，内务部秘书也就从善如流，对其展签申请不予留难。

可是在一九三七年上半年，杨鉴泉就没有再去学校上学。直到当年五月，内务部秘书接到学校校长的报告，方才得知此事，遂立即行文海关，请其调查到底是怎么回事。六月初，烟化炉埠派出所警察提交的报告显示，杨桥曾对调查人员表示，他早前曾向中国总领事馆提出，希望代为申请他近期回国探亲期间由其子代替他经营自己小生意的签证转换事宜，只是至今未有收到回复，而这段时间儿子没有去上学，确实是因为此事而一直待在店里帮忙，目的就是等待批复。当获知尽管想要改变签证性质，在未获得批复之前，是必须遵守留学生规定而必须去上学时，杨桥当即表示，会让儿子立即回去圣心学校重新注册念书，他也确实于六月二日这样去做了。鉴于此事有一点儿特殊，内务部秘书没有采取过激行动，而是指示海关密切关注其余下的日子里是否确实保持全勤；同时，他于六月二十九日致函中国总领事馆，将此事提出来，请其监督这位中国学生，警告其违规的后果便是遣返回国。当然，在余下的半年时间里，内务部几次派人前往学校抽查，结果都令人满意，因而对其下一年度的展签便未予以留难。

在一九三八年新学年开始后，二十一岁的杨鉴泉结束了过去四年在圣心学校的商科课程，但并不打算再去其他学校就读，而是利用这个时间继续帮助父亲经营其店铺。待四月份圣心学校提交报告给内务部，得知这位学生自新学年开始便已离开学校，内务部秘书遂再次指示海关对其去向继续调查。然而，海关反馈回来的信息显示，杨鉴泉已经订妥了离境的船票，下个月就要离境。果然，四月二十八日，杨鉴泉在雪梨登上“海王星号”（Neptuna）轮船，挥别留学七年多的澳大利亚，驶往香港回国。而在此之前，他已帮父亲经营生意几近四个月之久。

杨鉴泉的留学档案到此终止。而他在此时返回的中国，已经是进入到全面抗战的第二年，局势越来越艰难，对于一位刚刚从海外完成学业而归的青年来说，他的人生选择也面临着极大的挑战。而他此后的境遇如何，只能留待国内的相关资料披露，方才可以得知。

APPLICANT FOR STUDENT'S PASSPORT IS REQUESTED TO FILL IN THE FOLLOWING PARTICULARS.

1. Name Kam Cham
2. Sex Male
3. Age and Date of Birth
4. Place of Birth: Province Canton
   District
   Village
5. Name and place in Australia applicant intends to reside Kwong Yuen Ado Oliver Street Inverell N.S.W.
6. Name of Private School Convent of Mercy Inverell N.S.W.
7. Person responsible for upkeep.
   Name
   Address C/o Kwong Yuen & Co. Oliver Street Inverell N.S.W.
   Amount per annum Fifty pounds

Four Photographs are required

Students are not to be engaged in any other occupation

Date: 11th December 1928　楊橋 Signature of Guardian

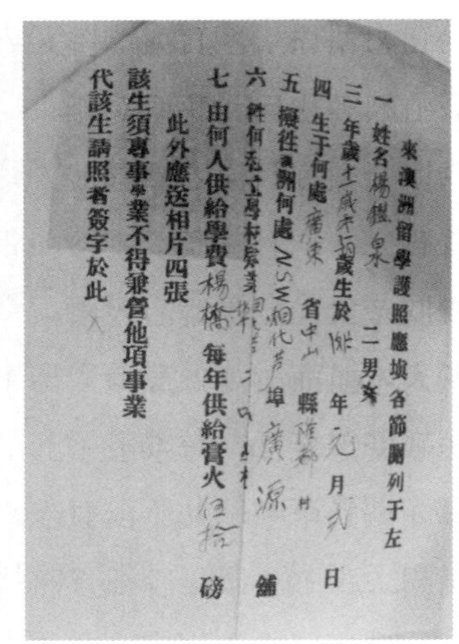

來澳洲留學護照應填各節開列于左

一 姓名 楊鑑泉　二 男女 男

三 年歲 十一歲　生於　年 元 月 貳 日

四 生于何處 廣東 省 中山 縣　村

五 擬往澳洲何處 NSW　埠 廣源 舖

六 入何學校

七 由何人供給學費 楊橋 每年供給膏火 伍拾 磅

此外應送相片四張

該生須專事學業不得兼營他項事業

代該生請照者簽字於此

一九二八年十二月十一日，杨桥填表向中国驻澳大利亚总领事馆申办儿子杨鉴泉赴澳留学事宜，为其申领护照和签证。

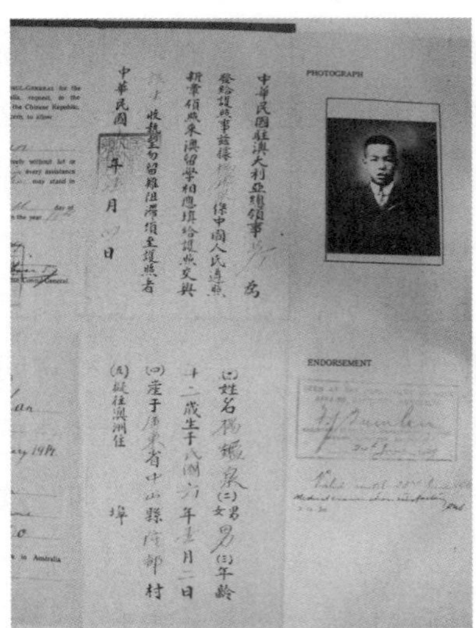

中華民國駐澳大利亞總領事

PHOTOGRAPH

ENDORSEMENT

COMMONWEALTH OF AUSTRALIA.

CERTIFICATE EXEMPTING FROM DICTATION TEST.

DESCRIPTION.

13 NOV 1916

NIKKO MARU

左：一九二九年一月四日，中国驻澳大利亚总领事馆代理总领事吴勤训给杨鉴泉签发的中国护照；右：一九一四年，杨桥回国探亲申请的回头纸。

档案出处（澳大利亚国家档案馆档案宗卷号）：

Kam Cham – Student Passport, NAA: A1, 1937/102

萧权生

中山南文村

萧权生（King Sang），一九一七年一月二十七日出生，中山县兰文村（档案宗卷原文如此，应为“南文村”）人。他的父亲是生于一八七八年的萧东球（Dung Gow），于一八九九年来到澳大利亚寻找发展机会。[①]他在昆士兰省（Queensland）北部重镇坚时埠（Cairns）登陆入境，随即就留居在这里。在获得长期居留权之后，他便在一九一三年回国探亲，结婚生子。[②]次年再返回当地，努力挣钱，赡养家小，自求发展。在获得足够资金后，他与人合股在坚时埠的唐人街沙昔街（Sach Street）开设一间商行，称为华英公司（Wah Ying & Co.），得以财务自主。

自一九二八年从中国探亲返回澳大利亚后[③]，萧东球认为儿子萧权生已经十一岁，是应该考虑将其办理来澳留学的时候了，以便在最佳学龄时期学习西方的文化和知识，充作将来经世致用之根本。于是，在做好必要的准备之后，一九二九年一月二十五日，他具结财政担保书，以监护人身份向中国驻

① Gow, Dung- Nationality: Chinese [Occupation - Grocer] [Born 1878] - Alien Registration Certificate No 1094 issued 26 August 1917 at Thursday Island, NAA: BP4/3, CHINESE GOW DUNG。

② Certificate Exempting from Dictation Test (CEDT) - Name: Dung Gow (of Cairns) - Nationality: Chinese - Birthplace: Canton - departed for China per ST ALBANS on 13 August 1913, returned to Cairns per EASTERN on 25 April 1914, NAA: J2483, 106/75。

③ Certificate Exempting from Dictation Test (CEDT) - Name: Dung Gow - Nationality: Chinese - Birthplace: Canton - departed for China per TANDA 21 January 1925 returned Cairns per TAIPING 29 March 1928, NAA: J2483, 440/96。

澳大利亚总领事馆提出申请，办理儿子萧权生赴澳留学的护照和签证。他以自己参与经营的华英公司作保，允诺每年供给膏火一百镑，作为儿子来澳留学期间所需之各项费用，要把他安排入读坚时埠省立初等学校（Cairns State Primary School）。

接到萧东球递交的申请材料后，中国总领事馆发现一个问题。按照两年多前实施的《中国留学生章程》新规，所有来澳留学之中国学生，皆须进入缴费之私立学校入读，而不允许在公立学校就读。上述申请表中所填的省立初等学校属于公立性质，自然是不能获批的。于是，中国总领事馆立即告诉萧东球，要在坚时埠为其子另行寻找合适的入读学校。在萧东球的心目中，当地私立学校自然是以教会学校（Cairns Convent School）为首。二月四日，他征得坚时埠圣莫尼卡罗马天主教会学校（St. Monica’s Roman Catholic School, Cairns）校长的同意，愿意接受其子入读该校，并为此特别向中国驻澳大利亚总领事馆出具了录取确认信。待所有材料齐备后，中国总领事馆方才正式受理此项申请。四月二十七日，因此时新任中国总领事宋发祥尚未到任，遂由一位刘姓馆员代理总领事为萧权生签发了号码为538/S/29的中国学生护照。五月二日，他备文致函内务部秘书，附上护照和申请材料，为这位中国学生请领留学签证。

内务部秘书马上受理上述申请。他按照流程，立即行文昆士兰省海关，请其对萧东球的财务状况和出入境情况做出核查，然后报上来，以便决定对此申请之批复与否。两周之后，昆士兰省海关便复命完成了任务。根据他们掌握的信息，萧东球在华英公司中拥有一半的股份，他自己有一栋物业，价值为三千镑，而且还在银行存有二百镑。他还将其华英公司的合股人列为其保人，此人也拥有一栋更大的物业，价值为五千镑。由此可见，两人的财务都非常自主，身家较厚。对于萧东球的品行，海关也从当地派出所警察得知，其人口碑好，经商有道，邻里关系融洽，是当地社区颇有身份地位之人。至于其与萧权生出生年份相近的出入境记录，海关翻查档案后发现，他于一九一五年九月二十六日离开坚时回国，到一九一七年八月二十九日返回，从位于坚时埠南边三百多公里的滨海城市汤士威炉埠（Townsville）下船入境。[1]萧权生是在萧东球回返澳洲那年的一月份出生，他们之间的父子关系当无疑。见所有报告皆显示监护人和财政担保人符合要求，而签证申请者也只有十二岁，无须提供英语能力证明，内务部秘书遂于六月五日正式批复了该项申请，并在上述护照上钤盖了入境签证章。

在中国的萧权生家人接到中国驻澳大利亚总领事馆寄来的护照之后，便在此后的几个月时间里为其订妥了船票，并物色好了赴澳行程中的监护人选。待诸事安排妥帖，家人便将萧权生送到香港，在此搭乘驶往澳大利亚的"太平号"（Taiping）轮船，于当年十一月二十八日抵达坚时，顺利入境。萧东球去到海关将儿子接出来后，便将其带到位于沙昔街的华英公司宿舍里安顿下来。

因萧权生是在十一月底抵达澳洲，距当地学校放暑假也就只剩一两个星期，即便立即入学也都无课可上，因为此时的学校基本上是处于期末考试时期，于是，萧东球便决定，等明年新学年开学后再送儿子入学。一九三〇年二月四日，萧权生正式到圣莫尼卡罗马天主教学校注册，并在当天便开始入读。他在校表现良好，遵守校规，学习也很用功，从原先一句英语也不会，半年多之后便有了长足的进步，升级到小学二年级。在这所学校，他一直读到一九三一年底学期结束。进入到一九三二年，萧权生嫌圣莫尼卡学校不够好，便不再去那里上学，而于新学年开始后，转学到圣柯故时田学校（St. Augustine's College）就读。在这所学校，他的在校表现和学业仍然跟此前并无二致，保持了全勤。

从一九三三年开始，萧权生出现了请病假的现象。通常情况下，偶尔因病缺勤不能去上课，是很正常的现象；可是到同年八月份，圣柯故时田学校提交给内务部的例行报告显示，他的病假及其他不明原因的缺勤有二十三天之多；而更重要的是，他原先学习成绩优异而在全班名列前茅，现在已经出现了学业大滑坡，成了全班的垫底。昆士兰省海关接到内务部秘书转来的要

[1] Certificate Exempting from Dictation Test (CEDT) - Name: Dung Gow (of Cairns) - Nationality: Chinese - Birthplace: Canton - departed for China per SS EASTERN on 26 September 1915, returned to Townsville per AKI MARU on 29 August 1917, NAA: J2483, 184/10。

求核查之指示后，对这位中国学生的缺勤问题进行了调查。经确认，萧权生曾患病，也去看了当地的草医，抓了几服药治疗，但因不是去正规诊所看医生，其病因为何，仍然不明。对此，海关人员按照规定告诫监护人萧东球，一定要重视其子的缺勤问题，如果真的是因为患病，也必须获得医生的证明，才能请假不去上学；否则，就会按照《中国留学生章程》规定，将其遣返回国。内务部秘书见是这样的结果，自然也就无话可说，没有对这位中国学生采取任何行动，到年底十一月中，也顺利批复其下一年度的展签。

就在上述展签刚刚发出去，内务部秘书就接到了由昆士兰省海关转来的圣柯故时田学校校长有关萧权生在校表现的报告，显示该生全年有三分之一的上学日缺勤。根据内务部秘书的指示，海关人员立即与萧东球联络，告知上述其子缺勤情况。直到此时，这位父亲方才得知其子此前的所谓患病看医大多只是借口，而更多的则是在向他撒谎，实际上是跟他玩逃学游戏。对此，萧东球向海关人员保证，一定会严加看管自己的孩子，督促他上学；而后者经训诫并晓以利害后也向海关人员表示，此后会遵守校规，不逃学了，重返学校认真读书。随后几天，海关人员与圣柯故时田学校校长联络，确认萧权生正常到校上学，于是便向内务部秘书建议，再给这位中国学生一个改正的机会。内务部秘书如其所请，但仍然于十二月五日致函中国总领事馆，将此事和盘托出，请其也监督这位中国学生的出勤情况，并表示一旦再接到学校有关其逃学的报告，定将采取进一步的行动，遣返这位中国学生回国。在结束这一个学年的考试后，该学校的报告显示，萧权生的各项考试结果都令人满意。显然，这是一个很聪颖的学生，只要回返学校，正常学习，就会发挥正常。

但是，作为父亲，萧东球并不想儿子再重蹈覆辙，他需要给儿子更多的约束。于是，一九三四年新学年开始，他便联络位于汤士威炉埠内陆一百三十多公里之车打士滔埠（Charters Towers）的万灵书院（All Souls' School），获准将儿子转学到那里就读。万灵书院是由天主教会在一九二〇年开设的男校，学生全部住宿在校内，无论是上课时间还是课余，都有老师和舍监管理。萧东球希望用此招杜绝儿子的逃学现象。他征得内务部秘书的同意后，就在二月初搭乘火车，于新学年开学日将儿子送进该书院寄宿读书。此举还真有效，于此封闭性的学习环境里，以前的聪颖好学、努力向上的萧权生又回来了，无论是在校表现还是各科学业都非常令人满意。

到了这一年十月，萧东球计划回国探亲，但不放心儿子一人在此读书，遂决定将其一并带上回国。一九三四年十月二十六日，萧东球带着即将届满十八岁的儿子萧权生在坚时埠登上驶往香港的“太平号”轮船，返回中国。在澳留学还差一个月就满五年的萧权生，此后再未有重返澳洲的记录，表明他在回国后有了新的安排和奋斗目标。事实上，在此后的澳大利亚档案信息里，也找不到他的父亲萧东球的踪迹。

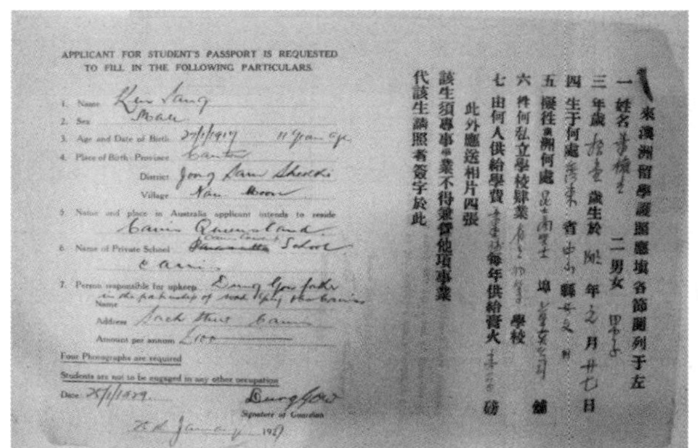

APPLICANT FOR STUDENT'S PASSPORT IS REQUESTED TO FILL IN THE FOLLOWING PARTICULARS.

1. Name
2. Sex Male
3. Age and Date of Birth
4. Place of Birth: Province Canton
   District
   Village
5. Name and place in Australia applicant intends to reside
6. Name of Private School
7. Person responsible for upkeep
   Name
   Address
   Amount per annum

Four Photographs are required

Students are not to be engaged in any other occupation

Date

Signature of Guardian

來澳洲留學護照應塡各節開列于左

一 姓名　二 男女
三 年歲　歲生於　年　月　日
四 生于何處　省　縣
五 擬往澳洲何處　埠
六 往何私立學校肄業　學校
七 由何人供給學費　每年供給膏火　磅

此外應送相片四張

該生須專事學業不得兼營他項事業

代該生請照者簽字於此

COMMONWEALTH OF AUSTRALIA.

CERTIFICATE EXEMPTING FROM DICTATION TEST.

DESCRIPTION.

左：一九二九年一月二十五日，萧东球填表向中国驻澳大利亚总领事馆提出申请，办理儿子萧权生赴澳留学的护照和签证；右：一九一五年，萧东球回国探亲申请的回头纸。

PHOTOGRAPH

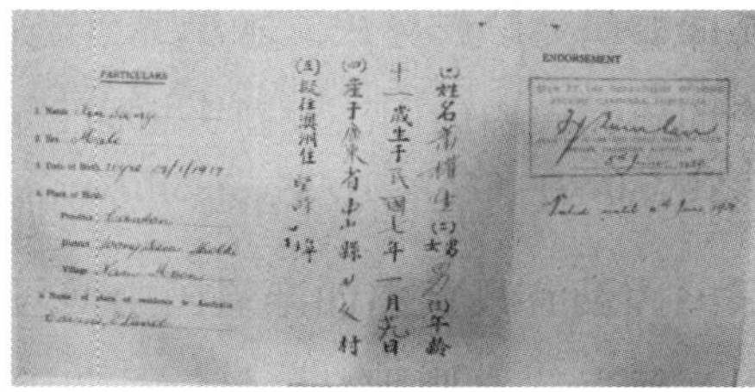

PARTICULARS

ENDORSEMENT

一九二九年四月二十七日，刘姓代理总领事为萧权生签发的中国学生护照。

档案出处（澳大利亚国家档案馆档案宗卷号）：

King Sang - Student's Passport, NAA: A1, 1933/136

张岳彪

中山涌头村

张岳彪（Jong Ngock Bew），生于一九一七年二月二日，中山县涌头村人。因家境较好，在十三岁时被家人送到省城广州读初中。

他的父亲是一八七八年出生的张泗（Jong See），早在一八九九年便从家乡来到澳大利亚发展，充任菜农；他在雪梨（Sydney）站稳了脚跟，到一九〇四年获得在澳长期居留资格[①]，随即于次年一月二十一日从雪梨搭乘“依时顿号”（Eastern）轮船回国探亲结婚，娶妻生子。[②]两年后，张泗于一九〇七年二月十四日乘坐“奄派号”（Empire）轮船返回澳洲，并在雪梨近城区的亚历山打区（Alexandra）与人合股经营一块果菜园，名为新茂生园（Sun Mow Sang Garden），辛勤耕作；同时也在街上开设一小店，经销自己的产品和一些日用品，赚钱赡养妻儿，补贴家族。

一九三一年，眼见儿子张岳彪已经年满十四岁，按照《中国留学生章程》规定，这是赴澳留学的中国学生无须提供英语学识能力证明的最后阶段，为避免要提供这些证明所带来的各种麻烦，张泗决定立即将儿子申办到澳大利亚留学。当年十月十六日，他出具财政担保书，以监护人身份填妥申

---

① Jong See [includes 3 photographs showing front and side views and left and right thumb prints] [box 239], NAA: SP42/1, C1929/7081。

② Gook Chin, Tij Sing, Joe Boo, Leong Young, Ting Lee, Ah Hung, Jong See, Lum Chan and Young Jack [Certificate of Domicile - includes left hand impression and photographs] [box 5], NAA: ST84/1, 1905/1-10。

请表，并以目前完全由自己经营的新茂生园作保（此前其余股东已经退股他往），允诺每年供给膏火七十镑，作为儿子来澳留学期间所需学费、生活费和其他各项开销，然后递交给位于同城的中国驻澳大利亚总领事馆，申领儿子张岳彪的赴澳留学护照和签证。因此时所有赴澳留学的中国学生皆须入读私立学校，早在四天前，张泗便直接与位于雪梨华埠附近矜布炉街（Campbell Street）上的中西学校（Chinese School of English）联络，从校长戴雯丽小姐（Miss Winifred Davies）那里拿到了儿子的录取信。

中国总领事馆接到申请后，初审通过，总领事陈维屏便于十一月六日备函澳大利亚内务部秘书，附上该份申请资料，为张岳彪申请入境签证，并希望能尽快批复，以便这位中国学生尽早得以赴澳留学。因无须审核申请者的英语学识能力，故内务部秘书便直接行文到海关，请其核查监护人与签证申请者之间的亲缘关系，亦即翻查张泗在张岳彪出生年份前后的出入境记录。十一月二十六日，海关找出了一份记录，显示张泗于一九一五年一月二十日搭乘日本轮船“丹后丸”（Tango Maru）回国，到一九一八年八月八日，同样是乘坐日本轮船“日光丸”（Nikko Maru）返回雪梨。从张岳彪是在一九一七年二月出生的记录来看，他们二人之间的父子关系是再明显不过。此外，海关也对张泗的保人雪梨华埠广和昌号（Kwong War Chong & Co.）东主李森（Harry Lee Chun）[①]的情况作了一番摸底。因广和昌号在华埠历史悠久，其老东主李春（Phillip Lee Chun）[②]即李森刚刚过世的父亲，过去几十年热心公益，经商有道，人缘广泛，备受尊崇，是值得信赖的商家；而张泗所参与经营的新茂生果菜园，则是广和昌号商铺所售新鲜蔬菜的上游供应商，

---

① 在澳大利亚国家档案馆查找不到与李森相关的档案宗卷，可能他还有另外的中文英译名。根据雪梨中文传媒早年的一份报道，李森约出生于一九〇二年，于一九一四年之前便已在澳留学，就读于雪梨文法学校（Sydney Grammar School），之后得以在雪梨留下来协助父亲经营广和昌号。见：“李春君令郎英畏”，载《广益华报》（*The Chinese Australian Herald*）一九一六年十二月三十日，第三版。

② 郑嘉锐在其涉及在澳中山籍华人历史一文中，称澳洲档案及报章中频频出现的李春亦名李临春。见郑嘉锐：《雪梨市中山华侨遗迹考察记事》，载《中山文史》第24辑（1991年）。李春的在澳档案，亦见：Lee, Chun [Chinese - arrived Melbourne (or Sydney) in 1895] [Box 4], NAA: SP605/10, 275。广和昌号的档案，详见：Kwong War Chong and Company - Certificate of exemption - Staff [1cm], NAA: A433, 1950/2/3305。

相互间关系密切，因此，由广和昌号作为保人，自然没有问题。

内务部秘书见上述报告显示出监护人和财政担保人都符合规定，便于十二月九日批复了这项申请。陈维屏总领事接到通过签证预评估的通知后，立即于十二月十二日给张岳彪签发了一份中国学生护照，号码是43121，并在当天便寄送内务部；四天后，后者在该护照上钤盖入境签证印章，然后退还给中国总领事馆，由其按照流程寄往中国，以待张岳彪尽快赴澳。

陈维屏总领事在接到内务部秘书退还的护照后，发现了一个问题，即其入境有效期只有三个月左右的时间。按规定，满了十五岁入境澳洲留学，就必须在入关时经由海关移民官员当场测试其英语熟练程度，以此决定是否准允入境。鉴于次年二月二日张岳彪就年满十五岁，内务部秘书因此特地将上述签证的有效期延到次年三月三十一日止，以便这位中国学生有足够时间来澳。也就是说，为了使张岳彪能按时搭船前来，内务部秘书还为此特地延长了一个多月的入境时间。陈总领事一边将护照按流程寄出，一边与张泗沟通入境有效期问题。张泗与在广州读书的儿子电报联络后，得知张岳彪的二年初中课程结业考试要到下个月才能进行，之后文凭的签发尚需一点点时间，预期很难在三月底之前赶到澳洲。为此，陈总领事于十二月二十九日再函内务部秘书，将上述事宜详告，希望他能对此予以特别考虑，将张岳彪入境日期再展延三个月的时间，这样就可以让这位中国学生有较为宽裕的时间预订船期和抵达澳洲。经一番考虑和安排，内务部秘书认为陈总领事的请求合情合理，拿到一份初中文凭也确实是人生的一件大事，遂于一九三二年一月十二日批复了上述额外请求，将其入境有效期延至六月三十日。

有了上述延期垫底，张岳彪就可以从容地安排相关事宜及自己的时间。随后，他通过香港的金山庄，帮忙预订好船期，便从家乡去到香港，搭乘“太平号”（Taiping）轮船，于一九三二年五月三十一日抵达雪梨。[①]按照内务部秘书的指示，海关没有对已经年满十五岁的张岳彪进行英语测试，让其

---

① Willian Ngock Bew Jong [Chinese - arrived Sydney per TAIPING, 8 Jun 1932. Box 7], NAA: SP1732/4, JONG, WILLIAM NGOCK BEW。

顺利入境。张泗则在广和昌号东主李森的陪同下，去到海关将儿子接出来，住进了他在亚历山打区果菜园的宿舍里。

六月二十二日，张岳彪正式注册入读中西学校。入学不久，他可能因水土不服，得了流感，好在经卧床休息和治疗，几天后便挺了过去，之后便基本上保持了全勤上学，在校表现良好，学业也都令人满意。在此期间，他也给自己取了一个英文名，叫作威廉（William），以便更好地融入澳洲社会。

到一九三四年下半年，因其父亲张泗患病卧床，他便顶替父亲看店并下地操作，从而缺勤达十二天之久。因事前他将实情告诉了戴雯丽校长，后者便在提交给内务部的例行报告中特别说明，此事经其批准，算得上是事出有因，希望内务部能体谅这些居澳华人生活的艰难而不得不这样做的苦衷。但内务部对此事仍然十分重视，主要原因在于内务部严禁来澳留学的中国学生利用留学签证打工，因而时刻警惕这些学生利用各种借口为自己父辈的企业工作以及出外打工。内务部秘书随后督促海关对此事予以详查，以确定到底张泗因何而卧床。海关稽核人员后来调查发现，此前张泗因患风湿病，无法动弹，而其果菜园虽雇佣另外两位华人为其工作，但他们英语不好，无法应对市场的变化以及处理好相关的账务问题，为此，他便让中英文俱佳的儿子代替他协助处理这些问题。最后，海关按照内务部秘书的指示，找到张泗，警告他不能如此使用儿子为其工作，即便他身体有恙时也应该在市场上找人代为经营管理，而不能做违反《中国留学生章程》的事情，否则，当局就会启动遣返机制，将其子遣返回国。经此一事，张泗知道了底线，此后对此类事情的处理就慎重得多。而张岳彪也基本上能处理好这些问题，即便因父亲病重住院，他也先与戴雯丽校长沟通，由后者对此作必要的说明，以减轻内务部对此类事情的过度解读。

一九三五年新学年开始后不久，张岳彪想结束在中西学校的中学课程，而升读雪梨工学院（Technical College, Sydney），选修电气贸易科的相关课程。他通过中国驻澳大利亚总领事馆向内务部申请转学，希望获得批复。但内务部秘书经过一个多月与海关的反复沟通，后者也去到工学院了解过相关情况，最终发现，张岳彪只是来此咨询了相关的课程，试听了一两节课，但旋即放弃了进入工学院就读的想法，仍然还是返回中西学校老老实实在那里读书，念中学课程，直到一九三六年底学期结束。

张岳彪的留学档案到此终止。

但实际上，他在一九三七年初，没有再去中西学校上学，而是结束了在该校的课程并退学，转而进入雪梨的《民报》（*The Chinese Times*）社这个中文报社工作。其入职的机缘是：大他两岁的中山石岐同乡林连（Lum Len）[①]此时突然要前往纽西兰（New Zealand），结束他在报社所担任之排字工的工作。而报纸的出版有时效性，根据《民报》股东的意见，张岳彪得以获得内务部批复，接替林连的位子，从留学签证转为工作签证。

此后，张岳彪一直在这间报馆工作，直到一九四二年上半年。当时，因太平洋战争爆发，约两千名中国海员滞留在澳，随后他们被征召进入美军和澳军中工作；为了保障其利益以及争取相关待遇，经中国驻澳大利亚公使馆和中国国民党雪梨总支部等各方面的努力，成立澳大利亚中国海员工会。经有关方面推荐，张岳彪遂离开了报社，进入中国海员工会担任代理秘书，为战时滞澳的中国海员争取利益，服务于世界反法西斯战争的伟大事业。[②]战后，中国海员工会的人员大多回国，张岳彪也不例外，于一九四六年离开了澳洲返回中国。[③]至于他回国后是进入内地还是在香港工作，则不得而知。

---

① 林连生于一九一五年二月十日，中山县石岐人，一九二八年底来到雪梨留学。曾就读于中西学校，一九三三年进入《民报》社任职排字工，一九三七年四月三十日前往纽西兰。见：Lum Len [also known as Lum Lin] [includes Certificates of Exemption and left and right thumb prints] [correspondence regarding exemption status] [arrived ex CHANGTE in Sydney on 31 December 1928] [box 343], NAA: SP42/1, C1937/3462; Lum Len - Student's Passport, NAA: A1, 1936/1199。

② 见：Chinese Times [1.5cm], NAA: A433, 1950/2/6890。

③ William Jong Ngock Bew [Includes Photograph of Subject] - Nationality: Chinese - Arrived Sydney per Taiping, 8 June 1932 [3 pages; Box 16], NAA: SP11/2, CHINESE/BEW W J N。

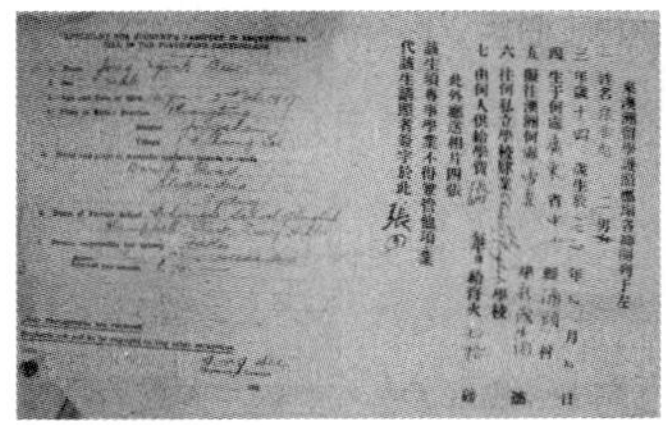
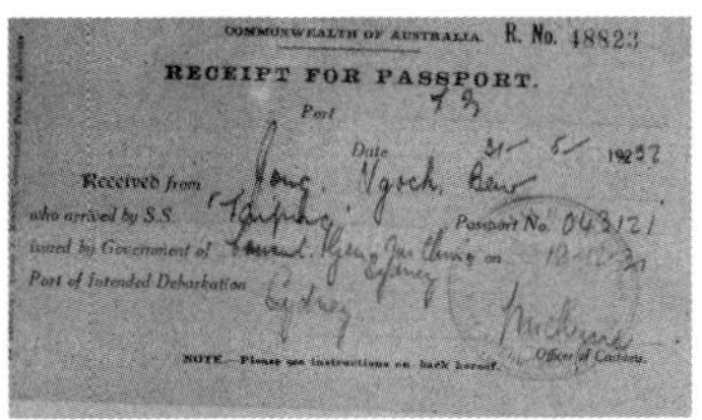

左：一九三一年十月十六日，张泗填表向中国驻澳大利亚总领事馆申领儿子张岳彪的赴澳留学护照和签证；右：一九三二年五月三十一日，澳大利亚海关出具的收取张岳彪护照收据。

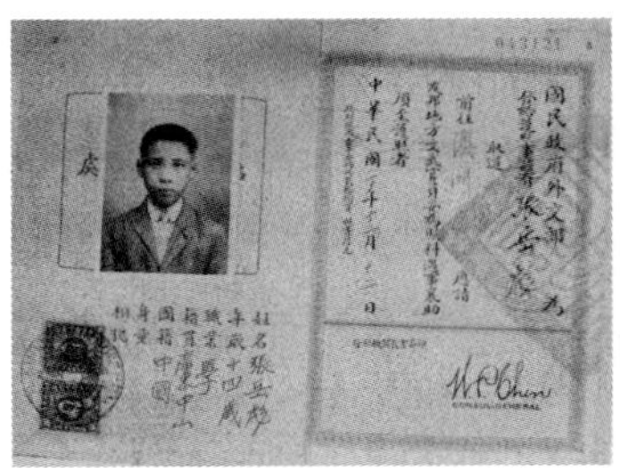

左：一九三一年十二月十二日，中国驻澳大利亚总领事陈维屏给张岳彪签发的中国学生护照；右：一九三一年十二月十六日，澳大利亚内务部在其护照内页上钤盖的入境签证印章。

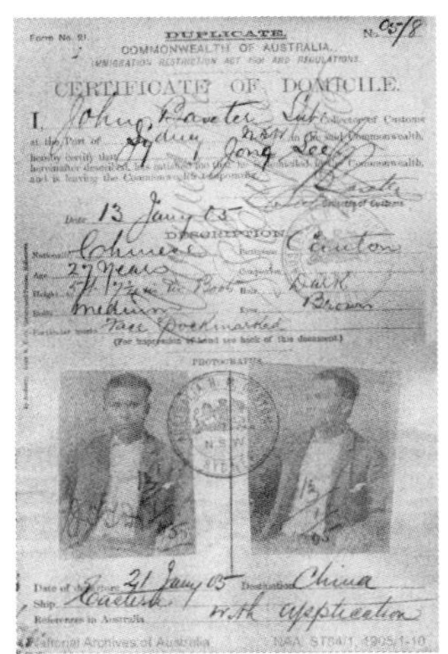
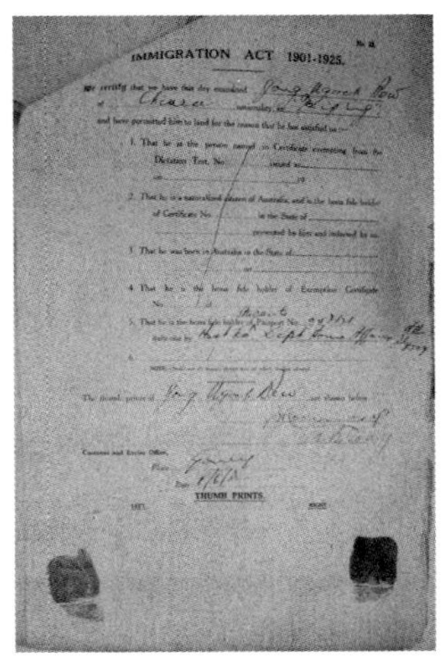

左：一九〇五年，张泗申请回国探亲的回头纸。右：一九三二年六月八日，张岳彪搭乘“太平号”轮船抵达雪梨入关后所补摁之指印。

档案出处（澳大利亚国家档案馆档案宗卷号）：

Jong Ngock Bew - Student Passport, NAA: A1, 1937/114

庞文显

香山龙聚环村

庞文显（Henry Pong Toy），生于一九一七年二月七日，香山县龙聚环村人。

根据档案，庞逶（Pong Toy，也写成Pong Foy）声称是庞文显的父亲，约在一八九六年，从香山渡海南下澳洲闯荡，定居于雪梨（Sydney）。[①]最终，他在虾巴街（Harbour Street）六十二号开设了一间名为茂生公司（Mow Sang & Co.）的小型商行[②]，专事销售，公司价值九百镑。他自称大约在一九一六年三月二十八日从雪梨乘坐日轮“阿克丸”（Ake Maru）返回中国，到一九一九年三月二十一日又乘坐日轮“丹后丸”（Tango Maru）返回雪梨，其间在中国结婚，生下儿子庞文显。

当庞文显年满十岁时，庞逶想将他办理来澳大利亚留学。一九二七年六月一日，他以自己的茂生公司作保，承诺每年供给儿子膏火费五十镑，要办理庞文显来雪梨中西学校（Chinese School of English）读书，向中国驻澳

---

① Pong Toy [also known as Pong Foy and Soy] [includes 6 photographs showing front and side views; left hand and finger prints and left and right thumb prints] [Issue of CEDT in favour of subject] [box 289], NAA: SP42/1, C1933/5852。

② 该茂生公司与黄舜（Thomas Wong）和黄蝉（Arthur Wong Sim）开设的茂生果栏，其英文名字都一样，即Mow Sang & Co.，只是营业的地点不同。详见：Wong, Jarues - Student passport, NAA: A1, 1928/5535; Wong, Walter J - Student passport, NAA: A1, 1928/5495; Wong, Thomas [Chinese - arrived Melbourne or Sydney in 1899] [Box 1], NAA: SP605/10, 79; Arthur Wong Sim [Chinese - arrived Sydney? 1898. Box 39], NAA: SP11/2, CHINESE/SIM ARTHUR WONG。

大利亚总领事馆递交了申请留学护照和签证的材料。很快，不到十天，即在一九二七年六月十日，中国总领事魏子京就为庞文显签发了编号为477/S/27的中国留学生护照，并根据上述资料，立即发函澳大利亚内务部，为他申请入境学生签证。

内务部接到申请后，便启动流程予以审核。首先，内务部秘书致函海关，请其检索庞趸的出入境记录，以便确认他与签证申请者之间亲缘关系。但海关经核查后的回馈信息显示，庞趸回中国探亲的出入境记录极其有限。确切地说，他之前很少有出境的记录，直到一九一八年一月二十五日才有记录，表明他直到那时才离开澳洲首次返回中国探亲。①也就是说，上述庞趸声称自己在一九一六年回国探亲之事是在撒谎，没有说实话。而从出入境记录所显示的他离开澳洲回国探亲结婚的情况来看，内务部认为，在他一九一八年回国探亲前就已出生的庞文显，肯定不是他的亲生儿子，仅这一点就不符合《中国留学生章程》的规定。为此，内务部觉得已没有进一步核查其他信息的必要，遂于七月二十六日函复中国驻澳大利亚总领事馆，对庞文显的签证申请直接予以拒绝。

根据上述内务部核查的结果，可以这样判断：庞趸来澳三十多年，但在前二十年时间里，一直在这块土地上为了自身的生存和发展打拼；直到一九一八年，在经济宽裕之后，他方才得以回国探亲，甚至包括结婚。以其初闯澳洲时即便只是一名十几岁的少年而计，到其首次回国探亲结婚时，也已经是四十岁左右的壮年人了。推测起来，可能是家人考虑到其年纪偏大，尚未有后代，遂遵乡俗，在原籍地为其抱养或过继一男孩以承香火。事实上，这在当时的侨乡，是一种普遍现象。但在庞趸为庞文显申请护照和签证时，没有如实说明情况，且提供的信息有误导之嫌，换言之，没有考虑到这种信息不对称会影响澳大利亚内务部对其申请的处理（如果他在一九二六年中《中国留学生章程》新规实施之前提出申请，此时中国驻澳总领事馆还负

① Ah Chee, Chew Yow, Boo Kow, Charlie Ah Fong, Pong Foy, Ah Hing, David Bingson Wong, Yet Guy, Wong Cum and Chong Fat [Certificate Exempting from Dictation Test - includes left hand impression and photographs] [box 110], NAA: ST84/1, 1918/240/81-90。

责签证的预评估，那就可能通过审核，将庞文显办理来澳留学）。

可能也正因为如此，当接到中国总领事馆转来的内务部拒签信后，庞遈无计可施，只能作罢。此后，澳洲也再没有任何申请庞文显来澳的文件记录。

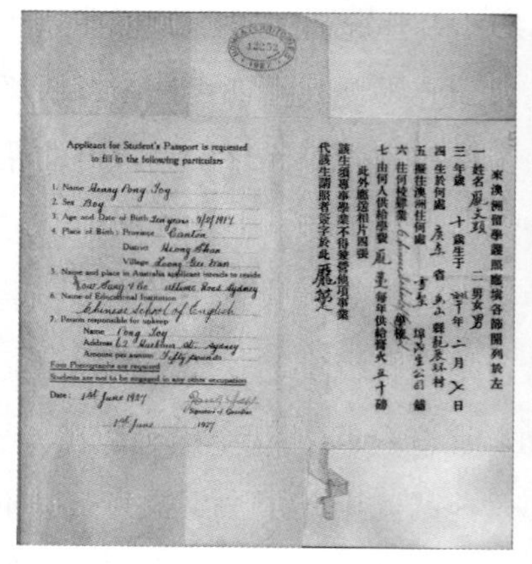

Applicant for Student's Passport is requested to fill in the following particulars

1. Name Henry Pong Toy
2. Sex Boy
3. Age and Date of Birth Ten years 7/2/1917
4. Place of Birth: Province Canton
   District Heong Shan
   Village Leong Gee Wan
5. Name and place in Australia applicant intends to reside
6. Name of Educational Institution Chinese School of English
7. Person responsible for upkeep
   Name Pong Toy
   Amount per annum Fifty pounds

Four Photographs are required
Students are not to be engaged in any other occupation

Date: 1st June 1927

來澳洲留學護照應填各節開列於左
一 姓名 龐文顯　二 男女 男
三 年歲 十歲生于　二月七日
四 生於何處 廣东省 香山縣龍聚环村
五 擬住澳洲何處
六 往何校肄業 Chinese School of English 學校
七 由何人供給學費 龐遈 每年供給費大 五十磅
此外應送相片四張
該生須專事學業不得兼營他項事業
代該生請照者簽字於此 龐遈

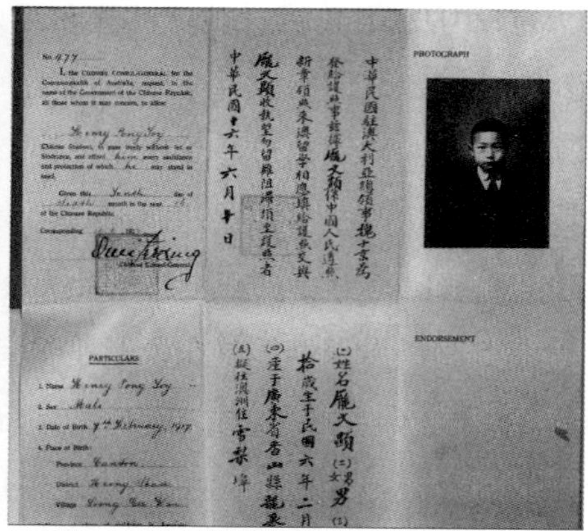

No. 477

I, the Chinese Consul-General for the Commonwealth of Australia, request, in the name of the Government of the Chinese Republic, all those whom it may concern, to allow

Henry Pong Toy

Chinese Student, to pass freely without let or hindrance, and afford him every assistance and protection of which he may stand in need.

Given this Tenth day of Sixth month in the year 16 of the Chinese Republic.

Chinese Consul-General

中華民國駐澳大利亞總領事魏子京為發給護照事照得龐文顯係中國人民遵照新章領照來澳留學相應填給護照交與龐文顯收執望勿留難阻滯須至護照者

中華民國十六年六月十日

PHOTOGRAPH

PARTICULARS

1. Name Henry Pong Toy
2. Sex Male
3. Date of Birth 7th February, 1917
4. Place of Birth:
   Province Canton
   District Heong Shan
   Village Leong Gee Wan

(一)姓名龐文顯
(二)男女 男
(三)拾歲生于民國六年二月
(四)產于廣東省香山縣龍聚
(五)擬往澳洲住雪梨埠

ENDORSEMENT

左为一九二七年六月一日庞遈向中国驻澳大利亚总领事馆申请儿子庞文显来澳留学护照和签证所填写之申请表；右为一九二七年六月十日中国总领事魏子京给庞文显签发的留学护照。

档案出处（澳大利亚国家档案馆档案宗卷号）：

Henry Pong TOY - Students passport, NAA: A1, 1927/12252

黄金财

中山青羌村

一九三〇年六月十九日，位于雪梨（Sydney）的中国驻澳大利亚总领事馆收到了一份留学护照和签证申请表，由鸟修威省雪梨中华总商会（The Chinese Chamber of Commerce of New South Wales）理事黄蝉（Wong Sim）[①]，此次作为护照申请者金财（Gum Choy）的叔叔，也是其来澳留学的监护人和财政担保人，以其在雪梨自己经营的茂生号（Mow Sang & Co.）商行（亦即茂生果栏）作为担保[②]。根据黄蝉自己的估计，他的公司资产价值有两千镑。为增加其申请的分量，他还商请其他几位中华总商会的理事，包括澳洲雪梨东华报有限公司（The Tung Wah Times Newspaper Co. Ltd）、广和昌号（Kwong War Chong & Co.）商行东主李春（Phillip Lee Chun）、永安公司（Wing On & Co.）经理郭朝（Gock Chew）等人出具推荐信，力证黄蝉经商有道，可以资助并监护亲属来澳留学，而且他在社团组织中也极其活跃，热心公益，踊跃捐输，为人正派，值得信赖。为此，黄蝉承诺每年提

① 黄蝉的英文名字有时候也写成是Arthur Wong Sim。见：Arthur Wong Sim [Chinese - arrived Sydney? 1898. Box 39], NAA: SP11/2, CHINESE/SIM ARTHUR WONG。黄蝉生于一八八二年，于一八九八年抵达澳洲发展。见：Sim, Arthur Wong [Chinese - arrived Sydney per GUTHRIE in 1898. With photograph][Box 43], NAA: SP1732/5, 3113。

② 一九二八年，黄蝉之兄黄舜（Thomas Wong）申请儿子黄海澄（James Wong）和黄海燕（Walter J. Wong）赴澳留学申请时，声明茂生果栏是他和黄蝉合股拥有。见：鸟修威省档案馆（NSW State Archives & Records）保存的工商局二十世纪初企业注册记录，https://records-primo.hosted.exlibrisgroup.com/permalink/f/1ebnd1l/INDEX1835024。

供膏火费一百镑，包揽其侄儿金财来澳留学的所有费用，包括往返中澳的旅费、学费、生活费及医疗保险等。至于金财来澳留学就读的学校，黄蝉也商得雪梨中西学校（Chinese School of English）校长戴雯丽小姐（Miss Winifred Davies）首肯，同意接收金财入读该校。

由此可见，虽然申请表上的护照申请者姓名为金财，但这个显然只是名字，并非姓金，因前述其叔叔姓黄，他自然也是姓黄，故其全名应该是黄金财，英文名也应顺势成为Wong Gum Choy。这位赴澳留学申请弄得这么大动静的黄金财，是中山县青羌村人，生于一九一七年二月十六日。在申请赴澳留学时，已年满十三周岁。

此时驻地已从美利滨（Melbourne）搬迁到雪梨的中国驻澳大利亚总领事馆，各位馆员与当地华社大佬及相关活跃人士都很熟悉，对此申请自然不能怠慢。在接到黄蝉递交的申请后，中国总领事馆就按照程序，经过处理，于七月二十三日由总领事宋发祥给黄金财签发了一份中国留学生护照，编号为586/S/30。

护照签发之后，宋发祥总领事当天便汇总所有材料，修书致函澳大利亚内务部秘书，为黄金财申请入境签证。宋总领事在信函中特别强调说，申请者黄金财之父实际上已在澳多年，只是几年前回中国探亲，因身体健康原因一直滞留在华，无法返回澳洲，而金财为其独子，其父极欲为他提供良好的英文教育，故委托他在雪梨经商之兄弟黄蝉作为监护人，资助这位中国少年以圆其留学梦。为此，宋总领事吁请内务部秘书依照《中国留学生章程》，尽快审理，发给签证，玉成此事。

不幸的是，仅仅五天之后，上述申请就在七月二十八日被内务部部长否决了。

或许是出于职责，或许是出于黄蝉及雪梨华社诸位大佬的恳求，在接到内务部的否决复函之后不久，宋发祥总领事于八月初专程从雪梨赶赴首都堪培拉（Canberra），特别就此事与内务部秘书面谈，并请其转告内务部部长，希望他再次给黄金财的签证申请以特别的考虑。从堪培拉返回雪梨之后，宋总领事还通过其他途径找到了黄金财父亲的资料，并在八月七日提供给了内务部。从这些材料中可以看到，黄金财的父亲名叫Wong Yee Gie或Yee Gia或Yee Guy（黄玉阶，译音）[①]，应该是在澳大利亚联邦成立之前来到澳洲。黄玉阶曾于一九一五年返回中国探亲，至一九一六年再重返澳洲。[②]如此算来，他此次回国应该是相亲并结婚，这与当时大多数来自珠江三角洲的澳洲华人居民的做法是相一致的。由此，其子黄金财一九一七年初出生，也就合乎逻辑了。此后，黄玉阶再于一九二一年十二月二十四日返回中国探亲，但因身体欠佳，无法再返澳洲。[③]当然，黄玉阶是有计划在一九三〇年晚些时候或者第二年初的某个时间，一俟身体状况有所好转，就动身返回澳洲。[④]但他现在面临最大的一个问题是：他的听写测试豁免纸（亦称回头纸）早已过期（通常都是获批三年期，过期后可申请展签），这导致他至今无法回澳。考虑到他辛勤劳作多年，对澳大利亚联邦的社会发展与进步不无贡献；加之其弟黄蝉在此间生意兴隆，服务社区，也为澳洲社会贡献很多，故宋总领事特代为陈情，希望当局促成其子来澳留学。

宋总领事的要求起了一点儿作用。至少档案显示，内务部于一周之后复函表示，此事可做进一步的考虑，唯需中国总领事馆提供黄玉阶是否在澳洲还有一些股份或其他相关利益，因为这可以作为当局是否批准黄金财入境的一个重要考量。随后中国总领事馆报告说，黄玉阶曾为黄蝉的茂生号公司股东之一，占股资本价值达五百镑。后海关调查表明，黄玉阶确实在茂生号中占有一百股之股份，但该公司目前的股值只是每股一镑。此前黄玉阶的股值确曾达到过五百镑，但该公司于一九二九年七月重新注册为有限公司之后，

---

① Yee Gia [also known as Yee Gai and Guy] [also known as Wong Yee Gie] [includes 4 photographs showing front and side views and left and right thumb prints] [Issue of CEDT in favour of subject] [box 255], NAA: SP42/1, C1930/6823。

② James Bung, Mrs Newey, Sunder, Ah Tow, Wong Yee Gie, Ah Tong, Mar Chong, Ah Kum, Lee Jack and Lee Gun [Certificate Exempting from Dictation Test - includes left hand impression and photographs] [box 84], NAA: ST84/1, 1915/167/71-80。

③ Leong Shim or Long Shim, Lee Jun, Cha Zuan, Lee Chong, Wong Yee Gie, Lee Lin Yu, Kwong Pue, Ah Hin, Charlie Sing and Ah Pun [Certificate Exempting from Dictation Test - includes left hand impression and photographs] [box 145], NAA: ST84/1, 1921/317/51-60。

④ Wong Yee GIE – CEDT, NAA: A1, 1930/8600。

使其股值降到现在的一百镑，而非中国总领事馆所说的五百镑。[①]至于现在的茂生号老板黄蝉，其在新注册之茂生号有限公司中的股值为四百镑，这一份额不算多；但其位于马力围区（Marrickville）的住宅是其个人财产，房产价值达一千四百五十镑。两者相加，与其所称之二千镑资产相差无几。此人品行端正，因其生意良好，海关税收当局对他相对比较熟悉。

尽管如此，内务部当局最终还是否决了黄金财的签证申请，并于九月十八日正式函告宋发祥总领事。拒签的理由是：一、内务部至今未接到黄玉阶返澳之申请；二、黄玉阶所持茂生号公司股份数额较少，不足以发挥作用，无法以此作为考虑其子来澳留学之考量；三、黄金财之申请不符合《中国留学生章程》规定，但至于不符合哪一条规定，并没有说明。内务部特别说明，此为最终决定，不能更改。

由此，宣告黄金财的申请失败。此后，未见中国总领事馆及黄蝉的申诉，在澳洲的档案中也没有找到黄金财重新申请来澳留学的信息。

当然，检索同时期其他人申请侄儿来澳留学的档案，未有如黄金财这般困难者，皆是很容易就通过。比如同样是中山籍留学生林江（Lam Kong），上一年由其叔父林泗栈（Lum See Jan）申请赴澳，很顺利获批签证。[②]如果仅仅以黄蝉为主担保，为侄儿申请签证，也许结果就与林江一样，获得通过；而宋发祥总领事特别提出的黄金材父亲黄玉阶曾在澳居住和拥有商行股份一事，属于节外生枝，画蛇添足，反而葬送了此次的签证申请。

---

① Wong Sim and Wong Yee Gie [also known as Yee Guy] [box 256], NAA: SP42/1, C1930/7559。

② 详见：Lam Kong Students – passport, NAA: A1, 1931/1079。

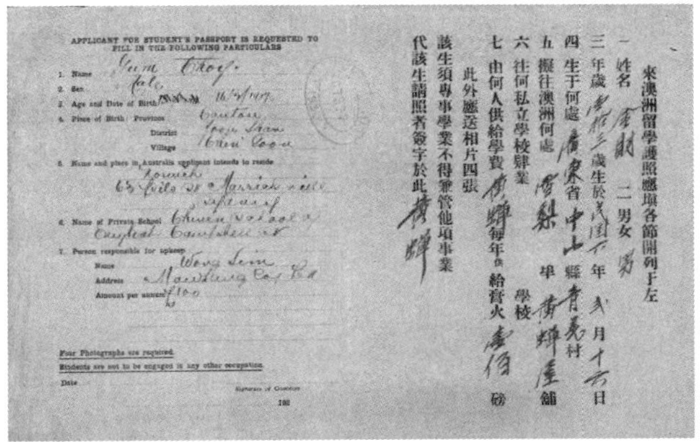

APPLICANT FOR STUDENT'S PASSPORT IS REQUESTED TO FILL IN THE FOLLOWING PARTICULARS

1. Name Gum Choy
2. Sex Male
3. Age and Date of Birth 16/2/1917
4. Place of Birth: Province Canton
District Yoon Shan
Village Chin Goon
5. Name and place in Australia applicant intends to reside
6. Name of Private School
7. Person responsible for upkeep
Name Wong Sim
Address
Amount per annum £100

Four Photographs are required.
Students are not to be engaged in any other occupation.

Date Signature of Guardian

來澳洲留學護照應塡各節開列于左

一 姓名 金財 二 男女 男

三 年歲 十三歲生於民國六年二月十六日

四 生于何處 廣東省中山縣青羌村

五 擬往澳洲何處 雪梨埠

六 往何私立學校肄業 學校

七 由何人供給學費 黃蟬 每年供給膏火 壹佰 磅

此外應送相片四張

該生須專事學業不得兼管他項事業

代該生請照者簽字於此 黃蟬

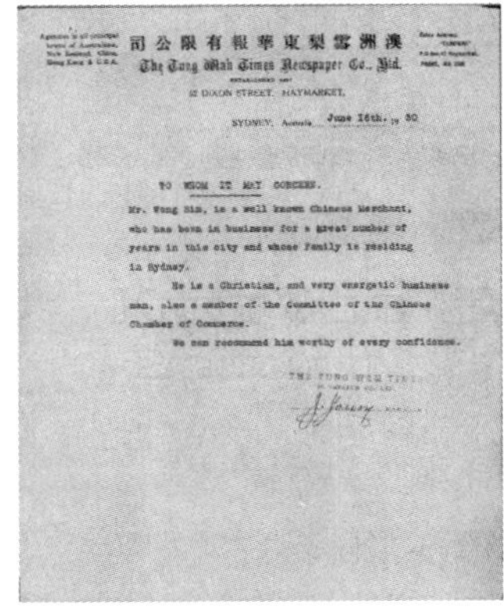

澳洲雪梨東華報有限公司

The Tung Wah Times Newspaper Co., Ltd.

DIXON STREET, HAYMARKET.

SYDNEY, Australia June 16th, 1930

TO WHOM IT MAY CONCERN.

Mr. Wong Sim, is a well known Chinese Merchant, who has been in business for a great number of years in this city and whose Family is residing in Sydney.

He is a Christian, and very energetic business man, also a member of the Committee of the Chinese Chamber of Commerce.

We can recommend him worthy of every confidence.

THE TUNG WAH TIMES

左为一九三〇年六月十九日，黄蝉所填写的申请表，提交给位于雪梨的中国驻澳大利亚总领事馆，申请侄子黄金财之来澳留学护照和签证；右为一九三〇年六月十六日雪梨东华报有限公司给黄蝉出具的推荐信。

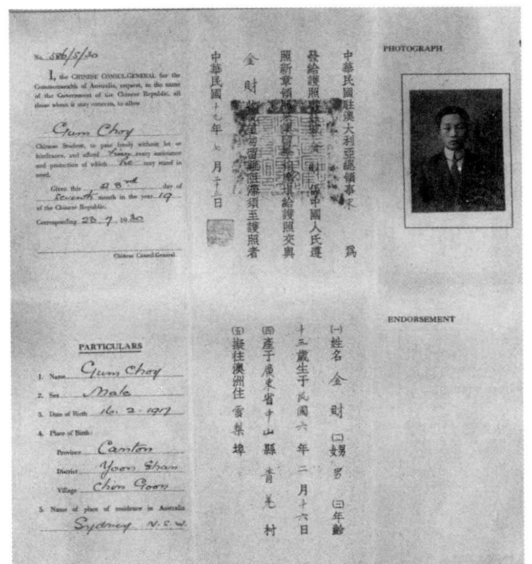

No. 586/S/30

I, the CHINESE CONSUL-GENERAL for the Commonwealth of Australia, request, in the name of the Government of the Chinese Republic, all those whom it may concern, to allow

Gum Choy

Chinese Student, to pass freely without let or hindrance, and afford him every assistance and protection of which he may stand in need.

Given this 23rd day of seventh month in the year 19 of the Chinese Republic.

Corresponding 23. 7. 1930

Chinese Consul-General

中華民國駐澳大利亞總領事宋 爲

發給護照事照得中國人民運

照新章領 ……財給護照交與

金財 ……須至護照者

中華民國十九年七月廿三日

PHOTOGRAPH

PARTICULARS

1. Name Gum Choy
2. Sex Male
3. Date of Birth 16. 2. 1917
4. Place of Birth:
Province Canton
District Yoon Shan
Village Chin Goon
5. Name of place of residence in Australia
Sydney N.S.W.

(一)姓名 金財 (二)男 (三)年齡 十三歲生于民國六年二月十六日

(四)產于廣東省中山縣青羌村

(五)擬往澳洲住雪梨埠

ENDORSEMENT

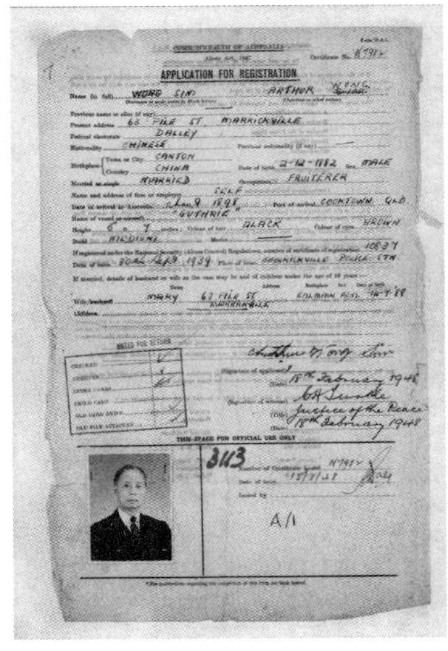

COMMONWEALTH OF AUSTRALIA

Aliens Act, 1947

Certificate No. N7914

APPLICATION FOR REGISTRATION

Name (in full) WONG SIM ARTHUR WONG

Present address 63 PILE ST. MARRICKVILLE

Federal electorate DALLEY

Nationality CHINESE

Birthplace: Town or City CANTON; Country CHINA

Date of birth 2-12-1882 Sex MALE

Married or single MARRIED Occupation FRUITERER

Name and address of firm or employer SELF

Date of arrival in Australia 1898 Port of arrival COOKTOWN QLD.

Name of vessel "GUTHRIE"

Height 5 ft. 7 inches; Colour of hair BLACK Colour of eyes BROWN

Build MEDIUM

Wife MARY 63 PILE ST MARRICKVILLE

Signature of applicant Arthur Wong Sim

Date 18th February 1948

Title Justice of the Peace

Date 18th February 1948

THIS SPACE FOR OFFICIAL USE ONLY

3113

N7914

A/1

左为一九三〇年七月二十三日，中国驻澳大利亚总领事宋发祥给黄金财签发的留学护照；右为一九四八年黄蝉的外侨登记证。

档案出处（澳大利亚国家档案馆档案宗卷号）：

Gum CHOY - Student's passport, NAA: A1, 1930/7977

雷佩棠

香山渡头村

雷佩棠（Louie Poy Tong），一九一七年二月十七日出生，香山县渡头村人。他的父亲是出生于一八七六年的雷康固（Hong Coo），大约在一八九九年至一九〇〇年间带着小他四岁的弟弟康高（Hong Goo），追随乡人的步伐，从家乡来到澳大利亚寻找梦想。他们从昆士兰省（Queensland）入境，然后逐渐南下，到达鸟修威省（New South Wales），最终定居于雪梨（Sydney）。他们先从菜农做起，立下脚跟后便从事蔬菜业的销售生意，并在一九〇四年获得了在澳长期居留的权益。[①]

当儿子年满十一岁后，雷康固决定将其申办到澳大利亚留学。一九二八年四月十四日，他具结财政担保书，以监护人的名义填好申请表格，递交到中国驻澳大利亚总领事馆，请领儿子雷佩棠赴澳留学的护照和入境签证。他以自己在靠近华埠的虾巴街（Harbour Street）一百一十一号街市上的商铺摊位作保，应承每年供给膏火五十镑，作为儿子在澳留学期间所需之学费、生活费及其他相应之费用，准备让儿子入读位于华埠旁边钦文威炉街（Commonwealth Street）上的中西学校（Chinese School of English），并已在三天前从该校校长戴雯丽小姐（Miss Winifred Davies）那里为儿子拿到了入学

---

① Ah Sho, Herbert Young, Hong Goo, Hong Coo, Ching Yow, Ah Key, Ah Ong, Low yin, Low Hon and Ah Lan [Certificate of Domicile - includes left hand impression and photographs] [box 3], NAA: ST84/1, 1904/101-110。

录取信。

驻地位于美利滨（Melbourne）的中国驻澳大利亚总领事馆接到申请后，检查所附之各项材料齐备，很快就审理完毕。四月三十日，总领事魏子京给雷佩棠签发了一份中国学生护照，号码505/S/28。五月七日，魏总领事备函，连同上述申请材料和签发的护照，一起寄送澳大利亚内务部，为这位中国小留学生申请赴澳留学签证。

按照签证审理流程，需要核查监护人和财政担保人的资格及财务状况，以便确认是否可以真正负担得起其子侄辈在澳留学所需的开销；同时，还要通过出入境记录，以判断监护人与护照持有者之间是否具有亲缘关系；而所有这些核查工作，都需要海关及警务部门的配合。为此，接到上述申请后，内务部秘书便立即指示海关，要求提供上述诸项问题的调查报告，同时也要对监护人进行品行调查，将此作为此项签证申请的预评估。

海关行动迅速，五月二十三日便完成任务。调查显示，雷康固是菜贩子，在前述虾巴街的市场中有摊位。虽然他没有在银行开列账户，但手上则有二百五十镑的现金，据他自己说，这是因为他的生意总是现金交易，备货总是需要钱，因而现金是常备不懈的。除了这个市场摊档之外，雷康固没有其他的固定资产，但此项生意可以给他每年带来五百镑的收益。如此，算得上是财务稳定。加上他经商做事都很公道，邻里关系也好，属于勤勤恳恳做事的守法市民。至于他的出入境记录，海关保存的档案显示，他最早是一九〇八年五月回国探亲，次年五月返回雪梨[①]；而与其子出生最接近的一次回国记录则是，一九一六年四月八日搭乘“太原号”（Taiyuan）轮船回国，次年八月六日乘坐日本轮船“日光丸”（Nikko Maru）回到雪梨[②]。雷佩棠在一九一七年二月出生，此时雷康固尚在国内探亲度假，正好是他回国十个月

① W Ah Sum, Wong Sing War, Hong Coo, Chun Lock, Willie Chuin Fung, Ah Lum, Ah Long and Ah Yee [Certificate Exempting from Dictation Test - includes left hand impression and photographs] [box 21], NAA: ST84/1, 1908/271-280。

② Wong Powie, Lum Sow, Gew In, Wong Man, Ah Choo, Willie Hing, Hong Coo, Wing Chong, Pank Foon and Choy Chew [Certificate Exempting from Dictation Test - includes left hand impression and photographs] [box 96], NAA: ST84/1, 1916/198/61-70。

之后的事情，表明二人之间生物学意义上的父子关系合乎逻辑，毋庸置疑。内务部秘书接获上述报告后，确信雷康固完全符合监护人和财政担保人的条件，雷佩棠也正当学龄，且因未满十四岁，入境没有语言要求。于是，五月二十九日，内务部秘书批复了这一申请，并在寄送过来的护照上钤盖了签证印章，有效期为一年。但他在签证函中强调指出，签证持有者必须在次年五月二十九日之前入境澳洲，否则该份签证就过期失效。

在接到中国驻澳大利亚总领事馆寄来的上述护照之后，雷佩棠的家人便一边为他收拾行装，一边通过香港的金山庄代为安排赴澳行程。不到三个月，金山庄便为其联络好了旅程中的监护人，也订妥了船票。随后，雷佩棠由家人送到香港，在此登上驶往澳洲的“彰德号”（Changte）轮船，于当年九月五日抵达雪梨。雷康固去到海关将儿子接出来后，便回到自己的住处将其安顿下来。

在家里休息了四个星期，预先作了一些学习英语的准备之后，十月二日，雷佩棠便由父亲领着去到中西学校正式注册上学。他在这里总是按时到校，也认真完成作业。校长戴雯丽小姐每季度提供给内务部的例行报告，对他的评价总是很简单，就一句话：令人满意。就这样，他在此波澜不惊地读了两年书。

一九三〇年十一月，雷佩棠接到家里来信，谓其母亲患病，特别思念他这个儿子，非常渴望他能回乡探望一下。为此，他将此事告知戴雯丽校长，希望休学半年，回国探母，然后再返回学校上学。戴校长对此自然十分支持，当即致函中国总领事馆，表示愿意接受雷佩棠结束探亲后仍然回到她这里继续上学。中国总领事宋发祥在了解了雷佩棠的情况后，便于十二月五日致函内务部秘书，为这位小留学生申请再入境签证。因雷佩棠所订船票开航在即，宋发祥总领事于当月十日给他签发了一份新的学生护照，并急电内务部催问再入境签证批复事宜。因此次申请手续齐备，又是通过正式渠道进行，批复是不成问题的。接到上述急电后，内务部秘书当即就批复了这项申请。见一切手续就绪，雷佩棠于十二月十三日在雪梨港口登上“利罗号”（Nellore）轮船驶往香港，按照预定计划回国探亲，看望母亲。当然，和他一起回国的，还有其父亲雷康固。[①]

然而，雷佩棠食言了，无法按照原定计划在六个月内重返澳洲。一九三一年八月四日，中国驻澳大利亚总领事馆一位副领事给内务部秘书写信，告知雷佩棠回到国内后因当地形势不稳，加上被家里一些其他事务所缠，导致无法按期回来澳大利亚，希望能将其再入境签证展期六个月。事实上，内务部已经处理了太多这样的再入境签证展延申请，在合情合理的情况下，一般都会获批。八月十日，内务部秘书便批复了上述申请。好在雷佩棠并没有耽搁太久，便从香港搭乘“太平号”（Taiping）轮船，于十月四日抵达雪梨，返回澳洲。因其父亲雷康固仍然滞留在家，没有和他一起回来，帮雷佩棠办理清关手续的，是雪梨永安公司（Wing On & Co.）的总经理郭朝（Gock Chew）[②]和永安公司门店负责人郭剑英（Gock Young）。

从十月十九日开始，雷佩棠重返中西学校上学。在这一年余下的日子里，他的在校表现总体尚可，但有四天旷课，事后他也没有对此做出解释。一九三二年新学年开学后四天，他还没有去学校上学，戴雯丽校长便赶紧报告给内务部，如果他转学到别的学校的话，好让内务部通过海关去查找其去向。好在过了两个星期，雷佩棠返回学校上学了。内务部见此，也就放下心里，似乎一切又回复正常。

然而，到六月三日，戴雯丽校长提供的例行报告显示，上半年雷佩棠不仅学习退步，更重要的是旷课长达三十天，其中有四个星期是去了雪梨以外的地方，好像是跟亲戚住在一起。内务部秘书接到报告后，于六月十日指示海关去找到这位中国学生，弄清楚什么原因导致他旷课；如果他继续这样，就取消其签证，将其遣返回国。两个星期后，海关稽查人员便找到了雷佩棠，并且也得知了他旷课的原因。据他自己解释，前年底和父亲一起回国前，其父雷康固曾经留下一笔钱，交由他的叔叔代管，可是，待他去年十月

---

① Foon John, You Foy, Ah Yun, Hong Coo, Ah Young, Wing Sing, Wong See, Koon Lun, Mow Noey and Ah Num [Certificate Exempting from Dictation Test - includes left hand impression and photographs] [box 225], NAA: ST84/1, 1930/486/21-30。

② 郭朝的档案，见：Gock Chew [box 135], NAA: SP42/1, C1922/1674。

回来后，去到位于雪梨西南郊区的坎登（Camden），找他那个在此间充任菜农的叔叔雷康高讨要这笔钱，但未能如愿。因没有这笔钱，他的生活和上学的学费都成了问题。为此，他不得不进入一家果栏打工，赚取生活费。那旷课的四个星期，就是在这家果栏打工挣钱。随后，海关稽查人员也找到永安公司总经理郭朝，因他去年协助雷佩棠清关，也就成为其代理监护人。后者得知内情后，向海关人员表示，他会督促和安排雷佩棠返回学校念书。而这位中国学生此时也知道事态对他不利，马上答应在七月四日新学期开学便回去上学，而钱的事情则等他近期就要返澳的父亲回来解决。七月十三日，内务部秘书将上述雷佩棠旷课的原因详细函告中国总领事陈维屏，请其一定要确认雷康固的财务问题，并确保雷佩棠正常上学。

陈维屏总领事接到上述信函后，马上便与雷康高取得了联系。他由此得知，事情真相并不是像雷佩棠所讲，而是因为雷康高的这个侄儿无心向学，总是想着投机取巧逃学，因此就不想将那笔钱交给他。随后陈总领事再跟郭朝联络，得知对方刚刚与雷康固联络过有关他儿子的事，后者得知儿子如此不争气，遂委托前者尽快安排船只送他回国。于是，陈总领事在次日便复函内务部秘书，告知了上述决定。内务部秘书得知真情，十分赞同，并希望中国总领事馆协同郭朝具体安排该学生离境之事。

雷佩棠虽然在七月初重新回到中西学校上学，但表现仍然令人很不满意，不是上课迟到，就是旷课不见人影。九月十六日之后，就再也没有回学校上课。海关稽查人员按照此前雷佩棠所述，去到他上半年曾经打工过的果栏去找他，始获悉他早就不在那里做工了；而询之郭朝，后者则表示，虽然他也不知道现在这孩子住在什么地方，但相信他一定会去上学，并且也表示会设法尽快找到他，让他回去学校上学。内务部秘书在收到海关的上述报告后，于十月十七日致函中国总领事馆，希望中国的外交人员与郭朝一起尽快找到这位屡次违规的中国留学生，并安排就近的一班驶往香港的轮船，将其遣返回国。十天后，中国总领事陈维屏致函内务部秘书，表示其代理监护人郭朝对这样的安排有些异议，即鉴于这个学年还有不到两个月就结束，还是希望让这个孩子能读完这个学年，为此，他保证在明年一月十四日，将雷佩棠送上由雪梨起航驶往香港的“丹打号”（Tanda）轮船。从郭朝的请求看，是有一定道理的。即希望给予处在青少年反叛期的孩子一个反省的机会，毕竟他此时才十五岁，加上父亲不在身边，失去了约束，才有上述行为，如能好好引导，未曾不是好事。内务部秘书对这样的请求很是踌躇，但也深知规则不能轻易更改，经与内务部几位不同层级官员的一番商讨，于十一月九日复函表示，可以延迟到十二月初，即届时雷佩棠须搭乘第一艘驶往香港的轮船回国。这一决定，事实上也是折中处理上述郭朝请求的结果。

事情就这样定了下来。郭朝很快就找到了雷佩棠，后者也按照长辈的安排，重返学校上学，并在一九三二年十二月中旬完成了这个学年余下的课程。于是，这个月的十七日，雷佩棠便根据郭朝和中国总领事馆为其预订好的船期，在雪梨登上驶往香港的“太平号”轮船，返回中国。

很快两年多过去了，一九三五年四月十三日，中国总领事陈维屏致函内务部秘书，为这位已经十八岁的中国学生申请再入境签证。他在申请函中表示，三年前的雷佩棠确实是严重违反《中国留学生章程》中的相关规定，他也为此受到了相应的惩罚；现在，随着年龄的增长，这位年轻人已经认识到了自己当年所犯的错误，对待学习的态度也已经完全调整过来，因而希望重返澳洲完成此前未曾读完的课程。对此，中西学校校长戴雯丽小姐已经答应接受他重返该校念书，也出具了录取函。为此，他希望内务部再给这位中国学生一个机会，中国人常说的“浪子回头金不换”，正此谓也。内务部秘书通过海关跟雷康固和郭朝联络，后者表示他会严格监督这位学生的在澳学习，保证不会再出现此前那样的违规行为。四月二十九日，内务部秘书复函，批复了这一申请，但为此设置了一个特别条件，即雷佩棠一旦出现此前那样的违规行为，将不再给予警告，而是直接将其遣返回国。

一九三五年九月十八日，雷佩棠乘坐从香港启程的“丹打号”轮船抵达雪梨，顺利入境。十月十日，他重新注册，回到中西学校上学。在随后的日子里，他按时到校上课，保持全勤，学习上也没有出现任何麻烦，各方面表现都很令人满意，确实显示出了浪子回头的本色。为此，在次年九月份签证到期时，内务部核查结果表明他没有任何违规行为，便再次核发给他下一个年度的留学签证。

就在刚刚拿到新的一年留学签证后刚过一个月，雷佩棠想改变自己的身份。一九三六年十月二十日，陈维屏总领事致函内务部秘书，希望能准允雷佩棠从学生身份转为商人身份，即从留学签证转为工作签证，让他可以加入开设在鸟修威省西北部小镇沃结（Walgett）的一家名为强生号（S.W. Johnson & Co.）的商铺，成为该店的成员。而且，如果获得批复，他将会成为该商行的股东，亦即加股成为该商行的东主之一。

对于内务部秘书来说，这是一个新情况，他要先搞清楚上述商行的具体情况才能做出是否批复的决定。为此，他指示鸟修威省海关，就上述商行的营业状况、雇员多少以及是否从事进出口贸易等相关情况做一调查，并提供一份报告上来。一个多月后，海关便完成任务，将调查结果报告给了内务部秘书。调查结果显示，上述强生号的东主是华人，名叫Louey Yee Wan（雷宜湾，译音），目前正在中国探亲，该商铺现由其子代为管理，后者是去年六月获准来到澳洲，持替工签证。该店规模不大，雇了两个帮工；去年的年营业额为一千零四十八镑，无任何进出口贸易记录。这样的一间商铺，如果雷佩棠加入进来，只是作为商铺的经理助理而已。鉴于上述商铺无论是规模还是年营业额都太小，实在没有什么发展空间，内务部秘书也明白雷佩棠之所以选择这间商铺，只是想转变身份而已，或者其东主父子就是其亲戚，只是提供给他这个转变身份的机会。无论是海关调查人员还是内务部的官员，对此申请都是持负面态度。于是，十二月十七日，内务部秘书复函中国总领事陈维屏，直接拒绝了上述申请。

雷佩棠接到拒签通知后，知道无法通过这个途径留在澳洲，便不再做他想，潜下心来，认认真真地在中西学校完成相关的中学课程。尽管在次年九月份经继任的中国总领事保君建代为申请，为他拿到了下一个年度的展签，但他于年底结束了在中西学校的全部课程之后，便于一九三七年十二月十一日，告别了父亲和监督他在校学习的长辈郭朝，登上“利罗号”轮船，返回中国。[①]

先后两次留学澳洲，其间尽管也有些波折，二十岁的雷佩棠仍然算得上是学成而归。

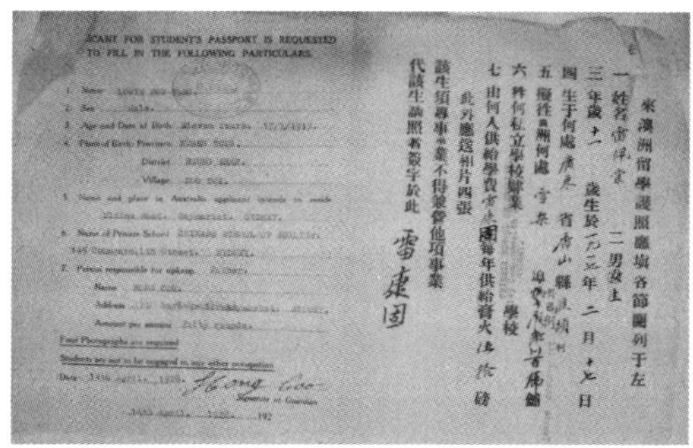

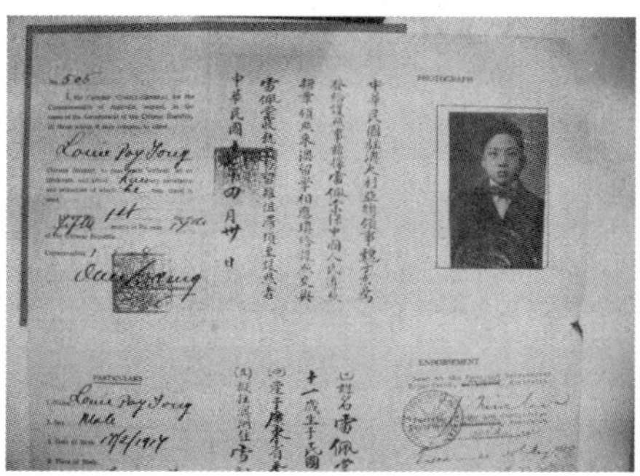

左：一九二八年四月十四日，雷康固填好申请表格，向中国驻澳大利亚总领事馆请领儿子雷佩棠赴澳留学的护照和入境签证；右：一九二八年四月三十日，中国驻澳大利亚总领事魏子京给雷佩棠签发的中国学生护照。

一九三〇年十二月十日，中国驻澳大利亚总领事宋发祥给雷佩棠签发的新学生护照。

档案出处（澳大利亚国家档案馆档案宗卷号）：

L. Poy Tong - Students Passport, NAA: A1, 1937/1480

---

① Louie Poy Tong [includes 3 photographs showing front and side views; Certificates of Exemption and left and right thumb prints] [arrived ex CHANGTE in Sydney on 5 September 1928] [correspondence regarding exemption status of subject] [box 352], NAA: SP42/1, C1937/7546。

刘胜德

中山溪角村

刘胜德（Low Sing Dick），出生于一九一七年六月四日，中山县溪角村[①]人。

其父刘耀伦（Low You Lun），大约在一八八九年前后从家乡满怀梦想来到澳洲东北部的昆士兰省（Queensland）淘金，几经周折，最终在该省的北部重镇汤士威炉埠（Townsville）定居下来，在当地经营有一果菜杂货店，本金约为二百五十镑。该店主要经营蔬菜水果，加上一些杂货，生意尚属稳定。

大约在澳洲打拼了四十年之后，一九二九年十二月十一日，刘耀伦通过他人帮忙填表，从其所居住的昆士兰省汤士威炉埠，向已从美利滨（Melbourne）搬迁到雪梨（Sydney）的中国驻澳大利亚总领事馆提出申请，为其十二岁的儿子办理前来澳洲留学的手续。

汤士威炉距雪梨较远，邮寄需时。当中国驻澳大利亚总领事馆接收到刘耀伦寄来的刘胜德的申请时，已是快到圣诞节了。尽管如此，中国总领事馆的审理还是比较快捷的。因在填表之前的该年十月八日，刘耀伦就通过他人帮忙，为儿子刘胜德报名注册入读汤士威炉的基督兄弟会书院（Christian Brothers' College），并拿到了录取通知书。为了保证申请成功，他还商请汤

① 查中山地名，目前沙溪镇下面的行政村中，只有象角村，而无溪角村。可能当时有溪角村这一自然村，后来被合并到其他村去了。而另一份刘棣怡（Thomas Henry Quay）的留学档案，则写明其籍贯是谿角村。因二者皆姓刘，或者此处的溪角村，即为谿角村。见：Thomas Henry Quay - student passport, NAA: A1, 1929/6848。

士威炉埠华人中颇有实力的商铺马广号（Mar Kong & Co.）作保人，由其东主马初见（Mar Chor Kin）具结担保书，承诺每年供给其子刘胜德膏火费六十镑，以确保其财政资助不成问题。由于材料齐备，中国总领事宋发祥遂在一九二九年的最后一天，即十二月三十一日，为刘胜德签发了中国留学生护照，号码是566/S/29；并且也在同一天，修书发函澳大利亚内务部，附上相关的申请资料和所签发的护照，为刘胜德留学澳洲申请入境签证。

一九三〇年新年过后几天，在收到刘胜德的申请材料之后，内务部也开始按照流程进行签证评估。一月八日，内务部秘书致函昆士兰省首府庇厘士彬（Brisbane）海关，责成该部门就刘耀伦在汤士威炉当地的生意状况和其本人之操行，以及他返回中国探亲的来回年份与日期，展开调查并提供报告。昆士兰海关行动迅速，很快就有了结果。一月三十日，庇厘士彬海关就转来汤士威炉海关的报告，搞清楚了他的生意情况及财政能力。

调查显示，刘耀伦在汤士威炉经营的确实是小生意，其店铺位于汤士威炉埠的西弗林德斯街（Flinders Street West）上，但他是以托马斯·耀伦（Thomas You Lun）之名注册经营，而且，他经营这个生意的时间也并不长，确切地说，是在一九二七年才开始做这个生意的。该店主要经营蔬菜水果、杂货和一些小工艺品。他的全部资产，包括运输用的马匹和大车，大约为二百五十到三百镑。除此之外，刘耀伦还有一块菜地，用来种植一些蔬菜和水果。估算起来，其每周的净收入大概是四镑十先令左右。他在当地与人为善，交易公平，口碑较好。由于他自己的生意实力不够，而且还目不识丁，读写英文都很困难，故他请马广号商铺作为自己的保人，该店之东主马初见亦为中山人，是其好友。

因汤士威炉海关所保存的有关刘耀伦出境的记录只有一次，而且还是最近这一两年的；询之其本人，又因他是文盲，不识字，对于其回中国探亲的次数，既记不住也说不出个准确的日期。在这种情况下，二月三日，庇厘士彬海关就将其所藏档案翻出来，从中找出了刘耀伦在澳期间总共四次返回中国探亲的出入境记录。据此，其出入境依次为：一、一九一二年一月十九日离开庇厘士彬，当年九月四日返回庇厘士彬；二、一九一五年九月五日离

开庇厘士彬，一九一六年十月二十七日返回庇厘士彬；三、一九二三年九月十七日离开庇厘士彬，次年八月十九日返回庇厘士彬；四、一九二七年一月二十五日离开汤士威炉，一年之后的七月三十一日返回汤士威炉。从其第二次回国探亲的时间是在一九一五年九月至一九一六年十月来看，在回到澳洲七个多月之后，其子刘胜德出生，符合逻辑，即在其探亲结束返澳前其妻已怀孕，可以由此确定其相互间的父子关系。既然其财务方面没有太大的问题，还有财力雄厚的商家做后盾，加上其父子关系可以确认，同时其子年龄较低而无须提供英语学识能力证明，各方面审核皆符合要求，因此，内务部于二月十八日函复中国驻澳总领事宋发祥，告知已在本月十三日为刘胜德签发了入境签证，在护照上钤盖了签证印章。

签证申请办妥，中国驻澳大利亚总领事馆便按部就班，将附有签证印章的护照寄往香港指定的金山庄，由其负责安排刘胜德的赴澳行程。金山庄很快便订妥船票，也为其联络好旅途中的监护人。于是，刘胜德的家人帮其收拾好行囊，送他到香港，乘坐前来澳洲的班轮“圣柯炉滨号”（St Albans），于一九三〇年四月二十一日抵达汤士威炉港口，入境澳洲，开始其在澳留学生涯。[①]

刘耀伦原先为儿子联系好留学的学校是汤士威炉的基督兄弟会书院，但在刘胜德入境之后，他并没有立即到该校入读，而是先去了汤士威炉埠的西汤公立学校（West Townsville State School）。从校名可知，这是一家公立学校。按照一九二六年开始实施的修订过的《中国留学生章程》新规，来澳留学之中国学生，必须入读私校，而不能像以前那样，可以在公立学校注册念书。换言之，刘胜德此举是犯规的。但从八月十一日开始，即在澳洲有关部门还没有完全搞清楚他的去向之前，刘胜德就离开了上述西汤公立学校，正式入读基督兄弟会书院。推测起来，在进入基督兄弟书院之前这三个多月的

---

① Ed Jong, Yock Yow, Low Sing Dick, Tanaka - Passenger list 'St Albans' 21/4/30 - Liley, MacFarlane, Russell, Herod, Shannon, Cole, Walcott, Davies, Ryan, Fitzpatrick, Barnett, Chilo, Lynn, Welsh, Keyes, Donaldson, Steward, Carroll, Lancaster, Jong, King, Sum Ming Yum, Wong Ham Hee, Wong Git Way, Tanaka, NAA: J2773, 406/1930。

时间里，他入读公立学校之目的，一方面可能是为了省点学费钱，另一方面可能也是为了利用一个时间差，在短期内突击英语的缘故吧。

自进入基督兄弟会书院之后，尽管有时进步比较缓慢，尤其是英语，但刘胜德的学习成绩一直都还算平稳，保持全勤；而对其在校期间之操行，学校的报告也都给予比较满意的评价。由是，他这样平平静静地在这所教会学校念了一年半的书。

但从一九三二年初的新学年开始，刘胜德突然旷课不去上学了。二月中旬的时候，在确认刘胜德连续两个多星期未见其入学踪影而无故旷课之后，基督兄弟会书院的院长不得不将此事报告内务部。得知刘胜德旷课之后，内务部立即致函在庇厘士彬的昆士兰省海关总部，指示对此事予以严查。三月十四日，汤士威炉海关向总部报告说，经过调查，得知是因刘耀伦身体有恙，在家卧病，刘胜德要照顾病中之父亲，不能前往学校上学念书。根据章程，刘胜德不能如此长期旷课，必须注册入学。经海关人员陈述利害，刘耀伦表示此前他不知道这样做属于违规，还以为儿子在家伺候他是在尽孝心。为此，他保证日后将杜绝此种做法，并督促儿子入学念书。于是，从四月四日开始，刘胜德又返回基督兄弟会书院念书去了，似乎一切回复正常。

刚好在这个时候，又到一年一度刘胜德的签证申请续签之时。由于刘胜德违规，当局曾警告如果他不认真念书，将不会给予他续签其到期之签证，并要对其采取后续行动。经过几次与海关人员的会谈以及来往公牍沟通之后，刘胜德深感屈辱，犟脾气上来，明确表示不想再在澳念书，要在五月十九日从汤士威炉乘坐“南京号”（Nanking）轮船回国，为表示决心，他已订妥了这趟船票。但过了上述预定的轮船离境日期之后，中国驻澳大利亚总领事陈维屏致函内务部，表示因刘胜德之回国船期改为七月二十九日，届时将换乘“彰德号”（Changte）轮船离境，故申请延签三个月的签证。

到了六月二十二日，延签申请显然又起了变化。也许是有人（比如他的亲友及中国总领事馆人员）做了劝说疏导工作，或者是刘胜德本人对在澳留学的认识有了某种程度上的转变，这天，中国总领事陈维屏以刘胜德已返回基督兄弟会书院念书，一切恢复正常，他自己也表示要遵守留学生有关章程和条例并好好念书为由，为他申请一年的续签。换言之，根据这份公函，这位十五岁的中国留学生不回国了，要留下来继续念书。但内务部在询问了汤士威炉海关之后，得出结论说，刘胜德本人还是要在七月底按计划乘坐“彰德号”轮船离境，因而只能维持其三个月的延签。到七月二十二日，陈维屏总领事再次致函内务部说，他与刘胜德的监护人也就是他的父亲刘耀伦多次联络沟通之后，刘父表示要为之前提供的错误信息致歉，而他本人实际上是非常希望儿子能继续留在澳洲念书，毕竟儿子还年轻，需要接受好的教育，方能成人，然后出来为社会做事，故恳请当局给予其子一个改过的机会，盼能为其核发一年的续签。八月一日，内务部复函陈维屏总领事，同意给予一年续签，并表示会责成庇厘士彬海关具体办理此事。看来，经过一点波折，事情总算又回到了家长和中国外交官原先期望的轨道。

然而，无论是中国总领事馆还是刘耀伦的努力，还有内务部的通融，上述的一切安排显然都是在白忙活。实际上，刘胜德在决定要返回中国之后，就态度坚决，丝毫也没有改变过主意。其延期离境，并非由于他自己改变了主意，而是极有可能因为其最先所预订之轮船被迫延期，甚至最终因客人稀少而取消，因为此类客轮取消船期的事情在当时是经常发生的，不足为奇。最终，在七月二十八日这一天，他登上停靠汤士威炉港的“彰德号”轮船，比预定的日期提前一天，离开了他留学两年的读书之地，决然地返回中国去了。此后再未见他有以Low Sing Dick之名入境澳洲的记录。

虽然刘胜德自己一走了之，但他还是留有棘手之事，由他的父亲刘耀伦去应对和处理。一九三二年八月十二日，基督兄弟会书院致函内务部，谓刘胜德尚欠部分学费未曾交付，询问如何追讨这笔费用。内务部经调查得知，刘耀伦此时已经将其生意卖掉，目前靠打工度日，无力缴交其子所欠学费，唯有将此问题交由刘耀伦之保人马初见处理，由他代为支付这笔学费，这也是作为保人所应承担之风险，也是他们的职责与义务。

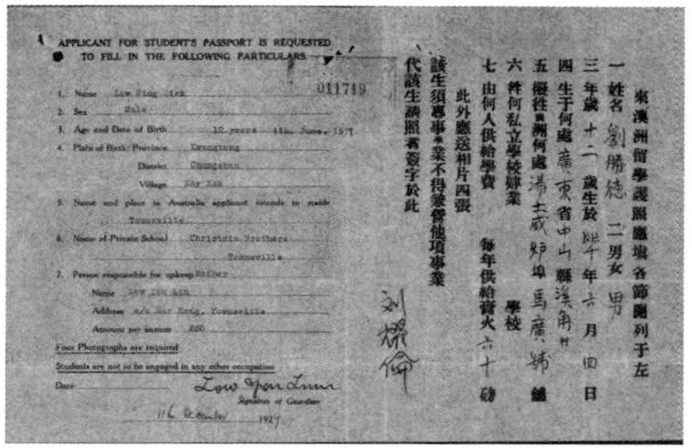

APPLICANT FOR STUDENT'S PASSPORT IS REQUESTED TO FILL IN THE FOLLOWING PARTICULARS

011719

1. Name Low Sing Dick
2. Sex Male
3. Age and Date of Birth 12 years 4th June 1917
4. Place of Birth: Province Kwangtung
District Chungshan
Village
5. Name and place in Australia applicant intends to reside Townsville
6. Name of Private School Christian Brothers Townsville
7. Person responsible for upkeep Father
Name Low Yau Lun
Address c/o ... Townsville
Amount per annum

Four Photographs are required

Students are not to be engaged in any other occupation

Date 11th December 1929

Low You Lunn
Signature of Guardian

來澳洲留學護照應塡各節開列于左

一 姓名 劉勝德 二 男女 男

三 年歲 十二 歲生於 民六 年 六 月 四 日

四 生于何處 廣東省中山縣溪角村

五 擬往澳洲何處 湯士威炉埠 馬廣 埠

六 往何私立學校肄業 學校

七 由何人供給學費 每年供給膏火 六十 磅

此外應送相片四張

該生須專事學業不得兼營他項事業

代該生請照者簽字於此 刘耀伦

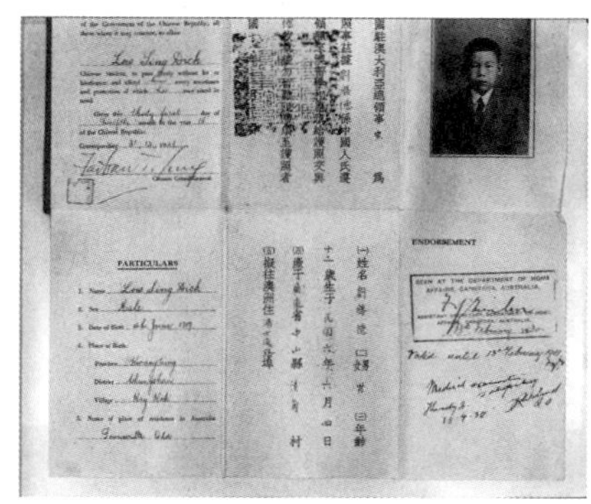

Low Sing Dick

PARTICULARS

1. Name Low Sing Dick
2. Sex Male
3. Date of Birth 4th June 1917
4. Place of Birth:
Province Kwangtung
District Chungshan
5. Name of place of residence in Australia Townsville Qld.

(一)姓名 劉勝德 (二)男 (三)年齡 十二 歲

生于民國六年六月四日

(四)廣東省中山縣溪角村

(五)擬往澳洲住湯士威炉埠

ENDORSEMENT

SEEN AT THE DEPARTMENT OF HOME AFFAIRS, CANBERRA, AUSTRALIA

左为一九二九年十二月十一日，刘耀伦为其子刘胜德来澳留学所填写的申请表，向中国驻澳大利亚总领事馆请领护照和签证；右为中国驻澳大利亚总领事宋发祥于一九二九年十二月三十一日为刘胜德签发的中国护照。护照右边的签章，是内务部一九三〇年二月十三日核发的签证。

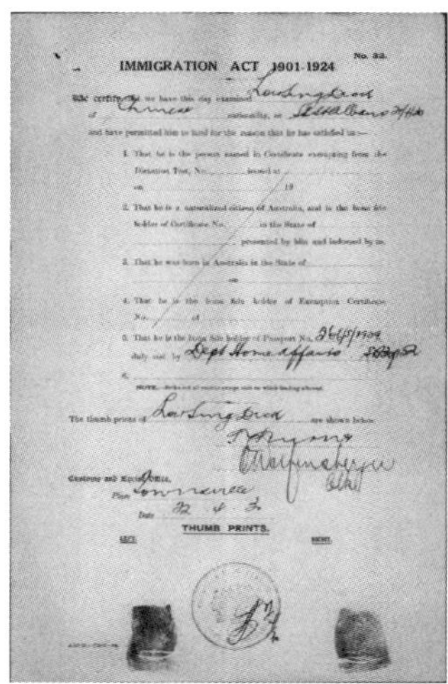

IMMIGRATION ACT 1901-1924

No. 32.

We certify that we have this day examined Low Sing Dick of Chinese nationality, ex St Albans 21/4/30 and have permitted him to land for the reason that he has satisfied us—

1. That he is the person named in Certificate exempting from the Dictation Test, No. ______ issued at ______ on ______ 19

2. That he is a naturalized citizen of Australia, and is the bona fide holder of Certificate No. ______ in the State of ______ presented by him and indorsed by us.

3. That he was born in Australia in the State of ______ on ______

4. That he is the bona fide holder of Exemption Certificate No. ______ of ______

5. That he is the bona fide holder of Passport No. 26/4/1904 duly visé by Dept Home Affairs

6.

The thumb prints of Low Sing Dick are shown below.

Customs and Immigration.

Place Townsville

Date 22 4 30

THUMB PRINTS.

LEFT. RIGHT.

左：中国驻澳大利亚总领事馆给刘胜德签发护照的封面；右：一九三〇年四月二十一日，刘胜德抵达汤士威炉港口时的入境登记卡及摁下的指印。

档案出处（澳大利亚国家档案馆档案宗卷号）：

Low Sing Dick - Student's passport, NAA: A1, 1931/3455

杨 棉

中山申明亭村

民国初年，父亲作为澳洲华商企业从中国招募来的雇员，而能申办子女来澳留学者，为数不多，杨棉即为此类少数留学生中之一员。

杨棉（Young Min），一九一七年六月十八日出生，中山县申明亭村人。一九二〇年左右，其父杨瑞祥（*Young Suey Chong*）被雪梨（Sydney）的《民国报》（*Chinese Republican News*）聘请来澳，担任该报秘书兼编辑，同时也成为该报股东之一，所占股份价值为五百镑。一九二七年，杨瑞祥已来澳洲工作了七年，其子杨棉也将要满十岁了，他觉得到了让其子来澳洲接受西式教育之时。由是，这一年的三月二十一日，他具表递交到中国驻澳大利亚总领事馆，申请其子杨棉来澳留学，欲让其入读雪梨班大罗马教学校（St. Patrick's School, Bondi），请求为其办理中国留学生护照和入境签证。作为《民国报》的编辑，他自然把该报社作为其子来澳留学的担保者，而自己则承诺每年提供给儿子的膏火费五十镑。

中国总领事魏子京在接到杨瑞祥送来的申请后，立即予以处理。可能作为中国的外交官员，跟侨界媒体经常沟通，跟杨瑞祥本人也很熟悉，因此，在对报送上来的申请材料予以核实后，魏子京总领事很快便在三月二十九日这一天，为杨棉签发了编号为467/S/27的中国留学生护照。随后，他就备函将杨棉的护照和相关资料都寄送到澳大利亚内务部，为他申请来澳留学入境签证。

因为监护人不是澳洲永久居民或澳籍人士，内务部的审理也就不去遵循既有的流程，只是确认其是否合乎申请资格，以及是否具有稳定的收入。因此，在通过雪梨海关的一轮调查，确信杨瑞祥长期受雇澳大利亚企业，且具备了财政担保能力之后，内务部便于四月十三日复函魏总领事，同意核发入境签证给杨棉。当然，该签证也附有一个条件，即有鉴于杨棉不满十岁，照规矩他应该由其在澳之家长或长辈陪同前来，方可准允入境。由此看来，在处理这一份入境签证申请的程序上，澳大利亚内务部的办事效率也是挺高的。

尽管办理护照和签证都非常顺利，但杨棉并没有立即成行，并且还一拖就是近两年的时间。澳洲的入境签证有效期都是一年，换言之，他的入境签证在一九二八年四月就到期了，但他并没有在此日期前进入澳洲。直到一九二九年初，杨瑞祥才通过中国总领事馆，向澳大利亚内务部提出给其子杨棉入境签证展期的申请。他提出的理由是，因为杨棉年纪太小，当时无法一人前来，又一时间里找不到合适的亲人或长辈陪同他一起来，故而行程被一再耽搁。现在，杨棉的母亲亦即杨瑞祥夫人获得探亲签证，可以陪同其子一起前来，亦即满足了其签证批复中有关由长辈陪同前来的条件；他表示，预计其妻儿会在四月份之前抵达，因而希望内务部能考虑到上述实际情况，予以通融，届时允许其入境。这个要求看起来合情合理，也符合此前批复签证的条件，内务部难以拒绝，遂复函表示同意，条件是杨棉必须在四月份之前入境澳洲。①

但实际上，杨棉又磨磨蹭蹭了近半年时间，才搭乘从香港启程的澳洲劫行东方轮船有限公司（The Eastern and Australian Steamship Co. Ltd.）运营的“吞打号”（Tanda）客轮，在母亲的陪同下，于一九二九年六月二十四日抵达雪梨。尽管他比内务部规定的入境日期晚了两个月抵达，签证已经失效，但雪梨海关还是根据内务部的指示予以放行，让他们母子顺利入境澳洲，并

① Mrs Young Suey Chong [Issue of Certificate of Exemption in favour of subject] [box 215], NAA: SP42/1, C1928/1812。

由这一天起，核发给他一年期留学签证。此时，距其首次获得澳洲入境签证，已经过去了两年有余。

抵达雪梨休整三个星期之后，十二岁的杨棉正式注册入读班大罗马教学校。这是一所天主教会主办的学校，名气高，校规严，学风佳，学生的素质也好。看来杨瑞祥为儿子择校也是颇费了一番心思，显然是做了许多实地考察之后，才最终定下来这所学校。到一九二九年年底，该校校长的报告显示，在过去的半年里，他对这个中国学生非常满意，各科学习成绩都很好，在校表现也极为优秀。

杨棉在这所学校一直读到一九三一年底学期结束，共有两年半的时间。就在这一年底学期结束前，中国总领事陈维屏代表杨棉向内务部提出申请，要在下一学年开始转学到威华里区（Waverley）的基督兄弟会书院（Christian Brothers' College），跳级到高年级念书。对此，他在给内务部的信中表示，转学跳级实际上也是班大罗马教学校老师的建议，因为杨棉在该校的学习进步太大，很多课程已经不适用于他了。用现在的话说，就是建议并支持他跳级，到教学程度更高的学校去念书。在同一时期来澳的中国留学生中，学习成绩优秀的学生不少，但能在短期内实现跳级的学生还不是太多。杨棉能做到这一点，很可能与他的父亲是文人，其书香门第家学渊源较深，平时对孩子的学习管束也较严格有关。对于这样的申请，内务部自然是乐观其成，遂其所请。

看来照这样子下去，不出几年，杨棉应该可以在澳洲很快就完成学业，进入更高层次的学校学习或返回中国继续升学或者就业。然而，到了一九三二年的三月，也就是新学年刚开始不久，杨棉就离开雪梨，回去中国了。因档案文件没有提及，也不知此前杨棉是否已经顺利地转学到威华里区的基督兄弟会书院读书，抑或他在新学期开学后根本就没有再去上学。

根据档案记载，这一年的三月二十三日，未满十五岁的杨棉在雪梨港跟随父亲杨瑞祥与母亲一起登上“彰德号”（Changte）轮船，离开澳洲返回中国。因澳洲档案中也查不到他父亲的档案资料，可能他此时是结束在雪梨《民国报》的任职，不得不举家回国。[1]此后，也再未见到有关杨棉入境澳洲的资料。也许，他父亲杨瑞祥离开澳洲后，杨棉已经失去了在澳留学的监护人和担保人条件，无法再次进入澳洲留学。总计杨棉在澳留学时间未足三年。

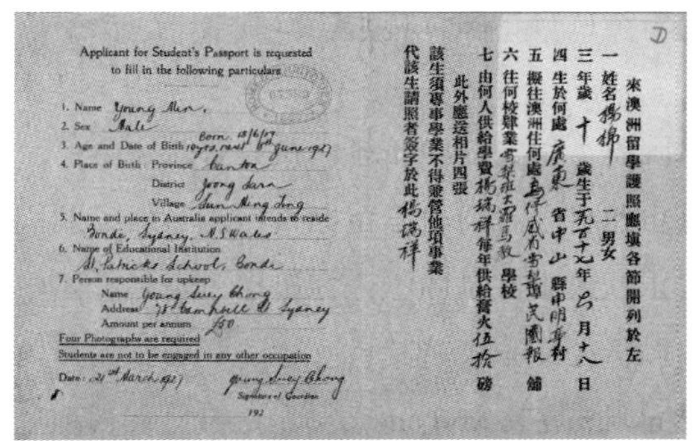

Applicant for Student's Passport is requested to fill in the following particulars

1. Name Young Min
2. Sex Male
3. Age and Date of Birth 10 yrs, next 18th June 1927 Born 18/6/17
4. Place of Birth: Province Canton
   District Joong Sarn
   Village Sun Ming Jong
5. Name and place in Australia applicant intends to reside Bondi, Sydney, N.S.Wales
6. Name of Educational Institution St. Patricks School, Bondi
7. Person responsible for upkeep
   Name Young Suey Chong
   Address 78 Campbell St Sydney
   Amount per annum £50

Four Photographs are required

Students are not to be engaged in any other occupation

Date: 21st March 1927 Young Suey Chong Signature of Guardian

來澳洲留學護照應填各節開列於左

一 姓名 楊棉 二 男女 男

三 年歲 十 歲生于民國六年六月十八日

四 生於何處 廣東 省 中山 縣 申明亭 村

五 擬往澳洲住何處 烏修威省雪梨埠民國報 舖

六 往何校肄業 雪梨址大羅馬教 學校

七 由何人供給學費 楊瑞祥 每年供給膏火 伍拾 磅

此外應送相片四張

該生須專事學業不得兼營他項事業

代該生請照者簽字於此 楊瑞祥

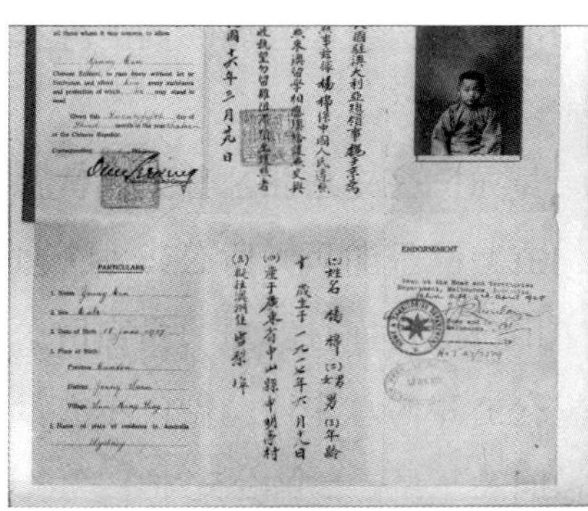

PARTICULARS

ENDORSEMENT

(一)姓名 楊棉 (二)女男 男 (三)年齡 十 歲生于一九一七年六月十八日

(四)產于廣東省中山縣申明亭村

(五)擬往澳洲住雪梨埠

左：一九二七年三月二十一日，杨瑞祥向中国驻澳大利亚总领事馆提交的儿子杨棉来澳留学护照和签证申请表；右：一九二七年三月二十九日，中国驻澳大利亚总领事魏子京签发给杨棉的中国留学生护照。

档案出处（澳大利亚国家档案馆档案宗卷号）：

Young Min Student's Passport, NAA: A1, 1931/5022

① Chinese Republican [Republic] News - Exemption for staff, NAA: A433, 1947/2/6297 PART 2。

陈 兆

香山石岐

陈兆（Chun Chew），生于一九一七年八月十七日，香山县石岐人。一九二九年七月二十六日，其在雪梨（Sydney）做中介为生的父亲陈池（Chun Chee），向当时仍然驻在美利滨（Melbourne）的中国驻澳大利亚总领事馆递交申请，为其子陈兆办理来澳留学手续，为其申领中国护照及入澳留学签证。陈池早在十九世纪九十年代便已来到澳大利亚，一直定居在雪梨，收入稳定，生活比较平顺。他以其开在雪梨唐人街之德臣街（Dixon Street）的营业铺作为担保，承诺每年供给儿子陈兆膏火一百五十镑，安排他入读位于雪梨沙厘希区（Surry Hills）矜布炉街（Campbell Street）的英文学校，即唐人英文书馆（Chinese School of English）。

在向中国驻澳大利亚总领事馆提出申请陈兆护照的同一天，陈池亦同时将他的财政担保证明提交给澳大利亚内务部。作为独立的产品服务中介商，他以赚取佣金回扣为生[①]，其自有资产价值为二百镑。作为其子陈兆在澳留学期间之监护人，他保证其在澳留学期间之行为规范以及留学期间所涉及的生活费、学杂费、医疗费、返回中国的船资以及其他与此相关之所有费用皆由他负责。

---

① 根据鸟修威省档案馆（NSW State Archives & Records）保存的该省二十世纪初工商企业注册记录，陈池的名字出现在立利木铺（Lop Lee & Company）一九一七年九月二十日的董事会重组名单中。可见，此前陈池也曾从事家具木器制造业。详见：https://search.records.nsw.gov.au/permalink/f/1ebnd1l/INDEX1810372。

中国总领事宋发祥在接到陈池递交的申请之后，立即为陈兆签发了中国护照，编号是544/S/29。随后，他于七月三十一日致函内务部秘书，附上相关材料，为陈兆申请入境签证。

内务部接函后，遂按部就班地进行审理。根据内务部掌握的信息，陈池的生意店铺位于雪梨德臣街，平均每周收入约为十镑；同时，他还在同一条街上的广和昌号（Kwong Wah Chung & Co.）商铺有存款二百五十镑。警察部门的报告亦显示，其经商过程未见有劣迹，人品甚好，邻里关系佳。由此可见，其财务状况良好。

而据出入海关的记录，陈池在一九一五年返回中国探亲，直到一九一七年六月三十日才返回澳洲。他儿子陈兆的出生日期是一九一七年八月十七日，即在他返回澳洲不到两个月就出生了，显然其在中国探亲期间其妻已怀孕，可确认陈兆乃陈池之子。

综合所有这些财务信息及父子关系核对的结果，皆符合一九二六年中实施的《中国留学生章程》新规的相关条件，故内务部于一九二九年八月二十九日核准了陈兆的入境签证，在其护照上钤印了入境签证章。随后，中国总领事馆也按照流程，将护照寄往陈池指定的香港金山庄，由其安排其子的赴澳行程并负责转交护照。

但此后陈兆是否前来留学以及何时到达澳洲，则没有进一步的信息。然而，到了一九三二年一月十四日，当时刚刚接任中国驻澳大利亚总领事一职不久的陈维屏，突然致函澳大利亚内务部秘书，表示尽管没有拿到学校校长有关陈兆的例行报告，不知其在校之学业和操行如何，但还是希望澳方准其续签。陈总领事并且表示，由于此时尚是学校放假期间，一俟新学期开学，将责成该生向其就读学校催交此报告。

内务部秘书收到此函之后，深感诧异，因为他此前根本就没有接到过任何有关陈兆入境的信息，遂赶紧致电海关核查。后者遍查海关记录并向前述之唐人英文书馆查询，皆无此学生之入境与入学记录。内务部秘书得到上述结果后，复函中国总领事馆询问何故，方才从陈总领事那里确认，他因未及详查，误以为陈兆此前已经抵澳，加上正好处于学校放暑假期间，故摆了一

个大乌龙，特向澳方深表歉意。

这也就是说，陈兆在接获中国总领事馆核发的护照和入境签证之后，根本就没有来澳洲留学。至于是何原因导致他未能成行，因无资料，难以得知。[①]

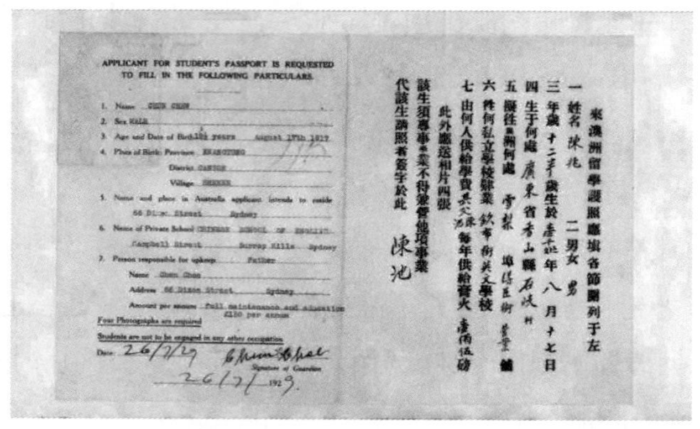

APPLICANT FOR STUDENT'S PASSPORT IS REQUESTED TO FILL IN THE FOLLOWING PARTICULARS.

1. Name
2. Sex MALE
3. Age and Date of Birth 12 years August 17th 1917
4. Place of Birth: Province
   District
   Village
5. Name and place in Australia applicant intends to reside
   66 Dixon Street Sydney
6. Name of Private School
   Campbell Street Surry Hills Sydney
7. Person responsible for upkeep Father
   Name
   Address 66 Dixon Street Sydney
   Amount per annum

Four Photographs are required

Students are not to be engaged in any other occupation

Date 26/7/29 Signature of Guardian

26/7/1929.

來澳洲留學護照應填各節開列于左

一 姓名 陳兆　二 男女 男

三 年歲 十二歲

四 生于何處 廣東省香山縣

五 擬往澳洲何處 雪梨

六 往何私立學校肄業

七 由何人供給學費 每年供給費

此外應送相片四張

該生須專事讀書不得兼營他項事業

代該生請照者簽字於此 陳池

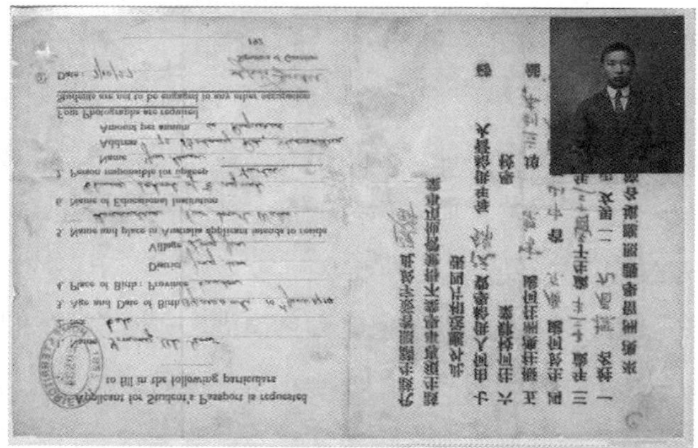

一九二九年七月二十六日，陈池为其子陈兆来澳留学，填写申请表，递交给中国驻澳大利亚总领事馆，为其申请护照和签证，并在申请表反面贴上陈兆的照片。

档案出处（澳大利亚国家档案馆档案宗卷号）：

Chun Chew - Students passport, NAA: A1, 1932/623

① 陈池在一九三〇年曾经回国探亲，很可能是想回去将儿子带来雪梨读书。但没有成功，最终只身返回。见：Chun Chee [includes 4 photographs showing front and side views and left and right thumb prints] [box 260], NAA: SP42/1, C1930/10968。

梁华立、梁少鳣堂兄弟

中山曹边村

梁华立（Leong Wah Lup）和梁少鳣（Leong Sue Chen）是堂兄弟，前者生于一九一七年九月二十五日，后者是一九二一年十二月初七日出生，中山县曹边村人。而一八七九年出生的梁云洲（James Leong）[①]，则是梁华立的父亲，也是梁少鳣的伯父。

早在一八九八年，未及弱冠之年的梁云洲便追随乡人的步伐，奔赴澳大利亚发展。他先在雪梨（Sydney）登陆入境，随后便在当地立足下来，再寻找各种机会发展自己。在一九〇四年获得永久居留权后，梁云洲便积极参与雪梨华社的事务，举凡捐款和为居澳华人争利益的事，都能见到他的身影。尤有进者，到二十世纪一十年代中叶雪梨国民党支部成立后，他便加入国民党，积极参与各项华人社区公益与政治活动，并从一九一八年开始，成为支部的评议员[②]；随后几年，他一直是国民党雪梨支部的委员[③]。到一九二七年，他因属于支持武汉国民政府的一派，与支持南京国民政府的欧阳南

① Name: James Leong - Nationality: Chinese - Birthplace: Canton - Certificate of Exemption from the Dictation Test (CEDT) number: 551/2, NAA: BP343/15, 19/7。

② 见："中国国民党澳洲雪梨支部职员表"，载雪梨《民国报》（*Chinese Republic News*）一九一八年一月二十六日，第六版。

③ 见："中国国民党澳洲雪梨支部民国九年职员一览表"，载雪梨《民国报》一九二〇年一月三十一日，第六版。

（David Young Narme）[①]一派卷入了长期的党内互斗[②]，导致诉诸公堂，并最终在次年的诉讼审判中失利[③]。

此后，梁云洲在雪梨华社的活动中销声匿迹；而且因人事纠葛，他无法在此间继续待下去。于是，他便从鸟修威省（New South Wales）北上，进入昆士兰省（Queensland），最终定居于该省北部重镇汤士威炉埠（Townsville）。远离澳洲华社是非场后，他不再问世事，便在该埠车打士滔路（Charters Towers Road）上的八十四号物业上开设了一间独自经营的商铺，以自己的名字作为店名，叫作梁云洲号（J. Leong & Co.），潜心经营，积攒财富。

一九三四年八月，梁华立被家人送到香港，进入光大英语学校（Kwong Tai English School）念书，以提高自己的英语能力。他在这里念英语六级班，读了一年，各项成绩良好，到次年七月结业。鉴于此时他的英语能力已经达到赴澳留学的要求，而他也已经十八岁，遂从光大英语学校校长那里拿到一封推荐信，再加上自己手写的一份英文作业抄件，寄给在澳洲的父亲，准备赴澳留学。

儿子肯读书，父亲自然大力支持。于是，一九三五年十月七日，梁云洲具结财政担保书，以监护人的身份填妥申请表，递交给位于雪梨的中国驻澳大利亚总领事馆，为儿子申领赴澳留学护照和签证。他以自己经营的梁云洲号商铺作保，允诺每年供给膏火五十镑，作为儿子来澳留学期间的学费和生活费等开销，要把儿子安排入读汤士威炉埠天主教会主办的罗马学校（Christian Brothers' College，亦即基督兄弟会书院）。为此，他事先找到该校校长，从他那里拿到了接受儿子入读的录取信。

中国驻澳大利亚总领事馆接到申请后，经检查，见所有材料都到位，

---

① 欧阳南生于一八九〇年，中山人，十九世纪末年便来到澳大利亚发展，二十世纪二十年代初开始，便在雪梨华社中极为活跃，是当地著名华商，为安益利公司（Onyik Lee & Co.）的主要股东。澳大利亚国家档案馆中有关欧阳南的宗卷，见：David O'Young Narme [Chinese - arrived Sydney per SS EASTERN, 1899. Box 36], NAA: SP11/2, CHINESE/NARME D O。

② 参见："党争兴讼"，载雪梨《东华报》（*The Tung Wah Times*）一九二八年三月三十一日，第七版。

③ 参见："党争案已判决"，载《东华报》一九二八年七月二十一日，第八版。

很快便通过了初审。十月二十四日，总领事陈维屏汇集这些材料，修书寄送内务部秘书，为梁华立申请留学签证。内务部秘书受理上述申请后，立即行文昆士兰省海关，请其协助调查梁云洲的财务状况以及与签证申请者之间的关系。两个星期后，接受任务的汤士威炉海关提交了调查报告。报告资料显示，梁云洲过去几年的生意经营状态良好，年营业额约为二千镑，属于财务稳定的类型，且其人平时的操行记录也很好，颇具人缘。根据海关记录，他曾于一九一六年九月从雪梨搭乘“依时顿号”（Eastern）轮船回国探亲，到一九一七年七月九日再乘日轮“丹后丸”（Tango Maru）返回雪梨。①而梁华立是在梁云洲返回澳洲两个多月后出生，显系是后者探亲的结果，因而他们之间的父子关系毋庸置疑。

内务部秘书接到上述有利于梁云洲的报告后，确认他符合监护人和财政担保人的条件，再检视梁华立的英语能力，显然也都符合要求，遂于十一月十八日批复了上述签证申请。中国总领事陈维屏接获批复通知，两天后就给梁华立签发了一份中国护照，号码是223903。当天，他便将该护照送交内务部；后者也于两天后在护照内页上钤印了签证章，退还给中国总领事馆，由其负责转寄给持照人。从提交护照申请到签证核发，前后一个半月，算得上审批快捷。

已经在香港做好了赴澳留学准备的梁华立，一俟接到中国驻澳大利亚总领事馆寄来的护照，立即购买船票，登上“太平号”（Taiping）轮船，于一九三六年一月二十三日抵达汤士威炉港口。在入关时，移民局官员按照规定测试其英语能力；结果显示，他确实是在读和写这两个方面都达到了相当的程度，因而顺利过关，也当场获得了十二个月的留学签证。梁云洲在他的一个曹边村同宗兄弟梁新（Leong Sun）②陪同下，提前去到海关，将儿子接

---

① Chung Hang, Louie, Way Young, James Leong, Ah Lin, Ah Hoo, Ing You, Mrs Joe Sing Lee, Joe Sing Lee and Chun Way Hee [certificates exempting from [the] Dictation Test - includes left hand impressions and photographs; box 99], NAA: ST84/1, 1916/207/71-80。

② 有关梁新的介绍，详见：Chung Hong - Students Ex/C, NAA: A1, 1937/153。梁新在车打士滔路上开设了一家商铺，与其兄梁高（Leong Gow）合股，以其姓名作为店名。梁云洲来到汤士威炉埠定居，或许是因为同宗兄弟在这里，可以相互有个照应。关于梁新号商铺的情况，见：Leong Sun and Company, NAA: BP210/9, 76。

出来后，就安顿在他自己的店铺里。

梁华立抵达汤士威炉埠的日期，正好是当地学校新学年开学的前夕。由是，他放下行李后，就去到罗马学校注册，然后正式入读。由于他的英语已经有了一定基础，因而很快就适应了当地的学习环境。学校向内务部提供的例行报告显示，他在校表现良好，各科学业令人满意，因而在次年初便顺利地拿到了下一个年度的展签。

见到堂哥梁华立申请赴澳留学及在澳读书顺利平稳，此时正在中山县石岐圣这士英文书院（St Jessie Grammar School）读书的堂弟梁少鳣也跃跃欲试，希望伯父协助他来到汤士威炉埠留学。因此，在接到他寄来的该书院院长的推荐信及他本人手书的英文信后，梁云洲便再次为其向罗马学校校长要到了一份入学录取信，并于一九三七年六月三日填表，再次以监护人身份，向中国驻澳大利亚总领事馆申领侄儿梁少鳣的赴澳留学护照与签证。他同样是以自己经营的“梁云洲号”商铺作保，承诺每年供给的膏火同样是五十镑，以充侄儿来澳期间的学费和生活费，希望能尽快批复他侄儿来此间读书。

继陈维屏担任中国驻澳大利亚总领事的保君建及时处理完这份申请后，便于六月八日备文，商请内务部秘书尽快为梁少鳣核发签证。因刚刚审理完梁华立的展签没有多久，且梁云洲的财务状况又很好，符合监护人和担保人的要求；而从提供的材料看起来，梁少鳣的英语能力与两年前梁华立申请时的状况也比较相近，内务部秘书便没有再发文去海关要求协查，省去了此项必要的流程，而直接予以批复。六月二十三日，他通知保总领事，梁少鳣的签证评估通过。保君建总领事得知获批，非常高兴，立即于六月二十五日给梁少鳣签发了号码为224109的中国护照；而五天后，内务部秘书也在送交过来的该护照上钤盖了入境签证印章。从递交申请到获批签证，前后不到一个月，事情进行得非常顺利，较之当年审理梁华立的申请更为迅捷。

梁少鳣也跟堂兄一样，早就做好了赴澳留学准备。当接到中国驻澳大利亚总领事馆寄来的护照后，就立即通过香港的金山庄订购船票。待诸事妥当，他便从中山石岐赶到那里，同样是搭乘“太平号”轮船，于当年九月二十八日抵达汤士威炉港口。他也跟堂兄一样，在语言测试中向移民局官员展示出其较好的基础英语能力，从而顺利入关。这一次，梁云洲是在来自石岐的另一位同乡阮官照（Goon Chew）[①]陪同下，去到海关将侄儿接出来，仍然是将其安置在自己的店铺中住下。

休息五天后，十月三日那一天，梁少鳣在堂兄梁华立的带领下，去到罗马学校，正式注册入读。因有堂兄从旁协助指导，他很快就适应了这里的学习环境，各方面表现都令人满意。由是，兄弟俩一起上学，在校表现都可圈可点。而且，他们都在学校里给自己取了英文名，梁华立叫Philip Leong，梁少鳣叫Ronald Leong。

一九三八年五月二日，保君建总领事致函内务部秘书，告知梁云洲计划近期就回国探亲，希望其子能代其经营店铺。也就是说，在他离开澳洲在中国探亲期间，梁华立的学生身份转为商人，签证转为工作签证。通过海关，内务部秘书得知，自一九二八年开业以来，梁云洲的生意都是独自经营，未曾雇佣过任何帮手；而在上一个财政年度，其营业额为二千三百四十二镑，净利润为二百一十六镑。由是，考虑到梁云洲虽未从事进出口贸易，而只做本地杂货商品经销，生意做得也还算顺利，尤其是达到二千镑以上的年营业额，殊属不易；一旦他离开，势必需要一个人代其经营，方才可以维持。于是，内务部秘书在六月七日批复了上述申请，给予梁华立一年的工作签证。如果签证到期后梁云洲未能按期返回，他还可以申请展签，可累计申请三年的工作签证。该项签证的条件是：梁云洲须在三个月内离境回国。也就是说，在这段时间里，梁云洲须给予其子密集培训，让其熟悉该商铺的进出货品的程序、结账、盘点和服务等各项环节。而在梁云洲结束探亲回来后，梁华立须在一个月内将经营权交还，然后重返学校继续念书，或者立即订好船

---

① 阮官照经营有两个商铺，均用他的名字官照（Goon Chew）作为商铺名，一个主要经营生鲜果蔬，另一个则售卖杂货，还与人合作经营农场，生意做得还算比较大。详情见：Chew, Goon - Nationality: Chinese [DOB: 22 December 1872, Occupation: Gardener]- Alien Registration Certificate No 383 issued 26 October 1916 at Townsville, NAA: BP4/3, CHINESE CHEW GOON; Goon Chew - Nationality: Chinese - Includes application for Certificates of Exemption from Dictation Test [C.E.D.T.] and character references, NAA: BP234/1, SB1934/2651。

票回国。

但是，梁云洲因多年未曾回国，此间的事情又太多，无法在儿子签证批复后的第三个月内暨当年九月份离境，遂通过汤士威炉海关申请延期离境，表示要推迟到一九三九年二月方才可以成行。汤士威炉海关明白他的拖延受诸多因素影响，乃属身不由己，遂予以批复。如此，梁华立继续在学校里读书，直到这一年的年底，正好完成了预定的中学学业。而在这时，中国总领事馆也按照惯例，继续为其展签留学展签。内务部秘书了解到，一九三八年六月三十日之前的财政年度里，梁云洲号商铺的营业额达到二千五百二十三镑，净利润为一百九十七镑，生意经营得比较理想，便在一九三九年二月六日如其所请。二月二十三日，梁云洲搭乘“太平号”轮船，离境赴港，回国探亲。由是，梁华立便正式接管父亲的店铺，代其经营管理，而其工作签证也由此正式算起。

梁华立的经营有声有色，到一九四〇年初便按例获得了展签。而在当年年底的海关报告中，也显示到六月三十日截止的上一个财政年度里，梁云洲号商铺的营业额已经达到三千零十一镑，净利润为二百三十六镑，经营非常令人满意。按照这个业绩，内务部继续批复展签应无问题。只是到一九四一年初，梁云洲结束了在国内的探亲，从香港搭乘“太平号”轮船，于三月二十三日回到了汤士威炉埠。内务部原本在这一年的年初就准备核发给梁华立的展签，因得知梁云洲即将返澳而有所耽搁；待后者顺利返回澳洲之后，按照此前的签证条件，梁华立应重返学校念书或离境，但检视其年龄，到今年九月他就年满二十四周岁，达到中国留学生在澳留学的最高年限，对此，内务部秘书无法核发给他留学展签。为了确认其去向，四月三十日，内务部秘书致函中国总领事保君建，询问是否中国总领事馆与梁华立之间已经有所沟通并且作了安排，以便内务部对其签证问题做出最后决定。

事实上，梁华立早对去留做出了决定。保君建总领事于五月五日复函，告知自父亲返回澳洲后不久，梁华立便与中国总领事馆联络，表示希望进入汤士威炉埠的另一家华人商行马广号（Mar Kong & Co.）工作，希望代为申请工作签证。而马广号之大股东马初见（Mar Chor Kin）[1]也跟中国总领事馆联系，表示他们愿意雇佣这位将父亲的商铺经营得有声有色的年轻人。保总领事了解到，在上一个财政年度里，马广号的营业额达一万六千四百六十七镑，业务扩展得很好；目前该商行已经有两位海外身份的店员，还打算雇佣另外一位海外身份的店员以助其业务的扩展。因此，他希望内务部能够批准梁华立加入这间业务日渐扩大的商行工作。内务部秘书随后通过汤士威炉海关了解到马广号的经营确实不错，且业绩骄人，按规定该商行有资格另行多雇一名海外员工，而梁华立过去两年的表现也确实相当出色，是个合适人选。于是，六月十七日，内务部秘书批复了这一申请，给予梁华立一年的工作签证，从这一年的二月起算，接续此前未曾批复的展签。

也就在上述这段时间里，梁少鳣继续在罗马学校念书，且各科学习成绩都令人满意。一九三九年下半年，他的大腿受伤，在医院和家中卧床达四十七天之久。尽管如此，但并没有影响其在校的学业；到年底学期结束时，他的考试仍然令人满意，因而也没有影响此后内务部核发其展签。

到一九四二年初，中国驻雪梨总领事段茂澜致函内务部秘书，表示梁华立因父亲年事已高，尤其是身体健康状况堪虞，而因商铺发展的需要，又迫切需要一个帮手，为此申请重返梁云洲号商铺协助父亲经营。根据海关提供的资讯，上一个财政年度里，梁云洲号商铺营业额达到三千五百九十六镑，有了更好的发展；这样的业绩，符合聘请一名助理以协助经营的要求。为此，三月六日，内务部批准了上述申请。由是，梁华立离开马广号，开始协助父亲经营其商铺。到一九四四年七月一日，梁云洲以身体状况不好无法继续亲力亲为经营为由，将其商铺的所有权全部转交给了儿子，梁华立便成为

---

[1] 马初见是中山县沙涌村人，大约一八七一年出生，一八九一年左右奔赴澳大利亚寻找机会，进入雪梨一带发展，最终加入同村同宗马氏开办之永生果栏（Wing Sang and Company），在其中占有股份。见：Chinese employed under Certificate of Exemption by Hook Wah Jang & Co, Townsville, Queensland [death of James Sue Sue, wife Wai chun or Wai Jun, Mar Man Chiu, Mar Chor Kin], NAA: J25, 1949/2743。他在与梁云洲大致的时间来到汤士威炉，从其同宗马广（Mar Kong，生于一八七五年，于一八九六年来到澳大利亚发展）手中收购和接管了在一九〇〇年左右开办的马广号（商行易主，但注册商号未变）。关于马广的详情，见澳大利亚国家档案馆宗卷：Application for Certificate of Domicile for Mar Kong, a fruiterer from Townsville, NAA: BP342/1, 7790/232/1903。

这间商铺的主人，继续经营，并将其逐渐扩大。

而与此同时，梁少鳣则继续在罗马学校读书，直到一九四三年底完成了初中课程，并通过了毕业考试。在这段时间里，因一九四一年底太平洋战争爆发，战时澳大利亚政府对所有滞留在澳的盟国公民都提供三年临时居留签证，有效期至一九四五年六月三十日；如签证到期时战争仍在继续，则该签证便自动展延两年。梁少鳣与其堂兄一起，都享有此项政策红利。在一九四四年到一九四五年初的一年多时间里，梁少鳣去到昆士兰省首府庇厘士彬（Brisbane）以及雪梨两地，受雇于澳大利亚战时人力资源调配机构，加入战时民工建筑军团，服务于各项战时需要的工作。[①]与此同时，他在此期间并没有放弃学习，通过函授教育，一直在为高中文凭及大学入学考试做准备。为此，从一九四五年二月开始，他进入庇厘士彬埠的圣玛丽书院（St. Mary's College）就读，一年后，完成了相应的高中课程，并顺利地通过了大学入学考试。

从一九四六年二月开始，梁少鳣进入昆士兰大学（Queensland University）就读。事实上，他的入学考试成绩相当好，可以就读商学、农学、科学、应用科学、牙科、兽医等不同学科。但梁少鳣经一番选择，最终成为应用科学系的学生。只是该系学生要学的科目众多，到年末他有好几门功课没有通过，使得他对该系课程产生了畏难心理，便在一九四七年新学年开学后，转到科学系就读理论科学的课程。转系后，他的学习变得很顺利。由此，他一直读到一九四九年底，完成了理学士学位课程。

战后，有关外侨事务的管理转由澳大利亚移民部负责；但因战后复员与国家重建等事务是澳大利亚联邦政府各部门的首要任务，因而直到一九四七年初，移民部才得以腾出手来处理战时滞留在澳之盟国侨民的去留问题。通过海关，移民部了解到梁云洲号商铺在上一个财政年度的营业额达到九千九百五十三镑，净利润为四百零二镑。虽然得知梁云洲打算近期回国探

① Leong, Ronald [Sue Chen] - born 1921 - Civil Constructional Corps CQ100488, NAA: J1732, LEONG R。

亲，是否还能回来澳洲说不准，也许就在家乡养老了，但移民部要求对其当年转让所有权一事予以澄清。汤士威炉海关只是表示，当时似乎是梁华立口头告知了某个海关关员，但检索下来，档案中没有此次转让的任何记录。经一番内部讨论及重新核查梁云洲号商铺的记录与业绩，以及移民法的规定，都显示出这位老华商完全可以在年老退休时合法地将其蒸蒸日上的生意转交给其子永久继承并经营。由是，一九四七年七月二日，移民部决定，将梁华立的工作签证展签五年，有效期到一九五二年六月三十日。也就是说，正式认可了上述生意的传承合法。梁云洲见事情得以圆满解决，遂于次年二月乘船返回了中国。[①]此后，澳洲再未见到与其相关的任何信息，或许，他回到家乡后，因形势巨变，就再也无法出来。当然，他也有可能是像许多澳洲的老华侨一样，去到香港养老。

而梁华立在正式获批接管父亲的商铺后，也顺势将其改名为Philip Leong Store（梁华立商店）。此前，他的叔伯兄弟梁颂康（Chung Hong），亦即他刚抵达汤士威炉时，与其父亲一起去到海关迎接他出关的同宗叔父梁新的侄儿，比他早半年在一九三五年便来到这里留学读书。[②]一九三七年后，梁颂康获准进入位于英壬埠（Ingham）的一间名叫鸿源号（Houng Yuen & Co.）[③]的华人店铺工作。但在太平洋战争爆发后两年，鸿源号老板梁瑞荣在一九四三年底因车祸去世，由其子接管商行[④]；而此时正好梁华立接管父亲的生意后，也需要帮手，他便从英壬埠转回来汤士威炉，为这位只比他年长一个月左右的宗兄工作。战后，梁华立继续聘用梁颂康[⑤]，商店的生意也有很大发展；最终，他让这位同宗兄弟入股，成为其合伙人，这也为后者最终留在澳洲加入

① Certificate Exempting from Dictation Test (CEDT) - Name: James Leong - Nationality: Chinese - Birthplace: Canton - departed for Hong Kong per SHANSI 6 February 1948, NAA: J2483, 568/52。

② 详见：Chung Hong - Students Ex/C, NAA: A1, 1937/153。

③ 该商行由梁瑞荣（Leong So，也写成Charlie Hong）及他人合股于一九〇六年创办。见：Leong Moon Gow, Leong So, NAA: J2773, 362/1924。

④ Leong, William John - Nationality: Chinese - Arrived Townsville on Victoria 17 September 1923, NAA: BP25/1, LEONG W J CHINESE。

⑤ Philip Leong Store, NAA: BP210/9, 103。

澳籍创造了条件。[①]

早在一九四四年，梁华立就与一九二一年出生的李容鸿（Lee Yung Hung）结婚。后者也是中山县人，一九三八年十二月二十八日以店员身份来到汤士威炉埠。[②]婚后，李容鸿协助丈夫经营生意。到一九四九年时，为梁华立生育了四个孩子。[③]最终，他们一家在二十世纪六十年代初加入澳籍。

梁少鳣在一九四九年读完大学后，继续向移民部申请额外的两年展签。他的理由是：其一，希望在此期间找到无线电工厂里的工作，以获得在这方面的工作经验；其二、在此期间他将注册入读雪梨马科尼无线电学校（Marconi School of Wireless, Sydney）的函授课程，就读夜间课程，希望由此拿到一份专业的执业证书。一九五〇年二月六日，移民部批复了他的申请。但陈少鳣在五月十日致函移民部秘书，告知马科尼无线电学校的上述课程只限于给盎格鲁撒克逊血缘的年轻人选择，他无法注册入读；但雪梨工学院（Sydney Technical College）也有提供类似的文凭课程，每年分五个不同等级上课，根据他本人的条件，他可以在四年内完成此项课程。为此，他希望移民部给他的签证应该延长到四年，这样他便可以完成此课程，拿到上述执业证书；而在此期间，他将会在雪梨的E. M. I.（Australia）Pty. Ltd.（澳洲电子乐器公司）工作。但最终移民部并没有接受他的申请，仍然只是保留了给他的两年签证。到一九五二年，因雪梨工学院证明他确实应该去上述机构工作，才能更好地完成余下的课程，于是，移民部再给梁少鳣展签两年。

一九五四年底，梁少鳣顺利地完成了上述学业，也拿到了电子工程师执业证书。一九五五年一月七日，他去到雪梨移民局办公室，希望再给他核发居住签证，并希望能继续让他受雇于上述电子乐器公司，而此时公司提供给他的薪水是每周十八镑。移民局官员翻查了他的档案，发现自一九三七年进入澳大利亚后，梁少鳣利用了所有能够抓住的机会，并且也创造机会，就

---

① LEONG, Philip (Business "Philip Leong Store") - CEDT (Certificate of Exemption from Dictation Test), NAA: J25, 1949/4424。

② Leong, Edith [nee Lee Yung Hung]; Leong, Wah Lup [Philip], NAA: J25, 1958/2848。

③ Leong, Wah Lup [Philip] - CEDT (Certificate of Exemption from Dictation Test), NAA: J25, 1958/2480。

是为了能留下来。而目前鉴于国际形势，尚未有华人被遣返回中国大陆的先例。于是，移民局便再给他展延一年的签证。

此后，梁少鳣继续申请展签，仍然获得批复。他在完成了上述雪梨工学院的课程并拿到工程师资格后，于一九六一年重返汤士威炉，进入堂兄梁华立的店铺协助经营，担任副经理职位，并最终于一九六六年加入澳籍。[①]此后，他结束单身生活，与一位一九三八年在香港出生的华人女子结婚，最终将其从香港申请来到澳大利亚与其团聚。[②]

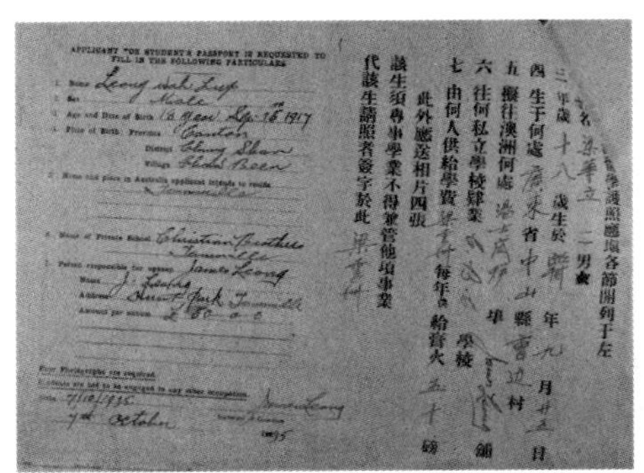

APPLICANT FOR STUDENT'S PASSPORT IS REQUESTED TO FILL IN THE FOLLOWING PARTICULARS

1. Name Leong Wah Lup
2. Sex Male
3. Age and Date of Birth 18 years Sep 26 1917
4. Place of Birth: Province Canton
District Chung Shan
Village Chok Been
6. Name of Private School Christian Brothers Townsville
7. Person responsible for upkeep James Leong
Name J. Leong
Amount per annum £ 50-0-0

Four Photographs are required.
Student is not to be engaged in any other occupation.
7/10/1935
7th October 1935

一姓名 梁華立 二男女
三年歲 十八 歲生於 年 九 月 廿五 日
四生于何處 廣東 省 中山 縣 曹边 村
五擬往澳洲何處 湯士威炉 埠
六往何私立學校肄業 學校
七由何人供給學費 梁云什 每年會給膏火 五十 磅
此外應送相片四張
該生須專事學業不得兼營他項事業
代該生請照者簽字於此 梁云什

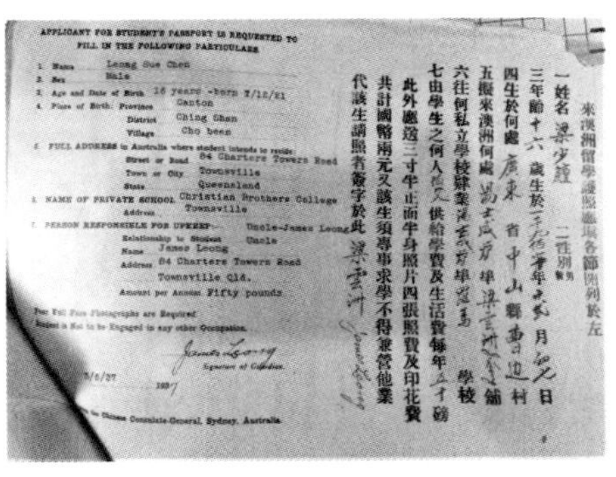

APPLICANT FOR STUDENT'S PASSPORT IS REQUESTED TO FILL IN THE FOLLOWING PARTICULARS

1. Name Leong Sue Chen
2. Sex Male
3. Age and Date of Birth 16 years -born 7/12/21
4. Place of Birth: Province Canton
District Ching Shan
Village Cho been
5. FULL ADDRESS in Australia where student intends to reside:
Street or Road 84 Charters Towers Road
Town or City Townsville
State Queensland
6. NAME OF PRIVATE SCHOOL Christian Brothers College
Address Townsville
7. PERSON RESPONSIBLE FOR UPKEEP Uncle-James Leong
Relationship to Student Uncle
Name James Leong
Address 84 Charters Towers Road Townsville Qld.
Amount per Annum Fifty pounds

Four Full Face Photographs are Required
Student is Not to be Engaged in any other Occupation.
James Leong
Signature of Guardian
3/6/37 1937
To the Chinese Consulate-General, Sydney, Australia

來澳洲留學護照應填各節開列於左
一姓名 梁少鳣 二性別
三年齡十六 歲生於 年 月 日
四生於何處 廣東 省 中山 縣 曹边 村
五擬來澳洲何處 湯士威炉 埠
六往何私立學校肄業 學校
七由學生之何人 供給學費及生活費每年 五十 磅
此外應送三寸半正面半身照片四張照費及印花費共計國幣兩元又該生須專事求學不得兼營他業
代該生請照者簽字於此 梁雲什 James Leong

左：一九三五年十月七日，梁云洲以监护人的身份填表，递交给中国驻澳大利亚总领事馆，为儿子梁华立申领留学护照和签证；右：一九三七年六月三日，梁云洲填表，以监护人身份向中国驻澳大利亚总领事馆申领侄儿梁少鳣的赴澳留学护照与签证。

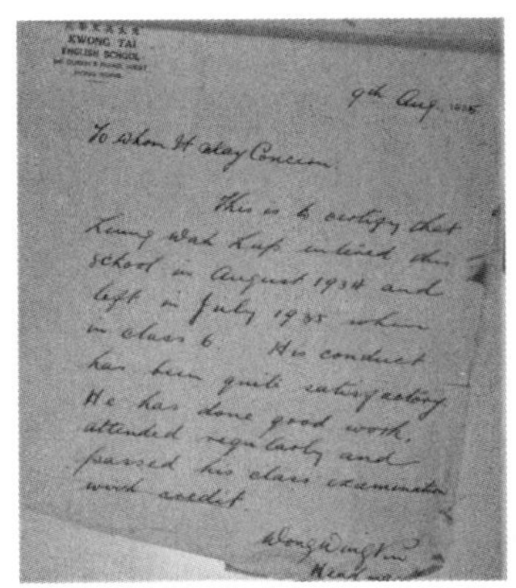

KWONG TAI ENGLISH SCHOOL

9th Aug. 1935

To Whom It May Concern

This is to certify that Leong Wah Lup entered this school in August 1934 and left in July 1935 when in class 6. His conduct has been quite satisfactory. He has done good work, attended regularly and passed his class examination with credit.

Wong Wing ...
Head ...

COMMONWEALTH OF AUSTRALIA
DUPLICATE
CERTIFICATE EXEMPTING FROM DICTATION TEST.

DESCRIPTION.
PHOTOGRAPHS.
Date of Departure 6.2.1948 Port of Embarkation Brisbane
Ship Shansi Destination Hong Kong

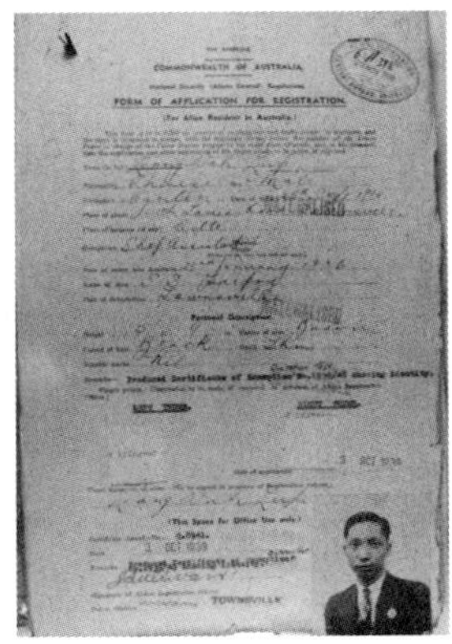

COMMONWEALTH OF AUSTRALIA
FORM OF APPLICATION FOR REGISTRATION.

左：一九三五年八月九日，香港光大英语学校校长出具的梁华立在该校学习英语的证明信；中：一九四七年，梁云洲申请的回头纸；右：一九三九年，梁华立的外侨登记卡。

① Wong, Pik Wan [Lyong Pik Wan]; fiancee Leong, Sue Chen [or Ronald Leong], NAA: J25, 1971/5947。

② WONG Pik Wan born 21 September 1938 – Chinese, NAA: A2495, 1971/3038。

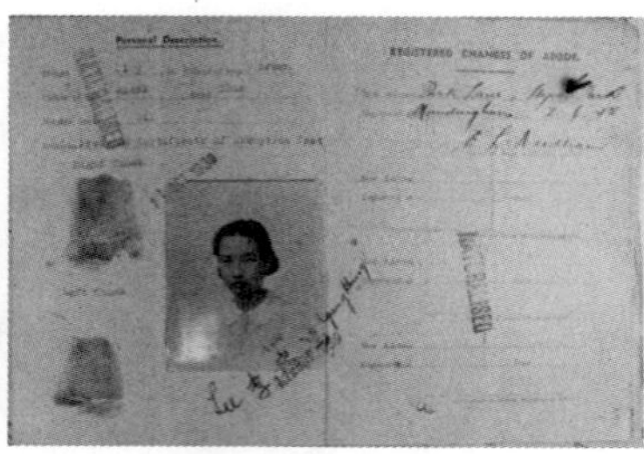

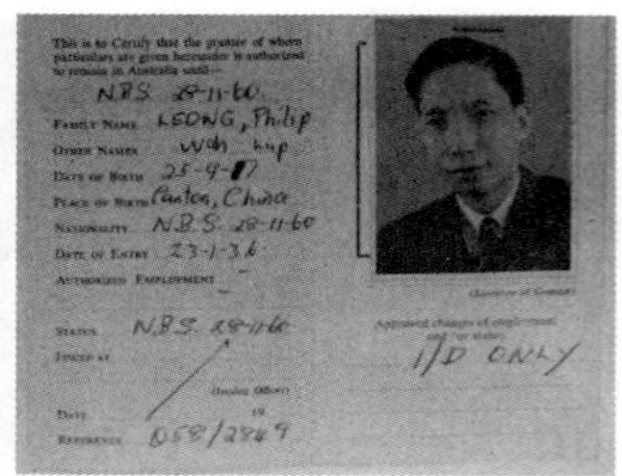

This is to Certify that the grantee of whose particulars are given hereunder is authorized to remain in Australia until—
N.B.S. 28-11-60.
FAMILY NAME LEONG, Philip
OTHER NAMES Wah Lup
DATE OF BIRTH 25-4-17
PLACE OF BIRTH Canton, China
NATIONALITY N.B.S. 28-11-60
DATE OF ENTRY 23-1-36
AUTHORIZED EMPLOYMENT
STATUS N.B.S. 28-11-60
REFERENCE D58/2849
I/D ONLY

左：一九三七年五月十四日，中山县石岐圣这士英文书院院长开具的梁少鳣在该书院学习英语的推荐信；中：一九三九年，李容鸿在汤士威炉埠的外侨登记证；右：一九六〇年，梁华立贴在澳洲临时入境证件上的照片。

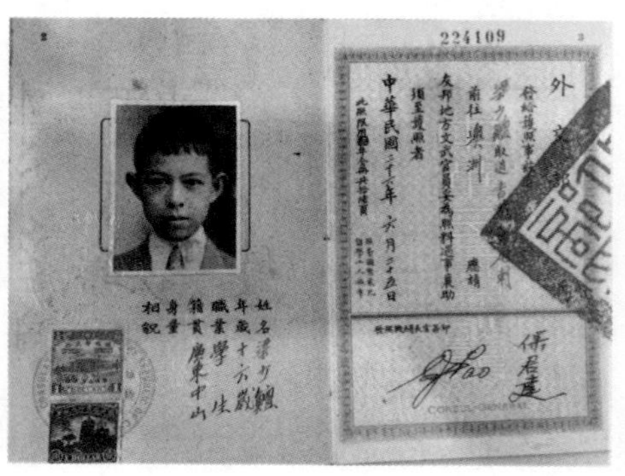

GIVEN AT THE DEPARTMENT OF THE INTERIOR, CANBERRA, AUSTRALIA.
30th June 1937
Bearer will be permitted to enter the Commonwealth temporarily pursuant to the special arrangement between the Commonwealth Government and the Government of China in regard to the admission of Chinese students provided that he arrives before 30th June 1938 and satisfies the Customs authorities at the port of landing that he has an elementary knowledge of English.
Health Condition satisfactory

PASSPORT
The Ministry of Foreign Affairs of the Republic of China requests all civil and military authorities of Foreign States to let pass freely Mr. Leong Sue Chen
Age 16
Profession Student
Validity three years
Expiration 24th June 1940

一九三七年六月二十五日，中国驻澳大利亚总领事保君建给梁少鳣签发的中国护照内页，以及六月三十日澳大利亚内务部在护照内页上钤印的入境签证章。

档案出处（澳大利亚国家档案馆档案宗卷号）：

Leong Wah Lup - Student passport [1.5cms] - Part 1, NAA: A433, 1947/2/2404

Leong Sue Chen – student, NAA: A2998, 1952/2

梁颂康、梁玉麟堂兄弟

中山曹边村

颂康（Chung Hong），生于一九一七年十月三日，中山县曹边村人。虽然档案宗卷里没有列出他的姓氏，但鉴于其伯父名叫梁新（Leong Sun），则他自然是姓梁，全名应该是梁颂康。梁玉麟（Leong Yock Lun），生于一九一九年二月十九日，也是中山县曹边村人，是梁新的儿子、梁颂康的堂弟。

梁新出生于一八八〇年，一八九七年时便与大他五岁的大哥梁高（Leong Gow）[①]一起赴澳发展，在昆士兰省（Queensland）立足。他们先在车打士滔埠（Charters Towers）当菜农，随后在此开设果蔬店，于一九〇三年获得澳大利亚永居资格。[②]后来，他们移居汤士威炉埠（Townsville），在那里的车打士滔路（Charters Towers Road）上开设了一间杂货商铺，兄弟俩各占一半股份，售卖日用杂品及蔬菜水果，因梁新主持店务并负责对外联络，就以他的名字作为店名，称为梁新号（Leong Sun & Co.）。[③]

一九三〇年，儿子刚满十一岁，梁新便计划将其办理到澳大利亚他所在

① Gow, Leong - Nationality: Chinese [Occupation - Grocer] [Born ?1875] - Alien Registration Certificate No 3066 issued 31 July 1918 at Thursday Island, NAA: BP4/3, CHINESE GOW LEONG。

② Application for Certificate of Domicile for Leong Ning Sun, a grocer from Charters Towers, NAA: BP342/1, 8050/233/1903; Leong Ning Sun of Charters Towers, Qld - birthplace: Canton, China - departed Townsville, Queensland on the Empire 5 October 1903, NAA: J2482, 1903/76。

③ Leong Sun and Company, NAA: BP210/9, 76。

的汤士威炉埠留学。大约在这一年的下半年，他从天主教会在汤士威炉开设的埔臣吧剌吖学校（Christian Brothers' College，即基督兄弟会书院）拿到了儿子的入学录取信，然后具结财政担保书，以自己和兄长合股经营的梁新号商铺作保，保证每年供给足镑作为儿子来澳留学的所有费用，填妥申请表，递交给位于雪梨（Sydney）的中国驻澳大利亚总领事馆，申领儿子的赴澳留学护照和签证。总领事宋发祥接到申请后，审核无误，便给梁玉麟签发了一份中国学生护照，号码是588/S/30。因上述申请材料缺失，因而无法知道护照签发的具体日期，但从后续的签证审办情况看，应该是在这一年的八月或者九月初。

内务部秘书受理签证申请后，于九月十五日责成海关提供有关监护人梁新的财务状况及出入境记录的核查报告。汤士威炉海关接到总部转来的核查指示后，仅仅过了几天，就在九月二十日报告说，梁新的财务状况良好，没有任何不良记录。虽然没有提供梁新号商铺具体的年营业额数字，但这一回馈表明，梁新的家底厚实，完全有能力负担儿子来澳留学的任何费用。与此同时，鉴于梁新来澳后的主要活动在昆士兰省北部地区，汤士威炉海关也从自己的档案中找出了在此之前三十多年间梁新经该埠港口出入境的回国探亲记录，前后总计为四次：一、一九一二年一月二十九日搭乘日轮“日光丸”（Nikko Maru）出境，次年十二月三十一日乘坐日轮“熊野丸”（Kumano Maru）返回；二、一九一六年三月二十日登轮“依时顿号”（Eastern）回国，次年十月二日搭乘“丹后丸”（Tango Maru）回埠；三、一九一九年五月二十四日登上“太原号”（Taiyuan）轮船出境，一九二二年十二月十四日回到汤士威炉；四、一九二九年七月十八日搭乘“依时顿号”轮船出境，当年十二月十七日乘坐日轮“丹后丸”返回。海关发现，梁新所填报的梁玉麟出生年份是在一九一九年初，这个时间距其第二次探亲回澳已经过去了将近一年半，而比第三次回国探亲的启程日期还早三个月，他们之间的父子关系难以成立。于是，他们就此事直接去询问梁新。后者此时方才发现，他是将日期记错了，儿子梁新应该是在其第二次探亲回澳后不久就出生，应该是在一九一八年的事儿。海关因常与汤士威炉埠的华商打交道，对其说法完全采信，遂确认梁玉麟是梁新第二次回国探亲后出生的，他们具备生物学意义上的父子关系。鉴于监护人和财政担保人的各项条件均符合要求，内务部秘书便在当年十月十五日批复了李玉麟的留学签证，在上述护照上钤盖了入境签证印鉴。

然而，在国内的梁玉麟接到中国驻澳大利亚总领事馆寄来的护照后，并没有动身，而且一拖就是近四年的时间。直到一九三四年六月二十五日，中国驻澳大利亚总领事陈维屏致函内务部秘书，表示梁玉麟此前因种种原因而耽误了赴澳留学，导致其签证已经失效多年，现在这位年轻人已经准备好了赴澳读书，希望能为其重新核发入境签证，以便他能尽快前来汤士威炉入学。好在内务部秘书并没有对此申请予以留难，而是于七月四日批复了上述入境申请。但他也设置了一个前提条件：鉴于梁玉麟已经超过十五岁，需要在入境时接受移民官员的英语测试，以确认其是否具备基础的英语学识能力。也就是说，如果不会英语，将原船遣回出发地。

这一次，梁玉麟没有耽搁，接到批复通知后，很快便通过香港的金山庄办理好相关的旅行事宜，然后在香港搭乘“彰德号”（Changte）轮船，于一九三四年十一月二日抵达汤士威炉埠。海关移民官员让梁玉麟当场抄写的一份新闻报道的结果显示，他确实是学过英语，具备了最基础的英语能力，故让他顺利入关，并当场核发给他十二个月的留学签证。梁新从海关将儿子接出来，安顿在车打士滔路上的商铺里。入境登记卡上显示，此时的梁玉麟是十六岁，很显然是采用了他出生于一九一八年的说法，但此后他在填表时，仍然用的是护照申请表上的说法，即出生于一九一九年。虽然此时距学校放暑假只有不到六个星期的时间，但梁玉麟并没有放弃学习机会，立即去往埔臣吧剌吶学校注册入读。此后，学校对其在校表现及学业成绩都给予了好评。

见到堂弟去到澳大利亚顺利入读学校，且各方面都很适应，梁颂康跃跃欲试，也想去往汤士威炉埠留学。因档案宗卷中一直未提及梁颂康是否是梁高与梁新兄弟的嫡亲侄儿，但有另外一份档案宗卷显示，他的父亲是一八九五年二月在澳出生，十岁时跟着父亲回到中国，就再也没有回澳，此后就在香港成长和工作。[①]如果这一记载属实，那就可以推测梁颂康有可能是在香港出生，但被送到中山老家抚养长大。而这种迹象也显示出，他的父亲与梁新和梁高很可能是嫡亲堂兄弟关系。无论如何，档案文件所显示的是，早在一九三三年七月，梁颂康就被家人送到香港，进入光大学院（Kwong Tai English School）读高中，为去澳大利亚留学做准备。一九三五年初，他的二伯梁新出面充任监护人和财政担保人，为其代理赴澳留学申办事宜。因此，梁颂康便从光大学院院长那里拿到一封推荐信；同时，自己也用英文手书一份声明，以证明自己赴澳留学之目的是志在获得一份工程师资格证书，这也可作为自己具备了初步英语学识能力的证明，一起寄给二伯。

梁新在接到侄儿从香港寄来的上述两份材料之后，于一九三五年五月三日具结财政担保书，并以监护人身份填表，递交给中国驻澳大利亚总领事馆，申领侄儿梁颂康赴澳留学护照和签证。他以自己和大哥梁高一起创设的梁新号商铺作保，允诺每年可供给足镑膏火，作为侄儿梁颂康在澳留学期间所需各项开支，准备安排他进入儿子梁玉麟目前正在就读的埔臣吧剌吖学校，以便他们哥俩有伴，一起读书，共同促进。而早在这一年的年初，于确定了侄儿要来澳留学后，梁新便在新学年开学的第一天就去到该学校，从校长那里拿到了录取梁颂康的确认信。

中国总领事馆接到申请后，很快就初审结束。五月八日，总领事陈维屏致函内务部秘书，为梁颂康申请留学签证。内务部秘书接受上述申请及附上的材料后，按照流程，立即行文海关，请其对财政担保人的情况尽快核实，提交一份报告。五月底，汤士威炉海关便完成了任务。据其了解，梁新号商铺迄今只有两个股东，即梁高和梁新哥俩，上一财政年度的营业额为四千四百七十五镑，毛收入为一千零二十八镑，净利润为一百七十三镑。这样的业绩对于这种规模不大的商铺来说，算得上是经营得相当不错的；而且该店在银行有两个账户，其中一个在账户上总是保持着几百镑的流动资金，可见其在财务方面相当自主。根据当地警察派出所的特别报告，梁新基本上

---

① LEONG, Albert Reginald [born 1895 - Australia], NAA: J25, 1966/11235。

属于品行端正人士，但在当地一间经营白鸽票赌博生意的商号里有投资，该商号就在其商铺的隔壁。尽管如此，总体而言，在这个区域经商的华人群体都是比较富裕的公民或永久居民。从警察的角度来看，梁新有可能涉及参与违禁品生意的行当；但就海关的角度来看，梁新的品行符合中国人的行世规范，按律纳税，他在当地社区的为人也很受尊重。为此，汤士威炉海关认为，警察所怀疑的他与赌博等行业有染，应该不会影响到他的侄儿，因为其侄儿本身就来自那样一个具备这些因素的社会（指香港的华人社会），如果他在那里都不受影响，来到澳大利亚，自然也完全可以不受这种因素的干扰。

刚开始接到报告时，因警察怀疑梁新与赌博有染，内务部秘书还对是否批复梁颂康留学签证犹豫不决；但看到海关的报告后，也认同了其观点，同时也翻阅了梁颂康的英文信和推荐信，认可了其已具备一定的英语能力，从而认为无论是监护人还是签证申请人，都符合相关的条件。六月七日，内务部秘书批复了梁颂康的签证申请。接到预评估通过的通知后，陈维屏总领事便在六月十一日给梁颂康签发了号码为223863的中国护照，然后再送交到内务部秘书那里，后者于七月三十日在护照内页钤盖签证印章。由是，此次的护照和签证申领与审理圆满结束。

在香港早就准备好赴澳留学的梁颂康，接到由中国驻澳大利亚总领事馆转来的签证预评估通过的消息后，也正好结束了这一年上半学期的课程，未及等到护照寄来，就立即购好船票，登上驶往澳大利亚的“太平号”（Taiping）轮船，于当年八月二日抵达汤士威炉港口。[①]海关因已经接到其签证批复的备份副本和中国总领事馆根据情况变化而直接寄来的他的那份护照，再加上当场对其英语测试的结果满意，便让梁颂康顺利入境，并当场核发给他十二个月的留学签证。梁新去到海关将侄儿接出来，将其安顿在自己的店铺中。

---

① Reginald Chung Hong - Chinese - arrived 2 August 1935 in Townsville aboard TAIPING, NAA: BP210/2, REGINALD C。

八月十一日，即将十八岁的梁颂康就在堂弟梁玉麟带领下，去到埔臣吧剌吖学校注册，正式进入该校就读，由此就与堂弟一起上学。可能是过去几年学习英语已经打下了较好的基础，他很快就适应了这里的学习环境，各科学业令人满意，在校表现也都可圈可点，因而一年后很顺利地获得了下一年度的展签。他在注册进入这所教会学校后，为了更好地融入同学圈及当地社会，也给自己取了一个英文名，叫Reginald（雷金纳），全名就成了Reginald Chung Hong或者Reginald Leong。如此，他与当地学生的沟通联络就更为方便直接。

与此同时，梁玉麟也跟堂兄一样，在学校里也给自己取了一个英文名字，叫作佐治（George），但将父亲的名字作为姓，全名就成了George Leong Sun。他也因每年学业令人满意，逐年获得展签。但在一九三九年九月四日，中国驻澳大利亚总领事保君建致函内务部秘书，表示梁玉麟因家里有事需要回国探亲，特别申请再入境签证，以便结束探亲活动后回来汤士威炉完成未竟学业。九月十八日，鉴于过去几年里梁玉麟一直在校表现良好，内务部秘书批复了上述申请，准允他在未来十二个月里重新入境。而早在两天前，梁玉麟便在汤士威炉埠登上路经该港口驶往香港的“利罗号”（Nellore）轮船，回返国内。保君建总领事接到内务部秘书的批复后，便只好将此决定告知梁新，再由后者通过其他方式通知即将回到国内的儿子梁玉麟。然而，梁玉麟在次年再入境签证到期前没有回来，虽经申请展签获批，但一年后还是未能回来。此后，因太平洋战争爆发，海路遮断，他无法回到澳大利亚完成学业。

而梁颂康则在堂弟梁玉麟回国探亲的两年前便获得机会离开学校，进入当地职场工作。一九三七年八月，就在内务部提前通过海关等部门检查他的在校表现以便为其核发下一年度展签时，其身份就开始发生了变化。这一年六月二十四日，中国总领事保君建向内务部秘书提出申请，让梁颂康退学，进入在汤士威炉埠北部一百公里以外之英壬埠（Ingham）的鸿源号（Houng Yuen & Co.）商行工作，作为鸿源号的股东梁瑞荣（Charlie Hong或Leong

So）[①]的替工，因其近期就要回国探亲，需要找一位值得信赖的人在其回乡期间代为照看他在该商行中的利益。梁瑞荣也是中山县曹边村人，是梁颂康的宗亲长辈。因此，让一个同宗晚辈来此作为替工，值得信赖。内务部秘书通过海关了解到鸿源号规模较大，符合聘请替工的条件；而已经二十岁的梁颂康中英文俱佳，学习成绩好，过去两年在校表现都令人满意，确实也是合适人选。于是，八月十九日，内务部秘书正式通知，内务部部长批准了梁颂康的身份转换，给予其一年的签证；期满后如果梁瑞荣仍然未有返回，则可申请展签，最多可展签三年。该签证的条件是：在此后的三个月内，梁瑞荣须交代其工作并对梁颂康进行必要的培训，然后就须乘船离境回国探亲；而在梁瑞荣返回澳洲后，梁颂康须在一个月内将工作交还，然后就应该重返学校念书，或者立即返回中国。

然而，原本应该在十一月底之前离境回国探亲的梁瑞荣因各种琐事耽搁，直到次年一月方才得以离境回国[②]，梁颂康也从这个时候开始正式入职鸿源号，成为其员工，直到一九四一年七月底梁瑞荣结束探亲回到澳洲。然后，由于紧接下来该年底太平洋战争爆发，航路中断，梁颂康无法返回中国，又因为战争的原因，得以获得三年加两年的签证。而与此同时，在战争状态下，昆士兰中北部因地处前线，军队和各类为战争服务的后勤人员云集，各类物资需求甚大，鸿源号生意得到极大发展，也急需人手，梁颂康便继续留在店里工作，直到一九四三年底。[③]此时，梁瑞荣因车祸不幸去世[④]，鸿源号遂由其子梁门教（Leong Moon Gow）继承[⑤]；而他的同宗兄弟梁华立（Leong Wah Lup）在此前一年则正好接手了父亲梁云洲（James Leong）在

---

① 关于梁瑞荣档案宗卷，详见：Leong Moon Gow, Leong So, NAA: J2773, 362/1924。

② Certificate Exempting from Dictation Test (CEDT) - Name: Charlie Hong - Nationality: Chinese - Birthplace: Canton - departed for China per CHANGTE 27 January 1938 returned Townsville per NELLORE 29 July 1941, NAA: J2483, 544/19。

③ Reginald Leong [previous name Chung Hong] [Chinese - arrived Townsville per TAIPING, 2 Aug 1935. Box 1], NAA: SP1732/4, LEONG, REGINALD。

④ "Ingham Incident", *Townsville Daily Bulletin*, Tuesday 30 November 1943, page 2。

⑤ Leong, William John - Nationality: Chinese - Arrived Townsville on Victoria 17 September 1923, NAA: BP25/1, LEONG W J CHINESE。

汤士威炉埠所开设的商铺，扩展需人，他遂应召回到汤士威炉，转往该店帮手，协助经营[①]。

战后，因生意需要，他继续留在澳洲，仍然是在梁华立的商铺做工，并最终得以加股进去，共同将其做大[②]，并于一九四七年获准前往香港娶妻。婚后，他重返汤士威炉，继续协助梁华立运营商铺。[③]二十世纪五十年代之后，他得以获准长期居留，并申请妻子来澳，最终加入澳籍。[④]

一九四七年，澳大利亚战后复员安置工作结束，战时因大批军事人员麇集昆士兰中北部地区而一度红火的商铺零售生意也趋于回落进入平缓状态，此前一直惦记着国内家人安危的梁新便想回国探亲。于是，他便通过中国驻雪梨总领事馆及汤士威炉埠海关向移民部申请其子梁玉麟从中国前来作为其替工，以便其能顺利地回国与家人团聚，并休息几年。此后半年左右时间里，移民部通过各种途径，公牍往返多次，了解到此时的梁新号商铺在上一个财政年度的营业额为三千九百六十镑，而其合伙人梁高此前早就回到中国探亲，并且刚刚将其股份转给了其子Leong Wah Hong（梁华康，译音）[⑤]继承，如果梁新要离开的话，确实需要人代为管理经营他所拥有的那一部分利益。按照规定，生意在二千五百镑以上的华人老企业是可以申请替工的，几经权衡和考虑后，移民部最终于一九四八年二月二十六日批复了梁玉麟的替工入境签证，有效期为三年。

获得入境签证批复后，梁玉麟紧锣密鼓地向中国外交部驻广东广西特派员公署申请办理出国手续，并于当年五月十日获颁赴澳护照。随后，他赶往香港，搭乘“苏州号”（Soochow）轮船，于七月二十四日抵达雪梨，再次

---

① Philip Leong Store, NAA: BP210/9, 103。

② 详见：Leong Wah Lup - Student passport [1.5cms] - Part 1, NAA: A433, 1947/2/2404。

③ LEONG, Philip (Business "Philip Leong Store") - CEDT (Certificate of Exemption from Dictation Test), NAA: J25, 1949/4424。

④ Leong, Reginald / Chung Hong - Admission of Wife, NAA: J25, 1956/13716。

⑤ 梁华康于一九三五年一月二十四日抵澳，进入梁新号充当店员。一九四七年七月一日，他从父亲梁高那里继承和接管了在梁新号商铺中的那一半股份，得以长居澳洲。见：Wah Hong / Leong Wah Hong - CEDT (Certificate for Exemption from Dictation Test) - Alien Registration, NAA: J25, 1961/4704。

入境澳大利亚。[①]他随后再搭乘其他交通工具北上，于月底回到父亲所在的汤士威炉埠。梁新在交代完毕所有事务后，于当年十一月二十四日离境回国探亲，梁玉麟则正式开始在梁新号商铺中代理父亲的职位，与堂兄梁华康共同经营这间商铺。

过了一年，经汤士威炉埠一家移民律师行的运作，梁新效法兄长梁高从其商铺退休，由是，梁新号商铺主要股东就变为梁华康，而梁玉麟获准从替工身份转为正式的店员，这也就意味着他可以每年申请展签，可以继续在此工作和定居。而到一九五七年，移民部正式免掉他的上述每年展签要求，准允他永久留在澳大利亚。事实上，早在一九三九年回国时，梁玉麟便在家人安排下，次年便与小他两岁在一九二一年出生的同邑女子李少卿（Lee Shui Hing）结婚，这也很可能是当年他回国探亲的最主要目的。[②]战后，梁玉麟将家小安顿在广州。到其获准再次赴澳时，他们夫妇已经有了三个孩子，而另一个孩子则在他抵达澳大利亚后，于一九四九年初出生。因此，在其身份稳定下来后，他从一九五七年开始，便持续不断地向移民部申请妻小赴澳团聚。直到一九七九年，澳大利亚移民部方才批复了他的家庭移民请求。

梁颂康和梁玉麟堂兄弟俩在相距不到一年的时间里先后赴澳留学，共同成长。前者一直不间断地在澳读书，然后获得机会进入当地华商亦即亲戚的商铺中帮工，因太平洋战争爆发而最终留了下来，最终加股成为商人，身份转变而定居于澳；后者则在读书近五年后回国探亲，因太平洋战争爆发而无法重返澳大利亚完成学业，但在战后仍然以替工的名义回澳，顶替父亲代其经营生意，完成了家族企业的传承，也留在了澳大利亚，并最终将家小成功申请赴澳团聚。

① Lun, Leong Yock born 1909 - nationality Chinese - arrived in Sydney on S S SOOCHOW 24 July 1948, NAA: BP9/3, CHINESE LUN L Y。

② LEONG Yock Lun aka Leong Sun George [born 1919 - China]; wife LEONG Shui Hing [nee Lee] [born 1921 - China], NAA: J25, 1977/7567。

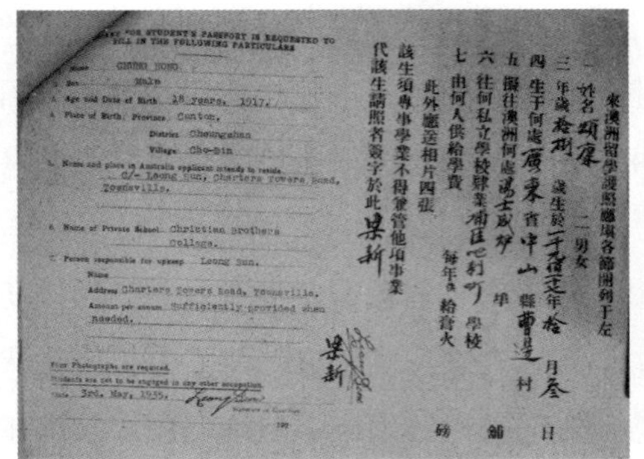
來澳洲留學護照應填各節開列于左

一 姓名 頌康 二 男女 男

三 年歲 拾捌 歲生於一千九百一十七年

四 生于何處 廣東 省 中山 縣 曹邊 村

五 擬往澳洲何處 湯士威炉 埠

六 往何私立學校肄業 埔臣巴列吖 學校

七 由何人供給學費 每年由 給膏火

此外應送相片四張

該生須專事學業不得兼營他項事業

代該生請照者簽字於此 梁新

... FOR STUDENT'S PASSPORT IS REQUESTED TO FILL IN THE FOLLOWING PARTICULARS

Sex: Male

Age and Date of Birth: 18 years, 1917.

Place of Birth, Province: Canton, District: Cheungshan, Village: Cho-Bin

Name and place in Australia applicant intends to reside: c/- Leong Sun, Charters Towers Road, Townsville.

Name of Private School: Christian Brothers College.

Person responsible for upkeep: Leong Sun. Address: Charters Towers Road, Townsville. Amount per annum: Sufficiently provided when needed.

Four Photographs are required.

Students are not to be engaged in any other occupation.

Date 3rd. May, 1935.

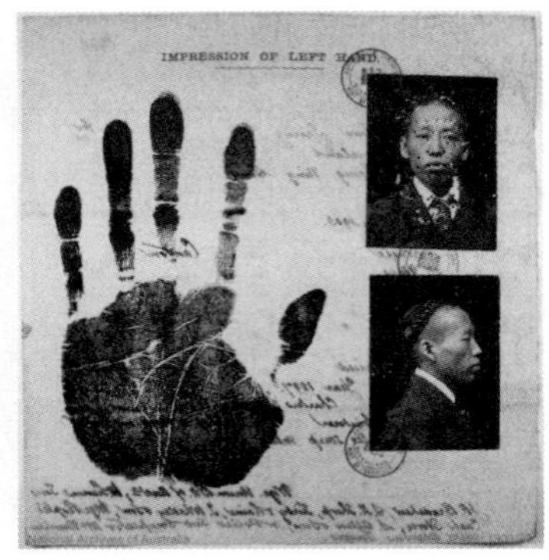
IMPRESSION OF LEFT HAND

左：一九三五年五月三日，梁新以监护人身份填表，申请侄儿梁颂康赴澳留学的护照和签证；右：一九〇三年，梁新获得在澳长期居留后贴在证件上的照片和所摁掌印。

223863

外交部

姓名 頌康

年歲 十八

職業 學生

籍貫 廣東中山

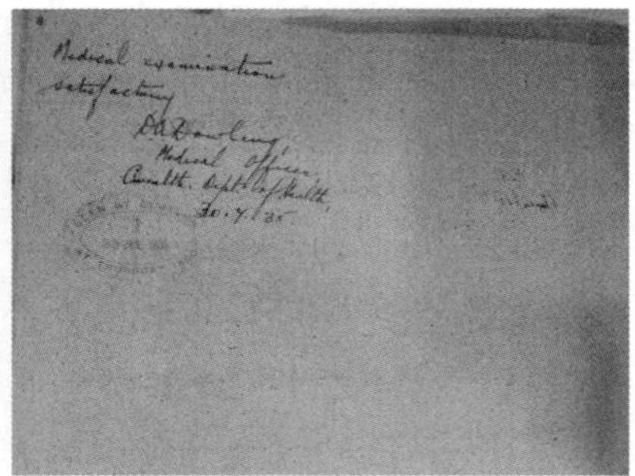
Medical examination satisfactory

一九三五年六月十一日，中国驻澳大利亚总领事陈维屏给梁颂康签发的中国护照，以及七月三十日内务部钤盖在护照内页的入境签证。

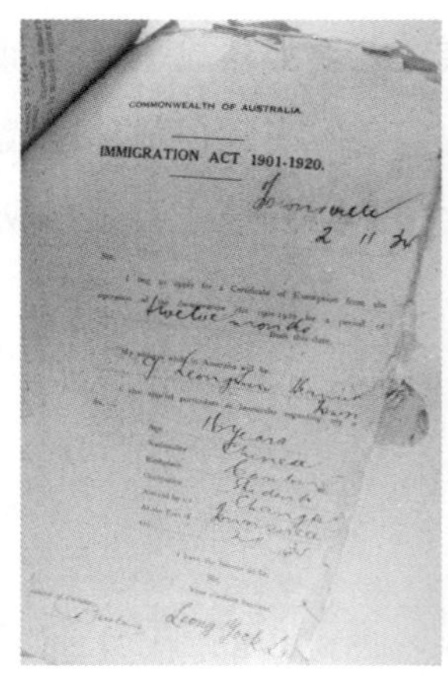
COMMONWEALTH OF AUSTRALIA

IMMIGRATION ACT 1901-1920.

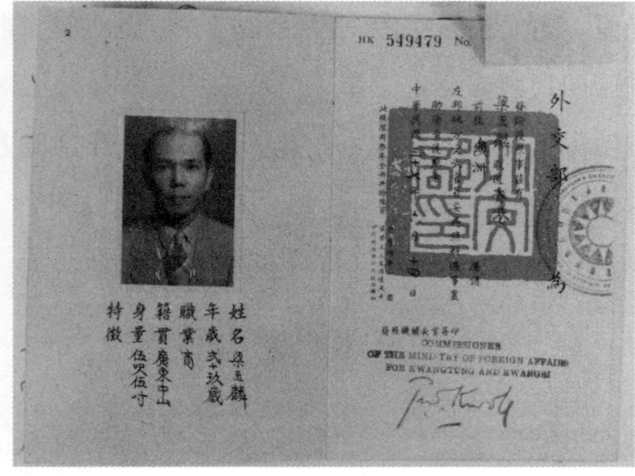
HK 549479 No.

外交部

姓名 梁玉麟

年歲 弍拾玖歲

職業 商

籍貫 廣東中山

身量 伍呎伍吋

特徵

發照機關長官簽印

COMMISSIONER OF THE MINISTRY OF FOREIGN AFFAIRS FOR KWANGTUNG AND KWANGSI

左：一九三四年十一月二日，梁玉麟在汤士威炉入境澳大利亚海关的记录；右：一九四八年五月十四日，中国外交部驻广东广西特派员公署给梁玉麟签发的赴澳护照。

档案出处（澳大利亚国家档案馆档案宗卷号）：

Chung Hong - Students Ex/C, NAA: A1, 1937/153

LEONG Yock Lun aka Leong Sun George [born 1919 - China]; wife LEONG Shui Hing [nee Lee] [born 1921 - China], NAA: J25, 1977/7567

徐佐治

中山隆都

徐佐治（George Chew），一九一七年十一月六日出生，中山县隆都人。他的父亲名叫徐南好（Nam How），大约在十九世纪九十年代初便随乡人一道来到澳洲谋生，后定居于雪梨（Sydney），在市场里经营果蔬档维生。

在澳打拼二十多年之后，徐南好方才有机会回国探亲结婚生子。当儿子年满十岁时，他当时正在中国探亲，想将儿子办来澳洲雪梨的中西学校（Chinese School of English）读书。[①]于是，一九二七年十一月三十日，他通过乡人亲戚代办，向中国驻澳大利亚总领事馆提交申请，办理其子徐佐治来澳留学的学生护照和入境签证事宜，打算在办好儿子入境事宜之后，结束探亲，带着他一起回来澳洲。[②]他虽然承诺会提供每年一百镑的膏火费给儿子留学之用，但用来作保的商号不是他自己的档口，而是名气较大的安益利号商行（On Yik Lee & Co.）。

中国驻澳大利亚总领事馆在接到这份申请后，不知何故，并没有立即处理，而是等了五个月的时间，亦即在徐南好因等不及儿子护照签证事宜办妥便结束探亲返回雪梨之后，才于一九二八年五月一日，由中国总领事魏子京

① Ah Chow, Nam How, Louey Kang, Ah Cheong, Ah Wing, Wong Hee, Ah Chew, Lee Gum, Ah Chew and Charlie Gee Sing [Certificate Exempting from Dictation Test - includes left hand impression and photographs] [box 197], NAA: ST84/1, 1927/425/61-70。

② George Chew [application by Nam How for permission for his son George Chew to enter the Commonwealth] [box 230], NAA: SP42/1, C1929/277。

签发了一份中国留学生护照给徐佐治，号码是503/S/28。然后，将其交给澳大利亚内务部，为他申请入境签证。尽管内务部仍然是按照流程审理同类申请，但处理徐南好的申请显然要复杂困难得多。

先是徐南好的职业。在他填写的监护人声明中，徐南好声称自己是昆士兰省（Queensland）新广信号（Sun Kwang Sun）的合伙人，他在其中的股份价值三百镑。可是，内务部通过海关及昆士兰省政府相关部门调查，几经反复，历时几个月，怎么也找不到这间公司，或者该商号根本就没有注册过，或者是徐南好提供了虚假信息。最终，海关还是得回到雪梨来查找徐南好的财务状况。到一九二九年二月，海关终于找到了徐南好的住址，是在雪梨欧提摩路（Ultimo Road）二十号，而他在雪梨果菜市场经营着一个档口，并在安益利号有现金存款一百五十镑，这恐怕就是为什么他以安益利号作保的最主要原因。尽管海关认为徐南好并没有什么不良记录，但上述他在所谓的新广信号有股份之事，则始终无法查询得到。

另一件让内务部费了很大劲也没有收获的事，是原先徐南好在监护人声明中将William Vincent作为其财务上之保人，但海关在昆士兰省里查不到此人。待最终内务部不得不致函中国总领事馆询问此事时，后者也是经一番查证，回复说是他们的职员搞错了，应该是另一个人，名叫Leslie Kwang（莱思礼邝），作为徐南好的财务保人。根据中国总领事馆的介绍，此人应该是徐佐治的舅舅，他才是新广信商号的东主。但当海关根据线索在雪梨找到这位保人时，他表示，肯定是徐南好的监护人声明书搞错了，他要和中国总领事馆去说这件事。最后，此事在拖延一年之后，终于在一九二八年十二月中旬，在经过与徐南好几次往返通信沟通之后，中国总领事馆才将此保人改为安益利号的主要股东欧阳南（D Y Narme），因其人财务状况良好，在雪梨华社知名度高，足以担当此职，加上内务部的人对他也熟悉，这事儿才最终了结。

除了要解决上述问题，内务部还要核查徐南好的出入境记录，以便确认其子徐佐治与他的父子关系成立。根据档案记录，徐南好一共只回国探亲两次。第一次是在一九一六年九月三十日回中国，到一九一八年三月十三日返回澳洲。根据护照申请表上所填资料，徐佐治是一九一七年十一月六日出生，徐佐治是他在中国探亲期间诞生，故他们之间的父子关系无可置疑。他第二次回国探亲是在一九二七年五月二十八日，搭乘的是日轮“安艺丸”（Aki Maru）。他原计划是回去中国探亲，在中国时决定申请儿子来澳留学并请人代办，他自己便在家乡等待儿子的签证批下来，以便届时再陪同儿子徐佐治一起回到澳洲；但因签证迟迟不下来，他便去到香港，于一九二八年三月四日搭乘“彰德号”（Changte）轮船，又返回了雪梨。就是说，正因为他是刚刚从中国探亲回来不久，海关人员才找得到他本人。

本来内务部的核查已经基本上没有问题了，也准备核发徐佐治入境签证了，但因徐南好在更换其财务保人时，提供给中国总领事馆一个声明，谓一旦获得签证，其子徐佐治将会住在他舅舅莱思礼邝的家里，其址位于欧提摩区科克巷（Kirk Lane）三十二号，因为从那里走路去位于矜布街（Campbell Street）的中西学校上学，比较方便。因此，一九二九年二月十三日，内务部致函中国总领事馆，质询为何徐南好自己在雪梨有家但不让儿子住，反而要让他去到舅舅家呢？经海关与中国总领事馆及徐南好本人沟通，后者表示是因为自己住的地方条件不好，而佐治的舅舅因在该地结婚，在舅舅家里住的话，其舅妈可以更好地照顾他这个外甥。

没想到，徐南好对这最后一个问题的答复，让内务部彻底改变了主意。首先，这显示出其财务状况并不理想，是否能支撑其子在澳留学期间的费用尚有疑问；其次，按修订后的《中国留学生章程》新规，年未届十四岁之中国留学生，须由其在澳直系亲属陪同照顾，也就是说应该是与亲属亦即父母住在一起，但徐南好本人就在澳洲，自己不履行此职责，而直接将其子置于他人之照料之下，与新规明显相违。于是，一九二九年三月十二日，内务部致函中国总领事馆，否决了徐佐治的入境签证申请。纷扰了近一年半的徐佐治留学签证申请，最终以失败而告终。

此后，再未见有徐佐治申请来澳留学的任何信息。可能徐南好也为自己最后无事生非，画蛇添足，而将此事搅黄了，懊恼不已呢。

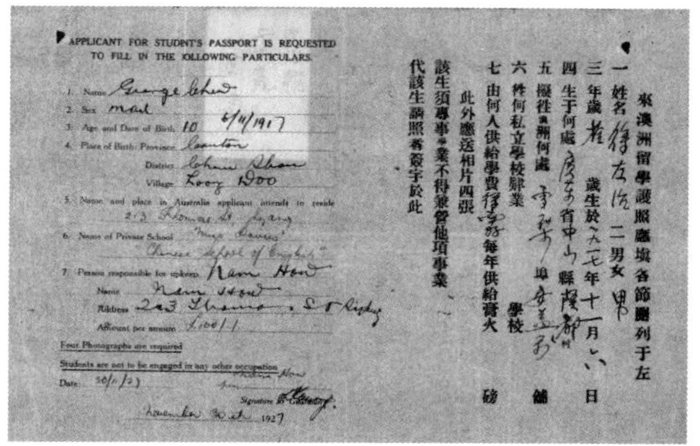
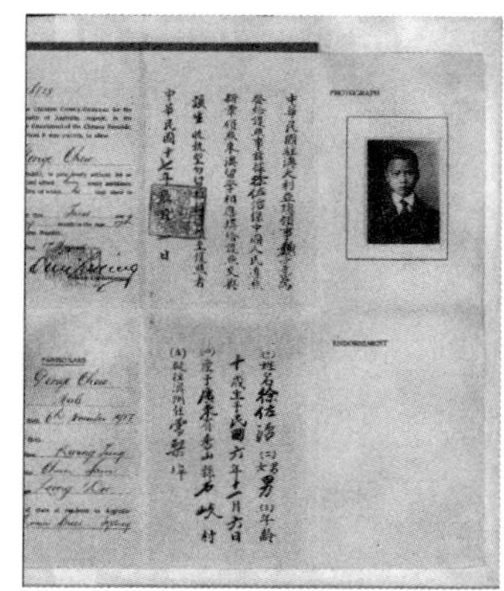

左：一九二七年十一月三十日，徐南好向中国驻澳大利亚总领事馆申请儿子徐佐治来澳留学护照和签证所填写的申请表；右：一九二八年五月一日，中国驻澳大利亚总领事魏子京给徐佐治签发的留学护照。

档案出处（澳大利亚国家档案馆档案宗卷号）：

Chew, George - Student passport, NAA: A1, 1928/4948

马惠龄

中山新村

中华民国成立之后，赴澳留学的中山人不少，但女性却极少，马惠龄（Mah Way Ling）就是这极为有限的女留学生之一。不过，尽管已获准去留学，但因种种原因，最终她也没有去到澳大利亚。

马惠龄，出生于一九一七年十一月十七日，中山县新村人。其父马就（Mah Jeo或Mar Joe）生于一八八二年，大约在澳大利亚联邦成立前的一八九九年来到澳洲，在雪梨（Sydney）打工。[①]一番奋斗之后，他没有自营商铺或做其他生意，而是在由中山同乡郭氏家族开办的雪梨永安公司（Wing On & Co.）任店员。

在澳洲打拼三十一年之后，马就接受了西方人的思想，希望女儿亦能跟男孩一样接受现代化的教育。因此，一九三〇年二月四日，考虑到女儿已过十二周岁，就要进入十三岁了，马就便向中国驻澳大利亚总领事馆申请办理其女马惠龄的护照和签证，希望她能从中国来到澳大利亚留学。当时，他打算让女儿入读雪梨唐人街上的华人英文学校（Chinese School of English），并为此征得了该校校长戴雯丽小姐（Miss Winifred Davis）的同意，后者于马就递交护照申请的当天，为此致函中国驻澳大利亚总领事，表示愿意录取女生

① Ah Sing, Sue Say King, Hung Sun, OYoung Fat, Ah Wong, Sam Hing, M OLeong, Hoy Kee, Mar Joe and Wah Tim [Certificate Exempting from Dictation Test - includes left hand impression and photographs] [box 26], NAA: ST84/1, 1909/13/91-100。

马惠龄到该校念书。

此时的中国驻澳大利亚总领事馆已经从美利滨（Melbourne）搬迁到雪梨，因而处理上述申请也就快捷得多。在接到马就提供的申请材料之后仅仅两天，中国总领事宋发祥就于二月六日为马惠龄签发了编号为568/S/30的中国留学生护照，并在当天就备函将材料寄送澳大利亚内务部，为这位中山籍的女学生申请签证。

在宋总领事致内务部的公文里，提到马就乃雪梨著名的永安公司成员，因此，为马惠龄来澳留学作保者，自然也是这个永安公司。可能是马就在向中国总领事馆申请时表述的是其本人乃永安公司店员，也就是雇员，按照中国人的习惯和理解，将其称为永安公司的一员亦不为错。但宋总领事在公文里所用的"a member of the firm of Wing On & Co."（永安公司之一员）一词，则让内务部对此有不同的理解，以为他所说的马就乃永安公司董事会成员。因上述文字表述不清，导致官方的困惑颇多，最终，经一番口舌与双方多次公牍往返，方才澄清马就只是永安公司店员亦即雇员。

内务部的调查表明，作为店员，马就的周薪为四镑，这在当时来说，算得上是不错的收入。在为女儿申请护照时，马就曾表示，他除了从永安公司领取的每周四镑薪水外，实际上还借贷给该公司二百五十镑，意思就是他还在永安公司里存有这样一笔钱。内务部通过海关就此事向永安公司总经理郭朝（Gock Chew）求证，后者表示确有其事，但已经将其用在了公司的经营之中，唯无法提供确凿的证据以证明此说。但鉴于永安公司的总经理郭朝本人是马就财务上的保人，且马就本人品行方面也无瑕疵，因而内务部方面遂对此不存疑义，认可他具备了良好的财务能力。

雪梨海关的记录表明，马就此前返回中国探亲的次数只有两次：第一次从澳洲回国探亲的时间是一九一五年五月二日，从雪梨乘坐"彰德号"（Changte）轮船回中国，到一九二〇年十二月二十六日才乘坐"获多利号"（Victoria）轮船返回澳洲，在中国待了五年之久；第二次则是，一九二四年十月八日，从雪梨乘坐"衣市顿号"（Eastern）轮船离境，到一九二七年九月二十六日才乘坐"吞打号"（Tanda）轮船，返回雪梨，在中国盘桓几近三年。[①]其女儿马惠龄生于一九一七年，正是在他首次回国探亲期间，他们之间的父女关系毋庸置疑。

关于马惠龄到底入读什么样的私立学校，在申请护照时，马就为女儿注册入读的学校是华人英文学校，但当内务部初审通过，雪梨海关想再次向马就确认其女儿入读之学校时，马就改变主意了。他表示，要将女儿送到鸟修威省（New South Wales）北部靠近昆士兰省（Queensland）边界的一个名叫烟花飞路（Inverell）的小镇，与当地的一个华人店主Low Chock Joe（刘作舟）[②]的家庭住在一起，在那里读书，因该华商既是其同乡，亦是朋友。这样一来，内务部自然需要了解这个华人家庭的情况，以及当地是否有私立学校可以接受马惠龄入学。这项核实之差事首先落到了中国总领事馆的头上，当局需要其对此予以解释并确认。

三月二十六日，中国总领事宋发祥致函内务部，更正前面提及的刘作舟的英文名实为Lowe Jack Joe，而非前述之Low Chock Joe；同时，马惠龄要去留学读书的小镇不是烟花飞路，而是天架（Tingha）。马惠龄到此留学将与刘作舟一家同住，并注册入读当地的圣若瑟书院（St. Joseph’s School）。为此，宋总领事还附上了该书院院长签名的录取信。

为了再核实这些内容，内务部责成鸟修威省警察局天架派出所提供刘作舟的个人情况以供参考。四月十七日，天架派出所报告说，刘作舟是天架镇之殷实商人，人品操行皆为人称道。刘氏已婚，家眷居澳，育有五子女，其妻年四十有三，一家人住在店里，为前店后家之格局。刘氏子女之姓名和年龄依次如下：埃德加・刘（Edgar Lowe），十六岁；玛卓莉亚・刘（Marjorie Lowe），十五岁；梅薇思・刘（Mavis Lowe），十二岁；罗纳德・刘

---

① Mar Joe [includes 16 photographs showing front and side views; Certificates Exempting from Dictation Test; left hand and finger prints and left and right thumb prints] [box 204], NAA: SP42/1, C1927/5725。

② 有关刘作舟的档案，见：Jack Joe Lowe [Chinese - arrived Cooktown per EMPIRE, 1900. Box 34], NAA: SP11/2, CHINESE/LOWE JACK JOE。在此之前，刘作舟并作为监护人和财政担保人，申办了三位香山（中山）籍留学生刘锡南（Shik Narm）、缪玉兰（Yock Larn Mew）和阮应枢（Yuen Ink Hee）到天架读书。见：Marm, Shik - Chinese student on passport, NAA: A1, 1925/21721; Miss Yock Larn Mew Chinese on Student's Passport, NAA: A1, 1931/3859; Yuen Ink Hee Students Passport, NAA: A1, 1927/1148。

（Ronald Lowe），十岁；凡登·刘（Verdun Lowe），九岁。如果马惠龄来此，将和刘家住在一起。尽管马惠龄此前不谙英语，但圣若瑟书院院长表示可以接受该生，期假以时日，必能融入此间学习与生活。

在确认各项条件皆符合要求之后，内务部于五月十七日正式为马惠龄签发了入境签证，并通知中国总领事馆。后者在接到签证后，便将护照寄往中国马惠龄家乡，以待其赴澳留学。

从提出申请到最终获得签证，前后折腾了三个多月。但其留学档案却到此中断，没有了下文。换言之，马惠龄最终是否赴澳留学，虽然仍属未知，但最大的可能是，她没有踏上澳洲这块土地。

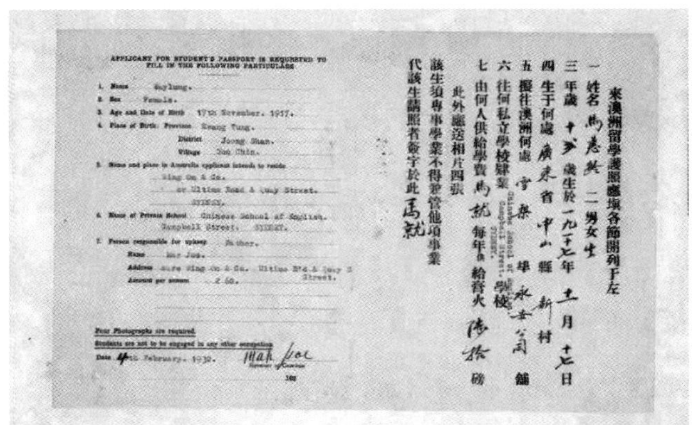

APPLICANT FOR STUDENT'S PASSPORT IS REQUESTED TO FILL IN THE FOLLOWING PARTICULARS.

1. Name Waylung.
2. Sex Female.
3. Age and Date of Birth 17th November, 1917.
4. Place of Birth: Province Kwang Tung. District Joong Shan. Village Sun Chin.
5. Name and place in Australia applicant intends to reside: Wing On & Co. cr Ultimo Road & Quay Street. SYDNEY.
6. Name of Private School: Chinese School of English. Campbell Street. SYDNEY.
7. Person responsible for upkeep: Father. Name Mar Joe. Address Care Wing On & Co. Ultimo Rd & Quay Street. Amount per annum £60.

Four Photographs are required.
Students are not to be engaged in any other occupation.
Date 4th February, 1930. Mah Joe Signature of Guardian

来澳洲留學護照應填各節開列于左
一 姓名 馬惠齡 二 男女 女
三 年歲 十歲 生於一九一七年 十一月 十七日
四 生于何處 廣東省 中山縣 新村
五 擬往澳洲何處 雪梨 埠 永安公司 舖
六 往何私立學校肄業 Chinese School of English, Campbell Street, Sydney. 學校
七 由何人供給學費 馬就 每年供給膏火 陸拾 磅
此外應送相片四張
該生須專事學業不得兼管他項事業
代該生請照者簽字於此 馬就

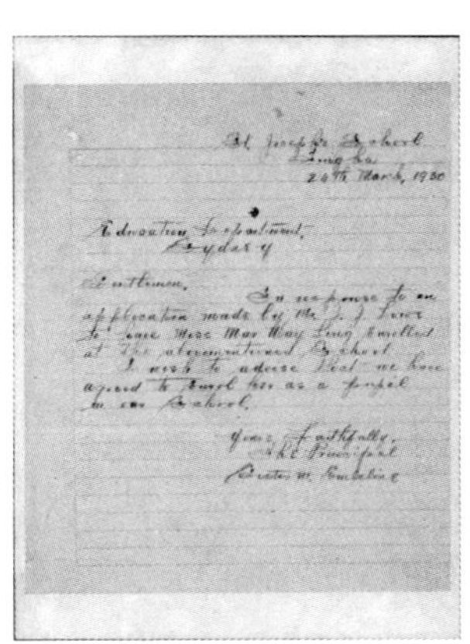

24th March, 1930

Education Department, Sydney

Gentlemen,
In response to an application made by Mr J. J. Lowe to have Miss Mar Way Ling enrolled at the abovementioned School, I wish to advise that we have agreed to enrol her as a pupil in our School.

Yours faithfully,
The Principal

左：一九三〇年二月四日，马就为女儿马惠龄来澳留学向中国驻澳大利亚总领事馆申请护照和签证所填写的申请表；右：一九三〇年三月二十四日，天架圣若瑟书院提交之马惠龄录取信。

档案出处（澳大利亚国家档案馆档案宗卷号）：

Mah Way LING - Students passport, NAA: A1, 1930/1611

马显维

中山沙涌村

马显维（Thoma Ma Joe Young，也写成Ma Hin Wai），据报其出生日期是一九一七年十二月，出生于香港。

一八七九年出生的马祖容（Ma Joe Young，也写成York Chan Joe Young）是他的父亲，香山县沙涌村人。一八八八年，他从家乡来到澳大利亚雪梨（Sydney），投奔在四年前便来到这里的兄长马祖星（Willie Young Joe Sing）。随后，他在这里立下脚跟，跟着兄长从事果栏生意。十九世纪九十年代末，他成为雪梨埠永泰果栏（Wing Tiy & Co.，亦称永泰公司）的股东兼司理。①他的儿女虽在香港出生，但籍贯仍是中山。

一九三五年八月一日，马显维的大哥马显荣（Charles Joe Young）以监护人的身份出具财政担保书，填妥申请表格，向中国驻澳大利亚总领事馆申领他的小弟弟赴澳留学护照和签证。马显维一直在香港接受教育，且中学就读的是拔萃男书院（The Diocesan Boys School）。该校为香港颇负盛名的学校，一八六九年就已经建立，以中、英双语教学为主，由是，马显维的英语能力很强。为此，他请院长为他写了一封很好的推荐信，声明以其能力完全可以适应在澳留学就读他所想要的课程。同时，他自己也手写了一份自荐信，特别说明自己在七月份中学毕业，想来雪梨读书，进一步提升自己。作

① 见："永泰果栏"，载雪梨《东华报》（*The Tung Wah Times*）一九〇〇年三月七日，第三版。在广告上，写明马祖容和另外一位李姓商人是上述果栏的正副司理。

为永泰公司股东（从父亲那里继承过来），马显荣自然以该公司作保，允诺每年提供膏火一百镑，作为小弟在澳留学期间所需之学费和生活费等各项必要开销，希望其来雪梨入读斯多德与霍尔斯商学院（Stott & Hoarer's Business College），并已经为此拿到了该商学院院长出具的录取信。

中国驻澳大利亚总领事馆接到申请后，很快便完成了初审。五天后，陈维屏总领事修书内务部秘书，附上所有材料，为马显维申请留学签证。虽然马显荣生于雪梨，无须核查其出入境信息，但按照流程，内务部还是需要核查其财务状况。海关接到内务部秘书协查的指示后，很快便于九月三日提交了调查结果。调查显示，作为永泰公司股东，马显维在公司里的股份价值为五百镑；与此同时，他还在雪梨以沙涌村马氏族人为主组成的永生公司（Wing Sang & Co.）占有五份股，每股价值一百镑。此外，他手中还持有一百镑的现金，以便急需时使用。从当地警方的报告中也得知，他的为人很好，没有不良品行记录。内务部秘书见调查结果没有问题，便于九月六日通过了签证预评估。陈维屏总领事确认后，次日便给马显维签发了一份号码为223884的中国学生护照，然后寄送给内务部秘书；九天后，后者也在该护照上钤盖了入境签证印章。内务部秘书在退回护照时，也在回函中强调，尽管马显维提供有英语熟练的证明，但他仍然必须在入关时接受移民官的当场测试，以确定其英语程度。

既然马显荣是雪梨永生公司的小股东，加上该公司的秘书马亮华（Mar Leong Wah）①又是他此次申请案的保人，因此，拿到马显维的护照和签证后，便立即交由永生公司寄往香港并负责安排行程。而马显维早就已经做好了赴澳准备，待订好船票，便立即登上驶往澳洲的“南京号”（Nankin）轮船，于十月二十三日抵达雪梨。过关时，移民局官员按例对其进行测试，他不仅口语纯熟，且书写流畅老到，显然是长期接受英语教育的结果。马

① 与马显荣同岁的马亮华，生于一九〇四年。其父为马辛已（Mar Sun Gee），香山县沙涌村人，十九世纪末年，便从家乡赴澳发展，加入同村族人马应彪在雪梨创办的永生果栏（即永生公司，香港先施公司的前身），成为该商行股东。一九二一年，马亮华赴澳留学，几年后进入永生公司工作，逐渐接班，到二十世纪三十年代中便成为永生公司总司理。见：Leong Wah Mar [Chinese - arrived Sydney per SS VICTORIA, 25 May 1921. Box 35], NAA: SP11/2, CHINESE/MAR L W。

显荣在另一位永泰公司股东陪同下，将小弟接出关来，回到华埠喜街（Hay Street）九十四号的永泰公司大楼，将其安顿在宿舍里。

但是，在马显维入境时，遇到了一件麻烦事，只是最终得以解决。他向海关人员出示了一张香港出生证明，上面写明其出生日期是一九一六年三月二十七日，亦即其父母在上一年带领全家回国探亲后将家庭安置在香港之后，他才在那里出生。[①]如此算起来，他已经超过了十九岁，可是在其申请护照时提供的出生日期则是一九一七年十二月，其护照也写明是十八岁。当时，申请表是由马显荣填写并递交给中国总领事馆的，他当即对海关人员表示，是他在提供这些材料给中国总领事馆时，后者之工作人员可能在誊录时将其年份搞错了。但海关人员对此解释表示怀疑，即便是将中国之纪年换算成公历，也仅只是年份可能错上一年，但怎么也不会错到如此离谱，从上半年错到下半年。按照一九二六年中实施的《中国留学生章程》新规，中国学生到十九岁之后便不再准允来澳留学就读中等学校的课程，因此，海关严重怀疑马显荣如此做法是为了规避上述禁例，不相信他的解释。最后，在请示内务部秘书后，海关决定让马显维入境，也核发给他十二个月的留学签证。其理由是：尽管按照香港出生证明，他早就超过了十九岁，但鉴于他是从香港来的，英语也好，又是来入读商学院，这就不算是读中学，可以不受上述留学章程新规的限制，便决定给他一个机会。但海关还是在随后给内务部的报告中特别提醒，此后如果碰到马显荣提出同类申请时，对其提供的信息务必要严格核查。内务部秘书接到上述报告后，深以为然，于当年十一月十四日致函陈维屏总领事，特别提到马显维这个案子，也提醒中国总领事馆此后

---

① Yung See Joe Young [arrived in Australia circa 1899] York Chan Joe Young [arrived in Australia in 1888] [issue of CEDT for York Chan Joe Young and wife] [includes photos and hand prints and birth certificates of children Eva Joe Young, Charlie Wing Joe Young and Bess Joe Young] Charlie Wing Joe Young and Eva Joe Young [permission for re entry sought from brother, Henry Joe Young] [permission sought for Thomas and Jacob Joe Young for permanent residence in Australia] [includes photographs of front and side view of various members of family] [box 437], NAA: SP42/1, C1940/7105。这份档案显示，一九一五年，马祖容夫妇带领三个孩子离境回国探亲，随后就把家安在了香港，让孩子在这里接受中英双语教育，马显维便是次年在那里出生。之后因在那里也有投资和股份，马祖容便两边跑动，从事双边贸易。

要对类似的申请严加审查，以避免再次出现这样的问题。

两个星期后，马显维于十一月六日正式注册入读斯多德与霍尔斯商学院，选修簿记、会计和审计等商科课程。商学院的例行报告显示，马显维勤奋用功，聪慧好学，各项表现都很优异。为此，当下一年十月中国总领事陈维屏为其申请展签时，内务部秘书没有任何留难，立即予以批复。

然而，一九三七年新学年开学后，马显维没有重返商学院继续上学，而是由其长兄马显荣申请，进入永泰公司担任店员。永泰公司年营业额超过两万镑，每年都需要从海外亦即中国引进员工，协助进行进出口贸易和从事当地生意的销售和业务拓展①；内务部历年来都有处理其引进海外员工的申请，对其经营范围及实力都较为了解。既然公司有此需要，且申请理由正当，马显维也符合条件，自然也会批复他进入其父亲和兄长先后主持的商行工作。②

马显维的留学档案到此终止。虽然此后澳大利亚国家档案馆中无法找到与其相关的宗卷，但根据事态的发展趋势，以及其兄长马显荣一直在为他和另外两个澳洲之外出生的兄弟申请在澳永久居留身份的情况来判断，他此后随着澳洲移民政策的进一步松动，应该是一直留在了澳洲。

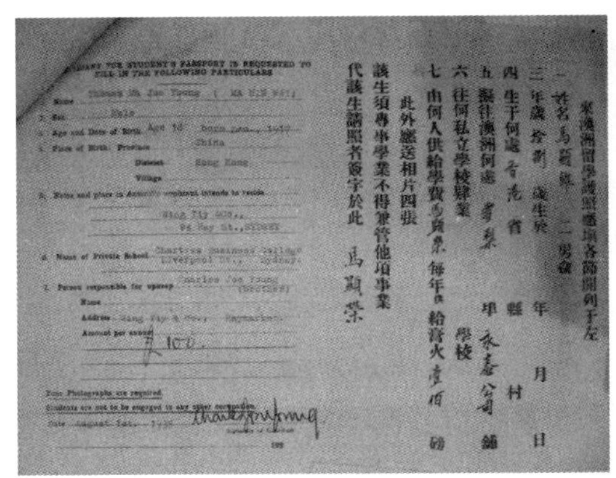

來澳洲留學護照應塡各節開列于左
一 姓名 馬顯維
二 男女 男
三 年歲 歲生於 年 月 日
四 生于何處 香港 省 縣 村
五 擬往澳洲何處 雪梨 埠 永泰公司 舖
六 往何私立學校肄業 學校
七 由何人供給學費 馬顯榮 每年供給膏火壹佰 磅
此外應送相片四張
該生須專事學業不得兼管他項事業
代該生請照者簽字於此 馬顯榮

Male
China
Hong Kong
Chartres Business College
Liverpool St., Sydney.
(BROTHER)
£100.
Four Photographs are required.

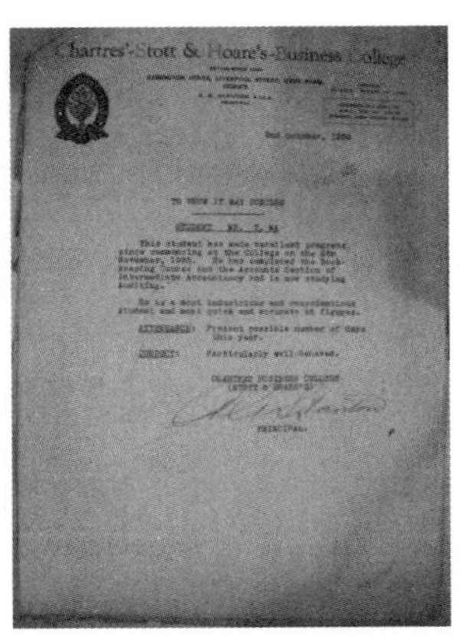

Chartres'-Stott & Hoare's-Business College

PRINCIPAL.

左：一九三五年八月一日，马显荣向中国驻澳大利亚总领事馆申请小弟马显维的留学护照；右：一九三六年十月二日，斯多德与霍尔斯商学院院长提交的马显维在校表现证明。

① Wing Tiy and Co - Exemption for staff [4cms], NAA: A433, 1947/2/742。

② Lowe Wai Gong - Students Passport, NAA: A1, 1938/539。

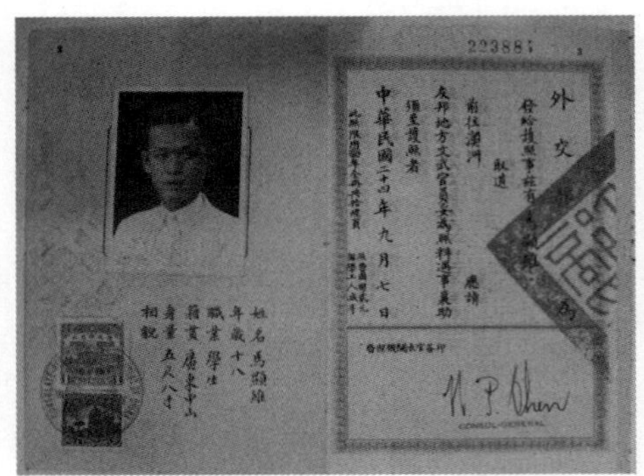

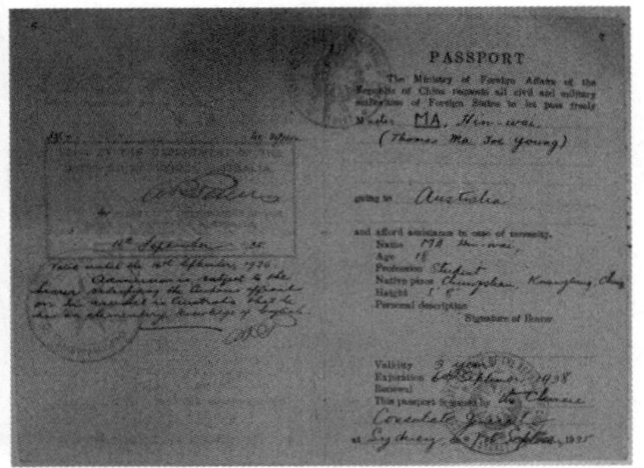

一九三五年九月七日，中国驻澳大利亚总领事陈维屏给马显维签发的中国学生护照。

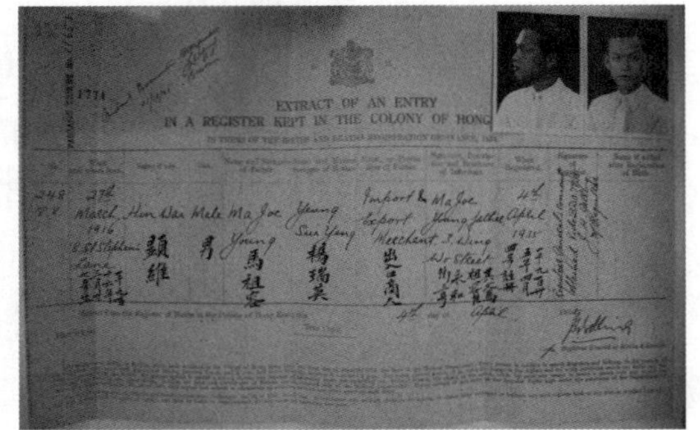

一九三七年四月四日，马显维从香港当局拿到的有关他的出生证明。

档案出处（澳大利亚国家档案馆档案宗卷号）：

Thomas Ma Joe Young - Educ. Ex/C, NAA: A1, 1937/160

汤堪昌

中山石岐

汤堪昌（Kay Chong Tong），出生于一九一八年正月二十八日（公历为三月十日），中山县石岐人。汤觉世（Kok Say Tong）声称是汤堪昌的父亲，在澳几十年，加入了澳籍[①]，住在雪梨（Sydney）西南区宾士镇（Bankstown）之南台巷（South Terrace）。

一九二七年底，汤觉世决定要为儿子办理来澳留学手续。当年十二月十五日，他先在该镇的天主教长老会书院（Catholic Presbytery School）为儿子拿到录取确认信，然后向中国驻澳大利亚总领事馆申领汤堪昌的中国留学生护照和办理入境签证。他自称是宾士镇的查理杨（Charles Young）杂货店的店主，在该店铺有股份，价值一百镑，故以该店铺作保，承诺每年负担儿子来澳留学膏火费五十镑。

中国总领事馆收到申请后，经过两个多月的处理，于一九二八年二月二十八日，由总领事魏子京为汤堪昌签发了编号为496/S/28的中国留学生护照，并同时将材料转发给澳大利亚内务部，为他申请入境签证。

内务部的审理程序主要是检索监护人与申请者之关系以及其财政状况。通过雪梨海关，首先核实的是汤觉士的财政情况。海关核查的结果表明，汤

① 一份一九〇五年的汤觉世档案宗卷显示，他是一八七五年从中国到达澳洲发展，三十年后（一九〇五年）加入澳籍。见：Kok Say [correspondence of the Collector of Customs relating to immigration restrictions], NAA: SP42/1, C1905/6349。

觉世所谓的店主身份，实际上只是在查理杨杂货店里入股了一百镑。该商铺是查理杨于上一年的十一月份才从别人手上购入，价值一千五百五十镑，至今查理杨还尚欠卖主四百镑未曾付清。汤觉士随后在他这里入股了一百镑，也就顺理成章地要求查理杨成为他个人财政之保人。该店铺雇佣有三个西人，每周净利润为十一镑。至于汤觉世的个人财务，他此时还有二百镑现金随身；他本人是木匠出身，现在受雇于鸟修威省（New South Wales）北部的一个名叫烟花飞路（Inverell）小镇上的一家华人办的杂货店逢源号（Hong Yuen & Co.），据该店店主雷妙辉（Harry Fay）说，过去的三个月里，汤觉世都在这里工作，周薪是五镑。当地警察派出所也证实，汤觉世个人记录良好，与周围邻里关系也不错。由此看来，其个人财务状况虽然看起来单薄了些，但显然又找不出什么问题来。

问题在于汤觉世的出入境记录。据其自述，他于一九一二年便返回中国探亲，但记不清乘坐是哪艘轮船，有可能是“圣柯炉滨号”（St Albans）轮船，而具体的出境日期也想不起来，但他是一直到上一年十二月三日才回到澳洲。换言之，在那段时间里，他一直是在中国。这样的话，他有儿子在一九一八年出生，也就不奇怪了，与他的关系显然也是没有疑问的。而他刚刚返回澳洲才一个多星期，就具表向中国驻澳大利亚总领事馆申办其子来澳留学事宜，这效率也算是蛮高的。但海关花了近两个月时间，也查不到他的出境记录，即使派人去各轮船公司，查遍了旅客登记卡，也还是查不到他的名字。由是，审理陷入停顿。

直到一九二八年五月份，当中国总领事魏子京见一直未有回音，致函内务部询问该签证之审理进展时，才得知该申请的审理是因此事被耽搁。随后魏总领事提示说，是否因为汤觉世是已经加入澳籍，而将其归类到其他的档案记录里边了呢？但内务部通过海关再次核查，仍没有什么结果。这事儿实在令内务部困惑。因为这位时年已经七十二岁（一八五六年出生）的汤觉世，早在一九〇五年就回中国探亲①，直到一九一一年才回到澳洲，之后他又于一九一二年返回中国，直到上一年底才返回澳洲，因此，这个加入澳籍的中国人，在过去二十多年的时间里，他实际上只在澳洲住过一年而已，而且，他上一次的出境记录居然就查不到。而因为无法找到其出境记录，也就无法证明他与汤堪昌之间的父子关系。在这样的情况下，八月十四日，内务部致函中国总领事馆，以此为由，否决了汤堪昌的入境申请。

但是这位七十二岁的老人对此决定并不服气，汤觉世动用了雪梨侨界的重要社团来为他证明和撑场。也许他的年龄表明，他来到澳洲谋生比现在许多活跃在澳华社区里的人要早一些，甚至他来到澳大利亚时，当前这许多在侨社活跃的人士甚至都还未出生。事实上，当前在雪梨侨界的这些头面人物或许跟他早已相识，而且他还在一九〇二年就曾经申请夫人到雪梨探亲，在此住了两年。②因而，九月二十日，时任鸟修威中华总商会会长吴钊泉（H Foy）以总商会名义致函中国总领事，力证汤堪昌是汤觉世之亲生儿子无疑，并表示汤觉世完全是按照《中国留学生章程》来为其儿子汤堪昌申请赴澳留学，一切手续都符合其条例的规定，因此，强烈要求中国总领事馆为其签发中国护照并向内务部申办入境签证，以便其能尽快前来接受教育，毕竟时间不等人。至于当局对汤觉世本人的财政能力有所疑问，这也不是个问题。吴钊泉以中华总商会的名义向中国总领事馆保证，如果有必要的话，中华总商会将会接手此事，完全负担这个中国学生的全部留学费用。由此可见，汤觉世在雪梨华人社区里确实资格够老，面子也足够大。

此时魏子京总领事已经离职，新的总领事宋发祥尚未到任，代理中国总领事吴勤训于十一月十二日致函内务部，并附上了中华总商会的这封极有分量的信，再次请求内务部重新考虑此案，为汤堪昌来澳留学提供方便。或许是由于上述商会的支持与财务保障承诺起了作用，也许是此前当局找不到汤

① Tiy Lee, Kok Say, Louey Lock, Ah Poy, Sup Yet Man, Mutta Deen, Mun Jop, Lee Chat, Tin Hoy and Ah Hoy [Certificate of Domicile - includes left hand impression and photographs] [box 7], NAA: ST84/1, 1905/201-210。

② KOK SAY [correspondence of the Collector of Customs relating to immigration restrictions] [3 pages] [box 2], NAA: SP42/1, C1902/6862。

觉世出境记录是相关部门档案保管方面的问题，因此，十一月二十四日，内务部秘书复函中国总领事馆，最终同意给汤堪昌入境留学核发签证。

看起来，汤觉世历经近一年，终于为儿子争取到了留学澳洲的入境签证。但汤堪昌的留学档案却到此终止，此后再也无法从澳洲档案中找到任何与其名字相关的信息资料。也就是说，没有证据表明汤堪昌最终在接受签证后入境澳洲。按程序待汤堪昌签证批复了下来，中国总领事馆会将其护照按照汤觉世的指引，寄往他在中国的家乡，但此后再也没有了音讯。

而与此相反的一条信息则是，到一九二九年九月十八日，已经七十三岁的汤觉世在雪梨登上了驶往香港的客轮“彰德号”（Changte），离开澳洲，又返回中国去了。[①]也许他是想回去中国带着儿子前来澳洲留学，因为直到那时，接到入境签证的儿子也没有入境；也许他此行是想落叶归根，而此后在澳洲档案中也再未能找到与他相关的文件。

Form No. 21.　　No. 05/207

COMMONWEALTH OF AUSTRALIA.

IMMIGRATION RESTRICTION ACT 1901 AND REGULATIONS.

CERTIFICATE OF DOMICILE.

I, John Baxter Sub-Collector of Customs at the Port of Sydney NSW in the said Commonwealth, hereby certify that Kok Say hereinafter described, has satisfied me that he is domiciled in the Commonwealth, and is leaving the Commonwealth temporarily.

Baxter
Collector of Customs.

Date 22 June 05

DESCRIPTION.

Nationality Chinese　　Birthplace Canton

Age 49 years　　Complexion

Height 5 ft. 5 in in Boots　　Hair Dark

Build Medium　　Eyes Brown

Particular marks Blue scar on right shin

(For impression of hand see back of this document.)

PHOTOGRAPHS.

Date of departure June 05　　Destination China

Ship Taiyuan

References in Australia with application

一九〇五年，汤觉世申请的回头纸。

① Tong, Kay Chong - Students passport, NAA: A1, 1928/2443。

APPLICANT FOR STUDENT'S PASSPORT IS REQUESTED TO FILL IN THE FOLLOWING PARTICULARS.

1. Name Kay Chong Tong
2. Sex Male
3. Age and Date of Birth May 8 1918
4. Place of Birth: Province Canton
   District Shekki
   Village
5. Name and place in Australia applicant intends to reside South Terrace Bankstown
6. Name of Private School
7. Parents responsible for ... Kok Jay Tong
   Name Kok Jay Tong
   Address South Terrace Bankstown
   Amount per annum £50-0-0

Four Photographs are required

Students are not to be engaged in any other occupation

Date: December 15th 1927

K. J. Tong
Signature of Guardian

來澳洲留學護照應填各節開列于左

一 姓名 湯堪昌 二 男女 男
三 年歲 拾歲生於 民國七年 正月 六日
四 生于何處 廣東省 石岐 縣 村
五 擬往澳洲何處 雪梨 埠
六 入何私立學校肄業 學校
七 由何人供給學費 湯覺世 每年供給費火 五十 磅

此外應送相片四張

該生須專事求學不得兼營他項事業

代該生請照者簽字於此 湯覺世

一九二七年十二月十五日，汤觉世向中国驻澳大利亚总领事馆申请儿子汤堪昌来澳留学护照和签证所填写的申请表。右边是留学护照申请表背面所贴之汤堪昌照片。

档案出处（澳大利亚国家档案馆档案宗卷号）：

Tong, Kay Chong - Students passport, NAA: A1, 1928/2443

刘汉生

中山石岐南门街

刘汉生（Low Hon Sing），一九一八年一月三十日出生，中山县石岐镇南门街人。其父名刘广熙（George Lowe），大约生于一八八三年，十四岁时跟随乡间赴澳寻梦的大流，来到澳大利亚寻找发财致富机会。[①]他从雪梨（Sydney）登陆入境后，逐步深入到鸟修威省（New South Wales）的内陆地区，最终抵达北部靠近重镇坦勿埠（Tamworth）的一个矿镇威厘时克力埠（Werris Creek）定居下来，获得了永久居留权，并在此与人合股开设了一间商铺，名为柏利号（Park Lee & Co.）。

眼见儿子日益长大，转眼就要满十二岁了，刘广熙决定将其办理来澳留学。这个念头缘起于一九二九年下半年其兄长（极可能是堂兄）刘养熙[②]决定办理其子刘伟珊（Way Sarn）[③]来澳留学，由是，他觉得将儿子刘汉生也一并办理来澳留学，可以让他们两个结伴上学，相互间也好有个照应。在准备好相关文件资料后，一九三〇年一月二十九日，刘广熙以监护人身份具结财政担保书，填表递交到中国驻澳大利亚总领事馆，申领儿子刘汉生的赴澳留学

---

① Lowe, George [Chinese - arrived Sydney per Airlie in 1897] [Box 3], NAA: SP605/10, 256。

② 刘养熙生于一八七九年，他在十七岁时便闯荡澳洲，从昆士兰省（Queensland）登陆入境，遂以差厘养（Charlie Young）之名行世。最终，他于一九二七年去到鸟修威省内陆的坤伦太埠（Quirindi），在那里开设了自己的商铺，就以自己的名字命名，叫作差厘养号，但英文注册则用其原名，即Young Hee & Co.。

③ 刘伟珊的留学档案，详见：Way Sarn - Student's Passport, NAA: A1, 1933/127。

护照和签证。他以自己经营的柏利号商铺作保，允诺每年供给膏火足镑（他认为五十镑已经可以封顶了），作为其子在澳留学期间所需之各项花费。根据当时所有中国留学生须就读收费的私立学校之规定，他联络到天主教会在威厘时克力埠开设的周时旰焚学校（St. Joseph's Convent School），于填表申请之前一天，已从该校校长那里拿到了准允其子就读的录取信。事实上，此前侄儿刘伟珊申办赴澳留学时，也是经其居中联络，向该校申请获得了录取信，其目的便是想让刘伟珊和刘汉生小哥俩一同去该校上学。

中国总领事馆接到上述申请后，很快便审理完毕。二月十日，总领事宋发祥给刘汉生签发了号码是569/S/30的中国护照后，当天便备文将此护照连同上述申请材料一起寄给澳大利亚内务部秘书，为这位中国小留学生申请入境签证。海关根据内务部秘书的协查指示，通过威厘时克力埠警察派出所的合作，到三月初便有了结果。他们得知，刘广熙在该埠口碑好，具有相当的财务实力，是柏利号商铺的主要股东，股份价值有一千镑。根据他们掌握的信息，直到一九一三年，刘广熙才首次申请回头纸，回国探亲，结婚生子，一年后返回澳洲[①]；第二次回国的时间不是很确切，大约是在首次返回后的三年左右，亦即一九一七年[②]；之后他又回国一次，是从一九二二年到一九二八年，这一次的探亲时间就比较长一些。因刘广熙在递交申请时，还请了在雪梨的永安公司（Wing On & Co.）总经理郭朝（Gock Chew）[③]作为保人，而永安公司是当时雪梨华埠最负盛名的华商企业之一，郭朝也是大名鼎鼎，在华商中属于德高望重者，无论是海关还是内务部，对他都很熟悉。既然刘广熙符合监护人和财政担保人的条件，保人也值得信赖，内务部秘书遂于三月二十二日批复了刘汉生的留学签证。

早就做好了赴澳留学准备的刘汉生，一俟接到中国驻澳大利亚总领事

---

① Foo Sue, Ah Hoy, Wong Toe, Fong Kum, Harry Yet, Yook Wah, Willie Tye Sing, George Lowe and Got Gee [Certificate Exempting from Dictation Test - includes left hand impression and photographs] [box 65], NAA: ST84/1, 1913/120/1-10。

② George Lowe, George Hing, Ah Sam, Ah Wood, Chee Pong or Chee Bong, Harry Chong, Gun Hin, Ah Chi, Ah Lim and Choy Wing [Certificate Exempting from Dictation Test - includes left hand impression and photographs] [box 104], NAA: ST84/1, 1917/212/1-10。

③ 郭朝的档案宗卷，详见：Gock Chew [box 135], NAA: SP42/1, C1922/1674。

馆寄来的护照，其家人便与刘伟珊家人一起很快为他们订好了船票，安排好同行的监护人，然后送其到香港，让他们搭乘驶往澳大利亚的“太平号”（Taiping）轮船，于当年六月九日抵达雪梨。因刘广熙和刘养熙二人都忙于商铺经营脱不开身，无法亲自到雪梨接儿子，遂委托朋友暨同乡、安益利公司（Onyik Lee & Co.）经理欧阳南（David Young Narme）①，代其前去接关，并负责安排专人将刘伟珊和刘汉生哥俩送到北距雪梨约四百公里之外的威厘时克力埠，安顿在他的柏利号商铺里住下。

在父亲的住处刚刚放下行李，刘汉生和兄长刘伟珊就于一九三〇年六月十六日正式去周时旰焚学校注册入读。根据学校的报告，刘汉生在校举止有据，遵守校规，学习勤奋，成绩优异，与同学的关系都处得很好，英语能力也提高得很快。他以这样的姿态在这所学校读了下来，年复一年，直到一九三三年底学期结束。

一九三四年一月二十日，即将届满十六岁的刘汉生和兄长刘伟珊一起去到雪梨，登上驶往香港的“彰德号”（Changte）轮船，返回中国去了。档案中没有说明他突然回国的原因，但刘广熙是与儿子及侄儿同行。显然，刘广熙是要回国探亲，但又不放心儿子一个人在这里，遂将其一并带走。此后，澳大利亚档案中再也没有刘汉生入境的信息。

从入境到离境，刘汉生总计在澳留学三年半。

① 欧阳南比刘广熙年轻七岁，生于一八九〇年，在十九世纪末年来澳发展，二十世纪二十年代在雪梨华社中极为活跃，为安益利公司的大股东，是当地著名华商。有关欧阳南的档案宗卷，见：David O'Young Narme [Chinese - arrived Sydney per SS EASTERN, 1899. Box 36], NAA: SP11/2, CHINESE/NARME D O。

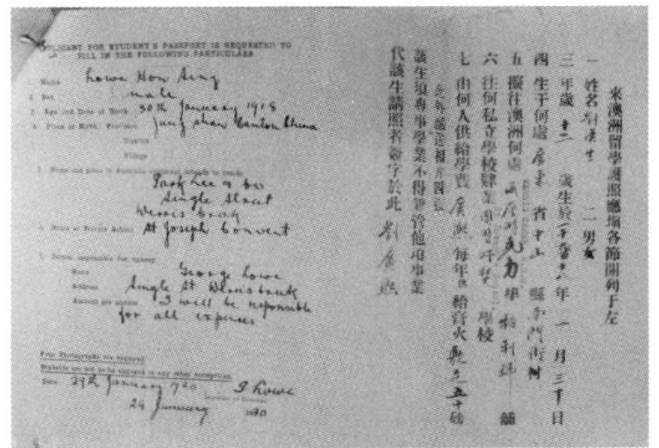

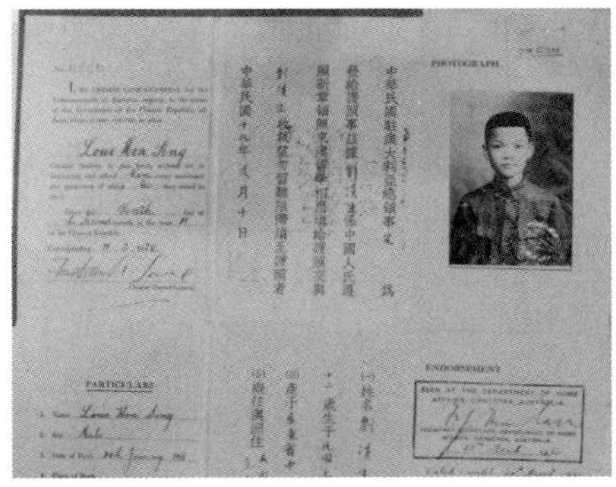

左：一九三〇年一月二十九日，刘广熙以监护人身份填表向中国驻澳大利亚总领事馆申领儿子刘汉生的赴澳留学护照和签证；右：一九三〇年二月十日，中国驻澳大利亚总领事宋发祥给刘汉生签发的中国护照。

档案出处（澳大利亚国家档案馆档案宗卷号）：

Low Hon SING - Student Passport, NAA: A1, 1934/1666

林　苏

中山珊洲坑村

林苏（Sue Lum），生于一九一八年三月十九日，中山县珊洲坑村人。

林苏的父亲名叫林文川（Diamond Monchin Lum或Diamond Kwong Sang），是一八九五年在澳大利亚出生的第二代华人。事实上，早在一八八〇年前后，林苏的祖父林乐成（Hock Sing）便从家乡来到澳洲谋求发展。① 他辗转多地，然后来到昆士兰省（Queensland）东南部的内陆地区，在距该省首府庇厘士彬埠（Brisbane）一百三十公里左右的农牧业重镇都冧罢埠（Toowoomba）定居下来。根据当地报纸的记载，他在都冧罢埠站稳脚跟后，最迟在一八八三年，便租赁该埠市中心主街鲁思文街（Ruthven Street）五百五十二号物业，开设了一间名为广盛号（Kwong Sang & Co.）的商铺，经营蔬菜水果及日用杂货，包括从中国进口来的一些土货②；而他此后便以商号名代替了原名，人称林广盛③。此后，该商号不仅是当地最大的华商店铺，也成为该埠及其周边居民购物的一个主要商场。林广盛在家乡有子女，曾在

① Certificate Exempting from Dictation Test (CEDT) - Name: Kwong Sang - Nationality: Chinese - Birthplace: Canton - departed for China per TAIPING 18 February 1929, NAA: J2483, 457/75。根据此项档案宗卷，林乐成大约出生于一八五五年。

② *Toowoomba Chronicle and Darling Downs General Advertiser*, Tuesday 27 November 1883, p. 3 Advertising。据林文川自述，广盛号始创于一八八二年。见：LUM Diamond Momchim [alias LUM Ah Kow], NAA: A367, C71572。

③ “Chinese in Toowoomba”, http://downsfolk.wikidot.com/chinese-in-toowoomba。据该文披露，林乐成是在一九〇一年之后才将自己的名字改为与商铺名一致。

一九二二年初便申请其中的一个孙子林亚纳（Lum Arnarp）前来都冧罢埠留学①；他也曾将两个妾室从家乡申请来澳探亲，在此生下了儿子林文川及其他儿女②。一九二九年初，林广盛带着小妾及与其所生之子女回国探亲及养老后，其创办的广盛号商铺就交由儿子林文川负责打理。

林文川虽然是在澳大利亚出生并在都冧罢和庇厘士彬两地接受教育，但在其十八岁时，就被送到中国老家待了将近四年，除了探亲，主要目的是学习中国文化和习俗。也就在这次探亲期间，他在老家娶妻生子。③此后，还再回国探亲两次：一次是在一九二二年，前后约八个月④；另一次则是在一九二七年到一九二九年，前后两年半时间⑤。实际上，他这几次回国，尤其是首次结婚，是明媒正娶了一个正室，然后又遵乡俗，将家中一个丫鬟纳为妾，两人总计为他生育了一个儿子，两个女儿，林苏便是他在中国所生唯一的儿子。

一九三〇年底，林文川考虑到在中国的儿子转年就要届满十三岁，认为是应该将其办理来澳留学读书的时候了。当年十一月十日，他出具财政担保书，以监护人名义填写申请表，递交给中国驻澳大利亚总领事馆办理儿子林苏的赴澳留学事宜，为其请领护照和签证。他以自己担任经理代父主持经营的广盛号商铺作保，允诺每年供给膏火五十镑，以充其子在澳留学期间所需之各项开支。鉴于此前其侄儿林亚纳来此间读书时所选择入读的学校是当地的修书馆（South State Boy’s School），他也为儿子拿到了该馆提供的入

---

① 详见：Lum Arnarp - Student's passport [0.5cm], NAA: A1, 1924/28043。

② Certificate Exempting from Dictation Test (CEDT) - Name: Leong See [Kwong Sang] [Saug] (of Toowoomba) - Nationality: Chinese - Birthplace: Canton - departed for China per EMPIRE on 14 October 1913, returned to Brisbane per EMPIRE on 26 April 1916, NAA: J2483, 136/73。据档案显示，林文川是林乐成在澳洲的第一个妾所生，其余的在澳出生的孩子则为林乐成第二个妾所生。

③ Certificate Exempting from Dictation Test (CEDT) - Name: Tar Mun [Desmond Kwong Sang] [Saug] (of Toowoomba) - Nationality: Chinese - Birthplace: Toowoomba Queensland - departed for China per EMPIRE on 14 October 1913, returned to Brisbane per TANGO MARU on 4 October 1917, NAA: J2483, 136/75。

④ 详见当地报纸报道：“Back from Visit to China”, in *Toowoomba Chronicle,* Monday 23 October 1922, page 4。

⑤ “Personal”, in *Toowoomba Chronicle and Darling Downs* Gazette, Saturday 19 February 1927, page 6; “Personal”, in *ibid*, Thursday 12 September 1929, page 6。

学录取信。但随后得知，此时所有来澳中国留学生皆须入读缴费的私立学校，他便去到由天主教会在该埠所办的基督兄弟会书院（Christian Brothers' College），找到院长，为儿子拿到了录取确认信。他本人此前在该埠接受教育时，一直入读的都是修书馆，自然也很愿意自己的儿子也进入该馆读书，觉得这里的教学有保障。但鉴于新的规定必须要遵行，他便首先选择教会学校，因他是本地出生长大，知道基督兄弟会书院的教学质量和学风都很好。

中国驻澳大利亚总领事馆接到上述申请后，很快便完成了初审。因此时中国驻澳大利亚总领事宋发祥刚刚离任，新任总领事桂植尚未抵达接任，便由领事李鸿以代总领事的名义负责此项申请的审办。十二月四日，他签发了一份号码为592/L/30的中国学生护照给林苏，然后修书内务部秘书，附上这份护照和相关的申请材料，为这位中国小留学生申请赴澳留学签证。

受理上述签证申请后，内务部便启动了审理流程。根据内务部秘书的指示，昆士兰省海关派人核查林文川的财务状况及出入境记录。到十二月底，基本上摸清了情况。首先，广盛号是都冧罢埠最负盛名的商店之一，现由林文川主持经营，生意很好，且该店自二十世纪初年开始，便经常出资赞助当地体育活动；尤其是对其母校修书馆，林文川更是十分厚爱，设置以广盛号为名的奖项，赞助该校的橄榄球和游泳赛事，同时也对当地医院等公益设施踊跃捐输。由是，林家两代人在当地口碑都很好，是热心公益的好公民。海关也查出林文川在澳出生，此前去中国探亲访问总计三次，第一次是一九一三年十月十四日去，到一九一七年十月四日返回。其子林苏在次年三月出生，是林文川此次结束回国探亲返回澳洲后不到半年的事，显系其子。换言之，林文川符合监护人和财政担保人的所有条件。内务部秘书接到上述报告后，核查确认无误；而林苏则因尚未满十三岁，无须提供英语能力的证明。一九三一年一月二十日，内务部秘书批复了这位中国小留学生的入境签证。中国总领事馆从内务部取回钤盖有签证印章的护照后，便按照地址将其寄往林苏的家乡。

经过半年多的协调和安排，林家为林苏联络好了旅程中的监护人和同行伙伴。之后，便订妥船票，派人将林苏送往香港，让其搭乘驶往澳大利亚的

"彰德号"(Changte)轮船，于当年九月四日抵达庇厘士彬港口，入境澳洲。林文川提前去到海关，将儿子接出来后，便乘车西行，赶回一百三十多公里之外的都冧罢埠，将儿子安顿下来。

待熟悉了周边环境之后，也正好到了当地学校第三个学期的开学之时，林苏便在父亲的带领下，于十月一日去到基督兄弟会书院正式注册，当天就入读，开始了他的在澳留学读书生涯。从院长提交给内务部的例行报告看，林苏热心学习，除了有一次体育活动脚踝受伤导致几天无法上学，其余时间保持全勤；而且，他总想有好的表现，英语进步很快，成绩令人满意，尤其是算术成绩在班上名列前茅。一九三三年中，他的鼻子出现病变，住院动了手术，有两个多星期无法上学。尽管由此而拉下了一些课程，但康复之后，他很快就迎头赶上，为此，深受老师的称赞。就这样，他一直在此读到一九三五年底学期结束。

一九三六年新学年开学后，林苏没有重返基督兄弟会书院继续上学。院长一直等到四月份仍未见其踪影，打听到他可能是去庇厘士彬埠进入一所商学院读书了，方才将此信息函告内务部秘书。为此，内务部秘书赶紧行文昆士兰省海关，请其核实这位中国留学生到底去了什么地方。到五月二十日，海关才将其确切行踪查清，上报内务部秘书。根据他们多方访查，最终询问到这位学生的父亲林文川，方才得知，他在圣诞节期间亦即暑假期间去了庇厘士彬度假找朋友一起玩，然后又去了鸟修威省(New South Wales)玩了一圈。但回到庇厘士彬后，因病住院动了手术，因而没有去上学。到四月底，他回到了都冧罢埠，随后便重返学校上学，但仍然需要接受医院的定期检查。但随后基督兄弟会书院提交给内务部的报告则表示，在本年度的前两三个月里，这位中国学生实际上是在庇厘士彬从事商务活动。上述报告先送到昆士兰省海关，其调查人员见到与他们得到的信息不同，遂再次对林苏在庇厘士彬期间到底住在什么地方，并做了些什么，做进一步的调查核实。

六月四日，协助海关对此事进行核查的都冧罢埠警察局一位警官提交了报告。根据他与林文川和基督兄弟会书院院长的多次交谈询问，获得了事情的真相：上一年下半年，林苏因阑尾炎住院并动了手术，总计有四十多天时间无法上学；但出院后，林苏还是尽可能地补上了拉下的课程，并参加了年终考试，成绩亦算令人满意。林文川考虑到儿子身体尚未完全复原，需要多休息，也需要出去走走，故在考试结束放暑假后，就让他去庇厘士彬度假休养一下。正好在那里碰上一位名叫亨特（Hunt）的职业旅行家，要去乌修威省不同城镇作商务旅行。因林文川此前就与其相识，便准允儿子林苏跟着他一起去旅行，期望这样放松式的旅行会有助于儿子身体的康复。只是没想到他此去玩得兴起，收不住缰，一下子就到了四月底，方才得以回到家里。而基督兄弟会书院院长则对此前他递交的报告所称之林苏从事商务活动的说法，表示可能是自己理解错了林文川所告知的其子跟着旅行家一起去商务旅行的意思，将其当成是在庇厘士彬从事商务活动了。他对奉命前来调查的警官强调说，自五月一日重返学校上学后，林苏各方面的表现都令人满意。林文川也表示，他准允其子去旅行，事实上也是遵照医嘱想让儿子放松一下，并非故意让他旷课，他可以为此请其主治医生提供一份病假证明。海关得到上述报告后，觉得理由说得过去，遂建议内务部不要将此事再追究下去。

上述事情刚刚平息下来，七月二十日，中国驻澳大利亚总领事陈维屏便致函内务部秘书，为十八岁的林苏申请再入境签证。他在函中表示，林文川刚刚接到中国家中来信，谓有紧急事务需要其子林苏尽快回去一趟。至于是什么急事，文件中未有提及。考虑到其祖父林广盛已经回国探亲养老七年，至今未能返回澳洲，如今即便健在，也是过了八十岁的老人了。在这种情况下，想让在澳留学的孙子回去见上一面，也是人之常情。陈总领事也透露说，本月二十四日，驶往香港的“彰德号”轮船正好路经庇厘士彬埠港口停靠，因事出紧急，林文川已经为其子订好了该船的舱位。但他也认为其子仍然年轻，此次回去中国时间不会很长，仍然还需要重返都冧罢埠，继续完成其未竟学业，因而希望能准允其子重返澳洲。上述理由充足，内务部秘书未加阻拦，就在林苏登船离境的那天复函批复，给予他十二个月内重返澳洲的签证，有效期从其离境之日起算。

然而，一年后，林苏没有如期返回澳洲。一九三七年八月十三日，继任的中国驻澳大利亚总领事保君建致函内务部秘书，为林苏申请额外一年的再入境签证展延。他在申请函中表示，本来计划在其签证有效期截止之前入境的林苏，因种种原因耽搁而无法归来，希望内务部能考虑到目前中国的局势以及这位中国学生所面临的困难，准允其在未来的十二个月内入境，重返学校完成学业。内务部秘书接到上述公函后，也明白中国留学生的这种展签做法，因此前他处理过太多此类事情，只要不违规，他都会满足要求，按章批复。其次，自当年七月卢沟桥事变以来，日本大举增兵中国，开启全面侵华战争，而中国也从北到南，无论东西，进入了全面抗战的阶段，作为一个青年学生，自然也深受此局势影响。主管外侨事务的部门实际上也明白，这种国际形势的变化与发展左右着这些留学生的出境与入境。于是，八月二十六日，内务部秘书复函保总领事，批复了林苏再入境签证的展延，准允他在第二年七月二十四日之前入境澳洲。然后，他将此批复件副本转送海关，以便其在未来一年时间里，如遇到该留学生抵境时，给予放行。

又是一年过去了。直到一九三八年九月十九日，二十岁的林苏才搭乘从香港启程的“敦打号”（Tanda）轮船，抵达庇厘士彬港口。此时，距其再入境签证有效期已经过了将近两个月的时间。昆士兰省海关为此先准其临时入境，然后立即电告内务部秘书，请示是否按惯例核发这位中国学生十二个月的留学签证。十月十三日，内务部秘书复函，批准了林苏的留学签证，并请昆士兰省海关补办此项手续，有效期自其入境之日起算。

此前中国总领事馆在为林苏申请再入境签证时，每一次都声明他返回都冧罢后将继续就读基督兄弟会书院，但直到他入境后的这一年年底，这位中国学生也没有回到这所书院念书。在学期结束前，该书院院长将此情况上报内务部。因此后便处于暑假期间，无从查找其踪迹，也无法跟书院联络，内务部秘书便等到一九三九年新年过后，才于一月中旬行文昆士兰省海关，请其核查这位中国学生在上一年最后三个月到底去到什么学校就读，以及具体表现如何。

一九三九年一月二十三日，昆士兰省海关向内务部报告，三天前，林苏已在庇厘士彬港口登上驶往香港的“彰德号”轮船，返回中国去了。登船前，这位年轻的中国学生郑重地告诉海关人员，他要回国加入中国军队，参加抗击日本侵略的卫国战争这一伟大事业中去。至于他回到澳大利亚的四个月里，到底是去到什么学校念书，还是待在父亲的广盛号商铺里帮忙做工，海关没有回答这一问题。因人已离境，内务部秘书也就没有进一步的询问和追究。

然而，两个月之后，内务部秘书接到中国总领事保君建于三月二十二日发来的一封公函，表示刚刚接到林文川的请求，谓其子是因国内家中急事而不得不在一月二十一日离境返回中国，但作为父亲，他仍然希望其子能回来完成未竟学业；故通过中国总领事馆提出要求，恳请内务部再核发给其子重返澳洲的一份入境签证。虽然内务部秘书已接获报告，得知林苏回国的目的是参军，兵凶战危，其命运难测；但鉴于这位父亲爱子心切，而他今年也就只有二十一岁，距中国留学生在澳留学最高年限二十四岁尚有三年的时间，于是，四月二十四日，内务部秘书便顺水推舟地批准了上述请求，签证有效期仍然是一年，即准允林苏在一九四〇年一月二十日之前入境澳洲，重返基督兄弟会书院念书。

林苏的留学档案到此终止，此后再未发现他有任何入境澳洲信息。也许，他回国加入中国军队，投身于伟大的抗日战争之中。如是，能否在战火中活下来，也就难以确定了。

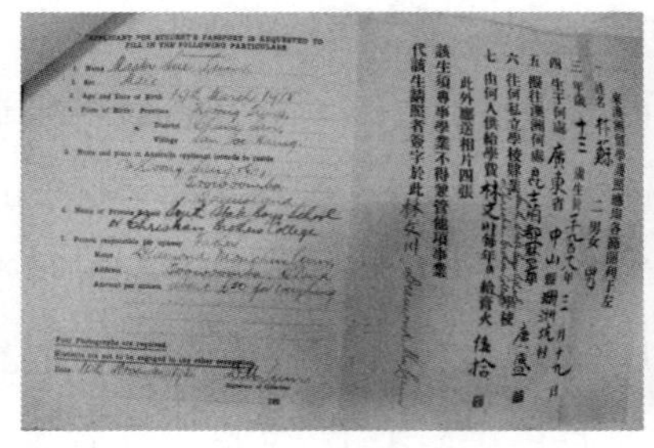

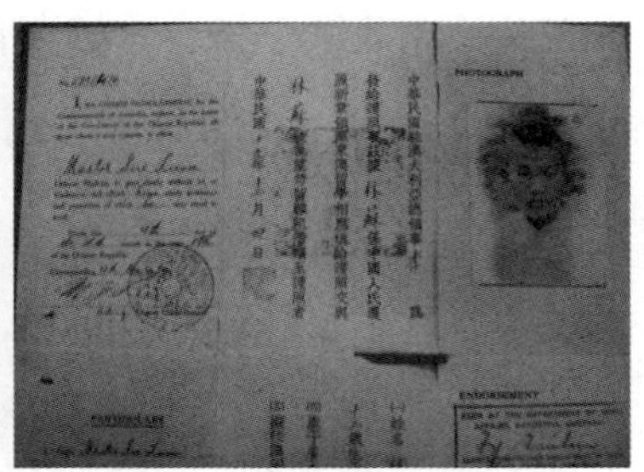

左：一九三〇年十一月十日，林文川以监护人名义填表，向中国驻澳大利亚总领事馆办理儿子林苏的赴澳留学事宜，请领护照和签证；右：一九三〇年十二月四日，中国驻澳大利亚代总领事李鸿给林苏签发的中国学生护照。

档案出处（澳大利亚国家档案馆档案宗卷号）：

Sue Lum - Student's Passport, NAA: A1, 1938/24987

胡天培

中山巷头村

胡天培（Tin Poy），报称出生于一九一八年十二月二十五日，中山县港头村人。他的父亲是一八七七年出生的胡笋（Woo Sun），约在二十世纪之交来到澳洲，先在昆士兰省（Queensland）北部当劳工[①]，然后经营种植业，定居于当地小镇烟厘时非炉（Innisfail）。这是一个位于昆士兰北部重镇坚市埠（Cairns）南边不到一百公里的滨海小镇，气候湿润，也是澳洲香蕉和甘蔗（蔗糖）的最重要产区之一。早年来自中国的淘金客，于十九世纪末在昆士兰无金可淘之后，许多人就辗转聚集在烟厘时非炉一带，与当地西裔移民一道开辟土地种植香蕉和甘蔗，曾经一度拥有面积广袤的香蕉种植园，盛极一时。胡笋就在这个镇子里，经营一家以其名字命名的果蔬杂货店[②]，生意还算稳定，为人也平和，在当地颇有口碑。

一九二九年二月六日，胡笋向仍然位于美利滨（Melbourne）的中国驻澳大利亚总领事馆提交申请，为他刚满十岁的儿子胡天培赴澳留学申领护照和办理签证。他以自己的店铺作保，承诺每年为其子供给膏火一百镑，包括学费、医疗保险和生活费以及往返中澳之船资等相关费用。同时，他为儿子选择入读的学校是当地的今利士礼堂学校（Convent School）。由校名可以看

---

① Sun, Woo - Nationality: Chinese [DOB: 1877, Occupation: Labourer] - Alien Registration Certificate No 827 issued 23 April 1917 at Cairns, NAA: BP4/3, CHINESE SUN WOO。

② Sun, Woo - Nationality: Chinese [DOB: 1877, Occupation: Grocer] - Alien Registration Certificate No 12367 issued 7 August 1921 at Thursday Island, NAA: BP4/3, CHINESE SUN WOO。

出，今利士礼堂学校是一家教会学校，不是公校，因为一九二六年中之后，来澳留学的中国学生只能上私校。为此，在提交护照和签证申请之前，胡笋还于二月五日向今利士礼堂学校的校长要到了其录取胡天培为该校学生的亲笔函。

到了四月二十九日，因当时新任中国总领事宋发祥尚未到任，遂由中国驻澳大利亚总领事馆刘姓代理馆务为胡天培签发了一份中国留学生护照，编号539/S/29。三天之后，刘馆务就备函将胡天培的护照和申请资料寄送澳大利亚内务部，请求为其核发留学签证。

内务部接到胡天培的签证申请之后，按照流程，通过海关税务部门对其监护人亦是其父亲的胡笋作一番调查，以确认其提供之资料真实以及其具有财政担保之能力。胡笋的经营和经济状况一如前述，当局对此没有什么异议，唯对于胡笋的财政保人Lee Sye（李协，译音），因其曾在当地经营赌场，当局认为其有前科，印象不好，只是他在当地有物业，也在银行有相当数额的存款，财政状况良好。从这一点来说，他担保胡笋之供给其子膏火，将不成问题。

通常这番调查的重点在胡笋何时回中国探亲，共有几次，时间的长短等等。根据警察对胡笋的询问以及海关记录，此前胡笋共有三次回中国探亲的出入境记录。其一，一九一五年十二月，乘坐“炎派号”（Empire）轮船从坚市回国，到一九一七年十月十二日乘坐“衣市顿号”（Eastern）轮船返回[①]；其二，一九二〇年三月，乘坐“获多利号”（Victoria）轮船回中国，到次年八月十一日乘坐“坚郎那号”（Kanowna）轮船返澳，出入境口岸皆是坚市[②]；其三，一九二三年一月乘坐“太原号”（Taiyuan）轮船离开坚市返回中国，到一九二五年十月二十六日乘坐“丫拿夫拉号”（Arafura）班轮

① Certificate Exempting from Dictation Test (CEDT) - Name: Woo Sun (of Cairns) - Nationality: Chinese - Birthplace: Canton - departed for China per SS EMPIRE on 3 December 1915, returned to Townsville per EASTERN on 12 April 1917, NAA: J2483, 185/72。

② Certificate Exempting from Dictation Test (CEDT) - Name: Woo Sun (of Cairns) - Nationality: Chinese - Birthplace: Canton - departed for China per VICTORIA on 12 April 1920, returned to Cairns per KANOWNA on 9 August 1921, NAA: J2483, 264/98。

船回汤士威炉（Townsville）入境[1]。

可能海关人员将胡天培的出生日期搞错了，误认为他是在一九二一年初出生，因而在海关的报告中，他们对于这个年龄段（亦即十岁以下）的中国孩童来澳洲留学，持保留态度，因为《中国留学生章程》新规所列之来澳留学最低年龄为十岁。而内务部在接到这个报告后，不知是没有仔细检查，还是完全接受了海关人员的意见，便于六月十一日函复中国驻澳大利亚总领事馆，认为一九二一年初出生的胡天培此时才年方八岁，年龄太小，不能适应在澳之留学生活，决定不予核发签证。

虽然内务部对胡天培的拒签是以其年龄太小为借口，这是因为他们将胡天培的出生日期看错之缘故，但如果认真仔细推敲起来，按照胡笋所填胡天培的出生日期，他们之间的血缘关系就成了问题。从上述海关的出入境记录来看，胡笋首次返国探亲回到澳洲是在一九一七年十月，而他声称其子出生是在次年的十二月，这中间隔了十四个月，其妻如何能生育？如确实是按照申请表上所说的日期出生计，则胡天培是其亲生儿子就大有疑问。或许是胡笋将儿子的出生年月日期记错了，这也是有可能的，但如果这样比对下来，这其中的时间差也会给内务部留下很大的疑问。当然，也许海关提出的胡天培是在一九二一年初出生的说法是正确的，因为这与胡笋第二次回国探亲的时间相吻合。对此生日修正之一个合理解释是，也许胡笋在接受警察和海关的询问时，发现了这个问题，借此机会予以了修正，而海关也接受了他对此问题的改正。

无论是什么原因，胡天培最终被拒签，亦未见其父胡笋再提出上诉，日后也未发现胡天培再次申请来澳留学。就当时的情况而言，可能这时的胡天培确实年纪太小，要只身漂洋过海来澳洲念书，有太多的困难要克服，成行或许就有问题；而在小镇上经营果蔬店生意的父亲也可能很难腾得出时间来安排和督促他上学念书。也许，胡天培就此选择待在中国，在当地上学念书，或者日后长大了也有可能去到香港、澳门或者其他地方发展。

---

① Certificate Exempting from Dictation Test (CEDT) - Name: Woo Sun - Nationality: Chinese - Birthplace: Canton China - departed for China per TAIYUAN 30 January 1924 returned Townsville per ARAFURA 26 October 1925, NAA: J2483, 364/57。

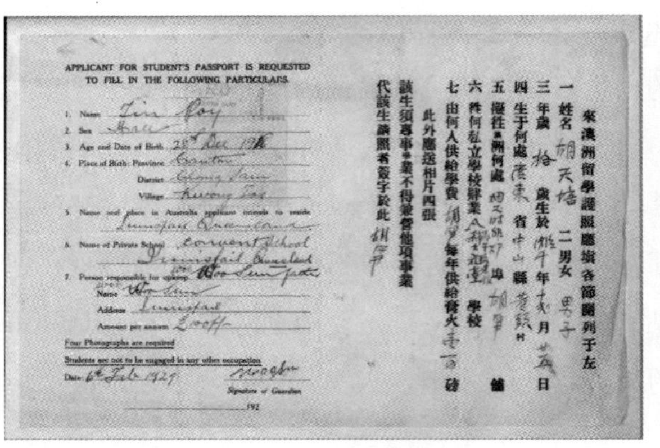

APPLICANT FOR STUDENT'S PASSPORT IS REQUESTED TO FILL IN THE FOLLOWING PARTICULARS.

1. Name Tin Poy
2. Sex Male
3. Age and Date of Birth 25th Dec 1918
4. Place of Birth: Province Canton
   District Chung Shan
   Village Kwong Tai
5. Name and place in Australia applicant intends to reside Innisfail Queensland
6. Name of Private School Convent School Innisfail Queensland
7. Person responsible for upkeep Woo Sun father
   Name Woo Sun
   Address Innisfail
   Amount per annum £100

Four Photographs are required

Students are not to be engaged in any other occupation

Date 6th Feb 1929　Signature of Guardian

______192

來澳洲留學護照應塡各節開列于左

一　姓名　胡天培　二　男女　男子

三　年歲　拾　歲生於　戊午年　十一月　廿五日

四　生于何處　廣東　省　中山　縣

五　擬往澳洲何處　埠

六　往何私立學校肄業　學校

七　由何人供給學費　胡笋　每年供給膏火　壹百　磅

此外應送相片四張

該生須專事學業不得兼營他項事業

代該生請照者簽字於此　胡笋

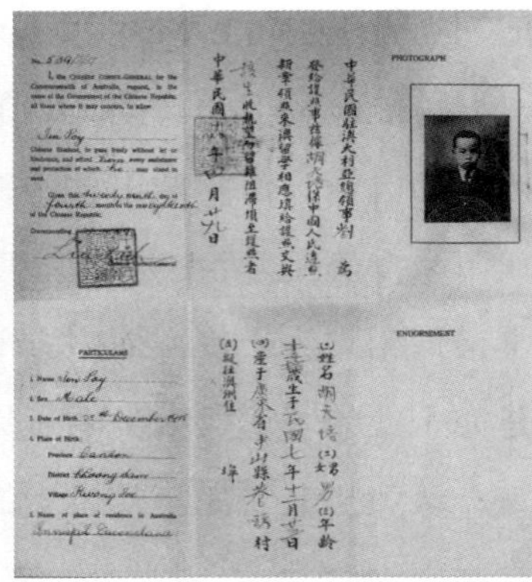

PHOTOGRAPH

ENDORSEMENT

PARTICULARS

中華民國　年　月　日

(一)姓名　胡天培　(二)男女　男　(三)年齡

(四)產于廣東省中山縣　村

(五)擬往澳洲住　埠

左为一九二九年二月六日，胡笋为儿子胡天培来澳留学事宜向中国驻澳大利亚总领事馆申请护照和签证所填写的申请表；右为一九二九年四月二十九日，中国驻澳大利亚总领事馆刘姓代理馆务为胡天培签发的中国留学生护照。

档案出处（澳大利亚国家档案馆档案宗卷号）：

Tin Poy - student passport, NAA: A1, 1929/4288

阮三妹

中山石岐

阮三妹（Sam Moy，或Ivy Goon Chew），学名阮卓英，生于一九一九年一月三日，中山县石岐人，是前面曾经提到的在一九二一年赴澳留学的阮定（Yuen Din）[①]的妹妹，父亲阮官照（Goon Chew）[②]在澳大利亚昆士兰省（Queensland）北部重镇汤士威炉埠（Townsville）经商。到了学龄之后，阮三妹被家人送到当地学校念书，在当时的官立国民学校即中山县第二区象角乡乡立小学校读小学。到一九三四年六月，阮三妹读完了高小。而在此之

① 阮定生于一九〇四年，一九二一年赴澳留学，一九二六年代父经营店铺，直到一九二九年回国。详见：Yuen Din - student passport - exemption certificate, NAA: A1, 1930/1965。

② Certificate Exempting from Dictation Test (CEDT) - Name: Goon Chew (of Townsville) - Nationality: Chinese - Birthplace: Canton - departed for China per EASTERN on 21 November 1916, returned to Townsville per AKI MARU on 5 June 1918, NAA: J2483, 225/6。阮官照一八七八年出生，二十岁时来到澳大利亚昆士兰省发展，落脚于该省北部的小镇车打士滔（Charters Towers），当过旅店清洁工，做过菜农，一九〇三年获得在澳长期居留权，详见：Goon Chew - Correspondence relating to application for certificate of domicile - Charters Towers - Boarding House Keeper, Gardener, NAA: BP342/1, 10928/242/1903。之后定居于汤士威炉埠，在此经营以自己名字命名的店铺，详见：Goon Chew - Nationality: Chinese - Includes application for Certificates of Exemption from Dictation Test [C.E.D.T.] and character references, NAA: BP234/1, SB1934/2651。他曾在一九一六年底回国探亲，一九一八年六月返回澳洲，详见：Certificate for exemption from dictation test list - Yoshimatsu Nakagawa, Yasukichi Isobe, Ah Moon, Young Gow, Wing Lum, Quay Hing, Wong See, Goon Hing, Ah Queen, Lui Hoe, Young Chong, Cahrlie Lee or Lee See, Jram Yee, Sun Tin, Loong Sing, Foong Son, Goon Chew, Wong Ing, Harry On, Yee Hop, Choy Gum, Gum Min, Leong Chew, Chock Man, But Wah, Fong You, Lee Gun, NAA: J2773, 1372/1918。其女儿是在他返澳半年后出生，一九二六年阮官照回国探亲，才首次见到了这个女儿，详见：Certificate Exempting from Dictation Test (CEDT) - Name: Goon Chew - Nationality: Chinese - Birthplace: Canton China - departed for China per TAIPING 3 May 1926 returned Townsville per CHANGTE 1 November 1927, NAA: J2483, 409/2。

前，父亲阮官照便已策划，要将她办理前往澳大利亚留学。

一九三四年二月二十六日，阮官照具结财政担保书，以监护人的名义填写申请表，递交给中国驻澳大利亚总领事馆，申请办理女儿阮三妹赴澳留学所需之护照和签证。他以其经营的官照号商铺作保，允诺每年供给女儿膏火七十镑，以充其在澳留学期间所需之学费、生活费及医疗保险费等各项开支，要将女儿办理来汤士威炉埠的圣玛利书院（St Mary's Convent School）读书。

可是阮官照的上述申请递交到中国总领事馆后，却被告知，申请材料不全，无法受理。原来他还是像十三年前申请儿子阮定赴澳留学一样准备那些材料，却不了解自一九二六年中开始，澳大利亚已经实施《中国留学生章程》新规，要求凡年在十四岁以上的中国学生欲赴澳留学，皆须具备初步的英语学识能力；而为证明这一点，则须提供学生本人手写的一封英文信或者是英文抄件，作为其已学习英语并具备一定能力的证明，以及其就学机构（无论是公立抑或私立学校）的相关负责人出具的推荐信或者证明，以表明该生所受英语教育及熟练程度。接到中国总领事馆反馈回来的上述要求后，阮官照随即写信回去中山县家乡索要上述两份材料。这一番折腾，阮官照的信抵达中山县家乡时已经到了六月份。六月十四日，阮三妹按照要求给父亲写了一封英文信，表达了赴澳留学的愿望；六月二十八日，中山县第二区象角乡乡立小学校校长阮凯元给阮卓英出具了高小毕业的证明，作为其赴澳留学的推荐信。待阮官照收到上述材料再将其转寄给中国总领事馆，已经到了当年的十月份。

在确认上述申请材料齐备之后，十月二十日，中国驻澳大利亚总领事陈维屏将其汇总，备函送达澳大利亚内务部秘书，为阮三妹申请入境签证。内务部秘书随即按照流程行文海关，要求核查阮官照的财务状况以及他在阮三妹出生年份前后的出入境记录。汤士威炉埠海关人员与阮官照相熟多年，对其情况比较了解，接到上峰的指令后不到一个星期，就于十一月五日提供了一份简要报告。首先，找到了这位中国商人的一九一六年至一九一八年回国探亲日期记录，显示此次探亲与其女儿的出生有直接的关系，毋庸置疑；

其次，上一个财政年度，官照号商铺的营业额为二千二百一十镑，净利润为五百八十六镑，算得上是财务状况良好；再次，如果阮三妹来到汤士威炉埠留学，将会与父亲住在一起，官照号商铺里的居住环境也很好，够宽敞，海关人员特别检查过，认为完全符合标准。内务部秘书看到报告显示，无论是监护人和财政担保人的条件都没有问题，而签证申请者的英语能力看起来也有一定基础，只要在其入境时再予以当场测试便可，遂于十一月二十六日通过了此项签证预评估。接获批复通知后两天，陈维屏总领事便给阮三妹签发了一份号码为223804的中国学生护照，十二月四日，内务部在该护照上钤盖了入境签证印章。由是，这份年初就开始提出的留学申请，历经近一年时间，终于在年底核发了签证。

尽管中国总领事馆拿到上述签证后便将护照寄往中山交由阮三妹接收，但她仍然是又等待了一年，才启程赴澳。也许是在高小毕业后她已经进入当地或者香港的中学念初中，同时也希望借此进一步提升自己的英语能力，直到一九三五年十二月初其所读学校即将放寒假时，阮三妹才搭乘从香港启航的“彰德号”（Changte）轮船，于这一年的最后一天即十二月三十一日抵达汤士威炉埠。海关当场进行语言测试的结果显示，她的英语读写都已具备了一定基础，因而顺利入境。阮官照去到海关将女儿接出来，住进了他开设在弗林德斯大街（Flinders Street）上的商铺里。

阮三妹抵达汤士威炉时，正逢当地学校放暑假，她便等到一九三六年一月底新学年开学后，才正式注册入读位于汤士威炉埠西区的圣玛利书院。她在这里读了半年，书院对她评价甚好，无论是在校表现还是学业成绩都令人满意；但因其住处距该书院路程还是远了一些，一旦出现大雨泥泞天气就会影响其出勤率。于是，从这一年下半年开始，她转学了。因不能去公立学校，只能上私校，阮三妹选择进入位于汤士威炉埠南区的圣贝乃纳斯书院（St Benignus’ Convent）读书，而该书院也仍然是由天主教会所创办（在当地也叫作圣博德书院，St Patrick’s Convent School），与圣玛利书院是姐妹学校，皆由修女管理并授课。在这样的环境里，阮三妹受到了良好教育，她的成绩也很出色，英语能力有了很大的提高，院长嬷嬷对这位年轻的中国留学生青眼有加，对她的每一个进步都给予大力称赞，予以鼓励。具体地说，她聪颖好学，能力出众，其英语阅读和写作都已经非常出色，算术在班上成绩最好，只是在英语会话和在校的行为规范上还有待于进一步加强。以上述成绩及出色的状态，她在这所书院一直读到一九三九年底。

一九三九年最后一个学期里，阮三妹因肾病而住院治疗，虽然后来出院，但仍然需要经常去医院接受定期检查和治疗，因而导致出勤率下降。到了一九四〇年新学年开学后，其在医院的治疗仍在持续进行中，她仍然无法去上学。在这样的情况下，她的父亲阮官照遂决定让她回国。

当时，中国的抗日战争已经进行到第四个年头，广东省城广州也在一九三八年十月被日军占领，近在咫尺的中山县已经处于日军炮火的直接威胁之下。在这种情况下，要返回中山县家乡，其危险性是可想而知的。当时很多珠三角地区的华侨家庭都去到香港或者澳门避难，他的兄长阮定也去了香港。而此次阮三妹回国，其最终目的地是香港还是澳门，则不得而知。

一九四〇年三月二十三日，二十一岁的阮三妹在汤士威炉埠港口登上路经该埠的“太平号”（Taiping）轮船，驶往香港。她的留学档案也到此终止。

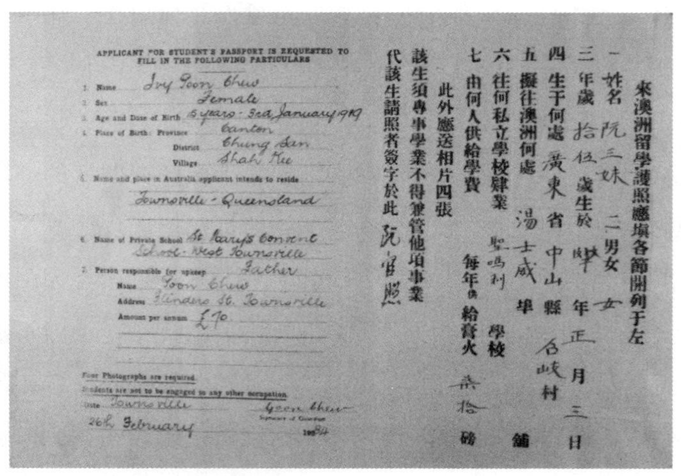
APPLICANT FOR STUDENT'S PASSPORT IS REQUESTED TO FILL IN THE FOLLOWING PARTICULARS

1. Name Joy Goon Chew
2. Sex Female
3. Age and Date of Birth 15 years - 3rd January 1919
4. Place of Birth: Province Canton
   District Chung San
   Village Shah Kee
5. Name and place in Australia applicant intends to reside
   Townsville - Queensland
6. Name of Private School St Mary's Convent School - West Townsville
7. Person responsible for upkeep Father
   Name Goon Chew
   Address Flinders St. Townsville
   Amount per annum £70

Four Photographs are required
Students are not to be engaged in any other occupation
Date Townsville
26th February 1934
Goon Chew
Signature of Guardian

來澳洲留學護照應填各節開列于左
一 姓名 阮三妹 二 男女 女
三 年歲 拾伍歲生於 年正月三日
四 生于何處 廣東省中山縣石岐村
五 擬往澳洲何處 湯士威埠
六 往何私立學校肄業 聖嗎利學校
七 由何人供給學費 每年供給膏火柒拾磅
此外應送相片四張
該生須專事學業不得兼管他項事業
代該生請照者簽字於此 阮官照

一九三四年二月二十六日阮官照填写的申请表，向中国驻澳大利亚总领事馆申领其女阮三妹赴澳留学所需之护照和签证。

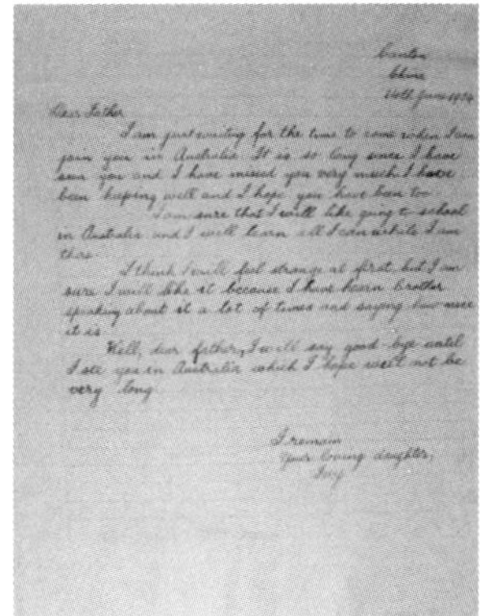

Dear Father,

I am just waiting for the time to come when I can join you in Australia. It is so long since I have seen you and I have missed you very much. I have been keeping well and I hope you have been too.

I am sure that I will like going to school in Australia and I will learn all I can while I am there.

I think I will feel strange at first, but I am sure I will like it because I have heard brother speaking about it a lot of times and saying how nice it is.

Well, dear father, I will say good-bye until I see you in Australia which I hope won't not be very long.

I remain
Your loving daughter,
Ivy

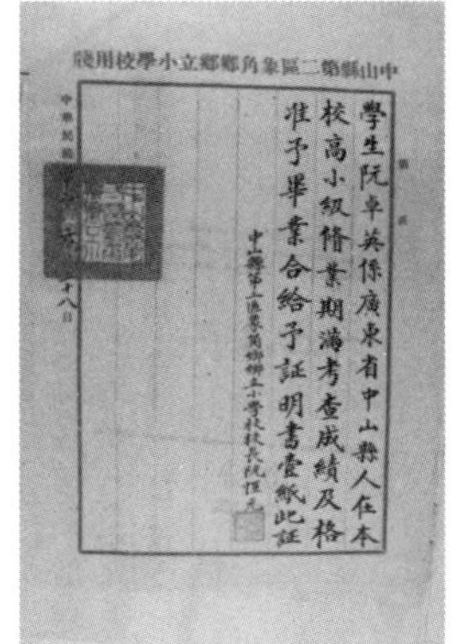

中山縣第二區象角鄉立小學校用箋

學生阮卓英係廣東省中山縣人在本校高小級修業期滿考查成績及格准予畢業合給予証明書壹紙此証

中山縣第二區象角鄉鄉立小學校校長阮凱元

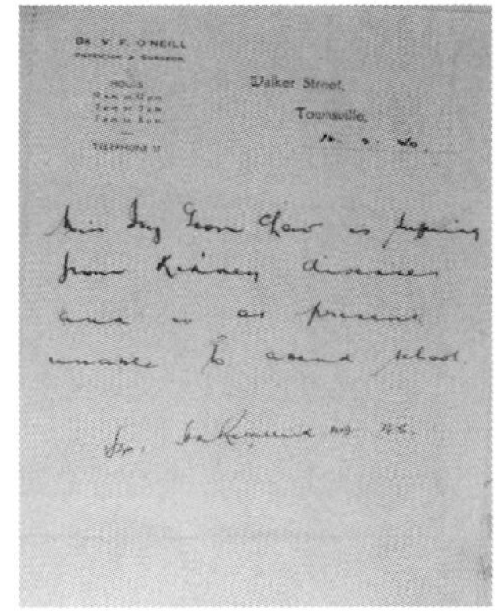

Dr. V. F. O'NEILL
PHYSICIAN & SURGEON

Walker Street,
Townsville.

TELEPHONE 17

左：一九三四年六月十四日，阮三妹给父亲写的英文信，表达赴澳留学的愿望；中：同年六月二十八日，中山县第二区象角乡乡立小学校校长阮凯元给阮卓英出具的高小毕业证明；右：一九四〇年二月十日，医生开具给阮三妹的诊病证明。

223804

外交部為

發給護照事

前往澳洲

中華民國二十三年十一月二十八日

姓名 阮三妹
年歲 十五
職業 學生
籍貫 廣東中山
身量
相貌

CONSUL-GENERAL

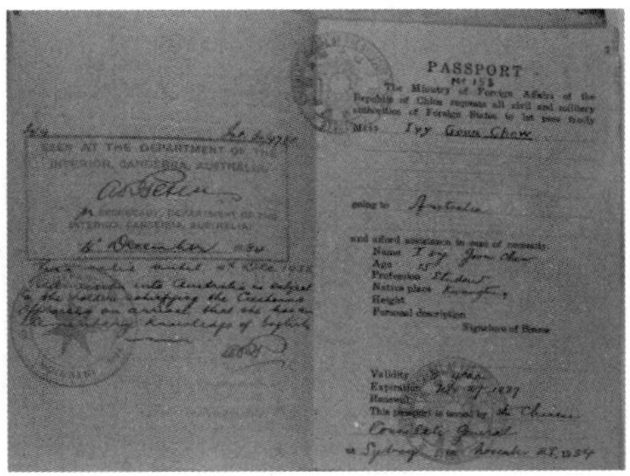

PASSPORT

The Ministry of Foreign Affairs of the Republic of China requests all civil and military authorities of Foreign States to let pass freely

Miss Ivy Gaan Chew

going to Australia

and afford assistance in case of necessity.

Name
Age 15
Profession Student
Native place
Height
Personal description
Signature of Bearer

Validity
Expiration
Renewal
This passport is issued by the Chinese Consulate General
at Sydney

一九三四年十一月二十八日，中国驻澳大利亚总领事陈维屏签发给阮三妹的中国护照。

档案出处（澳大利亚国家档案馆档案宗卷号）：

Ivy Gaan Chew - Education exemption certificate, NAA: A433, 1940/2/425

黄悦厚

中山斗门

黄悦厚（Yit Ho，又写成Yet Ho），一九一九年三月七日出生，中山县斗门人。

其父名叫黄美玉（Wong My Yook），实际上，他自己在护照的中文申请表上又将其名字写成“买郁”，表明他应该还有另外一个读音相近的名字。早在澳大利亚联邦成立前后，黄美玉便跟随乡人脚步，到澳大利亚闯荡，寻找发展机会，最终在鸟修威省（New South Wales）的中部小镇礼士沟（Lithgow）定居下来，经营一块菜园，也有一间售卖这些生果蔬菜等产品的小店铺，拥有资产价值七百镑。

一九三二年五月四日，黄美玉以上述菜园作保，并以位于雪梨沙厘希区（Surry Hills, Sydney）北宾街（Blackburn Street）六号的恒泰记（Hang Hi Kee Co.）[①]作为其保人，承诺每年提供膏火费五十镑，向位于雪梨的中国驻澳大利亚总领事馆申请时年十三岁的儿子黄悦厚来澳留学。此时，他已为儿子注册入学联系好了帝弗士英文学校，亦即位于唐人街的中西学校（Chinese School of English），取得了校长戴雯丽小姐（Miss Winifred Davies）签发的

---

① 斗门人黄良球（Wong Long Cole）是该恒泰记商铺的股东之一。他也许和黄美玉是宗亲。见：Wong Long Cole [Chinese - arrived Sydney, c. 1899. Box 21], NAA: SP11/2, CHINESE/COLE W L; Gew Yoong - students passport, NAA: A1, 1932/5361。

录取信。[1]

中国总领事陈维屏在接到这份申请后，只用两天时间就完成初审，然后直接致函澳大利亚内务部秘书，并将上述资料附上，希望其循例发放黄悦厚的入境签证。对此，内务部自然是照章按程序处理，即核查黄美玉的资产和财政状况以及他的回乡探亲记录。到六月三日，海关核查的结果是：黄美玉经营蔬果生意，确在礼士沟拥有一片菜园，资产价值为四百镑，同时他还有三百镑现金在手；询之当地居民与商家，咸谓其经商守法，无不良记录。此前他共有四次从澳洲返回中国斗门乡下探亲经历，其出入境往返记录如下：首次离境雪梨为一九一四年二月十八日，返回日期为一九一五年六月二十日；第二次是从一九一八年四月二十六日至一九一九年九月二十七日[2]；第三次是一九二二年六月十三日至一九二三年三月二十四日[3]；第四次是一九二六年四月二十七日至一九二七年四月五日[4]。以上出入境记录显示黄悦厚的出生日期与黄美玉第二次回国探亲时间相吻合，其父子关系应可确定。而黄美玉的财政状况也表明，他完全有能力负担其子之来澳留学费用。因此，六月二十四日，内务部函复中国总领事馆，同意给黄悦厚核发入境签证。三天之后，中国总领事陈维屏给黄悦厚签发了编号为122521的中国留学生护照。而经过总领事馆与内务部多次往返沟通，最终内务部于七月十七日在黄悦厚的护照上钤盖入境签证章，有效期至一九三三年七月四日止。

在中国收到护照后，黄悦厚的家人就为他收拾好行装，做好准备动身前

---

① Wong Wy Yook [also known as My Yook] [application by Wong My Yook for admission of his son Yit Ho, into the Commonwealth] [includes 8 photographs showing front and side views; left hand print and left and right thumb prints] [Issue of CEDT in favour of My Yook] [box 276], NAA: SP42/1, C1932/3575。

② Lee Chong, Wong Day Hong, Lee Mow, Mock Yow, My Yook, Fong You, Choy Sain Lee, George Hop, George Zuoy and Foo Chong [Certificate Exempting from Dictation Test - includes left hand impression and photographs] [box 112], NAA: ST84/1, 1918/242/71-80。

③ Go Cook, Sun Lee, Kin Sun, Low Fat, My Yook, Wong Mann, Li Sang, George Lim Cooey and Charlie Ah Hooey [Certificate Exempting from Dictation Test - includes left hand impression and photographs] [box 149], NAA: ST84/1, 1922/332/11-20。

④ Gee Sing, Shue Ying, Charlie Kow, Chee Ting, Lim Foo, Yee Chong, My Yook, Ah Han, Yee Wong and Nabob [Certificate Exempting from Dictation Test - includes left hand impression and photographs] [box 185], NAA: ST84/1, 1926/401/81-90。

来澳洲，并通过香港的金山庄为其预订船票、安排好相关的旅途监护人。待所有事项就绪，他便由家人送往香港，从那里乘坐“彰德号”（Changte）轮船，于一九三二年十一月九日抵达雪梨，入境澳洲。黄美玉因无法前来雪梨，遂事先做好安排，由其朋友亦即恒泰记的另一个股东黄兴（Wong Hing）[①]代其去到海关将黄悦厚接出来，安排他住进了自己的家里，由此开始其让人眼花缭乱的留学生涯。

尽管黄悦厚入境雪梨后，离澳洲的学校放暑假尚有一个月的时间，但他并没有立即注册入学读书，而是等到次年的一月三十日，即一九三三年的新学年开学后，他才正式注册入读位于雪梨唐人街上的中西学校。种种迹象表明，黄悦厚想做个好学生。据中西学校校长戴雯丽小姐于三月底提交的例行报告，黄悦厚的在校表现总体而言尚称满意。这样的状况一直维持到六月底上学期结束，虽然在此期间他有七天毫无理由的旷课，看起来还不算太出格。也就在这段时间，他给自己取了一个英文名，叫Willie（威利），全名即变成Willie Yit Ho或Willie Wong Yet。看起来，这位年轻的中国留学生，进入西方社会后还是很愿意调整自己以适应环境，可能是想更好地融入社群，与当地人有更好的沟通。

自一九三三年七月开始，黄悦厚离开了雪梨的中西学校，去到了父亲所在的礼士沟小镇，投到当地的一位神职人员玛格丽特·莫莉修女（Sr. Margaret Mooney）之门下，找她补习英语与数学。与此同时，黄美玉也通过朋友在这个月的月底致函内务部，希望将儿子转到礼士沟镇接受该修女的私人辅导学习，这样他也可以就近照看儿子的学业。但内务部则强调，如果要转学到礼士沟的话，无论如何，黄悦厚应该按照《中国留学生章程》新规的条款，在当地的私立学校注册入学；而在正常的在校学习之外，如果黄悦厚需要额外的课外辅导，则只要找到合适的人教他，内务部皆会乐观其成。

---

① 详见：Certificate Exempting from Dictation Test (CEDT) - Name: Wong Hing - Nationality: Chinese - Birthplace: China - departed for China per EMPIRE on 9 March 1908, returned to Townsville per EASTERN on 7 August 1909, NAA: J3136, 1907/182。黄兴为前面所提到的黄财（Wong Tsoi）的兄长，也是斗门人，故黄兴很可能是黄美玉和黄悦厚父子的宗亲。见：Wong Tsoi Student's passport, NAA: A1, 1931/5053。

在这种情况下，黄美玉就于八月初将其转学到礼士沟镇初中的小学男校部（Primary Boys' Department of Intermediate High School, Lithgow）念书，读三年级班。内务部得知这个信息后，立即表示这不符合规范，因为这是一所公立学校。最后，黄美玉只好于八月底将儿子重新转学到该镇的圣若瑟书院（St. Joseph's School）读书。随后书院院长的例行报告显示，黄悦厚在校表现良好。如果黄悦厚就这样规规矩矩地在这所书院读下去，可能就不会有什么大的问题了。

问题首先出在这一年的年底，中国驻澳大利亚总领事陈维屏按例于十一月份为黄悦厚申请签证展签之时。

中西学校校长戴雯丽小姐于十一月二十三日致函内务部秘书，希望当局协助追讨黄悦厚所欠之学费。她在函中陈述说，尽管这一年的上半年黄悦厚在中西学校入读期间表现尚可，但他在离校转学到礼士沟后，至今仍有三镑三十先令的学费尚未付清。她表示，自己所办的学校是靠学生缴纳的学费来维持，每一笔费用都对学校的正常运作有着重要意义，故希望内务部予以协助收回这笔欠费。在当时来说，一澳镑确实是一笔不小的钱。因此，内务部在接到陈维屏总领事提出的黄悦厚展签申请之后，反过来要求其协助为戴雯丽小姐追回这笔费用，并将此作为批准这位中国留学生展签的一个先决条件。但实际上，作为当事人的父亲，黄美玉并不清楚他儿子尚欠有中西学校这样一笔学费。尽管如此，在中国总领事馆的协助下，黄美玉还是把这笔钱交给他在雪梨经商的朋友George Chee（朱佐治，译音）①，由其负责代缴这笔费用给中西学校。这样一来，事情最终得以解决，内务部遂于一九三四年一月初同意给黄悦厚核发留学展签。

可是，这份展签并没有到达黄悦厚手中，而是在由中国总领事馆转交之前，被中国总领事陈维屏给挡住了。原因是就在此时，陈总领事收到了一份投诉，即黄悦厚尚欠去年上半年于雪梨读书时在当地监护人（恒泰记商号经

① 朱佐治生于一八七八年八月，一八九四年五月来到澳大利亚发展，从雪梨登陆入境并定居于此。见：CHEE George - Nationality: Chinese - Arrived Melbourne 1886, NAA: B78, CHEE/G。

理）黄兴家里的借住费和服装费，总计十五镑十五先令五便士，黄兴将此事呈交到中国总领事馆，希望能由其协助解决这个债务纠纷。陈总领事认为，如果黄悦厚没有将此债务解决，则有违展签条例，故致函内务部，希望先由内务部保留此展签，在确认黄氏的上述债务付讫之后，再行将展签送达其本人。尽管此举似有小题大做之嫌，然从做事认真、一切皆按照章程而行之角度来看，陈总领事此举看起来亦无可厚非。既然如此，内务部遂如其所请。对于此事，内务部实际上并不认为是件什么大事，并且事情看起来也不复杂，一切皆由中国总领事馆去解决便可，显然没有想到此事后来竟然越闹越大，几近失控。到了三月初，已经过去两个月了，因仍未从中国总领事馆获得有关此事是否解决之任何信息，内务部深感奇怪，便去函中国总领事馆询问结果。过了几天，陈总领事复函说，他因此事已数度与黄悦厚之监护人和保人进行沟通，但并未能解决此事，他决定放弃努力，对此不再予以过问。言下之意，就是由内务部对此结果做最后的裁决。既然如此，内务部就只得照章办事。于是，内务部部长于一九三四年三月二十六日做出决定，取消黄悦厚学生签证，要求即刻将这位年满十五岁的中国留学生遣送回国。陈维屏总领事接到遣返通知后，转而将此信息告知黄美玉，希望他配合执行。

就在中国总领事与内务部协商遣返黄悦厚回中国的关键时候，黄美玉在雪梨的朋友朱佐治出手相助了。

早在一九三四年一月初，朱佐治得知那位名叫黄兴的黄悦厚代理监护人向中国总领事馆宣称，这位中国留学生在去年上半年于雪梨留学期间因寄住在他的家里，尚欠有他的借住费及服装费未曾给付，遂致函黄兴，希望他提供具体的欠费证据以解决此事。他认为，作为黄悦厚的代理监护人，黄兴并没有真正履行其职责，负责处理该生留学期间的所有事务，包括代为缴纳学费等事宜，以致中西学校校长戴雯丽小姐不得不向内务部投诉黄悦厚欠费问题。此事本该由黄兴负责解决，但最终还是黄美玉自行支付了该费用才使事情平息下来。而目前的借住费、服装费等问题亦同样由黄兴本人而起，即使他本人与黄美玉有生意上或财务上的纠葛，亦不应借由此事为黄悦厚的展签设置障碍。因此，希望他能尽快提供详细账单，以便确认后解决此事，由此而保证黄悦厚能在澳洲继续接受英语教育。

从信的语气上来看，应该说，朱佐治的信函是本着解决问题的态度而来的，包括他此前因黄悦厚欠中西学校费用之事与中国总领事馆的沟通，亦旨在协助双方解决问题，保证黄悦厚获得展签。但朱佐治并没有获得黄兴对其信函之回应，于是，他于二月底致函中国总领事陈维屏，质问他何以不经核实就轻易相信黄兴单方面的说法。他在信中亦表明，他本人是受黄美玉之委托作为在雪梨处理此事的代表，已经获授权付清所有应该支付的账务。他还表示，黄兴既然有上述声索，就应该拿出证据来。一旦这些证据得以确认，他将立即代黄美玉予以付清所有款项，解决此事。

但朱佐治也没有得到陈维屏总领事对此事的回复，而是在四月十六日收到陈总领事转述内务部要求遣返黄悦厚以及黄兴正式辞去作为监护人身份的函件。朱佐治本来就对陈维屏总领事的傲慢和黄兴的无视很不满，这一下把他给彻底激怒了。五天之后，他致函鸟修威省关税征收专员办公室，将上述事情原原本本奉上，并特别说明黄兴为了自己多挣钱，不仅在黄悦厚抵达雪梨后便将其每天叫到他在喜市场的蔬果摊上干活，从早上四点做到十点，然后才让他去上学，且以各种名目借口说要给他的被监护人置办服装等等，目的就是要黄美玉额外多付钱给他。朱佐治表示，黄美玉本人虽然不在雪梨，但出于对儿子的爱护，总是隔三岔五地给黄悦厚送来衣物，因此，实际上黄兴所声称的那些他要给黄悦厚置办的服装费等，许多根本是不需要或没有必要的。即便是按他所说的置办了服装，那么也应该提供如何置办的证据，这样委托人付款也好有个凭证。可是对此合理要求，黄兴至今也置之不理，没有任何回应。再者，按说作为代理监护人，他应该有责任代委托人按时缴纳学费，但他却也不履行其职责，置中西学校校长的一再催款而不顾，这与雪梨绝大多数华人都十分尊敬戴雯丽校长并对其大力支持、希望她把学校办得更好而总是按时缴纳学费甚至捐款的做法大相径庭。最终，这笔钱还是由委托人黄美玉自己支付才了结此事。因此，朱佐治希望关税征收专员办公室能调查此事，使内务部部长收回取消黄悦厚签证遣送其回国的决定，以便这位中国少年能继续在此接受英语教育。

海关接到朱佐治的信后，便将其转送到内务部。因其中涉及黄悦厚非法打工的陈述，内务部遂责成移民局调查专员查清此事。五月十六日，调查专员报告说，他没有找到证据说明黄悦厚早上打工；而戴雯丽校长也表示，黄悦厚当时都是从早上九点半到下午三点半到校正常上学，而且表现令人满意，并表示从这个时间段来看，他没有时间早上去打工。另外，一位名叫麦家都（P. E. J. McCardle）的西裔商贩也表示，他从未见到黄悦厚早上在市场打工。麦家都店铺就在黄兴店铺的隔壁。他当面告诉调查专员，此前常常见到黄悦厚，但都是在早上七点之后；而且此时的这位中国留学生都是穿着整齐地到市场里来，不断地跟不同的店家打招呼交谈。他个人对此的理解是，黄悦厚是利用这个与大家见面的机会练习英语口语。而黄兴通常都是早上五点来开档，有时是四点半钟，但黄悦厚则从未在七点之前来过市场。根据上述访谈，调查专员认为，黄兴是一位深孚众望的华商，有家室在澳洲，在此间也育有孩子，他把孩子都送到有声望的学校接受教育，因此，他认为黄兴对待黄悦厚应与对待自己的孩子是一样的。换言之，他认为黄兴并未虐待黄悦厚。

这样一篇调查报告上去，事情已经很明显了，是在袒护黄兴。于是，内务部在五月二十九日函告中国总领事陈维屏，谓应进入遣返的执行程序。希望中国总领事馆通知黄美玉，准备在两周之内将黄悦厚遣送回中国。鉴于黄美玉既不会读也不会写英文，是个文盲，建议中国总领事馆一定要当面向他解释好此事，以便他能顺利安排其子返回中国的事宜。随后，内务部和海关也分别就此事知照了朱佐治和黄兴。

事情到此，早已超出了原先的认知范围，完全失控了，实在并非黄美玉黄悦厚父子所要的结果。在这个紧急关头，黄美玉急了，他不能就此坐以待毙。于是，在朱佐治的协助下，找到了曼切斯特联合商会（Manchester Unity Chambers）律师闾丘复礼（Philip N. Roach）做他的代理，冀望此事能有转圜。

一九三四年六月八日，闾丘复礼致函内务部秘书。他指出此事的起因是双方沟通不够所致，因黄美玉不识字，他根本就不知道还需要支付这些费用，而且此前黄兴根本就没有向他提出过有这些费用。而作为当事人委托的律师，他通过中国总领事陈维屏得知整个事情的来龙去脉，也共同商讨了解决此事的方法，双方都认为，用东方式的和解方法显然最为合适。至于那些费用如何产生，现在已无须去探究，而他已获授权代为支付那笔欠下的服装费，目的就是为了解决问题；唯因当事人黄美玉目前手头紧，需展期在一个月内分期付清这笔费用。他认为，仅仅就因为这一笔数额并不大的钱，就断送一个少年不远万里来澳洲求学的梦想，是很不公平之事。因此，他呼吁内务部对此事要慎重考虑，在上述欠款付清之后，应给予黄悦厚一个留在澳洲继续读书的机会。

从律师描述的他与陈维屏总领事会商此事的结果来看，这位中国外交官态度的转变很有意思。在此之前，他好像是铁面无私，没有一点儿转圜余地。事实上，如果他早就秉承律师闾丘复礼与他会商时所表明的态度，当黄兴提出欠费声索时，即两边沟通协调，用东方式的和解办法来解决此事，那事情显然也不会走到这一步。此前，朱佐治也是用同样的方式与他会商此事，不仅没有结果，反而使这件事越搞越大。也许，陈总领事意识到了他在最初处理此事的方式方法上有值得商榷和探讨之处，此时是应该有所作为予以弥补由此而造成之后果的时候了。

律师的适时介入还真是有效。内务部在充分考虑了整个事情之后，也认为政府部门不能在私人之间的纠纷上介入太多，更不能偏听偏信做得太过分，尤其是在黄兴坚持声索但一直也不愿意提供证据的情况下，官方的决定确实是有袒护之嫌，这样做的结果确实有失公允，并使事情恶化。当局遂于六月二十一日决定，撤销其遣返之成命，允诺继续给予黄悦厚展签，截止日期为这一年的十一月份。但该决定附带的条件是：原来黄兴想辞掉的代理监护人角色不获批准，责成他继续履职；而朱佐治需解除对黄悦厚的保人身份，内务部认为在此事件中正是因为他的出现介入才把事情搞糟了。为此，黄美玉需在雪梨再为黄悦厚物色两位监护人。

这不，旧的问题解决了，新的问题又出现。到这一年的八月中，根据礼士沟镇圣若瑟书院院长提交的例行报告，内务部得知黄悦厚旷课达五十天之久，主要是因其父亲黄美玉频繁地穿梭于礼士沟与雪梨之间，常常不在家，而只能由其子在家代为看管生意。旷课打工，这是内务部不能容忍的。于是，内务部函告中国总领事馆，要其向黄美玉解释不守规矩所将导致的后果。就是说，如不改正，则在签证到期后其子就得立即离开澳洲，不再续签。不幸的是，到十二月初，内务部接到的礼士沟镇圣若瑟书院院长例行报告，尽管对黄悦厚的在校表现也仍然像以前那样没有提出什么批评，但则显示他继续旷课四十五天，理由还是与上次一样。这样一来，内务部再也无法容忍，于十二月十四日直接致函中国总领事馆，要求立即做出安排，遣送黄悦厚回中国。

但这一次中国总领事馆对遣返黄悦厚的反应与此前相比则有所不同，反过来为这位中国留学生求情。一九三五年一月八日，陈总领事复函内务部秘书，称他在雪梨的中国总领事馆办公室见到了专程从礼士沟镇赶来的黄美玉。他发现黄美玉是个十足的文盲，不要说是英文，就是中文他也不认识也不会写，只能依靠语言的解释。这就是为何此前所有寄给他的相关信函都被他忽略掉了，因他不识字，不知道这些信函中所谈为何事。前述圣若瑟书院院长报告黄悦厚旷课，并在得到警告之后，他仍然连续旷课，这些全是由于他是文盲以及他的疏忽造成的；他希望内务部部长能充分考虑到这是他无心之疏忽才导致其子旷课，真诚地期盼能再次给他儿子一个机会。此后他一定会让儿子去正常上学，不再将其留在家里帮忙照看生意。有鉴于此，陈总领事也吁请内务部能再次给黄悦厚展签。

既然如此，同时也考虑到这是中国总领事馆与当事人之间的沟通不畅而造成了这种后果，中国总领事也在公函中明显地承认了自己的疏忽并认错，内务部不能逼人太甚，还是要给中国总领事一点儿面子。一月中旬，内务部部长决定收回成命，再次给予黄悦厚展签，但做了保留，只给予六个月的签证期限，即从上一年度十一月算起到该年度五月止；如果在此期间这位中国留学生继续旷课，就再也没有机会了。就是说，这六个月的展签属于观察期，如果一切正常，则将继续恢复一年期的展签；而如果在此期间违规，结果就只有一个：他只能被遣送回中国去。

经过这次与陈维屏总领事的会面与沟通，黄美玉再也没有让儿子待在家里帮忙，而是让他在学校保持出勤率。因此，到一九三五年五月份黄悦厚的半年展签到期时，学校报告说他只是因为生病请过两天病假，此外一切在校表现皆算令人满意。因没有违规，他顺利地拿到了下一个年度的展签。

不过，这个时候又一个新问题出现了。一九三五年六月底，即在刚刚拿到一年的展签后一个月，中国总领事陈维屏再次致函内务部，要将已过十六周岁的黄悦厚转学回到雪梨的中西学校念书，并且说明黄悦厚本人也已经到此注册入读。陈总领事在函中解释说，之所以要转学，是黄悦厚投诉其父黄美玉虐待他，不仅打骂他，还不给他饭吃，并总是威胁要将其送回中国去，以致他在礼士沟镇要寻求警察保护，最后不得不跑到雪梨，到他认识的朋友William Wing（荣威廉，译音）家里躲避。陈总领事认为，将黄悦厚转学到雪梨，远离其父亲的管辖，对他的在澳求学无疑更为有利。收到此函后，内务部责成海关调查，确认了黄悦厚被虐待一事，且还被告知他并非黄美玉亲生，而是在几岁时被黄美玉家人抱养的。调查人员还表示，黄美玉因其子在此难以管教，他的意思是要将其送回中国去。根据海关的上述报告，这次内务部没有给陈维屏总领事面子。七月三十日，内务部函复陈维屏总领事，不仅不同意黄悦厚转学到雪梨，而且还决定将其立即遣送回中国，要求其配合处理此事。

这样的结果大出陈总领事之意料。他本意是出于对这个中国留学生的爱护，孰料事与愿违，他不能坐视不管，何况这也太让他掉面子。于是，他在八月十五日致函内务部秘书，对此决定提出异议。他认为，这极有可能是海关调查人员断章取义的结果，因为黄美玉无论是中英文之读与写皆可谓一窍不通，断然不明白海关人员与他谈话时所要表达的意思，相信他也决然想不到会是这样的结果。他提出，既然内务部否决了黄悦厚的转学，那就让他继续返回礼士沟镇的圣若瑟书院念书，因为此前他刚刚获得一年的展签，至少也要让他读完这一年。因此，陈总领事希望内务部收回遣返成命，让黄悦厚读完这个学年。至于他被父亲虐待一事，他认为最好是请礼士沟镇警察局调查确认是否属实方可，而不应该仅仅相信海关调查人员的报告。

对于陈总领事的上述要求，内务部认为也有一定道理，遂决定走一下程序，看看黄悦厚本人现在何处以及他与父亲关系到底如何，再作决定。根据海关的调查报告，黄悦厚于八月十五日之前都在雪梨中西学校上学，之后可能在得知内务部不同意他转学之后，就在九月三日返回礼士沟镇，当天便正式回到圣若瑟书院读书，各方面看起来都不错，似乎一切都回到正常轨道。礼士沟镇警察在九月四日与他谈话的结果表明，他目前跟父亲黄美玉住在一起，日子过得很快活，父亲并没有虐待他。警察也跟黄美玉见了面，后者也强调其子现在已经开始懂规矩了，他会尽一切可能保证儿子正常上学，让他生活快乐。根据直接观察所得之印象，该警察认为，这对父子的关系还是蛮融洽的。这样的结果，使内务部撤销了对他遣返回国的决定，当然也挽回了陈维屏总领事的面子。

可是，这样的和谐局面也只是维持了半年的时间。一九三六年四月一日，圣若瑟书院院长向内务部报告说，自三月二日起，黄悦厚又开始旷课，他不知何故就突然离开父亲，据说已经跑到雪梨去了。书院派人询问他父亲的结果是，黄美玉没有说明是什么原因导致黄悦厚去往雪梨，但表明了其态度：既然儿子逃学旷课，那就让他返回中国。显然，此前的父子和谐相处的情景只是表象，其矛盾和冲突并没有得到解决。而对于这位中国学生的屡屡违规，当局也已经忍无可忍。四月十七日，内务部致函中国总领事馆，谓黄悦厚一再违规，且其父也极愿送他回中国，决定将其遣送回国。为此，希望中国总领事馆协助找到黄悦厚，看他现在是在何处，然后再看怎么样安排其回中国。这一次，中国总领事馆没有对内务部的决定置喙一词，只是配合行事。

然而，事情进展并不顺利。六月五日，中国总领事馆报告说，经两个月时间的寻觅，迄今尚未找到这位中国留学生，不知他人在何处。于是，内务部开始紧张起来，随即派人到与礼士沟相邻的几个大小镇子去寻找这位失踪的中国少年。到八月份时，他们突然发现，此前与黄悦厚关系甚好的荣威廉一家也搬离了在雪梨的住址，不知去了何处，因而怀疑他们是有预谋地一起逃跑隐匿起来。过了一个月到九月初时，移民局终于在鸟修威省西部的德宝埠（Dubbo）找到了移居此地的荣威廉。但后者告诉移民局官员，自上一年黄悦厚从雪梨返回礼士沟镇读书之后，他就再也没有见到过这位中国留学生，也许他此时是跟其他相熟的人在一起。无奈，移民局按照此前黄悦厚在雪梨时所接触过的人，比如黄兴和朱佐治等，再次一一排查，都无结果。这样一直到年底，在鸟修威省、域多利省（Victoria）的美利滨（Melbourne）以及昆士兰省（Queensland）等地，都派了相关人员去排查寻找，也没有发现任何有关黄悦厚的踪迹。①

早就对黄悦厚失去耐心的内务部觉得不能再等了，终于在一九三六年十二月底以内务部部长的名义发出了遣返令。根据遣返令，只要在任何地方发现黄悦厚的踪影，当局就可将其先行拘押，随后遣返中国。②可是，一直到一九三七年年底，哪怕内务部在其他省，比如域多利省和南澳大利亚省（South Australia）及昆士兰省等地，逮住任何蛛丝马迹，进行地毯式的搜索寻找，仍然没有黄悦厚的踪影。③

自这一年之后，澳洲档案馆就再也没有了与他相关的档案记载。换言之，黄悦厚最终去了何处，命运如何，不得而知。

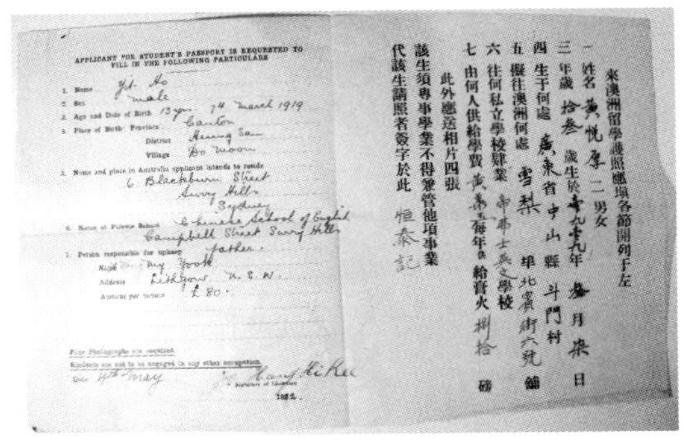

APPLICANT FOR STUDENT'S PASSPORT IS REQUESTED TO FILL IN THE FOLLOWING PARTICULARS

1. Name Yit Ho
2. Sex male
3. Age and Date of Birth 13 yrs. 7th March 1919
Place of Birth: Province Canton
District Heung San
Village Do Moon
Name and place in Australia applicant intends to reside 6 Blackburn Street Surry Hills Sydney
Name of Private School Chinese School of English Campbell Street Surry Hills
Person responsible for upkeep father
Address Lithgow N.S.W.
Amount per annum £80.

Four Photographs are required.
Students are not to be engaged in any other occupation.
Date 4th May 1932.

來澳洲留學護照應填各節開列于左
一 姓名 黄悦厚 二 男女
三 年歲 拾叁 歲生於壹九壹九年叁月柒日
四 生于何處 廣東省中山縣斗門村
五 擬往澳洲何處 雪梨埠北襄街六號舖
六 往何私立學校肄業 中華士英文學校
七 由何人供給學費 黄美玉 每年供給膏火捌拾磅
此外應送相片四張
該生須專事學業不得兼管他項事業
代該生請照者簽字於此 恒泰記

左：一九三二年五月四日，黄美玉向中国驻澳大利亚总领事馆申请黄悦厚来澳护照和签证所填写的申请表；右：一九三二年十一月九日入境澳大利亚时的黄悦厚照片及左右大拇指之指印。

① Yit Ho (Chinese student) – Absconded, NAA: B13, 1937/5312。

② Immigration Act - Yit HO Chinese student - action to be taken if found, NAA: D1976, SB1944/603。

③ Yit Ho [also known as Ah How and Willie Wong Yet] [includes 2 photographs showing front view; Chinese Passport and left and right thumb prints] [arrived ex CHANGTE in Sydney on 9 November 1932] [issue of Certificate of Exemption in favour of subject] [correspondence concerning whereabouts status and question of deportation of subject] [box 382], NAA: SP42/1, C1938/8839。

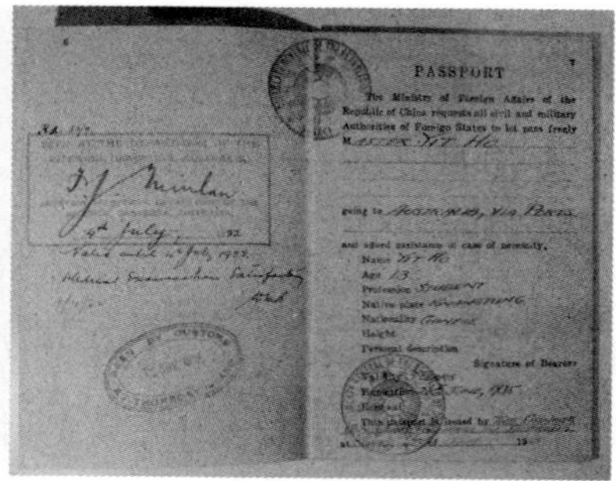

左：一九三二年六月二十七日，中国驻澳大利亚总领事陈维屏给黄悦厚签发的中国学生护照；
右：一九三二年七月四日，澳大利亚内务部在黄悦厚护照上钤盖的入境签证章。

档案出处（澳大利亚国家档案馆档案宗卷号）：

Yit Ho - Chinese student, NAA: A433, 1947/2/4555

李彰麟

中山恒美村

李彰麟（Lee Jong Lun，或James Lee），生于一九一九年八月五日，中山县恒美村人。他是在澳大利亚经商的李泗（Lee See，或William［Willie］Lee See）①的干儿子，广府话叫作契仔，而反过来说，李泗是他的契爷，亦即干爹。他们是同村，也是同宗，可能血缘上不是那么嫡亲，不然也不会成为干爹干儿子。也许是家境优渥，李彰麟自幼便接受良好教育，在中山念书时便开始接受英语教育，并于一九三四年初被送到香港，进入华泰书院（Wah Tai College）读七年级，亦即初中一年级课程。这是一家中英双语教学的机构，李彰麟的英语程度有了进一步的提高。

出生于一八七四年的李泗，十九岁时与小他三岁的胞弟李开（Lee Hoy）②一起跟着乡人，从家乡来到澳大利亚昆士兰省（Queensland）发展。经几年打拼，他们都在一九〇〇年获得了在澳长期居留权利，定居于该省北部重镇坚时埠（Cairns）。一九〇七年，李泗与兄弟李开合股开设利生号（Lee Sang & Co.，亦称利生公司）商行，生意做得很好，是当时坚时埠颇

① 有关李泗的档案，详见：Lee See, NAA: J2481, 1900/298。

② 有关李开的档案，可见：Alien Immigration - correspondence relating to Chinese passengers on the SS Tsinan March - mentioned are Yee How, Ah Way, Lee Tay, You Que, Ah Get, Ah Pong, Lee Hoy, Ah Soe, Ah Chock, Ah Sin, Lee On and Sue Lang -all were refused landing due to illegal documentation - also mentioned are Johnny Hing, On Kee, Lo Tsung [Sung] Yao, Ah Lee and Ah Yiu, NAA: J3116, 11; Name: Lee Hoy - Nationality: Chinese - Birthplace: Canton - Certificate of Exemption from the Dictation Test (CEDT) number: 298/10, NAA: BP343/15, 3/154。

负盛名并有一定规模的华商企业。二十世纪二十年代末，李开回国之后，利生号便转由李泗独力支撑。随后，李泗为了能在香港和澳洲两地奔跑以照顾在两地的生意，得以在一九二九年获准将曾经留学澳洲的长子李宝胜（Poo Sing，又写成Willie Stanley Lee See或Willie Poo Sing）申请前来澳洲，代其经营管理该商行，主持商行的日常运作。

一九三四年九月十一日，李宝胜以监护人的身份，具结财政担保书，填写申请表，递交给中国驻澳大利亚总领事馆，为契弟（亦即干弟）李彰麟申领赴澳留学所需的护照和签证。他像十几年前其父李泗申请他来澳留学时所应允的那样，仍然是以利生公司作保，承诺每年供给膏火五十镑，以充李彰麟在澳留学期间所需之学费、生活费及医疗保险等各项开支。因按照《中国留学生章程》新规，此时中国留学生必须要入读私立学校，李宝胜认定天主教会主办的学校最好；而在两年前他为自己的三弟李宝昌（Bow Chong，又写成Li Poo Chong或Leslie Lee See）办理来澳留学时[①]，选择的是天主教会在坚时埠开办的名校私立孖厘时学校（Marist Brothers' College，亦称圣柯故时田学校［St Augustine's College］）。于是，他便也为契弟在该校预留了学位，并为其拿到了该学校校长出具的录取信。而鉴于此时李彰麟已满十五岁，按规定需要提供他已经具备初步的英语学识能力的证明，为此，在填表之前，李宝胜就已经吩咐契弟寄来了一份他的手写英文作业抄件以及由华泰书院院长所写的推荐信，跟上述申请材料一并提交。

受理上述申请后，中国驻澳大利亚总领事馆很快便审理完毕。九月十七日，总领事陈维屏备函附上这些申请材料，向内务部秘书申请李彰麟的留学签证。内务部秘书按照流程，很快便下文到海关，请其核查李宝胜与李彰麟之间的关系以及利生公司的财务状况，作为其最终批复与否的主要依据。

尽管李宝胜是该公司经理，代行父职，但因他仍然是持海外雇员工作

---

① 李宝昌早在一九二六年便申请赴澳留学，但因父亲李泗无法陪同前来，遂转到香港念书，直到一九三二年五月才来坚时埠留学，总计两年时间。在李宝胜申请李彰麟来此留学时，李宝昌已经离开坚时埠四个月了，重返香港读书。详见：Chong, Bow - Student passport, NAA: A1 1926/20310; Li Poo CHONG - Student passport, NAA: A1, 1934/1170。

签证，按例是不能作为财政担保人的，只是他的父亲李泗此时不在坚时而待在香港，授权给儿子监管所有的内外事宜，故由其充任监护人也说得过去。事实上，坚时埠海关对利生公司的情况非常熟悉，了解其雄厚的财政实力，也确认李宝胜的经营能力。但最主要的一点在于，该公司上一个财政年度的营业额达到了二万六千镑，并且也开始出口澳洲产品去香港，虽然量还不算大，但毕竟有了好的开端。对于海关而言，该公司是坚时埠的利税大户，自然无须在其财务方面再费劲核查。

问题在于李彰麟与李泗之间的关系，这是需要官方认真对待并予以确认者。经过多次往返询问甄别，海关才确定他们之间是中国人说的义父义子关系，跟西方人所称的教父（Godfather）教子（Godson）关系并无二致。而且海关人员也得知，中国人对这种关系的态度是非常认真的，一旦关系确立，义子在家中的地位跟家人并无区别，这也是为何作为义兄，李宝胜要尽心尽力为其契弟办理赴澳留学手续，充任监护人的主要原因。起初，内务部秘书对于上述的义父义子亦即教父教子关系多有微言，但因坚时埠海关人员出于保护当地利税大户的需要及对利生公司的偏爱，倾向于接受上述关系为正常的父子关系的说法，反过来为李彰麟说话，故经多次解释后，内务部秘书最终接受了这一说法。

既然上述关系无须质疑，而李宝胜无论是作为监护人还是财政担保人的条件都已具备，而且李彰麟的英语能力也有证明文件，所有条件都符合。于是，十月十八日，内务部秘书正式通知陈维屏总领事，上述签证申请预评估获得通过。十月二十二日，陈维屏总领事便为李彰麟签发了号码为122977的中国护照；四天后，内务部秘书便在寄来的上述护照内页钤盖了签证印鉴。

在香港的李彰麟接到中国驻澳大利亚总领事馆寄来的护照，遂一边结束即将完成的这个学期的课程，一边收拾行装，预定船票。待一切妥当，便登上驶往澳洲的"彰德号"（Changte）轮船，于一九三五年一月十五日抵达坚时埠港口。海关移民局官员对其英语当场测试的结果显示，他的听说读写都已经达到一定的熟练程度，因而很顺利入关。李宝胜去海关接到契弟李彰麟后，将其安顿在位于华埠沙昔街（Sachs Street）上的利生公司宿舍里。

一九三五年二月一日，新学年开学，李彰麟正式注册入读私立孖厘时学校。学校提交的例行报告显示，李彰麟虽已具备了一定的英语基础，但仍然以极大的热情与努力投入到英语能力的提高上，学习上很勤奋，在行为规范上也显得有板有眼，各方面的表现都很令人满意。就这样，他在这所学校一直读到一九三九年上半年。

一九三九年五月二十七日，中国驻澳大利亚总领事保君建突然致函内务部秘书，以坚时埠一间名为李霖号（Lee Lum）的商铺因发展需要，人手短缺为由，希望批准李彰麟离开学校，进入该商铺工作。但内务部秘书经一番权衡，于八月十日回绝了此项申请，至于拒签基于什么理由，因档案文件中未有提及，不得而知。

而也就在这段时间，李彰麟向校长表示不再去上学，然后去到坚时埠内陆高原地带的丫打顿埠（Atherton）旅游度假去了，总计两个月时间，预计九月份返回香港。但内务部秘书在八月底接到孖厘时学校校长的报告后，对其两个月的缺勤很不满意，遂在九月中旬下文到海关，请其找到李彰麟本人或者他的监护人，查清缺勤的真实原因，如果是严重违规，就应将其遣返出境。十月十日，坚时埠海关总监回复，今年五到六月份时，曾经接到过李彰麟主治医师的通告，希望他能遵医嘱换一个环境休息一下，上述去到丫打顿高原地区，就是为此目的。经进一步询问，海关回复说，上述医嘱都有医生证明，毋庸置疑。而自九月份从高原疗养回到坚时埠后，李彰麟再也不提回香港之事，而是又重返私立孖厘时学校，正常上课，直到年底学期结束。

也就在这一年的年底，中国驻澳大利亚总领事馆没有像往常那样为他申请下一年度的留学签证展延，而是申请他进入利生公司做工。海关对利生公司的情况比较了解，知道在上一个财政年度其营业额达到二万九千六百四十九镑，海外贸易的货品价值达一千一百镑多一点，业绩相当不错。内务部秘书也明白，营业额达到这一规模，该公司可以申请五位海外雇员协助经营。目前该公司只有四位雇员，二十岁的李彰麟加入进去，正好可以填补这个空缺。这一次，完全没有拒签的理由。于是，一九三九年十二月七日，内务部秘书批复了上述申请，准允李彰麟转变身份，成为利生公司的雇员。

李彰麟的留学档案到此终止。经过近五年的在澳留学，李彰麟基本上完成了中学课程。另外的一份与利生公司相关的档案宗卷显示，李彰麟成为其契爷的利生公司雇员后，就一直在那里待了下来，直到二十世纪五十年代初。[①]此后，随着澳大利亚移民政策的逐渐松动，他最终加入澳籍。

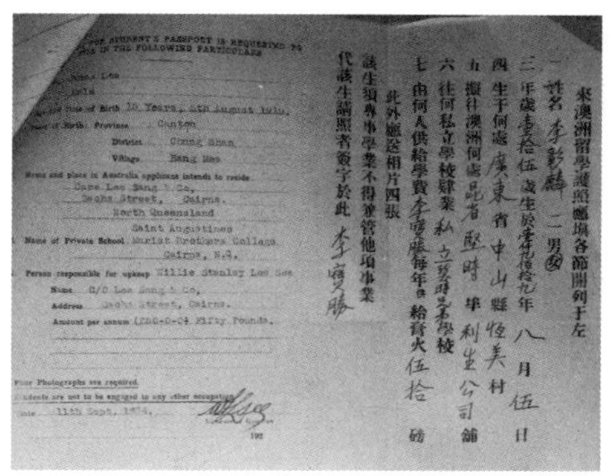

來澳洲留學護照應填各節開列于左
一 姓名 李彰麟 二 男女
三 年歲 壹拾伍 或生於 民國九年 八月伍日
四 生于何處 廣東 省 中山 縣 恆美 村
五 擬往澳洲何處 昆省 堅時 埠 利生公司 舖
六 往何私立學校肄業 私立孖厘時男學校
七 由何人供給學費 李寶勝 每年 給費 伍拾 磅
此外應送相片四張
該生須專事學業不得兼營他項事業
代該生請照者簽字於此 李寶勝

Place of Birth: Province Canton
District Chung Shan
Village Hang Mee
Name and place in Australia applicant intends to reside
Care Lee Sang & Co.
Sachs Street, Cairns.
North Queensland
Name of Private School Saint Augustines Marist Brothers College Cairns, N.Q.
Person responsible for upkeep Willie Stanley Lee
Name C/O Lee Sang & Co.
Address Sachs Street, Cairns.
Amount per annum Fifty Pounds.
Four Photographs are required.
Students are not to be engaged in any other occupation.
Date 11th Sept. 1934.

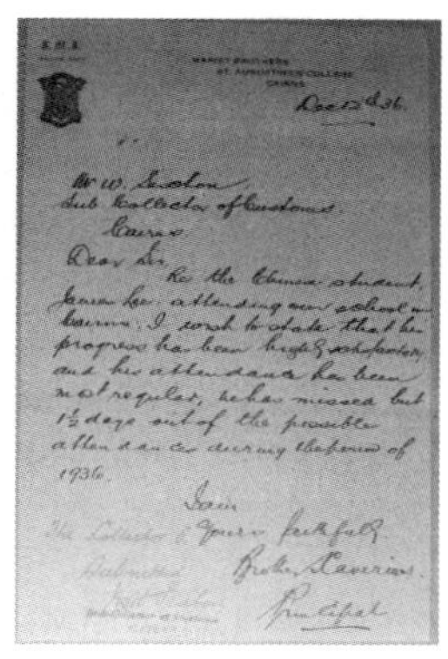

Marist Brothers
St. Augustine's College
Cairns

Dec 12th 36.

Dear Sir,
Re the Chinese student, James Lee attending our school ... Cairns. I wish to state that his progress has been highly satisfactory and his attendance has been most regular, he has missed but 1½ days out of the possible attendance during the ... of 1936.

Yours faithfully
Principal

左：一九三四年九月十一日，李宝胜填表，递交给中国驻澳大利亚总领事馆，为契弟李彰麟申领赴澳留学所需的护照和签证；右：一九三六年十二月十二日，私立孖厘时学校校长给坚时埠海关的信，报告李彰麟在校表现与各科学业令人满意。

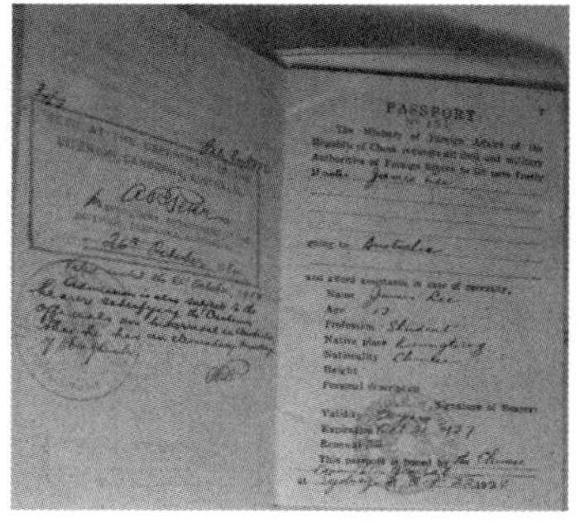

一九三四年十月二十二日，中国驻澳大利亚陈维屏总领事为李彰麟签发的中国护照及四天后澳大利亚内务部在护照内页上钤盖的签证印鉴。

档案出处（澳大利亚国家档案馆档案宗卷号）：

James Lee - Chinese Student's Ex/c, NAA: A1, 1938/163

① LEE Sang and Company, NAA: BP210/9, 70。

李衍生

中山恒美村

李衍生（Lee Yin Sung），生于一九二〇年元月初六日[①]，中山县恒美村人。

其父李门胜（Lee Moon Sing）大约出生于一八六八年[②]，十九世纪八十年代便远赴澳大利亚发展。跟大部分赴澳寻找梦想的恒美村人不同的是，他不是经南太平洋，而是经东印度洋，来到位于澳大利亚西海岸的西澳洲（Western Australia），然后在此申请了永久居留资格，并在一九〇四年回国探亲，结婚生子。[③]直到二十世纪一十年代，李门胜才逐渐从西澳洲移往鸟修威省（New South Wales）的首府雪梨（Sydney）；短暂停留后，再由此北上，进入昆士兰省（Queensland），到达北部的汤士威炉埠（Townsville），最终定居于坚时埠（Cairns）。在这里，他还是干老本行，当菜农，并与人合股开设一间商号，称合利号（Hop Lee & Co.），租地种菜并做蔬菜水果店批发生意。

一九三七年底，李门胜眼见自己年纪越来越大，经营上已经力不从心，而儿子李衍生也已经十七岁，即将十八岁；此前李衍生在家乡受到了良好教育，已读完了中学。为此，李门胜决定让儿子来澳留学，并找机会让他日后

① 该生日应该是农历，换算成公历应该是二月二十五日。

② Sing, Moon - Nationality: Chinese [DOB: 1868, Occupation: Gardener] - Alien Registration Certificate No 12268 issued 13 July 1921 at Thursday Island, NAA: BP4/3, CHINESE SING MOON。

③ Moon Sing, NAA: SP42/1, C1905/5431。

取代自己，继续在澳生活赚钱。于是，十二月十五日，他具结财政担保书，填具申请表，向中国驻澳大利亚总领事馆申领儿子李衍生赴澳留学的护照和签证。他以自己参与经营的合利号作保，允诺每年供给足镑学费和生活费，作为儿子在澳留学期间所需开支，准备让其来到坚时埠就读圣阿吉时顿学校（St. Augustine's College）。鉴于规定必须要有学校的录取信，李门胜在填表之前就从校长嬷嬷那里拿到了这份文件。与此同时，为了配合有关十四岁以上中国学生须提供英语能力证明的规定，李门胜也早早就让儿子手书一份英文信并从中山圣这士英文学校（St. James Grammar School）校长那里拿到一封证明信，作为李衍生已经具备了初步英语学识能力的证据。

位于雪梨的中国驻澳大利亚总领事馆接到申请后，很快便完成了初审。一九三八年一月五日，总领事保君建将所有这些材料汇总，备函向澳大利亚内务部申请李衍生的留学签证。内务部秘书在确认材料齐备之后，于月底行文昆士兰省海关，请其协助核查李门胜的财务状况及确认他与签证申请者之间的关系。

坚时埠海关受托对李门胜的情况予以核实。根据记录，合利号在坚时埠附近有一大块菜地，面积为六点五公顷，租期为十年，一九四二年到期。不过，税务部门发现，过去几年里，这块菜地根本就没有交过营业税，因而也就没有营业记录；更重要的是，李门胜总是将每年所得大多汇寄回了中国。但根据其本人的估计以及生意规模估算，过去五年中，平均每年所得应为二百一十五镑，这算得上是不错的收入。因这位菜农兼蔬果销售商过往的社区记录良好，邻里关系和主顾关系都很融洽，海关和税务部门都相信上述的收益接近事实，皆相信他的财务状况还算得上稳定。

到三月中旬，昆士兰省海关经与总部及其他省份海关协调核实，李门胜自来澳之后的半个世纪里，总计有六次回国探亲记录。第一次是一九〇四到一九〇五年，是拿西澳海关核发的回头纸出入境；第二次和第三次都是拿鸟修威省海关核发的回头纸，分别于一九一四年至一九一六年和一九一九年至一九二一年两次回国探亲；此后都是拿的昆士兰省海关核发的回头纸，分别于一九二五年至一九二六年、一九二七年至一九二八年和一九三四年至一九三六年回国探亲。据此，李衍生出生之年，正好是李门胜第三次回国探亲的次年，他当时人在中国，因而显示出他们之间生物学意义上的父子关系当无问题。

根据昆士兰省海关陆续提交上来的报告，可以确认李门胜具备监护人和财政担保人的资格；而李衍生还不到十九岁，没有达到不再接受中国学生来澳入读中等以下学校的规定年龄，且其英语能力的证明也显示出他确实具备了一些基础，因而也符合留学的要求。由是，一九三八年三月三十一日，内务部秘书通过了这位中国学生的签证预评估。四月五日，中国总领事保君建给李衍生签发了一份中国学生护照，号码是384452。一个星期后，即在四月十二日这一天，内务部秘书在寄送过来的上述护照上钤盖了入境签证印鉴，入境签证的有效期为一年。随后，将其退还给中国总领事馆，由后者负责寄送给签证持有人。

早就做好赴澳留学准备的李衍生，一俟接到中国驻澳大利亚总领事馆寄来的护照，立即通过相关金山庄购买船票。待行程确定，他就去到香港，搭乘“太平号”（Taiping）轮船，于六月一日抵达坚时埠。海关移民局官员对其当场测试英语的结果显示，他达到了入境要求，顺利过关，并当场核发给他十二个月的留学签证。李门胜与其合利号合伙人去到海关将儿子接出，在其住处安顿下来。

从七月一日开始，李衍生正式注册入读圣阿吉时顿学校。可能是在中山就读圣这士英文学校打下的基础，他很快就适应了这里的学习环境，英语能力进一步提高，可以比较自如地应付各科作业，在校表现也可圈可点。校长每次提交给内务部的例行报告，都称其学业和品行皆令人满意，因而很顺利地在这里读了一年半的书，直到一九三九年底学期结束。

一九四〇年新学年开学之前，即在一月二十四日，中国总领事保君建致函内务部秘书，申请转变李衍生的签证类别，即从学生签证转为工作签证。他在申请函中表示，去年，李门胜因年迈力衰而将合利号生意卖出，然后用这笔资金在西距坚时埠的内陆高原小镇雷文埒（Ravenshou）买了一间销售杂货和水果的商铺。可是毕竟年纪太大，已经超过七十岁了，其身体状况日渐恶化，各种痼疾缠身，根据医嘱，他急需回去家乡休养治疗调整，但其刚刚接手开展的生意不能停下来，因而希望内务部能准允其子代为经营。对于二十岁的李衍生来说，当然是很希望年迈的父亲能回国休息并治疗痼疾，而由他来担起经营这间商铺的担子。

对于这样的申请，内务部秘书非常慎重，遂请昆士兰省海关提供一份详细的报告，作为批复与否的依据。坚时埠海关依靠警察部门的协助，得知李门胜的上述生意是在去年三月一日才正式接手开业，到上一年六月三十日财政年度结束时，总计四个月的时间，营业额为五百九十四镑。收支相抵，净利润为四十三镑。在这个生意里，还有一位小股东，名叫阿昌（Ah Chong），是李门胜的小舅子，亦即李衍生的舅舅，但他在里边只占有很小的股份，实际上是担任店员的工作。海关人员反复核查，认为这样的业绩对于一个小商铺来说，如果以一年的营业额计的话，将会超过一千镑，算得上经营良好，有前景。内务部秘书接到海关提交的全部报告后，前后衡量得失，最终接受了海关的意见，于四月二日批复了上述申请，准允李衍生转换身份，代父经营。为此，先核发给他一年的签证，到期可展签，然后累计可申请总计三年的工作签证。而从现在起，李门胜须在三个月内离境回国；待其返回澳洲后，李衍生则须在一个月内将生意经营权交还给父亲，然后重返学校念书，或者离境回国。①

李门胜看到这样的批复，自然非常高兴，这也是他想要的结果，也是申请儿子来此的主要目的。作为一位七十多岁历经风霜的老人，此番回国，也不知是否还能返回澳洲，但能将自己在澳洲几十年的经营传给儿子，让他在这里继续发展，也算是堪慰平生。于是，利用余下的三个月时间，在手把手地将所有生意流程教给儿子及对相关的注意事项反复交代之后，李门胜便在七月七日登上路经坚时埠驶往香港的“太平号”轮船，返回家乡，或者就在香港定居养老。

而李衍生在随后一年里，虽然努力经营，也将年营业额维持在一千镑

① Lee Yin Sung - permission to transfer business from Ravenshoe, Queensland to Sydney [box 20], NAA: SP42/2, C1943/2685。

以上，但仍然显示出生意的艰难。而从一九四一年底到一九四二年初，因太平洋战争爆发后澳大利亚对日宣战，全国大力动员，昆士兰省北部地区又成为时刻预防日军偷袭侵略的前线，偏僻乡村的生意难做，其生意营业额下降得很厉害。为此，一九四二年八月二十六日，中国驻雪梨总领事段茂澜致函内务部秘书，表示因昆省北部乡村经济凋敝难以维生，申请准允李衍生去到雪梨，仍然是以其父亲的名义继续在那里从事同样的生意，这样可以使其从困境中解脱出来。对于上述情况，内务部通过当地海关和警察部门核实确认之后，于九月十六日予以批复。与此相适应的是，自太平洋战争爆发后，中国与澳大利亚成为世界反法西斯阵线的盟国，共同抗击日本的侵略，因此，澳大利亚提供给所有因战争而滞留在澳之盟国公民三年临时签证，有效期至一九四五年六月三十日；到期如果战争仍未结束，则该项签证自动展延两年。由是，李衍生也同样享有此项政策红利。

李衍生获得了上述批复，就意味着他可以自由移动。于是，他决定不去雪梨了，毕竟那个地方虽然大，也有市场，但他人生地不熟，重新在那个地方起步会很困难；而留在昆士兰省，尤其是在坚时埠的话，可能就会容易得多，因为他在这里读过书，父亲的熟人也多。更重要的是，因为战争，自一九四二年中起，该埠周围麇集有大量的驻军，包括澳军和美军，他们是相当大的消费群体，对各类生活物资需求甚殷。于是，李衍生与另外两位战前获准前来此间当店员的乡人合股，在坚时创办一间商行，名为Que On & Co.（桥安号，译音），专事蔬菜水果的批发和零售。一九四三年三月十五日，内务部批准了他们在坚时开店及所用商铺名称的申请。

然而，李衍生的留学档案到此终止。是否上述三人合作将桥安号商行运作了起来，不得而知。且在战时坚时埠当地的传媒报道中，也未见到与该商号相关的任何信息。但在一九四四年七月，一则李衍生所开设的李门号（Lee Moon & Co.）商铺为赈济战俘捐款的记录[①]表明，他独自开设了属于自己的商铺。对此，一个合理的推测是：虽然上述三人的合作获准运行，但最终可能

① 详见："Prisoners of War Appeal", in *Cairns Post*, Thursday 10 July 1944, page 4。

因理念及权益与分配问题等无法解决，大家只能散伙。而根据另外的一份澳洲档案宗卷，此时的李衍生还在小镇雷文埒埠继续经营生意，到一九四六年二月十三日才将其关闭。也就是说，他在准备与人合伙做生意以及最终自己在坚时埠创立自己的店铺时，仍然没有将父亲开在那个小镇上的商铺关闭或卖掉。而且还因战争的关系，也使得这个坚时埠的后方小镇流动人口增多，主要是军人和战时辅助人员，其商铺生意额也随之大增，从一九四五年七月一日到其关闭生意之日止，该店的营业额达到三千二百四十镑，可见战时带来的生意相当不错。至于在坚时埠的李门号商铺，一九四五年七月一日到一九四六年六月三十日的财政年度里，营业额也有二千二百二十一镑，显示出其生意经营得也不错。两年后，李门号商铺的营业额达到六千七百四十八镑。[①]而他从开设李门号商铺始，有时候也将这个店铺名作为自己的名字，从而使自己的名字与店名合二为一，并且在登记时将商铺东主的名字直接写成了罗伯特・李门（Robert Lee Moon），使自己的名字彻底当地化了。

由是，随着商铺生意的逐渐扩大，李衍生相应地在一九四八年一次性获得了五年有效期的居留签证。[②]如此一来，就使他可以利用这个机会回国探亲，处理家事[③]；同时，他也因商铺营业额的提升，得以获准从海外聘请员工前来坚时埠协助经营[④]。于是，这一年，他把自己的弟弟李衍培（Lee Yin Poy）申请来他的商铺帮忙。[⑤]

而早在一九四五年，李衍生就在坚时埠和一位在澳出生的华女结婚。到二十世纪六十年代，他最终得以加入澳籍。[⑥]

---

① Lee Yin Sung, Lee Moon - born Canton 1920 - Firms file, NAA: J25, 1957/3268。

② Application for Certificate of Exemption - LEE Yin Sung born 6 January 1920, NAA: A446, 1956/60577。

③ SUNG Lee Yin – Chinese, NAA: A435, 1948/4/835。

④ Lee Yin Sung (Lee Moon), NAA: BP210/9, 72。

⑤ Poy, Lee Yin born 1926 - nationality Chinese - arrived in Cairns on CHANGTE 4 July 1948, NAA: BP9/3, CHINESE POY L Y。

⑥ Lee Yin Sung, Lee Moon - born 1920 Canton - Lee Moon Store [Robert Lee Moon, proprietor of Lee Moon Store, Cairns] - [arriving in Australia 1 June 1938 in the Port of Cairns on the MV TaiPing, NAA: J25, 1965/9337]。

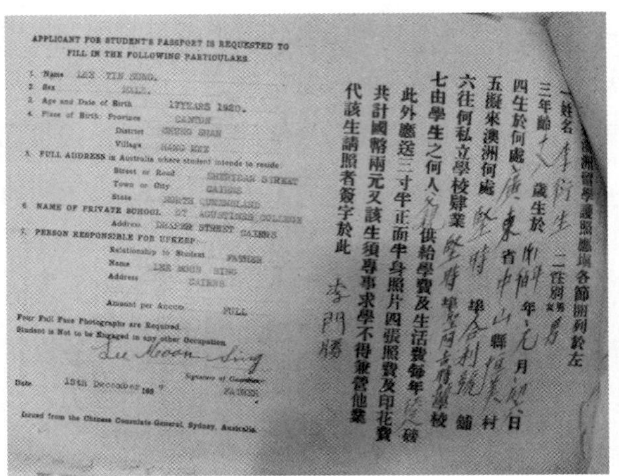

APPLICANT FOR STUDENT'S PASSPORT IS REQUESTED TO FILL IN THE FOLLOWING PARTICULARS.

1. Name　LEE YIN SUNG.
2. Sex　MALE.
3. Age and Date of Birth　17YEARS 1920.
4. Place of Birth: Province　CANTON
   District　CHUNG SHAN
5. FULL ADDRESS in Australia where student intends to reside:
   Street or Road　SHERIDAN STREET
   Town or City　CAIRNS
   State　NORTH QUEENSLAND
6. NAME OF PRIVATE SCHOOL　ST AUGUSTINES COLLEGE
   Address　DRAPER STREET CAIRNS
7. PERSON RESPONSIBLE FOR UPKEEP:
   Relationship to Student　FATHER
   Name　LEE MOON SING
   Address　CAIRNS
   Amount per Annum　FULL

Four Full Face Photographs are Required.
Student is Not to be Engaged in any other Occupation.

Lee Moon Sing
Signature of Guardian
Date　15th December 1937　FATHER

Issued from the Chinese Consulate General, Sydney, Australia.

一姓名李衍生　二姓別男
三年齡十八歲生於

四生於何處廣東省中山縣　村
五擬來澳洲何處
六往何私立學校肄業
七由學生之何人供給學費及生活費每年　磅
此外應送三寸半正面半身照片四張照費及印花費
共計國幣兩元又該生須專事求學不得兼營他業
代該生請照者簽字於此　李門勝

Book No. 536

COMMONWEALTH OF AUSTRALIA.　No. 24

DUPLICATE.

CERTIFICATE EXEMPTING FROM DICTATION TEST.

I, RUPERT BRISBANE CURD the Collector of Customs for the State of QUEENSLAND, in the said Commonwealth, hereby certify that Lee Moon Sing, Cairns hereinafter described, who is leaving the Commonwealth temporarily, will be exempted from the provisions of paragraph (a) of Section 3 of the Act if he returns to the Commonwealth within a period of three years from the date of departure shown below.

R. B. Curd
Collector of Customs

DESCRIPTION.

PHOTOGRAPHS.

Date of Departure　Port of Embarkation
Ship　Destination
Date of Return　Ship
Port

左：一九三七年十二月十五日，李门胜填表，向中国驻澳大利亚总领事馆申领儿子李衍生赴澳留学的护照和签证；右：一九三六年，李门胜申请回国探亲所用的回头纸。

COMMONWEALTH OF AUSTRALIA.

STATE OF QUEENSLAND.　PORT OF CAIRNS.

Immigration Act 1901-1935.

Name　LEE YIN SUNG. (Son of Lee Moon Sing.)　Nationality　Chinese.
Left and Right Thumb Impressions taken at　Cairns.　on the　1st. June, 1938.
REMARKS: Age　18. years.
"Taiping"　from　Hong Kong. 1/6/38.

LEFT.　RIGHT.

Chinese student holder of Chinese Passport No .384452. Issued at Sydney 5/4/38 by Chinese Consul-General.
Dept. of Interior visa dated 11/4/38.

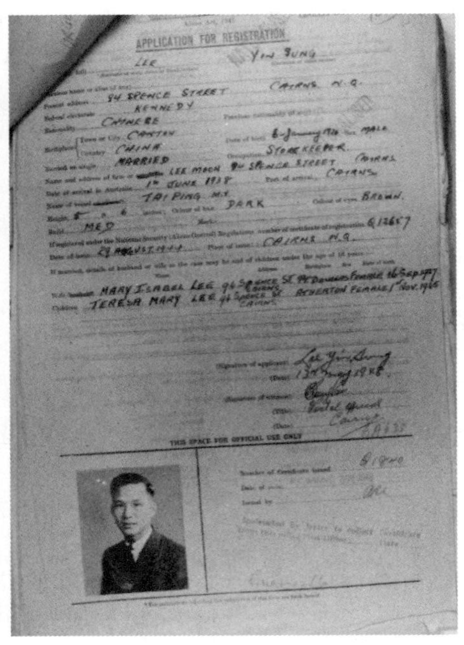

APPLICATION FOR REGISTRATION

LEE　YIN SUNG

94 SPENCE STREET　CAIRNS N.Q.
KENNEDY
CHINESE
CANTON　MALE
CHINA　STOREKEEPER.
MARRIED
LEE MOON 94 SPENCE STREET CAIRNS
1st JUNE 1938　CAIRNS
TAIPING M.V.
DARK　BROWN.
MED
CAIRNS N.Q.
MARY ISABEL LEE 94 SPENCE ST CAIRNS
TERESA MARY LEE 94 SPENCE ST CAIRNS　ATHERTON FEMALE

THIS SPACE FOR OFFICIAL USE ONLY

左：一九三八年六月一日，李衍生入境卡上的照片；右：一九四八年，李衍生的外侨登记卡。

档案出处（澳大利亚国家档案馆档案宗卷号）：

Lee Yin Sung - Student exemption [1cm], NAA: A433, 1947/2/2134

黄照墉

中山斗门

黄照墉（Gew Yoong），一九二〇年二月出生[①]，中山县斗门人。

其父黄良球（Wong Long Cole），是在澳大利亚联邦成立的两年前即一八九九年从中山县来到澳洲谋生，从雪梨（Sydney）登陆入境。[②]抵澳后，他去过鸟修威省（New South Wales）不同的地方寻找机会[③]，几经转折，最终还是定居于雪梨[④]。他除了做菜农，还在雪梨华埠参勿街（Thomas Street）二百零九号与人合股一起开设有档口，名恒泰记（Hang Hi Kee Co.）[⑤]，专营果蔬买卖。

一九三二年，黄照墉十二岁。为了把儿子办理来澳留学，黄良球于六月二十四日向已搬迁到雪梨的中国驻澳大利亚总领事馆递交申请，为黄照墉请领中国留学生护照并请代办入境签证。他以上述自己参与经营的恒泰记作保，承诺每年提供膏火银七十五镑，供儿子来澳留学所需之学费、医疗保险

---

① 档案中没有说明黄照墉的具体出生日期，只有月份。

② Wong Long Cole [Chinese - arrived Sydney, c. 1899. Box 21], NAA: SP11/2, CHINESE/COLE W L。

③ COLE Wong Long: Nationality - Chinese: First Registered at Darwin – NT, NAA: MT269/1, NT/CHINA/COLE WONG。

④ David Yee, Paul Gock Zuay, Wong Long Cole, Gaspar Fernandes, George Ah Poo, Yong Hip, Chung Zuoy and Kie War [Certificate Exempting from Dictation Test - includes left hand impression and photographs] [box 68], NAA: ST84/1, 1913/140/91-100。

⑤ 根据黄财（Wong Tsoi）的档案，其兄长黄兴（Wong Hing）也是恒泰记商号的老板。照此看来，这个恒泰记商号应该是由几个人合股开办；而且，所有的合股人都是斗门人，并基本上是黄姓宗亲。见：Wong Tsoi Student's passport, NAA: A1, 1931/5053。亦见："承受生意声明"，载雪梨《东华报》（*The Tung Wah Times*）一九三一年十二月十二日，第五版。

及其他开销之用。他为儿子选择的学校是帝弗士英文学校（Chinese School of English）[①]。六月二十九日，中国驻澳大利亚总领事陈维屏将上述申请材料转给澳大利亚内务部，请其尽快核发入境签证。而帝弗士英文学校校长戴雯丽小姐（Miss Winifred Davies）也应要求，于七月四日补办了一份同意黄照墉入读该校的录取信。

内务部接受上述申请之后，便按照流程审理，并指示雪梨海关协助核查。七月二十一日，雪梨海关报告内务部，根据调查的结果，黄良球信誉良好，在雪梨市政市场有一果菜档口，每周收入四至六镑，在恒泰记有存款二百镑。由此看来，其财务状况不错。此外，过去二十几年间，他历年回中国探亲的出入境记录如下：一九一三年十月二十九日至一九一四年五月一日，一九一八年五月二十四日至一九一九年十一月二十八日，一九二五年二月二十一日至十二月二十六日，总计回国探亲三次。申请表上所填报之其子黄照墉于一九二〇年二月出生，当是在其第二次回国探亲结束返回澳洲后三个月左右之时，说明他在中国探亲期间致妻子怀孕而生育。

上述核查结果显示，黄良球的财政信誉符合要求，与签证申请人黄照墉的父子关系也成立，完全符合监护人和财政担保人的要求。为此，八月四日，内务部复函中国总领事馆，同意核发黄照墉入境签证，编号32/5161。中国总领事陈维屏在得到内务部明确答复后，也签发了给黄照墉一份学生护照，编号为122526。

至此，黄照墉的赴澳留学护照和签证申请流程整个看起来都很顺利。正常情况下，他应该在家乡接到从澳洲寄来的护照之后，就可以动身前来澳洲留学。可是，他的留学档案到此终止。自此之后，澳洲再也找不到与黄照墉这个名字有关的档案记录，也不知道最终他是否来到澳洲，成为当时众多中山籍赴澳留学生中的一员。当然，如果是的话，名字可能会有所不同。

---

① 该校通常被当时的华人译为中西学校，或者是华人英文学校或唐人英文学校，不知为何黄良球在申请表的中文栏里将其写为帝弗士英文学校。

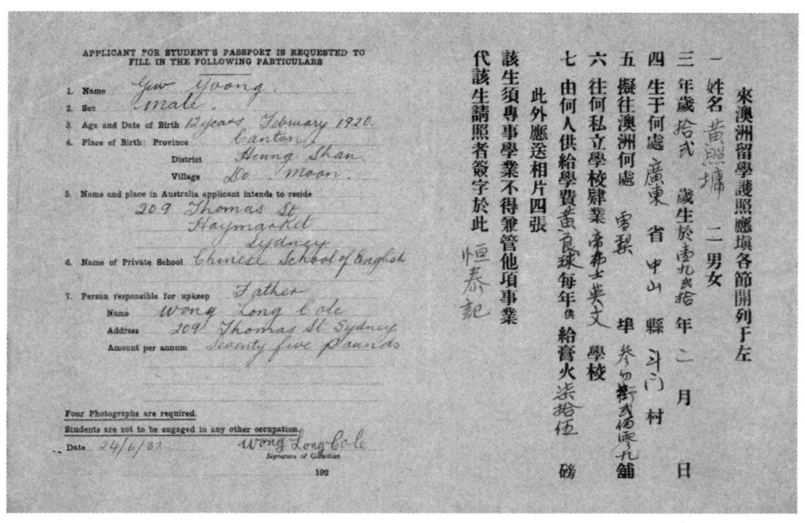

APPLICANT FOR STUDENT'S PASSPORT IS REQUESTED TO FILL IN THE FOLLOWING PARTICULARS

1. Name Gew Yoong.
2. Sex male.
3. Age and Date of Birth 12 years February 1920.
4. Place of Birth: Province Canton
   District Heung Shan
   Village Do Moon.
5. Name and place in Australia applicant intends to reside 209 Thomas St Haymarket Sydney
6. Name of Private School Chinese School of English
7. Person responsible for upkeep Father
   Name Wong Long Cole
   Address 209 Thomas St Sydney
   Amount per annum Seventy five pounds

Four Photographs are required.

Students are not to be engaged in any other occupation.

Date 24/6/32 Wong Long Cole Signature of Guardian

192

來澳洲留學護照應填各節開列于左

一 姓名 黄照墉 二 男女

三 年歲 拾弍 歲生於壹九弍拾 年 二 月 日

四 生于何處 廣東 省 中山 縣 斗门 村

五 擬往澳洲何處 雪梨 埠 [illegible]街弍佰零九 舖

六 往何私立學校肄業 唐番書英文 學校

七 由何人供給學費 黄良球 每年供給膏火 柒拾伍 磅

此外應送相片四張

該生須專事學業不得兼管他項事業

代該生請照者簽字於此 恒泰記

一九三二年六月二十四日，黄良球向中国驻澳大利亚总领事馆请领儿子黄照墉来澳留学护照和签证所填写的申请表。

档案出处（澳大利亚国家档案馆档案宗卷号）：

Gew Yoong - students passport, NAA: A1, 1932/5361

马植培

中山沙涌村

马植培（Charles Mah），生于一九二〇年十月三日，中山县沙涌村人。

其姐夫名叫Lam Kin On（林建安，译音），还有一个英文名字Jack Toy，是在澳大利亚昆士兰省（Queensland）北部重镇坚时埠（Cairns）出生的第二代华人，生于一九〇一年十二月十九日。他的父亲名叫林秀山（Lum Sou San），大约出生于一八五八年，十九世纪八十年代便从广东省香山县来到澳大利亚发展，最终在坚时埠的唐人街（即沙昔街，Sachs Street）开设一间药店。①一八九六年，他回国娶了十八岁的鲍氏，并在其后几年设法将其带到了坚时埠一起生活，林建安便是他们的第一个孩子，以父亲的名"秀山"为姓，全名就成了William John Sou San。此后，林秀山夫妇在这里共生育了十五个子女。②林建安在十四岁时，便遵父命回国探亲，学习中文，此后也回国多次。③也可能就是在国内期间，他遵父命与沙涌村的马氏结亲，娶了马植培的姐姐为妻。可能是父亲所经营的生意对他有所影响的缘故，一九三一

① Certificate Exempting from Dictation Test (CEDT) - Name: Lum Sou San - Nationality: Chinese - Birthplace: Canton China - departed for China per ARAFURA 27 November 1925 returned Cairns per TANDA 20 December 1926, NAA: J2483, 390/19。

② Passport Photographs - Sou San: Frank Richard; Charles Thomas; Stephen Edward; Henry; Ethel; George; Violet; Elsie; Doris; Jessie; Harry; Irene; and Emily Maude. [Includes Birth Certificates for Frank Richard, Charles Thomas, Stephen Edward and Henry], NAA: BP234/1, SB1930/382。

③ Certificate Exempting from Dictation Test (CEDT) - Name: William John Sou San (of Cairns) - Nationality: Chinese - Birthplace: Cairns Queensland - returned to Brisbane per SS NIKKO MARU on 4 August 1917, NAA: J2483, 192/60。

年，他在坚时开设了一家医馆（即药材铺），名为秀山号（W. Sou San），销售中草药品及一些杂货。而他此后也在坚时埠积极参与当地华社组织的活动，是坚时埠华人会社的秘书，参与组织许多维系中华文化传统和帮助中国赈灾的活动①。

一九三八年四月六日，林建安以监护人的名义具结财政担保书，填好申请表，递交给中国驻澳大利亚总领事馆，为内弟马植培申领赴澳留学所需的护照和签证。他以自己经营的秀山号药材铺作保，允诺每年供给足镑膏火，作为马植培在澳留学期间所需的各项费用开销，要将他安排进入天主教会在坚时埠开办的圣母昆仲会学校（Marist Brothers' School，亦称St Augustine's College［圣思定书院］）读书，并已从该学校拿到了录取函。因这一年马植培将届满十八岁，按《中国留学生章程》规定，他须提交具备初步英语学识能力的证明，作为申请签证的附件以备检索。为此，他事先手写了一份英文抄件，以显示自己的英语水平；同时，他也在这一年的年初让石岐的一所英语学校的校长写了一封推荐信，证明他在该校就读了两个学期的英语课程，已具备初步的英语能力。这两份附件也刚好在四月份之前寄到了坚时，林建安递交申请时也将其一并附上。

中国驻澳大利亚总领事馆接到上述申请后，见材料齐全，便于一周之后就将其转寄给内务部秘书，为这位中国学生申请签证。根据审理流程，坚时埠海关便按照内务部的指示，提交了林建安的财务状况报告。林建安所经营的商铺规模不大，到上一个财政年度，其年营业额为七百五十镑，但进口物品不少，价值为二百三十八镑，而其记账基本上都用中文。由此可见，尽管林建安是在澳大利亚出生，自小也是接受英语教育，但其频繁回返中国，已经接受了传统的中国经商方式，用中文苏州码记账结账。虽然其经商刚刚开始没有多久，但财务状况比较稳定，显示其具备监护人和财政担保人的条件。

---

① 比如，参与组织中国农历新年庆祝活动（"Old Tradition, Chinese new year, revived in Cairns", in *Cairns Post*, Saturday 13 February 1937, page 3）和全面抗战爆发后支持中国抗战的筹款活动（"Chinese Relief Fund", in *Cairns Post*, Wednesday 1 December 1937, page 6）等等。

内务部秘书认可了坚时埠海关的意见，但却对马植培的实际英语能力如何不是很确定，经与不同层级官员一番讨论后，最终表示可以在其入境时由移民官当场测试，从而达成了正面的共识。于是，四月二十九日，他批复了上述签证申请。中国总领事保君建得到通知，四天后便给马植培签发了一份号码为384466的中国学生护照，寄给内务部秘书，由后者在五月十日钤盖入境签证印章于护照内页。随后，这份护照就退回给中国总领事馆，由后者将其寄往香港的指定金山庄，为马植培安排赴澳行程；而内务部秘书也同时提供签证备份给昆士兰省海关，告知这位中国学生的签证已妥，让其安排通关。

事实上，马植培早就准备就绪，一俟得知护照已寄到香港，立即束装前往，搭乘金山庄为其订妥的"彰德号"（Changte）轮船，于六月二十九日抵达坚时埠。移民官对其当场测试，表明其英语确实已经具备一定基础，因而顺利入境。林建安去到海关将其接出来，安顿在自己经营的秀山号药材铺里的宿舍住下。

当年七月十一日，马植培按照此前姐夫的安排，注册入读圣母昆仲会学校。学校在年底提供的报告显示他在校表现良好，学业成绩令人满意。到一九三九年一月二十五日，即新学年开学前，中国驻澳大利亚总领事保君建致函内务部秘书，为其申请转学到圣若瑟书院（St Joseph's Convent School）读书。二月三日，内务部秘书批复，如其所请。

然而，转学后的马植培上课不到两个月，便于一九三九年三月二十四日退学。六天之后，他在坚时埠港口登上去年赴澳时所乘坐的同一艘"彰德号"轮船，返回中国去了。何以他在澳留学仅仅九个月便急匆匆地离去，档案中未有任何说明。而他要返回的中山县，则与其去年出国前有所不同，一九三八年十月，日军登陆惠阳大亚湾，占领广东省城广州，与其毗邻的中山县，已经暴露在日军炮火直接威胁之下，随时有被日军侵占和扫荡的危险。而他返回中国后的去向和命运任何，因无资料，不得而知。

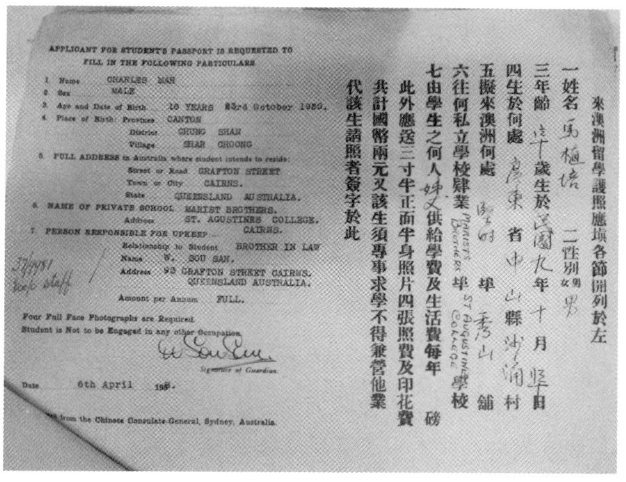

APPLICANT FOR STUDENT'S PASSPORT IS REQUESTED TO FILL IN THE FOLLOWING PARTICULARS.

1. Name CHARLES MAH
2. Sex MALE
3. Age and Date of Birth 18 YEARS 23rd October 1920.
4. Place of Birth: Province CANTON
   District CHUNG SHAN
   Village SHAR CHOONG
5. FULL ADDRESS in Australia where student intends to reside:
   Street or Road GRAFTON STREET
   Town or City CAIRNS.
   State QUEENSLAND AUSTRALIA.
6. NAME OF PRIVATE SCHOOL MARIST BROTHERS.
   Address ST. AGUSTINES COLLEGE. CAIRNS.
7. PERSON RESPONSIBLE FOR UPKEEP—
   Relationship to Student BROTHER IN LAW
   Name W. SOU SAN.
   Address 93 GRAFTON STREET CAIRNS. QUEENSLAND AUSTRALIA.
   Amount per Annum FULL.

Four Full Face Photographs are Required.
Student is Not to be Engaged in any other Occupation.

Signature of Guardian

Date 6th April 193

from the Chinese Consulate-General, Sydney, Australia.

來澳洲留學護照應填各節開列於左
一姓名 馬植培 二性別男女 男
三年齡 十八歲生於民國九年十月廿三日
四生於何處 廣東省中山縣沙涌村
五擬來澳洲何處 堅時埠 秀山舖
六往何私立學校肄業 MARISTS BROTHERS 埠 ST AUGUSTINES COLLEGE 學校
七由學生之何人 姊丈 供給學費及生活費每年 磅
此外應送三寸半正面半身照片四張照費及印花費
共計國幣兩元又該生須專事求學不得兼營他業
代該生請照者簽字於此

COMMONWEALTH OF AUSTRALIA
STATE OF QUEENSLAND

I landed in Cairns by Changte today It is a beautiful City I am going to study here

Charles Mah

L. R.

左：一九三八年四月六日，林建安以监护人的名义填好申请表，递交给中国驻澳大利亚总领事馆，为内弟马植培申领赴澳留学所需的护照和签证；右：一九三八年六月二十九日，马植培抵达坚时埠入关时提供的照片和留下的指印。

外交部
馬植培
前往澳洲
中華民國二十七年五月三日
CONSUL-GENERAL
保君建

SEEN AT THE DEPARTMENT OF THE INTERIOR, CANBERRA, AUSTRALIA.
FOR SECRETARY, DEPARTMENT OF THE INTERIOR, CANBERRA, AUSTRALIA.
9th May 1938

Bearer will be permitted to enter the Commonwealth temporarily pursuant to the special arrangement between the Commonwealth Government and the Government of China in regard to the admission of Chinese students provided that he arrives on or before 9th May 1939, and satisfies the Customs authorities on arrival that he has an elementary knowledge of the English language.

PASSPORT

Charles Mah
Australia
via Hongkong & Manila
Name Charles Mah
Age 16
Profession Student
Native place Kwangtung, China
Expiration 2nd May 1941
at SYDNEY on 3rd May 1938

左：一九三八年五月三日，中国驻澳大利亚总领事保君建给马植培签发的中国学生护照中文页；右：该护照的英文页及签证页。上面的信息显示，与护照申请表上所列之年龄不同的是，中国总领事在此将马植培的实际年龄减小了两岁。

Book No. 390 Fee paid Cairns W/t 291 9 26/11/25

Form No. 21. DUPLICATE. COMMONWEALTH OF AUSTRALIA No. 19
Immigration Act 1901-1920 and Regulations.

CERTIFICATE EXEMPTING FROM DICTATION TEST.

I, HENRY MAC NAMARA ROBINSON, the Collector of Customs for the State of QUEENSLAND, in the said Commonwealth, hereby certify that Lum Sow San (Cairns) hereinafter described, who is leaving the Commonwealth temporarily, will be exempted from the provisions of paragraph (a) of Section 3 of the Act if he returns to the Commonwealth within a period of Three years from this date.

Date 8th July 1925. Collector of Customs.

DESCRIPTION.

Nationality Chinese Birthplace Hong Kong
Age 58 years Complexion Sallow
Height 5 ft 3 in Hair Mostly Grey
Build Slight Eyes Brown
Particular marks

(For impression of hand, see back of this document.)

PHOTOGRAPHS.

Full Face:— Profile:—

Date of departure 27 11 25 Port of Embarkation Cairns
Ship " Arafura Destination China
Date of return 20/12/26 Ship Taiyuan
Port Cairns

Customs Officers.

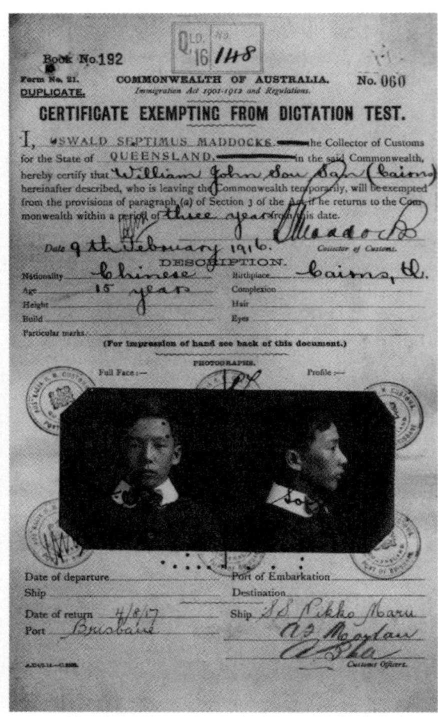

Book No.192 QLD. No. 16 148

Form No. 21. DUPLICATE. COMMONWEALTH OF AUSTRALIA. No. 060
Immigration Act 1901-1912 and Regulations.

CERTIFICATE EXEMPTING FROM DICTATION TEST.

I, OSWALD SEPTIMUS MADDOCKS the Collector of Customs for the State of QUEENSLAND, in the said Commonwealth, hereby certify that William John Sou San (Cairns) hereinafter described, who is leaving the Commonwealth temporarily, will be exempted from the provisions of paragraph (a) of Section 3 of the Act if he returns to the Commonwealth within a period of three years from this date.

Date 9th February 1916. Collector of Customs.

DESCRIPTION.

Nationality Chinese Birthplace Cairns, Q.
Age 15 years Complexion
Height Hair
Build Eyes
Particular marks

(For impression of hand see back of this document.)

PHOTOGRAPHS.

Full Face:— Profile:—

Date of departure Port of Embarkation
Ship Destination
Date of return 4/8/17 Ship S.S. Nikko Maru
Port Brisbane

Customs Officers.

左：一九二五年，林秀山申请的回头纸；右：一九一六年，林建安申请的回头纸。

档案出处（澳大利亚国家档案馆档案宗卷号）：

Charles Mah - Student's Ex/c, NAA: A1, 1938/7356

黄有谅

中山黄良都村

黄有谅（Wong You Leong），生于一九二〇年十二月一日，中山县黄良都村人。他的祖父名叫黄恒盛（Wong Hang Sing），原名黄位基（Wong Way Kee）①，恒盛可能是其字，也可能是进入澳大利亚后使用的名字，并且此后他开设的商铺也使用“恒盛”作为店名；或者是他将店名作为其在当地之行世之名。

黄恒盛大约生于一八七八年，于一八九八年从香港乘船前往澳大利亚发展，从昆士兰省最北边的港口谷当埠（Cooktown）登陆入境。②他在该地充当菜农，很快便立下脚跟，于一九〇〇年便得以申请成为昆士兰省的长期居民。③到次年澳大利亚联邦成立时，遂自动转为澳大利亚的长期居民。此后，他从昆士兰省南下，大约在一九一〇年前后，到达鸟修威省（New South Wales）中西部地区的阿论治埠（Orange），开设了以自己名字命名的商铺恒盛果栏（Hang Sing & Co.）④，经营蔬果土产和杂货等商品，经济状况良好。

---

① 见：“声明告白”，载雪梨《民国报》（Chinese Republic News），一九一五年七月二十四日，第六版。

② Hang Sing [Chinese - arrived Cooktown per CHONG CHOW, c. June 1898. Box 40], NAA: SP11/2, CHINESE/SING HANG。

③ Hang Sing, NAA: J2481, 1900/202。

④ “Hang Sing & Co.,”, in *Leader*(Orange, NSW), Friday 10 November 1911, page 2。这是在阿论治埠当地报纸上找到的首个恒盛果栏广告，可见黄恒盛在这一年或之前便已到达这个镇子，然后开设自己的店铺。

为此，他得以在一九二三年申请太太去到澳洲探亲[1]，也因生意的拓展，在一九二九年将儿子申请前往帮工[2]。从年龄上看，黄恒盛与孙子只相差四十二岁。可以推测，他在离开家乡奔赴澳大利亚寻找梦想之前便已结婚，并且也有了儿子，这样到二十世纪二十年代初，他的儿子在二十岁左右结婚生子，有了黄有谅这个孙子。

一九三四年，黄有谅将满十四岁。他的祖父黄恒盛想将他办理来澳大利亚留学，当然是在他经商的阿论治埠，由他照顾，就近上学，为此，他联络好了当地的基督教兄弟会学校（Christian Brothers' College），为孙子拿到了录取确认信。之后，他在当年九月十八日以监护人的名义填好申请表格，并具结财政担保书，递交给中国驻澳大利亚总领事馆，为孙子申请赴澳留学的护照和签证。他以自己经营的恒盛果栏作保，允承每年供给膏火五十镑，作为黄有谅来澳留学所需的学费、生活费、医疗保险费及其他各项必要开支。

按照《中国留学生章程》规定，年满十四岁以上中国学生赴澳留学，需提供具有初步英语学识能力的证明。为此，黄恒盛早就从中山县立和风乡师范学校校长赵英纶那里，拿到了他在七月一日便写好的一份推荐信，特别说明黄有谅在他的学校已经学了一年英语。但在递交了申请表和推荐信后，中国驻澳大利亚总领事馆检查后发现，还少了一份黄有谅本人手写的英文抄件，该抄件可以让签证申请预审人员从中直观地判断其英语程度，遂要求尽快补充。直到一九三五年初，黄有谅的这份写有二十六个英文字母的手抄件才寄了过来，这样才算是申请材料齐备。

于是，一九三五年二月五日，中国总领事陈维屏将上述申请材料汇总，备函寄送内务部秘书，为黄有谅申请留学签证。但是，让陈维屏总领事感到诧异的是，内务部秘书没有按照流程去评估这项申请，而是在六天后便复函，直截了当地拒绝了黄有谅的签证申请。拒签的理由是，首先，赵英纶校

---

① Eva Elsie Wing [also known as Mrs Hang Sing] and Miss Minnie Wah Sing [box 162], NAA: SP42/1, C1924/3708。

② Wong Way Kee [also known as Hang Sing] [application by Wong Way Kee for admission of his son Wong Look Sheung, into the Commonwealth] [box 244], NAA: SP42/1, C1929/10702。

长的推荐信只说明黄有谅学了一年英语，但没有说明他达到什么样的程度；其次，从黄有谅的手抄件来看，他充其量也只是刚刚学了几个字母，还处于初学阶段，可能连个句子都看不懂。据此，他根本就与十四岁以上的中国学生须具备初步英语学识能力这一要求完全不符，自然也就无须再花费人力物力去调查做进一步的审理评估了。

事实上，陈维屏总领事也认同内务部秘书的上述评价以及对黄有谅英语程度的判断，而且他也明白，即便再给黄有谅一年时间，在一个乡村地区，其英语能力会达到什么程度也不能抱太大的希望。可是，职责的驱使，又使得他不得不尽力去争取侨胞的利益。为此，他在二月二十八日写信给内务部秘书，希望他考虑一下，还是核发留学签证给这位今年将届满十五岁的中国学生。他建议说，让黄有谅来到阿论治埠，给其一年的时间，除了正常时间去到基督教兄弟会学校上学，还可让其祖父聘请私人家教，在课余时间对其进行强化英语训练，这样，其英语就应该会有很大的进步。但是，内务部秘书对此并没有松口。他在咨询了内务部的几个不同层级官员的意见之后，大家的一致看法是，以黄有谅的年龄，来到澳大利亚上学时须具备初步的英语学识能力方才可以适应学校的学习；而以他目前的状况，最好是在中国进入一家教授英语的学校强化学习一年，届时他可能会具备初步的英语能力，再申请前来澳洲读书，到那时，就可以核发留学签证给他。三月十四日，内务部将上述意见转告了陈维屏总领事。

黄有谅的留学档案到此终止。很显然，陈维屏总领事已经尽力，但无法改变现状；而黄恒盛也明白，孙子的英语能力确实不足；而如果在国内进入英语补习班强化学习，虽然是一个办法，然而是否能够达成目标也是一个问题；假如事情不顺，只是在浪费金钱和虚度时光。于是，这事儿也就到此结束。

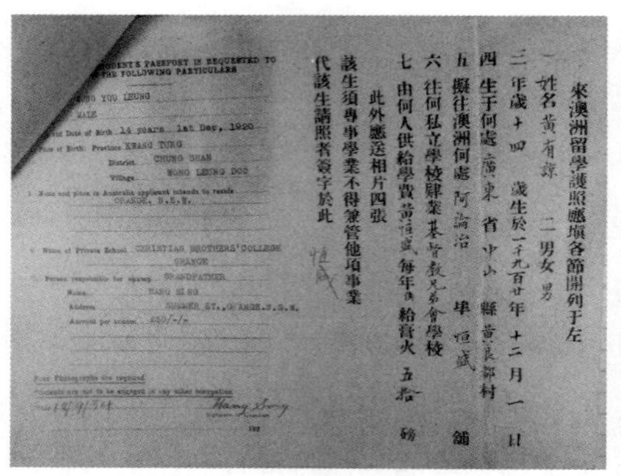

來澳洲留學護照應塡各節開列于左
一 姓名 黃有諒 二 男女 男
三 年歲 十四 歲 生於 一千九百廿年 十二月 一 日
四 生于何處 廣東 省 中山 縣 黃良都村
五 擬往澳洲何處 阿論治 埠 恒盛 舖
六 往何私立學校肄業 基督教兄弟會學校
七 由何人供給學費 黃恒盛 每年供給膏火 五拾 磅
此外應送相片四張
該生須專事學業不得兼營他項事業
代該生請照者簽字於此 恒盛

FOLLOWING PARTICULARS
YOU LEUNG
MALE
Date of Birth 14 years 1st Dec, 1920
Place of Birth: Province KWANG TUNG
District CHUNG SHAN
Village WONG LEUNG DOO
Name and place in Australia applicant intends to reside ORANGE, N.S.W.
Name of Private School CHRISTIAN BROTHERS' COLLEGE ORANGE
Person responsible for upkeep GRANDFATHER
Name WANG SING
Address SUMMER ST., ORANGE, N.S.W.
Amount per annum £50/-/-

左：一九三四年九月十八日，黄恒盛以监护人的名义填表，递交给中国驻澳大利亚总领事馆，为孙子黄有谅申请赴澳留学的护照和签证；右：一九〇〇年，黄恒盛申请长期居留及回头纸文件。

學生黃友諒曾在本校附小五年級修業壹學期英文程度及格此證
中山縣立和風鄉師學校校長趙英綸

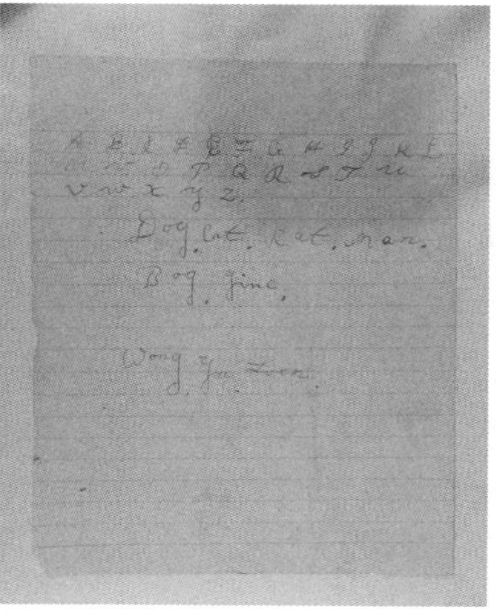

A B C D E F G H I J K L
U V W X Y Z
Dog. Cat. Rat. Man.
Boy. Girl.
Wong Yu Leon.

左：一九三四年七月一日，中山县立和风乡师范学校校长赵英纶所写的推荐信，表示黄有谅已在该校学习英语一年，十分渴望赴澳留学；右：一九三四年底，黄有谅手写的英文抄件。

档案出处（澳大利亚国家档案馆档案宗卷号）：

Wong Ju Leong - Students Ex/c, NAA: A1, 1935/1838

萧自强

中山南文村

萧自强（Sue Gee Kean或Sue Gee Khan），生于一九二〇年十二月，中山县南文村人。

一八八〇年二月十六日出生的萧胜利（Sue Sing Lee），又名佐治萧（George Sue），是他的父亲。弱冠之年，佐治萧便追随乡人南下太平洋的步伐，前来澳大利亚淘金，寻找发家致富的机会。一九〇〇年六月，他乘船抵达澳洲昆士兰省（Queensland）北部的谷当埠（Cooktown），由此登陆入境。[①]随后，他以中草药医生的身份，一直在坚时埠（Cairns）一带的周边地区活动；一九一四年前后曾回国探亲[②]，其间也曾经去过雪梨（Sydney）和美利滨（Melbourne）等地做游方中医，后来也有过出入境。到一九三〇年左右，他来到昆士兰省首府庇厘时彬（Brisbane），便在此定居下来，于华丽区（Fortitude Valley）开设一间草医店，亦称之为医馆，售卖中草药及一些日用品。

一九三五年五月一日，佐治萧以监护人和财政担保人的身份，填写申请表，向中国驻澳大利亚总领事馆申领儿子萧自强赴澳留学所需之护照和签

① Sue, George - Nationality: Chinese - Arrived Cooktown on Tiy-Yuen June 1900, NAA: BP25/1, SUE G CHINESE。

② Certificate Exempting from Dictation Test (CEDT) - Name: Sue Sing Lee (of Atherton) - Nationality: Chinese - Birthplace: Canton - departed for China per CHANGSHA on 17 December 1913, returned to Cairns per EMPIRE on 14 June 1914, NAA: J2483, 114/88。

证。他以自己经营的医馆作保，允诺每年供给足镑膏火以充儿子来澳留学所用。他原先是想让儿子来了之后再确定进入哪所学校就读，但后来得知，必须要有具体的接受学校出具录取信方才可以申请签证，于是便在几天后与位于庇厘时彬城里的圣约翰学校（St. John’s Cathedral Day School）联络，拿到了校长开具的同意接受萧自强入读的录取信。

接到上述申请后，中国总领事陈维屏于五月二十八日备文，将其转交给内务部秘书，申请萧自强的留学签证。内务部秘书按照流程，指示海关对监护人和财政担保人的情况予以核查上报，作为是否批复该项申请的依据。六月六日，昆士兰省海关提交了有关佐治萧财务状况的报告。通过他们的调查，佐治萧为人谦和，草医馆生意平稳，每周净收入为二镑，在银行存款六十五镑，其中草药材和制成品总计价值有二百五十镑。这样的一种财务状况，庶几还算过得去。此外，是确认佐治萧（George Sue）和萧胜利（Sue Sing Lee）这两个名字是否为同一个人，为此，海关与内务部之间又经过几轮的公牍往返，方才得以确认为同一人的两个名字。按照流程，还需要确认佐治萧与儿子的亲缘关系，这就要找到确切的出入境记录来证明。于是，昆士兰省海关遂与鸟修威省（New South Wales）海关联络，最终在七月中旬方才证实，佐治萧曾于一九一六年三月从雪梨出境回国探亲，到一九二〇年底方才回澳，而其子萧自强在一九二〇年十二月出生，他们之间的父子关系应毋庸置疑。到次年二月他再回国探亲，直到一九二九年回澳。最后一个问题，则是萧自强的年龄是否需要英语能力证明。按规定，原则上是十四岁以上的中国留学生需要提供证明，但因此前中国总领事曾经与澳洲总理交涉过未满十五周岁应按十四岁以下计，无须提供英语能力证明；而且萧自强报名拟入读的圣约翰学校又是由英格兰教会主办，教会保证在提供这位中国学生入读正常课程之余，还会安排专人特别给他辅导英语，使其能够跟得上学校的课程进度。从这个角度来看，萧自强的英语及其教学问题也得以解决。

待接到上述报告并再次审核确认之后，七月二十六日，内务部秘书通过了上述签证预评估。中国驻澳大利亚总领事陈维屏接到通知，便于四天后给萧自强签发了一份中国学生护照，号码为223874；八月二日，内务部秘书也在送交上来的这份护照上钤盖了入境签证印章，随后退还给中国总领事馆，由后者负责寄往中国。该签证的有效期是到当年十二月三十一日，这就意味着萧自强必须在日期之前入境澳洲，否则签证就失效。

从八月到十二月，尚有不到五个月的时间，除去航运来回所需时间，尚有三个月时间准备，如果抓紧操作，时间还算宽裕。为此，萧家紧锣密鼓，很快就安排好了萧自强的赴澳行程以及联络好了旅程中的监护人。十一月初，萧自强去到香港，搭乘“太平号”（Taiping）轮船，于十一月三十日抵达庇厘时彬港口。虽然海关对这位中国学生的英语测试表明，他只是刚刚学了一点英语，基本上无法应付基本的日常生活，但因签证条件中是免除其英语测试，因而就让他顺利入境。

因其抵达澳大利亚的时间适逢当地学校即将放暑假，萧自强便没有去上学，而是等到次年新学年开学后，方才正式注册入读圣约翰学校。虽然他在校表现尚好，校长也认为他聪慧好学，但在上半学期结束后，就决定不再让他在该校继续读下去，理由是他要在学校里从基础读起，比同班的其他学生要大八岁，实在是很难让他在这样的环境里潜心向学。

于是，从当年年中开始，萧自强便转学到位于华丽区隔邻新场区（New Farm）的圣嘉勒书院（St. Clare’s School），这是一所由天主教的一个女修会创办的私校，接受不同年龄层次的学生。在这所学校，他的表现很受称赞，被认为能很快接受新事物，适应新的学习环境，各方面的表现都很优秀；与此同时，他也在这里给自己取了一个英文名，叫作Henry（亨利），全名就成了Henry Sue（亨利萧）。而在一九三六年底，内务部很爽快地批复了他的留学签证展延。

但到一九三七年五月，圣嘉勒书院院长向海关报告，萧自强已经缺勤达十一天之久。海关报告给内务部秘书之后，也发函对监护人佐治萧提出警告，特别强调萧自强是来留学的，就必须遵守规定，否则就要将其遣返回国。对此，佐治萧赶紧于五月十三日复函海关，解释说其子之缺勤，有一周时间是因患流感，其余时间是因自己搬到新的店铺经营，儿子帮了一把手，因而耽搁了几天上学；为此，他会在此后极力避免出现这样的情况，让儿子正常到校上学。到年底时，院长报告显示，萧自强的各项表现令人满意，其相关的几天缺勤皆为病假，且皆有医生证明，故内务部按例核发给他下一年度的展签。

一九三七年底，圣嘉勒书院院长向海关提交报告，指出萧自强将在年底通过初中考试，但也说明他这一年缺勤达二十二天，其中一半时间是生病，另一半的时间则由于要找新的住处而导致没有到校上课。但在海关去找佐治萧核查此事时，后者则表示其子之缺勤基本上都是因患病所致，而且基本上都是流感。海关相信监护人的说法，因而建议内务部如期核发萧自强下一年度的展签。对此，内务部秘书如其所请。

到一九三八年八月十四日，内务部秘书接到圣嘉勒书院院长嬷嬷的一封信，告知因其年纪大了，必须退休，故在去年底学期结束后就已将书院关闭。今年初，她的学生萧自强就去到新场公立学校（New Farm State School）读中学；为此，她曾经吩咐过该校校长将这位中国学生的表现向内务部报告，不知他是否照办。她之所以写信给内务部秘书，是因为近期还是收到内务部寄来给她的信，要求她按例提交报告，他才将此实情相告。而在这个月底，内务部秘书才接到新场公立学校校长的报告，显示萧自强确实在年初便入读该校，表现也不错，但自四月二十一日第一个学期结束后便退学，声称是要返回中国去。

直到这时，内务部秘书才知道这位中国学生已经退学长达四个多月，而按规定，此前就读的这所学校属于公立性质，也是不允许入读的。那么，这段退学后的时间里，他是如其所言离开澳洲回国了，还是利用这个空当打工，是需要立即核实的事。于是，内务部秘书于九月十五日行文昆士兰省海关，要求对此事予以核查清楚。一个星期后，内务部秘书就接到了报告。根据调查的结果，自今年新学年开学，尽管萧自强注册入读新场公立学校，但到其退学之日，他仍然像以前那样经常以病假为由缺勤，总计缺勤六天。而海关人员在新场区的布兰斯威克街（Brunswick Street）上一间名为萧氏兄弟行（Sue Bros.）的果栏里找到了这位中国青年，他正在店里售卖蔬菜水果。当海关人员询问他何以在此打工时，他回答说是帮忙，因为他星期一至星期四都跟着父亲学习如何当草医及配药，只是在星期五和星期六两天来店里帮忙，但不受薪。不受薪意味着他只是实习，并没有违反不许打工的规定。之所以来此店帮忙，也只是兼职协助维持店务，因为他的父亲佐治萧在周末要去黄金海岸（Gold Coast）的店铺服务，因此，他是主要时间学习如何看病抓药，其余时间是在理论和实践上获取经商之道的知识。而他离开新场公立学校的原因，起初确实是想返回中国，但因父亲不同意他离开，他便没有订票走人，而且还曾经想去城里的中央培训学院（Central Training College）选读商科课程，但试读了三天便决定放弃，还是跟着父亲学习当草医要有用得多。对于海关人员敦促他要按照规定尽快离境之事，萧自强表示尚未确定具体日期，要跟父亲进一步商量才能定下来。

得知了萧自强的真实情况后，内务部秘书认为他已经严重违反了《中国留学生章程》的规定，所谓的跟父亲学习草医与现行对中国留学生的政策相违，为此，他必须离境回国。于是，在征得内务部部长的批复后，他于十月十日致函中国驻澳大利亚总领事馆，要求协助立即安排这位中国学生回国。

一九三九年十一月十一日，萧自强在庇厘时彬港口登上驶往香港的“南京号”（Nankin）轮船，告别父亲，结束了在澳四年的留学生涯，离开了澳大利亚。鉴于此时中国的抗日战争已经进入到第三年，他是否能够返回家乡中山县，还是因此就留在了香港工作和生活，不得而知。

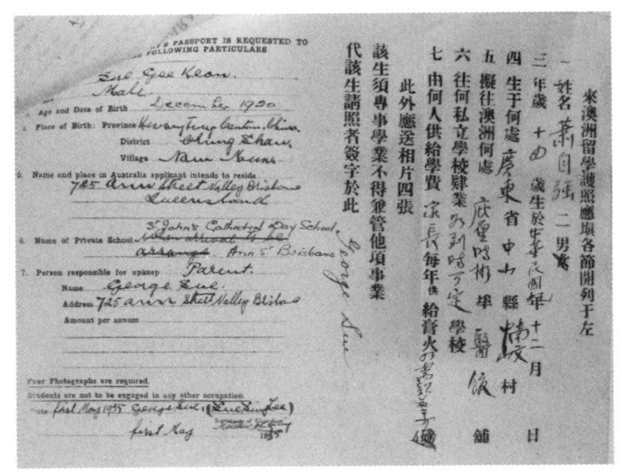

來澳洲留學護照應填各節開列于左

一　姓名　萧自強　二　男

三　年歲　十四　歲生於　民國　年　十二　月　日

四　生于何處　廣東　省　中山　縣　村

五　擬往澳洲何處　庇厘時彬埠　鋪

六　往何私立學校肄業　學校

七　由何人供給學費　家長　每年供給

此外應送相片四張

該生須專事學業不得兼管他項事業

代該生請照者簽字於此　George Sue

PASSPORT IS REQUESTED TO … FOLLOWING PARTICULARS

Sue Gee Keon.

Male

Age and Date of Birth　December 1920

Place of Birth: Province　Kwang Tung Canton, China

District　Chung Shan

Village

Name and place in Australia applicant intends to reside　725 Ann Street Valley Brisbane Queensland

Name of Private School　St John's Cathedral Day School, Ann St Brisbane

Person responsible for upkeep　Parent.

Name　George Sue.

Address　725 Ann Street Valley Brisbane

Amount per annum

Four Photographs are required.

Students are not to be engaged in any other occupation.

Date　first May 1935　George Sue

first May 1935

Book No. 114

COMMONWEALTH OF AUSTRALIA

DUPLICATE

CERTIFICATE EXEMPTING FROM DICTATION TEST.

I, WILLIAM HENRY BARKLEY the Collector of Customs for the State of QUEENSLAND in the said Commonwealth, hereby certify that … hereinafter described, who is leaving the Commonwealth temporarily, will be excepted from the provisions of paragraph (a) of Section 3 of the Act if he returns to the Commonwealth within a period of three years from this date.

Collector of Customs.

DESCRIPTION

Nationality　Chinese

Age　26 years

Complexion　Sallow

Date of departure

Ship

Date of return

Port

Destination

Ship　Empire

左：一九三五年五月一日，佐治萧填写申请表，向中国驻澳大利亚总领事馆申领儿子萧自强赴澳留学护照和签证；右：佐治萧在一九一三年申请的回国探亲的回头纸。

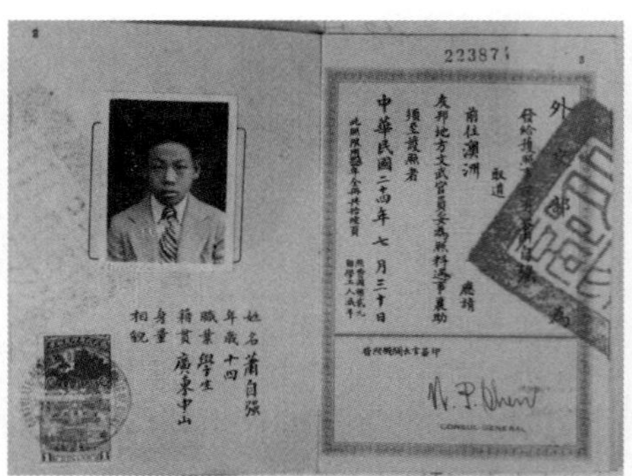

22387

外交部

前往澳洲

中華民國二十四年七月三十日

姓名 蕭自強
年歲 十四
職業 學生
籍貫 廣東中山
身量
相貌

PASSPORT

SUE, Gee-Kean

going to Australia

and afford assistance in case of necessity.
Name SUE Gee Kean
Age 14
Profession Student
Native place Kwangtung, China
Height
Personal description
Signature of Bearer

2nd August 35.

一九三五年七月三十日，中国驻澳大利亚总领事陈维屏给萧自强签发的中国学生护照。右边是八月二日澳大利亚内务部在护照内页上钤盖的入境签证章。

档案出处（澳大利亚国家档案馆档案宗卷号）：

Sue Gee Kean. Student exemption, NAA: A659, 1939/1/1277

郑 少

中山石岐

郑少（Jang Sue），生于一九二〇年十二月二十三日，中山县石岐人。自学龄起，他就在石岐读书；一九三六年秋，进入中山县二区区立中学念书，开始学习英语。

他有一个表兄名叫刘龙（Thomas Lowe Loong），早在一九〇〇年便与乡人和同宗一道，去到澳大利亚发展。[①]他从纽沙威省（New South Wales）入境，随后去到雪梨（Sydney），并最终定居在该埠。刘龙先是充任菜农，待有了一定积蓄和资金后，便在市政市场申请摊位摆摊，出售自己生产或者代理其他菜农及果农的产品。这样一路做下来，财务上就比较自主。

一九三八年中国全面抗战进行到第二年，这一年的六月，家人认为，已经读完初中二年级的郑少应该去到一个比较安静平定的环境里完成学业，便决定让其赴澳留学。遂与在雪梨的刘龙联络，获得后者支持，应允充当表弟郑少的监护人和财政担保人。

于是，一九三八年六月二十二日，刘龙具结财政担保书，填表向中国驻澳大利亚总领事馆申请表弟郑少赴澳留学的护照和签证。他在申请表上特别说明，郑少在澳留学期间所需膏火由其亲属提供，至于具体数额为何，他没有标明。按照通常的理解，没有特别说明即意味着将会提供足镑膏火。至于

① Thomas Lowe [Chinese - arrived Sydney, 1900. Box 34], NAA: SP11/2, CHINESE/LOWE THOMAS。

郑少来到雪梨后就读的学校，按规定必须是私立性质的收费学校，刘龙属意于戴雯丽小姐（Miss Winifred Davies）所办的私立学校。

中国驻澳大利亚总领事馆接到上述申请后，发现材料不全，必须补充齐备之后才能送交内务部进行签证预评估。首先，郑少已经十七岁，他需要提交证明自己具备英语能力的书面材料。于是，刘龙赶紧通知表弟提供。七月二十一日，中山县二区区立中学校长为郑少出具了一封证明信，表明他已具备一定英语能力，郑少本人也提供了一份自己书写的英文抄件，然后寄给表兄刘龙。其次，刘龙虽然在申请表上表示要将表弟安排进入戴雯丽小姐所办的学校就读，但并没有提供她那所学校的录取信。为此，刘龙在中国总领事馆的要求下，于九月十九日从戴雯丽小姐那里拿到了她所办的中西学校（Chinese School of English）接受郑少入读的录取信。正好此时郑少的英语能力证明材料也已寄到，刘龙便将其一起交给了中国总领事馆。总领事保君建见材料已经齐备，便于九月二十三日备文送交内务部秘书，为郑少申请留学签证。

根据流程，内务部责成海关核查刘龙的财务状况，以确定他符合财政担保人的要求。十月十九日，海关税务稽查官提交了报告。从海关调查得知，刘龙为人和善，经商有道。他现在的生意是自营性质，专门销售菜农和果农提供的产品，每周平均可得净收入七至八镑，这算得上是不错的收入；而他在雪梨的皮特森区（Petersham）有一栋自住的小别墅，价值一千镑；此外，他手上还持有三百镑现金。这样算起来，他的财务状况是相当的好，充当财政担保人完全不成问题。因他与郑少不是父子关系，故无须海关再去查找其出入境记录，以证明他们之间的亲缘关系。

内务部秘书认为上述报告显示刘龙符合监护人和财政担保人的条件，而郑少看起来也具备英语能力，符合申请签证的条件。十一月二日，他通过了此项签证预评估。保君建总领事接到批复通知后，于十一月九日给郑少签发了号码为437762的中国学生护照；十一月二十一日，内务部秘书在提交上来的这份护照上钤盖了签证印章。中国总领事馆在收到退还的上述护照后，便按照指定的地址寄往中国，以便郑少尽快前来澳大利亚留学。

但由于这一年十月中旬，日军为配合攻占武汉，派兵登陆惠阳大亚湾，迅即攻占省城广州，周边县市随即处于日军兵锋威胁之下，香港与广州周边地区的交通往来也受到了影响。在这种情况下，郑少的信息接收和赴澳行程等都被迫推后。直到一九三九年四月五日，郑少方才搭乘从香港启程的“太平号”（Taiping）轮船抵达雪梨。[①]移民局官员对郑少的当场测试表明，他的英语已经达到可以接受其入境学习的程度，因而顺利过关。刘龙将其接出海关后，便把表弟郑少安置在前述皮特森区自己居住的小别墅里。

一九三九年四月十七日，郑少正式注册入读中西学校。此后的三年时间里，他在校表现良好，学习成绩令人满意。一九四一年底太平洋战争爆发，澳大利亚对日宣战，随后便为滞留在澳洲的所有盟国公民提供三年临时居留签证，有效期至一九四五年六月三十日；到期如果战争仍未结束，则该签证自动展延两年。郑少也享受到这一待遇，一直读完了一九四二年的全部课程才退学。

进入一九四三年，澳洲的战时动员更为紧张。郑少也想借此机会参加工作，争取自己的利益。一月十六日，中国驻雪梨总领事段茂澜致函内务部秘书，希望批准郑少去充当市政市场的果菜摊贩，亦即从留学签证转为工作签证。郑少是想加入在雪梨机场南面安克利夫区（Arncliffe）的永茂果栏（Wing Mow & Co.），成为其股东之一，该果栏的现任股东也都表示欢迎他加入，一起经营蔬菜水果等产品。内务部考虑到郑少已经来澳留学读书近四年，英语已经很熟练，而他想要加入的果栏这个行业目前又人手紧张，需要新人补充进去，因而在二月十六日批复了上述申请，但表示他尽管可以购买该公司股份，但并不能就此可以留居澳洲。换言之，一旦战争结束，郑少便只能离开澳大利亚回国。由是，郑少便在战时进入到果栏行业工作。

到一九四六年底，澳大利亚战后复员工作即将结束，滞留在澳的外侨去留问题被提上议事日程。鉴于战时的临时居留签证及投股加入当地公司也无

---

① Jang Sue [Chinese - arrived Sydney per SS TAIPING, 5 Apr 1939. Box 40], NAA: SP11/2, CHINESE/SUE JANG。

法保证能留在澳大利亚，及早离开回国发展或许会有更多发展的机会，何况此时郑少马上二十六岁，也到了谈婚论嫁之年龄。于是，他当机立断，在其签证有效期尚有半年之多的情况下，决定回国。当年十一月二十二日，郑少在雪梨登上“云南号”（Yunnan）轮船，告别表兄，驶往香港回国。[①]

总计郑少在澳留学近八年，其中上学读书和做生意各半，既完成了学业，也积累了经商的技巧。

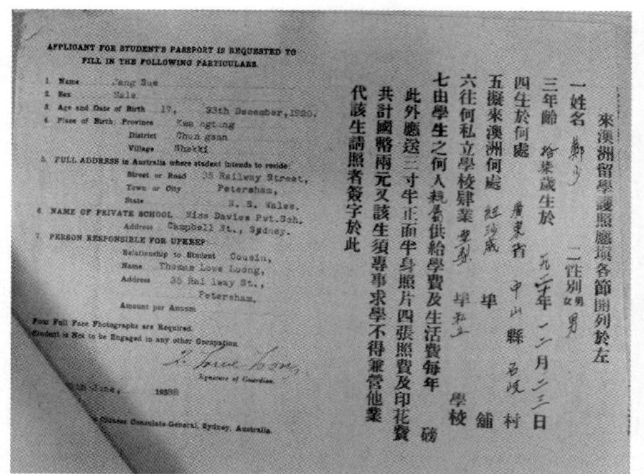

APPLICANT FOR STUDENT'S PASSPORT IS REQUESTED TO FILL IN THE FOLLOWING PARTICULARS.

1. Name Jang Sue
2. Sex Male
3. Age and Date of Birth 17, 23th December, 1920.
4. Place of Birth: Province Kwangtung
   District Chung shan
   Village Shakki
5. FULL ADDRESS in Australia where student intends to reside:
   Street or Road 35 Railway Street,
   Town or City Petersham,
   State N. S. Wales.
6. NAME OF PRIVATE SCHOOL Miss Davies Pvt.Sch.
   Address Campbell St., Sydney.
7. PERSON RESPONSIBLE FOR UPKEEP:
   Relationship to Student Cousin,
   Name Thomas Lowe Loong,
   Address 35 Railway St., Petersham.
   Amount per Annum

Four Full Face Photographs are Required.
Student is Not to be Engaged in any other Occupation.

T. Lowe Loong
Signature of Guardian.

June, 1938

Chinese Consulate-General, Sydney, Australia.

來澳洲留學護照應塡各節開列於左

一姓名 鄭少　二性別 女男 男

三年齡 拾柒歲生於 九二十年 十二月 二三 日

四生於何處 廣東省 中山 縣 石岐 村

五擬來澳洲何處 雪梨 埠 舖

六往何私立學校肄業 𠹌𠯿 埠 私立 學校

七由學生之何人親屬供給學費及生活費每年 磅

此外應送二寸半正面半身照片四張照費及印花費共計國幣兩元又該生須專事求學不得兼營他業

代該生請照者簽字於此

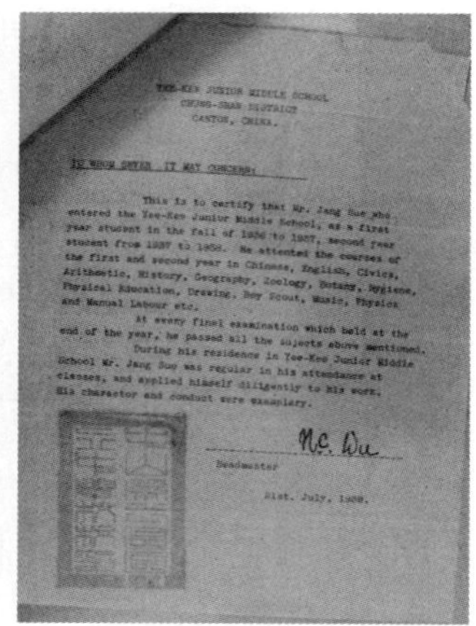

YEE-KEE JUNIOR MIDDLE SCHOOL
CHUNG-SHAN DISTRICT
CANTON, CHINA.

TO WHOM EVER IT MAY CONCERN:

This is to certify that Mr. Jang Sue who entered the Yee-Kee Junior Middle School, as a first year student in the fall of 1936 to 1937, second year student from 1937 to 1938. He attented the courses of the first and second year in Chinese, English, Civics, Arithmetic, History, Geography, Zoology, Botany, Hygiene, Physical Education, Drawing, Boy Scout, Music, Physics and Manual Labour etc.

At every final examination which held at the end of the year, he passed all the sujects above mentioned.

During his residence in Yee-Kee Junior Middle School Mr. Jang Sue was regular in his attendance at classes, and applied himself diligently to his work. His character and conduct were exemplary.

N.C. Wu
Headmaster

21st. July, 1938.

左：一九三八年六月二十二日，刘龙具结财政担保书，填表向中国驻澳大利亚总领事馆申请表弟郑少赴澳留学的护照和签证；右：一九三八年七月二十一日，中山县二区区立中学校长为郑少出具的他已具备一定英语能力的证明信。

档案出处（澳大利亚国家档案馆档案宗卷号）：

Jang Sue - Student [0.5cm], NAA: A433, 1949/2/297

① Jang Sui [or Sue] [Chinese student ex TAIPING at Sydney, 5 April 1939 - permitted to land; sailed for Hong Kong via Brisbane per JUNNAN, 22 November 1946; includes subject's Chinese Passport, 'Certificate of Exemption' forms and left and right thumb prints] [Box 522], NAA: SP42/1, C1945/8400。

郑绮兰、郑鉴恒姐弟

中山石岐南区

郑绮兰（Elun Hong），生于一九二一年一月十五日，是一九二四年四月四日出生的郑鉴恒（Cheng Kam Hoon，或Chiang Kam Hoon）的姐姐，两人均是中山县石岐镇南区人。

他们的伯父是郑寿康（Jang So Hong，或Jang Hong）。一八九九年年方十四岁时，郑寿康便满怀梦想，跟随乡人与族亲，远渡重洋，去到澳大利亚发展。他从乌修威省（New South Wales）首府雪梨（Sydney）登陆入境，然后去到该省内陆的北部重镇坚嗹弥士埠（Glen Innes），在当地华人经营的商铺中打工，长达十三年，在此获得了在澳大利亚的永久居留权。一九一三年底，当他结束在中国的探亲回到澳洲后，就去到乌修威省北部靠近昆士兰省（Queensland）的天地非埠（Tenterfield），寻找进一步发展的机会。约在一九一六年前后，他在这里开设了属于自己的商铺，名为合生号（Hop Sing & Co.），后来也叫合生公司，并且以一千五百镑将店铺的物业和地盘给买了下来。[①]但在一九二九年，他出于利益考虑，便将公司卖给他人；但买家过户后却不自己经营，仍然保持该公司原有的名字，并聘他为经理，代为经营。两年后，他将太太从中山申请前来探亲。[②]随后，郑太太便又将该公司买回，

---

① Jang Hong [includes 4 photographs showing front and side views] [box 116], NAA: SP42/1, C1920/4116。

② Mary Jang Hong [Chinese - arrived Sydney per CHANGTE, 8 Dec 1932. Box 26], NAA: SP11/2, CHINESE/HONG M J。

名称仍然不变，并以业主的名义聘任丈夫充当经理，继续经营。也就是说，这间商铺由他开办，曾三易其手，但管理者仍然是他本人。

一九三五年，郑绮兰和郑鉴恒姐弟的父母病故。远在澳大利亚的伯父郑寿康因没有子女，又将侄女郑绮兰和侄儿郑鉴恒视为己出，遂决定先将郑绮兰办理到澳大利亚留学，希望她的未来由此能有一个较好的发展。而侄儿郑鉴恒此时尚小，郑寿康便暂不考虑将其也办理来澳，决定先将其托付亲友照管，计划留待日后他长大一些，再视情而申请来澳。于是，当年八月二日，郑寿康以监护人的身份具结财政担保书，填写申请表格，向中国驻澳大利亚总领事馆申领侄女郑绮兰的赴澳留学护照和签证。他以自己的合生公司作保，允诺每年提供膏火五十二镑，作为郑绮兰在澳留学期间的学费和生活费等各项费用，要将她送入天地非埠的天主教干坟学校（St Joseph's Convent School）念书，并且在填写上述申请表之前，就已从该校校长那里拿到了录取信。考虑到侄女日渐长大，郑寿康在递交申请时，希望能尽快审理和批复。

鉴于此时郑绮兰已满十四岁，按规定，她必须提供具备基础英语学识能力的证明，可是她此前并未学过英语。在这种情况下，郑寿康在提交申请时就特别向中国总领事馆说明这个情况。他表示，因郑绮兰目前由祖母抚养，但祖母年岁太大，难以照顾，他们夫妇视这个侄女为己出，愿意代为照顾，希望给予她最好的教育。因此前她所在村较为落后，没有英语教学的条件，因而她也就无法接受英语教育，不具备任何英语能力。因此，他希望中国总领事馆能特别为此向内务部部长陈情，希望他将此作为特例批复，以便这位中国少女得以前来澳洲读书，学习英语。

接到上述申请后，中国总领事陈维屏对郑寿康的陈述深表同情，决定尽力为其争取。八月八日，陈总领事便将上述申请材料汇总，备函寄送内务部秘书，将此详情一一告知，希望内务部部长能认真考虑郑绮兰所处之环境以及年龄，尽快特批这位中国女学生前来澳洲留学。

内务部秘书接到上述申请后，根据流程，不需要去查找监护人和财政担保人的出入境记录，但需要确认其财政状况以及最终内务部部长是否对郑绮兰不具备英语能力的问题给予特别通融。由是，海关税务部门便责成天地非埠的警察派出所尽快提供报告。九月三日，天地非埠派出所所长将合生公司的情况报告给了上级部门。根据调查，一九二九年，合生公司被一位在紧靠近鸟修威省的昆士兰省边界小镇沃伦加拉（Wallangarra）的华商唐泗（Samuel See）买去，但仍然沿用旧名，也依旧聘请原东主郑寿康代为经营管理。到一九三二年一月二十日，该公司又由郑寿康太太全盘收购，仍然由郑寿康担任经理；更重要的是，郑太太不仅仅是将生意买回，而且也将该公司原先所用的店铺物业也一并买下，显示出其在买卖上的大手笔。可以说，郑寿康夫妇俩的财务状况良好，资金雄厚。

当地警察进一步的调查发现，尽管郑寿康的财务状况很好，但问题在于现在合生公司的所有权属于他的太太。尽管郑太太将合生公司买了下来，但问题是她所持的是探亲签证，已经连续展签了三年，到今年十一月就到期。根据上一次展签时给予的条件，这是她获得的最后一次展签，也就是说，签证到期后她就必须离开澳大利亚。如果说留学申请者郑绮兰需要由郑寿康夫妇照顾的话，那么，郑太太即将离开澳大利亚回国，可以就近照顾这位侄女，显然她就不必前来澳大利亚读书了，何况她此前还一点儿英语基础都没有。在这样的情况下，内务部秘书觉得无法批复上述申请。九月下旬，中国总领事陈维屏来函，催促尽快批复，以便郑寿康一位目前正在国内探亲的老友，近期就要返回澳洲时可以将郑绮兰一并带上前来。因此时还在等待内务部部长的最后决定，内务部秘书便于十月一日复函，向陈维屏总领事解释此案尚在审理之中，还需要一些时间才有结果。

一个星期后，天地非埠警察派出所所长再次向内务部秘书提交了一份报告，涉及截止到一九三五年六月三十日的上一个财政年度合生公司的营业额等相关情况。会计师为该公司决算的结果显示，上一个财政年度，合生公司年营业额达到九千零五十五镑；同时，海关统计也显示该公司直接从事海外贸易，去年贸易额达到五百镑，今年的订单已经有二百镑了。两周后，海关税务部门也报告说，合生公司去年的进口货品价值为二百三十四镑多，缴纳的税款为一百八十八镑有奇，在税收上有较大的贡献。十一月十四日，海关进一步报告，刚刚从香港抵埠雪梨的一艘客货船，载有合生公司进口的酒类和日用品价值为一百二十镑，这些物品预计将要缴税一百镑左右。所有这些信息表明，合生公司经营得法，不仅利税多，而且还符合条件可以增添更多职员，特别是可以从海外聘任。

现在问题的焦点在于郑太太的身份。郑太太是一九三一年十一月八日来到澳大利亚探亲，但从次年开始，便将合生公司买了下来，按正常程序计，她的签证最多是三年，但因其购买了本地公司并参与经营，故准允额外再多展签一年，到本年十一月八日到期。可是合生公司生意越做越好，郑太太也申请进一步的展签。鉴于郑寿康本人具有澳大利亚永久居留资格，目前合生公司的营业状况使得其具备了聘请两名海外员工的条件与资格，以保证公司的正常运营，而这也是海关最为关注的事情。在这种情况下，准允郑太太继续留下来参与经营的条件就已具备；如此，她作为合生公司东主，亦即郑绮兰财政担保人的资格也就毋庸置疑。

内务部部长根据上述对郑太太的利好条件，也接受了郑绮兰相当于郑寿康夫妇家庭成员（亦即他们夫妇俩的继女）的说法，因而破例免除了她的英语能力证明，亦即无须考虑其英语能力。于是，在十二月十二日批复郑太太的居留展延的当天批复了郑绮兰的入境签证。

可能是要等待郑寿康提供其侄女的照片，以及当地商会及天地非埠市长给郑寿康夫妇的证明信和推荐信，从上述签证预评估通过到最终核发护照，其间又耽搁了三个月的时间。一九三六年三月二十三日，中国驻澳大利亚总领事陈维屏给郑绮兰签发了中国学生护照，号码是223940；四月一日，内务部在该护照上钤盖了入境签证章。随后，该护照就被寄往香港指定的金山庄，由其负责转交给郑绮兰并为她安排赴澳行程。

不到半年时间，金山庄便将诸事办妥，并订好了船票。当年九月六日，十五岁的郑绮兰搭乘从香港启航的“彰德号”（Changte）轮船抵达雪梨。虽然海关接到了内务部的指示，这位中国女留学生入境无须具备英语学识，但移民官员对其当场例行测试的结果显示，郑绮兰已经有了一点基础的英语能力。这一结果表明，自去年八月份其伯父提交申请后，她知道要赴澳留学，就已经想办法开始学习英语。郑寿康提前赶到雪梨，将侄女从海关接出来后，便直接搭乘其他交通工具，回到天地非埠，将其安顿在自己的合生公司的住房里。

从九月下旬第三学期开始，郑绮兰就正式注册入读天主教干坟学校。到年底时，校长嬷嬷提交给内务部的例行报告中，除了显示这位中国女学生在校表现和学业成绩令人满意之外，还特别写明在过去一百三十八个上学日里，郑绮兰有病假三十一天。内务部秘书接到报告后，对于这样的结果很是震惊，急忙复函询问，希望知道是什么病情导致如此长的病假。因此后一段时间是暑假，校长嬷嬷并没有回到学校处理相关来函，直到次年新学年开学后，她才于二月十九日致函内务部秘书，表示是她搞错了，把另外的一个学生的情况看成是郑绮兰了。事实上，去年第三学期只有三个月左右时间，加起来都不够一百天，她当时因匆忙，未及检查而犯了张冠李戴的错误。而实际上郑绮兰整个学期出满全勤，是一个勤学好问的优秀学生。得到这样的结果，内务部秘书方才松了一口气。

在此后的三年时间里，郑绮兰基本上保持了全勤上学，且各科成绩和参与在校的各项活动都令人满意，因而每年都很顺利地获得展签。而在此期间，她也将自己的英文名字拼法改成了Eileen Hong。一九三九年六月，她因膝盖受伤，先未加重视，一个多星期后就因肿痛而不得不去看医生，随后就被送到医院治疗，总计卧床长达四十天。因此，当九月初中国总领事馆按例为其申请展签时，内务部先是通过学校，然后通过当地警察派出所去到医院了解详情，得到医生的确认之后，方才批复其展签。虽然因膝盖受伤而影响出勤率，但其学习并没有被耽误，此后各方面表现仍然令人满意，校长嬷嬷称赞她聪慧伶俐，各方面表现都很突出。

时间很快就到了一九四一年。这一年中国进入抗战以来最为艰难的一年；而与此同时，日本也加快了南侵东南亚和西南太平洋地区的步伐。虽然此时已经年满十七岁的郑鉴恒早已被伯父郑寿康安排送到了香港读书，但日本南侵迹象越来越明显，香港也日益感觉到了日军兵临城下的危险。为此，郑寿康担心侄儿，希望将其办理来澳留学。

于是，郑寿康采取行动。当年六月十九日，他出具财政担保书，填写申请表格，递交给中国驻澳大利亚总领事馆，申领侄儿郑鉴恒的赴澳留学护照和签证。他仍然是以自己经营的合生公司作保，承诺每年供给膏火三十六镑，以充作侄儿在澳留学期间所需之各项开销，要将其办理来到昆士兰省首府庇厘士彬埠（Brisbane）的中央培训学院（Central Training College）读书，也为此拿到了该学院的录取信。

因其已满十七岁，如果要来澳大利亚留学，势必需要提供具备英语学识能力的证明，为此，郑鉴恒于六月初就手书一封英文信给伯父郑寿康，表达其赴澳留学之愿望；与此同时，他也请中山县石岐镇上的圣这士英文学校（St Jessie's College）院长开具了一封证明信，特别说明他在该学校读了两个学期的英语课程，已具备初步的英语能力，希望澳洲相关部门准允这位中国学生前来留学，进一步提高英语能力。上述两份材料正好在郑寿康填表的当天抵达，因而他得以将其附在申请材料中一并寄送中国驻澳大利亚总领事馆。

在接到上述申请的当天，中国总领事保君建便初审完毕，然后备文将其转寄给内务部秘书，为郑鉴恒申请签证。他在信中表示，鉴于目前中国内陆及香港的形势严峻，而郑鉴恒的留学条件也已具备，尤其是其英语具备一定能力，希望尽快核发其签证，以便其能尽早赴澳留学读书。即便对其英语学识能力有疑问，也可在其入境时再当场测试。对此，内务部秘书也深觉有理，遂于六月底行文海关，请其就郑寿康的财务状况提交一份报告，以便作为是否批复此项申请的依据。

海关仍然像以前审理郑绮兰的申请一样，请天地非埠警察派出所合作调查。后者因对郑寿康的情况比较熟悉，因而在七月中旬便提交了报告。报告显示，合生公司已经在天地非埠经营达二十四年之久；目前该公司的东主仍然是郑太太，但经理则是其先生郑寿康，而东主本人则在店铺中充当助手，协助经商。近年来，郑寿康夫妇将生意也拓展到了庇厘士彬埠，在这里开有一间商铺，仍然是叫作合生公司，由郑寿康在一九三二年从家乡申请过来在天地非埠帮他经营店铺的弟弟Ny Hong（郑伍康，译音，有时也写作Ng Hong

或Arthur Hong）在此坐镇，兄弟俩各占一半股份。[①]该公司不仅销售日用商品，同时也从事海外贸易，由是，郑伍康便得以继续留下来，与兄长一起经营生意。很显然，之所以将侄儿郑鉴恒安排到庇厘士彬读书，一方面这里是大埠，学校多，方便；另一方面，郑伍康作为其叔父，也可以多照应。由此可见，郑寿康的生意是越做越好，财务状况比较自由，担任财政担保人自然没有任何问题。而郑寿康夫妇在天地非埠也是颇有地位的华商，没有任何不良记录，即便是在庇厘士彬，他们夫妇也在圈中颇受尊重。

上述报告显示出郑寿康的财务状况较之几年前更上一层楼，完全符合监护人和财政担保人的要求。为此，七月三十一日，内务部秘书通过了郑鉴恒的签证预评估。接获批复通知后，保君建总领事在八月五日给这位中国留学生签发了号码为1014215的中国学生护照；八月十四日，内务部秘书在寄来的上述护照上钤盖了入境签证印章，再将其退还给中国驻澳大利亚总领事馆，由后者负责将其寄送在香港的郑鉴恒接收，以便其尽快安排赴澳行程。

中国总领事馆按时寄出了上述护照，但郑鉴恒的留学档案到此终止，此后再未能发现与其名字相关的任何信息。很有可能，此时人在香港的郑鉴恒已经在那里的一所学校注册入读，他也许是希望读完下半年的课程便在年底赴澳。但事与愿违。十二月八日，太平洋战争爆发，香港迅即被日军占领，海路遮断，所有的计划都成了泡影。郑鉴恒也有可能是因其他的事情耽搁而将赴澳行程推后，也是因为战争爆发而使之无法成行。无论是什么原因，结果是他未能抵达澳大利亚，无法开启其伯父为他安排的留学之旅。

而郑绮兰在读完一九四一的课程后，也因战争原因而停学。而此时她二十岁了，便加入伯父经营的合生公司中工作。因战时澳大利亚政府给予滞留在澳的盟国公民三年临时居留签证，有效期至一九四五年六月三十日；届时如果战争仍在继续，则该签证自动延期两年。郑绮兰自然也享受此项签

---

① 早在一九二三年，郑寿康便开始申请其兄弟来天地非埠协助其经营，但直到一九三二年才成功获批。详见：Ny Hong [also known as Arthur Hong] [application by the Consul-General of China for permission of Ny Hong, to re-enter the Commonwealth] [includes left and right thumb prints and Certificates of Exemption] [box 281], NAA: SP42/1, C1932/8863。

证带来的红利。甚至在一九四七年因合生公司当年的年营业额达到一万零四百七十七镑，人手不够，得以再展签一年。

到了一九四八年，郑伍康因其兄长郑寿康转让股份，而在前一年便已成为庇厘士彬合生公司的独家股东，并且从事海外贸易，在上一个财政年度里其海外贸易的价值达六百二十二镑，达到了澳大利亚政府规定的海外贸易价值超五百镑的要求，由是得以长期居留在澳大利亚，继续经营其生意；而郑太太也因在过去十余年间独家拥有生意，且经营得法，已在一九四七年不再需要每年申请展签，而是获得一次性签证五年，这就意味着她由此可以长期居留在澳大利亚。事实上，郑太太此后随着澳大利亚移民政策的变化，申请加入澳籍，于一九六一年获得批复。[①]郑绮兰虽然再次获得展签一年，但移民部表示，到一九四九年六月三十日其签证到期后，将不再接受其申请展签，而要求她届时离开澳大利亚返回中国。

到一九四九年签证有效期截止前，为了让郑绮兰继续留下来，郑寿康便请其朋友也是同乡雷妙辉（Harry Fay）出面帮忙。雷妙辉是在澳大利亚出生的第二代华人，祖籍香山县渡头村。他成年后主要活跃于鸟修威省北部地区，是前述广生号的股东，在二十世纪三十年代成为中国国民党雪梨总支部的重要成员[②]；更主要的是，他是鸟修威省烟化炉埠（Inverell）著名的逢源公司（Hong Yuen & Co.）[③]的大股东，而到二十世纪二十年代末，其公司除了总部仍然位于烟化炉埠之外，已经将业务拓展到雪梨、磨厘（Moree），甚至是昆士兰

① Mrs Jang Hong [naturalisation file], NAA: SP1122/1, N1959/4920。

② Mei-Fen Kuo & Judith Brett, *Unlocking the History of The Australasian Kuo Min Tang 1911–2013*, Australian Scholarly Publishing Pty Ltd, 2013, p. 104。

③ 逢源公司早在十九世纪末二十世纪初年便已开设于烟化炉。当地报纸报道显示，至少在一九〇〇年的上半年，该公司便已在烟化炉埠开业。可见，至少在此前一年，该公司已在该埠选址并筹办商铺的运行事宜。详见：“Hong Yuen & Co.”, in *The Inverell Times*, Saturday 22 December 1900, page 2。虽然一九〇三年六月二十六日才正式在鸟修威省工商局注册，但当时该公司的股东名单里未见到雷妙辉名列其中，见鸟修威省档案馆（NSW State Archives & Records）所藏二十世纪初该省工商企业在工商局注册记录：https://search.records.nsw.gov.au/permalink/f/1ebnd1l/INDEX1803025。但在一九一九年二月十一日重新注册时，该公司完全由雷妙辉与其兄长雷妙炳（Harry Kee）二人控股，见：https://search.records.nsw.gov.au/permalink/f/1ebnd1l/INDEX1803024)。

省[①]，可见其生意兴隆，关系广泛。为此，四月二日，雷妙辉联系其担任联邦国会议员的好友威廉·史克利（William James Scully），告知郑绮兰一事，请其帮忙争取展签。史克利议员是由鸟修威省北部地区选举出来的国会议员，非常资深，对于选区里选民的事宜总是给予积极回应。他立即就此事与移民部长联络，希望后者给予通融。然而，五月二十日，移民部部长亚瑟·卡维尔（Arthur Calwell）拒绝了史克利议员的说情。因签证到期后郑绮兰仍然没有离境，八月十四日，移民部部长下令，让其尽快离开澳大利亚。

眼见侨界名人及政客的说情都无法奏效，郑太太便通过律师行作为代理，申请侄女留下来担任合生公司的助理经理。其申请的主要理由是：因郑寿康年事已高，而郑绮兰对该公司熟悉，且具有十年的管理经验，是该公司运营的实际操作人。虽然此前澳大利亚从未给予外侨女性进入管理职位，但经过郑太太的多方努力以及律师团队一年多的不断申请，郑绮兰得以留下来，其签证被展延到一九五二年九月三十日。到一九五二年十月三十日，移民部再次批复她的签证展签五年。这也就意味着，在该项签证到期后，她便可以申请永久居民，直至加入澳籍。

郑绮兰的留学档案到此终止。

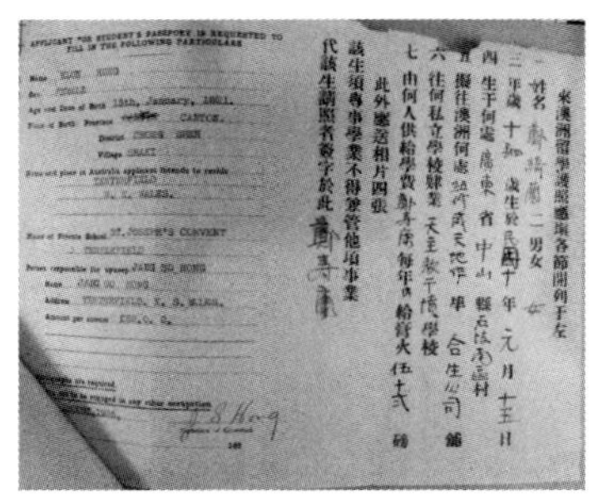
來澳洲留學護照應填各節開列于左
一 姓名 鄭綺蘭 二 男女 女
三 年歲
四 生于何處 廣東省中山縣
五 擬往澳洲何處 合生公司 舖
六 往何私立學校肄業 天主教 學校
七 由何人供給學費 鄭壽康 每年供給費 磅
此外應送相片四張
該生須專事學業不得兼營他項事業
代該生請照者簽字於此 鄭壽康

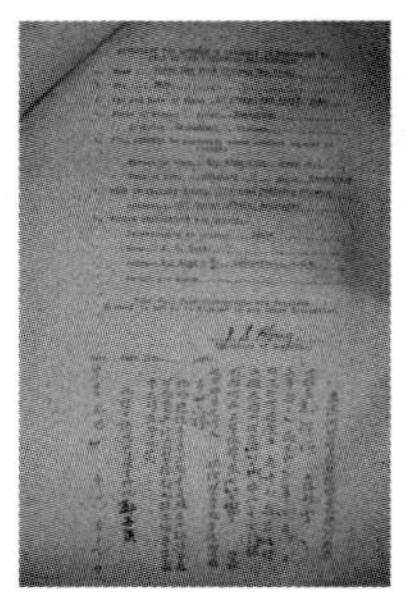

左：一九三五年八月二日，郑寿康填写申请表格，向中国驻澳大利亚总领事馆申领侄女郑绮兰的赴澳留学护照和签证；右：一九四一年六月十九日，郑寿康填表，递交给中国驻澳大利亚总领事馆，申领侄儿郑鉴恒的赴澳留学护照和签证。

① “逢源公司雪梨枝行新张广告”，载雪梨《东华报》（*The Tung Wah Times*）一九二八年十二月八日，第八版。亦见：Correspondence and residential status of Chinese employees of Hong Yuen and Company [Box 8], NAA: SP11/6, C26/8740; Hong Yuen and Co - [Admission of] assistants under exemption, NAA: A433, 1941/2/387; Hong Yuen Company Limited [0.25cm], NAA: A1379, EPJ1487; Hong Yuen and Company Pty Ltd, AA: BP210/9, 48。

223940

外

中華民國二十五年三月二十三日

CONSUL-GENERAL

PASSPORT

CHENG E-lan
(Elun Hong)

going to Australia

Name Cheng E-lan
Age 14
Profession Student
Native place Chungshan, Kwangtung, CHINA
Height
Personal description
Signature of Bearer

Validity
Expiration
Renewal
This passport is issued by

23rd March 1936

一九三六年三月二十三日，中国驻澳大利亚总领事陈维屏给郑绮兰签发的中国学生护照；右边是四月一日澳大利亚内务部在护照内页钤盖的入境签证章。

Book No. 124

No. 004

COMMONWEALTH OF AUSTRALIA.

Immigration Restriction Acts 1901-1905 and Regulations.

CERTIFICATE EXEMPTING FROM DICTATION TEST.

I, William ________ the Collector of Customs for the State of ________ in the said Commonwealth, hereby certify that ________ hereinafter described, who is leaving the Commonwealth temporarily, will be excepted from the provisions of paragraph (a) of Section 3 of the Act if he returns to the Commonwealth within a period of ________ from this date.

Date 21st January 1913

Collector of Customs.

DESCRIPTION.

Nationality Chinese
Birthplace Canton
Age 27 years
Complexion Sallow
Height
Hair Black
Build
Eyes Brown
Particular marks

(For impression of hand see back of this document.)

PHOTOGRAPHS.

Full Face

Profile

Date of departure 22nd January 1913
Destination
Ship
Date of return 24th October 1913
Ship Eastern
Port Brisbane

Customs Officer

National Archives of Australia

National Archives of Australia

NAA: SP42/1, C1920/4116

左：一九一三年郑寿康申请的回头纸；右：一九二〇年郑寿康申请回头纸时提供的照片。

档案出处（澳大利亚国家档案馆档案宗卷号）：

Elun Hong - Student, NAA: A2998, 1952/4217

Cheng Kam Hoon - Student exemption, NAA: A433, 1941/2/1803

李恒湘、李廼彬兄弟

中山恒美村

李照（Willie Lee），又名李在心，香山县恒美村人[①]，一八七四年生。在澳大利亚联邦成立之年（一九〇一年）二十七岁的李照决心追随乡人的步伐，前往澳大利亚寻找发展机会。

他从昆士兰省（Queensland）首府庇厘士彬（Brisbane）入境，随即在该埠北部郊区立足，充任菜农，于一九〇八年获得了在澳永久居留资格，遂得以在当年回国探亲，时达两年，其间娶妻生子。[②]结束探亲返回庇厘士彬后不久，李照便迁移到鸟修威省（New South Wales）北部地区的坤伦太埠（Quirindi），仍然是干老本行。三年后，他再次回国探亲；到一九一四年底返回澳洲后，便直接去到了雪梨（Sydney）。[③]由此，他便在雪梨北部的曼利谷（Manly Vale）租地，仍然是充任菜农，成为雪梨永安公司（Wing On & Co.，亦即永安果栏）下属店铺新鲜蔬菜的上游供应商；与此同时，他也兼做绿色产品及其制成品的生意，经济有了更大的改善。一九二〇年初，他再次

---

① Willie Lee [includes 6 photographs showing front and side views] [box 108], NAA: SP42/1, C1919/3400。

② Certificate Exempting from Dictation Test (CEDT) - Name: Willie Lee - Nationality: Chinese - Birthplace: Sakee, China - departed for China per EMPIRE on 6 March 1908, returned to Brisbane per EMPIRE on 7 September 1910, NAA: J3136, 1908/135。

③ Su Poy, Yee Chong, Chow Buit, Goon Joy, Lee Look, Willie Lee, See Zuong, Ah Hing and Charlie Zuay [Certificate Exempting from Dictation Test - includes left hand impression and photographs] [box 60], NAA: ST84/1, 1913/115/91-100。

回国探亲。[1]这次探亲后，他的一对貌似双胞胎的儿子在一九二一年一月十五日出生，一个叫李恒湘（Lee Hoon Shung），另一个取名李迺彬（Lee Nai Bun）。

到一九三四年，两个儿子李恒湘和李迺彬满十三岁了，李照决定将他们办理到雪梨留学读书。因为按照《中国留学生章程》新规，中国学生年满十四岁，如欲来澳大利亚留学，须提供具备初步英语学识能力的证明；而未满十四岁者则不适用于此项规定，故在此时办理来澳留学的话，至少是无须去准备这些证明材料，会省事很多。于是，待两个儿子十三岁生日一过，李照便在一月十七日具结财政担保书，以监护人的名义填表，向中国驻澳大利亚总领事馆申领两个儿子的赴澳留学签证。因永安果栏总经理郭朝（Gock Chew）[2]的名气大，加上该公司又是当地华埠的老牌商行，实力雄厚，李照便恳请郭朝作为该项申请的请领人，并以永安公司作保，承诺每年供给膏火各四十镑，分别作为两个儿子来澳留学期间所需的学费、生活费和其他各项开销。至于李恒湘和李迺彬到雪梨后就读的学校，他选择位于华埠附近钦布炉街（Campbell Street）上的中西学校（Chinese School of English），也为此由该校校长戴雯丽小姐（Miss Winifred Davies）出具了录取确认信。

中国驻澳大利亚总领事馆接到上述申请后，很快便初审完毕。一月二十四日，总领事陈维屏汇集这些申请材料，备函寄送内务部秘书，为这两个儿子申请赴澳留学的入境签证。对于此项申请之核查，内务部从海关了解到，李照回国探亲到一九二〇年六月底回到雪梨，而这一对“双胞胎”兄弟是在此半年后出生，显示出他们之间的父子关系成立；而他在曼利谷除了有一间菜园，平时也沿街叫卖蔬菜产品，赚取额外收入，其为人值得称道；除

---

① Watan Singh, Basanta, Tiy War, Lee Mung, Louey Fun Hock, Moon Hing, Willie Lee, Yee Ben, Choy Yet and Jim Lee [Certificate Exempting from Dictation Test - includes left hand impression and photographs] [box 128], NAA: ST84/1, 1920/276/41-50。

② 有关郭朝的档案宗卷，详见：Gock Chew [correspondence concerning bankrupt estate and sequestration of estate for subject and bonds furnished to Poy Chin, Grace Sing [also known as Ing Moung Yen], Gock Wah Ping, Hong Quan Wing, Lee Sue Lun, Kwong King Chiu, Kowk [Gock] Sue Ting, Gock Shiu Kam, Gock War Jew, Lee Hoong, Andrew Choy Lum and Gock Lam Chin [also known as Cecil Gock] who are under exemption] [box 398], NAA: SP42/1, C1939/3379。

此之外，他还在永安公司也存有一百五十镑，专吃利息。总体而言，其财务状况平稳，符合监护人和财政担保人的条件。于是，三月一日，内务部秘书通过了该项签证预评估。两天后，中国总领事陈维屏便给这一对兄弟签发了学生护照，李恒湘的护照号码是122880，李廼彬的是122881。三月八日，内务部在递交过来的上述护照上分别钤盖了入境签证印章，然后退还给中国驻澳大利亚总领事馆，由后者负责将其寄送到中国，交给这对兄弟的家人代收。

香港的永安公司也代理金山庄业务，负责代理银信与出入境的行程安排与船票预订。郭朝既然已经应承帮忙代领护照和签证，故当得知澳洲这边事情办妥后，便知会香港永安公司，请其代为办理李家兄弟的赴澳事宜。三个月后，诸事妥当，李恒湘和李廼彬便由家人送到香港，在此乘坐“南京号”（Nankin）轮船，于七月十九日抵达雪梨。李照在郭朝的陪同下去到海关，将俩儿子接出关，将他们安置在华埠永安公司的宿舍里住下。虽然他个人在曼利谷的菜园里也有住处，但毕竟距离中心城区较远，即便是搭乘公共交通也需要较长时间，而在华埠居住，上学就很近也很方便。

八月二日，李照领着小哥俩去到中西学校，为他们办理正式注册入读手续。他们在这里的表现令人满意，一直持续到次年第一个学期结束。因李照在曼利谷附近找到了英格兰卡姆登教会文法学校（Camden Church of England Grammar School），前往咨询，后者表示愿意接受他的两个儿子入读，因而在一九三五年六月初通过中国总领事馆向内务部申请转学，获得批准。于是，李照将儿子从雪梨城里转来跟自己住在菜园里。六月五日，兄弟俩一起正式入读这所教会学校。总体而言，在这所学校，兄弟俩表现尚可，但出勤率有些问题，常常是请病假。校长认为有可能是父亲对两个儿子比较溺爱，让他们吃得太多，导致经常闹肚子，但他认为这是情有可原的。只是在此后的两年时间里，内务部因见学校报告里对他们的在校表现和学业成绩皆大加认可，也就没有对此予以特别重视，每年都按例批复了他们的展签。也是在这所学校，兄弟俩分别给自己取了一个英文名字，李恒湘叫Earnest，全名就是Earnest Lee（李恩尼斯）；李廼彬叫Arthur，全名则为Arthur Lee（李亚瑟）。

到一九三七年六月，面临是否需要再次展签之时。在此前的报告中，李恒湘和李迺彬的几次无故缺勤已经引起了内务部的高度重视，可是这时的学校报告却特别说明，这哥俩打算近期就要返回中国，为此，内务部便按兵不动，决定等他们自行离境。到了八月九日，中国驻澳大利亚总领事保君建给内务部秘书写信，为这两个中国学生申请下一年度的展签，也就是说，这两个小年轻决定先不回国，要继续在这里读下去。内务部秘书刚刚准备行文海关，希望先对这两个中国学生的旷课行为进行调查，以找出原因，然后再决定批复与否，就收到学校的报告，表示两位学生都正常上学，各方面表现都很好，学校希望他们继续就读下去，请求批复给他们展签。在中国总领事和学校的保证之下，内务部秘书便通知海关暂时不用去调查了，然后于九月中旬核发给这两位中国学生下一年度的签证展延。

然而，李迺彬的上述在校表现显然只是为了拿到展签，自八月三十一日开始到十二月上旬学期即将结束前的这一段时间里，他旷课天数就达三十八天，占了这段上学日三分之一的时间。对此，英格兰卡姆登教会文法学校校长在十二月上旬给内务部的报告中承认，此前他曾认为是家长故意让其子逃学。但到此时他特别表示，他的看法有了变化。为了这两个中国学生，他已经家访过多次，去过李照的菜园，当面跟李照交换意见。他在此发现的第一个问题是，李照基本上只是在中国人圈子里边活动，因而他的两个儿子回到家里的环境就是一个中文环境，这也是何以迄今为止，他的两个儿子在英语操说方面进展达不到学校所期望的那个程度的一个主要原因。其次，他去过李照的菜园几次，都没有在这里见到过李迺彬，他都跑了出去。据说他是跟着曼利谷区的一班半大不小的男女青少年到海边或到其他地方瞎游神逛去了。对此，李照坦承，自己已经管不住这个儿子，不知如何是好。甚至有一次，李照直接去到学校，找到校长，希望他教训自己的这个儿子，让他长长记性，好好学习，别再逃学，但这个要求被校长拒绝。校长认为，此事应该由家长，由父亲来做，比如说，胖揍一顿。不给予其一定的惩罚，根本就达不到教育目的。但李照表示，他确实是想痛揍儿子一顿，但下不了手，因而希望以校长的权威代其教训儿子。对于李照的态度，校长只能哀其不幸，无能为力。

就在提交上述报告之后两天，因李廼彬又是几天不上学，不知逃学去了什么地方，校长准备在下班前去李照的菜园，想再与他谈谈其子的问题时，一位名叫Kue Hee（桥喜，译音）的中年华人男子来到学校校长办公室，李廼彬也跟着他一起进来。桥喜自称是李廼彬的表亲，告诉校长两件事：其一，李照并非李廼彬的父亲，而是伯父，对此，李廼彬也在一旁附和这一说法；其二，李照严重虐待李廼彬，每天让他做工，还经常用皮鞭和棍子打他，并且让菜园的工人打他，经常不给饭吃，因此他根本就没有时间去做学校的作业。现在，他从家里跑出来，就住在桥喜家里。后者向校长表示，现在李照已经把李廼彬赶了出来，导致这位年轻人居无定所，为此，他愿意收留这位年轻人，让他住在自己家来，同时也会让他去上学，不用让他干活，而让他有更多的时间完成作业，做自己所喜欢的事情。对于桥喜所说，校长认为他是在编故事，便在提交上一个报告后，再次写信给内务部秘书，将此事始末一一禀告，但他也在信中特别强调，以他的判断，桥喜是非常不可靠之人，所言皆在撒谎。

内务部秘书接到英格兰卡姆登教会文法学校校长的报告和信之后，觉得事态严重，遂于当年十二月二十四日行文海关，请其遣派稽核人员对上述问题进行调查，以便内务部对此采取必要的行动。

接到指令后，一九三八年一月十二日，海关稽核官便去到曼利区（Manly）贝尔格雷夫大街（Belgrave Street）上的桥喜果蔬店，一进门就看到李廼彬穿着围裙在店里搬运摆放货品，显然是在负责店务。随后进来一位年长华人，名叫Leslie Kue Hee（莱斯利·桥喜），他是该店的管事。他还有两个兄弟，一个叫Willie Kue Hee（威利·桥喜），另一个叫Bob Kue Hee（鲍布·桥喜），他们都在澳结婚，并各自跟家人住在一起。但询问之下，莱斯利表示他与李照并不相熟，只是知道后者是李亚瑟（李廼彬）的伯父。为此，他建议稽核官去见其兄弟威利，因为他才是这个家族的真正话事人，知道的东西最多，对于如何安置李廼彬在他们家店铺的事情最清楚。于是，稽核官便去到位于奥斯本路（Osborne Road）威利的菜园，就在李照菜园的隔壁。但是，面对海关稽核官，威利反复强调，实际上是其兄长莱斯利陪着李廼彬去见的校长，也是其兄长建议将李廼彬安置在其家族的果蔬店里的。随后，稽核官再回到上述果蔬店，莱斯利方才承认就是他本人带李廼彬去见校长的，也是他说服其他几个兄弟安置李廼彬在其店铺里。

随后，稽核官花了个把小时与李廼彬相处与交谈。他一会儿说李照是其父亲，一会儿又说是其伯父，但说到其名字时，不夹带任何的感情色彩。他向稽核官表示，李照每天凌晨三点半钟就让其起床准备早餐，然后到菜园做工到八点钟，下午放学后也叫他从四点做工到晚上八点，因此他累得根本就没有时间去做学校的作业；此外，李照还经常用皮鞭和棍子打他，并且也让菜园的工人打他，经常不给饭吃以示惩罚，甚至星期天也不让他休息，不允许他出去跟朋友玩，让他全天做苦工；而如果他晚上出去，就把家里大门锁上，不让他进门，由他在菜园里随便找个地方睡。随后，莱斯利和威利兄弟俩也重复了同样的内容。但因其所述内容一丝不差，连顺序都一样。稽核官的判断是，很显然，这些控诉内容都是事先商量编排好的，连细节都预先设计好。此外，莱斯利和威利也都表示，李廼彬并非李照的儿子，而是他目前在纽西兰（New Zealand）的兄弟之子。

在李廼彬陪同下往返曼利与曼利谷区的过程中，经过其间的那些城区和街道时，稽核官观察到这位中国青年跟形形色色的男女青少年打招呼和谈笑风生的神情和态度，其老练程度是他这个十七岁的年纪的同龄人很少具备的，尤其是对一个来到澳大利亚才三年时间的青少年来说，不能不震惊于他是如何做到这一点的。从其与这些人的交谈中得知，他与其中一些女孩子过夜以及参加各种运动所需的器材和用具，而导致他欠了别人的债务，一直在遭人追讨。海关稽核官据此判断，即便李照给他在菜园里做工而支付有足够的工钱，也很难满足他上述行为所需。而他有如此多的时间跟这些人出外鬼混，反过来又说李廼彬所谓的父亲逼迫他无休止做工和打骂他，纯属子虚乌有，都是在编故事。稽核官就上述问题咨询英格兰卡姆登教会文法学校校长时，后者对于李廼彬的在校行为没有过多指责，而对于其课余的那些行为包括晚上出外鬼混等等，是否影响到其完成作业以及妨碍其学业的进步，则表示绝对具有极大的影响。他也向稽核官表示，曾经对李廼彬严肃地指出过，要尊重长辈，尤其是近期这位学生把对李照的称呼从“我的父亲”改为“我的伯父”之后，已经强调了多次，但可惜未有效果。

当稽核官提到李恒湘时，李廼彬总是回应说，那是他的“双胞胎兄弟”；但稽核官也明显地感觉到，李廼彬实际上并不完全明白双胞胎兄弟的确切含义。而在稽核官问到其兄弟李恒湘真实年龄时，李廼彬便与威利以中国话（粤语）讨论了一段时间。因一直未有答案，稽核官问他们到底在讨论什么，威利回复说：李廼彬是在向他解释，他知道自己与李恒湘是同样的年纪，但就是不敢确定他们是否同一个母亲所生。

而当稽核官询问莱斯利和威利兄弟的财务状况时，他们二人都对此拒绝回答，表示只有在最终解决了李廼彬的居住问题之后才能对此做出回应。他们表示，将会在近期举行三兄弟家人的会议，看是否有人反对将李廼彬留置在他们的果蔬店铺里；如无人反对，就会去向李照交涉，让后者同意这样的安排。就稽核官个人的感受，此际这两人的说法实际上是想要李廼彬为其果蔬店工作，作为收留他的代价；可是威利却对此极力否认，只是表示仅仅让这位年轻人小帮一把忙，即在放学后的一段时间里搭把手而已。对此，稽核官认为李照绝不会同意这样的一种安排。根据与桥喜兄弟的一番接触，他个人的判断是，这家人如此做派，在本地绝不会有好的口碑。

因疑问太多，稽核官于两天之后在城里华埠的永安公司与李照会面。但因不想郭朝和新任永安公司总经理郭林昭（Cecil Gock）[①]在场的情况下李照无法畅所欲言，他随后便请李照去到海关办公室详谈。后者表示，李恒湘和李廼彬都是他的亲儿子，但分别由他的两个妻子所生，二子出生的时间很接近，相差无几。也就是说，他在国内娶有正室，但也纳了偏房。李照否认这两个孩子之一是其在纽西兰兄弟的儿子，更矢口否认曾经打过李廼彬以及让

① 郭林昭（Kwok Lam Chin或Cecil Gock），生于一九一〇年，香山县竹秀园村人，该村郭氏家族子弟，一九二一年赴澳留学，然后便留在雪梨永安公司任职，到一九三六年下半年，取代郭朝成为永安公司总经理。详见：Kwok Lam Chin - Student on Canton Passport, NAA: A1, 1935/1442。

他在菜园里做工。根据李照的说法，李廼彬没有经过其同意，甚至是在他不知情的情况下，就几天几夜不回家，跟曼利区的那些形形色色的男女朋友到海边或其他度假区域过夜狂欢；更有甚者，他以父亲的名义向曼利区的许多商号赊账，购买了许多出去游玩的物品，所欠债务皆由他这个父亲后续代为支付，搞得他头疼不已；而且有时候李廼彬还在替父收账时，将那些钱据为已有，肆意挥霍。

过了两天，稽核官与另一位海关的登轮官一起会见李照时，后者向他们表示，已经对自己这个儿子的不良行为完全绝望，他也无力改变这种状况，为今之计，他决定将李廼彬送往纽西兰读书，由他在那里的兄弟来代他管教这个孩子。而他的另一个儿子李恒湘，则除了因病无法去学校上学之外，都在用心学习，从未给他制造任何麻烦。

就在上述稽核官于一月十八日完成报告经海关逐级再送交内务部时，一月二十一日，中国驻澳大利亚总领事保君建致函内务部秘书，表示接到李照通知，希望将儿子李廼彬送往纽西兰留学，希望内务部代这位中国学生申请进入纽西兰的签证，同时也核发给他重返澳大利亚的再入境签证，因为他有可能在那里学习一年或者两年后再返澳洲留学。接到上述信函后，内务部秘书立即回复，他们无法代替纽西兰当局核发签证，应该由中国总领事馆直接向其驻澳大利亚专员公署提出申请，并将联络方式详细告知。此后，内务部就接到了海关有关李廼彬情况的调查报告。内务部部长认为这位中国学生严重违规，已经不适合在澳大利亚继续待下去，决定将其遣返。二月九日，内务部秘书致函保君建总领事，表示中国总领事馆如果还不能拿到纽西兰核发给李廼彬入境签证的话，就必须立即安排其离开澳洲回国。

三月十六日，英格兰卡姆登教会文法学校校长再次致函内务部秘书，报告了李照两个儿子在学校的情况。他表示，李恒湘一如既往，按时到校上学，各科学习和作业也令人满意。但李廼彬则不同，除了开学第一周到校外，其余每周只来一天，最后这一周根本就不见了踪影。校长认为，这位学生又像以前一样玩起了逃学游戏；而每次他没有来学校，校长都会询问李照，后者表示其子也不在家。很显然，这位学生欺瞒学校家庭两边。在校长眼里，李廼彬对父亲的态度仍然很恶劣，根本就没有任何尊重，即便作为校长特别向他指出，这位学生也置之不理，但他对莱斯利和威利兄弟及其家庭的态度则要好得多，总是和颜悦色。由是，校长认为，这家人对李廼彬的影响绝不会是积极和正面的。三月二十八日，稽核官向内务部秘书报告，四天前李照去到他的办公室告知，他想要李廼彬去到照相馆照一张护照相，以提供给纽西兰高级专员公署办理入境签证，但儿子拒不配合，强烈反对将他送往纽西兰。有鉴于目前他已经完全无法管教这个儿子，但又不能让其在此沉沦下去，他认为最好的做法就是尽快将其遣送回中国。对于家长的上述意见，稽核官深以为然。

既然所有的证据都表明李廼彬已经无可救药，而且纽西兰高级专员公署也拒绝核发入境签证给这样一位毫无规矩的中国学生，内务部部长遂于四月七日向李廼彬下达了遣返令，要求将其送上最近的一艘驶往香港的轮船离境。为了防止这位交游广泛的中国学生趁这段时间离开雪梨到其他地方躲藏起来，该遣返令要求海关执法部门立即将这位中国学生扣留关押，直到将其送上轮船出境为止。四天后，内务部秘书也将上述决定正式通告保君建总领事，请其配合执行此事。

一九三八年四月二十日，十七岁的李廼彬被押送登上驶往香港的“太平号”（Taiping）轮船，离开雪梨港口，返回中国。①当然，船资是由其父李照支付。而此时的中国，在卢沟桥事变后，已经进入全面抗战时期。面对这样的一种形势，李廼彬回国后的人生走向如何，也是值得关注的一个问题，只是因为无法找到进一步的资料，无法得知。

在其兄弟李廼彬因厌学逃课欺瞒家长和学校闹得沸沸扬扬而最终被递解遣返出境之后，李恒湘仍然心无旁骛地在英格兰卡姆登教会文法学校（这一年，该校改名为Camden-Campbelltown Grammar School & Commercial College）埋头读书，直到这一年的年底学期结束。从一九三九年新学年开始，他转学进入位于城里华埠附近的圣母昆仲会中学（Marist Brothers'

① “Naughty Boy Goes Back To China”, *The Sun* (Sydney), Wednesday 20 April 1938, Page 3。

Intermediate School）念书，仍然保持着此前的那种学习态度，颇受好评。

可是刚刚入学两个多月，李恒湘便计划着回国探亲。一九三九年四月二日，中国总领事保君建致函内务部秘书，为这位中国学生申请再入境签证。他在申请函中表示，李恒湘计划近期回国探亲，大约需要若干个月，然后再重返澳洲继续念书。鉴于此前他在上述几所学校的记录良好，希望内务部按例予以批准。六月一日，内务部秘书复函，批准了上述申请，给予李恒湘十二个月有效的再入境签证，即准其在离境之日起算的十二个月内，返回澳大利亚，从任何澳大利亚港口入境，皆予放行。

原本李恒湘就计划在六月份学期结束后离境，上述批复给予他充足的时间准备。七月十五日，李恒湘在雪梨港登上驶往香港的“丹打号”（Tanda）轮船，返回中国。[①]和他一起登上该轮同行的，还有他的父亲李照。[②]去年十月，日军登陆惠阳大亚湾，占领广东省城广州，威胁着其周边地区安全。李照惦记着家里的两个妻子和一众子女，故而与儿子李恒湘一同回国。他需要回国安排，看如何使家人尽可能地安然渡过这场战乱危机。

李恒湘的留学档案到此终止。虽然他获得了重返澳大利亚留学的再入境签证，但此后澳大利亚国家档案馆里再无法找到与其相关的记录。

---

① Lee Hoon Shung [also known as Shong and Ernest Lee] [includes Certificates of Exemption and left and right thumb prints] [application for permission for Lee Hoon Shong to re-enter Australia] and Lee Nai Bun [also known as Arthur Lee] [includes Certificates of Exemption] [question of deportation] [application by Willie Lee for admission of his sons, into the Commonwealth] [includes 8 photographs showing front and side views; left hand print and left and right thumb prints of Willie Lee] [issue of CEDT's in favour of Willie Lee] [box 402], NAA: SP42/1, C1939/4713。

② Ah Hong, Ah Yan or Ah Chow, Willie Lee, Lum Soong, Kum Choy, See Ping, Tart Hing, Lee Fong, Ah Sang and Ah Sang [Certificate Exempting from Dictation Test - includes left hand impression and photographs] [box 257], NAA: ST84/1, 1939/550/91-100。

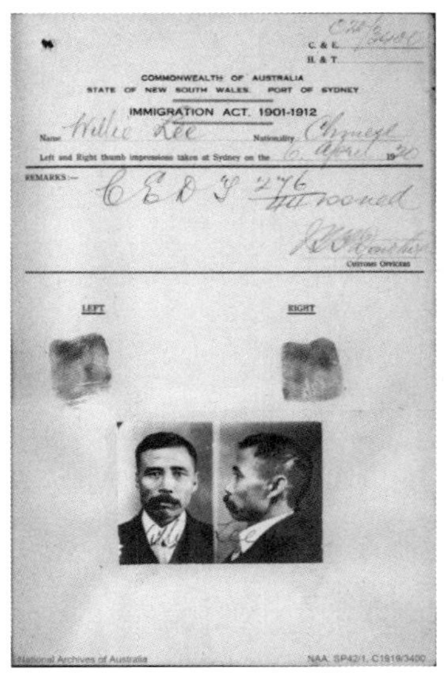
COMMONWEALTH OF AUSTRALIA
STATE OF NEW SOUTH WALES. PORT OF SYDNEY
IMMIGRATION ACT. 1901-1912
Name Willie Lee Nationality Chinese
Left and Right thumb impressions taken at Sydney on the 6 April 1920
REMARKS:— C E D T 276 Returned
Customs Officers
LEFT RIGHT
National Archives of Australia NAA: SP42/1, C1919/3400

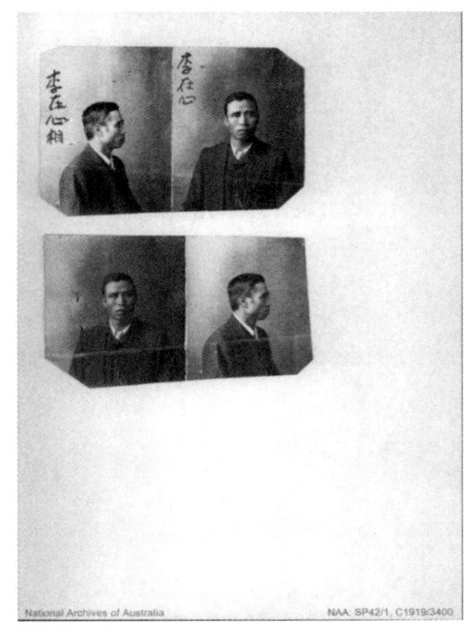

一九一九年，李照申请回头纸时提供的照片。右边那张显示其原名李在心（或者是名照，字在心，后以字行）。

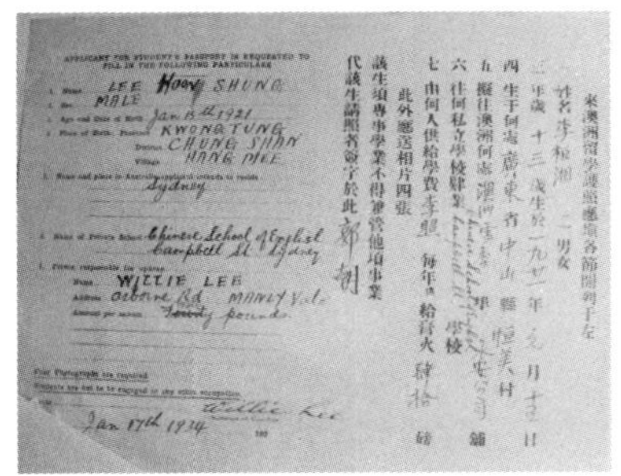
APPLICANT FOR STUDENT'S PASSPORT IS REQUESTED TO FILL IN THE FOLLOWING PARTICULARS
Name LEE HOON SHUNG
Sex MALE
Age and Date of Birth Jan 15th 1921
Place of Birth: Province KWONGTUNG
District CHUNG SHAN
Village HANG MEE
Sydney
Chinese School of English Campbell St Sydney
WILLIE LEE
Osborne Rd MANLY Vale
forty pounds
Jan 17th 1934 Willie Lee

來澳洲留學護照應填各節開列于左
一 姓名李恒湘 男
三 年歲 十三 歲生於一九廿一年元月十五日
四 生于何處 廣東省中山縣恒美村
五 擬往澳洲何處 雪梨埠
六 往何私立學校肄業 學校
七 由何人供給學費 李照 每年給官火 肆拾 磅
此外應送相片四張
該生須專事學業不得兼營他項事業
代該生請照者簽字於此 郭朝

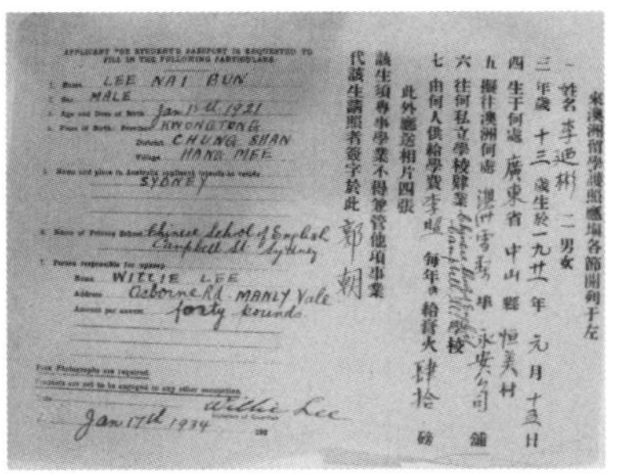
APPLICANT FOR STUDENT'S PASSPORT IS REQUESTED TO FILL IN THE FOLLOWING PARTICULARS
Name LEE NAI BUN
Sex MALE
Jan 15th 1921
KWONGTUNG
CHUNG SHAN
HANG MEE
SYDNEY
Chinese School of English Campbell St Sydney
WILLIE LEE
Osborne Rd MANLY Vale
forty pounds
Jan 17th 1934 Willie Lee

來澳洲留學護照應填各節開列于左
一 姓名李廼彬 男
三 年歲 十三 歲生於一九廿一年元月十五日
四 生于何處 廣東省中山縣恒美村
五 擬往澳洲何處 雪梨埠
六 往何私立學校肄業 學校
七 由何人供給學費 李照 每年給官火 肆拾 磅
此外應送相片四張
該生須專事學業不得兼營他項事業
代該生請照者簽字於此 郭朝

一九三四年一月十七日，李照请永安公司总经理郭朝作为护照代领人,填表向中国驻澳大利亚总领事馆申领两个儿子李恒湘（左）和李廼彬（右）的赴澳留学签证。

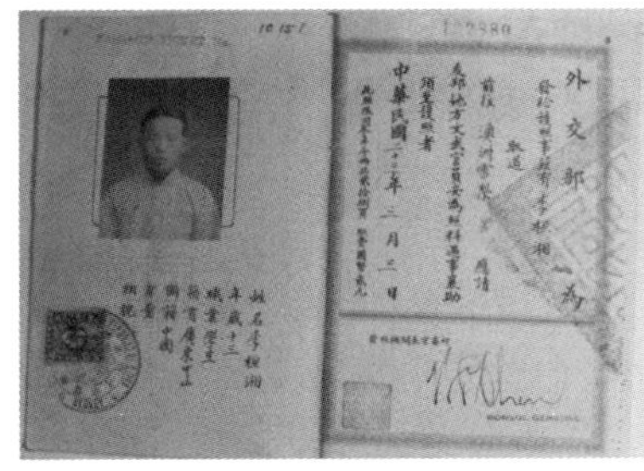

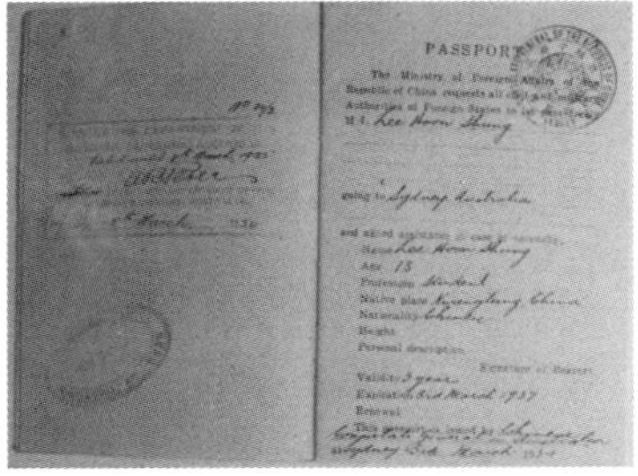

一九三四年三月三日，中国驻澳大利亚总领事陈维屏给李恒湘签发的中国学生护照及三月八日内务部在护照上钤盖的入境签证印章。

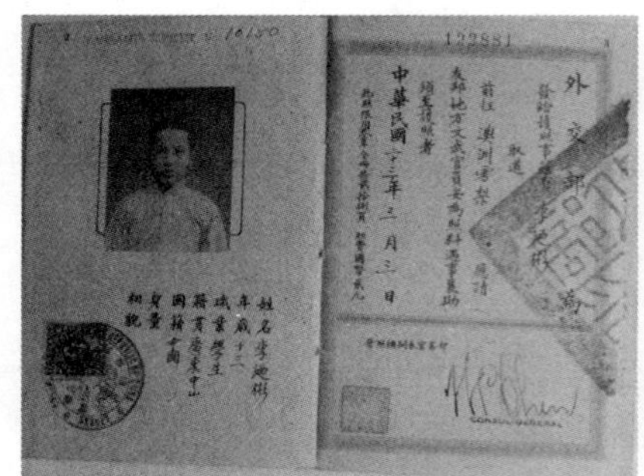

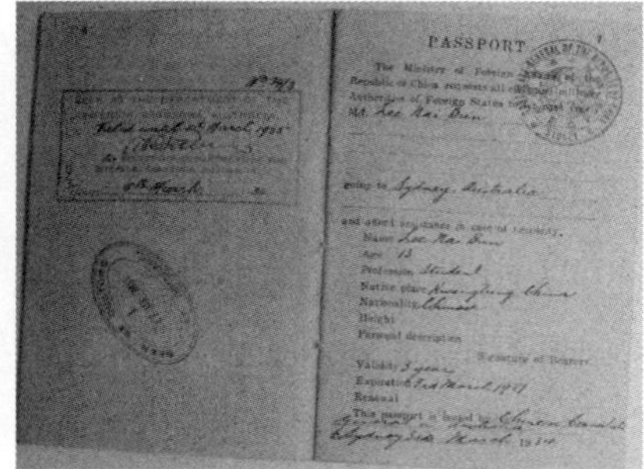

一九三四年三月三日，中国驻澳大利亚总领事陈维屏给李廼彬签发的中国学生护照及三月八日内务部在护照上钤盖的入境签证印章。

档案出处（澳大利亚国家档案馆档案宗卷号）：

Lee Hoon Shung, Student Passport, NAA: A659, 1939/1/1112

Lee Nai Bun - Student's Passport, NAA: A1, 1938/1654

李杏光

中山板桥新村

李杏光（George Hing Kong Lee），又名咗治李朝（George Lee Chew），一九二一年四月六日出生，中山县板桥新村人。

其父李朝（Lee Chew），生于一八七九年。[①]澳大利亚联邦成立前夕（一九〇〇年），他跟随乡人来到南太平洋的这块大陆，从其东北部昆士兰省（Queensland）最北部港口谷当埠（Cooktown）登陆入境。[②]随后，他由此南下，在该省北部重镇坚时埠（Cairns）定居下来。他先当菜农，稍有积蓄后，便在该埠些炉街（Shields Street）开设一间商铺，经营杂货、糕点及水果，店名叫作李朝号（Lee Chew & Co.）。

当儿子李杏光满十四岁后，父亲李朝决定为他办理赴澳留学手续，让他前来坚时埠天主教会主办的圣柯故时田学校（St. Augustine's College）念书，并为他从该校校长那里拿到了入学录取信。然后，他于一九三五年六月十日填表，递交给中国驻澳大利亚总领事馆，以监护人名义请领儿子的留学护照和签证。为此，他出具财政担保书，以其自营的李朝号商铺作保，允诺每年供给膏火三十镑（在英文栏上则补充为足镑），作为儿子来澳留学期间学费、生活费及其他各项开销费用。

---

① Chew, Lee - Nationality: Chinese [DOB: 1879, Occupation: Gardener]- Alien Registration Certificate No 423 issued 25 October 1916 at Cairns, NAA: BP4/3, CHINESE CHEW LEE。

② Lee Chew - Nationality: Chinese - Arrived Cooktown on S/S Eastern 1900, NAA: BP25/1, LEE CHEW – CHINESE。

中国总领事馆接到申请后，很快审核完毕。六月十八日，总领事陈维屏备文，连同所有这些材料，寄给澳大利亚内务部，为李杏光申请留学签证。内务部秘书的处理也很迅捷，两天后便下文到海关，请其协助调查财政担保人的情况以及监护人与签证申请者之间的关系。两周后，坚时埠海关便完成了任务。据他们了解，李朝一向经商有道，买卖公平，没有不良记录；其生意收入较好，平均每周收入三十五镑。于澳洲取得永久居留资格后，他有多次回国探亲经历；其与李杏光出生最接近的一次出入境记录是：一九一八年十二月二十日从坚时埠搭乘"太原号"（Taiyuan）轮船回国探亲，到一九二〇年八月三十一日乘坐"依时顿号"（Eastern）轮船返回。[①]其子是在他结束这次探亲返回澳洲七个月之后出生，其父子关系毋庸置疑。

内务部秘书获得上述报告后，审视李杏光刚刚年满十四岁，还处于无须提供英语能力证明的范围之内，也就是说，符合赴澳留学的要求，便于七月十六日通过了此项签证评估。接到上述通知，只用了两天时间，陈维屏总领事便给李杏光签发了号码为223869的中国学生护照；过了一个星期，内务部秘书也在递交上来的这份护照内页上加盖了签证印章，退还给中国总领事馆。后者按照李朝的意见，直接将其寄往香港的指定金山庄，由后者负责转交给护照持有人并为其安排赴澳行程。

香港金山庄的办事效率很高，不出一个月便将一切事宜安排妥当，订好了船票。随后，李杏光便由家人送到香港，在此搭乘驶往澳大利亚的"彰德号"（Changte）轮船，赴澳留学。一九三五年九月二日，他随船抵达坚时埠，顺利入境澳洲，海关当场核发给他十二个月的留学签证。李朝由利生公司（Lee Sang & Co.）经理李宝胜（Willie Stanley Lee See）[②]陪同，去到海关

① Certificate Exempting from Dictation Test (CEDT) - Name:Lee Chew (of Cairns) - Nationality: Chinese - Birthplace: Canton - departed for China per TAIYUAN on 20 December 1918, returned to Cairns per EASTERN on 31 August 1920, NAA: J2483, 264/11。

② 利生公司是坚时埠的老字号华商企业，由香山县恒美村的李泗（Lee See）李开（Lee Hoy）兄弟开设于一九〇七年。李氏兄弟的档案见：Lee See, NAA: J2481, 1900/298; Name: Lee Hoy - Nationality: Chinese - Birthplace: Canton - Certificate of Exemption from the Dictation Test (CEDT) number: 298/10, NAA: BP343/15, 3/154。李宝胜是李泗长子，他在一九二一年便来澳留学，到一九二九年获准代父经营该公司。详见：Poo Sing, NAA: A1, 1935/10658。

将儿子接出来，在他的商铺住处安顿下来。

休整一个星期后，李杏光于九月九日正式注册入读圣柯故时田学校。他按时到校上课，在校举止有据，学习努力，各方面的表现都令人满意。他以这样的学习状态，波澜不惊地在这所学校读了两年多的书。

一九三八年四月二十六日，刚刚过完这一年的复活节假期，十七岁的李杏光便在坚时埠登上驶往香港的“太平号”（Taiping）轮船，返回中国。走的时候，他告诉了学校，但并没有申请再入境签证，表明他已经对回国的去向有了目标，不打算返澳。而此前一年，其父李朝便已回国探亲，此时仍在国内，到次年六月方才只身返回坚时。[①]此后，澳大利亚出入境记录中，再未能找到与他相关的信息。

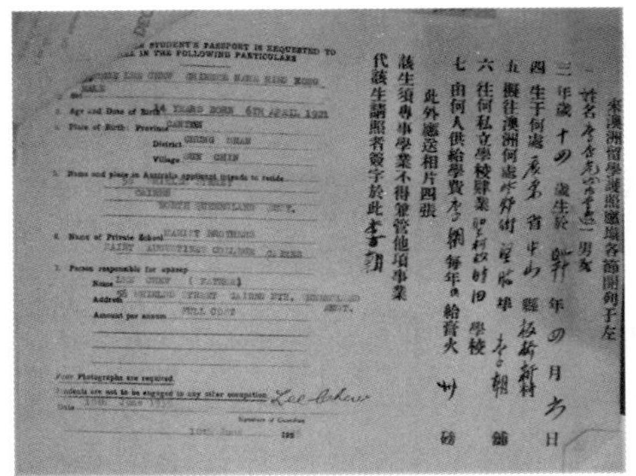

來澳洲留學護照應填各節開列于左
一 姓名 李杏光 男女
二 年歲 十四 歲生於 年 四 月 六 日
三 生于何處 廣東 省 中山 縣 板桥新村
四 擬往澳洲何處 李朝
五 往何私立學校肄業 學校
六 由何人供給學費 李朝 每年 給費 火
七 此外應送相片四張
該生須專事學業不得兼營他項事業
代該生請照者簽字於此 李朝

STUDENT'S PASSPORT IS REQUESTED TO ... IN THE FOLLOWING PARTICULARS
Age and Date of Birth: 14 YEARS BORN 6TH APRIL 1921
Place of Birth: Province CANTON
District CHUNG SHAN
Name and place in Australia applicant intends to reside: CAIRNS, NORTH QUEENSLAND
Name of Private School: MARIST BROTHERS
Person responsible for upkeep: Name LEE CHEW (FATHER)
Address: ... CAIRNS ...
Amount per annum: FULL COST
Four Photographs are required.
Students are not to be engaged in any other occupation. Lee Chew
Signature of Guardian
10th June 193

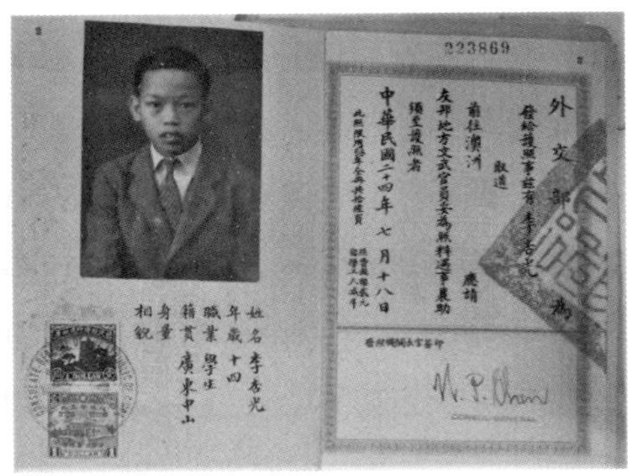

223869
外交部為發給護照事茲有李杏光 前往澳洲 肄業 應請
友邦地方文武官員妥爲照料遇事襄助
須至護照者
中華民國二十四年七月十八日
姓名 李杏光
年歲 十四
職業 學生
籍貫 廣東中山
身量
相貌
W. P. Chen

左：一九三五年六月十日，李朝填表递交给中国驻澳大利亚总领事馆，请领儿子李杏光的赴澳留学护照和签证；右：一九三五年七月十八日，中国驻澳大利亚总领事陈维屏给李杏光签发的中国学生护照。

档案出处（澳大利亚国家档案馆档案宗卷号）：

George Lee Chew - educational Ex/C [Exemption Certificate], NAA: A1, 1937/158

① Certificate Exempting from Dictation Test (CEDT) - Name: Lee Chew - Nationality: Chinese - Birthplace: Canton - departed for China per CHANGTE 26 November 1937 returned Cairns per CHANGTE 25 June 1939, NAA: J2483, 539/90。

黄祖生

中山石岐

黄祖生（Wong Joe Sing，也写成Cecil Wong），大约出生于一九二一年，中山县石岐人。事实上，档案中未有说明他的具体出生年月，只是在一九三六年底标明他时年十五岁。

在澳大利亚鸟修威省（New South Wales）内陆烟化炉埠（Inverell）经商的雷妙辉（Harry Fay），是黄祖生的姐夫。据悉，雷妙辉是在澳大利亚出生的第二代华人，为既连弥士埠（Glen Innes）广生公司（Kwong Sing & Co.）[1]的股东，也是二十世纪初年便已在烟化炉埠建立的逢源公司（Hong Yuen & Co.）[2]的大股东，并且在二十世纪三十年代也成为中国国民党雪梨总支部的重要成员[3]。

黄祖生十五岁时，正在上海读初中三年级，姐夫雷妙辉想将他办理来到澳大利亚留学。一九三六年十二月十五日，雷妙辉具结财政担保书，以监护人

① 广生公司（或广生号）早在十九世纪末二十世纪初由当地华商成立，而于一九一二年因董事会重组在鸟修威省工商局正式注册。见鸟修威省档案馆（NSW State Archives & Records）收藏之该省工商局二十世纪初工商企业注册记录：https://records-primo.hosted.exlibrisgroup.com/permalink/f/1ebnd1l/INDEX1808874。

② 该公司早在十九世纪末二十世纪初年便已开设，虽然一九〇三年六月二十六日才正式在鸟修威省工商局注册，当时该公司的股东名单里未见到雷妙辉名列其中，但在一九一九年二月十一日重新注册时，该公司的股东就已完全由雷妙辉与其兄长雷妙炳（Harry Kee）二人控股。而到二十世纪二十年代末，其公司除了总部仍然位于烟化炉埠之外，已经将业务拓展到雪梨埠（Sydney）、磨厘埠（Moree），甚至是昆士兰省，商业帝国实力雄厚。

③ Mei-Fen Kuo & Judith Brett, *Unlocking the History of The Australasian Kuo Min Tang 1911–2013*, Australian Scholarly Publishing Pty Ltd, 2013, p. 104。

的名义，填妥申请表格，递交给位于雪梨的中国驻澳大利亚总领事馆，为内弟黄祖生申领赴澳留学的护照和签证，以便进入他的公司总部所在地烟化炉埠的天主教书院（Inverell Convent School）读书。他以自己担任总监督（亦即董事长）的逢源公司作保，承诺每年可供给足镑膏火，作为黄祖生来澳留学期间所需之学费、生活费、医疗保险费以及其他所有开销的费用，亦即不封顶。

实际上，雷妙辉递交的申请材料不完整。中国驻澳大利亚总领事保君建在与其沟通之后，于一九三七年二月十三日致函内务部秘书，代黄祖生申请留学签证。他在函中特别表示，所附之申请材料不完整，主要有三项，但这些都在由监护人催办之中：其一：上海市公立学校校长的推荐信，表明黄祖生已经学习英语多年，具备一定的英语学识；其二、黄祖生本人手写的一份英文抄件，以作为其已具备一定英语能力之证明；其三、上述烟化炉埠天主教书院的录取信，此前因书院放暑假，未能获得，但很快就可以拿到。尽管上述材料不完整，但监护人雷妙辉还是希望内务部能尽快审批，以便其内弟能尽早前来留学，而其真实的英语能力可在其抵澳入境时当场测试，如果发现不具备英语能力，可原船将其遣回。也就是说，雷妙辉对在上海教学质量好的公立学校读书的小舅子之英语能力还是很有信心的。

既然保总领事如此郑重其事地说明情况，显然黄祖生的英语确已具备了一定基础，但仍然需要抵澳时予以测试，这是必须事先要交代好的。而对于逢源公司的经营情况，内务部也了解，上一个财政年度（一九三五至一九三六年）营业额达到六万六千镑，经营进出口贸易，每年都有从广东或者香港申请员工前来协助工作。①因此，雷妙辉的财政能力是毋庸置疑的，完全符合监护人和财政担保人的条件。在这样的情况下，未等上述材料补齐，内务部秘书便在三月三日批复了此项申请。保君建总领事获知申请得到批复，两天之后便签发了一份号码为P/377/37的中国学生护照给黄祖生，三月十

① Correspondence and residential status of Chinese employees of Hong Yuen and Company [Box 8], NAA: SP11/6, C26/8740; Hong Yuen and Co - [Admission of] assistants under exemption, NAA: A433, 1941/2/387; Hong Yuen Company Limited [0.25cm], NAA: A1379, EPJ1487; Hong Yuen and Company Pty Ltd, AA: BP210/9, 48。

日便获内务部在护照上钤盖了签证印章。

拿到签证后，中国总领事馆便按照雷妙辉提供的地址，将护照寄往上海，以便黄祖生能尽快前来澳大利亚留学。因其留学档案就到此终止，他此后是否如愿赴澳留学，由于在澳大利亚国家档案馆中未见到此后与其相关的宗卷，不得而知。但最大的可能性是，黄祖生最终并未赴澳留学。

当时的中国形势可能对其最终无法按预定计划赴澳留学产生了巨大影响：当护照抵达上海后，正好是黄祖生初中毕业考试的时期。在这个节点上，他显然是全力以赴先为此学业拼搏，以期拿到文凭。而紧接着就进入七月份，适逢七七卢沟桥事变，日本发动全面侵华战争，中国进入全面抗战；八月份，上海就成为中日大战的主战场。抗日战争的全面爆发改变了个人的生活和人生轨迹，显然，这也包括黄祖生。

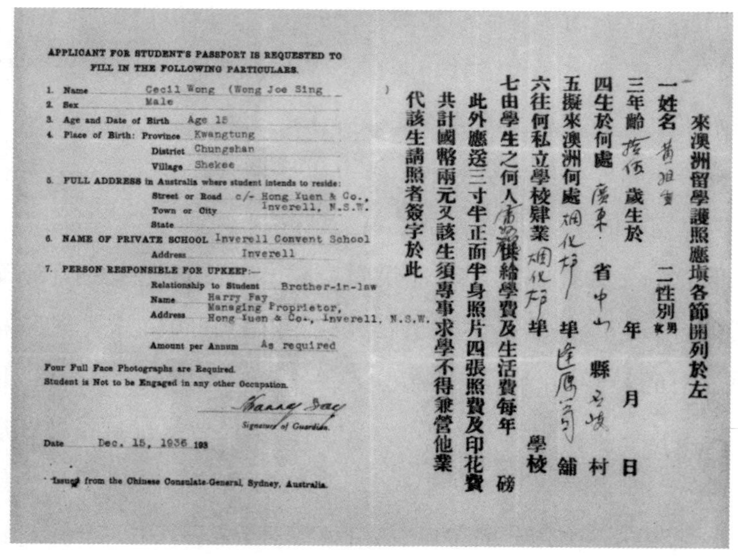

APPLICANT FOR STUDENT'S PASSPORT IS REQUESTED TO FILL IN THE FOLLOWING PARTICULARS.

1. Name Cecil Wong (Wong Joe Sing)
2. Sex Male
3. Age and Date of Birth Age 15
4. Place of Birth: Province Kwangtung
   District Chungshan
   Village Shekee
5. FULL ADDRESS in Australia where student intends to reside:
   Street or Road c/- Hong Yuen & Co.,
   Town or City Inverell, N.S.W.
   State
6. NAME OF PRIVATE SCHOOL Inverell Convent School
   Address Inverell
7. PERSON RESPONSIBLE FOR UPKEEP:—
   Relationship to Student Brother-in-law
   Name Harry Fay
   Address Managing Proprietor, Hong Yuen & Co., Inverell, N.S.W.
   Amount per Annum As required

Four Full Face Photographs are Required.
Student is Not to be Engaged in any other Occupation.

Harry Fay
Signature of Guardian.

Date Dec. 15, 1936 193

Issued from the Chinese Consulate-General, Sydney, Australia.

來澳洲留學護照應填各節開列於左

一姓名 黄祖生 二性別 男 女

三年齡 拾伍 歲生於 年 月 日

四生於何處 廣東 省 中山 縣 村

五擬來澳洲何處 烟化埠 埠 舖

六往何私立學校肄業 烟化埠 埠 學校

七由學生之何人 供給學費及生活費每年 磅

此外應送三寸半正面半身照片四張照費及印花費

共計國幣兩元又該生須專事求學不得兼營他業

代該生請照者簽字於此

一九三六年十二月十五日，雷妙辉填表递交给位于雪梨的中国驻澳大利亚总领事馆，为内弟黄祖生申领赴澳留学的护照和签证。

档案出处（澳大利亚国家档案馆档案宗卷号）：

Wong Joe Sing - Students Passport, NAA: A1, 1937/3126

马文坚

中山沙涌村

马文坚（Ma［Mar］Man Kin），生于一九二一年十一月十二日，中山县沙涌村人。他的父亲马初见（Mar Chor Kin）大约一八七一年出生，二十岁左右奔赴澳大利亚寻找机会，进入鸟修威省（New South Wales）的雪梨（Sydney）一带发展，最终加入永生果栏（Wing Sang and Company），在其中占有股份。[①]一九一五年底，马初见回国探亲，一待就是十一年，直到一九二六年底方才回到澳洲。但他不是重返雪梨，而是去到昆士兰省（Queensland）北部重镇汤士威炉埠（Townsville），进入同宗兄弟马广（Mar Kong）在此间开设的马广号（Mar Kong and Company）[②]，先当替工。两年后，马广去往雪梨发展，马初见便将该店买了下来，继续沿用原店名，自己经营。[③]

事实上，马初见回国探亲的十一年里，也是在中山、广州和香港经商，加上还有永生果栏每年的分红，经济自主，因而将家人的生活及子女的教育

---

① Chinese employed under Certificate of Exemption by Hook Wah Jang & Co, Townsville, Queensland [death of James Sue Sue, wife Wai chun or Wai Jun, Mar Man Chiu, Mar Chor Kin], NAA: J25, 1949/2743。

② 马广大约生于一八七五年，于一八九六年来到澳大利亚发展，立足于汤士威炉埠，大约在一九〇〇年左右开办了马广号。详见：Application for Certificate of Domicile for Mar Kong, a fruiterer from Townsville, NAA: BP342/1, 7790/232/1903。

③ MAR, Chor Kin - Nationality: Chinese - arrived Townsville aboard TAIPING 1st October 1926, NAA: BP25/1, MAR C K – CHINESE。

都安排得很好。如此，儿子马文坚也在家乡接受了良好的教育。到一九三五年，马文坚进入省城广州的私立岭南大学附属中学读书。

一九三六年一月二十三日，马初见具结财政担保书，以监护人的身份填妥申请表，递交给中国驻澳大利亚总领事馆，为儿子申领赴澳留学护照和签证。他以自己经营的马广号作保，承诺每年供给膏火五十镑给儿子，作为其学费、生活费和其他各项开支之需，希望将其安排入读天主教会在汤士威炉埠开设的基督兄弟会书院（Christian Brothers' College）。根据马初见对儿子的介绍以及他们对在中国教会学校所创办学校的信任，基督兄弟会书院完全相信马文坚已经具备相当的英语能力，可以与当地学生一起上学，因而很爽快地出具了录取确认信。

然而，马初见在提交上述申请时，忽略了一件事，即按照《中国留学生章程》新规，十四岁以上之中国留学生，申请赴澳留学时须提供其已具备初步英语学识能力的证明。为此，根据中国总领事馆的提醒，马初见赶紧写信回去中国，让儿子马文坚手书一份英文抄件，以显示其已具备一定的英语能力；同时，也请私立岭南大学附中校长杨重光写了一份推荐信，特别说明马文坚正在该校念初一，这一年暑假过后就可以升初二，其各科学业成绩优良。这两份材料寄到之后，已经是四月份了。四月九日，中国总领事陈维屏修书一封，将上述申请提交给内务部秘书，为马文坚申请留学签证。

内务部秘书接到申请后，很快就启动了评估流程，指示海关对马初见的监护人资格及财务状况予以核查，以便内务部对此申请做出批复与否的决定。昆士兰省海关当局行动迅速，通过汤士威炉埠海关的协助，四月底就摸清了马广号的经营状况，得知上一个财政年度其年营业额为一万二千六百二十七镑，净利润为五百二十三镑。与一九三三年的年营业额六千五百镑[①]对比，显示出这两年的马广号锐意经营，业绩相当的好。因马初见一九一五年便回国，直到一九二六年方才返回澳大利亚，他与马文坚的父子关系应该是毋庸置疑的，但为保险起见，昆士兰省海关需要找到其离境

① 详见：Mar Jang Hang - Ex/c, NAA: A1, 1937/1965。

的证据，便只能行文鸟修威省海关协查，如此就耽搁了一些时间。直到五月十九日，后者才从旧有的档案记录中找出马初见的出境记录。

实际上，就在内务部还在等待海关的调查结果时，马文坚人已经到了香港，电告父亲将于五月初抵埠。四月二十九日，得到消息的陈维屏总领事致函内务部秘书，催问其签证审理结果。他在函中表示，鉴于马文坚不几天就抵达汤士威炉埠，在目前内务部尚未能结束签证预评估而无法签发护照和签证的情况下，请他知照汤士威炉海关部门，待马文坚抵达时，一方面按照正常程序当场测试其英语程度，另一方面指示海关放行，先给予其一个月的临时入境签证，待其余审理手续完结后，再按照正常程序核发留学签证。在这种情况下，内务部秘书也觉得只有这样，才能使问题得到解决，遂一一照办。

五月五日，马文坚搭乘从香港出发的“彰德号”（Changte）轮船抵达汤士威炉港口。海关当场测试的结果，表明马文坚已经具备了基础的英语学识能力。为此，海关按照程序放行，先给予一个月的临时签证。收到上述海关的报告，此后又接到马初见回国探亲日期报告，所有这些都显示，无论是签证申请者还是监护人都符合《中国留学生章程》的相关规定，内务部秘书便于六月十日通知汤士威炉海关，嘱其将此前核发给马文坚的一个月临时入境签证改为十二个月的留学签证，从而结束了这场长达近半年的签证申请审理工作。

而入境之后，马文坚便立即注册入读基督兄弟会书院。书院院长每次提交的报告都显示，这位中国学生无论是在校表现还是各科学业，都表现优异，令人满意。由是，他在这里一直读到一九三七年底学期结束。从一九三八年新学年开始，马文坚被父亲送到汤士威炉埠西部内陆地区相距一百公里的车打士滔埠（Charters Towers），进入加美乐山书院（Mount Carmel College）读书。这也是天主教会开办的学校，实行寄宿制，即所有学生都要住校，马文坚就这样成了住校生，在此读高中课程。虽然他的在校表现和学业依然如故，但毕竟这里不太自由，半年之后，他便选择离开，还是回到汤士威炉埠的基督兄弟会书院继续读书。

一九三九年，马文坚有三十三天的缺勤，没有回到学校上学，基督兄弟会书院认为他可能是在协助父亲经营商铺，报告给了内务部。内务部秘书对此比较紧张，深恐他利用留学签证打工，急忙责成海关对此问题进行调查。海关稽查人员先后对马文坚本人以及他的父亲进行了问话，也对学校和其周围的朋友做了调查，得知他因脚胫受伤，无法行走而治疗达三个星期，此外还有一个星期未经请示就自行跟着朋友去到车打士滔埠游玩度假。这事儿发生后，马初见痛骂了儿子一顿，并表示此后要严管儿子的行为；除此之外的几天缺勤则是因流感影响无法到校上课。经与书院多方联络，后者反复说明除了上述缺勤之外，这位中国学生的各项表现都令人满意。内务部秘书在确认了马文坚没有在店铺里做工，而其缺勤基本上都是事出有因之后，也没有过多纠缠和留难，在五月份核发了其留学签证展延。此后两年里，尽管他的出勤率因种种原因并不是很好，但都有一定的理由，书院也都接受其解释，这样，他便以优异的学业成绩读到一九四一年底学期结束，念完了高中课程。

一九四一年十二月八日日军突袭美国海军基地珍珠港，太平洋战争爆发，澳大利亚也立即对日宣战。一九四二年一月十六日，新任中国驻雪梨总领事段茂澜致函内务部秘书，申请马文坚加入其父亲的马广号工作，以填补此前被其父聘用的也是来自中山县的留学生梁华立（Leong Wah Lup）[①]留下的空缺，因后者刚刚离职他往，获准进入他父亲梁云洲（James Leong）在汤士威炉埠开设的商铺帮工。

内务部秘书接到申请后，立即责成汤士威炉海关人员将马广号的情况核实，以便决定批复与否。海关人员经过了解，得知马广号在上一个财政年度的营业额为一万五千七百二十四镑，较之以前又有所扩张。而在梁华立离开后，目前店里就只有两个店员，人手不足，因而增加一位雇员可以缓解店铺目前的压力。而马文坚自一九三六年抵澳后，在校表现和学业皆令人满意，此时也正好读完高中，又是进入其父亲所经营的店铺，是比较合适的人选。

---

① 有关梁华立的详情，见：Leong Wah Lup - Student passport, NAA: A433, 1947/2/2404。

三月十一日，内务部秘书正式批复了上述申请，二十岁的马文坚遂正式入职父亲的马广号商铺，由学生身份转成了商人身份。

战时澳大利亚对所有盟国滞留在澳之公民，无论是学生、工人、商人、海员还是探亲家属等等，全部给以三年临时居留签证，有效期至一九四五年六月三十日，到期时如战争仍在进行，则该签证自动延期两年。中国与澳大利亚是共同抗击日本军国主义侵略的盟国，马文坚自然也享受上述签证待遇。自此之后，他便留在了澳大利亚，协助父亲经营，一九四八年回国探亲[①]，次年在澳门结婚。一九六二年加入澳籍，随后将安置在香港的妻小办理来澳团聚。[②]

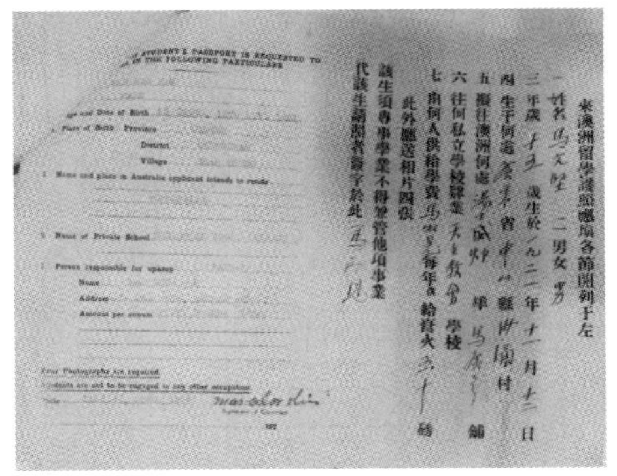
來澳洲留學護照應填各節開列于左
一 姓名 馬文堅 二 男女 男
三 年歲 十五 歲生於一九二一年十一月十二日
四 生于何處 廣東省中山縣 村
五 擬往澳洲何處
六 往何私立學校肄業 學校
七 由何人供給學費 每年給膏火 鎊
此外應送相片四張
該生須專事學業不得兼管他項事業
代該生請照者簽字於此 馬初見

STUDENT'S PASSPORT IS REQUESTED TO IN THE FOLLOWING PARTICULARS
Age and Date of Birth
Place of Birth: Province
District
Village
Name and place in Australia applicant intends to reside
Name of Private School
Person responsible for upkeep
Name
Address
Amount per annum
Four Photographs are required.
Students are not to be engaged in any other occupation.

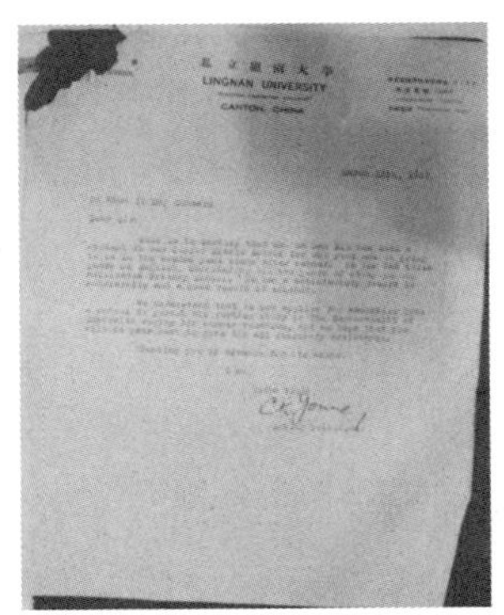
LINGNAN UNIVERSITY
CANTON, CHINA

左：一九三六年一月二十三日，马初见填表向中国驻澳大利亚总领事馆申领儿子马文坚的赴澳留学护照和签证；右：一九三六年三月十日，私立岭南大学附属中学校长杨重光给马文坚开具的推荐信。

档案出处（澳大利亚国家档案馆档案宗卷号）：

Ma Man Kin - Student passport [2cms], NAA: A433, 1945/2/3182

① Mar Man Kin - Chinese - departed 5 January 1948 from Brisbane aboard YUNNAN, NAA: BP210/2, MAR M。

② Mar Oi Lan Henry Marr (Mar Man Kin) and wife Irene nee Young, NAA: J25, 1966/1239。

方烈民

中山敦陶村

方烈民（Lip Mun），出生于一九二一年九月九日，中山县敦陶村人（在其英文表上则写为石岐人）。其父方基（Fong Kee）早在澳大利亚联邦建立之前夕，于一九〇〇年抵达雪梨（Sydney），此后便在此立足。可能来澳后相当一段时间里都在当菜农，建立了商业网络，后来便自己经营蔬菜批发生意。他以自己的名字作为店名，主要做番茄经销商，日子过得稳定。

一九三六年五月三十日，方基以监护人身份填表，向中国驻澳大利亚总领事馆申领儿子的赴澳留学护照和签证。为此，他具结财政担保书，以其自己所营价值二百镑的生意作保，允诺每年供给学费和生活费一百一十镑，作为儿子来澳后的开销，要把儿子办到雪梨的华英学校（Chinese School of English）读书，并早早就请该校校长戴雯丽小姐（Miss Winifred Davies）出具了录取信。

当时的中国驻澳大利亚总领事还是陈维屏，对华人办理在乡子弟来澳留学都给予大力协助。接到上述申请后，他认为方烈民尚未满十五岁，仍然处于无须提供具备基础英语学识能力证明之年龄，便于六月三日修书一封，并附上这些申请材料，寄往澳大利亚内务部，为方烈民请领入境签证。

内务部秘书受理该项申请后，于六月十日行文雪梨海关，请其协助审查监护人和财政担保人是否符合相关条件。十天后，海关便搞清楚了相关情况，上报内务部秘书。据他们了解，方基主要做番茄批发营销，每周净收入在三镑十五先令到四镑五先令左右，虽然在银行没有开设账号，但却在广和昌号（Kwong War Chong & Co.）里存款二百镑，作为其生意经营的保证基金。因兢兢业业地经商，广有人缘，颇有口碑。而根据海关的记录，在方烈民出生前后，他曾回国探亲，于一九二一年一月二十一日出境，一九二二年一月五日回澳。①方烈民在其回国八个月后出生，显系其子。如果其出生日期是按照传统农历来算的话，则方烈民的公历出生日期是当年十月九日。如此，其出生日期距方基回国有九个月的时间，他们两人之间的父子关系当毋庸置疑。

虽然上述调查结果显示方基符合监护人和财政担保人的条件，但内务部秘书还是认为方烈民的年龄是个问题。尽管此时他还算是十四岁，但很快就要满十五岁，即便此时批复其入境签证，他也及时启程赴澳，待其入境时还是会到满十五周岁的年龄。为此，按照规定，他须提供证据，以表明自己确已具备一定的英语学识能力。对于上述要求，陈维屏总领事无力反驳，为让这位学生能赴澳留学，按照规定，须尽快提供证明。

方基知道这是儿子能否赴澳留学的最后一道障碍，遂写信回乡，让儿子提供一份手写的英文作业抄件以充证明。只是这样一来一往，就过去半年时间。到一九三七年初，方基才收到了上述儿子所写抄件。此时，陈维屏总领事已经在去年末辞职，新任中国驻澳大利亚总领事换成了保君建。他接到方基转来的上述材料，便立即寄送给内务部秘书，也在信中力证方烈民学过英语，已经具备了一定基础。于是，内务部秘书遂从其言，于三月二十三日批复了这位中国学生的签证申请。保总领事接获批复通知，立即在三月二十五日给方烈民签发了号码为224076的中国护照，将其寄给内务部秘书，由后者于四月五日在护照内页上钤盖签证印章。随后，中国总领事馆便按照流程，将此护照寄往香港指定的金山庄，由其负责转交给持照人，并为其安排赴澳行程。

---

① Fong Kee, Low Poy, Ah Jew, Low Lum, Ah Hook, Ah Hoy, Young Nut, Ah Young, W Low Kay and Mrs Choy York [Certificate Exempting from Dictation Test - includes left hand impression and photographs] [box 134], NAA: ST84/1, 1921/300/61-70。

在家乡的方烈民耐心地等待安排。半年之后，待诸事妥当，他才从中山赶往香港，搭乘“彰德号”（Changte）轮船，于当年十一月二日抵达雪梨港口。经卫生检疫，证实其身体健康，同时也通过了移民局官员的当场口试，显示出他确实具备了基础英语学识能力，因而顺利入境。海关当场就给他核发了留学签证，有效期为十二个月。

在安顿下来并熟悉了周围环境之后，方烈民于十一月二十三日正式入读华英学校。戴雯丽校长提供的有关他在校表现的例行报告很简单，每次都谓其在校表现良好，各科学业令人满意。就这样，他波澜不惊地读到一九三九年底学期结束。

在一九三九年最后一个学期里，他的一个叔叔从中国来到澳洲，经中国总领事保君建代其向华英学校请假，由方烈民带着叔叔去了鸟修威省（New South Wales）北部的乡镇磨厘埠（Moree），前后来回达两个星期。档案上没有披露方烈民叔叔的名字，也没有说明后者去磨厘埠的目的是什么。但从当时的情况来看，最大的可能便是去到那里的华人商铺或商行中任职，因为只有在这些商行达到一定的营业额，才可以从海外聘请员工。

可是，就在一九三九年的年底，刚刚顺利地拿到了下一个年度的留学展签之后不久，未等到次年新学年开学，一九四〇年一月二十四日这一天，十八岁的方烈民便在雪梨登上驶往香港的“太平号”（Taiping）轮船，返回家乡去了，结束了他在澳洲两年多的留学生涯。走之前，他没有申请再入境签证，此后，澳洲也再未见到与他相关的任何信息。

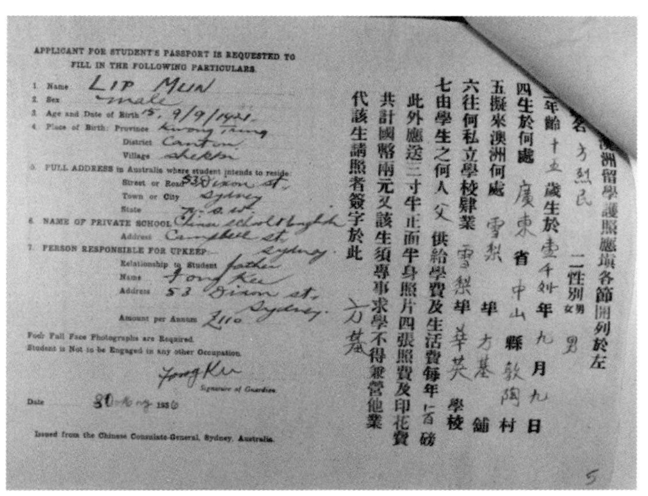

APPLICANT FOR STUDENT'S PASSPORT IS REQUESTED TO FILL IN THE FOLLOWING PARTICULARS.

1. Name LIP MUN
2. Sex male
3. Age and Date of Birth 15, 9/9/1921
4. Place of Birth: Province Kwong Tung
   District Canton
   Village Shekki
5. FULL ADDRESS in Australia where student intends to reside:
   Street or Road 53 Dixon st.
   Town or City Sydney
   State N.S.W.
6. NAME OF PRIVATE SCHOOL Chinese School English
   Address Campbell st. Sydney.
7. PERSON RESPONSIBLE FOR UPKEEP:
   Relationship to Student father
   Name Fong Kee
   Address 53 Dixon st. Sydney.
   Amount per Annum £110

Four Full Face Photographs are Required.
Student is Not to be Engaged in any other Occupation.

Fong Kee
Signature of Guardian

Date 30 May 1936

Issued from the Chinese Consulate-General, Sydney, Australia.

澳洲留學護照應填各節開列於左
一姓名 方烈民 二性別 男
三年齡 十五 歲生於 壹千九百廿一 年 九 月 九 日
四生於何處 廣東 省 中山 縣 敦陶 村
五擬來澳洲何處 雪梨 埠 方基 舖
六往何私立學校肄業 雪梨 埠 華英 學校
七由學生之何人 父 供給學費及生活費每年 一百一十 磅
此外應送三寸半正面半身照片四張照費及印花費共計國幣兩元又該生須專事求學不得兼營他業
代該生請照者簽字於此 方基

一九三六年五月三十日，方基以监护人身份填表，递交给中国驻澳大利亚总领事馆，申领儿子方烈民的赴澳留学护照和签证。

档案出处（澳大利亚国家档案馆档案宗卷号）：

Lip Mun - Education exemption certificate [0.5cm], NAA: A433, 1940/2/590

亚伯特李

中山恒美村（飞枝出生）

生于一九二二年一月二十七日的亚伯特李（Albert Lee，或Alber Lee Cheong），是在南太平洋上的英国殖民地飞枝（Fiji）出生的第二代华人。当时他的父亲Lee Cheong（李祥，译音）在飞枝的第二大城市劳托卡（Lautoka）经商，经济上自主，而他也自幼进入当地学校念书，小学毕业后就进入当地由印度裔开办的第二中学念书。

而在澳大利亚雪梨（Sydney）华埠开设合昌公司（Hop Chong & Co.）的主要股东李基祥（Lee Kee Chong），是亚伯特李的伯父。李基祥是中山县恒美村人，生于一八六四年。这也是将亚伯特李的祖籍确定为中山县的主要根据，也是将其视为中山籍留学生的主要原因。一八八〇年，李基祥便来到澳大利亚发展，先在雪梨打工立足。[①]五年后，他去到鸟修威省（New South Wales）内陆北部乡村的天架埠（Tingha）开设商铺，在此又待了九年，随后转到西北乡村的磨厘埠（Moree）开店，一待就是二十年。就在这里，他与一位华欧混血的第二代华人女子结婚。[②]二十世纪一十年代中期，他带着全家去

---

① Lee Kee Chong, NAA: SP42/1, C1905/530。

② Lee Kee Chong, wife Agnes Lee Kee Chong and children Grace, Norah, George and Edward Lee Kee Chong [includes 9 photographs showing front and side views of Lee Kee Chong] [includes 5 photographs showing front and side views of the children] [issue of CEDT in favour of Lee Kee Chong] [box 316], NAA: SP42/1, C1935/8292。

到雪梨，与乡人李宝成（Tommy Lee）[①]合股，在华埠禧街（Hay Street）一百号创办了合昌公司（Hop Chong & Co.）[②]，销售土洋杂货和蔬果，同时也做进出口贸易，算得上是比较大的一家企业。

一九三六年九月二日，中国驻澳大利亚总领事陈维屏致函澳大利亚内务部秘书，请示从飞枝前来澳大利亚留学的华裔学生如何办理签证事宜。他在函中介绍了亚伯特李的情况，表示他虽然是在飞枝出生，但仍然可被视之为中国国民，而中国驻飞枝副领事郑观陆（C. L. Cheng）[③]也可以为其核发护照，因为郑领事也正在为另一位在飞枝的中国女学生Shiu Luen（萧鸾，译音）[④]办理赴澳留学事，只是办理其留学澳洲的程序是否应与从中国前来留学相一致，需要内务部确认。九月十七日，内务部秘书复函谓，须有澳洲学校的录取信以及他是否有在澳亲戚，这两个条件都具备，方才可以申请。两天后，陈总领事回复道，亚伯特李计划到雪梨就读纽因顿学院（Newington College），只是尚未正式申请入学，还没有拿到录取信；而他在雪梨有一位伯父，是开设合昌公司的大股东李基祥，有财务实力，也可提供住宿，因而可以充任监护人之职；此外，他也收到了飞枝劳托卡第二中学校长的推荐信，表明亚伯特李初中即将毕业，目前正在准备参加纽西兰大学预科的入学考试；从该生的学习情况看，他通过此项考试的机会是很大的。十月十七日，内务部秘书复函，表示同意亚伯特李前来留学，中国总领事馆按照程序

---

① 李宝成生于一八七六年，于一八九七年来到澳大利亚发展，落脚于雪梨。有关其档案宗卷，见：Tommy Lee [includes 2 photographs showing front and side views] [box 111], NAA: SP42/1, C1919/7711。

② 见鸟修威省档案馆（NSW State Archives & Records）所藏该省二十世纪初工商企业注册记录：https://search.records.nsw.gov.au/permalink/f/1ebnd1l/INDEX1803063。该公司正式注册成立的日期是一九一九年十二月十一日。

③ 郑观陆是在澳大利亚出生的第二代华人，祖籍广东省中山县谷镇，亦即今三乡（见：《中山市华侨大事记》，载《中山文史》第20辑），在雪梨经商时就积极参与当地国民党的事务，于一九二三年二月二十六日获孙中山委任为雪梨中国国民党支部干事（见：《委任董直等职务状》，载秦孝仪主编：《国父全集》第八册，台北：近代中国出版社，1989年，第379页）。此后，他从澳洲前来飞枝发展，在一九三四年被委任为中国政府驻飞枝领事馆副领事，为当地侨胞服务。有关他在飞枝（斐济）的情况，转引自孙嘉瑞：《斐济华人历史——毁家纾难见忠贞》，载斐华网：https://www.fijichinese.com/history/memory_of_old_chinese.htm。

④ 关于这位女学生的留学档案，见：Shiu Luen Ex/c, NAA: A1, 1935/9928。

进行申请即可。

根据中国总领事馆转告的结果，在劳托卡经商的李祥遂委托在雪梨合昌公司担任经理的兄弟李廼祥（Lee Nai Chong）[①]出面，具体负责为他的侄儿办理赴澳留学手续，当然，留学费用由他这个父亲负责汇寄。于是，十月二十三日，李廼祥便填妥申请表，也具结财政担保书，以监护人的名义，向中国驻澳大利亚总领事馆申领侄儿亚伯特李的赴澳留学护照和签证。他以合昌公司作保，承诺每年供给膏火八十镑，作为亚伯特李在澳留学期间的学费和生活费等开销（实际上是由父亲李祥支付）。至于亚伯特李来到雪梨入读的学校，原先是计划入读纽因顿学院，但李廼祥考虑到侄儿是即将初中毕业，即便能通过预科考试，也仍然需要就读高中课程方才可以进入大学，便于十月三十一日去到圣母昆仲会中学（Marist Brothers' High School）接洽，从该校校长那里为侄儿拿到了入学录取信。

中国驻澳大利亚总领事馆接到申请后，便按流程审理。一九三七年一月十四日，新任中国驻澳大利亚总领事保君建备文，附上申请材料，向内务部秘书请领亚伯特李的留学签证。通过海关，内务部秘书确认了李祥与合昌公司李基祥和李廼祥兄弟的财务安排以及监护人的情况，便于三月八日批复了亚伯特李的留学签证。三月十一日，保君建总领事签发了一份号码为9179的中国护照给亚伯特李，内务部秘书则于三月三十一日在上述护照内页钤盖了入境签证印鉴。

通常情况下，护照应该退还给中国总领事馆，由其寄送给持照人，但此时在飞枝的亚伯特李因等的时间太久，早就跃跃欲试赴澳，一俟接到叔父李廼祥打来的获签电报，立即登船出发。四月九日，他搭乘从飞枝启航的"奥朗基号"（Aorangi）轮船，抵达雪梨。因护照未及寄出，便由中国总领事馆与内

① 李廼祥此前并未前来澳大利亚发展，而是留在家乡或者在香港经商，与其兄长的生意对接。直到一九二一年，李基祥方才申请他这位兄弟前来雪梨，协助他经营合昌公司。见：Lee Nai Chong [Chinese - arrived Sydney per EASTERN, 23 Dec 1921. Box 19], NAA: SP11/2, CHINESE/CHONG LEE NAI。从上述李基祥和李廼祥兄弟的名字最后都是"祥"来看，他们兄弟都是以最后一字"祥"排名，只是中间的字不同。由是，他们在飞枝的兄弟李祥，中间也应该有个不同的字，显然在飞枝为了方便，而将中间的字省略掉了。事实上，这种把名字简化的现象，在海外华人中比较普遍。

务部协商，直接交由雪梨海关代收，待亚伯特李抵境时，验明正身，助其通关。李廼祥去到海关将侄儿接出来，安顿在华埠禧街上的合昌公司宿舍里。

亚伯特李抵达雪梨后，还想进入更为心仪的学校念书，但经过一番考察，最终还是按照叔父的安排，于五月二十五日正式注册入读圣母昆仲会中学。因为没有英语障碍，他的学习很顺利，并在年底通过了鸟修威省的初中毕业暨预科入学考试。之后，他继续在这所学校念高中课程，成绩优异。一九四〇年新学年开始，他被雪梨大学（The University of Sydney）录取，攻读工程学位。

进入大学，其课程设计及要求都与中学完全不同。虽然亚伯特李也努力，但第一年下来，他的所有课程都未能通过考试，只能重读。第二年学期尚未结束，就因太平洋战争爆发，他也跟所有其他澳大利亚盟国的公民一样，获准三年临时居留，签证有效期至一九四五年六月三十日，届时如果战争仍在继续，则该签证将会自动展延两年。而在这段时间里，他逐渐适应了大学的学习，到一九四四年上半年，完成了课程，拿到了工程学位。之后，年方二十二岁的亚伯特李受雇于雪梨附近的一家名叫Messrs. De Haviland Aircraft Pty.的飞机制造厂，担任工程师。因处于战时状态，这样的技术人才是政府十分需要的，而且还是与飞机制造有关，内务部毫不犹豫地批复了上述雇佣关系。

一九四六年十月，亚伯特李从上述飞机制造厂辞职，打算重返雪梨大学念经济学课程。他通过中国驻雪梨总领事馆向移民部提出申请，希望准允他返回大学重当学生。然而，在余下来的几个月里，移民部并未批复，也未去到雪梨大学核查，直到次年四月份，也不知道在上述这段时间里，作为来自飞枝的中国学生到底是在做工，抑或是去到大学念书。

直到一九四七年五月六日，移民部雪梨办公室的人员才找到亚伯特李本人，得知他本人因未获得移民部的任何回复，其签证到六月三十日也将截止，便决定返回飞枝。为此，他已经订好了两个星期后离境的航班机票。于是，五月二十一日，在澳留学总计十年之久的亚伯特李，搭乘飞机离开雪梨，返回了飞枝。

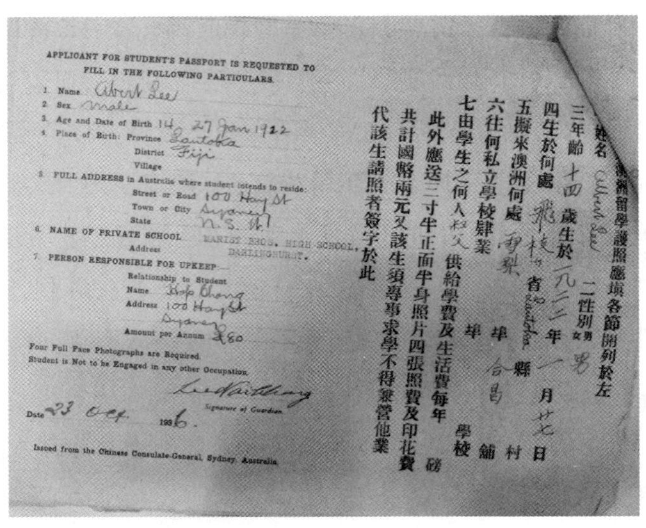

APPLICANT FOR STUDENT'S PASSPORT IS REQUESTED TO FILL IN THE FOLLOWING PARTICULARS.

1. Name Albert Lee
2. Sex Male
3. Age and Date of Birth 14 27 Jan 1922
4. Place of Birth: Province Lautoka
   District Fiji
   Village
5. FULL ADDRESS in Australia where student intends to reside:
   Street or Road 100 Hay St
   Town or City Sydney
   State N.S.W.
6. NAME OF PRIVATE SCHOOL MARIST BROS. HIGH SCHOOL,
   Address DARLINGHURST.
7. PERSON RESPONSIBLE FOR UPKEEP
   Relationship to Student
   Name Hop Chong
   Address 100 Hay St Sydney
   Amount per Annum £80

Four Full Face Photographs are Required.
Student is Not to be Engaged in any other Occupation.

Signature of Guardian

Date 23 Oct. 1936.

Issued from the Chinese Consulate-General, Sydney, Australia.

……澳洲留學護照應填各節開列於左

一姓名 Albert Lee　二性別 男/女 男

三年齡 十四 歲生於 一九二二 年 一 月 廿七 日

四生於何處 飛枝 省 Lautoka 縣　村

五擬來澳洲何處 雪梨 埠 合昌 舖

六往何私立學校肄業　埠　學校

七由學生之何人 叔父 供給學費及生活費每年　磅

此外應送三寸半正面半身照片四張照費及印花費共計國幣兩元又該生須專事求學不得兼營他業

代該生請照者簽字於此

一九三六年十月二十三日，李廼祥以监护人的名义填表，向中国驻澳大利亚总领事馆申领侄儿亚伯特李的赴澳留学护照和签证。

档案出处（澳大利亚国家档案馆档案宗卷号）：

Alban [Albert] Lee – Student, NAA: A433, 1946/2/4647

张卓儒

中山马山村

张卓儒（Chung Chak Yee），据报是张连盛（Ling Sing）之子，生于一九二二年二月九日，中山县马山村人。

早在一八九八年便离开家乡去到澳大利亚发展的张连盛，原名张新（Jong Sun，又写成Jung Sun或Chong Sun），连盛是他在鸟修威省（New South Wales）内陆中西部小镇苟虏埠（Cowra）所开商铺的名字，他也跟许多当年在澳发展的华人一样，以店名为己名而行于世。在这个距雪梨（Sydney）约三百公里而华人极少的地方，他有一个果菜园和一间商铺，也自置有住宅，既充任菜农，也是果菜商和小店主，有相当不错的财务实力。

一九三三年八月二十一日，张连盛以监护人的身份具结财政担保书，填表向中国驻澳大利亚总领事馆提出申请，办理其子张卓儒赴澳留学事宜，为其请领学生护照和留学签证。他以自己经营的“连盛号”商铺作保，允诺每年供给膏火五十镑，作为其子张卓儒来澳留学期间所需之学费和生活费等各项开支，计划将其安排到苟虏埠由天主教主办的教会学校（Cowra Convent Private School）念书。鉴于申请护照和签证时需要提交相关学校的录取信，张连盛早在七月二十九日就从苟虏埠布吉丹修会学校（Cowra Brigidine Convent）校长嬷嬷那里为张卓儒拿到了接受入学的确认信。

张连盛当天将这些申请资料和申请表送到位于雪梨的中国驻澳大利亚总领事馆，总领事陈维屏检查后认为材料齐备，便在当天备文向澳大利亚内务部申请张卓儒的留学签证。因张卓儒才十一岁，无须按照《中国留学生章程》新规的要求，即无须提交十四岁以上中国学生须具备基础英语能力的证明，故内务部在受理上述申请后，只需确认监护人的财务状况以及与签证申请者之间的亲缘关系，便可决定对此申请予以批复与否。因此，八月二十五日，内务部秘书便行文海关，请其协查。

海关在翻查出入境档案时，怎么也找不到与张连盛相关的记录，也就无法确认张卓儒出生的前后年份里张连盛人在哪里。在不得要领的情况下，海关派人直接去苟虏埠找到其本人，方才得知，张卓儒是张连盛受领的养子，而非其亲生。由是，在档案中找不到张连盛的宗卷，也就是可以理解的事。[①] 九月七日，海关将上述结果报告给了内务部秘书。

这个信息对于内务部秘书来说，具有决定性的作用。因为自一九二一年《中国留学生章程》实施以来，内务部一直掌握一个原则，即欲往澳大利亚留学的中国学生，如果没有居澳华人作为监护人和财政担保人，也就失去了申请赴澳留学签证的资格；而所谓监护人资格，则是指那些享有澳大利亚永居权的华人与签证申请者具有血缘关系的父子及近亲，但不承认这些居澳华人所谓领养的养子与其具有法定意义上的父子关系。如果确定是领养关系，内务部会据此认为这些居澳华人不具备成为赴澳留学生的监护人和财政担保人的条件，哪怕是财力再雄厚，也不认可这种所谓父子关系。只是在一九二六年中修订后的《中国留学生章程》新规实施前，赴澳留学签证预评估权由中国驻澳大利亚总领事馆主导，即便有上述关系者，如果通过了中国总领事馆的这一关，或者说中国总领事馆按照中国人的思维予以认可通过评估，内务部因对此不知情，也无法详查，故未曾拒签过此类申请；但自新规实施之后，内务部收回了这项签证预评估权，就严格遵照上述原则，除非因特殊情况由内务部部长破例特批通过。基于此，内务部秘书已经不再需要海关再去核查张连盛的财务状况，便于九月二十五日复函中国总领事馆，正式拒绝了张卓儒的留学签证申请。

---

① 因在澳大利亚国家档案馆找不到与张连盛相关的宗卷，而无法找到其年龄及在澳活动轨迹的依据，与其相关的资讯皆出自张卓儒留学档案。

陈维屏总领事接到上述拒签信后，急忙与张连盛联络，确认了上述领养这一事实。由此得知，张连盛是在澳大利亚结的婚，妻子是在澳出生的第二代华人，他们现在已经生育有五个孩子，但仍然在中国领养了一个儿子。但得知是因这一层关系而遭遇拒签时，这位菜农就此事强调说，在中国领养儿子是很平常的一件事，人们也普遍接受所领养的儿子是家庭中的一员，其责任和义务也跟其他家庭成员无异。他解释说，六个月前，其妻曾回广东家乡探亲，见到了领养的这个儿子，对于他在家族中的生存状况不是很满意，即该养子是由其祖父母抚养，在家族里显得形单影只，十分不利于其健康成长。作为母亲，她很心疼孩子的这种生存状况，回来澳洲后便决定将其申请来澳留学，由他们夫妇照顾抚养，以便让他与在此间的其他兄弟姐妹一同接受教育，共同成长。为此，张连盛希望陈总领事体谅他们迫切办理这位养子前来接受教育使其在澳洲这个环境中幸福成长的愿望，再向内务部部长陈情，改变其决定，批复张卓儒赴澳留学。陈维屏总领事深为张连盛夫妇的爱心所感动，遂于十月三日再函内务部秘书，将此事原委详告，并请其发挥同情之心，重新审核这一申请，批复张卓儒前来澳洲留学，使其与养父母团聚。

接到上述信函后，内务部秘书确实予以认真对待，于十月十日复函，请陈总领事提供张卓儒养母的姓名，以及何时回国探亲等详情，以便对此申请做进一步的考虑。陈维屏总领事见内务部秘书回复得很迅速，便也花费更多时间对此事做更深入的了解。一个月后，陈总领事对事情有了进一步的了解，得知张太太名叫Olive Lavine Chong Sun，去年十一月带着五个在澳大利亚出生的儿女，首次回到丈夫的家乡中山县马山村探亲，也随便探望十年前便已由夫家代为领养的儿子张卓儒，今年三月方才回到澳洲[①]；而自领养张卓

① Olive Lavine Chong Sun, Charles Chong Sun, Harry Chong Sun, Elsie Chong Sun, Georgie Chong Sun, Johnny Chong Sun, Amy Wong Hame, Dorothy Mary Chee, Ivy Wong Wah Gee, Jack Jan, Ah Chong, Ah Ghong, Ah Wing, Ah Young, Hor Poy, Ah Sam or Jimmy Sam, Ah Hen, Lum Chong, George Nene, Aug Goon, Poo Lee and You Kong Wah Gee [documentation relating to Chinese passengers arriving Sydney per TANDA 22 March 1933 - includes photographs, finger prints, Certificates Exempting from Dictation Test, Birth Certificates] [Box 4], NAA: SP42/2, C1933/2083。

儒以来，他们夫妇每年都额外寄钱给家里作为抚养这个养子的费用，并将其视为己出。由是，陈维屏总领事于十一月十七日复函内务部秘书，以上述事实为由，表示张卓儒显然已经成为这个家庭中的一员，请内务部部长特别考虑张家的情况，让其来澳团聚并接受教育。

尽管陈维屏总领事为此事不辞辛劳收集证据，希望内务部部长能改变此前的决定，但内务部部长对于张连盛的申诉并不认同，于十一月二十七日做出决定，维持前议，彻底断绝了张连盛申请养子张卓儒来澳留学的念想。接到这个决定的通知后，无论是陈维屏总领事还是张连盛夫妇都没有了任何表示，显然是知道无法挽救，也只能如此了。

张卓儒的留学档案也到此终止。

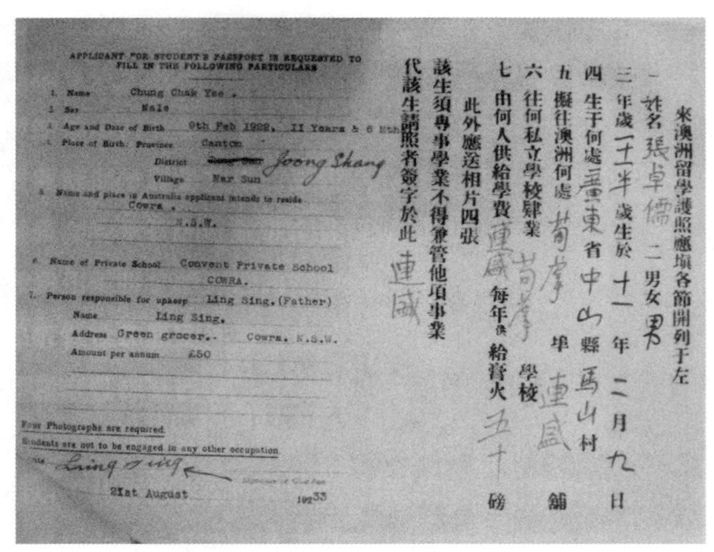
來澳洲留學護照應塡各節開列于左

一 姓名 張卓儒 二 男女 男

三 年歲 十一半 歲生於 十一 年 二 月 九 日

四 生于何處 廣東省 中山 縣 馬山村

五 擬往澳洲何處 萵摩 埠 連盛 舖

六 往何私立學校肄業 萵摩 學校

七 由何人供給學費 連盛 每年供給膏火 五十 磅

此外應送相片四張

該生須專事學業不得兼管他項事業

代該生請照者簽字於此 連盛

APPLICANT FOR STUDENT'S PASSPORT IS REQUESTED TO FILL IN THE FOLLOWING PARTICULARS

1. Name Chung Chak Yee.
2. Sex Male
3. Age and Date of Birth 9th Feb 1922, II Years & 6 Mth
4. Place of Birth: Province Canton
District ~~Joong Shan~~ Joong Shang
Village Mar Sun
5. Name and place in Australia applicant intends to reside
Cowra. N.S.W.
6. Name of Private School Convent Private School COWRA.
7. Person responsible for upkeep Ling Sing. (Father)
Name Ling Sing.
Address Green grocer. Cowra. N.S.W.
Amount per annum £50

Four Photographs are required.

Students are not to be engaged in any other occupation.

Ling Sing

Signature of Guardian

21st August 1933

一九三三年八月二十一日，张连盛以监护人的身份填表，向中国驻澳大利亚总领事馆提出申请，办理其子张卓儒赴澳留学事宜，为其请领中国学生护照和留学签证。

档案出处（澳大利亚国家档案馆档案宗卷号）：

Chung Chak Yee - Students passport, NAA: A1, 1933/6972

郑亚昌

中山濠头村

郑亚昌（Ah Chong，或Cheng Ah Chong），生于一九二二年五月十三日，中山县濠头村人。其父郑亚华（Ah Wah），出生于一八七四年前后，约在一八九八年奔赴澳大利亚发展。[1]他从澳大利亚东北部昆士兰省（Queensland）的谷当埠（Cooktown）登陆入境，充当菜农维生。然后逐步南下，到达该省首府庇厘士彬埠（Brisbane），最终定居于该埠西面的叶士蔑徐埠（Ipswich），与另外三位同乡一起在这里经营一家果菜园，既生产新鲜蔬菜水果，也部分自己销售。经年奋斗的结果是，他获得了在澳永久居留权，也维持了较好的收入，并在一九一三年返回故里探亲，结婚生子。

自日军在一九三八年十月从惠阳大亚湾登陆而迅即攻占广东省城广州之后，其周边各县市就时刻处于日本炮火直接威胁之下。许多在澳华人为了家人的安全，想方设法将其安置到香港或澳门避难，孩子也就近在那里上学。到一九四〇年，十八岁的郑亚昌在香港就读南洋商学院（Nanyang Commercial Academy）七年级。可是这个时候，中国的抗日战争也进入到极其艰难困苦的阶段，日军不仅加大了在中国的军事行动，其南进夺取南洋和西南太平洋地区的步伐也日益增大，已成为"孤岛"的香港面临被日军占领的危险。在这种情况下，郑亚华便考虑将儿子办理来澳留学，以完成学业。

---

① Ah Wah, NAA: J2481, 1900/90。

一九四〇年九月十日，郑亚华准备好材料，以监护人的身份出具财政担保书，填妥申请表格，递交到中国驻澳大利亚总领事馆，申领儿子郑亚昌的赴澳留学护照和签证。他以自己的果菜园作保，允诺每年供给膏火五十镑，作为儿子来澳留学所需的各项开销，要将其安排进入庇厘士彬城里的中央培训学院（Central Training College）念书，也为此拿到了该学院的录取信。

中国驻澳大利亚总领事馆接到上述申请后，受理时检索发现，郑亚昌已经十八岁半了，距离《中国留学生章程》中有关十九岁以上的年龄不再核发留学签证的规定只剩下半年时间；但更为关键的问题是，他没有按规定提供具备初步英语学识能力的证明，而缺失这样的材料，澳大利亚内务部就不会受理签证申请。于是，中国总领事保君建要求郑亚华赶紧联络其子郑亚昌，需要他提供一份自己手写的英文抄件或者英文信，以展示其英语程度，同时也要其入读的南洋商学院提供一份证明，以显示其所受教育过程中之英语接受能力与程度。当年十一月初，郑亚昌将上述两份材料寄给父亲，后者再将其转送给中国驻澳大利亚总领事馆。这样一去一回，时间就到了一九四一年一月底。总领事保君建待检查完郑亚昌的申请材料齐备之后，便于二月三日备文，向内务部申领郑亚昌的留学签证。鉴于此时距这位学生年满十九岁只有三个来月的时间，保总领事在公函中特别强调，希望尽快审理，以便郑亚昌能在其十九岁生日之前赶来澳大利亚留学。

然而，内务部仍然是按部就班地依照流程审理此项签证申请。二月十三日，内务部秘书行文海关，请其协助核查监护人和财政担保人的资格以及他与签证申请人之间的亲缘关系。最终，海关通过昆士兰省叶士蔑徐埠警察派出所来完成此项任务，后者也于三月七日提交了第一份报告。报告显示，郑亚华在叶士蔑徐埠已经居住多年，品行良好，与另外三位同乡（其中之一为其兄弟）合股经营一个果菜园。像当时许多在澳华人一样，郑亚华未曾在任何银行开设有账号，因而难以得知其财务详情。当别人问起他攒了多少钱时，他通常都会说：没钱，没钱，做工很辛苦。但其周围的邻居都知道，他实际上财务很自主，比较阔绰，近期还给果菜园新买了一部拖拉机。而他在申请儿子前来留学的同时，也向内务部提出申请，要将其夫人也申请前来探亲。此时他是与另外三位合伙人一起住在果菜园里的大房子里，如果他的夫人获批来探亲的话，他马上就会在附近租一间别墅两口子一起住，并且可以很轻松地负担此类租房费用。警察后来也认为，在目前形势下，郑亚华申请夫人探亲获批的可能性极低。三天后，该派出所再次报告说，经进一步询问，郑亚华承认他还手持有三百镑现金，由此证明其具有不俗的财务能力。

但直到四月八日，海关总署通过昆士兰省海关总部才找出郑亚华来澳后的历次回国探亲出入境记录，总计六次。具体每次来回的年份如下：一、一九一三年二月二十八日至六月十二日；二、一九一七年一月二十五日至一九一八年四月八日；三、一九二〇年十二月二十七日至一九二二年六月十六日；四、一九二五年一月二十日至一九二六年七月二日；五、一九二八年八月十七日至一九二九年六月十九日；六、一九三七年一月二日至一九三八年七月一日。从郑亚昌的出生日期来看，他是在郑亚华第三次回国探亲期间出生，亦即郑亚华是在看到郑亚昌出生之后方才离开中国返回澳洲，他们的父子关系毋庸置疑。

内务部秘书接到上述报告后，检视所有材料，皆表明无论是监护人和财政担保人抑或签证申请人都符合赴澳留学的条件，尤其是后者的英语显然是具备了一定基础的，按例是可以批复其留学签证。但是，内务部秘书考虑到郑亚昌即将年满十九岁，他已经无法赶在十九岁生日之前抵达澳洲。于是，五月五日，内务部秘书正式复函中国总领事馆，以年龄为由，拒绝了郑亚昌的留学签证申请。

保君建总领事接到上述拒签函后，深感愤懑，认为澳洲当局做事拖沓才导致这样的结果，立即于当天致函内务部秘书交涉。他在函中表示，完全不接受拒签的理由。他再次指出，早在今年二月初提交申请时就曾经强调过，鉴于郑亚昌的年龄，故希望内务部特事特办，以最快的速度通过签证评估，庶几还能让郑亚昌赶在其十九岁生日之前来到澳大利亚；可是内务部及海关却花了近三个月时间才完成预评估，从而使这位中国学生失去了可以缓冲的时间，无法赴澳。为此，这个责任不在中国总领事馆，也不在这位中国学生，希望内务部能改变决定，核发签证，使其尽快赴澳留学。然而，保总领事的努力未有成效。两天后，内务部秘书复函，重申此前的决定。第二天，保总领事再次致函内务部秘书，对其决定提出异议，表示如果内务部积极一点的话，郑亚昌是完全可以赶在五月中旬抵达澳洲。他进一步指出，事实上，早在去年九月份，郑亚华就已经递交了申请，只是因为等待郑亚昌的英语能力证明，才拖至今年二月初向内务部提出申请。根据这一情况，这位中国学生是完全符合赴澳留学条件的，他呼吁内务部秘书改变决定，重新批复这位中国学生留学签证。

就在这个时候，昆士兰省海关于五月十日给内务部秘书提交了一份补充更正报告，表示此前提供的郑亚华六次回国探亲记录是不正确的，是错把另一个名叫亚华者当成了这个需要调查的郑亚华，实际上后者回国探亲只有四次，每次都从庇厘士彬港口出入境。报告还抱怨说，因为内务部提供的人名太过于简单，使得他们无从判断，导致失误。海关更正的郑亚华回国探亲记录如下：一、一九一〇年一月七日至九月七日[①]；二、一九一四年五月一日至一九一五年六月二十日[②]；三、一九二〇年二月五日至一九二一年九月十七日[③]；四、一九二七年十二月十九日至一九三〇年五月五日[④]。这份更正的出入境记录表明，郑亚昌是在郑亚华结束第三次回国探亲返澳后出生。显然，海关的上述报告表明，是由于该部门的拖延，导致了郑亚昌无法获得签证。于是，内务部秘书在征询了不同层次的官员意见后，于五月二十七日复函保君建总领事，推翻了此前的拒签决定，决定给予郑亚才入境签证。但他也提出了一个条件，该签证有效期到九月三十日；如果在此日期后郑亚昌才能到

---

① Certificate Exempting from Dictation Test (CEDT) - Name: Ah Wah - Nationality: Chinese - Birthplace: Hong San, China - departed for China per TAIYUAN on 7 January 1910, returned to Brisbane per EMPIRE on 7 September 1910, NAA: J2483, 40/53。

② Certificate Exempting from Dictation Test (CEDT) - Name: Ah Wah (of Brisbane) - Nationality: Chinese - Birthplace: Canton - departed for China per ST ALBANS on 1 May 1914, returned to Brisbane per ALDENHAM on 20 June 1915, NAA: J2483, 152/15。

③ Certificate Exempting from Dictation Test (CEDT) - Name: Ah Wah (of Brisbane) - Nationality: Chinese - Birthplace: Canton - departed for Hong Kong per VICTORIA on 5 February 1920, returned to Brisbane per VICTORIA on 17 September 1921, NAA: J2483, 286/86。

④ Certificate Exempting from Dictation Test (CEDT) - Name: Ah Wah - Nationality: Chinese - Birthplace: Canton - departed for China per TAIPING 19 December 1927 returned Brisbane per CHANGTE 5 May 1939, NAA: J2483, 438/80。

达澳洲的话，那就禁止入境，后果由其自负。

这样的结果当然是保君建总领事所期盼的。接到预评估批复的通知后，他立即在五月二十九日给郑亚昌签发了一份号码为1014195的中国护照，当天就寄送内务部秘书，后者于六月四日也在该护照上钤盖了入境签证印章，从而完成了此次签证的审批过程。保总领事在接到内务部退还的护照后，马上就寄往香港，以便郑亚昌尽快搭船前来澳大利亚留学。

郑亚昌在香港接到上述护照后，正好也到了暑假，他结束了在南洋商学院的学习，立即订好船票，搭乘“利罗号”（Nellore）轮船，于八月二日抵达庇厘士彬港口。海关当场对他进行语言测试的结果表明，他确实已经具备了初步的英语学识能力，因而很顺利过关。父亲郑亚华将儿子接出后，搭乘通勤火车西行，回到了距离庇厘士彬城区四十多公里的叶士蔑徐埠果菜园宿舍安顿下来。

然而，郑亚昌没有进入父亲原先为他预定的中央培训学院读书，而是于八月二十五日就近入读位于叶士蔑徐埠中心的布莱尔公立学校（Blair State School）念中学课程。按照规定，中国留学生是不允许进入公立学校读书的，但没有发现内务部对此有过不同意见。通常情况下，这些学校会在年底才将例行报告送交内务部，而到此时，内务部已经无法顾及此类事情了：这一年十二月初，太平洋战争爆发，澳大利亚对日宣战，与中国成为共同抗击法西斯侵略战争的盟国。由此，自一九四二年七月一日开始，澳大利亚给予因战争而滞留的盟国公民三年临时居留签证，有效期至一九四五年六月三十日止；期满时如果战争仍在继续，则该签证自动延期两年。一方面，郑亚昌庆幸自己在太平洋战争爆发之前得以来到澳大利亚，不然，战争爆发后不久香港就被日军攻占，那些在此之前即便拿到了澳大利亚的入境签证获准赴澳留学而尚未成行的中国学生，也因战争的爆发而失去了赴澳机会，由此便与留学失之交臂[①]；另一方面，他又受惠于上述澳洲政策，得以获得五年的签

---

① 比如，中山县石岐镇的郑鉴恒（Cheng Kam Hoon），一九二四年四月四日生，于一九四一年八月十四日获得了澳大利亚内务部核发的留学签证，但因太平洋战争爆发，最终无法赴澳留学。见：Cheng Kam Hoon - Student exemption, NAA: A433, 1941/2/1803。

证，加上内务部已经无暇顾及他在此期间就读的是私立抑或公立学校，由此而使其于一九四六年八月在上述学校读完了全部的中学课程。事实上，由于战争爆发，内务部确实已经无暇顾及这些在澳留学的中国学生，因而他们是否继续念书，还是退学走向职场，基本上处于一种放任的状态。

日本于一九四五年八月十五日投降，太平洋战争结束，战时状态的临时签证有效期则至一九四七年六月三十日止。这一年的年初，澳大利亚战后复员安置各项事务进入收尾阶段，原先由内务部负责的外侨事务管理，转由移民部接管，于是，后者便开始关注这些战时居留在澳的盟国公民的遣返问题。当时的原则是，这些人的签证到期前，都需要表明是否还有任何合理的理由继续留下来，比如读书或者工作，不然则应该在此之前打道回府，离开澳大利亚回国。

当一九四七年二月份移民部通过海关去了解郑亚昌的情况时，郑亚华很快就获得了消息。自去年八月份中学毕业后，郑亚昌便一直跟着父亲经营其果菜园。为了让儿子在澳洲留下来帮助自己，郑亚华于三月三日给移民部庇厘士彬埠办事处主任写信，表示自己已经很久没有回国探亲，战前申请夫人前来探亲亦未获批，现打算近期就离澳返回中山县老家探望妻子及其他家人，预期三年。而他的两个儿子郑亚昌和郑亚江（Ah Kong）[①]此时跟着他一起经营果菜园生意，已经熟悉了整个生意的操作程序，因此希望在其离开澳大利亚回国探亲期间，移民部准允由其两个儿子代为管理和经营此项生意。

郑亚华此举无疑是想让两个儿子最终留在澳大利亚。但他的申请递交上去后却迟迟得不到回复，移民部从总部到庇厘士彬办事处，为此事如何处理公牍往返半年，都没有音讯，即便是亚昌和亚江兄弟俩的签证过期了，申请展签也没有一个结果。郑亚华眼见没有结果，遂于当年九月一日离开庇厘士彬先行回国探亲去了，留下俩儿子具体负责果菜园产品的生产和销售，并等

① 亚江是郑亚华的另一个儿子，是郑亚昌的弟弟，哥俩是搭乘同一艘轮船抵达庇厘士彬到澳洲留学的。事实上，他们还有另外一位兄弟名叫亚勇（Ah Young）也跟着同船抵达，也是前来留学，因无法找到与其相关的档案宗卷，其个人情况不明。见：Ah Young, Ah Kong, Ah Chong and Chang Yin Ming [arrived ex NELLORE in Brisbane on 2 August 1941] [issue of Chinese Passports in favour of subjects] [box 447], NAA: SP42/1, C1941/3975。

待移民部的决定。

直到一九四八年五月，移民部才将郑亚华果菜园的具体情况搞清楚。此时的果菜园用地是他从当地一位欧裔女士那里租来，面积为四公顷，每年租金二十五镑。问题是该欧裔女士与郑亚华的租赁关系未履行任何法律手续，只是口头承诺，但这么多年来都相安无事，而郑亚华则非常守信，按期付款；且那位欧裔女士在郑亚华回国探亲之后，对其两个儿子的经营也采取同样的态度，而郑亚昌和郑亚江兄弟俩也像父亲那样，一如既往地对待这块土地的东主。此外，目前该果菜园的股东只剩下郑亚华和另外一位名叫Joe Foon（赵丰，译音）①的老人。事实上，现在的果菜园是由上述哥俩及其他两位也是从中国来此读书而留下来的年轻华人经营管理，上一个财政年度的年营业额是一千六百四十镑。就果菜园的经营来说，这样的业绩算得上是比较好的。

郑亚昌的留学档案到此终止。从移民部对其去留一直都没有定论的情况看，最终的结果应该是给予他和其兄弟郑亚江展签，留下来继续代父经营其果菜园，直到一九五二年。因为这一年，自一九四七年便回中国探亲的郑亚华返回了澳大利亚②；而按照惯例，自一九四七年以来已经连续获得五年展签的郑亚昌和他的兄弟郑亚江应该可以再次申请另外五年的展签。如此，在其后的日子里，随着澳大利亚移民政策的逐渐松动，他们最终应该是留居在澳大利亚这块土地上了。

---

① 赵丰约出生于一八七八年，来澳的年份约在一八九七年，获得澳大利亚永久居留权。见：Foon, Joe - Nationality: Chinese [DOB: 1878, Occupation: Gardener] - Alien Registration Certificate No 3998 issued 28 January 1919 at Thursday Island, NAA: BP4/3, CHINESE FOON JEW。他在郑亚华离境后不久，于九月十七日从庇厘士彬搭船回国探亲去了。见：Foon Joe - Chinese (Domiciled) - departed 19 September 1947 from Brisbane aboard SHANSI, NAA: BP210/2, FOON J。

② Ah Wah, NAA: BP210/9, 4。

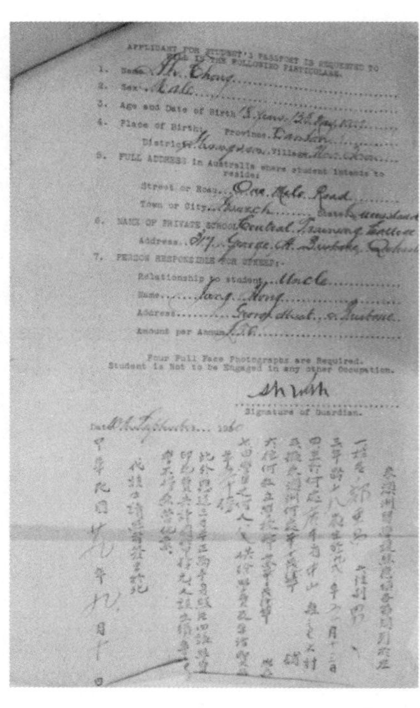

APPLICANT FOR STUDENT'S PASSPORT IS REQUESTED TO FILL IN THE FOLLOWING PARTICULARS.

1. Name Ah Chong
2. Sex Male
3. Age and Date of Birth
4. Place of Birth: Province Canton
   District Chungshan Village
5. FULL ADDRESS in Australia where student intends to reside:
   Street or Road
   Town or City
6. NAME OF PRIVATE SCHOOL Central Training College
   Address
7. PERSON RESPONSIBLE FOR STUDENT:
   Relationship to student Uncle
   Name
   Address
   Amount per Annum

Four Full Face Photographs are Required.
Student is Not to be Engaged in any other Occupation.

Signature of Guardian.

Date

香港南洋商學院用箋

Nanyang Commercial Academy

40 42 42A HOLLYWOOD ROAD
TELEPHONE NO. 28771
HONG KONG

Chairman of the Board of Director

Founder and Principal

12th, November, 1940.

This is to certify that Cheng Ah Chong aged 18 is a student of class 7 of this academy.

Woo Sing-lin
Principal

左：一九四〇年九月十日，郑亚华填妥申请表格，向中国驻澳大利亚总领事馆申领儿子郑亚昌的赴澳留学护照和签证；右：一九四〇年十一月一日，南洋商学院院长给郑亚昌出具的证明信。

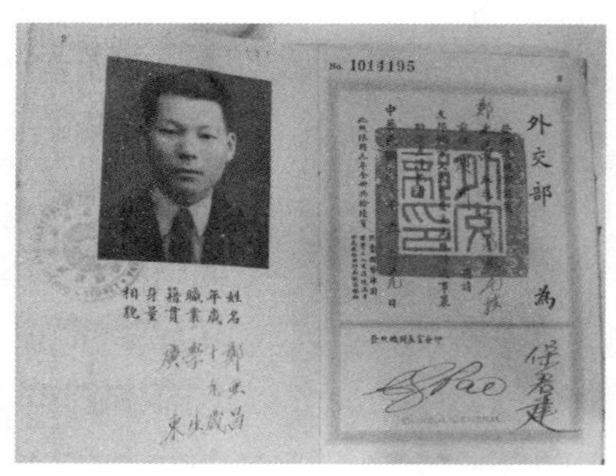

No. 1014195

外交部

姓名 年歲 職業 籍貫 身量 相貌

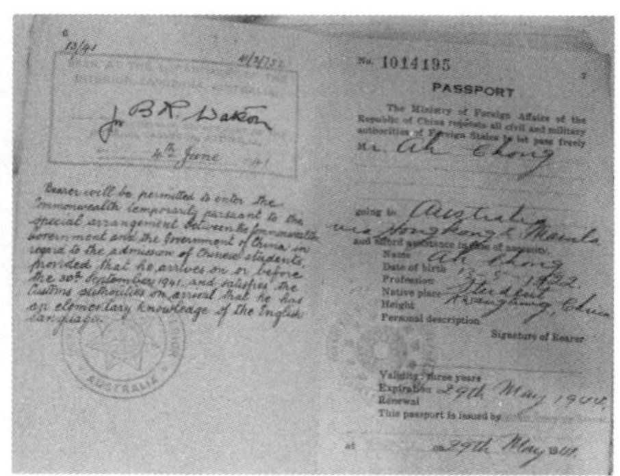

No. 1014195

PASSPORT

The Ministry of Foreign Affairs of the Republic of China requests all civil and military authorities of Foreign States to let pass freely Mr. Ah Chong

going to Australia via Hongkong & Manila

Name Ah Chong
Date of birth
Profession Student
Native place
Height
Personal description

Signature of Bearer

Validity three years
Expiration 29th May 1944
Renewal
This passport is issued by

at 29th May 1941

Bearer will be permitted to enter the Commonwealth temporarily pursuant to the special arrangement between the Commonwealth Government and the Government of China in regard to the admission of Chinese students provided that he arrives on or before the 30th September 1941, and satisfies the Customs authorities on arrival that he has an elementary knowledge of the English language.

4th June 41

一九四一年五月二十九日，中国驻澳大利亚总领事保君建给郑亚昌签发的中国学生护照及六月四日澳大利亚内务部在护照上钤盖的入境签证章。

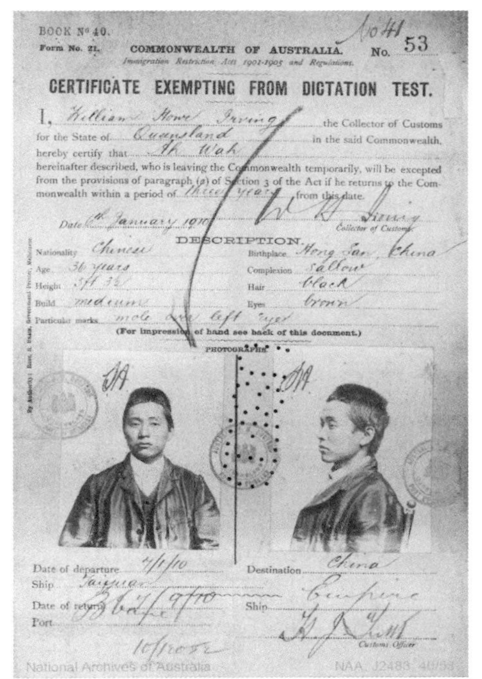

BOOK No 40. No 41

Form No. 21. COMMONWEALTH OF AUSTRALIA. No. 53

Immigration Restriction Acts 1901-1905 and Regulations.

CERTIFICATE EXEMPTING FROM DICTATION TEST.

I, William Howe Irving the Collector of Customs for the State of Queensland in the said Commonwealth, hereby certify that Ah Wah hereinafter described, who is leaving the Commonwealth temporarily, will be excepted from the provisions of paragraph (a) of Section 3 of the Act if he returns to the Commonwealth within a period of three years from this date.

Date 6th January 1910 W. H. Irving Collector of Customs

DESCRIPTION.

Nationality Chinese Birthplace Hong San, China

Age 36 years Complexion sallow

Height 5 ft 3½ Hair black

Build medium Eyes brown

Particular marks mole over left eye

(For impression of hand see back of this document.)

PHOTOGRAPHS.

Date of departure 4/1/10 Destination China

Ship Taiyuan

Date of return 26/7/1910 Ship Empire

Port

Customs Officer

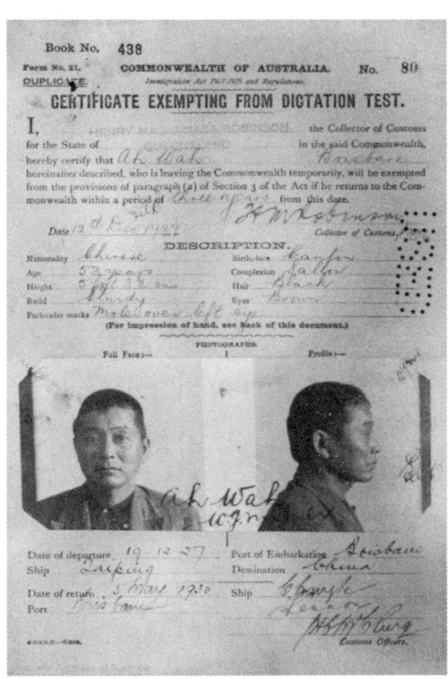

Book No. 438

Form No. 21. COMMONWEALTH OF AUSTRALIA. No. 80

DUPLICATE Immigration Act 1901-1925 and Regulations.

CERTIFICATE EXEMPTING FROM DICTATION TEST.

I, HENRY MACNAMARA ROBINSON the Collector of Customs for the State of QUEENSLAND in the said Commonwealth, hereby certify that Ah Wah Brisbane hereinafter described, who is leaving the Commonwealth temporarily, will be exempted from the provisions of paragraph (a) of Section 3 of the Act if he returns to the Commonwealth within a period of three years from this date.

Date 12th Dec 1927 H. M. Robinson Collector of Customs

DESCRIPTION.

Nationality Chinese Birthplace Canton

Age 53 years Complexion Sallow

Height 5 feet 3¾ ins Hair Black

Build Sturdy Eyes Brown

Particular marks Mole over left eye

(For impression of hand, see back of this document.)

PHOTOGRAPHS.

Full Face:— Profile:—

Date of departure 19.12.27 Port of Embarkation Brisbane

Ship Taiping Destination China

Date of return 5 May 1930 Ship Changte

Port Brisbane

Customs Officer.

左：一九一〇年郑亚华的回头纸；右：一九二七年郑亚华的回头纸。

档案出处（澳大利亚国家档案馆档案宗卷号）：

Ah Chong - Student exemption, NAA: A433, 1947/2/1963

雷兆业

中山良都渡头村

雷兆业（Louie Chew Yip），出生于一九二二年六月五日，中山县良都渡头村人。他的祖父雷宜惠（Louie Yee Way）大约是清咸丰年间出生之人，早在十九世纪九十年代便来到澳大利亚发展，于昆士兰省（Queensland）汤士威炉埠（Townsville）登陆入境。立足后，他去到西距该埠不到一百公里的矿镇车士兜埠（Charters Towers），在此开设了一间商铺，名为义合号（Yee Hop & Coy），经营有道，财务状况良好。[①]一九三三年，他把一八九〇年十月十一日出生的儿子雷阿辉（Louie Ah Fay）从中国申请来到车士兜埠[②]，代其照看商铺，然后便返回中国家乡探亲。雷阿辉便是雷兆业的父亲，自抵澳代父经营商铺后，便一直待了下来。

可能因家境良好，雷兆业自进入学龄便接受良好教育。一九三七年七七卢沟桥事变爆发，日本全面侵华，中国也举国抗战。为免战火影响其学业，当年九月份，家人将雷兆业送到澳门读书，为其办理注册入读逸仙纪念中学念高中，主修农科。经三年学习，成绩合格，于一九四〇年六月毕业。

就在儿子在逸仙纪念中学毕业前后，雷阿辉打算安排儿子前来澳大利亚留学。按照《中国留学生章程》的规定，十四岁至十九岁之间的中国学生赴

① Hop, Yee - Nationality: Chinese [Occupation - Gardener] [Born 1859] - Alien Registration Certificate No 1450 issued 26 March 1921 at Townsville, Certificate No 1/22 issued 6 January 1922 at Chinchillak, NAA: BP4/3, CHINESE HOP YEE。

② Louie, Ah Fay, NAA: J25, 1958/2290。

澳留学，需提供具备基础英语学识能力的证明。于是，雷兆业在毕业前夕，于五月二十一日从逸仙纪念中学校长那里拿到了推荐信。收到上述推荐信后，雷阿辉于七月十六日具结财政担保书，并以监护人的名义填表，向中国驻澳大利亚总领事馆申请儿子雷兆业赴澳留学的护照和签证。他以代父经营的义合号商铺作保，承诺每年供给膏火一百镑，以充儿子来澳留学期间所需之学费、生活费、医疗保险费和其他的开支，要将其安排入读车士兜埠的襄马剌加厘治学校（Thornburgh College）念书，后者也提供了一份录取确认信，对雷兆业进入该校学习表示欢迎。

收到雷阿辉递交上来的材料后，中国驻澳大利亚总领事保君建在检查时发现，少了一份其子雷兆业手写的英文抄件，无法让人判断其英语程度如何，便与其联络，询问此事。直到这时，雷阿辉方才明白自己事先没有问清楚，把这事儿忘了，但他表示其子学过英语，而且程度不错；为此，他请求保总领事向内务部说明此事，先受理这份申请并尽快核发签证给他的儿子，而他也会赶紧写信回去，让雷兆业用英文手书一信寄过来以备检查。这一联络通信，往返折腾了两个月之久。对于雷阿辉的要求，保总领事认为合理，便于九月十九日致函内务部秘书，为雷兆业申请留学签证，同时也将上述雷阿辉的要求附上，并保证雷兆业具备了一定的英语学识能力。为此，他希望内务部秘书尽快审理此项申请，以便能够早日核发留学签证给这位十八岁的中国青年。

事实上，内务部秘书也是很配合的。九月二十五日，他便指示海关按照流程就此申请提供相关的报告。汤士威炉埠海关接获上峰指示后，按照惯例，要找出监护人在签证申请人出生前后的出入境记录。但令他们沮丧的是，怎么也无法查到雷阿辉在二十世纪二十年代初期有过出入境的信息，便于十月十五日直接写信给其本人询问，请他提供抵澳后有几次出入境，并请提供出入境时乘坐的是哪艘轮船，最好能提供船名。可是雷阿辉接到上述信函后回复说，自抵澳至今，他根本就没有回去过中国探亲，而因为没有出入境，自然也无法提供船名。接到上述回复，汤士威炉埠海关还没有回过神来，以为是这位监护人要保护隐私，不愿意配合，遂于十一月二十日再次致函，耐心地重复上述问题，请其配合予以回答，并希望他能去到海关办公室当面一聊，以解决上述问题。五天后，雷阿辉复函，还是给予同样答复，并表示即便去到汤士威炉海关办公室，也无法对此提供更多的资讯。直到这个时候，海关人员还是认为雷阿辉是在回避，不直接回答问题，准备向上报告采取进一步的行动；同时，也请警务部门提供一份有关监护人的品行报告。

很快，车士兜埠警察派出所就在十二月三日提供了所需报告；看完后，海关人员才终于回过神来。报告显示，雷阿辉是一九三三年十二月七日搭乘"太平号"（Taiping）轮船抵达汤士威炉埠，持的是工作签证，作为其父雷宜惠的替工，在后者返回中国探亲期间，代父经营义合号商铺。只是雷宜惠自一九三四年初回国后便一直没有返回澳洲，雷阿辉也就一直待了下来，当然每年都要申请展签。在过去数年间，其邻里关系融洽，口碑甚好。由是，海关人员方才明白何以无法找到在一九三三年之前与其相关的出入境记录，因为那时他根本就不在澳大利亚，而是在中国。如此，他与雷兆业的父子关系就毋庸置疑。事实上，警察还报告了雷阿辉的子女情况。据他自述，总共有七个子女，雷兆业是年纪最大的儿子，最小的孩子是在他出国前一年出生。海关在十二月十八日将上述情况报给了内务部秘书。而也就在同一时间，雷兆业的手写英文信也寄到，保君建总领事便将其转寄给内务部秘书。

内务部几位不同层级官员在商讨之后，达成共识，认为雷阿辉只是临时工作签证持有人，不是在澳长期居留或归化澳籍的华人，因而不符合《中国留学生章程》中监护人和财政担保人的条件。于是，一九四一年二月五日，内务部秘书复函保君建总领事，否决了雷兆业的签证申请。

保君建总领事接到上述拒签函后，不太接受这一结果，认为雷兆业的申请材料齐全，最后其手写英文信也显示出具备了一定的英语学识能力，且雷阿辉经营老字号的商铺，财务状况良好，不批给这位中国青年入境签证是没有道理的。他于二月十三日发函诘问拒签理由，并希望重新考虑核发签证给雷兆业。二月二十一日，内务部秘书复函，说明是因雷阿辉不具有监护人和财政担保人的资格，才导致拒签。换言之，非永久居民是不能申请其在乡子女前来澳洲留学。如果此次申请由在国内探亲的雷宜惠提出，则结果就会不一样。保君建总领事得知原因，便将结果告知雷阿辉，而后者得知理由，亦无话可说。此事便告结束。

不过，雷兆业最终还是去到澳大利亚，但是以另外一种身份前往。

一九四七年，汤士威炉埠的威尔森·阮与葛罗士律师行（Wilson, Ryan & Grose Solicitors）作为代理，申请雷阿辉继承雷宜惠在澳洲的商铺及其经营权。作为一间自十九世纪末便已开设的商铺，义合号已经在此营业长达五十年之久，算得上是老字号企业。按照战前及战时内务部的规定，凡经营达二十年以上的华人企业，年营业额超过二千镑以上者，可以传承给其从中国申请来的亲人或者替工继承。[①]现在雷宜惠已逾九十岁，十余年前返回中国家乡探亲，迄今未能返回澳洲，现在即便仍然健在，也因年事高无法适应航海和长途旅行，事实上已经无法返澳，故而申请由雷阿辉继承经营。移民部接受上述申请后，了解到义合号在一九四五年的财政年度年营业额为八千三百五十镑，一九四六年下降到六千三百三十二镑，到一九四七年，虽然年营业额统计结果尚未出来，即便再下降，但也会远超上述二千镑的要求，因而批复了上述申请。由是，雷阿辉的签证一次性地获批五年，即从一九四七年七月一日起算，有效期到一九五二年六月三十日。有了这样的身份，届时再申请展签，就可以是另外的五年签证，或者申请永久居留。事实上，这也是当年许多老字号的华人商铺得以留存下来并有后人留居在这块土地上的一个原因。

在这种利好的情况下，雷阿辉便决定回国探亲，毕竟他自一九三三年底来到澳洲后，已经十几年未曾与家人见面。但要回国，其商铺就需要人代为经营管理，他便想将儿子雷兆业申请过来作为他的替工，在他回国探亲期间，代为管理义合号商铺。他随即将此想法告诉中国驻雪梨总领事馆，由后者代为提出申请。十一月五日，中国驻雪梨总领事致函移民部秘书，将雷阿辉的申请和盘托出，并表示雷兆业在上次申请赴澳被拒之后又去到香港接受英语教育，他具备了条件和能力代父管理商铺，希望移民部能尽快批复。由

---

① 详见：Arthur Sue Kee - Student passport - Business exemption, NAA: A433, 1946/2/4202。

于各方面的条件都具备，这一次的申请很顺利，移民部在一九四八年一月九日正式批复了上述要求。

经过一番准备，半年之后，持有中国外交部驻广东广西特派员公署当年五月十日核发的护照（号码是418650，并且他也在护照上把自己的年龄改小了一岁，变成了一九二三年出生），雷兆业搭乘从香港启程的“彰德号”（Changte）轮船，于一九四八年七月四日抵达昆士兰省北部的港口坚时埠（Cairns）[①]，由此入境后再乘车南下，抵达四百多公里之外的车士兜埠。他此次准备在澳工作五年，签证每次有效期一年，可逐年申请展签。

在刚入境及第二年所填写的表格上，雷兆业写的是未婚，但到第三年，他就写上了已婚，可见，他应该是一九四九年下半年到一九五〇年上半年这段时间里，在澳大利亚结婚。[②]此后，他便留在了澳大利亚，最终加入澳籍。[③]

---

① Chew Yip Louie - Chinese (substitute) - arrived 4 July 1948 in Cairns aboard CHANGTE, NAA: BP210/2, CHEW YIP L。

② Yip, Louie Chew born 1923 - nationality Chinese - arrived in Cairns on CHANGTE 4 July 1948, NAA: BP9/3, CHINESE YIP L C。

③ Louie Chew Yip (Phillip), wife Mar Choy Fun and children Louie Ho Chew [son known as Phil], Louie Ho Kee [daughter known as Kaylene], Louie Bat Chen [daughter][father of Louie Chew Yip - Louie Ah Fay], NAA: J25, 1966/2757。

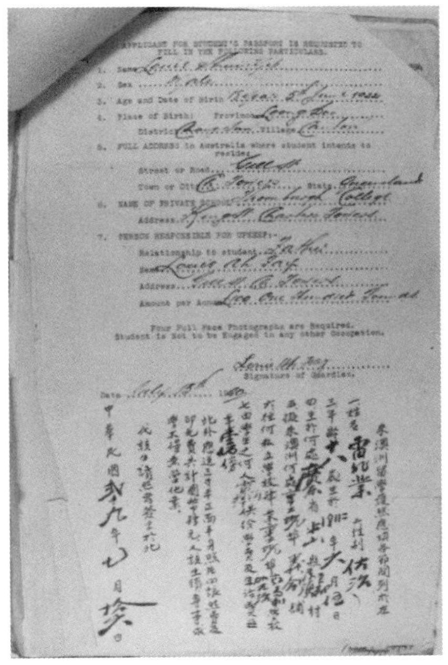

APPLICANT FOR STUDENT'S PASSPORT IS REQUESTED TO FILL IN THE FOLLOWING PARTICULARS.

1. Name ....
2. Sex ..... Male .....
3. Age and Date of Birth ....
4. Place of Birth: Province ....
   District .... Village ....
5. FULL ADDRESS in Australia where student intends to reside.
   Street or Road ....
   Town or City .... State ....
6. NAME OF PRIVATE SCHOOL ....
   Address ....
7. PERSON RESPONSIBLE FOR UPKEEP:-
   Relationship to student ..... Father .....
   Name ....
   Address ....
   Amount per Annum ....

Four Full Face Photographs are Required.
Student is Not to be Engaged in any other Occupation.

....
Signature of Guardian.

Date ....

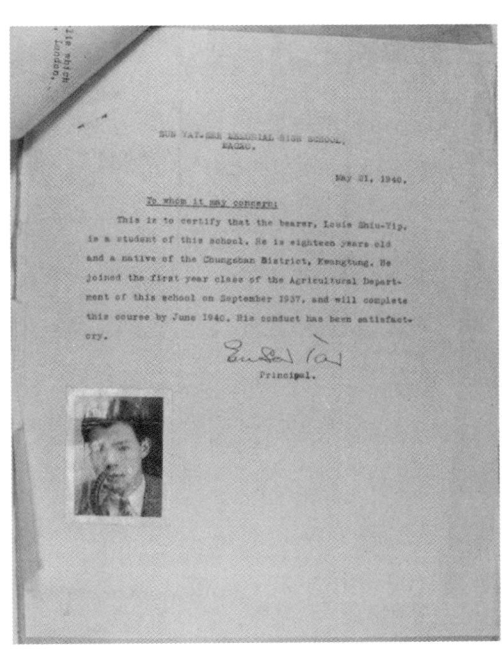

SUN YAT-SEN MEMORIAL HIGH SCHOOL,
MACAO.

May 21, 1940.

To whom it may concern:

This is to certify that the bearer, Louie Shiu-Yip, is a student of this school. He is eighteen years old and a native of the Chungshan District, Kwangtung. He joined the first year class of the Agricultural Department of this school on September 1937, and will complete this course by June 1940. His conduct has been satisfactory.

Principal.

左：一九四〇年七月十六日，雷阿辉填表向中国驻澳大利亚总领事馆申请儿子雷兆业赴澳留学的护照和签证；右：一九四〇年五月二十一日，澳门逸仙纪念中学校长出具的雷兆业推荐信。

档案出处（澳大利亚国家档案馆档案宗卷号）：

Louie Chew Yip - Student exemption [0.5cm], NAA: A433, 1947/2/5670

黄兆源

中山

黄兆源（Wong Sue Ngin），大约出生于一九二二年，中山县人[①]。他的父亲名叫Willie Hi Chong，或者Hi Chong，中文名字是黄泰昌[②]，是在澳大利亚雪梨（Sydney）的市政市场里摆摊经营生鲜蔬菜和水果的销售商。生于一八六七年，十九岁时从广东省香山县来到澳大利亚发展。他在雪梨登陆入境，然后进入鸟修威省（New South Wales）内陆地区先后打工十九年，再去到雪梨待了两年，主要是当菜农和在商铺中打工，直到一九〇七年，方才获得永久居留权并回国探亲，一年半之后重返澳洲。[③]也就是说，年过四十，黄泰昌才得以首次回国，结婚生子。从一九一〇年到一九一五年，他回国探亲待了整整五年[④]；自此次回来后，他便在雪梨待下来，直到一九一七年再次回

---

① 因护照申请材料缺失，无法确认其具体出自于哪个村。从后面的史料记载看，可能籍贯是斗门。

② Hi Chong [includes 1 photograph showing front and side views, and a left hand print] [box 93], NAA: SP42/1, C1917/2813。

③ Lee Gow, Lee Foon, Charlie Chong, Hi Chong, Gee Hoy, Ah Chong, Una Win James, Win James, Ah Moon and Ah War [Certificate Exempting from Dictation Test - includes left hand impression and photographs] [box 15], NAA: ST84/1, 1907/251-260。

④ Lum Sow, Kwong Din, Beau Tin, Buck Sing, George Hop Sang, Wah Fook, Ah Bow, Hi Chong, Shay Hung and Young Hoon [Certificate Exempting from Dictation Test - includes left hand impression and photographs] [box 37], NAA: ST84/1, 1910/45/81-90; eorge Young, George Ah Sen, Harry Bastam, Low Bit You, Foo Gun or Foo Kan, Mar Gat or Mar Goa, Hong Shut, Louey Goon, Hi Chong and Frank Kwong Sing [Certificate Exempting from Dictation Test - includes left hand impression and photographs] [box 91], NAA: ST84/1, 1915/182/11-20。

国探亲[1]，落脚地点便是同乡的黄兴（Wong Hing）在华埠贪麻时街（Thomas Street）上的商铺地址。黄兴是香山县斗门大濠冲村人，比黄泰昌小十岁左右，也比后者晚十年左右来到澳洲，定居雪梨并经营生果行。[2]从他们的上述关系来看，极有可能是同宗。

作为留学生，黄兆源是在十岁时拿到了号码为122567的赴澳留学护照，由中国驻澳大利亚总领事陈维屏签发，日期是一九三三年一月二十四日，澳大利亚内务部在两天之后于护照上钤盖了签证印章。由此可见，黄泰昌应该是在一九三二年的下半年某个时候便递交了申办儿子黄兆源赴澳留学的申请。因其子年方十岁，不需要提供英语能力证明，黄泰昌为儿子拿到了私立学校华人英文学校（Chinese School of English）的录取信。虽然看不到内务部对监护人和财政担保人黄泰昌的调查及其结果，但可以确定的是，他们之间父子关系毋庸置疑；同时，黄泰昌的财务状况良好。只有上述结果显示出黄泰昌符合监护人和财政担保人的相关条件，内务部才会通过签证预评估。这样，上述护照的签发与签证的发放才会是顺理成章的事。

拿到签证后，黄兆源的家人便通过香港的金山庄，很迅捷、很顺利地为其办妥了赴澳行程诸项安排。两个月后，他搭乘从香港出发的“太平号”（Taiping）轮船，于一九三三年四月五日抵达雪梨，入境澳洲。黄泰昌将儿子从海关接出来后，住处仍然是上述黄兴的商铺，包括此后学校的联络通信地址也是该处。四月二十四日，黄兆源正式注册入读华人英文学校。因该校就位于华埠附近的钦文威炉街（Commonwealth Street）上，从贪麻时街去学校上学，距离很近，走路也就十余分钟。根据学校提供的报告，黄兆源在校表现和各科成绩均令人满意。也正因为如此，次年四月份中国驻澳大利亚总

---

① Hin Chong, Low Hugh, Chun Gin, Wong Joe, Willie Choy, George Shue, Ah Sing, Hi Chong, Hoong Yook and Charlie Sing Yow [Certificate Exempting from Dictation Test - includes left hand impression and photographs] [box 106], NAA: ST84/1, 1917/214/21-30。

② 黄兴可能是先到昆士兰省（Queensland）入境并寻找机会，然后再向南，到达雪梨发展。见：Certificate Exempting from Dictation Test (CEDT) - Name: Wong Hing - Nationality: Chinese - Birthplace: China - departed for China per EMPIRE on 9 March 1908, returned to Townsville per EASTERN on 7 August 1909, NAA: J3136, 1907/182。亦见：Wong Tsoi Student's passport, NAA: A1, 1931/5053。

领事陈维屏代其申请下一年度的展签时，内务部很爽快地予以批复。

然而，因为一件事情，上述黄兆源的好学生形象于这一年的十月轰然坍塌。一九三四年九月二十八日，这一天是星期六，也是澳洲当地学校第二个学期到第三个学期之间的假期，一大早，十二岁的黄兆源跟着父亲去到街市摆摊。当时，他与隔壁摊档的一位欧裔商人嬉戏打闹，可能是双方越玩越过火，这位欧裔商人将其摁在了地上；但黄兆源挣脱开了之后，便恼羞成怒，飞脚踢向那位商人的小腿。这样一来，双方就打在了一起，黄兆源的鼻子挨了一拳。对此，这个年轻气盛的中国小学生不干了，转身便拿出一把切菜刀向那位商人挥去。这时，该街市的管理员及时赶过来，将刀夺去，并把黄兆源带到街市管理办公室，准备将其送交警察处理。就在这个过程中，已经打架打红了眼的黄兆源紧紧抱住这位管理员的右臂，将其手臂严重咬伤。随后，闻讯赶来的警察将其送入少年教管所，并于十月八日在雪梨儿童法庭受审。而在开庭之前的几天里，警察也从与街市的其他人访谈中得知，黄兆源脾气暴躁，总是一言不合就跟人打架，因此，在黄兆源认罪之后，法官判其家人罚款十镑，并责成他十二个月内严守规矩，不可犯错。与此同时，法官也责成街市管理员禁止黄兆源再进入该市场，不得去协助其父经营摊档。

内务部秘书得到上述报告后，于十月底向中国驻澳大利亚总领事馆通报了事件的过程及结果，希望后者向有关的家长多做宣传，以杜绝此类事件的发生。然而，这件事对于黄家父子来说，影响巨大。尽管内务部了解到黄泰昌为人本分，做事勤勉，但也还是责成他要对孩子严加管束，尤其是不能再让他跟着去摆摊卖菜；而对于黄兆源本人，虽然仍然获得准允继续返校读书，但也告诫他必须改掉脾气不好的毛病，全心全意地上学，读书学习。然而，脾气暴躁的黄兆源经此事之后，觉得再回学校读书已经没脸见人，遂决定一走了之。于是，当年十一月二十一日，他收拾好自己的行李，在雪梨港口登上“彰德号”（Changte）轮船，驶往香港回国，结束了他在澳洲的一年半左右的留学生活。

三年后，他的名字又出现在内务部秘书的面前。一九三七年九月二十七日，中国驻澳大利亚总领事保君建致函内务部秘书，为十五岁的黄兆源申请再入境签证。他在函中表示，随着年龄的增长，这位中国学生越来越意识到英语的重要，想回来完成学业，华人英文学校也表示欢迎他重返该校念书；而三年前离开时，这位中国学生忘了申请再入境签证，固希望内务部能成人之美，重新核发其再入境签证。

接到上述申请后，内务部秘书请部里几位处理外侨事务的官员评估是否批准此项申请。但反馈回来的都是负面评价，皆认为当年儿童法庭的审判是其污点，也难以保证他返回澳洲后不再重蹈覆辙；即便不再去考虑其监护人现在的财务状况如何，此事亦无法遂其所愿。据此，内务部秘书在十月二十一日否决了上述申请，并将三年前的事件及其结果复述了一遍，作为拒签的依据。保总领事知事不可为，遂只好作罢，将结果转告黄泰昌黄兆源父子。

黄兆源的留学档案到此结束。此后，在澳大利亚出入境记录中，再也找不到与其相关的任何踪迹。

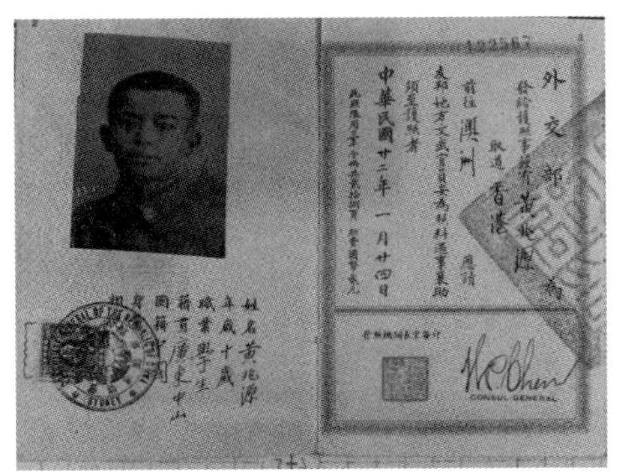

一九三三年一月二十四日，中国驻澳大利亚总领事陈维屏给黄兆源签发的中国学生护照内页及两天后澳大利亚内务部在护照上钤盖的入境签证印章。

Form No. 21. COMMONWEALTH OF AUSTRALIA. No. 07/254
DUPLICATE. Immigration Restriction Acts 1901-1905 and Regulations.

CERTIFICATE EXEMPTING FROM DICTATION TEST.

I, John Baxter, actg the Collector of Customs for the State of New South Wales in the said Commonwealth, hereby certify that Hi Chong hereinafter described, who is leaving the Commonwealth temporarily, will be excepted from the provisions of paragraph (a) of Section 3 of the Act if he returns to the Commonwealth within a period of [CANCELLED] years from this date.

Date 22 April 07 — Actg Collector of Customs.

DESCRIPTION.

Nationality Chinese — Birthplace Canton
Age 41 years — Complexion
Height 5 ft 4 in w/ Boots — Hair Dark
Build Medium — Eyes
Particular marks

(For impression of hand see back of this document.)

PHOTOGRAPHS. Full Face:— Profile:—

Date of departure April 07 — Destination China
Ship Kumano Maru
Date of return 11 Oct. 08 — Ship Aldenham
Port Sydney

J. T. T. Donohoe, Customs Officer

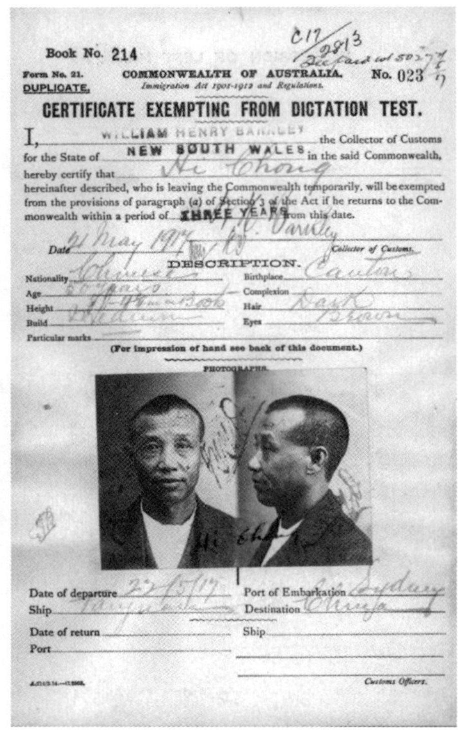

Book No. 214
Form No. 21. COMMONWEALTH OF AUSTRALIA. No. 023
DUPLICATE. Immigration Act 1901-1912 and Regulations.

CERTIFICATE EXEMPTING FROM DICTATION TEST.

I, WILLIAM HENRY BARKLEY the Collector of Customs for the State of NEW SOUTH WALES in the said Commonwealth, hereby certify that Hi Chong hereinafter described, who is leaving the Commonwealth temporarily, will be exempted from the provisions of paragraph (a) of Section 3 of the Act if he returns to the Commonwealth within a period of THREE YEARS from this date.

Date 21 May 1917 — Collector of Customs.

DESCRIPTION.

Nationality Chinese — Birthplace Canton
Age 50 years — Complexion
Height 5 ft 4 in w/ Boots — Hair Dark
Build Medium — Eyes Brown
Particular marks

(For impression of hand see back of this document.)

PHOTOGRAPHS.

Date of departure 22/5/17 — Port of Embarkation Sydney
Ship Taiyuan — Destination China
Date of return — Ship
Port

Customs Officers.

左：一九〇七年，黄泰昌申领的回头纸；右：一九一七年，黄泰昌申领的回头纸。

档案出处（澳大利亚国家档案馆档案宗卷号）：

Wong Sue Ngin - Student Passport, NAA: A1, 1937/13265

郭澧泉

中山竹秀园村

郭澧泉（Kwok Lai Chin），生于一九二三年一月十日，中山县竹秀园村人，自学龄起便在乡接受良好教育。

他的父亲郭敬超（Kwok King Chiu）在一九二二年应在澳经商的父亲之召，从家乡去往澳大利亚[①]，到达鸟修威省（New South Wales）内陆西北地区的磨厘埠（Moree），进入聘记公司（W. G. Pan Kee & Co.），作为替工，代替要回国探亲的父亲，代理其在商行中的职位，照顾其在商行中的利益。同时，他也顺势成为该公司的一个小股东，占股价值一百镑。

早在十九世纪末年，香山籍华商雷道聘（Pan Kee）[②]便在靠近昆士兰省（Queensland）边界的磨厘埠开设了聘记公司，主营唐番杂货及收购皮毛土产，颇为成功。[③]二十世纪初年，来自香山县竹秀园村在雪梨（Sydney）经营永安果栏（Wing On & Co.，亦即永安公司）的郭氏兄弟，派遣老六郭顺（Willie Gockson）进入相距六百多公里之外的磨厘埠，加盟聘记公司，参与经营，并在一九〇四年八月十六日重组股东会并正式在鸟修威省工商局

---

① 郭敬超抵达澳大利亚的日期是一九二二年六月十六日，搭乘“太平号”（Taiping）轮船前来。

② Ah Hing Pan Kee, NAA: SP42/1, C1908/831; CHAN SEE, AH WON, PAN KEE [correspondence of the Collector of Customs relating to immigration restrictions] [1.5cm] [box 1]， NAA: SP42/1, C1899/1390。

③ 见：“荣旋志喜”，载《广益华报》（*The Chinese Australian Herald*）一八九八年三月二十五日，第六版。

注册，由是，郭氏家族入主这间商行，郭敬超的父亲很有可能也在此前后加入该商行之中。一九〇八年，在原有两位李姓股东退出后，引进了同样是香山县籍的沙涌村马氏族人作为股东，永安果栏郭氏家族成为该商行的最大股东；到一九一〇年，该商号再次重组，永安果栏则由郭朝（Gock Chew）替代了郭顺。①由是，聘记公司便成为雪梨永安果栏在鸟修威省乡间商业网络的一个支点，而这也是郭敬超得以来到这间乡镇商业公司任职的背景。遗憾的是，在当时注册的公司董事会成员中，难以找到除永安公司郭氏兄弟之外的其他郭姓人氏名字，也就无法判断郭敬超父亲是否此时入主股东行列。无论如何，一九二六年郭敬超便在澳洲结束替工身份，返回中国。直到一九三三年才又重返澳洲，回到聘记公司继续作为父亲的替工任职。②

一九三八年，郭澧泉年满十五岁。鉴于此时中国已是进入到抗日战争第二年，广东省随时都有可能遭受日军的大举入侵，而从后方变为前线，正处于学龄的青少年都有失学的危险。由是，郭敬超决定将儿子尽快办理来到澳大利亚留学。六月十六日，他具结财政担保书，以监护人身份填表，向中国驻澳大利亚总领事馆申领儿子赴澳留学的护照和签证。他以自己任职的聘记公司作保，允诺提供足镑膏火，作为其子在澳留学期间所需之学费和生活费等项开支，要将儿子安排在磨厘埠由天主教会主办的师姑学校（Convent of Mercy）读书。为此，他事先也从该校校长那里拿到了接受儿子入读的录取信。与此同时，鉴于儿子已满十五周岁，按规定必须提供英语能力证明，他也早早就让儿子手书一份作业抄件，作为其已学过英语并已具备一定基础的证据。

中国总领事馆接到申请后，花了两个多月时间进行预审。八月三十日，总领事保君建将上述材料汇总，寄往内务部，为郭澧泉申请留学签证。九月中旬，内务部秘书行文鸟修威省海关，请其核查监护人和财政担保人郭敬超

---

① 详见鸟修威省档案馆（NSW State Archives & Records）保存的工商局有关二十世纪初该省相关公司企业注册记录：https://search.records.nsw.gov.au/permalink/f/1ebnd1l/INDEX1832470。

② 详见：Kook King Chiu [Chinese - arrived Sydney per CHANGTE, 10 Sep 1933. Box 19], NAA: SP11/2, CHINESE/CHIU K K。根据记录，他是在一九二六年七月十日搭乘“天咑号”（Tanda）轮船离境，一九三三年九月十日乘坐“彰德号”（Changte）轮船抵达雪梨入境。

的情况，作为是否批复此项申请的依据。经四个星期左右的访谈调查，海关就摸清了情况。作为商人，自一九二二年入澳之后，郭敬超保持了良好的操行记录，其间只在一九三三年之前回国探亲过一次，尽管这段所谓的探亲时间较长，但海关对此没有特别指明，将其模糊过去。海关也指出，郭敬超在聘记公司中有价值为一千镑的股份，同时也手握一百镑的现金；此外，他在家乡建有豪宅，价值四百镑，同时在永安公司的香港公司和上海公司也分别拥有股份，价值四千大洋和一千大洋。由此可见，其个人财务无可挑剔。具体到聘记公司的业绩，在上一个财政年度里达到一万八千八百零五镑，海外贸易额则为二百二十三镑。对于一个乡镇商行来说，这样的业绩是非常不错的。

无论是从其财务状况及表现来看，郭敬超都是符合监护人和财政担保人条件。但内务部秘书接到报告后，几经核对，发现最大的问题是，郭敬超只是工作签证，并非获得永久居留资格的在澳华人，而且他自一九三三年入境以来，其工作签证已经一延再延，今年是最后的一次展签，有效期到明年九月十日。也就是说，在那个日期之前，他就必须离境回国。在这种情况下，郭敬超显然不具备监护人的条件。权衡了几个月之后，内务部秘书最终拒绝了是项申请。一九三九年一月十一日，他将上述拒签决定通知了保君建总领事。后者将结果告知郭敬超后，这位父亲请其再向内务部说情，表示目前广东省城已经在去年十月被日军攻占，周边县市已经处在日军炮火的直接威胁之下，形势危急，希望以此理由请内务部重新考虑是项申请。然而，内务部秘书于二月八日复函，再次重申了上述决定。

雪梨合利公司（Hop Lee & Co.）的经理马赞芬（Spence Mah Hing）[①]是郭澧泉的舅父，得知外甥的留学申请被拒签后，便跟郭敬超商量，由他来充

---

① 马赞芬是香山县沙涌村人氏，但却是澳大利亚昆士兰省出生的第二代华人。他在一九〇八年结束回国探亲返回澳洲之后，便从昆士兰省的首府庇厘士彬埠（Brisbane）迁移到雪梨，加入由永安果栏郭顺负责接管的合利果栏（亦即合利公司），并逐渐代替后者成为该果栏的实际负责人，并且也是该公司的股东。有关他的档案，见：Certificate Exempting from Dictation Test (CEDT) - Name: Spence Mah Hing - Nationality: Chinese - Birthplace: Maryborough, Queensland - departed for China per EMPIRE on 6 March 1908, returned to Brisbane per EASTERN on 4 September 1908, NAA: J3136, 1908/124。

任监护人和财政担保人，重新申请外甥的赴澳留学签证，并就此事与保君建总领事沟通，获得支持。于是，一九三九年五月十三日，马赞芬重新填表，承诺由他本人每年提供膏火五十镑作为外甥的在澳留学所需之学费和生活费等，交给中国驻澳大利亚总领事馆。五月三十一日，保总领事据此重新向内务部秘书申请郭澧泉的留学签证。

鉴于事先保君建总领事已经就重新申请一事以及马赞芬的身份跟内务部秘书有所沟通，而且合利公司作为永安公司所属企业在雪梨华埠颇具声望，因此，内务部秘书认为，马赞芬完全符合监护人和财政担保人的条件。而考察郭澧泉的手写英文件，也显示出他应该是具备了基础的英语能力。为此，内务部秘书没有再按照流程让海关去调查马赞芬的财务状况，而是在六月二十七日便直接通过了这次申请。七月三日，保君建总领事给郭澧泉签发了一份中国学生护照，号码437976，当天就寄给内务部秘书。七月十二日，后者便在上述护照上钤盖了签证印鉴，退还给中国总领事馆，完成了此次护照和签证的申请流程。

真是柳暗花明。此时人已经到了香港的郭澧泉，接到由中国总领事馆寄来的护照之后，立即订好船票，随后登上驶往澳洲的“太平号”轮船，于九月二十九日抵达雪梨。[①]海关移民局官员当场测试的结果，显示他确实具备了最基本的英语能力，因而让他顺利过关，并当场核发给他十二个月的留学签证。马赞芬去到海关将他接出来后，稍事休息就直接将他送到磨厘埠。因为原本郭澧泉的父亲郭敬超是需要离境回国的，但因他祖父仍未从中国返回，加上公司的发展也确实需要人手，也就再次获准留了下来，因此，将他送到父亲身边，比待在雪梨舅父那里更为合适。

在磨厘埠休整了两个星期，熟悉了周边环境之后，从当年十月十六日开始，郭澧泉便正式在师姑学校注册入读，开始了留学生活。在这里，他保持全勤，学习努力，各科成绩都很优异，学校对他的各方面表现都深表满意。

---

① Lai Chin Kwok [Chinese - arrived Sydney per SS TAIPING, 29 Sep 1939. Box 29], NAA: SP11/2, CHINESE/KWOK LAI CHIN。

到一九四〇年底，他也顺利地通过了初中毕业考试。

一九四一年一月十七日，保君建总领事致函内务部秘书，申请将郭澧泉的学生身份转为店员身份，希望准允他进入聘记公司工作。他表示，这位中国青年已经十八岁，已经到了要进入社会历练的时候，何况在聘记公司里，还有他家族的利益在里边。内务部秘书接到申请后，通过海关了解到，聘记公司上一个财政年度的营业额达到二万零六百六十五镑；按规定，这样的经营规模可以申请至少四个海外雇员来协助工作。目前店里的海外雇员只有两位，除了郭敬超之外，还有一位名叫Lee Wah Yip（李华益，译音），是一九三七年九月一日就已经来到这里做工①；此前还有两位员工，一位是郭澧泉的叔叔郭敬明（Kwok King Ming），此前回国探亲，目前正在返回的路上；还有一位员工刚刚回国探亲不久，虽然是要回来，但短期内无法返回，留下空缺。因此，郭澧泉进入聘记公司，正好可以填补这个空位。在搞明白聘记公司的情况后，内务部秘书便于二月三日批复了上述申请。这也就是说，自此时起，郭澧泉正式从上述师姑学校退学，在澳洲开始了新的人生。

郭澧泉的留学档案到此终止。在此后的澳大利亚国家档案中，未能找到与其相关的宗卷，其此后的去向尚无法得知。

然而，考虑到这一年的年底太平洋战争爆发，澳大利亚立即对日宣战，与中国成了共同抗击日本侵略的盟国，随后，所有滞留在澳的盟国公民都获准三年临时居留签证，有效期到一九四五年六月三十日，到期时如果战争仍在继续，则该签证自动展签两年。如此一来，就给像郭澧泉这样的人士一个极大的发展机会；尤其是商铺规模大的，因为战争，盈利的机会更大，员工（或者说股东家庭成员）的创业和发展机会也更大。由是，他在战后留在澳大利亚的机会显然就是顺理成章的事。

---

① Lee Wah Yip [Chinese - arrived Sydney per CHANGTE, 1 Sep 1937. Box 46], NAA: SP11/2, CHINESE/YIP LEE WAH。

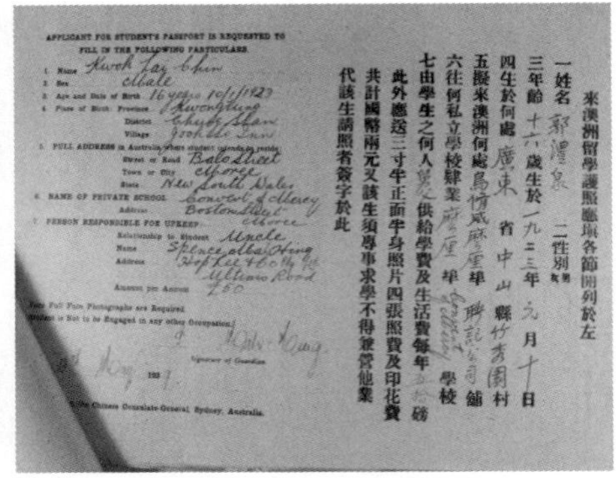

APPLICANT FOR STUDENT'S PASSPORT IS REQUESTED TO FILL IN THE FOLLOWING PARTICULARS.

1 Name Kwok Lai Chin
2 Sex Male
3 Age and Date of Birth
4 Place of Birth: Province Kwongtung
District Chung Shan
5 FULL ADDRESS in Australia where student intends to reside:
Street or Road Bale Street
Town or City Moree
State New South Wales
6 NAME OF PRIVATE SCHOOL Convent of Mercy
Address Boston Street Moree
7 PERSON RESPONSIBLE FOR UPKEEP:
Relationship to Student Uncle
Name
Address
Amount per Annum

Your Full Face Photographs are Required.
Student is Not to be Engaged in any other Occupation.

Signature of Guardian

193

The Chinese Consulate-General, Sydney, Australia.

來澳洲留學護照應填各節開列於左
一姓名 郭澧泉 二性別 男
三年齡 十六 歲生於一九二三年 九 月 十 日
四生於何處 廣東 省 中山 縣 竹秀園村
五擬來澳洲何處 烏修威臣厘埠 聯記公司 舖
六往何私立學校肄業 臣厘 埠 學校
七由學生之何人 舅父 供給學費及生活費每年 磅
此外應送二寸半正面半身照片四張照費及印花費
共計國幣兩元又該生須專事求學不得兼營他業
代該生請照者簽字於此

左：一九三八年六月十六日，郭敬超以监护人身份填表，向中国驻澳大利亚总领事馆申领儿子郭澧泉赴澳留学的护照和签证；右：一九三九年五月十三日，马赞芬重新填表，以监护人和财政担保人的身份，向中国驻澳大利亚总领事馆申请外甥郭澧泉的赴澳留学护照和签证。

档案出处（澳大利亚国家档案馆档案宗卷号）：

Kwok Lai Chin - Student exemption, NAA: A433, 1940/2/1053

雷炳安

中山渡头村

雷炳安（Louie Bing On），生于一九二四年三月十五日，中山县渡头村人。

一九三八年，华南地区日益面临战火的危险。利合（Lee Hop）是雷炳安的伯父[①]，于当年七月一日刚刚从中国探亲返回澳大利亚昆士兰省（Queensland）北部重镇汤士威炉埠（Townsville）。可能是在回国探亲的过程中，他强烈感受到了战火的逼近，回到汤士威炉之后，便立即策划想将十四岁的侄儿雷炳安申请到这里留学。

七月十二日，利合具结财政担保书，并从汤士威炉埠的基督兄弟会书院（Christian Brothers' College）拿到了录取信，以监护人和财政担保人的名义，填表递交到中国驻澳大利亚总领事馆，申领侄儿雷炳安赴澳留学护照和签证。他以自己的名字为商铺名的利合号作保，但没有写明可以提供膏火的数额以供侄儿来澳留学之用，但是将当地雷泗兄弟行（Louie See Brothers）的股东雷添寿（Louie Tim So）[②]作为其财政担保的保人，意即后者在必要时可以支撑他的财务之需。

---

① 利合出生于一八七二年，一八九六年到澳大利亚发展。见：Lee Hop - Nationality: Chinese - Arrived Townsville on Changsha s.s. 10 December 1896, NAA: BP25/1, LEE H CHINESE。

② 有关雷添寿的情况及档案，详见：Louie Tim So & Wife Ah Sam - CEDT [Certificates for Exemption from Dictation Test for wife and daughter, Mrs Louie Tim So, Miss Mary Tim So born in China], NAA: J25, 1958/2431。

填好申请表后，利合立即将其与相关材料寄给了中国总领事馆。因雷炳安已年满十四周岁，按例需要提交具备初步英语学识能力的证明，由于刻下正处于战乱时期，利合表示一时间难以拿到上述证明，但特别表明，根据他的接触与了解，其侄儿是学过一点英语的，希望先批复其申请，待其入境时由移民官测试其英语能力，届时可以决定是否可以准允其入境留学。中国驻澳大利亚总领事保君建接到申请后，在七月十四日给澳大利亚内务部的申请签证公函中，便将此情况特别提出来，希望内务部考虑中国此时处于抗战的这一特殊情况，尽快审理雷炳安的入境申请。

内务部在接到保君建总领事递交上来的申请材料后，接受了其建议，便按照流程审核监护人利合的财务状况。但是，一个月后，从汤士威炉海关那里得到的调查情况却很不乐观。调查结果显示，利合刚刚从中国探亲回来，手中实际上并没有什么钱，其所谓的“利合号”商铺也是空的，根本就还没有开始经营，连其本人目前也还是暂时借住在雷添寿家里，旨在慢慢找机会看能做什么。虽然从当地人之口中得知利合为人正直，没有什么不良记录，雷添寿也力保他的这位宗亲靠得住，但毕竟其本人根本就无力资助侄儿的在澳留学所需之费用。得到这样的结果，内务部自然认为利合不符合监护人和财政担保人的条件。于是，八月二十九日，内务部秘书正式复函中国总领事馆，拒绝了上述留学签证申请。

保君建总领事接到上述复函后，还想再努力一下，看能否争取对此申请重新考虑。他于九月二日致函内务部秘书，表示是否因为雷炳安的英语学识能力证明等材料未能及时提供而使此申请无法获批，如果是这样的话，他可以通知利合尽快提交；此外，如果说利合无法满足财政支付能力的话，那么还有雷添寿在那里支持着他，后者是完全具备这个能力的。为此，他恳请将此意见转达给内务部部长，请其继续批复雷炳安的留学签证。

尽管保总领事想尽力为这位年轻的中国学生争取进入澳大利亚留学的机会，但内务部经过重新讨论，仍然认为利合不符合条件，于九月十六日正式回复，重申前议。接到上述最终结果，无论是保君建总领事还是利合本人，都无话可说，只好作罢。雷炳安的留学澳洲的设想，到此终结。

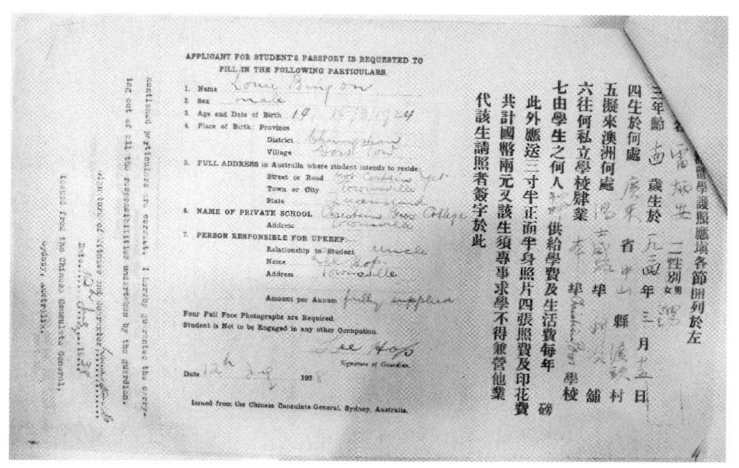

留學護照應填各節開列於左

一姓名 雷炳安　二性別 男

三年齡 十四 歲生於 一九二四 年 三 月 十五 日

四生於何處 廣東 省 中山 縣 [illegible] 村

五擬來澳洲何處 [illegible] 埠 [illegible] 舖

六往何私立學校肄業 本 埠 Christian Bros 學校

七由學生之何人 [illegible] 供給學費及生活費每年 磅

此外應送三寸半正面半身照片四張照費及印花費

共計國幣兩元又該生須專事求學不得兼營他業

代該生請照者簽字於此

APPLICANT FOR STUDENT'S PASSPORT IS REQUESTED TO FILL IN THE FOLLOWING PARTICULARS.

1. Name Louie Bing On
2. Sex male
3. Age and Date of Birth 14, 15/3/1924
4. Place of Birth: Province
   District Chungshan
   Village
5. FULL ADDRESS in Australia where student intends to reside:
   Street or Road
   Town or City Townsville
   State Queensland
6. NAME OF PRIVATE SCHOOL Christian Bros College
   Address Townsville
7. PERSON RESPONSIBLE FOR UPKEEP:
   Relationship to Student Uncle
   Name Lee Hop
   Address Townsville

Amount per Annum fully supplied

Four Full Face Photographs are Required.
Student is Not to be Engaged in any other Occupation.

Lee Hop
Signature of Guardian.

Date 12th Jul 1938

Issued from the Chinese Consulate-General, Sydney, Australia.

...mentioned particulars are correct. I hereby guarantee the carrying out of all the responsibilities undertaken by the guardian.

Signature of witness and guarantor ....

Date 12th July 1938

Issued from the Chinese Consulate General, Sydney, Australia.

一九三八年七月十二日，利合填表向中国驻澳大利亚总领事馆申领侄儿雷炳安的赴澳留学护照和签证。

档案出处（澳大利亚国家档案馆档案宗卷号）：

Louie Bing On - Student's Ex/c, NAA: A1, 1938/17229

方鹤鸣

中山

方鹤鸣（Holiman Fong Yow），生于一九二三年五月二日，原籍广东省中山县[①]，出生在香港。但他是在中山还是香港成长和受教育，因档案文件未有提及，不得而知。

档案中没有任何与其父母相关的信息，但却说明他在澳大利亚昆士兰省（Queensland）首府庇厘士彬埠（Brisbane）有一位姑母，名叫Georgina Young（佐治娜·杨），是一八八三年生人，而且还是在该埠出生的半唐番（即亚欧混血）。[②]这样的信息显示，早在十九世纪七十年代，方鹤鸣的祖父就已来到昆士兰这块地方，并在此与一位欧裔女性结婚，生下了他的姑母佐治娜。至于他的父亲与其姑母是否一母同生，则不得而知；但可以肯定的是，如果他的父亲也是在庇厘士彬出生的话，那就极有可能是在其长大后（或年幼时）回到中国，后在香港发展期间生下了方鹤鸣。但其长姐佐治娜则留在了庇厘士彬，并在此间开设商铺；而且连同他的其他兄弟也都留在了这里，因为方鹤鸣档案里也出现了他的一位生于一九〇五年名叫Leonard Yow

① 具体村名未详。

② Certificate Exempting from Dictation Test (CEDT) - Name: Georgina Young (of Brisbane) - Nationality: Chinese - Birthplace: Brisbane Queensland - departed for China per EMPIRE on 20 January 1913, returned to Brisbane per EMPIRE on 10 May 1915, NAA: J2483, 114/87。

（利奥）的堂兄[①]，就在其姑母的商铺工作。

一九三七年七七事变揭开了中国举国抗战的浪潮，即便是在香港，也能感受到战争的影响。到次年初，方鹤鸣家人便决定将其送往庇厘士彬埠留学，由其姑母监护。已经五十五岁的佐治娜未婚，此时在庇厘士彬埠西端区（West End）的蒙塔古路（Montague Road）三百四十二号物业上独自开设一间商铺，以自己的名字作为店名，生意稳定。她得知侄子要来留学，自然十分支持。

一九三八年一月二十六日，佐治娜以监护人的名义具结财政担保书，填好申请表格，向中国驻澳大利亚总领事馆申领侄儿方鹤鸣的赴澳留学护照和签证。她以自己的商铺作保，允诺供给学费和生活费每年六十镑，作为侄儿来此读书期间的所有开销之需。至于侄儿来此要就读的学校，她选择位于庇厘士彬城区边上格雷戈里台路（Gregory Terrace）上的圣若瑟书院（St Joseph's College）。这是由天主教会创办的学校，在庇厘士彬埠也是颇负盛名的完全学校。为了让侄儿接受最好的教育，佐治娜特地去到书院，找到院长开出了同意其侄儿进入该校读中学的录取信。

接到上述申请后，中国驻澳大利亚总领事馆很快便审理完毕，并与护照请领人就相关问题进行了沟通。二月四日，总领事保君建修书一封，附上该份申请材料，寄送内务部秘书，为这位中国学生申请留学签证。他在函中表示，因此时中国进入战争状态，未能拿到相关学校对方鹤鸣英语学习的证明信，只有他本人手写的一份英文抄件作为其已具备一定英语基础的证明。因中国局势混乱，他呼吁内务部秘书能根据上述材料，尽快批复。保总领事进一步指出，根据其姑母的介绍，相信方鹤鸣确实具备了英语能力；当然，最好的解决办法就是待其入境时，经移民局官员当场测试即可。可见，保总领事也是尽其可能地想帮助这些意欲入澳留学的中国青少年，以达成其目标。

受理签证申请后，内务部秘书确实也接受了保总领事的意见，很快便行

---

① Certificate Exempting from Dictation Test (CEDT) - Name: Leonard Dung Yow (of Brisbane) - Nationality: Chinese - Birthplace: Brisbane - departed for China per ST ALBANS on 31 January 1916, returned to Brisbane per KITANO MARU SS on 7 December 1918, NAA: J2483, 190/95。

文昆士兰省海关，请其协助核查佐治娜的财务状况。昆士兰海关人员的行动很迅捷，不到两个星期，就基本上摸清了情况。据了解，佐治娜的商铺经营杂货，也出售糕点食品。经营地点的土地所有权是她的，价值二百四十镑，店铺和住房等物业则价值五百镑，库存的货品总值三百镑，是她一次性现金支付购买下来。通常她都在店铺里持有八十镑的现金，以备不时之需，在银行中也有一百零四镑的存款，而商铺的年营业额是在一千镑左右。该商铺由其自营，她的两个在澳出生的侄儿受雇于她协助经营，尤其是制作糕点及提供食品外卖，皆由其两个侄儿（包括前面提到的利奥）负责。虽然佐治娜单身，但其与人为善，颇受街坊邻里尊重。

内务部秘书接到上述报告后，认为佐治娜的财务状况相当的好，根本无须保人，也可以一力承担其侄儿所有的留学费用；而作为在澳出生的澳大利亚公民，她也具备了监护人的资格。现在的一个问题是，按照《中国留学生章程》的规定，如果中国留学生小于十五岁，在赴澳留学时须由其家长陪同前来。可是，目前情况下，他的父母根本就没有可能陪同他前来。最终，经其他官员的提醒，再过两个月，方鹤鸣就年满十五岁，如此，就不受上述规定的束缚。即便此时核发签证给他，然后他也立即登船出发，抵达澳洲时就应该年满十五岁了。可是，如果年满十五岁，又面临另外一个问题，即要求具备初步的英语能力。好在方鹤鸣有一篇手抄英文作业可供参考，从其字体流利程度来看，显示出他确实受到过这方面的教育。于是，内务部秘书于三月十日批复了方鹤鸣的入境签证申请。在得知签证评估通过后，三月十九日，保君建总领事签发了一份号码为384440的中国护照给方鹤鸣，并在三月二十四日由内务部在护照内页上钤盖了签证印章。待收到从内务部退还护照后，中国总领事馆便按照流程，将其寄往香港指定的金山庄，由后者负责转交给持照人并安排赴澳行程。

早就在香港焦急等待的方鹤鸣，接到护照后便立即行动起来。待订妥船票后，他便登上驶往澳洲的轮船“彰德号”（Changte），于当年七月四日抵达庇厘士彬港口。入关时，他当场写下的英文抄件，表明他确实曾经接受过一些英语教育，具备了一定的基础，海关便按例放行，并立即核发给他十二月的留学签证。他的姑母佐治娜和堂兄利奥去到海关接到他后，便将他安排在姑母家中住下。

一九三八年七月十一日，方鹤鸣被姑母带到圣若瑟书院正式注册，当天便入读，开始其在澳留学生涯。院长提交给内务部的例行报告显示出他的英语功底扎实，各科成绩都相当不错，也都正常到校上课。从西端区走路去到圣若瑟书院上学，大约需要半个小时，除了病假，他基本上保持了全勤。他以这样的学习态度在这里度过了四年中学时光，到一九四二年底完成了全部中学课程，也通过了昆士兰省的大学入学考试。

一九四一年底太平洋战争爆发后，澳洲全国动员，投入到反法西斯战争中。作为盟国的公民，方鹤鸣在中学毕业后，没有进入大学念书，而是于一九四三年加入驻防澳洲的美国陆军，成为其文职人员。为此，中国驻雪梨总领事段茂澜于当年七月八日致函内务部秘书，请其将这位中国学生的学生签证转为工作签证，以便其得以更好地在盟军中工作，获得批准。随后，他便跟着驻澳美军一路北上。直到战后，他还在美军驻菲律宾的部队中工作了一年，于一九四六年八月六日从美军退役，返回到庇厘士彬。

回到澳洲后，他与另一位比他大七岁的堂兄Allan Yow（艾伦）[①]合股，每人出资四百五十镑，在庇厘士彬埠北面的兵营附近开了一间海鲜生蚝酒吧。早在第二次世界大战爆发后的一九三九年，当澳大利亚加入英国而参战时，艾伦便应征加入澳军参战，也是在一九四五年八月太平洋战争结束后退役复员，返回庇厘士彬。[②]但是，方鹤鸣虽然曾经加入美军，但其所持签证则是澳洲因战争而提供给盟国公民的临时居留签证，有效期至一九四七年六月三十日。因此，战后，内务部原先经管的外侨事务转由移民部负责；而后者则在基本上完成国内的相关复员安置事务后，方才得以腾出手来处理战时滞留的盟国公民去留问题。一九四七年四月，当了解到方鹤鸣的上述情况后，

---

① YOW Allan : Service Number - Q46438 : Date of Birth - 29/07/1916 : Place of Birth - BRISBANE, QLD, NAA: A13860, Q46438。

② YOW ALLAN : Service Number - Q46438 : Date of birth - 29 Jul 1916 : Place of birth - BRISBANE QLD : Place of enlistment - ANNERLEY QLD : Next of Kin - YOUNG GEORGINA, NAA: B884, Q46438。

移民部衡量他的情况，认为他不符合继续留在澳大利亚的条件，应该在签证到期前离境回国。

此时，方鹤鸣在庇厘士彬的家族成员利奥和艾伦等都开始为他留下来发力。通过他们熟悉的澳洲工党资深成员、庇厘士彬本地格里菲思（Griffith）选区的联邦国会议员威廉·康兰（William Conelan）出面，希望考虑到方鹤鸣曾经为盟军服务以及现在经营生意的需要，让他留下来发展，至少也要给他几年的居留签证，把其生意搞上去。五月二十六日，康兰众议员致函移民部部长，表达了上述要求。面对来自同侨的压力，移民部部长将此事交由下面几个不同层级的官员处理，看是否可以得到一个令双方满意的结果。为此，移民部再通过海关将方鹤鸣的生意重新核查了一遍。调查得知，上述生意是艾伦和方鹤鸣在去年十一月份左右从他人手中盘下，交易价为六百五十镑，两人各付一半的价钱，即股份各半。从过去九个月的营业情况看，该店每周营业额约在五十至六十镑之间。如此算起来，其一年的营业额平分下来每个人也就在一千二百来镑，不符合留下来的标准。因此，移民部在七月底决定方鹤鸣必须按照规定离境。

就在这个时候，移民部部长宣布了一项与上述因战争而滞留在澳的中国公民去留相关的政策，即在本年四月十五日之前已经成功地在澳开创生意者，在本年六月三十日签证到期后无须强制回国，可以留下来继续经营其生意。此项政策适用于战前进入澳洲之商行雇员、菜农、海员、学生、难民等等。当然，所谓成功生意，便是决定其人是否符合上述政策的条件，按照量化的标准，即该项生意的年营业额须达到二千五百镑以上。据此，利奥和艾伦等辩称方鹤鸣符合上述条件，应该留下来继续经营。但昆士兰省移民局的官员则对此政策有不同解读，认为年营业额二千五百镑的标准是指创办生意的主要股东，亦即是指个人。而上述方鹤鸣和艾伦的生意年营业额充其量不过二千五百镑，就算以最佳营业状况来计算，达到二千五百镑以上，但平分下来，每人的年营业额不过一千二百五十镑，完全不符合上述政策所定下来的标准，自然也不符合条件。于是，九月五日，昆士兰省移民局仍然决定方鹤鸣必须离境回国；但为了给康兰众议员一个面子，则准允方鹤鸣的签证展延到这一年的年底，以便他在此期间能将生意的股份转让等事宜处理完毕。其后，经康兰申请，移民局再展延他的签证到次年六月三十日，从而给予他更充足的时间处理与是项生意相关的事务。

就在各方官员督促下，方鹤鸣终于把生意卖掉了，但在离境返回中国之际，他却做了一件事情，也知会了当局，让移民部官员很惊讶。一九四八年一月十八日，他在庇厘士彬埠与一九二四年四月三十日在本地出生的华裔第二代女士Ivy Gladys Sing（沈艾薇，译音）结婚。移民部官员自然明白此事的意义，但不想让其得逞，遂搬出了早就实施了半个世纪的规定：华人即便与在澳出生的女性结婚，也不能保证能够在澳洲待下来。仍然要求其离境。

于是，半年后，在各方催促下，方鹤鸣终于订好了离境的船票。一九四八年七月二十六日，他偕同新婚的妻子沈艾薇一起登上驶往香港的“彰德号”轮船，返回中国去了。①

方鹤鸣的在澳留学生涯总计十年，其间有四年在校念书，完成了中学课程；另外四年则加入美军，投入到抗击日本侵略的反法西斯战争之中；最后两年，则经营生意，同时在留学地缔结良缘。他虽然因当时的移民政策而返回中国，但鉴于其妻属于在澳出生的第二代华裔，随着二十世纪五十年代移民政策的松动，其妻也曾经带着孩子回澳申请更换澳籍护照；到一九七七年，他们夫妻二人带着一儿一女全家从香港返回澳大利亚定居。②

---

① Holiman Fong Yow and wife Ivy - Chinese - arrived 4 July 1938 in Brisbane aboard CHANGTE - departed 26 July 1948 from Brisbane aboard CHANGTE, NAA: BP210/2, HOLIMAN F。

② Yow, Charles Holiman; wife Ivy Gladys[nee Sing], NAA: J25, 1969/3604。

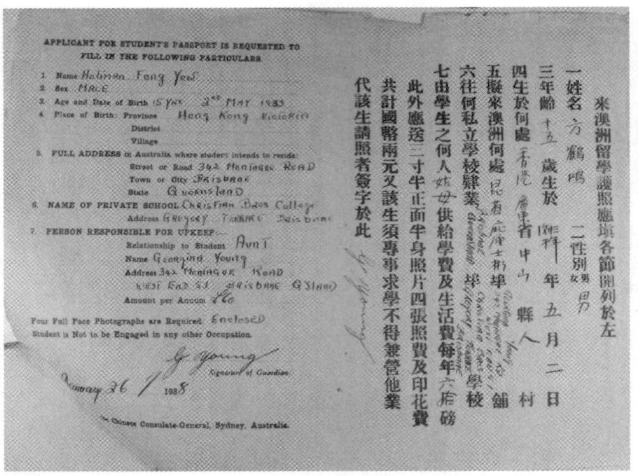

APPLICANT FOR STUDENT'S PASSPORT IS REQUESTED TO FILL IN THE FOLLOWING PARTICULARS.

1. Name Holiman Fong Yow
2. Sex MALE
3. Age and Date of Birth 15 yrs 2nd MAY 1923
4. Place of Birth: Province Hong Kong Victoria
   District
   Village
5. FULL ADDRESS in Australia where student intends to reside:
   Street or Road 342 Montague Road
   Town or City Brisbane
   State Queensland
6. NAME OF PRIVATE SCHOOL Christian Bros College
   Address Gregory Terrace Brisbane
7. PERSON RESPONSIBLE FOR UPKEEP:—
   Relationship to Student Aunt
   Name Georgina Young
   Address 342 Montague Road West End S1 Brisbane Q'sland
   Amount per Annum £60

Four Full Face Photographs are Required. Enclosed

Student is Not to be Engaged in any other Occupation.

G. Young Signature of Guardian.

January 26 / 1938

The Chinese Consulate-General, Sydney, Australia.

來澳洲留學護照應塡各節開列於左

一 姓名 方鶴鳴　二 性別 男

三 年齡 十五 歲 生於 一 年 五 月 二 日

四 生於何處 香港 廣東省 中山 縣人 村

五 擬來澳洲何處 昆省 庇厘士彬 埠 鋪

六 往何私立學校肄業 埠 學校

七 由學生之何人 姑母 供給學費及生活費每年 六拾 磅

此外應送三寸半正面半身照片四張照費及印花費共計國幣兩元又該生須專事求學不得兼營他業

代該生請照者簽字於此

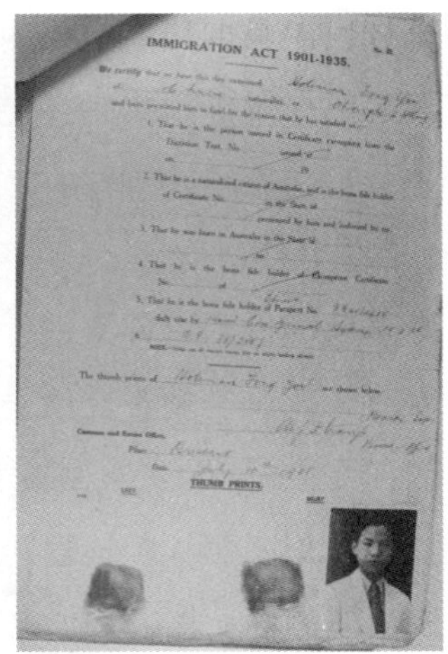

IMMIGRATION ACT 1901-1935.

THUMB PRINTS.

左：一九三八年一月二十六日，佐治娜·杨以监护人的名义填表，向中国驻澳大利亚总领事馆申领侄儿方鹤鸣的赴澳留学护照和签证；右：一九三八年七月四日，方鹤鸣抵达澳洲海关的入境登记卡及照片。

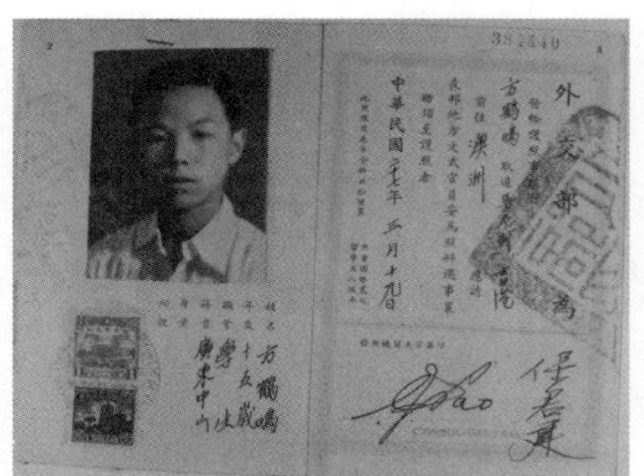

382440

外交部

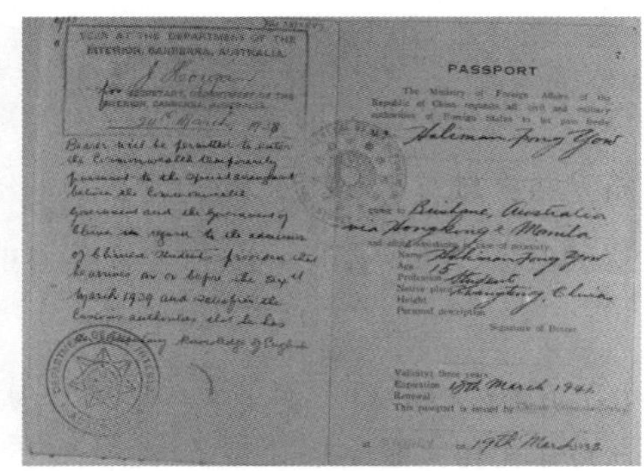

SEEN AT THE DEPARTMENT OF THE INTERIOR, CANBERRA, AUSTRALIA.

PASSPORT

一九三八年三月十九日，中国驻澳大利亚保君建总领事给方鹤鸣签发的中国护照内页以及同月二十四日由内务部在护照内页上钤盖的入境签证印章。

Book No. 114

Form No. 21. COMMONWEALTH OF AUSTRALIA. No. 087

Immigration Restriction Acts 1901-1905 and Regulations.

№ 13

CERTIFICATE EXEMPTING FROM DICTATION TEST.

I, ______ the Collector of Customs for the State of ______ in the said Commonwealth, hereby certify that Georgina Young (Brisbane) hereinafter described, who is leaving the Commonwealth temporarily, will be excepted from the provisions of paragraph (a) of Section 3 of the Act if he returns to the Commonwealth within a period of three years from this date.

Date 16th January 1913

Collector of Customs.

DESCRIPTION.

Nationality China (Brisbane) Birthplace Brisbane, Queensland

Age 30 years Complexion Sallow

Height 5 ft 1½ inches Hair Black

Build slight Eyes Brown

Particular marks

(For impression of hand see back of this document.)

PHOTOGRAPHS.

Full Face:— Profile:—

Date of departure 20th January 1913 Destination China

Ship

Date of return 10 MAY 1915

Port

H. M. CUSTOMS BRISBANE

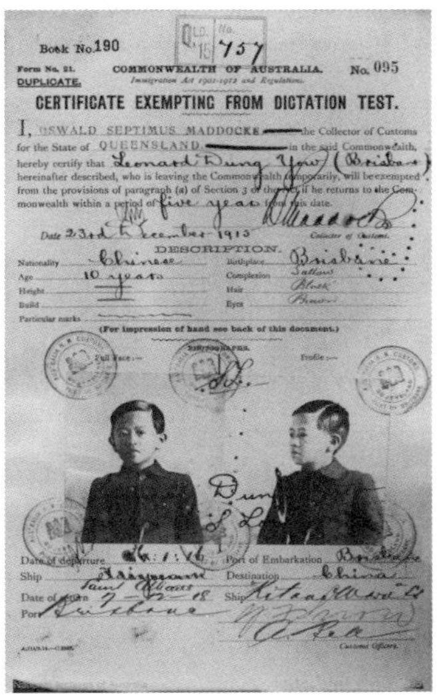

Book No. 190

Form No. 21. DUPLICATE. COMMONWEALTH OF AUSTRALIA. No. 095

Immigration Act 1901-1912 and Regulations.

CERTIFICATE EXEMPTING FROM DICTATION TEST.

I, OSWALD SEPTIMUS MADDOCKS the Collector of Customs for the State of QUEENSLAND in the said Commonwealth, hereby certify that Leonard Dung Yow (Brisbane) hereinafter described, who is leaving the Commonwealth temporarily, will be exempted from the provisions of paragraph (a) of Section 3 of the Act if he returns to the Commonwealth within a period of five years from this date.

Date 23rd December 1915

Collector of Customs.

DESCRIPTION.

Nationality Chinese Birthplace Brisbane

Age 10 years Complexion Sallow

Height Hair Black

Build Eyes Brown

Particular marks

(For impression of hand see back of this document.)

PHOTOGRAPHS.

Full Face:— Profile:—

Date of departure Port of Embarkation Brisbane

Ship Destination China

Date of return Ship

Port Brisbane

Customs Officers.

左：方鹤鸣的姑母佐治娜·杨（Georgina Young）于一九一三年申请回中国探亲的回头纸；右：方鹤鸣的堂兄Leonard Yow（利奥）一九一五年二月申请回国探亲的回头纸，时年十岁。

档案出处（澳大利亚国家档案馆档案宗卷号）：

Holiman Fong Yow - Student exemption [2cms], NAA: A433, 1947/2/1967

林官巨

中山下坑村

林官巨（Lum Goon Gee），生于一九二四年四月十日，中山县下坑村人。而一八七一年出生的林黑（Lum Hark）是他的父亲，早在一八九八年，便与乡人一起来到澳大利亚发展。他从昆士兰省（Queensland）东北部的坚时埠（Cairns）入境，之后便扎根于当地，在这里立足。历经十年打拼后，林黑获得了在澳永久居留权，才首次返回中国探亲[①]，并在家乡成亲生子。此后，他又分别于一九一三年[②]、一九一四年[③]和一九一九年回国探亲[④]，一九二〇年返回坚时埠后，才掉头南下，去到鸟修威省（New South Wales）的雪梨埠（Sydney）发展。

在雪梨，林黑与永安果栏（Wing On & Co.）总司理郭朝（Gock Chew）及广和昌号（Kwong War Chong & Co.）司理李春（Phillip Lee Chun）都颇有

① Certificate Exempting from Dictation Test (CEDT) - Name: Lum Hark - Nationality: Chinese - Birthplace: Canton - departed for China per EASTERN on 24 December 1908, returned to Cairns per EASTERN on 6 August 1909, NAA: J2483, 1/91。

② Certificate Exempting from Dictation Test (CEDT) - Name: Lum Hark (of Cairns) - Nationality: Chinese - Birthplace: Canton - departed for China per EMPIRE on 26 January 1913, returned to Cairns per EMPIRE on 2 September 1913, NAA: J2483, 105/8。

③ Certificate Exempting from Dictation Test (CEDT) - Name: Lum Hark (of Cairns) - Nationality: Chinese - Birthplace: Canton - departed for China per CHANGSHA on 20 December 1914, returned to Cairns per EASTERN on 13 May 1916, NAA: J2483, 159/72。

④ Certificate Exempting from Dictation Test (CEDT) - Name: Lum Hark (of Cairns) - Nationality: Chinese - Birthplace: Canton - departed for China per TANGO MARU on 2 February 1919, returned to Cairns per CHANGSHA on 3 August 1920, NAA: J2483, 233/45。

交情，通过他们的引荐，林黑加股进入安生耕园（On Sing Garden），成为菜农。安生耕园位于雪梨北岸的曼利区（Manly），也是上述永安果栏及广和昌号新鲜蔬菜和水果的上游供应商。

到二十世纪三十年代中期，眼见着儿子林官巨日渐长大，林黑便想着将他办理来到雪梨留学。一九三六年二月十五日，林黑出具财政担保书，填妥申请表格，递交给中国驻澳大利亚总领事馆，申领儿子林官巨赴澳留学护照和签证。为了在财务上更有保障，他以广和昌号作保，承诺每年由他供给足镑膏火给儿子，即需要多少就供应多少，作为其来澳留学期间所需之学费、生活费、医疗保险费及其他各项开支，要把儿子安排进入华童英文学校（Chinese School of English，亦即中英学校）念书。为此，他事先已经跟该校校长戴雯丽小姐（Miss Winifred Davies）联络，取得后者首肯接受其子入读该校，并为此出具了录取确认信。

中国驻澳大利亚总领事馆接到申请后，很快便完成了初审。两天之后，中国总领事陈维屏备文将上述申请材料寄送内务部秘书，为林官巨申请留学签证。内务部秘书随即按照流程，发文到海关，请其对监护人和财政担保人的情况予以核查，同时也要找出其与林官巨出生最接近的回国探亲记录，以便内务部批复该项申请时有所依据。

接到协查指示后，在不到三个星期的时间里，海关就获得了结果。根据海关记录，林黑在递交了上述申请的同一天，便在雪梨港口登上驶往香港的"太平号"（Taiping）轮船回国探亲去了[①]，可能是想在中国等待审批结果，结束探亲时将儿子一并带来。他本人在过去的十余年里确实是安生耕园的股东之一，但目前该种植园实体正在重组之中；而当林黑登船离境时，他随身携带现金三百五十镑，算得上是一笔巨款。他的保人永安果栏总司理郭朝和广和昌

① Ah Ying, Lum Hark, Moon Sue, Ah Chee or Archie Lee, Sue Kum, Ah Chong or Tommy Ah Chong, Lee Yee, Lum Hop, Ah Way or Lee Way and Ping Jong or Ping Chong [Certificate Exempting from Dictation Test - includes left hand impression and photographs] [box 245], NAA: ST84/1, 1936/529/81-90。

号司理李森（Harry Lee Chun）[①]都对海关表示，当林黑结束探亲返回雪梨后，他会加入另外一家果菜园，继续当菜农，当然也会入股。据他们所知，此事已经有谱，正在商议之中，届时他将会投资二百镑进入这家果菜园，成为股东。由此看来，他的财务状况是相当不错的，而据其周围的客户及商业伙伴反映，他做事沉稳，讲求诚信，也注重效益，是值得信赖之人。至于其回国探亲的次数，还算是比较多，最接近林官巨出生的那次记录是：一九二三年八月八日搭乘“获多利号”（Victoria）轮船出境，到一九二五年三月二十二日乘坐“天咑号”（Tanda）轮船回到雪梨。[②]在其回到中国大半年后，林官巨才出生。按照中国人当时以农历来计算其出生日期，则四月十日应该是五月十三日，那么，从林黑回到国内，到林官巨出生，其间有八至九个月的时间，符合生育常识，他们之间的父子关系当无疑义。

内务部秘书接到海关的报告后，见调查结果表明林黑完全符合监护人和财政担保人的各项条件，且其两位保人又都是雪梨唐人街上有头有脸的重要华商，那他在负担其子来澳留学方面将不会有任何问题；此外，鉴于此时林官巨年方十二岁，无须按照十四岁以上的留学生要提供具备基础英语学识能力证明的要求去做。于是，三月二十四日，内务部秘书批复了上述签证预评估。陈维屏总领事接到通知后，于三月二十六日给林官巨签发了一份中国学生护照，号码是223941。随后他立即将此护照寄给内务部秘书，后者则于这个月的最后一天在护照上钤盖了签证印章，再将其退还给中国总领事馆，由后者将其寄往中国，交由正在国内探亲的林黑收讫，以便他安排儿子的赴澳留学行程。

上述签证是一年期有效，意即签证持有者须在次年三月三十一日之前入境澳洲。可是到次年三月，林官巨并没有抵达澳洲。直到又过了大半年之

---

① 李森是李春之子，二十世纪一十年代赴澳留学，得以留居下来，协助父亲经商。在一九三一年李春去世后，他就继承了父亲的职位以及留下的生意，成为广和昌号的司理。见：“李春君令郎英畏”，载雪梨《广益华报》（*The Chinese Australian Herald*），一九一六年十二月三十日，第三版。

② Charles Sing, Charlie Eip, Jan Kee, Sow On, Buck Yow, Lum Hark, King Choy, Yep Cup, Chang Pun and Charlie Yet Chew [Certificate Exempting from Dictation Test - includes left hand impression and photographs] [box 161], NAA: ST84/1, 1923/355/61-70。

后，即到了一九三八年一月五日，中国总领事保君建才致函内务部秘书，告知是由于家庭原因，使得林官巨无法按期前来澳洲读书，希望能准允他的签证展延十二个月，使这位中国小留学生仍然能够前来雪梨留学。尽管保总领事在申请中并没有说明是什么家庭原因，但考虑到林官巨此时尚不满十四周岁，实无拒签的必要。于是，一月十六日，内务部部长在听取情况汇报后，同意了保总领事的上述申请。

虽然说展签有效期是到一九三八年三月三十一日，但林官巨还是没有能够及时抵澳，仍然是晚了两个多月方才从中国动身，搭乘从香港启程的"太平号"轮船，于六月六日抵达雪梨。入境时，因这位中国学生的签证已经失效，海关在请示内务部秘书如何处理而得到批复后，仍然准其入境，并核发给他一年有效的留学签证。

林黑早在一九三六年底因儿子无法跟他一起赴澳留学，便已先期回到了雪梨[①]，毕竟他还需要回来继续其原有的营生，努力挣钱，赡养家小。他在返回雪梨后不久，就如郭朝和李森所言，加入了另外一家菜园，名为广隆菜园（Kong Loong Garden），还是入股，作为其中的一名股东，参与经营。于是，当儿子抵达雪梨时，他便在合利果栏（Hop Lee & Co.）司理马赞芬（Spence Mah Hing）[②]的陪同下，去到海关，将儿子接出，去到自己位于亚历山大区（Alexandra）的住处，安顿下来。此时，林官巨已经年满十四岁。

---

① Tsao Wen-Yen and wife, K. T. Loh [in possession of official passport], Hsu Shih Lin [in possession of passport], Foo Duck, Shing Gee, Six Ling, Ah Ching [issue of CEDT's in favour subjects], George Jock, Way Sing, Hop Ley, Lee Way, Gee Kum Lay Yuen, Lum Hark [all identified], Leslie Herbert Quigley [endorsed birth certificate], Jack Lee [issue of CEDT in favour of subject], Albert Edward Gee Wah [Commonwealth passport], Lee Yeung [crew member ex TRIONA], Ching On Sze [official for French Consul] and Loon Lim Ah Gim [Commonwealth Passport] [arrived ex NELLORE in Sydney on 19 November 1936] [box 332], NAA: SP42/1, C1936/7472。

② 马赞芬是香山县沙涌村人，十九世纪末在澳出生，是第二代华人，先在昆士兰省经商；大约在一九〇八年，他去到雪梨，加入由郭氏兄弟主导的永安果栏，成为股东。而合利果栏也是由郭氏兄弟控股，马赞芬在二十世纪二十年代于郭顺离开雪梨去到上海永安公司后，成为合利果栏的司理。见：Certificate Exempting from Dictation Test (CEDT) - Name: Spence Mah Hing - Nationality: Chinese - Birthplace: Maryborough, Queensland - departed for China per EMPIRE on 6 March 1908, returned to Brisbane per EASTERN on 4 September 1908, NAA: J3136, 1908/124; Spence Mah Hing - Exemption for wife and family [4cms], NAA: A433, 1946/2/5367。

从一九三八年六月十四日开始，林官巨正式注册入读中英学校。根据学校提供给内务部的例行报告，林官巨的在校表现和学业皆令人满意。就这样，他波澜不惊地在这所学校读了将近三年的书，每年在其留学签证到期前，由中国总领事馆向内务部代为提出的展签申请，都很顺利获批。而他也在这里给自己取了一个英文名，叫作Thomas，全名就成了Thomas Lum，但他的中文名拼音，有时候也被写成Lum Goon Kee。

一九四一年三月十日，中国驻澳大利亚总领事保君建致函内务部秘书，不是按惯例为林官巨申请下一个年度的留学签证展签，而是代为申请临时转变其身份，即把留学签证转为工作签证。他在申请函中表示，林黑来到澳大利亚打拼已经四十多年，因国内局势严重，十分牵挂家人安全，想回去看看，大约也就是几个月到半年左右的时间。可是现在他已经从原先的广隆菜园退出，自己经营另外一家菜地，名为新广茂园（Sun Kwong Mow），位于亚历山大区，就在其所居地附近。鉴于其子即将十七周岁，他希望能由儿子临时代为照看和管理该菜地的日常运作，待他结束探亲后回到雪梨，林官巨再重返学校继续念书。因此时人力紧张，难以找到合适人手替代，而自己的儿子也到了可以做事的年龄，可以替代使用，希望内务部能够核准这一申请。

内务部受理上述申请后，在余下的一个多月的时间里，通过海关调查而了解到，上述新广茂园菜地早就由一位欧裔移民经营多年，一年前这位东主将菜地租给了林黑，每季度的租金是十镑。后者独自经营，并使用自己注册的企业名字，但没有雇佣任何员工，一切都是亲力亲为。因尚未有年度结算的结果出来，不知道该企业的年营业额会有多少，但至少每周可以带给他四镑的净利润则是无疑的。由于林黑本人的年纪也很大了，加上惦记着国内家小的安危，他迫切希望能回去看看，一方面是求得心安，另一方面也趁机休养一下。内务部秘书衡察形势，理解林黑的理由，也认为十七岁的林官巨亦到了可以出来工作独当一面的时候。于是，四月三十日，他批复了上述申请，给予林官巨十二个月的替工签证；而且如果需要的话，该项签证可以延续四年，即每年可以提出展签申请，经批准后有效，累积到四年；且最后如果可能，也可以再多展签一年，即整个签证可以延至五年。

这样的结果，使林黑大喜过望，遂以合利果栏司理马赞芬作为保人，向海关缴纳一百镑的保证金，以担保林官巨作为父亲的替工，代其管理经营上述菜地。在随后的一个月时间里，林黑便手把手地教儿子如何种菜和经营以及进出货品的渠道和方式。待儿子初步上手之后，归心似箭的林黑便于六月四日从雪梨港口登上驶往香港的"太平号"轮船，立即回国，而林官巨便由此正式替代父亲管理和经营新广茂园菜地。[①]

林黑离境及林官巨正式代理其工作的时间，也正好是后者留学签证尚差两天就到期之日，因此，内务部便在核发其替工签证时，将其有效期延至一九四二年的六月三十日。然而，世界形势的发展改变了一切。一九四一年十二月八日，日军袭击美国太平洋海军基地珍珠港，太平洋战争爆发，澳大利亚当天便向日本宣战，加入世界反法西斯同盟。据此，澳大利亚联邦政府决定，所有因战争滞留在澳的盟国公民，无论是商人、工人、海员、学生还是探亲家属，全部都给予三年临时居留签证，即有效期从一九四二年七月一日至一九四五年六月三十日；如果期满而届时战争仍在继续，则该签证再自动展延两年。林官巨属于上述类别，自然也获得了同样的待遇。

然而世事无常。一九四三年六月三日，内务部接到雪梨安益利公司（Onyik Lee & Co.）大股东欧阳南（David Y Narme）的报告，林官巨在雪梨医院去世，年仅十九岁。欧阳南也是中山县人，一八九九年来到澳大利亚发展[②]，当时负责华人社区与澳洲当局的联络事务。因此，在其主持下，六月五日由华人教会在唐人街的教堂为林官巨举行葬礼，当天便将其安葬在六福华

---

① Ah Cheng, Ah Cheng, Ah Cheng, Vutchiner Singh or Butchenor, On Lee, June Toong or Chung Toong, Choy Yow, Chee Tong or Gock Chee Tong, Chan On and Lum Hark [Certificate Exempting from Dictation Test - includes left hand impression and photographs] [box 262], NAA: ST84/1, 1941/563/61-70。此时的林黑已近七十岁，即便此后没有太平洋战争爆发，他在回国休养之后，返回澳大利亚的机会甚微。而让儿子替代其经营管理新广茂园菜地，更大的可能是他将此作为留给儿子的财产，让他日后可以在澳洲立足和发展。事实上，这也是当时许多在澳经商的华人将企业传承给第二代的通常做法。

② David O'Young Narme [Chinese - arrived Sydney per SS EASTERN, 1899. Box 36], NAA: SP11/2, CHINESE/NARME D O。

人坟场（Rockwood Chinese Cemetery）。[①]但档案文件中对林官巨因何死亡，只字未提；当地英文报纸对其薄葬一事虽有报道，也未提及其死因。至于其死后新广茂园菜地的财产如何处置，也没有任何文字涉及。

林官巨的赴澳留学档案到此终止。他在澳留学总计五年，其中在校读书三年，代父经营菜地两年。而他的父亲林黑，自其回国后，在澳大利亚国家档案馆里，也再未能找到与其名字相关的任何讯息。

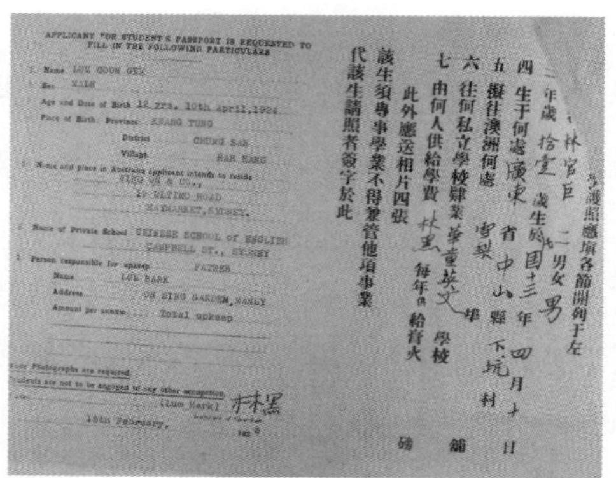

APPLICANT FOR STUDENT'S PASSPORT IS REQUESTED TO FILL IN THE FOLLOWING PARTICULARS

1. Name LUM GOON GEE
2. Sex MALE
3. Age and Date of Birth 12 yrs. 10th April, 1924
4. Place of Birth: Province KWANG TUNG
   District CHUNG SAN
   Village HAR HANG
5. Name and place in Australia applicant intends to reside SING ON & CO., 19 ULTIMO ROAD HAYMARKET, SYDNEY.
6. Name of Private School CHINESE SCHOOL of ENGLISH CAMPBELL ST., SYDNEY
7. Person responsible for upkeep FATHER
   Name LUM BARK
   Address ON SING GARDEN, MANLY
   Amount per annum Total upkeep

Four Photographs are required.
Students are not to be engaged in any other occupation.

(Lum Bark) 林黑

16th February, 1936

学生护照应填各节开列于左

一 林官巨
二 男女 男
三 年岁 拾壹 岁生於民国十三年四月十日
四 生于何处 广东 省 中山 县 下坑 村
五 拟往澳洲何处 雪梨
六 往何私立学校肄业 华童英文 学校
七 由何人供给学费 林黑 每年供给 膏火 镑

此外应送相片四张

该生须专事学业不得兼管他项事业

代该生请照者签字于此

Book No. 1

COMMONWEALTH OF AUSTRALIA. No. 91

DUPLICATE.

CERTIFICATE EXEMPTING FROM DICTATION TEST.

I, William Howe Irving the Collector of Customs for the State of Queensland in the said Commonwealth hereby certify that Lum Bark (of Cairns) hereinafter described, who is leaving the Commonwealth temporarily, will be excepted from the provisions of paragraph (a) of Section 3 of the Act if he returns to the Commonwealth within a period of three (3) years from this date.

Date Oct 30th 1905

DESCRIPTION.

Nationality Chinese Birthplace Canton

Age 37 years

Destination China

09/9380

左：一九三六年二月十五日，林黑填表向中国驻澳大利亚总领事馆申领儿子林官巨赴澳留学护照和签证；右：一九〇八年，林黑申请回国探亲的回头纸。

223941

PASSPORT

LIN Kuan-chu (Lum Goon Gee)

一九三六年三月二十六日，中国驻澳大利亚总领事陈维屏给林官巨签发的中国学生护照内页及六月三十日内务部在护照内页上钤盖的签证印鉴。

档案出处（澳大利亚国家档案馆档案宗卷号）：

Lum Goon Gee - Student exemption [0.5cm], NAA: A433, 1942/2/2676

---

① "Family Notices", in *Sydney Morning Herald*, Saturday 5 June 1943, page 16。

曾瑞开

中山石岐

曾瑞开（Say Hoy），出生于一九二四年五月十五日，中山县石岐人。

他的父亲是生于一八八〇年的曾官志（Goon Chee）[①]，于澳大利亚联邦成立之年（一九〇一年）从家乡来到澳大利亚发展，直接到雪梨（Sydney）登陆入境。[②]在这里，许多来自中山县的同乡都已经在商业上非常成功，在唐人街开设的商铺和公司很多，比如永生公司（Wing Sang & Co.）、永安公司（Wing On & Co.）、永泰果栏（Wing Tiy & Co.）、恒泰记（Hang Hi Kee & Co.）等等。作为一名后来者，他决定投身于种植业，充当菜农，作为上述商铺的上游供应商。于是，他加入设在布达尼区（Botany）的永盛菜园（Wing Sing Garden），并逐渐成为其主要股东，也是唐人街上著名金山庄广和昌号（Kwong War Chong & Co.）[③]商铺之蔬菜产品的主要供应商。他在雪梨站稳脚跟后，也像其他老侨一样，回国探亲，娶妻生子，将他们安置在家乡，自己再返回澳洲，努力挣钱，赡养家小。曾瑞开便是他其中的一个儿子。

一九三八年十月日军登陆惠阳大亚湾而占领广州及周边地区后，许多居

① Wong Yonk (York), Kum For, Ah Wing, Louey Hoo, Jung Goon Chee, Ah Song, Way Jew, Kim Po, Ah Can and Sam On or Goo War [Certificate Exempting from Dictation Test - includes left hand impression and photographs] [box 266], NAA: ST84/1, 1946/567/91-100。

② Goon Chee [Chinese - arrived Sydney in 1901. Box 17], NAA: SP11/2, CHINESE/CHEE GOON。

③ 广和昌号的档案，见：Kwong War Chong and Company - Certificate of exemption - Staff [1cm], NAA: A433, 1950/2/3305。

澳华人将其家小送到香港和澳门躲避战火，或者将正在读书的孩子送往那里继续接受教育。曾官志的家庭就是这样。可是，在一九四一年日军南下风声越来越大的情况下，香港也受到了被日军占领的严重威胁。面对如此险恶的形势，曾官志关心着家人的安危，也想为儿子提供更为安全的学习环境。于是，他决定将十七岁的儿子曾瑞开申办来澳留学。

要把儿子办理来澳留学，需要准备好一些材料。可是在中国形势如此严峻的情况下，有些文件和材料很难拿到，比如曾瑞开具备初步英语学识能力的证明，就无法拿到。为此，曾官志找到位于雪梨的中国驻澳大利亚总领事保君建，将自己的困难说了出来，但保证其子此前已经读过几年英语，确实具备了一定的英语能力。他希望保总领事能跟内务部沟通，先假定曾瑞开已经具备一定的英语能力，核发签证给他，在其前来澳洲入关时接受移民官的当场测试，如果结果是负面的，可原船将其送回。保总领事对中国的形势有足够认识，自然应承为其力争。

于是，当年八月二十三日，在拿到了中英学校（Chinese School of English）校长戴雯丽小姐（Miss Winifred Davies）出具的接受曾瑞开入读的录取函后，曾官志具结财政担保书，并填好申请表，递交给中国驻澳大利亚总领事馆，申领儿子曾瑞开的赴澳留学护照和签证。他以与自己关系密切的广和昌号作保，承诺每年供给膏火八十镑给儿子，作为其来澳留学期间所需的学费、生活费及其他各项开销，并希望尽快办理，使其子尽早赴澳留学。

保君建总领事此前便与曾官志就此事有过沟通，接受申请材料后，便于八月二十九日致函内务部秘书，附上这项申请的相关材料，希望能尽快审理，为曾瑞开核发签证，让其早日前来。内务部秘书也明白中国现在的形势，接到上述申请函和材料后，立即行文海关，请其尽快就监护人和财政担保人曾官志的财务状况及出入境海关的记录提出报告，作为是否批复此项申请的依据。

雪梨海关接到指示后，便立即采取行动，于十月二十日递交上来核查报告。首先是将曾官志的名字确认下来，因为在档案中，有时是用Goon Chee，有时又是Jung Goon Chee，此时方知两个名字都是同一个人。作为位于布达尼区丹尼生街（Denison Street）一侧的永盛菜园，现有三位股东，曾官志占股三分之一，股值为二百镑，这在种植业中算得上不错的资本。此外，他还在“广和昌号”存有二百五十镑。二者加起来，算得上是财务自由人士。而其为人令人称道，生意做得很好，人缘广泛。自其抵澳定居下来之后，海关记录的其回国探亲的次数如下：其一，一九一四年二月十七日至一九一五年六月五日；其二，一九一七年六月二十二日至一九一八年五月七日；其三，一九二一年十月一日至一九二四年四月二十一日；其四，一九二八年十月十六日至一九三二年十二月二十一日。曾瑞开的出生，就发生在其第三次探亲结束返回澳洲不到一个月的时间。由此可见，他们之间确实具有生物学意义上之父子关系。

核查结果显示，作为监护人和财政担保人，曾官志完全符合要求，而且其保人广和昌号也是历史悠久的唐人街老字号，其老东主李春（Phillip Lee Chun）[①]德高望重，属于唐人街华商元老，资产丰厚，值得信赖；而现任东主李森（Harry Lee Chun）[②]年轻有为，经商有道。至于签证申请者曾瑞开的英语能力问题，既然中国总领事保君建给予了强有力的保证，而且在目前形势下申请豁免的理由也可以接受，内务部秘书便通过了此项签证预评估。十一月十一日，他将此决定正式通告保君建总领事。后者获知批复，马上准备好一份中国学生护照，号码是1014261，于十一月二十四日正式签发，并在当天寄往内务部。后者在三天后也核发正式的入境签证，并在护照上钤盖了签证印章。中国总领事馆接到内务部退回的上述护照后，立即按照曾官志提供的地址寄往香港，等待曾瑞开前来雪梨留学读书。

曾瑞开的留学档案到此终止。曾瑞开的那份护照按时寄出，但很有可能，他已无法收到。因为就在中国总领事馆将护照寄出不到十天，日本海军

① 郑嘉锐在他的一篇涉及在澳中山籍华人历史的文章中，称澳洲档案及报章中频频出现的李春之名为李临春。见郑嘉锐：《雪梨市中山华侨遗迹考察记事》，载《中山文史》第24辑（1991年）。李春的档案，也可在澳大利亚国家档案馆里找到：Lee, Chun [Chinese - arrived Melbourne (or Sydney) in 1895] [Box 4], NAA: SP605/10, 275。

② 李森是李春之子，二十世纪一十年代赴澳留学，得以留居下来，协助父亲经商。在一九三一年李春去世后，他就继承了父亲的职位，成为广和昌号的司理。见：“李春君令郎英畏”，在雪梨《广益华报》（*The Chinese Australian Herald*），一九一六年十二月三十日，第三版。

就袭击美国海军基地珍珠港，太平洋战争爆发，澳大利亚也随即对日宣战，而香港也迅即被日军攻占，海路阻断，曾官志所担心的事最终发生。在这样的情况下，曾瑞开是否能在这场战争中幸存下来也是一个问题。

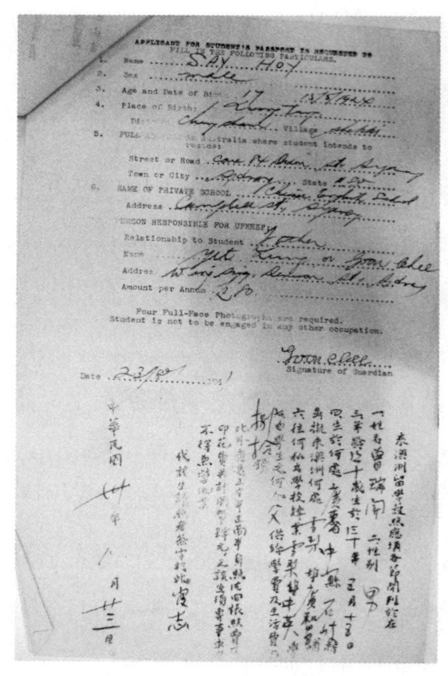

APPLICANT FOR STUDENT'S PASSPORT IS REQUESTED TO FILL IN THE FOLLOWING PARTICULARS.

1. Name ....SAY HOY....
2. Sex ....Male....
3. Age and Date of Birth ....17　15/5/1924....
4. Place of Birth: ....
   District ....Village ....
5. FULL ADDRESS IN Australia where student intends to reside:
   Street or Road ....
   Town or City ....Sydney.... State ....
6. NAME OF PRIVATE SCHOOL ....Chinese English School....
   Address ....Campbell St., Sydney....
   PERSON RESPONSIBLE FOR UPKEEP:
   Relationship to Student ....Father....
   Name ....
   Address ....
   Amount per Annum ....

Four Full-Face Photographs are required.
Student is not to be engaged in any other occupation.

....Goon Chee....
Signature of Guardian

Date ....23/8....1941

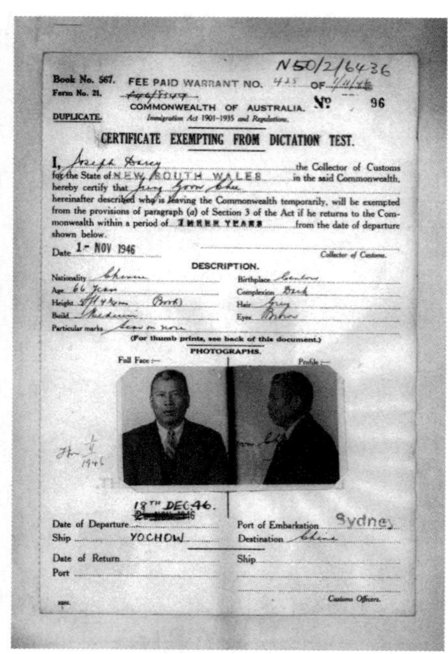

N50/2/6436

Book No. 567.　FEE PAID WARRANT NO. 425 OF ....
Form No. 21.
COMMONWEALTH OF AUSTRALIA.　№ 96
DUPLICATE.　*Immigration Act 1901–1935 and Regulations.*

CERTIFICATE EXEMPTING FROM DICTATION TEST.

I, ...Joseph Darcy.... the Collector of Customs for the State of NEW SOUTH WALES in the said Commonwealth, hereby certify that ....
hereinafter described who is leaving the Commonwealth temporarily, will be exempted from the provisions of paragraph (a) of Section 3 of the Act if he returns to the Commonwealth within a period of THREE YEARS from the date of departure shown below.

Date 1- NOV 1946
Collector of Customs.

DESCRIPTION.

Nationality ....　Birthplace ....
Age ....66 Years....　Complexion ....
Height ....　Hair ....Grey....
Build ....Medium....　Eyes ....Brown....
Particular marks ....

(For thumb prints, see back of this document.)

PHOTOGRAPHS.

Full Face :—　Profile :—

Date of Departure 18TH DEC 46.　Port of Embarkation Sydney
Ship YOCHOW　Destination China
Date of Return ....　Ship ....
Port ....
Customs Officers.

左：一九四一年八月二十三日，曾官志填表向中国驻澳大利亚总领事馆申领儿子曾瑞开的赴澳留学护照和签证；右：一九四六年曾官志申请的回头纸。

档案出处（澳大利亚国家档案馆档案宗卷号）：

Say Hoy - Student exemption, NAA: A433, 1941/2/2350

雷 超

中山石岐

雷泗（Louie See），香山县石岐人，生于一八七〇年十月十一日。早在一八九〇年前后，他便追随乡人的步伐，奔赴澳大利亚发展。他从昆士兰省（Queensland）最北边的谷当埠（Cooktown）登陆入境之后，便一路南下，经坚时埠（Cairns）而到达昆士兰省北部的重要港口汤士威炉埠（Townsville）；然后再向西，进到该省西北部距汤士威炉埠近八百公里的矿区郎架厘埠（Cloncurry）停了下来。随后，他在此立下脚跟，从店员做起，慢慢起家。[①]他先在旁边的矿区小镇库里达拉（Kuridala）开设了一间杂货商铺，并且将其发展成这个镇子最大的一间铺子；在二十世纪二十年代这个小镇的人口慢慢消退之后，他把商铺开到郎架厘埠，成为当地殷商。

虽然雷泗在澳大利亚发展得不错，也将家族中的一些亲人陆续带了出来，但仍然还有兄弟留在了家乡。雷超（Louie Chew）便是其留在国内之一个兄弟的儿子，一九二四年十月十六日生于家乡中山县石岐镇。在一九三七年卢沟桥事变之后，整个中国进入全面抗战时期；而从次年十月开始，日军又从惠阳大亚湾登陆，占领了省城广州及周边地区，毗邻广州的中山县就有日益受到日军入侵和袭击的危险。

---

① See, Louie - Nationality: Chinese [Occupation - Grocer's Assistant] [DOB 11 October 1870] - Alien Registration Certificate No 87 issued 1 May 1917 at Kuridala [via Cloncurry], NAA: BP4/3, CHINESE SEE LOUIE。

一九三九年下半年，雷家便与远在澳大利亚的雷泗联络，并商量将雷超办理前来澳大利亚留学，以便他在一个平静安定的环境里完成学业。对此，雷泗极力赞同并予以大力支持，随后便着手准备申请材料，为侄儿办理赴澳留学。因此时雷超已经满十五岁，按照《中国留学生章程》规定，他必须具备初步的英语学识能力，并需要提供相关证明或证据。于是，根据雷泗的要求，一九三九年十一月，雷家请位于石岐镇的圣这士英文学校（St Jessie English College）校长出具了一份推荐信，写明雷超在该校读了一年的英语，已经具备了一点初步的英语学识能力；同时，也让雷超本人手写一份英文信，作为自己确实已经读过英语并有了一定基础的证据，一起寄给雷泗。

在收到这些材料后，一九四〇年二月十四日，雷泗便具结财政担保书，以监护人名义，填具申请表，递交给位于雪梨（Sydney）的中国驻澳大利亚总领事馆，申领侄儿雷超的赴澳留学护照和签证。他以自己名字命名的商铺作保，承诺每年提供膏火六十镑，作为侄儿来澳留学期间所需的学费和生活费等各项开销，要将他安排进入由天主教长老会在郎架厘埠创办的圣若瑟书院（St Joseph's Convent School）念书，并且也已经拿到了该书院接受雷超入学的录取信。

中国驻澳大利亚总领事馆接到雷泗提交的申请后，很快完成了初审。当年二月十九日，总领事保君建汇齐这些材料，备函寄给澳大利亚内务部秘书，为雷超申请留学签证。鉴于雷超只是雷泗的侄儿，内务部最想要知道的一点是，雷泗的财务状况是否足以稳定并有余力支撑其侄儿在澳期间的所需费用，遂指示海关就此提交核查报告。郎架厘埠地处偏僻，位于矿区，海关遂逐级下文，最终通过昆士兰省警务部门在该埠的派出所代其完成此项调查，毕竟这些警察常年在此，熟悉情况。

三月十四日，郎架厘埠派出所警察递交了所需的调查结果。根据他们的了解，雷泗在当地属于有名望之人，颇有口碑，此前在库里达拉镇开设杂货商铺，有相当的规模；转移到郎架厘埠之后，仍然从事同类性质的生意，因种种原因规模虽然不如从前，但生意还是不错，上一个财政年度的年营业额为二千九百九十三镑，这在偏僻乡村地区，算得上是经营不错的企业，也使得其经营者收入颇丰，经济状况良好；而且，雷泗还在香港的一家商行有投资，虽然只是属于小股东，但也表明其收益来源多元。此外，警察以为还要确认雷泗与雷超的关系，便根据他们的记录，也列出了雷泗过去二十年的回国探亲记录：其一，一九一六年二月二十九日至一九一七年四月十六日，乘坐“奄派号”（Empire）轮船去而“依时顿号”（Eastern）轮船回[①]；其二，一九二〇年九月二十七日至一九二二年六月十一日，乘坐“依时顿号”轮船去而“获多利号”（Victoria）轮船回[②]；其三，一九三二年一月二十六日至一九三三年一月三日，搭乘“彰德号”（Changte）轮船去也是同一艘轮船回[③]；其四，一九三七年七月二十日至一九三九年四月二十七日，乘坐“丹打号”（Tanda）轮船去而“彰德号”轮船回。

根据上述报告，雷泗的监护人和财政担保人资格是没有任何问题的。预评估官员争执的焦点在雷超的英语能力上，因为照其推荐信上所言，其英语学识能力虽有，但是否足够则不明确；但因颇具同情心的官员认为还是应该给予雷超一个机会，只要他在入境时经过移民官当场测试即可，最后，此议获得同僚的赞同。由是，四月十九日，内务部秘书批复了上述签证评估。四月二十四日，保君建总领事便为雷超签发了一份号码为1014076的中国学生护照，五月一日也由内务部在上面钤盖了入境签证印章，完成了此次的护照签证办理。随后，这份护照就按照雷泗提供的地址，寄往香港的金山庄，由后者转交给护照持有人并负责为其安排赴澳行程。

早就准备好了赴澳留学的雷超，得到批准入境澳洲的消息后，便立即从中山赶赴香港。经金山庄一番运作安排，他便在此搭乘“太平号”

---

① Certificate Exempting from Dictation Test (CEDT) - Name: Louie See (of Frieyland) - Nationality: Chinese - Birthplace: Canton - departed for China per EMPIRE on 29 February 1916, returned to Townsville per EASTERN on 12 April 1917, NAA: J2483, 191/9。

② Certificate Exempting from Dictation Test (CEDT) - Name: Louie See (of Kuridala)- Nationality: Chinese - Birthplace: Canton - departed for China per EASTERN on 27 September 1920, returned to Townsville per VICTORIA on 11 June 1922, NAA: J2483, 288/46。

③ Certificate Exempting from Dictation Test (CEDT) - Name: Louie [Lowie] See - Nationality: Chinese - Birthplace: Canton - departed for Hong Kong per CHANGTE 26 January 1932 returned Townsville per CHANGTE 3 January 1933, NAA: J2483, 497/41。

（Taiping）轮船，于一九四〇年八月十一日抵达昆士兰省北部港口坚时埠。经当场测试其英语，表明其确实已经具备了基本的英语能力，得以顺利过关。伯父雷泗将其接出关来，再搭乘其他交通工具，返回昆士兰省西北部的郎架厘埠。

八月二十日，在伯父家安顿好后的雷超便正式注册入读圣若瑟书院。书院提供的例行报告显示，雷超聪颖好学，对所学课程认真对待，从不缺课；更重要的是，他参加书院提供的所有体育课程及活动，其在校表现与各科成绩皆十分令人满意。到次年八月份，他顺利地获得下一年度的展签。到一九四二年，因太平洋战争爆发，澳大利亚对日宣战，与中国成了共同抗击法西斯侵略的盟国。而澳洲从这一年七月一日开始，对所有盟国滞留在澳的国民提供三年临时签证，有效期至一九四五年六月三十日；届时如果战争仍在继续，则该项签证自动延期两年。雷超自然也不例外，获得了上述待遇，并继续就读到这一年的年底，完成了澳大利亚昆士兰最后两年的小学课程，即读完了七年级，正式小学毕业。

一九四二年十二月三十一日，中国驻雪梨总领事段茂澜致函内务部秘书，希望准允十八岁的雷超转换身份，进入职场工作，亦即从留学生身份转为雇员身份。他在函中表示，雷超的堂兄L. Warley在郎架厘埠有一间商铺，已经营多年，现因业务增长，需要人手协助，但目前战时体制下，人手奇缺，难以觅到合适人选。而其堂弟雷超刚刚从学校毕业，无论是在中国还是澳洲，皆受过良好教育，正好可以满足其商铺的需要。而且，在年底毕业时，圣若瑟书院院长也特别为雷超写了一封很好的推荐信，认为他勤奋努力，学习刻苦，成绩优良，沟通能力强，如果从学校走向社会做事，应当是值得信赖的员工。为此，段总领事希望内务部能体察目前的战时形势，准允雷超出来工作，人尽其才，也解决其堂兄之急需。内务部秘书认同段茂澜总领事陈述的事实以及需要，遂于一九四三年一月十一日批准了上述申请，并希望雷超能按照战时体制，正式成为受薪的商铺雇员，享受一切与当地员工同等的待遇。由是，雷超正式加入了堂兄的商铺，协助其经营。

档案文件显示，此后雷超一直都待在郎架厘埠，并且在一九四九年全额盘下了其堂兄的商铺，成为上述以其堂兄之名命名之生意的独家股东，并且也从一九四七年七月一日起，一次性地获得了五年工作签证；而且，他也因商铺的发展，得以在一九四八年从中国申请到了一位宗亲，前来协助经商。[1]

雷超的留学档案到此终止。而根据澳大利亚战时的规定，如果滞留在澳的盟国公民，经营生意，且达到一定的年营业额和规模，是可以在一九四七年之后继续留在澳洲经营，并可视情核发不同年限的签证。显然，雷超符合上述规定。而一旦获得五年的签证，如果再次申请展签，也就意味着此项签证结束后，便可以进一步申请永久居留。随着二十世纪五十年代后澳大利亚移民政策的松动，雷超便有可能最终留在了这块土地上。

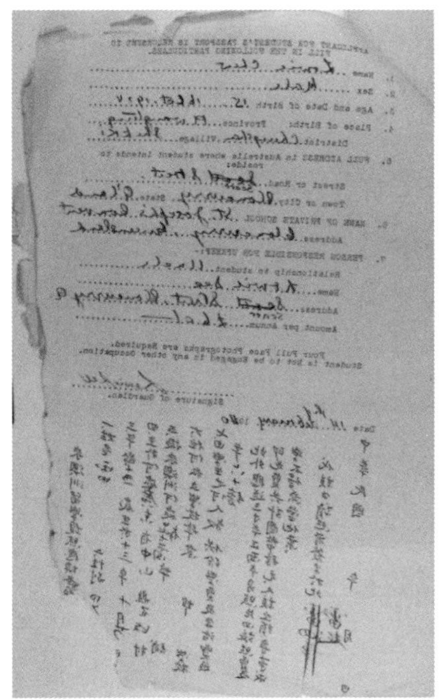

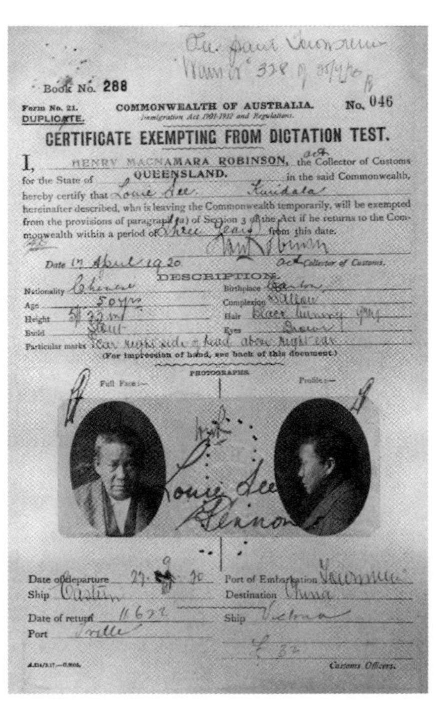

Book No. 288

Form No. 21. DUPLICATE. COMMONWEALTH OF AUSTRALIA. *Immigration Act 1901-1912 and Regulations.* No. 046

CERTIFICATE EXEMPTING FROM DICTATION TEST.

I, HENRY MACNAMARA ROBINSON, act the Collector of Customs for the State of QUEENSLAND, in the said Commonwealth, hereby certify that Louie See, Kuridala, hereinafter described, who is leaving the Commonwealth temporarily, will be exempted from the provisions of paragraph (a) of Section 3 of the Act if he returns to the Commonwealth within a period of Three Years from this date.

Date 17 April 1920 Act Collector of Customs.

DESCRIPTION.

Nationality Chinese　Birthplace Canton

Age 50 yrs　Complexion Sallow

Height 5 ft 3 3/4 in　Hair Black turning grey

Build Stout　Eyes Brown

Particular marks Scar right side of head above right ear

(For impression of hand, see back of this document.)

PHOTOGRAPHS.

Full Face:—　Profile:—

Louie See

Date of departure 27.9.20　Port of Embarkation Townsville

Ship Eastern　Destination China

Date of return 11.6.22　Ship Victoria

Port T'ville

Customs Officers.

左：一九四〇年二月十四日，雷泗填表，向中国驻澳大利亚总领事馆申办侄儿雷超赴澳留学所需的护照和签证；右：一九二〇年，雷泗申请的回头纸。

[1] Foon Lun Louie - Chinese (Assistant substitute - nominated by Louie Quen and Louie Chew - L Warley and Co Cloncurry - substitute for Louie Quen) - arrived 15 December 1948 in Cairns aboard CHANGTE, NAA: BP210/2, FOON LUN L。

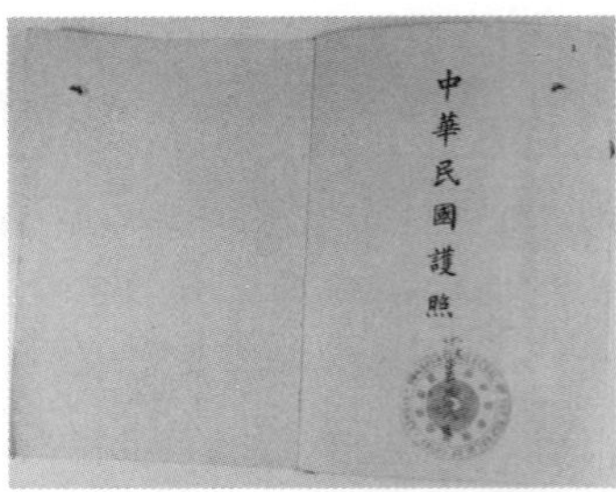

中華民國護照

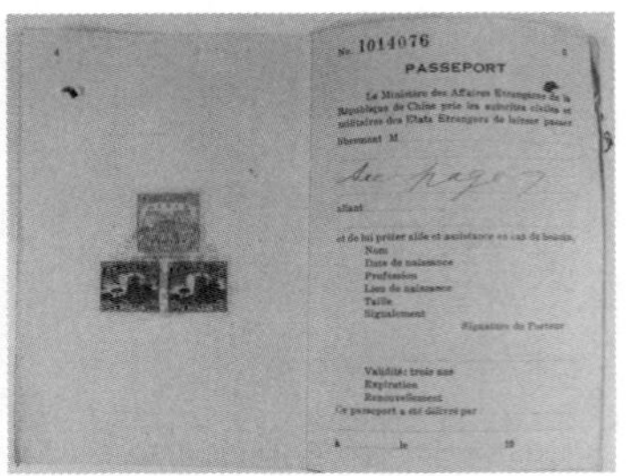

No. 1014076

PASSPORT

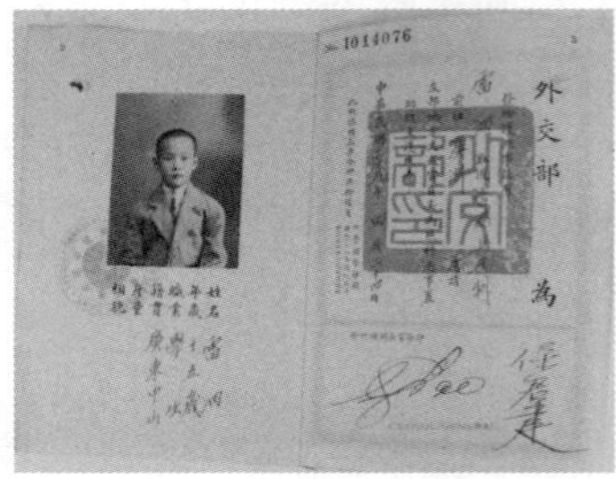

No. 1014076

外交部

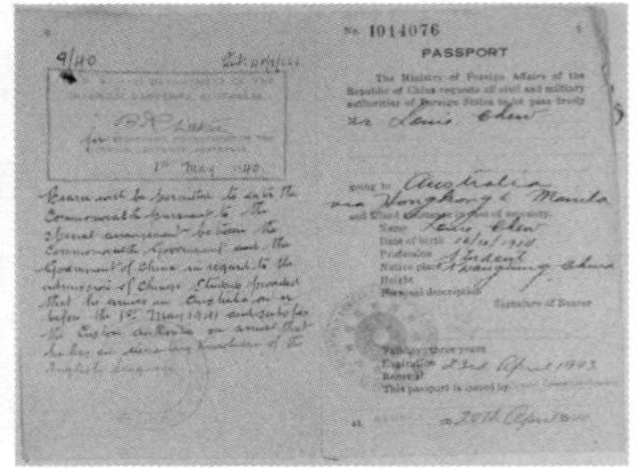

No. 1014076

PASSPORT

一九四〇年四月二十四日，中国驻澳大利亚总领事保君建给雷超签发的留学护照（护照上中文页面的护照持有人名字写成了雷泗，这显然是中国总领事馆的失误；好在英文页面上的英文名书写正确，为雷超）及五月一日澳大利亚内务部核发的签证印章。

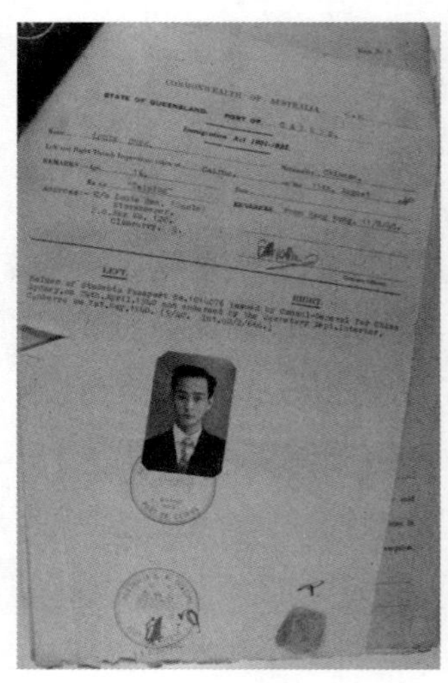

COMMONWEALTH OF AUSTRALIA

STATE OF QUEENSLAND.

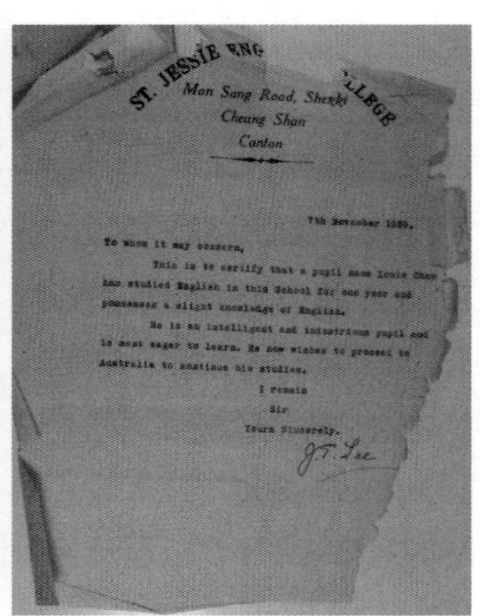

ST. JESSIE ENG COLLEGE
Man Sang Road, Shekki
Cheung Shan
Canton

7th November 1939.

To whom it may concern,

This is to certify that a pupil name Louie Chew has studied English in this School for one year and possesses a slight knowledge of English.

He is an intelligent and industrious pupil and is most eager to learn. He now wishes to proceed to Australia to continue his studies.

I remain
Sir
Yours Sincerely.
J. T. Lee

左：一九四〇年八月十一日，雷超抵达澳大利亚昆士兰省北部的坚时埠入境，这是他的入境登记卡和照片；右：一九三九年十一月七日，广东省中山县石岐镇上的圣这士英文学校校长给雷超出具的推荐信，表明其已具备一点儿基本的英语能力。

档案出处（澳大利亚国家档案馆档案宗卷号）：

Louie Chew - Student exemption certificate, NAA: A433, 1949/2/189

李成、李实堂兄弟

中山隆都

李成（Lee Sing）和李实（Lee Shut或Lee Sheh）是堂兄弟，前者生于一九二四年十一月十二日，后者一九二六年二月二日出生，皆为中山县隆都人。

他们的父亲是一对亲兄弟。李成的父亲是李惠（Lee Way），大约生于一八八一年[①]；李实的父亲名叫李林，或者靬厘李林（Charlie Lee Lum），一八八五年前后出生[②]。他们哥俩未及弱冠便从家乡奔赴澳大利亚发展，其抵澳年份应该是在一九〇〇年左右，从昆士兰省（Queensland）北部重镇坚时埠（Cairns）登陆入境。他们充当菜农和果农，逐步深入到该省的西南部地区[③]，最终在叉厘威埠（Charleville）紧靠窝里沟河（Warrego River）畔租地三公顷，种植蔬菜水果，经济稳定。

一九三七年七七卢沟桥事变后，中国进入全面抗战时期；一九三八年十月，日军在惠阳大亚湾登陆，攻占了广东省城广州及周边地区。在澳华人

① Name: Lee Way - Nationality: Chinese - Birthplace: Canton - Certificate of Exemption from the Dictation Test (CEDT) number: 218/37, NAA: BP343/15, 1/3。

② Certificate Exempting from Dictation Test (CEDT) - Name: Charlie Lee Lum - Nationality: Chinese - Birthplace: Canton - departed for China per CHANGTE 25 March 1938 returned Sydney per NELLORE 3 October 1946, NAA: J2483, 544/61。

③ Certificate Exempting from Dictation Test (CEDT) - Name: Lee Way (of Atherton, Cairns) - Nationality: Chinese - Birthplace: Canton - departed for China per TANGO MARU on 2 May 1918, returned to Cairns per TAIYUAN on 7 April 1921, NAA: J2483, 218/37。

基本上是来自广东省珠江三角洲地区及四邑，十分关注家乡，惦记着家人的安危。李惠在一九三七年初回国探亲，适逢日本发动全面侵华战争，他便留在家乡，随后将儿子李成办到香港的圣保罗书院（St Paul's College）念书，后来局势严重时也把家属接到香港生活。李林在一九三八年初回国探亲，只是在他回国后不久便遭遇日军占领省城广州，原先在广州文化中学读书的儿子李实随着学校撤退到香港，在那里继续读书。李林也跟兄长李惠一样，将家属安置到香港。即便这样，这里的局势也仍然不稳，安全堪虞，到了一九四一年，香港被日军攻占的危险日益加剧。在这种情况下，李惠和李林兄弟便决定将他们正在香港读书的儿子办理到澳洲留学。

由于李惠李林哥俩当时都在国内，如果将俩儿子办理赴澳留学，落脚地点和接应之人就需要预先安排好。他们有一位朋友名叫查理华（Charlie Wah Love），在澳大利亚联邦成立（一九〇一年）前后跟着父母来到澳大利亚发展，一直定居于昆士兰省首府庇厘士彬埠（Brisbane）；他先是充当菜农和果农，后做水果商，长达二十年的时间。其后，他回国探亲共计四年之久。自二十世纪二十年代中期起，转而在华丽区（Fortitude Valley）经营一家商行，从事进出口贸易。李氏哥俩经与其商量，查理华应允担任保人，并同意待李成和李实来澳留学时，就住在他那里，然后进入庇厘士彬城里的中央培训学院（Central Training College）读书，在他们两人的父亲李惠李林返澳前，临时充任监护人之职。

安排妥当之后，一九四一年五月五日，李惠和李林就分别具结财政担保书，填写申请表，递交到中国驻澳大利亚总领事馆，申领各自的儿子的赴澳留学签证。他们以上述查理华的进出口商行作保，允诺每年分别供给膏火五十镑给儿子，作为他们在澳留学期间所需之学费和生活费等各项开支。鉴于两个孩子都已超过十四岁，须提交证明以示其已具备初步英语学识，李成和李实在香港所就读的上述两所学校校长也特别为他们开具了推荐证明信，同时，他们本人也各自手写了一封英文信和英文抄件，作为他们具备基础英语能力的证明。

中国驻澳大利亚总领事馆收到上述申请后，发现英语能力证明尚未寄到，同时保人查理华在财政担保书上也尚未签名画押，遂先将其寄送后者，其在七月四日签名画押后寄回中国总领事馆，李成和李实的英语能力证明也寄到之后，护照申请的初审方才算是完成。七月十六日，中国总领事保君建汇集上述申请材料，备函寄送内务部秘书，为两位中国学生李成李实申请赴澳留学签证。他在函中表示，基于目前中国战局形势严峻，希望内务部尽快批复上述申请，以便这两位中国学生尽快离开香港，前来澳洲留学。七月底，内务部秘书行文海关，启动了审理流程。

昆士兰省海关对查理华的个人情况及其商行运行状况比较了解，在接到核查指示的当天，就确认了查理华的保人身份可靠，且其财务状况稳定，可以信赖。但李惠李林兄弟俩的财务状况则需要通过叉厘威埠警察派出所就近核查，就晚了两个星期才有结果。警察确认，在窝里沟河畔所经营的那块果菜园生意，李氏哥俩各占一半股份。土地的租金是每年四镑十三先令六便士，另外旁边还有一块土地在等着他们租，也就是说，只要他们愿意租，地主会一次性租给他们三十年。虽然他们哥俩此时都在中国，但现在果菜园则由另一位华人代为管理；当然，当前的收入都归代管者，一旦李氏兄弟回澳，就收回管理经营权。虽然他们哥俩在这里的财务状况此前未有统计，但经调查得知，总体而言是相当稳定的。由是，从财政担保人的角度来看，李氏兄弟不成问题，何况其保人的财政实力也不弱。

八月十九日，昆士兰省海关又从库存的档案宗卷中找到了李惠李实兄弟俩在过去几十年中的回国探亲记录，都是四次。其中李惠的出入境记录如下：一九一八年五月二日至一九二一年四月七日，一九二二年三月二十六日至一九二五年十二月二十日，一九二八年七月二十三日至一九三三年十一月三十日，一九三七年一月二十二日出境，至今未归。李成是在其第二次探亲期间所生，他们之间的父子关系毋庸置疑。而李林的回国探亲记录则是：一九一五年八月二日至一九一七年七月七日，一九二三年八月二十三日至一九二五年十二月二十四日，一九三〇年十月二十一日至一九三三年九月十日，一九三八年三月二十五日回国，至今未归。李实是在李林结束第二次探亲回澳一个多月后出生，表明他们之间生物学意义上的父子关系成立。

而李成李实两位学生的学校推荐信及他们的手写英文信及抄件，也都表明他们确实具备了一定的英语基础，尤其是李成所读的圣保罗书院还是香港实施中英文双语教育的名校，其学生的英语程度是值得信赖的。也就是说，无论是监护人或财政担保人还是签证申请人都符合赴澳留学的相关规定。十月七日，内务部秘书正式批复通过了上述签证预评估。十月十一日，中国总领事保君建给李成和李实签发了学生护照，号码分别是1014243和1014244，然后立即寄往内务部。十月二十四日，内务部在寄来的上述两份护照上钤盖了签证印章，然后按照程序退还给中国驻澳大利亚总领事馆，再由后者负责寄往香港，以便这两位中国学生尽快前来澳洲留学。

事实上，中国驻澳大利亚总领事馆确实是将上述护照按照李惠和李林提供的地址寄往香港，因为档案宗卷中没有见到上述两份护照，但李成和李实的赴澳留学档案到此终止，此后也再未能找到与他们相关的任何宗卷。最主要的原因是，就在上述护照刚刚寄到香港，一九四一年十二月八日，日本海军突袭美国太平洋海军基地珍珠港，太平洋战争爆发，澳大利亚也立即对日宣战，海路阻断，香港也在年底被日军攻占。在这样的情况下，即便他们两位学生已经订妥了赴澳船票，也已经无法成行；而在日军占领香港期间，他们的人身安全是否有保障也成为一大问题。

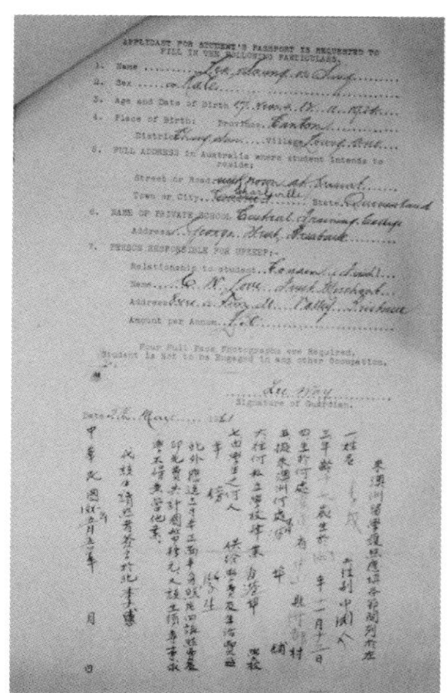

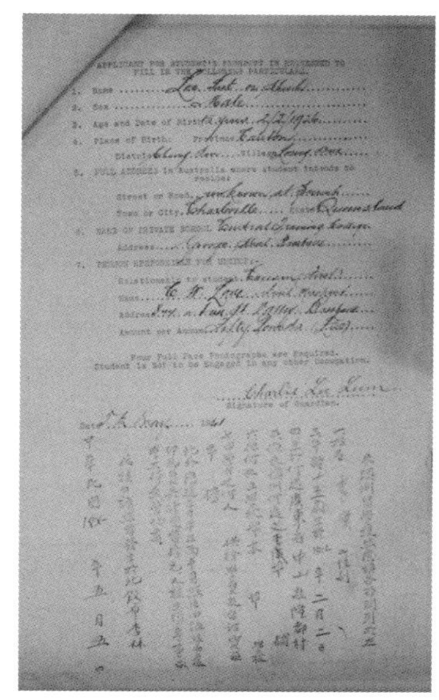

一九四一年五月五日，李惠（左）和鞍厘李林（右）填表，向中国驻澳大利亚总领事馆申请他们各自的儿子李成（左）和李实（右）赴澳留学的护照和签证。

To the Consulate-General of the Republic of China, Sydney, Australia.

St. Paul's College Hong Kong

香港聖保羅書院

修業證書

查得李若金（又名李成）曾在本校英文第四班即漢文初中第叁年級修業品行端正此證

中華民國叁拾年伍月叁日

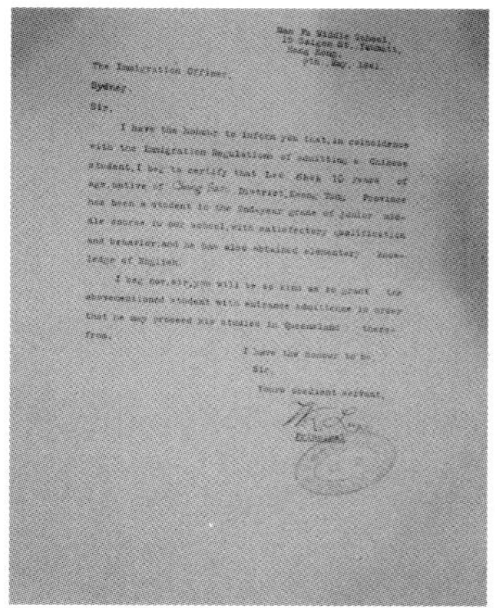

Nam Fa Middle School,
15 Saigon St., Yaumati,
Hong Kong.
9th. May. 1941.

The Immigration Officer,
Sydney.

Sir,

I have the honour to inform you that, in coincidence with the Immigration Regulations of admitting a Chinese student, I beg to certify that Lee Sheh 16 years of age, native of Chung San District, Kwong Tung Province has been a student in the 2nd-year grade of junior middle course in our school, with satisfactory qualification and behavior; and he has also obtained elementary knowledge of English.

I beg now, sir, you will be so kind as to grant the abovementioned student with entrance admittance in order that he may proceed his studies in Queensland therefrom.

I have the honour to be,
Sir,
Yours obedient servant,
Principal.

左：一九四一年五月五日，香港圣保罗书院院长给李成开具的证明信；右：一九四一年五月九日，广州文化中学港校校长给李实开具的推荐信。

档案出处（澳大利亚国家档案馆档案宗卷号）：

Lee Sing - Student exemption, NAA: A433, 1941/2/2012

Lee Sheh - Student exemption, NAA: A433, 1941/2/2013

杨柏伟

中山石岐

杨柏伟（Robin Young，或Young Bark Wai），生于一九二四年十一月十八日，中山县石岐人。他的大哥名叫杨江（Thomas Young，或Young Kong），是一九一〇年在澳洲出生的第二代华人，二十世纪二十年代末在鸟沙威省（New South Wales）北江流域地区靠近昆士兰省（Queensland）边界的新兴伐木小镇溪澳古埠（Kyogle）开设了一间商铺，名为裕盛号（Yee Sang & Co.），专做当地生意，雇有三名本地员工，年营业额有六千五百镑左右。[①]由此可以推测，在杨氏家庭里，其父早年来到澳大利亚发展，立下脚跟后，曾经将妻子申请前来探亲，由是生下了儿子杨江，但此后其妻回国，又在国内生下了其他的孩子。

自一九三七年七七事变中国进入全面抗战之后，为躲避战乱，杨家也将孩子从中山县迁到香港上学。杨柏伟先是在一家私立中英文学校读了两年，然后在一九三九年下半年投身于当时在香港的一位英国来的英语教师门下，与另外两个中国学生一起学英语，很有起色。到一九四〇年，日本人南进的迹象也越来越明显，即便是号称“孤岛”的香港也日益受到日本的威胁。在

① 详见：Kwan, Tim - Canton student passport - Part 1, NAA: A433, 1947/2/2545。但另外一份与杨江兄弟Allen Young相关的档案宗卷则显示杨江一八九三年生于香山石岐，一九〇一年时被父亲带到澳大利亚，随即定居下来，获得澳大利亚永居权。如果这个陈述是真实的话，他与此后的两个弟弟Allen Young和杨柏伟就极有可能是同父异母的兄弟关系。见：Young, Allen [Born 1914 - CHINA], NAA: J25, 1954/13259。

这种情况下，杨江便决定将小兄弟杨柏伟申请赴澳留学，以期让他在相对安静的环境里完成学业。一九四〇年四月四日，他出具财政担保书，以监护人的身份填妥申请表格，向中国驻澳大利亚总领事馆申请杨柏伟的赴澳留学护照和签证。他以自己经营的裕盛号商铺作保，允诺每年供给膏火无限镑（即足镑），作为小弟杨柏伟来澳留学期间所需之开销，准备将其安排在自己所居住的溪澳古埠由天主教会主办的圣布里吉修会学校（St. Brigid's Convent School）入读，也为此从校长嬷嬷那里拿到了入学录取信。

中国驻澳大利亚总领事馆接到申请后，发现杨柏伟已经超过了十五岁，按规定必须提交具备初步英语学识能力的证明，为此，杨江赶紧打电报给在香港的兄弟。于是，杨柏伟立即手写了一份英文作业以显示自己的英语熟练程度，同时也请其私塾英语老师写了一封详尽的推荐信，表明这位中国少年的英语程度已经远超其同龄人，然后直接寄到位于雪梨（Sydney）的中国驻澳大利亚总领事馆。接到上述补充材料后，五月二十日，中国总领事保君建立即备文，附上所有的材料，向内务部申请杨柏伟的留学签证。

内务部秘书接到申请后，立即通过鸟修威省海关，获得了杨江的裕盛号商铺上一个财政年度的营业额数字，得知超过六千镑，净利润为五百二十二镑，显示出杨江的财力不俗，完全有余力负担其兄弟来澳的各项开支；而杨柏伟的手书英文件，也显示出其有一定的基础，特别是他的英语老师的推荐，显示出其有相当的英语能力。各个方面的信息汇总显示，无论是监护人还是签证请领者都符合申请条件。于是，五月三十日，内务部秘书批复了上述申请。获知预评估通过的消息后，保君建总领事于六月三日签发了号码为1014087的中国护照给杨柏伟，而在六月十九日，内务部秘书也将入境签证章钤盖在了递交上来的杨柏伟护照内页上。随后，中国驻澳大利亚总领事馆便按照流程，将护照寄往香港，以便杨柏伟能尽快收拾行装，前来澳洲留学。

但可能是要完成当年的课程，或者是家庭其他的原因，杨柏伟还是耽搁了大半年的时间才从香港动身。一九四一年五月二十五日，他乘坐从香港出发的"太平号"（Taiping）轮船抵达雪梨。海关当场测试的结果显示，无论是操说英语还是手写英文，他都显示出受到过很好的英语教育，有了相当的基础。而去到海关接他出关者，则是在十九世纪末年与其祖父一辈者来到鸟修威省北部开设商铺的同邑前辈商人关洪裕（Harry Hong Yee）和关洪发（Frank Hong Fatt）两兄弟[①]，他们早先在鸟沙威省东北部的嘅嗹弥士埠（Glen Innes）经营广生隆号（Kwong Sing Long & Co.）[②]商行，是该商行的股东，现在也在那一带区域广设商铺，自行经营。他们同时从事进出口贸易，熟悉东北部的乡村网络，也常来往于雪梨与他们经商的乡镇之间，并与杨江相熟，因而顺便负责将杨柏伟带到距雪梨七百五十公里之外的溪澳古埠。

八月四日，杨柏伟正式注册入读圣布里吉修会学校。因本身英语已有一定基础，他读起来并不吃力，无论是在校表现还是各科学业，都很令人满意。到了年底，因太平洋战争爆发，澳大利亚立即对日宣战，与中国成为并肩战斗的盟国。澳大利亚给予因战争滞留在澳之盟国公民三年临时签证，有效期至一九四五年六月三十日，期满如战争仍未结束，则该签证自动展延两年。杨柏伟也享受到这一红利，一直读书到一九四三年底学期结束。

一九四三年十二月四日，中国驻雪梨总领事段茂澜致函内务部秘书，为时年十九岁的杨柏伟申请退学就业。当时，他的另一个兄长Allen Young（出生于一九一四年），比他早几个月（一九四一年初）来澳，获准进入溪澳古埠大哥杨江所经营的裕盛号商铺协助工作。太平洋战争爆发后，溪澳古埠因靠近海边，许多商铺被疏散到内地，他从一九四三年中开始，获准去到昆士

① 关洪裕和关洪发兄弟是香山县隆都人，前者是兄长，大约出生于一八八三年，一八九四年来到澳大利亚发展。见：H Way Yee [Henry or Harry Hong Yee, includes photograph], NAA: SP42/1, C1915/3553。至于他的中文名字，则是参考雪梨中文报纸的活动判断而来。见："来函照登·附录捐款"，《东华报》（*The Tung Wah Times*）一九一八年十二月二十八日，第八版。而关洪发的中文名字，也是从当地中文报纸的报道上的人名对比判断而来。见："恭贺新禧·坚嗹弥士关洪发拜"，《东华报》一九一二年二月二十四日，第三十四版。有关他的档案，见：Frank Fatt [Chinese - arrived Sydney, 1901. Box 22], NAA: SP11/2, CHINESE/FATT F; Fatt, Frank Houg - Naturalisation enquiry, NAA: A659, 1942/1/2688。

② 广生隆号十九世纪末便已在当地经营，但因重组而于一九二一年一月十二日正式在鸟沙威省工商局注册，股东众多，有十余人。只是在澳大利亚国家档案馆里，无法查到与这些股东英文名字相关的档案资料，因而无法探知其背景。见鸟沙威省档案馆（NSW State Archives & Records）收藏之该省工商局二十世纪初工商企业注册记录：https://records-primo.hosted.exlibrisgroup.com/permalink/f/1ebnd1l/INDEX1808885。

兰省首府庇厘士彬埠（Brisbane），在其大哥杨江的支持下，合股在那里开设一间餐馆。[①]杨柏伟便决定先投奔二哥Allen Young，在他那里落脚，再决定如何发展。鉴于当时的战争状态，全澳到处都需要人，而且杨柏伟的年龄也正好到了可以出来工作之时，内务部认为上述请求合情合理，遂于十二月二十一日予以批复。

去到庇厘士彬在兄长的餐馆待了一段时间后，对当地情况有了一些了解，杨柏伟决定自己创业。在两位兄长的支持下，他去到该埠西边靠近昆士兰大学（University of Queensland）的葛瑞泗围区（Graceville）开设了属于自己的一间店铺，规模不大，雇了两个当地年轻女孩子当店员。

战后的两年时间里，澳大利亚各部门忙于复员安置工作，直到一九四七年上半年，从内务部接管了外侨事务管理的移民部，方才开始考虑处理原先滞留在澳的盟国公民去留问题。因他们的签证有效期是到六月三十日，因此在此之前须甄别他们的情况，以便做出是进一步延期抑或立即遣返的决定。

移民部了解到杨柏伟的情况后，发现他的店铺规模小，年营业额未及二千镑。因为他从事的是与此前他入境时所获签证不相符的工作，而且因战争的影响而开设的生意没有达到相当的额度（须达到二千五百镑的年营业额），所雇佣人员也微不足道，不属于应该予以特别照顾而批复展签的那类人，因而须在六月三十日签订到期后就应该返回中国。为此，五月六日，移民部先与杨柏伟联络，告知这一决定；七月一日，移民部正式知会中国驻雪梨总领事馆，告知杨柏伟的签证到期，请其配合监督这位中国青年离境。

可是在当年的六月份，杨柏伟就因胸部疾病导致的各种不明症状住进了医院，并且因为病情严重，而被转到位于昆士兰省中部滨海的洛金顿埠（Rockhampton）附近的韦斯坞疗养院（Westwood Sanitarium）隔离治疗。杨柏伟知道自己不符合条件留下来，回国是其唯一选择，但因病情耽搁，何时能成行，自己也不知道。于是，他便在六月三十日这天给昆士兰省移民局写

① 详见：Application for permit to enter Australia for employment purposes by YOUNG Thomas on behalf of YOUNG Kwan See (Aunt) and her son and daughter; YOUNG Allan (Brother), NAA: A446, 1956/61169。

信，申请再展签一段时间，一俟身体康复能够旅行，他便离境回国。移民部接到上述通知后，便按照流程，通过海关去了解具体情况，以便能对此做出比较合适的决定。

可是，就在几个不同部门之间公牍往返就这位前中国留学生的相关问题进行讨论之时，移民部接到了昆士兰省警方的报告，一九四七年八月十二日，未满二十三岁的杨柏伟病逝于上述韦斯坞疗养院。

杨柏伟来澳总计六年，其中作为留学生在校念书两年半，另外自行创业经营三年半。

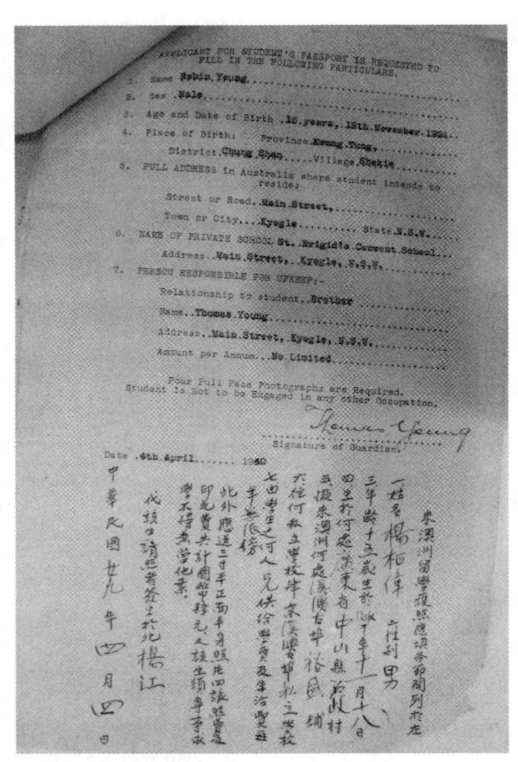

APPLICANT FOR STUDENT'S PASSPORT IS REQUESTED TO FILL IN THE FOLLOWING PARTICULARS.

1. Name Robin Young.
2. Sex Male.
3. Age and Date of Birth 15 years, 18th November 1924.
4. Place of Birth: Province Kwong Tung, District Chung Shan Village Shekie
5. FULL ADDRESS in Australia where student intends to reside:
   Street or Road Main Street,
   Town or City Kyogle State N.S.W.
6. NAME OF PRIVATE SCHOOL St. Brigid's Convent School
   Address Main Street, Kyegle, N.S.W.
7. PERSON RESPONSIBLE FOR UPKEEP:-
   Relationship to student Brother
   Name Thomas Young
   Address Main Street, Kyogle, N.S.W.
   Amount per Annum No Limited

Four Full Face Photographs are Required.
Student is Not to be Engaged in any other Occupation.

Thomas Young
Signature of Guardian.

Date 4th April 1940

來澳洲留學護照應填各節開列於左
一、姓名 楊柏偉 二、性別 男
三、年齡十五歲 生於民十三年十一月十八日
四、生於何處 廣東省中山縣石岐村
五、擬來澳洲何處 澳洲古華格埠
六、往何私立學校 澳洲埠私立學校
七、學生之何人供給學費及生活費每年無限額
此外應送三寸半正面半身照片四張 照費及印花費共計國幣肆元 又該生須專事求學不得兼營他業
代該生請照者簽名於此 楊江
中華民國廿九年四月四日

一九四〇年四月四日，杨江填表向中国驻澳大利亚总领事馆申请小弟杨柏伟的赴澳留学护照。

档案出处（澳大利亚国家档案馆档案宗卷号）：

Young, Robin - Student exemption, NAA: A433, 1947/2/1826

刘锡允

中山湖洲脚村

刘锡允（Lowe Sek Won），生于一九二四年十二月一日，中山县湖洲脚村人。档案中没有说明他的父亲是否早年曾经去到澳大利亚打拼过，也没有透露其在中国从事何种职业，但特别说明他的伯父Allan Lowe（刘亚伦）早在一八九七年便从家乡来到澳大利亚，定居于雪梨（Sydney），在此独家经营一间商铺，财务自主。

到一九三八年十月，日军登陆惠阳大亚湾，迅即攻占省会广州市，原先属于后方的广东省就成为抗日前线，广州周边地区的县市也就直接处在日军炮火威胁之下。此时刘锡允正当学龄，但当战火逼近时，其正常的学习就受到干扰。在此情况下，远在澳洲雪梨的伯父刘亚伦，经与其在中山的兄弟亦即刘熙允的父亲商量后，决定将其申办来澳留学，以便为他提供一个完成学业的机会。

在做了一定的准备之后，一九三九年二月二十日，刘亚伦具结财政担保书，填好申请表，递交给位于同城的中国驻澳大利亚总领事馆，为侄儿刘锡允赴澳留学申领护照和签证。他以自己开设在雪梨卑乐威区（Broadway）佐治大街（George Street）一百三十三号上的商铺作保，允诺每年由他供给学费及生活费五十镑，以作侄儿在澳留学期间之开销。由于中国学生赴澳留学必须入读缴费之私立学校，在申请填表之前一天，刘亚伦找到开设在华埠钦布炉街（Campbell Street）上的英华学校（Chinese School of English）校长戴雯丽小姐

（Miss Winifred Davies），从她那里拿到了接受刘锡允入读该校的录取信。

在接到上述申请后不到两天，中国总领事保君建便备函附上所有材料，向澳大利亚内务部申请刘锡允的赴澳留学签证。保君建总领事在函中表示，虽然按规定也应该让刘锡允提供其已具备一定英语能力的证明，但鉴于目前中国战局危急，证明不容易拿到，而且他尚未满十五岁，也可以无须提交此项证明。但其监护人刘亚伦当面向其保证，其侄儿此前学过英语，应该具备了一定的基础。而目前中国形势不好，当务之急是让他尽快出来到雪梨读书，故希望内务部能尽快审核，批复签证；至于其英语能力，待其入境时交由海关移民官员当场测试即可获知。

内务部秘书受理上述申请后，随即按照流程行文海关，请其协助核查监护人的财务状况。三月中旬，海关递交了报告复命。调查显示，刘亚伦所经营的是蔬果杂货店，规模不大，每周可得五到六镑收入，大体上属于财务比较自主的小商人。而从警务部门反馈的信息来看，自其来澳后的四十二年时间里，警察局都没有对其不利的任何记录。尽管两年前曾在其店铺被查出有走私物品而被发传票，法庭罚其十八镑巨款，但他一直不承认上述走私物品与其有关，而是声称那是在他那里借住之某同乡留存于此，他本人实际上也不知道所留为何物。海关认为，如果他自证清白的话属实，那么，他也确实是属于历史清白之人。

在对上述报告一番评估之后，内务部秘书接受了海关的意见，即无须要求刘锡允提供英语能力证明，而刘亚伦也符合监护人的要求，便于四月十二日通过了此项签证预评估。保君建总领事接获批复通知后，于四月二十一日给刘锡允签发了一份号码为437953的中国学生护照，立即寄给内务部秘书；五月一日，内务部秘书在上述护照内页钤盖了留学签证印章后，便将其退还给中国总领事馆，由后者负责将此护照寄往中国，以便刘锡允能尽快安排行程，前来雪梨留学读书。

然而，在此后的一年时间里，刘锡允的身影没有出现在澳大利亚的海关里。按规定，签证核发后到持证人入境，有效期只有一年。如果在一九四〇年四月三十日之前还不入境，刘锡允的上述签证就过期失效了。到了这一年十月十五日，内务部秘书突然接到了中国总领事保君建的来函，告知此前应该前来澳洲读书的刘锡允因种种困难和耽搁无法按时前来，鉴于此时中国抗日战争进入到非常艰难困苦之阶段，该生遭此耽搁，情非得已，还请内务部考虑到中国的实情，予以谅解。现在，刘锡允已经再次安排妥当，做好了随时出发前来澳洲留学的准备，还请内务部在上次签证的基础上再予以展延一年时间，以便他接到批复后随时前来。内务部秘书对当前的国际形势包括中国战局有一定的认识，遂于十月二十日，将刘锡允入境签证展延到一九四一年的五月一日，希望这位中国学生在这个日期前能入境澳洲。但他也在批复函中特别强调指出，鉴于这位中国学生已经届满十五岁，按照规定，待其入境时，海关移民官员将对其进行英语能力测试；一旦其测试不过关，其后果便是原船遣回。

虽然刘锡允耽搁了赴澳留学的时间，但上述签证展延批复又给他提供了再次入澳的机会。只是这位留学生的档案到此终止，此后再未见有与其相关的任何信息。很显然，由于中国战局恶化，交通阻隔，从而断送了刘锡允最后的赴澳留学机会。对此，此前积极为他张罗赴澳护照和签证的伯父刘亚伦，也无可奈何。

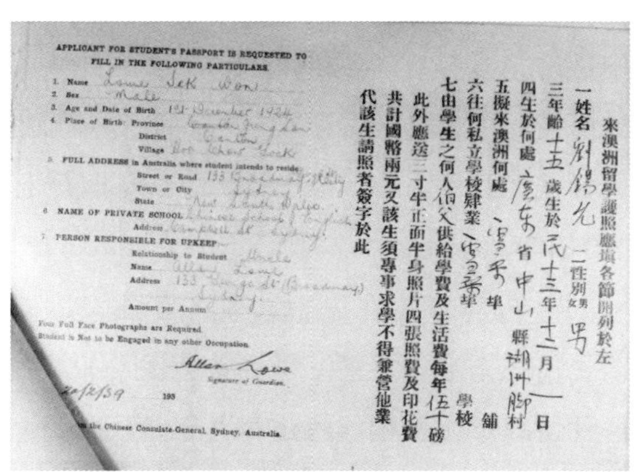

APPLICANT FOR STUDENT'S PASSPORT IS REQUESTED TO FILL IN THE FOLLOWING PARTICULARS

1. Name Lowe Sek Won
2. Sex Male
3. Age and Date of Birth 12th December 1924
4. Place of Birth: Province
   District Canton
   Village
5. FULL ADDRESS in Australia where student intends to reside
   Street or Road 133 Broadway
   Town or City Sydney
   State New South Wales
6. NAME OF PRIVATE SCHOOL
   Address Campbell St. Sydney
7. PERSON RESPONSIBLE FOR UPKEEP
   Relationship to Student Uncle
   Name Allan Lowe
   Address 133 George St (Broadway) Sydney
   Amount per Annum

Four Full Face Photographs are Required
Student is Not to be Engaged in any other Occupation

Allan Lowe
Signature of Guardian

20/2/39 193

the Chinese Consulate-General, Sydney, Australia

來澳洲留學護照應填各節開列於左
一姓名 劉錫允 二性別 男
三年齡 十五 歲生於 民十三 年 十二 月 一 日
四生於何處 廣东 省 中山 縣 湖洲腳 村
五擬來澳洲何處 雪梨 埠
六往何私立學校肄業 雪梨埠 學校 舖
七由學生之何人 伯父 供給學費及生活費每年 伍十 磅
此外應送三寸半正面半身照片四張照費及印花費
共計國幣兩元又該生須專事求學不得兼營他業
代該生請照者簽字於此

一九三九年二月二十日，刘亚伦填表递交给中国驻澳大利亚总领事馆，为侄儿刘锡允赴澳留学申领护照和签证。

档案出处（澳大利亚国家档案馆档案宗卷号）：

Lowe Sek Won - Student exemption, NAA: A433, 1939/2/12

萧国仪

中山石岐

一八七八年出生的萧柏连（Sue Bak Lin），香山县石岐人。二十五六岁[①]时，受乡人在澳大利亚发展而衣锦还乡的事迹感召，于一九〇四年左右也来到这块南方大陆。从昆士兰省（Queensland）北部重镇坚时埠（Cairns）登陆入境后，他就在该省北部地区以汤士威炉埠（Townsville）为中心，在其南北地区辗转打工，并给自己取了一个英文名字，叫Charlie（差厘），全名就成了Charlie Bak Lin，此后也一直以此名行世；经十年左右的奋斗，他于一九一三年获得永久居留资格，得以申请回头纸，回国探亲，结婚生子。此后，他来到该省中部的洛金顿埠（Rockhampton）定居下来，在该埠独自开设一间规模不大的商铺，以自己的名字为店名，叫作萧柏连号（Charlie Bak Lin & Co.），努力挣钱，赡养家小。生于一九二五年四月七日的萧国仪（Sue Kurk Yee），便是萧柏连的小儿子。

一九三八年十月，侵华日军在惠阳大亚湾登陆，迅即占领广东省城广州，周边地区瞬即处于日军炮火之下。居澳华人关心家乡的安危，也惦记着子女的学业。在这种情况下，萧柏连决定将儿子萧国仪办理来澳留学，以便他能在澳洲这个相对稳定平和的环境中完成学业。

---

① Bak Lin, Charlie age 71 years - nationality Chinese - arrived in Cairns on CHANGTE [no arrival date stated], NAA: BP9/3, CHINESE BAK LIN C。在澳大利亚国家档案馆保存的几份与其相关的宗卷里，没有找到萧柏连的出生年份。此处所列其年龄，是据与其相关的该份一九四八年的出入境卡上所列之年龄推算而来。

一九三九年二月十七日，萧柏连出具财政担保书，填好申请表格，向中国驻澳大利亚总领事馆申领儿子萧国仪的赴澳留学护照与签证。他以自己经营的商铺作保，允诺供给足镑膏火，作为儿子在澳期间的各项开销，要将儿子办理前来洛金顿埠的咳蟾吧罅打学校（Christian Brothers' College）就读。在准备此次的申请材料时，他就去到这所天主教会主办的学校，从该校校长那里拿到了同意其子萧国仪入读的录取信。

萧柏连在递交申请时算计过，儿子萧国仪要再过一个多月才满十四周岁，只要在此之前申请，儿子就无须需提供英语能力证明；而在当时中国战局形势恶化的情况下，就算想要这样的证明材料，恐怕也是一件不太容易办到的事。但不知何故，中国总领事馆接到申请后，一直拖了两个多月才予以办理。五月九日，中国总领事保君建致函内务部秘书，附上相关材料，为萧国仪申请留学签证。也许按照中国总领事馆的看法，只要是在未满十五岁之前，都将其视为十四岁，也仍然无须提供英语能力证明；如此，即便耽搁上个把月，也应不影响内务部签证预评估的结果。

内务部秘书则按照流程，立即行文海关核查萧柏连的基本情况。六月中旬，昆士兰省海关递交上来核查报告。据他们掌握的信息，二十世纪二十年代初，萧柏连便来到洛金顿埠定居下来，在钦布街（Campbell Street）和亚伯特街（Albert Street）交界的拐角处开设了他的商铺，主营蔬菜水果、糕点糖果、饮料及其他大众化的日用品，其各类商品存货价值有一百五十镑，他在银行也有六十镑存款以为应急之用，而上一个财政年度的营业额则有一千零四十镑。虽然他经营的是小生意，规模也不大，但因没有雇佣任何人，凡事皆亲力亲为，因而支出方面有很大的节省，使得他的财务状况相当的稳定。银行也出了一份证明，表示在过去十几年间里，萧柏连都保持了良好的信誉，从来没有过拖欠和拒付款的记录。

又过了几天，海关从其档案中翻出了相关的记录，显示出自其进入澳大利亚以来，总计回国探亲四次。其具体的探亲来回年份如下：一、一九一三年五月十五日至一九一四年七月二十八日，乘“山亚班士号”（St Albans）轮船去，坐“依时顿号”（Eastern）轮船回，出入境地点是汤士威炉；二、一九一七年七月二十四日至一九一九年六月六日，坐“长沙号”（Changsha）轮船去，搭日轮“安艺丸”（Aki Maru）回，出入境地点还是汤士威炉；三、一九二二年四月十八日至一九二四年九月七日，来回皆乘“依时顿号”轮船，出入境地点为洛金顿[①]；四、一九二八年十月二十二日至一九三〇年六月四日，乘“天咑号”（Tanda）轮船去，坐“太平号”（Taiping）轮船回，出入境地点仍然是洛金顿。根据萧柏连所填表格中提供的其子萧国仪出生在一九二五年四月，正好是他结束第三次回国探亲返回澳洲后七个月，因而他们之间的父子关系是成立的。

上述调查的结果，全都显示萧柏连完全符合监护人和财政担保人的要求；而萧国仪也因刚刚年满十四岁，仍然处于无须提供英语能力证明的范围，换言之，就是符合申请人的条件。于是，七月十八日，内务部秘书批复了该项签证预评估。接到通知后，中国总领事保君建于七月二十二日签发了一份中国学生护照给萧国仪，号码为437980。七月二十八日，内务部秘书在送交上来的该护照内页钤盖了签证印章，有效期至次年七月二十七日，即签证持有人须在此日期前必须入境澳大利亚，否则该签证失效。然后，内务部秘书就该护照退还给中国总领事馆，由后者负责寄往中国或者香港指定的金山庄，以便安排这位留学生前来澳洲读书。由是，上述护照和签证的申办流程完美结束。

然而，萧国仪的留学档案到此终止，此后澳洲再未见有他的出入境记录。也许，此时广东的抗战形势严峻，萧国仪虽已获入澳签证，但由于种种原因，最终未能赴澳留学。

---

① Bak Lin, Charlie - CEDT (Certificate for Exemption from Dictation Test - Alien Registration, NAA: J25, 1961/5631。

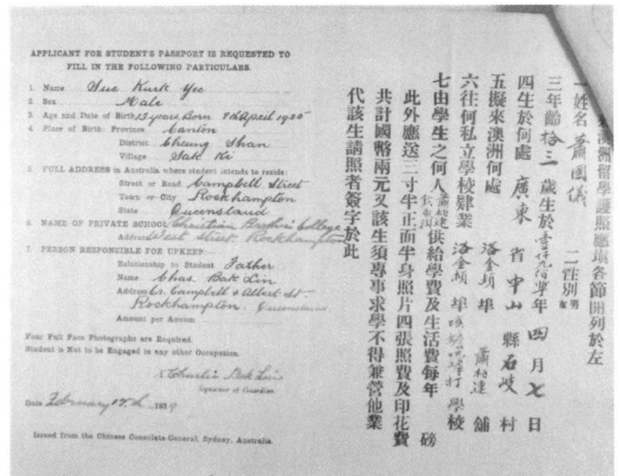

APPLICANT FOR STUDENT'S PASSPORT IS REQUESTED TO FILL IN THE FOLLOWING PARTICULARS.

1. Name Sue Kurk Yee
2. Sex Male
3. Age and Date of Birth 13 years Born 9th April 1925
4. Place of Birth: Province Canton
   District Cheung Shan
   Village Sak Ki
5. FULL ADDRESS in Australia where student intends to reside:
   Street or Road Campbell Street
   Town or City Rockhampton
   State Queensland
6. NAME OF PRIVATE SCHOOL Christian Brothers' College
   Address West Street, Rockhampton
7. PERSON RESPONSIBLE FOR UPKEEP:
   Relationship to Student Father
   Name Chas. Bak Lin
   Address Cr. Campbell & Albert St. Rockhampton, Queensland
   Amount per Annum

Four Full Face Photographs are Required.
Student is Not to be Engaged in any other Occupation.

Charlie Bak Lin
Signature of Guardian.

Date February 17th 1939

Issued from the Chinese Consulate-General, Sydney, Australia.

洲留學護照應填各節開列於左
一姓名 蕭國儀　二性別 男
三年齡 拾三 歲生於[illegible]年 四 月 七 日
四生於何處 廣東 省 中山 縣 石岐 村
五擬來澳洲何處 洛金頓 埠 蕭柏連 舖
六往何私立學校肄業 洛金頓 埠 [illegible] 學校
七由學生之何人 蕭柏連 供給學費及生活費每年 磅
此外應送三寸半正面半身照片四張照費及印花費
共計國幣兩元又該生須專事求學不得兼管他業
代該生請照者簽字於此

FEE PAID TO REVENUE, WARRANT No. 24 OF 5/2/48 48/1164
Book No. 568.
FEE—£1. (One Pound.)
No. 69

COMMONWEALTH OF AUSTRALIA.
Immigration Act 1901-1935 and Regulations.

CERTIFICATE EXEMPTING FROM DICTATION TEST.

I, EDGAR ALEXANDER BIRD Commonwealth Collector of Customs for the State of QUEENSLAND hereby certify that BAK LIN (or CHARLIE BAK LIN) hereinafter described who is leaving the Commonwealth temporarily, will be exempted from the provisions of paragraph (a) of Section 3 of the Act if he returns to the Commonwealth within a period of THREE YEARS from the date of departure shown below.

Date 17-2-48

COMMONWEALTH MIGRATION OFFICER

DESCRIPTION.

Nationality	CHINESE	Birthplace	CANTON
Age	70 YEARS	Complexion	SALLOW
Height	5ft 2½ ins	Hair	GREY (SLIGHTLY BALD)
Build	SMALL	Eyes	BROWN
Particular marks	NIL		

(For thumb prints, see back of this document.)

PHOTOGRAPHS.

Date of Departure 13 June 1948　Port of Embarkation Brisbane
Ship [illegible]　Destination China

Date of Return 27. 9. 49　Ship CHANGTE
Port CAIRNS

Customs Officer.

左：一九三九年二月十七日，萧柏连填表向中国驻澳大利亚总领事馆申领儿子萧国仪的赴澳留学护照与签证；右：一九四八年，七十岁的萧柏连申请的回头纸。

档案出处（澳大利亚国家档案馆档案宗卷号）：

Sue Kurk Yee - Student exemption, NAA: A433, 1939/2/852

侯文庆

中山龙头环村

侯文庆（Howe Mun Hing），一九二五年六月十七日生，中山县龙头环村人。

他的祖父名叫Ah Chew（亚昭，译音），早在十九世纪七十年代末到八十年代初便来到澳大利亚发展，在雪梨（Sydney）从事家具业，于一八八四年加入澳籍。从一九〇〇年起，他得以将三个儿子侯胜和（Sing War Howe，一八八六年生）[①]、侯北莹（Howe Buck Ing或Bick Hing，一八九〇年生）和侯三才（Sam Choy，生于一八九二年）陆续办理来雪梨读书或者做工。[②]侯北莹便是侯文庆的父亲。侯胜和后来子承父业，最终在一九一八年三月五日正式注册成立胜和父子行（Sing War Howe & Sons）[③]；但到二十世纪二十年代下半期，因华人家具业式微，他又转行开办草医药行生和堂（Sing War Howe），还是以他的英文名字作为店名，成为德国应验生殖灵总代理。[④]而侯北莹则是在一九一一年便前来雪梨读书，随后便跟着大哥一起经

---

① Ah Fi (Sydney NSW), Jim Fong (Sydney NSW), Hook Yin (Sydney NSW), Goon Tin (Sydney NSW), Lock Gave (Mittagong NSW), Young Sing (Newcastle NSW), Sam Lee (Grenfell NSW), Choy Yut (Parramatta NSW), Mock See Moy (Hay NSW) and Sue Chong (Sydney NSW) [Certificate of Domicile - includes left hand impression] [box 1], NAA: ST84/1, 1903/111-120。

② Ah Chew's Family (Bick Hing) Readmission, NAA: A1, 1924/29102。

③ 详见鸟修威省档案馆（NSW State Archives & Records）保存的工商局有关二十世纪初该省相关公司企业注册记录：https://records-primo.hosted.exlibrisgroup.com/permalink/f/1ebnd1l/INDEX1823311。

④ 见："正字号德国生殖灵"，载《东华报》（*The Tung Wah Times*），一九二九年九月二十八日，第六版。

商做生意。

就在儿子侯文庆刚刚满十三岁时，父亲侯北莹决定将其办理来澳洲留学。一九三八年六月二十三日，侯北莹以监护人名义具结财政担保书，填好申请表格，递交给中国驻澳大利亚总领事馆，为儿子申领来雪梨留学的护照和签证。他以大哥侯胜和经营的生和堂作保，承诺每年供给儿子足镑学费和生活费，要将他安排入读位于雪梨把定顿区（Paddington）的基督兄弟会书院（Christian Brothers'College）。为此，他早早地向该书院院长拿到了同意录取侯文庆入读的确认信。

在接到申请的第二天，中国总领事保君建便备函将这些材料寄送澳大利亚内务部秘书，为侯文庆申请留学签证。而内务部秘书随后便按照流程行文海关，请其协查侯北莹是否符合监护人和财政担保人的要求。一个星期后，海关便提交报告，向内务部秘书复命。

根据海关保存的出入境记录，侯北莹于一九一一年七月二十七日搭乘“依时顿号”（Eastern）轮船抵达雪梨读书，但后因母亲病重，便于一九一二年三月十三日乘坐“山亚班士号”（St Albans）轮船回国；一九一五年一月九日，他再次乘坐“山亚班士号”轮船回到雪梨，进入兄长开办的木铺工作，直到一九二三年八月八日乘搭“获多利号”（Victoria）轮船回国，次年十一月十九日乘坐“山亚班士号”轮船返回雪梨。在其返回后约七个月左右，侯文庆出生。一九二七年四月三十日，他坐上日轮“丹后丸”（Tango Maru）离境回国，这次的探亲时间长达十年，到一九三七年十一月十九日方才搭乘“丫剌夫剌号”（Arafura）轮船回到雪梨。仍然是回到他兄长侯胜和的生和堂做工，充任草医。因侯胜和打算年末回国探亲，届时将会由他的这位兄弟代其经营管理生和堂。尽管如此，因过去十年侯北莹都在国内，因而其本人在澳之资产就不够多，为此，他的兄长侯胜和表示，如果有不足部分，则全部由其负担。他曾对前来生和堂调查的海关人员出示一份他的银行存折，里边有五百一十镑的存款；此外，他还在其他的银行也有存款，完全有足够的财务实力来支撑侄儿赴澳留学。

内务部秘书接获上述报告，意识到生和堂实力雄厚，侯胜和的资金充足，存折上的巨款就很能说明问题。再者，从警务部门反馈的信息显示，侯氏兄弟口碑好，经商有道，值得信赖。而侯文庆年方十三岁，按照规定，无须提供英语能力证明，亦即此时留学澳洲没有语言要求。待确认两方都符合条件后，内务部秘书于七月二十日通过了这项签证评估。两天后，保君建总领事便给侯文庆签发了号码为437709的中国学生护照。但这份护照送交给内务部秘书后，足足耽搁了一个多月，其间保总领事之后几经发函催促，方才于九月六日拿到签证。

早就焦急等待签证的侯文庆，拿到由中国驻澳大利亚总领事馆寄来的护照后，立即通过香港的金山庄预订船票赴澳。待诸事安排妥当，他便去到香港，搭乘驶往澳大利亚的“彰德号”（Changte）轮船，于一九三九年一月二日抵达雪梨。侯北莹去到海关将儿子接出来，安排他住进位于牛津街（Oxford Street）一百七十四号的生和堂商铺宿舍。

侯文庆抵达雪梨的时候，恰逢澳大利亚的学校正放暑假。于是，等到新学年开学，他便于二月十三日正式注册入读基督兄弟会书院。院长提交的例行报告显示，这位中国学生在校学习用功，进步很快，最主要的原因是其父亲和伯父平时的督促与调教有方，使其无论是在学习方法上还是成效上都可圈可点。显然，这跟其父亲早年也是留学生出身有关，可以切身教导儿子如何应对留学环境，从而不断提升自己。由是，他便在这里波澜不惊地度过了一年的留学时间。

然而，就在侯文庆刚刚顺利地拿到新的一年留学展签后不久，于新学年开学之际，中国驻澳大利亚总领事保君建便在一九四〇年二月九日致函内务部秘书，为这位中国学生申请再入境签证。他在函中表示，因这位中国学生的父亲侯北莹突然决定要回国探亲，并也要把儿子一并带上同行，已经订妥次日便要启航驶往香港的“南京号”（Nankin）轮船的船票。鉴于儿子年纪尚轻，需要完成学业才能出来社会上做事，侯北莹希望能为其子申请再入境签证，准其在此后的十二个月内重返雪梨，回到基督兄弟会书院继续念书。而此次侯北莹回国探亲，显然是因为家中或者宗族里有事必须要赶回去，但他本人能否在一年内回来澳洲则无法确定。由是，届时其子侯文庆重返澳洲读书的话，监护人就由其伯父侯胜和担任，而后者也已向中国总领事馆表示，他不仅可以充任监护人，也将会负担这个侄儿所有的学费和生活费。接到上述信函后，内务部秘书认为侯北莹和侯胜和兄弟已经将后续的事务安排得非常妥当，同时也对生和堂的财务状况又做了一番调查和了解，加上侯文庆符合重返澳洲念书的条件，遂于三月十八日批复了上述申请。

因侯北莹和侯文庆父子早已经离境一个多月，此时可能早就已经回到了中山县龙头环村或者停留在香港，中国总领事馆便将上述批复决定通知了侯胜和，由后者再以其他方式转达此项决定。而因侯文庆走时匆忙，未及将其原有护照一并带走，但如果要在未来一年内返回澳洲时，需在该护照上重新加盖内务部签证印鉴，然后按照侯胜和的指引，寄给在中国的侯文庆，以便他随时可以毫无阻拦地启程返澳。四月十日，内务部秘书如其所请加盖签证印鉴。

侯文庆的留学档案到此终止。在澳大利亚国家档案馆里，再也无法找到此后与他和他的父亲侯北莹相关的任何信息。考虑到当时中国抗日战争形势的变化，尤其是中山县此时受到日军的入侵，人民的生命财产遭受重大损失，导致其原有的返澳计划落空。

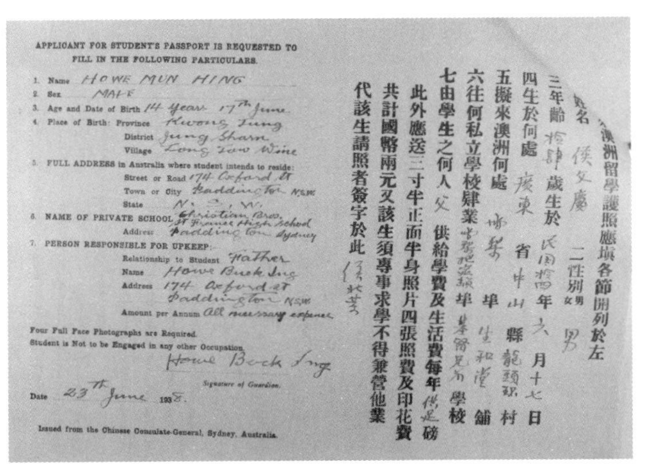

APPLICANT FOR STUDENT'S PASSPORT IS REQUESTED TO FILL IN THE FOLLOWING PARTICULARS.

1. Name HOWE MUN HING
2. Sex MALE
3. Age and Date of Birth 14 years 17th June
4. Place of Birth: Province Kwong Tung
   District Jung Sharn
   Village Long Tow Wine
5. FULL ADDRESS in Australia where student intends to reside:
   Street or Road 174 Oxford St
   Town or City Paddington NSW
   State N. S. W.
6. NAME OF PRIVATE SCHOOL Christian Bros. St Francis High School
   Address Paddington Sydney
7. PERSON RESPONSIBLE FOR UPKEEP:
   Relationship to Student Father
   Name Howe Buck Ing
   Address 174 Oxford St Paddington NSW
   Amount per Annum All necessary expenses

Four Full Face Photographs are Required.
Student is Not to be Engaged in any other Occupation.

Howe Buck Ing
Signature of Guardian.

Date 23th June 1938.

Issued from the Chinese Consulate-General, Sydney, Australia.

澳洲留學護照應填各節開列於左

一姓名 侯文慶　二性別男女 男
三年齡 拾肆 歲生於 民國拾四 年 六 月十七 日
四生於何處 廣東 省 中山 縣 龍頭環 村
五擬來澳洲何處 雪梨 埠 生和堂 舖
六往何私立學校肄業 雪梨巴丁頓 埠 基督兄弟 學校
七由學生之何人 父 供給學費及生活費每年 供足 磅
此外應送三寸半正面半身照片四張照費及印花費
共計國幣兩元又該生須專事求學不得兼營他業
代該生請照者簽字於此 侯北瑩

一九三八年六月二十三日，侯北莹以监护人名义填表，递交给中国驻澳大利亚总领事馆，为儿子侯文庆申领来雪梨留学的护照和签证。

档案出处（澳大利亚国家档案馆档案宗卷号）：

Howe Mun Hing - Student exemption, NAA: A433, 1940/2/226

李光儒

中山恒美村

李光儒（Lee Kong Yee），生于一九二五年八月十一日（但护照申请表英文页上又写明出生年份是一九二四年），中山县恒美村人。

他的父亲是一八六八年出生的李桂（Lee Quay），于一八九八年奔赴澳大利亚发展。①他在澳大利亚东北部的昆士兰省（Queensland）北部重镇坚时埠（Cairns）登陆入境之后，便一直在该埠周边地区打短工和当菜农，十年后得以获得在澳永久居留权，才回国探亲，结婚生子。②之后，他定居于坚时埠，在此开设一小商铺，以自己的名字作为店名，主要经营蔬菜水果，兼售日用杂货，以赚取利润，维持生计，赡养家小。

一九三八年中，广东省虽然仍然是大后方，但侵华日军随时都有入侵的可能。为此，李桂便想将儿子李光儒申请到澳大利亚读书，以便他能在这个比较平静的环境中完成学业。七月二十一日，李桂出具财政担保书，以监护人名义填表，递交给中国驻澳大利亚总领事馆，申领儿子的赴澳留学护照和签证。他以自己经营的李桂号商铺作保，承诺每年供给足镑膏火，要将儿子办理前来坚时埠的圣母昆仲会（Marist Brothers）主办的圣阿吉时顿学校（St.

---

① Quay, Lee - Nationality: Chinese [Occupation - Labourer] [DOB - 1868] - Alien Registration Certificate No 831 issued 23 April 1917 at Cairns, NAA: BP4/3, CHINESE QUAY LEE。

② Certificate Exempting from Dictation Test (CEDT) - Name: Lee Quay - Nationality: Chinese - Birthplace: Canton - departed for China per EMPIRE on 9 March 1908, returned to Townsville per EASTERN on 28 November 1908, NAA: J3136, 1908/112。

Augustine's College）念书。为此，他在填表之前便取得了该学校给李光儒的录取信。

对于中国的形势，中国驻澳大利亚总领事馆很清楚，因而也理解此时居澳华人想尽快将孩子办理出来读书的心情，故在接到申请后，立即备函转送内务部，为李光儒申请留学签证。内务部秘书接到申请后也没有耽搁，立即按照流程行文昆士兰省海关，请其协助核查监护人和财政担保人是否符合相关的条件。

坚时埠海关人员根据总部的指示，于八月中旬完成了核查任务。根据他们所掌握的情况，李桂在该埠经商多年，其商铺设在艾伯特街（Abbott Street）上，系独家经营，公平交易，颇有口碑；上一个财政年度的营业额为七百七十镑，各种库存产品的价值为一百五十镑，而因其商铺是与自营的果菜园相关，故他还有果菜加工车间和相关设施，这些财产的价值也有四百五十镑。作为果菜经销商，他的这些财产及营业额虽然不算很大，但也算得上小康。而在其过去居澳四十年的过程中，李桂总计回国探亲达九次之多；与李光儒出生最接近的一次回国记录是，一九二二年一月三日出境，搭乘的是"山亚班士号"（St Albans）轮船，于次年五月十日乘坐"获多利号"（Victoria）轮船返回坚时。

内务部秘书接到上述报告后，又反复与坚时海关核对了两次，于十月十三日致函中国驻澳大利亚总领事馆，拒绝了李光儒的留学签证申请。其拒签理由很简单，李桂的探亲记录显示，李光儒在一九二四年才出生（根据申请表英文页面所填年份），距其返回澳洲已经超过一年半，他们之间根本就不具备父子关系，不符合监护人是留学签证申请者家人这一留学条件。

中国总领事保君建接到拒签函后，与李桂沟通，后者表示其子已经十五岁，是在其一九二三年结束探亲返回澳洲后的八月十一日出生，是他当时填表时将日期记错了。由此可见，李光儒是一九二三年出生，现在已经十五岁了。保总领事得知真相后，意识到年满十五岁就必须要提供具备初步英语能力的证明，遂叮嘱李桂尽快拿到其子就读学校的证明，并提供一份其子手写的英文抄件或信件，直接寄给中国驻澳大利亚总领事馆，由后者再为其申诉，重新申请签证。待收到中山县第一区恒美乡乡立小学校长李公烈于一九三九一月十四日出具的证明信及李光儒的英文信件后，保君建总领事便于当年二月三日致函内务部秘书，将上述李光儒的出生情况作了一番解释，并特别说明，他们之间的父子关系是成立的；而考虑到李光儒今年将届满十六岁，因而补充了其英语能力的证明，希望内务部秘书重新审核该申请，为这位中国学生赴澳留学核发签证。

内务部秘书接到保总领事的申诉，认可了其纠正出生日期的理由。毕竟此前处理签证申请时碰到太多的这类事情，特别是居澳华人常常将公元年份及民国纪年搞混算错，因此，只要解释得清楚，内务部也不会对申请多加阻拦。于是，一九三九年二月十三日，他正式通知保君建总领事，改变了此前的拒签决定，而准允李光儒前来澳洲留学。保总领事接获通知，自然十分高兴，于二月二十日给这位中国学生签发了一份号码为437827的中国护照，并立即将其寄往内务部。二月二十八日，内务部秘书便在该护照内页上钤盖了签证印鉴，退还给中国总领事馆，由后者负责寄给签证持有人，以便其安排船期赴澳。

可是，此时李光儒已经到达香港，等待赴澳。待得到父亲打来电报告知已经获签的消息后，立即购票登船，搭乘“太平号”（Taiping）轮船，直奔澳洲而来。原本中国总领事馆是准备将护照寄往香港的，现在也无法寄达，只能按照要求，先寄到坚时埠给李桂接收。一九三九年三月三十日，待李光儒在这一天抵达坚时埠港口时，李桂携带此护照签证前往海关接船。海关因事先已经接获内务部提供的李光儒获签备件，只对其进行语言测试，显示其确实是略懂英语，便准其入关，并当场核发给他十二个月的留学签证。

四月初，李光儒正式注册入读圣阿吉时顿学校，并给自己改名为George Lee Quay（佐治·李桂）。学校提供的例行报告显示，其在校表现和各科学业皆令人满意，故内务部每年按时给他核发展签。到一九四二年上半年，因上一年底太平洋战争爆发，所有滞留在澳的盟国公民都获签三年临时居留签证，有效期至一九四五年六月三十日；到期如果战争仍在继续，则该签证自动展延两年。李光儒获得上述签证后，到一九四三年中便从该学校退学，结束了四年的在校学习。此后进入同埠由其恒美村宗亲李泗（Lee See或William Lee See）兄弟所开设的利生号商行（Lee Sang & Co.，亦称利生公司）当店员[①]，一直做到一九四七年。

一九四五年八月十五日，日本投降，太平洋战争结束。但战后澳大利亚复员安置及善后工作繁重，直到一九四七年初，已经从内务部接管外侨事务的移民部方才得以腾出手来，处理因战争而滞留在澳的盟国公民去留问题。当年二月中旬，移民部秘书下文到昆士兰省移民局，请其就李光儒的现状提交报告，并按照规定，请其在该年七月一日临时签证到期前如期离境回国。一个月后，通过坚时埠海关的协助，移民局了解到，李光儒在利生公司做工，周薪为六镑十二先令。为此，移民局通知他，务必在上述签证到期前走人。

然而，李光儒并没有如期离境。八月二十日，他致函海关总监，表示自己已经在利生公司工作了四年，目前中国形势混乱，工作和生活都无法保障，难以返回。为此，他恳请能准允他留下来澳洲，如果获准，他将在坚时埠独自开设一间杂货商铺，在这个国家开始新的人生。他没有说明自己在利生公司中继续就职的情况，但表达留下来的愿望是很强烈的。

移民部在此之前已经通过海关对利生公司经营状况的调查，掌握了李光

① 李泗一八七四年出生，一八九三年跟着乡人一起，与小他三岁的胞弟李开（Lee Hoy）从家乡来到澳大利亚发展。经几年打拼，他们都在一九〇〇年获得了在澳长期居留权利，定居于坚时埠。一九〇七年，李泗与兄弟李开合股开设利生号（Lee Sang & Co.）商铺，生意做得很好，是当时坚时埠颇负盛名的华商企业。有关李泗的档案，详见：Lee See, NAA: J2481, 1900/298。有关李开的档案，见：Alien Immigration - correspondence relating to Chinese passengers on the SS Tsinan March - mentioned are Yee How, Ah Way, Lee Tay, You Que, Ah Get, Ah Pong, Lee Hoy, Ah Soe, Ah Chock, Ah Sin, Lee On and Sue Lang -all were refused landing due to illegal documentation - also mentioned are Johnny Hing, On Kee, Lo Tsung [Sung] Yao, Ah Lee and Ah Yiu, NAA: J3116, 11; Name: Lee Hoy - Nationality: Chinese - Birthplace: Canton - Certificate of Exemption from the Dictation Test (CEDT) number: 298/10, NAA: BP343/15, 3/154。

儒的现状。因李开早在二十世纪二十年代末就离开坚时埠回国[1]，利生公司只剩下李泗独自支撑。随后，李泗将三个来澳留学的儿子陆续补为董事，用不同的方式将其重新申请前来或留下来协助经营。因太平洋战争的关系，那几年里坚时埠驻军颇多，生意量大，商行业绩颇高，到战争结束那年，其营业额达到六万镑。为此，按照规定，该商行可以从海外聘请五位员工。此时，李泗长子李宝胜（Willie[William] Stanley Lee See）[2]担任经理，三子李宝昌（Leslie Lee See）[3]担任副经理，次子李宝杰（Gilbert Lee See）[4]是股东，但只作为普通店员。尽管如此，在当时的情况下，李氏三兄弟也仍然是外侨身份，属于商行聘任的海外员工。除了他们三兄弟之外，商行还有四位店员，包括李光儒。此时，李宝杰准备回去中国探亲，但四名店员中仍然多出一人，必须裁剪掉一位，而因李光儒签证到期，就只能将其裁撤，利生公司决定让其先行回国，待商行重新恢复海外贸易，尤其是出口澳洲的商品前往香港等地而导致业务量增加后需要人手时，再将他重新申请返回协助工作。事实上，利生公司的上述安排也是合情合理，移民部也会视情况的变化而调整签证的核发。因此，接到上述从海关转来的李光儒的请求后，移民部因掌握了利生公司的情况，已经心中有底，便决定对其请求不予批复。这一方面是因为当时的规定并不允许留学生转变身份留下来单纯自行创业，另一方面是自一九四三年李光儒离开学校进入利生公司做工，并没有就此事向内务部提出申请备案，属于违规。由是，尽管海关在此后几个月里催促移民部就李光儒上述请求给予表态，移民部始终隐忍不发，静观事态的发展。

---

① Certificate Exempting from Dictation Test (CEDT) - Name: Lee Hoy - Nationality: Chinese - Birthplace: Canton - departed for China per TANDA 24 July 1928, NAA: J2483, 440/14。李开此次回国后，便再未返回坚时；随后不久，其次子李松庆（Choong Hing，或者写成Chong Hing）也结束在澳留学，回返中国；而其长子李守坚（Sou Kin，又写成Sow Kin或Lee Sou Kin）则早在一九二二年在此留学一年后就离境回国。他们父子仨此后都未有任何重返澳洲的信息，很可能是此后从利生公司退股，回国发展了。李守坚和李松庆的留学档案，详见：Sow Kin Student's Passport, NAA: A1, 1923/57; Hing, Chong - Students passport, NAA: A1, 1928/1751。

② 李宝胜的留学档案，见：Poo Sing, NAA: A1, 1935/10658。

③ 李宝昌的留学档案，见：Chong, Bow - Student passport, NAA: A1, 1926/20310; Li Poo CHONG - Student passport, NAA: A1, 1934/1170。

④ 李宝杰的留学档案，见：Lee See Gilbert - Chinese - arrived 30 July 1938 in Cairns aboard TAIPING - departed 16 May 1948 from Cairns aboard CHANGTE, NAA: BP210/2, LEE SEE G。

在原先向海关申请留下来时，李光儒的底气就不足，加上利生公司也必须配合，他也无法再经由该商行申请店员的职位留下来，现在看到他的申请一直没有回应，已经明白不会有好的结果。因此，摆在他目前的路只有一条，离境回国。在这种情况下，他便开始与各有关船运公司联络，甚至去到了雪梨（Sydney），最终订妥船票。一九四八年二月十日，他在雪梨港口登上驶往香港的“山西号”（Shansi）轮船，离开澳洲回国。①

李光儒赴澳留学，总计约九年时间，前四年多一点儿的时间在校正常读书，其余的时间则进入当地华人企业工作。至于其返回中国后的情况，以及此后是否重返澳洲工作，因没有资料，无从得知。

而直到李光儒离境时，档案中也没有再提及其父亲李桂，也再找不到与他相关的档案。根据其年龄，此时李桂如果仍健在，也已经八十岁，势无法也无力再维持其店铺。而如果其店铺仍在，则李光儒是可以接手继续做下去的，尤其是在战时状态下，坚时驻军众多，对各类物资需求也大，李光儒如果接手做起来，应该是可以达到年营业额二千五百镑以上，满足移民部的可以留下来的要求，因而也就可以顺理成章地从父亲那里继承经营权，从而留在澳洲。但在李光儒入境之后，整个档案都没有再提及李桂及其店铺；而且在一九四二年之后，李光儒也只是去利生公司做工而不是协助父亲甚至取代父亲经营。这样一种状况，就很可能是李桂在太平洋战争爆发前已经将店铺关闭，或者回国了。

① Lee Kong Yee (George Quay) - Chinese - arrived 30 March 1939 in Cairns aboard TAIPING - departed 10 February 1948 from Sydney aboard SHANSI, NAA: BP210/2, LEE KONG Y。

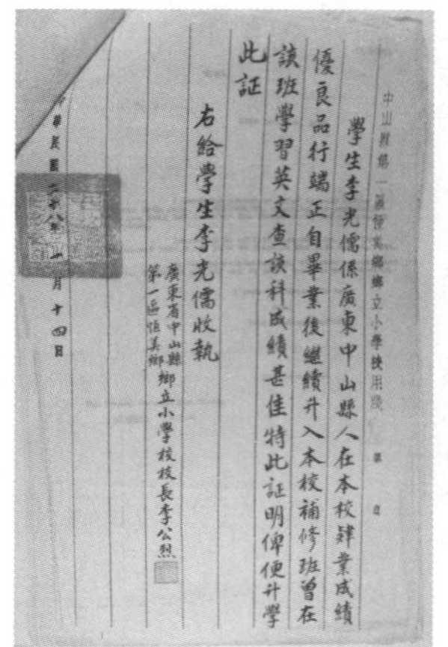

中山縣第一區恒美鄉立小學校用箋

學生李光儒係廣東中山縣人在本校肄業成績優良品行端正自畢業後繼續升入本校補修班曾在該班學習英文查該科成績甚佳特此証明俾便升學

此証

右給學生李光儒收執

廣東省中山縣第一區恒美鄉鄉立小學校校長李公烈

中華民國二十八年一月十四日

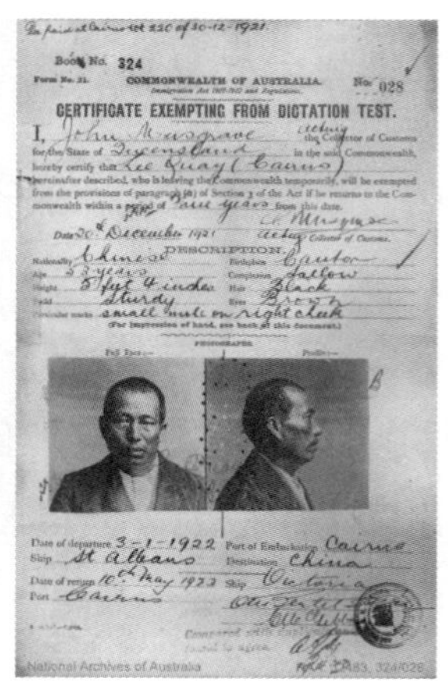

Book No. 324

COMMONWEALTH OF AUSTRALIA.

No. 028

CERTIFICATE EXEMPTING FROM DICTATION TEST.

DESCRIPTION.

Date of departure 3-1-1922　Port of Embarkation Cairns

Ship St Albans　Destination China

左：一九三九一月十四日，中山县第一区恒美乡乡立小学校长李公烈给李光儒出具的证明信；右：一九二二年，李桂回国探亲申请的回头纸。

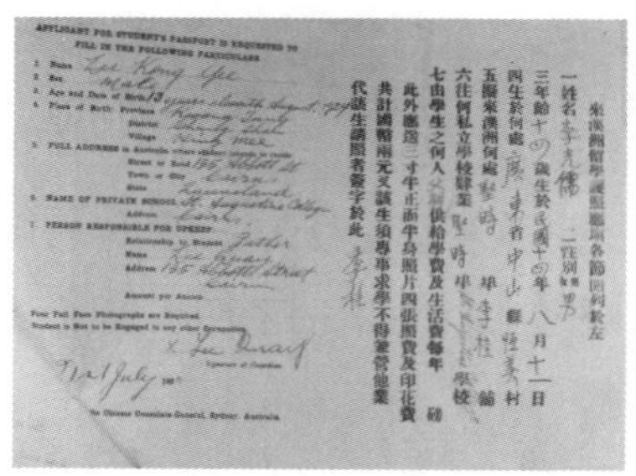

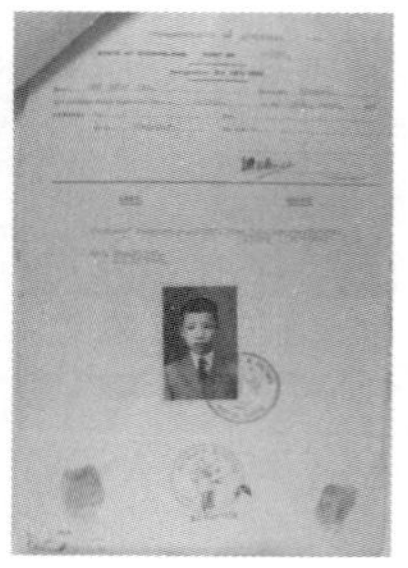

左：一九三八年七月二十一日，李桂填表递交给中国驻澳大利亚总领事馆，申领儿子的赴澳留学护照和签证；右：一九三九年三月三十日，李光儒在坚时埠入境时的照片及所摁手印。

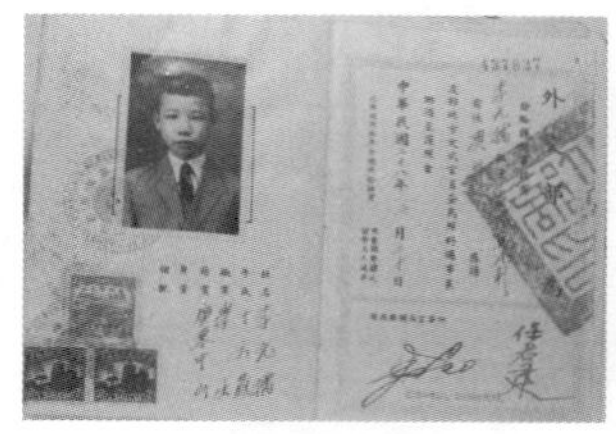

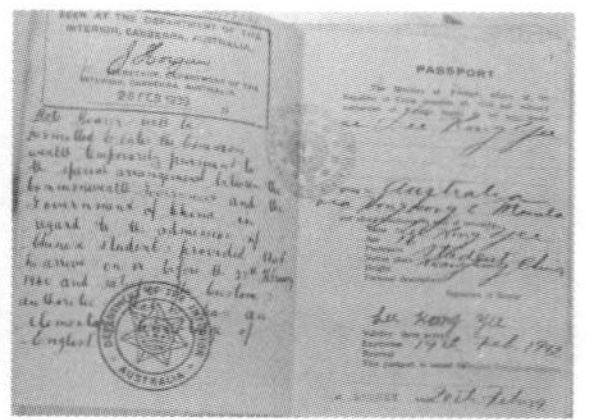

一九三九年二月二十日，中国驻澳大利亚总领事保君建给李光儒签发的中国护照及二月二十八日内务部在护照内页上钤盖的签证印鉴。

档案出处（澳大利亚国家档案馆档案宗卷号）：

Lee Kong Yee - Student exemption, NAA: A433, 1947/2/1458

罗项顿

中山石岐

罗项顿（Constance Law），生于一九二五年十月二十日，中山县石岐人。即便是女孩子，其家人对其接受良好教育也极为重视，自小就将其送入当地新式学堂念书，也学习英语。

她的姑爷爷叫Thomas Chong Fung（冯三长，译音），生于一八六四年，约在十九世纪末年便来到澳大利亚发展。从澳大利亚东北部昆士兰省（Queensland）的谷当埠（Cooktown）登陆入境后，便从坚时埠（Cairns）一路向西，进入到该省西北部内陆地区，在矿镇佐治汤埠（Georgetown）立足。①他从做菜农起家，小有所成后便在该埠开设商铺，以其英文名作为店名，即Thomas Chong Fung（冯三长号，也简写成T C Fung）。到二十世纪二十年代，他再往西搬迁，在靠近海湾的那文顿埠（Normanton）住下，继续经营商铺，仍然沿用旧名。更重要的是，冯三长在一九〇〇年前后就得以将妻子（亦即罗项顿的姑奶奶）带到了这里，并在这里为他生育孩子，协助经商，也得以留居澳洲。

自一九三七年中国全面抗战以来，海外华人十分关注祖国的命运，以各种行动支持抗战并设法保障家人安全。当一九三八年十月中旬日军登陆惠阳大亚湾攻占省城广州，广东也成了抗日前线，居澳华人对家乡亲人的生命安全和生活以及孩子的教育都十分关心。一九三九年底，冯三长的女儿玛格丽特（Margaret Loy）去到香港办事，得以和罗项顿的家人见面，决定将这位十四岁的少女办理来澳洲读书。

一九四〇年一月二日，冯三长太太以监护人名义出具财政担保书，特别强调她是罗项顿的姑奶奶，向中国驻澳大利亚总领事馆申请办理她的这位侄孙女赴澳留学手续。她以自己家族经营的冯三长号商铺作保，允诺由其本人

---

① Certificate Exempting from Dictation Test (CEDT) - Name: Tommy Chong Fung (of Georgetown) - Nationality: Chinese - Birthplace: Canton - departed for Hong Kong per AKI MARU on 11 October 1917, returned to Thursday Island per TAIYUAN on 28 May 1918, NAA: J2483, 231/99。因在档案宗卷里无法找到冯三长抵澳的具体年份，只能根据他所停留地方的历史及华人之踪迹来判断。从他在一九一六年住在佐治汤埠的信息看，此处之有华人聚居，大多始于十九世纪七十年代末到八十年代，因昆士兰省北部地区发现金矿而大批涌入该地，因此，他在十九世纪八十年代或者九十年代初抵达此处的可能性较大。见：Burke, H., & Grimwade, G. (2013), "The Historical Archaeology of the Chinese in Far North Queensland", in *Queensland Archaeological Research, 16*, 121-139.。另一个证据是，冯三长的女儿玛格丽特（Margaret Loy）于一九〇四年在佐治汤埠出生（见：Name: Margaret Loy - Nationality Chinese, NAA: BP343/15, 17/106）。这表明他至少是在此之前便将妻子从中国带了过来。而要做到这一点，他须先取得在澳永久居留权方才可以回国探亲，并申请将妻子带过来。通常华人都是在澳打拼三五年或者更长时间之后，方才可以申请永久居留权。因此，冯三长显然应该是在十九世纪九十年代初甚至更早一些时间来到澳大利亚的。而他的子女，也都是在这里出生。见：Certificate Exempting from Dictation Test (CEDT) - Name:John Henry Ah Kee - Nationality: Chinese [Australian born] - Birthplace: Charleston, NAA: J2483, 465/24。另外，Thomas Chong Fung的中文名字，是根据译音而来。"Fung"在粤语中通常应该是"冯"的拼音。对照坚时埠一九一六年华商名单，只有"冯三长"这个名字可以对应得上"Chong Fung"，即按照许多在澳华人省略掉名字中的第一个字，就可以对应得上。见"兹将澳洲雪梨埠洪顺堂筹饷总局芳名列：坤士兰坚时埠"，《民国报》（*Chinese Republic News*）一九一六年五月二十七日，第六版。

负责供给学费和生活费每年一百镑，作为罗项顿在澳留学期间所需开销。因那文顿埠人口不多，只有一所公立学校，即那文顿公立学校（Normanton State School），为此，她便准备将侄孙女安排入读该校，并也向校长取得录取确认信。

在向中国总领事馆申请护照的过程中，冯三长太太事前便将实际情况与总领事保君建作了一番解释和沟通，并希望通过中国政府这个驻在澳大利亚的最高机构，在中国抗日战争处于艰难困苦的情况下，将其侄孙女办理来澳留学，签发护照及核准其入境签证。由于事先就摸清了情况，接到上述申请的当天，保总领事便备函附上该项申请材料，向内务部秘书申请罗项顿的留学签证。他在函中表示，现年十四岁的罗项顿此前学过英语，具有一些基础的学识能力，虽然已经叮嘱监护人通过其在中国家乡的亲属去相关学校索取证明信，但鉴于当前中国处于战争的这种紧张混乱局势，不敢保证能否按期拿得到并被寄过来；为此，他建议最好是在这位学生入境时，按照惯例当场对其进行英语测试，便可解决这一问题。至于这位学生抵达澳大利亚之后的入学问题，因监护人所在地没有任何一所私立学校可上，只能入读公立学校。为此，监护人表示，她愿意按照私立学校的收费定价向政府支付相应学费，申请准允其侄孙女就读该埠的公立学校。保总领事也认为，这样的要求合情合理，因为不是监护人不愿意送其入读私立学校，而是当地不具备这样的条件，因而请内务部酌情考虑批复。此外，鉴于冯三长的女儿此时正在香港，而她也将罗项顿从家乡带出来到了那里，正在准备乘船前来澳洲，故希望内务部能尽快审批此项申请，甚至先通告海关部门，待她们在抵达澳洲时，先准允这位中国学生入境，而其他的护照和签证的核发可以随后补办。

虽然内务部秘书认可中国总领事保君建所说的事务紧急，但并没有直接知会海关接受罗项顿先行入境，而是要求核实监护人的财务状况及住宿等情况，再做定夺。昆士兰省海关接到指示后，随即在一月底完成任务复命。他们通过各种渠道了解到，冯三长夫妇在那文顿埠的店铺生意主要经营日用杂货和销售自制糕点食品，后者主要是面包等，也包括蔬菜水果，主要由他们二十六岁的女儿Ellen Ah Kee（爱莲·亚基，译音）和二十四岁的儿子John

Henry Ah Kee（约翰亨利·亚基，译音）协助经营。这个家族在该埠口碑好，颇受人尊敬，尽管其财富到底如何无法探究，但其财务状况相当不错则是无疑，有目共睹。换言之，冯三长太太的担保不成问题，何况他们家的居住面积也相当宽敞，有足够的房间供被监护人居住以及与他们一起生活。至于当地的学校，海关也确认只有一所，目前总计就只有两位老师和七十五个学生。由此可见，冯三长太太所言无误，因而，他们并不是不想送罗项顿入读私立学校，而是实在没有这样的机会。

接到海关方面层层转交上来的报告后，内务部几个不同层级部门主管评估后，最终达成共识，同意罗项顿去到那文顿埠留学。二月十八日，内务部秘书正式将此决定通知保君建总领事。八天后，后者便给罗项顿签发了中国学生护照，号码为1014046；内务部秘书则在接到中国总领事馆寄来的上述护照后，于三月一日在其内页上钤盖了入境签证印鉴，然后退还给中国驻澳大利亚总领事馆。因此时玛格丽特和罗项顿正在香港焦急地等待签证的批复，保君建总领事便将护照直接寄到指定的香港地址，以便他们随时购票前来澳洲。

在玛格丽特的安排下，很快就购妥船票。然后，她带着表侄女罗项顿搭乘“太平号”（Taiping）轮船，于一九四〇年六月十九日抵达坚时埠。经海关人员当场测试，这位中国女留学生确实具备了初步的英语能力，因而顺利入关，当场获签十二个月的留学签证。随后，罗项顿跟着表姑玛格丽特搭乘其他交通工具，西行近七百公里，抵达姑奶奶所在的那文顿埠。

从七月二十二日开始，即将届满十五岁的罗项顿正式注册入读那文顿公立学校。可能出国前就已经略懂英语，她很快就适应了当地的学习环境。校长的评价是，这位中国女学生身体健康，出勤正常，学习刻苦，成绩优良。由是，在这所小小的热带学校里，她波澜不惊地坚持读到一九四一年底学期结束。

一九四一年十二月八日，日军突袭美国海军太平洋基地珍珠港，太平洋战争爆发。当天，澳大利亚对日宣战。昆士兰北部地区成为面对日军南侵的前线，学校奉命搬迁到安全地带继续上课。此时加入盟军对日作战的澳大利亚，跟中国成为并肩战斗的盟国。而进入战时状态的澳洲与此相对应的政策，便是从一九四二年七月一日开始，给予所有因战争滞留在澳的盟国公民三年临时居留签证，有效期至一九四五年六月三十日；如届时战争仍未结束，则该项签证自动展延两年。作为战前入境的中国留学生，时年十七岁的罗项顿自然也获得了同样的签证，并一直读到一九四三年中，完成了预定的课程便从该校退学，跟着姑奶奶在店里做工。

一九四五年十二月二十八日，中国驻雪梨总领事致函已经从内务部接管外侨事务管理的移民部秘书，申请罗项顿进入冯三长号商铺成为正式的店员。移民部秘书了解到，自两年多前离开学校后，这位中国女留学生实际上就一直在做工，即协助冯三长号的经营，但她毕竟是留学生的身份，正常情况下是不允许她留在澳大利亚打工的。尽管太平洋战争已经结束，这些盟国滞澳人员因签证关系，也仍然可以待到一九四七年六月三十日；但此时澳洲已经进入战后复员阶段，待结束复员安置之后，很快就要处理这些遗留的滞澳人员的去向，当然是尽一切可能不去批复他们的要求。于是，拖到一九四六年五月二十一日，移民部秘书方才回复中国驻雪梨总领事馆，拒绝了上述申请。

与此同时，移民部通过海关也确认，罗项顿自一九四三年六月起便已停止上学，现在做的是与其签证性质完全不相符的事情。因此，一九四六年八月十五日，移民部秘书再函中国驻雪梨总领事馆，以目前战争早已结束，而这位中国学生不是在上学而是在做工，以违反留学规定为由，要求协助将其遣返回国。

罗项顿在接到中国总领事馆转来的移民部要求后，立即于九月十八日致函昆士兰省海关总监，解释为何退学及如何为澳洲服务。她在信中表示，战时那文顿埠集中了大量军人以及为军队服务的各种不同工种的工人，对食品的需求量大增。而其姑奶奶家所经营的面包房，则是镇子上唯一的一家像样的食品厂，要应付急剧增长的需求，面包房就得日夜加班加点赶制食品，以满足要求。因其姑爷爷冯三长在她抵达澳洲后的次年（即一九四一年）就于八月中离境返回香港探亲[①]，因战争阻隔无法返回，此时生意由其姑奶奶主持，而由于人手奇缺，她便不得不从学校退学，进入面包房帮忙。换言之，她这是牺牲自己的利益，服务于澳洲国家的利益。就算是换作他人，也同样会这样去做。她相信海关监督理解战时人力资源紧张的程度，也希望能理解她的牺牲付出。战时的繁忙自然也给生意带来了极大的利润，她也有了一笔不菲的收入。为此，她想在澳大利亚开展自己的生意，希望海关能协助游说移民部，能就此成全她，让她留在澳大利亚，实现其梦想。但十二月三日，接到海关总监转来的罗项顿申诉信后，移民部秘书否决了她的请求，理由是澳大利亚政府有严格的规定，不允许持学生签证的外侨在澳白手起家自行经营生意。为此，他还要求罗项顿尽快安排船期，离境回国。

获得上述回复，罗项顿明白大势已去，无法再抗争，只剩下回国这一途径。但是，因战后航运紧张，一票难求，她在余下来的几个月里，无论通过什么途径，都无法预订到船票。为此，昆士兰省海关也在一旁协助她，跟各家不同的航运公司联络，以求能为其预订到一个舱位。这样忙乎下来，转眼就过去了半年时间，仍然无法购到船票。

就在这个时候，一九四七年六月二十四日，她的表姑玛格丽特致函移民部秘书，表示她自己跟丈夫在昆士兰省北部滨海城市汤士威炉埠（Townsville）经营的生意很有起色，现在又从事鞋帽服装等方面的出入口贸易，因战时罗项顿在那文顿埠协助其父亲的商铺经营中表现极为出色，认为她非常合适女性时装及饰物这个行业。为此，她希望能申请将表侄女留下来，协助她经营进出口贸易。事实上，在过去的半年中，罗项顿就已经去到她那里，协助她经商。

但移民部则对此申请不予正式答复，仍然督促海关方面跟不同的航运公司进行联络，以确定是否可以尽可能快地为这位中国女留学生获得一个舱位。只是因各航运公司的运行受到了各种限制，比如战时船只的修复以及大

---

① Certificate Exempting from Dictation Test (CEDT) - Name: Thomas Chong Fung - Nationality: Chinese - Birthplace: Canton - departed for China under I H I issued 20 August 1941, NAA: J2483, 554/78。

量滞留人员遣返的需要，一直都无法满足移民部的要求，只好回复至少要等到一九四八年三月之后，这样的需求才能有所缓和。

当然，在此过程中，亦即在没有批复的情况下，罗项顿则继续留在汤士威炉为表姑的进出口商行工作。直到一九四八年五月十六日，罗项顿才从坚时埠登上驶往香港的“彰德号”（Changte）轮船，离开澳大利亚回返中国。[①]此时，距其赴澳留学已经过去了八年；而自一九四六年五月移民部决定要她离境回国，又过去了几乎整整两年。

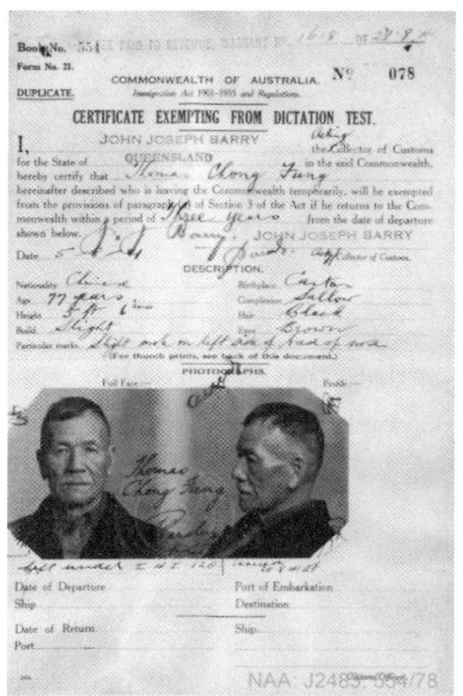
Book No. 554
Form No. 21.
COMMONWEALTH OF AUSTRALIA. Nº 078
Immigration Act 1901–1935 and Regulations.
DUPLICATE.
CERTIFICATE EXEMPTING FROM DICTATION TEST.
I, JOHN JOSEPH BARRY Acting the Collector of Customs for the State of QUEENSLAND in the said Commonwealth, hereby certify that Thomas Chong Fung hereinafter described who is leaving the Commonwealth temporarily, will be exempted from the provisions of paragraph of Section 3 of the Act if he returns to the Commonwealth within a period of Three years from the date of departure shown below.
JOHN JOSEPH BARRY
Date Acting Collector of Customs.
DESCRIPTION.
Nationality Chinese Birthplace Canton
Age 77 years Complexion Sallow
Height 5 ft 6 ins Hair Black
Build Slight Eyes Brown
Particular marks
(For thumb prints, see back of this document.)
PHOTOGRAPHS.
Full Face Profile
Date of Departure Port of Embarkation
Ship Destination
Date of Return Ship
Port

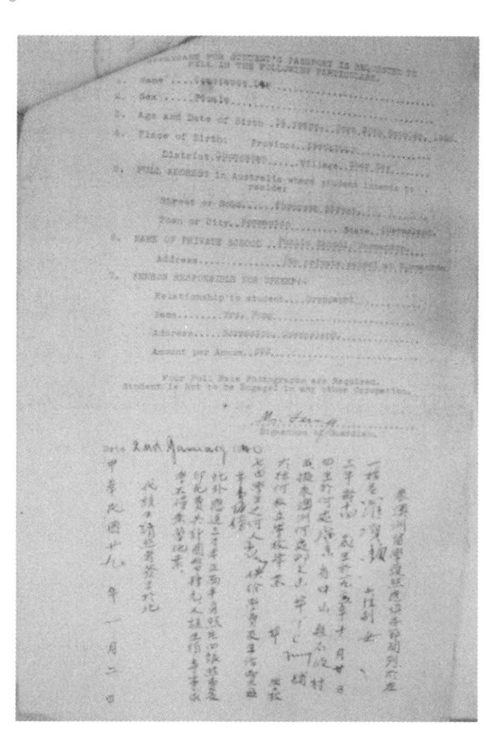
Name
Sex
Age and Date of Birth
Place of Birth
Four Full Face Photographs are Required.
Student is not to be Engaged in any other Occupation.
Signature of Guardian.
Date 2nd January 1940
中華民國廿九年一月二日

左：一九四一年八月，七十七岁的冯三长申请回国探亲的回头纸；右：一九四〇年一月二日，冯三长太太（罗项顿的姑奶奶）向中国驻澳大利亚请领其侄孙女罗项顿的赴澳留学护照和签证。

① Law Miss Constance - Chinese - arrived 19 June 1940 in Cairns aboard TAIPING - departed 16 May 1948 from Cairns aboard CHANGTE, NAA: BP210/2, LAW C。

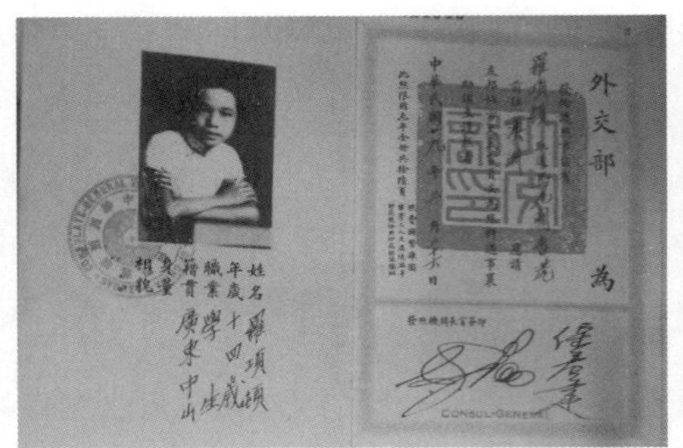

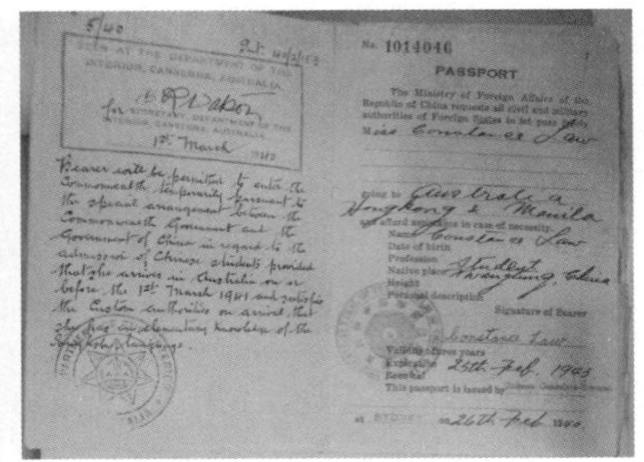

左：一九四〇年二月二十六日，中国驻澳大利亚保君建总领事给罗项顿签发的中国学生护照内页；右：一九四〇年三月一日，澳大利亚内务部钤盖在护照内页上的留学签证印鉴。

档案出处（澳大利亚国家档案馆档案宗卷号）：

Law, Constance - Student exemption, NAA: A433, 1947/2/1808

刘亚伦

中山谿角村

中山县谿角村的刘亚伦（Allen Low），一九二七年生[①]，出身于一个华商家庭，自幼家境宽裕，得以接受良好教育。

他的父亲刘益，也叫虾厘刘益（Harry Low或Harry Low Yick），大约出生于一八八五年，还是个十三岁的少年时，就于一八九八年跟着乡中长辈父兄来到澳大利亚寻找发展机会。他在澳大利亚东北部的昆士兰省（Queensland）登陆入境之后，便一路南下，进入到该省西南地区与鸟修威省（New South Wales）交界处的小镇近地温地埠（Goondiwindi）。以其当时的年龄，应该是跟着长辈从小工开始做起，维持生存；待其逐渐长大成人，便充当菜农，一干就是十几年。直到一九一六年从中国结束探亲回到澳洲之后，才从原先所居住的乡镇地区逐渐移居到昆士兰省首府庇厘士彬埠（Brisbane）[②]，开设商铺，自己做老板。到一九三七年，再从庇厘士彬北上一千三百公里，搬迁到北部滨海重镇汤士威炉埠（Townsville）南面约九十公里处的依埠（Ayr），在这里买下一桩生意，仍然是做商铺，以其本人的英文名作为店名，称虾厘刘益号（Harry Low & Co.）什货铺。

自一九三七年七七事变后，中国进入全面抗战，刘益也跟在澳华人一

① 具体月份日期不详。

② Yick, Harry Low - Nationality: Chinese - Alien Registration Certificate No 167 issued 28 October 1916 at South Brisbane, NAA: BP4/3, CHINESE YICK H L。

样，对国内形势极为关注，尤其是家人的安全和子女的教育。考虑到此时儿子已经超过十岁，刘益决定将其办理来澳留学。经一番准备后，一九三八年三月二十一日，刘益填表，向中国驻澳大利亚总领事馆申领儿子刘亚伦的赴澳留学签证和护照。他以监护人的身份出具财政担保书，允诺供给学费和生活费每年五十镑，作为儿子来澳期间所需之开销。鉴于中国学生来澳留学只能就读私立学校，刘益便联络天主教会在依埠开办的天主教会学校（Ayr Convent School），获该校校长接纳其子入读，并出具了录取确认信。

中国驻澳大利亚总领事馆接到上述申请后，检查确认无误，总领事保君建遂于四月六日备函，向内务部秘书申请刘亚伦的赴澳留学签证。内务部秘书则按照流程，行文昆士兰省海关，请其提供刘益的财务状况并找出其出入境记录以确认其与签证申请者之间的关系，以便内务部对该项申请做出批复与否之决定。

接到内务部秘书发出的核查指示后，昆士兰省海关刚开始时搞错了人，将前两年要调查的一个也是同名同姓的“虾厘刘”（Harry Low）当成是内务部所要之人，前后忙活了两个多星期，最后才发现那人的全部资料与现在要查的人不合。最终，海关人员在依埠警察派出所的协助下，于五月上旬完成了上述任务。据调查显示，刘益此前在庇厘士彬埠的华丽区（Fortitude Valley）安街（Ann Street）开设店铺经营达二十五年之久，店名就是他的名字H. Low；直到去年九月，他才移居到依埠，购买了位于当地女王街（Queen Street）上的一家名为See Hop（泗合号）的店铺，改为现名虾厘刘益号，主营蔬菜水果和日用杂货，但店铺物业是租赁的，每月租金八镑。因该项生意经营只有八个月，无法得知一年的总收入有多少，但从银行的进出账显示，过去八个月的进账为一千七百二十五镑十先令一便士，出账则为一千五百八十四镑零七便士，看起来生意不错。此外，他还在银行有一笔价值一百四十一镑九先令六便士的存款，其商品存货价值为四百五十镑。就目前的营业状况看，他的商铺每周营业额不下四十镑，显然是属于经商有道，财务自主的类型，而且他是独自经营，没有雇请任何职员帮手。

到五月二十三日，昆士兰省海关也从箱底翻出了刘益此前的几次出入境记录。档案显示，刘益最早一次回国探亲是一九〇八年。那是他刚刚拿到在澳永久居留权的时候。此后，他还有三次回国探亲经历：一、一九一四年八月七日搭乘日轮"天后丸"（Tango Maru）出境，一九一六年八月一日乘坐日轮"日光丸"（Nikko Maru）返回，出入境港口都是庇厘士彬[①]；二、一九一九年三月三十一日乘日轮"镰仓丸"（Kamakura Maru）出境，一九二〇年六月十五日坐"依时顿号"（Eastern）轮船回，出入境港口同上[②]；三、一九二六年十一月二十二日乘搭"彰德号"（Changte）轮船出境，一九二八年六月二十一日坐"敦打号"（Tanda）轮船回，出入境港口还是同上[③]。显然，一九二七年出生的刘亚伦，就是在刘益最后一次回国探亲期间所生，他们之间的父子关系显然是成立的；虽然在申请表中没有列明其具体的出生月份，但在该年下半年的某个月应该是合情合理的。

根据上述调查报告，再考虑到此时刘亚伦也只有十一岁，无须提供具备英语学识能力的证明，无论是作为监护人和财政担保人的父亲还是签证申请人的儿子，都符合相关的规定，内务部秘书遂于六月十四日通过了此项签证申请预评估。接到通知后，过了一个星期，即在六月二十一日这一天，中国总领事保君建给刘亚伦签发了号码为384489的中国学生护照；又过了一个星期后，内务部秘书在收到中国总领事馆寄来的上述护照内页上钤盖了留学签证印鉴，再将其寄还给中国总领事馆，由此完成了此次的护照和签证申请办理流程。而中国总领事馆在接到上述附有签证的护照后，便负责将其寄往中国指定的地址，交由刘亚伦的家人接收，以便安排这位小留学生尽快赴澳。

看来一切顺利，刘益就等着经家人的安排而很快便可以抵达澳洲的儿子刘亚伦到此留学，可以看着儿子在此接受教育并成长。

---

① Certificate Exempting from Dictation Test (CEDT) - Name: Harry Low (of Goondiwindi) - Nationality: Chinese - Birthplace: Canton - departed for China per TANGO MARU on 7 August 1914, returned to Brisbane per NIKKO MARU on 1 August 1916, NAA: J2483, 158/67。

② Certificate Exempting from Dictation Test (CEDT) - Name: Harry Low (of Brisbane) - Nationality: Chinese - Birthplace: Canton - departed for China per KAMAKURA MARU on 31 March 1919, returned to Brisbane per EASTERN SS on 15 June 1920, NAA: J2483, 267/8。

③ Certificate Exempting from Dictation Test (CEDT) - Name: Harry Low - Nationality: Chinese - Birthplace: Canton - departed for Hong Kong per CHANGTE 22 November 1926 returned Brisbane per TANDA 21 June 1928, NAA: J2483, 415/9。

然而，天有不测风云。就在成功地办理好儿子的留学事宜之后仅仅半个月，一九三八年七月十三日这一天，刘益因带病工作，在商铺经营时突然倒地，顿时不省人事；经人发现后，送医院抢救无效，当天就去世了。事后经法医鉴定，他是死于心源性疾病，倒地猝死。①这一毁灭性的结果，自然导致刘亚伦不仅失去了父亲，也失去了在澳留学的监护人和财政担保人，无法按照父亲生前的安排赴澳留学。

刘亚伦的留学档案到此终止。按说其父在澳应该还有一些资产，但也没有等到战后由其家人前来处理，而是在一九三八年九月份，就由当地市议会所属之托管团体遗产局，将其资产拍卖。②按照澳洲托管遗产惯例，其拍卖所得，可能除了支付其生前所欠的各项费用，所余应该不会很多，最终可能是进入了当地托管机构的基金里，寻机付给其家人；而如果在法律规定的年限里无人认领，则最终会用于公益开支。

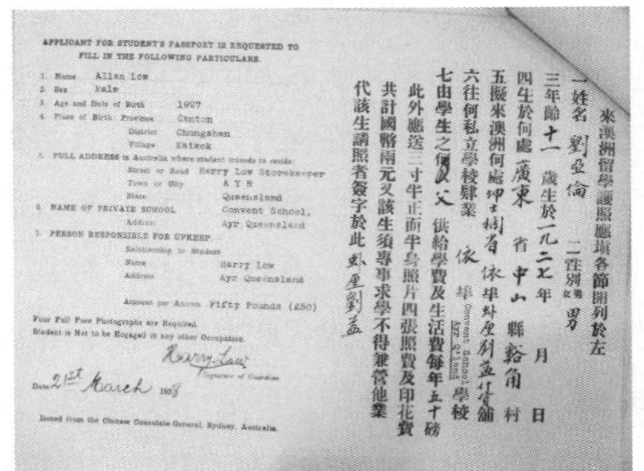

APPLICANT FOR STUDENT'S PASSPORT IS REQUESTED TO FILL IN THE FOLLOWING PARTICULARS.

1. Name Allan Low
2. Sex Male
3. Age and Date of Birth 1927
4. Place of Birth: Province Canton
   District Chungshan
   Village Kaikok
5. FULL ADDRESS in Australia where student intends to reside:
   Street or Road Harry Low Storekeeper
   Town or City A Y R
   State Queensland
6. NAME OF PRIVATE SCHOOL Convent School,
   Address Ayr Queensland
7. PERSON RESPONSIBLE FOR UPKEEP.
   Relationship to Student
   Name Harry Low
   Address Ayr Queensland

Amount per Annum Fifty Pounds (£50)

Four Full Face Photographs are Required.
Student is Not to be Engaged in any other Occupation.

Harry Low
Signature of Guardian

Date 21st March 1938

Issued from the Chinese Consulate General, Sydney, Australia.

來澳洲留學護照應填各節開列於左
一姓名 劉亞倫　二姓別 男
三年齡 十一 歲生於一九二七年 月 日
四生於何處 廣東 省 中山 縣 谿角 村
五擬來澳洲何處埠 㕆埠㕆厘利益什貨舖
六往何私立學校肄業 㕆埠 Convent School Ayr Q'land 學校
七由學生之何人 父 供給學費及生活費每年五十磅
此外應送二寸半正面半身照片四張照費及印花費
共計國幣兩元又該生須專事求學不得兼營他業
代該生請照者簽字於此 㕆厘劉益

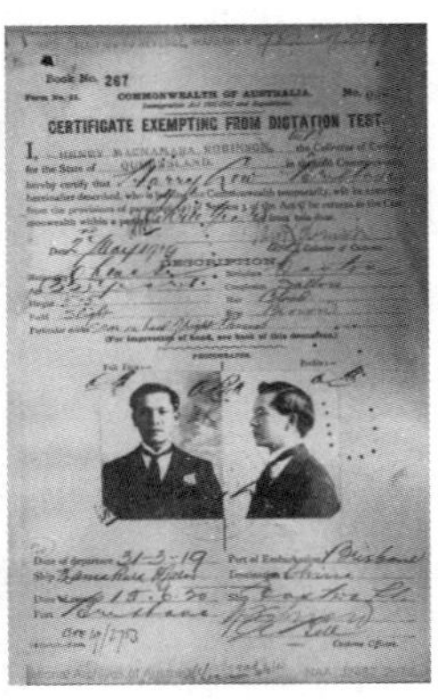

Book No. 267

COMMONWEALTH OF AUSTRALIA.

CERTIFICATE EXEMPTING FROM DICTATION TEST.

左：一九三八年三月二十一日，刘益填表，向中国驻澳大利亚总领事馆申领儿子刘亚伦的赴澳留学签证和护照；右：一九一九年，刘益申请的回头纸。

档案出处（澳大利亚国家档案馆档案宗卷号）：

Allen Low - Student Ex/c., NAA: A1, 1938/7061

---

① 详见汤士威炉埠当地报纸的报道：“Ayr Notes”, in *Townsville Daily Bulletin*, Thursday 14 July 1938, page 7。

② 亦见汤士威炉埠当地报纸的报道：“Public Curator’s Office”, in *Townsville* Daily Bulletin, Monday 5 September 1938, page 10。

刘仲初[①]

中山

刘仲初（Lau Cheung Chor），生于一九二七年七月七日，中山县人。他的父亲是一八七一年出生的刘驰荣（Lau Tan）[②]，早在一八八七年便来到澳大利亚发展。他自澳大利亚北部的波打运（Port Darwin）登陆入境，便在北领地（Northern Territory）这块土地上辗转打工，最终在取得永久居留权后定居于打运埠（Darwin），在当地的万芳楼餐馆（Man Fong Lau & Co.）担任簿记工作，后来也被提拔为经理。

一九四〇年十一月，鉴于中国抗日战争进入到非常艰难困苦的阶段，而此时小儿子刘仲初又已十三岁，考虑到此时家乡中山县面临着日军的扫荡，即便将儿子送到澳门或者香港读书，也仍然很不安全，因为此时日军南侵南洋的迹象已经越来越明显，南洋各地包括香港的沦陷也已进入倒计时。为此，刘驰荣决定为儿子申领护照和签证，前来波打运埠留学。

---

① 刘仲初的留学档案很不完整。首先，护照和签证申请表缺失，无法得知该留学生的具体籍贯，也没有监护人和财政担保人的中文姓名，还有不知道其欲来澳就读的学校名称；其次，缺失抵澳后的学校例行报告，难以得知其到底在学校的表现如何；再次，因该留学生抵澳后不久太平洋战争爆发，故在战后其人显然是留了下来，但具体去向模糊不清。由是，本文就只能依据现有文件，并加以考证，力图勾画出其赴澳留学的一个大致情景。

② TAN Lau: Nationality - Chinese: Date of Birth - 16 May 1871: Date of Arrival - 1887: First Registered at Darwin – NT, NAA: MT269/1, NT/CHINA/TAN LAU。关于年龄，刘驰荣还有另外两个不同的说法。其一是在一九四〇年时自称生于一八八二年五月十六日。见：TAN Lau, NAA: E760, TAN L。而在一九三五年的另一份档案宗卷中，他又自称已经六十三岁，是一八七二年出生。见：[Certificate of Exemption from Dictation Test - Lau Tan], NAA: E752, 1935/9。

因申请表等资料缺失，无法得知其具体递交申请的日期，以及以什么机构担保及安排儿子入读哪所学校。但从刘驰荣任职的机构是上述万芳楼餐馆来判断，应该是以此作保；而当时打运埠也有天主教会主办的学校，称为打运埠天主教会学校（Convent School, Darwin），此前来自广东省新会县的陈文发（Moon Fat）和台山县的朱福源（Gee Kook Noon）两位少年欲来打运埠留学时，都选择的是上述学校[①]；而因打运埠规模不大，按照惯例，刘仲初要入读的应该也是该校。

中国驻澳大利亚总领事馆接到上述申请后，总领事保君建于同月二十七日备函内务部秘书，附上相关的申请材料，为这位中国学生申请留学签证。内务部秘书受理后，随即行文北领地海关，请其协助核查刘驰荣的财务状况以及他的出入境记录，以为决定是否核发签证给刘仲初的依据。

北领地海关人员接到指示后，立即着手展开行动。经过几周的调查，很快就有了结果。调查显示刘驰荣在打运埠居住已长达四十年之久，目前受雇于万丰楼餐馆。他尽管在银行并没有开户，无法得知他有多少积蓄，但他在万芳楼餐馆存有六百镑，收取利息，这笔钱数额就不小，也足以支付儿子来澳留学的费用。很显然，经几十年的拼搏，相信他的身家远不止上述这一点，显然还有钱投在其他地方。自其抵达澳洲并获得永久居留资格后，刘驰荣便在一八九九首次回国探亲，次年返回打运埠；一九一一年三月二日，他第二次回国探亲，到一九一三年五月十二日返回，此次探亲后，他的长子Lau King Chor（刘敬初，译音）[②]出生；一九二三年五月十五日，刘驰荣再次回国，到一九二六年十月二十六日返回，这一次探亲后，女儿Lau Look Ying（刘乐英，译音）和儿子刘仲初分别在一九二五年和一九二七年出生；最后一次回国探亲是在一九三五年八月三十日到一九三六年八月二十九日。[③]

上述调查结果显示，刘驰荣完全符合监护人和财政担保人的要求，而刘

---

① 详见这两位学生的留学档案：Moon Fat - Students Passport , NAA: A1, 1933/8055; Gee Kook Noon - Student Pass Port, NAA: A1, 1935/4378。

② 刘敬初在一九四一年获批进入澳洲，在当地华人店铺中任职店员，见：King Chor Lau [Chinese - arrived Darwin per TAIPING, October 1941. Box 31], NAA: SP11/2, CHINESE/LAU K C。

③ Certificate of Exemption from Dictation Test - Lau Tan], NAA: E752, 1935/9。

仲初也尚未满十四岁，无须提供具备英语能力的证明，换言之，他也符合赴澳留学的条件。于是，一九四一年一月二十日，内务部秘书批复了该项签证申请的预评估。得到批复通知的两天之后，中国总领事保君建就给刘仲初签发了号码为1014149的中国护照，并立即寄给内务部秘书。后者收到之后，于二月四日在其内页上钤盖了签证印鉴，然后退还给中国总领事馆。

通常情况下，中国总领事馆都是按照监护人的意见，将护照寄往香港或者澳门的指定地址转交签证持有者，并为其安排赴澳行程。但这次刘驰荣却让中国总领事馆将护照先寄给他，再由他本人将护照寄回去中山或者香港。因为他要自行安排相关的机构代为购票，同时也要叮嘱儿子一些注意事项，以免他受骗上当，被人讹钱。

既然护照是经上述途径寄给刘仲初，就必须先寄到打运埠，再由此寄出，就比中国总领事馆直接由雪梨寄出者，要多上一些时间，待刘仲初真正收到辗转而来的护照时，应该已经到了这一年五月份甚至六月初的某个时间。随后，刘家便紧锣密鼓地安排行程，预定船票。一切准备好后，刘仲初搭乘从香港启程的“太平号”（Taiping）轮船，于一九四一年七月十六日抵达澳大利亚水域的第一道门户珍珠埠（Thursday Island），在此入境澳洲。随后，他再从该岛换乘“蒙陀罗号”（Montoro）近海轮船，由澳北水域直航波打运埠，于七月二十八日抵达。刘驰荣将儿子接出海关，安顿在自己的住处。

然而，在刘仲初抵达打运埠之后，没有文字显示他去到当地学校念书。按照规定，在正常情况下，他应该在抵达打运埠不久就必须注册入学。但在这一年的年底，因日军突袭美国海军基地珍珠港，太平洋战争爆发。当年十二月八日，即战争爆发的当天，澳大利亚就对日宣战。由是，打运埠在次年二月便遭受到南侵的日本海军大规模空袭，形势危急，当地学校停课。在这种情势下，刘仲初自然也无法去上学。因澳大利亚与中国此时已经成为共同抗击日本侵略的盟国，该国政府对所有因战争而滞留在澳大利亚的盟国公民，包括商人、学生、海员和探亲人员，全部给予三年临时居留签证，有效期到一九四五年六月三十日；如签证到期时战争尚未结束，该签证将自动展延两年。刘仲初自然也获得了上述签证。

而在战时打运埠无法正常上学和工作的情况下，许多平民被疏散到澳洲内地。刘驰荣就由此离开了这个前线城市，撤往雪梨（Sydney）工作与生活，直到一九四八年。[①]作为未成年人，刘仲初自然是应该跟着监护人一起行动。但他是在那里继续念书抑或在商行或店铺打工，则不得而知，因为他的留学档案到此终止。

但澳大利亚国家档案馆另外一份跟其相关的宗卷[②]，揭示了刘仲初的行踪。根据这份宗卷，刘仲初在一九四五年辍学，随即去到昆士兰省（Queensland）首府庇厘士彬（Brisbane），进入当地一家修车行当学徒，预期五年出师，他也在此给自己取了一个英文名字，叫凯文（Kevin），全名写为Kevin Low。一九四七年十一月十九日，澳大利亚移民部准允他继续在澳居留和工作，签证有效期至一九五〇年十二月一日。一九五一年三月八日，澳大利亚移民部根据战时入境条例，给予刘仲初五年延签。也就是说，他在此基础上，就有可能申请成为永久居民。

一九五〇年七月，刘仲初顺利地结束学徒工作，从庇厘士彬前往雪梨，进入德宝湾（Double Bay）一家由在澳出生的第二代华人所经营的修车行工作。次年二月七日，刘仲初与一位欧裔女性结婚。上述签证及这个婚姻表明，刘仲初由此永久地留在了澳大利亚。

---

① Lau, Tan [Chinese - arrived Darwin in 1897] [Box 4], NAA: SP605/10, 280。刘驰荣的长子刘敬初也同样是去到那里工作，见：[Lau, King Chor (Chinese) [Box 564], NAA: C123, 19220。

② Lau Cheung, Chor, NAA: J25, 1951/5364。

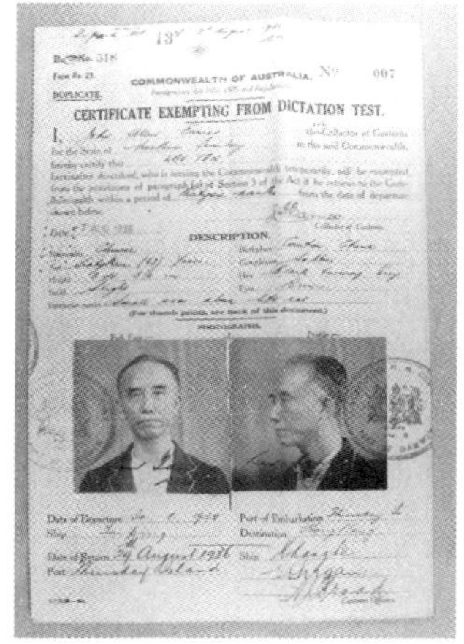
COMMONWEALTH OF AUSTRALIA.

DUPLICATE.

CERTIFICATE EXEMPTING FROM DICTATION TEST.

DESCRIPTION.

PHOTOGRAPHS.

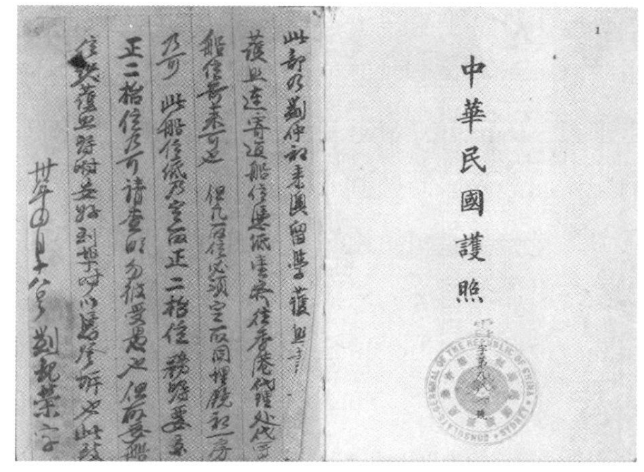
中華民國護照

左：一九三五年，刘驰荣申请回国探亲的回头纸；右：一九四一年四月十八日，刘驰荣附在刘仲初护照扉页上的给家人避免购买船票上当受骗的指示信。

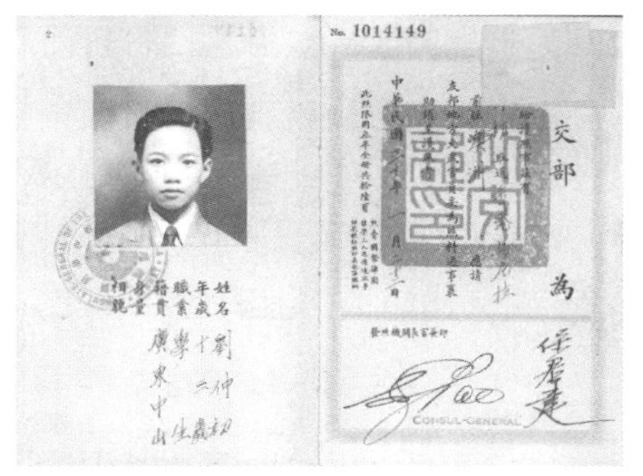
No. 1014149

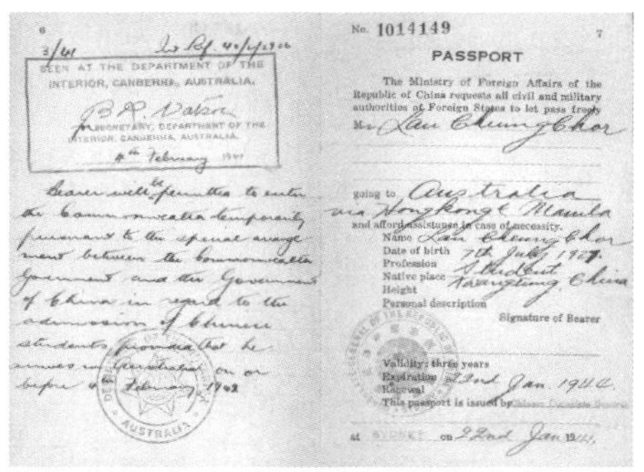
SEEN AT THE DEPARTMENT OF THE INTERIOR, CANBERRA, AUSTRALIA.

No. 1014149

PASSPORT

The Ministry of Foreign Affairs of the Republic of China requests all civil and military authorities of Foreign States to let pass freely

一九四一年一月二十二日，中国驻澳大利亚总领事保君建给刘仲初签发的中国护照内页及二月四日内务部在内页里钤盖的入境签证印鉴。

档案出处（澳大利亚国家档案馆档案宗卷号）：

Application for Lau Cheong Chor to enter commonwealth, NAA: E141, D1947/237

雷　光

中山良都渡头村

雷光（Louie Kwong），生于一九二七年十二月六日，中山县良都渡头村人。

他的父亲雷开（Louie Hoy），也叫雷文俊，一八八一年一月二十七日出生。早在一八九七年时，他便前往澳大利亚发展，从雪梨（Sydney）登陆入境后[①]，便去往鸟修威省（New South Wales）的内陆地区充当菜农及在店铺中做工，最终自己开店经营。待在当地立足之后，才回国探亲，结婚生子。

一九三七年四月十四日，雷开搭乘"丹打号"（Tanda）轮船回国探亲。[②]次年，在家乡结束了探亲的雷开，搭乘澳东船行（Australia-Oriental Line, Ltd）经营从香港启航的"太平号"（Taiping）轮船，与一群在雪梨的同邑乡人结伴同行，于十月三日抵达雪梨。[③]他没有立即重返鸟修威省的乡下他

① Louie Hoy [Chinese - arrived Sydney, 1897; vessel and exact date of arrival unknown. Box 7], NAA: SP1732/4, HOY, LOUIE。

② Nasham, Louie Hoy, Dava Singh, Norang Khan, Mrs Fanny Zuart Young, Jow Long, Song Chee, Man Quoy or Man Quay, Chung Fai and Mun Joe or Man Joe [Certificate Exempting from Dictation Test - includes left hand impression and photographs] [box 250], NAA: ST84/1, 1937/540/81-90。

③ Wong Lee, Lee Gum, Lee Foy, Ah Hong, Willie Quong, John Louis Hoon, Chung Fai, Hung Chow, Gee Larn, Mar Chong Hing, Louie Hoy, James Chut [also known as James Mar Chut], Raymond Hon Mun Mar [also known as Raymond Mar See Poy], Ivy Mar Sun Gee, Thomas Mar Sun Gee, Mabel Mar Sun Gee, Mar Leong Wah, Lum Yow, Mrs James Ming Sun, Mrs Chung Wong See [arrived ex TAIPING in Sydney on 3 October 1938], 11 unknown Chinese [arrived ex TAIPING in Sydney on 3 October 1938] [Chinese passengers for transhipment and enroute to New Zealand and Suva], Chong Nim, Ah Soon, Ah Yick, Ah Lem [also known as Ah Lam], Chan Doo Wing, Stanley Hing and 1 Filipino crew member ex TRIANZA [on-going for Melbourne] [box 387], NAA: SP42/1, C1939/656。

做工的地方，而是先在雪梨的永安公司（Wing On & Co.）宿舍住下来，会见老朋友即十九世纪末便开设在雪梨的永安公司总经理郭朝（Gock Chew）[①]。他的儿子雷光即将年满十一岁，鉴于去年中国已经全面抗战，局势不太平，孩子读书的环境受到影响，他想将其办理来澳大利亚留学；而在他刚刚回到澳洲后一个多星期，又传来日军从惠阳大亚湾登陆，很快占领广东省城广州的消息，毗邻广州的中山县就直接暴露在了日军威胁之下，随时有可能受到日军的攻击，这就使其将儿子办理来澳留学的想法更为加强。于是，就此事项，他与老朋友商量如何办理为好。因他当时正在考虑重新在乡间开店，加上没有文化，恐怕自己应付不了申请事宜，便先具结财政担保书，委托后者代为办理其子赴澳留学事宜。

郭朝接受了委托，自然全力以赴。在作了一番准备后，就在这一年的十二月十五日，他以雷开作为监护人的名义填写申请表，递交给位于同城的中国驻澳大利亚总领事馆，代为申领雷光赴澳留学所需的学生护照和留学签证。他以永安公司作为保人，以保证雷开允诺每年提供膏火四十镑，作为其子来澳留学期间所需之各项不同费用。因此时雷开已经去到鸟修威省西北部靠近昆士兰省（Queensland）边界的小镇沃雷尔达埠（Warialda）准备开店，因此，便计划将雷光安排入读天主教会在当地开设的沃雷尔达圣若瑟书院（Warialda St Joseph’s Convent School）念书，也在递交申请前拿到了该书院出具的录取函。

中国驻澳大利亚总领事馆受理上述申请后，不出几天便完成了初审。十二月二十一日，总领事保君建备函，将上述申请材料寄送澳大利亚内务部，为雷光申请留学签证。一九三九年一月六日，内务部秘书按照流程，请海关协查监护人和财政担保人的相关资料，开始了此项申请之预评估。

海关通过鸟修威省警务部门，于一月二十五日便拿到了沃雷尔达埠派

---

① 郭朝是香山县竹秀园村人，十九世纪末来到澳大利亚雪梨发展，与同宗的郭乐等人一起创办永安果栏（即永安公司），是最早的股东之一。虽然永安果栏由郭乐诸兄弟控股，但在郭乐兄弟陆续去到香港和上海发展之后，雪梨的永安公司就主要由郭朝主持经营。有关郭朝的档案宗卷，详见：Gock Chew [box 135], NAA: SP42/1, C1922/1674。

出所提交的有关雷开的情况报告。由此得知，他在该埠尚未开店，而是进入当地一家华人商铺当店员，但他本人就在联邦银行存有二百镑的现金，属于财务状况较好的打工者，并且与周围居民及顾客的关系都维持得不错。但不知何故，海关却迟迟没有提交雷开的出入境记录，并一直拖到这一年的三月初。保君建总领事见上述申请递交上去已经两个多月，然而一点儿音讯都没有，而此时雷光已经被家人送到香港，随时准备前来澳洲，便在三月三日致电催问。直到这时，内务部秘书才致电海关催问。三月八日，海关终于将雷开出入境记录翻了出来，显示出他自十九世纪末年来到澳洲后，总计有五次回国探亲，然后将这些资料送交内务部秘书。根据记录，雷开的历次回国探亲记录如下：其一，一九一五年六月二十三日至一九一六年二月十九日，来回皆乘坐“依时顿号”（Eastern）轮船；其二，一九二三年三月十七日至一九二四年六月二十二日，“山亚班士号”（St Albans）轮船去，“获多利号”（Victoria）轮船回；其三，一九二六年十月二十日至一九二八年六月二十三日，“太平号”轮船去，“丹打号”轮船回；其四，一九三二年三月二十三日至一九三三年九月二十一日，“彰德号”（Changte）轮船去，“丹打号”轮船回；其五，即去年底他回来的那次。由此可见，雷光是雷开第三次回国探亲期间出生的，他们之间的父子关系无可置疑。

见到各项调查都显示雷开符合监护人和财政担保人的条件，而雷光又未满十二岁，无须提供具备英语学识能力的证明，内务部秘书便在三月九日通过了此项签证的预评估。保君建总领事得到通知后，于三月十日给雷光签发了号码为437834的学生护照，寄给内务部秘书；十天后，后者也在该护照上钤盖入境签证印章，完成了此次签证的申办手续。

然而，保总领事从内务部拿回上述附有签证印鉴的护照后，已经无法将其寄出，因为雷光此时已经在前来澳大利亚的航行途中，便将其交由郭朝代为保管。在上述签证预评估通过之时，雷光的家人获悉后便已经在香港办理好船票，让他登上“太平号”轮船，直奔澳洲驶来。因其未有任何证件，该轮便将其列入船员名单中。四月五日，船抵雪梨。因事先已经获得家人电报告知行程，雷开遂委托老友郭朝以及永安公司股东兼合利果栏（Hop Lee

& Co.）经理马赞芬（Spence Mah Hing）[①]帮忙接关。后者虽是在澳大利亚出生的第二代华裔移民，但原籍也是香山县，亦为雷开的老友，自然乐意帮忙。二人拿着不久前刚刚获签的护照去到海关，说明情况，方才得以为雷光办理好入境手续。随后，两位老友又妥作安排，将雷光送到沃雷尔达埠雷开那里。

从该学年第二个学期开始，即五月二十三日那天，雷光正式注册入读沃雷尔达圣若瑟书院，并在此把自己的英文名字写成了Frank Hoy（弗兰克·开），即把父亲的名字作为姓氏使用。虽然书院表示他在校表现和学习都非常令人满意，但他只是读了一个半月，就离开了该校。退学的主要原因是，他的父亲雷开转到坦勿埠（Tamworth）附近的小镇马尼拉埠（Manilla）自己开店，他便跟着一起过去，于七月十一日在那里注册入读马尼拉圣若瑟书院（Manilla St Joseph's Convent School），同样是表现良好。

进入一九四〇年新学年后，雷光没有返回圣若瑟书院念书，而是转学进入当地的马尼拉地区农校（Manilla District Rural School）就读。仅仅上学两个多月，学校就对其表现赞不绝口，认为他聪颖好学，进步巨大，不仅算术成绩在班上处于领先地位，英语的书写与阅读也非常棒。校长认为，考虑到他刚刚进入这个国家读书不到一年，其英语就达到一个比较流利的水平，是非常不容易的。这与他在校尊重老师，不懂就问的学习态度很有关系，他也尽一切可能提升自己，而反过来，任课老师也对他格外关注，总是尽可能地及时对他予以帮助指导，从而相辅相成，使他学习能更上一层楼。为此，校长特意在四月二日写信给雷开，表达了对雷光在校表现良好与学业优异的赞赏态度。

可是，问题来了。在同一个月里，中国总领事保君建为其申请留学签

---

① 马赞芬是澳大利亚昆士兰省（Queensland）出生的第二代华人，其父是香山县沙涌村人氏。他是在一九〇八年结束回国探亲返回澳洲之后，才从昆士兰省（Queensland）的庇厘士彬埠（Brisbane）迁移到雪梨，加入由永安公司郭顺（William Gockson）负责接管的合利果栏，并逐渐代替后者成为该果栏的实际负责人，并同时也在永安公司占有股份。详见：Certificate Exempting from Dictation Test (CEDT) - Name: Spence Mah Hing - Nationality: Chinese - Birthplace: Maryborough, Queensland - departed for China per EMPIRE on 6 March 1908, returned to Brisbane per EASTERN on 4 September 1908, NAA: J3136, 1908/124。

证展延时，也附上了上述校长的信，是想作为该生在校学习良好的证据。但内务部秘书却从该信看出了问题，即此时他所读的地区农校是公立学校，而按规定，中国留学生是不允许入读公立学校的。于是，他马上指示海关，请其协助调查为何雷光要转学进入公立学校，为何不事先向内务部报告。四月底，海关通过马尼拉警察派出所的了解得知，雷开不愿意儿子在天主教会主办的学校接受宗教教育，因而将儿子转学；而当被问及何以不事先向内务部报告时，他表示不知道要这样做；并且也说，因为该校就有中国学生在那里上学，因而觉得自己也可以这样做。上述报告送到内务部秘书那里之后，他考虑的一个问题是，是否圣若瑟书院有无强迫学生接受宗教课接受教义传授的事实。六月六日，马尼拉警察派出所针对内务部秘书关注的问题提交了报告，表示圣若瑟书院确实有宗教课传授，但并没有强迫每个学生都要去上这样的课。警察认为，所谓宗教课显然不是问题，即便说到收费问题，这所天主教会主办的学校也不算贵，每周学费才一个先令。就其观察而言，导致雷光转学的最主要原因在于他原先在圣若瑟书院，是将他放到低年级里与比他小好多岁的小朋友一起上课，这对他来说是无法忍受的；而去到地区农校，就不存在这样的问题。从这份报告可以看出，警察是倾向于支持这个中国学生去到地区农校上学的。

来自警察的第一线报告，对于内务部的后续决定无疑有着很大的影响。在此后的两个月时间里，内务部几个不同层级的官员对此问题也很纠结：按规定，中国学生必须要去到私立学校入读，可是现在雷光面临的问题是，私立学校只提供低年级的课程，也不适合他；而如果仅仅指责雷开只想着让儿子入读公立学校是为了省钱，似乎也不成立，因为乡间的私立学校收费并不贵。就在内务部官员对此事犹豫不决之时，中国总领事馆来信催促，并且希望能特别准允雷光在地区农校读下去，即便让其监护人为此支付学费亦不成问题。于是，九月十日，内务部秘书复函保君建总领事，正式批准雷光在地区农校就读，但特别说明，此后不经内务部同意不得再转学。同时，也补发了雷光的签证展延。

由是，雷光便在马尼拉地区农校继续就读。他从不旷课迟到，遵守校规，学习优异，参与各项活动，被认为是最为勤奋读书的好学生。到第二年保总领事继续为其申请展签时，就很顺利，内务部秘书检查了学校提供的总是对雷光正面评价的例行报告之后，很爽快就予以批复。

到了一九四二年，情况发生了很大的变化。因上一年底太平洋战争爆发，澳大利亚对日宣战，与全国动员抵抗日本全面侵略五年的中国成为盟国，共同抗击日军的侵略。对此，澳大利亚政府对所有滞留在澳的盟国公民，包括商人、工人、海员、学生和探亲家属，统统给予三年临时居留签证，从七月一日起算，有效期至一九四五年六月三十日。到期如果战争仍在继续，则该项签证自动延长两年。雷光是学生，自然也获得了同样的签证，并且一直上学到这一年的年底。

随着战争的继续，澳大利亚的动员力度也随之增大，许多学校的适龄老师应征入伍，导致全国许多学校，尤其是在乡间本来师资就不充足的学校，因老师应征入伍而不得不关闭，马尼拉地区农校也不例外。一九四三年新学年开学后，雷光无学可上，便去到雪梨。与此同时，他的父亲雷开也处理掉在马尼拉埠所经营的商铺，去到雪梨，先是加入永安公司做工，一九四七年便在雪梨附近的吉尔福德区（Guildford）经营一块菜地，叫开利菜园（Hoy Lee Vegetable Gardens），面积有十二英亩大，土地较为肥沃，宜于耕耘，雇佣当地人员为其工作。而与此同时，雷光则于一九四四年在赫斯顿公园区（Hurlstone Park）的无线电工厂找到了一份收音机技工的工作，周薪为三镑十八先令六便士；为了更好地做好这份工作，也为了日后能这个领域里有所发展，他于当年四月十七日开始，注册入读位于城里雪梨工学院（Sydney Technical College）附近的无线电学院（Radio College），选修与无线电相关的课程，每周两个晚上的课程学习，直到一九四七年四月十五日完成了此项课程。也是在这段时间里，他把自己的原先于乡间上学时所用的英文名字，改成了Frank Louie（弗兰克·雷）。

一九四五年八月十五日，随着日本投降，太平洋战争结束。澳大利亚随即进入复员安置人员的阶段。直到一九四七年初，原先由内务部主管的外侨事务交由移民部接管，方才腾出手来处理因战争而滞留在澳的外侨问题。

一九四七年二月十七日，移民部行文海关，请其将雷光的情况报告上来；因其签证到六月底到期，这位中国学生必须按规定在签证到期前离境，看其是否已经在为此安排了回国行程。五月底，海关摸清楚了雷光的现状，但得知他根本就没有任何回国的打算。七月初，海关找到了上述无线电厂的厂长，得知雷光在工厂里并非充当学徒，而是正式的技工，正把所学的知识运用到实际工作中，以更进一步地提升自己。在搞清楚了雷光的实际情况之后，移民部认为他来到澳大利亚持的是留学签证，按规定是不能工作的，而他现在的做法与其当初所获签证的要求已经完全不相符。为此，当年九月三日，移民部秘书正式通知中国驻雪梨总领事馆，让其安排雷光尽快离境回国。

无线电工厂的厂长艾伯特·怀特（Albert Wright）得知了移民部的决定，在与海关人员交涉希望能让雷光留下来继续工作无果后，于九月二十三日致函移民部秘书，表达希望让他的这位雇员继续留下来工作的愿望。他在函中表示，认识雷光已有五年，在这段时间里，他目睹这位中国青年为了做好工作，如饥似渴地学习无线电技术，可以说，他除了白天上班，晚上及其他的业余时间都投入到了学习之中；他非常刻苦用功，也非常聪颖好学，充分利用这些业余时间完成了全部的课程，从而成为他厂里最好的技工之一。前不久，他还准备送他进入雪梨工学院进一步充实其无线电知识，可惜因为下半年这个学期的学额已满，未能注册上，但会准备明年初再让他进入该工学院学习。为此，希望内务部能核发给这位中国青年展签，让其一边工作，一边学习，他可以保证雷光会按照签证的要求去做，不会做与此不相干的事情。此后，雪梨华埠著名华商、安益利公司（Onyik Lee & Co.）的大股东欧阳南（David O' Young Narme）①，也在十一月二十五日给雪梨海关总监写信，希望他能为这位中国青年留下来陈情。但所有这些努力都未能打动移民部秘书，他坚持认为，即便怀特的说法也只是表明这位中国青年的品行和学业值

---

① 欧阳南，生于一八九〇年，在十九世纪末年便来到澳大利亚发展，二十世纪二十年代便在雪梨华社中极为活跃，为一九二二年重组的安益利公司的大股东，成为当地著名华商。有关欧阳南的档案宗卷，见：David O'Young Narme [Chinese - arrived Sydney per SS EASTERN, 1899. Box 36], NAA: SP11/2, CHINESE/NARME D O。

得称赞，可是也改变不了《中国留学生章程》的相关规定，即留学生一旦违规，就只能离境回国。于是，他在十二月二十四日复函怀特与欧阳南，重申了九月三日的决定，并将此决定再次函发中国驻雪梨总领事馆，仍然是请其协助尽快安排这位中国青年回国。

当看到所有上述努力不能奏效后，中国驻雪梨总领事馆也无法再就此事继续与移民部争拗，遂转而叮嘱雷光准备离境回国。在几经变化之后，终于确定了离境的船期。一九四八年五月十五日，雷光在雪梨港口登上驶往香港的“彰德号”轮船，离开在此留学和工作达九个年头的这块土地，返回中国。跟他一起离境的，还有他的父亲雷开。[①]当然，他的父亲只是回国探亲。这一年的年底，雷光在渡头村娶亲结婚，雷开作为父亲，看到儿子结束在澳学习和工作之后回到国内并且很快结婚，他心满意足。一年多之后，他便从香港搭乘“长沙号”（Changsha）轮船，于一九五〇年一月十六日又返回雪梨，继续经营其开利菜园。

而雷光在家乡结婚后不久，也带着太太Ng Shiu Ying（伍秀英，译音）去到香港工作。很快，他又得以获准重返澳大利亚工作。一九五一年八月，雷开以其菜园在澳无法找到合适员工为由，向移民部申请在香港工作的儿子雷光（此时他所用英文名字是Frank Louie，中文名字则改为雷发陵，后来又改为雷焕光）前来协助工作。移民部通过海关了解到，雷开的菜园在上一个财政年度年营业额达到三千八百六十八镑，这在蔬菜种植业领域，算得上是经营得比较好的菜园，而且此前还没有雇佣过海外员工。鉴于此时澳大利亚移民法规里对蔬菜种植业的移民引进与其他领域不同，属于在合理的条件下应予以扶植和支持，便于十月十二日正式批准了雷开的申请，给予雷光五年的工作签证，来到雪梨协助父亲经营其开利菜园。

一九五二年一月十五日，雷光搭乘从香港出发的“太平号”轮船，抵达雪梨，正式成为父亲经营开利菜园的助手。到一九五六年初，七十五岁的雷

① Mew Hing, Tong Wah, Yuen Corkon, Louie Hoy, Chung Young Ching, Ah Dong, Yee Fong, Lee Non, Wong Ape and Ying Kwong [Certificate Exempting from Dictation Test - includes left hand impression and photographs] [box 270], NAA: ST84/1, 1948/574/1-10。

开申请将生意传承给儿子雷光，于四月二十日获得移民部批复，雷光正式接管父亲手创的企业，成为在澳具有长期工作签证的海外雇员。一九五七年，他向移民部申请将妻子和两个儿子带进澳洲，获得批复，他们在当年十月一日乘坐“长沙号”轮船抵达雪梨。到一九六二年七月九日，成为澳大利亚永久居民。

一九五九年，雷光和太太分居，最终离婚。为此，他在年底去了一趟香港，在那里经人介绍认识了一位女性，然后乘坐“彰德号”轮船在年底前回到雪梨。[①]此后，他结束了从父亲手上继承的开利菜园生意，从雪梨去到昆士兰省靠近重要港口汤士威炉埠（Townsville）的内陆小镇列治文埠（Richmond），在那里开设一间商铺。一九六五年六月，他去到香港，与一九三八年出生的Mak Lin Yip（麦琳怡，译音）结婚，然后在当年八月将他带回澳洲，加入澳籍。[②]

雷光的留学和工作档案到此终结。

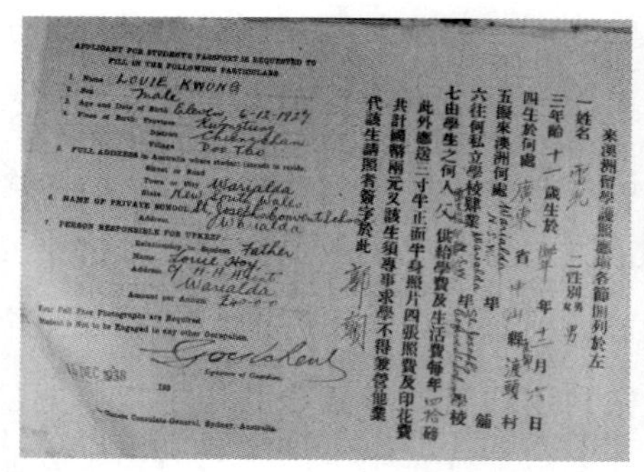

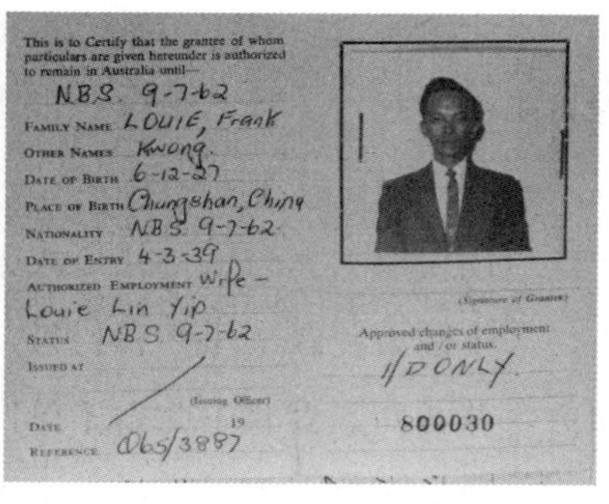

左：一九三八年十二月十五日，永安公司总经理郭朝以雷开作为监护人的名义填写申请表，递交给中国驻澳大利亚总领事馆，代为申领雷光赴澳留学所需的学生护照和留学签证；右：一九五七年，雷光获得的五年工作签证。

档案出处（澳大利亚国家档案馆档案宗卷号）：

Kwong, Louie - Student exemption, NAA: A433, 1947/2/2836

① Louie, Kwong [Chinese - arrived Sydney per SS CHANGTE on 19 December 1959] [Box 10], NAA: SP605/10, 876。

② LOUIE, Frank [Louie Kwong] [Chinese, born 1927] and fiancee Mak Lin Yip, NAA: J25, 1965/3887。

李章铭

中山恒美村

中山县恒美村的李连生（Willie Lee）大约出生于一八七七年，一八九三年跟随乡人来到澳大利亚寻找发展机会。他从鸟修威省（New South Wales）登陆入境后，便在雪梨（Sydney）周边从事菜农等工作。待有了积蓄并且也获得了澳洲永久居民身份后，他于一九〇三年六月三十日在靠近雪梨城区的华打鲁区（Waterloo）正式注册开设了一间杂货果菜店，就以他自己的英文名字Willie Lee作为店名。①随后，他得以回国探亲，结婚生子。一九二八年六月十一日出生的李章铭（Chong Ming Lee），便是李连生数次回国探亲所生育的其中一个儿子。

到儿子李章铭满十岁时，恰逢中国抗日战争进入到第二年，广东省虽然是大后方，但遭受日军入侵的威胁日益严重。考虑到要为正当学龄的儿子创造一个良好的读书环境，李连生决定将其办理来到雪梨留学读书。一九三八年六月二十三日，李连生先与开设在雪梨华埠附近的华人英文学校（Chinese School of English）校长戴雯丽小姐（Miss Winifred Davies）接洽，从她那里拿到了同意其子李章铭入读的录取信。然后，他于当天填写申请表格，出具财政担保书，提交给位于同城的中国驻澳大利亚总领事馆，为儿子申领赴澳留学所需之护照和签证。他以自己在华打鲁区经营的商铺作保，允诺每年供

① 见鸟修威省档案馆（NSW State Archives & Records）收藏之该省工商局二十世纪初工商企业注册记录：https://search.records.nsw.gov.au/permalink/f/1ebnd1l/INDEX1837178。

给足镑膏火，作为儿子在澳留学期间所需之学费和生活费等各项开支。

中国驻澳大利亚总领事保君建接到申请后，经核对无误，便于六月二十三日备函澳大利亚内务部秘书，附上这些申请材料，为这位小留学生申请留学签证。内务部秘书则按照流程，于六月二十九日行文鸟修威省海关，请其就监护人和财政担保人的财务状况及与签证申请人之间的关系予以调查核实，为内务部最终批复与否提供依据。

海关的行动比较迅捷，两个星期后，便递交报告复命。根据他们所掌握的情况，李连生自在华打鲁区居住经商以来，二十几年间做的都是街坊生意，记录良好，颇有口碑，守法遵纪。他的商铺年营业额为三千镑左右，平均起来，每年净利润为二百零八镑，目前各类库存货品价值为四百镑。总体而言，财务状况稳定良好。而自二十世纪一十年代以来，他总计回国探亲四次，其每次出入境的口岸都在雪梨。其各次探亲年份如下：一九一三年一月十八日至十月三十日[①]，一九一五年一月二十七日至十一月十日[②]，一九一七年九月五日至一九一九年八月七日[③]，一九二七年一月十九日至一九二八年十月四日[④]。从李章铭的出生年份来看，正处于李连生第四次探亲期间。他出生时，李连生仍在国内，直到其办完满月酒方才前往香港搭乘返澳。由是，他们的父子关系毋庸置疑。

接到海关报告后，内务部秘书反复核对，确认李连生完全符合监护人和财政担保人的条件；而李章铭刚刚满十岁，按规定来留学无须任何英语要求。七月二十六日，内务部秘书正式通知中国总领事馆，通过了这位中国小

① Jong On, Willie Lee, Willie Yen, Tong Chum, Leong Gun, Willie Lee, Willie Tie, Duck King and Lay Sang [Certificate Exempting from Dictation Test - includes left hand impression and photographs] [box 66], NAA: ST84/1, 1913/138/71-80。

② George Gong, Willie Ling Fee, Chin Kay, Sun Hip, Willie Lee, Lee Gut, Len Day, Sue Ming, Mun Lay and Joe Lee [Certificate Exempting from Dictation Test - includes left hand impression and photographs] [box 88], NAA: ST84/1, 1915/179/51-60。

③ Hing Lee, George Tong, Ali Gohar, Low Bung Ju, Ruby Irene Kong, Willie Lee, Hee Lee, Poo Lee and Ah Soo [Certificate Exempting from Dictation Test - includes left hand impression and photographs] [box 108], NAA: ST84/1, 1917/216/1-10。

④ Willie Lee, Chong Yet, Chung Low Sing, George Young, Charlie On Lee, See Young, Young Wing, Yoon Haye or Yee Nay, Young Yow and Thung Low or Ah Lowe [Certificate Exempting from Dictation Test - includes left hand impression and photographs] [box 193], NAA: ST84/1, 1927/421/11-20。

留学生的签证预评估。保君建总领事得到通知，立即于三天后便给李章铭签发了号码为437710的中国学生护照。八月二十三日，内务部秘书在寄送过来的上述护照内页上钤盖了入境签证印鉴，然后将其退还给中国总领事馆。按照办理护照和签证的流程，获签后中国总领事馆通常都会将其寄往持证人的家乡或者指定的香港金山庄，由其代为安排赴澳船期。

李章铭的留学档案到此终止。

而李连生的一条档案记录显示，李章铭显然在一九三八年底便已抵达雪梨，因为作为监护人，他于一九三九年为儿子申请展签。①只是此后，再也找不到与李章铭相关的档案宗卷，不知道他在上述华人英文学校之后又做了什么；只有一条信息显示，在二十世纪六十年代，李章铭最终加入澳籍。②

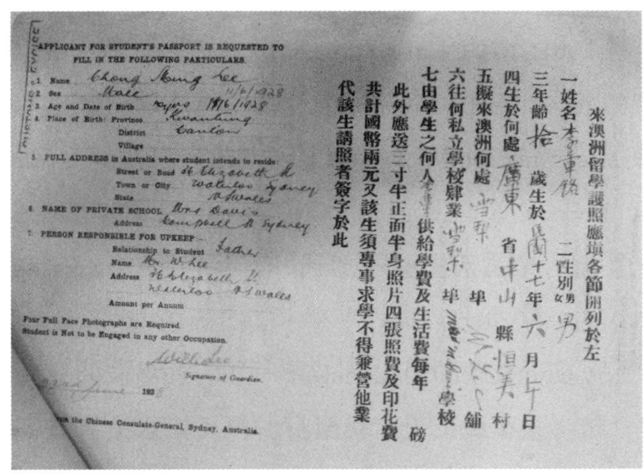

APPLICANT FOR STUDENT'S PASSPORT IS REQUESTED TO FILL IN THE FOLLOWING PARTICULARS.

1. Name Chong Ming Lee
2. Sex Male
3. Age and Date of Birth 10 yrs 19/6/1928
4. Place of Birth: Province Kwantung
   District Canton
   Village
5. FULL ADDRESS in Australia where student intends to reside:
   Street or Road 76 Elizabeth St
   Town or City Waterloo Sydney
   State N. S. Wales
6. NAME OF PRIVATE SCHOOL Mrs Davis
   Address Campbell St Sydney
7. PERSON RESPONSIBLE FOR UPKEEP
   Relationship to Student Father
   Name Mr. W. Lee
   Address 76 Elizabeth St Waterloo N. S. Wales
   Amount per Annum

Four Full Face Photographs are Required.
Student is Not to be Engaged in any other Occupation.

Willie Lee
Signature of Guardian.

22nd June 1938

... the Chinese Consulate-General, Sydney, Australia.

來澳洲留學護照應塡各節開列於左

一姓名李章銘　二姓別男

三年齡拾　歲生於民國十七年六月廿日

四生於何處廣東省中山縣恒美村

五擬來澳洲何處雪梨埠　　舖

六往何私立學校肄業雪梨埠Mrs Davis學校

七由學生之何人李連供給學費及生活費每年　　磅

此外應送三寸半正面半身照片四張照費及印花費

共計國幣兩元又該生須專事求學不得兼營他業

代該生請照者簽字於此

一九三八年六月二十三日，李连生填表，向中国驻澳大利亚总领事馆申领儿子李章铭的赴澳留学护照和签证。

档案出处（澳大利亚国家档案馆档案宗卷号）：

Chong Wing Lee - Student Ex/c, NAA: A1, 1938/13135

---

① Willie Lee [includes 6 photographs showing front and side views; left hand and finger prints and left and right thumb prints] [issue of CEDT in favour of subject] [correspondence concerning exemption status and application by Chong Ming Lee for admission of his son Willie Lee, into the Commonwealth] [box 386], NAA: SP42/1, C1939/441。

② LEE Kar Lim William (aka Li Chong Ming) born 17 May 1928 – Chinese, NAA: A446, 1967/67365。

马少文

中山（菲芝出生）

马少文（James Mar）是在南太平洋上的英国殖民地菲芝（Fiji，亦即飞枝，或者斐济）出生的第二代华人，出生日期为一九二八年七月二十八日。他的父亲在菲芝首府苏瓦（Suva）经商，有一间名为安盛号（On Sing & Co.）的商行，经营进出口业务。从档案中显示雪梨（Sydney）的永生果栏（Wing Sang & Co.）董事长马亮华（Mar Leong Wah）[①]是其堂兄的信息来看，他父亲的籍贯应该是广东省中山县沙涌村。按照惯例，也可以说马少文是广东中山人。

自小就在苏瓦接受教育的马少文，在一九四一年被父亲送往香港读书，进入双语学校，冀望其在此接受中文教育。但是，这一年的年底，太平洋战争爆发，日军迅即攻占了香港。马少文遂加入了逃难队伍，跟着人流进入广东省内地；但省城广州及其周围此时也处于日军统治范围之中，极不安全，他便辗转去到未受日军占领的澳门。因他是英国属土臣民，在澳门受到英国领事馆的接济，度过了几年战乱时光。日本于一九四五年八月十五日投降，太平洋战争结束，随后各国开始撤侨和遣返。于是，一九四六年四月十六日，在香港集中等待遣返已有半年之久的马少文，乘坐英国轮船"博德纨鹊号"（Boardventure）抵达雪梨，获准澳洲政府的临时入境许可，在此等待转

① 关于马亮华的详情，见：Mar Leong Wah- Exc Wife, NAA: A1, 1937/90。

换另外的船只返回菲芝。

在雪梨，马少文有很多亲戚，除了前面提到的堂兄马亮华，还有一位叔叔名叫马丁酉（George Mah Chut）①，在雪梨靠近内城区的男仆街（Lackey Street）上经营一间果栏，名为同昌号（Toong Chong & Co.）。在雪梨见过这些亲戚之后，马少文改变了要返回菲芝的原定计划，接受堂兄马亮华的建议，留在雪梨读书。

于是，叔叔马丁酉出面作为其监护人和财政担保人，于五月二十一日填表向中国驻雪梨总领事馆提出申请，希望马少文留在雪梨，注册入读位于雪梨近郊金宝镇（Campbelltown）的圣母昆仲会农学院（Marist Brothers Agricultural College）念书，学费和生活费则由其在菲芝的父亲负担。尽管马少文在菲芝出生，在菲芝具有永久居留权，是大英帝国属土臣民，但无论是澳大利亚还是菲芝，还是将其视为外侨对待。也正因为此，中国总领事馆将其视为自己的国民，从而接受了上述申请。六月七日，中国总领事致函澳大利亚移民部，正式代其请领在澳留学签证。鉴于马少文此时即将十八岁，读专上院校正当年，而他战时的遭遇也值得同情，现在有机会学习，自然应该给予提供方便；而马亮华在雪梨华社中也是颇具影响力的人物，他作为马丁酉的保人，也加重了此项申请的分量。因此，移民部在几经核实了情况之后，于八月六日批复了马少文的留学签证，从其入境那天起算，有效期一年，期满后可申请展签。

事实上，早在中国驻雪梨总领事馆为其申请留学签证前，马少文就已经正式注册入读上述圣母昆仲会农学院。不过，他对此间的农科课程没有多少兴趣，在这里刚刚读完一年便退学，于一九四七年五月初转学，进入位于雪梨城里的都市商学院（Metropolitan Business College），选读预科课程。为此，当年五月十五日，在中国驻雪梨总领事馆为他向移民部申请展签时，因其在校表现和学业成绩基本上令人满意，也就没有碰到什么障碍，很快就获

---

① Certificate Exempting from Dictation Test (CEDT) - Name: George Mah Chut (of Brisbane) - Nationality: Chinese - Birthplace: Blackall, Queensland - departed for China per ST ALBANS on 3 February 1916, returned to Brisbane per EASTERN on 17 April 1917, NAA: J2483, 192/33。

得批复。

但到一九四七年九月三十日，马少文致函雪梨海关，申请获得工作许可，即作为一家电器工厂的特别销售代理。他在申请中也表示，仍然会继续在都市商学院上学，只是把上课时间改在夜间，即白天工作，晚上上学念书。十月十五日，他未等海关回复，便正式通知都市商学院，每周只来上课三个晚上，其余时间则去工作。看到马少文自行对此进行了安排，海关才将此事提交给移民部，请示如何处理。十一月十五日，移民部回复，按照《中国留学生章程》规定，留学生只能全职上学，不允许工作；如果马少文不改正其做法，那就必须立即收拾行李离境。这一回复显然有效，之后未见到海关转来任何与马少文打工相关的信息，反而是在一九四八年四月中旬，代转来这位留学生的展签申请。移民部见没有什么变故，于四月十六日再次批复给他十二个月的展签。

看起来，马少文可以继续读完余下的课程了。但是，半年之后，一件在雪梨极为轰动的死亡案，让移民部注意到了马少文的实际身份。一九四八年十月十日，雪梨的主流报纸刊登了一则新闻：五天前，一名年仅十五岁的华裔新娘在兰域区（Randwick）出租房沐浴时，因错扭煤气开关，被煤气熏倒在浴缸中死亡。报道中特别指出，该新娘生前还受雇于开设在该区的一家果栏，老板名叫马少文。[①]移民部秘书看到上述报道后，立即指示雪梨移民分局的官员深入调查，要搞清楚这个目前在移民部记录里还是学生身份的留学生是怎样成为商人的。

也就在这个时候，马少文于十月二十日致函移民部，告知已经在上个月结束了就读都市商学院的课程，因他的父亲已经将进出口生意扩展到澳大利亚和美国，他需要照看这些生意，明年有可能还需要去美国看看，为此，他特向移民部提出申请，希望能准允他临时居留，亦即将学生签证换发为商务签证居澳。移民部接到上述申请，自然要受理，由此便开始了好几个月的调

① 详见："Bride of 14 Dies at 15"，in *Sun* (Sydney), 10 October 1948, p. 8; "Chinese bride died in 'death-trap bathroom'"，in *Sun* (Sydney), 18 October 1948, p. 1。

查审理过程。

首先要确认的是，他现在到底是处于一种什么情况。雪梨的移民官经过一个多月的调查得知，都市商学院的例行报告显示，马少文在校表现尚属正常，然学业糟糕，除了簿记课勉强及格之外，其余课程全部考试未达标，商学院认为他属于那种无心向学的学生。此外，各方报告及资料显示，一九四八年六月，马少文成为一家位于花旫噜区（Waterloo）的杂货铺及进出口贸易商行的合伙人。其合伙人名叫Lee Young（李扬，译音），是今年一月十日带着太太和三个孩子从菲芝首府苏瓦（Suva）来到雪梨，原计划是过境，等待转船返回香港，但经向澳洲当局申请，于五月份最终获准留澳经营进出口贸易。在该公司里，马少文的股金为五百镑，先由李扬代为垫支；双方达成协议，该项股金由马少文的父亲分期付还。由此可见，李扬与马父相熟，在雪梨经商显然是捎带上马少文，属于帮带性质。到九月四日，马少文又与李扬、李扬太太和Lee Gee Gnock（李志锷，译音）合股，在兰域区开设一间果栏，其股金五百镑仍然是由李扬代为垫支，还是按照老办法由马父归还。为了工作方便，马少文便在该果栏的后街盘下了一个公寓单元，这便是上述华裔新娘出事死亡的那个出租房。

到一九四九年一月份，移民部秘书想知道，马少文到底是否跟李扬有真正意义上的合伙人关系，以及其商行是否确实在做进出口贸易。三月二十九日，雪梨移民分局的官员经过多方走访和调查后确认，虽然马少文是在上述兰域区的那间果栏做工，但果栏老板李扬本人否认与其有合伙关系。由此看来，此前马少文所称的与其是合伙人关系，显系不实之言；如此，即便退一步，移民官员想知道是否李杨愿意雇佣马少文作为其助手，主要负责进出口贸易，答案也是否定的；但此时马少文也还是在上述果栏协助做日常销售等事宜，也表示要拿到进出口资质；当然，他强调这需要一些时间。移民部的审理核查工作这样一拖下来，时间就到了七月份。原先马少文在去年所获得的学生签证展签也已经过期了，移民部秘书遂再次给雪梨移民官员下达指示，嘱其核查这位中国青年现在的情况，以便对其申请做最后的定夺。

九月二十七日，雪梨移民官提交了调查报告。根据调查，马少文仍然受雇于李扬，周薪五镑，包食宿；目前正在向美国驻雪梨总领事馆申请入境签证，但正在等待其父亲从菲芝将其出生证副本寄来，这是申请签证需要的主要证明材料；自他到雪梨后，其父每年会从菲芝给他寄来二百镑作为零花钱；在其就读都市商学院期间，无论学业还是其他方面，表现都十分糟糕；其自行选择打工，事先也没有获得移民部的批复；而自其申请商务签证并准备从事进出口贸易以来，本来是需要考试并办理相关资质的，他也根本不去努力争取，而是花着父亲的钱，只想着留在澳大利亚消磨时光，就这样，在将近一年的时间里，一事无成。有鉴于此，雪梨移民官建议不给予他商务签证。有了上述报告和建议，移民部秘书自然采纳。

十一月十一日，移民部秘书致函中国驻雪梨总领事馆，将马少文的情况告知，表示这位中国的国民已经不适合于留在澳大利亚，希望他尽快安排其离境。也就是说，去年马少文提出的更换学生签证为商务签证的申请，至此被正式拒绝。接到上述拒签函后，中国驻雪梨总领事对此也无话可说，遂将此决定转交给马少文本人。

事已至此，马少文知道已经无法挽回，便一边拖延，一边做离境的准备。随后，在移民部的一再催促之下，一九五〇年三月八日，他才搭乘从雪梨飞往苏瓦的飞机，离开了澳大利亚。

此后，马少文尝试过多次进入澳大利亚，比如，以航运公司船员的身份，前来探亲等，但鉴于他以前的记录，移民部一直都对其申请入境严加限制，不予批复。到一九五七年后，他的档案记录便没有了下文，不知他此后是否还有机会重返澳洲。

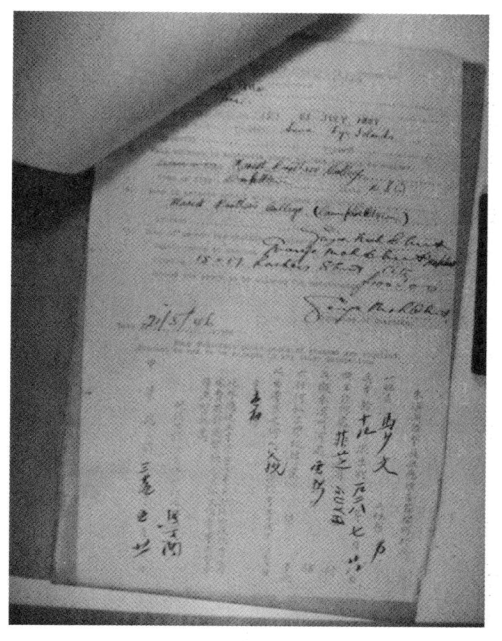

一九四六年五月二十一日，马丁酉以监护人和财政担保人的身份，填表向中国驻雪梨总领事馆申请侄儿马少文留在雪梨读书。

档案出处（澳大利亚国家档案馆档案宗卷号）：

Mar, James – Student, NAA: A433, 1950/2/660

黄惠林

中山青岗村

中山县青岗村的黄舜（Thomas Wong）一八九七年从家乡奔赴澳大利亚发展[①]，与晚他一年来到这块土地发展的兄弟黄蝉（Arthur Wong）[②]会合，在鸟修威省（New South Wales）经几年打拼后，一九〇四年在雪梨（Sydney）合股与他人一起正式注册开办了茂生果栏（Mow Sang & Co.）[③]，也获得了在澳的长期居留权。一九二八年，黄舜成功地为两个儿子黄海澄（James Wong）[④]和黄海燕（Walter J. Wong）[⑤]办理赴澳留学护照和签证后不久，就返回中国家乡，准备将他们带出来留学，但不知何故，这两个儿子最终并没有赴澳留学。而返回家乡后，黄舜便在国内待下来，他的另一个儿子黄惠林（William Wong）在一九二九年七月十四日出生。

一九三九年，中国全面抗战已经进行了两年。上一年十月，日军就登陆惠阳大亚湾，占领了广东省城广州及周边地区；而中山县的三灶岛早在

---

① Thomas Wong [Chinese - arrived Melbourne, 1897. Box 45], NAA: SP11/2, CHINESE/WONG THOMAS [1]。

② Arthur Wong Sim [Chinese - arrived Sydney? 1898. Box 39], NAA: SP11/2, CHINESE/SIM ARTHUR WONG。

③ 根据鸟修威省档案馆（NSW State Archives & Records）保存的工商局二十世纪初企业注册记录，茂生号正式登记注册的日期是在一九〇四年七月十三日，股东除了上述黄舜和黄蝉，还有另外两位他姓华人。见：https://records-primo.hosted.exlibrisgroup.com/permalink/f/1ebnd1l/INDEX1835024。

④ Wong, Jarues - Student passport, NAA: A1, 1928/5535。

⑤ Wong, Walter J - Student passport, NAA: A1, 1928/5495。

一九三七年底就被日军侵占，随后配合占领省城的日军，日益威胁着中山县的其余地区，民众的生命财产随时处于日军炮火之下。在这种情况下，黄舜想将已满十周岁的儿子黄惠林送到澳洲留学，以便他可以在一个比较安静和平的环境里接受完整的教育。为此，他联络儿子的舅舅马赞芬（Spence Mah Hing），后者是雪梨永安公司（Wing On & Co.）的股东，也是合利果栏（Hop Lee & Co.）的司理[1]，请其代为申办他的外甥黄惠林有关赴澳留学事宜。

对于妹妹的儿子，马赞芬自然十分关注。在得知妹夫黄舜的意愿之后，马赞芬就开始行动起来。当年十一月中旬，他具结财政担保书，并以监护人的名义填妥申请表，递交给中国驻澳大利亚总领事馆，申领外甥黄惠林的赴澳留学护照和签证。他以永安公司作保，允诺每年提供膏火四十镑，作为黄惠林来澳留学期间所需之学费和生活费等各项开销，要将外甥安置在位于矜布炉街（Campbell Street）上的华人英文学校（Chinese School of English）读书，并已为此从该校校长戴雯丽小姐（Miss Winifred Davies）那里拿到了入学确认信。

中国总领事馆接到上述申请后，很快就完成初审。因位于同城联系方便，在与马赞芬联络沟通，得到更多的有关黄舜父子的信息之后，总领事保君建便于十一月十七日致函内务部秘书，附上这些申请材料，为黄惠林申请留学签证。他还在函中表示，这位学生的父亲黄舜是澳大利亚的永久居民，刻下正在国内探亲，故希望内务部能尽快审理是项申请，一旦获签，他就会陪着儿子一起前来澳洲。

按照流程，内务部于十一月底交代海关将黄舜和马赞芬的财务状况报告上来，同时也要提供前者的出入境记录，以确认签证申请者与前者之间的

① Certificate Exempting from Dictation Test (CEDT) - Name: Spence Mah Hing - Nationality: Chinese - Birthplace: Maryborough, Queensland - departed for China per EMPIRE on 6 March 1908, returned to Brisbane per EASTERN on 4 September 1908, NAA: J3136, 1908/124。马赞芬是澳大利亚昆士兰省（Queensland）出生的第二代华人。一九〇八年，他结束回国探亲返回澳洲之后，从昆士兰省的首府庇厘士彬埠（Brisbane）迁移到雪梨，加入由永安公司郭顺（William Gockson）负责接管的合利果栏，并逐渐代替后者成为该果栏的实际负责人。

血缘关系。十二月中，海关便搞清楚了二人的财务状况。据了解，黄舜上次离开澳洲前，曾把一笔钱（价值五百三十五镑八先令十一便士）存放在永安公司里，以这笔钱，他就完全可以支持儿子的在澳留学。至于马赞芬，不仅是永安公司的股东，也是合利果栏的司理，其在两间公司的股值多少未有详查，但他还有担任司理的薪水，每周六镑，他在联邦银行有活期存款二百镑，也是处于财务非常自由的状态；作为雪梨华社的殷商，他的为人口碑也很好，商业关系网络广泛。只是因黄舜此前在昆士兰省经商，海关在翻查其出入境记录时需要协调昆士兰省和鸟修威省两地而有些耽搁，最终在一九四〇年一月中确认，自一九二八年八月十八日搭乘"太平号"（Taiping）轮船离开雪梨回国探亲之后，黄舜曾在一九三四年八月将其回头纸延期，但直到现在他也没有再返回澳洲。这也就是说，生于一九二九年的黄惠林是其亲生骨肉，应是无可置疑的事，更何况黄舜是与太太在当年一起回去中国的。

内务部秘书接到上述报告，看到无论是黄舜还是代理监护人马赞芬的各项条件都完全符合规定，便于一九四〇年一月二十五日通过了签证预评估。保君建接获通知后，在一月三十日便给黄惠林签发了一份学生护照，号码是1014037，并在三天后获内务部在护照上钤盖了入境签证印章。待上述事宜妥当，中国总领事馆便按照马赞芬提供的地址，将上述护照寄往香港永安公司，由后者负责转交并代为安排赴澳行程。

在家乡的黄舜得知黄惠林的护照和签证都已办妥之后，便带着儿子，去到香港，搭乘往来于香港与澳大利亚之间的"丹打号"（Tanda）轮船，于当年九月十八日安全抵达雪梨，顺利入境。

抵达雪梨后，黄惠林没有进入舅舅马赞芬为其安排好的华人英文学校就读，而是从九月三十日开始，注册入读位于城里的斯多德与霍尔斯商学院（Stott & Hoarer's Business College）。他在这里接受正常的中小学教育的同时，也开始选修商业课程，更重要的是，他还去就读商学院提供的夜间课程。由此看来，因家境殷实，他在赴澳前便已接受过英语学习，故而很快就适应了这里的学习环境，而且满负荷地运转，以便更大限度地提升自己，为此，商学院对于他的在校表现和学业成绩总是给予好评，认为其学习刻苦，聪颖能干。这种状况一直持续到一九四二年九月。因此时澳大利亚卷入太平洋战争，成为盟国的一员，因而所有因战争滞留在澳的盟国公民都获得了三年临时签证，有效期至一九四五年六月三十日，如到期时战争仍未结束，则该签证自动延期两年。黄惠林也享受这个待遇，但因在战时，许多事情停办，自一九四二年后，就再也见不到商学院提交的有关他的例行报告，不知其在校学习情况及学业。

一九四五年八月十五日，日本投降，太平洋战争结束。但因战后复员等一系列事务，直到一九四七年二月，从原内务部接管处理外侨事务的移民部才开始腾出手来，处理战时滞留在澳之盟国公民去留问题。当年五月十五日，海关向移民局报告，黄舜太太在太平洋战争爆发前的一九四一年十月十二日搭乘“利罗号”（Nellore）轮船返回雪梨[①]，跟丈夫和儿子在一起，但他们夫妇二人已在一九四六年十一月二十二日乘坐“云南号”（Yunnan）返回中国探亲[②]；目前，黄惠林没有去上学，但也没有工作，就住在永安公司的宿舍里。按照规定，以他目前的年龄，他还可以继续去念书，但如果不去上学，那就必须离开澳大利亚，返回中国，此事必须在六月三十日签证到期前决定下来。移民部随后将此意见转告中国驻雪梨总领事馆，请其尽快确认此事，以便移民部做出最后决定。

中国驻雪梨总领事馆在与永安公司总司理郭朝（Gock Chew）联络后得知，后者经几次与黄惠林商谈，这位年轻的中国留学生最终决定回国，毕竟他也出国有六七年了，惦记着家里，要回国看看。八月九日，中国驻雪梨总领事馆通知移民部上述黄惠林即将离境的消息。几经选择船期后，黄惠林便于一九四七年十一月二十二日登上驶往香港的“山西号”（Shansi）轮船，返回家乡，结束了他的在澳七年留学生涯。

然而，四年之后，一九五一年十二月十八日，黄惠林乘坐从香港出发的

---

① Mrs Thomas Wong [Chinese - arrived Sydney per NELLORE, 12 Oct 1941. Box 45], NAA: SP11/2, CHINESE/WONG MRS THOMAS。

② Ah Moon, Ban or Pan Foon, Way Ching, Thomas Wong, Ah Leye, Ling Gee, Charlie Ah Way, Lum Chong, Wah Nutt and George Lee Kum Chin [Certificate Exempting from Dictation Test - includes left hand impression and photographs] [box 267], NAA: ST84/1, 1946/571/1-10。

“彰德号”（Changte）轮船，再次回到了澳大利亚。与他一起回来的，还有他的父亲黄舜。[①]至于黄惠林是以什么签证重新得以进入澳大利亚，档案文件中并未披露，而与其相关的留学档案也到此终止。

就当时的情况而言，他极有可能是以永安公司或者合利果栏雇员的工作签证重返澳洲，因为他的舅舅马赞芬在上述两家公司都占有股份，两家公司也都有权利从海外引进员工；他也有可能是依亲而来，毕竟母亲也跟舅舅一样，是在澳出生的第二代华人。

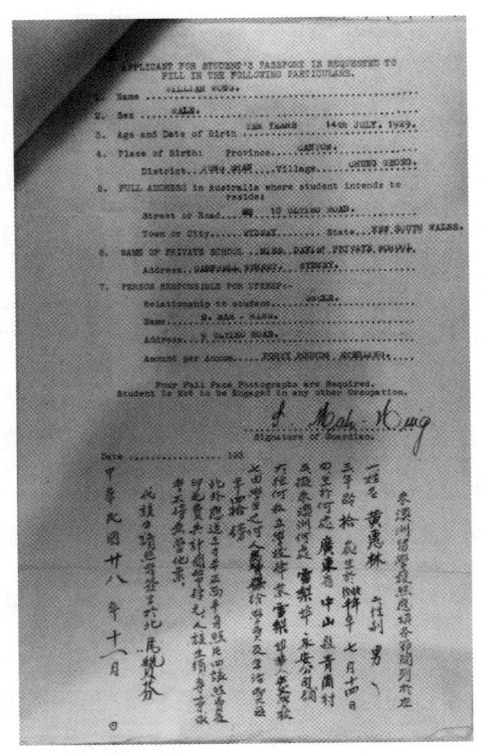

APPLICANT FOR STUDENT'S PASSPORT IS REQUESTED TO FILL IN THE FOLLOWING PARTICULARS.

1. Name .... WILLIAM WONG.
2. Sex .... MALE.
3. Age and Date of Birth .... TEN YEARS 14th JULY, 1929.
4. Place of Birth: Province .... CANTON.
   District .... [illegible] .... Village .... [illegible]
5. FULL ADDRESS in Australia where student intends to reside:
   Street or Road .... 10 ULTIMO ROAD.
   Town or City .... SYDNEY. .... State .... NEW SOUTH WALES.
6. NAME OF PRIVATE SCHOOL .... MISS. DAVIES' PRIVATE SCHOOL.
   Address .... CAMPBELL STREET, SYDNEY.
7. PERSON RESPONSIBLE FOR UPKEEP:-
   Relationship to student .... UNCLE.
   Name .... S. MAH - HING.
   Address .... 7 ULTIMO ROAD.
   Amount per Annum .... [illegible]

Four Full Face Photographs are Required.
Student is Not to be Engaged in any other Occupation.

S. Mah-Hing
Signature of Guardian.

Date 193

来澳洲留学护照应填各节开列于左
一 姓名 黄惠林 二 性别 男
三 年龄 拾 岁 生于[illegible]年 七月十四日
四 生于何处 广东省 中山县 青岗村
五 拟来澳洲何处 雪梨埠 永安公司铺
六 往何私立学校肄业 雪梨 [illegible]
七 回学生之何人为[illegible]供给学费及生活费 每年四拾镑
此外应送三寸半正面半身照片四张[illegible]
[illegible]
中华民国廿八年十一月 日

一九三九年十一月，马赞芬以监护人的名义填表，递交给中国驻澳大利亚总领事馆，申领外甥黄惠林的赴澳留学护照和签证。

档案出处（澳大利亚国家档案馆档案宗卷号）：

William Wong - student, NAA: A2998, 1952/823

---

① Wong, Thomas [Chinese - arrived Sydney per Changte on 18 December 1951] [Box 1], NAA: SP605/10, 81。

唐亚茂

中山江尾头村

唐亚茂（Tong Ah Mow），生于一九三六年八月十五日，中山县江尾头村人。他的伯父唐泗（Thomas Tong See）早在一八九五年便来到澳大利亚寻找机会[①]，从雪梨（Sydney）入境后，就一直向北，往鸟修威省（New South Wales）北部乡村地区发展，最终抵达东北部地区与昆士兰省（Queensland）交界而靠近黄金海岸（Gold Coast）的小镇默威伦巴埠（Murwillumbah）停留下来。他在这里最终获得永久居留权，并在此结婚，把家安在这里[②]；同时也在此开设了他自己的商铺，名为唐威仪号（W Y Tongs Stores）。

唐泗在一九四八年回到中国探亲，与唐亚茂父母商定，办理侄儿赴澳留学。当年五月二十三日，他具结财政担保书，以监护人身份填表递交给中国驻雪梨总领事馆，申办侄儿唐亚茂赴澳留学护照和签证。他以自己经营的唐威仪号商铺作保，承诺每年供给膏火二百镑作为侄儿在澳留学所需费用，办理他到雪梨的中西学校（Chinese School of English）读书。按照规定，申请材料中必须包括所拟入读学校提供的录取信，为此，唐泗写信给校长戴雯丽小姐（Miss Winifred Davies），后者根据请求，于六月八日出具了录取信，直接

① Thomas Tong See [Chinese - arrived Sydney? c. 1895. Box 39], NAA: SP11/2, CHINESE/SEE TT。

② 根据当地传媒报道，一九四五年底，唐泗夫妇在默威伦巴埠为其二十一岁的女儿（一九二四年出生）举行生日派对，大宴宾客。这条新闻报道至少说明，唐泗在二十世纪二十年代初便在该埠定居，并娶妻生子。详见：”Betty’s Budget Social Doings”, in *Tweed Daily* (Murwillumbah), Wednesday 2 January 1946, page 5。

寄送中国驻雪梨总领事馆。因此时唐亚茂还不满十二岁，无须提供英语能力证明，因此，上述申请材料已经齐全。

中国驻雪梨总领事馆接到申请后，立即于六月十七日将申请材料汇集，转送澳大利亚移民部，为唐亚茂申请留学签证。通常情况下，按照流程，移民部需要通过海关等部门对财政担保人和监护人的情况进行调查核实，作为批复与否的依据。可是对于这项申请，移民部似乎并没有走流程，而是内部稍做评估，便于六月三十日批准了上述签证。七月二十二日，中国驻雪梨总领事馆签发给唐亚茂一份号码为428017的中国护照；八月五日，移民部也在上述护照上钤盖了入境签证章。随后，中国总领事馆立即将护照寄往已经在香港等候赴澳的唐泗和他的侄子唐亚茂。后者立即订妥船票，登上“彰德号”（Changte）轮船，于九月二十二日抵达雪梨，顺利入境澳洲。①

然而，唐亚茂并没有在雪梨停留，也没有如其伯父早前的安排入读中西学校，而是跟着唐泗，直接去到了默威伦巴埠，进入天主教会在该埠开办的圣博德书院（St. Patrick’s College）读书。第二年，天主教会在鸟修威省北部地区主教提交的一份报告，谓这位中国学生在那里学业优秀，在校表现良好，故移民部毫不犹豫地核发其下一年度的展签；如是，因此后每年的报告都显示其各方面表现令人满意，故一直到一九五一年，移民部都为其核发展签，也一直以为这位中国学生在那所乡村教会学校兢兢业业勤勤恳恳地读书。

到一九五二年九月，移民部按例与上述圣博德书院联络，要求提供唐亚茂的在校表现和学业成绩报告，并希望这位中国学生与移民部联络，以更换其留学签证时，方才得知这位中国学生已经从该书院退学，也离开了默威伦巴埠。于是，接下来移民部雪梨办事处的人员开始寻找其踪迹。

直到一九五三年二月初，移民部官员才在雪梨找到了将届十七岁的唐亚茂。根据这位学生的自述，实际上，他在一九五〇年十一月学校尚未到放暑

① Thomas Tong See [Chinese - arrived Sydney per SS CHANGTE, about 1948. With photograph][Box 47], NAA: SP1732/5, TONG SEE, THOMAS。

假之前便已退学，离开了默威伦巴埠，只身来到雪梨。也就是说，他只是在那所乡村小镇的教会学校读了两年书。而在过去的两年多一点的时间里，他都在位于衿布炉街（Campbell Street）的香港酒楼（Hong Kong Café）打工，当侍应生。他向移民部官员表示，伯父让他离开那个乡村小镇去找一份工作，为此，他就来到雪梨这个大都市，进入上述酒楼工作，因为他的伯父也在那家酒楼拥有股份。但他也对移民部官员说，他虽在酒楼当侍应生，但并不受薪，平时都是由其伯父不时接济给他钱，让他能够支付在雪梨的住宿和膳食。

由此可以看出，在一九五一年里，极有可能是唐泗通过与当地天主教会上层的运作，显示其侄儿仍然是在那所乡村学校念书，因而使得移民部按照惯例批复唐亚茂的签证展延；只是到了上一年，此事无法再包藏下去，移民部才得以获知这位中国学生早已退学和到雪梨打工的真相。无论如何，移民部官员对此所做的第一件事，是告诫他马上返回学校念书；同时，也立即致函他的伯父唐泗，要求他立即安排其侄儿重返学校念书，如果不能这样做的话，就立即购买船票，安排唐亚茂离开澳大利亚回国。

让移民部官员意想不到的结果是，唐泗立即回信选择了后者，要求移民部尽快将唐亚茂遣返。在这种情况下，二月二十日，雪梨移民办事处的官员再次找到唐亚茂。他坦承此时伯父唐泗已经断了对他的资助，他也无法再在香港酒楼工作，目前在英皇十字街（Kings Cross）新民餐厅（Sum Man Café）做侍应生工作，每周做工二十三个小时，周薪为四镑十二先令。他也表示，虽然按照移民局指示，他注册入读剑桥培训学院（Oxford Coaching College），但只是去了一天，就无法支撑下去，因为他的收入根本就无法付得起学费。虽然他自己也表示，如果再去此前伯父帮他联络的中西学校念书，可能会好一些，因为学费会便宜很多，但移民部官员也意识到，以其现在已经年过十六岁，即将十七岁，英语又已经很好的情形，实在也是无法再重返学校去读低年级的课程，何况他自己也坦承，之所以愿意按照移民部官员的指示去学校注册入读，主要是不想被遣返回国，本人根本就不愿意再去学校念书。

雪梨办事处的官员在一起合议如何处理此事时发现，目前似唐亚茂这样靠打工维持学费读书的现象已非个案，就此事而言，即便将唐亚茂再送回到默威伦巴埠上学，他自己也不想再回到那里跟比自己小很多的孩童一起读书，因为他早就过了那样的读书年龄；更主要的是，其监护人原本是有责任负担其学费和回国费用的，但目前看来，他已经将自己推得一干二净。移民部不愿看到学生以打工为主来支撑其学业，认为最佳选项便是将其遣返。于是，三月十八日，他们将此意见报告给移民部秘书，并表示应该由监护人负责出资购买船票，将唐亚茂送返中国。这样的建议，经层层官员签呈，移民部部长于六月三日最终核准，要求唐泗尽快购买船票，安排唐亚茂离境。可是两个月过去了，仍然未见到唐泗对此有任何动静，显然，唐泗并不想为唐亚茂支付那笔船资，因而能拖就拖。为此，移民部部长便于八月五日对唐亚茂正式下达了遣返令。

其实，当时对这位违规的中国学生的遣返之所以无法得到立即执行，其中一个最主要原因在于，唐亚茂的回国之行碰到了一个很大的问题，即他必须要经香港才能回返中国内地；可是进出香港还需要获得港英当局的批准，而此事必须得由澳大利亚移民部出面协调方才可行。于是，在随后的三个多月时间里，移民部官员动用了很多资源，与大英帝国驻澳大利亚高级专员公署就此事公牍往返，反复交涉让唐亚茂过境。最终，港英当局才于十月份同意，让唐亚茂进入香港；但其条件是，他可以过境，但在港不能停留，即抵达香港后就必须直接去到罗湖口岸出关，进入内地。为此，移民部特别将原先代为保管的唐亚茂护照找出来，交给他随身携带，以便在香港过关时使用。

到了这个时候，唐泗不得不拿出钱来，为侄儿订妥赴港船票。一九五三年十一月三十日，十七岁的唐亚茂在雪梨港口登上驶往香港的“长沙号”（Changsha）轮船，驶离澳大利亚返回中国。

唐亚茂在澳留学的时间长达五年之多，但真正在校读书只有两年多一点的时间，其余三年时间基本上都去打工了。而从对他的在校期间的监管情况来看，此时移民部的管理远较内务部主管时期要松懈。

而唐亚茂是否顺利经香港返回中山，回去后的境遇及人生遭遇如何，因没有资料，无从得知。

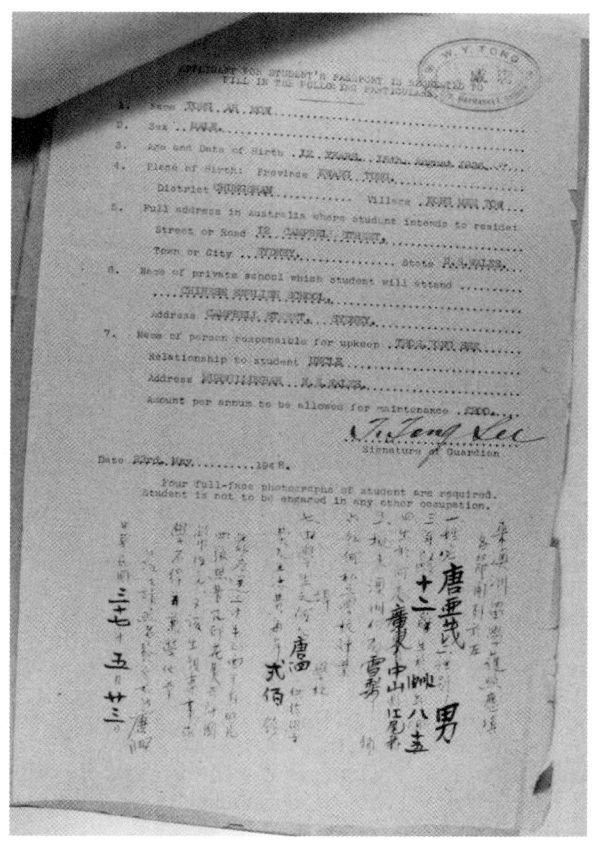

W. Y. TONG

APPLICANT FOR STUDENT'S PASSPORT IS REQUESTED TO FILL IN THE FOLLOWING PARTICULARS.

1. Name TONG AH MOW
2. Sex MALE
3. Age and Date of Birth
4. Place of Birth: Province
   District
   Village
5. Full address in Australia where student intends to reside:
   Street or Road CAMPBELL STREET
   Town or City SYDNEY
   State N.S.WALES
6. Name of private school which student will attend CHINESE ENGLISH SCHOOL
   Address CAMPBELL STREET, SYDNEY
7. Name of person responsible for upkeep
   Relationship to student UNCLE
   Address
   Amount per annum to be allowed for maintenance £200

T. Tong Lee
Signature of Guardian

Date 23rd. May 1948.

Four full-face photographs of student are required. Student is not to be engaged in any other occupation.

一九四八年五月二十三日，当时人在中国的唐泗以监护人身份填表，递交给中国驻雪梨总领事馆，申办侄儿唐亚茂赴澳留学护照和签证。

档案出处（澳大利亚国家档案馆档案宗卷号）：

Tong Ah Mow – student, NAA: A2998, 1952/769

附录一　澳大利亚国家档案馆所藏香山（中山）县赴澳留学生档案目录

List of students from Xiangshan (Zhongshan) County for studying in Australia

Ah Chee - Education exemption and son, NAA: A433, 1947/2/1013

Ah Chok Yee [also known as Harry Way Yee], Dora Way Yee, Poy Chin, Doris Edna Yee, Marjorie Elaine Yee and Betty Iris Yee [includes 2 photographs showing front and side view, Certificate of Exemption and left and right thumb prints of Poy Chin; left hand prints and Certificates of Exemption for Dora Way Yee; left hand print and left and right thumb prints for Betty Iris Yee and Doris Edna Yee and Certificates of Exemption and left and right thumb prints for Ah Chok Yee] [box 329], NAA: SP42/1, C1936/5876 PART 1 OF 6

Ah Chok Yee, Harry Way Yee, Poy Chin and Mrs Harry Way Yee [includes Certificates of Exemption for Poy Chin] [includes Certificates of Exemption for Mrs Harry Way Yee] [includes Certificate of Exemption for Ah Chok Yee] [box 329], NAA: SP42/1, C1936/5876 PART 2 OF 6

Ah Chok Yee, Harry Way Yee [also known as Henry], Poy Chin and Mrs Harry Way Yee [includes 4 photographs showing front and side views, left hand print and left and right thumb prints for Poy Chin] [issue of Certificates of Exemption in favour of Poy Chin] [includes Certificates of Exemption for Mrs Harry Way Yee] [includes Certificates of Exemption for Ah Chok Yee] [box 329], NAA: SP42/1,

C1936/5876 PART 3 OF 6

Ah Chok Yee, Harry Way Yee [also known as Henry], Poy Chin and Mrs Harry Way Yee [includes Certificate of Exemption and left hand print for Poy Chin] [includes Certificates of Exemption for Mrs Harry Way Yee] [includes Certificate of Exemption for Ah Chok Yee] [box 329], NAA: SP42/1, C1936/5876 PART 4 OF 6

Ah Chok Yee, Harry Way Yee [also known as Henry], Poy Chin [also known as Pay Chin] and Mrs Harry Way Yee [includes numerous Certificates of Exemption for Poy Chin, Mrs Harry Way Yee and Ah Chok Yee] [box 329], NAA: SP42/1, C1936/5876 PART 5 OF 6

Ah Chok Yee, Harry Way Yee [also known as Henry], Poy Chin [also known as Pay Chin] and Mrs Harry [Dora] Way Yee [includes numerous Certificates of Exemption and left hand prints for Poy Chin, Mrs Harry Way Yee and Ah Chok Yee] [includes 2 photographs showing front and side views of an unknown girl] [box 329], NAA: SP42/1, C1936/5876 PART 6 OF 6

Ah Chong - Student exemption, NAA: A433, 1947/2/1963

Ah Kim - Student exemption certificate, NAA: A433, 1941/2/217

Alban [Albert] Lee – Student, NAA: A433, 1946/2/4647

Allen Low - Student Ex/c., NAA: A1, 1938/7061

Andrew Choy Lun - Students Passport, NAA: A1, 1937/805

Andrew SUE - Student passport, NAA: A1, 1927/16695

Application by the Consul - General for China on behalf of Charles Chong for permission for his step-brothers named James Fong, NAA: A1, 1911/19650

Application for Lau Cheong Chor to enter commonwealth, NAA: E141, D1947/237

Arthur Hocking - Student Passport, NAA: A1, 1936/263

Arthur Sue Kee - Student passport - Business exemption, NAA: A433, 1946/2/4202

Buck GIN – Student, NAA: A1, 1927/295

C Kwok HING - Student passport, NAA: A1, 1930/11628

C Lee Fay Sin - students passport, business exemption certificate, NAA: A1, 1932/60

Chan Kum Hok - students' passport, NAA: A1, 1932/10788

Chan Wo Kai - student passport, NAA: A1, 1992/4992

Charles Mah - Student's Ex/c, NAA: A1, 1938/7356

Cheng Kam Hoon - Student exemption, NAA: A433, 1941/2/1803

Cheung Wing Wah [2cms], NAA: A433, 1947/2/1988

Chew, George - Student passport, NAA: A1, 1928/4948

Chin Hing Yoong - exemption certificate, NAA: A1, 1929/8808

Chiu Cheu - students passport, NAA: A1, 1932/1042

Choi Wing Canton Student's Passport, NAA: A1, 1922/10798

Chong, Bow - Student passport, NAA: A1, 1926/20310

Chong Julum - Exemption certificate [1.5cms], NAA: A433, 1949/2/239

Chong WAY - Student passport, NAA: A1, 1927/10264

Chong Wing Lee - Student Ex/c, NAA: A1, 1938/13135

Chong, Wong Sick - Student passport, NAA: A1, 1926/2526

Choong, Pang Ton - Student's passport, NAA: A1, 1925/20947

Chun Chew - Students passport, NAA: A1, 1932/623

Chun Gwan Students Passport – 168, NAA: A1, 1937/2607

Chun Kong – Student, NAA: A433, 1948/2/6741

Chun Loo FAT - Students passport, NAA: A1, 1927/6435

Chun LUM - Student Passport, NAA: A1, 1934/1592

Chun Wah MOT - Students passport, NAA: A1, 1930/6222

Chung BARK - Student passport, NAA: A1, 1927/22036

Chung Chak Yee - Students passport, NAA: A1, 1933/6972

Chung Hong - Students Ex/C, NAA: A1, 1937/153

Day, George - Student passport, NAA: A1, 1925/10974

Elun Hong - Student, NAA: A2998, 1952/4217

Fay, Sue Yow - Student passport, NAA: A1, 1926/15566

Fong Bing - student passport, NAA: A1, 1929/6290

G Bowne - students passport, NAA: A1, 1932/5282

Gan, Cecil - Student exemption [1.5cms], NAA: A433, 1949/2/269

Gee Chew Students Passport - Naturalization Certificate, NAA: A1, 1931/356

George Lee Chew - educational Ex/C [Exemption Certificate], NAA: A1, 1937/158

George Mar Fan, Student Passport, NAA: A659, 1939/1/1261

Gew Yoong - students passport, NAA: A1, 1932/5361

Gin Yuen. Student Passport, NAA: A1, 1926/20643

Git, J - Student passport, NAA: A1, 1926/10049

Go Leong YOU - Students passport, NAA: A1, 1930/4819

Gock Bow TING - Passport application, NAA: A1, 1927/5587

Gock, Joseph - Chinese student on passport, NAA: A1, 1925/22531

Gock Lum Shong [includes photographs], NAA: SP42/1, C1910/3678

Gook Hing（1）Student passport（2）Exemption Certificate, NAA: A1, 1936/10695

Gow, Leung Moon - Student passport, NAA: A1, 1926/17577

Gum CHOY - Student's passport, NAA: A1, 1930/7977

Kow, Ngnn Yein - Student passport, NAA: A1, 1926/9327

Gow, Robert Young - Chinese student's passport, NAA: A1, 1925/8054

He Man - Students passport, NAA: A1, 1932/471

Hee Day Student's Passport, NAA: A1, 1931/3972

Henry Pong TOY - Students passport, NAA: A1, 1927/12252

Hin Wah Lee - students passport, NAA: A1, 1932/5368

Hing, Chong - Students passport, NAA: A1, 1928/1751

Ho Goon Dick - Student Passport, NAA: A1, 1933/123

Ho Goon Foo - Students Passport, NAA: A1, 1929/4257

Holiman Fong Yow - Student exemption [2cms], NAA: A433, 1947/2/1967

Hong HUE - Student passport, NAA: A1, 1927/19950

Hoong Fook - student passport - exemption certificate, NAA: A1, 1929/6743

Howe Mun Hing - Student exemption, NAA: A433, 1940/2/226

Ivy Gaan Chew - Education exemption certificate, NAA: A433, 1940/2/425

James Lee - Chinese Student's Ex/c, NAA: A1, 1938/1638

James Sue Kee - Student's Passport, NAA: A1, 1931/5933

Janf Gum Foo – Student Passport, NAA: A1, 1935/1576

Jang Shu Hong - Student passport, NAA: A1, 1923/16780

Jang Sue - Student [0.5cm], NAA: A433, 1949/2/297

Joe Gan – Student Passport, NAA: A1, 1937/5405

Joe Sam Lee - students passport, NAA: A1, 1932/5369

Joe SING - [Aka JOE SING MOW] Chinese Student, NAA: A1, 1935/486

Johnny War Kee - Students passport, NAA: A1, 1933/1542

Jong Ngock Bew - Student Passport, NAA: A1, 1937/114

Kam Cham – Student Passport, NAA: A1, 1937/102

Kay Joe - Student's passport, NAA: A1, 1924/3457

Kee, Willie Wong - Student passport, NAA: A1, 1925/2256

King Sang - Student's Passport, NAA: A1, 1933/136

Kong Soon SHING – Student passport, NAA: A1, 1927/21152

Kuni Jook Long（Mrs. Phillis Wong）Stud. Exc Readm, NAA: A1, 1937/1635

Kwan, Tim - Canton student passport - Part 1, NAA: A433, 1947/2/2545

Kwok Chang Chun - Student's passport, NAA: A1, 1936/773

Kwok Kay Tim. Student on Shanghai Passport, NAA: A1, 1922/13030

Kwok Kwan WING - Student on Canton passport, NAA: A1, 1927/8452

Kwok Lai Chin - Student exemption, NAA: A433, 1940/2/1053

Kwok Lam Chin - Student on Canton Passport, NAA: A1, 1935/1442

Kwong, Louie - Student exemption, NAA: A433, 1947/2/2836

Kwong Wah Jeong Student's Passport, NAA: A1, 1931/3365

Kwong Wah Jong - Student's Passport, NAA: A1, 1933/87

L. Poy Tong - Students Passport, NAA: A1, 1937/1480

Lam Kong Students – passport, NAA: A1, 1931/1079

Law, Constance - Student exemption, NAA: A433, 1947/2/1808

Lee, Albert [Chinese born 1918, Shekki, China, naturalisation file for cafe proprietor], NAA: J25, 1961/5008

Lee, Chun - Students passport, NAA: A1, 1925/5182

Lee Gum SING - Student passport, NAA: A1, 1927/3516

Lee Hoon Shung, Student Passport, NAA: A659, 1939/1/1112

Lee Hoong Yuen Student passport, NAA: A1, 1927/9348

Lee Kong Yee - Student exemption, NAA: A433, 1947/2/1458

Lee Nai Bun - Student's Passport, NAA: A1, 1938/1654

Lee See Gilbert - Chinese - arrived 30 July 1938 in Cairns aboard TAIPING - departed 16 May 1948 from Cairns aboard CHANGTE, NAA: BP210/2, LEE SEE G

Lee Sheh - Student exemption, NAA: A433, 1941/2/2013

Lee Sing - Student exemption, NAA: A433, 1941/2/2012

Lee Sing Poo student passport, NAA: A1, 1931/1355

Lee Wah - Students passport, NAA: A1, 1932/627

Lee Yin Sung - Student exemption [1cm], NAA: A433, 1947/2/2134

Lee You Mun student's passport, NAA: A1, 1931/2121

Leo Hing - student passport, NAA: A1, 1928/9663

Leon Day Kee - Student on passport, NAA: A1, 1932/4655

Leong Man HONE - Chinese student, NAA: A1, 1927/19431

Leong Man Hung student passport, NAA: A1, 1931/423

Loong, Poo - Student passport, NAA: A1, 1925/13740

Leong Poy Lum - Exemption certificate, NAA: A1, 1932/18

Leong Sue Chen – student, NAA: A2998, 1952/2

Leong Wah Lup - Student passport [1.5cms] - Part 1, NAA: A433, 1947/2/2404

LEONG Yock Lun aka Leong Sun George [born 1919 - China]; wife LEONG Shui Hing [nee Lee] [born 1921 - China], NAA: J25, 1977/7567

Li Poo CHONG - Student passport, NAA: A1, 1934/1170

Li Yo Ming - Students passport, NAA: A1, 1931/7376

Ling Sing - Students passport, NAA: A1, 1932/664

Lip Mun - Education exemption certificate [0.5cm], NAA: A433, 1940/2/590

Louie FONG - Student passport, NAA: A1, 1930/6523

Louie Bung WONG - Student passport, NAA: A1, 1927/3392

Lou Jung Lun and Lou Jung Hee - student passport, NAA: A1, 1929/6872

Loui Ah Poy Student on Passport, NAA: A1, 1923/28177

Louie Bing On - Student's Ex/c, NAA: A1, 1938/17229

Louie Chew - Student exemption certificate, NAA: A433, 1949/2/189

Louie Chew Yip - Student exemption [0.5cm], NAA: A433, 1947/2/5670

Low Chaw - Student passport, NAA: A1, 1923/15629

Low Hon SING - Student Passport, NAA: A1, 1934/1666

Low Sing Dick - Student's passport, NAA: A1, 1931/3455

Lowe Sek Won - Student exemption, NAA: A433, 1939/2/12

Lowe, Sou Yee - Education exemption certificate, NAA: A1, 1928/11614

Lowe Wai Gong - Students Passport, NAA: A1, 1938/539

Lum Arnarp - Student's passport [0.5cm], NAA: A1, 1924/28043

Lum Goon Gee - Student exemption [0.5cm], NAA: A433, 1942/2/2676

Lum Jock Student passport, NAA: A1, 1931/6642

Lum Kam - Exemption [3cms], NAA: A433, 1948/2/6958

Lum Len - Student's Passport, NAA: A1, 1936/1199

Lum Mow, Henry - Student exemption certificate, NAA: A433, 1949/2/7501

Lum Mow, Lum Goon Way, NAA: J2773, 60/1920

Lum Quan（with Sam Yick & Coy.）Students passport, NAA: A1, 1936/763

Lum See Bew - student passport, NAA: A1, 1929/2903

Lum Wah Hay - student passport, NAA: A1, 1928/10072

Lum Wie - Student exemption - Business exemption, NAA: A433, 1942/2/3297

Ma Man Kin - Student passport [2cms], NAA: A433, 1945/2/3182

Ma Yuim Chong（1）Student's Passport（2）Ex/c, NAA: A1, 1938/1785

Mah Way LING - Students passport, NAA: A1, 1930/1611

Man On. Student on Canton Passport, NAA: A1, 1922/7547

Mar, James – Student, NAA: A433, 1950/2/660

Mar Jang Hang - Ex/c, NAA: A1, 1937/1965

Mar Leong - Ex/c Wife, NAA: A1, 1937/90

Mark Moon KONG - Student passport, NAA: A1, 1930/1757

Marm, Shik - Chinese student on passport, NAA: A1, 1925/21721

Miss Yock Larn Mew Chinese on Student's Passport, NAA: A1, 1931/3859

Mon SANG - Student passport, NAA: A1, 1927/16206

Mow Kock PING - Students passport, NAA: A1, 1927/12462

Peter See - Students passport, NAA: A1, 1933/2119

Ping Kwong Lee Canton student passport, NAA: A1, 1822/22737

Po Tak Wai - Student's Passport, NAA: A1, 1933/256

Poo Sing, NAA: A1, 1935/10658

Poo Yuen. Students Passport, NAA: A1, 1926/17867

Quan Sec Hop - Student Pass Port & Bus. Ex/c, NAA: A1, 1935/1774

Quin, Buck - Student's passport, NAA: A1, 1925/3579

Sam, Tom Wong - Student passport, NAA: A1, 1926/1273

Say Hoy - Student exemption, NAA: A433, 1941/2/2350

See Chee n& Wong Chee - Education Ex/c, NAA: A1, 1938/30933

See Hing. Exemption Certificate, NAA: A1, 1914/20009

Sing, Willie Fong - Student passport, NAA: A1, 1928/6550

So, Loong - Student passport, NAA: A1, 1926/18835

Sow, Chan Bing - Chinese student exemption certificate, NAA: A1, 1928/2828

Sow Kin Student's Passport, NAA: A1, 1923/57

Sue CHONG - Students passport, NAA: A1, 1927/13080

Sue Gee Kean. Student exemption, NAA: A659, 1939/1/1277

Sue Kurk Yee - Student exemption, NAA: A433, 1939/2/852

Sue Lum - Student's Passport, NAA: A1, 1938/24987

Sue, Willie - Students passport, NAA: A1, 1926/11898

Suen King Hing [1.5cm], NAA: A1, 1936/102

Sum, Hung - Students passports, NAA: A1, 1928/1965

Sum, Way - Student's passport, NAA: A1, 1928/4117

Sweeny Wing Chee - Student passport, NAA: A1, 1933/3362

Thomas Henry Quay - student passport, NAA: A1, 1929/6848

Thomas Ma Joe Young - Educ. Ex/C, NAA: A1, 1937/160

TIM SECK AH LAY - Chinese student, NAA: A1, 1934/6524

Tin Poy - student passport, NAA: A1, 1929/4288

Tiy, Gock Young（Chan, G Y）- Student passport, NAA: A1, 1926/15257

Tommy Ah GOW - Student passport, NAA: A1, 1927/20834

Ton Ping SUN - Student passport, NAA: A1, 1927/13886

Tong Ah Mow – student, NAA: A2998, 1952/769

Tong, Kay Chong - Students passport, NAA: A1, 1928/2443

Way Sarn - Student's Passport, NAA: A1, 1933/127

William Wong - student, NAA: A2998, 1952/823

Willie Wahook Lee - Student passport, NAA: A1, 1923/28341

Wong Foo Chong - Student passport, NAA: A1, 1928/4768

Wong, Jarues - Student passport, NAA: A1, 1928/5535

Wong Joe Sing - Students Passport, NAA: A1, 1937/3126

Wong Ju Leong - Students Ex/c, NAA: A1, 1935/1838

Wong Sue Ngin - Student Passport, NAA: A1, 1937/13265

Wong Sun Jock - Student passport [2cms], NAA: A433, 1949/2/4601

Wong Tim - Student's passport, NAA: A1, 1924/6651

Wong Tsoi Student's passport, NAA: A1, 1931/5053

Wong, Walter J - Student passport, NAA: A1, 1928/5495

Wong Yook Queon - Student passport, NAA: A1, 1928/8776

Yee Man TING - Student passport, NAA: A1, 1934/1165

Yee Foo Min - Student Passport, NAA: A1, 1929/3234

Yee Ming - Students passport, NAA: A1, 1932/667

Yingman Gum Yuen, NAA: A2998, 1951/2430

Yit Ho - Chinese student, NAA: A433, 1947/2/4555

Yiu, S - Student on Canton passport, NAA: A1, 1926/11418

Yock Wah - Students Passport, NAA: A1, 1937/6280

Yong, Leong Day - Student's passport, NAA: A1, 1925/9328

You, Yum - Student of passport, NAA: A1, 1926/3557

Young Min Student's Passport, NAA: A1, 1931/5022

Young, Robin - Student exemption, NAA: A433, 1947/2/1826

Young Sit Exc Exemption Certificate, NAA: A1, 1922/10843

Yuen Din - student passport - exemption certificate, NAA: A1, 1930/1965

Yuen Ink Hee Students Passport, NAA: A1, 1927/1148

Yung, George - Son, C - Students on passports, NAA: A1, 1926/19267

附录二 中山卷所涉澳洲地名与街名中译对照

英文街名、地名	原译名	现译名
Abercrombie Street	鸭庇钦比街	亚伯克伦比街
Abbott Street	艾伯特街	
Adelaide	克列	
Albert Street	亚伯特街、阿伯塔街	
Alexandria	亚力山打、亚历山大	亚丽珊德里娅
Alligator Creek	阿里加特溪	
Alma Street	沃玛街	
Aloomba	丫路坝镇	
Ann Street	安街	
Annard Street	安纳德街	
Annandale	安南岱区	
Armidale	暗觅爹厘	阿米代尔
Atherton	丫打顿、亚瑟屯	阿瑟顿
Auburn	奥本	
Auckland	屋仑	奥克兰
Ayr	衣（口旁）镇、衣（口旁）埠，鸦埠、依埠	艾尔
Ballarat	孖剌、孖辣	
Bankstown	宾士镇	班克斯敦
Bathurst	把打池埠	
Belgrave Street		贝尔格雷夫大街

续表

英文街名、地名	原译名	现译名
Bennett Lane	百另郎	
Blackburn Street	北宾街	
Boomi		步迈
Botany	布达尼	博塔尼
Botany Bay	布达尼湾	
Botany Road	布达尼路	
Bowen	般埠	
Brandon	布朗顿	
Brisbane	庇里士滨、庇利殊彬、庇厘士彬	布里斯本
Broadway	卑乐威	
Brunswick Street	布兰斯威克街	
Bundaberg		邦德堡
Cairns	坚市、坚士、坚时	凯恩斯
Campbell Street	矜布街、矜布炉街、金宝街、钦布炉街	金宝街
Campbelltown	金宝镇	
Canberra		堪培拉
Cannon Street	加农街	
Cardigan Street	卡地见街	
Carlton	加顿、架顿、卡顿	
Casino		卡西诺
Charles Street	查尔斯街	
Charleville	车厘尉，菜里围、叉厘威埠	查尔维尔
Charlton Street	查尔顿街	
Charters Towers	车打士滔、车士兜埠	查特斯堡
Charters Towers Road	车打士滔路	
Chatswood	车士活	查茨伍德
Church Street	教堂街	
Clement	克来孟、企喱门	克莱门特
Cleveland Street	冀恋街	克里夫兰街
Cloncurry	郎架厘埠	

续表

英文街名、地名	原译名	现译名
Commonwealth Street	矜文威炉街	
Cooktown	谷当	
Cowra	苟虏埠、考纳	考拉
Crown Street	库郎街、高浪壬的街、邝浪街	
Cumberland Place		坎伯南街
Cunnamulla	卡剌孖剌、架罅孖剌	坎纳马拉
Darlinghurst		达令赫斯特
Darwin	打运埠	达尔文
Denison Street	丹尼生街	
Devonshire Street	帝王榭街，踮文佘街	德文郡街
Dixon Street	德信街、的臣街，德臣街，德信街	德信街
Double Bay	德宝湾	双湾
Dubbo	塔咘、答布、德宝	达博
Dulwich		杜里奇
Dulwich Hill	杜里奇希	
Drummoyne	德拉默英埠	德朗莫尼
Eastwood	伊士活	
Elisabeth Street	衣列士弼街、衣利什步街	伊丽莎白街
Emerald	厌麻炉、奄蔴炉	埃默拉尔德
Emmaville	艾玛围	
Exhibition Street	益市比臣街	
Fiji	菲芝、飞枝	斐济
Fishery Creek		渔场溪
Flinders Street	弗林德斯街、弗林德斯大街	
Flinders Street West		西弗林德斯街
Fort Street	炮台街	炮台街
Fortitude Valley	华丽区	
Foveaux Street	福维克斯街	
Fremantle	富李满度	
Freshwater	淡水	

续表

英文街名、地名	原译名	现译名
Garfield North	北加非卢	
Geelong	芝郎埠	
George Street	左治大街、佐治大街	
Georgetown	佐治汤	乔治敦
Giru		吉茹
Glebe	纪聂	格利柏
Glen Innes	暨涟弥士埠、坚嗹弥士、嘅嗹弥士、其连弥时	格兰因尼斯
Gold Coast	黄金海岸	
Goondiwindi	近地温地埠	
Gordon Place		戈登街
Gordonville	葛顿威炉、果顿威炉	
Graceville	葛瑞泗围区	
Granville	格兰围	
Green Hills	绿岭	
Gregory Terrace	格雷戈里台路	
Griffith	格里菲思	
Guildford		吉尔福德
Guyra	盖拉	冈德盖
Halifax	吓李碑	哈利法克斯
Harbour Street	虾巴街	海港街
Harris Street	哈里斯大街	
Hay Street	喜街，禧街	喜街
Haymarket	喜市场、希孖结	喜市场
Honolulu	檀香山	
Hunter Street	亨特街	
Hunter's Hill		猎人山
Hurlstone Park	赫斯顿公园	
Ingham	英壬埠、英吟埠	英厄姆

续表

英文街名、地名	原译名	现译名
Innisfail	烟厘时非炉	因尼斯费尔
Inverell	烟花飞路、烟花非路、烟化炉	因弗雷尔
Ipswich	叶士蔑徐埠	
James Street	占士街	
John Street	约翰大街	
Kairi	凯里	凯里
Killara	忌剌剌	其拉拉
Killarney	加喇尔	
Kings Cross	英皇十字街	
Kirk Lane	科克巷	
Kuridala	库里达拉	
Kwong Sang Walk	广盛巷	
Kyogle	溪澳古	
La Trobe Street	礼塔笠街、礼列立街	拉筹伯街
Lackey Street	男仆街	
Lautoka	劳托卡	
Leichardt	莱契德	
Levers Lane	利弗巷	
Lismore	里士摩	利斯莫尔
Lithgow	礼士沟	利斯戈
Little Bourke Street	小博街	
Lygon Street	禮近街	
McCormac Place	麦科马克街	
Mackay	墨溪	麦凯，马凯
Manilla	马尼拉埠	
Manly	曼利	
Marrickville	马力围，孖力非炉	马里克维尔
Maroubra	孖霖罢	马鲁布拉
Mary Street	马里街	

续表

英文街名、地名	原译名	现译名
Melbourne	美利滨、美利伴、美利半、美利畔、美尔钵、尾利伴、尾利畔、尾唎伴、尾利扳、尾利宾	墨尔本
Miller Street	弥勒街	
Mirani	密仁里	
Mirriwinni	孖刺温弥埠	
Montague Road	蒙塔古路	
Moree	磨利埠、磨厘埠	
Morton Street		摩顿街
Mungindi	孟元太埠	
Murwillumbah	默威伦巴埠	
Narrabri		那拉布赖
Narrandera		那兰德纳
Narromine		奈若敏
New England		新英格兰
New Farm	新场	
New South Wales	鸟修威、纽所委、鸟沙威、了沙威、	新南威尔士
New Zealand	纽西兰、纽丝纶	新西兰
Newcastle	鸟加示、鸟加时	纽卡素
Newcastle Street	鸟加时街	
Normanton	那文顿埠	
Northern Territory		北领地
Orange	阿论治埠	
Osborne Road		奥斯本路
Oxford	恶士佛	牛津
Oxford Street	恶士佛街	牛津街
Paddington	把定顿、帕丁顿、吧丁顿、把丁顿	
Palmer Street	白马街	
Parramatta	柏利孖打，派罅孖打、啪冧孖吋	帕拉马达
Parramatta Road	派罅孖打路	

续表

英文街名、地名	原译名	现译名
Peel Street	皮路街	
Penshurst Street		潘瑟斯特街
Perkins Street	白金士街	
Perth	巴埠、普扶	佩斯
Petersham	皮特森	彼得舍姆
Pitt Street	比街、必街，匹时街，皮特街、辟市街	皮特街
Port Darwin	砵打运、波打运	达尔文港
Pyrmont	派蒙、啤扪埠	派蒙特
Queen Street		女王街
Queensland	昆使兰、坤士栏、昆士兰、昆时栏，坤时栏	昆士兰
Quirindi	坤伦太	奎林代
Randwick	兰域	
Ravenshou	雷文埒	
Rawson Place	萝臣街	若森街
Red Range	红岭	
Redfern	红坊，列坟	红坊
Reservoir Street	李士威街	
Richmond	里士满埠	
Rockhampton	洛今屯、洛金顿	罗克汉普敦
Rookwood Cemetery	碌活坟场，六福坟场	六福坟场
Rollingstone	罗令士端	罗林四通
Roma Street		罗马街
Rose Bay		玫瑰湾
Roseville	劳士非芦	罗斯维尔
Ruthven Street	鲁思文街	
Russell Street	律素露街（律师街、律素街、罗苏街）	罗素街
Ryde	莱德	
Sachs Street	沙昔街	沙奇士街
Scone	司康	
Shields Street	些炉街	

续表

英文街名、地名	原译名	现译名
Shellheim	塞尔海姆	
Singleton	星咕顿	辛格尔顿
Sir Joseph Banks Road		若瑟·班克斯爵士路
Smith Street		史密斯街
South Australia		南澳
South Terrace	南台巷	
St George	圣佐治	圣乔治
Stanthorpe	士丹托	斯坦索普
Stokes Street		司铎克斯街
Suva		苏瓦
Surry Hills	沙厘希，沙厘希山、沙梨山	萨里山
Sydney	雪梨	悉尼
Tahiti	大溪地	塔希提
Tamworth	探密，贪麻，坦勿	塔姆沃思
Tenterfield	天地非	
Texas	德克萨斯	
Thomas Street	参勿街、贪麻时街、探眉士街	汤马士街
Thompson Street	汤普森街	汤普森街
Thursday Island	达士埃仑、珍珠埠、礼拜四岛	星期四岛
Tingha	天架	廷加
Tolga	滔炉架	埱家
Toowoomba	都麻罢埠	图文巴
Townsville	汤士威，塘虱围，汤士威尔，汤士威炉，汤时威炉，汤士威路，汤士威芦	汤斯维尔
Tully	塔利	塔利
Tumut	图穆特埠	
Turramurra		图拉穆拉
Ultimo	欧田模、欧提摩、欧缇莫	欧田模
Ultimo Road	欧田模路、欧提摩路	欧田模路

续表

英文街名、地名	原译名	现译名
Victoria	域多利	维多利亚
Walgett	沃结	
Wallangarra	沃伦加拉	
Warialda	沃雷尔达埠	
Warrego River	窝里沟河	
Warwick	华威埠	
Waterloo	花咑噜、花打噜、华打鲁	滑铁卢
Waverley	威福里	
Waverton Avenue	桧花屯大街	
Werris Creek		威厘士克力
West End	威时燕、西端	西端
Western Australia	西澳	西澳洲
Wexford Street	或时科街	维司可福街
William Street	卫廉街、威廉大街、威廉街	威廉街
Willoughby	威乐比	
Yass	吔时埠	亚斯

附录三　中国留学生所入读澳洲学校译名对照

下面是二十世纪初年开始到太平洋战争爆发时中国留学生（香山/中山县籍）在澳大利亚入读之中小学校的译名。译名的原则是：以中国留学生护照申请表上所填的学校名称以及侨胞当时的通译为准，如在申请表上只填写学校英文名而无中译名，则提供一个现行的常用译名。

学校英文名	原有中译名	现在的通行译名
Abbotsholme College	了不咸书馆	艾博茨荷尔姆学院
Adelaide Perry School of Drawing and Painting	阿德雷佩利绘画学校	
All Souls' School	万灵书院	
Atherton State Boys School	丫打顿公立男校	阿瑟顿公立男校
Ayr Convent School	依埠天主教会学校	
Ayr State School	衣（口旁）埠皇家学校，鸦埠公立学校，鸦埠公众学校	艾尔公立学校
Ballarat College	孖辣学院	
Banyan State School	邦岩公立学校	
Bathurst Public School	把打池公立学校	
Berlitz Direct Method School of Languages		伯利兹直接教学法语言学校
Blair State School	布莱尔公立学校	
Blaxcell Street Public School	布莱克塞尔街公立学校	
Boomi Public School	步迈公立学校	

续表

学校英文名	原有中译名	现在的通行译名
Bowen State School	般埠国家学校	
Boy's Central State School, Rockhampton	洛金顿公立中央男校	
Boys High School, Fort Street		炮台街男中
Boy's State School, Cairns	士低士姑芦坚时童子小学校	
Boys State School, Rockhampton	洛今屯公立男校	罗克汉普敦公立学校
Bradshaw's Business College	布雷潇商学院	
Brandon State School	布朗顿公立学校	
Brothers College Suva	苏瓦修会书院	苏瓦修会书院
Cairns Boys School	坚市男校、坚时仕低学校	凯恩斯公立男校
Cairns State High School	坚时公立中学	
Cairns State Primary School	坚时埠省立初等学校	
Cairns State School / State School, Cairns	坚市皇家学校（书馆），坚时公立学校，坚时埠立学校	凯恩斯公立学校
Camden Church of England Grammar School（Camden-Campbelltown Grammar School & Commercial College）	英格兰卡姆登教会文法学校	
Carlton Advanced School	卡顿专馆学校	
Cassera's Business College		凯撒娜商学院
Catholic Presbytery School	天主教长老会书院	天主教长老会书院
Central Training College		中央培训学院
Chartres Business College	渣打商学院	沙特尔商学院
China College	九龙中国英文书院（香港）	
Chinese School of English	英文华校，唐人英文书馆，中西学校，华人英文学校（书院），帝弗士英文学校、中英学校、英华学校、未士弟未士学校、钦布街英文学校、华童英文学校	华人英文学校

续表

学校英文名	原有中译名	现在的通行译名
Christian Brothers' College	基督兄弟会学校，基督兄弟会书院，天主教立基督学校，基督兄弟学校、屈臣兄弟学校、埔臣吧剌吖学校、咳蟾吧罅打学校	基督兄弟会书院
Christian Brothers' College, Our Lady of Mount, Townsville		汤士威炉基督兄弟会书院
Christian Brothers College St. Mary's	圣玛丽基督兄弟会书院	圣玛丽基督兄弟会书院
Christian Brothers' High School	基督兄弟会中学	
Christ Church School	基督堂学校，加丝律礼拜堂学校，基督公会学校、基督教会学校，褂礼时书馆，耶稣教堂学校、启市礼堂学校、启市礼堂教会学校、基督圣会书馆	基督堂学校
Chung San College of English Hong Kong	中山英文学校	
Chung Ying College	中英书院（香港）	
City Commercial College	城市商学院	
Clermont State School	企喱门埠皇家学校	克莱蒙特公立学校
Cleveland Street Public School	冀恋街公学	克里夫兰街公立学校
Cleveland Street Public High School	冀恋街中学	克利夫兰街中学
Commercial Intermediate High School	商务中学	
Convent of Mercy	师姑学校、梅西修会书院、干吩学校	梅西修会书院
Convent School	今利士礼堂学校、天主教会学校	天主教会学校
Convent School, Cairns	坚时天主教会学校、天主教会学校	凯恩斯天主教会学校
Convent School, Darwin	打运埠天主教会学校	
Copperfield State School	科圃飞炉皇家学校	库伯菲尔德公立学校
Cowra Brigidine Convent	苟虏埠布吉丹修会学校	

续表

学校英文名	原有中译名	现在的通行译名
Cowra Convent Private School	荀㢮埠天主教会学校	
Cowra Intermediate High School	荀㢮中学	
Croagh Patrick College	克罗博德书院	
Crowns Street Public Commercial School, Parramatta	柏利孖打贸易书馆	帕拉马塔皇冠街公立商校
Crowns Street Public School	库郎街公立学校，库郎街公学、高浪壬的街学校	皇冠街公立学校
Crown Street Superior Public School	库郎街公立高小	
Crystal Street Superior Public School（Crystal Street Public School）		晶石街公立学校
Cunnamulla State School	卡剌孖剌皇家学校、架鳙孖剌公立学校	坎纳马拉公立学校
Darlington State School	达令顿公立学校	
De La Salle College	喇沙书院	喇沙书院
Druleigh Business and Technical College	德瑞商工学院	
East Sydney Technical College	东雪梨工学院	
Efficiency Motor School Ltd.		效能汽车技校
Emerald State School	厌麻炉（奄蔴炉）公立学校	
Fort Street Junior Technical School	炮台街初等技校	
Fort Street Public School	炮台街公立学校	炮台街公立学校
Glebe Public School	纪聂公立学校	
Glebe Superior Public School	纪聂公立高小、纪聂优等公立学校	格利伯公立高小
Glen Innes District School	溉涟弥士公众学校、溉涟弥士埠皇家书馆	格兰因尼斯地区学校
Glen Innes Intermediate High School（Glen Innes High School）	暨涟弥士埠中学、坚嗹弥士中学	格兰因尼斯中学
Glen Innes Public School	坚嗹弥士皇家书馆	坚嗹弥士公立学校
Glen Innes Technical College/School	坚嗹弥士（其连弥时）工学院	

续表

学校英文名	原有中译名	现在的通行译名
Golden Point State School	高路本公立学校	
Gordonville State School	葛顿威炉公立学校	
Government Public School, Tingha / Tingha Public School	天架埠王家公众学校，天架埠皇家公众学校，天架皇家书院	廷加公立学校
Hemingway and Robertson's Business College		海明威与罗伯森商学院
Hermit Park State School		哈密特公园公立学校
High School, Cleveland Street	企廉伦街学校	
Hin Kan Anglo-Chinese School	显勤学校（香港）	
Hua Chou School	香港九龙华胄学校	
Hwa Nan College	华南英文书院（香港）	
Ingham State School（State School of Ingham）	英壬公校，英壬公立学校、英吟学校	英厄姆公立学校
Innisfail State School	烟厘时非炉公立学校	
Inverell Convent School	烟化炉埠天主教书院	
James Street School	占时街巴学校	
Junior Technical School Paddington	吧丁顿初等技校	
Kamerunga State School	喀麦隆架皇家学校	
King's College, Hong Kong	英皇书院	
Kwong Tai English School	光大学院/英语学校（香港）	
Limpak College	廉伯英文学校（广州）	
Lindfield Boys College	连飞炉青年学校	林斐德男校
Mackay State High School	墨溪公立中学	
Mackay State School	墨溪公立学校	
Manilla District Rural School	尼拉地区农校	
Manilla St Joseph's Convent School	马尼拉圣若瑟书院	
Marconi School of Wireless, Sydney	马科尼无线电学校	
Marist Brothers' High School	圣母修会中学，圣母昆仲会男中，圣母兄弟会中学	圣母昆仲会中学

续表

学校英文名	原有中译名	现在的通行译名
Marist Brothers' School/College	圣母修会学校、圣母昆仲会男校、圣母兄弟会学校、圣母昆仲会书院、孖厘特书院、孖厘时学校	圣母修会中学，圣母昆仲会男中、圣母修会学校
Marist Brothers' Agricultural College	圣母昆仲会农学院	
Marist Brothers' Technical School	圣母昆仲会技校	
Maurice Byrn School		毛芮思•白恩学校
Melbourne Bible Institute	美利滨圣经学院	
Melbourne University	美利滨大学	
Metropolitan Business College	都市商学院	都市商学院
Metropolitan Coaching College	都市辅导学院	
Mount Carmel College	加美乐山书院，孟卡蔴学校	加美乐山书院
Mirriwinni State School	孖剌温弥皇家学校	
Mungindi Public School	孟元太皇家学校	
Mundingburra State School	蒙丁布拉公立学校	
Nanyang Commercial Academy	南洋商学院（香港）	
Narrandera Public School	纳兰德拉公立学校	
Newcastle High School	鸟加示中学	
Newcastle Public High School	鸟加时公立中学	
Newcastle Street State School	鸟加时街公立学校	
New England Grammar School	新英格兰文法学校	
New Farm State School	新场公立学校	
Newington College	纽因顿学院	
Normanton State School	那文顿公立学校	
North Garfield State School	北加非卢公立学校	
North Queensland State School	坚时埠学校	北昆公立学校
Nudgee College	纳吉书院	纳吉书院
Oxford Coaching College	剑桥培训学院	剑桥培训学院
Parramatta Domestic School	柏利孖打家政学校	

续表

学校英文名	原有中译名	现在的通行译名
Perth Boy's School	巴埠男校	
Primary Boys' Department of Intermediate High School, Lithgow	礼士沟埠初中的小学男校部	
Public Commercial School, Crown Street	库郎街贸易学堂	
Public High School Cleveland Street	哄乎伦街高等学校	克里夫兰街中学
Public Windsor School		公立温莎学校
P. W. M. U. School（Presbyterian Mission School）, or P. W. M. U. School, Little Bourke Street	长老会学校、长老教会学校、长老会书馆、长老书馆、基督堂学校、列地博街学校、尾植学校、（美利滨）小博街长老会书馆、礼拜堂学校、小卜街长老会学校	小卜街长老会学校
Queensland University	昆士兰大学	
Queen's College	皇仁书院	
Radio College	无线电学院	
Randwick Intermediate High School	兰域中学	兰德维克中学
Randwick Preparatory College	兰域预科学院	兰德维克预科学院
Randwick Preparatory School	兰域预科学校	
Randwick Public School	兰域公立学校	兰德维克公立学校
Rathdown Street State School, Carlton	加顿埠末士准士学校、律乎所学校	
Redfern Public School	列坟公立学校	
Redfern Superior Public School	列坟公立高小	红坊公立高小
Red Range Public School	红岭皇家书馆	
Remington Business College	雷鸣敦商学院	雷鸣敦商学院
Rockhampton Boy's Chentral School	洛金顿中央学校	
Rockhampton State School	洛今屯公立学校、洛金顿公立学校	罗克汉派敦公立学校

续表

学校英文名	原有中译名	现在的通行译名
Rockhampton Technical College / Technical College, Rockhampton	洛今屯工学院、洛金顿工学院	罗克汉普敦工学院
Rollingstone State School / Public School, Rollingstone	罗令士端公立学校	罗林四通公立学校
Roseville Public School	劳士非芦公校	
Ross Island State School of Townsville	汤士威炉皇家书馆	
Sacred Heart School	圣心学校	
Scone Convent School	司康埠的天主教会学校	
Scone Public School	司康公立学校	
Scotch College	苏格兰书院	
Scots College	诗可词书院	斯格茨学院
Seton Private School	塞顿私立学校	
South Granville Public School	南葛兰围公校	
South State Boy's School	修书馆	昆南公立男校
South Townsville State School	南汤士威炉公立学校，汤南公校，汤南公学，汤士威炉公众学校、南汤士威炉政府学校	南汤斯维尔公立学校
St Andrew's Theological College	圣安德烈神学院	
St Augustine College	圣思定书院、圣柯故时田学校、圣阿吉时顿学校	圣奥古斯丁书院
St Bede's Parochial School	圣贝德堂区学校	
St Bede's Presbytery	圣贝德长老会书院	
St Benignus' Convent	圣贝乃纳斯书院	
St. Brigid's Convent School	圣布里吉修会学校	
St. Clare's School	圣嘉勒书院	
St Frances Ursuline's School	圣方济吴苏乐修女会书院	
St George's Boys School	圣佐治男校	圣乔治男校
St Georges School	圣佐治书院	圣乔治书院
St. James Grammar School)	中山圣这士英文学校	

续表

学校英文名	原有中译名	现在的通行译名
St Jessie Grammar School	石歧圣这士英文学校	
St John's Cathedral Day School	圣约翰学校	
St John's Church of England School	圣佐治英格兰教会学校	
St Joseph's College	圣若瑟书院	圣若瑟书院
St. Joseph's Convent	圣若瑟书院	
St. Joseph's Convent School	周时旰焚学校、圣若瑟书院、天主教干坟学校	
St Joseph's School	圣若瑟书院	圣若瑟书院
St Lawrence College	圣罗纶学校	圣劳伦斯书院
St. Mary's College	圣玛丽书院	
St Mary's Convent School	卡示力学校、圣玛丽书院	
St. Monica's Roman Catholic School, Cairns	坚时埠圣莫尼卡罗马天主教会学校	
St Monica's School	圣莫尼卡学校	圣莫尼卡学校
St Patrick's Commercial College	圣博德商学院	
St. Patrick's Convent	圣博德书院	
St Patrick's School	圣博德书院	圣博德书院
St. Patricks School, Bondi	雪梨班大罗马教学校	邦迪圣博德书院
St. Paul's College	圣保罗书院	圣保罗书院
Stanthorpe Boy's College	士丹托男校	斯坦索普男校
Stanthorpe State School	士丹托公立学校	斯坦索普公立学校
State High School Townsville	汤士威炉公立中学	汤斯维尔公立中学
State School of Tolga	滔炉架小学校	
State School of Yass	吔时埠公立学校	亚斯公立学校
State School Ross Island Townsville	汤士威炉学校，汤士威炉皇家书馆、汤士威炉罗斯道政府学校	汤斯维尔罗斯岛公立学校
State School Townsville West /		
Townsville West State School	西汤士威炉公立学校，汤士威炉威时燕学校	西汤斯维尔公立学校
State School, Turramurra	图拉穆拉公学	图拉穆拉公立学校

续表

学校英文名	原有中译名	现在的通行译名
Stott & Hoare's Business College	斯多德与霍尔斯商学院	斯多德与霍尔斯商学院
Stott's Business College	石笃慈商学院、司铎茨商学院	司铎茨商学院
Superior Public Commercial School, Crowns Street	库郎街公学	
Superior Public School		公立高小
Superior Public School of West Tamworth	西探密公立高小	
Superior Public School, Paddington	吧丁顿优等公学	
Supplementary Practice School, Chatswood	车士活附属实验学校	查茨伍德附属实验学校
Sydney Church of England Grammar School	雪梨圣公会文法学校	
Sydney Coaching College	雪梨辅导学院	悉尼辅导学院
Sydney Grammar School	雪梨文法学校	悉尼文法学校
Sydney University	雪梨大学	悉尼大学
Tai Tung English School	大同英文学校（中山县石岐）	
Technical College of Sydney （Sydney Technical College, Technical College, Sydney ）	雪梨工学院	
The Convent of Our Lady of Mercy, Sacred Heart School	圣心学校	
The Convent School	天主教会学校	
The Diocesan Boys School	拔萃男书院	
The Sydney Art School	雪梨美术学院	
Thursday Island State School	墶士爹埃仑省立学校	
Tingha Public School	天架皇家书院、天架埠国民学校	
Thornburgh College	襄马剌加厘治学校	
Townsville Central State School	汤士威炉公众学校	
Townsville Grammar School	汤士威炉文法学校	

续表

学校英文名	原有中译名	现在的通行译名
Townsville State High School)	汤士威炉中学、汤士威芦中学	
Townsville Technical College	汤士威炉工学院	汤斯维尔工学院
Trinity Grammar School	三一文法学校	三一文法学校
Tully State School	塔利公立学校	
Tumut District School	图穆特地区学校	
Turramurra State School		图拉穆拉公学
Underwood Business College	安德梧商学院	安德伍德商学院
University of Melbourne	美利滨大学	
University of New South Wales	新南威尔士大学	
Ursuline Convent, Guyra	盖拉埠吴苏乐修会书院	
Wah Yan College	华仁书院（香港）	
Wah Yan Middle School	华仁中学（澳门）	
Warialda St Joseph's Convent School	沃雷尔达圣若瑟书院	
Waterloo Public School	和打噜公立学校、花打噜皇家学校、华打噜公立学校	滑铁卢公立学校
Werris Creek Convent School	威厘士克力埠罗马学校	
West End State School	威士端学校，威士端公立学校，西端公立学校，汤士威路皇家学校、威时燕学校、西端国立学校、汤士威炉西端公学	西端公立学校
West Tamworth Superior Public School	西坦勿公立高小	
West Townsville State School	西汤公立学校	西汤斯维尔公立学校
Windsor Public School	温莎公立学校	
Zercho's Business College	泽口商学院	

附录四 珠三角其他县市籍侨胞通常搭乘的来往中澳间及澳洲与周边岛国间之班轮一览

班轮英文名	原有中文(译)名	通用译名
Ake Maru	阿克丸	
Aki Maru	安艺丸	
Hitachi Maru	日立丸	
Kagaa Maru	溪后丸	
Kamakura Maru	镰仓丸	
Kasuga Maru	春日丸	
Kitano Maru	北野丸	
Kumano Maru	熊野丸	
Mashima Maru	真岛丸	
Mishima Maru	三岛丸	
Nikko Maru	日光丸	
Sado Maru	西渡丸	
Tango Maru	丹后丸	
Yawata Maru	八幡丸	
Yoshino Maru	吉野丸	
Changte	彰德号	
Changsha	长沙号	
Hwah Ping	华丙号	

续表

班轮英文名	原有中文(译)名	通用译名
Lingnan	岭南号	
Namsang	南生号	
Nanking	南京号	
Shansi	山西号	
Soochow	苏州号	
Sui Sang	瑞生号	
Taiping	太平号	
Taiyuan	太原号	
Whampoa	黄埔号	
Yunnan	云南号	
Aldenham	普连时和地马	奥登翰号
Aorangi		奥朗基号
Arafura	丫刺夫刺、丫拿夫拉、丫罅乎罅、鸦拿夫拿	阿拉弗拉号
Australian		澳大利亚人号
Awatea		阿瓦缇号
Boardventure		博德纨鹊号
Calulu		卡鲁鲁号
Dimboola		町布拉号
Eastern	衣士（市）顿号、衣时顿号、依时顿号	东方号
Empire	炎派号、奄派号	帝国号
Kanowna	坚郎那号、坚那拿号	坎诺娜号
Maheno		马希诺号
Manuka		麦卢卡号
Maunganui		蒙哥雷号
Monterey		蒙特雷号
Montoro		蒙陀罗号
Nellore	利罗号	奈罗尔号
Neptuna		海王星号
Niagara		尼亚加拉号

续表

班轮英文名	原有中文(译)名	通用译名
Paroo		巴鲁号
Poonbar		鹏霸号
Sharon		雪伦号
Sierra		羲娜号
Sonoma		松诺玛号
St Albans	圣柯（阿）炉（露）滨号、圣阿炉滨士号、山亚班士号、圣丫路彬号	圣澳班司号
Tanda	吞打号、天咑号、天打号、丹打号、敦打号	丹打号
Tofua		图发号
Victoria	获多利号	维多利亚号
Westralia		西澳号

附录五　香山（中山）学生名录

姓名（中/英文名）	所属村/镇	出生日期	申照日期	护照签发日及号码	签证日期	抵澳日期	父亲（监护人）姓名/作保商铺	来澳地点/学校	结局
布德威 Po Tak Wai	中山（香港出生）	1913-06-06	1931-10-20	1931-11-12 No.43049	1931-11-18	1931-12-20（Tanda）	伯父布金胜（George Kum Sing）	雪梨 St Joseph's College	1933-06-14 Nellore回国
蔡荣 Choi Wing	香山石岐	1906-10-28	1921-02-02	1921-05-11 1155	1921-05-12	1921-06-17（Hwah Ping）	叔蔡玉（Choy York）	雪梨基督堂学校（Christ Church School）	1922-06-13 St Albans 回国
曹龙寿 Loong So	香山南村	1909-12-03	1921-02-28	1921-06-09 55/S/21	1921-06-14	1921-10-12（Eastern）	父元记（Yuen Kee）	洛今屯（Rockhampton）圣博德学校（St Patrick's School）	1926-11-21 Changte回国
陈天炎 Chin Hing Yoong	香山南山村	1903-08-22	1921	1921-08-22 95/S/21	1921-08-26	1922-07-02	陈典燥（Chin Den Toll）陈典燥医馆（George Den）	孖辣埠高路本学校（Golden Point School）	1925-03-31 Tanda回国

续表

姓名（中/英文名）	所属村/镇	出生日期	申照日期	护照签发日及号码	签证日期	抵澳日期	父亲（监护人）姓名/作保商铺	来澳地点/学校	结局
陈李 Chun Lee	香山石岐	1908-03-15	1922-10-28	1923-02-19 225/S/23	1923-02-20	1923-06-23 （Eastern）	陈兆祺（Chun Chew Kee） 广生隆（号Kwong Sing Long & Co.）	雪梨其连尔时埠皇家书馆（Red Range District School）	1925-02-11 Arafura回国
陈钧 Chun Gwan	香山南山村	1908-11-07	1922	1922-07-27 168/S/22	1922-07-27	1922-10-21 （Victoria）	陈耀（Chun You） 耀丰铺（You Fong & Co.）	雪梨 Metropolitan Business College	1937-06-19 Taiping回国
陈鸿福 Hoong Fook	香山马山村	1909-02-10	1921	1921-05-16 42/S/21	1921-05-21	1921-12-07	父陈华（Paul Wah，也叫Chun Sue Soong） 恒泰华记	雪梨基督堂学校（Christ Church School）	1927-05-20 Changte回国
陈林 Chun Lum	香山石岐	1910-05-19	1922-10-28	1923-02-19 226/S/23	1923-02-20	1923-06-23 （Eastern）	陈兆祺（Chun Chew Kee） 广生隆号（Kwong Sing Long & Co.）	雪梨其连尔时埠皇家书馆（Red Range District School, Glen Innes）	1934-04-18 Taiping回国
陈刘发 Chun Loo Fat	香山三灶岛	1910-08-04	1922-01-09	1922-6-26 158/S/22	1922-07-01	1922-11-01 （Taiyuan）	伯父陈明（Chun Ming） 保时堂药铺	雪梨礻卦礼时书馆（Christ Church School）	1927-07-30 Tango Maru 回国
陈和溪 Chan Wo Kai	中山蒲山村	1911-10-20	1928-02-02	1928-02-28 497/S/28	1928-03-08	1928-05-02 （Changte）	舅欧阳南（D Y Narme） 安益利行（On Yik & Lee Co.）	雪梨圣母修会中学（Marist Brothers High School）	19300-8-16 St Albans 回国
陈熙文 He Man	香山斗门村	1913-02-15	1930-03-05	1930-03-10 573/S/30	1930-04-04	1930-06-09 （Taiping）	表兄佐治黄（George Wong） 华信号（War Sing & Co.）	雪梨华人英文学校（Chinese School of English）	1932-01-20 Changte回国

续表

姓名（中/英文名）	所属村/镇	出生日期	申照日期	护照签发日及号码	签证日期	抵澳日期	父亲（监护人）姓名/作保商铺	来澳地点/学校	结局
陈炳秀 Chan Bing Sow	香山陵冈村	1916-03-15	1927-03-29	1927-06-20 479/S/27	1927-06-17	1927-03-28 （Tanda）	父陈旺（Chan Wong） 安益利号（Onyik Lee & Co.）	雪梨英文华校（Chinese School of English）	1929-02-16 Taipig回国
陈华目 Chun Wah Mot	中山坑尾村	1916-11-03	1930-05-09	1930-06-03 584/S/30	1930-07-05 拒签		父陈洪（Chun Hoong）	汤埠（汤士威炉）圣母会基督兄弟书院（Christian brothers' College, Our Lady of Mount, Townsville）	拒签
陈兆 Chun Chew	香山石岐	1917-08-17	1929-07-26	1929-07-31 544/S/29	1929=08-29		父陈池（Chun Chee）	雪梨唐人英文书院（Chinese School of English）	获签，但未入境
陈光 Chun Kong	香山南山村	1926-05-26	1938-10-06	1938-12-02 No.437773	1938-12-12	1939-03-06 （Changte）	陈耀（Chun You） 三利果子铺（Sam Lee）	雪梨 St Bede’s Presbytery	1947-07-19 Poonbar回国
方赐（威厘方生）Willie Fong Sing	香山隆都	1907-11-01	1921-07-11	1921-08-09 86/S/21	1921-08-13	1921-12-27 （Eastern）	方生（Fong Sing） 方生铺（Ah Sing Store）	汤士威炉公立学校（State School South Townsville）	1927-04-19 Tanda回国
方璧展 Buck Gin	香山隆镇濠涌村	1908-01-06	1921	1921-11-28 121/S/21	1921-12-01	1922-05-22 （St Albans）	父罗弼根（Robert Gun）	罗令士端（Rollingstone） 罗令士端公立学校（Public School, Rollingstone）	1926-12-23 Taiping回国

续表

姓名（中/英文名）	所属村/镇	出生日期	申照日期	护照签发日及号码	签证日期	抵澳日期	父亲（监护人）姓名/作保商铺	来澳地点/学校	结局
方璧崑 Buck Quin	香山隆镇濠涌村	1910-05-04	1921	1921-11-28 122/S/21	1921-12-01	1923-06-18 （Eastern）	罗弼根（Robert Gunn） 菓园铺	汤士威炉罗令士端（Rollingstone, Townsville, QLD） Rollingstone Public School	1925-01-20 Tanda回国
方炳 Fong Bing	香山毛涌村	1913-02-01	1929-06-22	1929-07-04 546/S/29	1929-08-16	1929-10-10 （Sierra）	父方三（Ah Sam, or Fong Sam） 永和果栏（Wing War & Co.）	雪梨华人英文书院（Chinese School of English）	1930-03-15 Nellore回国
方烈民 Lip Mun	中山敦陶村	1921-09-09	1936-05-30	1937-03-27 No.224076	1937-04-05	1937-11-03 （Changte）	方基（Fong Kee） 方基铺（Fong Kee & Co.）	雪梨华人英文学校（Chinese School of English, Sydney）	1940-01-24 Taiping回国
方鹤鸣 Holiman Fong Yow	中山（香港出生）	1923-05-02	1938-01-26	1938-03-19 No.384440	1938-03-24	1838-07-04 （Changte）	姑母Georgina Young G. Young West End	庇厘士彬 圣若瑟书院（St Joseph's College）	1948-07-26 Changte回国，因娶土生华女日后回澳入籍
高万安 Man On	香山隆都镇	1903-10-28	1921-03-28	1921-03-28 1062	1921-03-30	1921-05-25 （Victoria）	父亲（未具名） Harry Gee Hon C. W. Lee	暨涟弥士埠（Glen Innes） 暨涟弥士埠中学（Glen Innes Intermediate High School）	1922-04-26 Victoria回国

续表

姓名（中/英文名）	所属村/镇	出生日期	申照日期	护照签发日及号码	签证日期	抵澳日期	父亲（监护人）姓名/作保商铺	来澳地点/学校	结局
高良友 Go Leong You	中山大石兜村	1911-07-18	1928-09-05	1928-11-12 523/S/28	1928-12-10	1929-05-05（Changte）	伯父高添利（Go Tim或写成Tim Lee） 添利杂货铺（Tim Lee）	雪梨中西学校（Chinese School of English）	1931-03-14 Nellore回国
关阿灼 Ah Chok	香山隆都	1901	1914-05-21		1914-06-26	1915-12-23（Eastern）	关康祺（Harry Way Yee） 广生隆号（Kwong Sing Long & Co.）	鸟沙威省坚嗹弥士公立学校（Glen Innes Public School）	留在了澳洲
关沛泉 Poy Chin	香山隆都	1906	1914-05-21		1914-06-26	1915-12-23（Eastern）	关康祺（Harry Way Yee） 广生隆号（Kwong Sing Long & Co.）	鸟沙威省坚嗹弥士公立学校（Glen Innes Public School）	留在了澳洲
关添 Tim Kwan	香山隆都	1906-08-26	1921-06-16	1921-06-16 壹柒叁	1921-06-17	1921-09-22（Victoria）	N/A 广生隆号（Kwong Sing Long & Co）	鸟沙威嘅嗹弥士中学（Intermediat High School, Glen Innes）	最后留在澳洲
关泗合 Quan See Hop	香山隆都	1909-04-25	1921	1921-08-04 80/S/21	1921-08-12	1922-04-08（Victoria）	关广结（Quan Kwong Gitt） 广生隆号（Kwong Sing Long & Co）	鸟沙威嘅嗹弥士埠公众学校（Glen Innes District School）	1934-04-18 Taiping回国，1935年重返后情况不明
郭琳爽 Gock Lum Shong	香山竹秀园村	1896-03-08	1910				郭泉、郭顺		未入境

续表

姓名（中/英文名）	所属村/镇	出生日期	申照日期	护照签发日及号码	签证日期	抵澳日期	父亲（监护人）姓名/作保商铺	来澳地点/学校	结局
郭启添 Kwok Kay Tim	香山竹秀园村	1902-08-26	1921-01-19	1921-01-19 地字第八号	1921-01-24	1921-05-25（Victoria）	未具名 永安公司	雪梨三一文法学校（Trinity Grammar School）	1922-08-16 Arafura回国
郭就 Joseph Gock	香山竹秀园村	1904-06-02	1921	1921-08-04 78/S/21	1921-08-12	1921-09-07（Maheno）	叔郭顺（Gockson） 永安公司	雪梨三一文法学校（Trinity Grammar School）	1925-08-27 Aorangi回国
郭宝庭 Gock Bow Ting	香山竹秀园村	1906-02-03	1921-04-25	1921-04-25 1121	1921-04-25	1921-05-25（Victoria）	申办人Kwok Chan Wah（郭成华），父Harry Gock Gew 南京餐馆（Nanking Cafe）	雪梨三一文法学校（Trinity Grammar School）	1927-04-17 Tanda回国
郭容灿 Gock Young Tiy（Chan, G Y）	香山竹秀园村	1907-03-17	1923-07-13	1923-08-30 322/S/23	1923-08-31	1923-08-07（Manuka）	父郭裔勋，叔（或伯父）郭朝代为申请 永安公司	雪梨晶石街公立学校高小（Crystal Street Superior Public School）	1927-06-11 Sonoma去美国
郭堃荣 Kwok Kwan Wing	香山竹秀园村	1908-01-22	1921-04-25	1921-04-25 1123	1921-04-25	1921-05-25（Victoria）	叔郭顺（Kwok Sun） 永安公司	雪梨三一文法学校（Trinity Grammar School）	1927-04-22 Taiping回国
郭林昭 Kwok Lam Chin	香山竹秀园村	1910-04-17	1921-04-25	1921-04-25 1122	1921-04-25	1921-05-25（Victoria）	叔郭顺（Kwok Sun） 永安公司	雪梨晶石街公立学校高小（Crystal Street Superior Public School）	1936年4月成为雪梨永安公司总经理

续表

姓名（中/英文名）	所属村/镇	出生日期	申照日期	护照签发日及号码	签证日期	抵澳日期	父亲（监护人）姓名/作保商铺	来澳地点/学校	结局
郭章赞 Kwok Chang Chun	中山竹秀园村	1915-07-10	1932-04-09	1932-05-13 122511	1932-05-19	1932-10-09（Taiping）	郭亚开（Ah Hoy）同昌果栏（Toong Chang & Co.）	雪梨唐人英文书馆（Chinese School of English）	1936-06-17 Taiping回国
郭彩霖 Andrew Choy Lum	中山竹秀园村	1916-02-07	1929-05-13	1929-05-29 542/S/29	1929-06-27	1929-09-09（Changte）	郭彩（Andrew Cork Choy）永安公司	雪梨钦布街英文学校（Chinese School of English）	1935年后在雪梨无信息
郭澧泉 Kwok Lai Chin	中山竹秀园村	1923-01-10	1938-06-16	1939-07-03 No.437976	1939-07-10	1939-09-29（Taiping）	郭敬超（Kwok King Chiu）聘记公司（W.G.Pan Kee & Co.）	乌修威磨厘埠 Convent of Mercy	1941年2月转为店员，此后无消息
侯北胜 Buck Sing	香山龙头环村	1909-05-08	1923-06-01	1925-04-02 422/S/25	1925-04-07	1925-12-24（Tanda）	侯溜（How Low）	庇李市彬公立学校（St John's Cathedral School）	1945年时仍在布市经营一间商铺
侯关德 Ho Goon Dick	香山龙头环村	1911-04	1923-02-02	1923-06-07 280/S/23	1923-06-08	1923-12-17（Victoria）	侯官妙（Goan Mew）永和号铺（Wing War & Co.）	雪梨库郎街公学（Crown Street Public School）	1934-03-21 返回家乡
侯关扶 Ho Goon Foo	香山龙头环村	1915-04	1923-02-02	1923-06-07 281/S/23	1923-06-08	1927-05-21（Arafura）	父侯官妙（Goon Mew）永和行家具铺（Wing War）	雪梨库郎街公学（Crown Street Public School），后入唐人英文书院（Chinese School of English）	1930-07-25 Changte回国

续表

姓名（中/英文名）	所属村/镇	出生日期	申照日期	护照签发日及号码	签证日期	抵澳日期	父亲（监护人）姓名/作保商铺	来澳地点/学校	结局
侯亚权 Ah Kim（Ah Kin）	中山隆都	1916-05-07	1926-12-21	1927-01-14 459/S/27	1927-03-07	1927-05-21（Arafura）	侯官妙（Goan Mew） 永和号铺（Wing War & Co.）	雪梨钦布街英文学校（Chinese School of English）	1941年后因战争留下
侯文庆 Howe Mun Hing	中山龙头环村	1925-06-17	1938-06-23	1938-07-22 No.437709	1938-09-06	1939-01-02（Changte）	侯北莹（Howe Buck Ing） 生和堂（Sing War Tung）	雪梨把定顿埠 基督兄弟学校 （Paddington Sydney, Christian Bros College）	1940-02-10 有重返签证，无下文
胡天锡 （天锡亚礼） Tim Seck Ah Lay	香山港头村	1906-01-14	1922	1923-04-04 241/S/23	1923-04-05	1923-07-30（Victoria）	亚礼（Ah Lay） 百另郎商铺	美利半 School Lygon St	1928-07-12 回国
胡天培 Tin Poy	中山港头村	1918-12-25	1929-02-06	1929-04-29 539/S/29	1929-06-11 拒签		父胡笋（Woo Sun） 胡笋铺	烟厘时非炉 今利士礼堂学校 （Convent School）	拒签
黄金洪 Willie Wong Kee	香山乌石村	1907-04-24	1921-09-07	1921-12-01 127/S/21	1921-12-03	1922-04-06（Victoria）	黄祺（Wong Kee）	架罅孖剌公立学校（Cunnamulla State School）	1925-01-17 Tanda回国
黄添 Wong Tim	香山长洲村	1910-10-10	1921-10-10	1921-12-28 136/S/21	1922-04-21	1922-11-15（St Albans）	黄彬（Wong Bun） 洪源号商铺（Houng Yuen & Co.）	昆士兰英吟学校（Ingham State School）	1924-02-21 Victoria回国
黄三 Sam Tom Wong	香山长洲村	1910-11-19	1921	1921-12-28 135/S/21	1922-04-21	1922-11-15（St Albans）	父黄三（Wong Sam） 黄三生果杂货铺	英壬埠公立学校（Ingham State School, QLD）	1926-01-06 Changte回国

续表

姓名 （中/英文名）	所属村/镇	出生日期	申照日期	护照签发日及号码	签证日期	抵澳日期	父亲（监护人）姓名/作保商铺	来澳地点/学校	结局
黄富昌 Wong Foo Chong	香山石岐	1911-02-01	1923-01-17	1923-05-28 270/S/23	1923-05-29	1924-05-19 （St Albans）	针尾阿连 生果铺	坚市皇家学校（Cairns State School）	1928-11-28 Changte回国
黄祖熞 Joe Gan	香山青羌村	1911-03-01	1922-10-19	1923-05-21 260/S/23	1923-05-24	1924-05-16 （St Albans）	黄福邦（Wong Hook Bong） 果子菜蔬铺	昆省洛金顿埠（Rockhampton, QLD） 洛金顿公立学校（Rockhampton, State School）	1936-02-15回国，1937-08-26返澳
黄新作 Wong Sun Jock	香山青羌村	1911-03-03	1921	1921-11-28 126/S/21	1921-12-01	1922-08-21 （Victoria）	黄好（Willie Wong Howe） 新万利号	雪梨企廉伦街学校（High School Cleveland Street）	1932-02-17 返回中国
黄禄 George Yung	香山石岐	1911-04-10	1921-02-03	1921-02-18 18/S/21	1921-02-19	1921-11-13 （Victoria）	父Wong Yung（黄洋） 鸿源号杂货铺	英壬埠公立学校（Ingham State School, QLD）	1927-04-29 Taiping回国
黄锡祥 Wong Sick Chong	香山石岐	1911-05-11	1923-01-19	1923-5-28 269/S/23	1923-05-29	1923-11-28 （Victoria）	父黄生（Wong Sang, Wong Sing） 渔场溪（Fishery Creek）商铺	坚市（Cairns） 坚市皇家学校（Cairns State School）	1926-01-20 Tanda回国
黄卓 Charlie Son	香山石岐	1912-08-15	1921-02-03	1921-02-18 19/S/21	1921-02-19	1921-11-13 （Victoria）	叔Wong Yung（黄洋） 鸿源号杂货铺	英壬埠公立学校（Ingham State School, QLD）	1924-02-21 Victoria回国

续表

姓名（中/英文名）	所属村/镇	出生日期	申照日期	护照签发日及号码	签证日期	抵澳日期	父亲（监护人）姓名/作保商铺	来澳地点/学校	结局
黄材 Wong Tsoi	香山斗门	1913-09-04	1927-09-10	1927-09-16 489/S/27	1927-11-22	1928-06-07（Taiping）	父黄福星，兄黄兴（Wong Hing） 黄兴铺	雪梨唐人英文书院（Chinese School of English）	1931-07-27 Changte回国
黄钰堃 Wong Yook Queon	中山江尾头村	1916-03-15	1928-08-15	1928-08-28 518/S/28	1929-01-10		黄邦业（Charlie Wong） 星咕顿（Singleton）杂货铺	雪梨中西学校（Chinese School of English）	获签未入境
黄炽 Wong Chee	中山青岗村	1916-05-05	1930-01	1930-02-13 570/S/30	1930-02-20	1929-12-22（Tanda）	黄扬Wong Yong（Emerald Qld） 茂生号（Mow Sang & Co.）	雪梨钦布街英文学校（Chinese School of English）	1938-11-07代理完父亲店铺后返校学习，后无消息
黄海澄 Jarues Wong	中山青岗村	1916-08-16	1928-05-08	1928-05-18 511/S/28	1928-06-23		父黄舜（Thomas Wong） 茂生果栏（Mow Sang & Co.）	雪梨唐人英文书院（Chinese School of English）	获签，但未入境
黄海燕 Walter J Wong	中山青岗村	1917-10-28	1928-05-08	1928-05-18 510/S/28	1928-06-23		父黄舜（Thomas Wong） 茂生果栏（Mow Sang & Co.）	雪梨唐人英文书院（Chinese School of English）	获签，但未入境
黄金财 Gum Choy	中山青羌村	1917-02-16	1930-06-19	1930-07-23 586/S/30	1930-09-18 拒签		叔黄蝉（Wong Sim） 茂生果栏（Mow Sang & Co.）	雪梨中西学校（Chinese School of English）	拒签
黄悦厚 Yit Ho	中山斗门	1919-03-07	1932-05-04	1932-06-27 No.122521	1932-07-17	1932-11-09（Changte）	父黄美玉（Wong My Yook） 礼士沟买郁号（My Yook, Lithgow）	雪梨帝弗士英文学校（Chinese School of English）	1936年底遣返令，1937年底，不知所终

续表

姓名（中/英文名）	所属村/镇	出生日期	申照日期	护照签发日及号码	签证日期	抵澳日期	父亲（监护人）姓名/作保商铺	来澳地点/学校	结局
黄照墉 Gew Yoong	中山斗门	1920-02	1932-06-24	1932-08-09 No.122526	1932-08-04		父黄良球（Wong Long Cole） 恒泰记（Hang Hi Kee & Co.）	雪梨帝弗士英文学校（Chinese School of English）	获签，但未有进一步信息
黄有谅 Wong You Leong	中山黄良都村	1920-12-01	1934-09-18		1935-02-11 Rejected		祖父黄恒盛（Hang Sing） 恒盛号商铺	阿伦治（Orange, NSW） 基督教兄弟会学校	英语程度不够，拒签
黄祖生 Wong Joe Sing （Cecil Wong）	中山石岐	1921	1936-12-15	1937-03-05	1937-03-10		姐夫雷妙辉（Harry Fay） 逢源公司（Hong Yuen & Co.）	乌修威省烟化炉埠天主教书院（Inverell Convent School）	获签后没有进一步的消息
黄兆源 Wong Sue Ngin	中山	1922	1932	1933-01-24 No.122567	1933-01-26	1933-04-05 （Taiping）	Willie Hi Chong 市场果菜商人	雪梨华人英文学校（Chinese School of English）	1934-11-21 回国
黄祖林 Cecil Gan （Wong Jue Lum）	香山青羌村	1922-10-25	1935-02-15	1935-06-21 No.223866	1935-06-26	1936-07-27 （Taiping）	哥黄祖熞（Joe Gan） 黄扬号商铺（Wong Yong & Co.）	昆省奄蔴炉埠（Emerald） 奄蔴炉皇家学校（Emerald State School）	1942-07-26 获签三年后无更多信息
黄惠林 William Wong	中山青岗村	1929-07-14	1939-11-26	1940-01-30 No.1014037	1940-02-02	1940-09-18 （Tanda）	父黄舜（Thomas Wong），舅父马赞芬（Spence Mah Hing） 永安公司（Wing On & Co.）	雪梨人英文学校（Chinese School of English华）	1947-11-22回国，1951-12-18返澳

续表

姓名 （中/英文名）	所属村/镇	出生日期	申照日期	护照签发日及号码	签证日期	抵澳日期	父亲（监护人）姓名/作保商铺	来澳地点/学校	结局
邝华钟 Kwong Wah Jong	香山小毫冲村	1908-05-20	1922-06-22	1922-11-16 201/S/22	1922-11-21	1924-11-25 （Arafura）	George Ah Chee 生果杂货铺	雪梨库郎街公学（Crown Street Public School）	1933-10-14 Tanda回国
邝华璋 Kwong Wah Jeong	香山小毫冲村	1909-06-13	1922-06-22	1922-11-16 202/S/22	1922-11-18	1924-10-24 （Arafura）	父邝亚珠（George Ah Chee）	雪梨库郎街公学（Crown Street Public School）	1933-10-14 Tanda回国
邝顺胜 Kong Soon Shing	香山斗门安峩村	1910-06-28	1921-05-05	1921-05-30 51/S/21	1921-05-31	1921-12-07 （St Albans）	源兴（Yin Hing） 源兴木铺（Yin Hing Cabin maker）	雪梨贸易学堂（Public Commercial School, Crowns Street）	1928-07-17 Tanda回国
雷亚培 Louie Ah Poy	香山渡头村	1908-10-20	1921	1921-03-21 33/S/21	1921-03-30	1921-06-13 （Hwah Ping）	雷道畴 新三合记商铺（Sun Sam Hop & Co.）	汤士威炉埠政府学校（Townsville State School）	1923-10-25 Victoria
雷炳旺 Louie Bung Wong	香山渡头村	1913-06-10	1923-09	1923-09-12 332/S/23	1923-09-18	1924-03-23 （Eastern）	父雷宜湾（Louie Yee Wan）	忌剌剌（Killara） 了不咸书馆（Abbotsholme College）	1929-03-10 Arafura回国
雷房 Louie Fong	香山渡头村	1914-01-14	1923-03-24	1925-04-06 424/S/25	1925-04-30	1926-07-02 （Changte）	父雷丙申（Louie Bing Sun） 园吧生果铺	罗令士端（Rollingstone） 罗令士端公立学校（Rollingstone State School）	1930-09-18 Nellore回国

续表

姓名（中/英文名）	所属村/镇	出生日期	申照日期	护照签发日及号码	签证日期	抵澳日期	父亲（监护人）姓名/作保商铺	来澳地点/学校	结局
雷佩棠 L. Poy Tong	香山渡头村	1917-02-17	1928-04-14	1928-04-30 505/S/28	1928-05-29	1928-09-05（Changte）	雷康固（Hong Coo） 虾巴街一百一十一号商铺	雪梨华人英文学校（Chinese School of English）	1937-12-11 Nellore回国
雷兆业 Louie Chew Yip	中山渡头村	1922-06-05	1940-07-15		1941-01-29 Rejected		雷阿辉（Louie Ah Fay） 义合号（Yee Hop & Co.）	车士兜埠（Charters Towers） 襄马刺加厘治学校（Thornburgh College）	1947-11-05申请替工入境，1948-01-09获准，7月4日入境
雷炳安 Louie Bing On	中山渡头村	1924-03-15	1938-07-12		1938-08-29 Refused		雷天寿（Louie Tim So） 利合号商铺（Lee Hop）	汤士威路（Townsville） 基督兄弟会书院（Christian Brothers'College）	拒签（因叔父担保不够资格）
雷超 Louie Chew	中山石岐	1924-10-16	1940-02-14	1940-04-24 No.1014076	1940-05-01	1940-08-11（Taiping）	伯父雷泗（Louie See）	昆士兰郎架厘 St Jesoph's Convent School	1949-03-03以商人名义继续居澳
雷光 Louie Kwong （Frank Louie）	中山渡头村	1927-12-06	1938-12-15	1939-03-10 No.437834	1939-03-20	1939-04-05（Taiping）	郭朝代申领 Louie Hoy雷和（雷文俊）	Warialda, NSW, St Joseph's Convent School	1948-05-15回国，1952-01-15返澳
李金成 Lee Gum Sing	香山金角环村	1909-02-13	1923-06-18	1923-10-18 336/S/23	1923-10-19	1924-04-01	李月芳 新祥利号（Sun Chong Lee & Co.）	依镇（Ayr，QLD） 依镇皇家学校（Ayr State School）	1927-01-24 Changte回国

续表

姓名（中/英文名）	所属村/镇	出生日期	申照日期	护照签发日及号码	签证日期	抵澳日期	父亲（监护人）姓名/作保商铺	来澳地点/学校	结局
李宝胜 Poo Sing	香山恒美村	1910-06-11	1921-06-13	1921-06-23 58/S/21	1921-06-24	1921-09-13（Victoria）	William Lee See 利生公司 （Lee Sang & Co.）	坚时仕低学校（Cairns Boys State School）	1932年9月回国，1934-03-26返澳
李和 Lee Wah	香山涌头村	1910-10-15	1923-12-14	1925-03-18 416/S/25	1925-03-28	1926-02-11（Changte）	李可（Lee Cor）广和昌号（Kwong War Chong）	雪梨耶稣教堂学校（Christian Church School）	1933-11-23 Changte回国
李守坚 Sow Kin	香山恒美村	1908-12-14	1921-06-13	1921-06-23 57/S/21	1921-06-22	1921-09-13（Victoria）	父李开（Lee Hoy），由伯李泗代办 利生号商铺（Lee Sang & Co.）	坚时仕低学校（Cairns Boys State School）	1922-12-15 Changsha回国
李华福 Willie Wahook Lee	香山石岐	1911-01-09	1922-10-28	1923-2-26 225/S/23	1923-02-28	1923-09-22（Victoria）	父李紫云（Chee Win Lee） 流利号商铺（Lowe & Lee Co.）	雪梨库郎街公学（Crown Street Public School）	1926-09-23 Aorangi前往NZ
李金元 Gin Yuen	香山金角环村	1911-11-01	1923-04-28	1923-07-06 302/S/23 （1923-08-14） 317/S/23	1923-08-14	1924-12-16（Eastern）	父Lee Tuck Nain（李德年），监护人差厘的（Charlie Dick） 洛令屯（Rockhampton）元记（Yuen Kee）， 老板Loeng Mun（梁文）	厌麻炉（Emerald QLD） 厌麻炉皇家学校（Emerald State School）	1927-01-24 Changte回国
李连生 Ling Sing	香山金角环村	1912-02-13	1928-01-25	1928-02-16 493/S/28	1928-03-19	1928-04-17（Maun-ganui）	堂兄李紫云（Chee Win Lee） 日升号商铺（Yet Shing Co.）	雪梨圣罗纶学校（St Lawrence College）	1933-05-20 Changte回国

续表

姓名（中/英文名）	所属村/镇	出生日期	申照日期	护照签发日及号码	签证日期	抵澳日期	父亲（监护人）姓名/作保商铺	来澳地点/学校	结局
李伟先 C Lee Fay Sin	中山恒美村	1912-07-06	1930-04-05	1930-05-02 578/S/30	1930-07-03	1930-12-05（Taiping）	父李业微（Li Yip Fay） 李辉号杂货铺	汤士威埠（Townsville） 基督兄弟学校（Christian Brothers' College）	1932-08-01 Changte回国
李炳光 Ping Kwong Lee	香山良都恒尾乡	1912-09-18	1921-03-23	1921-03-23 1052	1921-03-24	1921-09-20（Victoria）	父李宝成（Lee Bo Sing） Wing On & Co.	雪梨基督堂学校（Christ Church School）	1922-12-14 St Albans回国
李耀文 Lee You Mun	香山石岐	1913-09-14	1926-10-12	1926-11-16 441/S/26	1926-11-20	1927-05-21（Arafura）	父Lee Mow（李茂？），伯李春代办 广和昌号（Kwong War Chong）	雪梨中西学校（Chinese School of English）	1931-03-14 Nellore回国
李星谱 Lee Sing Poo	香山隆都	1913-11-02	1926-10-11	1926-10-28 436/S/26	1926-11-11	1927-01-29（Taiping）	李关贺（Lee Guan Hor）， 广合号商铺（Kwang Hop & Co.）	雪梨中西学校（Chinese School of English）	1932-10-22 Taiping回国
李宝缘 Poo Yuen	香山恒美村	1913-11-13	1923-12-03	1925-04-08 427/S/25	1925-04-30	1925-10-15（Changte）	李泗（Willie Lee See），由叔李开（Lee Hoy）代办申请 利生号商铺（Lee Sang & Co.）	昆时栏坚时（Cairns, QLD） 坚时公立学校（Cairns State School）	1927-10-01 Changte回国
李松庆 Chong Hing	香山恒美村	1915-12-14	1926-09-15	1926-11-16 453/S/26	1926-11-17	1927-01-27（Taiping）	父李开，杨福代办 利生号商铺（Lee Sang & Co.）	昆时栏坚时 坚时天主教会学校（Convent School, Cairns）	1929-01-27 Changte回国

续表

姓名（中/英文名）	所属村/镇	出生日期	申照日期	护照签发日及号码	签证日期	抵澳日期	父亲（监护人）姓名/作保商铺	来澳地点/学校	结局
李洪元 Lee Hoong Yuen	香山石岐市	1916-01-16	1927-03-18	1927-04-27 430/S/27	1927-06-08	1928-01-26（Taiping）	父李协益（Lee Hip Yick） 协益公司（Hip Yick & Co.）	坚时（Cairns） 圣莫尼卡学校（St Monica's School）	1928-08-28 Tanda回国
李照三 Joe Sam Lee	中山涌边村	1916-02-04	1930-05-09 1933-02-01	1930-05-22 581/S/30 1933-05-06 122591	1933-05-04		李官信（George Lee, or Lee Go, or Goon Sun）	雪梨中西学校（Chinese School of English）	获签，但未有进一步信息
李子兆 Gee Chew	中山石岐	1916-02-05	1928-12-18	1929-01-12 529/S/29	1929-02-12	1929-8-4	父李福（Lee Foo, or Lee Foo），由叔李彩（Lee Choy）代办 广合号肉铺（Kwong Hop Butcher）	雪梨中西学校（Chinese School of English）	1931-01-24 Changte回国
李宝昌 Bow Chong（Li Poo Chong）	香山恒美村	1916-03-11（1916-09-21）	1926-09-15（1932-01-21）	1926-11-16 454/S/26 （1932-02-10 No.043134）	1926-11-17（1932-02-12）	1932-05-03（Changte）	李泗（William Lee See），由叔李开及杨福代办 利生公司（Lee Sang & Co.）（李宝胜代申请）	坚时（Cairns） 坚时天主教会学校（Convent School, Cairns），第二次申请Marist Brothers School	首次获签，但未抵澳，第二次抵澳后，1934-05-29回国，后返澳
李亚伯特 Albert Lee	中山石岐（得都村）	1916-09-10	1927	1927-04-27 472/S/27	1927-05	1927-09-03（Changte）	李嗹波（Len Boo Lee） 自营商铺	司康埠（Scone, NSW） Scone Convent School	留在澳洲
李丕打 Peter See	中山石岐（得都村）	1917-12-15	1933-03-03		1933-06-02 拒签		李嗹波（Len Boo Lee） 生光公司（Sing Kong & Co.）	昆省加喇尔埠（Killarney, Qld） St Joseph's College	因无英语学识能力证明而被拒签

续表

姓名（中/英文名）	所属村/镇	出生日期	申照日期	护照签发日及号码	签证日期	抵澳日期	父亲（监护人）姓名/作保商铺	来澳地点/学校	结局
李祐荣 Li Yo Ming	中山恒美村	1917-10-01	1928-10-17	1929-04-04 534/S/29	1929-06-19	1929-09-18（Tanda）	父李业微（Li Yip Fay）李业微杂货铺	汤士威埠（Townsville）天主教立基督学校（Christian Brothers' College）	1932-08-01 Changte回国
李显华 Hin Wah Lee	中山涌边村	1919-03-24	1930-05-09 1933-02-01	1930-05-22 580/S/30（1933-05-06）122590	1933-05-04		李官信（George Lee, or Lee Go, or Goon Sun）	雪梨中西学校（Chinese School of English）	获签，但未有进一步信息
李彰麟 James Lee（Lee Jong Lun）	中山恒美村	1919-08-05	1934-09-11	1934-10-22 No.122977	1934-10-26	1935-01-15（Changte）	Willie Stanley Lee See 利生公司（Lee Sang & Co.）	昆省坚时（Cairns）私立孖厘时兄弟学校（Saint Augustine's Marist Brothers'College）	1939-12-07 获准进入利生公司做工
李衍生 Lee Yin Sung	中山恒美村	1920-01-06	1937-12-15	1938-04-05 No.384452	1938-04-13	1938-06-01（Taiping）	李门胜（Lee Moon Sing）合利号（Hop Lee & Co.）	坚时（Cairns）圣阿吉时顿学校（St Augustine College）	1943-03-15 加入父亲的果蔬店工作
李恒湘 Lee Hoon Shung	中山恒美村	1921-01-15	1934-01-17	1934-03-03 No.122881	1934-03-12	1934-07-19（Nankin）	李照（Willie Lee）永安公司	雪梨华人英文学校（Chinese School of English）	1939-07-15 Tanda回国
李迺彬 Lee Nai Bun	中山恒美村	1921-01-15	1934-01-17	1934-03-03 No.122881	1934-03-12	1934-07-19（Nankin）	李照（Willie Lee）永安公司	雪梨华人英文学校（Chinese School of English）	1938-04-20 Taiping回国

续表

姓名（中/英文名）	所属村/镇	出生日期	申照日期	护照签发日及号码	签证日期	抵澳日期	父亲（监护人）姓名/作保商铺	来澳地点/学校	结局
李杏光（咗治李朝） George Lee Chew	中山板桥新村	1921-04-06	1935-06-10	1935-07-18 No.223869	1935-07-22	1935-09-02 （Changte）	李朝（Lee Chew） 李朝号商铺	坚时埠些炉街（Shields St, Cairns） 圣柯故时田学校（Marist Brothers Saint Augustine College）	1938-04-26 Taiping回国
亚伯特李 Albert Lee	中山（飞枝出生）	1922-01-27	1936-10-23	1937-03-23 No.9179		1937-04-09 （Aorangi）	父李祥（Lee Cheong），叔李迺祥（Lee Nai Chong） 合昌公司（Hop Chong）	雪梨圣母昆仲会中学（Marist Brothers' High School）	1947-05-21 返回Fiji
李成 Lee Sing	中山隆都	1924-11-12	1941-05-05	1941-10-11 No.1014243	1941-10-24		李惠（Lee Way） 花工和果菜农	昆省叉李威埠（Charleville, Qld） Central Training College, Brisbane	没有进一步信息
李光儒 Lee Kong Yee	中山恒美村	1925-08-11	1938-11-21	1939-02-20 No.437827	1939-02-28	1939-03-30 （Taiping）	李桂（Lee Quay） 李桂号商铺	坚时（Cairns） St Augustine College	1948-02-10 Shansi回国
李实 Lee Sheh	中山隆都	1926-02-02	1941-05-05	1941-10-11 No.1014244	1941-10-24		靫厘李林（Charlie Lee Lum） 花工和果菜农	昆省叉李威埠（Charleville, Qld） Central Training College, Brisbane	没有进一步信息
李宝杰 Gilbert Lee See	中山恒美村（香港出生）	1927-02-08	1938	1938-06-01 No.384478	1938-06-08	1938-07-30 （Taiping）	William Lee See 利生公司（Lee Sang & Co.）	坚时（Cairns） Marist Brothers School	1948年去往HK，后移民澳洲

续表

姓名（中/英文名）	所属村/镇	出生日期	申照日期	护照签发日及号码	签证日期	抵澳日期	父亲（监护人）姓名/作保商铺	来澳地点/学校	结局
李章铭 Chong Wing Lee	中山恒美村	1928-06-11	1938-06-23	1938-07-29 No.437710	1938-08-23		李连生（Willie Lee）	雪梨华人英文学校（Chinese School of English）	入境澳洲并留了下来，但未知何时抵达
梁普龙 Poo Loong	香山合意村	1904-02-12	1921-06-08	1921-07-21 66/S/21	1921-07-26	1921-11-07（Arafura）	梁亚寿（Ah Shou） 恒泰号	雪梨公立学校（Glebe Street Public School）	1924-05-08 Victoria回国
梁杏森 Hung Sum	香山福涌村	1904-08-13	1921-05-15	1921-05-26 50/S/21	1921-05-31	1921-09-20（Victoria）	梁子正（Leong Gee Jing） 义安果栏（Yee On & Co.）	柏利孖打贸易书馆（Crowns Street Public Commercial School, Parramatta）	1928-03-17 Changte回国
梁棣祺 Leon Day Kee	香山福涌村	1905-06-28	1921-02-03	1921-02-19 13/S/21	1921-02-19	1921-05-19（Victoria）	父梁秀根（Leong Sou Gon） 天元号（Tin Yuen & Co.）	汤士威炉 汤士威炉学校（State School Ross Island Townsville）	1927-01-24 Changte回国，1932-08-02获签未入境
梁沛霖 Leong Poy Lum	香山福涌村	1905-08-26	1921-02-03	1921-02-19 14/S/21	1921-02-19	1921-05-19（Victoria）	父梁天元（Leong Tin Yuen） 天元号（Tin Yuen & Co.）	汤士威炉 汤士威炉学校（State School Ross Island Townsville）	1932-01-18 Tanda回国
梁门教Leung Moon Gow	香山曹边村	1906-09-11	1922-06	1923-06-14 284/S/23	1923-06-18	1923-09-17（Victoria）	父梁瑞荣（Charlie Leong） 英壬埠（Ingham）鸿源号 Houng Yuen & Co.）	汤士威炉威时燕学校（Townsville West State School）	1927-04-20 Tanda回国

续表

姓名（中/英文名）	所属村/镇	出生日期	申照日期	护照签发日及号码	签证日期	抵澳日期	父亲（监护人）姓名/作保商铺	来澳地点/学校	结局
梁文汉 Leong Man Hone	香山石岐福涌村	1909-06-12	1921-02-03	1921-02-16 12/S/21	1921-02-19	1921-09-14（Victoria）	梁干（Leong Gon） 天元号（Tin Yuen & Co.）	汤士威炉学校（State School Ross Island Townsville）	1927-12-23 Taiping回国
梁万鸿 Leong Man Hung	香山石岐福涌村	1911-08-06	1921-09-22 1928-06-15	1921-12-05 125/S/21 1928-06-30 513/S/28	1921-12-05 1928-09-06	1928-12-19（Tanda）	父梁富元（Hoo Yuen, or Leong Hoo Yuen） 天元号（Tin Yuen & Co.）	汤士威炉公众学校（South Townsville State School）、基督兄弟会书院（Christian Brothers' College）	1931-01-29 Changte回国
梁棣溶 Leong Day Yong	香山石岐福涌村	1914-09-16	1923-08-23	1925-04-02 423/S/25	1925-04-02		父梁卓根（Leong Chock Gun） 天元号（Tin Yuen & Co.）	汤士威炉西汤士威炉公立学校（State School Townsville West）	获签，未入境
梁华立 Leong Wah Lup	中山曹边村	1917-09-25	1935-10-07	1935-11-20 No.223903	1935-11-22	1936-01-23（Taiping）	梁云洲（James Leong）	汤士威炉罗马学校（Townsville Christian Brothers' College）	20世纪50年代后加入澳籍
梁颂康 Chung Hong	中山曹边村	1917-10-03	1935-05-03	1935-06-11 No.223863	1935-07-30	1935-08-03（Taiping）	梁新（Leong Sun） 梁新号商铺	昆省汤士威炉（Townsville, QLD）埔臣吧剌吋学校（Christian Brothers' College）	1937-08-19作为店员，准备次年离境回国，但后来留在了澳洲

续表

姓名（中/英文名）	所属村/镇	出生日期	申照日期	护照签发日及号码	签证日期	抵澳日期	父亲（监护人）姓名/作保商铺	来澳地点/学校	结局
梁玉麟 Leong Yock Lun	中山曹边村	1919-02-15	1930	1930 588/S/30	1930-10-15	1934-11-02（Changte）	梁新（Leong Sun） 梁新号商铺	昆省汤士威炉（Townsville, QLD） 埔臣吧剌吖学校（Christian Brothers' College）	1939-09-16 Nellore回国，1948-07-24 Soochow重返澳洲
梁少鳣 Leong Sue Chen	中山曹边村	1921-12-07	1937-06-03	1937-06-25 No.224109	1937-06-30	1937-07-28（Taiping）	伯父梁云洲（James Leong）	汤士威炉罗马学校（Townsville Christian Brothers' College）	1955年后在澳洲，未见其他档案
林亚纳 Lum Arnarp	香山珊洲村	1905-01-08	1922-01-09	1923-04-05 243/S/23	1923-04-05	1923-12-17（Victoria）	祖父广盛（Kwong Sang） 广盛号商铺	坤士兰都麻罢修书馆埠（South State Boy's School, Toowoomba）	1924-10-11 Eastern回国
林快 Lum Wie（William Lum Mow）	香山石岐	1906-09-21	1921-04-21	1921-05-20 45/S/21	1921-05-26	1921-09-14（Victoria）	林茂（Lum Mow） 林茂铺	汤士威炉（Townsville） 汤士威炉公众学校（Government Central State School）	1932-03-29与妻子一道回国
林作 Lum Jock	香山下泽村	1908-06-18	1922-06-12	1923-04-10 247/S/23	1923-04-11	1924-11-19（St Albans）	林泗流（Lum See Low） 林泗栈（Lum See Jan）	雪梨兰域预科学校（Randwick Preparatory School）	1931-08-19 Taiping回国
林树标 Lum See Bew	香山新村	1909-01-10	1923-05-18	1923-08-30 323/S/23	1923-08-31	1924-01-30（Arafura）	父林祥（Lum Chong） 安益利号（On Yik Lee & Co.）	雪梨图拉穆拉（Turramurra） 库郎街公学（Superior Public Commercial School, Crowns Street）	1929年5月回国

续表

姓名（中/英文名）	所属村/镇	出生日期	申照日期	护照签发日及号码	签证日期	抵澳日期	父亲（监护人）姓名/作保商铺	来澳地点/学校	结局
林江 Lam Kong	中山象角村	1913-07-01	1929-04-17	1929-04-27 537/S/29	1929-05-27	1929-09-09（Changsha）	叔林泗栈 林泗栈	雪梨中西学校（Chinese School of English）	1931-01-14 Tanda回国
林昆 Lum Quan	香山寮后村	1914-04-19	1927-05-10	1927-06-10 478/S/27	1927-07-12	1927-12-03（Taiping）	林福（Lum Hook） 三益公司（Sam Yick Co.）	雪梨圣罗伦学校（St Laurence College）	1936-08-15 Taiping回国
佐治本 G Bowne	中山石岐	1914-05-22	1929-01-19	1929-02-12 532/S/29	1930-02-27		堂哥威廉林茂（William Lum Mow）、叔林茂（lum Mow） 林茂号（Lum Mow & Co.）	汤时威炉埠 基督兄弟会书院（Christian Brothers' College）	获签，但未入境
托马斯林茂 Thomas Lum Mow	中山石岐	1914-07-15	1929-01-19	1929-02-12 531/S/29	获签日期不详		兄威廉林茂（William Lum Mow）、父林茂（lum Mow） 林茂号（Lum Mow & Co.）	汤时威炉 基督兄弟会书院（Christian Brothers' College）	于1930年来澳（具体日期不详）
林连 Lum Len	中山石岐	1915-02-10	1927-11-20	1928-05-01 504/S/28	1928-06-25	1928-12-31（Changte）	林维彬（Lum Way Bun） 安益利公司	雪梨华人英文学校（Chinese School of English）	1933年之后见另一档案宗卷
林锦 Lum Kam	香山下泽村	1915-08-04	1924-02-06	1925-03-11 410/S/25	1925-03-16	1924-11-19（St Albans）	林泗流（Lum See Low） 安益利公司	雪梨高等公学校（Crown Street Public School）	1946-11-22 Yunnan回国
轩厘林茂 Henry Lum Mow	中山石岐	1915-10-09	1929-01-19	1929-02-12 530/S/29	1930-03-27	1932-11-04（Changte）	哥威廉林茂（William Lum Mow）、父林茂（lum Mow） 林茂号（Lum Mow & Co.）	汤时威炉 基督兄弟会书院（Christian Brothers' College）	最终留在了澳洲

续表

姓名（中/英文名）	所属村/镇	出生日期	申照日期	护照签发日及号码	签证日期	抵澳日期	父亲（监护人）姓名/作保商铺	来澳地点/学校	结局
林华海 Lum Wah Hay	中山新村	1916-02-05	1928-09	1928-10-08 519/S/28	1928-11-09 拒签		父林祥（Lum Chong） 安益利号（On Yik Lee & Co.）	雪梨中西学校（Chinese School of English）	拒签
林苏 Sue Lum	中山珊洲坑村	1918-03-19	1930-11-10	1930-12-04 592/L/30	1931-01-19	1931-09-04	林文川（Diamond Monchin Lum） 广盛号（Kwong Sang & Co.）	昆士兰都冧罢埠（Toowoomba QLD） South State Boys School, or Christian Brothers' College	1939-01-21 回国参军
林官巨 Lum Goon Gee	中山下坑村	1924-04-10	1936-02-15	1936-03-26 No.223941	1936-03-31	1938-06-06（Taiping）	林黑（Lum Hark） 广和昌号（Kwong War Chong & Co.）	雪梨华童英文学校（Chinese School of English）	1943-06-03 去世
刘泗庆 See Hing	香山寮后村	1896	1910-09-28		1910-09-30	1911-03-10（Taiyuan）	兄刘均荣（Alfred Lowe）	雪梨 Scots' School	1913-02-26 Tofua前往Fiji
刘锡南 Shik Narm	香山石岐隆墟村	1904-05-02	1921-02-09	1921-2-16 15/S/21	1921-02-19	1921-7-22（Victoria）	刘作舟（Jack Joe Lowe） 永兴隆铺（Wing Hing Long & Co.）	乌修威天架（Tingha）天架王家公众学校（Government Public School, Tingha）	1924-12-10 St Alban回国
刘寿如 Lowe Sou Yee	香山寮后村	1907-12-01	1925-09-03	1925-09-14 430/S/25	1925-08-12	1925-06-29（Changsha）	叔刘均荣（Alfred Lowe） 刘梁公司	雪梨库郎街公立学校（Crown Street Public School）	1926-09-23 Aorangi前往US
刘初 Low Chaw	香山石岐南门	1908-06-22	1921	1921-08-22 98/S/21	1921-08-26	1922-01-20（Victoria）	郑泉记（Jan Chin）	坚时公立学校（State School, Cairns）	1923-06-19 Victoria回国

续表

姓名（中/英文名）	所属村/镇	出生日期	申照日期	护照签发日及号码	签证日期	抵澳日期	父亲（监护人）姓名/作保商铺	来澳地点/学校	结局
刘惠光 Lowe Wai Gong	中山湖洲脚村	1915-02-20	1930-11-28	1930-12-04 593/L/30	1931-05-25	1932-10-20（Nankin）	刘溢（Harry Yet）	雪梨华人英文学校（Chinese School of English）	战时留在澳洲
刘棣怡 Thomas Henry Quay	香山谿角村	1916-01-16	1929-06-05	1929-07-26 547/S/29	1929-12-02 拒签		父刘裔蕃（Charles Quay） C Quay店铺	奈若敏（Narromine, NSW） 梅西修院学校（Convent of Mercy）	拒签
刘伟珊 Way Sarn	中山石岐民生路	1916-11-01	1929-09-24	1929-12-02 564/S/29	1930-01-21	1930-06-09（Taiping）	差厘养（Charlie Young）	威厘士克力埠罗马学校（Convent School, Werris Creek）	1934-01-20 Changte回国
刘张麟 Lou Jung Lun	中山龙眼树涌村	1916-11-03	1929-07-08	1929-07-28 550/S/29	1929=10-24 拒签		父刘嵩（Lou Willie Soong） 亚乐兄弟果栏（Ah Lock Bros）	车打士滔（Charters Towers） 孟卡蔴学校（Mount Carmel College）	拒签
刘胜德 Low Sing Dick	中山溪角村	1917-06-04	1929-12-11	1929-12-31 566/S/29	1930-02-13	1930-04-21（St Albans）	父刘耀伦（Low You Lun） 果菜杂货店	汤士威炉 基督兄弟会书院（Christian Brothers College）	1932-07-28 Changte回国
刘张煦 Lou Jung Hee	中山龙眼树涌村	1917-12-14	1929-07-08	1929-07-28 551/S/29	1929=10-24 拒签		父刘嵩（Lou Willie Soong） 亚乐兄弟果栏（Ah Lock Bros）	车打士滔（Charters Towers） 孟卡蔴学校（Mount Carmel College）	拒签

续表

姓名（中/英文名）	所属村/镇	出生日期	申照日期	护照签发日及号码	签证日期	抵澳日期	父亲（监护人）姓名/作保商铺	来澳地点/学校	结局
刘汉生 Lowe Hon Sing	中山石岐南门街	1918-01-30	1930-01-29	1930-02-10 569/S/30	1930-03-25	1930-06-09 （Taiping）	刘广熙（George Lowe） 柏利号（Park Lee & Co.）	乌修威省威厘时克力埠（Werris Creek, NSW） 周时旰焚学校 （St Joseph Convent）	1934-01-20 Changte回国
刘锡允 Lowe Sek Won	中山湖洲脚村	1924-12-01	1939-02-20	1939-04-21 No.437952	1939-05-01		Allan Lowe（刘亚伦）	雪梨华人英文学校（Chinese School of English）	到1940年10月仍未能入境
刘亚伦 Allan Low	中山豁角村	1927	1938-03-21	1938-06-21 No.384489	1938-06-28		虾厘刘益（Harry Low） 虾厘刘益杂货铺	坤士栏省依埠Ayr, Qld, Convent School	获签后因父猝死，无法赴澳
刘仲初 Lau Cheong Chor	中山	1927-07-07	1940-12	1941-01-22 No.1014149	1941-01-20	1941-07-16 （Taiping）	Lau Tan Man Fong Lau & Co.	Darwin N/A	1947年到雪梨后无下文
罗项顿 Constance Law	中山石岐	1925-10-20	1940-01-02	1940-02-26 No.1014046	1940-03-01	1940-06-19 （Taiping）	姑奶奶Mrs Fung T.C. Fung & Co.	昆士兰省那文屯埠（Normanton, QLD） Normanton State School	1948-05-16 Changte回国
马亮华 Mar Leong War	香山沙涌村	1904-01-06	1921-01-12	1921-01-28 3/S/21	1921-02-02	1921-05-14 （Victoria）	父马辛已（Mar Sun Gee） 永生公司（Wing Sang & Co.）	雪梨 连飞炉青年学校 （Lindfield Boys College）	后留居澳洲，成为永生公司总经理
马炎璋 Ma Yuin Chong	中山沙涌村	1910-01-15	1924-02-11	1925-04-06 426/S/25	1925-04-30	1926-07-02 （Changte）	马番（Mar Fan） 马广号（Mar Kong & Co.）	昆省汤士威炉（Townsville, QLD） 西端国立学校（State School, West End）	1939-11-11 Nankin回国

续表

姓名（中/英文名）	所属村/镇	出生日期	申照日期	护照签发日及号码	签证日期	抵澳日期	父亲（监护人）姓名/作保商铺	来澳地点/学校	结局
马金玉Kum Yook Long（Mrs. Phillis Wong）	香山塘敢村	1913-05-18	1922-11-02	1923-05-04 253/S/23	1923-05-09	1923-09-22（Victoria）	马康良（Harry Long） 新昌盛号	雪梨基督公会学校（Christ Church School）	1935-08-14 Nankin回国
马赞衡 Mar Jang Hang	中山沙涌村	1914-03-03	1929-04-19	1929-04-19 535/S/29	1929-05-21	1929-09-04（Changte）	马番（Mar Fan） 马广号（Mar Kong & Co.）	昆省汤士威炉（Townsville, QLD） 基督兄弟学校（Christian Brothers'College）	1934年获签为顶替店员
马惠龄 Mah Way Ling	中山新村	1917-11-17	1930-02-04	1930-02-05 568/S/30	1930-05-17		父马就（Mah Jeo）	雪梨华人英文学校（Chinese School of English）	获签，但未入境
马显维 Thomas Ma Joe Young	中山沙涌村（香港出生）	1917-12	1935-08-01	1935-09-07 No.223884	1935-09-16	1935-10-23（Nankin）	兄马显荣（Charles Joe Young） 永泰公司（Wing Tiy & Co.）	雪梨 Chartres Business College	1937-02-17 转为永泰公司店员
马瑞章 George Mar Fan	中山沙涌村	1919-11-10	1933-03-13	1933-08-16 No.122762	1933-08-21	1933-11-03（Changte）	马番（Mar Fan） 马番商铺	昆省汤士威炉（Townsville, QLD） 天主教会学校（Christian Brothers' College）	1939-06-22 Taiping回国
马植培 Charles Mah（Jack Toy）	中山沙涌村	1920-10-23	1938-04-06	1938-05-03	1938-05-09	1938-06-29（Changte）	W. Sou San 秀山号商铺	坚时（Cairns, QLD） 私立孖厘时兄弟学校（Saint Augustine's Marist Brothers' College）	1939-03-30 Changte回国

续表

姓名（中/英文名）	所属村/镇	出生日期	申照日期	护照签发日及号码	签证日期	抵澳日期	父亲（监护人）姓名/作保商铺	来澳地点/学校	结局
马文坚 Ma Man Kin	中山沙涌村	1921-11-12	1936-01-23			1936-05-05（Changte）	马初见（Mar Chor Kin） 马广号（Mar Kong & Co.）	昆省汤士威炉（Townsville, QLD） 天主教会学校（Christian Brothers' College）	1942年或三年签证后无进一步信息
麦门旷 Mark Moon	香山沙平下村	1910-12-09	1921-12-16	1923-05-04 256/S/23	1923-05-09	1924-02-21（St Albans）	父麦兆（Mark Chew） 广生铺	吔时埠（Yass, NSW） 吔时公立埠学校（State School of Yass）	1930-04-29 Tanda回国
毛周胜 Joe Sing [Aka Joe Sing Mow]	香山隆都田头村	1908-05-21	1922	1922-10-03 190/S/22	1922-10-04	1923-03-22（Victoria）	伯父毛永赞（Wing Jan） 有一片农场在美利滨的北加非卢	北加非炉埠 North Garfield, Vic	1935-02-05 Neptune回国
毛周结 Joe Git	香山石岐	1908-06-14	1924-02-14	1924-02-22 386/S/24	1924-02-26	1924-06-27（Victoria）	伯父毛永赞（Wing Jang）	墨尔本小卜街长老会学校（P. W. M. U. School）	1926-09-22 乘船去斐济
缪国秉 Mow Kock Ping	香山隆都水塘头村	1903-07-05	1921-04-22	1921-05-20 44/S/21	1921-05-25	1921-09-13（Victoria）	父缪祖绍（Mow Jue Sue） 缪祖绍果园	昆省滔炉架埠（Tolga） 滔炉架埠小学校（State School of Tolga）	1927-09-16 Arafura回国，1949-06-08飞机失事身亡
缪玉兰 Yock Larn Mew	香山永后村	1907-03-11	1921-02-09	1921-02-16 16/S/21	1921-02-19	1921-07-22（Victoria）	刘作舟（Jack Joe Lowe） 永兴隆铺（Wing Hing Long & Co.）	天架（Tingha） 天架埠王家公众学校（Government Public School）	1931-10-14 Tanda回国

续表

姓名（中/英文名）	所属村/镇	出生日期	申照日期	护照签发日及号码	签证日期	抵澳日期	父亲（监护人）姓名/作保商铺	来澳地点/学校	结局
莫金饶 Yum You	香山胡芦棚村	1908-11-06	1921-05	1921-05-26 48/S/21	1921-05-27	1921-09-14（Victoria）	父莫阿其（Mo Ah Kee） 福和栈（Hook Wah Jang & Co.）	汤士威芦埠威士端学校（West End State School, Townsville）	1926-03-04 Taiping回国
莫民生 Mon Sang	香山芦溪村	1912-06-17	1921-05-27	1921-05-30 53/S/21	1921-05-31	1921-09-14（Victoria）	父莫阿燕（Mo Ah Yin） 莫阿燕铺（Ah Yin & Co.）	昆士栏汤士威芦埠威士端学校（West End State School, Townsville, Queensland）	1928-08-17 St Abans回国
彭耀松 Pang Ton Choong	香山象角村	1912-08-29	1923-08-18	1923-11-19 350/S/23	1923-11-20	1924-06-22（Victoria）	彭聘朝（Pang Chew） 兵记商铺（Pang Bing Kee）	雪梨车士活附属实验学校（Chatswood Supplementary Practice School）	1925-08-13 Mounganui去往大溪地
庞文显 Henry Pong Toy	香山龙聚环村	1917-02-07	1927-06-01	1927-06-10 477/S/27	1927-07-26 拒签		父庞逗（Pong Toy, or Pong Foy） 茂生公司（Mow Sang & Co.）	雪梨中西学校（Chinese School of English）	拒签
容石 Young Sit	香山乌石村	1901-10-22	1910-05-17		1910-08-02	1911-11-03（Eastern）	奎记（Hoi Kee） 新泰合奎记（Sun Tai Hop Hoi Kee & Co.）	昆省洛金顿埠（Rockhampton, Qld） Boys' Central State School	1916-12-13 Changsha回国, 1921-09-17 Victoria返澳，1922-06-16 St Albans回国

续表

姓名（中/英文名）	所属村/镇	出生日期	申照日期	护照签发日及号码	签证日期	抵澳日期	父亲（监护人）姓名/作保商铺	来澳地点/学校	结局
阮定 Yuen Din	香山石岐	1904-04-17	1921-03-07	1921-03-21 32/S/21	1921-03-30	1921-08-10（Kanowna）	父（阮）官照（Goon Chew） 官照铺	汤士威炉皇家书馆（Ross Island State School of Townsville）	1930-08-28 Taiping回国
阮应枢 Yuen Ink Hee	香山象角村	1904-09-14	1921-07-31	1921-08-22 102/S/21	1921-09-12	1923-01-19（Victoria）	刘作舟（Jack Joe Lowe） 永兴隆铺（Wing Hing Long & Co.）	鸟修威天架埠 天架皇家公众学校（Government Public School）	1927-03-19 Changte回国
探眉九 Tommy Ah Gow	中山隆镇	1914-06-10	1927-10-07	1927-11-07 451/S/27	1927-12-17		父阮锦（Yin Gum） 立利木铺（Lop Lee & Co）.	雪梨唐人英文书院（Chinese School of English）	获签，但未入境
阮英文 Yingman Gum Yuen	香山隆都	1915-02-10	1923-05-05	1923-05-15 258/S/23	1923-05-16	1924-06-22（Victoria）	阮金元（Gum Yuen） 荣记木铺	西澳洲巴埠（Perth） 占时街巴学校（James Street School, Perth）	1951-08-07 留在澳洲
阮洪耀 Hong Hue	中山隆镇	1916-10-26	1927-10-05	1927-11-5 450/S/27	1927-12-20		阮立利（Lop Lee） 立利木铺（Lop Lee & Co.）	雪梨唐人英文书院（Chinese School of English）	获签，但无进一步信息
阮三妹（阮卓英） Ivy Gaan Chew	中山石岐	1919-01-03	1934-02-26	1934-11-28 No.223804	1934-12-04	1935-12-31（Changte）	阮官照（Goon Chew）	汤士威（Townsville） 圣吗利学校（St Mary's Convent School）	1940-03-23 Taiping回国

续表

姓名（中/英文名）	所属村/镇	出生日期	申照日期	护照签发日及号码	签证日期	抵澳日期	父亲（监护人）姓名/作保商铺	来澳地点/学校	结局
孙镜轩 Suen King Hing	香山沙边村	1912-06-14	1922-06-03	1922-08-08 170/S/22	1922-08-11	1923-03-18（Victoria）	孙炳辉（Bing Fay） 三记公司	鸟修威天架埠（Tingha NSW） 天架埠国民学校（Tingha Public School）	1933-08-23 Taiping回国
唐丙辰 Ton Ping Sun	中山隆镇沙平下村	1916-06-09	1926-06-09	1926-07-08 480/S/27	1926-08-15	1928-02-01（Taiping）	父唐泗和（Tong Shee War）	雪梨唐人英文书院（Chinese School of English）	1928-03-25 车祸死亡
唐亚茂 Tong Ah Mow	中山江尾头村	1936-08-15	1948-05-23	1948-07-22 No.428017	1948-08-05	1948-09-22（Changte）	伯唐泗（Thomas Tong See） Tongs Store	雪梨华人英文学校（Chinese School of English）	1953-11-30 Changsha回国
汤堪昌 Tong Kay Chong	香山石岐	1918-01-28	1927-12-15	1928-2-28 496/S/29	1928-11-24		父汤觉世（Kok Say Tong）	雪梨西南区宾士镇天主教长老会书院（Catholic Presbytery School, Bankstown, NSW）	获签，但无进一步信息
王詠池 Sweeny Wing Chee	香山隆都	1910-03-13	1923-11-22	1925-03-19 419/S/25	1925-03-28	1927-03-29（Tanda）	父王威廉（William Nighjoy，或威廉乃宰） 三记公司（Sam Kee & Co.）	天架埠，原注册天架皇家书院（Tingha Public School），后入阿米代尔喇沙书院（De La Salle College, Armidale）	1931-02-11 St Albans回国

续表

姓名（中/英文名）	所属村/镇	出生日期	申照日期	护照签发日及号码	签证日期	抵澳日期	父亲（监护人）姓名/作保商铺	来澳地点/学校	结局
王华森 Way Sum	香山石门村	1912-12-11	1923-05-04	1923-10-21 347/S/23	1923-11-05	1924-04-01	新和泰（Sun Wo Tiy & Co.）	坚时埠立学校（Cairns State School，亦即坚时公校）	1928-07-24 Tanda回国
王国兴 Gook Hing	香山龙头环村	1912-12-15	1923-12-13	1924-02-22 389/S/24	1924-02-26	1924-10-22（Arafura）	王添活（Jommy Tim） 果菜园	昆时栏孟元太埠（Mungindi, Qld） 孟元太皇家学校（Mungindi State School）	1929-08-22 St Albans回国
吴紫垣 James Fong	香山龙聚环村	1883-09-16	1911-07-10		1911-11-01 拒签		Charles Chong Storekeeper	Newcastle, NSW Newcastle High School	职业革命家 1944-08-24逝
吴光宜 Arthur Sue Kee	香山库充村	1908-03-16	1921-08-20	1921-09-20 106/S/21	1921-09-29	1922-01-20（Victoria）	吴肇基（Sue Kee） 肇基号（Sue Kee & Co.）	汤士威炉公立学校（State School, West End）	1940-01-29 Taiping回国
吴光扬 Johnny War Kee	香山库充村	1909-07-15	1921-08-20	1921-09-20 109/S/21	1921-09-29	1922-06-16（Eastern）	吴肇基（Sue Kee） 肇基号（Sue Kee & Co.）	汤士威炉公立学校（State School, West End）	1929-01-18 Tanda回国
吴远球 Ngnn Yein Kow	香山恒美村	1910-11-27	1922-08-07	1923-05-04 254/S/23	1923-05-09	1923-10-23（Arafura）	父吴亚平（Ngnn Ah Ping） 亚平号商铺	汤士威路皇家学校（West End State School, Townsville）	1926-04-23 Tanda回国

续表

姓名（中/英文名）	所属村/镇	出生日期	申照日期	护照签发日及号码	签证日期	抵澳日期	父亲（监护人）姓名/作保商铺	来澳地点/学校	结局
吴玉华 Yock Wah	香山曲涌村	1910-12-14	1921-05-28	1921-11-28 117/S/21	1921-12-01	1922-10-16（Victoria）	吴信宽（Ah Hoon） 亚宽号商铺	昆士栏省般埠（Bowen QLD） 昆士栏般埠国家学校（Bowen Public School）	1935-10-24回国，1937-07-03返澳
吴光荣 James Sue Kee	香山库充村	1911-08-22	1921-08-20	1921-09-20 108/S/21	1921-09-29	1922-06-16（Eastern）	吴肇基（Sue Kee） 肇基号（Sue Kee & Co.）	汤士威炉西端公立学校（West End State School, Townsville）	1932-09-29 Changte回国
萧萃贤 S Yiu	香山大涌村	1906-03-08	1921-05-02	1921-05-02 1133	1921-05-02	1921-05-25（Victoria）	父萧普林（Shiu Bo Lum） Wing On & Co.	雪梨兰域公立学校（Randwick Public School）	1926-07-10 Tanda回国
萧有安 Willie Sue	香山南文村	1911-01-12	1923-06-11	1923-12-28 369/S/23	1924-01-03	1924-09-12（Eastern）	伯萧锦波（Charlie Sue），差厘店（Charlie Store）	鸦埠（Ayr） 鸦埠公立学校（Ayr State School）	1926-05-31 Changte回国
萧有开 Andrew Sue	香山南文村	1913-02-10	1923-06-11	1923-12-28 370/S/23	1924-01-03	1924-09-12（Eastern）	伯萧锦波（Charlie Sue），差厘店（Charlie Store）	鸦埠（Ayr） 鸦埠公立学校（Ayr State School）	1927-10-25 Tanda回国
萧耀辉 Sue Yow Fay	香山南文村	1913-09-01	1923-03-12	1923-06-21 294/S/23	1923-06-26	1924-08-21（Victoria）	父萧赞（Sue Jang） 广生木匠铺（Kwang Sang & Co.）	雪梨红坊公立高小（Redfern Superior Public School）	1927-07-16 Tanda回国
萧祥 Sue Chong	香山塔园村	1914-03-01	1926-10	1926-11-05 440/S/26	1927-08-26 拒签		父萧碧池（Sue Back Chee）	雪梨哄乎伦街高等学校（Public High School Cleveland Street）	拒签

续表

姓名（中/英文名）	所属村/镇	出生日期	申照日期	护照签发日及号码	签证日期	抵澳日期	父亲（监护人）姓名/作保商铺	来澳地点/学校	结局
萧权生 King Sang	中山南文村	1917-01-27	1929-01-25	1929-04-28 538/S/29	1929-06-05	1929-11-28（Taiping）	萧东球（Dung Gow） 华英公司（Wah Ying & Co.）	昆士兰坚士 省立初等学校Cairns Convent School	1934-10-26 Taiping回国
萧自强 Sue Gee Kean	中山南文村	1920-12	1935-05-01	1935-07-30 No.223874	1935-08-02	1935-11-30（Taiping）	George Sue Chinese Herbalist 医馆	庇厘时彬（Brisbane） St John's Cathedral Day School	1939-11-11 Nankin回国
萧国仪 Sue Kurk Yee	中山石岐	1925-04-07	1939-02-17	1939-07-22 No.437980	1939-07-28		萧柏连（Charlie Bak Lin）	洛金顿（Rockhampton） 咳蟾吧罅打学校 Christian Brothers' College	获签后无进一步信息
许帝深 Hee Day	香山西亨村	1907-07-06	1921-08-23	1922-10-31 197/S/22	1922-11-01	1924-08-19（Victoria）	父许合（Hee Hop, or William Hee） 许岳号商铺（Clermont Charlie Jock Store）	坤时栏企喱门埠皇家学校（Clermont State School, Clermont, Queensland）	1930-02-19 Taiping回国
徐松柏 Chung Bark	香山下泽村	1909-12-25	1922-03-16	1923-04-11 247/S/23	1923-04-27 Victoria	1923-12-17	父徐北恒（Buck Yoon） 新南盛号	雪梨库郎街公校（Crown Street Public School）	1928-04-14 Tanda回国
徐佐治 George Chew	中山隆都	1917-11-06	1927-11-30	1928-05-01 503/S/28	1929-03-12 拒签		父徐南好（Nam How）	雪梨中西学校（Chinese School of English）	拒签
鸦打学应 Arthur Hock Ing	香山石岐	1915-07-15	1928-03-03	1928-05-01 501/S/21	1928-07-05	1928-10-25（Tanda）	学应（Hock Ing） 学应号商铺	汤士威炉 St Mary's School	1936-08-20 Taiping回国

续表

姓名（中/英文名）	所属村/镇	出生日期	申照日期	护照签发日及号码	签证日期	抵澳日期	父亲（监护人）姓名/作保商铺	来澳地点/学校	结局
杨章惠 Chong WAY	香山北台村	1907-06-15	1921	1921-04-11 35/S/21	1921-04-22	1924-04-01（Victoria）	父杨润祥（Jimmy Chong，也叫占眉祥） 新祥利号商铺	鸦埠（Ayr） 鸦埠公众学校（Ayr State School）	1926-04-23 Tanda回国
杨日生 George Day	香山龙头环村	1911-05-06	1921-09-28	1922-11-28 204/S/22	1922-11-29	1923-05-10（Victoria）	杨棣（Ah Day） 亚棣号商铺	坚时（Cairns, Qld） 坚时埠学校（State School）	1926-03-25 St Albans回国
杨笠弼 Robert Young Gow	香山石岐	1911-09-08	1922-03-14	1922-08-22 176/S/22	1922-08-24	1922-12-13（Eastern）	杨牛（George Young Gow）	昆士栏省孖剌温弥埠皇家学校（Mirriwinni State School）	1925-03-07 Changsha回国
杨鉴泉 Kam Cham	中山隆都	1917-01-02	1928-12-11	1929-01-04 528/S/29	1929-06-24	1930-02-10（Taiping）	杨桥（George Kue） 广源号商铺（Kwong Yuen & Co.）	烟化芦埠（Inverell NSW） 干吩学校（Convent of Mercy）	1938-04-28 Neptuna回国
杨棉 Young Min	中山申明亭村	1917-06-18	1927-03-21	1927-03-29 467/S/27	1927-04-13	1929-06-24	杨瑞祥（Young Suey Chong） 雪梨《民国报》	雪梨 班大罗马教学校（St. Patricks School, Bondi）	1932-03-23 Changte回国
杨柏伟 Robin Young（Young Bark Wai）	中山石岐	1924-11-18	1940-04-04	1940-06-03 No.1014087	1940-06-19	1941-05-25（Taiping）	兄杨江（Thomas Young或Young Kong） 裕盛号商铺（Yee Sang & Co.）	鸟修威省溪澳古埠（Kyogle, NSW） St Brigid's Convent School	1947-08-12 病逝

续表

姓名（中/英文名）	所属村/镇	出生日期	申照日期	护照签发日及号码	签证日期	抵澳日期	父亲（监护人）姓名/作保商铺	来澳地点/学校	结局
余明 Yee Ming	香山隆都	1912-06-06	1921-01-21	1921-01-28 2/S/21	1921-02-02	1921-06-22（St Albans）	余江（Yee Kong） 广生隆杂货蔬果店（Kwong Sang Long & Co.）	鸟修威唧涟弥士埠（Glen Innes） 唧涟弥士埠皇家书馆（Glen Innes District School）	1933-07-15 Tanda回国，1935年返澳，此后留居澳洲
余福绵 Yee Foo Min	香山叠石村	1914-05	1927-03-07	1927-03-25 466/S/27	1927-09-24	1927-11-19（Arafura）	父余信（Yee Sun），余文厚（Yee Mun How）代办 余信木铺	雪梨 先注册和打噜公立学校（Waterloo Public School），后注册华人英文学校（Chinese School of English）	1929-12-13前往斐济度假，再未返回
余文鼎 Yee Man Ting	中山叠石村	1915-01	1932-03-03	1932-03-15 No.043140	1932-03-22	1932-09-11（Changte）	欧阳南（D. Y.Narme） 安益利公司（Onyik Lee & Co.）	雪梨未士弟未士学校（Chinese School of English）	1937-08-20 Monterey回国
袁僚兴 Leo Hing	香山平岚村	1910-09-12	1923-04-28	1923-05-08 257/S/23	1923-05-09	1923-09-18（Eastern）	袁德梅（Willie Hing, 威厘兴） 车厘赞号商铺	卡剌孖剌（Cunnamulla, Qld） 卡剌孖剌皇家学校（Cunnamulla State School）	1929-08-20 St Albans回国
张祖霖 Chong Julum	香山大环村	1911-09-20	1921	1921-09-21 107/S/21	1921-09-21	1922-06-07（Victoria）	张坤廉（Chong Quinlem） 三合商店（Sam Hop）	搭士爹埃崙省立学校（Thursday Island State School）	1952年后留在澳洲

续表

姓名（中/英文名）	所属村/镇	出生日期	申照日期	护照签发日及号码	签证日期	抵澳日期	父亲（监护人）姓名/作保商铺	来澳地点/学校	结局
张荣华 Cheung Wing Wah	香山马山村	1913-06-09	1921-05-30	1921-05-30		1921-07-22（Victoria）	张百顺（Thomas Sun）	雪梨	1932-04-13 Tanda回国
张国权 C Kwok Hing	香山鸦岗村	1915-09-04	1926-11-09	1926-11-23 454/S/26	1926-12-26	1927-07-06（Changte）	张翼鸿（Charles Dickson） 德信商铺（C. Dickson）	雪梨华人英文学校（Chinese School of English）	1928-12-15 Taiping回国
张岳彪 Jong Ngock Bew	中山涌头村	1917-02-02	1931-10-16	1931-12-12 No.043121	1931-12-16	1932-06-08	张泗（Jog See） 新茂生园（Sun Mow Sang & Co.）	雪梨 Chinese School of English	因战争留在澳洲
张卓儒 Chung Chak Yee	中山马山村	1922-02-09	1933-08-21		1933-12-27 Refused		张连盛（Ling Sing） 连盛号商铺	苟虖埠（Cowra NSW） 苟虖学校（Convent Private School Cowra）	拒签
曾瑞开 Say Hoy	中山石岐	1924-05-15	1941-08-23	1941-11-24 No.1014261	1941-11-27		曾官志（Goon Chee） 广和昌号	雪梨中英学校（Chinese School of English, Sydney）	无下文
郑仕航 Jang Shu Hong	香山库充村	1908-01-15	1921-02-07	1921-02-28 21/S/21	1921-03-09	1922-01-20（Victoria）	伯郑泗全（See Chin）	昆士栏坚时埠皇家书馆（Cairns State School）	1923-06-19 Victoria回国
郑金富 Jang Gum Foo	香山隆都	1910-12-01	1922-04-06	1922-11-28 203/S/22	1922-11-29	1923-07-20（Victoria）	郑开记（Jang Hoy Kee）	昆省葛顿威炉埠（Gordonvale, Qld）葛顿威炉埠公立学校	1929-08-23 St Albans回国

续表

姓名（中/英文名）	所属村/镇	出生日期	申照日期	护照签发日及号码	签证日期	抵澳日期	父亲（监护人）姓名/作保商铺	来澳地点/学校	结局
郑少 Jang Sue	中山石岐	1920-12-23	1938-06-22	1938-11-09 No.437762	1938-11-21	1939-04-05（Taiping）	表哥刘龙（Thomas Lowe Loong）	纽沙威（NSW）雪梨埠私立学校（Chinese School of English, Sydney）	1946-11-22 Yunnan回国
郑绮兰 Elun Hong	中山石岐南区	1921-01-15	1935-08	1936-03-24 No.223940	1936-04-01	1936-09-06（Changte）	伯郑寿康（Jang So Hong） 合生公司（Hop Sing & Co.）	纽修威天地非埠（Tenterfield, NSW）天主教干坟学校（St Joseph's Convent）	1952-10-30 留在澳洲
郑亚昌 Ah Chong	中山毫头村	1922-05-13	1940-09-10	1941-05-29 No.1014195	1941-06-04	1941-08-02（Nellore）	郑亚华（Ah Wah） Market Gardener	叶士蔑徐埠Central Training College	1948年4月之后留在澳洲
郑鉴恒 Cheng Kam Hoon	中山石岐南区	1924-04-04	1941-06-19	1941-08-05 No.1014215	1941-08-19		伯郑寿康（J. S. Hong） 合生公司（Hop Sing & Co.）	比利士彬（Brisbane）Central Training College	无下文
周启 Kay Joe	香山隆都	1910-09-09	1923	1923-05-21 261/S/23	1923-05-24	1923-11-04（Arafura）	周新（Joe Sun）	美利滨（Melbourne）律乎所学校（Rathdown Street State School）	1925-05-12 Arafura回国
赵潮 Chiu Cheu	香山斗门	1914-08-10	1930-03-04	1930-05-17 583/S/30	1930-07-09	1930-09-17（Changte）	祖父赵鸿纫（Hong Ying）	雪梨华人英文学校（Chinese School of English）	1932-01-20 Changte回国

续表

姓名（中/英文名）	所属村/镇	出生日期	申照日期	护照签发日及号码	签证日期	抵澳日期	父亲（监护人）姓名/作保商铺	来澳地点/学校	结局
周观鹤 Chau Kum Hok	中山龙头环村	1915-06-10（实际出生年月1913-02-22）	1932-11-10		因父亲记错年龄，已满19岁，无法就读中学而不再审理		周华灿（Chow Wah Chan） 灿利号商铺（Chan Lee & Co.）	果顿威炉（Gordonvale）孖厘特学校（Marist Brothers'College, Cairns）	1933-02-22周华灿被杀，致申请到此为止

后　记

四年前，本卷曾经首次交付出版。但当时所能找到的民国时期广东省香山（中山）县赴澳大利亚接受教育的留学生档案宗卷，只是刚刚超过一百份。鉴于二〇一六年中山市为庆祝孙中山诞辰一百五十周年举办大型活动，届时会有相当多的世界各地侨团人士返乡参加，故将这些档案整理和甄别，并对一些个档所涉事件予以考证，以《民国粤人赴澳留学档案汇编·中山卷》的名称，在该年的年底出版，以便他们能看到这些历史记录。

在上述中山卷交付出版后，笔者便开始对台山县、新会县、开平县、东（莞）增（城）惠（阳）三县及珠江三角洲其他县市的赴澳大利亚留学档案进行整理、分类、考证和研究。在此过程中，通过各种途径和方式追踪相关的线索，于抽丝剥缕深入挖掘的进一步搜寻过程中，又获得了大量涉及中山县留学生的赴澳留学档案宗卷。这是笔者历经十余年在澳大利亚查档和读档筛选累积的结果，不仅丰富了那一时期中山县属赴澳留学生的数量与分布，也为《中山卷》的修订创造了条件，奠定了基础。

由是，在结束上述《台山卷》《新会卷》《开平卷》《东（莞）增（城）惠（阳）卷》及《珠江三角洲其他县市卷》的整理和考证研究，完成这五卷的撰写计划之后，笔者便对原《中山卷》重新整理，将相关宗卷再次分类或合并，并重新考证和研究，力争对每一个宗卷所涉及的赴澳留学生的情况有一个比较清楚的交代，也尽可能勾画出他们完成学业之后的去向，以及他们父辈的营生状态。当然，由于所涉档案宗卷超过二百份，致全书篇幅也较之二〇一六年版多出一倍有多。由是，本卷分上下两册，便于阅读。

《中山卷》在四年前得以出版，很大程度上有赖于广东省中山市外事侨务局的财政资助，解决了笔者前往堪培拉、墨尔本和悉尼等地档案馆搜集档案宗卷的交通及住宿等费用。该局侨务负责人谭文辉先生热心侨史研究，认为此项档案的搜集与研究是填补中山市侨乡先民赴澳留学的空白，积极推动拨款，予以大力资助。本卷得以在二〇一六年率先出版，与中山市侨务部门的资助和支持有密切关联，必须在此特别说明并再次致谢。

在查档过程中，除了澳大利亚国家档案馆工作人员的配合协助，下列人士为此提供了极大的便利：墨尔本大学（University of Melbourne）中文系教授罗永现博士、前墨尔本斯温本理工大学（Swanbourne University of Technology）研究员郭美芬博士（现昆士兰大学［University of Queensland］研究员）、中国国民党墨尔本支部负责人陈之彬先生（首位中国出生的澳大利亚联邦参议员［一九九九年至二〇〇五年］，二〇一九年底去世）以及前澳大利亚国家图书馆高级馆员陈蔚东先生。是他们的热心相助及引导，使笔者得以克服困难，顺利完成查档任务。谨在此表达衷心谢忱。

对于本卷的修订并列入与上述其他各卷一同出版，位于广东省江门市的五邑大学中国侨乡文化研究中心主任张国雄教授给予大力支持，并推动落实出版计划。事实上，在《中山卷》首次于二一〇六年完成时，张国雄教授就对这项档案的整理和甄别以及相关研究工作寄予厚望，并利用该中心的研究经费，协助出版。没有五邑大学中国侨乡文化研究中心同仁的多方鼓励，以及《广东华侨史文库》的积极协助，上述台山卷、新会卷、开平卷、东增惠卷和珠三角其他县市卷以及本卷是无法与读者见面的。

最后，也是最重要的，是内子杨弘的理解与支持，并在笔者过去十几年的查档与撰写过程中分担了大量的分内分外工作与其他事务，才使得上述五卷及中山卷之撰写与修订最终得以顺利完成。没有这一坚强的后盾，本系列丛书的查档与考证编写工作能否坚持下来，是难以想象的。

粟明鲜

二〇二〇年九月廿日于澳大利亚布里斯本